CONSTITUIÇÃO DA REPÚBLICA FEDERATIVA DO BRASIL
DE 5 DE OUTUBRO DE 1988

O GEN | Grupo Editorial Nacional – maior plataforma editorial brasileira no segmento científico, técnico e profissional – publica conteúdos nas áreas de concursos, ciências jurídicas, humanas, exatas, da saúde e sociais aplicadas, além de prover serviços direcionados à educação continuada.

As editoras que integram o GEN, das mais respeitadas no mercado editorial, construíram catálogos inigualáveis, com obras decisivas para a formação acadêmica e o aperfeiçoamento de várias gerações de profissionais e estudantes, tendo se tornado sinônimo de qualidade e seriedade.

A missão do GEN e dos núcleos de conteúdo que o compõem é prover a melhor informação científica e distribuí-la de maneira flexível e conveniente, a preços justos, gerando benefícios e servindo a autores, docentes, livreiros, funcionários, colaboradores e acionistas.

Nosso comportamento ético incondicional e nossa responsabilidade social e ambiental são reforçados pela natureza educacional de nossa atividade e dão sustentabilidade ao crescimento contínuo e à rentabilidade do grupo.

ORGANIZADOR
ALEXANDRE DE MORAES

CONSTITUIÇÃO DA REPÚBLICA FEDERATIVA DO BRASIL
DE 5 DE OUTUBRO DE 1988

55.ª edição

■ O autor deste livro e a editora empenharam seus melhores esforços para assegurar que as informações e os procedimentos apresentados no texto estejam em acordo com os padrões aceitos à época da publicação, e todos os dados foram atualizados pelo autor até a data de fechamento do livro. Entretanto, tendo em conta a evolução das ciências, as atualizações legislativas, as mudanças regulamentares governamentais e o constante fluxo de novas informações sobre os temas que constam do livro, recomendamos enfaticamente que os leitores consultem sempre outras fontes fidedignas, de modo a se certificarem de que as informações contidas no texto estão corretas e de que não houve alterações nas recomendações ou na legislação regulamentadora.

■ Fechamento desta edição: *08.01.2024*

■ O Autor e a editora se empenharam para citar adequadamente e dar o devido crédito a todos os detentores de direitos autorais de qualquer material utilizado neste livro, dispondo-se a possíveis acertos posteriores caso, inadvertida e involuntariamente, a identificação de algum deles tenha sido omitida.

■ **Atendimento ao cliente: (11) 5080-0751 | faleconosco@grupogen.com.br**

■ Direitos exclusivos para a língua portuguesa
Copyright © 2024 *by*
Editora Atlas Ltda.
Uma editora integrante do GEN | Grupo Editorial Nacional
Travessa do Ouvidor, 11 – Térreo e 6º andar
Rio de Janeiro – RJ – 20040-040
www.grupogen.com.br

■ Reservados todos os direitos. É proibida a duplicação ou reprodução deste volume, no todo ou em parte, em quaisquer formas ou por quaisquer meios (eletrônico, mecânico, gravação, fotocópia, distribuição pela Internet ou outros), sem permissão, por escrito, da Editora Atlas Ltda.

**CIP-BRASIL. CATALOGAÇÃO NA PUBLICAÇÃO
SINDICATO NACIONAL DOS EDITORES DE LIVROS, RJ**

C775
55. ed.

Constituição da república federativa do Brasil : de 5 de outubro de 1988 / organização Alexandre de Moraes. - 55. ed. - [2. Reimp.] - Barueri [SP] : Atlas, 2024. 544 p. ; 21 cm.   (Manuais de legislação Atlas)

Inclui índice
"Material suplementar"
ISBN 978-65-5977-598-9

1. Brasil. [Constituição (1988)]. 2. Direito constitucional - Brasil. I. Moraes, Alexandre de. II. Série.

24-87652   CDU: 342(81)

Meri Gleice Rodrigues de Souza - Bibliotecária - CRB-7/6439

NOTA À 55ª EDIÇÃO

A Editora Atlas, com o objetivo contínuo de aperfeiçoamento de suas obras jurídicas, ofereceu ao leitor, a partir da 17ª edição da *Constituição da República Federativa do Brasil*, parte integrante da coleção *Manuais de Legislação Atlas*, um volume inteiramente revisto e atualizado com os textos das Emendas Constitucionais n°s 1 a 132, das Emendas Constitucionais de Revisão n°s 1 a 6 e das leis que disciplinam o controle de constitucionalidade e o processo constitucional.

Assim, as novas edições sofreram significativas alterações em relação às anteriores, visando propiciar maior celeridade de consulta e quantidade de informações legislativas aos profissionais e estudantes de Direito.

Dessa forma, cada artigo traz remissão aos demais artigos constitucionais conexos, bem como à legislação infraconstitucional pertinente, de modo a facilitar e tornar mais completa a consulta, possibilitando a análise do texto constitucional em seu conjunto, pois o leitor será remetido, imediatamente, aos demais artigos constitucionais que tratem de assuntos complementares ao consultado.

Igualmente, facilita-se a análise das normas que complementam a Constituição Federal, pois são indicados os textos legais pertinentes, inclusive tratados internacionais devidamente incorporados pelo ordenamento jurídico brasileiro.

Trata-se, portanto, de uma nova e eficaz maneira de estudo do texto constitucional em seu conjunto, mostrando-se de grande valia, inclusive para os candidatos a concursos jurídicos, devido a ausência de citação doutrinária ou jurisprudencial.

Esperando que essas alterações tornem a consulta do texto constitucional mais fácil, ágil e completa, coloco-me à inteira disposição para sugestões e críticas de nossos leitores.

Alexandre de Moraes
Organizador

NOTA DA EDITORA

Esta obra consolida décadas de experiência do GEN | Editora Atlas na publicação de livros jurídicos. Apresentamos aos estudantes, acadêmicos, profissionais do Direito e das mais diversas áreas do conhecimento a Constituição da República Federativa do Brasil, confiantes por termos superado o desafio de oferecer o material mais consistente do mercado.

Cuidadosamente produzida para oferecer o melhor conteúdo legislativo, a Constituição da República Federativa do Brasil possui projeto gráfico prático e moderno, que permite a otimização na busca de informações.

Abrangendo uma ampla **legislação complementar**, com normas relacionadas a **processo constitucional** e **súmulas do STF**. Também conta com uma seleção das emendas constitucionais que alteraram o conteúdo da Constituição – a íntegra de todas as emendas, inclusive as de revisão, está no material suplementar. A obra, então, passa a apresentar a seguinte estrutura:

- Constituição Federal
- Atos das Disposições Constitucionais Transitórias
- Emendas Constitucionais selecionadas
- Legislação complementar
    - *Habeas Corpus*
    - Ação Popular
    - Recurso Extraordinário e Recurso Especial
    - *Habeas Data*
    - Ação Direta de Inconstitucionalidade
    - Ação Declaratória de Constitucionalidade
    - Ação de Descumprimento de Preceito Fundamental
    - Lei das Súmulas Vinculantes
    - Mandado de Segurança – individual e coletivo
    - Convenção Internacional sobre os Direitos das Pessoas com Deficiência
    - Mandado de Injunção
    - Tratado de Marrequeche, que facilita o acesso de deficientes visuais a textos impressos
    - Convenção Interamericana contra o Racismo, a Discriminação Racial e Formas Correlatas de Intolerância

- Súmulas e Súmulas Vinculantes do STF
- Índice Alfabético-Remissivo da CF

Sobre o Acompanhamento Legislativo

O Grupo Editorial Nacional | GEN disponibiliza aos leitores um acompanhamento legislativo, com informações sobre as normas de maior impacto nos principais ramos do Direito brasileiro, bem como aquelas que alterem os dispositivos legais contidos nesta obra, publicadas ao longo do ano. Para acessar este conteúdo, basta entrar no site: <http://genjuridico.com.br/acompanhamentolegislativo/>.

Sobre o Material Suplementar para *Download*

Aos adquirentes da presente edição da *Constituição da República Federativa do Brasil*, é oferecido conteúdo *on-line* exclusivo e gratuito, que compreende as **Emendas Constitucionais de Revisão e as Emendas Constitucionais de 1 a 132**, além dos Regimentos Internos do Supremo Tribunal Federal e do Superior Tribunal de Justiça. Para acessar esse conteúdo, basta seguir o passo a passo que consta na aba da capa deste livro.

SUMÁRIO

Índice Sistemático da Constituição da República Federativa do Brasil XVII

Constituição da República Federativa do Brasil 1

Ato das Disposições Constitucionais Transitórias 225

Emendas Constitucionais 291

EMENDA CONSTITUCIONAL 2, DE 25 DE AGOSTO DE 1992 – Dispõe sobre o plebiscito previsto no art. 2º do Ato das Disposições Constitucionais Transitórias 291

EMENDA CONSTITUCIONAL 3, DE 17 DE MARÇO DE 1993 – Altera dispositivos da Constituição Federal. 291

EMENDA CONSTITUCIONAL 8, DE 15 DE AGOSTO DE 1995 – Altera o inciso XI e a alínea "a" do inciso XII do art. 21 da Constituição Federal. 292

EMENDA CONSTITUCIONAL 9, DE 10 DE NOVEMBRO DE 1995 – Dá nova redação ao art. 177 da Constituição Federal, alterando e inserindo parágrafos 292

EMENDA CONSTITUCIONAL 17, DE 22 DE NOVEMBRO DE 1997 – Altera dispositivos dos arts. 71 e 72 do Ato das Disposições Constitucionais Transitórias, introduzidos pela Emenda Constitucional de Revisão 1, de 1994 292

EMENDA CONSTITUCIONAL 19, DE 4 DE JUNHO DE 1998 – Modifica o regime e dispõe sobre princípios e normas da Administração Pública, servidores e agentes políticos, controle de despesas e finanças públicas e custeio de atividades a cargo do Distrito Federal, e dá outras providências. 293

EMENDA CONSTITUCIONAL 20, DE 15 DE DEZEMBRO DE 1998 – Modifica o sistema de previdência social, estabelece normas de transição e dá outras providências 295

EMENDA CONSTITUCIONAL 24, DE 9 DE DEZEMBRO DE 1999 – Altera dispositivos da Constituição Federal pertinentes à representação classista na Justiça do Trabalho 298

EMENDA CONSTITUCIONAL 32, DE 11 DE SETEMBRO DE 2001 – Altera dispositivos dos arts. 48, 57, 61, 62, 64, 66, 84, 88 e 246 da Constituição Federal, e dá outras providências.... 298

EMENDA CONSTITUCIONAL 33, DE 11 DE DEZEMBRO DE 2001 – Altera os arts. 149, 155 e 177 da Constituição Federal 298

EMENDA CONSTITUCIONAL 41, DE 19 DE DEZEMBRO DE 2003 – Modifica os arts. 37, 40, 42, 48, 96, 149 e 201 da Constituição Federal, revoga o inciso IX do § 3º do art. 142 da

Constituição Federal e dispositivos da Emenda Constitucional 20, de 15 de dezembro de 1998, e dá outras providências 299

EMENDA CONSTITUCIONAL 42, DE 19 DE DEZEMBRO DE 2003 – Altera o Sistema Tributário Nacional e dá outras providências... 301

EMENDA CONSTITUCIONAL 45, DE 8 DE DEZEMBRO DE 2004 – Altera dispositivos dos arts. 5º, 36, 52, 92, 93, 95, 98, 99, 102, 103, 104, 105, 107, 109, 111, 112, 114, 115, 125, 126, 127, 128, 129, 134 e 168 da Constituição Federal, e acrescenta os arts. 103-A, 103-B, 111-A e 130-A, e dá outras providências... 302

EMENDA CONSTITUCIONAL 47, DE 5 DE JULHO DE 2005 – Altera os arts. 37, 40, 195 e 201 da Constituição Federal, para dispor sobre a previdência social, e dá outras providências 303

EMENDA CONSTITUCIONAL 51, DE 14 DE FEVEREIRO DE 2006 – Acrescenta os §§ 4º, 5º e 6º ao art. 198 da Constituição Federal... 304

EMENDA CONSTITUCIONAL 53, DE 19 DE DEZEMBRO DE 2006 – Dá nova redação aos arts. 7º, 23, 30, 206, 208, 211 e 212 da Constituição Federal e ao art. 60 do Ato das Disposições Constitucionais Transitórias... 304

EMENDA CONSTITUCIONAL 59, DE 11 DE NOVEMBRO DE 2009 – Acrescenta § 3º ao art. 76 do Ato das Disposições Constitucionais Transitórias para reduzir, anualmente, a partir do exercício de 2009, o percentual da Desvinculação das Receitas da União incidente sobre os recursos destinados à manutenção e desenvolvimento do ensino de que trata o art. 212 da Constituição Federal, dá nova redação aos incisos I e VII do art. 208, de forma a prever a obrigatoriedade do ensino de quatro a dezessete anos e ampliar a abrangência dos programas suplementares para todas as etapas da educação básica, e dá nova redação ao § 4º do art. 211 e ao § 3º do art. 212 e ao caput do art. 214, com a inserção neste dispositivo de inciso VI.. 304

EMENDA CONSTITUCIONAL 62, DE 9 DE DEZEMBRO DE 2009 – Altera o art. 100 da Constituição Federal e acrescenta o art. 97 ao Ato das Disposições Constitucionais Transitórias, instituindo regime especial de pagamento de precatórios pelos Estados, Distrito Federal e Municípios 305

EMENDA CONSTITUCIONAL 67, DE 22 DE DEZEMBRO DE 2010 – Prorroga, por tempo indeterminado, o prazo de vigência do Fundo de Combate e Erradicação da Pobreza 306

EMENDA CONSTITUCIONAL 69, DE 29 DE MARÇO DE 2012 – Altera os arts. 21, 22 e 48 da Constituição Federal, para transferir da União para o Distrito Federal as atribuições de organizar e manter a Defensoria Pública do Distrito Federal.. 306

EMENDA CONSTITUCIONAL 70, DE 29 DE MARÇO DE 2012 – Acrescenta art. 6º-A à Emenda Constitucional 41, de 2003, para estabelecer critérios para o cálculo e a correção dos proventos da aposentadoria por invalidez dos servidores públicos que ingressaram no serviço público até a data da publicação daquela Emenda Constitucional......... 306

EMENDA CONSTITUCIONAL 78, DE 14 DE MAIO DE 2014 – Acrescenta art. 54-A ao Ato das Disposições Constitucionais Transitórias, para dispor sobre indenização devida aos seringueiros de que trata o art. 54 desse Ato... 307

EMENDA CONSTITUCIONAL 79, DE 27 DE MAIO DE 2014 – Altera o art. 31 da Emenda Constitucional 19, de 4 de junho de 1998, para prever a inclusão, em quadro em extinção da Administração Federal, de servidores e policiais militares admitidos pelos Estados do Amapá e de Roraima, na fase de instalação dessas unidades federadas, e dá outras providências 307

EMENDA CONSTITUCIONAL 86, DE 17 DE MARÇO DE 2015 – Altera os arts. 165, 166 e 198 da Constituição Federal, para tornar obrigatória a execução da programação orçamentária que especifica 308

EMENDA CONSTITUCIONAL 91, DE 18 DE FEVEREIRO DE 2016 – Altera a Constituição Federal para estabelecer a possibilidade, excepcional e em período determinado, de desfiliação partidária, sem prejuízo do mandato 309

EMENDA CONSTITUCIONAL 97, DE 4 OUTUBRO DE 2017 – Altera a Constituição Federal para vedar as coligações partidárias nas eleições proporcionais, estabelecer normas sobre acesso dos partidos políticos aos recursos do fundo partidário e ao tempo de propaganda gratuito no rádio e na televisão e dispor sobre regras de transição 309

EMENDA CONSTITUCIONAL 98, DE 6 DE DEZEMBRO DE 2017 – Altera o art. 31 da Emenda Constitucional 19, de 4 de junho de 1998, para prever a inclusão, em quadro em extinção da administração pública federal, de servidor público, de integrante da carreira de policial, civil ou militar, e de pessoa que haja mantido relação ou vínculo funcional, empregatício, estatutário ou de trabalho com a administração pública dos ex-Territórios ou dos Estados do Amapá ou de Roraima, inclusive suas prefeituras, na fase de instalação dessas unidades federadas, e dá outras providências 310

EMENDA CONSTITUCIONAL 100, DE 26 DE JUNHO DE 2019 – Altera os arts. 165 e 166 da Constituição Federal para tornar obrigatória a execução da programação orçamentária proveniente de emendas de bancada de parlamentares de Estado ou do Distrito Federal.... 311

EMENDA CONSTITUCIONAL 102, DE 26 DE SETEMBRO DE 2019 – Dá nova redação ao art. 20 da Constituição Federal e altera o art. 165 da Constituição Federal e o art. 107 do Ato das Disposições Constitucionais Transitórias 311

EMENDA CONSTITUCIONAL 103, DE 12 DE NOVEMBRO DE 2019 – Altera o sistema de previdência social e estabelece regras de transição e disposições transitórias 312

EMENDA CONSTITUCIONAL 104, DE 4 DE DEZEMBRO DE 2019 – Altera o inciso XIV do *caput* do art. 21, o § 4º do art. 32 e o art. 144 da Constituição Federal, para criar as polícias penais federal, estaduais e distrital 323

EMENDA CONSTITUCIONAL 105, DE 12 DE DEZEMBRO DE 2019 – Acrescenta o art. 166-A à Constituição Federal, para autorizar a transferência de recursos federais a Estados, ao Distrito Federal e a Municípios mediante emendas ao projeto de lei orçamentária anual... 324

EMENDA CONSTITUCIONAL 106, DE 7 DE MAIO DE 2020 – Institui regime extraordinário fiscal, financeiro e de contratações para enfrentamento de calamidade pública nacional decorrente de pandemia 324

EMENDA CONSTITUCIONAL 107, DE 2 DE JULHO DE 2020 – Adia, em razão da pandemia da Covid-19, as eleições municipais de outubro de 2020 e os prazos eleitorais respectivos... 326

EMENDA CONSTITUCIONAL 108, DE 26 DE AGOSTO DE 2020 – Altera a Constituição Federal para estabelecer critérios de distribuição da cota municipal do Imposto sobre Operações Relativas à Circulação de Mercadorias e sobre Prestações de Serviços de Transporte Interestadual e Intermunicipal e de Comunicação (ICMS), para disciplinar a disponibilização de dados contábeis pelos entes federados, para tratar do planejamento na ordem social e para dispor sobre o Fundo de Manutenção e Desenvolvimento da Educação Básica e de Valorização dos Profissionais da Educação (Fundeb); altera o Ato das Disposições Constitucionais Transitórias; e dá outras providências. 328

EMENDA CONSTITUCIONAL 109, DE 15 DE MARÇO DE 2021 – Altera os arts. 29-A, 37, 49, 84, 163, 165, 167, 168 e 169 da Constituição Federal e os arts. 101 e 109 do Ato das Disposições Constitucionais Transitórias; acrescenta à Constituição Federal os arts. 164-A, 167-A, 167-B, 167-C, 167-D, 167-E, 167-F e 167-G; revoga dispositivos do Ato das Disposições Constitucionais Transitórias e institui regras transitórias sobre redução de benefícios tributários; desvincula parcialmente o superávit financeiro de fundos públicos; e suspende condicionalidades para realização de despesas com concessão de auxílio emergencial residual para enfrentar as consequências sociais e econômicas da pandemia da Covid-19 328

EMENDA CONSTITUCIONAL 110, DE 12 DE JULHO DE 2021 – Acrescenta o art. 18-A ao Ato das Disposições Constitucionais Transitórias, para dispor sobre a convalidação de atos administrativos praticados no Estado do Tocantins entre 1º de janeiro de 1989 e 31 de dezembro de 1994 330

EMENDA CONSTITUCIONAL 111, DE 28 DE SETEMBRO DE 2021 – Altera a Constituição Federal para disciplinar a realização de consultas populares concomitantes às eleições municipais, dispor sobre o instituto da fidelidade partidária, alterar a data de posse de Governadores e do Presidente da República e estabelecer regras transitórias para distribuição entre os partidos políticos dos recursos do fundo partidário e do Fundo Especial de Financiamento de Campanha (FEFC) e para o funcionamento dos partidos políticos 330

EMENDA CONSTITUCIONAL 112, DE 27 DE OUTUBRO DE 2021 – Altera o art. 159 da Constituição Federal para disciplinar a distribuição de recursos pela União ao Fundo de Participação dos Municípios 331

EMENDA CONSTITUCIONAL 113, DE 8 DE DEZEMBRO DE 2021 – Altera a Constituição Federal e o Ato das Disposições Constitucionais Transitórias para estabelecer o novo regime de pagamentos de precatórios, modificar normas relativas ao Novo Regime Fiscal e autorizar o parcelamento de débitos previdenciários dos Municípios; e dá outras providências 331

EMENDA CONSTITUCIONAL 114, DE 16 DE DEZEMBRO DE 2021 – Altera a Constituição Federal e o Ato das Disposições Constitucionais Transitórias para estabelecer o novo regime de pagamentos de precatórios, modificar normas relativas ao Novo Regime Fiscal e autorizar o parcelamento de débitos previdenciários dos Municípios; e dá outras providências 332

EMENDA CONSTITUCIONAL 115, DE 10 DE FEVEREIRO DE 2022 – Altera a Constituição Federal para incluir a proteção de dados pessoais entre os direitos e garantias fundamentais e para fixar a competência privativa da União para legislar sobre proteção e tratamento de dados pessoais 333

EMENDA CONSTITUCIONAL 116, DE 17 DE FEVEREIRO DE 2022 – Acrescenta § 1º-A ao art. 156 da Constituição Federal para prever a não incidência sobre templos de qualquer culto do Imposto sobre a Propriedade Predial e Territorial Urbana (IPTU), ainda que as entidades abrangidas pela imunidade tributária sejam apenas locatárias do bem imóvel 334

EMENDA CONSTITUCIONAL 117, DE 5 DE ABRIL DE 2022 – Altera o art. 17 da Constituição Federal para impor aos partidos políticos a aplicação de recursos do fundo partidário na promoção e difusão da participação política das mulheres, bem como a aplicação de recursos desse fundo e do Fundo Especial de Financiamento de Campanha e a divisão do tempo de propaganda gratuita no rádio e na televisão no percentual mínimo de 30% (trinta por cento) para candidaturas femininas 334

EMENDA CONSTITUCIONAL 118, DE 26 DE ABRIL DE 2022 – Dá nova redação às alíneas "b" e "c" do inciso XXIII do *caput* do art. 21 da Constituição Federal, para autorizar a produção, a comercialização e a utilização de radioisótopos para pesquisa e uso médicos ... 335

EMENDA CONSTITUCIONAL 119, DE 27 DE ABRIL DE 2022 – Altera o Ato das Disposições Constitucionais Transitórias para determinar a impossibilidade de responsabilização dos Estados, do Distrito Federal, dos Municípios e dos agentes públicos desses entes federados pelo descumprimento, nos exercícios financeiros de 2020 e 2021, do disposto no *caput* do art. 212 da Constituição Federal; e dá outras providências 335

EMENDA CONSTITUCIONAL 120, DE 5 DE MAIO DE 2022 – Acrescenta §§ 7º, 8º, 9º, 10 e 11 ao art. 198 da Constituição Federal, para dispor sobre a responsabilidade financeira da União, corresponsável pelo Sistema Único de Saúde (SUS), na política remuneratória e na valorização dos profissionais que exercem atividades de agente comunitário de saúde e de agente de combate às endemias.. 335

EMENDA CONSTITUCIONAL 121, DE 10 DE MAIO DE 2022 – Altera o inciso IV do § 2º do art. 4º da Emenda Constitucional 109, de 15 de março de 2021 336

EMENDA CONSTITUCIONAL 122, DE 17 DE MAIO DE 2022 – Altera a Constituição Federal para elevar para setenta anos a idade máxima para a escolha e nomeação de membros do Supremo Tribunal Federal, do Superior Tribunal de Justiça, dos Tribunais Regionais Federais, do Tribunal Superior do Trabalho, dos Tribunais Regionais do Trabalho, do Tribunal de Contas da União e dos Ministros civis do Superior Tribunal Militar...... 336

EMENDA CONSTITUCIONAL 123, DE 14 DE JULHO DE 2022 – Altera o art. 225 da Constituição Federal para estabelecer diferencial de competitividade para os biocombustíveis; inclui o art. 120 no Ato das Disposições Constitucionais Transitórias para reconhecer o estado de emergência decorrente da elevação extraordinária e imprevisível dos preços do petróleo, combustíveis e seus derivados e dos impactos sociais dela decorrentes; autoriza a União a entregar auxílio financeiro aos Estados e ao Distrito Federal que outorgarem créditos tributários do Imposto sobre Operações relativas à Circulação de Mercadorias e sobre Prestações de Serviços de Transporte Interestadual e Intermunicipal e de Comunicação (ICMS) aos produtores e distribuidores de etanol hidratado; expande o auxílio Gás dos Brasileiros, de que trata a Lei 14.237, de 19 de novembro de 2021; institui auxílio para caminhoneiros autônomos; expande o Programa Auxílio Brasil, de que trata a Lei 14.284, de 29 de dezembro de 2021; e institui auxílio para entes da Federação financiarem a gratuidade do transporte público... 336

EMENDA CONSTITUCIONAL 124, DE 14 DE JULHO DE 2022 – Institui o piso salarial nacional do enfermeiro, do técnico de enfermagem, do auxiliar de enfermagem e da parteira.. 340

EMENDA CONSTITUCIONAL 125, DE 14 DE JULHO DE 2022 – Altera o art. 105 da Constituição Federal para instituir no recurso especial o requisito da relevância das questões de direito federal infraconstitucional... 340

EMENDA CONSTITUCIONAL 126, DE 21 DE DEZEMBRO DE 2022 – Altera a Constituição Federal, para dispor sobre as emendas individuais ao projeto de lei orçamentária, e o Ato das Disposições Constitucionais Transitórias para excluir despesas dos limites previstos no art. 107; define regras para a transição da Presidência da República aplicáveis à Lei Orçamentária de 2023; e dá outras providências... 340

EMENDA CONSTITUCIONAL 127, DE 22 DE DEZEMBRO DE 2022 – Altera a Constituição Federal e o Ato das Disposições Constitucionais Transitórias para estabelecer que compete à União prestar assistência financeira complementar aos Estados, ao Distrito Federal e aos Municípios e às entidades filantrópicas, para o cumprimento dos pisos salariais profissionais nacionais para o enfermeiro, o técnico de enfermagem, o auxiliar de enfermagem e a parteira; altera a Emenda Constitucional nº 109, de 15 de março de 2021, para estabelecer o superávit financeiro dos fundos públicos do Poder Executivo como fonte de recursos para o cumprimento dos pisos salariais profissionais nacionais para o enfermeiro, o técnico de enfermagem, o auxiliar de enfermagem e a parteira; e dá outras providências 341

EMENDA CONSTITUCIONAL 128, DE 22 DE DEZEMBRO DE 2022 – Acrescenta § 7º ao art. 167 da Constituição Federal, para proibir a imposição e a transferência, por lei, de qualquer encargo financeiro decorrente da prestação de serviço público para a União, os Estados, o Distrito Federal e os Municípios 342

EMENDA CONSTITUCIONAL 129, DE 5 DE JULHO DE 2023 – Acrescenta o art. 123 ao Ato das Disposições Constitucionais Transitórias, para assegurar prazo de vigência adicional aos instrumentos de permissão lotérica 342

EMENDA CONSTITUCIONAL 130, DE 3 DE OUTUBRO DE 2023 – Altera o art. 93 da Constituição Federal para permitir a permuta entre juízes de direito vinculados a diferentes tribunais. 342

EMENDA CONSTITUCIONAL 131, DE 3 DE OUTUBRO DE 2023 – Altera o art. 12 da Constituição Federal para suprimir a perda da nacionalidade brasileira em razão da mera aquisição de outra nacionalidade, incluir a exceção para situações de apatridia e acrescentar a possibilidade de a pessoa requerer a perda da própria nacionalidade 343

EMENDA CONSTITUCIONAL 132, DE 20 DE DEZEMBRO DE 2023 – Altera o Sistema Tributário Nacional 343

Legislação Complementar 350

DECRETO-LEI 3.689, DE 3 DE OUTUBRO DE 1941 – Código de Processo Penal[*] 350

LEI 4.717, DE 29 DE JUNHO DE 1965 – Regula a ação popular 353

LEI 8.038, DE 28 DE MAIO DE 1990 – Institui normas procedimentais para os processos que especifica, perante o Superior Tribunal de Justiça e o Supremo Tribunal Federal 357

LEI 9.507, DE 12 DE NOVEMBRO DE 1997 – Regula o direito de acesso a informações e disciplina o rito processual do *habeas data* 361

LEI 9.868, DE 10 DE NOVEMBRO DE 1999 – Dispõe sobre o processo e julgamento da ação direta de inconstitucionalidade e da ação declaratória de constitucionalidade perante o Supremo Tribunal Federal 363

LEI 9.882, DE 3 DE DEZEMBRO DE 1999 – Dispõe sobre o processo e julgamento da arguição de descumprimento de preceito fundamental, nos termos do § 1º do art. 102 da Constituição Federal 369

LEI 11.417, DE 19 DE DEZEMBRO DE 2006 – Regulamenta o art. 103-A da Constituição Federal e altera a Lei 9.784, de 29 de janeiro de 1999, disciplinando a edição, a revisão e o cancelamento de enunciado de súmula vinculante pelo Supremo Tribunal Federal, e dá outras providências 373

LEI 12.016, DE 7 DE AGOSTO DE 2009 – Disciplina o mandado de segurança individual e coletivo e dá outras providências 375

DECRETO 6.949, DE 25 DE AGOSTO DE 2009 – Promulga a Convenção Internacional sobre os Direitos das Pessoas com Deficiência e seu Protocolo Facultativo, assinados em Nova York, em 30 de março de 2007 379

---

[*] Conteúdo parcial.

LEI 13.300, DE 23 DE JUNHO DE 2016 – Disciplina o processo e o julgamento dos mandados de injunção individual e coletivo e dá outras providências 398

DECRETO 9.522, DE 8 DE OUTUBRO DE 2018 – Promulga o Tratado de Marraqueche para facilitar o acesso a obras publicadas às pessoas cegas, com deficiência visual ou com outras dificuldades para ter acesso ao texto impresso, firmado em Marraqueche, em 27 de junho de 2013 400

DECRETO 10.932, DE 10 DE JANEIRO DE 2022 – Promulga a Convenção Interamericana contra o Racismo, a Discriminação Racial e Formas Correlatas de Intolerância, firmado pela República Federativa do Brasil, na Guatemala, em 5 de junho de 2013 407

Súmulas 414

Índice Alfabético-Remissivo Unificado 452

ÍNDICE SISTEMÁTICO

CONSTITUIÇÃO DA REPÚBLICA FEDERATIVA DO BRASIL
Publicado no *Diário Oficial da União* nº 191-A, de 5 de outubro de 1988

Preâmbulo	1
TÍTULO I – DOS PRINCÍPIOS FUNDAMENTAIS (Arts. 1º a 4º)	3
TÍTULO II – DOS DIREITOS E GARANTIAS FUNDAMENTAIS (Arts. 5º a 17)	6
Capítulo I – Dos Direitos e Deveres Individuais e Coletivos (Art. 5º)	6
Capítulo II – Dos Direitos Sociais (Arts. 6º a 11)	17
Capítulo III – Da Nacionalidade (Arts. 12 e 13)	22
Capítulo IV – Dos Direitos Políticos (Arts. 14 a 16)	23
Capítulo V – Dos Partidos Políticos (Art. 17)	26
TÍTULO III – DA ORGANIZAÇÃO DO ESTADO (Arts. 18 a 43)	28
Capítulo I – Da Organização Político-Administrativa (Arts. 18 e 19)	28
Capítulo II – Da União (Arts. 20 a 24)	29
Capítulo III – Dos Estados Federados (Arts. 25 a 28)	37
Capítulo IV – Dos Municípios (Arts. 29 a 31)	39
Capítulo V – Do Distrito Federal e dos Territórios (Arts. 32 e 33)	44
Seção I – Do Distrito Federal (Art. 32)	44
Seção II – Dos Territórios (Art. 33)	45
Capítulo VI – Da Intervenção (Arts. 34 a 36)	45
Capítulo VII – Da Administração Pública (Arts. 37 a 43)	47
Seção I – Disposições Gerais (Arts. 37 e 38)	47
Seção II – Dos Servidores Públicos (Arts. 39 a 41)	54
Seção III – Dos Militares dos Estados, do Distrito Federal e dos Territórios (Art. 42)	62
Seção IV – Das Regiões (Art. 43)	63
TÍTULO IV – DA ORGANIZAÇÃO DOS PODERES (Arts. 44 a 135)	64
Capítulo I – Do Poder Legislativo (Arts. 44 a 75)	64
Seção I – Do Congresso Nacional (Arts. 44 a 47)	64

Seção II – Das Atribuições do Congresso Nacional (Arts. 48 a 50) 65
Seção III – Da Câmara dos Deputados (Art. 51) 67
Seção IV – Do Senado Federal (Art. 52) 68
Seção V – Dos Deputados e dos Senadores (Arts. 53 a 56) 69
Seção VI – Das Reuniões (Art. 57) 72
Seção VII – Das Comissões (Art. 58) 73
Seção VIII – Do Processo Legislativo (Arts. 59 a 69) 74
  Subseção I – Disposição Geral (Art. 59) 74
  Subseção II – Da Emenda à Constituição (Art. 60) 75
  Subseção III – Das Leis (Arts. 61 a 69) 75
Seção IX – Da Fiscalização Contábil, Financeira e Orçamentária (Arts. 70 a 75) 79

Capítulo II – Do Poder Executivo (Arts. 76 a 91) 82
Seção I – Do Presidente e do Vice-Presidente da República (Arts. 76 a 83) 82
Seção II – Das Atribuições do Presidente da República (Art. 84) 84
Seção III – Da Responsabilidade do Presidente da República (Arts. 85 e 86) 85
Seção IV – Dos Ministros de Estado (Arts. 87 e 88) 86
Seção V – Do Conselho da República e do Conselho de Defesa Nacional (Arts. 89 a 91) ... 87
  Subseção I – Do Conselho da República (Arts. 89 e 90) 87
  Subseção II – Do Conselho de Defesa Nacional (Art. 91) 87

Capítulo III – Do Poder Judiciário (Arts. 92 a 126) 88
Seção I – Disposições Gerais (Arts. 92 a 100) 88
Seção II – Do Supremo Tribunal Federal (Arts. 101 a 103-B) 99
Seção III – Do Superior Tribunal de Justiça (Arts. 104 e 105) 105
Seção IV – Dos Tribunais Regionais Federais e dos Juízes Federais (Arts. 106 a 110) ... 108
Seção V – Do Tribunal Superior do Trabalho, dos Tribunais Regionais do Trabalho e dos Juízes do Trabalho (Arts. 111 a 117) 110
Seção VI – Dos Tribunais e Juízes Eleitorais (Arts. 118 a 121) 114
Seção VII – Dos Tribunais e Juízes Militares (Arts. 122 a 124) 115
Seção VIII – Dos Tribunais e Juízes dos Estados (Arts. 125 e 126) 116

Capítulo IV – Das Funções Essenciais à Justiça (Arts. 127 a 135) 117
Seção I – Do Ministério Público (Arts. 127 a 130-A) 117
Seção II – Da Advocacia Pública (Arts. 131 e 132) 122
Seção III – Da Advocacia (Art. 133) 123
Seção IV – Da Defensoria Pública (Arts. 134 e 135) 123

TÍTULO V – DA DEFESA DO ESTADO E DAS INSTITUIÇÕES DEMOCRÁTICAS (Arts. 136 a 144) ... 125
Capítulo I – Do Estado de Defesa e do Estado de Sítio (Arts. 136 a 141) 125
  Seção I – Do Estado de Defesa (Art. 136) 125
  Seção II – Do Estado de Sítio (Arts. 137 a 139) 126
  Seção III – Disposições Gerais (Arts. 140 e 141) 127
Capítulo II – Das Forças Armadas (Arts. 142 e 143) 127

Capítulo III – Da Segurança Pública (Art. 144) 129

TÍTULO VI – DA TRIBUTAÇÃO E DO ORÇAMENTO (Arts. 145 a 169) 132
Capítulo I – Do Sistema Tributário Nacional (Arts. 145 a 162) 132
Seção I – Dos Princípios Gerais (Arts. 145 a 149-A) 132
Seção II – Das Limitações do Poder de Tributar (Arts. 150 a 152) 136
Seção III – Dos Impostos da União (Arts. 153 e 154) 139
Seção IV – Dos Impostos dos Estados e do Distrito Federal (Art. 155) 141
Seção V – Dos Impostos dos Municípios (Art. 156) 146
Seção VI – Da Repartição das Receitas Tributárias (Arts. 157 a 162) 152
Capítulo II – Das Finanças Públicas (Arts. 163 a 169) 158
Seção I – Normas Gerais (Arts. 163 e 164) 158
Seção II – Dos Orçamentos (Arts. 165 a 169) 159

TÍTULO VII – DA ORDEM ECONÔMICA E FINANCEIRA (Arts. 170 a 192) 173
Capítulo I – Dos Princípios Gerais da Atividade Econômica (Arts. 170 a 181) 173
Capítulo II – Da Política Urbana (Arts. 182 e 183) 179
Capítulo III – Da Política Agrícola e Fundiária e da Reforma Agrária (Arts. 184 a 191) 180
Capítulo IV – Do Sistema Financeiro Nacional (Art. 192) 182

TÍTULO VIII – DA ORDEM SOCIAL (Arts. 193 a 232) 183
Capítulo I – Disposição Geral (Art. 193) 183
Capítulo II – Da Seguridade Social (Arts. 194 a 204) 183
Seção I – Disposições Gerais (Arts. 194 e 195) 183
Seção II – Da Saúde (Arts. 196 a 200) 187
Seção III – Da Previdência Social (Arts. 201 e 202) 191
Seção IV – Da Assistência Social (Arts. 203 e 204) 196
Capítulo III – Da Educação, da Cultura e do Desporto (Arts. 205 a 217) 197
Seção I – Da Educação (Arts. 205 a 214) 197
Seção II – Da Cultura (Arts. 215 a 216-A) 205
Seção III – Do Desporto (Art. 217) 208
Capítulo IV – Da Ciência, Tecnologia e Inovação (Arts. 218 a 219-B) 208
Capítulo V – Da Comunicação Social (Arts. 220 a 224) 210
Capítulo VI – Do Meio Ambiente (Art. 225) 212
Capítulo VII – Da Família, da Criança, do Adolescente, do Jovem e do Idoso (Arts. 226 a 230) 214
Capítulo VIII – Dos Índios (Arts. 231 e 232) 217

TÍTULO IX – DAS DISPOSIÇÕES CONSTITUCIONAIS GERAIS (Arts. 233 a 250) 219

Ato das Disposições Constitucionais Transitórias (Arts. 1º a 137) 225

CONSTITUIÇÃO DA REPÚBLICA FEDERATIVA DO BRASIL

Publicado no *Diário Oficial da União* nº 191-A, de 5 de outubro de 1988.

Preâmbulo

Nós, representantes do povo brasileiro, reunidos em Assembleia Nacional Constituinte para instituir um Estado Democrático, destinado a assegurar o exercício dos direitos sociais e individuais, a liberdade, a segurança, o bem-estar, o desenvolvimento, a igualdade e a justiça como valores supremos de uma sociedade fraterna, pluralista e sem preconceitos, fundada na harmonia social e comprometida, na ordem interna e internacional, com a solução pacífica das controvérsias, promulgamos, sob a proteção de Deus, a seguinte CONSTITUIÇÃO DA REPÚBLICA FEDERATIVA DO BRASIL.

TÍTULO I
DOS PRINCÍPIOS FUNDAMENTAIS

Art. 1º A República Federativa do Brasil, formada pela união indissolúvel dos Estados e Municípios e do Distrito Federal, constitui-se em Estado Democrático de Direito e tem como fundamentos:

> *Artigos constitucionais conexos:* 18, *caput*; 34, I; 60, § 4º, I.
> *Legislação infraconstitucional:* Declaração Universal dos Direitos Humanos, adotada e proclamada em 10-12-1948 pela Resolução 217 A (III), da Assembleia Geral das Nações Unidas; Pacto Internacional dos Direitos Civis e Políticos, adotado e proclamado em 16-12-1966, pela Resolução 2.200-A (XXI) da Assembleia Geral das Nações Unidas; Convenção Americana de Direitos Humanos – Pacto de São José da Costa Rica, adotada e proclamada em 22-11-1969.

I – a soberania;

> *Artigos constitucionais conexos:* 5º, LXXI; 14; 137, II; 170, I.

II – a cidadania;

> *Artigos constitucionais conexos:* 5º, LXXI; 14; 22, XIII; 60, § 4º, IV; 236, § 2º; ADCT, 2º.
> *Legislação infraconstitucional:* Leis 6.015/73 (Registros Públicos), 9.265/96 (regulamentou a gratuidade dos atos necessários ao exercício da cidadania).

III – a dignidade da pessoa humana;

> *Artigos constitucionais conexos:* 5º, XIII; 6º; 7º; 8º; 194-204 (dignidade ao trabalhador); art. 226, § 7º; EC 31/00.
> *Súmulas Vinculantes do Supremo Tribunal Federal:* 6, 11, 14 e 56.
> *Legislação infraconstitucional:* Lei 10.689/03 (Cria o Programa Nacional de Acesso à Alimentação – PNAA).

IV – os valores sociais do trabalho e da livre-iniciativa;

> *Artigos constitucionais conexos:* 6º a 11; 21, XXIV; 170; 193; 194; 203, III; 204; 214, IV; 227, § 3º, I.
> *Legislação infraconstitucional:* Decreto-Lei 5.452/43 (Consolidação das Leis do Trabalho). Lei 12.529/11 (Estrutura o Sistema Brasileiro de Defesa da Concorrência; dispõe sobre a prevenção e repressão às infrações contra a ordem econômica... e dá outras providências.)

V – o pluralismo político.

> *Artigos constitucionais conexos:* 17; ADCT, 6º.
> *Legislação infraconstitucional:* Lei 9.096/95 (Lei Orgânica dos Partidos Políticos).

Parágrafo único. Todo o poder emana do povo, que o exerce por meio de representantes eleitos, ou diretamente, nos termos desta Constituição.

> *Artigos constitucionais conexos:* 5º, LXXIII; 14; 27; 29, I a IV; 45; 46; 60, § 4º, II; 61, § 2º; ADCT, 2º; ADCT, 3º.
> *Legislação infraconstitucional:* LC 78/93 (dispõe sobre a fixação do número de deputados federais por Unidade da Federação); Lei 9.709/98 (regulamentou a utilização de plebiscitos, referendos e iniciativa popular de lei).

Art. 2º São Poderes da União, independentes e harmônicos entre si, o Legislativo, o Executivo e o Judiciário.

> *Artigos constitucionais conexos:* 44-75 (Legislativo); 76-91 (Executivo); 92-126 (Judiciário); 60, § 4º, III.
> *Súmula Vinculante do Súmula do Supremo Tribunal Federal:* 37.
> *Súmulas do Supremo Tribunal Federal:* 638 e 649.

Art. 3º Constituem objetivos fundamentais da República Federativa do Brasil:
I – construir uma sociedade livre, justa e solidária;

> *Artigos constitucionais conexos:* 170; 206.

II – garantir o desenvolvimento nacional;

> *Artigos constitucionais conexos:* 21, IX e XX; 23, par. único; 43; 48, IV; 151, I; 159, I, c; 174, § 1º; 192, § 2º; ADCT, 12; ADCT, 34, § 10; ADCT, 42.
> *Legislação infraconstitucional:* Decreto 6.047/07 (Institui a Política Nacional de Desenvolvimento Regional – PNDR e dá outras providências).

III – erradicar a pobreza e a marginalização e reduzir as desigualdades sociais e regionais;

> *Artigos constitucionais conexos:* 23, X; 170, VII; 214; ADCT, 60; EC 31/00; ADCT, 82, § 1º (Art. 2º, EC 42/03).
> *Legislação infraconstitucional:* LC 111/01 (Fundo de Combate à Pobreza); Lei 10.638/03 (institui o Programa Permanente de Combate à Seca – PROSECA); Lei 10.689/03 (cria o Programa Nacional de Acesso à Alimentação – PNAA); Lei 11.172/05 (Institui o 14 de dezembro como o "Dia Nacional de Combate à Pobreza").

IV – promover o bem de todos, sem preconceitos de origem, raça, sexo, cor, idade e quaisquer outras formas de discriminação.

> *Artigos constitucionais conexos:* 5º, caput, I, XLI e XLII; 7º, XXX.
> *Legislação infraconstitucional:* Lei 7.716/89, alterada pela Lei 8.081/90, que define os crimes resultantes de preconceitos de raça ou de cor; Lei 9.459/97, que define crimes resultantes de preconceito de raça ou de cor; Convenção sobre a eliminação de todas as formas de Discriminação Racial, adotada pela Resolução 2.106-A (XX) da Assembleia Geral das Nações Unidas, em 21 de dezembro de 1965; Convenção sobre a eliminação de todas as formas de Discriminação contra a mulher, adotada pela Resolução 34/180 da Assembleia Geral das Nações Unidas, em 18 de dezembro de 1979; Convenção Interamericana para prevenir, punir e erradicar a violência contra a mulher, adotada pela Assembleia Geral da Organização dos Estados Americanos em 6 de junho de 1994; Lei 10.714/03 (autoriza o Poder Executivo a disponibilizar, em âmbito nacional, número telefônico destinado a atender denúncias de violência contra a mulher); Lei 10.745/03 (institui o ano de 2004 como o "Ano da mulher"); Lei 10.778/03 (estabelece a notificação compulsória, no território nacional, do caso de violência contra a mulher que for atendida em serviços de saúde públicos ou privados).

Art. 4º A República Federativa do Brasil rege-se nas suas relações internacionais pelos seguintes princípios:

> *Artigos constitucionais conexos:* 5º, § 2º; 49, I; 84, VII e VIII.
> *Legislação infraconstitucional:* Carta das Nações Unidas, arts. 1 e 55, proclamada em Assembleia Geral das Nações Unidas em 26 de junho de 1945.

I – independência nacional;

> *Artigos constitucionais conexos:* 1º, caput; 34, I; 78, caput; 91, § 1º; 137, II.
> *Legislação infraconstitucional:* Lei 8.183/91, regulamentada pelo Decreto 893/93 (Conselho de Defesa Nacional).

II – prevalência dos direitos humanos;

> *Artigos constitucionais conexos:* 5º, § 2º; ADCT, 7º.
> *Legislação infraconstitucional:* Declaração Universal dos Direitos Humanos, adotada e proclamada em 10-12-1948 pela Resolução 217 A (III), da Assembleia Geral das Nações Unidas; Pacto Internacional dos Di-

reitos Civis e Políticos, adotado e proclamado em 16-12-1966, pela Resolução 2.200-A (XXI) da Assembleia Geral das Nações Unidas; Convenção Americana de Direitos Humanos – Pacto de São José da Costa Rica, adotada e proclamada em 22-11-1969.

III – autodeterminação dos povos;

IV – não intervenção;

> *Artigos constitucionais conexos*: 21, II; 49, II; 84, XIX; 91, § 1º, I; 137, II; 138, § 1º; 148, I; 154, II; ADCT, 34, § 1º.

V – igualdade entre os Estados;

> *Artigos constitucionais conexos*: 4º, par. único.

VI – defesa da paz;

> *Artigos constitucionais conexos*: 84, XX; 136; 137; 142, *caput*.

VII – solução pacífica dos conflitos;

VIII – repúdio ao terrorismo e ao racismo;

> *Artigos constitucionais conexos*: 5º, XLIII e XLIV.
> *Legislação infraconstitucional*: Lei 7.716/89, alterada pela Lei 8.081/90, que define os crimes resultantes de preconceitos de raça ou de cor; Lei 9.459/97, que define crimes resultantes de preconceito de raça ou de cor; Lei 8.072/90 (Lei dos crimes hediondos e assemelhados), alterada pela Lei 11.464/07. Cf. nota art. 3º, IV, CF; Lei 13.810/19 (Cumprimento de sanções impostas por resoluções do Conselho de Segurança das Nações Unidas, incluída a indisponibilidade de ativos de pessoas naturais e jurídicas e de entidades, e a designação nacional de pessoas investigadas ou acusadas de terrorismo, de seu financiamento ou de atos a ele correlacionados).

IX – cooperação entre os povos para o progresso da humanidade;

> *Artigos constitucionais conexos*: 21, IV; ADCT, 7º.

X – concessão de asilo político.

> *Artigo constitucional conexo*: 5º, LII.
> *Legislação infraconstitucional*: Convenção relativa ao Estatuto dos Refugiados, adotada em 28 de julho de 1951 pela Conferência das Nações Unidas, convocada pela Assembleia Geral de 14 de dezembro de 1950, pela Resolução 429 (V); Protocolo sobre o Estatuto dos Refugiados adotado pela Resolução 2.198 (XXI) da Assembleia Geral das Nações Unidas, de 16 de dezembro de 1966; Decreto 678/92 (Pacto de São José da Costa Rica); Lei 9.474/97 (Estatuto dos Refugiados); Lei 13.445/17 (Lei de Migração).

Parágrafo único. A República Federativa do Brasil buscará a integração econômica, política, social e cultural dos povos da América Latina, visando à formação de uma comunidade latino-americana de nações.

> *Legislação infraconstitucional*: Declaração de Iguaçu – Brasil e Argentina, assinada em 1985; Ata para integração Brasil e Argentina, assinada em 1986; Tratado de Integração, Cooperação e Desenvolvimento de 1988 entre Brasil e Argentina; Ata de Buenos Aires, em 1990 (Brasil e Argentina); Tratado de Assunção (Brasil, Argentina, Uruguai e Paraguai), de 1991, instrumento criador do Mercosul.

TÍTULO II
DOS DIREITOS E GARANTIAS FUNDAMENTAIS

CAPÍTULO I
Dos Direitos e Deveres Individuais e Coletivos

Art. 5º Todos são iguais perante a lei, sem distinção de qualquer natureza, garantindo-se aos brasileiros e aos estrangeiros residentes no País a inviolabilidade do direito à vida, à liberdade, à igualdade, à segurança e à propriedade, nos termos seguintes:

> *Artigos constitucionais conexos:* 3º, IV; 7º, XXX a XXXIV; 14, *caput*; 60, § 4º, IV; 170, par. único; ADCT, 53.
> *Súmulas Vinculantes do Supremo Tribunal Federal:* 6 e 11.
> *Súmula do Supremo Tribunal Federal:* 683.
>
> *Legislação infraconstitucional:* Declaração Universal dos Direitos Humanos, adotada e proclamada em 10-12-1948 pela Resolução 217 A (III), da Assembleia Geral das Nações Unidas; Convenção sobre a eliminação de todas as formas de Discriminação Racial, adotada pela Resolução 2.106-A (XX) da Assembleia Geral das Nações Unidas, em 21 de dezembro de 1965; Pacto Internacional dos Direitos Civis e Políticos, adotado e proclamado em 16-12-1966, pela Resolução 2.200-A (XXI) da Assembleia Geral das Nações Unidas; Convenção Americana de Direitos Humanos – Pacto de São José da Costa Rica, adotada e proclamada em 22-11-1969; Convenção sobre a eliminação de todas as formas de Discriminação contra a Mulher, adotada pela Resolução 34/180 da Assembleia Geral das Nações Unidas, em 18 de dezembro de 1979; Convenção contra a tortura e outros tratamentos ou penas cruéis, desumanos ou degradantes, adotada pela Resolução 39/46, da Assembleia Geral das Nações Unidas em 10 de dezembro de 1984; Convenção Interamericana para prevenir e punir a tortura, adotada no XV Período Ordinário de Sessões da Assembleia Geral da Organização dos Estados Americanos, em Cartagena das Índias (Colômbia), em 9 de dezembro de 1985; Convenção Interamericana para prevenir, punir e erradicar a violência contra a mulher, adotada pela Assembleia Geral da Organização dos Estados Americanos em 6 de junho de 1994.

I – homens e mulheres são iguais em direitos e obrigações, nos termos desta Constituição;

> *Artigos constitucionais conexos:* 3º, IV; 7º, XVIII e XIX; 40, § 1º, III; 143, §§ 1º e 2º; 201, § 7º; 226, § 5º.
> *Legislação infraconstitucional:* Lei 10.714/03 (autoriza o Poder Executivo a disponibilizar, em âmbito nacional, número telefônico destinado a atender denúncias de violência contra a mulher); Lei 10.745/03 (institui o ano de 2004 como o "Ano da mulher"); Lei 10.778/03 (estabelece a notificação compulsória, no território nacional, do caso de violência contra a mulher que for atendida em serviços de saúde públicos ou privados).

II – ninguém será obrigado a fazer ou deixar de fazer alguma coisa senão em virtude de lei;

> *Artigos constitucionais conexos:* 1º, par. único; 14; 59 a 69; 84, IV; ADCT, 2º e 3º.
> *Súmulas Vinculantes do Supremo Tribunal Federal:* 37 e 44.
> *Súmulas do Supremo Tribunal Federal:* 636 e 686.
> *Legislação infraconstitucional:* LC 95/98 (Dispõe sobre a elaboração, a redação, a alteração e a consolidação das leis.

III – ninguém será submetido a tortura nem a tratamento desumano ou degradante;

> *Artigos constitucionais conexos:* 5º, XLIII; XLVII; XLIX; LVI; 136, § 3º; 139.
> *Súmula Vinculante do Supremo Tribunal Federal:* 11.

> *Legislação infraconstitucional*: art. 199 da Lei 7.210/84 (Lei de Execução Penal); arts. 2º e 8º da Lei 8.072/90 (Crimes Hediondos); Dec. 40/91 (Convenção contra a Tortura e outros Tratamentos ou Penas Cruéis, Desumanos ou Degradantes); art. 5º, item 2, do Dec. 678/92 (Pacto de São José da Costa Rica); Lei 9.455/97 (Crimes de Tortura); Lei 12.847/13 (Sistema de Prevenção e Combate à Tortura); Dec. 8.154/13 (Regulamenta o Sistema de Prevenção e Combate à Tortura); Dec. 8.858/16 (Emprego de Algemas); art. 13 da Lei 13.869/2019 (Lei de Abuso de Autoridade).

IV – é livre a manifestação do pensamento, sendo vedado o anonimato;

> *Artigos constitucionais conexos*: 5º, V e IX; 139, III; 220; ADCT, 2º, § 1º; ADCT, 65.
> *Legislação infraconstitucional*: Lei 5.250/67 (Lei de Imprensa – Não recepcionada pela CF/88 – ADPF 130); Lei 13.188/15 (dispõe sobre o direito de resposta ou retificação do ofendido em matéria divulgada, publicada ou transmitida por veículo de comunicação social).

V – é assegurado o direito de resposta, proporcional ao agravo, além da indenização por dano material, moral ou à imagem;

> *Artigos constitucionais conexos*: 5º, IV; 5º, XXVIII, a; 220.
> *Legislação infraconstitucional*: art. 1.538, § 1º, Código Civil de 1916, atual art. 949; Lei 5.250/67 (Lei de Imprensa – Não recepcionada pela CF/88 – ADPF 130); Lei 8.389/91 (Política nacional de arquivos públicos e privados); Lei 9.507/97 (regula o direito de acesso à informação e disciplina o rito processual do *habeas data*); Lei 13.188/15 (Dispõe sobre o direito de resposta ou retificação do ofendido em matéria divulgada, publicada ou transmitida por veículo de comunicação social).

VI – é inviolável a liberdade de consciência e de crença, sendo assegurado o livre exercício dos cultos religiosos e garantida, na forma da lei, a proteção aos locais de culto e a suas liturgias;

> *Artigos constitucionais conexos*: 19, I, 210, § 1º (ensino religioso); 215, § 2º (feriados).
> *Legislação infraconstitucional*: art. 208, Código Penal (define o crime de ultraje a culto e impedimento ou perturbação de ato a ele relativo); art. 16, III do Estatuto da Criança e do Adolescente (Lei 8.069/90); Lei 9.982/00; Lei 10.335/01 (Institui o Dia da Bíblia); Lei 13.246/2016 (Institui o dia 31 de outubro como Dia Nacional da Proclamação do Evangelho).

VII – é assegurada, nos termos da lei, a prestação de assistência religiosa nas entidades civis e militares de internação coletiva;

> *Artigo constitucional conexo*: 143, § 2º.
> *Legislação infraconstitucional*: Lei 6.923/81 (Regulamenta a assistência religiosa nas Forças Armadas); art. 24, da Lei 7.210/84 (Execução Penal); art. 124, XIV, da Lei 8.069/90 (ECA); Lei 9.982/00 (Dispõe sobre a prestação de assistência religiosa nas entidades hospitalares públicas e privadas, bem como nos estabelecimentos prisionais civis e militares).

VIII – ninguém será privado de direitos por motivo de crença religiosa ou de convicção filosófica ou política, salvo se as invocar para eximir-se de obrigação legal a todos imposta e recusar-se a cumprir prestação alternativa, fixada em lei;

> *Artigos constitucionais conexos*: 15, IV; 53, § 6º; 143, §§ 1º e 2º.
> *Legislação infraconstitucional*: Lei 8.239/91, regulamentada pela Portaria 2.681/92 – COSEMI (prevê prestação de serviço alternativo ao serviço militar); Lei 9.982/00.

IX – é livre a expressão da atividade intelectual, artística, científica e de comunicação, independentemente de censura ou licença;

> *Artigos constitucionais conexos*: 5º, IV e V; 139, III; 220, § 3º, I e II; 221.
> *Legislação infraconstitucional*: Lei 5.250/67 (Lei de Imprensa – Não recepcionada pela CF/88 – ADPF 130); Lei 9.610/98 (Lei dos Direitos autorais); Lei 13.188/15 (Dispõe sobre o direito de resposta ou retificação do ofendido em matéria divulgada, publicada ou transmitida por veículo de comunicação social).

X – são invioláveis a intimidade, a vida privada, a honra e a imagem das pessoas, assegurado o direito a indenização pelo dano material ou moral decorrente de sua violação;

> *Artigos constitucionais conexos:* 5º, V e XXXVII, a; 37, § 3º, II; 210, § 1º.
> *Súmula Vinculante do Supremo Tribunal Federal:* 11.
> *Súmula do Supremo Tribunal Federal:* 714.
> *Legislação infraconstitucional:* Lei 5.250/67 (Lei de Imprensa – Não recepcionada pela CF/88 – ADPF 130) Lei 8.389/91 (Política nacional de arquivos públicos e privados); Lei 9.507/97 (regula o direito de acesso à informação e disciplina o rito processual do *habeas data*); LC 105/01 (dispõe sobre o sigilo das operações de instituições financeiras); Lei 13.188/15 (Dispõe sobre o direito de resposta ou retificação do ofendido em matéria divulgada, publicada ou transmitida por veículo de comunicação social).

XI – a casa é asilo inviolável do indivíduo, ninguém nela podendo penetrar sem consentimento do morador, salvo em caso de flagrante delito ou desastre, ou para prestar socorro, ou, durante o dia, por determinação judicial;

> *Artigos constitucionais conexos:* 58, § 3º; 136, § 3º, I; 139, V.
> *Legislação infraconstitucional:* art. 150, Código Penal; art. 301, Código de Processo Penal.

XII – é inviolável o sigilo da correspondência e das comunicações telegráficas, de dados e das comunicações telefônicas, salvo, no último caso, por ordem judicial, nas hipóteses e na forma que a lei estabelecer para fins de investigação criminal ou instrução processual penal;

> *Artigos constitucionais conexos:* 58, § 3º; 136, § 3º, I, b e c; 139, III.
> *Legislação infraconstitucional:* arts. 151 e 152, Código Penal; arts. 6º, XVIII, *a* e 8º, § 3º, da LC 75/93 (Estatuto do Ministério Público da União); Lei 9.296/96 (regulamenta o inciso XII, parte final, do art. 5º da Constituição Federal).

XIII – é livre o exercício de qualquer trabalho, ofício ou profissão, atendidas as qualificações profissionais que a lei estabelecer;

> *Artigos constitucionais conexos:* 6º a 11; 21, XXIV; 170; 193; 194; 203, III; 204; 214, IV; 227, § 3º, I.

XIV – é assegurado a todos o acesso à informação e resguardado o sigilo da fonte, quando necessário ao exercício profissional;

> *Artigo constitucional conexo:* 220, § 1º.
> *Legislação infraconstitucional:* art. 154, Código Penal.

XV – é livre a locomoção no território nacional em tempo de paz, podendo qualquer pessoa, nos termos da lei, nele entrar, permanecer ou dele sair com seus bens;

> *Artigos constitucionais conexos:* 109, X; 139, I.
> *Legislação infraconstitucional:* Lei 13.445/17 (Lei de Migração), regulamentado pelo Decreto 9.199/17 (Regulamenta a Lei 13.445, de 24 de maio de 2017, que institui a Lei de Migração); Lei 7.685/88 (dispõe sobre o registro provisório para o estrangeiro em situação ilegal em território nacional).

XVI – todos podem reunir-se pacificamente, sem armas, em locais abertos ao público, independentemente de autorização, desde que não frustrem outra reunião anteriormente convocada para o mesmo local, sendo apenas exigido prévio aviso à autoridade competente;

> *Artigos constitucionais conexos:* 136, § 1º, a; 139, IV.

XVII – é plena a liberdade de associação para fins lícitos, vedada a de caráter paramilitar;

> *Artigos constitucionais conexos:* 8º; 17, § 4º; 37, VI; 42, § 1º; 142, IV.

XVIII – a criação de associações e, na forma da lei, a de cooperativas independem de autorização, sendo vedada a interferência estatal em seu funcionamento;

> *Artigos constitucionais conexos:* 5º, LXX; 8º, I.
> *Legislação infraconstitucional:* Lei 5.764/71 (Disciplina o regime jurídico das sociedades cooperativas).

XIX – as associações só poderão ser compulsoriamente dissolvidas ou ter suas atividades suspensas por decisão judicial, exigindo-se, no primeiro caso, o trânsito em julgado;
> *Legislação infraconstitucional:* Decreto-lei 41/66 (Dissolução de sociedades civis de fins assistenciais).

XX – ninguém poderá ser compelido a associar-se ou a permanecer associado;
> *Artigo constitucional conexo: 8º, V.*

XXI – as entidades associativas, quando expressamente autorizadas, têm legitimidade para representar seus filiados judicial ou extrajudicialmente;
> *Artigo constitucional conexo:* 232.
> *Súmula do Supremo Tribunal Federal:* 629.
> *Legislação infraconstitucional:* art. 18, Código de Processo Civil; art. 5º, Lei 7.347/85 (Lei da Ação Civil Pública); art. 3º, Lei 7.853/89 (Lei de apoio às pessoas portadoras de deficiência); art. 210, Estatuto da Criança e do Adolescente (Lei 8.069/90); art. 82, IV, Código de Defesa do Consumidor (Lei 8.078/90).

XXII – é garantido o direito de propriedade;
> *Artigos constitucionais conexos:* 22, II; 24, VI; 30, VIII; 136, § 1º, II; 139, VII; 231; 243.
> *Legislação infraconstitucional:* arts. 1.228 e segs., Código Civil; Estatuto da Terra (Lei 4.504/64); Lei 8.257/91 (Expropriação das glebas nas quais se localizam culturas ilegais de plantas psicotrópicas).

XXIII – a propriedade atenderá a sua função social;
> *Artigos constitucionais conexos:* 3º; 156, § 1º; 170, II e III; 182, § 2º; 184; 185, parágrafo único; 186.

XXIV – a lei estabelecerá o procedimento para desapropriação por necessidade ou utilidade pública, ou por interesse social, mediante justa e prévia indenização em dinheiro, ressalvados os casos previstos nesta Constituição;
> *Artigos constitucionais conexos:* 22, II; 100, § 1º; 182, § 3º; 185; 186; 189.
> *Súmulas do Supremo Tribunal Federal:* 23, 111, 157, 164, 218, 345, 378, 416, 475, 561, 617, 618 e 652.
> *Legislação infraconstitucional:* Decreto-Lei 3.365/41; Lei 4.132/62; Estatuto da Terra (Lei 4.504/64); Decreto-Lei 1.075/70; Lei 8.629/93 (Regula a desapropriação para fins de reforma agrária); Leis complementares nºˢ 76/93 e 88/96 (Regulam o procedimento especial para o processo de desapropriação de imóvel rural por interesse social).

XXV – no caso de iminente perigo público, a autoridade competente poderá usar de propriedade particular, assegurada ao proprietário indenização ulterior, se houver dano;
> *Artigos constitucionais conexos:* 139, VII.

XXVI – a pequena propriedade rural, assim definida em lei, desde que trabalhada pela família, não será objeto de penhora para pagamento de débitos decorrentes de sua atividade produtiva, dispondo a lei sobre os meios de financiar o seu desenvolvimento;
> *Artigos constitucionais conexos:* 185; 186.
> *Legislação infraconstitucional:* Estatuto da Terra (Lei 4.504/64); Lei 8.894/94 e Lei 9.393/96 (Dispõem sobre o ITR – Imposto sobre propriedade territorial rural e títulos da dívida agrária); Lei 9.321/96 (Dispõe sobre o Programa Nacional de Fortalecimento Familiar – PRONAF); Lei 11.326/06 (Estabelece as diretrizes para a formulação da Política Nacional da Agricultura Familiar e Empreendimentos Familiares Rurais).

XXVII – aos autores pertence o direito exclusivo de utilização, publicação ou reprodução de suas obras, transmissível aos herdeiros pelo tempo que a lei fixar;
> *Súmula do Supremo Tribunal Federal:* 386.
> *Legislação infraconstitucional:* Lei 9.609/98 (Disciplina a proteção da propriedade intelectual sobre programas de computador); Lei 9.610/98 (Disciplina os direitos autorais).

XXVIII – são assegurados, nos termos da lei:
> *Artigo constitucional conexo:* 5º, V e X.
> *Legislação infraconstitucional:* Lei 9.615/98 (Institui normas gerais sobre desporto).

a) a proteção às participações individuais em obras coletivas e à reprodução da imagem e voz humanas, inclusive nas atividades desportivas;

b) o direito de fiscalização do aproveitamento econômico das obras que criarem ou de que participarem aos criadores, aos intérpretes e às respectivas representações sindicais e associativas;

XXIX – a lei assegurará aos autores de inventos industriais privilégio temporário para sua utilização, bem como proteção às criações industriais, à propriedade das marcas, aos nomes de empresas e a outros signos distintivos, tendo em vista o interesse social e o desenvolvimento tecnológico e econômico do País;

> Legislação infraconstitucional: Lei 8.955/94 (Disciplina os contratos de franquia empresarial); Lei 9.279/96 (Disciplina os direitos e obrigações relativas à propriedade industrial); Lei 9.456/97 (Disciplina a proteção de Cultivares).

XXX – é garantido o direito de herança;

> Artigos constitucionais conexos: 226, § 4º; 227, § 6º.
> Legislação infraconstitucional: arts. 1.784 e segs., Código Civil; Lei 8.971/94 (Regula os direitos dos companheiros a alimentos e à sucessão); Lei 9.278/96 (Lei da convivência estável).

XXXI – a sucessão de bens de estrangeiros situados no País será regulada pela lei brasileira em benefício do cônjuge ou dos filhos brasileiros, sempre que não lhes seja mais favorável a lei pessoal do *de cujus*;

XXXII – o Estado promoverá, na forma da lei, a defesa do consumidor;

> Artigos constitucionais conexos: 129, III; 170, V.
> Legislação infraconstitucional: Código de Defesa do Consumidor (Lei 8.078/90, alterada parcialmente pelas leis nºs 8.656/93, 8.073/93, 9.008/95, 9.298/96.); Lei 8.137/90 (Crimes contra a ordem tributária, econômica e contra as relações de consumo); Lei 8.884/94 (Dispõe sobre infrações contra a ordem econômica – CADE); arts. 142 a 158, Lei 14.597/2023 (Lei Geral do Esporte).

XXXIII – todos têm direito a receber dos órgãos públicos informações de seu interesse particular, ou de interesse coletivo ou geral, que serão prestadas no prazo da lei, sob pena de responsabilidade, ressalvadas aquelas cujo sigilo seja imprescindível à segurança da sociedade e do Estado;

> Artigo constitucional conexo: 5º, LXXII, 37, § 3º, II (EC 19/98); 139, III.
> Súmula Vinculante do Supremo Tribunal Federal: 14.
> Legislação infraconstitucional: Lei 9.051/95 (Disciplina o prazo para expedição de certidões); Lei 12.527/11 (Regula o acesso a informações previsto no inciso XXXIII do art. 5º, no inciso II do § 3º do art. 37 e no § 2º do art. 216 da Constituição Federal ... e dá outras providências).

XXXIV – são a todos assegurados, independentemente do pagamento de taxas:

> Artigo constitucional conexo: 5º, LXXIV, LXXVI e LXXVII.
> Legislação infraconstitucional: Lei 9.051/95 (Disciplina o prazo para expedição de certidões).

a) o direito de petição aos Poderes Públicos em defesa de direito ou contra ilegalidade ou abuso de poder;

> Súmula Vinculante do Supremo Tribunal Federal: 21.
> Legislação infraconstitucional: Lei 13.869/2019 (Lei de Abuso de Autoridade).

b) a obtenção de certidões em repartições públicas, para defesa de direitos e esclarecimento de situações de interesse pessoal;

XXXV – a lei não excluirá da apreciação do Poder Judiciário lesão ou ameaça a direito;

> Artigos constitucionais conexos: 5º, LXXIV; 92 e segs., 136, § 3º; 217.
> Súmula Vinculante do Supremo Tribunal Federal: 28.

> Súmula do Supremo Tribunal Federal: 667.
> Legislação infraconstitucional: Lei 9.307/96 (Lei da arbitragem).

XXXVI – a lei não prejudicará o direito adquirido, o ato jurídico perfeito e a coisa julgada;
> Artigo constitucional conexo: ADCT, 17.
> Súmulas Vinculantes do Supremo Tribunal Federal: 1, 9 e 35.
> Súmulas do Supremo Tribunal Federal: 654, 667, 678 e 684.
> Legislação infraconstitucional: art. 6º da LINDB (Lei de Introdução às Normas do Direito Brasileiro).

XXXVII – não haverá juízo ou tribunal de exceção;
> Artigos constitucionais conexos: 5º, LIII; 92; 95, II; 128, § 5º, I, b.

XXXVIII – é reconhecida a instituição do júri, com a organização que lhe der a lei, assegurados:
> Artigos constitucionais conexos: 5º, LV; 93, IX.
> Legislação infraconstitucional: arts. 406 e segs., Código de Processo Penal.

a) a plenitude de defesa;
> Súmulas do Supremo Tribunal Federal: 156 e 162.

b) o sigilo das votações;

c) a soberania dos veredictos;

d) a competência para o julgamento dos crimes dolosos contra a vida;
> Súmula Vinculante do Supremo Tribunal Federal: 45.
> Súmulas do Supremo Tribunal Federal: 603, 713 e 721.

XXXIX – não há crime sem lei anterior que o defina, nem pena sem prévia cominação legal;
> Artigos constitucionais conexos: 22, I; 68, § 1º, II.
> Legislação infraconstitucional: art. 1º, Código Penal.

XL – a lei penal não retroagirá, salvo para beneficiar o réu;
> Súmulas Vinculantes do Supremo Tribunal Federal: 3, 5, 14, 21, 24, 26 e 28.
> Súmulas do Supremo Tribunal Federal: 611 e 711.
> Legislação infraconstitucional: art. 2º, Código Penal; art. 66, Lei de Execuções Penais (Lei 7.210/84).

XLI – a lei punirá qualquer discriminação atentatória dos direitos e liberdades fundamentais;
> Artigos constitucionais conexos: 1º, III; 3, I; 34, VII, b; 102, § 1º (EC 03/93).
> Legislação infraconstitucional: Lei 7.716/89, com as alterações das Leis 8.081/90, 8.882/94 e 9.459/97 (Define os crimes resultantes de preconceito de raça ou de cor); Lei 9.455/97 (Define os crimes de tortura).

XLII – a prática do racismo constitui crime inafiançável e imprescritível, sujeito à pena de reclusã5o, nos termos da lei;
> Artigos constitucionais conexos: 1º, III; 3, IV; 4, VII; 19, III.
> Legislação infraconstitucional: 140, § 3º, Código Penal; Lei 7.716/89, com as alterações das Leis nᵒˢ 8.081/90, 8.882/94 e 9.459/97 (Define os crimes resultantes de preconceito de raça ou de cor); Lei 9.455/97 (Define os crimes de tortura); Lei 10.639/03 (inclusão no currículo oficial da Rede de Ensino a obrigatoriedade da temática "História e Cultura Afro-Brasileira"); Lei 10.678/03 (cria a Secretaria Especial de Políticas de Promoção da Igualdade Racial, da Presidência da República, e dá outras providências).

XLIII – a lei considerará crimes inafiançáveis e insuscetíveis de graça ou anistia a prática da tortura, o tráfico ilícito de entorpecentes e drogas afins, o terrorismo e os definidos como crimes hediondos, por eles respondendo os mandantes, os executores e os que, podendo evitá-los, se omitirem;

> *Artigos constitucionais conexos:* 48, VIII; 84, XII.
> *Súmula Vinculante do Supremo Tribunal Federal:* 26.
> *Legislação infraconstitucional:* Lei 2.889/56 (Genocídio); Lei 11.343/06 (Institui o Sistema Nacional de Políticas Públicas sobre Drogas – Sisnad; prescreve medidas para prevenção do uso indevido, atenção e reinserção social de usuários e dependentes de drogas; estabelece normas para repressão à produção não autorizada e ao tráfico ilícito de drogas; define crimes e dá outras providências), regulamentada pela Portaria 344/98 – Vigilância Sanitária – relaciona as substâncias entorpecentes; Decreto 5.912/06 (Regulamenta a Lei 11.343/06, que trata das políticas públicas sobre drogas e da instituição do Sistema Nacional de Políticas Públicas sobre Drogas – SISNAD, e dá outras providências); Lei 8.072/90 (Lei dos crimes hediondos), com as alterações dadas pelas Leis 8.930/94, 9.695/98 e 11.464/07; Lei 9.455/97 (Lei de Tortura); Lei 10.357/01 (Estabelece normas de controle e fiscalização sobre produtos químicos que direta ou indiretamente possam ser destinados à elaboração ilícita de substâncias entorpecentes, psicotrópicas ou que determinem dependência física ou psíquica, e dá outras providências); Lei 12.978/14 (Altera o nome jurídico do art. 218-B do Decreto-Lei 2.848/40 – Código Penal; e acrescenta inciso ao art. 1º da Lei 8.072/90, para classificar como hediondo o crime de favorecimento da prostituição ou de outra forma de exploração sexual de criança ou adolescente ou de vulnerável); Lei 13.260/16 (Regulamenta o disposto no inciso XLIII do art. 5º da Constituição Federal, disciplinando o terrorismo, tratando de disposições investigatórias e processuais e reformulando o conceito de organização terrorista); Lei 13.285/16 (Acrescenta o art. 394-A ao Decreto-Lei 3.689/41 – Código de Processo Penal, para que os processos que apurem a prática de crime hediondo, tenham prioridade de tramitação em todas as instâncias); Lei 13.344/16 (Dispõe sobre prevenção e repressão ao tráfico interno e internacional de pessoas e sobre medidas de atenção às vítimas...); Lei 13.810/19 (Cumprimento de sanções impostas por resoluções do Conselho de Segurança das Nações Unidas, incluída a indisponibilidade de ativos de pessoas naturais e jurídicas e de entidades, e a designação nacional de pessoas investigadas ou acusadas de terrorismo, de seu financiamento ou de atos a ele correlacionados).

XLIV – constitui crime inafiançável e imprescritível a ação de grupos armados, civis ou militares, contra a ordem constitucional e o Estado Democrático;

> *Artigos constitucionais conexos:* 34, III; 136; 137.
> *Legislação infraconstitucional:* Lei 12.850/2013 (Lei de Organizações Criminosas).

XLV – nenhuma pena passará da pessoa do condenado, podendo a obrigação de reparar o dano e a decretação do perdimento de bens ser, nos termos da lei, estendidas aos sucessores e contra eles executadas, até o limite do valor do patrimônio transferido;

> *Artigo constitucional conexo:* 37, § 5º.
> *Legislação infraconstitucional:* arts. 32 e segs., e 107, I, do Código Penal; arts. 55 e segs. do Código Penal Militar; arts. 932 e 935, Código Civil; art. 8º da Lei 8.429/92 (Improbidade Administrativa).

XLVI – a lei regulará a individualização da pena e adotará, entre outras, as seguintes:

> *Súmulas Vinculantes do Supremo Tribunal Federal:* 26 e 56.

a) privação ou restrição da liberdade;

b) perda de bens;

c) multa;

> *Súmula do Supremo Tribunal Federal:* 693.
> *Legislação infraconstitucional:* art. 49 do Código Penal; arts. 164 a 170 da Lei 7.210/84 (Lei de Execução Penal).

d) prestação social alternativa;

e) suspensão ou interdição de direitos;

> *Artigos constitucionais conexos:* 5º, XXXIX; 37, § 4º.
> *Legislação infraconstitucional:* art. 59 do Código Penal; art. 12 da Lei 8.429/92 (Improbidade Administrativa).

XLVII – não haverá penas:

> *Súmula Vinculante do Supremo Tribunal Federal:* 26.
> *Legislação infraconstitucional:* arts. 32 a 52 do Código Penal.

a) de morte, salvo em caso de guerra declarada, nos termos do art. 84, XIX;

b) de caráter perpétuo;

c) de trabalhos forçados;
d) de banimento;
e) cruéis;
> *Artigos constitucionais conexos:* 1º, III; 4, II; 5º, III; 49, II.
> *Legislação infraconstitucional:* arts. 55, I, 56 e 57 do Código Penal Militar (Pena de morte); arts. 707 e 708 do Código de Processo Penal Militar (Pena de morte); arts. 28 e segs. da Lei de Execuções Penais (Lei 7.210/84).

XLVIII – a pena será cumprida em estabelecimentos distintos, de acordo com a natureza do delito, a idade e o sexo do apenado;
> *Legislação infraconstitucional:* Lei de Execuções Penais (Lei 7.210/84), com as alterações da Lei 9.460/97 e da Lei 10.792/03.

XLIX – é assegurado aos presos o respeito à integridade física e moral;
> *Artigos constitucionais conexos:* 1º, III; 5º, III; 15, V.
> *Súmula Vinculante do Supremo Tribunal Federal:* 11.
> *Legislação infraconstitucional:* Lei de Execuções Penais (Lei 7.210/84), Lei 8.633/93 (Disciplina o transporte de presos).

L – às presidiárias serão asseguradas condições para que possam permanecer com seus filhos durante o período de amamentação;
> *Artigos constitucionais conexos:* 5º, XLV; 227.
> *Legislação infraconstitucional:* art. 89 da Lei de Execuções Penais – LEP (Lei 7.210/84).

LI – nenhum brasileiro será extraditado, salvo o naturalizado, em caso de crime comum, praticado antes da naturalização, ou de comprovado envolvimento em tráfico ilícito de entorpecentes e drogas afins, na forma da lei;
> *Súmula do Supremo Tribunal Federal:* 421.

LII – não será concedida extradição de estrangeiro por crime político ou de opinião;
> *Artigo constitucional conexo:* 12, I e II.
> *Legislação infraconstitucional:* Decreto-lei 941/69; Lei 13.445/17 (Lei de Migração); Decreto 9.199/17 (Regulamenta a Lei 13.445/17, que institui a Lei de Migração); arts. 207 a 214 do RISTF.

LIII – ninguém será processado nem sentenciado senão pela autoridade competente;
> *Artigos constitucionais conexos:* 5º, XXXVII; 29, X; 31; 52, I e II; 55, § 2º; 92; 95, II; 96, III; 102, I, b e c; 105, I, a; 108, I, a; 128, §§ 2º, 4º e 5º, I, b.
> *Súmula do Supremo Tribunal Federal:* 704.

LIV – ninguém será privado da liberdade ou de seus bens sem o devido processo legal;
> *Súmulas Vinculantes do Supremo Tribunal Federal:* 3, 14 e 35.
> *Súmula do Supremo Tribunal Federal:* 704.

LV – aos litigantes, em processo judicial ou administrativo, e aos acusados em geral são assegurados o contraditório e ampla defesa, com os meios e recursos a ela inerentes;
> *Súmulas Vinculantes do Supremo Tribunal Federal:* 3, 5, 14, 21, 24 e 28.
> *Súmulas do Supremo Tribunal Federal:* 523, 701, 704, 705, 707, 708 e 712.
> *Legislação infraconstitucional:* art. 103 do Estatuto da Criança e do Adolescente (Lei 8.069/90).

LVI – são inadmissíveis, no processo, as provas obtidas por meios ilícitos;
> *Artigo constitucional conexo:* 5º, X, XI, XII.
> *Legislação infraconstitucional:* arts. 155 e segs. do Código de Processo Penal; arts. 369 e segs. do Código de Processo Civil; Lei 9.296/96 (Regulamenta o inciso XII, parte final, do art. 5º da CF).

LVII – ninguém será considerado culpado até o trânsito em julgado de sentença penal condenatória;
> *Artigo constitucional conexo:* 15, III.

LVIII – o civilmente identificado não será submetido a identificação criminal, salvo nas hipóteses previstas em lei;
> *Súmula do Supremo Tribunal Federal:* 568.
> *Legislação infraconstitucional:* art. 6º, VIII, do Código de Processo Penal; Lei 6.015/73 (Registros Públicos); art. 109 do Estatuto da Criança e do Adolescente (Lei 8.069/90); Lei 10.054/00 (Dispõe sobre a identificação criminal); Lei 12.037/2009 (Dispõe sobre a identificação criminal do civilmente identificado, regulamentando o art. 5º, inciso LVIII, da Constituição Federal); Lei 12.850/13 (Lei de Organizações Criminosas).

LIX – será admitida ação privada nos crimes de ação pública, se esta não for intentada no prazo legal;
> *Artigos constitucionais conexos:* 127, § 1º; 129, I.
> *Legislação infraconstitucional:* art. 29 do Código de Processo Penal; art. 3º da Lei 13.869/2019 (Lei de Abuso de Autoridade).

LX – a lei só poderá restringir a publicidade dos atos processuais quando a defesa da intimidade ou o interesse social o exigirem;
> *Artigo constitucional conexo:* 93, IX.
> *Legislação infraconstitucional:* art. 20 do Código de Processo Penal; arts. 155 e 444 do Código de Processo Civil.

LXI – ninguém será preso senão em flagrante delito ou por ordem escrita e fundamentada de autoridade judiciária competente, salvo nos casos de transgressão militar ou crime propriamente militar, definidos em lei;
> *Artigo constitucional conexo:* 142, § 2º.
> *Legislação infraconstitucional:* arts. 282 e 301 a 310 do Código de Processo Penal; arts. 262 e segs. do Código de Processo Militar; Lei 7.960/89 (Prisão temporária).

LXII – a prisão de qualquer pessoa e o local onde se encontre serão comunicados imediatamente ao juiz competente e à família do preso ou à pessoa por ele indicada;
> *Artigos constitucionais conexos:* 136, § 3º, IV; 139, III.
> *Legislação infraconstitucional:* art. 10 da LC 75/93 (Lei Orgânica do Ministério Público da União); art. 104 da Lei Complementar estadual 734/93 (Lei Orgânica do Ministério Público de São Paulo); art. 11, *caput*, e inciso II, da Lei 8.429/92 (Improbidade Administrativa).

LXIII – o preso será informado de seus direitos, entre os quais o de permanecer calado, sendo-lhe assegurada a assistência da família e de advogado;
> *Artigo constitucional conexo:* 133.
> *Legislação infraconstitucional:* art. 7º, III, do EOAB – Estatuto da Ordem dos Advogados do Brasil.

LXIV – o preso tem direito à identificação dos responsáveis por sua prisão ou por seu interrogatório policial;
> *Artigo constitucional conexo:* 136, § 3º, I e II.
> *Súmula do Supremo Tribunal Federal:* 697.

LXV – a prisão ilegal será imediatamente relaxada pela autoridade judiciária;
> *Artigo constitucional conexo:* 136, § 3º, I.
> *Legislação infraconstitucional:* art. 307 a 310 do Código de Processo Penal.

LXVI – ninguém será levado à prisão ou nela mantido, quando a lei admitir a liberdade provisória, com ou sem fiança;
> *Legislação infraconstitucional:* arts. 321 a 350 do Código de Processo Penal; art. 69, *caput*, da Lei 9.099/95.

LXVII – não haverá prisão civil por dívida, salvo a do responsável pelo inadimplemento voluntário e inescusável de obrigação alimentícia e a do depositário infiel;
> *Súmula Vinculante do Supremo Tribunal Federal:* 25.
> *Artigos constitucionais conexos:* 226, § 7º; 229.

> *Legislação infraconstitucional:* arts. 627 a 652 do Código Civil (Contrato de depósito); arts. 19 e 22 da Lei 5.478/68 (Ação de alimentos); Decreto-Lei 911/69 (Alienação fiduciária); art. 528 do Código de Processo Civil; Lei 8.866/94 (Depositário infiel).

LXVIII – conceder-se-á *habeas corpus* sempre que alguém sofrer ou se achar ameaçado de sofrer violência ou coação em sua liberdade de locomoção, por ilegalidade ou abuso de poder;

> *Artigos constitucionais conexos:* 5º, LXXVII; 42, § 1º (EC 18/98); 136, § 3º, I; 139, I; 102, I, d e i (EC 22/99); 102, II, a; 105, I, c (EC 22/99); 108, I, d; 109, VII; 121, §§ 3º e 4º, V; 142, § 2º.
> *Súmulas do Supremo Tribunal Federal:* 208, 299, 319, 344, 395, 431, 606, 690, 691, 692, 693, 694 e 695.
> *Legislação infraconstitucional:* arts. 647 e segs. do Código de Processo Penal; art. 32 da Lei 8.625/93 (Lei Orgânica Nacional do Ministério Público).

LXIX – conceder-se-á mandado de segurança para proteger direito líquido e certo, não amparado por *habeas corpus* ou *habeas data*, quando o responsável pela ilegalidade ou abuso de poder for autoridade pública ou agente de pessoa jurídica no exercício de atribuições do Poder Público;

> *Súmulas do Supremo Tribunal Federal:* 622 e 632.
> *Legislação infraconstitucional:* art. 21, VI, da Lei Orgânica da Magistratura Nacional (LC 35/79); art. 32, da Lei 8.625/93 (Lei Orgânica Nacional do Ministério Público); Lei 12.016/09 (Disciplina o mandado de segurança individual).

LXX – o mandado de segurança coletivo pode ser impetrado por:

> *Artigos constitucionais conexos:* 17; 232.
> *Súmulas do Supremo Tribunal Federal:* 622, 629, 630 e 632.
> *Legislação infraconstitucional:* art. 5º da Lei 7.347/85 (Lei da ação civil pública); art. 2º da Lei 8.437/92 (Dispõe sobre a concessão de medidas cautelares contra atos do Poder Público); arts. 21 e 22 da Lei 12.016/09 (Disciplina o mandado de segurança individual).

a) partido político com representação no Congresso Nacional;

b) organização sindical, entidade de classe ou associação legalmente constituída e em funcionamento há pelo menos um ano, em defesa dos interesses de seus membros ou associados;

> *Súmulas do Supremo Tribunal Federal:* 629 e 630.

LXXI – conceder-se-á mandado de injunção sempre que a falta de norma regulamentadora torne inviável o exercício dos direitos e liberdades constitucionais e das prerrogativas inerentes à nacionalidade, à soberania e à cidadania;

> *Artigos constitucionais conexos:* 102, I, q; 105, I, h; 121, § 4º, V.
> *Legislação infraconstitucional:* art. 24 da Lei 8.038/90; Lei 13.300/16 (Disciplina o processo e o julgamento dos mandados de injunção individual e coletivo).

LXXII – conceder-se-á *habeas data*:

> *Artigos constitucionais conexos:* 5º, XXX e LXXVII; 102, I, d; 105, I, b; 108, I, c; 109, VIII; 121, § 4º, V.
> *Legislação infraconstitucional:* Lei 9.507/97 (Procedimento do *habeas data*); Lei 10.650/03 (Disciplina o acesso público aos dados e informações existentes nos órgãos e entidades integrantes do Sisnama).

a) para assegurar o conhecimento de informações relativas à pessoa do impetrante, constantes de registros ou bancos de dados de entidades governamentais ou de caráter público;

b) para a retificação de dados, quando não se prefira fazê-lo por processo sigiloso, judicial ou administrativo;

LXXIII – qualquer cidadão é parte legítima para propor ação popular que vise a anular ato lesivo ao patrimônio público ou de entidade de que o Estado participe, à moralidade

administrativa, ao meio ambiente e ao patrimônio histórico e cultural, ficando o autor, salvo comprovada má-fé, isento de custas judiciais e do ônus da sucumbência;
> *Súmula do Supremo Tribunal Federal:* 365.
> *Legislação infraconstitucional:* Lei 4.717/65 (Lei da Ação Popular); Lei 6.938/81 (Política Nacional do Meio Ambiente).

LXXIV – o Estado prestará assistência jurídica integral e gratuita aos que comprovarem insuficiência de recursos;
> *Artigo constitucional conexo:* 134.
> *Legislação infraconstitucional:* Lei 1.060/50 (Lei de Assistência Judiciária); art. 8º, item 2, *e*, do Decreto 678/92 (Pacto de São José da Costa Rica); LC 80/94 (Organiza a Defensoria Pública da União e prescreve normas gerais para sua organização); Legislação infraconstitucional: Lei 10.317/01 (estabelece normas para a concessão de assistência judiciária aos necessitados, para conceder a gratuidade do exame de DNA).

LXXV – o Estado indenizará o condenado por erro judiciário, assim como o que ficar preso além do tempo fixado na sentença;
> *Legislação infraconstitucional:* art. 630 do Código de Processo Penal.

LXXVI – são gratuitos para os reconhecidamente pobres, na forma da lei:
> *Artigo constitucional conexo:* 236.
> *Legislação infraconstitucional:* Lei 6.015/73 (Lei de Registros Públicos); art. 45, Lei 8.935/94.

a) o registro civil de nascimento;
b) a certidão de óbito;

LXXVII – são gratuitas as ações de *habeas corpus* e *habeas data*, e, na forma da lei, os atos necessários ao exercício da cidadania.
> *Legislação infraconstitucional:* Lei 9.265/96 (Gratuidade dos atos necessários ao exercício da cidadania).

LXXVIII – a todos, no âmbito judicial e administrativo, são assegurados a razoável duração do processo e os meios que garantam a celeridade de sua tramitação.
> *Redação do inciso LXXVIII acrescentada pela EC 45, de 8 de dezembro de 2004.*

LXXIX – é assegurado, nos termos da lei, o direito à proteção dos dados pessoais, inclusive nos meios digitais.
> *Redação do inciso LXXIX acrescentada pela EC 115, de 10 de fevereiro de 2022.*
> *Legislação infraconstitucional:* Lei 13.709/2018 (Lei Geral de Proteção de Dados Pessoais – LGPD).

§ 1º As normas definidoras dos direitos e garantias fundamentais têm aplicação imediata.
> *Artigos constitucionais conexos:* 5º, LXXI; 61, § 2º; 102, § 1º.

§ 2º Os direitos e garantias expressos nesta Constituição não excluem outros decorrentes do regime e dos princípios por ela adotados, ou dos tratados internacionais em que a República Federativa do Brasil seja parte.
> *Artigos constitucionais conexos:* 49, I; 84, VIII; 102, III, b.

§ 3º Os tratados e convenções internacionais sobre direitos humanos que forem aprovados, em cada Casa do Congresso Nacional, em dois turnos, por três quintos dos votos dos respectivos membros, serão equivalentes às emendas constitucionais.
> *Redação do § 3º acrescentada pela EC 45, de 8 de dezembro de 2004.*
> *Legislação infraconstitucional:* Decreto 6.949/09 (Convenção Internacional sobre os Direitos das Pessoas com Deficiência).

§ 4º O Brasil se submete à jurisdição de Tribunal Penal Internacional a cuja criação tenha manifestado adesão.
> *Redação do § 4º acrescentada pela EC 45, de 8 de dezembro de 2004.*
> *Legislação infraconstitucional:* Decreto 4.388/02 (Estatuto de Roma do Tribunal Penal Internacional).

CAPÍTULO II
Dos Direitos Sociais

Art. 6º São direitos sociais a educação, a saúde, a alimentação, o trabalho, a moradia, o transporte, o lazer, a segurança, a previdência social, a proteção à maternidade e à infância, a assistência aos desamparados, na forma desta Constituição.

> Redação do art. 6º dada pela EC 90, de 15 de setembro de 2015.

O texto anterior, redigido pela EC 64, de 4 de fevereiro de 2010, dispunha:

"*Art. 6º São direitos sociais a educação, a saúde, a alimentação, o trabalho, a moradia, o lazer, a segurança, a previdência social, a proteção à maternidade e à infância, a assistência aos desamparados, na forma desta Constituição.*"

> Artigos constitucionais conexos: Título VIII – Da ordem social.

Parágrafo único. Todo brasileiro em situação de vulnerabilidade social terá direito a uma renda básica familiar, garantida pelo poder público em programa permanente de transferência de renda, cujas normas e requisitos de acesso serão determinados em lei, observada a legislação fiscal e orçamentária.

> Redação do parágrafo único acrescentada pela EC 114, de 16 de dezembro de 2021.

Art. 7º São direitos dos trabalhadores urbanos e rurais, além de outros que visem à melhoria de sua condição social:

> Legislação infraconstitucional: Consolidação das Leis do Trabalho (CLT – Decreto-Lei 5.452/43); Lei 5.889/73 (Estatui normas reguladoras do trabalho rural).

I – relação de emprego protegida contra despedida arbitrária ou sem justa causa, nos termos de lei complementar, que preverá indenização compensatória, dentre outros direitos;

> Artigo constitucional conexo: ADCT, 10.

II – seguro-desemprego, em caso de desemprego involuntário;

> Artigo constitucional conexo: 201, IV.
> Legislação infraconstitucional: Lei 7.998/90 (Fundo de Amparo ao Trabalhador – Seguro-desemprego); Lei 8.019/90; Lei 8.178/91; Lei 10.779/03 (Dispõe sobre a concessão do benefício de seguro desemprego, durante o período de defeso, ao pescador profissional que exerce a atividade pesqueira de forma artesanal); Lei 13.134/15.

III – fundo de garantia do tempo de serviço;

> Legislação infraconstitucional: Lei 8.036/90, regulamentada pelo Decreto 99.684/90 (FGTS); Lei 8.844/94.

IV – salário mínimo, fixado em lei, nacionalmente unificado, capaz de atender a suas necessidades vitais básicas e às de sua família com moradia, alimentação, educação, saúde, lazer, vestuário, higiene, transporte e previdência social, com reajustes periódicos que lhe preservem o poder aquisitivo, sendo vedada sua vinculação para qualquer fim;

> Artigos constitucionais conexos: 39, § 3º; 201, § 2º; EC 31/00.
> Súmulas Vinculantes do Supremo Tribunal Federal: 4, 6, 15 e 16.

V – piso salarial proporcional à extensão e à complexidade do trabalho;

> Legislação infraconstitucional: LC 103/00 (autoriza os Estados e o Distrito Federal a instituir o piso salarial).

VI – irredutibilidade do salário, salvo o disposto em convenção ou acordo coletivo;

> Artigos constitucionais conexos: 37, XV; 95, III; 128, § 5º, I, c.

VII – garantia de salário, nunca inferior ao mínimo, para os que percebem remuneração variável;

> Artigos constitucionais conexos: 39, § 3º; 201, § 2º.

VIII – décimo terceiro salário com base na remuneração integral ou no valor da aposentadoria;
> Artigos constitucionais conexos: 39, § 3º (EC 20/98); 142, § 3º, VIII.
> Legislação infraconstitucional: Lei 4.090/62; Lei 4.749/65.

IX – remuneração do trabalho noturno superior à do diurno;
> Artigos constitucionais conexos: 7º, XXXIII; 39, § 3º (EC 20/98).
> Legislação infraconstitucional: art. 73, §§ 1º a 5º, CLT.

X – proteção do salário na forma da lei, constituindo crime sua retenção dolosa;

XI – participação nos lucros, ou resultados, desvinculada da remuneração, e, excepcionalmente, participação na gestão da empresa, conforme definido em lei;
> Legislação infraconstitucional: Lei 10.101/00 (dispõe sobre a participação dos trabalhadores nos lucros ou resultados da empresa e dá outras providências).

XII – salário-família pago em razão do dependente do trabalhador de baixa renda nos termos da lei;
> Redação do inciso XII dada pela EC 20, de 15 de dezembro de 1998.
O texto anterior dispunha:
"XII – salário-família para os seus dependentes."
> Artigo constitucional conexo: 13 da EC 20/98.
> Legislação infraconstitucional: Lei 4.266/63; Lei 5.559/68.

XIII – duração do trabalho normal não superior a oito horas diárias e quarenta e quatro semanais, facultada a compensação de horários e a redução da jornada, mediante acordo ou convenção coletiva de trabalho;
> Legislação infraconstitucional: arts. 57 e segs. e 224 e segs. CLT.

XIV – jornada de seis horas para o trabalho realizado em turnos ininterruptos de revezamento, salvo negociação coletiva;
> Súmula do Supremo Tribunal Federal: 675.

XV – repouso semanal remunerado, preferencialmente aos domingos;
> Legislação infraconstitucional: Lei 605/49; art. 62 da CLT.

XVI – remuneração do serviço extraordinário superior, no mínimo, em cinquenta por cento à do normal;
> Legislação infraconstitucional: Lei 10.244/01 (revoga o art. 376 da CLT para permitir a realização de horas extras por mulheres).

XVII – gozo de férias anuais remuneradas com, pelo menos, um terço a mais do que o salário normal;
> Legislação infraconstitucional: arts. 129 e segs. da CLT.

XVIII – licença à gestante, sem prejuízo do emprego e do salário, com a duração de cento e vinte dias;
> Artigo constitucional conexo: ADCT, 10, II, b.
> O STF, no julgamento da ADI 1.946-5 (DJU 16.05.2003 e DOU 03.06.2003), julgou parcialmente procedente o pedido para dar "ao art. 14 da EC 20/1998, sem redução de texto, interpretação conforme a CF, para excluir sua aplicação ao salário da licença à gestante a que se refere o art. 7º, inciso XVIII, da referida Carta".
> Legislação infraconstitucional: arts. 71 a 73 da Lei 8.213/91 regulamentada pelo Decreto 611/92; Lei 10.421/02 (estende à mãe adotiva o direito à licença-maternidade e ao salário-maternidade, alterando a Consolidação das Leis do Trabalho, aprovada pelo Decreto-Lei 5.452, de 1º de maio de 1943); Lei 10.710/03 (altera a Lei 8.213, de 24 de julho de 1991, para restabelecer o pagamento, pela empresa, do salário-maternidade devido à segurada empregada gestante).

XIX – licença-paternidade, nos termos fixados em lei;

> *Artigo constitucional conexo:* ADCT, art. 10, § 1º.

> O STF, na ADO 20, por maioria, julgou procedente o pedido, com o reconhecimento da existência de omissão inconstitucional na regulamentação da licença-paternidade prevista no art. 7º, XIX, da CF/1988, com fixação do prazo de dezoito meses para o Congresso Nacional legislar a respeito da matéria, e entendeu, ao final, que, não sobrevindo a lei regulamentadora no prazo acima estabelecido, caberá a este Tribunal fixar o período da licença-paternidade. Na sequência, por unanimidade, foi fixada a seguinte tese de julgamento: "1. Existe omissão inconstitucional relativamente à edição da lei regulamentadora da licença-paternidade, prevista no art. 7º, XIX, da Constituição. 2. Fica estabelecido o prazo de 18 meses para o Congresso Nacional sanar a omissão apontada, contados da publicação da ata de julgamento. 3. Não sobrevindo a lei regulamentadora no prazo acima estabelecido, caberá a este Tribunal fixar o período da licença paternidade." (*DOU* 08.01.2024).

XX – proteção do mercado de trabalho da mulher, mediante incentivos específicos, nos termos da lei;

> *Legislação infraconstitucional:* arts. 372 e segs. da CLT.

XXI – aviso prévio proporcional ao tempo de serviço, sendo no mínimo de trinta dias, nos termos da lei;

> *Legislação infraconstitucional:* arts. 487 e segs. da CLT.

XXII – redução dos riscos inerentes ao trabalho, por meio de normas de saúde, higiene e segurança;

> *Legislação infraconstitucional:* arts. 154 e segs. da CLT.
> *Súmula do Supremo Tribunal Federal:* 736.

XXIII – adicional de remuneração para as atividades penosas, insalubres ou perigosas, na forma da lei;

> *Artigo constitucional conexo:* 39, § 3º, da EC 19/98.
> *Súmula Vinculante do Supremo Tribunal Federal:* 4.
> *Legislação infraconstitucional:* arts. 189 e segs. da CLT.

XXIV – aposentadoria;

> *Legislação infraconstitucional:* Lei 8.213/91 (Planos de benefícios da previdência social); Lei 9.477/97 (FAPI – Fundo de aposentadoria programada individual e plano de incentivo à aposentadoria programada individual).

XXV – assistência gratuita aos filhos e dependentes desde o nascimento até 5 (cinco) anos de idade em creches e pré-escolas;

> *Redação do inciso XXV dada pela EC 53, de 19 de dezembro de 2006.*
> O texto original dispunha:
> "*XXV – assistência gratuita aos filhos e dependentes desde o nascimento até seis anos de idade em creches e pré-escolas;*"
> *Artigos constitucionais conexos:* 142, § 3º, VIII; 205; 206; 207; 208.
> *Legislação infraconstitucional:* Lei 13.306/16 (Altera a Lei 8.069/90 – Estatuto da Criança e do Adolescente, a fim de fixar em cinco anos a idade máxima para o atendimento na educação infantil).

XXVI – reconhecimento das convenções e acordos coletivos de trabalho;

> *Legislação infraconstitucional:* arts. 611 e segs. da CLT; Lei 9.601/98, regulamentada pelo Decreto 2.490/98 (Contrato de trabalho por prazo determinado).

XXVII – proteção em face da automação, na forma da lei;

XXVIII – seguro contra acidentes de trabalho, a cargo do empregador, sem excluir a indenização a que este está obrigado, quando incorrer em dolo ou culpa;

> *Súmula Vinculante do Supremo Tribunal Federal:* 22.

Art. 7º CONSTITUIÇÃO DA REPÚBLICA FEDERATIVA DO BRASIL

> Legislação infraconstitucional: Lei 6.338/76 (Inclui as ações de indenização por acidentes do trabalho entre as que tem curso nas férias forenses), Lei 8.212/91 (Dispõe sobre a organização da Seguridade Social e institui Plano de Custeio); Lei 8.213/91 (Dispõe sobre os Planos de Benefícios da Previdência Social), Decreto 3.048/99 (Regulamento da Previdência Social).

XXIX – ação, quanto aos créditos resultantes das relações de trabalho, com prazo prescricional de cinco anos para os trabalhadores urbanos e rurais, até o limite de dois anos após a extinção do contrato de trabalho;

> Redação dada pela EC 28, de 25 de maio de 2000, retificada no DOU de 29 de maio de 2000.

O texto anterior dispunha:
"XXIX – ação, quanto a créditos resultantes das relações de trabalho, com prazo prescricional de:"
> Artigo constitucional conexo: 233.
> Legislação infraconstitucional: arts. 7º e 11 da CLT; Lei 5.889/73 (Estatui normas reguladoras do trabalho rural).

a) Revogada pela EC 28, de 26 de maio de 2000, retificada no DOU de 29 de maio de 2000;

O texto anterior dispunha:
"a) cinco anos para o trabalhador urbano, até o limite de dois anos após a extinção do contrato;"

b) Revogada pela EC 28, de 26 de maio de 2000, retificada no DOU de 29 de maio de 2000;

O texto anterior dispunha:
"b) até dois anos após a extinção do contrato, para o trabalhador rural;"

XXX – proibição de diferença de salários, de exercício de funções e de critério de admissão por motivo de sexo, idade, cor ou estado civil;

> Artigos constitucionais conexos: 5º, caput e inciso I; 39, § 3º.
> Legislação infraconstitucional: Lei 9.029/95 (Disciplina a proibição de exigência de atestados de gravidez e esterilização para efeitos de admissão).

XXXI – proibição de qualquer discriminação no tocante a salário e critérios de admissão do trabalhador portador de deficiência;

> Artigos constitucionais conexos: 23, II; 24, XIV; 203, IV e V; 208, III; 227, § 2º.
> Legislação infraconstitucional: Lei 13.146/15 (Institui a Lei Brasileira de Inclusão da Pessoa com Deficiência – Estatuto da Pessoa com Deficiência).

XXXII – proibição de distinção entre trabalho manual, técnico e intelectual ou entre os profissionais respectivos;

XXXIII – proibição de trabalho noturno, perigoso ou insalubre a menores de dezoito e de qualquer trabalho a menores de dezesseis anos, salvo na condição de aprendiz, a partir de quatorze anos;

> Redação do inciso XXXIII dada pela EC 20, de 15 de dezembro de 1998.

O texto original dispunha:
"XXXIII – proibição de trabalho noturno, perigoso ou insalubre aos menores de dezoito e de qualquer trabalho a menores de quatorze anos, salvo na condição de aprendiz;"
> Artigo constitucional conexo: 227, § 3º, I.
> Legislação infraconstitucional: arts. 402 e segs. da CLT.

XXXIV – igualdade de direitos entre o trabalhador com vínculo empregatício permanente e o trabalhador avulso.

Parágrafo único. São assegurados à categoria dos trabalhadores domésticos os direitos previstos nos incisos IV, VI, VII, VIII, X, XIII, XV, XVI, XVII, XVIII, XIX, XXI, XXII, XXIV, XXVI, XXX, XXXI e XXXIII e, atendidas as condições estabelecidas em lei e observada a simplificação do cumprimento das obrigações tributárias, principais e acessórias, decorrentes da relação de trabalho e suas peculiaridades, os previstos nos incisos I, II, III, IX, XII, XXV e XXVIII, bem como a sua integração à previdência social.

> Redação do parágrafo único dada pela EC 72, de 2 de abril de 2013.
O texto original dispunha:
"*Parágrafo único. São assegurados à categoria dos trabalhadores domésticos os direitos previstos nos incisos IV, VI, VIII, XV, XVII, XVIII, XIX, XXI e XXIV, bem como a sua integração à previdência social.*"
> *Legislação infraconstitucional*: LC 150/15; Lei 7.195/84; Decreto 3.048/99 (Regulamento da Previdência Social).

Art. 8º É livre a associação profissional ou sindical, observado o seguinte:
> *Legislação infraconstitucional*: arts. 511, 515, 524, 537, 553, 558 e 570 da CLT; Lei 10.790/03 (Concede anistia a dirigentes ou representantes sindicais e trabalhadores punidos por participação em movimento reivindicatório).

I – a lei não poderá exigir autorização do Estado para a fundação de sindicato, ressalvado o registro no órgão competente, vedadas ao Poder Público a interferência e a intervenção na organização sindical;
> *Súmula do Supremo Tribunal Federal*: 677.

II – é vedada a criação de mais de uma organização sindical, em qualquer grau, representativa de categoria profissional ou econômica, na mesma base territorial, que será definida pelos trabalhadores ou empregadores interessados, não podendo ser inferior à área de um Município;
> *Súmula do Supremo Tribunal Federal*: 677.

III – ao sindicato cabe a defesa dos direitos e interesses coletivos ou individuais da categoria, inclusive em questões judiciais ou administrativas;

IV – a assembleia geral fixará a contribuição que, em se tratando de categoria profissional, será descontada em folha, para custeio do sistema confederativo da representação sindical respectiva, independentemente da contribuição prevista em lei;
> *Súmula Vinculante do Supremo Tribunal Federal*: 40.

V – ninguém será obrigado a filiar-se ou a manter-se filiado a sindicato;
> *Artigo constitucional conexo*: 5º, XX.

VI – é obrigatória a participação dos sindicatos nas negociações coletivas de trabalho;

VII – o aposentado filiado tem direito a votar e ser votado nas organizações sindicais;

VIII – é vedada a dispensa do empregado sindicalizado a partir do registro da candidatura a cargo de direção ou representação sindical e, se eleito, ainda que suplente, até um ano após o final do mandato, salvo se cometer falta grave nos termos da lei.
> *Súmula do Supremo Tribunal Federal*: 197.
> *Legislação infraconstitucional*: art. 543 da CLT.

Parágrafo único. As disposições deste artigo aplicam-se à organização de sindicatos rurais e de colônias de pescadores, atendidas as condições que a lei estabelecer.

Art. 9º É assegurado o direito de greve, competindo aos trabalhadores decidir sobre a oportunidade de exercê-lo e sobre os interesses que devam por meio dele defender.
> *Artigos constitucionais conexos*: 37, VII (EC 19/98); 142, § 3º, IV (EC 18/98).
> *Legislação infraconstitucional*: Lei 7.783/89 (Direito de greve).

§ 1º A lei definirá os serviços ou atividades essenciais e disporá sobre o atendimento das necessidades inadiáveis da comunidade.

§ 2º Os abusos cometidos sujeitam os responsáveis às penas da lei.
> *Súmula do Supremo Tribunal Federal*: 316.

Art. 10. É assegurada a participação dos trabalhadores e empregadores nos colegiados dos órgãos públicos em que seus interesses profissionais ou previdenciários sejam objeto de discussão e deliberação.

Art. 11. Nas empresas de mais de duzentos empregados, é assegurada a eleição de um representante destes com a finalidade exclusiva de promover-lhes o entendimento direto com os empregadores.

> Legislação infraconstitucional: art. 543 da CLT.

CAPÍTULO III
Da Nacionalidade

Art. 12. São brasileiros:

I – natos:

a) os nascidos na República Federativa do Brasil, ainda que de pais estrangeiros, desde que estes não estejam a serviço de seu país;

b) os nascidos no estrangeiro, de pai brasileiro ou mãe brasileira, desde que qualquer deles esteja a serviço da República Federativa do Brasil;

c) os nascidos no estrangeiro de pai brasileiro ou de mãe brasileira, desde que sejam registrados em repartição brasileira competente ou venham a residir na República Federativa do Brasil e optem, em qualquer tempo, depois de atingida a maioridade, pela nacionalidade brasileira;

> Redação da alínea c dada pela EC 54, de 20 de setembro de 2007.

O texto anterior, redigido pela ECR 3, de 7 de junho de 1994, dispunha:

"*c) os nascidos no estrangeiro, de pai brasileiro ou mãe brasileira, desde que venham a residir na República Federativa do Brasil e optem, em qualquer tempo, pela nacionalidade brasileira;*"

II – naturalizados:

> Legislação infraconstitucional: arts. 111 e segs. da Lei 13.445/17 (Lei de Migração), regulamentada pelo Decreto 9.199.

a) os que, na forma da lei, adquiram a nacionalidade brasileira, exigidas aos originários de países de língua portuguesa apenas residência por um ano ininterrupto e idoneidade moral;

b) os estrangeiros de qualquer nacionalidade residentes na República Federativa do Brasil há mais de quinze anos ininterruptos e sem condenação penal, desde que requeiram a nacionalidade brasileira.

> Redação da alínea b dada pela ECR 3, de 7 de junho de 1994.

O texto anterior dispunha:

"*b) os estrangeiros de qualquer nacionalidade, residentes na República Federativa do Brasil há mais de trinta anos ininterruptos e sem condenação penal, desde que requeiram a nacionalidade brasileira.*"

§ 1º Aos portugueses com residência permanente no País, se houver reciprocidade em favor de brasileiros, serão atribuídos os direitos inerentes ao brasileiro, salvo os casos previstos nesta Constituição.

> Redação do § 1º dada pela ECR 3, de 7 de junho de 1994.

O texto anterior dispunha:

"*§ 1º Aos portugueses com residência permanente no País, se houver reciprocidade em favor de brasileiros, serão atribuídos os direitos inerentes ao brasileiro nato, salvo os casos previstos nesta Constituição.*"

> Legislação infraconstitucional: Decreto-legislativo 82/71 (ratificando a Convenção sobre Igualdade de Direitos e Deveres entre Brasileiros e Portugueses, 7-9-1971); Decreto 70.391/72.

§ 2º A lei não poderá estabelecer distinção entre brasileiros natos e naturalizados, salvo nos casos previstos nesta Constituição.

> Artigos constitucionais conexos: art. 5º, LI; 12, § 3º; 89, VII; 222.

§ 3º São privativos de brasileiro nato os cargos:
I – de Presidente e Vice-Presidente da República;
II – de Presidente da Câmara dos Deputados;
III – de Presidente do Senado Federal;
IV – de Ministro do Supremo Tribunal Federal;
V – da carreira diplomática;
VI – de oficial das Forças Armadas;
VII – de Ministro de Estado da Defesa;
> Inciso VII acrescentado pela EC 23, de 2 de setembro de 1999.

§ 4º Será declarada a perda da nacionalidade do brasileiro que:

I – tiver cancelada sua naturalização, por sentença judicial, em virtude de fraude relacionada ao processo de naturalização ou de atentado contra a ordem constitucional e o Estado Democrático;
> Redação do inciso I dada pela EC 131, de 3 de outubro de 2023.

O texto anterior dispunha:

> I – tiver cancelada sua naturalização, por sentença judicial, em virtude de atividade nociva ao interesse nacional;

II – fizer pedido expresso de perda da nacionalidade brasileira perante autoridade brasileira competente, ressalvadas situações que acarretem apatridia.
> Redação do inciso II dada pela EC 131, de 3 de outubro de 2023.

a) *Revogada pela EC* 131, de 3 de outubro de 2023.

b) *Revogada pela EC* 131, de 3 de outubro de 2023.

O texto anterior dispunha:
II – adquirir outra nacionalidade, salvo nos casos:
> Redação do inciso II dada pela ECR 3, de 7 de junho de 1994.

a) de reconhecimento de nacionalidade originária pela lei estrangeira;

b) de imposição de naturalização, pela norma estrangeira, ao brasileiro residente em estado estrangeiro, como condição para permanência em seu território ou para o exercício de direitos civis;

§ 5º A renúncia da nacionalidade, nos termos do inciso II do § 4º deste artigo, não impede o interessado de readquirir sua nacionalidade brasileira originária, nos termos da lei.
> § 5º acrescido pela EC 131, de 3 de outubro de 2023.

Art. 13. A língua portuguesa é o idioma oficial da República Federativa do Brasil.
> Artigos constitucionais conexos: 210, § 2º; 231.
> Legislação infraconstitucional: Lei 11.310/06 (Institui o Dia Nacional da Língua Portuguesa).

§ 1º São símbolos da República Federativa do Brasil a bandeira, o hino, as armas e o selo nacionais.

§ 2º Os Estados, o Distrito Federal e os Municípios poderão ter símbolos próprios.

CAPÍTULO IV
Dos Direitos Políticos

Art. 14. A soberania popular será exercida pelo sufrágio universal e pelo voto direto e secreto, com valor igual para todos, e, nos termos da lei, mediante:
> Artigo constitucional conexo: 1º, parágrafo único.

Art. 14   CONSTITUIÇÃO DA REPÚBLICA FEDERATIVA DO BRASIL

> *Legislação infraconstitucional*: Lei 4.737 (Código Eleitoral); Lei 9.709, de 18 de novembro de 1998 (Regulamenta a execução dos plebiscitos, referendos e a iniciativa popular de lei); Lei 10.226/01.

I – plebiscito;

> *Artigos constitucionais conexos*: 18, §§ 3º e 4º; 49, XV; ADCT, art. 2º (EC 02/92).

II – referendo;

> *Artigo constitucional conexo*: 49, XV.

III – iniciativa popular.

> *Artigos constitucionais conexos*: 27, § 4º; 61, § 2º.

§ 1º O alistamento eleitoral e o voto são:

> *Artigo constitucional conexo*: 60, § 4º, II.
> *Legislação infraconstitucional*: artigos 42 e segs. da Lei 4.737/65.

I – obrigatórios para os maiores de dezoito anos;
II – facultativos para:
a) os analfabetos;
b) os maiores de setenta anos;
c) os maiores de dezesseis e menores de dezoito anos.

§ 2º Não podem alistar-se como eleitores os estrangeiros e, durante o período do serviço militar obrigatório, os conscritos.

§ 3º São condições de elegibilidade, na forma da lei:

I – a nacionalidade brasileira;

> *Artigo constitucional conexo*: 12, § 3º, I.

II – o pleno exercício dos direitos políticos;

> *Artigos constitucionais conexos*: 15; 37, § 4º; 52, parágrafo único.

III – o alistamento eleitoral;
IV – o domicílio eleitoral na circunscrição;
V – a filiação partidária;

> *Legislação infraconstitucional*: Lei 9.096/95.

VI – a idade mínima de:
a) trinta e cinco anos para Presidente e Vice-Presidente da República e Senador;
b) trinta anos para Governador e Vice-Governador de Estado e do Distrito Federal;
c) vinte e um anos para Deputado Federal, Deputado Estadual ou Distrital, Prefeito, Vice-Prefeito e juiz de paz;
d) dezoito anos para Vereador.

§ 4º São inelegíveis os inalistáveis e os analfabetos.

§ 5º O Presidente da República, os Governadores de Estado e do Distrito Federal, os Prefeitos e quem os houver sucedido ou substituído no curso dos mandatos poderão ser reeleitos para um único período subsequente.

> *Redação do § 5º dada pela EC 16, de 4 de junho de 1997.*
> O texto original dispunha:
> "§ 5º São inelegíveis para os mesmos cargos, no período subsequente, o Presidente da República, os Governadores de Estado e do Distrito Federal, os Prefeitos e quem os houver sucedido, ou substituído nos seis meses anteriores ao pleito."
> *Artigos constitucionais conexos*: 76; 77.

§ 6º Para concorrerem a outros cargos, o Presidente da República, os Governadores de Estado e do Distrito Federal e os Prefeitos devem renunciar aos respectivos mandatos até seis meses antes do pleito.

§ 7º São inelegíveis, no território de jurisdição do titular, o cônjuge e os parentes consanguíneos ou afins, até o segundo grau ou por adoção, do Presidente da República, de Governador de Estado ou Território, do Distrito Federal, de Prefeito ou de quem os haja substituído dentro dos seis meses anteriores ao pleito, salvo se já titular de mandato eletivo e candidato à reeleição.

> *Súmula Vinculante do Supremo Tribunal Federal:* 18.

§ 8º O militar alistável é elegível, atendidas as seguintes condições:

> *Artigo constitucional conexo:* 142, § 3º, V.

I – se contar menos de dez anos de serviço, deverá afastar-se da atividade;

II – se contar mais de dez anos de serviço, será agregado pela autoridade superior e, se eleito, passará automaticamente, no ato da diplomação, para a inatividade.

§ 9º Lei complementar estabelecerá outros casos de inelegibilidade e os prazos de sua cessação, a fim de proteger a probidade administrativa, a moralidade para o exercício do mandato, considerada a vida pregressa do candidato, e a normalidade e legitimidade das eleições contra a influência do poder econômico ou o abuso do exercício de função, cargo ou emprego na administração direta ou indireta.

> *Redação do § 9º dada pela ECR 4, de 7 de junho de 1994.*
>
> O texto anterior dispunha:
>
> "§ 9º Lei complementar estabelecerá outros casos de inelegibilidade e os prazos de sua cessação, a fim de proteger a normalidade e legitimidade das eleições contra a influência do poder econômico ou o abuso do exercício de função, cargo ou emprego na administração direta ou indireta."
>
> *Legislação infraconstitucional:* LC 64/90, com as alterações da LC 81/94.

§ 10. O mandato eletivo poderá ser impugnado ante a Justiça Eleitoral no prazo de quinze dias contados da diplomação, instruída a ação com provas de abuso do poder econômico, corrupção ou fraude.

§ 11. A ação de impugnação de mandato tramitará em segredo de justiça, respondendo o autor, na forma da lei, se temerária ou de manifesta má-fé.

§ 12. Serão realizadas concomitantemente às eleições municipais as consultas populares sobre questões locais aprovadas pelas Câmaras Municipais e encaminhadas à Justiça Eleitoral até 90 (noventa) dias antes da data das eleições, observados os limites operacionais relativos ao número de quesitos.

> *§ 12 acrescentado pela EC 111, de 28 de setembro de 2021.*

§ 13. As manifestações favoráveis e contrárias às questões submetidas às consultas populares nos termos do § 12 ocorrerão durante as campanhas eleitorais, sem a utilização de propaganda gratuita no rádio e na televisão.

> *§ 13 acrescentado pela EC 111, de 28 de setembro de 2021.*

Art. 15. É vedada a cassação de direitos políticos, cuja perda ou suspensão só se dará nos casos de:

> *Artigo constitucional conexo:* 52, parágrafo único.
>
> *Legislação infraconstitucional:* Lei 9.096/95 (Lei Orgânica dos Partidos Políticos).

I – cancelamento da naturalização por sentença transitada em julgado;

> *Artigo constitucional conexo:* 12, § 4º.

II – incapacidade civil absoluta;

> *Legislação infraconstitucional*: arts. 5º, 446 a 462 do Código Civil de 1916, atuais arts. 3º, 1.767 a 1.779.

III – condenação criminal transitada em julgado, enquanto durarem seus efeitos;

IV – recusa de cumprir obrigação a todos imposta ou prestação alternativa, nos termos do art. 5º, VIII;

V – improbidade administrativa, nos termos do art. 37, § 4º.

Art. 16. A lei que alterar o processo eleitoral entrará em vigor na data de sua publicação, não se aplicando à eleição que ocorra até 1 (um) ano da data de sua vigência.

> *Redação do art. 16 dada pela EC 4, de 14 de setembro de 1993.*
> O texto original dispunha:
> "Art. 16. A lei que alterar o processo eleitoral só entrará em vigor um ano após sua promulgação."

CAPÍTULO V
Dos Partidos Políticos

Art. 17. É livre a criação, fusão, incorporação e extinção de partidos políticos, resguardados a soberania nacional, o regime democrático, o pluripartidarismo, os direitos fundamentais da pessoa humana e observados os seguintes preceitos:

> *Artigos constitucionais conexos*: 1º; 3º.

> *Legislação infraconstitucional*: Lei 9.096/95 (Lei Orgânica dos Partidos Políticos); Lei 11.300/06 (Dispõe sobre propaganda, financiamento e prestação de contas das despesas com campanhas eleitorais, alterando a Lei 9.504/97).

I – caráter nacional;

II – proibição de recebimento de recursos financeiros de entidade ou governo estrangeiros ou de subordinação a estes;

III – prestação de contas à Justiça Eleitoral;

> *Legislação infraconstitucional*: art. 1º da Lei 9.259/96.

IV – funcionamento parlamentar de acordo com a lei.

§ 1º É assegurada aos partidos políticos autonomia para definir sua estrutura interna e estabelecer regras sobre escolha, formação e duração de seus órgãos permanentes e provisórios e sobre sua organização e funcionamento e para adotar os critérios de escolha e o regime de suas coligações nas eleições majoritárias, vedada a sua celebração nas eleições proporcionais, sem obrigatoriedade de vinculação entre as candidaturas em âmbito nacional, estadual, distrital ou municipal, devendo seus estatutos estabelecer normas de disciplina e fidelidade partidária.

> *Redação do § 1º dada pela EC 97, de 04 de outubro de 2017.*
> O texto anterior, redigido pela EC 52, de 8 de março de 2006, dispunha:
> "§ 1º É assegurada aos partidos políticos autonomia para definir sua estrutura interna, organização e funcionamento e para adotar os critérios de escolha e o regime de suas coligações eleitorais, sem obrigatoriedade de vinculação entre as candidaturas em âmbito nacional, estadual, distrital ou municipal, devendo seus estatutos estabelecer normas de disciplina e fidelidade partidária."

> *Artigo constitucional conexo*: 2º da EC 97/2017.

§ 2º Os partidos políticos, após adquirirem personalidade jurídica, na forma da lei civil, registrarão seus estatutos no Tribunal Superior Eleitoral.

§ 3º Somente terão direito a recursos do fundo partidário e acesso gratuito ao rádio e à televisão, na forma da lei, os partidos políticos que alternativamente:

> *Redação do caput do § 3º dada pela EC 97, de 04 de outubro de 2017.*
>
> O texto original dispunha:
> *"§ 3º Os partidos políticos têm direito a recursos do fundo partidário e acesso gratuito ao rádio e à televisão, na forma da lei."*
>
> *Artigo constitucional conexo: 3º da EC 97/2017.*
>
> *Legislação infraconstitucional:* art. 241 da Lei 4.737/1965 (Código Eleitoral).

I – obtiverem, nas eleições para a Câmara dos Deputados, no mínimo, 3% (três por cento) dos votos válidos, distribuídos em pelo menos um terço das unidades da Federação, com um mínimo de 2% (dois por cento) dos votos válidos em cada uma delas; ou

> *Inciso I acrescentado pela EC 97, de 04 de outubro de 2017.*

II – tiverem elegido pelo menos quinze Deputados Federais distribuídos em pelo menos um terço das unidades da Federação.

> *Inciso II acrescentado pela EC 97, de 04 de outubro de 2017.*

§ 4º É vedada a utilização pelos partidos políticos de organização paramilitar.

§ 5º Ao eleito por partido que não preencher os requisitos previstos no § 3º deste artigo é assegurado o mandato e facultada a filiação, sem perda do mandato, a outro partido que os tenha atingido, não sendo essa filiação considerada para fins de distribuição dos recursos do fundo partidário e de acesso gratuito ao tempo de rádio e de televisão.

> *§ 5º acrescentado pela EC 97, de 04 de outubro de 2017.*

§ 6º Os Deputados Federais, os Deputados Estaduais, os Deputados Distritais e os Vereadores que se desligarem do partido pelo qual tenham sido eleitos perderão o mandato, salvo nos casos de anuência do partido ou de outras hipóteses de justa causa estabelecidas em lei, não computada, em qualquer caso, a migração de partido para fins de distribuição de recursos do fundo partidário ou de outros fundos públicos e de acesso gratuito ao rádio e à televisão.

> *§ 6º acrescentado pela EC 111, de 28 de setembro de 2021.*

§ 7º Os partidos políticos devem aplicar no mínimo 5% (cinco por cento) dos recursos do fundo partidário na criação e na manutenção de programas de promoção e difusão da participação política das mulheres, de acordo com os interesses intrapartidários.

> *§ 7º acrescentado pela EC 117, de 5 de abril de 2022.*

§ 8º O montante do Fundo Especial de Financiamento de Campanha e da parcela do fundo partidário destinada a campanhas eleitorais, bem como o tempo de propaganda gratuita no rádio e na televisão a ser distribuído pelos partidos às respectivas candidatas, deverão ser de no mínimo 30% (trinta por cento), proporcional ao número de candidatas, e a distribuição deverá ser realizada conforme critérios definidos pelos respectivos órgãos de direção e pelas normas estatutárias, considerados a autonomia e o interesse partidário.

> *§ 8º acrescentado pela EC 117, de 5 de abril de 2022.*

TÍTULO III
DA ORGANIZAÇÃO DO ESTADO

CAPÍTULO I
Da Organização Político-Administrativa

Art. 18. A organização político-administrativa da República Federativa do Brasil compreende a União, os Estados, o Distrito Federal e os Municípios, todos autônomos, nos termos desta Constituição.

§ 1º Brasília é a Capital Federal.

§ 2º Os Territórios Federais integram a União, e sua criação, transformação em Estado ou reintegração ao Estado de origem serão reguladas em lei complementar.

§ 3º Os Estados podem incorporar-se entre si, subdividir-se ou desmembrar-se para se anexarem a outros, ou formarem novos Estados ou Territórios Federais, mediante aprovação da população diretamente interessada, através de plebiscito, e do Congresso Nacional, por lei complementar.

> *Legislação infraconstitucional:* Lei 10.521/02 (assegura a instalação de Municípios criados por Lei Estadual).

§ 4º A criação, a incorporação, a fusão e o desmembramento de Municípios, far-se-ão por lei estadual, dentro do período determinado por lei complementar federal, e dependerão de consulta prévia, mediante plebiscito, às populações dos Municípios envolvidos, após divulgação dos Estudos de Viabilidade Municipal, apresentados e publicados na forma da lei.

> *Redação do § 4º dada pela EC 15, de 12 de setembro de 1996.*
> O texto original dispunha:
> "§ 4º A criação, a incorporação, a fusão e o desmembramento de Municípios preservarão a continuidade e a unidade histórico-cultural do ambiente urbano, far-se-ão por lei estadual, obedecidos os requisitos previstos em lei complementar estadual, e dependerão de consulta prévia, mediante plebiscito, às populações diretamente interessadas."

Art. 19. É vedado à União, aos Estados, ao Distrito Federal e aos Municípios:

I – estabelecer cultos religiosos ou igrejas, subvencioná-los, embaraçar-lhes o funcionamento ou manter com eles ou seus representantes relações de dependência ou aliança, ressalvada, na forma da lei, a colaboração de interesse público;

> *Artigos constitucionais conexos:* 5º, VI; 210, § 1º (ensino religioso); 215, § 2º (feriados).

II – recusar fé aos documentos públicos;

III – criar distinções entre brasileiros ou preferências entre si.

> *Artigos constitucionais conexos:* 5º, *caput* e inciso I; 12, § 2º.

CAPÍTULO II
Da União

Art. 20. São bens da União:
> Artigo constitucional conexo: 231.
> Legislação infraconstitucional: Decreto-Lei 9.760/46 (Bens imóveis da União).

I – os que atualmente lhe pertencem e os que lhe vierem a ser atribuídos;
> Súmula do Supremo Tribunal Federal: 650.

II – as terras devolutas indispensáveis à defesa das fronteiras, das fortificações e construções militares, das vias federais de comunicação e à preservação ambiental, definidas em lei;
> Súmula do Supremo Tribunal Federal: 477.

III – os lagos, rios e quaisquer correntes de água em terrenos de seu domínio, ou que banhem mais de um Estado, sirvam de limites com outros países, ou se estendam a território estrangeiro ou dele provenham, bem como os terrenos marginais e as praias fluviais;

IV – as ilhas fluviais e lacustres nas zonas limítrofes com outros países; as praias marítimas; as ilhas oceânicas e as costeiras, excluídas, destas, as que contenham a sede de Municípios, exceto aquelas áreas afetadas ao serviço público e a unidade ambiental federal, e as referidas no art. 26, II;
> Redação do inciso IV dada pela EC 46, de 5 de maio de 2005.

O texto original dispunha:
"IV – as ilhas fluviais e lacustres nas zonas limítrofes com outros países; as praias marítimas; as ilhas oceânicas e as costeiras, excluídas, destas, as áreas referidas no art. 26, II;"

V – os recursos naturais da plataforma continental e da zona econômica exclusiva;

VI – o mar territorial;
> Legislação infraconstitucional: Lei 8.617/93 (Dispõe sobre o mar territorial, a zona contígua, a zona econômica exclusiva e a plataforma continental brasileira); Decreto 1.265/94 (Política Marítima Nacional).

VII – os terrenos de marinha e seus acrescidos;
VIII – os potenciais de energia hidráulica;
IX – os recursos minerais, inclusive os do subsolo;
X – as cavidades naturais subterrâneas e os sítios arqueológicos e pré-históricos;
XI – as terras tradicionalmente ocupadas pelos índios.
> Súmula do Supremo Tribunal Federal: 650.

§ 1º É assegurada, nos termos da lei, à União, aos Estados, ao Distrito Federal e aos Municípios a participação no resultado da exploração de petróleo ou gás natural, de recursos hídricos para fins de geração de energia elétrica e de outros recursos minerais no respectivo território, plataforma continental, mar territorial ou zona econômica exclusiva, ou compensação financeira por essa exploração.
> Redação do § 1º dada pela EC 102, de 26 de setembro de 2019, em vigor na data de sua publicação, e produzirá efeitos a partir da execução orçamentária do exercício financeiro subsequente.

O texto original dispunha:
"§ 1º É assegurada, nos termos da lei, aos Estados, ao Distrito Federal e aos Municípios, bem como a órgãos da administração direta da União, participação no resultado da exploração de petróleo ou gás natural, de recursos hídricos para fins de geração de energia elétrica e de outros recursos minerais no respectivo território, plataforma continental, mar territorial ou zona econômica exclusiva, ou compensação financeira por essa exploração."

Art. 21

> *Artigos constitucionais conexos:* 25, § 2º (EC 5/95); 176, § 1º (EC 6/95); 4º (EC 102/19).
> *Legislação infraconstitucional:* Lei 7.990/89, regulamentada pelo Decreto 01/91; Lei 8.001/90; Lei 9.427/96 (Institui a ANEEL – Agência Nacional de Energia Elétrica).

§ 2º A faixa de até cento e cinquenta quilômetros de largura, ao longo das fronteiras terrestres, designada como faixa de fronteira, é considerada fundamental para defesa do território nacional, e sua ocupação e utilização serão reguladas em lei.

> *Legislação infraconstitucional:* Lei 13.178/15 (Dispõe sobre a ratificação dos registros imobiliários decorrentes de alienações e concessões de terras públicas situadas nas faixas de fronteira; e revoga o Decreto-Lei 1.414/75 e a Lei 9.871/99).

Art. 21. Compete à União:

> *Artigos constitucionais conexos:* 49; 84.

I – manter relações com Estados estrangeiros e participar de organizações internacionais;

> *Legislação infraconstitucional: Lei 13.810/19 (Cumprimento de sanções impostas por resoluções do Conselho de Segurança das Nações Unidas, incluída a indisponibilidade de ativos de pessoas naturais e jurídicas e de entidades, e a designação nacional de pessoas investigadas ou acusadas de terrorismo, de seu financiamento ou de atos a ele correlacionados).*

II – declarar a guerra e celebrar a paz;

> *Artigos constitucionais conexos:* 49, II; 84, X.

III – assegurar a defesa nacional;

IV – permitir, nos casos previstos em lei complementar, que forças estrangeiras transitem pelo território nacional ou nele permaneçam temporariamente;

V – decretar o estado de sítio, o estado de defesa e a intervenção federal;

VI – autorizar e fiscalizar a produção e o comércio de material bélico;

VII – emitir moeda;

VIII – administrar as reservas cambiais do País e fiscalizar as operações de natureza financeira, especialmente as de crédito, câmbio e capitalização, bem como as de seguros e de previdência privada;

IX – elaborar e executar planos nacionais e regionais de ordenação do território e de desenvolvimento econômico e social;

X – manter o serviço postal e o correio aéreo nacional;

> *Legislação infraconstitucional:* Lei 6.538/78 (Disciplina o serviço postal).

XI – explorar, diretamente ou mediante autorização, concessão ou permissão, os serviços de telecomunicações, nos termos da lei, que disporá sobre a organização dos serviços, a criação de um órgão regulador e outros aspectos institucionais;

> *Redação do inciso XI dada pela EC 8, de 15 de agosto de 1995.*
> O texto original dispunha:
> *"XI – explorar, diretamente ou mediante concessão a empresas sob controle acionário estatal, os serviços telefônicos, telegráficos, de transmissão de dados e demais serviços públicos de telecomunicações, assegurada a prestação de serviços de informações por entidades de direito privado através da rede pública de telecomunicações explorada pela União."*
> *Artigo constitucional conexo:* 2º da EC 08/95.
> *Legislação infraconstitucional:* Lei 8.987/95 (concessões e permissões de serviços públicos); Lei 9.295/96 (serviços de telecomunicações e organização do órgão regulador); Lei 9.472/97 (organização dos serviços de telecomunicações).

XII – explorar, diretamente ou mediante autorização, concessão ou permissão:

a) os serviços de radiodifusão sonora e de sons e imagens;
> Redação da alínea a dada pela EC 8, de 15 de agosto de 1995.

O texto original dispunha:
"a) os serviços de radiodifusão sonora, de sons e imagens e demais serviços de telecomunicações;"
> Legislação infraconstitucional: Lei 4.117/62 (Código brasileiro de Telecomunicações).

b) os serviços e instalações de energia elétrica e o aproveitamento energético dos cursos de água, em articulação com os Estados onde se situam os potenciais hidroenergéticos;
> Legislação infraconstitucional: Lei 9.427/96 (Institui a ANEEL – Agência Nacional de Energia Elétrica).

c) a navegação aérea, aeroespacial e a infraestrutura aeroportuária;
> Legislação infraconstitucional: Lei 7.565/86 (Código brasileiro de Aeronáutica); Lei 12.970/14, Lei 13.097/15 e Lei 13.133/15 (alterações).

d) os serviços de transporte ferroviário e aquaviário entre portos brasileiros e fronteiras nacionais, ou que transponham os limites de Estado ou Território;
> Legislação infraconstitucional: Lei 9.432/97 (transporte aquaviário); Lei 13.081/15 (Dispõe sobre a construção e a operação de eclusas ou de outros dispositivos de transposição hidroviária de níveis em vias navegáveis e potencialmente navegáveis; altera as Leis 9.074/95, 9.984/00, 10.233/01, e 12.712/12; e dá outras providências).

e) os serviços de transporte rodoviário interestadual e internacional de passageiros;

f) os portos marítimos, fluviais e lacustres;

XIII – organizar e manter o Poder Judiciário, o Ministério Público do Distrito Federal e dos Territórios e a Defensoria Pública dos Territórios;
> Redação do inciso XIII dada pela EC 69, de 29 de março de 2012.

O texto original dispunha:
"XIII – organizar e manter o Poder Judiciário, o Ministério Público e a Defensoria Pública do Distrito Federal e dos Territórios;"
> Artigos constitucionais conexos: 22, XVII; 134.
> Legislação infraconstitucional: Lei 1.060/50 (Lei de Assistência Judiciária); LC 35/79 (Lei Orgânica da Magistratura Nacional); LC 75/93 (Organização, atribuições e Estatuto do Ministério Público da União); LC 80/94 (Organiza a Defensoria Pública da União e prescreve normas gerais para sua organização nos Estados).

XIV – organizar e manter a polícia civil, a polícia penal, a polícia militar e o corpo de bombeiros militar do Distrito Federal, bem como prestar assistência financeira ao Distrito Federal para a execução de serviços públicos, por meio de fundo próprio;
> Redação do inciso XIV dada pela EC 104, de 04 de dezembro de 2019.

O texto anterior, redigido pela EC 19, de 4 de junho de 1998, dispunha:
"XIV – organizar e manter a polícia civil, a polícia militar e o corpo de bombeiros militar do Distrito Federal, bem como prestar assistência financeira ao Distrito Federal para a execução de serviços públicos, por meio de fundo próprio;"
> Artigos constitucionais conexos: 22, XXII; 144, § 6º e 4º da EC 104/2019.
> Súmula do Supremo Tribunal Federal: 647.

XV – organizar e manter os serviços oficiais de estatística, geografia, geologia e cartografia de âmbito nacional;

XVI – exercer a classificação, para efeito indicativo, de diversões públicas e de programas de rádio e televisão;

XVII – conceder anistia;

XVIII – planejar e promover a defesa permanente contra as calamidades públicas, especialmente as secas e as inundações;

> *Legislação infraconstitucional:* Lei 13.153/15 (Institui a Política Nacional de Combate à Desertificação e Mitigação dos Efeitos da Seca e seus instrumentos; prevê a criação da Comissão Nacional de Combate à Desertificação; e dá outras providências).

XIX – instituir sistema nacional de gerenciamento de recursos hídricos e definir critérios de outorga de direitos de seu uso;

> *Legislação infraconstitucional:* Lei 9.433/97 (Criação do sistema nacional de gerenciamento de recursos hídricos).

XX – instituir diretrizes para o desenvolvimento urbano, inclusive habitação, saneamento básico e transportes urbanos;

XXI – estabelecer princípios e diretrizes para o sistema nacional de viação;

XXII – executar os serviços de polícia marítima, aeroportuária e de fronteiras;

> *Redação do inciso XXII dada pela EC 19, de 4 de junho de 1998.*

O texto anterior dispunha:

"XXII – executar os serviços de polícia marítima, aérea e de fronteira;"

> *Súmula Vinculante do Supremo Tribunal Federal:* 36.

XXIII – explorar os serviços e instalações nucleares de qualquer natureza e exercer monopólio estatal sobre a pesquisa, a lavra, o enriquecimento e reprocessamento, a industrialização e o comércio de minérios nucleares e seus derivados, atendidos os seguintes princípios e condições:

a) toda atividade nuclear em território nacional somente será admitida para fins pacíficos e mediante aprovação do Congresso Nacional;

b) sob regime de permissão, são autorizadas a comercialização e a utilização de radioisótopos para pesquisa e uso agrícolas e industriais;

> *Redação da alínea b dada pela EC 118, de 26 de abril de 2022.*

O texto anterior, redigido pela EC 49, de 8 de fevereiro de 2006, dispunha:

"b) sob regime de permissão, são autorizadas a comercialização e a utilização de radioisótopos para a pesquisa e usos médicos, agrícolas e industriais;"

c) sob regime de permissão, são autorizadas a produção, a comercialização e a utilização de radioisótopos para pesquisa e uso médicos;

> *Redação da alínea c dada pela EC 118, de 26 de abril de 2022.*

O texto anterior, redigido pela EC 49, de 8 de fevereiro de 2006, dispunha:

"c) sob regime de permissão, são autorizadas a produção, comercialização e utilização de radioisótopos de meia-vida igual ou inferior a duas horas;"

d) a responsabilidade civil por danos nucleares independe da existência de culpa;

> *Redação da alínea d acrescentada pela EC 49, de 8 de fevereiro de 2006.*

XXIV – organizar, manter e executar a inspeção do trabalho;

XXV – estabelecer as áreas e as condições para o exercício da atividade de garimpagem, em forma associativa.

XXVI – organizar e fiscalizar a proteção e o tratamento de dados pessoais, nos termos da lei.

> *Redação do inciso XXVI acrescentada pela EC 115, de 10 de fevereiro de 2022.*
> *Legislação infraconstitucional:* Lei 13.709/2018 (Lei Geral de Proteção de Dados Pessoais – LGPD).

Art. 22. Compete privativamente à União legislar sobre:

I – direito civil, comercial, penal, processual, eleitoral, agrário, marítimo, aeronáutico, espacial e do trabalho;

> *Legislação infraconstitucional:* Lei 10.406/2002 (Código Civil); Lei 556/1850 (Código Comercial); Decreto-Lei 2.848/40 e Lei 7.209/84 (Código Penal); Decreto-Lei 3.689/41 (Código de Processo Penal); Lei 4.737/65 (Código Eleitoral); Lei 4.505/64 (Estatuto da Terra); Lei 4.947/66 (normas sobre direito agrário); Decreto 1.265/94 (Política marítima nacional); Lei 7.565/86 (Código Brasileiro de Aeronáutica); Decreto-Lei 5.452/43 (Consolidação das Leis do Trabalho); Lei 13.105/15 (Código de Processo Civil), alterado pela Lei 13.256/2016.

II – desapropriação;

> *Artigo constitucional conexo:* 5º, XXIV.
> *Súmula Vinculante do Supremo Tribunal Federal:* 46.
> *Súmula do Supremo Tribunal Federal:* 722.
> *Legislação infraconstitucional:* Decreto-Lei 3.365/41; Lei 4.132/62; Lei 6.602/78; Decreto-Lei 1.075/70; LC 76/93.

III – requisições civis e militares, em caso de iminente perigo e em tempo de guerra;

IV – águas, energia, informática, telecomunicações e radiodifusão;

> *Legislação infraconstitucional:* Lei 4.117/62 (Código brasileiro de telecomunicações); Lei 9.295/96 (serviços de telecomunicações e organização do órgão regulador); Lei 9.472/97 (organização dos serviços de telecomunicações); Decreto 2.206/97 (serviços de TV a Cabo); Decreto 2.198/97 (serviços públicos-restrito); Decreto 2.196/97 (serviços especiais); Decreto 2.338/97 (Agência Nacional de Telecomunicações).

V – serviço postal;

> *Legislação infraconstitucional:* Lei 6.538/78 (Serviço Postal).

VI – sistema monetário e de medidas, títulos e garantias dos metais;

VII – política de crédito, câmbio, seguros e transferência de valores;

VIII – comércio exterior e interestadual;

IX – diretrizes da política nacional de transportes;

X – regime dos portos, navegação lacustre, fluvial, marítima, aérea e aeroespacial;

> *Legislação infraconstitucional:* Lei 8.630/93 (Dispõe sobre o regime jurídico da exploração dos portos organizados e das instalações portuárias); Decreto 1.265/94 (Política Marítima Nacional).

XI – trânsito e transporte;

> *Legislação infraconstitucional:* Lei 9.503/97 (Código de Trânsito Brasileiro); Lei 10.233/01 (dispõe sobre a reestruturação dos transportes aquaviários e terrestres, cria o Conselho Nacional de Integração de Políticas de Transporte, a Agência Nacional de Transportes Terrestres, a Agência Nacional de Transportes Aquaviários e o Departamento Nacional de Infraestrutura de Transportes); LC 121/06 (Cria o Sistema Nacional de Prevenção, Fiscalização e Repressão ao Furto e Roubo de Veículos e Cargas e dá outras providências).

XII – jazidas, minas, outros recursos minerais e metalurgia;

XIII – nacionalidade, cidadania e naturalização;

> *Artigo constitucional conexo:* 12.
> *Legislação infraconstitucional:* Lei 13.445/17 (Lei de Migração), regulamentada pelo Decreto 9.199/17.

XIV – populações indígenas;

> *Artigos constitucionais conexos:* 231; 232.
> *Legislação infraconstitucional:* Lei 6.001/73 (Estatuto do Índio).

XV – emigração e imigração, entrada, extradição e expulsão de estrangeiros;

> *Artigo constitucional conexo:* 5º, XLVII, d, LI e LII.
> *Legislação infraconstitucional:* Lei 13.445/17 (Lei de Migração), regulamentada pelo Decreto 9.199/17.

XVI – organização do sistema nacional de emprego e condições para o exercício de profissões;

Art. 22 CONSTITUIÇÃO DA REPÚBLICA FEDERATIVA DO BRASIL

XVII – organização judiciária, do Ministério Público do Distrito Federal e dos Territórios e da Defensoria Pública dos Territórios, bem como organização administrativa destes;

> Redação do inciso XVII dada pela EC 69, de 29 de março de 2012.

O texto original dispunha:

"XVII – organização judiciária, do Ministério Público e da Defensoria Pública do Distrito Federal e dos Territórios, bem como organização administrativa destes;"

> Artigos constitucionais conexos: 21, XIII; 93 (Judiciário); 61, § 1º, II, d e 128, § 5º (Ministério Público); 134 (Defensoria Pública).

> Legislação infraconstitucional: LC 35/79 (Lei Orgânica da Magistratura Nacional); LC 75/93 (Organização, atribuições e Estatuto do Ministério Público da União); LC 80/94 (Organiza a Defensoria Pública da União e prescreve normas gerais para a sua organização nos Estados).

XVIII – sistema estatístico, sistema cartográfico e de geologia nacionais;

XIX – sistemas de poupança, captação e garantia da poupança popular;

XX – sistemas de consórcios e sorteios;

XXI – normas gerais de organização, efetivos, material bélico, garantias, convocação, mobilização, inatividades e pensões das polícias militares e dos corpos de bombeiros militares;

> Redação do inciso XXI dada pela EC 103, de 12 de novembro de 2019.

O texto original dispunha:

"XXI – normas gerais de organização, efetivos, material bélico, garantias, convocação e mobilização das polícias militares e corpos de bombeiros militares;"

XXII – competência da polícia federal e das polícias rodoviária e ferroviária federais;

XXIII – seguridade social;

> Legislação infraconstitucional: Lei 8.212/91 (Lei Orgânica da Seguridade Social).

XXIV – diretrizes e bases da educação nacional;

> Legislação infraconstitucional: Lei 9.394/96 (Lei de Diretrizes e Bases da Educação Nacional).

XXV – registros públicos;

> Legislação infraconstitucional: Lei 6.015/73 (Lei de Registros Públicos).

XXVI – atividades nucleares de qualquer natureza;

XXVII – normas gerais de licitação e contratação, em todas as modalidades, para as administrações públicas diretas, autárquicas e fundacionais da União, Estados, Distrito Federal e Municípios, obedecido o disposto no art. 37, XXI, e para as empresas públicas e sociedades de economia mista, nos termos do art. 173, § 1º, III;

> Redação do inciso XXVII dada pela EC 19, de 4 de junho de 1998.

O texto anterior dispunha:

"XXVII – normas gerais de licitação e contratação, em todas as modalidades, para a administração pública, direta e indireta, incluídas as fundações instituídas e mantidas pelo Poder Público, nas diversas esferas de governo, e empresas sob seu controle;"

> Artigo constitucional conexo: 37, XXI.

> Legislação infraconstitucional: Lei 8.666/93 (Estatuto Jurídico das Licitações e contratos), com as alterações da Lei 8.883/94.

XXVIII – defesa territorial, defesa aeroespacial, defesa marítima, defesa civil e mobilização nacional;

> Legislação infraconstitucional: Decreto 895/93 (SINDEC – Sistema Nacional de Defesa Civil).

XXIX – propaganda comercial.

> Legislação infraconstitucional: Lei 8.078/90 (Código de proteção e defesa do consumidor); Lei 13.186/15 (Institui a Política de Educação para o Consumo Sustentável).

XXX – proteção e tratamento de dados pessoais.
> Redação do inciso XXX acrescentada pela EC 115, de 10 de fevereiro de 2022.
> Legislação infraconstitucional: Lei 13.709/2018 (Lei Geral de Proteção de Dados Pessoais – LGPD).

Parágrafo único. Lei complementar poderá autorizar os Estados a legislar sobre questões específicas das matérias relacionadas neste artigo.

Art. 23. É competência comum da União, dos Estados, do Distrito Federal e dos Municípios:

I – zelar pela guarda da Constituição, das leis e das instituições democráticas e conservar o patrimônio público;
> Artigos constitucionais conexos: 34, VII; 85; 136; 137.

II – cuidar da saúde e assistência pública, da proteção e garantia das pessoas portadoras de deficiência;
> Artigos constitucionais conexos: 7º, XXXI; 24, XIV; 37, VIII; 203, IV e V; 208, III; 227, § 2º.
> Legislação infraconstitucional: Lei 7.853/89 (Disciplina a CORDE – Coordenadoria Nacional para Integração da Pessoa Portadora de Deficiência e institui a tutela jurisdicional de interesses coletivos e difusos das pessoas portadoras de deficiência); Decreto 3.298/99 (Regulamenta a Lei 7.853/89 e dispõe sobre a Política Nacional para a Integração da Pessoa Portadora de Deficiência); Lei 13.146/15 (Institui a Lei Brasileira de Inclusão da Pessoa com Deficiência – Estatuto da Pessoa com Deficiência).

III – proteger os documentos, as obras e outros bens de valor histórico, artístico e cultural, os monumentos, as paisagens naturais notáveis e os sítios arqueológicos;
> Legislação infraconstitucional: Decreto-Lei 25/37 (Proteção do patrimônio histórico e artístico nacional); LC 140/11 (Fixa normas de cooperação nos termos dos incisos III, VI e VII e do parágrafo único do artigo 23 da Constituição Federal).

IV – impedir a evasão, a destruição e a descaracterização de obras de arte e de outros bens de valor histórico, artístico ou cultural;

V – proporcionar os meios de acesso à cultura, à educação, à ciência, à tecnologia, à pesquisa e à inovação;
> Redação do inciso V dada pela EC 85, de 26 de fevereiro de 2015.
> O texto original dispunha:
> "V – proporcionar os meios de acesso à cultura, à educação e à ciência;"

VI – proteger o meio ambiente e combater a poluição em qualquer de suas formas;
> Artigos constitucionais conexos: 170, VI; 225.
> Legislação infraconstitucional: Lei 6.938/81 (Política nacional do meio ambiente); Lei 7.347/85 (Lei da Ação Civil Pública); Lei 9.605/98 (Proteção ao meio ambiente); Lei 11.428/06 (Dispõe sobre a utilização e proteção da vegetação nativa do Bioma Mata Atlântica) e Decreto 6.660/08 (Regulamenta dispositivos da Lei 11.428, de 22 de dezembro de 2006); LC 140/11 (Fixa normas de cooperação nos termos dos incisos III, VI e VII e do parágrafo único do artigo 23 da Constituição Federal).

VII – preservar as florestas, a fauna e a flora;
> Legislação infraconstitucional: Lei 4.771/65 (Código Florestal); Lei 5.197/67 (Código de Caça); Decreto-Lei 221/67 (Código de Pesca); Lei 9.605/98 (Proteção ao meio ambiente); Decreto 3.179/99 (Regulamenta a lei de proteção ao meio ambiente). LC 140/11 (Fixa normas de cooperação nos termos dos incisos III, VI e VII e do parágrafo único do artigo 23 da Constituição Federal).

VIII – fomentar a produção agropecuária e organizar o abastecimento alimentar;

IX – promover programas de construção de moradias e a melhoria das condições habitacionais e de saneamento básico;

X – combater as causas da pobreza e os fatores de marginalização, promovendo a integração social dos setores desfavorecidos;

XI – registrar, acompanhar e fiscalizar as concessões de direitos de pesquisa e exploração de recursos hídricos e minerais em seus territórios;

> *Legislação infraconstitucional:* Lei 9.433/97 (Política Nacional de Recursos Hídricos).

XII – estabelecer e implantar política de educação para a segurança do trânsito.

Parágrafo único. Leis complementares fixarão normas para a cooperação entre a União e os Estados, o Distrito Federal e os Municípios, tendo em vista o equilíbrio do desenvolvimento e do bem-estar em âmbito nacional.

> *Redação do parágrafo único dada pela EC 53, de 19 de dezembro de 2006.*
> O texto original dispunha:
> *"Parágrafo único. Lei complementar fixará normas para a cooperação entre a União e os Estados, o Distrito Federal e os Municípios, tendo em vista o equilíbrio do desenvolvimento e do bem-estar em âmbito nacional."*

> *Legislação infraconstitucional:* LC 140/11 (Fixa normas de cooperação nos termos dos incisos III, VI e VII e do parágrafo único do artigo 23 da Constituição Federal).

Art. 24. Compete à União, aos Estados e ao Distrito Federal legislar concorrentemente sobre:

I – direito tributário, financeiro, penitenciário, econômico e urbanístico;

> *Legislação infraconstitucional:* Lei 5.172/66 (Código Tributário Nacional); Lei 4.320/64 (Disciplina normas orçamentárias e financeiras para elaboração e controle dos orçamentos e balanços da União, dos Estados, dos Municípios e do Distrito Federal); Lei 7.210/84 (Lei de Execução Penal); Lei 6.830/80 (Lei de Execução Fiscal); Lei 8.884/94 (Dispõe sobre infrações contra a ordem econômica – CADE).

II – orçamento;

> *Legislação infraconstitucional:* Lei 4.320/64 (Disciplina normas orçamentárias e financeiras para elaboração e controle dos orçamentos e balanços da União, dos Estados, dos Municípios e do Distrito Federal).

III – juntas comerciais;

> *Legislação infraconstitucional:* Lei 8.934/94 (Registro público de empresas mercantis), regulamentada pelo Decreto 1.800/96.

IV – custas dos serviços forenses;

> *Legislação infraconstitucional:* Lei 9.289/96 (Custas na Justiça Federal).

V – produção e consumo;

VI – florestas, caça, pesca, fauna, conservação da natureza, defesa do solo e dos recursos naturais, proteção do meio ambiente e controle da poluição;

> *Artigos constitucionais conexos:* 23, VI e VII; 225.
> *Legislação infraconstitucional:* Lei 4.771/65 (Código Florestal); Lei 5.197/67 (Código de Caça); Decreto-Lei 221/67 (Código de Pesca); Lei 9.605/98 (Proteção ao meio ambiente).

VII – proteção ao patrimônio histórico, cultural, artístico, turístico e paisagístico;

VIII – responsabilidade por dano ao meio ambiente, ao consumidor, a bens e direitos de valor artístico, estético, histórico, turístico e paisagístico;

> *Artigos constitucionais conexos:* 5º, XXXII (consumidor) e LXXIII (ação popular); 24, VIII; 129, III; 150, § 5º; 175, II; 225; ADCT, 48.
> *Legislação infraconstitucional:* Lei 4.717/65 (Ação Popular); Lei 7.343/85 (Lei da Ação Civil Pública); Lei 8.078/90 (Código de Defesa do Consumidor); Lei 8.625/93 (Lei Orgânica do Ministério Público); LC 75/93 (Organização, atribuições e Estatuto do Ministério Público da União).

IX – educação, cultura, ensino, desporto, ciência, tecnologia, pesquisa, desenvolvimento e inovação;

> Redação do inciso IX dada pela EC 85, de 26 de fevereiro de 2015.
  O texto original dispunha:
  "IX – educação, cultura, ensino e desporto;"
> Artigo constitucional conexo: 217.
> Legislação infraconstitucional: Lei 9.615/98 (Institui normas gerais sobre desporto); Lei 14.597/2023 (Lei Geral do Esporte).

X – criação, funcionamento e processo do juizado de pequenas causas;

> Artigo constitucional conexo: 98, I e parágrafo único (EC 22/99).
> Legislação infraconstitucional: Lei 9.099/95 (Lei dos Juizados Especiais Cíveis e Criminais).

XI – procedimentos em matéria processual;
XII – previdência social, proteção e defesa da saúde;
XIII – assistência jurídica e defensoria pública;

> Artigo constitucional conexo: 5º, LXXIV e LXXVII.
> Legislação infraconstitucional: Lei 1.060/50 (Lei de Assistência Judiciária); LC 80/94 (Organiza a Defensoria Pública da União e prescreve normas gerais para sua organização); Lei 9.265/96 (Gratuidade dos atos necessários ao exercício da cidadania).

XIV – proteção e integração social das pessoas portadoras de deficiência;

> Artigos constitucionais conexos: 7º, XXXI; 23, II; 203, IV e V; 208, III; 227, § 2º.
> Legislação infraconstitucional: Lei 7.853/89 (Disciplina a CORDE – Coordenadoria Nacional para Integração da Pessoa Portadora de Deficiência e institui a tutela jurisdicional de interesses coletivos e difusos das pessoas portadoras de deficiência); Decreto 3.298/99 (Regulamenta a Lei 7.853/89 e dispõe sobre a Política Nacional para a Integração da Pessoa Portadora de Deficiência); Lei 8.989/95 (Isenção do Imposto Sobre Produtos Industrializados – IPI, na aquisição de automóveis para utilização no transporte autônomo de passageiros, bem como por pessoas portadoras de deficiência física e aos destinados ao transporte escolar), com as alterações da Lei 10.754/03; Lei 13.146/15 (Institui a Lei Brasileira de Inclusão da Pessoa com Deficiência – Estatuto da Pessoa com Deficiência).

XV – proteção à infância e à juventude;

> Legislação infraconstitucional: Lei 8.069/90 (Estatuto da Criança e do Adolescente).

XVI – organização, garantias, direitos e deveres das polícias civis.

> Artigos constitucionais conexos: 21, XIV; 32, § 4º; 144, § 4º.

§ 1º No âmbito da legislação concorrente, a competência da União limitar-se-á a estabelecer normas gerais.

§ 2º A competência da União para legislar sobre normas gerais não exclui a competência suplementar dos Estados.

§ 3º Inexistindo lei federal sobre normas gerais, os Estados exercerão a competência legislativa plena, para atender a suas peculiaridades.

§ 4º A superveniência de lei federal sobre normas gerais suspende a eficácia da lei estadual, no que lhe for contrário.

CAPÍTULO III
Dos Estados Federados

Art. 25. Os Estados organizam-se e regem-se pelas Constituições e leis que adotarem, observados os princípios desta Constituição.

> Súmula Vinculante do Supremo Tribunal Federal: 42.
> Súmula do Supremo Tribunal Federal: 681.

§ 1º São reservadas aos Estados as competências que não lhes sejam vedadas por esta Constituição.

§ 2º Cabe aos Estados explorar diretamente, ou mediante concessão, os serviços locais de gás canalizado, na forma da lei, vedada a edição de medida provisória para a sua regulamentação.

> *Redação do § 2º dada pela EC 5, de 15 de agosto de 1995.*

O texto original dispunha:

"§ 2º Cabe aos Estados explorar diretamente, ou mediante concessão a empresa estatal, com exclusividade de distribuição, os serviços locais de gás canalizado."

Artigo constitucional conexo: 246.

> *Legislação infraconstitucional:* Lei 9.478/97 (Política energética nacional e atividades relativas ao monopólio do petróleo).

§ 3º Os Estados poderão, mediante lei complementar, instituir regiões metropolitanas, aglomerações urbanas e microrregiões, constituídas por agrupamentos de Municípios limítrofes, para integrar a organização, o planejamento e a execução de funções públicas de interesse comum.

Art. 26. Incluem-se entre os bens dos Estados:

I – as águas superficiais ou subterrâneas, fluentes, emergentes e em depósito, ressalvadas, neste caso, na forma da lei, as decorrentes de obras da União;

II – as áreas, nas ilhas oceânicas e costeiras, que estiverem no seu domínio, excluídas aquelas sob domínio da União, Municípios ou terceiros;

III – as ilhas fluviais e lacustres não pertencentes à União;

IV – as terras devolutas não compreendidas entre as da União.

Art. 27. O número de Deputados à Assembleia Legislativa corresponderá ao triplo da representação do Estado na Câmara dos Deputados e, atingido o número de trinta e seis, será acrescido de tantos quantos forem os Deputados Federais acima de doze.

> *Artigos constitucionais conexos:* 32; 235; ADCT, 11 e 13.

§ 1º Será de quatro anos o mandato dos Deputados Estaduais, aplicando-se-lhes as regras desta Constituição sobre sistema eleitoral, inviolabilidade, imunidades, remuneração, perda de mandato, licença, impedimentos e incorporação às Forças Armadas.

> *Artigos constitucionais conexos:* 32, § 3º; 53 a 56.

§ 2º O subsídio dos Deputados Estaduais será fixado por Lei de iniciativa da Assembleia Legislativa, na razão de, no máximo, setenta e cinco por cento daquele estabelecido, em espécie, para os Deputados Federais, observado o que dispõe os arts. 39, § 4º, 57, § 7º, 150, II, 153, III, e 153, § 2º, I.

> *Redação do § 2º dada pela EC 19, de 4 de junho de 1998.*

O texto anterior, redigido pela EC 1, de 31 de março de 1992, dispunha:

"§ 2º A remuneração dos Deputados Estaduais será fixada em cada legislatura, para a subsequente, pela Assembleia Legislativa, observado o que dispõem os arts. 150, II, 153, III, e 153, § 2º, I, na razão de, no máximo, setenta e cinco por cento daquela estabelecida, em espécie, para os Deputados Federais."

§ 3º Compete às Assembleias Legislativas dispor sobre seu regimento interno, polícia e serviços administrativos de sua secretaria, e prover os respectivos cargos.

> *Artigos constitucionais conexos:* 36, § 1º; 48, VI.

§ 4º A lei disporá sobre a iniciativa popular no processo legislativo estadual.

> *Artigo constitucional conexo:* 61, § 2º.

> *Legislação infraconstitucional:* Lei 9.709, de 18 de novembro de 1998 (Regulamenta a execução dos plebiscitos, referendos e a iniciativa popular de lei).

Art. 28. A eleição do Governador e do Vice-Governador de Estado, para mandato de 4 (quatro) anos, realizar-se-á no primeiro domingo de outubro, em primeiro turno, e no último domingo de outubro, em segundo turno, se houver, do ano anterior ao do término do mandato de seus antecessores, e a posse ocorrerá em 6 de janeiro do ano subsequente, observado, quanto ao mais, o disposto no art. 77 desta Constituição.

> Redação do caput dada pela EC 111, de 28 de setembro de 2021.
> Artigo constitucional conexo: 5º da EC 111/2021.

O texto anterior, redigido pela EC 16, *de 4 de junho de 1997*, dispunha:
"Art. 28. A eleição do Governador e do Vice-Governador de Estado, para mandato de quatro anos, realizar-se-á no primeiro domingo de outubro, em primeiro turno, e no último domingo de outubro, em segundo turno, se houver, do ano anterior ao do término do mandato de seus antecessores, e a posse ocorrerá em primeiro de janeiro do ano subsequente, observado, quanto ao mais, o disposto no art. 77."

> Artigo constitucional conexo: 14, § 5º (EC 16/97 – reeleição).

§ 1º Perderá o mandato o Governador que assumir outro cargo ou função na administração pública direta ou indireta, ressalvada a posse em virtude de concurso público e observado o disposto no art. 38, I, IV e V.

> Antigo parágrafo único renumerado pela EC 19, de 4 de junho de 1998.
> Artigo constitucional conexo: 29, XIV.

§ 2º Os subsídios do Governador, do Vice-Governador e dos Secretários de Estado serão fixados por lei de iniciativa da Assembleia Legislativa, observado o que dispõe os arts. 37, XI, 39, § 4º, 150, II, 153, III, e 153, § 2º, I.

> Acrescentado pela EC 19, de 4 de junho de 1998.

CAPÍTULO IV
Dos Municípios

Art. 29. O Município reger-se-á por lei orgânica, votada em dois turnos, com o interstício mínimo de dez dias, e aprovada por dois terços dos membros da Câmara Municipal, que a promulgará, atendidos os princípios estabelecidos nesta Constituição, na Constituição do respectivo Estado e os seguintes preceitos:

> Artigo constitucional conexo: ADCT, 96.
> Súmula Vinculante do Supremo Tribunal Federal: 42.

I – eleição do Prefeito, do Vice-Prefeito e dos Vereadores, para mandato de quatro anos, mediante pleito direto e simultâneo realizado em todo o País;

> Artigo constitucional conexo: 14, § 5º (EC 16/97 – reeleição).
> Legislação infraconstitucional: Lei 9.504/97 (Eleições).

II – eleição do Prefeito e do Vice-Prefeito realizada no primeiro domingo de outubro do ano anterior ao término do mandato dos que devam suceder, aplicadas as regras do art. 77 no caso de Municípios com mais de duzentos mil eleitores;

> Redação do inciso II dada pela EC 16, de 4 de junho de 1997.

O texto original dispunha:
"II – eleição do Prefeito e do Vice-Prefeito até noventa dias antes do término do mandato dos que devam suceder, aplicadas as regras do art. 77, no caso de municípios com mais de duzentos mil eleitores;"

III – posse do Prefeito e do Vice-Prefeito no dia 1º de janeiro do ano subsequente ao da eleição;

> Artigo constitucional conexo: ADCT, 5º, § 4º.

IV – para a composição das Câmaras Municipais, será observado o limite máximo de:
> Redação do inciso IV dada pela EC 58, de 23 de setembro de 2009.

O texto original dispunha:

"IV – número de Vereadores proporcional à população do Município, observados os seguintes limites:"
> O STF, no julgamento final da ADI 4.307-2 (DOU 23.04.2013), decidiu pela procedência da ação para declarar a inconstitucionalidade do inciso I do art. 3º da EC 58/2009.

a) 9 (nove) Vereadores, nos Municípios de até 15.000 (quinze mil) habitantes;
> Redação da alínea "a" dada pela EC 58, de 23 de setembro de 2009.

O texto original dispunha:

"a) mínimo de nove e máximo de vinte e um nos Municípios de até um milhão de habitantes;"

b) 11 (onze) Vereadores, nos Municípios de mais de 15.000 (quinze mil) habitantes e de até 30.000 (trinta mil) habitantes;
> Redação do inciso IV dada pela EC 58, de 23 de setembro de 2009.

O texto original dispunha:

"b) mínimo de trinta e três e máximo de quarenta e um nos Municípios de mais de um milhão e menos de cinco milhões de habitantes;"

c) 13 (treze) Vereadores, nos Municípios com mais de 30.000 (trinta mil) habitantes e de até 50.000 (cinquenta mil) habitantes;
> Redação do inciso IV dada pela EC 58, de 23 de setembro de 2009.

O texto original dispunha:

"c) mínimo de quarenta e dois e máximo de cinquenta e cinco nos Municípios de mais de cinco milhões de habitantes."

d) 15 (quinze) Vereadores, nos Municípios de mais de 50.000 (cinquenta mil) habitantes e de até 80.000 (oitenta mil) habitantes;

e) 17 (dezessete) Vereadores, nos Municípios de mais de 80.000 (oitenta mil) habitantes e de até 120.000 (cento e vinte mil) habitantes;

f) 19 (dezenove) Vereadores, nos Municípios de mais de 120.000 (cento e vinte mil) habitantes e de até 160.000 (cento e sessenta mil) habitantes;

g) 21 (vinte e um) Vereadores, nos Municípios de mais de 160.000 (cento e sessenta mil) habitantes e de até 300.000 (trezentos mil) habitantes;

h) 23 (vinte e três) Vereadores, nos Municípios de mais de 300.000 (trezentos mil) habitantes e de até 450.000 (quatrocentos e cinquenta mil) habitantes;

i) 25 (vinte e cinco) Vereadores, nos Municípios de mais de 450.000 (quatrocentos e cinquenta mil) habitantes e de até 600.000 (seiscentos mil) habitantes;

j) 27 (vinte e sete) Vereadores, nos Municípios de mais de 600.000 (seiscentos mil) habitantes e de até 750.000 (setecentos e cinquenta mil) habitantes;

k) 29 (vinte e nove) Vereadores, nos Municípios de mais de 750.000 (setecentos e cinquenta mil) habitantes e de até 900.000 (novecentos mil) habitantes;

l) 31 (trinta e um) Vereadores, nos Municípios de mais de 900.000 (novecentos mil) habitantes e de até 1.050.000 (um milhão e cinquenta mil) habitantes;

m) 33 (trinta e três) Vereadores, nos Municípios de mais de 1.050.000 (um milhão e cinquenta mil) habitantes e de até 1.200.000 (um milhão e duzentos mil) habitantes;

n) 35 (trinta e cinco) Vereadores, nos Municípios de mais de 1.200.000 (um milhão e duzentos mil) habitantes e de até 1.350.000 (um milhão e trezentos e cinquenta mil) habitantes;

o) 37 (trinta e sete) Vereadores, nos Municípios de 1.350.000 (um milhão e trezentos e cinquenta mil) habitantes e de até 1.500.000 (um milhão e quinhentos mil) habitantes;

p) 39 (trinta e nove) Vereadores, nos Municípios de mais de 1.500.000 (um milhão e quinhentos mil) habitantes e de até 1.800.000 (um milhão e oitocentos mil) habitantes;

q) 41 (quarenta e um) Vereadores, nos Municípios de mais de 1.800.000 (um milhão e oitocentos mil) habitantes e de até 2.400.000 (dois milhões e quatrocentos mil) habitantes;

r) 43 (quarenta e três) Vereadores, nos Municípios de mais de 2.400.000 (dois milhões e quatrocentos mil) habitantes e de até 3.000.000 (três milhões) de habitantes;

s) 45 (quarenta e cinco) Vereadores, nos Municípios de mais de 3.000.000 (três milhões) de habitantes e de até 4.000.000 (quatro milhões) de habitantes;

t) 47 (quarenta e sete) Vereadores, nos Municípios de mais de 4.000.000 (quatro milhões) de habitantes e de até 5.000.000 (cinco milhões) de habitantes;

u) 49 (quarenta e nove) Vereadores, nos Municípios de mais de 5.000.000 (cinco milhões) de habitantes e de até 6.000.000 (seis milhões) de habitantes;

v) 51 (cinquenta e um) Vereadores, nos Municípios de mais de 6.000.000 (seis milhões) de habitantes e de até 7.000.000 (sete milhões) de habitantes;

w) 53 (cinquenta e três) Vereadores, nos Municípios de mais de 7.000.000 (sete milhões) de habitantes e de até 8.000.000 (oito milhões) de habitantes; e

x) 55 (cinquenta e cinco) Vereadores, nos Municípios de mais de 8.000.000 (oito milhões) de habitantes;

> *alíneas "d" a "x" acrescentadas pela EC 58, de 23 de setembro de 2009.*

V – subsídios do Prefeito, do Vice-Prefeito e dos Secretários Municipais fixados por lei de iniciativa da Câmara Municipal, observado o que dispõem os arts. 37, XI, 39, § 4º, 150, II, 153, III, e 153, § 2º, I;

> *Redação do inciso V dada pela EC 19, de 4 de junho de 1998.*

O texto original dispunha:

"V – remuneração do Prefeito, do Vice-Prefeito e dos Vereadores fixada pela Câmara Municipal em cada legislatura, para a subsequente, observado o que dispõem os arts. 37, XI, 150, II, 153, III, e 153, § 2º, I;"

VI – o subsídio dos Vereadores será fixado pelas respectivas Câmaras Municipais em cada legislatura para a subsequente, observado o que dispõe esta Constituição, observados os critérios estabelecidos na respectiva Lei Orgânica e os seguintes limites máximos:

a) em Municípios de até dez mil habitantes, o subsídio máximo dos Vereadores corresponderá a vinte por cento do subsídio dos Deputados Estaduais;

b) em Municípios de dez mil e um a cinquenta mil habitantes, o subsídio máximo dos Vereadores corresponderá a trinta por cento do subsídio dos Deputados Estaduais;

c) em Municípios de cinquenta mil e um a cem mil habitantes, o subsídio máximo dos Vereadores corresponderá a quarenta por cento do subsídio dos Deputados Estaduais;

d) em Municípios de cem mil e um a trezentos mil habitantes, o subsídio máximo dos Vereadores corresponderá a cinquenta por cento do subsídio dos Deputados Estaduais;

e) em Municípios de trezentos mil e um a quinhentos mil habitantes, o subsídio máximo dos Vereadores corresponderá a sessenta por cento do subsídio dos Deputados Estaduais;

f) em Municípios de mais de quinhentos mil habitantes, o subsídio máximo dos Vereadores corresponderá a setenta e cinco por cento do subsídio dos Deputados Estaduais.

> Redação do inciso VI e alíneas "a" a "f", dada pela EC 25, de 14 de fevereiro de 2000, em vigor a partir de 1º de janeiro de 2001.

O texto anterior, redigido pela EC 19, de 4 de junho de 1998, dispunha:
"VI – subsídio dos Vereadores fixado por lei de iniciativa da Câmara Municipal, na razão de, no máximo, setenta e cinco por cento daquele estabelecido, em espécie, para os Deputados Estaduais, observado o que dispõe os arts. 39, § 4º, 57, § 7º, 150, II, 153, III, e 153, § 2º, I;"

VII – o total da despesa com a remuneração dos Vereadores não poderá ultrapassar o montante de cinco por cento da receita do município;

> Acrescentado pela EC 1, de 31 de março de 1992.
> Artigo constitucional conexo: 29-A.

VIII – inviolabilidade dos Vereadores por suas opiniões, palavras e votos no exercício do mandato e na circunscrição do Município;

> Antigo inciso VI renumerado pela EC 1, de 31 de março de 1992.

IX – proibições e incompatibilidades, no exercício da vereança, similares, no que couber, ao disposto nesta Constituição para os membros do Congresso Nacional e, na Constituição do respectivo Estado, para os membros da Assembleia Legislativa;

> Antigo inciso VII renumerado pela EC 1, de 31 de março de 1992.

X – julgamento do Prefeito perante o Tribunal de Justiça;

> Antigo inciso VIII renumerado pela EC 1, de 31 de março de 1992.
> Súmulas do Supremo Tribunal Federal: 702 e 703.
> Legislação infraconstitucional: Decreto-Lei 201/67 (Define os crimes de responsabilidade de Prefeitos e Vereadores).

XI – organização das funções legislativas e fiscalizadoras da Câmara Municipal;

> Antigo inciso IX renumerado pela EC 1, de 31 de março de 1992.

XII – cooperação das associações representativas no planejamento municipal;

> Antigo inciso X renumerado pela EC 1, de 31 de março de 1992.

XIII – iniciativa popular de projetos de lei de interesse específico do Município, da cidade ou de bairros, através de manifestação de, pelo menos, cinco por cento do eleitorado;

> Antigo inciso XI renumerado pela EC 1, de 31 de março de 1992.

XIV – perda do mandato do Prefeito, nos termos do art. 28, § 1º.

> Antigo inciso XII renumerado pela EC 1, de 31 de março de 1992.

Art. 29-A. O total da despesa do Poder Legislativo Municipal, incluídos os subsídios dos Vereadores e os demais gastos com pessoal inativo e pensionistas, não poderá ultrapassar os seguintes percentuais, relativos ao somatório da receita tributária e das transferências previstas no § 5º do art. 153 e nos arts. 158 e 159 desta Constituição, efetivamente realizado no exercício anterior:

> Redação do caput dada pela EC 109, de 15 de março de 2021, em vigor a partir do início da primeira legislatura municipal após a data de sua publicação (DOU 16.03.2021).

O texto anterior dispunha:
"Art. 29-A. O total da despesa do Poder Legislativo Municipal, incluídos os subsídios dos Vereadores e excluídos os gastos com inativos, não poderá ultrapassar os seguintes percentuais, relativos ao somatório da receita tributária e das transferências previstas no § 5º do art. 153 e nos arts. 158 e 159, efetivamente realizado no exercício anterior:"

I – 7% (sete por cento) para Municípios com população de até 100.000 (cem mil) habitantes;
> Redação do inciso I dada pela EC 58, de 23 de setembro de 2009.

O texto anterior, redigido pela EC 25, de 14 de fevereiro de 2000, dispunha:
"I – oito por cento para Municípios com população de até cem mil habitantes;"

II – 6% (seis por cento) para Municípios com população entre 100.000 (cem mil) e 300.000 (trezentos mil) habitantes;
> Redação do inciso II dada pela EC 58, de 23 de setembro de 2009.

O texto anterior, redigido pela EC 25, de 14 de fevereiro de 2000, dispunha:
"II – sete por cento para Municípios com população entre cem mil e um e trezentos mil habitantes;"

III – 5% (cinco por cento) para Municípios com população entre 300.001 (trezentos mil e um) e 500.000 (quinhentos mil) habitantes;
> Redação do inciso III dada pela EC 58, de 23 de setembro de 2009.

O texto anterior, redigido pela EC 25, de 14 de fevereiro de 2000, dispunha:
"III – seis por cento para Municípios com população entre trezentos mil e um e quinhentos mil habitantes;"

IV – 4,5% (quatro inteiros e cinco décimos por cento) para Municípios com população entre 500.001 (quinhentos mil e um) e 3.000.000 (três milhões) de habitantes;
> Redação do inciso IV dada pela EC 58, de 23 de setembro de 2009.

O texto anterior, redigido pela EC 25, de 14 de fevereiro de 2000, dispunha:
"IV – cinco por cento para Municípios com população acima de quinhentos mil habitantes."

V – 4% (quatro por cento) para Municípios com população entre 3.000.001 (três milhões e um) e 8.000.000 (oito milhões) de habitantes;
> Inciso V acrescentado pela EC 58, de 23 de setembro de 2009.

VI – 3,5% (três inteiros e cinco décimos por cento) para Municípios com população acima de 8.000.001 (oito milhões e um) habitantes.
> Inciso VI acrescentado pela EC 58, de 23 de setembro de 2009.

§ 1º A Câmara Municipal não gastará mais de setenta por cento de sua receita com folha de pagamento, incluído o gasto com o subsídio de seus Vereadores.

§ 2º Constitui crime de responsabilidade do Prefeito Municipal:
I – efetuar repasse que supere os limites definidos neste artigo;
II – não enviar o repasse até o dia vinte de cada mês; ou
III – enviá-lo a menor em relação à proporção fixada na Lei Orçamentária.

§ 3º Constitui crime de responsabilidade do Presidente da Câmara Municipal o desrespeito ao § 1º deste artigo.
> Acrescentado pela EC 25, de 14-2-2000, em vigor a partir de 1º de janeiro de 2001.
> Artigos constitucionais conexos: 5º, XXXIX; 15, III; 85.
> Legislação infraconstitucional: DL 201/67 (Define os crimes de responsabilidade de Prefeitos Municipais e Vereadores); Lei 8.429/92 (Lei da Improbidade Administrativa).

Art. 30. Compete aos Municípios:
I – legislar sobre assuntos de interesse local;
> Súmulas Vinculantes do Supremo Tribunal Federal: 38 e 42.
> Súmula do Supremo Tribunal Federal: 645.

II – suplementar a legislação federal e a estadual no que couber;
III – instituir e arrecadar os tributos de sua competência, bem como aplicar suas rendas, sem prejuízo da obrigatoriedade de prestar contas e publicar balancetes nos prazos fixados em lei;

IV – criar, organizar e suprimir distritos, observada a legislação estadual;

V – organizar e prestar, diretamente ou sob regime de concessão ou permissão, os serviços públicos de interesse local, incluído o de transporte coletivo, que tem caráter essencial;

VI – manter, com a cooperação técnica e financeira da União e do Estado, programas de educação infantil e de ensino fundamental;

> Redação do inciso VI dada pela EC 53, de 19 de dezembro de 2006.

O texto original dispunha:
"VI – manter, com a cooperação técnica e financeira da União e do Estado, programas de educação pré-escolar e de ensino fundamental;"

VII – prestar, com a cooperação técnica e financeira da União e do Estado, serviços de atendimento à saúde da população;

VIII – promover, no que couber, adequado ordenamento territorial, mediante planejamento e controle do uso, do parcelamento e da ocupação do solo urbano;

> Artigo constitucional conexo: 182 (Plano Diretor).

IX – promover a proteção do patrimônio histórico-cultural local, observada a legislação e a ação fiscalizadora federal e estadual.

Art. 31. A fiscalização do Município será exercida pelo Poder Legislativo Municipal, mediante controle externo, e pelos sistemas de controle interno do Poder Executivo Municipal, na forma da lei.

> Artigos constitucionais conexos: 71 e 75.

§ 1º O controle externo da Câmara Municipal será exercido com o auxílio dos Tribunais de Contas dos Estados ou do Município ou dos Conselhos ou Tribunais de Contas dos Municípios, onde houver.

§ 2º O parecer prévio, emitido pelo órgão competente sobre as contas que o Prefeito deve anualmente prestar, só deixará de prevalecer por decisão de dois terços dos membros da Câmara Municipal.

§ 3º As contas dos Municípios ficarão, durante sessenta dias, anualmente, à disposição de qualquer contribuinte, para exame e apreciação, o qual poderá questionar-lhes a legitimidade, nos termos da lei.

§ 4º É vedada a criação de Tribunais, Conselhos ou órgãos de Contas Municipais.

CAPÍTULO V
Do Distrito Federal e dos Territórios

Seção I
Do Distrito Federal

Art. 32. O Distrito Federal, vedada sua divisão em Municípios, reger-se-á por lei orgânica, votada em dois turnos com interstício mínimo de dez dias, e aprovada por dois terços da Câmara Legislativa, que a promulgará, atendidos os princípios estabelecidos nesta Constituição.

> Legislação infraconstitucional: Lei Orgânica do Distrito Federal: publicada na edição 87 do Diário da Câmara Legislativa do DF, em 08.06.1993.

§ 1º Ao Distrito Federal são atribuídas as competências legislativas reservadas aos Estados e Municípios.

> Artigos constitucionais conexos: 22, XVII e parágrafo único; 24; 25, § 1º; 30; 147.

> Súmula do Supremo Tribunal Federal: 642.

§ 2º A eleição do Governador e do Vice-Governador, observadas as regras do art. 77, e dos Deputados Distritais coincidirá com a dos Governadores e Deputados Estaduais, para mandato de igual duração.

§ 3º Aos Deputados Distritais e à Câmara Legislativa aplica-se o disposto no art. 27.

> Artigos constitucionais conexos: 27, § 1º; 53 a 56.

§ 4º Lei federal disporá sobre a utilização, pelo Governo do Distrito Federal, da polícia civil, da polícia penal, da polícia militar e do corpo de bombeiros militar.

> Redação do § 4º dada pela EC 104, de 04 de dezembro de 2019.

O texto original dispunha:

"§ 4º Lei federal disporá sobre a utilização, pelo Governo do Distrito Federal, das polícias civil e militar e do corpo de bombeiros militar."

> Artigo constitucional conexo: 144, § 4º.
> Legislação infraconstitucional: Lei 6.450/77 (Organização da polícia militar do Distrito Federal); Lei 7.289/84 (Estatuto dos Policiais Militares do Distrito Federal); Lei 7.479/86 (Estatuto dos Bombeiros Militares do Distrito Federal).

Seção II
Dos Territórios

Art. 33. A lei disporá sobre a organização administrativa e judiciária dos Territórios.

> Artigo constitucional conexo: 125.
> Legislação infraconstitucional: Lei 8.185/91 (Disciplina a organização judiciária do Distrito Federal e dos Territórios).

§ 1º Os Territórios poderão ser divididos em Municípios, aos quais se aplicará, no que couber, o disposto no Capítulo IV deste Título.

§ 2º As contas do Governo do Território serão submetidas ao Congresso Nacional, com parecer prévio do Tribunal de Contas da União.

§ 3º Nos Territórios Federais com mais de cem mil habitantes, além do Governador nomeado na forma desta Constituição, haverá órgãos judiciários de primeira e segunda instância, membros do Ministério Público e defensores públicos federais; a lei disporá sobre as eleições para a Câmara Territorial e sua competência deliberativa.

CAPÍTULO VI
Da Intervenção

Art. 34. A União não intervirá nos Estados nem no Distrito Federal, exceto para:

> Artigos constitucionais conexos: 21, V; 36; 49, IV; 57, I; 90, I; 91, II; 84, X.

I – manter a integridade nacional;

> Artigo constitucional conexo: 1º, caput.

II – repelir invasão estrangeira ou de uma unidade da Federação em outra;

> Artigos constitucionais conexos: 21, II; 49, II; 84, XIX.

III – pôr termo a grave comprometimento da ordem pública;

IV – garantir o livre exercício de qualquer dos Poderes nas unidades da Federação;

> Artigo constitucional conexo: 36, I.

V – reorganizar as finanças da unidade da Federação que:

a) suspender o pagamento da dívida fundada por mais de dois anos consecutivos, salvo motivo de força maior;

b) deixar de entregar aos Municípios receitas tributárias fixadas nesta Constituição, dentro dos prazos estabelecidos em lei;

> *Legislação infraconstitucional*: Art. 10 da LC 63/90 (Critérios e prazos de crédito das parcelas do produto da arrecadação de impostos de competência dos Estados e de transferências por estes recebidas, pertencentes aos Municípios).

VI – prover a execução de lei federal, ordem ou decisão judicial;

> *Artigo constitucional conexo*: 36, II, IV e § 3º.
> *Súmula do Supremo Tribunal Federal*: 637.

VII – assegurar a observância dos seguintes princípios constitucionais:

> *Artigos constitucionais conexos*: 36, III e § 3º.

a) forma republicana, sistema representativo e regime democrático;
b) direitos da pessoa humana;
c) autonomia municipal;
d) prestação de contas da administração pública, direta e indireta;
e) aplicação do mínimo exigido da receita resultante de impostos estaduais, compreendida a proveniente de transferências, na manutenção e desenvolvimento do ensino e nas ações e serviços públicos de saúde.

> *Redação da alínea e dada pela EC 29, de 13 de setembro de 2000.*

O texto anterior, redigido pela EC 14, de 12 de setembro de 1996, dispunha:

"e) aplicação do mínimo exigido da receita resultante de impostos estaduais, compreendida a proveniente de transferências, na manutenção e desenvolvimento do ensino."

Art. 35. O Estado não intervirá em seus Municípios, nem a União nos Municípios localizados em Território Federal, exceto quando:

> *Súmula do Supremo Tribunal Federal*: 637.

I – deixar de ser paga, sem motivo de força maior, por dois anos consecutivos, a dívida fundada;

II – não forem prestadas contas devidas, na forma da lei;

III – não tiver sido aplicado o mínimo exigido da receita municipal na manutenção e desenvolvimento do ensino e nas ações e serviços públicos de saúde;

> *Redação dada pela EC 29, de 13 de setembro de 2000.*

O texto anterior dispunha:

"III – não tiver sido aplicado o mínimo exigido da receita municipal na manutenção e desenvolvimento do ensino;"

IV – o Tribunal de Justiça der provimento a representação para assegurar a observância de princípios indicados na Constituição Estadual, ou para prover a execução de lei, de ordem ou de decisão judicial.

Art. 36. A decretação da intervenção dependerá:

I – no caso do art. 34, IV, de solicitação do Poder Legislativo ou do Poder Executivo coacto ou impedido, ou de requisição do Supremo Tribunal Federal, se a coação for exercida contra o Poder Judiciário;

II – no caso de desobediência a ordem ou decisão judiciária, de requisição do Supremo Tribunal Federal, do Superior Tribunal de Justiça ou do Tribunal Superior Eleitoral;

> *Legislação infraconstitucional*: Arts. 19 a 22 da Lei 8.038/90 (Normas procedimentais para os processos que especifica, perante o STJ e o STF).

III – de provimento, pelo Supremo Tribunal Federal, de representação do Procurador-Geral da República, na hipótese do art. 34, VII, e no caso de recusa à execução de lei federal.

> Redação do inciso III dada pela EC 45, de 8 de dezembro de 2004.

O texto original dispunha:

"III – de provimento, pelo Supremo Tribunal Federal, de representação do Procurador-Geral da República, na hipótese do art. 34, VII;"

> Legislação infraconstitucional: Lei 12.562/11 (Regulamenta o inciso III do art. 36 da Constituição Federal, para dispor sobre o processo e julgamento da representação interventiva perante o Supremo Tribunal Federal).

IV – Revogado pela EC 45, de 8 de dezembro de 2004.

> O texto original revogado dispunha:

"IV – de provimento, pelo Superior Tribunal de Justiça, de representação do Procurador-Geral da República, no caso de recusa à execução de lei federal."

§ 1º O decreto de intervenção, que especificará a amplitude, o prazo e as condições de execução e que, se couber, nomeará o interventor, será submetido à apreciação do Congresso Nacional ou da Assembleia Legislativa do Estado, no prazo de vinte e quatro horas.

§ 2º Se não estiver funcionando o Congresso Nacional ou a Assembleia Legislativa, far-se-á convocação extraordinária, no mesmo prazo de vinte e quatro horas.

§ 3º Nos casos do art. 34, VI e VII, ou do art. 35, IV, dispensada a apreciação pelo Congresso Nacional ou pela Assembleia Legislativa, o decreto limitar-se-á a suspender a execução do ato impugnado, se essa medida bastar ao restabelecimento da normalidade.

§ 4º Cessados os motivos da intervenção, as autoridades afastadas de seus cargos a estes voltarão, salvo impedimento legal.

CAPÍTULO VII
Da Administração Pública
Seção I
Disposições Gerais

Art. 37. A administração pública direta e indireta de qualquer dos Poderes da União, dos Estados, do Distrito Federal e dos Municípios obedecerá aos princípios de legalidade, impessoalidade, moralidade, publicidade e eficiência e, também, ao seguinte:

> Redação do caput dada pela EC 19, de 4 de junho de 1998.

O texto anterior dispunha:

"Art. 37. A administração pública direta, indireta ou fundacional, de qualquer dos Poderes da União, dos Estados, do Distrito Federal e dos Municípios obedecerá aos princípios de legalidade, impessoalidade, moralidade, publicidade e, também, ao seguinte:"

> Artigos constitucionais conexos: 74, II; ADCT, 19.
> Súmula Vinculante do Supremo Tribunal Federal: 13.
> Súmulas do Supremo Tribunal Federal: 346 e 473.
> Legislação infraconstitucional: Lei 8.112/90 (Regime jurídico dos servidores públicos civis da União, das autarquias e das fundações públicas federais); Lei 8.429/92 (Lei de Improbidade Administrativa); Lei 8.730/93 (Disciplina a obrigatoriedade de declaração de bens e rendas para o exercício de cargos, empregos e funções nos Poderes Executivo, Legislativo e Judiciário).

I – os cargos, empregos e funções públicas são acessíveis aos brasileiros que preencham os requisitos estabelecidos em lei, assim como aos estrangeiros, na forma da lei;

> Redação do inciso I dada pela EC 19, de 4 de junho de 1998.

O texto anterior dispunha:

"I – os cargos, empregos e funções públicas são acessíveis aos brasileiros que preencham os requisitos estabelecidos em lei;"

> *Artigo constitucional conexo:* 207, § 1º (EC 11/96).
> *Súmula Vinculante do Supremo Tribunal Federal:* 44.
> *Súmulas do Supremo Tribunal Federal:* 683, 684 e 686.
> *Legislação infraconstitucional:* Lei 9.962/2000 (Disciplina o regime de emprego público do pessoal da administração federal direta, autárquica e fundacional e dá outras providências).

II – a investidura em cargo ou emprego público depende de aprovação prévia em concurso público de provas ou de provas e títulos, de acordo com a natureza e a complexidade do cargo ou emprego, na forma prevista em lei, ressalvadas as nomeações para cargo em comissão declarado em lei de livre nomeação e exoneração;

> *Redação do inciso II dada pela EC 19, de 4 de junho de 1998.*

O texto anterior dispunha:

"II – a investidura em cargo ou emprego público depende de aprovação prévia em concurso público de provas ou de provas e títulos, ressalvadas as nomeações para cargo em comissão declarado em lei de livre nomeação e exoneração;"

> *Súmula Vinculante do Supremo Tribunal Federal:* 43.
> *Súmula do Supremo Tribunal Federal:* 685.

III – o prazo de validade do concurso público será de até dois anos, prorrogável uma vez, por igual período;

> *Legislação infraconstitucional:* art. 12 da Lei 8.112/90.

IV – durante o prazo improrrogável previsto no edital de convocação, aquele aprovado em concurso público de provas ou de provas e títulos será convocado com prioridade sobre novos concursados para assumir cargo ou emprego, na carreira;

V – as funções de confiança, exercidas exclusivamente por servidores ocupantes de cargo efetivo, e os cargos em comissão, a serem preenchidos por servidores de carreira nos casos, condições e percentuais mínimos previstos em lei, destinam-se apenas às atribuições de direção, chefia e assessoramento;

> *Redação do inciso V dada pela EC 19, de 4 de junho de 1998.*

O texto anterior dispunha:

"V – os cargos em comissão e as funções de confiança serão exercidos, preferencialmente, por servidores ocupantes de cargo de carreira técnica ou profissional, nos casos e condições previstos em lei;"

VI – é garantido ao servidor público civil o direito à livre associação sindical;

VII – o direito de greve será exercido nos termos e nos limites definidos em lei específica;

> *Redação do inciso VII dada pela EC 19, de 4 de junho de 1998.*

O texto anterior dispunha:

"VII – o direito de greve será exercido nos termos e nos limites definidos em lei complementar;"

VIII – a lei reservará percentual dos cargos e empregos públicos para as pessoas portadoras de deficiência e definirá os critérios de sua admissão;

> *Artigos constitucionais conexos:* 7º, XXXI; 23, II; 24, XIV; 203, IV e V; 208, III; 227, § 2º.
> *Legislação infraconstitucional:* Lei 7.853/89 (Disciplina a CORDE – Coordenadoria Nacional para Integração da Pessoa Portadora de Deficiência e institui a tutela jurisdicional de interesses coletivos e difusos das pessoas portadoras de deficiência); Decreto 3.298/99 (Regulamenta a Lei 7.853/89 e dispõe sobre a Política Nacional para a Integração da Pessoa Portadora de Deficiência); Lei 11.133/05 (Institui o Dia Nacional de Luta da Pessoa Portadora de Deficiência); Lei 11.126/05 (Direito do portador de deficiência visual de ingressar e permanecer em ambientes de uso coletivo acompanhado de cão-guia); Lei 13.146/15 (Institui a Lei Brasileira de Inclusão da Pessoa com Deficiência – Estatuto da Pessoa com Deficiência).

IX – a lei estabelecerá os casos de contratação por tempo determinado para atender a necessidade temporária de excepcional interesse público;

> Emenda constitucional conexa: EC 106, de 7 de maio de 2020 (institui regime extraordinário fiscal, financeiro e de contratações para enfrentamento de calamidade pública nacional decorrente de pandemia).
> Legislação infraconstitucional: Lei 8.745/93 (Disciplina a contratação por tempo determinado para atender a necessidade temporária de excepcional interesse público).

X – a remuneração dos servidores públicos e o subsídio de que trata o § 4º do art. 39 somente poderão ser fixados ou alterados por lei específica, observada a iniciativa privativa em cada caso, assegurada revisão geral anual, sempre na mesma data e sem distinção de índices;

> Redação do inciso X dada pela EC 19, de 4 de junho de 1998.

O texto anterior dispunha:

"X – a revisão geral da remuneração dos servidores públicos, sem distinção de índices entre servidores públicos civis e militares, far-se-á sempre na mesma data;"
> Súmulas Vinculantes do Supremo Tribunal Federal: 37 e 51.
> Súmulas do Supremo Tribunal Federal: 672 e 679.
> Legislação infraconstitucional: Lei 10.331/01 (dispõe sobre a revisão geral e anual das remunerações e subsídios dos servidores).

XI – a remuneração e o subsídio dos ocupantes de cargos, funções e empregos públicos da administração direta, autárquica e fundacional, dos membros de qualquer dos Poderes da União, dos Estados, do Distrito Federal e dos Municípios, dos detentores de mandato eletivo e dos demais agentes políticos e os proventos, pensões ou outra espécie remuneratória, percebidos cumulativamente ou não, incluídas as vantagens pessoais ou de qualquer outra natureza, não poderão exceder o subsídio mensal, em espécie, dos Ministros do Supremo Tribunal Federal, aplicando-se como limite, nos Municípios, o subsídio do Prefeito, e nos Estados e no Distrito Federal, o subsídio mensal do Governador no âmbito do Poder Executivo, o subsídio dos Deputados Estaduais e Distritais no âmbito do Poder Legislativo e o subsídio dos Desembargadores do Tribunal de Justiça, limitado a noventa inteiros e vinte e cinco centésimos por cento do subsídio mensal, em espécie, dos Ministros do Supremo Tribunal Federal, no âmbito do Poder Judiciário, aplicável este limite aos membros do Ministério Público, aos Procuradores e aos Defensores Públicos;

> Redação do inciso XI dada pela EC 41, de 19 de dezembro de 2003.

O texto anterior, redigido pela EC 19, de 4 de junho de 1998, dispunha:

"XI – a remuneração e o subsídio dos ocupantes de cargos, funções e empregos públicos da administração direta, autárquica e fundacional, dos membros de qualquer dos Poderes da União, dos Estados, do Distrito Federal e dos Municípios, dos detentores de mandato eletivo e dos demais agentes políticos e os proventos, pensões ou outra espécie remuneratória, percebidos cumulativamente ou não, incluídas as vantagens pessoais ou de qualquer outra natureza, não poderão exceder o subsídio mensal, em espécie, dos Ministros do Supremo Tribunal Federal;"
> Artigos constitucionais conexos: 29-A, arts. 7º, 8º e 9º da EC 41/03.
> Legislação infraconstitucional: Lei 10.331/01 (Regulamenta o inciso X do art. 37 da Constituição).
> O STF, por maioria, julgou procedente a ADIN 3.854, confirmando a medida cautelar anteriormente deferida, "dar interpretação conforme à Constituição ao artigo 37, inciso XI (com redação dada pela EC 41/2003) e § 12 (com redação dada pela EC 47/2005), da Constituição Federal, para afastar a submissão dos membros da magistratura estadual da regra do subteto remuneratório (...)" (DOU 22.02.2021)

XII – os vencimentos dos cargos do Poder Legislativo e do Poder Judiciário não poderão ser superiores aos pagos pelo Poder Executivo;

XIII – é vedada a vinculação ou equiparação de quaisquer espécies remuneratórias para o efeito de remuneração de pessoal do serviço público;

> Redação do inciso XIII dada pela EC 19, de 4 de junho de 1998.

O texto anterior dispunha:

"XIII – é vedada a vinculação ou equiparação de vencimentos, para o efeito de remuneração de pessoal do serviço público, ressalvado o disposto no inciso anterior e no art. 39, § 1º;"
> Súmula Vinculante do Supremo Tribunal Federal: 42.

XIV – os acréscimos pecuniários percebidos por servidor público não serão computados nem acumulados para fins de concessão de acréscimos ulteriores;
> Redação do inciso XIV dada pela EC 19, de 4 de junho de 1998.

O texto anterior dispunha:

"XIV – os acréscimos pecuniários percebidos por servidor público não serão computados nem acumulados, para fins de concessão de acréscimos ulteriores, sob o mesmo título ou idêntico fundamento;"

XV – o subsídio e os vencimentos dos ocupantes de cargos e empregos públicos são irredutíveis, ressalvado o disposto nos incisos XI e XIV deste artigo e nos arts. 39, § 4º, 150, II, 153, III, e 153, § 2º, I;
> Redação do inciso XV dada pela EC 19, de 4 de junho de 1998.

O texto anterior dispunha:

"XV – os vencimentos dos servidores públicos são irredutíveis, e a remuneração observará o que dispõem os arts. 37, XI e XII, 150, II, 153, III, e § 2º, I;"

XVI – é vedada a acumulação remunerada de cargos públicos, exceto, quando houver compatibilidade de horários, observado em qualquer caso o disposto no inciso XI:
> Redação do inciso XVI dada pela EC 19, de 4 de junho de 1998.

O texto anterior dispunha:

"XVI – é vedada a acumulação remunerada de cargos públicos, exceto quando houver compatibilidade de horários:"

a) a de dois cargos de professor;

b) a de um cargo de professor com outro, técnico ou científico;

c) a de dois cargos ou empregos privativos de profissionais de saúde, com profissões regulamentadas;
> Alínea "c" com redação dada pela EC 34, de 13 de dezembro de 2001.

O texto original dispunha:

"c) a de dois cargos privativos de médico;"

XVII – a proibição de acumular estende-se a empregos e funções e abrange autarquias, fundações, empresas públicas, sociedades de economia mista, suas subsidiárias, e sociedades controladas, direta ou indiretamente, pelo poder público;
> Redação do inciso XVII dada pela EC 19, de 4 de junho de 1998.

O texto anterior dispunha:

"XVII – a proibição de acumular estende-se a empregos e funções e abrange autarquias, empresas públicas, sociedades de economia mista e fundações mantidas pelo Poder Público;"

XVIII – a administração fazendária e seus servidores fiscais terão, dentro de suas áreas de competência e jurisdição, precedência sobre os demais setores administrativos, na forma da lei;

XIX – somente por lei específica poderá ser criada autarquia e autorizada a instituição de empresa pública, de sociedade de economia mista e de fundação, cabendo à lei complementar, neste último caso, definir as áreas de sua atuação;
> Redação do inciso XIX dada pela EC 19, de 4 de junho de 1998.

O texto anterior dispunha:

"XIX – somente por lei específica poderão ser criadas empresa pública, sociedade de economia mista, autarquia ou fundação pública;"

> *Legislação infraconstitucional*: Lei 13.303/16 (Dispõe sobre o estatuto jurídico da empresa pública, da sociedade de economia mista e de suas subsidiárias, no âmbito da União, dos Estados, do Distrito Federal e dos Municípios – Lei de Responsabilidade das Estatais).

XX – depende de autorização legislativa, em cada caso, a criação de subsidiárias das entidades mencionadas no inciso anterior, assim como a participação de qualquer delas em empresa privada;

> *Legislação infraconstitucional*: Lei 11.107/05 (Dispõe sobre normas gerais de contratação de consórcios públicos e dá outras providências); Decreto 6.017/07 (Regulamenta a Lei 11.107/05, que dispõe sobre normas gerais de contratação de consórcios públicos).

XXI – ressalvados os casos especificados na legislação, as obras, serviços, compras e alienações serão contratados mediante processo de licitação pública que assegure igualdade de condições a todos os concorrentes, com cláusulas que estabeleçam obrigações de pagamento, mantidas as condições efetivas da proposta, nos termos da lei, o qual somente permitirá as exigências de qualificação técnica e econômica indispensáveis à garantia do cumprimento das obrigações.

> *Artigo constitucional conexo*: 22, XXVII (EC 19/98).
> *Legislação infraconstitucional*: Lei 8.666/93 (Estatuto Jurídico das Licitações e Contratos), com as alterações da Lei 8.883/94; Dec. 3.555/2000 (Regulamenta o pregão); Lei 10.520/02 (institui modalidade de licitação denominada pregão, para aquisição de bens e serviços comuns, e dá outras providências).

XXII – as administrações tributárias da União, dos Estados, do Distrito Federal e dos Municípios, atividades essenciais ao funcionamento do Estado, exercidas por servidores de carreiras específicas, terão recursos prioritários para a realização de suas atividades e atuarão de forma integrada, inclusive com o compartilhamento de cadastros e de informações fiscais, na forma da lei ou convênio.

> *Inciso XXII acrescentado pela EC 42, de 19 de dezembro de 2003*.
> *Artigo constitucional conexo*: 52, XIV.

§ 1º A publicidade dos atos, programas, obras, serviços e campanhas dos órgãos públicos deverá ter caráter educativo, informativo ou de orientação social, dela não podendo constar nomes, símbolos ou imagens que caracterizem promoção pessoal de autoridades ou servidores públicos.

§ 2º A não observância do disposto nos incisos II e III implicará a nulidade do ato e a punição da autoridade responsável, nos termos da lei.

§ 3º A lei disciplinará as formas de participação do usuário na administração pública direta e indireta, regulando especialmente:

> *Redação do § 3º dada pela EC 19, de 4 de junho de 1998*.
> O texto anterior dispunha:
> "§ 3º As reclamações relativas à prestação de serviços públicos serão disciplinadas em lei."

I – as reclamações relativas à prestação dos serviços públicos em geral, asseguradas a manutenção de serviços de atendimento ao usuário e a avaliação periódica, externa e interna, da qualidade dos serviços;

II – o acesso dos usuários a registros administrativos e a informações sobre atos de governo, observado o disposto no art. 5º, X e XXXIII;

III – a disciplina da representação contra o exercício negligente ou abusivo de cargo, emprego ou função na administração pública.

> Incisos I a III acrescentados pela EC 19, de 4 de junho de 1998.
> Legislação infraconstitucional: Lei 12.527/11 (Regula o acesso a informações previsto no inciso XXXIII do art. 5º, no inciso II do § 3º do art. 37 e no § 2º do art. 216 da Constituição Federal... e dá outras providências.)

§ 4º Os atos de improbidade administrativa importarão a suspensão dos direitos políticos, a perda da função pública, a indisponibilidade dos bens e o ressarcimento ao erário, na forma e gradação previstas em lei, sem prejuízo da ação penal cabível.

> Artigo constitucional conexo: 15, V.
> Legislação infraconstitucional: Lei 8.429/92 (Lei da Improbidade Administrativa).

§ 5º A lei estabelecerá os prazos de prescrição para ilícitos praticados por qualquer agente, servidor ou não, que causem prejuízos ao erário, ressalvadas as respectivas ações de ressarcimento.

> Artigo constitucional conexo: 5º, XLV.
> Legislação infraconstitucional: Lei 8.429/92 (Lei da Improbidade Administrativa).

§ 6º As pessoas jurídicas de direito público e as de direito privado prestadoras de serviços públicos responderão pelos danos que seus agentes, nessa qualidade, causarem a terceiros, assegurado o direito de regresso contra o responsável nos casos de dolo ou culpa.

> Legislação infraconstitucional: Lei 6.453/77 (Disciplina a responsabilidade civil e criminal por danos nucleares); Lei 10.309/01 (Dispõe sobre a assunção pela União de responsabilidades civis perante terceiros no caso de atentados terroristas ou atos de guerra contra aeronaves de empresas aéreas brasileiras); Lei 10.744/03 (Dispõe sobre a assunção, pela União, de responsabilidades civis perante terceiros no caso de atentados terroristas, atos de guerra ou eventos correlatos, contra aeronaves de matrícula brasileira operadas por empresas brasileiras de transporte aéreo público, excluídas as empresas de táxi aéreo).

§ 7º A lei disporá sobre os requisitos e as restrições ao ocupante de cargo ou emprego da administração direta e indireta que possibilite o acesso a informações privilegiadas.

> Acrescentado pela EC 19, de 4 de junho de 1998.

§ 8º A autonomia gerencial, orçamentária e financeira dos órgãos e entidades da administração direta e indireta poderá ser ampliada mediante contrato, a ser firmado entre seus administradores e o poder público, que tenha por objeto a fixação de metas de desempenho para o órgão ou entidade, cabendo à lei dispor sobre:

> Acrescentado pela EC 19, de 4 de junho de 1998.
> Legislação infraconstitucional: Lei 13.934/19 (Regulamenta o contrato referido no § 8º do art. 37 da Constituição Federal, denominado "contrato de desempenho", no âmbito da administração pública federal direta de qualquer dos Poderes da União e das autarquias e fundações públicas federais).

I – o prazo de duração do contrato;
II – os controles e critérios de avaliação de desempenho, direitos, obrigações e responsabilidade dos dirigentes;
III – a remuneração do pessoal.

§ 9º O disposto no inciso XI aplica-se às empresas públicas e às sociedades de economia mista, e suas subsidiárias, que receberem recursos da União, dos Estados, do Distrito Federal ou dos Municípios para pagamento de despesas de pessoal ou de custeio em geral.

> Acrescentado pela EC 19, de 4 de junho de 1998.

§ 10. É vedada a percepção simultânea de proventos de aposentadoria decorrentes do art. 40 ou dos arts. 42 e 142 com a remuneração de cargo, emprego ou função pública,

ressalvados os cargos acumuláveis na forma desta Constituição, os cargos eletivos e os cargos em comissão declarados em lei de livre nomeação e exoneração.
> Acrescentado pela EC 20, de 15 de dezembro de 1998.

§ 11. Não serão computadas, para efeito dos limites remuneratórios de que trata o inciso XI do *caput* deste artigo, as parcelas de caráter indenizatório previstas em lei.
> Acrescentado pela EC 47, de 5 de julho de 2005, em vigor na data de sua publicação, com efeitos retroativos à data de vigência da EC 41/2003.
> Artigo constitucional conexo: 4º da EC 47/05.

§ 12. Para os fins do disposto no inciso XI do *caput* deste artigo, fica facultado aos Estados e ao Distrito Federal fixar, em seu âmbito, mediante emenda às respectivas Constituições e Lei Orgânica, como limite único, o subsídio mensal dos Desembargadores do respectivo Tribunal de Justiça, limitado a noventa inteiros e vinte e cinco centésimos por cento do subsídio mensal dos Ministros do Supremo Tribunal Federal, não se aplicando o disposto neste parágrafo aos subsídios dos Deputados Estaduais e Distritais e dos Vereadores.
> Acrescentado pela EC 47, de 5 de julho de 2005, em vigor na data de sua publicação, com efeitos retroativos à data de vigência da EC 41/2003.
> O STF, por maioria, julgou procedente a ADIN 3.854, confirmando a medida cautelar anteriormente deferida, "dar interpretação conforme à Constituição ao artigo 37, inciso XI (com redação dada pela EC 41/2003) e § 12 (com redação dada pela EC 47/2005), da Constituição Federal, para afastar a submissão dos membros da magistratura estadual da regra do subteto remuneratório (...)" (DOU 22.02.2021)

§ 13. O servidor público titular de cargo efetivo poderá ser readaptado para exercício de cargo cujas atribuições e responsabilidades sejam compatíveis com a limitação que tenha sofrido em sua capacidade física ou mental, enquanto permanecer nesta condição, desde que possua a habilitação e o nível de escolaridade exigidos para o cargo de destino, mantida a remuneração do cargo de origem.
> Acrescentado pela EC 103, de 12 de novembro de 2019.

§ 14. A aposentadoria concedida com a utilização de tempo de contribuição decorrente de cargo, emprego ou função pública, inclusive do Regime Geral de Previdência Social, acarretará o rompimento do vínculo que gerou o referido tempo de contribuição.
> Acrescentado pela EC 103, de 12 de novembro de 2019.

§ 15. É vedada a complementação de aposentadorias de servidores públicos e de pensões por morte a seus dependentes que não seja decorrente do disposto nos §§ 14 a 16 do art. 40 ou que não seja prevista em lei que extinga regime próprio de previdência social.
> Acrescentado pela EC 103, de 12 de novembro de 2019.

§ 16. Os órgãos e entidades da administração pública, individual ou conjuntamente, devem realizar avaliação das políticas públicas, inclusive com divulgação do objeto a ser avaliado e dos resultados alcançados, na forma da lei.
> § 16 acrescentado pela EC 109, de 15 de março de 2021.

§ 17. Lei complementar estabelecerá normas gerais aplicáveis às administrações tributárias da União, dos Estados, do Distrito Federal e dos Municípios, dispondo sobre deveres, direitos e garantias dos servidores das carreiras de que trata o inciso XXII do *caput*.

§ 18. Para os fins do disposto no inciso XI do *caput* deste artigo, os servidores de carreira das administrações tributárias dos Estados, do Distrito Federal e dos Municípios sujeitam-se ao limite aplicável aos servidores da União.
> §§ 17 e 18 acrescidos pela EC 132/2023, a vigorar a partir de 2027.

Art. 38. Ao servidor público da administração direta, autárquica e fundacional, no exercício de mandato eletivo, aplicam-se as seguintes disposições:
> Redação do caput dada pela EC 19, de 4 de junho de 1998.
> O texto anterior dispunha:
> "Art. 38. Ao servidor público em exercício de mandato eletivo aplicam-se as seguintes disposições:"
> Artigos constitucionais conexos: 28, § 1º; 54, I, b.

I – tratando-se de mandato eletivo federal, estadual ou distrital, ficará afastado de seu cargo, emprego ou função;

II – investido no mandato de Prefeito, será afastado do cargo, emprego ou função, sendo-lhe facultado optar pela sua remuneração;

III – investido no mandato de Vereador, havendo compatibilidade de horários, perceberá as vantagens de seu cargo, emprego ou função, sem prejuízo da remuneração do cargo eletivo, e, não havendo compatibilidade, será aplicada a norma do inciso anterior;

IV – em qualquer caso que exija o afastamento para o exercício de mandato eletivo, seu tempo de serviço será contado para todos os efeitos legais, exceto para promoção por merecimento;

V – na hipótese de ser segurado de regime próprio de previdência social, permanecerá filiado a esse regime, no ente federativo de origem.
> Redação do inciso V dada pela EC 103, de 12 de novembro de 2019.
> O texto original dispunha:
> "V – para efeito de benefício previdenciário, no caso de afastamento, os valores serão determinados como se no exercício estivessem."

Seção II
Dos Servidores Públicos

> Título da Seção II renomeado pela EC 18, de 5 de fevereiro de 1998.

Art. 39. A União, os Estados, o Distrito Federal e os Municípios instituirão conselho de política de administração e remuneração de pessoal, integrado por servidores designados pelos respectivos Poderes.
> Redação do caput dada pela EC 19, de 4 de junho de 1998.
> O texto original dispunha:
> "Art. 39. A União, os Estados, o Distrito Federal e os Municípios instituirão, no âmbito de sua competência, regime jurídico único e planos de carreira para os servidores da administração pública direta, das autarquias e das fundações públicas."
> Artigo constitucional conexo: ADCT, 24.
> Súmula Vinculante do Supremo Tribunal Federal: 4.
> Legislação infraconstitucional: Lei 8.026/90 (Disciplina a aplicação de pena de demissão a funcionário público); Lei 8.027/90; Lei 8.112/90 (Regime jurídico dos servidores públicos civis da União, das autarquias e das fundações públicas federais); Lei 8.429/92 (Lei de Improbidade Administrativa).
> O STF, no julgamento da ADI 2.135-4 (DOU 14.08.2007), deferiu parcialmente a medida cautelar, com efeitos *ex nunc*, para suspender a eficácia do art. 39, *caput*, da CF. Conforme decisão liminar, mantém-se a redação original do dispositivo.

§ 1° A fixação dos padrões de vencimento e dos demais componentes do sistema remuneratório observará:

> Redação do § 1° dada pela EC 19, de 4 de junho de 1998.

O texto anterior dispunha:

"**§ 1°** *A lei assegurará, aos servidores da administração direta, isonomia de vencimentos para cargos de atribuições iguais ou assemelhados do mesmo Poder ou entre servidores dos Poderes Executivo, Legislativo e Judiciário, ressalvadas as vantagens de caráter individual e as relativas à natureza ou ao local de trabalho."*

I – a natureza, o grau de responsabilidade e a complexidade dos cargos componentes de cada carreira;

II – os requisitos para a investidura;

III – as peculiaridades dos cargos.

> Incisos I a III acrescentados pela EC 19, de 4 de junho de 1998.
> Súmula Vinculante do Supremo Tribunal Federal: 4.
> Súmula do Supremo Tribunal Federal: 339.

§ 2° A União, os Estados e o Distrito Federal manterão escolas de governo para a formação e o aperfeiçoamento dos servidores públicos, constituindo-se a participação nos cursos um dos requisitos para a promoção na carreira, facultada, para isso, a celebração de convênios ou contratos entre os entes federados.

> § 2° acrescentado pela EC 19, de 4 de junho de 1998.

§ 3° Aplica-se aos servidores ocupantes de cargo público o disposto no art. 7°, IV, VII, VIII, IX, XII, XIII, XV, XVI, XVII, XVIII, XIX, XX, XXII e XXX, podendo a lei estabelecer requisitos diferenciados de admissão quando a natureza do cargo o exigir.

> § 3° acrescentado pela EC 19, de 4 de junho de 1998.
> Súmulas Vinculantes do Supremo Tribunal Federal: 4, 15 e 16.
> Súmulas do Supremo Tribunal Federal: 683 e 684.

§ 4° O membro de Poder, o detentor de mandato eletivo, os Ministros de Estado e os Secretários Estaduais e Municipais serão remunerados exclusivamente por subsídio fixado em parcela única, vedado o acréscimo de qualquer gratificação, adicional, abono, prêmio, verba de representação ou outra espécie remuneratória, obedecido, em qualquer caso, o disposto no art. 37, X e XI.

> § 4° acrescentado pela EC 19, de 4 de junho de 1998.

§ 5° Lei da União, dos Estados, do Distrito Federal e dos Municípios poderá estabelecer a relação entre a maior e a menor remuneração dos servidores públicos, obedecido, em qualquer caso, o disposto no art. 37, XI.

> § 5° acrescentado pela EC 19, de 4 de junho de 1998.

§ 6° Os Poderes Executivo, Legislativo e Judiciário publicarão anualmente os valores do subsídio e da remuneração dos cargos e empregos públicos.

> § 6° acrescentado pela EC 19, de 4 de junho de 1998.

§ 7° Lei da União, dos Estados, do Distrito Federal e dos Municípios disciplinará a aplicação de recursos orçamentários provenientes da economia com despesas correntes em cada órgão, autarquia e fundação, para aplicação no desenvolvimento de programas de qualidade e produtividade, treinamento e desenvolvimento, modernização, reaparelhamento e racionalização do serviço público, inclusive sob a forma de adicional ou prêmio de produtividade.

> § 7° acrescentado pela EC 19, de 4 de junho de 1998.

§ 8º A remuneração dos servidores públicos organizados em carreira poderá ser fixada nos termos do § 4º.
> § 8º acrescentado pela EC 19, de 4 de junho de 1998.

§ 9º É vedada a incorporação de vantagens de caráter temporário ou vinculadas ao exercício de função de confiança ou de cargo em comissão à remuneração do cargo efetivo.
> § 9º acrescentado pela EC 103, de 12 de novembro de 2019.

Art. 40. O regime próprio de previdência social dos servidores titulares de cargos efetivos terá caráter contributivo e solidário, mediante contribuição do respectivo ente federativo, de servidores ativos, de aposentados e de pensionistas, observados critérios que preservem o equilíbrio financeiro e atuarial.
> Redação do caput dada pela EC 103, de 12 de novembro de 2019.

O texto anterior, redigido pela EC 41, de 19 de dezembro de 2003, dispunha:
"Art. 40. Aos servidores titulares de cargos efetivos da União, dos Estados, do Distrito Federal e dos Municípios, incluídas suas autarquias e fundações, é assegurado regime de previdência de caráter contributivo e solidário, mediante contribuição do respectivo ente público, dos servidores ativos e inativos e dos pensionistas, observados critérios que preservem o equilíbrio financeiro e atuarial e o disposto neste artigo."
> Artigos constitucionais conexos: 2º, 3º e 4º da EC 41/03 (regras de transição) e 3º, 5º e 6º da EC 47/05.

§ 1º O servidor abrangido por regime próprio de previdência social será aposentado:
> Redação do § 1º dada pela EC 103, de 12 de novembro de 2019.

O texto anterior, redigido pela EC 41, de 19 de dezembro de 2003, dispunha:
"§ 1º Os servidores abrangidos pelo regime de previdência de que trata este artigo serão aposentados, calculados os seus proventos a partir dos valores fixados na forma dos §§ 3º e 17:"

I – por incapacidade permanente para o trabalho, no cargo em que estiver investido, quando insuscetível de readaptação, hipótese em que será obrigatória a realização de avaliações periódicas para verificação da continuidade das condições que ensejaram a concessão da aposentadoria, na forma de lei do respectivo ente federativo;
> Redação do inciso I dada pela EC 103, de 12 de novembro de 2019.

O texto anterior, redigido pela EC 41, de 19 de dezembro de 2003, dispunha:
"I – por invalidez permanente, sendo os proventos proporcionais ao tempo de contribuição, exceto se decorrente de acidente em serviço, moléstia profissional ou doença grave, contagiosa ou incurável, na forma da lei;"

II – compulsoriamente, com proventos proporcionais ao tempo de contribuição, aos 70 (setenta) anos de idade, ou aos 75 (setenta e cinco) anos de idade, na forma de lei complementar;
> Inciso II com redação dada pela EC 88, de 7 de maio de 2015.

O texto anterior, redigido pela EC 20/98, dispunha:
"II – compulsoriamente, aos setenta anos de idade, com proventos proporcionais ao tempo de contribuição;"
> Legislação infraconstitucional: LC 152/15 (Dispõe sobre a aposentadoria compulsória por idade, com proventos proporcionais, nos termos do inciso II do § 1º do art. 40 da Constituição Federal).

III – no âmbito da União, aos 62 (sessenta e dois) anos de idade, se mulher, e aos 65 (sessenta e cinco) anos de idade, se homem, e, no âmbito dos Estados, do Distrito Federal e dos Municípios, na idade mínima estabelecida mediante emenda às respectivas Constituições e Leis Orgânicas, observados o tempo de contribuição e os demais requisitos estabelecidos em lei complementar do respectivo ente federativo.
> Redação do inciso III dada pela EC 103, de 12 de novembro de 2019.

O texto anterior, redigido pela EC 20, de 15 de dezembro de 1998, dispunha:

"III – voluntariamente, desde que cumprido tempo mínimo de dez anos de efetivo exercício no serviço público e cinco anos no cargo efetivo em que se dará a aposentadoria, observadas as seguintes condições:

a) sessenta anos de idade e trinta e cinco de contribuição, se homem, e cinquenta e cinco anos de idade e trinta de contribuição, se mulher;

b) sessenta e cinco anos de idade, se homem, e sessenta anos de idade, se mulher, com proventos proporcionais ao tempo de contribuição."

§ 2º Os proventos de aposentadoria não poderão ser inferiores ao valor mínimo a que se refere o § 2º do art. 201 ou superiores ao limite máximo estabelecido para o Regime Geral de Previdência Social, observado o disposto nos §§ 14 a 16.

> *Redação do § 2º dada pela EC 103, de 12 de novembro de 2019.*

O texto anterior, acrescido pela EC 20, de 15 de dezembro de 1998, dispunha:

"§ 2º Os proventos de aposentadoria e as pensões, por ocasião de sua concessão, não poderão exceder a remuneração do respectivo servidor, no cargo efetivo em que se deu a aposentadoria ou que serviu de referência para a concessão da pensão."

§ 3º As regras para cálculo de proventos de aposentadoria serão disciplinadas em lei do respectivo ente federativo.

> *Redação do § 3º dada pela EC 103, de 12 de novembro de 2019.*

O texto anterior, redigido pela EC 41, de 19 de dezembro de 2003, dispunha:

"§ 3º Para o cálculo dos proventos de aposentadoria, por ocasião da sua concessão, serão considerados as remunerações utilizadas como base para as contribuições do servidor aos regimes de previdência de que tratam este artigo e o art. 201, na forma da lei."

§ 4º É vedada a adoção de requisitos ou critérios diferenciados para concessão de benefícios em regime próprio de previdência social, ressalvado o disposto nos §§ 4º-A, 4º-B, 4º-C e 5º.

> *Redação do § 4º dada pela EC 103, de 12 de novembro de 2019.*

O texto anterior, redigido pela EC 47, de 5 de julho de 2005, dispunha:

"§ 4º É vedada a adoção de requisitos e critérios diferenciados para a concessão de aposentadoria aos abrangidos pelo regime de que trata este artigo, ressalvados, nos termos definidos em leis complementares, os casos de servidores:

I – portadores de deficiência;

II – que exerçam atividades de risco;

III – cujas atividades sejam exercidas sob condições especiais que prejudiquem a saúde ou a integridade física."

> *Súmulas Vinculantes do Supremo Tribunal Federal: 33 e 55.*
> *Súmula do Supremo Tribunal Federal: 680.*
> *Legislação infraconstitucional: Lei 13.146/15 (Institui a Lei Brasileira de Inclusão da Pessoa com Deficiência – Estatuto da Pessoa com Deficiência).*

§ 4º-A. Poderão ser estabelecidos por lei complementar do respectivo ente federativo idade e tempo de contribuição diferenciados para aposentadoria de servidores com deficiência, previamente submetidos a avaliação biopsicossocial realizada por equipe multiprofissional e interdisciplinar.

> *§ 4º-A acrescentado pela EC 103, de 12 de novembro de 2019.*

§ 4º-B. Poderão ser estabelecidos por lei complementar do respectivo ente federativo idade e tempo de contribuição diferenciados para aposentadoria de ocupantes do cargo de agente penitenciário, de agente socioeducativo ou de policial dos órgãos de que tratam o inciso IV do *caput* do art. 51, o inciso XIII do *caput* do art. 52 e os incisos I a IV do *caput* do art. 144.

> *§ 4º-B acrescentado pela EC 103, de 12 de novembro de 2019.*

§ 4º-C. Poderão ser estabelecidos por lei complementar do respectivo ente federativo idade e tempo de contribuição diferenciados para aposentadoria de servidores

cujas atividades sejam exercidas com efetiva exposição a agentes químicos, físicos e biológicos prejudiciais à saúde, ou associação desses agentes, vedada a caracterização por categoria profissional ou ocupação.
> § 4º-C acrescentado pela EC 103, de 12 de novembro de 2019.

§ 5º Os ocupantes do cargo de professor terão idade mínima reduzida em 5 (cinco) anos em relação às idades decorrentes da aplicação do disposto no inciso III do § 1º, desde que comprovem tempo de efetivo exercício das funções de magistério na educação infantil e no ensino fundamental e médio fixado em lei complementar do respectivo ente federativo.
> Redação do § 5º dada pela EC 103, de 12 de novembro de 2019.

O texto anterior, acrescido pela EC 20, de 15 de dezembro de 1998, dispunha:

"*§ 5º Os requisitos de idade e de tempo de contribuição serão reduzidos em cinco anos, em relação ao disposto no § 1º, III, a, para o professor que comprove exclusivamente tempo de efetivo exercício das funções de magistério na educação infantil e no ensino fundamental e médio.*"
> Súmula do Supremo Tribunal Federal: 726.

§ 6º Ressalvadas as aposentadorias decorrentes dos cargos acumuláveis na forma desta Constituição, é vedada a percepção de mais de uma aposentadoria à conta de regime próprio de previdência social, aplicando-se outras vedações, regras e condições para a acumulação de benefícios previdenciários estabelecidas no Regime Geral de Previdência Social.
> Redação do § 6º dada pela EC 103, de 12 de novembro de 2019.

O texto anterior, acrescido pela EC 20, de 15 de dezembro de 1998, dispunha:

"*§ 6º Ressalvadas as aposentadorias decorrentes dos cargos acumuláveis na forma desta Constituição, é vedada a percepção de mais de uma aposentadoria à conta do regime de previdência previsto neste artigo.*"

§ 7º Observado o disposto no § 2º do art. 201, quando se tratar da única fonte de renda formal auferida pelo dependente, o benefício de pensão por morte será concedido nos termos de lei do respectivo ente federativo, a qual tratará de forma diferenciada a hipótese de morte dos servidores de que trata o § 4º-B decorrente de agressão sofrida no exercício ou em razão da função.
> Redação do § 7º dada pela EC 103, de 12 de novembro de 2019.

O texto anterior, redigido pela EC 41, de 19 de dezembro de 2003, dispunha:

"*§ 7º Lei disporá sobre a concessão do benefício de pensão por morte, que será igual:*
I – ao valor da totalidade dos proventos do servidor falecido, até o limite máximo estabelecido para os benefícios do regime geral de previdência social de que trata o art. 201, acrescido de setenta por cento da parcela excedente a este limite, caso aposentado à data do óbito; ou
II – ao valor da totalidade da remuneração do servidor no cargo efetivo em que se deu o falecimento, até o limite máximo estabelecido para os benefícios do regime geral de previdência social de que trata o art. 201, acrescido de setenta por cento da parcela excedente a este limite, caso em atividade na data do óbito."
> Artigos constitucionais conexos: 42, § 2º; 142, § 3º, IX.

§ 8º É assegurado o reajustamento dos benefícios para preservar-lhes, em caráter permanente, o valor real, conforme critérios estabelecidos em lei.
> Redação do § 8º dada pela EC 41, de 19 de dezembro de 2003.

O texto anterior, regido pela EC 20, de 15 de dezembro de 1998, dispunha:

"*§ 8º Observado o disposto no art. 37, XI, os proventos de aposentadoria e as pensões serão revistos na mesma proporção e na mesma data, sempre que se modificar a remuneração dos servidores em atividade, sendo também estendidos aos aposentados e aos pensionistas quaisquer benefícios ou vantagens posteriormente concedidos aos servidores em atividade, inclusive quando decorrentes da transformação ou reclassificação do cargo ou função em que se deu a aposentadoria ou que serviu de referência para a concessão da pensão, na forma da lei.*"
> Súmulas Vinculantes do Supremo Tribunal Federal: 20 e 34.

§ 9º O tempo de contribuição federal, estadual, distrital ou municipal será contado para fins de aposentadoria, observado o disposto nos §§ 9º e 9º-A do art. 201, e o tempo de serviço correspondente será contado para fins de disponibilidade.
> Redação do § 9º dada pela EC 103, de 12 de novembro de 2019.

O texto anterior, acrescido pela EC 20, de 15 de dezembro de 1998, dispunha:
"§ 9º O tempo de contribuição federal, estadual ou municipal será contado para efeito de aposentadoria e o tempo de serviço correspondente para efeito de disponibilidade."

§ 10. A lei não poderá estabelecer qualquer forma de contagem de tempo de contribuição fictício.
> § 10 acrescentado pela EC 20, de 15 de dezembro de 1998.
> Artigo constitucional conexo: 4º da EC 20/98.

§ 11. Aplica-se o limite fixado no art. 37, XI, à soma total dos proventos de inatividade, inclusive quando decorrentes da acumulação de cargos ou empregos públicos, bem como de outras atividades sujeitas a contribuição para o regime geral de previdência social, e ao montante resultante da adição de proventos de inatividade com remuneração de cargo acumulável na forma desta Constituição, cargo em comissão declarado em lei de livre nomeação e exoneração, e de cargo eletivo.
> § 11 acrescentado pela EC 20, de 15 de dezembro de 1998.

§ 12. Além do disposto neste artigo, serão observados, em regime próprio de previdência social, no que couber, os requisitos e critérios fixados para o Regime Geral de Previdência Social.
> Redação do § 12 dada pela EC 103, de 12 de novembro de 2019.

O texto anterior, acrescido pela EC 20, de 15 de dezembro de 1998, dispunha:
"§ 12. Além do disposto neste artigo, o regime de previdência dos servidores públicos titulares de cargo efetivo observará, no que couber, os requisitos e critérios fixados para o regime geral de previdência social."

§ 13. Aplica-se ao agente público ocupante, exclusivamente, de cargo em comissão declarado em lei de livre nomeação e exoneração, de outro cargo temporário, inclusive mandato eletivo, ou de emprego público, o Regime Geral de Previdência Social.
> Redação do § 13 dada pela EC 103, de 12 de novembro de 2019.

O texto anterior, acrescido pela EC 20, de 15 de dezembro de 1998, dispunha:
"§ 13. Ao servidor ocupante, exclusivamente, de cargo em comissão declarado em lei de livre nomeação e exoneração bem como de outro cargo temporário ou de emprego público, aplica-se o regime geral de previdência social."

§ 14. A União, os Estados, o Distrito Federal e os Municípios instituirão, por lei de iniciativa do respectivo Poder Executivo, regime de previdência complementar para servidores públicos ocupantes de cargo efetivo, observado o limite máximo dos benefícios do Regime Geral de Previdência Social para o valor das aposentadorias e das pensões em regime próprio de previdência social, ressalvado o disposto no § 16.
> Redação do § 14 dada pela EC 103, de 12 de novembro de 2019.

O texto anterior, acrescido pela EC 20, de 15 de dezembro de 1998, dispunha:
"§ 14. A União, os Estados, o Distrito Federal e os Municípios, desde que instituam regime de previdência complementar para os seus respectivos servidores titulares de cargo efetivo, poderão fixar, para o valor das aposentadorias e pensões a serem concedidas pelo regime de que trata este artigo, o limite máximo estabelecido para os benefícios do regime geral de previdência social de que trata o art. 201."

§ 15. O regime de previdência complementar de que trata o § 14 oferecerá plano de benefícios somente na modalidade contribuição definida, observará o disposto no art. 202 e será efetivado por intermédio de entidade fechada de previdência complementar ou de entidade aberta de previdência complementar.

> Redação do § 15 dada pela EC 103, de 12 de novembro de 2019.

O texto anterior, redigido pela EC 41, de 19 de dezembro de 2003, dispunha:

"§ 15. O regime de previdência complementar de que trata o § 14 será instituído por lei de iniciativa do respectivo Poder Executivo, observado o disposto no art. 202 e seus parágrafos, no que couber, por intermédio de entidades fechadas de previdência complementar, de natureza pública, que oferecerão aos respectivos participantes planos de benefícios somente na modalidade de contribuição definida."

> Legislação infraconstitucional: LC 109/01 (Regime de Previdência Complementar).

§ 16. Somente mediante sua prévia e expressa opção, o disposto nos §§ 14 e 15 poderá ser aplicado ao servidor que tiver ingressado no serviço público até a data da publicação do ato de instituição do correspondente regime de previdência complementar.

> § 16 acrescentado pela EC 20, de 15 de dezembro de 1998.

§ 17. Todos os valores de remuneração considerados para o cálculo do benefício previsto no § 3º serão devidamente atualizados, na forma da lei.

> § 17 acrescentado pela EC 41, de 19 de dezembro de 2003.

§ 18. Incidirá contribuição sobre os proventos de aposentadorias e pensões concedidas pelo regime de que trata este artigo que superem o limite máximo estabelecido para os benefícios do regime geral de previdência social de que trata o art. 201, com percentual igual ao estabelecido para os servidores titulares de cargos efetivos.

> § 18 acrescentado pela EC 41, de 19 de dezembro de 2003.

§ 19. Observados critérios a serem estabelecidos em lei do respectivo ente federativo, o servidor titular de cargo efetivo que tenha completado as exigências para a aposentadoria voluntária e que opte por permanecer em atividade poderá fazer jus a um abono de permanência equivalente, no máximo, ao valor da sua contribuição previdenciária, até completar a idade para aposentadoria compulsória.

> Redação do § 19 dada pela EC 103, de 12 de novembro de 2019.

O texto anterior, acrescido pela EC 41, de 19 de dezembro de 2003, dispunha:

"§ 19. O servidor de que trata este artigo que tenha completado as exigências para aposentadoria voluntária estabelecidas no § 1º, III, a, e que opte por permanecer em atividade fará jus a um abono de permanência equivalente ao valor da sua contribuição previdenciária até completar as exigências para aposentadoria compulsória contidas no § 1º, II.

§ 20. É vedada a existência de mais de um regime próprio de previdência social e de mais de um órgão ou entidade gestora desse regime em cada ente federativo, abrangidos todos os poderes, órgãos e entidades autárquicas e fundacionais, que serão responsáveis pelo seu financiamento, observados os critérios, os parâmetros e a natureza jurídica definidos na lei complementar de que trata o § 22.

> Redação do § 20 dada pela EC 103, de 12 de novembro de 2019.

O texto anterior, acrescido pela EC 41, de 19 de dezembro de 2003, dispunha:

"§ 20. Fica vedada a existência de mais de um regime próprio de previdência social para os servidores titulares de cargos efetivos, e de mais de uma unidade gestora do respectivo regime em cada ente estatal, ressalvado o disposto no art. 142, § 3º, X.

§ 21. Revogado pela EC 103, de 12 de novembro de 2019.

> Esta alteração entrará em vigor, para os regimes próprios da previdência social dos Estados, do Distrito Federal e dos Municípios, na data de publicação de lei de iniciativa privada do respectivo Poder Executivo que a referende integralmente (DOU 13.11.2019).

O texto anterior, acrescentado pela EC 47, de 5 de julho de 2005, dispunha:

"§ 21. A contribuição prevista no § 18 deste artigo incidirá apenas sobre as parcelas de proventos de aposentadoria e de pensão que superem o dobro do limite máximo estabelecido para os benefícios do regime geral de previdência social de que trata o art. 201 desta Constituição, quando o beneficiário, na forma da lei, for portador de doença incapacitante."

§ 22. Vedada a instituição de novos regimes próprios de previdência social, lei complementar federal estabelecerá, para os que já existam, normas gerais de organização, de funcionamento e de responsabilidade em sua gestão, dispondo, entre outros aspectos, sobre:
> § 22 e seus incisos acrescentados pela EC 103, de 12 de novembro de 2019.

I – requisitos para sua extinção e consequente migração para o Regime Geral de Previdência Social;

II – modelo de arrecadação, de aplicação e de utilização dos recursos;

III – fiscalização pela União e controle externo e social;

IV – definição de equilíbrio financeiro e atuarial;

V – condições para instituição do fundo com finalidade previdenciária de que trata o art. 249 e para vinculação a ele dos recursos provenientes de contribuições e dos bens, direitos e ativos de qualquer natureza;

VI – mecanismos de equacionamento do *deficit* atuarial;

VII – estruturação do órgão ou entidade gestora do regime, observados os princípios relacionados com governança, controle interno e transparência;

VIII – condições e hipóteses para responsabilização daqueles que desempenhem atribuições relacionadas, direta ou indiretamente, com a gestão do regime;

IX – condições para adesão a consórcio público;

X – parâmetros para apuração da base de cálculo e definição de alíquota de contribuições ordinárias e extraordinárias.

Art. 41. São estáveis após três anos de efetivo exercício os servidores nomeados para cargo de provimento efetivo em virtude de concurso público.
> Redação do caput dada pela EC 19, de 4 de junho de 1998.

O texto anterior dispunha:
"Art. 41. São estáveis, após dois anos de efetivo exercício, os servidores nomeados em virtude de concurso público."
> Artigos constitucionais conexos: 132, parágrafo único; 28 da EC 19/98.

§ 1º O servidor público estável só perderá o cargo:
> Redação do § 1º dada pela EC 19, de 4 de junho de 1998.

O texto anterior dispunha:
"§ 1º O servidor público estável só perderá o cargo em virtude de sentença judicial transitada em julgado ou mediante processo administrativo em que lhe seja assegurada ampla defesa."
> Artigos constitucionais conexos: 169; 247.
> Legislação infraconstitucional: Lei 9.801/99 (Dispõe sobre as normas gerais para perda do cargo público por excesso de despesa); LC 101/00 (Estabelece normas de finanças públicas voltadas para a responsabilidade na gestão fiscal e dá outras providências).

I – em virtude de sentença judicial transitada em julgado;

II – mediante processo administrativo em que lhe seja assegurada ampla defesa;
> Súmulas do Supremo Tribunal Federal: 18, 19, 20 e 21.

III – mediante procedimento de avaliação periódica de desempenho, na forma de lei complementar, assegurada ampla defesa.
> Incisos I a III acrescentados pela EC 19, de 4 de junho de 1998.

§ 2º Invalidada por sentença judicial a demissão do servidor estável, será ele reintegrado, e o eventual ocupante da vaga, se estável, reconduzido ao cargo de origem, sem direito a indenização, aproveitado em outro cargo ou posto em disponibilidade com remuneração proporcional ao tempo de serviço.

> Redação do § 2 dada pela EC 19, de 4 de junho de 1998.

O texto anterior dispunha:

"§ 2º Invalidada por sentença judicial a demissão do servidor estável, será ele reintegrado, e o eventual ocupante de vaga reconduzido ao cargo de origem, sem direito a indenização, aproveitado em outro cargo ou posto em disponibilidade."

§ 3º Extinto o cargo ou declarada a sua desnecessidade, o servidor estável ficará em disponibilidade, com remuneração proporcional ao tempo de serviço, até seu adequado aproveitamento em outro cargo.

> Redação do § 3º dada pela EC 19, de 4 de junho de 1998.

O texto anterior dispunha:

"§ 3º Extinto o cargo ou declarada sua desnecessidade, o servidor estável ficará em disponibilidade remunerada, até seu adequado aproveitamento em outro cargo."

> Súmulas do Supremo Tribunal Federal: 11 e 39.

§ 4º Como condição para a aquisição da estabilidade, é obrigatória a avaliação especial de desempenho por comissão instituída para essa finalidade.

> § 4º Acrescentado pela EC 19, de 4 de junho de 1998.

Seção III
Dos Militares dos Estados,
do Distrito Federal e dos Territórios

> Título da Seção III renomeado pela EC 18, de 5 de fevereiro de 1998.

Art. 42. Os membros das Polícias Militares e Corpos de Bombeiros Militares, instituições organizadas com base na hierarquia e disciplina, são militares dos Estados, do Distrito Federal e dos Territórios.

> Redação do caput dada pela EC 18, de 5 de fevereiro de 1998.

O texto anterior dispunha:

"Art. 42. São servidores militares federais os integrantes das Forças Armadas e servidores militares dos Estados, Territórios e Distrito Federal os integrantes de suas polícias militares e de seus corpos de bombeiros militares."

> Artigos constitucionais conexos: 37, § 10; 142; 144, § 6º.

> Legislação infraconstitucional: Lei 10.029/00 (estabelece normas gerais para a prestação voluntária de serviços administrativos e de serviços auxiliares de saúde e de defesa civil nas Polícias Militares e nos Corpos de Bombeiros Militares).

§ 1º Aplicam-se aos militares dos Estados, do Distrito Federal e dos Territórios, além do que vier a ser fixado em lei, as disposições do art. 14, § 8º; do art. 40, § 9º; e do art. 142, §§ 2º e 3º, cabendo a lei estadual específica dispor sobre as matérias do art. 142, § 3º, inciso X, sendo as patentes dos oficiais conferidas pelos respectivos governadores.

> Redação do § 1º dada pela EC 20, de 15 de dezembro de 1998.

O texto anterior, redigido pela EC 18, dispunha:

"§ 1º Aplicam-se aos militares dos Estados, do Distrito Federal e dos Territórios, além do que vier a ser fixado em lei, as disposições do art. 14, § 8º; do art. 40, § 3º; e do art. 142, §§ 2º e 3º, cabendo a lei estadual específica dispor sobre as matérias do art. 142, § 3º, inciso X, sendo as patentes dos oficiais conferidas pelos respectivos Governadores."

> Súmula Vinculante do Supremo Tribunal Federal: 4.

§ 2º Aos pensionistas dos militares dos Estados, do Distrito Federal e dos Territórios aplica-se o que for fixado em lei específica do respectivo ente estatal.

> Redação do § 2º dada pela EC 41, de 19 de dezembro de 2003.

O texto anterior, redigido pela EC 20, de 15 de dezembro de 1998, dispunha:
"§ 2º Aos militares dos Estados, do Distrito Federal e dos Territórios e a seus pensionistas, aplica-se o disposto no art. 40, §§ 7º e 8º."

§ 3º Aplica-se aos militares dos Estados, do Distrito Federal e dos Territórios o disposto no art. 37, inciso XVI, com prevalência da atividade militar.

> § 3º acrescido pela EC 101, de 3 de julho de 2019.

Seção IV
Das Regiões

Art. 43. Para efeitos administrativos, a União poderá articular sua ação em um mesmo complexo geoeconômico e social, visando a seu desenvolvimento e à redução das desigualdades regionais.

§ 1º Lei complementar disporá sobre:

I – as condições para integração de regiões em desenvolvimento;

II – a composição dos organismos regionais que executarão, na forma da lei, os planos regionais, integrantes dos planos nacionais de desenvolvimento econômico e social, aprovados juntamente com estes.

> Legislação infraconstitucional: LC 124/07 (Institui, na forma do art. 43 da Constituição Federal, a Superintendência do Desenvolvimento da Amazônia – SUDAM; estabelece sua composição, natureza jurídica, objetivos, área de competência e instrumentos de ação; dispõe sobre o Fundo de Desenvolvimento da Amazônia – FDA; altera a MP 2.157-5, de 24 de agosto de 2001; revoga a LC 67, de 13 de junho de 1991; e dá outras providências); LC 125/07 (Institui, na forma do art. 43 da Constituição Federal, a Superintendência do Desenvolvimento do Nordeste – SUDENE; estabelece sua composição, natureza jurídica, objetivos, áreas de atuação, instrumentos de ação; altera a Lei 7.827, de 27 de setembro de 1989, e a MP 2.156, de 24 de agosto de 2001; revoga a LC 66, de 12 de junho de 1991; e dá outras providências).

§ 2º Os incentivos regionais compreenderão, além de outros, na forma da lei:

I – igualdade de tarifas, fretes, seguros e outros itens de custos e preços de responsabilidade do Poder Público;

II – juros favorecidos para financiamento de atividades prioritárias;

III – isenções, reduções ou diferimento temporário de tributos federais devidos por pessoas físicas ou jurídicas;

IV – prioridade para o aproveitamento econômico e social dos rios e das massas de água represadas ou represáveis nas regiões de baixa renda, sujeitas a secas periódicas.

§ 3º Nas áreas a que se refere o § 2º, IV, a União incentivará a recuperação de terras áridas e cooperará com os pequenos e médios proprietários rurais para o estabelecimento, em suas glebas, de fontes de água e de pequena irrigação.

> Legislação infraconstitucional: Lei 13.153/15 (Institui a Política Nacional de Combate à Desertificação e Mitigação dos Efeitos da Seca e seus instrumentos; prevê a criação da Comissão Nacional de Combate à Desertificação; e dá outras providências.

§ 4º Sempre que possível, a concessão dos incentivos regionais a que se refere o § 2º, III, considerará critérios de sustentabilidade ambiental e redução das emissões de carbono.

> § 4º acrescido pela EC 132/2023.

TÍTULO IV
DA ORGANIZAÇÃO DOS PODERES

CAPÍTULO I
Do Poder Legislativo

Seção I
Do Congresso Nacional

Art. 44. O Poder Legislativo é exercido pelo Congresso Nacional, que se compõe da Câmara dos Deputados e do Senado Federal.

> *Artigos constitucionais conexos:* 27; 29, *caput*, I e IV; 32, *caput* e § 3º.

Parágrafo único. Cada legislatura terá a duração de quatro anos.

Art. 45. A Câmara dos Deputados compõe-se de representantes do povo, eleitos, pelo sistema proporcional, em cada Estado, em cada Território e no Distrito Federal.

> *Artigo constitucional conexo:* 1º, parágrafo único.

§ 1º O número total de Deputados, bem como a representação por Estado e pelo Distrito Federal, será estabelecido por lei complementar, proporcionalmente à população, procedendo-se aos ajustes necessários, no ano anterior às eleições, para que nenhuma daquelas unidades da Federação tenha menos de oito ou mais de setenta Deputados.

> *Artigos constitucionais conexos:* 14, § 3º, VI, *c*; ADCT, 5º, § 3º e 13, § 3º.
> *Legislação infraconstitucional:* LC 78/93 (Disciplina a fixação do número de deputados).

§ 2º Cada Território elegerá quatro Deputados.

Art. 46. O Senado Federal compõe-se de representantes dos Estados e do Distrito Federal, eleitos segundo o princípio majoritário.

> *Artigo constitucional conexo:* 1º, parágrafo único.

§ 1º Cada Estado e o Distrito Federal elegerão três Senadores, com mandato de oito anos.

> *Artigo constitucional conexo:* 14, § 3º, VI, *a*.

§ 2º A representação de cada Estado e do Distrito Federal será renovada de quatro em quatro anos, alternadamente, por um e dois terços.

§ 3º Cada Senador será eleito com dois suplentes.

Art. 47. Salvo disposição constitucional em contrário, as deliberações de cada Casa e de suas Comissões serão tomadas por maioria dos votos, presente a maioria absoluta de seus membros.

Seção II
Das Atribuições do Congresso Nacional

Art. 48. Cabe ao Congresso Nacional, com a sanção do Presidente da República, não exigida esta para o especificado nos arts. 49, 51 e 52, dispor sobre todas as matérias de competência da União, especialmente sobre:

I – sistema tributário, arrecadação e distribuição de rendas;

II – plano plurianual, diretrizes orçamentárias, orçamento anual, operações de crédito, dívida pública e emissões de curso forçado;

III – fixação e modificação do efetivo das Forças Armadas;

IV – planos e programas nacionais, regionais e setoriais de desenvolvimento;

V – limites do território nacional, espaço aéreo e marítimo e bens do domínio da União;

VI – incorporação, subdivisão ou desmembramento de áreas de Territórios ou Estados, ouvidas as respectivas Assembleias Legislativas;

> Artigo constitucional conexo: 18, § 3º.

VII – transferência temporária da sede do Governo Federal;

VIII – concessão de anistia;

IX – organização administrativa, judiciária, do Ministério Público e da Defensoria Pública da União e dos Territórios e organização judiciária e do Ministério Público do Distrito Federal;

> Redação do inciso IX dada pela EC 69, de 29 de março de 2012.

O texto original dispunha:

"IX – organização administrativa, judiciária, do Ministério Público e da Defensoria Pública da União e dos Territórios e organização judiciária, do Ministério Público e da Defensoria Pública do Distrito Federal;"

X – criação, transformação e extinção de cargos, empregos e funções públicas, observado o que estabelece o art. 84, VI, *b*;

> Redação dada pela EC 32, de 11 de setembro de 2001.

O texto anterior dispunha:

"X – criação, transformação e extinção de cargos, empregos e funções públicas;"

XI – criação e extinção de Ministérios e órgãos da administração pública;

> Redação dada pela EC 32, de 11 de setembro de 2001.

O texto anterior dispunha:

"XI – criação, estruturação e atribuições dos Ministérios e órgãos da administração pública;"

XII – telecomunicações e radiodifusão;

XIII – matéria financeira, cambial e monetária, instituições financeiras e suas operações;

XIV – moeda, seus limites de emissão, e montante da dívida mobiliária federal;

XV – fixação do subsídio dos Ministros do Supremo Tribunal Federal, observado o que dispõem os arts. 39, § 4º; 150, II; 153, III; e 153, § 2º, I.

> Redação do inciso XV dada pela EC 41, de 19 de dezembro de 2003.

O texto anterior, redigido pela EC 19, de 4 de junho de 1998, dispunha:

"XV - fixação do subsídio dos Ministros do Supremo Tribunal Federal, por lei de iniciativa conjunta dos Presidentes da República, da Câmara dos Deputados, do Senado Federal e do Supremo Tribunal Federal, observado o que dispõe os arts. 39, § 4º, 150, II, 153, III e 153, § 2º, I."

Art. 49. É da competência exclusiva do Congresso Nacional:

I – resolver definitivamente sobre tratados, acordos ou atos internacionais que acarretem encargos ou compromissos gravosos ao patrimônio nacional;

> Artigos constitucionais conexos: 5º, § 2º; 84, VIII; 102, III, b.

II – autorizar o Presidente da República a declarar guerra, a celebrar a paz, a permitir que forças estrangeiras transitem pelo território nacional ou nele permaneçam temporariamente, ressalvados os casos previstos em lei complementar;

> Artigos constitucionais conexos: 21, II; 84, X.

III – autorizar o Presidente e o Vice-Presidente da República a se ausentarem do País, quando a ausência exceder a quinze dias;

> Artigo constitucional conexo: 83.

IV – aprovar o estado de defesa e a intervenção federal, autorizar o estado de sítio, ou suspender qualquer uma dessas medidas;

> Artigos constitucionais conexos: 34; 136; 137.

V – sustar os atos normativos do Poder Executivo que exorbitem do poder regulamentar ou dos limites de delegação legislativa;

> Artigo constitucional conexo: 84, IV.

VI – mudar temporariamente sua sede;

VII – fixar idêntico subsídio para os Deputados Federais e os Senadores, observado o que dispõe os arts. 37, XI, 39, § 4º, 150, II, 153, III, e 153, § 2º, I;

> Redação do inciso VII dada pela EC 19, de 4 de junho de 1998.
> O texto anterior dispunha:
> "VII – fixar idêntica remuneração para os Deputados Federais e os Senadores, em cada legislatura, para a subsequente, observado o que dispõem os arts. 150, II, 153, III, e 153, § 2º, I;"

VIII – fixar o subsídio do Presidente e do Vice-Presidente da República e dos Ministros de Estado, observado o que dispõem os arts. 37, XI, 39, § 4º, 150, II, 153, III, e 153, § 2º, I;

> Redação do inciso VIII dada pela EC 19, de 4 de junho de 1998.
> O texto anterior dispunha:
> "VIII – fixar para cada exercício financeiro a remuneração do Presidente e do Vice-Presidente da República e dos Ministros de Estado, observado o que dispõem os arts. 150, II, 153, III, e 153, § 2º, I;"

IX – julgar anualmente as contas prestadas pelo Presidente da República e apreciar os relatórios sobre a execução dos planos de governo;

X – fiscalizar e controlar, diretamente, ou por qualquer de suas Casas, os atos do Poder Executivo, incluídos os da administração indireta;

XI – zelar pela preservação de sua competência legislativa em face da atribuição normativa dos outros Poderes;

XII – apreciar os atos de concessão e renovação de concessão de emissoras de rádio e televisão;

XIII – escolher dois terços dos membros do Tribunal de Contas da União;

> Artigos constitucionais conexos: 73, § 2º; 84, XV.
> Legislação infraconstitucional: Decreto-legislativo 06/93.

XIV – aprovar iniciativas do Poder Executivo referentes a atividades nucleares;

XV – autorizar referendo e convocar plebiscito;
> Artigos constitucionais conexos: 18, §§ 3º e 4º; 49, XV; ADCT, art. 2º (EC 02/92).
> Legislação infraconstitucional: Lei 9.709/98 (Regulamenta a execução dos plebiscitos, referendos e a iniciativa popular de lei).

XVI – autorizar, em terras indígenas, a exploração e o aproveitamento de recursos hídricos e a pesquisa e lavra de riquezas minerais;
> Artigo constitucional conexo: 231.

XVII – aprovar, previamente, a alienação ou concessão de terras públicas com área superior a dois mil e quinhentos hectares.

XVIII – decretar o estado de calamidade pública de âmbito nacional previsto nos arts. 167-B, 167-C, 167-D, 167-E, 167-F e 167-G desta Constituição.

Art. 50. A Câmara dos Deputados e o Senado Federal, ou qualquer de suas Comissões, poderão convocar Ministro de Estado, quaisquer titulares de órgãos diretamente subordinados à Presidência da República ou o Presidente do Comitê Gestor do Imposto sobre Bens e Serviços para prestarem, pessoalmente, informações sobre assunto previamente determinado, importando crime de responsabilidade a ausência sem justificação adequada.

> Redação do caput dada pela EC 132/2023.

O texto anterior, com redação pela ECR 2, de 7 de junho de 1994, dispunha:

"A Câmara dos Deputados e o Senado Federal, ou qualquer de suas Comissões, poderão convocar Ministro de Estado ou quaisquer titulares de órgãos diretamente subordinados à Presidência da República para prestarem, pessoalmente, informações sobre assunto previamente determinado, importando em crime de responsabilidade a ausência sem justificação adequada."

§ 1º Os Ministros de Estado poderão comparecer ao Senado Federal, à Câmara dos Deputados, ou a qualquer de suas Comissões, por sua iniciativa e mediante entendimentos com a Mesa respectiva, para expor assunto de relevância de seu Ministério.

§ 2º As Mesas da Câmara dos Deputados e do Senado Federal poderão encaminhar pedidos escritos de informação aos Ministros de Estado ou a qualquer das pessoas referidas no *caput* deste artigo, importando em crime de responsabilidade a recusa, ou o não atendimento, no prazo de trinta dias, bem como a prestação de informações falsas.

> Redação do § 2º dada pela ECR 2, de 7 de junho de 1994.

O texto original dispunha:

"§ 2º As Mesas da Câmara dos Deputados e do Senado Federal poderão encaminhar pedidos escritos de informação aos Ministros de Estado, importando crime de responsabilidade a recusa, ou o não atendimento no prazo de trinta dias, bem como a prestação de informações falsas."

Seção III
Da Câmara dos Deputados

Art. 51. Compete privativamente à Câmara dos Deputados:

I – autorizar, por dois terços de seus membros, a instauração de processo contra o Presidente e o Vice-Presidente da República e os Ministros de Estado;
> Artigo constitucional conexo: 86, caput.

II – proceder à tomada de contas do Presidente da República, quando não apresentadas ao Congresso Nacional dentro de sessenta dias após a abertura da sessão legislativa;

III – elaborar seu regimento interno;

IV – dispor sobre sua organização, funcionamento, polícia, criação, transformação ou extinção dos cargos, empregos e funções de seus serviços, e a iniciativa de lei para a fixação da respectiva remuneração, observados os parâmetros estabelecidos na lei de diretrizes orçamentárias;

> Redação do inciso IV dada pela EC 19, de 4 de junho de 1998.

O texto anterior dispunha:

"IV – dispor sobre sua organização, funcionamento, polícia, criação, transformação ou extinção dos cargos, empregos e funções de seus serviços e fixação da respectiva remuneração, observados os parâmetros estabelecidos na lei de diretrizes orçamentárias:"

V – eleger membros do Conselho da República, nos termos do art. 89, VII.

Seção IV
Do Senado Federal

Art. 52. Compete privativamente ao Senado Federal:

I – processar e julgar o Presidente e o Vice-Presidente da República nos crimes de responsabilidade, bem como os Ministros de Estado e os Comandantes da Marinha, do Exército e da Aeronáutica nos crimes da mesma natureza conexos com aqueles;"

> Redação do inciso I dada pela EC 23, de 2 de setembro de 1999.

O texto anterior dispunha:

"I – processar e julgar o Presidente e o Vice-Presidente da República nos crimes de responsabilidade e os Ministros de Estado nos crimes da mesma natureza conexos com aqueles;"

> Artigo constitucional conexo: 86, caput.
> Legislação infraconstitucional: Lei 1.079/50 (Define os crimes de responsabilidade e regula o respectivo processo de julgamento).

II – processar e julgar os Ministros do Supremo Tribunal Federal, os membros do Conselho Nacional de Justiça e do Conselho Nacional do Ministério Público, o Procurador-Geral da República e o Advogado-Geral da União nos crimes de responsabilidade;

> Redação do inciso II dada pela EC 45, de 8 de dezembro de 2004.

O texto original dispunha:

"II – processar e julgar os Ministros do Supremo Tribunal Federal, o Procurador-Geral da República e o Advogado-Geral da União nos crimes de responsabilidade;"

> Artigo constitucional conexo: 128, § 2º.

III – aprovar previamente, por voto secreto, após arguição pública, a escolha de:

a) magistrados, nos casos estabelecidos nesta Constituição;

b) Ministros do Tribunal de Contas da União indicados pelo Presidente da República;

c) Governador de Território;

d) Presidente e diretores do banco central;

e) Procurador-Geral da República;

f) titulares de outros cargos que a lei determinar;

IV – aprovar previamente, por voto secreto, após arguição em sessão secreta, a escolha dos chefes de missão diplomática de caráter permanente;

V – autorizar operações externas de natureza financeira, de interesse da União, dos Estados, do Distrito Federal, dos Territórios e dos Municípios;

VI – fixar, por proposta do Presidente da República, limites globais para o montante da dívida consolidada da União, dos Estados, do Distrito Federal e dos Municípios;

VII – dispor sobre limites globais e condições para as operações de crédito externo e interno da União, dos Estados, do Distrito Federal e dos Municípios, de suas autarquias e demais entidades controladas pelo Poder Público federal;

VIII – dispor sobre limites e condições para a concessão de garantia da União em operações de crédito externo e interno;

IX – estabelecer limites globais e condições para o montante da dívida mobiliária dos Estados, do Distrito Federal e dos Municípios;

X – suspender a execução, no todo ou em parte, de lei declarada inconstitucional por decisão definitiva do Supremo Tribunal Federal;

XI – aprovar, por maioria absoluta e por voto secreto, a exoneração, de ofício, do Procurador-Geral da República antes do término de seu mandato;

XII – elaborar seu regimento interno;

XIII – dispor sobre sua organização, funcionamento, polícia, criação, transformação ou extinção dos cargos, empregos e funções de seus serviços, e a iniciativa de lei para fixação da respectiva remuneração, observados os parâmetros estabelecidos na lei de diretrizes orçamentárias;

> *Redação do inciso XIII dada pela EC 19, de 4 de junho de 1998.*
> O texto original dispunha:
> *"XIII – dispor sobre sua organização, funcionamento, polícia, criação, transformação ou extinção dos cargos, empregos e função de seus serviços e fixação da respectiva remuneração, observados os parâmetros estabelecidos na lei de diretrizes orçamentárias;"*

XIV – eleger membros do Conselho da República, nos termos do art. 89, VII.

XV – avaliar periodicamente a funcionalidade do Sistema Tributário Nacional, em sua estrutura e seus componentes, e o desempenho das administrações tributárias da União, dos Estados e do Distrito Federal e dos Municípios.

> *Inciso XV acrescentado pela EC 42, de 19 de dezembro de 2003.*

Parágrafo único. Nos casos previstos nos incisos I e II, funcionará como Presidente o do Supremo Tribunal Federal, limitando-se a condenação, que somente será proferida por dois terços dos votos do Senado Federal, à perda do cargo, com inabilitação, por oito anos, para o exercício de função pública, sem prejuízo das demais sanções judiciais cabíveis.

Seção V
Dos Deputados e dos Senadores

Art. 53. Os Deputados e Senadores são invioláveis, civil e penalmente, por quaisquer de suas opiniões, palavras e votos.

> *Art. 53, caput, com redação dada pela EC 35, de 20 de dezembro de 2001.*
> O texto original dispunha:
> *"Art. 53. Os Deputados e Senadores são invioláveis por suas opiniões, palavras e votos."*
> *Artigos constitucionais conexos:* 27, § 1º; 32, § 3º.
> *Súmula do Supremo Tribunal Federal:* 245.

Art. 53 CONSTITUIÇÃO DA REPÚBLICA FEDERATIVA DO BRASIL

§ 1º Os Deputados e Senadores, desde a expedição do diploma, serão submetidos a julgamento perante o Supremo Tribunal Federal.
> § 1º com redação dada pela EC 35, de 20 de dezembro de 2001.

O texto original dispunha:
"§ 1º Desde a expedição do diploma, os membros do Congresso Nacional não poderão ser presos, salvo em flagrante de crime inafiançável, nem processados criminalmente, sem prévia licença de sua Casa."
> Artigo constitucional conexo: 102, I, b.

§ 2º Desde a expedição do diploma, os membros do Congresso Nacional não poderão ser presos, salvo em flagrante de crime inafiançável. Nesse caso, os autos serão remetidos dentro de vinte e quatro horas à Casa respectiva, para que, pelo voto da maioria de seus membros, resolva sobre a prisão.
> § 2º com redação dada pela EC 35, de 20 de dezembro de 2001.

O texto original dispunha:
"§ 2º O indeferimento do pedido de licença ou a ausência de deliberação suspende a prescrição enquanto durar o mandato."

§ 3º Recebida a denúncia contra Senador ou Deputado, por crime ocorrido após a diplomação, o Supremo Tribunal Federal dará ciência à Casa respectiva, que, por iniciativa de partido político nela representado e pelo voto da maioria de seus membros, poderá, até a decisão final, sustar o andamento da ação.
> § 3º com redação dada pela EC 35, de 20 de dezembro de 2001.

O texto original dispunha:
"§ 3º No caso de flagrante de crime inafiançável, os autos serão remetidos, dentro de vinte e quatro horas, à Casa respectiva, para que, pelo voto secreto da maioria de seus membros, resolva sobre a prisão e autorize, ou não, a formação de culpa."

§ 4º O pedido de sustação será apreciado pela Casa respectiva no prazo improrrogável de quarenta e cinco dias do seu recebimento pela Mesa Diretora.
> § 4º com redação dada pela EC 35, de 20 de dezembro de 2001.

O texto original dispunha:
"§ 4º Os Deputados e Senadores serão submetidos a julgamento perante o Supremo Tribunal Federal."

§ 5º A sustação do processo suspende a prescrição, enquanto durar o mandato.
> § 5º com redação dada pela EC 35, de 20 de dezembro de 2001.

O texto original dispunha:
"§ 5º Os Deputados e Senadores não serão obrigados a testemunhar sobre informações recebidas ou prestadas em razão do exercício do mandato, nem sobre as pessoas que lhes confiaram ou deles receberam informações."

§ 6º Os Deputados e Senadores não serão obrigados a testemunhar sobre informações recebidas ou prestadas em razão do exercício do mandato, nem sobre as pessoas que lhes confiaram ou deles receberam informações.
> § 6º com redação dada pela EC 35, de 20 de dezembro de 2001.

O texto original dispunha:
"§ 6º A incorporação às Forças Armadas de Deputados e Senadores, embora militares e ainda que em tempo de guerra, dependerá de prévia licença da Casa respectiva."

§ 7º A incorporação às Forças Armadas de Deputados e Senadores, embora militares e ainda que em tempo de guerra, dependerá de prévia licença da Casa respectiva.
> § 7º com redação dada pela EC 35, de 20 de dezembro de 2001.

O texto original dispunha:
"§ 7º As imunidades de Deputados ou Senadores subsistirão durante o estado de sítio, só podendo ser suspensas mediante o voto de dois terços dos membros da Casa respectiva, nos casos de atos, praticados fora do recinto do Congresso, que sejam incompatíveis com a execução da medida."

§ 8º As imunidades de Deputados ou Senadores subsistirão durante o estado de sítio, só podendo ser suspensas mediante o voto de dois terços dos membros da Casa respectiva, nos casos de atos praticados fora do recinto do Congresso Nacional, que sejam incompatíveis com a execução da medida.
> § 8º acrescentado pela EC 35, de 20 de dezembro de 2001.
> Artigos constitucionais conexos: 137 a 141.

Art. 54. Os Deputados e Senadores não poderão:

I – desde a expedição do diploma:

a) firmar ou manter contrato com pessoa jurídica de direito público, autarquia, empresa pública, sociedade de economia mista ou empresa concessionária de serviço público, salvo quando o contrato obedecer a cláusulas uniformes;
> Legislação infraconstitucional: Lei 13.303/16 (Dispõe sobre o estatuto jurídico da empresa pública, da sociedade de economia mista e de suas subsidiárias, no âmbito da União, dos Estados, do Distrito Federal e dos Municípios – Lei de Responsabilidade das Estatais).

b) aceitar ou exercer cargo, função ou emprego remunerado, inclusive os de que sejam demissíveis *ad nutum*, nas entidades constantes da alínea anterior;

II – desde a posse:

a) ser proprietários, controladores ou diretores de empresa que goze de favor decorrente de contrato com pessoa jurídica de direito público, ou nela exercer função remunerada;

b) ocupar cargo ou função de que sejam demissíveis *ad nutum*, nas entidades referidas no inciso I, *a*;

c) patrocinar causa em que seja interessada qualquer das entidades a que se refere o inciso I, *a*;

d) ser titulares de mais de um cargo ou mandato público eletivo.

Art. 55. Perderá o mandato o Deputado ou Senador:

I – que infringir qualquer das proibições estabelecidas no artigo anterior;

II – cujo procedimento for declarado incompatível com o decoro parlamentar;

III – que deixar de comparecer, em cada sessão legislativa, à terça parte das sessões ordinárias da Casa a que pertencer, salvo licença ou missão por esta autorizada;

IV – que perder ou tiver suspensos os direitos políticos;
> Acrescentado pela ECR 6, de 7 de junho de 1994.

V – quando o decretar a Justiça Eleitoral, nos casos previstos nesta Constituição;

VI – que sofrer condenação criminal em sentença transitada em julgado.

§ 1º É incompatível com o decoro parlamentar, além dos casos definidos no regimento interno, o abuso das prerrogativas asseguradas a membro do Congresso Nacional ou a percepção de vantagens indevidas.

§ 2º Nos casos dos incisos I, II e VI, a perda do mandato será decidida pela Câmara dos Deputados ou pelo Senado Federal, por maioria absoluta, mediante provocação da respectiva Mesa ou de partido político representado no Congresso Nacional, assegurada ampla defesa.
> Redação do § 2º dada pela EC 76, de 28 de novembro de 2013.

Art. 56   CONSTITUIÇÃO DA REPÚBLICA FEDERATIVA DO BRASIL

O texto original dispunha:

"§ 2º Nos casos dos incisos I, II e VI, a perda do mandato será decidida pela Câmara dos Deputados ou pelo Senado Federal, por voto secreto e maioria absoluta, mediante provocação da respectiva Mesa ou de partido político representado no Congresso Nacional, assegurada ampla defesa."

§ 3º Nos casos previstos nos incisos III a V, a perda será declarada pela Mesa da Casa respectiva, de ofício ou mediante provocação de qualquer de seus membros, ou de partido político representado no Congresso Nacional, assegurada ampla defesa.

§ 4º A renúncia de parlamentar submetido a processo que vise ou possa levar à perda do mandato, nos termos deste artigo, terá seus efeitos suspensos até as deliberações finais de que tratam os §§ 2º e 3º.

> Legislação infraconstitucional: LC 64/90.

Art. 56. Não perderá o mandato o Deputado ou Senador:

I – investido no cargo de Ministro de Estado, Governador de Território, Secretário de Estado, do Distrito Federal, de Território, de Prefeitura de Capital ou chefe de missão diplomática temporária;

II – licenciado pela respectiva Casa por motivo de doença, ou para tratar, sem remuneração, de interesse particular, desde que, neste caso, o afastamento não ultrapasse cento e vinte dias por sessão legislativa.

§ 1º O suplente será convocado nos casos de vaga, de investidura em funções previstas neste artigo ou de licença superior a cento e vinte dias.

§ 2º Ocorrendo vaga e não havendo suplente, far-se-á eleição para preenchê-la se faltarem mais de quinze meses para o término do mandato.

§ 3º Na hipótese do inciso I, o Deputado ou Senador poderá optar pela remuneração do mandato.

Seção VI
Das Reuniões

Art. 57. O Congresso Nacional reunir-se-á, anualmente, na Capital Federal, de 2 de fevereiro a 17 de julho e de 1º de agosto a 22 de dezembro.

> Redação do caput dada pela EC 50, de 14 de fevereiro de 2006.

O texto original dispunha:
"Art. 57. O Congresso Nacional reunir-se-á, anualmente, na Capital Federal, de 15 de fevereiro a 30 de junho e de 1º de agosto a 15 de dezembro."

§ 1º As reuniões marcadas para essas datas serão transferidas para o primeiro dia útil subsequente, quando recaírem em sábados, domingos ou feriados.

§ 2º A sessão legislativa não será interrompida sem a aprovação do projeto de lei de diretrizes orçamentárias.

§ 3º Além de outros casos previstos nesta Constituição, a Câmara dos Deputados e o Senado Federal reunir-se-ão em sessão conjunta para:

I – inaugurar a sessão legislativa;

II – elaborar o regimento comum e regular a criação de serviços comuns às duas Casas;

III – receber o compromisso do Presidente e do Vice-Presidente da República;

IV – conhecer do veto e sobre ele deliberar.

§ 4º Cada uma das Casas reunir-se-á em sessões preparatórias, a partir de 1º de fevereiro, no primeiro ano da legislatura, para a posse de seus membros e eleição das respectivas Mesas, para mandato de 2 (dois) anos, vedada a recondução para o mesmo cargo na eleição imediatamente subsequente.

> *Redação do § 4º dada pela EC 50, de 14 de fevereiro de 2006.*

O texto original dispunha:

"§ 4º Cada uma das Casas reunir-se-á em sessões preparatórias, a partir de 1º de fevereiro, no primeiro ano da legislatura, para a posse de seus membros e eleição das respectivas Mesas, para mandato de dois anos, vedada a recondução para o mesmo cargo na eleição imediatamente subsequente."

§ 5º A Mesa do Congresso Nacional será presidida pelo Presidente do Senado Federal, e os demais cargos serão exercidos, alternadamente, pelos ocupantes de cargos equivalentes na Câmara dos Deputados e no Senado Federal.

§ 6º A convocação extraordinária do Congresso Nacional far-se-á:

I – pelo Presidente do Senado Federal, em caso de decretação de estado de defesa ou de intervenção federal, de pedido de autorização para a decretação de estado de sítio e para o compromisso e a posse do Presidente e do Vice-Presidente da República;

II – pelo Presidente da República, pelos Presidentes da Câmara dos Deputados e do Senado Federal ou a requerimento da maioria dos membros de ambas as Casas, em caso de urgência ou interesse público relevante, em todas as hipóteses deste inciso com a aprovação da maioria absoluta de cada uma das Casas do Congresso Nacional.

> *Redação do inciso II dada pela EC 50, de 14 de fevereiro de 2006.*

O texto original dispunha:

"II – pelo Presidente da República, pelos Presidentes da Câmara dos Deputados e do Senado Federal, ou a requerimento da maioria dos membros de ambas as Casas, em caso de urgência ou interesse público relevante."

§ 7º Na sessão legislativa extraordinária, o Congresso Nacional somente deliberará sobre a matéria para a qual foi convocado, ressalvada a hipótese do § 8º deste artigo, vedado o pagamento de parcela indenizatória, em razão da convocação.

> *Redação do § 7º dada pela EC 50, de 14 de fevereiro de 2006.*

O texto anterior, redigido pela EC 32, de 11 de setembro de 2001, dispunha:

"§ 7º Na sessão legislativa extraordinária, o Congresso Nacional somente deliberará sobre a matéria para a qual foi convocado, ressalvada a hipótese do § 8º, vedado o pagamento de parcela indenizatória em valor superior ao do subsídio mensal."

> *Artigos constitucionais conexos: 27, § 2º; 29, VI.*

§ 8º Havendo medidas provisórias em vigor na data de convocação extraordinária do Congresso Nacional, serão elas automaticamente incluídas na pauta da convocação.

> *Acrescentado pela EC 32, de 11 de setembro de 2001.*

Seção VII
Das Comissões

Art. 58. O Congresso Nacional e suas Casas terão comissões permanentes e temporárias, constituídas na forma e com as atribuições previstas no respectivo regimento ou no ato de que resultar sua criação.

§ 1º Na constituição das Mesas e de cada Comissão, é assegurada, tanto quanto possível, a representação proporcional dos partidos ou dos blocos parlamentares que participam da respectiva Casa.

§ 2º Às comissões, em razão da matéria de sua competência, cabe:

I – discutir e votar projeto de lei que dispensar, na forma do regimento, a competência do Plenário, salvo se houver recurso de um décimo dos membros da Casa;

II – realizar audiências públicas com entidades da sociedade civil;

III – convocar Ministros de Estado para prestar informações sobre assuntos inerentes a suas atribuições;

IV – receber petições, reclamações, representações ou queixas de qualquer pessoa contra atos ou omissões das autoridades ou entidades públicas;

V – solicitar depoimento de qualquer autoridade ou cidadão;

VI – apreciar programas de obras, planos nacionais, regionais e setoriais de desenvolvimento e sobre eles emitir parecer.

§ 3º As comissões parlamentares de inquérito, que terão poderes de investigação próprios das autoridades judiciais, além de outros previstos nos regimentos das respectivas Casas, serão criadas pela Câmara dos Deputados e pelo Senado Federal, em conjunto ou separadamente, mediante requerimento de um terço de seus membros, para a apuração de fato determinado e por prazo certo, sendo suas conclusões, se for o caso, encaminhadas ao Ministério Público, para que promova a responsabilidade civil ou criminal dos infratores.

> *Artigo constitucional conexo:* 129.
> *Legislação infraconstitucional:* Lei 1.579/52; Lei 10.001/00 (dispõe sobre a prioridade nos procedimentos a serem adotados pelo Ministério Público e por outros órgãos a respeito das conclusões das comissões parlamentares de inquérito); Lei 10.679/03 (atuação de advogado durante depoimento perante CPI).

§ 4º Durante o recesso, haverá uma Comissão representativa do Congresso Nacional, eleita por suas Casas na última sessão ordinária do período legislativo, com atribuições definidas no regimento comum, cuja composição reproduzirá, quanto possível, a proporcionalidade da representação partidária.

Seção VIII
Do Processo Legislativo

Subseção I
Disposição Geral

Art. 59. O processo legislativo compreende a elaboração de:

I – emendas à Constituição;

II – leis complementares;

III – leis ordinárias;

IV – leis delegadas;

V – medidas provisórias;

VI – decretos legislativos;

VII – resoluções.

Parágrafo único. Lei complementar disporá sobre a elaboração, redação, alteração e consolidação das leis.

> *Legislação infraconstitucional:* LC 95/98 (Disciplina a elaboração das leis).

Subseção II
Da Emenda à Constituição

Art. 60. A Constituição poderá ser emendada mediante proposta:

> *Artigo constitucional conexo:* ADCT, 3º.

I – de um terço, no mínimo, dos membros da Câmara dos Deputados ou do Senado Federal;

II – do Presidente da República;

III – de mais da metade das Assembleias Legislativas das unidades da Federação, manifestando-se, cada uma delas, pela maioria relativa de seus membros.

§ 1º A Constituição não poderá ser emendada na vigência de intervenção federal, de estado de defesa ou de estado de sítio.

> *Artigos constitucionais conexos:* 34; 136; 137.

§ 2º A proposta será discutida e votada em cada Casa do Congresso Nacional, em dois turnos, considerando-se aprovada se obtiver, em ambos, três quintos dos votos dos respectivos membros.

§ 3º A emenda à Constituição será promulgada pelas Mesas da Câmara dos Deputados e do Senado Federal, com o respectivo número de ordem.

§ 4º Não será objeto de deliberação a proposta de emenda tendente a abolir:

I – a forma federativa de Estado;

II – o voto direto, secreto, universal e periódico;

III – a separação dos Poderes;

IV – os direitos e garantias individuais.

§ 5º A matéria constante de proposta de emenda rejeitada ou havida por prejudicada não pode ser objeto de nova proposta na mesma sessão legislativa.

> *Artigo constitucional conexo:* 67.

Subseção III
Das Leis

Art. 61. A iniciativa das leis complementares e ordinárias cabe a qualquer membro ou Comissão da Câmara dos Deputados, do Senado Federal ou do Congresso Nacional, ao Presidente da República, ao Supremo Tribunal Federal, aos Tribunais Superiores, ao Procurador-Geral da República e aos cidadãos, na forma e nos casos previstos nesta Constituição.

§ 1º São de iniciativa privativa do Presidente da República as leis que:

I – fixem ou modifiquem os efetivos das Forças Armadas;

II – disponham sobre:

> *Súmulas do Supremo Tribunal Federal:* 679 e 681.

a) criação de cargos, funções ou empregos públicos na administração direta e autárquica ou aumento de sua remuneração;

b) organização administrativa e judiciária, matéria tributária e orçamentária, serviços públicos e pessoal da administração dos Territórios;

c) servidores públicos da União e Territórios, seu regime jurídico, provimento de cargos, estabilidade e aposentadoria;

> Redação da alínea c dada pela EC 18, de 5 de fevereiro de 1998.

O texto original dispunha:

"c) servidores públicos da União e Territórios, seu regime jurídico, provimento de cargos, estabilidade e aposentadoria de civis, reforma e transferência de militares para a inatividade;"

d) organização do Ministério Público e da Defensoria Pública da União, bem como normas gerais para a organização do Ministério Público e da Defensoria Pública dos Estados, do Distrito Federal e dos Territórios;

e) criação e extinção de Ministérios e órgãos da administração pública, observado o disposto no art. 84, VI;

> Redação dada pela EC 32, de 11 de setembro de 2001.

O texto original dispunha:

"e) criação, estruturação e atribuições dos Ministérios e órgãos da administração pública;"

f) militares das Forças Armadas, seu regime jurídico, provimento de cargos, promoções, estabilidade, remuneração, reforma e transferência para a reserva.

> Acrescentada pela EC 18, de 5 de fevereiro de 1998.

§ 2º A iniciativa popular pode ser exercida pela apresentação à Câmara dos Deputados de projeto de lei subscrito por, no mínimo, um por cento do eleitorado nacional, distribuído pelo menos por cinco Estados, com não menos de três décimos por cento dos eleitores de cada um deles.

> Artigo constitucional conexo: 27, § 4º.
> Legislação infraconstitucional: Lei 9.709, de 18 de novembro de 1998 (Regulamenta a execução dos plebiscitos, referendos e a iniciativa popular de lei).

Art. 62. Em caso de relevância e urgência, o Presidente da República poderá adotar medidas provisórias, com força de lei, devendo submetê-las de imediato ao Congresso Nacional.

> Súmula Vinculante do Supremo Tribunal Federal: 54.
> Súmula do Supremo Tribunal Federal: 651.

§ 1º É vedada a edição de medidas provisórias sobre matéria:

I – relativa a:

a) nacionalidade, cidadania, direitos políticos, partidos políticos e direito eleitoral;

b) direito penal, processual penal e processual civil;

c) organização do Poder Judiciário e do Ministério Público, a carreira e a garantia de seus membros;

d) planos plurianuais, diretrizes orçamentárias, orçamento e créditos adicionais e suplementares, ressalvado o previsto no art. 167, § 3º;

II – que vise a detenção ou sequestro de bens, de poupança popular ou qualquer outro ativo financeiro;

III – reservada a lei complementar;

IV – já disciplinada em projeto de lei aprovado o Congresso Nacional e pendente de sanção ou veto do Presidente da República.

§ 2º Medida provisória que implique instituição ou majoração de impostos, exceto os previstos nos arts. 153, I, II, IV, V, e 154, II, só produzirá efeitos no exercício financeiro seguinte se houver sido convertida em lei até o último dia daquele em que foi editada.

§ 3º As medidas provisórias, ressalvado o disposto nos §§ 11 e 12 perderão eficácia, desde a edição, se não forem convertidas em lei no prazo de sessenta dias, prorrogável, nos termos do § 7º, uma vez por igual período, devendo o Congresso Nacional disciplinar, por decreto legislativo, as relações jurídicas delas decorrentes.

§ 4º O prazo a que se refere o § 3º contar-se-á da publicação da medida provisória, suspendendo-se durante os períodos de recesso do Congresso Nacional.

§ 5º A deliberação de cada uma das Casas do Congresso Nacional sobre o mérito das medidas provisórias dependerá de juízo prévio sobre o atendimento de seus pressupostos constitucionais.

§ 6º Se a medida provisória não for apreciada em até quarenta e cinco dias contados de sua publicação entrará em regime de urgência, subsequentemente, em cada uma das Casas do Congresso Nacional, ficando sobrestadas, até que se ultime a votação, todas as demais deliberações legislativas da Casa em que estiver tramitando.

§ 7º Prorrogar-se-á uma única vez por igual período a vigência de medida provisória que, no prazo de sessenta dias, contado de sua publicação, não tiver a sua votação encerrada nas duas Casas do Congresso Nacional.

§ 8º As medidas provisórias terão sua votação iniciada na Câmara dos Deputados.

§ 9º Caberá à comissão mista de Deputados e Senadores examinar as medidas provisórias e sobre elas emitir parecer, antes de serem apreciadas, em sessão separada, pelo plenário de cada uma das Casas do Congresso Nacional.

§ 10. É vedada a reedição, na mesma sessão legislativa, de medida provisória que tenha sido rejeitada ou que tenha perdido sua eficácia por decurso de prazo.

§ 11. Não editado o decreto legislativo a que se refere o § 3º até sessenta dias após a rejeição ou perda de eficácia de medida provisória, as relações jurídicas constituídas e decorrentes de atos praticados durante sua vigência conservar-se-ão por ela regidas.

§ 12. Aprovado projeto de lei de conversão alterando o texto original da medida provisória, esta manter-se-á integralmente em vigor até que seja sancionado ou vetado o projeto.

> *Redação do art. 62 dada pela EC 32, de 11 de setembro de 2001.*
> O texto original dispunha:
> *"Art. 62. Em caso de relevância e urgência, o Presidente da República poderá adotar medidas provisórias, com força de lei, devendo submetê-las de imediato ao Congresso Nacional, que, estando em recesso, será convocado extraordinariamente para se reunir no prazo de cinco dias.*
> *Parágrafo único. As medidas provisórias perderão eficácia, desde a edição, se não forem convertidas em lei no prazo de trinta dias, a partir de sua publicação, devendo o Congresso Nacional disciplinar as relações jurídicas delas decorrentes."*

> *Artigos constitucionais conexos:* 84, XXVI; 246 (EC 06/95); ADCT, 25, § 2º e 73.
> *Legislação infraconstitucional:* Resoluções nºs 01/89 e 02/89 do Congresso Nacional.

Art. 63. Não será admitido aumento da despesa prevista:

I – nos projetos de iniciativa exclusiva do Presidente da República, ressalvado o disposto no art. 166, §§ 3º e 4º;

II – nos projetos sobre organização dos serviços administrativos da Câmara dos Deputados, do Senado Federal, dos Tribunais Federais e do Ministério Público.

Art. 64. A discussão e votação dos projetos de lei de iniciativa do Presidente da República, do Supremo Tribunal Federal e dos Tribunais Superiores terão início na Câmara dos Deputados.

§ 1º O Presidente da República poderá solicitar urgência para apreciação de projetos de sua iniciativa.

§ 2º Se, no caso do § 1º, a Câmara dos Deputados e o Senado Federal não se manifestarem sobre a proposição, cada qual sucessivamente, em até quarenta e cinco dias, sobrestar-se-ão todas as demais deliberações legislativas da respectiva Casa, com exceção das que tenham prazo constitucional determinado, até que se ultime a votação.

> Redação do § 2º dada pela EC 32, de 11 de setembro de 2001.

O texto original dispunha:

"§ 2º Se, no caso do parágrafo anterior, a Câmara dos Deputados e o Senado Federal não se manifestarem, cada qual, sucessivamente, em até quarenta e cinco dias, sobre a proposição, será esta incluída na ordem do dia, sobrestando-se a deliberação quanto aos demais assuntos, para que se ultime a votação."

§ 3º A apreciação das emendas do Senado Federal pela Câmara dos Deputados far-se-á no prazo de dez dias, observado quanto ao mais o disposto no parágrafo anterior.

§ 4º Os prazos do § 2º não correm nos períodos de recesso do Congresso Nacional, nem se aplicam aos projetos de código.

Art. 65. O projeto de lei aprovado por uma Casa será revisto pela outra, em um só turno de discussão e votação, e enviado à sanção ou promulgação, se a Casa revisora o aprovar, ou arquivado, se o rejeitar.

Parágrafo único. Sendo o projeto emendado, voltará à Casa iniciadora.

Art. 66. A Casa na qual tenha sido concluída a votação enviará o projeto de lei ao Presidente da República, que, aquiescendo, o sancionará.

§ 1º Se o Presidente da República considerar o projeto, no todo ou em parte, inconstitucional ou contrário ao interesse público, vetá-lo-á total ou parcialmente, no prazo de quinze dias úteis, contados da data do recebimento, e comunicará, dentro de quarenta e oito horas, ao Presidente do Senado Federal os motivos do veto.

§ 2º O veto parcial somente abrangerá texto integral de artigo, de parágrafo, de inciso ou de alínea.

§ 3º Decorrido o prazo de quinze dias, o silêncio do Presidente da República importará sanção.

§ 4º O veto será apreciado em sessão conjunta, dentro de trinta dias a contar de seu recebimento, só podendo ser rejeitado pelo voto da maioria absoluta dos Deputados e Senadores.

> Redação do § 4º dada pela EC 76, de 28 de novembro de 2013.

O texto original dispunha:

"§ 4º O veto será apreciado em sessão conjunta, dentro de trinta dias a contar de seu recebimento, só podendo ser rejeitado pelo voto da maioria absoluta dos Deputados e Senadores, em escrutínio secreto."

§ 5º Se o veto não for mantido, será o projeto enviado, para promulgação, ao Presidente da República.

§ 6º Esgotado sem deliberação o prazo estabelecido no § 4º, o veto será colocado na ordem do dia da sessão imediata, sobrestadas as demais proposições, até sua votação final.

> Redação do § 6º dada pela EC 32, de 11 de setembro de 2001.

O texto original dispunha:
"§ 6º Esgotado sem deliberação o prazo estabelecido no § 4º, o veto será colocado na ordem do dia da sessão imediata, sobrestadas as demais proposições, até sua votação final, ressalvadas as matérias de que trata o art. 62, parágrafo único."

§ 7º Se a lei não for promulgada dentro de quarenta e oito horas pelo Presidente da República, nos casos dos §§ 3º e 5º, o Presidente do Senado a promulgará, e, se este não o fizer em igual prazo, caberá ao Vice-Presidente do Senado fazê-lo.

Art. 67. A matéria constante de projeto de lei rejeitado somente poderá constituir objeto de novo projeto, na mesma sessão legislativa, mediante proposta da maioria absoluta dos membros de qualquer das Casas do Congresso Nacional.

Art. 68. As leis delegadas serão elaboradas pelo Presidente da República, que deverá solicitar a delegação ao Congresso Nacional.

§ 1º Não serão objeto de delegação os atos de competência exclusiva do Congresso Nacional, os de competência privativa da Câmara dos Deputados ou do Senado Federal, a matéria reservada à lei complementar, nem a legislação sobre:

I – organização do Poder Judiciário e do Ministério Público, a carreira e a garantia de seus membros;

II – nacionalidade, cidadania, direitos individuais, políticos e eleitorais;

III – planos plurianuais, diretrizes orçamentárias e orçamentos.

§ 2º A delegação ao Presidente da República terá a forma de resolução do Congresso Nacional, que especificará seu conteúdo e os termos de seu exercício.

§ 3º Se a resolução determinar a apreciação do projeto pelo Congresso Nacional, este a fará em votação única, vedada qualquer emenda.

Art. 69. As leis complementares serão aprovadas por maioria absoluta.

Seção IX
Da Fiscalização Contábil, Financeira e Orçamentária

Art. 70. A fiscalização contábil, financeira, orçamentária, operacional e patrimonial da União e das entidades da administração direta e indireta, quanto à legalidade, legitimidade, economicidade, aplicação das subvenções e renúncia de receitas, será exercida pelo Congresso Nacional, mediante controle externo, e pelo sistema de controle interno de cada Poder.

Parágrafo único. Prestará contas qualquer pessoa física ou jurídica, pública ou privada, que utilize, arrecade, guarde, gerencie ou administre dinheiro, bens e valores públicos ou pelos quais a União responda, ou que, em nome desta, assuma obrigações de natureza pecuniária.

> Redação do parágrafo único dada pela EC 19, de 4 de junho de 1998.

O texto original dispunha:

"Parágrafo único. Prestará contas qualquer pessoa física ou entidade pública que utilize, arrecade, guarde, gerencie ou administre dinheiros, bens e valores públicos ou pelos quais a União responda, ou que, em nome desta, assuma obrigações de natureza pecuniária."

Art. 71. O controle externo, a cargo do Congresso Nacional, será exercido com o auxílio do Tribunal de Contas da União, ao qual compete:

> *Legislação infraconstitucional:* Lei 8.443/92 (Lei Orgânica do Tribunal de Contas da União); Resolução Administrativa TCU 15/93 (Regimento Interno do Tribunal de Contas da União).

I – apreciar as contas prestadas anualmente pelo Presidente da República, mediante parecer prévio que deverá ser elaborado em sessenta dias a contar de seu recebimento;

II – julgar as contas dos administradores e demais responsáveis por dinheiros, bens e valores públicos da administração direta e indireta, incluídas as fundações e sociedades instituídas e mantidas pelo Poder Público federal, e as contas daqueles que derem causa a perda, extravio ou outra irregularidade de que resulte prejuízo ao erário público;

III – apreciar, para fins de registro, a legalidade dos atos de admissão de pessoal, a qualquer título, na administração direta e indireta, incluídas as fundações instituídas e mantidas pelo Poder Público, excetuadas as nomeações para cargo de provimento em comissão, bem como a das concessões de aposentadorias, reformas e pensões, ressalvadas as melhorias posteriores que não alterem o fundamento legal do ato concessório;

> *Súmula Vinculante do Supremo Tribunal Federal:* 3.

IV – realizar, por iniciativa própria, da Câmara dos Deputados, do Senado Federal, de Comissão técnica ou de inquérito, inspeções e auditorias de natureza contábil, financeira, orçamentária, operacional e patrimonial, nas unidades administrativas dos Poderes Legislativo, Executivo e Judiciário, e demais entidades referidas no inciso II;

V – fiscalizar as contas nacionais das empresas supranacionais de cujo capital social a União participe, de forma direta ou indireta, nos termos do tratado constitutivo;

VI – fiscalizar a aplicação de quaisquer recursos repassados pela União mediante convênio, acordo, ajuste ou outros instrumentos congêneres, a Estado, ao Distrito Federal ou a Município;

VII – prestar as informações solicitadas pelo Congresso Nacional, por qualquer de suas Casas, ou por qualquer das respectivas Comissões, sobre a fiscalização contábil, financeira, orçamentária, operacional e patrimonial e sobre resultados de auditorias e inspeções realizadas;

VIII – aplicar aos responsáveis, em caso de ilegalidade de despesa ou irregularidade de contas, as sanções previstas em lei, que estabelecerá, entre outras cominações, multa proporcional ao dano causado ao erário;

IX – assinar prazo para que o órgão ou entidade adote as providências necessárias ao exato cumprimento da lei, se verificada ilegalidade;

X – sustar, se não atendido, a execução do ato impugnado, comunicando a decisão à Câmara dos Deputados e ao Senado Federal;

XI – representar ao Poder competente sobre irregularidades ou abusos apurados.

§ 1º No caso de contrato, o ato de sustação será adotado diretamente pelo Congresso Nacional, que solicitará, de imediato, ao Poder Executivo as medidas cabíveis.

§ 2º Se o Congresso Nacional ou o Poder Executivo, no prazo de noventa dias, não efetivar as medidas previstas no parágrafo anterior, o Tribunal decidirá a respeito.

§ 3º As decisões do Tribunal de que resulte imputação de débito ou multa terão eficácia de título executivo.

§ 4º O Tribunal encaminhará ao Congresso Nacional, trimestral e anualmente, relatório de suas atividades.

Art. 72. A Comissão mista permanente a que se refere o art. 166, § 1º, diante de indícios de despesas não autorizadas, ainda que sob a forma de investimentos não programados ou de subsídios não aprovados, poderá solicitar à autoridade governamental responsável que, no prazo de cinco dias, preste os esclarecimentos necessários.

> *Artigo constitucional conexo:* ADCT, 16, § 2º.

§ 1º Não prestados os esclarecimentos, ou considerados estes insuficientes, a Comissão solicitará ao Tribunal pronunciamento conclusivo sobre a matéria, no prazo de trinta dias.

§ 2º Entendendo o Tribunal irregular a despesa, a Comissão, se julgar que o gasto possa causar dano irreparável ou grave lesão à economia pública, proporá ao Congresso Nacional sua sustação.

Art. 73. O Tribunal de Contas da União, integrado por nove Ministros, tem sede no Distrito Federal, quadro próprio de pessoal e jurisdição em todo o território nacional, exercendo, no que couber, as atribuições previstas no art. 96.

§ 1º Os Ministros do Tribunal de Contas da União serão nomeados dentre brasileiros que satisfaçam os seguintes requisitos:

I – mais de trinta e cinco e menos de setenta anos de idade;

> *Redação do inciso I dada pela EC 122, de 17 de maio de 2022.*
> O texto anterior dispunha:
> *"I – mais de trinta e cinco e menos de sessenta e cinco anos de idade;"*

II – idoneidade moral e reputação ilibada;

III – notórios conhecimentos jurídicos, contábeis, econômicos e financeiros ou de administração pública;

IV – mais de dez anos de exercício de função ou de efetiva atividade profissional que exija os conhecimentos mencionados no inciso anterior.

§ 2º Os Ministros do Tribunal de Contas da União serão escolhidos:

> *Artigos constitucionais conexos:* 49, XIII; 84, XV.
> *Legislação infraconstitucional:* Lei 8.443/92 (Lei Orgânica do Tribunal de Contas da União); Decreto-legislativo 06/93 (Escolha de Ministros do Tribunal de Contas da União pelo Congresso Nacional).

I – um terço pelo Presidente da República, com aprovação do Senado Federal, sendo dois alternadamente dentre auditores e membros do Ministério Público junto ao Tribunal, indicados em lista tríplice pelo Tribunal, segundo os critérios de antiguidade e merecimento;

II – dois terços pelo Congresso Nacional.

§ 3º Os Ministros do Tribunal de Contas da União terão as mesmas garantias, prerrogativas, impedimentos, vencimentos e vantagens dos Ministros do Superior Tribunal de Justiça, aplicando-se-lhes, quanto à aposentadoria e pensão, as normas constantes do art. 40.

> Redação do § 3º dada pela EC 20, de 15 de dezembro de 1998.

O texto original dispunha:

"§ 3 Os Ministros do Tribunal de Contas da União terão as mesmas garantias, prerrogativas, impedimentos, vencimentos e vantagens dos Ministros do Superior Tribunal de Justiça e somente poderão aposentar-se com as vantagens do cargo quando o tiverem exercido efetivamente por mais de cinco anos."

§ 4º O auditor, quando em substituição a Ministro, terá as mesmas garantias e impedimentos do titular e, quando no exercício das demais atribuições da judicatura, as de juiz de Tribunal Regional Federal.

Art. 74. Os Poderes Legislativo, Executivo e Judiciário manterão, de forma integrada, sistema de controle interno com a finalidade de:

I – avaliar o cumprimento das metas previstas no plano plurianual, a execução dos programas de governo e dos orçamentos da União;

II – comprovar a legalidade e avaliar os resultados, quanto à eficácia e eficiência, da gestão orçamentária, financeira e patrimonial nos órgãos e entidades da administração federal, bem como da aplicação de recursos públicos por entidades de direito privado;

III – exercer o controle das operações de crédito, avais e garantias, bem como dos direitos e haveres da União;

IV – apoiar o controle externo no exercício de sua missão institucional.

§ 1º Os responsáveis pelo controle interno, ao tomarem conhecimento de qualquer irregularidade ou ilegalidade, dela darão ciência ao Tribunal de Contas da União, sob pena de responsabilidade solidária.

§ 2º Qualquer cidadão, partido político, associação ou sindicato é parte legítima para, na forma da lei, denunciar irregularidades ou ilegalidades perante o Tribunal de Contas da União.

Art. 75. As normas estabelecidas nesta seção aplicam-se, no que couber, à organização, composição e fiscalização dos Tribunais de Contas dos Estados e do Distrito Federal, bem como dos Tribunais e Conselhos de Contas dos Municípios.

Parágrafo único. As Constituições estaduais disporão sobre os Tribunais de Contas respectivos, que serão integrados por sete Conselheiros.

CAPÍTULO II
Do Poder Executivo

Seção I
Do Presidente e do Vice-Presidente da República

Art. 76. O Poder Executivo é exercido pelo Presidente da República, auxiliado pelos Ministros de Estado.

Art. 77. A eleição do Presidente e do Vice-Presidente da República realizar-se-á, simultaneamente, no primeiro domingo de outubro, em primeiro turno, e no último domingo de outubro, em segundo turno, se houver, do ano anterior ao do término do mandato presidencial vigente.

> Redação do caput dada pela EC 16, de 4 de junho de 1997.

O texto original dispunha:

"Art. 77. A eleição do Presidente e do Vice-Presidente da República realizar-se-á, simultaneamente, noventa dias antes do término do mandato presidencial vigente."

§ 1º A eleição do Presidente da República importará a do Vice-Presidente com ele registrado.

§ 2º Será considerado eleito Presidente o candidato que, registrado por partido político, obtiver a maioria absoluta de votos, não computados os em branco e os nulos.

§ 3º Se nenhum candidato alcançar maioria absoluta na primeira votação, far-se-á nova eleição em até vinte dias após a proclamação do resultado, concorrendo os dois candidatos mais votados e considerando-se eleito aquele que obtiver a maioria dos votos válidos.

§ 4º Se, antes de realizado o segundo turno, ocorrer morte, desistência ou impedimento legal de candidato, convocar-se-á, dentre os remanescentes, o de maior votação.

§ 5º Se, na hipótese dos parágrafos anteriores, remanescer, em segundo lugar, mais de um candidato com a mesma votação, qualificar-se-á o mais idoso.

Art. 78. O Presidente e o Vice-Presidente da República tomarão posse em sessão do Congresso Nacional, prestando o compromisso de manter, defender e cumprir a Constituição, observar as leis, promover o bem geral do povo brasileiro, sustentar a união, a integridade e a independência do Brasil.

Parágrafo único. Se, decorridos dez dias da data fixada para a posse, o Presidente ou o Vice-Presidente, salvo motivo de força maior, não tiver assumido o cargo, este será declarado vago.

Art. 79. Substituirá o Presidente, no caso de impedimento, e suceder-lhe-á, no de vaga, o Vice-Presidente.

Parágrafo único. O Vice-Presidente da República, além de outras atribuições que lhe forem conferidas por lei complementar, auxiliará o Presidente, sempre que por ele convocado para missões especiais.

Art. 80. Em caso de impedimento do Presidente e do Vice-Presidente, ou vacância dos respectivos cargos, serão sucessivamente chamados ao exercício da Presidência o Presidente da Câmara dos Deputados, o do Senado Federal e o do Supremo Tribunal Federal.

Art. 81. Vagando os cargos de Presidente e Vice-Presidente da República, far-se-á eleição noventa dias depois de aberta a última vaga.

§ 1º Ocorrendo a vacância nos últimos dois anos do período presidencial, a eleição para ambos os cargos será feita trinta dias depois da última vaga, pelo Congresso Nacional, na forma da lei.

§ 2º Em qualquer dos casos, os eleitos deverão completar o período de seus antecessores.

Art. 82. O mandato do Presidente da República é de 4 (quatro) anos e terá início em 5 de janeiro do ano seguinte ao de sua eleição.

> Redação do art. 82 dada pela EC 111, de 28 de setembro de 2021.
> Artigo constitucional conexo: 5º da EC 111/2021.

O texto anterior, redigido pela EC 16, de 4 de junho de 1997, dispunha:
"*Art. 82. O mandato do Presidente da República é de quatro anos e terá início em primeiro de janeiro do ano seguinte ao da sua eleição.*"

Art. 83. O Presidente e o Vice-Presidente da República não poderão, sem licença do Congresso Nacional, ausentar-se do País por período superior a quinze dias, sob pena de perda do cargo.

Seção II
Das Atribuições do Presidente da República

Art. 84. Compete privativamente ao Presidente da República:

I – nomear e exonerar os Ministros de Estado;

II – exercer, com o auxílio dos Ministros de Estado, a direção superior da administração federal;

III – iniciar o processo legislativo, na forma e nos casos previstos nesta Constituição;

IV – sancionar, promulgar e fazer publicar as leis, bem como expedir decretos e regulamentos para sua fiel execução;

V – vetar projetos de lei, total ou parcialmente;

VI – dispor, mediante decreto, sobre:

a) organização e funcionamento da administração federal, quando não implicar aumento de despesa nem criação ou extinção de órgãos públicos;

b) extinção de funções ou cargos públicos, quando vagos;

> Redação do inc. VI dada pela EC 32, de 11 de setembro de 2001.

O texto original dispunha:

"VI – dispor sobre a organização e o funcionamento da administração federal, na forma da lei;"

VII – manter relações com Estados estrangeiros e acreditar seus representantes diplomáticos;

VIII – celebrar tratados, convenções e atos internacionais, sujeitos a referendo do Congresso Nacional;

IX – decretar o estado de defesa e o estado de sítio;

X – decretar e executar a intervenção federal;

XI – remeter mensagem e plano de governo ao Congresso Nacional por ocasião da abertura da sessão legislativa, expondo a situação do País e solicitando as providências que julgar necessárias;

XII – conceder indulto e comutar penas, com audiência, se necessário, dos órgãos instituídos em lei;

XIII – exercer o comando supremo das Forças Armadas, nomear os Comandantes da Marinha, do Exército e da Aeronáutica, promover seus oficiais-generais e nomeá-los para os cargos que lhes são privativos;

> Redação do inciso XIII dada pela EC 23, de 2 de setembro de 1999.

O texto anterior dispunha:

"XIII – exercer o comando supremo das Forças Armadas, promover seus oficiais-generais e nomeá-los para os cargos que lhes são privativos;"

XIV – nomear, após aprovação pelo Senado Federal, os Ministros do Supremo Tribunal Federal e dos Tribunais Superiores, os Governadores de Territórios, o Procurador-Geral da República, o presidente e os diretores do banco central e outros servidores, quando determinado em lei;

XV – nomear, observado o disposto no art. 73, os Ministros do Tribunal de Contas da União;

XVI – nomear os magistrados, nos casos previstos nesta Constituição, e o Advogado-Geral da União;
> Súmula do Supremo Tribunal Federal: 627.

XVII – nomear membros do Conselho da República, nos termos do art. 89, VII;

XVIII – convocar e presidir o Conselho da República e o Conselho de Defesa Nacional;

XIX – declarar guerra, no caso de agressão estrangeira, autorizado pelo Congresso Nacional ou referendado por ele, quando ocorrida no intervalo das sessões legislativas, e, nas mesmas condições, decretar, total ou parcialmente, a mobilização nacional;

XX – celebrar a paz, autorizado ou com o referendo do Congresso Nacional;

XXI – conferir condecorações e distinções honoríficas;

XXII – permitir, nos casos previstos em lei complementar, que forças estrangeiras transitem pelo território nacional ou nele permaneçam temporariamente;

XXIII – enviar ao Congresso Nacional o plano plurianual, o projeto de lei de diretrizes orçamentárias e as propostas de orçamento previstos nesta Constituição;

XXIV – prestar, anualmente, ao Congresso Nacional, dentro de sessenta dias após a abertura da sessão legislativa, as contas referentes ao exercício anterior;

XXV – prover e extinguir os cargos públicos federais, na forma da lei;

XXVI – editar medidas provisórias com força de lei, nos termos do art. 62;

XXVII – exercer outras atribuições previstas nesta Constituição.

XXVIII – propor ao Congresso Nacional a decretação do estado de calamidade pública de âmbito nacional previsto nos arts. 167-B, 167-C, 167-D, 167-E, 167-F e 167-G desta Constituição.
> Inciso XXVIII acrescentado pela EC 109, de 15 de março de 2021.

Parágrafo único. O Presidente da República poderá delegar as atribuições mencionadas nos incisos VI, XII e XXV, primeira parte, aos Ministros de Estado, ao Procurador-Geral da República ou ao Advogado-Geral da União, que observarão os limites traçados nas respectivas delegações.

Seção III
Da Responsabilidade do Presidente da República

Art. 85. São crimes de responsabilidade os atos do Presidente da República que atentem contra a Constituição Federal e, especialmente, contra:

I – a existência da União;

II – o livre exercício do Poder Legislativo, do Poder Judiciário, do Ministério Público e dos Poderes constitucionais das unidades da Federação;

III – o exercício dos direitos políticos, individuais e sociais;

IV – a segurança interna do País;

V – a probidade na administração;

VI – a lei orçamentária;

VII – o cumprimento das leis e das decisões judiciais.

Parágrafo único. Esses crimes serão definidos em lei especial, que estabelecerá as normas de processo e julgamento.

> Artigos constitucionais conexos: 51, I; 52, I e parágrafo único.
> Súmula Vinculante do Supremo Tribunal Federal: 46.
> Súmula do Supremo Tribunal Federal: 722.
> Legislação infraconstitucional: Lei 1.079/50 (Define os crimes de responsabilidade e regula o respectivo processo de julgamento).

Art. 86. Admitida a acusação contra o Presidente da República, por dois terços da Câmara dos Deputados, será ele submetido a julgamento perante o Supremo Tribunal Federal, nas infrações penais comuns, ou perante o Senado Federal, nos crimes de responsabilidade.

§ 1º O Presidente ficará suspenso de suas funções:

I – nas infrações penais comuns, se recebida a denúncia ou queixa-crime pelo Supremo Tribunal Federal;

II – nos crimes de responsabilidade, após a instauração do processo pelo Senado Federal.

§ 2º Se, decorrido o prazo de cento e oitenta dias, o julgamento não estiver concluído, cessará o afastamento do Presidente, sem prejuízo do regular prosseguimento do processo.

§ 3º Enquanto não sobrevier sentença condenatória, nas infrações comuns, o Presidente da República não estará sujeito a prisão.

§ 4º O Presidente da República, na vigência de seu mandato, não pode ser responsabilizado por atos estranhos ao exercício de suas funções.

Seção IV
Dos Ministros de Estado

Art. 87. Os Ministros de Estado serão escolhidos dentre brasileiros maiores de vinte e um anos e no exercício dos direitos políticos.

> Artigo constitucional conexo: 12, § 3º, VII (EC 23/99).

Parágrafo único. Compete ao Ministro de Estado, além de outras atribuições estabelecidas nesta Constituição e na lei:

I – exercer a orientação, coordenação e supervisão dos órgãos e entidades da administração federal na área de sua competência e referendar os atos e decretos assinados pelo Presidente da República;

II – expedir instruções para a execução das leis, decretos e regulamentos;

III – apresentar ao Presidente da República relatório anual de sua gestão no Ministério;

IV – praticar os atos pertinentes às atribuições que lhe forem outorgadas ou delegadas pelo Presidente da República.

Art. 88. A lei disporá sobre a criação e extinção de Ministérios e órgãos da administração pública.

> Redação dada pela EC 32, de 11 de setembro de 2001.
> O texto original dispunha:
> "Art. 88. A lei disporá sobre a criação, estruturação e atribuições dos Ministérios."

Seção V
Do Conselho da República
e do Conselho de Defesa Nacional

Subseção I
Do Conselho da República

Art. 89. O Conselho da República é órgão superior de consulta do Presidente da República, e dele participam:

I – o Vice-Presidente da República;

II – o Presidente da Câmara dos Deputados;

III – o Presidente do Senado Federal;

IV – os líderes da maioria e da minoria na Câmara dos Deputados;

V – os líderes da maioria e da minoria no Senado Federal;

VI – o Ministro da Justiça;

VII – seis cidadãos brasileiros natos, com mais de trinta e cinco anos de idade, sendo dois nomeados pelo Presidente da República, dois eleitos pelo Senado Federal e dois eleitos pela Câmara dos Deputados, todos com mandato de três anos, vedada a recondução.

Art. 90. Compete ao Conselho da República pronunciar-se sobre:

I – intervenção federal, estado de defesa e estado de sítio;

II – as questões relevantes para a estabilidade das instituições democráticas.

§ 1º O Presidente da República poderá convocar Ministro de Estado para participar da reunião do Conselho, quando constar da pauta questão relacionada com o respectivo Ministério.

§ 2º A lei regulará a organização e o funcionamento do Conselho da República.

> *Legislação infraconstitucional:* Lei 8.041/90 (Disciplina a organização e funcionamento do Conselho da República).

Subseção II
Do Conselho de Defesa Nacional

Art. 91. O Conselho de Defesa Nacional é órgão de consulta do Presidente da República nos assuntos relacionados com a soberania nacional e a defesa do Estado democrático, e dele participam como membros natos:

I – o Vice-Presidente da República;

II – o Presidente da Câmara dos Deputados;

III – o Presidente do Senado Federal;

IV – o Ministro da Justiça;

V – o Ministro de Estado de Defesa;

> Redação do inciso V dada pela EC 23, de 2 de setembro de 1999.
> O texto anterior dispunha:
> "V – os Ministros militares;"

VI – o Ministro das Relações Exteriores;

VII – o Ministro do Planejamento;

VIII – os Comandantes da Marinha, do Exército e da Aeronáutica.
> Acrescentado pela EC 23, de 2 de setembro de 1999.

§ 1º Compete ao Conselho de Defesa Nacional:

I – opinar nas hipóteses de declaração de guerra e de celebração da paz, nos termos desta Constituição;

II – opinar sobre a decretação do estado de defesa, do estado de sítio e da intervenção federal;

III – propor os critérios e condições de utilização de áreas indispensáveis à segurança do território nacional e opinar sobre seu efetivo uso, especialmente na faixa de fronteira e nas relacionadas com a preservação e a exploração dos recursos naturais de qualquer tipo;
> Legislação infraconstitucional: Lei 13.178/15 (Dispõe sobre a ratificação dos registros imobiliários decorrentes de alienações e concessões de terras públicas situadas nas faixas de fronteira; e revoga o Decreto-Lei 1.414/75, e a Lei 9.871/99).

IV – estudar, propor e acompanhar o desenvolvimento de iniciativas necessárias a garantir a independência nacional e a defesa do Estado democrático.

§ 2º A lei regulará a organização e o funcionamento do Conselho de Defesa Nacional.
> Legislação infraconstitucional: Lei 8.183/91 (Disciplina a organização e funcionamento do Conselho de Defesa Nacional), regulamentada pelo Decreto 893/93; Lei 13.810/19 (Cumprimento de sanções impostas por resoluções do Conselho de Segurança das Nações Unidas, incluída a indisponibilidade de ativos de pessoas naturais e jurídicas e de entidades, e a designação nacional de pessoas investigadas ou acusadas de terrorismo, de seu financiamento ou de atos a ele correlacionados).

CAPÍTULO III
Do Poder Judiciário

Seção I
Disposições Gerais

Art. 92. São órgãos do Poder Judiciário:

I – o Supremo Tribunal Federal;

I-A – o Conselho Nacional de Justiça;
> Redação do inciso I-A acrescentada pela EC 45, de 8 de dezembro de 2004.

II – o Superior Tribunal de Justiça;

II-A – o Tribunal Superior do Trabalho;
> Redação do inciso II-A acrescentada pela EC 92, de 12 de julho de 2016.

III – os Tribunais Regionais Federais e Juízes Federais;

IV – os Tribunais e Juízes do Trabalho;

V – os Tribunais e Juízes Eleitorais;

VI – os Tribunais e Juízes Militares;

VII – os Tribunais e Juízes dos Estados e do Distrito Federal e Territórios.

§ 1º O Supremo Tribunal Federal, o Conselho Nacional de Justiça e os Tribunais Superiores têm sede na Capital Federal.

> Redação do § 1º dada pela EC 45, de 8 de dezembro de 2004.

O texto original dispunha:

"Parágrafo único. O Supremo Tribunal Federal e os Tribunais Superiores têm sede na Capital Federal e jurisdição em todo o território nacional."

§ 2º O Supremo Tribunal Federal e os Tribunais Superiores têm jurisdição em todo o território nacional.

> Redação do § 2º acrescentada pela EC 45, de 8 de dezembro de 2004.

Art. 93. Lei complementar, de iniciativa do Supremo Tribunal Federal, disporá sobre o Estatuto da Magistratura, observados os seguintes princípios:

> *Legislação infraconstitucional:* LC 35/79 (Lei Orgânica da Magistratura Nacional), com as alterações dadas pelas leis complementares 37/79, 54/86 e 60/89.

I – ingresso na carreira, cujo cargo inicial será o de juiz substituto, mediante concurso público de provas e títulos, com a participação da Ordem dos Advogados do Brasil em todas as fases, exigindo-se do bacharel em direito, no mínimo, três anos de atividade jurídica e obedecendo-se, nas nomeações, à ordem de classificação;

> Redação do inciso I dada pela EC 45, de 8 de dezembro de 2004.

O texto original dispunha:

"I – ingresso na carreira, cujo cargo inicial será o de juiz substituto, através de concurso público de provas e títulos, com a participação da Ordem dos Advogados do Brasil em todas as suas fases, obedecendo-se, nas nomeações, à ordem de classificação;"

II – promoção de entrância para entrância, alternadamente, por antiguidade e merecimento, atendidas as seguintes normas:

a) é obrigatória a promoção do juiz que figure por três vezes consecutivas ou cinco alternadas em lista de merecimento;

b) a promoção por merecimento pressupõe dois anos de exercício na respectiva entrância e integrar o juiz a primeira quinta parte da lista de antiguidade desta, salvo se não houver com tais requisitos quem aceite o lugar vago;

c) aferição do merecimento conforme o desempenho e pelos critérios objetivos de produtividade e presteza no exercício da jurisdição e pela frequência e aproveitamento em cursos oficiais ou reconhecidos de aperfeiçoamento;

> Redação da alínea c dada pela EC 45, de 8 de dezembro de 2004.

O texto original dispunha:

"c) aferição do merecimento pelos critérios da presteza e segurança no exercício da jurisdição e pela frequência e aproveitamento em cursos reconhecidos de aperfeiçoamento;"

d) na apuração da antiguidade, o tribunal somente poderá recusar o juiz mais antigo pelo voto fundamentado de dois terços de seus membros, conforme procedimento próprio, e assegurada ampla defesa, repetindo-se a votação até fixar-se a indicação;

> Redação da alínea d dada pela EC 45, de 8 de dezembro de 2004.

O texto original dispunha:

"d) na apuração da antiguidade, o tribunal somente poderá recusar o juiz mais antigo pelo voto de dois terços de seus membros, conforme procedimento próprio, repetindo-se a votação até fixar-se a indicação;"

Art. 93 CONSTITUIÇÃO DA REPÚBLICA FEDERATIVA DO BRASIL

e) não será promovido o juiz que, injustificadamente, retiver autos em seu poder além do prazo legal, não podendo devolvê-los ao cartório sem o devido despacho ou decisão:
> Redação da alínea e acrescentada pela EC 45, de 8 de dezembro de 2004.

III – o acesso aos tribunais de segundo grau far-se-á por antiguidade e merecimento, alternadamente, apurados na última ou única entrância;
> Redação do inciso III dada pela EC 45, de 8 de dezembro de 2004.

O texto original dispunha:

"III – o acesso aos tribunais de segundo grau far-se-á por antiguidade e merecimento, alternadamente, apurados na última entrância ou, onde houver, no Tribunal de Alçada, quando se tratar de promoção para o Tribunal de Justiça, de acordo com o inciso II e a classe de origem;"

IV – previsão de cursos oficiais de preparação, aperfeiçoamento e promoção de magistrados, constituindo etapa obrigatória do processo de vitaliciamento a participação em curso oficial ou reconhecido por escola nacional de formação e aperfeiçoamento de magistrados;
> Redação do inciso IV dada pela EC 45, de 8 de dezembro de 2004.

O texto original dispunha:

"IV – previsão de cursos oficiais de preparação e aperfeiçoamento de magistrados como requisitos para ingresso e promoção na carreira;"

V – O subsídio dos Ministros dos Tribunais Superiores corresponderá a noventa e cinco por cento do subsídio mensal fixado para os Ministros do Supremo Tribunal Federal e os subsídios dos demais magistrados serão fixados em lei e escalonados, em nível federal e estadual, conforme as respectivas categorias da estrutura judiciária nacional, não podendo a diferença entre uma e outra ser superior a dez por cento ou inferior a cinco por cento, nem exceder a noventa e cinco por cento do subsídio mensal dos Ministros dos Tribunais Superiores, obedecido, em qualquer caso, o disposto nos arts. 37, XI, e 39, § 4º;
> Redação do inciso V dada pela EC 19, de 4 de junho de 1998.

O texto original dispunha:

"V – os vencimentos dos magistrados serão fixados com diferença não superior a dez por cento de uma para outra das categorias da carreira, não podendo, a título nenhum, exceder os dos Ministros do Supremo Tribunal Federal;"

VI – a aposentadoria dos magistrados e a pensão de seus dependentes observarão o disposto no art. 40;

VII – o juiz titular residirá na respectiva comarca, salvo autorização do tribunal;
> Redação do inciso VII dada pela EC 45, de 8 de dezembro de 2004.

O texto original dispunha:

"VII – o juiz titular residirá na respectiva comarca;"

VIII – o ato de remoção ou de disponibilidade do magistrado, por interesse público, fundar-se-á em decisão por voto da maioria absoluta do respectivo tribunal ou do Conselho Nacional de Justiça, assegurada ampla defesa;
> Redação do inciso VIII dada pela EC 103, de 12 de novembro de 2019.

O texto anterior, redigido pela EC 45, de 8 de dezembro de 2004, dispunha:

"VIII – o ato de remoção, disponibilidade e aposentadoria do magistrado, por interesse público, fundar-se-á em decisão por voto da maioria absoluta do respectivo tribunal ou do Conselho Nacional de Justiça, assegurada ampla defesa;"

VIII-A – a remoção a pedido de magistrados de comarca de igual entrância atenderá, no que couber, ao disposto nas alíneas "a", "b", "c" e "e" do inciso II do caput deste artigo e no art. 94 desta Constituição;

> Redação do inciso VIII-A dada pela EC 130, de 3 de outubro de 2023.

O texto anterior, redigido pela EC 45, de 8 de dezembro de 2004, dispunha:
"a remoção a pedido ou a permuta de magistrados de comarca de igual entrância atenderá, no que couber, ao disposto nas alíneas a, b, c e e do inciso II;"

VIII-B – a permuta de magistrados de comarca de igual entrância, quando for o caso, e dentro do mesmo segmento de justiça, inclusive entre os juízes de segundo grau, vinculados a diferentes tribunais, na esfera da justiça estadual, federal ou do trabalho, atenderá, no que couber, ao disposto nas alíneas "a", "b", "c" e "e" do inciso II do caput deste artigo e no art. 94 desta Constituição;
> Inciso VIII-B acrescido pela EC 130, de 3 de outubro de 2023.

IX – todos os julgamentos dos órgãos do Poder Judiciário serão públicos, e fundamentadas todas as decisões, sob pena de nulidade, podendo a lei limitar a presença, em determinados atos, às próprias partes e a seus advogados, ou somente a estes, em casos nos quais a preservação do direito à intimidade do interessado no sigilo não prejudique o interesse público à informação;
> Redação do inciso IX dada pela EC 45, de 8 de dezembro de 2004.

O texto original dispunha:
"IX – todos os julgamentos dos órgãos do Poder Judiciário serão públicos, e fundamentadas todas as decisões, sob pena de nulidade, podendo a lei, se o interesse público o exigir, limitar a presença, em determinados atos, às próprias partes e a seus advogados, ou somente a estes;"

X – as decisões administrativas dos tribunais serão motivadas e em sessão pública, sendo as disciplinares tomadas pelo voto da maioria absoluta de seus membros;
> Redação do inciso X dada pela EC 45, de 8 de dezembro de 2004.

O texto original dispunha:
"X – as decisões administrativas dos tribunais serão motivadas, sendo as disciplinares tomadas pelo voto da maioria absoluta de seus membros;"

XI – nos tribunais com número superior a vinte e cinco julgadores, poderá ser constituído órgão especial, com o mínimo de onze e o máximo de vinte e cinco membros, para o exercício das atribuições administrativas e jurisdicionais delegadas da competência do tribunal pleno, provendo-se metade das vagas por antiguidade e a outra metade por eleição pelo tribunal pleno;
> Redação do inciso XI dada pela EC 45, de 8 de dezembro de 2004.

O texto original dispunha:
"XI – nos tribunais com número superior a vinte e cinco julgadores poderá ser constituído órgão especial, com o mínimo de onze e o máximo de vinte e cinco membros, para o exercício das atribuições administrativas e jurisdicionais da competência do tribunal pleno."

XII – a atividade jurisdicional será ininterrupta, sendo vedado férias coletivas nos juízos e tribunais de segundo grau, funcionando, nos dias em que não houver expediente forense normal, juízes em plantão permanente;
> Redação do inciso XII acrescentada pela EC 45, de 8 de dezembro de 2004.

XIII – o número de juízes na unidade jurisdicional será proporcional à efetiva demanda judicial e à respectiva população;
> Redação do inciso XIII acrescentada pela EC 45, de 8 de dezembro de 2004.

XIV – os servidores receberão delegação para a prática de atos de administração e atos de mero expediente sem caráter decisório;
> Redação do inciso XIV acrescentada pela EC 45, de 8 de dezembro de 2004.

XV – a distribuição de processos será imediata, em todos os graus de jurisdição.
> Redação do inciso XV acrescentada pela EC 45, de 8 de dezembro de 2004.

Art. 94. Um quinto dos lugares dos Tribunais Regionais Federais, dos Tribunais dos Estados, e do Distrito Federal e Territórios será composto de membros, do Ministério Público, com mais de dez anos de carreira, e de advogados de notório saber jurídico e de reputação ilibada, com mais de dez anos de efetiva atividade profissional, indicados em lista sêxtupla pelos órgãos de representação das respectivas classes.
> Artigos constitucionais conexos: 104, II; 111, § 2º; 115, II; 123, parágrafo único II.
> Legislação infraconstitucional: artigos 10, XIII, 15, I, e 74 da Lei 8.625/93 (Lei Orgânica Nacional do Ministério Público); artigo 53, I da LC 75/93 (Organização, atribuições e Estatuto do Ministério Público da União); artigos 54, XIII e 58, XIV, da Lei 8.906/94 (Estatuto da Advocacia e a Ordem dos Advogados do Brasil – OAB).

Parágrafo único. Recebidas as indicações, o tribunal formará lista tríplice, enviando-a ao Poder Executivo, que, nos vinte dias subsequentes, escolherá um de seus integrantes para nomeação.

Art. 95. Os juízes gozam das seguintes garantias:

I – vitaliciedade, que, no primeiro grau, só será adquirida após dois anos de exercício, dependendo a perda do cargo, nesse período, de deliberação do tribunal a que o juiz estiver vinculado, e, nos demais casos, de sentença judicial transitada em julgado;

II – inamovibilidade, salvo por motivo de interesse público, na forma do art. 93, VIII;
> Súmula do Supremo Tribunal Federal: 36.

III – irredutibilidade de subsídio, ressalvado o disposto nos arts. 37, X e XI, 39, § 4º, 150, II, 153, III, e 153, § 2º, I.
> Redação do inciso III dada pela EC 19, de 4 de junho de 1998.
> O texto original dispunha:
> *"III – irredutibilidade de vencimentos, observado, quanto à remuneração, o que dispõem os arts. 37, XI, 150, II, 153, III, e 153, § 2º, I."*

Parágrafo único. Aos juízes é vedado:

I – exercer, ainda que em disponibilidade, outro cargo ou função, salvo uma de magistério;

II – receber, a qualquer título ou pretexto, custas ou participação em processo;

III – dedicar-se à atividade político-partidária.

IV – receber, a qualquer título ou pretexto, auxílios ou contribuições de pessoas físicas, entidades públicas ou privadas, ressalvadas as exceções previstas em lei;
> Redação do inciso IV acrescentada pela EC 45, de 8 de dezembro de 2004.

V – exercer a advocacia no juízo ou tribunal do qual se afastou, antes de decorridos três anos do afastamento do cargo por aposentadoria ou exoneração.
> Redação do inciso V acrescentada pela EC 45, de 8 de dezembro de 2004.

Art. 96. Compete privativamente:
I – aos tribunais:
a) eleger seus órgãos diretivos e elaborar seus regimentos internos, com observância das normas de processo e das garantias processuais das partes, dispondo sobre a competência e o funcionamento dos respectivos órgãos jurisdicionais e administrativos;

b) organizar suas secretarias e serviços auxiliares e os dos juízos que lhes forem vinculados, velando pelo exercício da atividade correicional respectiva;

c) prover, na forma prevista nesta Constituição, os cargos de juiz de carreira da respectiva jurisdição;

d) propor a criação de novas varas judiciárias;

e) prover, por concurso público de provas, ou de provas e títulos, obedecido o disposto no art. 169, parágrafo único, os cargos necessários à administração da Justiça, exceto os de confiança assim definidos em lei;

f) conceder licença, férias e outros afastamentos a seus membros e aos juízes e servidores que lhes forem imediatamente vinculados;

II – ao Supremo Tribunal Federal, aos Tribunais Superiores e aos Tribunais de Justiça propor ao Poder Legislativo respectivo, observado o disposto no art. 169:

a) a alteração do número de membros dos tribunais inferiores;

b) a criação e a extinção de cargos e a remuneração dos seus serviços auxiliares e dos juízos que lhes forem vinculados, bem como a fixação do subsídio de seus membros e dos juízes, inclusive dos tribunais inferiores, onde houver;

> Redação da alínea b dada pela EC 41, de 19 de dezembro de 2003.

O texto anterior, redigido pela EC 19, de 4 de junho de 1998, dispunha:

"b) a criação e a extinção de cargos e a remuneração dos seus serviços auxiliares e dos juízos que lhes forem vinculados, bem como a fixação do subsídio de seus membros e dos juízes, inclusive dos tribunais inferiores, onde houver, ressalvado o disposto no art. 48, XV;"

c) a criação ou extinção dos tribunais inferiores;

d) a alteração da organização e da divisão judiciárias;

III – aos Tribunais de Justiça julgar os juízes estaduais e do Distrito Federal e Territórios, bem como os membros do Ministério Público, nos crimes comuns e de responsabilidade, ressalvada a competência da Justiça Eleitoral.

Art. 97. Somente pelo voto da maioria absoluta de seus membros ou dos membros do respectivo órgão especial poderão os tribunais declarar a inconstitucionalidade de lei ou ato normativo do Poder Público.

> Súmula Vinculante do Supremo Tribunal Federal: 10.

Art. 98. A União, no Distrito Federal e nos Territórios, e os Estados criarão:

I – juizados especiais, providos por juízes togados, ou togados e leigos, competentes para a conciliação, o julgamento e a execução de causas cíveis de menor complexidade e infrações penais de menor potencial ofensivo, mediante os procedimentos oral e sumaríssimo, permitidos, nas hipóteses previstas em lei, a transação e o julgamento de recursos por turmas de juízes de primeiro grau;

> Artigo constitucional conexo: 24, X.
> Súmulas Vinculantes do Supremo Tribunal Federal: 27 e 35.
> Legislação infraconstitucional: Lei 9.099/95 (Lei dos Juizados Especiais Cíveis e Criminais).

II – justiça de paz, remunerada, composta de cidadãos eleitos pelo voto direto, universal e secreto, com mandato de quatro anos e competência para, na forma da lei, celebrar casamentos, verificar, de ofício ou em face de impugnação apresentada, o processo de habilitação e exercer atribuições conciliatórias, sem caráter jurisdicional, além de outras previstas na legislação.

> Artigo constitucional conexo: ADCT, 30.

Art. 99

§ 1º Lei federal disporá sobre a criação de juizados especiais no âmbito da Justiça Federal.

> *Antigo parágrafo único acrescentado pela EC 22, de 18 de março de 1999, e renumerado pela EC 45, de 8 de dezembro de 2004.*
> *Legislação infraconstitucional*: Lei 10.259/01 (dispõe sobre a instituição dos Juizados Especiais Cíveis e Criminais no âmbito da Justiça Federal).

§ 2º As custas e emolumentos serão destinados exclusivamente ao custeio dos serviços afetos às atividades específicas da Justiça.

> *Redação do § 2º acrescentada pela EC 45, de 8 de dezembro de 2004.*

Art. 99. Ao Poder Judiciário é assegurada autonomia administrativa e financeira.

§ 1º Os tribunais elaborarão suas propostas orçamentárias dentro dos limites estipulados conjuntamente com os demais Poderes na lei de diretrizes orçamentárias.

§ 2º O encaminhamento da proposta, ouvidos os outros tribunais interessados, compete:

I – no âmbito da União, aos Presidentes do Supremo Tribunal Federal e dos Tribunais Superiores, com a aprovação dos respectivos tribunais;

II – no âmbito dos Estados e no do Distrito Federal e Territórios, aos Presidentes dos Tribunais de Justiça, com a aprovação dos respectivos tribunais.

§ 3º Se os órgãos referidos no § 2º não encaminharem as respectivas propostas orçamentárias dentro do prazo estabelecido na lei de diretrizes orçamentárias, o Poder Executivo considerará, para fins de consolidação da proposta orçamentária anual, os valores aprovados na lei orçamentária vigente, ajustados de acordo com os limites estipulados na forma do § 1º deste artigo.

> *Redação do § 3º acrescentado pela EC 45, de 8 de dezembro de 2004.*

§ 4º Se as propostas orçamentárias de que trata este artigo forem encaminhadas em desacordo com os limites estipulados na forma do § 1º, o Poder Executivo procederá aos ajustes necessários para fins de consolidação da proposta orçamentária anual.

> *Redação do § 4º acrescentado pela EC 45, de 8 de dezembro de 2004.*

§ 5º Durante a execução orçamentária do exercício, não poderá haver a realização de despesas ou a assunção de obrigações que extrapolem os limites estabelecidos na lei de diretrizes orçamentárias, exceto se previamente autorizadas, mediante a abertura de créditos suplementares ou especiais.

> *Redação do § 5º acrescentado pela EC 45, de 8 de dezembro de 2004.*

Art. 100. Os pagamentos devidos pelas Fazendas Públicas Federal, Estaduais, Distrital e Municipais, em virtude de sentença judiciária, far-se-ão exclusivamente na ordem cronológica de apresentação dos precatórios e à conta dos créditos respectivos, proibida a designação de casos ou de pessoas nas dotações orçamentárias e nos créditos adicionais abertos para este fim.

> *Redação do art. 100 dada pela EC 62, de 9 de dezembro de 2009.*
> O texto original dispunha:
> *"Art. 100. À exceção dos créditos de natureza alimentícia, os pagamentos devidos pela Fazenda Federal, Estadual ou Municipal, em virtude de sentença judiciária, far-se-ão exclusivamente na ordem cronológica de apresentação dos precatórios e à conta dos créditos respectivos, proibida a designação de casos ou de pessoas nas dotações orçamentárias e nos créditos adicionais abertos para este fim."*
> *Súmulas do Supremo Tribunal Federal*: 655 e 729.

§ 1º Os débitos de natureza alimentícia compreendem aqueles decorrentes de salários, vencimentos, proventos, pensões e suas complementações, benefícios previdenciários e indenizações por morte ou por invalidez, fundadas em responsabilidade civil, em virtude de sentença judicial transitada em julgado, e serão pagos com preferência sobre todos os demais débitos, exceto sobre aqueles referidos no § 2º deste artigo.

> Redação do § 1º dada pela EC 62, de 9 de dezembro de 2009.

O texto anterior, redigido pela EC 30, de 13 de setembro de 2000, dispunha:

"§ 1º É obrigatória a inclusão, no orçamento das entidades de direito público, de verba necessária ao pagamento de seus débitos oriundos de sentenças transitadas em julgado, constantes de precatórios judiciários, apresentados até 1º de julho, fazendo-se o pagamento até o final do exercício seguinte, quando terão seus valores atualizados monetariamente."

> Súmula Vinculante do Supremo Tribunal Federal: 47.

§ 2º Os débitos de natureza alimentícia cujos titulares, originários ou por sucessão hereditária, tenham 60 (sessenta) anos de idade, ou sejam portadores de doença grave, ou pessoas com deficiência, assim definidos na forma da lei, serão pagos com preferência sobre todos os demais débitos, até o valor equivalente ao triplo fixado em lei para os fins do disposto no § 3º deste artigo, admitido o fracionamento para essa finalidade, sendo que o restante será pago na ordem cronológica de apresentação do precatório.

> Redação do § 2º dada pela EC 94, de 15 de dezembro de 2016.

O texto anterior, redigido pela EC 62, de 9 de dezembro de 2009, dispunha:

"§ 2º Os débitos de natureza alimentícia cujos titulares tenham 60 (sessenta) anos de idade ou mais na data de expedição do precatório, ou sejam portadores de doença grave, definidos na forma da lei, serão pagos com preferência sobre todos os demais débitos, até o valor equivalente ao triplo do fixado em lei para os fins do disposto no § 3º deste artigo, admitido o fracionamento para essa finalidade, sendo que o restante será pago na ordem cronológica de apresentação do precatório."

§ 3º O disposto no *caput* deste artigo relativamente à expedição de precatórios não se aplica aos pagamentos de obrigações definidas em leis como de pequeno valor que as Fazendas referidas devam fazer em virtude de sentença judicial transitada em julgado.

> Redação do § 3º dada pela EC 62, de 9 de dezembro de 2009.

O texto anterior, redigido pela EC 30, de 13 de setembro de 2000, dispunha:

"§ 3º O disposto no caput deste artigo, relativamente à expedição de precatórios, não se aplica aos pagamentos de obrigações definidas em lei como de pequeno valor que a Fazenda Federal, Estadual, Distrital ou Municipal deva fazer em virtude de sentença judicial transitada em julgado."

> Legislação infraconstitucional: Lei 10.099/01 (define obrigações de pequeno valor para a Previdência Social).

§ 4º Para os fins do disposto no § 3º, poderão ser fixados, por leis próprias, valores distintos às entidades de direito público, segundo as diferentes capacidades econômicas, sendo o mínimo igual ao valor do maior benefício do regime geral de previdência social.

> Redação do § 4º dada pela EC 62, de 9 de dezembro de 2009.

O texto anterior, redigido pela EC 30, de 13 de setembro de 2000, dispunha:

"§ 4º A lei poderá fixar valores distintos para o fim previsto no § 3º deste artigo, segundo as diferentes capacidades das entidades de direito público."

§ 5º É obrigatória a inclusão no orçamento das entidades de direito público de verba necessária ao pagamento de seus débitos oriundos de sentenças transitadas em julgado constantes de precatórios judiciários apresentados até 2 de abril, fazendo-se o pagamento até o final do exercício seguinte, quando terão seus valores atualizados monetariamente.

Art. 100 CONSTITUIÇÃO DA REPÚBLICA FEDERATIVA DO BRASIL

> Redação do § 5º dada pela EC 114, de 16 de dezembro de 2021.
> Súmula Vinculante do Supremo Tribunal Federal: 17.

O texto anterior, redigido pela EC 62, de 9 de dezembro de 2009, dispunha:

"§ 5º É obrigatória a inclusão, no orçamento das entidades de direito público, de verba necessária ao pagamento de seus débitos, oriundos de sentenças transitadas em julgado, constantes de precatórios judiciários apresentados até 1º de julho, fazendo-se o pagamento até o final do exercício seguinte, quando terão seus valores atualizados monetariamente."

§ 6º As dotações orçamentárias e os créditos abertos serão consignados diretamente ao Poder Judiciário, cabendo ao Presidente do Tribunal que proferir a decisão exequenda determinar o pagamento integral e autorizar, a requerimento do credor e exclusivamente para os casos de preterimento de seu direito de precedência ou de não alocação orçamentária do valor necessário à satisfação do seu débito, o sequestro da quantia respectiva.

> Redação do § 6º dada pela EC 62, de 9 de dezembro de 2009.

O texto anterior, redigido pela EC 30, de 13 de setembro de 2000, dispunha:

"§ 2º As dotações orçamentárias e os créditos abertos serão consignados diretamente ao Poder Judiciário, cabendo ao Presidente do Tribunal que proferir a decisão exequenda determinar o pagamento, segundo as possibilidades do depósito, e autorizar, a requerimento do credor, e exclusivamente para o caso de preterimento de seu direito de precedência, o sequestro da quantia necessária à satisfação do débito."

> Súmula do Supremo Tribunal Federal: 733.

§ 7º O Presidente do Tribunal competente que, por ato comissivo ou omissivo, retardar ou tentar frustrar a liquidação regular de precatórios incorrerá em crime de responsabilidade e responderá, também, perante o Conselho Nacional de Justiça.

> Redação do § 7º dada pela EC 62, de 9 de dezembro de 2009.

O texto anterior, redigido pela EC 30, de 13 de setembro de 2000, dispunha:

"§ 6º O Presidente do Tribunal competente que, por ato comissivo ou omissivo, retardar ou tentar frustrar a liquidação regular de precatório incorrerá em crime de responsabilidade."

§ 8º É vedada a expedição de precatórios complementares ou suplementares de valor pago, bem como o fracionamento, repartição ou quebra do valor da execução para fins de enquadramento de parcela do total ao que dispõe o § 3º deste artigo.

> Redação do § 8º dada pela EC 62, de 9 de dezembro de 2009.

O texto anterior, redigido pela EC 37, de 12 de junho de 2002, dispunha:

"§ 4º São vedados a expedição de precatório complementar ou suplementar de valor pago, bem como fracionamento, repartição ou quebra do valor da execução, a fim de que seu pagamento não se faça, em parte, na forma estabelecida no § 3º deste artigo e, em parte, mediante expedição de precatório."

§ 9º Sem que haja interrupção no pagamento do precatório e mediante comunicação da Fazenda Pública ao Tribunal, o valor correspondente aos eventuais débitos inscritos em dívida ativa contra o credor do requisitório e seus substituídos deverá ser depositado à conta do juízo responsável pela ação de cobrança, que decidirá pelo seu destino definitivo.

> Redação do § 9º dada pela EC 113, de 8 de dezembro de 2021.

O texto anterior, redigido pela EC 62, de 9 de dezembro de 2009, dispunha:

"§ 9º No momento da expedição dos precatórios, independentemente de regulamentação, deles deverá ser abatido, a título de compensação, valor correspondente aos débitos líquidos e certos, inscritos ou não em dívida ativa e constituídos contra o credor original pela Fazenda Pública devedora, incluídas parcelas vincendas de parcelamentos, ressalvados aqueles cuja execução esteja suspensa em virtude de contestação administrativa ou judicial."

§ 10. Antes da expedição dos precatórios, o Tribunal solicitará à Fazenda Pública devedora, para resposta em até 30 (trinta) dias, sob pena de perda do direito de abatimento, informação sobre os débitos que preencham as condições estabelecidas no § 9º, para os fins nele previstos.

> Redação do § 10 acrescentada pela EC 62, de 9 de dezembro de 2009.
> O STF, no julgamento da ADI 4.425 (DJE 19.12.2013), julgou procedente a ação para declarar a inconstitucionalidade deste parágrafo.

§ 11. É facultada ao credor, conforme estabelecido em lei do ente federativo devedor, com autoaplicabilidade para a União, a oferta de créditos líquidos e certos que originalmente lhe são próprios ou adquiridos de terceiros reconhecidos pelo ente federativo ou por decisão judicial transitada em julgado para:

> Redação do caput do § 11 dada pela EC 113, de 8 de dezembro de 2021.

O texto anterior, redigido pela EC 62, de 9 de dezembro de 2009, dispunha:

"§ 11. É facultada ao credor, conforme estabelecido em lei da entidade federativa devedora, a entrega de créditos em precatórios para compra de imóveis públicos do respectivo ente federado."

I – quitação de débitos parcelados ou débitos inscritos em dívida ativa do ente federativo devedor, inclusive em transação resolutiva de litígio, e, subsidiariamente, débitos com a administração autárquica e fundacional do mesmo ente;

II – compra de imóveis públicos de propriedade do mesmo ente disponibilizados para venda;

III – pagamento de outorga de delegações de serviços públicos e demais espécies de concessão negocial promovidas pelo mesmo ente;

IV – aquisição, inclusive minoritária, de participação societária, disponibilizada para venda, do respectivo ente federativo; ou

V – compra de direitos, disponibilizados para cessão, do respectivo ente federativo, inclusive, no caso da União, da antecipação de valores a serem recebidos a título do excedente em óleo em contratos de partilha de petróleo.

> Incisos I a V acrescentados pela EC 113, de 8 de dezembro de 2021.

§ 12. A partir da promulgação desta Emenda Constitucional, a atualização de valores de requisitórios, após sua expedição, até o efetivo pagamento, independentemente de sua natureza, será feita pelo índice oficial de remuneração básica da caderneta de poupança, e, para fins de compensação da mora, incidirão juros simples no mesmo percentual de juros incidentes sobre a caderneta de poupança, ficando excluída a incidência de juros compensatórios.

> Redação do § 12 acrescentada pela EC 62, de 9 de dezembro de 2009.
> O STF, no julgamento da ADI 4.425 (DJE 19.12.2013), julgou procedente a ação para declarar a inconstitucionalidade das expressões "índice oficial de remuneração básica da caderneta de poupança", e "independentemente de sua natureza", contidas na redação deste parágrafo.

§ 13. O credor poderá ceder, total ou parcialmente, seus créditos em precatórios a terceiros, independentemente da concordância do devedor, não se aplicando ao cessionário o disposto nos §§ 2º e 3º.

> Redação do § 13 acrescentada pela EC 62, de 9 de dezembro de 2009.

§ 14. A cessão de precatórios, observado o disposto no § 9º deste artigo, somente produzirá efeitos após comunicação, por meio de petição protocolizada, ao Tribunal de origem e ao ente federativo devedor.

> Redação do § 14 dada pela EC 113, de 8 de dezembro de 2021.

O texto anterior, redigido pela EC 62, de 9 de dezembro de 2009, dispunha:
"§ 14. A cessão de precatórios somente produzirá efeitos após comunicação, por meio de petição protocolizada, ao tribunal de origem e à entidade devedora."

§ 15. Sem prejuízo do disposto neste artigo, lei complementar a esta Constituição Federal poderá estabelecer regime especial para pagamento de crédito de precatórios de Estados, Distrito Federal e Municípios, dispondo sobre vinculações à receita corrente líquida e forma e prazo de liquidação.

> Redação do § 15 acrescentada pela EC 62, de 9 de dezembro de 2009.
> O STF, no julgamento da ADI 4.425 (DJE 19.12.2013), julgou procedente a ação para declarar a inconstitucionalidade deste parágrafo.

§ 16. A seu critério exclusivo e na forma de lei, a União poderá assumir débitos, oriundos de precatórios, de Estados, Distrito Federal e Municípios, refinanciando-os diretamente.

> Redação do § 16 acrescentada pela EC 62, de 9 de dezembro de 2009.

§ 17. A União, os Estados, o Distrito Federal e os Municípios aferirão mensalmente, em base anual, o comprometimento de suas respectivas receitas correntes líquidas com o pagamento de precatórios e obrigações de pequeno valor.

> Redação do § 17 acrescentada pela EC 94, de 15 de dezembro de 2016.

§ 18. Entende-se como receita corrente líquida, para os fins de que trata o § 17, o somatório das receitas tributárias, patrimoniais, industriais, agropecuárias, de contribuições e de serviços, de transferências correntes e outras receitas correntes, incluindo as oriundas do § 1º do art. 20 da Constituição Federal, verificado no período compreendido pelo segundo mês imediatamente anterior ao de referência e os 11 (onze) meses precedentes, excluídas as duplicidades, e deduzidas:

> Redação do § 18 e alíneas acrescentadas pela EC 94, de 15 de dezembro de 2016.

I – na União, as parcelas entregues aos Estados, ao Distrito Federal e aos Municípios por determinação constitucional;

II – nos Estados, as parcelas entregues aos Municípios por determinação constitucional;

III – na União, nos Estados, no Distrito Federal e nos Municípios, a contribuição dos servidores para custeio de seu sistema de previdência e assistência social e as receitas provenientes da compensação financeira referida no § 9º do art. 201 da Constituição Federal.

§ 19. Caso o montante total de débitos decorrentes de condenações judiciais em precatórios e obrigações de pequeno valor, em período de 12 (doze) meses, ultrapasse a média do comprometimento percentual da receita corrente líquida nos 5 (cinco) anos imediatamente anteriores, a parcela que exceder esse percentual poderá ser financiada, excetuada dos limites de endividamento de que tratam os incisos VI e VII do art. 52 da Constituição Federal e de quaisquer outros limites de endividamento previstos, não se aplicando a esse financiamento a vedação de vinculação de receita prevista no inciso IV do art. 167 da Constituição Federal.

> Redação do § 19 acrescentada pela EC 94, de 15 de dezembro de 2016.

§ 20. Caso haja precatório com valor superior a 15% (quinze por cento) do montante dos precatórios apresentados nos termos do § 5º deste artigo, 15% (quinze por cento) do valor deste precatório serão pagos até o final do exercício seguinte e o restante em parcelas iguais nos cinco exercícios subsequentes, acrescidas de juros de mora e correção monetária, ou mediante acordos diretos, perante Juízos Auxiliares de Conciliação de Precatórios, com redução máxima de 40% (quarenta por cento) do valor do crédito atualizado, desde que em relação ao crédito não penda recurso ou defesa judicial e que sejam observados os requisitos definidos na regulamentação editada pelo ente federado.

> *Redação do § 20 acrescentada pela EC 94, de 15 de dezembro de 2016.*

§ 21. Ficam a União e os demais entes federativos, nos montantes que lhes são próprios, desde que aceito por ambas as partes, autorizados a utilizar valores objeto de sentenças transitadas em julgado devidos a pessoa jurídica de direito público para amortizar dívidas, vencidas ou vincendas:

> *§ 21 acrescentado pela EC 113, de 8 de dezembro de 2021.*

I – nos contratos de refinanciamento cujos créditos sejam detidos pelo ente federativo que figure como devedor na sentença de que trata o caput deste artigo;

II – nos contratos em que houve prestação de garantia a outro ente federativo;

III – nos parcelamentos de tributos ou de contribuições sociais; e

IV – nas obrigações decorrentes do descumprimento de prestação de contas ou de desvio de recursos.

§ 22. A amortização de que trata o § 21 deste artigo:

> *§ 22 acrescentado pela EC 113, de 8 de dezembro de 2021.*

I – nas obrigações vencidas, será imputada primeiramente às parcelas mais antigas;

II – nas obrigações vincendas, reduzirá uniformemente o valor de cada parcela devida, mantida a duração original do respectivo contrato ou parcelamento.

Seção II
Do Supremo Tribunal Federal

Art. 101. O Supremo Tribunal Federal compõe-se de onze Ministros, escolhidos dentre cidadãos com mais de trinta e cinco e menos de setenta anos de idade, de notável saber jurídico e reputação ilibada.

> *Redação do caput dada pela EC 122, de 17 de maio de 2022.*

O texto anterior dipsunha:

"Art. 101. O Supremo Tribunal Federal compõe-se de onze Ministros, escolhidos dentre cidadãos com mais de trinta e cinco e menos de sessenta e cinco anos de idade, de notável saber jurídico e reputação ilibada."

Parágrafo único. Os Ministros do Supremo Tribunal Federal serão nomeados pelo Presidente da República, depois de aprovada a escolha pela maioria absoluta do Senado Federal.

Art. 102. Compete ao Supremo Tribunal Federal, precipuamente, a guarda da Constituição, cabendo-lhe:

> *Legislação infraconstitucional: Lei 8.038/90 (Disciplina as normas procedimentais, para os processos que especifica, perante o STJ e o STF); RISTF – Regimento Interno do Supremo Tribunal Federal.*

I – processar e julgar, originariamente:

a) a ação direta de inconstitucionalidade de lei ou ato normativo federal ou estadual e a ação declaratória de constitucionalidade de lei ou ato normativo federal;

> *Redação da alínea a dada pela EC 3, de 17 de março de 1993.*

Art. 102 CONSTITUIÇÃO DA REPÚBLICA FEDERATIVA DO BRASIL

O texto original dispunha:
"a) a ação direta de inconstitucionalidade de lei ou ato normativo federal ou estadual;"
> *Artigos constitucionais conexos:* 36, III; 97.
> *Súmulas do Supremo Tribunal Federal:* 360, 642 e 735.
> *Legislação infraconstitucional:* Lei 9.868/99* (Dispõe sobre o processo e julgamento da ação direta de inconstitucionalidade e da ação declaratória de constitucionalidade perante o Supremo Tribunal Federal); Lei 12.063/09 (Acrescenta à Lei 9.868, de 10 de novembro de 1999, o Capítulo II-A, que estabelece a disciplina processual da ação direta de inconstitucionalidade por omissão). *vide Lei ao final do livro.

b) nas infrações penais comuns, o Presidente da República, o Vice-Presidente, os membros do Congresso Nacional, seus próprios Ministros e o Procurador-Geral da República;

c) nas infrações penais comuns e nos crimes de responsabilidade, os Ministros de Estado e os Comandantes da Marinha, do Exército e da Aeronáutica, ressalvado o disposto no artigo 52, I, os membros dos Tribunais Superiores, os do Tribunal de Contas da União e os chefes de missão diplomática de caráter permanente;
> *Redação da alínea c dada pela EC 23, de 2 de setembro de 1999.*

O texto anterior dispunha:
"c) nas infrações penais comuns e nos crimes de responsabilidade, os Ministros de Estado, ressalvado o disposto no art. 52, I, os membros dos Tribunais Superiores, os do Tribunal de Contas da União e os chefes de missão diplomática de caráter permanente;"

d) o *habeas corpus*, sendo paciente qualquer das pessoas referidas nas alíneas anteriores; o mandado de segurança e o *habeas data* contra atos do Presidente da República, das Mesas da Câmara dos Deputados e do Senado Federal, do Tribunal de Contas da União, do Procurador-Geral da República e do próprio Supremo Tribunal Federal;
> *Súmulas do Supremo Tribunal Federal:* 624 e 692.

e) o litígio entre Estado estrangeiro ou organismo internacional e a União, o Estado, o Distrito Federal ou o Território;

f) as causas e os conflitos entre a União e os Estados, a União e o Distrito Federal, ou entre uns e outros, inclusive as respectivas entidades da administração indireta;

g) a extradição solicitada por Estado estrangeiro;
> *Súmulas do Supremo Tribunal Federal:* 367, 421 e 692.

h) *Revogada pela EC 45, de 8 de dezembro de 2004;*
> O texto original dispunha:
"h) a homologação das sentenças estrangeiras e a concessão do exequatur às cartas rogatórias, que podem ser conferidas pelo regimento interno a seu Presidente;"

i) o *habeas corpus*, quando o coator for Tribunal Superior ou quando o coator ou o paciente for autoridade ou funcionário cujos atos estejam sujeitos diretamente à jurisdição do Supremo Tribunal Federal, ou se trate de crime sujeito à mesma jurisdição em uma única instância;
> *Redação da alínea i dada pela EC 22, de 18 de março de 1999.*

O texto original dispunha:
"i) o 'habeas corpus', quando o coator ou o paciente for tribunal, autoridade ou funcionário cujos atos estejam sujeitos diretamente à jurisdição do Supremo Tribunal Federal, ou se trate de crime sujeito à mesma jurisdição em uma única instância;"
> *Súmulas do Supremo Tribunal Federal:* 606, 690, 691, 692 e 731.

j) a revisão criminal e a ação rescisória de seus julgados;

l) a reclamação para a preservação de sua competência e garantia da autoridade de suas decisões;
> *Súmula do Supremo Tribunal Federal:* 734.

m) a execução de sentença nas causas de sua competência originária, facultada a delegação de atribuições para a prática de atos processuais;

n) a ação em que todos os membros da magistratura sejam direta ou indiretamente interessados, e aquela em que mais da metade dos membros do tribunal de origem estejam impedidos ou sejam direta ou indiretamente interessados;
> Súmulas do Supremo Tribunal Federal: 623 e 731.

o) os conflitos de competência entre o Superior Tribunal de Justiça e quaisquer tribunais, entre Tribunais Superiores, ou entre estes e qualquer outro tribunal;

p) o pedido de medida cautelar das ações diretas de inconstitucionalidade;

q) o mandado de injunção, quando a elaboração da norma regulamentadora for atribuição do Presidente da República, do Congresso Nacional, da Câmara dos Deputados, do Senado Federal, das Mesas de uma dessas Casas Legislativas, do Tribunal de Contas da União, de um dos Tribunais Superiores, ou do próprio Supremo Tribunal Federal.
> Legislação infraconstitucional: Lei 13.300/16 (Disciplina o processo e o julgamento dos mandados de injunção individual e coletivo).

r) as ações contra o Conselho Nacional de Justiça e contra o Conselho Nacional do Ministério Público;
> Redação da alínea r acrescentada pela EC 45, de 8 de dezembro de 2004.

II – julgar, em recurso ordinário:

a) o *habeas corpus*, o mandado de segurança, o *habeas data* e o mandado de injunção decididos em única instância pelos Tribunais Superiores, se denegatória a decisão;

b) o crime político.

III – julgar, mediante recurso extraordinário, as causas decididas em única ou última instância, quando a decisão recorrida:
> Súmulas do Supremo Tribunal Federal: 279, 283, 634, 635, 637, 640, 727 e 733.

a) contrariar dispositivo desta Constituição;
> Súmulas do Supremo Tribunal Federal: 400, 640 e 735.

b) declarar a inconstitucionalidade de tratado ou lei federal;

c) julgar válida lei ou ato de governo local contestado em face desta Constituição.

d) julgar válida lei local contestada em face de lei federal.
> Redação da alínea d acrescentada pela EC 45, de 8 de dezembro de 2004.

§ 1º A arguição de descumprimento de preceito fundamental decorrente desta Constituição será apreciada pelo Supremo Tribunal Federal, na forma da lei.
> Antigo parágrafo único renumerado pela EC 3, de 17 de março de 1993.
> Artigos constitucionais conexos: 5 a 17.
> Súmula do Supremo Tribunal Federal: 624.
> Legislação infraconstitucional: Lei 9.868/99* (Dispõe sobre o processo e julgamento da ação direta de inconstitucionalidade e da ação declaratória de constitucionalidade perante o Supremo Tribunal Federal); Lei 12.063/09 (Acrescenta à Lei 9.868, de 10 de novembro de 1999, o Capítulo II-A, que estabelece a disciplina processual da ação direta de inconstitucionalidade por omissão). *vide Lei ao final do livro.

§ 2º As decisões definitivas de mérito, proferidas pelo Supremo Tribunal Federal, nas ações diretas de inconstitucionalidade e nas ações declaratórias de constitucionalidade produzirão eficácia contra todos e efeito vinculante, relativamente aos demais órgãos do Poder Judiciário e à administração pública direta e indireta, nas esferas federal, estadual e municipal.

> Redação do § 2º dada pela EC 45, de 8 de dezembro de 2004.

O texto anterior, redigido pela EC 3, de 17 de março de 1993, dispunha:

"§ 2º As decisões definitivas de mérito, proferidas pelo Supremo Tribunal Federal, nas ações declaratórias de constitucionalidade de lei ou ato normativo federal, produzirão eficácia contra todos e efeito vinculante, relativamente aos demais órgãos do Poder Judiciário e ao Poder Executivo."

§ 3º No recurso extraordinário o recorrente deverá demonstrar a repercussão geral das questões constitucionais discutidas no caso, nos termos da lei, a fim de que o Tribunal examine a admissão do recurso, somente podendo recusá-lo pela manifestação de dois terços de seus membros.

> Redação do § 3º acrescentada pela EC 45, de 8 de dezembro de 2004.
> Legislação infraconstitucional: arts. 1.035 e 1.036 da Lei 13.105/15 (Código de Processo Civil), alterada pela Lei 13.256/16 (Altera a Lei 13.105/15 para disciplinar o processo e o julgamento do recurso extraordinário e do recurso especial).

Art. 103. Podem propor a ação direta de inconstitucionalidade e a ação declaratória de constitucionalidade:

> Redação do art. 103 dada pela EC 45, de 8 de dezembro de 2004.

O texto original dispunha:

"Art. 103. Podem propor a ação de inconstitucionalidade:"

I – o Presidente da República;

II – a Mesa do Senado Federal;

III – a Mesa da Câmara dos Deputados;

IV – a Mesa de Assembleia Legislativa ou da Câmara Legislativa do Distrito Federal;

> Redação do inciso IV dada pela EC 45, de 8 de dezembro de 2004.

O texto original dispunha:

"IV – a Mesa de Assembleia Legislativa;"

V – o Governador de Estado ou do Distrito Federal;

> Redação do inciso V dada pela EC 45, de 8 de dezembro de 2004.

O texto original dispunha:

"V – o Governador de Estado;"

VI – o Procurador-Geral da República;

VII – o Conselho Federal da Ordem dos Advogados do Brasil;

VIII – partido político com representação no Congresso Nacional;

IX – confederação sindical ou entidade de classe de âmbito nacional.

§ 1º O Procurador-Geral da República deverá ser previamente ouvido nas ações de inconstitucionalidade e em todos os processos de competência do Supremo Tribunal Federal.

§ 2º Declarada a inconstitucionalidade por omissão de medida para tornar efetiva norma constitucional, será dada ciência ao Poder competente para a adoção das providências necessárias e, em se tratando de órgão administrativo, para fazê-lo em trinta dias.

§ 3º Quando o Supremo Tribunal Federal apreciar a inconstitucionalidade, em tese, de norma legal ou ato normativo, citará, previamente, o Advogado-Geral da União, que defenderá o ato ou texto impugnado.

§ 4º *Revogado pela EC 45, de 8 de dezembro de 2004.*

> O texto anterior, redigido pela EC 3, de 17 de março de 1993, dispunha:
"§ 4º A ação declaratória de constitucionalidade poderá ser proposta pelo Presidente da República, pela Mesa do Senado Federal, pela Mesa da Câmara dos Deputados ou pelo Procurador-Geral da República."

Art. 103-A. O Supremo Tribunal Federal poderá, de ofício ou por provocação, mediante decisão de dois terços dos seus membros, após reiteradas decisões sobre matéria constitucional, aprovar súmula que, a partir de sua publicação na imprensa oficial, terá efeito vinculante em relação aos demais órgãos do Poder Judiciário e à administração pública direta e indireta, nas esferas federal, estadual e municipal, bem como proceder à sua revisão ou cancelamento, na forma estabelecida em lei.

> Redação do art. 103-A e seus parágrafos acrescentada pela EC 45, de 8 de dezembro de 2004.
> Legislação infraconstitucional: Lei 11.417/06 (Regulamenta o art. 103-A da Constituição Federal e altera a Lei 9.784/99, disciplinando a edição, a revisão e o cancelamento de enunciado de súmula vinculante pelo Supremo Tribunal Federal, e dá outras providências).

§ 1º A súmula terá por objetivo a validade, a interpretação e a eficácia de normas determinadas, acerca das quais haja controvérsia atual entre órgãos judiciários ou entre esses e a administração pública que acarrete grave insegurança jurídica e relevante multiplicação de processos sobre questão idêntica.

§ 2º Sem prejuízo do que vier a ser estabelecido em lei, a aprovação, revisão ou cancelamento de súmula poderá ser provocada por aqueles que podem propor a ação direta de inconstitucionalidade.

§ 3º Do ato administrativo ou decisão judicial que contrariar a súmula aplicável ou que indevidamente a aplicar, caberá reclamação ao Supremo Tribunal Federal que, julgando-a procedente, anulará o ato administrativo ou cassará a decisão judicial reclamada, e determinará que outra seja proferida com ou sem a aplicação da súmula, conforme o caso.

Art. 103-B. O Conselho Nacional de Justiça compõe-se de 15 (quinze) membros com mandato de 2 (dois) anos, admitida 1 (uma) recondução, sendo:

> Redação do art. 103-B dada pela EC 61, de 11 de novembro de 2009.

O texto anterior, redigido pela EC 45, de 8 de dezembro de 2004, dispunha:
"Art. 103-B. O Conselho Nacional de Justiça compõe-se de quinze membros com mais de trinta e cinco e menos de sessenta e seis anos de idade, com mandato de dois anos, admitida uma recondução, sendo:"

> Legislação infraconstitucional: Lei 11.364/06 (Dispõe sobre as atividades de apoio ao Conselho Nacional de Justiça e dá outras providências); Lei 11.365/06 (Dispõe sobre a remuneração dos membros do Conselho Nacional de Justiça).

I – o Presidente do Supremo Tribunal Federal;

> Redação do inciso I dada pela EC 61, de 11 de novembro de 2009.

O texto anterior, redigido pela EC 45, de 8 de dezembro de 2004, dispunha:
"I – um Ministro do Supremo Tribunal Federal, indicado pelo respectivo tribunal;"

II – um Ministro do Superior Tribunal de Justiça, indicado pelo respectivo tribunal;

III – um Ministro do Tribunal Superior do Trabalho, indicado pelo respectivo tribunal;

IV – um desembargador de Tribunal de Justiça, indicado pelo Supremo Tribunal Federal;

V – um juiz estadual, indicado pelo Supremo Tribunal Federal;

VI – um juiz de Tribunal Regional Federal, indicado pelo Superior Tribunal de Justiça;

VII – um juiz federal, indicado pelo Superior Tribunal de Justiça;

VIII – um juiz de Tribunal Regional do Trabalho, indicado pelo Tribunal Superior do Trabalho;

IX – um juiz do trabalho, indicado pelo Tribunal Superior do Trabalho;

X – um membro do Ministério Público da União, indicado pelo Procurador-Geral da República;

XI – um membro do Ministério Público estadual, escolhido pelo Procurador-Geral da República dentre os nomes indicados pelo órgão competente de cada instituição estadual;

XII – dois advogados, indicados pelo Conselho Federal da Ordem dos Advogados do Brasil;

XIII – dois cidadãos, de notável saber jurídico e reputação ilibada, indicados um pela Câmara dos Deputados e outro pelo Senado Federal.

> Redação dos incisos II a XIII dada pela EC 45, de 8 de dezembro de 2004.

§ 1º O Conselho será presidido pelo Presidente do Supremo Tribunal Federal e, nas suas ausências e impedimentos, pelo Vice-Presidente do Supremo Tribunal Federal.

> Redação do § 1º dada pela EC 61, de 11 de novembro de 2009.

O texto anterior, redigido pela EC 45, de 8 de dezembro de 2004, dispunha:

"§ 1º O Conselho será presidido pelo Ministro do Supremo Tribunal Federal, que votará em caso de empate, ficando excluído da distribuição de processos naquele tribunal."

§ 2º Os demais membros do Conselho serão nomeados pelo Presidente da República, depois de aprovada a escolha pela maioria absoluta do Senado Federal.

> Redação do § 2º dada pela EC 61, de 11 de novembro de 2009.

O texto anterior, redigido pela EC 45, de 8 de dezembro de 2004, dispunha:

"§ 2º Os membros do Conselho serão nomeados pelo Presidente da República, depois de aprovada a escolha pela maioria absoluta do Senado Federal."

§ 3º Não efetuadas, no prazo legal, as indicações previstas neste artigo, caberá a escolha ao Supremo Tribunal Federal.

§ 4º Compete ao Conselho o controle da atuação administrativa e financeira do Poder Judiciário e do cumprimento dos deveres funcionais dos juízes, cabendo-lhe, além de outras atribuições que lhe forem conferidas pelo Estatuto da Magistratura:

> Redação dos §§ 3º e 4º dada pela EC 45, de 8 de dezembro de 2004.

I – zelar pela autonomia do Poder Judiciário e pelo cumprimento do Estatuto da Magistratura, podendo expedir atos regulamentares, no âmbito de sua competência, ou recomendar providências;

II – zelar pela observância do art. 37 e apreciar, de ofício ou mediante provocação, a legalidade dos atos administrativos praticados por membros ou órgãos do Poder Judiciário, podendo desconstituí-los, revê-los ou fixar prazo para que se adotem as providências necessárias ao exato cumprimento da lei, sem prejuízo da competência do Tribunal de Contas da União;

III – receber e conhecer das reclamações contra membros ou órgãos do Poder Judiciário, inclusive contra seus serviços auxiliares, serventias e órgãos prestadores de serviços notariais e de registro que atuem por delegação do poder público ou oficializados, sem prejuízo da competência disciplinar e correicional dos tribunais, podendo avocar processos disciplinares em curso, determinar a remoção ou a disponibilidade e aplicar outras sanções administrativas, assegurada ampla defesa;

> Redação do inciso III dada pela EC 103, de 12 de novembro de 2019.

O texto anterior, redigido pela EC 45, de 8 de dezembro de 2004, dispunha:
"III – receber e conhecer das reclamações contra membros ou órgãos do Poder Judiciário, inclusive contra seus serviços auxiliares, serventias e órgãos prestadores de serviços notariais e de registro que atuem por delegação do poder público ou oficializados, sem prejuízo da competência disciplinar e correicional dos tribunais, podendo avocar processos disciplinares em curso e determinar a remoção, a disponibilidade ou a aposentadoria com subsídios ou proventos proporcionais ao tempo de serviço e aplicar outras sanções administrativas, assegurada ampla defesa;"

IV – representar ao Ministério Público, no caso de crime contra a administração pública ou de abuso de autoridade;

V – rever, de ofício ou mediante provocação, os processos disciplinares de juízes e membros de tribunais julgados há menos de um ano;

VI – elaborar semestralmente relatório estatístico sobre processos e sentenças prolatadas, por unidade da Federação, nos diferentes órgãos do Poder Judiciário;

VII – elaborar relatório anual, propondo as providências que julgar necessárias, sobre a situação do Poder Judiciário no País e as atividades do Conselho, o qual deve integrar mensagem do Presidente do Supremo Tribunal Federal a ser remetida ao Congresso Nacional, por ocasião da abertura da sessão legislativa.

§ 5º O Ministro do Superior Tribunal de Justiça exercerá a função de Ministro-Corregedor e ficará excluído da distribuição de processos no Tribunal, competindo-lhe, além das atribuições que lhe forem conferidas pelo Estatuto da Magistratura, as seguintes:

I – receber as reclamações e denúncias, de qualquer interessado, relativas aos magistrados e aos serviços judiciários;

II – exercer funções executivas do Conselho, de inspeção e de correição geral;

III – requisitar e designar magistrados, delegando-lhes atribuições, e requisitar servidores de juízos ou tribunais, inclusive nos Estados, Distrito Federal e Territórios.

§ 6º Junto ao Conselho oficiarão o Procurador-Geral da República e o Presidente do Conselho Federal da Ordem dos Advogados do Brasil.

§ 7º A União, inclusive no Distrito Federal e nos Territórios, criará ouvidorias de justiça, competentes para receber reclamações e denúncias de qualquer interessado contra membros ou órgãos do Poder Judiciário, ou contra seus serviços auxiliares, representando diretamente ao Conselho Nacional de Justiça.

Seção III
Do Superior Tribunal de Justiça

Art. 104. O Superior Tribunal de Justiça compõe-se de, no mínimo, trinta e três Ministros.

> Artigo constitucional conexo: ADCT, 27.
> Legislação infraconstitucional: Lei 8.038/90 (Normas procedimentais para os processos que especifica, perante o STJ e o STF).

Parágrafo único. Os Ministros do Superior Tribunal de Justiça serão nomeados pelo Presidente da República, dentre brasileiros com mais de trinta e cinco e menos de setenta anos de idade, de notável saber jurídico e reputação ilibada, depois de aprovada a escolha pela maioria absoluta do Senado Federal, sendo:

> Redação do caput do parágrafo único dada pela EC 122, de 17 de maio de 2022.

Art. 105 CONSTITUIÇÃO DA REPÚBLICA FEDERATIVA DO BRASIL

O texto anterior, com redação pela EC 45, de 8 de dezembro de 2004, dispunha:
"Parágrafo único. Os Ministros do Superior Tribunal de Justiça serão nomeados pelo Presidente da República, dentre brasileiros com mais de trinta e cinco e menos de sessenta e cinco anos, de notável saber jurídico e reputação ilibada, depois de aprovada a escolha pela maioria absoluta do Senado Federal, sendo:"

I – um terço dentre juízes dos Tribunais Regionais Federais e um terço dentre desembargadores dos Tribunais de Justiça, indicados em lista tríplice elaborada pelo próprio Tribunal;

II – um terço, em partes iguais, dentre advogados e membros do Ministério Público Federal, Estadual, do Distrito Federal e Territórios, alternadamente, indicados na forma do art. 94.

Art. 105. Compete ao Superior Tribunal de Justiça:

> *Legislação infraconstitucional:* Lei 8.038/90 (Disciplina as normas procedimentais, para os processos que especifica, perante o STJ e o STF); RiSTJ – Regimento Interno do Superior Tribunal de Justiça.

I – processar e julgar, originariamente:

a) nos crimes comuns, os Governadores dos Estados e do Distrito Federal, e, nestes e nos de responsabilidade, os desembargadores dos Tribunais de Justiça dos Estados e do Distrito Federal, os membros dos Tribunais de Contas dos Estados e do Distrito Federal, os dos Tribunais Regionais Federais, dos Tribunais Regionais Eleitorais e do Trabalho, os membros dos Conselhos ou Tribunais de Contas dos Municípios e os do Ministério Público da União que oficiem perante tribunais;

b) os mandados de segurança e os *habeas data* contra ato de Ministro de Estado, dos Comandantes da Marinha, do Exército e da Aeronáutica ou do próprio Tribunal;

> *Redação da alínea b dada pela EC 23, de 2 de setembro de 1999.*

O texto anterior dispunha:
"b) os mandados de segurança e os habeas data contra ato de Ministro de Estado ou do próprio Tribunal;"

c) os *habeas corpus*, quando o coator ou o paciente for qualquer das pessoas mencionadas na alínea *a*, ou quando o coator for tribunal sujeito à sua jurisdição, Ministro de Estado ou Comandante da Marinha, do Exército ou da Aeronáutica, ressalvada a competência da Justiça Eleitoral;

> *Redação da alínea c dada pela EC 23, de 2 de setembro de 1999.*

O texto anterior dispunha:
"c) os habeas corpus, quando o coator ou o paciente for qualquer das pessoas mencionadas na alínea "a", quando coator for tribunal, sujeito à sua jurisdição, ou Ministro de Estado, ressalvada a competência da Justiça Eleitoral;"

d) os conflitos de competência entre quaisquer tribunais, ressalvado o disposto no art. 102, I, *o*, bem como entre tribunal e juízes a ele não vinculados e entre juízes vinculados a tribunais diversos;

e) as revisões criminais e as ações rescisórias de seus julgados;

f) a reclamação para a preservação de sua competência e garantia da autoridade de suas decisões;

g) os conflitos de atribuições entre autoridades administrativas e judiciárias da União, ou entre autoridades judiciárias de um Estado e administrativas de outro ou do Distrito Federal, ou entre as deste e da União;

h) o mandado de injunção, quando a elaboração da norma regulamentadora for atribuição de órgão, entidade ou autoridade federal, da administração direta ou indireta, excetuados os casos de competência do Supremo Tribunal Federal e dos órgãos da Justiça Militar, da Justiça Eleitoral, da Justiça do Trabalho e da Justiça Federal;

> Legislação infraconstitucional: Lei 13.300/16 (Disciplina o processo e o julgamento dos mandados de injunção individual e coletivo).

i) a homologação de sentenças estrangeiras e a concessão de *exequatur* às cartas rogatórias;

j) os conflitos entre entes federativos, ou entre estes e o Comitê Gestor do Imposto sobre Bens e Serviços, relacionados aos tributos previstos nos arts. 156-A e 195, V;

> Alínea j acrescida pela EC 132/2023.

II – julgar, em recurso ordinário:

a) os *habeas corpus* decididos em única ou última instância pelos Tribunais Regionais Federais ou pelos tribunais dos Estados, do Distrito Federal e Territórios, quando a decisão for denegatória;

b) os mandados de segurança decididos em única instância pelos Tribunais Regionais Federais ou pelos tribunais dos Estados, do Distrito Federal e Territórios, quando denegatória a decisão;

c) as causas em que forem partes Estado estrangeiro ou organismo internacional, de um lado, e, do outro, Município ou pessoa residente ou domiciliada no País;

III – julgar, em recurso especial, as causas decididas, em única ou última instância, pelos Tribunais Regionais Federais ou pelos tribunais dos Estados, do Distrito Federal e Territórios, quando a decisão recorrida:

a) contrariar tratado ou lei federal, ou negar-lhes vigência;

b) julgar válido ato de governo local contestado em face de lei federal;

> Redação da alínea b dada pela EC 45, de 8 de dezembro de 2004.
> O texto original dispunha:
> "b) julgar válida lei ou ato de governo local contestado em face de lei federal;"

c) der a lei federal interpretação divergente da que lhe haja atribuído outro tribunal.

§ 1º Funcionarão junto ao Superior Tribunal de Justiça:

> Parágrafo único renumerado para § 1º pela EC 125, de 14 de julho de 2022, e com redação dada pela EC 45, de 8 de dezembro de 2004.
> O texto original dispunha:
> "Parágrafo único. Funcionará junto ao Superior Tribunal de Justiça o Conselho da Justiça Federal, cabendo-lhe, na forma da lei, exercer a supervisão administrativa e orçamentária da Justiça Federal de primeiro e segundo graus."

I – a Escola Nacional de Formação e Aperfeiçoamento de Magistrados, cabendo-lhe, dentre outras funções, regulamentar os cursos oficiais para o ingresso e promoção na carreira;

> Redação do inciso I acrescentada pela EC 45, de 8 de dezembro de 2004.

II – o Conselho da Justiça Federal, cabendo-lhe exercer, na forma da lei, a supervisão administrativa e orçamentária da Justiça Federal de primeiro e segundo graus, como órgão central do sistema e com poderes correicionais, cujas decisões terão caráter vinculante.

> Redação do inciso II acrescentada pela EC 45, de 8 de dezembro de 2004.

§ 2º No recurso especial, o recorrente deve demonstrar a relevância das questões de direito federal infraconstitucional discutidas no caso, nos termos da lei, a fim de que a admissão do recurso seja examinada pelo Tribunal, o qual somente pode dele não conhecer com base nesse motivo pela manifestação de 2/3 (dois terços) dos membros do órgão competente para o julgamento.

> § 2º acrescentado pela EC 125, de 14 de julho de 2022.
> Artigo constitucional conexo: 2º da EC 125/2022.

§ 3º Haverá a relevância de que trata o § 2º deste artigo nos seguintes casos:

> § 3º acrescentado pela EC 125, de 14 de julho de 2022.

I – ações penais;

II – ações de improbidade administrativa;

III – ações cujo valor da causa ultrapasse 500 (quinhentos) salários mínimos;

> Artigo constitucional conexo: 2º da EC 125/2022.

IV – ações que possam gerar inelegibilidade;

V – hipóteses em que o acórdão recorrido contrariar jurisprudência dominante do Superior Tribunal de Justiça;

VI – outras hipóteses previstas em lei.

Seção IV
Dos Tribunais Regionais Federais e dos Juízes Federais

Art. 106. São órgãos da Justiça Federal:

I – os Tribunais Regionais Federais;

> Legislação infraconstitucional: Lei 7.727/89 (Composição e instalação dos Tribunais Regionais Federais).

II – os Juízes Federais.

Art. 107. Os Tribunais Regionais Federais compõem-se de, no mínimo, sete juízes, recrutados, quando possível, na respectiva região e nomeados pelo Presidente da República dentre brasileiros com mais de trinta e menos de setenta anos de idade, sendo:

> Caput com redação dada pela EC 122, de 17 de maio de 2022.
> O texto anterior dispunha:
> "Art. 107. Os Tribunais Regionais Federais compõem-se de, no mínimo, sete juízes, recrutados, quando possível, na respectiva região e nomeados pelo Presidente da República dentre brasileiros com mais de trinta e menos de sessenta e cinco anos, sendo:"

I – um quinto dentre advogados com mais de dez anos de efetiva atividade profissional e membros do Ministério Público Federal com mais de dez anos de carreira;

> Artigo constitucional conexo: ADCT, 27, § 9º.

II – os demais, mediante promoção de juízes federais com mais de cinco anos de exercício, por antiguidade e merecimento, alternadamente.

§ 1º A lei disciplinará a remoção ou a permuta de juízes dos Tribunais Regionais Federais e determinará sua jurisdição e sede.

> Antigo parágrafo único renumerado pela EC 45, de 8 de dezembro de 2004.

§ 2º Os Tribunais Regionais Federais instalarão a justiça itinerante, com a realização de audiências e demais funções da atividade jurisdicional, nos limites territoriais da respectiva jurisdição, servindo-se de equipamentos públicos e comunitários.

> Redação do § 2º acrescentada pela EC 45, de 8 de dezembro de 2004.

§ 3º Os Tribunais Regionais Federais poderão funcionar descentralizadamente, constituindo Câmaras regionais, a fim de assegurar o pleno acesso do jurisdicionado à justiça em todas as fases do processo.
> Redação do § 3º acrescentada pela EC 45, de 8 de dezembro de 2004.

Art. 108. Compete aos Tribunais Regionais Federais:
> *Legislação infraconstitucional:* Lei 8.658/93 (Aplicação nos Tribunais de Justiça e nos Tribunais Regionais Federais da Lei 8.038/90); Lei 9.967/00; Lei 9.968/00.

I – processar e julgar, originariamente:

a) os juízes federais da área de sua jurisdição, incluídos os da Justiça Militar e da Justiça do Trabalho, nos crimes comuns e de responsabilidade, e os membros do Ministério Público da União, ressalvada a competência da Justiça Eleitoral;

b) as revisões criminais e as ações rescisórias de julgados seus ou dos juízes federais da região;

c) os mandados de segurança e os *habeas data* contra ato do próprio Tribunal ou de juiz federal;

d) os *habeas corpus*, quando a autoridade coatora for juiz federal;

e) os conflitos de competência entre juízes federais vinculados ao Tribunal;

II – julgar, em grau de recurso, as causas decididas pelos juízes federais e pelos juízes estaduais no exercício da competência federal da área de sua jurisdição.

Art. 109. Aos juízes federais compete processar e julgar:

I – as causas em que a União, entidade autárquica ou empresa pública federal forem interessadas na condição de autoras, rés, assistentes ou oponentes, exceto as de falência, as de acidentes de trabalho e as sujeitas à Justiça Eleitoral e à Justiça do Trabalho;
> *Súmulas Vinculantes do Supremo Tribunal Federal:* 22 e 27.

II – as causas entre Estado estrangeiro ou organismo internacional e Município ou pessoa domiciliada ou residente no País;

III – as causas fundadas em tratado ou contrato da União com Estado estrangeiro ou organismo internacional;
> *Súmula do Supremo Tribunal Federal:* 689.

IV – os crimes políticos e as infrações penais praticadas em detrimento de bens, serviços ou interesse da União ou de suas entidades autárquicas ou empresas públicas, excluídas as contravenções e ressalvada a competência da Justiça Militar e da Justiça Eleitoral;
> *Artigo constitucional conexo:* 102, II, *b.*
> *Súmula Vinculante do Supremo Tribunal Federal:* 36.

V – os crimes previstos em tratado ou convenção internacional, quando, iniciada a execução no País, o resultado tenha ou devesse ter ocorrido no estrangeiro, ou reciprocamente;

V-A – as causas relativas a direitos humanos a que se refere o § 5º deste artigo;
> Redação do inciso V-A acrescentada pela EC 45, de 8 de dezembro de 2004.

VI – os crimes contra a organização do trabalho e, nos casos determinados por lei, contra o sistema financeiro e a ordem econômico-financeira;

VII – os *habeas corpus*, em matéria criminal de sua competência ou quando o constrangimento provier de autoridade cujos atos não estejam diretamente sujeitos a outra jurisdição;

VIII – os mandados de segurança e os *habeas data* contra ato de autoridade federal, excetuados os casos de competência dos tribunais federais;

IX – os crimes cometidos a bordo de navios ou aeronaves, ressalvada a competência da Justiça Militar;

X – os crimes de ingresso ou permanência irregular de estrangeiro, a execução de carta rogatória, após o *exequatur*, e de sentença estrangeira, após a homologação, as causas referentes à nacionalidade, inclusive a respectiva opção, e à naturalização;

XI – a disputa sobre direitos indígenas.

§ 1º As causas em que a União for autora serão aforadas na seção judiciária onde tiver domicílio a outra parte.

§ 2º As causas intentadas contra a União poderão ser aforadas na seção judiciária em que for domiciliado o autor, naquela onde houver ocorrido o ato ou fato que deu origem à demanda ou onde esteja situada a coisa, ou ainda, no Distrito Federal.

§ 3º Lei poderá autorizar que as causas de competência da Justiça Federal em que forem parte instituição de previdência social e segurado possam ser processadas e julgadas na justiça estadual quando a comarca do domicílio do segurado não for sede de vara federal.

> Redação do § 3º dada pela EC 103, de 12 de novembro de 2019.

O texto original dispunha:

"§ 3º Serão processadas e julgadas na justiça estadual, no foro do domicílio dos segurados ou beneficiários, as causas em que forem parte instituição de previdência social e segurado, sempre que a comarca não seja sede de vara do juízo federal, e, se verificada essa condição, a lei poderá permitir que outras causas sejam também processadas e julgadas pela justiça estadual."

§ 4º Na hipótese do parágrafo anterior, o recurso cabível será sempre para o Tribunal Regional Federal na área de jurisdição do juiz de primeiro grau.

§ 5º Nas hipóteses de grave violação de direitos humanos, o Procurador-Geral da República, com a finalidade de assegurar o cumprimento de obrigações decorrentes de tratados internacionais de direitos humanos dos quais o Brasil seja parte, poderá suscitar, perante o Superior Tribunal de Justiça, em qualquer fase do inquérito ou processo, incidente de deslocamento de competência para a Justiça Federal.

> Redação do § 5º acrescentada pela EC 45, de 8 de dezembro de 2004.

Art. 110. Cada Estado, bem como o Distrito Federal, constituirá uma seção judiciária que terá por sede a respectiva Capital, e varas localizadas segundo o estabelecido em lei.

Parágrafo único. Nos Territórios Federais, a jurisdição e as atribuições cometidas aos juízes federais caberão aos juízes da justiça local, na forma da lei.

Seção V
Do Tribunal Superior do Trabalho, dos Tribunais Regionais do Trabalho e dos Juízes do Trabalho

> Título da Seção V renomeado pela EC 92, de 12 de julho de 2016.

Art. 111. São órgãos da Justiça do Trabalho:

I – o Tribunal Superior do Trabalho;

II – os Tribunais Regionais do Trabalho;

III – Juízes do Trabalho.

> Redação do inciso III dada pela EC 24, de 9 de dezembro de 1999.

O texto anterior dispunha:

"III – as Juntas de Conciliação e Julgamento."

§ 1º *Revogado pela EC 45, de 8 de dezembro de 2004.*

> O texto anterior, redigido pela EC 24, de 9 de dezembro de 1999, dispunha:
> "*§ 1º O Tribunal Superior do Trabalho compor-se-á de dezessete Ministros, togados e vitalícios, escolhidos dentre brasileiros com mais de trinta e cinco e menos de sessenta e cinco anos, nomeados pelo Presidente da República após aprovação pelo Senado Federal, dos quais onze escolhidos dentre juízes dos Tribunais Regionais do Trabalho integrantes da carreira da magistratura trabalhista, três dentre advogados e três dentre membros do Ministério Público do Trabalho.*"

§ 2º *Revogado pela EC 45, de 8 de dezembro de 2004.*

> O texto anterior, redigido pela EC 24, de 9 de dezembro de 1999, dispunha:
> "*§ 2º O Tribunal encaminhará ao Presidente da República listas tríplices, observando-se, quanto às vagas destinadas aos advogados e aos membros do Ministério Público, o disposto no art. 94; as listas tríplices para o provimento de cargos destinados aos juízes da magistratura trabalhista de carreira deverão ser elaboradas pelos Ministros togados e vitalícios.*"

§ 3º *Revogado pela EC 45, de 8 de dezembro de 2004.*

> O texto anterior, redigido pela EC 24, de 9 de dezembro de 1999, dispunha:
> "*§ 3º A lei disporá sobre a competência do Tribunal Superior do Trabalho.*"

Art. 111-A. O Tribunal Superior do Trabalho compõe-se de vinte e sete Ministros, escolhidos dentre brasileiros com mais de trinta e cinco e menos de setenta anos de idade, de notável saber jurídico e reputação ilibada, nomeados pelo Presidente da República após aprovação pela maioria absoluta do Senado Federal, sendo:

> Caput *com redação dada pela EC 122, de 17 de maio de 2022.*

O texto anterior, redigido pela EC 92, de 12 de julho de 2016, dispunha:
"*Art. 111-A. O Tribunal Superior do Trabalho compor-se-á de vinte e sete Ministros, escolhidos dentre brasileiros com mais de trinta e cinco anos e menos de sessenta e cinco anos, de notável saber jurídico e reputação ilibada, nomeados pelo Presidente da República após aprovação pela maioria absoluta do Senado Federal, sendo:*"

I – um quinto dentre advogados com mais de dez anos de efetiva atividade profissional e membros do Ministério Público do Trabalho com mais de dez anos de efetivo exercício, observado o disposto no art. 94;

II – os demais dentre juízes dos Tribunais Regionais do Trabalho, oriundos da magistratura da carreira, indicados pelo próprio Tribunal Superior.

> *Redação dos incisos I e II acrescentadas pela EC 45, de 8 de dezembro de 2004.*

§ 1º A lei disporá sobre a competência do Tribunal Superior do Trabalho.

> *Redação do § 1º acrescentada pela EC 45, de 8 de dezembro de 2004.*

§ 2º Funcionarão junto ao Tribunal Superior do Trabalho:

I – a Escola Nacional de Formação e Aperfeiçoamento de Magistrados do Trabalho, cabendo-lhe, dentre outras funções, regulamentar os cursos oficiais para o ingresso e promoção na carreira;

II – o Conselho Superior da Justiça do Trabalho, cabendo-lhe exercer, na forma da lei, a supervisão administrativa, orçamentária, financeira e patrimonial da Justiça do Trabalho de primeiro e segundo graus, como órgão central do sistema, cujas decisões terão efeito vinculante.

> *Redação do § 2º e dos incisos I e II acrescentadas pela EC 45, de 8 de dezembro de 2004.*

§ 3º Compete ao Tribunal Superior do Trabalho processar e julgar, originariamente, a reclamação para a preservação de sua competência e garantia da autoridade de suas decisões.

> *Redação do § 3º acrescentada pela EC 92, de 12 de julho de 2016.*

Art. 112. A lei criará varas da Justiça do Trabalho, podendo, nas comarcas não abrangidas por sua jurisdição, atribuí-la aos juízes de direito, com recurso para o respectivo Tribunal Regional do Trabalho.
> Redação do art. 112 dada pela EC 45, de 8 de dezembro de 2004.
O texto anterior, redigido pela EC 24, de 9 de dezembro de 1999, dispunha:
"Art. 112. Haverá pelo menos um Tribunal Regional do Trabalho em cada Estado e no Distrito Federal, e a lei instituirá as Varas do Trabalho, podendo, nas comarcas onde não forem instituídas, atribuir sua jurisdição aos juízes de direito."

Art. 113. A lei disporá sobre a constituição, investidura, jurisdição, competência, garantias e condições de exercício dos órgãos da Justiça do Trabalho.
> Redação dada pela EC 24, de 9 de dezembro de 1999.
O texto original dispunha:
"Art. 113. A lei disporá sobre a constituição, investidura, jurisdição, competência, garantias e condições de exercício dos órgãos da Justiça do Trabalho, assegurada a paridade de representação de trabalhadores e empregadores."

Art. 114. Compete à Justiça do Trabalho processar e julgar:
> Redação do art. 114 dada pela EC 45, de 8 de dezembro de 2004.
O texto original dispunha:
"Art. 114. Compete à Justiça do Trabalho conciliar e julgar os dissídios individuais e coletivos entre trabalhadores e empregadores, abrangidos os entes de direito público e da administração pública direta e indireta dos Municípios, do Distrito Federal, dos Estados e da União, e, na forma da lei, outras controvérsias decorrentes da relação de trabalho, bem como os litígios que tenham origem no cumprimento de suas próprias sentenças, inclusive coletivas."
> Súmulas Vinculantes do Supremo Tribunal Federal: 22 e 23.
> Súmulas do Supremo Tribunal Federal: 349 e 736.
> Legislação infraconstitucional: Lei 8.984/95 (estende a competência da Justiça do Trabalho).

I – as ações oriundas da relação de trabalho, abrangidos os entes de direito público externo e da administração pública direta e indireta da União, dos Estados, do Distrito Federal e dos Municípios;
> O STF julgou parcialmente procedente a ADIN 3529 para dar interpretação conforme à Constituição deste inciso, declarando que a "expressão 'relação do trabalho' deve excluir os vínculos de natureza jurídico-estatutária, em razão do que a competência da Justiça do Trabalho não alcança as ações judiciais entre o Poder Público e seus servidores." (DOU 01.09.2020).
> O STF, por maioria, julgou parcialmente procedente a ADIN 3395, confirmando a decisão liminar concedida e fixando, com aplicação de interpretação conforme à Constituição, sem redução de texto, que "o disposto no inciso I do art. 114 da Constituição Federal não abrange causas ajuizadas para discussão de relação jurídico-estatutária entre o Poder Público dos Entes da Federação e seus Servidores" (DOU 21.10.2020)

II – as ações que envolvam exercício do direito de greve;
> Súmula Vinculante do Supremo Tribunal Federal: 23.

III – as ações sobre representação sindical, entre sindicatos, entre sindicatos e trabalhadores, e entre sindicatos e empregadores;

IV – os mandados de segurança, *habeas corpus* e *habeas data*, quando o ato questionado envolver matéria sujeita à sua jurisdição;

V – os conflitos de competência entre órgãos com jurisdição trabalhista, ressalvado o disposto no art. 102, I, *o*;

VI – as ações de indenização por dano moral ou patrimonial, decorrentes da relação de trabalho;

VII – as ações relativas às penalidades administrativas impostas aos empregadores pelos órgãos de fiscalização das relações de trabalho;

VIII – a execução, de ofício, das contribuições sociais previstas no art. 195, I, *a*, e II, e seus acréscimos legais, decorrentes das sentenças que proferir;
> Súmula Vinculante do Supremo Tribunal Federal: 53.

IX – outras controvérsias decorrentes da relação de trabalho, na forma da lei.
> Redação dos incisos I a IX acrescentada pela EC 45, de 8 de dezembro de 2004.
> Súmula do Supremo Tribunal Federal: 736.

§ 1º Frustrada a negociação coletiva, as partes poderão eleger árbitros.

§ 2º Recusando-se qualquer das partes à negociação coletiva ou à arbitragem, é facultado às mesmas, de comum acordo, ajuizar dissídio coletivo de natureza econômica, podendo a Justiça do Trabalho decidir o conflito, respeitadas as disposições mínimas legais de proteção ao trabalho, bem como as convencionadas anteriormente.
> Redação do § 2º dada pela EC 45, de 8 de dezembro de 2004.

O texto original dispunha:

"§ 2º Recusando-se qualquer das partes à negociação ou à arbitragem, é facultado aos respectivos sindicatos ajuizar dissídio coletivo, podendo a Justiça do Trabalho estabelecer normas e condições, respeitadas as disposições convencionais e legais mínimas de proteção ao trabalho."

§ 3º Em caso de greve em atividade essencial, com possibilidade de lesão do interesse público, o Ministério Público do Trabalho poderá ajuizar dissídio coletivo, competindo à Justiça do Trabalho decidir o conflito.
> Redação do § 3º dada pela EC 45, de 8 de dezembro de 2004.

O texto anterior, redigida pela EC 20, de 15 de dezembro de 1998, dispunha:

"§ 3º Compete ainda à Justiça do Trabalho executar, de ofício, as contribuições sociais previstas no art. 195, I, a, e II, e seus acréscimos legais, decorrentes das sentenças que proferir."

Art. 115. Os Tribunais Regionais do Trabalho compõem-se de, no mínimo, sete juízes, recrutados, quando possível, na respectiva região e nomeados pelo Presidente da República dentre brasileiros com mais de trinta e menos de setenta anos de idade, sendo:
> Caput com redação dada pela EC 122, de 17 de maio de 2022.

O texto anterior, redigido pela EC 45 de 8 de dezembro de 2004, dispunha:

"Art. 115. Os Tribunais Regionais do Trabalho compõem-se de, no mínimo, sete juízes, recrutados, quando possível, na respectiva região, e nomeados pelo Presidente da República dentre brasileiros com mais de trinta e menos de sessenta e cinco anos, sendo:"
> Súmula do Supremo Tribunal Federal: 628.

I – um quinto dentre advogados com mais de dez anos de efetiva atividade profissional e membros do Ministério Público do Trabalho com mais de dez anos de efetivo exercício, observado o disposto no art. 94;

II – os demais, mediante promoção de juízes do trabalho por antiguidade e merecimento, alternadamente.
> Redação dos incisos I e II acrescentada pela EC 45, de 8 de dezembro de 2004.

§ 1º Os Tribunais Regionais do Trabalho instalarão a justiça itinerante, com a realização de audiências e demais funções de atividade jurisdicional, nos limites territoriais da respectiva jurisdição, servindo-se de equipamentos públicos e comunitários.
> Redação do § 1º dada pela EC 45, de 8 de dezembro de 2004.

O texto original dispunha:

"Parágrafo único. Os magistrados dos Tribunais Regionais do Trabalho serão:
I – juízes do trabalho, escolhidos por promoção, alternadamente, por antiguidade e merecimento;
II – advogados e membros do Ministério Público do Trabalho, obedecido o disposto no art. 94;
III – Revogado pela EC 24, de 9 de dezembro de 1999."

§ 2º Os Tribunais Regionais do Trabalho poderão funcionar descentralizadamente, constituindo Câmaras regionais, a fim de assegurar o pleno acesso do jurisdicionado à justiça em todas as fases do processo.
> Redação do § 2º acrescentada pela EC 45, de 8 de dezembro de 2004.

Art. 116. Nas Varas do Trabalho, a jurisdição será exercida por um juiz singular.
> Redação dada pela EC 24, de 9 de dezembro de 1999.

O texto anterior dispunha:
"Art. 116. A Junta de Conciliação e Julgamento será composta de um juiz do trabalho, que a presidirá, e dos juízes classistas temporários, representantes dos empregados e dos empregadores.
Parágrafo único. Os juízes classistas das Juntas de Conciliação e Julgamento serão nomeados pelo Presidente do Tribunal Regional do Trabalho, na forma da lei, permitida uma recondução."

Art. 117. Revogado pela EC 24, de 9 de dezembro de 1999.
> O texto anterior dispunha:
"Art. 117. O mandato dos representantes classistas, em todas as instâncias, é de três anos.
Parágrafo único. Os representantes classistas terão suplentes."
> Artigo constitucional conexo: 2º da EC 24, de 9 de dezembro de 1999, que dispõe: é assegurado o cumprimento dos mandatos dos atuais ministros classistas temporários do Tribunal Superior do Trabalho e dos atuais juízes classistas temporários dos Tribunais Regionais do Trabalho e das Juntas de Conciliação e Julgamento.

Seção VI
Dos Tribunais e Juízes Eleitorais

Art. 118. São órgãos da Justiça Eleitoral:
I – o Tribunal Superior Eleitoral;
II – os Tribunais Regionais Eleitorais;
III – os Juízes Eleitorais;
IV – as Juntas Eleitorais.

Art. 119. O Tribunal Superior Eleitoral compor-se-á, no mínimo, de sete membros, escolhidos:
I – mediante eleição, pelo voto secreto:
a) três juízes dentre os Ministros do Supremo Tribunal Federal;
b) dois juízes dentre os Ministros do Superior Tribunal de Justiça;
II – por nomeação do Presidente da República, dois juízes dentre seis advogados de notável saber jurídico e idoneidade moral, indicados pelo Supremo Tribunal Federal.

Parágrafo único. O Tribunal Superior Eleitoral elegerá seu Presidente e o Vice-Presidente dentre os Ministros do Supremo Tribunal Federal, e o Corregedor Eleitoral dentre os Ministros do Superior Tribunal de Justiça.

Art. 120. Haverá um Tribunal Regional Eleitoral na Capital de cada Estado e no Distrito Federal.
> § 1º Os Tribunais Regionais Eleitorais compor-se-ão:
I – mediante eleição, pelo voto secreto:
a) de dois juízes dentre os desembargadores do Tribunal de Justiça;
b) de dois juízes, dentre juízes de direito, escolhidos pelo Tribunal de Justiça;
II – de um juiz do Tribunal Regional Federal com sede na Capital do Estado ou no Distrito Federal, ou, não havendo, de juiz federal, escolhido, em qualquer caso, pelo Tribunal Regional Federal respectivo;

III – por nomeação, pelo Presidente da República, de dois juízes dentre seis advogados de notável saber jurídico e idoneidade moral, indicados pelo Tribunal de Justiça.

§ 2º O Tribunal Regional Eleitoral elegerá seu Presidente e o Vice-Presidente dentre os desembargadores.

Art. 121. Lei complementar disporá sobre a organização e competência dos tribunais, dos juízes de direito e das juntas eleitorais.

> *Legislação infraconstitucional:* Lei 4.737/65 (Código Eleitoral).

§ 1º Os membros dos tribunais, os juízes de direito e os integrantes das juntas eleitorais, no exercício de suas funções, e no que lhes for aplicável, gozarão de plenas garantias e serão inamovíveis.

§ 2º Os juízes dos tribunais eleitorais, salvo motivo justificado, servirão por dois anos, no mínimo, e nunca por mais de dois biênios consecutivos, sendo os substitutos escolhidos na mesma ocasião e pelo mesmo processo, em número igual para cada categoria.

§ 3º São irrecorríveis as decisões do Tribunal Superior Eleitoral, salvo as que contrariarem esta Constituição e as denegatórias de *habeas corpus* ou mandado de segurança.

§ 4º Das decisões dos Tribunais Regionais Eleitorais somente caberá recurso quando:

I – forem proferidas contra disposição expressa desta Constituição ou de lei;

II – ocorrer divergência na interpretação de lei entre dois ou mais tribunais eleitorais;

III – versarem sobre inelegibilidade ou expedição de diplomas nas eleições federais ou estaduais;

IV – anularem diplomas ou decretarem a perda de mandatos eletivos federais ou estaduais;

V – denegarem *habeas corpus*, mandado de segurança, *habeas data* ou mandado de injunção.

> *Legislação infraconstitucional:* Lei 13.300/16 (Disciplina o processo e o julgamento dos mandados de injunção individual e coletivo).

Seção VII
Dos Tribunais e Juízes Militares

Art. 122. São órgãos da Justiça Militar:

I – o Superior Tribunal Militar;

II – os Tribunais e Juízes Militares instituídos por lei.

Art. 123. O Superior Tribunal Militar compor-se-á de quinze Ministros vitalícios, nomeados pelo Presidente da República, depois de aprovada a indicação pelo Senado Federal, sendo três dentre oficiais-generais da Marinha, quatro dentre oficiais-generais do Exército, três dentre oficiais-generais da Aeronáutica, todos da ativa e do posto mais elevado da carreira, e cinco dentre civis.

Parágrafo único. Os Ministros civis serão escolhidos pelo Presidente da República dentre brasileiros com mais de trinta e cinco e menos de setenta anos de idade, sendo:

> *Caput do parágrafo único com redação dada pela EC 122, de 17 de maio de 2022.*

O texto anterior dispunha:

"*Parágrafo único.* Os Ministros civis serão escolhidos pelo Presidente da República dentre brasileiros maiores de trinta e cinco anos, sendo:"

I – três dentre advogados de notório saber jurídico e conduta ilibada, com mais de dez anos de efetiva atividade profissional;

II – dois, por escolha paritária, dentre juízes auditores e membros do Ministério Público da Justiça Militar.

Art. 124. À Justiça Militar compete processar e julgar os crimes militares definidos em lei.

> *Legislação infraconstitucional:* Decreto-Lei 1.001/69 (Código Penal Militar); Decreto-Lei 1.002/69 (Código de Processo Penal Militar).

Parágrafo único. A lei disporá sobre a organização, o funcionamento e a competência, da Justiça Militar.

> *Legislação infraconstitucional:* Lei 8.457/92 (Justiça Militar e funcionamento de seus serviços auxiliares).

Seção VIII
Dos Tribunais e Juízes dos Estados

Art. 125. Os Estados organizarão sua Justiça, observados os princípios estabelecidos nesta Constituição.

> *Súmula do Supremo Tribunal Federal:* 721.

§ 1º A competência dos tribunais será definida na Constituição do Estado, sendo a lei de organização judiciária de iniciativa do Tribunal de Justiça.

> *Artigo constitucional conexo:* ADCT, 70.
> *Súmula Vinculante do Supremo Tribunal Federal:* 45.
> *Súmula do Supremo Tribunal Federal:* 721.

§ 2º Cabe aos Estados a instituição de representação de inconstitucionalidade de leis ou atos normativos estaduais ou municipais em face da Constituição Estadual, vedada a atribuição da legitimação para agir a um único órgão.

> *Artigo constitucional conexo:* 103, I a IX.

§ 3º A lei estadual poderá criar, mediante proposta do Tribunal de Justiça, a Justiça Militar estadual, constituída, em primeiro grau, pelos juízes de direito e pelos Conselhos de Justiça e, em segundo grau, pelo próprio Tribunal de Justiça, ou por Tribunal de Justiça Militar nos Estados em que o efetivo militar seja superior a vinte mil integrantes.

> *Redação do § 3º dada pela EC 45, de 8 de dezembro de 2004.*

O texto original dispunha:

"§ 3º *A lei estadual poderá criar, mediante proposta do Tribunal de Justiça, a Justiça Militar estadual, constituída, em primeiro grau, pelos Conselhos de Justiça e, em segundo, pelo próprio Tribunal de Justiça, ou por Tribunal de Justiça Militar nos Estados em que o efetivo da polícia militar seja superior a vinte mil integrantes.*"

§ 4º Compete à Justiça Militar estadual processar e julgar os militares dos Estados, nos crimes militares definidos em lei e as ações judiciais contra atos disciplinares militares, ressalvada a competência do júri quando a vítima for civil, cabendo ao tribunal competente decidir sobre a perda do posto e da patente dos oficiais e da graduação das praças.

> *Redação do § 4º dada pela EC 45, de 8 de dezembro de 2004.*

O texto original dispunha:

"§ 4º Compete à Justiça Militar estadual processar e julgar os policiais militares e bombeiros militares nos crimes militares definidos em lei, cabendo ao tribunal competente decidir sobre a perda do posto e da patente dos oficiais e da graduação das praças."

> Súmula do Supremo Tribunal Federal: 673.

§ 5º Compete aos juízes de direito do juízo militar processar e julgar, singularmente, os crimes militares cometidos contra civis e as ações judiciais contra atos disciplinares militares, cabendo ao Conselho de Justiça, sob a presidência de juiz de direito, processar e julgar os demais crimes militares.

> Redação do § 5º acrescentada pela EC 45, de 8 de dezembro de 2004.

§ 6º O Tribunal de Justiça poderá funcionar descentralizadamente, constituindo Câmaras regionais, a fim de assegurar o pleno acesso do jurisdicionado à justiça em todas as fases do processo.

> Redação do § 6º acrescentada pela EC 45, de 8 de dezembro de 2004.

§ 7º O Tribunal de Justiça instalará a justiça itinerante, com a realização de audiências e demais funções da atividade jurisdicional, nos limites territoriais da respectiva jurisdição, servindo-se de equipamentos públicos e comunitários.

> Redação do § 7º acrescentada pela EC 45, de 8 de dezembro de 2004.

Art. 126. Para dirimir conflitos fundiários, o Tribunal de Justiça proporá a criação de varas especializadas, com competência exclusiva para questões agrárias.

> Redação do art. 126 dada pela EC 45, de 8 de dezembro de 2004.

O texto original dispunha:

"Art. 126. Para dirimir conflitos fundiários, o Tribunal de Justiça designará juízes de entrância especial, com competência exclusiva para questões agrárias."

Parágrafo único. Sempre que necessário à eficiente prestação jurisdicional, o juiz far-se-á presente no local do litígio.

CAPÍTULO IV
Das Funções Essenciais à Justiça

Seção I
Do Ministério Público

> Legislação infraconstitucional: Lei 8.625/93 (Lei Orgânica Nacional do Ministério Público); LC 75/93 (Organização, atribuições e Estatuto do Ministério Público da União); Lei 10.053/00 (dispõe sobre a criação de Procuradorias da República em Municípios).

Art. 127. O Ministério Público é instituição permanente, essencial à função jurisdicional do Estado, incumbindo-lhe a defesa da ordem jurídica, do regime democrático e dos interesses sociais e individuais indisponíveis.

> Artigos constitucionais conexos: 1º; 5º; 60, § 4º, II, III e IV.
> Súmula 601 do STJ.

§ 1º São princípios institucionais do Ministério Público a unidade, a indivisibilidade e a independência funcional.

§ 2º Ao Ministério Público é assegurada autonomia funcional e administrativa, podendo, observado o disposto no art. 169, propor ao Poder Legislativo a criação e extinção de seus cargos e serviços auxiliares, provendo-os por concurso público de provas ou de provas e títulos, a política remuneratória e os planos de carreira; a lei disporá sobre sua organização e funcionamento.

> Redação do § 2º dada pela EC 19, de 4 de junho de 1998.

O texto original dispunha:

"§ 2º Ao Ministério Público é assegurada autonomia funcional e administrativa, podendo, observado o disposto no art. 169, propor ao Poder Legislativo a criação e extinção de seus cargos e serviços auxiliares, provendo-os por concurso público de provas e de provas e títulos; a lei disporá sobre sua organização e funcionamento."

§ 3º O Ministério Público elaborará sua proposta orçamentária dentro dos limites estabelecidos na lei de diretrizes orçamentárias.

§ 4º Se o Ministério Público não encaminhar a respectiva proposta orçamentária dentro do prazo estabelecido na lei de diretrizes orçamentárias, o Poder Executivo considerará, para fins de consolidação da proposta orçamentária anual, os valores aprovados na lei orçamentária vigente, ajustados de acordo com os limites estipulados na forma do § 3º.

> Redação do § 4º acrescentada pela EC 45, de 8 de dezembro de 2004.

§ 5º Se a proposta orçamentária de que trata este artigo for encaminhada em desacordo com os limites estipulados na forma do § 3º, o Poder Executivo procederá aos ajustes necessários para fins de consolidação da proposta orçamentária anual.

> Redação do § 5º acrescentada pela EC 45, de 8 de dezembro de 2004.

§ 6º Durante a execução orçamentária do exercício, não poderá haver a realização de despesas ou a assunção de obrigações que extrapolem os limites estabelecidos na lei de diretrizes orçamentárias, exceto se previamente autorizadas, mediante a abertura de créditos suplementares ou especiais.

> Redação do § 6º acrescentada pela EC 45, de 8 de dezembro de 2004.

Art. 128. O Ministério Público abrange:

I – o Ministério Público da União, que compreende:
a) o Ministério Público Federal;
b) o Ministério Público do Trabalho;
c) o Ministério Público Militar;
d) o Ministério Público do Distrito Federal e Territórios;

II – os Ministérios Públicos dos Estados.

§ 1º O Ministério Público da União tem por chefe o Procurador-Geral da República, nomeado pelo Presidente da República dentre integrantes da carreira, maiores de trinta e cinco anos, após a aprovação de seu nome pela maioria absoluta dos membros do Senado Federal, para mandato de dois anos, permitida a recondução.

> Artigos constitucionais conexos: 52, II e parágrafo único; 102, I, b.

§ 2º A destituição do Procurador-Geral da República, por iniciativa do Presidente da República, deverá ser precedida de autorização da maioria absoluta do Senado Federal.

§ 3º Os Ministérios Públicos dos Estados e o do Distrito Federal e Territórios formarão lista tríplice dentre integrantes da carreira, na forma da lei respectiva, para escolha de seu Procurador-Geral, que será nomeado pelo Chefe do Poder Executivo, para mandato de dois anos, permitida uma recondução.

§ 4º Os Procuradores-Gerais nos Estados e no Distrito Federal e Territórios poderão ser destituídos por deliberação da maioria absoluta do Poder Legislativo, na forma da lei complementar respectiva.

§ 5º Leis complementares da União e dos Estados, cuja iniciativa é facultada aos respectivos Procuradores-Gerais, estabelecerão a organização, as atribuições e o estatuto de cada Ministério Público, observadas, relativamente a seus membros:

I – as seguintes garantias:

a) vitaliciedade, após dois anos de exercício, não podendo perder o cargo senão por sentença judicial transitada em julgado;

b) inamovibilidade, salvo por motivo de interesse público, mediante decisão do órgão colegiado competente do Ministério Público, pelo voto da maioria absoluta de seus membros, assegurada ampla defesa;

> Redação da alínea b dada pela EC 45, de 8 de dezembro de 2004.

O texto original dispunha:
"b) inamovibilidade, salvo por motivo de interesse público, mediante decisão do órgão colegiado competente do Ministério Público, por voto de dois terços de seus membros, assegurada ampla defesa;"

c) irredutibilidade de subsídio, fixado na forma do art. 39, § 4º, e ressalvado o disposto nos arts. 37, X e XI, 150, II, 153, III, 153, § 2º, I;

> Redação da alínea c dada pela EC 19, de 4 de junho de 1998.

O texto original dispunha:
"c) irredutibilidade de vencimentos, observado, quanto à remuneração, o que dispõem os arts. 37, XI, 150, II, 153, III, 153, § 2º, I;"

II – as seguintes vedações:

a) receber, a qualquer título e sob qualquer pretexto, honorários, percentagens ou custas processuais;

b) exercer a advocacia;

c) participar de sociedade comercial, na forma da lei;

d) exercer, ainda que em disponibilidade, qualquer outra função pública, salvo uma de magistério;

e) exercer atividade político-partidária;

> Redação da alínea e dada pela EC 45, de 8 de dezembro de 2004.

O texto original dispunha:
"e) exercer atividade político-partidária, salvo exceções previstas na lei."

f) receber, a qualquer título ou pretexto, auxílios ou contribuições de pessoas físicas, entidades públicas ou privadas, ressalvadas as exceções previstas em lei.

> Redação da alínea f acrescentada pela EC 45, de 8 de dezembro de 2004.

§ 6º Aplica-se aos membros do Ministério Público o disposto no art. 95, parágrafo único, V.

> Redação do § 6º acrescentada pela EC 45, de 8 de dezembro de 2004.

Art. 129. São funções institucionais do Ministério Público:

I – promover, privativamente, a ação penal pública, na forma da lei;

> Artigo constitucional conexo: 5º, LIX.
> Legislação infraconstitucional: artigo 100, § 1º, do Código Penal; artigo 24, do Código de Processo Penal; artigo 25, III, da Lei 8.625/93 (Lei Orgânica Nacional do Ministério Público); Lei 10.001/00.

II – zelar pelo efetivo respeito dos Poderes Públicos e dos serviços de relevância pública aos direitos assegurados nesta Constituição, promovendo as medidas necessárias a sua garantia;

> Artigo constitucional conexo: 197.
> Legislação infraconstitucional: Lei 10.001/00.

III – promover o inquérito civil e a ação civil pública, para a proteção do patrimônio público e social, do meio ambiente e de outros interesses difusos e coletivos;
> *Artigos constitucionais conexos:* 5º, LXXIII; 37, § 4º.
> *Súmula do Supremo Tribunal Federal:* 643.
> *Súmulas 329 e 601 do STJ.*
> *Legislação infraconstitucional:* Lei 7.347/85 (Lei da Ação Civil Pública); Lei 8.078/90 (Código de Defesa do Consumidor); Lei 8.429/92 (Lei de Improbidade Administrativa).

IV – promover a ação de inconstitucionalidade ou representação para fins de intervenção da União e dos Estados, nos casos previstos nesta Constituição;
> *Artigos constitucionais conexos:* 34 e 36.

V – defender judicialmente os direitos e interesses das populações indígenas;
> *Artigo constitucional conexo:* 231.

VI – expedir notificações nos procedimentos administrativos de sua competência, requisitando informações e documentos para instruí-los, na forma da lei complementar respectiva;
> *Legislação infraconstitucional:* art. 26 da Lei 8.625/93.

VII – exercer o controle externo da atividade policial, na forma da lei complementar mencionada no artigo anterior;

VIII – requisitar diligências investigatórias e a instauração de inquérito policial, indicados os fundamentos jurídicos de suas manifestações processuais;

IX – exercer outras funções que lhe forem conferidas, desde que compatíveis com sua finalidade, sendo-lhe vedada a representação judicial e a consultoria jurídica de entidades públicas.
> *Legislação infraconstitucional:* art. 25 da Lei 8.625/93 (Lei Orgânica Nacional do Ministério Público).

§ 1º A legitimação do Ministério Público para as ações civis previstas neste artigo não impede a de terceiros, nas mesmas hipóteses, segundo o disposto nesta Constituição e na lei.
> *Legislação infraconstitucional:* Lei 7.347/85 (Lei da Ação Civil Pública); Lei 8.078/90 (Código de Defesa do Consumidor); Lei 8.429/92 (Lei de Improbidade Administrativa).

§ 2º As funções do Ministério Público só podem ser exercidas por integrantes da carreira, que deverão residir na comarca da respectiva lotação, salvo autorização do chefe da instituição.
> *Redação do § 2º dada pela EC 45, de 8 de dezembro de 2004.*
> O texto original dispunha:
> "§ 2º As funções de Ministério Público só podem ser exercidas por integrantes da carreira, que deverão residir na comarca da respectiva lotação."

§ 3º O ingresso na carreira do Ministério Público far-se-á mediante concurso público de provas e títulos, assegurada a participação da Ordem dos Advogados do Brasil em sua realização, exigindo-se do bacharel em direito, no mínimo, três anos de atividade jurídica e observando-se, nas nomeações, a ordem de classificação.
> *Redação do § 3º dada pela EC 45, de 8 de dezembro de 2004.*
> O texto original dispunha:
> "§ 3º O ingresso na carreira far-se-á mediante concurso público de provas e títulos, assegurada participação da Ordem dos Advogados do Brasil em sua realização, e observada, nas nomeações, a ordem de classificação."

§ 4º Aplica-se ao Ministério Público, no que couber, o disposto no art. 93.
> *Redação do § 4º dada pela EC 45, de 8 de dezembro de 2004.*

O texto original dispunha:
"§ 4º Aplica-se ao Ministério Público, no que couber, o disposto no art. 93, II e VI."

§ 5º A distribuição de processos no Ministério Público será imediata.

> Redação do § 5º acrescentada pela EC 45, de 8 de dezembro de 2004.

Art. 130. Aos membros do Ministério Público junto aos Tribunais de Contas aplicam-se as disposições desta seção pertinentes a direitos, vedações e forma de investidura.

Art. 130-A. O Conselho Nacional do Ministério Público compõe-se de quatorze membros nomeados pelo Presidente da República, depois de aprovada a escolha pela maioria absoluta do Senado Federal, para um mandato de dois anos, admitida uma recondução, sendo:

> Redação do art. 130-A e seus parágrafos acrescentada pela EC 45, de 8 de dezembro de 2004.

I – o Procurador-Geral da República, que o preside;

II – quatro membros do Ministério Público da União, assegurada a representação de cada uma de suas carreiras;

III – três membros do Ministério Público dos Estados;

IV – dois juízes, indicados um pelo Supremo Tribunal Federal e outro pelo Superior Tribunal de Justiça;

V – dois advogados, indicados pelo Conselho Federal da Ordem dos Advogados do Brasil;

VI – dois cidadãos de notável saber jurídico e reputação ilibada, indicados um pela Câmara dos Deputados e outro pelo Senado Federal.

§ 1º Os membros do Conselho oriundos do Ministério Público serão indicados pelos respectivos Ministérios Públicos, na forma da lei.

> Legislação infraconstitucional: Lei 11.372/06 (Regulamenta o § 1º do art. 130-A da Constituição Federal, para dispor sobre a forma de indicação dos membros do Conselho Nacional do Ministério Público oriundos do Ministério Público e criar sua estrutura organizacional e funcional, e dá outras providências).

§ 2º Compete ao Conselho Nacional do Ministério Público o controle da atuação administrativa e financeira do Ministério Público e do cumprimento dos deveres funcionais de seus membros, cabendo-lhe:

I – zelar pela autonomia funcional e administrativa do Ministério Público, podendo expedir atos regulamentares, no âmbito de sua competência, ou recomendar providências;

II – zelar pela observância do art. 37 e apreciar, de ofício ou mediante provocação, a legalidade dos atos administrativos praticados por membros ou órgãos do Ministério Público da União e dos Estados, podendo desconstituí-los, revê-los ou fixar prazo para que se adotem as providências necessárias ao exato cumprimento da lei, sem prejuízo da competência dos Tribunais de Contas;

III – receber e conhecer das reclamações contra membros ou órgãos do Ministério Público da União ou dos Estados, inclusive contra seus serviços auxiliares, sem prejuízo da competência disciplinar e correicional da instituição, podendo avocar processos disciplinares em curso, determinar a remoção ou a disponibilidade e aplicar outras sanções administrativas, assegurada ampla defesa;

> Redação do inciso III dada pela EC 103, de 12 de novembro de 2019.

O texto anterior, redigido pela EC 45, de 8 de dezembro de 2004, dispunha:
"III – receber e conhecer das reclamações contra membros ou órgãos do Ministério Público da União ou dos Estados, inclusive contra seus serviços auxiliares, sem prejuízo da competência disciplinar e correicional da instituição, podendo avocar processos disciplinares em curso, determinar a remoção, a disponibilidade ou a aposentadoria com subsídios ou proventos proporcionais ao tempo de serviço e aplicar outras sanções administrativas, assegurada ampla defesa;"

IV – rever, de ofício ou mediante provocação, os processos disciplinares de membros do Ministério Público da União ou dos Estados julgados há menos de um ano;

V – elaborar relatório anual, propondo as providências que julgar necessárias sobre a situação do Ministério Público no País e as atividades do Conselho, o qual deve integrar a mensagem prevista no art. 84, XI.

§ 3º O Conselho escolherá, em votação secreta, um Corregedor nacional, dentre os membros do Ministério Público que o integram, vedada a recondução, competindo-lhe, além das atribuições que lhe forem conferidas pela lei, as seguintes:

I – receber reclamações e denúncias, de qualquer interessado, relativas aos membros do Ministério Público e dos seus serviços auxiliares;

II – exercer funções executivas do Conselho, de inspeção e correição geral;

III – requisitar e designar membros do Ministério Público, delegando-lhes atribuições, e requisitar servidores de órgãos do Ministério Público.

§ 4º O Presidente do Conselho Federal da Ordem dos Advogados do Brasil oficiará junto ao Conselho.

§ 5º Leis da União e dos Estados criarão ouvidorias do Ministério Público, competentes para receber reclamações e denúncias de qualquer interessado contra membros ou órgãos do Ministério Público, inclusive contra seus serviços auxiliares, representando diretamente ao Conselho Nacional do Ministério Público.

Seção II
Da Advocacia Pública

> Título da Seção II renomeado pela EC 19, de 4 de junho de 1998.

Art. 131. A Advocacia-Geral da União é a instituição que, diretamente ou através de órgão vinculado, representa a União, judicial e extrajudicialmente, cabendo-lhe, nos termos da lei complementar que dispuser sobre sua organização e funcionamento, as atividades de consultoria e assessoramento jurídico do Poder Executivo.

> Artigo constitucional conexo: ADCT, 29.
> Súmula do Supremo Tribunal Federal: 644.
> Legislação infraconstitucional: LC 73/93 (Lei Orgânica da Advocacia-Geral da União); Lei 9.028/95 (Exercício das atribuições institucionais da Advocacia-Geral da União em caráter emergencial e provisório); Lei 9.469/97.

§ 1º A Advocacia-Geral da União tem por chefe o Advogado-Geral da União, de livre nomeação pelo Presidente da República dentre cidadãos maiores de trinta e cinco anos, de notável saber jurídico e reputação ilibada.

> Artigos constitucionais conexos: 52, II e parágrafo único; 84, XVI; 103, § 3º.

§ 2º O ingresso nas classes iniciais das carreiras da instituição de que trata este artigo far-se-á mediante concurso público de provas e títulos.

§ 3º Na execução da dívida ativa de natureza tributária, a representação da União cabe à Procuradoria-Geral da Fazenda Nacional, observado o disposto em lei.

Art. 132. Os Procuradores dos Estados e do Distrito Federal, organizados em carreira, na qual o ingresso dependerá de concurso público de provas e títulos, com a participação da Ordem dos Advogados do Brasil em todas as suas fases, exercerão a representação judicial e a consultoria jurídica das respectivas unidades federadas.

> Redação do caput dada pela EC 19, de 4 de junho de 1998.
> O texto original dispunha:
> *"Art. 132. Os Procuradores dos Estados e do Distrito Federal exercerão a representação judicial e a consultoria jurídica das respectivas unidades federadas, organizados em carreira na qual o ingresso dependerá de concurso público de provas e títulos, observado o disposto no art. 135."*

Parágrafo único. Aos procuradores referidos neste artigo é assegurada estabilidade após três anos de efetivo exercício, mediante avaliação de desempenho perante os órgãos próprios, após relatório circunstanciado das corregedorias.

> Acrescentado pela EC 19, de 4 de junho de 1998.

Seção III
Da Advocacia

> Renomeado pela EC 80, de 4 de junho de 2014.
> O texto original dispunha:
> *"Da Advocacia e da Defensoria Pública."*

Art. 133. O advogado é indispensável à administração da justiça, sendo inviolável por seus atos e manifestações no exercício da profissão, nos limites da lei.

> Artigo constitucional conexo: 5º, XIII e LXXIV.
> Legislação infraconstitucional: Lei 8.906/94 (Estatuto da Advocacia e da Ordem dos Advogados do Brasil – OAB), alterada pelas Leis nos 13.245/2016 e 13.247/2016; Lei 10.679/03 (Atuação de advogado durante depoimento perante CPI).
> Súmula Vinculante do Supremo Tribunal Federal: 14.

Seção IV
Da Defensoria Pública

> Seção IV acrescentada pela EC 80, de 4 de junho de 2014.

Art. 134. A Defensoria Pública é instituição permanente, essencial à função jurisdicional do Estado, incumbindo-lhe, como expressão e instrumento do regime democrático, fundamentalmente, a orientação jurídica, a promoção dos direitos humanos e a defesa, em todos os graus, judicial e extrajudicial, dos direitos individuais e coletivos, de forma integral e gratuita, aos necessitados, na forma do inciso LXXIV do art. 5º desta Constituição Federal.

> Redação do art. 134 dada pela EC 80, de 4 de junho de 2014.
> O texto original dispunha:
> *"Art. 134. A Defensoria Pública é instituição essencial à função jurisdicional do Estado, incumbindo-lhe a orientação jurídica e a defesa, em todos os graus, dos necessitados, na forma do art. 5º, LXXIV."*

> Artigos constitucionais conexos: 21, XIII; 22, XVII.
> Súmula Vinculante do Supremo Tribunal Federal: 14.

> *Legislação infraconstitucional*: Lei 1.060/50 (Lei de Assistência Judiciária). Lei 10.212/01; Lei 10.448/02 (institui o Dia Nacional da Defensoria Pública).

§ 1º Lei complementar organizará a Defensoria Pública da União e do Distrito Federal e dos Territórios e prescreverá normas gerais para sua organização nos Estados, em cargos de carreira, providos, na classe inicial, mediante concurso público de provas e títulos, assegurada a seus integrantes a garantia da inamovibilidade e vedado o exercício da advocacia fora das atribuições institucionais.

> *Antigo parágrafo único renumerado pela EC 45, de 8 de dezembro de 2004.*

§ 2º Às Defensorias Públicas Estaduais são asseguradas autonomia funcional e administrativa e a iniciativa de sua proposta orçamentária dentro dos limites estabelecidos na lei de diretrizes orçamentárias e subordinação ao disposto no art. 99, § 2º.

> *Redação do § 2º acrescentada pela EC 45, de 8 de dezembro de 2004.*

§ 3º Aplica-se o disposto no § 2º às Defensorias Públicas da União e do Distrito Federal.

> *Redação do § 3º acrescentada pela EC 74, de 6 de agosto de 2013.*

§ 4º São princípios institucionais da Defensoria Pública a unidade, a indivisibilidade e a independência funcional, aplicando-se também, no que couber, o disposto no art. 93 e no inciso II do art. 96 desta Constituição Federal.

> *Redação do § 4º acrescentada pela EC 80, de 4 de junho de 2014.*

Art. 135. Os servidores integrantes das carreiras disciplinadas nas Seções II e III deste Capítulo serão remunerados na forma do art. 39, § 4º.

> *Redação do art. 135 dada pela EC 19, de 4 de junho de 1998.*
> O texto original dispunha:
> "Art. 135. Às carreiras disciplinadas neste Título, aplicam-se o princípio do art. 37, XII, e o art. 39, § 1º."

TÍTULO V
DA DEFESA DO ESTADO E DAS INSTITUIÇÕES DEMOCRÁTICAS

CAPÍTULO I
Do Estado de Defesa e do Estado de Sítio

Seção I
Do Estado de Defesa

Art. 136. O Presidente da República pode, ouvidos o Conselho da República e o Conselho de Defesa Nacional, decretar estado de defesa para preservar ou prontamente restabelecer, em locais restritos e determinados, a ordem pública ou a paz social ameaçadas por grave e iminente instabilidade institucional ou atingidas por calamidades de grandes proporções na natureza.

§ 1º O decreto que instituir o estado de defesa determinará o tempo de sua duração, especificará as áreas a serem abrangidas e indicará, nos termos e limites da lei, as medidas coercitivas a vigorarem, dentre as seguintes:

I – restrições aos direitos de:

a) reunião, ainda que exercida no seio das associações;

b) sigilo de correspondência;

c) sigilo de comunicação telegráfica e telefônica;

II – ocupação e uso temporário de bens e serviços públicos, na hipótese de calamidade pública, respondendo a União pelos danos e custos decorrentes.

§ 2º O tempo de duração do estado de defesa não será superior a trinta dias, podendo ser prorrogado uma vez, por igual período, se persistirem as razões que justificaram a sua decretação.

§ 3º Na vigência do estado de defesa:

I – a prisão por crime contra o Estado, determinada pelo executor da medida, será por este comunicada imediatamente ao juiz competente, que a relaxará, se não for legal, facultado ao preso requerer exame de corpo de delito à autoridade policial;

II – a comunicação será acompanhada de declaração, pela autoridade, do estado físico e mental do detido no momento de sua autuação;

III – a prisão ou detenção de qualquer pessoa não poderá ser superior a dez dias, salvo quando autorizada pelo Poder Judiciário;

IV – é vedada a incomunicabilidade do preso.

§ 4º Decretado o estado de defesa ou sua prorrogação, o Presidente da República, dentro de vinte e quatro horas, submeterá o ato com a respectiva justificação ao Congresso Nacional, que decidirá por maioria absoluta.

§ 5º Se o Congresso Nacional estiver em recesso, será convocado, extraordinariamente, no prazo de cinco dias.

§ 6º O Congresso Nacional apreciará o decreto dentro de dez dias contados de seu recebimento, devendo continuar funcionando enquanto vigorar o estado de defesa.

§ 7º Rejeitado o decreto, cessa imediatamente o estado de defesa.

Seção II
Do Estado de Sítio

Art. 137. O Presidente da República pode, ouvidos o Conselho da República e o Conselho de Defesa Nacional, solicitar ao Congresso Nacional autorização para decretar o estado de sítio nos casos de:

I – comoção grave de repercussão nacional ou ocorrência de fatos que comprovem a ineficácia de medida tomada durante o estado de defesa;

II – declaração de estado de guerra ou resposta a agressão armada estrangeira.

Parágrafo único. O Presidente da República, ao solicitar autorização para decretar o estado de sítio ou sua prorrogação, relatará os motivos determinantes do pedido, devendo o Congresso Nacional decidir por maioria absoluta.

Art. 138. O decreto do estado de sítio indicará sua duração, as normas necessárias a sua execução e as garantias constitucionais que ficarão suspensas, e, depois de publicado, o Presidente da República designará o executor das medidas específicas e as áreas abrangidas.

§ 1º O estado de sítio, no caso do art. 137, I, não poderá ser decretado por mais de trinta dias, nem prorrogado, de cada vez, por prazo superior; no do inciso II, poderá ser decretado por todo o tempo que perdurar a guerra ou a agressão armada estrangeira.

§ 2º Solicitada autorização para decretar o estado de sítio durante o recesso parlamentar, o Presidente do Senado Federal, de imediato, convocará extraordinariamente o Congresso Nacional para se reunir dentro de cinco dias, a fim de apreciar o ato.

§ 3º O Congresso Nacional permanecerá em funcionamento até o término das medidas coercitivas.

Art. 139. Na vigência do estado de sítio decretado com fundamento no art. 137, I, só poderão ser tomadas contra as pessoas as seguintes medidas:

I – obrigação de permanência em localidade determinada;

II – detenção em edifício não destinado a acusados ou condenados por crimes comuns;

III – restrições relativas à inviolabilidade da correspondência, ao sigilo das comunicações, à prestação de informações e à liberdade de imprensa, radiodifusão e televisão, na forma da lei;

IV – suspensão da liberdade de reunião;
V – busca e apreensão em domicílio;
VI – intervenção nas empresas de serviços públicos;
VII – requisição de bens.

Parágrafo único. Não se inclui nas restrições do inciso III a difusão de pronunciamentos de parlamentares efetuados em suas Casas Legislativas, desde que liberada pela respectiva Mesa.

Seção III
Disposições Gerais

Art. 140. A Mesa do Congresso Nacional, ouvidos os líderes partidários, designará Comissão composta de cinco de seus membros para acompanhar e fiscalizar a execução das medidas referentes ao estado de defesa e ao estado de sítio.

Art. 141. Cessado o estado de defesa ou o estado de sítio, cessarão também seus efeitos, sem prejuízo da responsabilidade pelos ilícitos cometidos por seus executores ou agentes.

Parágrafo único. Logo que cesse o estado de defesa ou o estado de sítio, as medidas aplicadas em sua vigência serão relatadas pelo Presidente da República, em mensagem ao Congresso Nacional, com especificação e justificação das providências adotadas, com relação nominal dos atingidos, e indicação das restrições aplicadas.

CAPÍTULO II
Das Forças Armadas

Art. 142. As Forças Armadas, constituídas pela Marinha, pelo Exército e pela Aeronáutica, são instituições nacionais permanentes e regulares, organizadas com base na hierarquia e na disciplina, sob a autoridade suprema do Presidente da República, e destinam-se à defesa da Pátria, à garantia dos poderes constitucionais e, por iniciativa de qualquer destes, da lei e da ordem.

> *Artigos constitucionais conexos:* 42; 84, XIII.

§ 1º Lei complementar estabelecerá as normas gerais a serem adotadas na organização, no preparo e no emprego das Forças Armadas.

> *Legislação infraconstitucional:* LC 97, de 9 de junho de 1999 (Criação do Ministério da Defesa e Organização, preparo e emprego das Forças Armadas).

§ 2º Não caberá *habeas corpus* em relação a punições disciplinares militares.

> *Artigos constitucionais conexos:* 5º, LVIII; 42, § 1º; 142, § 2º.

§ 3º Os membros das Forças Armadas são denominados militares, aplicando-se-lhes, além das que vierem a ser fixadas em lei, as seguintes disposições:

> *Acrescentado pela EC 18, de 5 de fevereiro de 1998.*

I – as patentes, com prerrogativas, direitos e deveres a elas inerentes, são conferidas pelo Presidente da República e asseguradas em plenitude aos oficiais da ativa, da reserva ou reformados, sendo-lhes privativos os títulos e postos militares e, juntamente com os demais membros, o uso dos uniformes das Forças Armadas;

> *Acrescentado pela EC 18, de 5 de fevereiro de 1998.*

Art. 142 CONSTITUIÇÃO DA REPÚBLICA FEDERATIVA DO BRASIL

II – o militar em atividade que tomar posse em cargo ou emprego público civil permanente, ressalvada a hipótese prevista no art. 37, inciso XVI, alínea "c", será transferido para a reserva, nos termos da lei;

> Redação do inciso II dada pela EC 77, de 11 de fevereiro de 2014.
> O texto anterior, acrescentado pela EC 18/98, dispunha:
> *"II – o militar em atividade que tomar posse em cargo ou emprego público civil permanente será transferido para a reserva, nos termos da lei;"*

III – o militar da ativa que, de acordo com a lei, tomar posse em cargo, emprego ou função pública civil temporária, não eletiva, ainda que da administração indireta, ressalvada a hipótese prevista no art. 37, inciso XVI, alínea "c", ficará agregado ao respectivo quadro e somente poderá, enquanto permanecer nessa situação, ser promovido por antiguidade, contando-se-lhe o tempo de serviço apenas para aquela promoção e transferência para a reserva, sendo depois de dois anos de afastamento, contínuos ou não, transferido para a reserva, nos termos da lei;

> Redação do inciso III dada pela EC 77, de 11 de fevereiro de 2014.
> O texto anterior, acrescentado pela EC 18/98, dispunha:
> *"III – o militar da ativa que, de acordo com a lei, tomar posse em cargo, emprego ou função pública civil temporária, não eletiva, ainda que da administração indireta, ficará agregado ao respectivo quadro e somente poderá, enquanto permanecer nessa situação, ser promovido por antiguidade, contando-se-lhe o tempo de serviço apenas para aquela promoção e transferência para a reserva, sendo depois de dois anos de afastamento, contínuos ou não, transferido para a reserva, nos termos da lei;"*

IV – ao militar são proibidas a sindicalização e a greve;

> Acrescentado pela EC 18, de 5 de fevereiro de 1998.

V – o militar, enquanto em serviço ativo, não pode estar filiado a partidos políticos;

> Acrescentado pela EC 18, de 5 de fevereiro de 1998.

VI – o oficial só perderá o posto e a patente se for julgado indigno do oficialato ou com ele incompatível, por decisão de tribunal militar de caráter permanente, em tempo de paz, ou de tribunal especial, em tempo de guerra;

> Acrescentado pela EC 18, de 5 de fevereiro de 1998.

VII – o oficial condenado na justiça comum ou militar a pena privativa de liberdade superior a dois anos, por sentença transitada em julgado, será submetido ao julgamento previsto no inciso anterior;

> Acrescentado pela EC 18, de 5 de fevereiro de 1998.

VIII – aplica-se aos militares o disposto no art. 7º, incisos VIII, XII, XVII, XVIII, XIX e XXV, e no art. 37, incisos XI, XIII, XIV e XV, bem como, na forma da lei e com prevalência da atividade militar, no art. 37, inciso XVI, alínea "c";

> Redação do inciso VIII dada pela EC 77, de 11 de fevereiro de 2014.
> O texto anterior, acrescentado pela EC 18/98, dispunha:
> *"VIII – aplica-se aos militares o disposto no art. 7º, incisos VIII, XII, XVII, XVIII, XIX e XXV e no art. 37, incisos XI, XIII, XIV e XV;"*
> Súmula Vinculante do Supremo Tribunal Federal: 6.

IX – *Revogado pela EC 41, de 19 de dezembro de 2003.*

> O texto anterior, redigido pela EC 20, de 15 de dezembro de 1998, dispunha:
> *"IX – aplica-se aos militares e a seus pensionistas o disposto no art. 40, §§ 7º e 8º;"*

X – a lei disporá sobre o ingresso nas Forças Armadas, os limites de idade, a estabilidade e outras condições de transferência do militar para a inatividade, os direitos, os deveres, a remuneração, as prerrogativas e outras situações especiais dos militares, consideradas as peculiaridades de suas atividades, inclusive aquelas cumpridas por força de compromissos internacionais e de guerra.

> Acrescentado pela EC 18, de 5 de fevereiro de 1998.
> Artigos constitucionais conexos: 40, § 20, e 42, § 1º.
> Súmula Vinculante do Supremo Tribunal Federal: 4.

Art. 143. O serviço militar é obrigatório nos termos da lei.

> Legislação infraconstitucional: Lei 4.375/64 (Lei do Serviço Militar), regulamentada pelo Decreto 57.654/66; Lei 9.982/00.

§ 1º Às Forças Armadas compete, na forma da lei, atribuir serviço alternativo aos que, em tempo de paz, após alistados, alegarem imperativo de consciência, entendendo-se como tal o decorrente de crença religiosa e de convicção filosófica ou política, para se eximirem de atividades de caráter essencialmente militar.

> Artigos constitucionais conexos: 5º, VIII; 15, IV; 53, § 6º.
> Legislação infraconstitucional: Lei 8.239/91, regulamentada pela portaria 2.681/92 – COSEMI (prevê a prestação de serviço alternativo ao serviço militar).

§ 2º As mulheres e os eclesiásticos ficam isentos do serviço militar obrigatório em tempo de paz, sujeitos, porém, a outros encargos que a lei lhes atribuir.

CAPÍTULO III
Da Segurança Pública

Art. 144. A segurança pública, dever do Estado, direito e responsabilidade de todos, é exercida para a preservação da ordem pública e da incolumidade das pessoas e do patrimônio, através dos seguintes órgãos:

> Legislação infraconstitucional: Lei 11.473/07 (Dispõe sobre cooperação federativa no âmbito da segurança pública e revoga a Lei 10.277, de 10 de setembro de 2001). LC 121/06 (Cria o Sistema Nacional de Prevenção, Fiscalização e Repressão ao Furto e Roubo de Veículos e Cargas e dá outras providências).

I – polícia federal;
II – polícia rodoviária federal;
III – polícia ferroviária federal;
IV – polícias civis;
V – polícias militares e corpos de bombeiros militares.
VI – polícias penais federal, estaduais e distrital.

> Redação do inciso VI acrescentado pela EC 104, de 04 de dezembro de 2019.
> Legislação infraconstitucional: Lei 10.201/01 (institui o Fundo Nacional de Segurança Pública – FNSP), com as alterações sofridas pela Lei 10.746/03.

§ 1º A polícia federal, instituída por lei como órgão permanente, organizado e mantido pela União e estruturado em carreira, destina-se a:

> Redação do § 1º dada pela EC 19, de 4 de junho de 1998.
>> O texto original dispunha:
>> "§ 1º A polícia federal, instituída por lei como órgão permanente, estruturado em carreira, destina-se a:"
> Legislação infraconstitucional: LC 89/97 (Fundo para aparelhamento e operacionalização das atividades-fim da Polícia Federal – FUNAPOL).

Art. 144 CONSTITUIÇÃO DA REPÚBLICA FEDERATIVA DO BRASIL

I – apurar infrações penais contra a ordem política e social ou em detrimento de bens, serviços e interesses da União ou de suas entidades autárquicas e empresas públicas, assim como outras infrações cuja prática tenha repercussão interestadual ou internacional e exija repressão uniforme, segundo se dispuser em lei;

II – prevenir e reprimir o tráfico ilícito de entorpecentes e drogas afins, o contrabando e o descaminho, sem prejuízo da ação fazendária e de outros órgãos públicos nas respectivas áreas de competência;

III – exercer as funções de polícia marítima, aeroportuária e de fronteiras;

> Redação do inciso III dada pela EC 19, de 4 de junho de 1998.

O texto anterior dispunha:
"III – exercer as funções de polícia marítima, aérea e de fronteiras;"

IV – exercer, com exclusividade, as funções de polícia judiciária da União.

§ 2º A polícia rodoviária federal, órgão permanente, organizado e mantido pela União e estruturado em carreira, destina-se, na forma da lei, ao patrulhamento ostensivo das rodovias federais.

> Redação do § 2º dada pela EC 19, de 4 de junho de 1998.

O texto anterior dispunha:
"§ 2º A polícia rodoviária federal, órgão permanente, estruturado em carreira, destina-se, na forma da lei, ao patrulhamento ostensivo das rodovias federais."

§ 3º A polícia ferroviária federal, órgão permanente, organizado e mantido pela União e estruturado em carreira, destina-se, na forma da lei, ao patrulhamento ostensivo das ferrovias federais.

> Redação do § 3º dada pela EC 19, de 4 de junho de 1998.

O texto anterior dispunha:
"§ 3º A polícia ferroviária federal, órgão permanente, estruturado em carreira, destina-se, na forma da lei, ao patrulhamento ostensivo das ferrovias federais."

§ 4º Às polícias civis, dirigidas por delegados de polícia de carreira, incumbem, ressalvada a competência da União, as funções de polícia judiciária e a apuração de infrações penais, exceto as militares.

§ 5º Às polícias militares cabem a polícia ostensiva e a preservação da ordem pública; aos corpos de bombeiros militares, além das atribuições definidas em lei, incumbe a execução de atividades de defesa civil.

§ 5º-A. Às polícias penais, vinculadas ao órgão administrador do sistema penal da unidade federativa a que pertencem, cabe a segurança dos estabelecimentos penais.

> Acrescentado pela EC 104, de 04 de dezembro de 2019.

§ 6º As polícias militares e os corpos de bombeiros militares, forças auxiliares e reserva do Exército subordinam-se, juntamente com as polícias civis e as polícias penais estaduais e distrital, aos Governadores dos Estados, do Distrito Federal e dos Territórios.

> Redação do § 6º dada pela EC 104, de 04 de dezembro de 2019.

O texto original dispunha:
"§ 6º As polícias militares e corpos de bombeiros militares, forças auxiliares e reserva do Exército, subordinam-se, juntamente com as polícias civis, aos Governadores dos Estados, do Distrito Federal e dos Territórios."

> Artigos constitucionais conexos: 21, XIV; 22, XXI; 32, § 4º.

§ 7º A lei disciplinará a organização e o funcionamento dos órgãos responsáveis pela segurança pública, de maneira a garantir a eficiência de suas atividades.

§ 8º Os Municípios poderão constituir guardas municipais destinadas à proteção de seus bens, serviços e instalações, conforme dispuser a lei.

§ 9º A remuneração dos servidores policiais integrantes dos órgãos relacionados neste artigo será fixada na forma do § 4º do art. 39.

> § 9º Acrescentado pela EC 19, de 4 de junho de 1998.

§ 10. A segurança viária, exercida para a preservação da ordem pública e da incolumidade das pessoas e do seu patrimônio nas vias públicas:

> § 10 acrescentado pela EC 82, de 16 de julho de 2014.

I – compreende a educação, engenharia e fiscalização de trânsito, além de outras atividades previstas em lei, que assegurem ao cidadão o direito à mobilidade urbana eficiente; e

> Inciso I acrescentado pela EC 82, de 16 de julho de 2014.

II – compete, no âmbito dos Estados, do Distrito Federal e dos Municípios, aos respectivos órgãos ou entidades executivos e seus agentes de trânsito, estruturados em Carreira, na forma da lei.

> Inciso II acrescentado pela EC 82, de 16 de julho de 2014.

TÍTULO VI
DA TRIBUTAÇÃO E DO ORÇAMENTO

CAPÍTULO I
Do Sistema Tributário Nacional

> *Legislação infraconstitucional:* Lei 5.172/66 (Código Tributário Nacional); Lei 8.137/90 (Crimes contra a ordem tributária, econômica e contra as relações de consumo); Lei 8.176/91 (crimes contra a ordem econômica); Lei 9.430/96 (Dispõe sobre a legislação tributária federal).

Seção I
Dos Princípios Gerais

Art. 145. A União, os Estados, o Distrito Federal e os Municípios poderão instituir os seguintes tributos:
> *Súmula do Supremo Tribunal Federal:* 667.

I – impostos

II – taxas, em razão do exercício do poder de polícia ou pela utilização, efetiva ou potencial, de serviços públicos específicos e divisíveis, prestados ao contribuinte ou postos a sua disposição;
> *Súmulas Vinculantes do Supremo Tribunal Federal:* 19 e 41.
> *Súmulas do Supremo Tribunal Federal:* 665 e 670.

III – contribuição de melhoria, decorrente de obras públicas.

§ 1º Sempre que possível, os impostos terão caráter pessoal e serão graduados segundo a capacidade econômica do contribuinte, facultado à administração tributária, especialmente para conferir efetividade a esses objetivos, identificar, respeitados os direitos individuais e nos termos da lei, o patrimônio, os rendimentos e as atividades econômicas do contribuinte.
> *Súmulas do Supremo Tribunal Federal:* 656 e 668.
> *Legislação infraconstitucional:* Lei 8.021/90 (Identificação dos contribuintes para fins fiscais).

§ 2º As taxas não poderão ter base de cálculo própria de impostos.
> *Súmula Vinculante do Supremo Tribunal Federal:* 29.
> *Súmula do Supremo Tribunal Federal:* 665.

§ 3º O Sistema Tributário Nacional deve observar os princípios da simplicidade, da transparência, da justiça tributária, da cooperação e da defesa do meio ambiente.

§ 4º As alterações na legislação tributária buscarão atenuar efeitos regressivos.
> *§§ 3º e 4º acrescidos pela EC 132/2023.*

Art. 146. Cabe à lei complementar:

I – dispor sobre conflitos de competência, em matéria tributária, entre a União, os Estados, o Distrito Federal e os Municípios;

II – regular as limitações constitucionais ao poder de tributar;

III – estabelecer normas gerais em matéria de legislação tributária, especialmente sobre:
> *Artigo constitucional conexo: 149.*

a) definição de tributos e de suas espécies, bem como, em relação aos impostos discriminados nesta Constituição, a dos respectivos fatos geradores, bases de cálculo e contribuintes;

b) obrigação, lançamento, crédito, prescrição e decadência tributários;

c) adequado tratamento tributário ao ato cooperativo praticado pelas sociedades cooperativas, inclusive em relação aos tributos previstos nos arts. 156-A e 195, V;
> *Alínea c com redação pela EC 132/2023.*

O texto original dispunha:
> *"c) adequado tratamento tributário ao ato cooperativo praticado pelas sociedades cooperativas."*

d) definição de tratamento diferenciado e favorecido para as microempresas e para as empresas de pequeno porte, inclusive regimes especiais ou simplificados no caso dos impostos previstos nos arts. 155, II, e 156-A, das contribuições sociais previstas no art. 195, I e V, e § 12 e da contribuição a que se refere o art. 239.
> *Alínea d com redação pela EC 132/2023.*
> *Art. 94 do ADCT.*
> *LC 123/2006 (Estatuto Nacional da Microempresa e da Empresa de Pequeno Porte).*

Texto novo: d) definição de tratamento diferenciado e favorecido para as microempresas e para as empresas de pequeno porte, inclusive regimes especiais ou simplificados no caso do imposto previsto no art. 156-A e das contribuições sociais previstas no art. 195, I e V.
> *Alínea d com redação pela EC 132/2023, em vigor a partir de 2033.*

O texto anterior com redação pela EC 42, de 19 de dezembro de 2003, dispunha:
> *d) definição de tratamento diferenciado e favorecido para as microempresas e para as empresas de pequeno porte, inclusive regimes especiais ou simplificados no caso do imposto previsto no art. 155, II, das contribuições previstas no art. 195, I e §§ 12 e 13, e da contribuição a que se refere o art. 239.*
> *Legislação infraconstitucional: LC 123/06 (Institui o Estatuto Nacional da Microempresa e da Empresa de Pequeno Porte), alterada pelas Leis Complementares 127/07, 128/08, 133/09, 139/11, 147/14, 155/16.*

§ 1º A lei complementar de que trata o inciso III, d, também poderá instituir um regime único de arrecadação dos impostos e contribuições da União, dos Estados, do Distrito Federal e dos Municípios, observado que:
> *Primitivo parágrafo único renumerado pela EC132/2023.*

O texto original acrescido pela EC 42, de 19 de dezembro de 2003, dispunha:
"Parágrafo único. A lei complementar de que trata o inciso III, d, também poderá instituir um regime único de arrecadação dos impostos e contribuições da União, dos Estados, do Distrito Federal e dos Municípios, observado que:"

I – será opcional para o contribuinte;
> *Inciso I acrescentado pela EC 42, de 19 de dezembro de 2003.*

II – poderão ser estabelecidas condições de enquadramento diferenciadas por Estado;
> *Inciso II acrescentado pela EC 42, de 19 de dezembro de 2003.*

III – o recolhimento será unificado e centralizado e a distribuição da parcela de recursos pertencentes aos respectivos entes federados será imediata, vedada qualquer retenção ou condicionamento;
> *Inciso III acrescentado pela EC 42, de 19 de dezembro de 2003.*

IV – a arrecadação, a fiscalização e a cobrança poderão ser compartilhadas pelos entes federados, adotado cadastro nacional único de contribuintes.
> Inciso IV acrescentado pela EC 42, de 19 de dezembro de 2003.

§ 2º É facultado ao optante pelo regime único de que trata o § 1º apurar e recolher os tributos previstos nos arts. 156-A e 195, V, nos termos estabelecidos nesses artigos, hipótese em que as parcelas a eles relativas não serão cobradas pelo regime único.

§ 3º Na hipótese de o recolhimento dos tributos previstos nos arts. 156-A e 195, V, ser realizado por meio do regime único de que trata o § 1º, enquanto perdurar a opção:

I – não será permitida a apropriação de créditos dos tributos previstos nos arts. 156-A e 195, V, pelo contribuinte optante pelo regime único; e

II – será permitida a apropriação de créditos dos tributos previstos nos arts. 156-A e 195, V, pelo adquirente não optante pelo regime único de que trata o § 1º de bens materiais ou imateriais, inclusive direitos, e de serviços do optante, em montante equivalente ao cobrado por meio do regime único.
> §§ 2º e 3º acrescidos pela EC 132/2023.

Art. 146-A. A lei complementar poderá estabelecer critérios especiais de tributação, com o objetivo de prevenir desequilíbrios da concorrência, sem prejuízo da competência de a União, por lei, estabelecer normas de igual objetivo.
> Art. 146-A acrescentado pela EC 42, de 19 de dezembro de 2003.

Art. 147. Competem à União, em Território Federal, os impostos estaduais e, se o Território não for dividido em Municípios, cumulativamente, os impostos municipais; ao Distrito Federal cabem os impostos municipais.
> Artigo constitucional conexo: 32, § 1º; 35, caput.

Art. 148. A União, mediante lei complementar, poderá instituir empréstimos compulsórios:
> Artigo constitucional conexo: ADCT, 34, § 12.

I – para atender a despesas extraordinárias, decorrentes de calamidade pública, de guerra externa ou sua iminência;

II – no caso de investimento público de caráter urgente e de relevante interesse nacional, observado o disposto no art. 150, III, *b*.

Parágrafo único. A aplicação dos recursos provenientes de empréstimo compulsório será vinculada à despesa que fundamentou sua instituição.

Art. 149. Compete exclusivamente à União instituir contribuições sociais, de intervenção no domínio econômico e de interesse das categorias profissionais ou econômicas, como instrumento de sua atuação nas respectivas áreas, observado o disposto nos arts. 146, III, e 150, I e III, e sem prejuízo do previsto no art. 195, § 6º, relativamente às contribuições a que alude o dispositivo.
> Legislação infraconstitucional: Lei 10.308/01 (dispõe sobre a seleção de locais, a construção, o licenciamento, a operação, a fiscalização, os custos, a indenização, a responsabilidade civil e as garantias referentes aos depósitos de rejeitos radioativos, e dá outras providências); Lei 10.336/01 (Institui Contribuição de Intervenção no Domínio Econômico incidente sobre a importação e a comercialização de petróleo e seus derivados, gás natural e seus derivados, e álcool etílico combustível (Cide), e dá outras providências).

§ 1º A União, os Estados, o Distrito Federal e os Municípios instituirão, por meio de lei, contribuições para custeio de regime próprio de previdência social, cobradas dos servidores ativos, dos aposentados e dos pensionistas, que poderão ter alíquotas progressivas de acordo com o valor da base de contribuição ou dos proventos de aposentadoria e de pensões.

> *Redação do § 1º dada pela EC 103, de 12 de novembro de 2019. Esta alteração entrará em vigor, para os regimes próprios de previdência social dos Estados, do Distrito Federal e dos Municípios, na data de publicação de lei de iniciativa privativa do respectivo Poder Executivo que a referende integralmente (DOU 13.11.2019).*

O texto anterior, redigido pela EC 41, de 19 de dezembro de 2003, dispunha:
"§ 1º Os Estados, o Distrito Federal e os Municípios instituirão contribuição, cobrada de seus servidores, para o custeio, em benefício destes, do regime previdenciário de que trata o art. 40, cuja alíquota não será inferior à da contribuição dos servidores titulares de cargos efetivos da União."

§ 1º-A. Quando houver *deficit* atuarial, a contribuição ordinária dos aposentados e pensionistas poderá incidir sobre o valor dos proventos de aposentadoria e de pensões que supere o salário mínimo.

> *§ 1º-A acrescentado pela EC 103, de 12 de novembro de 2019. Esta alteração entrará em vigor, para os regimes próprios de previdência social dos Estados, do Distrito Federal e dos Municípios, na data de publicação de lei de iniciativa privativa do respectivo Poder Executivo que a referende integralmente (DOU 13.11.2019).*

§ 1º-B. Demonstrada a insuficiência da medida prevista no § 1º-A para equacionar o *deficit* atuarial, é facultada a instituição de contribuição extraordinária, no âmbito da União, dos servidores públicos ativos, dos aposentados e dos pensionistas.

> *§ 1º-B acrescentado pela EC 103, de 12 de novembro de 2019. Esta alteração entrará em vigor, para os regimes próprios de previdência social dos Estados, do Distrito Federal e dos Municípios, na data de publicação de lei de iniciativa privativa do respectivo Poder Executivo que a referende integralmente (DOU 13.11.2019).*

§ 1º-C. A contribuição extraordinária de que trata o § 1º-B deverá ser instituída simultaneamente com outras medidas para equacionamento do deficit e vigorará por período determinado, contado da data de sua instituição.

> *§ 1º-C acrescentado pela EC 103, de 12 de novembro de 2019. Esta alteração entrará em vigor, para os regimes próprios de previdência social dos Estados, do Distrito Federal e dos Municípios, na data de publicação de lei de iniciativa privativa do respectivo Poder Executivo que a referende integralmente (DOU 13.11.2019).*

§ 2º As contribuições sociais e de intervenção no domínio econômico de que trata o *caput* deste artigo:

> *§ 2º acrescentado pela EC 33, de 11 de dezembro de 2001.*

I – não incidirão sobre as receitas decorrentes de exportação;

II – incidirão também sobre a importação de produtos estrangeiros ou serviços;

> *Redação do inciso II dada pela EC 42, de 19 de dezembro de 2003.*

O texto original, redigido pela EC 33, de 11 de dezembro de 2001, dispunha:
"II – poderão incidir sobre a importação de petróleo e seus derivados, gás natural e seus derivados e álcool combustível;"

III – poderão ter alíquotas:
   a) *ad valorem*, tendo por base o faturamento, a receita bruta ou o valor da operação e, no caso de importação, o valor aduaneiro;
   b) específica, tendo por base a unidade de medida adotada.

§ 3º A pessoa natural destinatária das operações de importação poderá ser equiparada a pessoa jurídica, na forma da lei.

> *§ 3º acrescentado pela EC 33, de 11 de dezembro de 2001.*

§ 4º A lei definirá as hipóteses em que as contribuições incidirão uma única vez.
> § 4º acrescentado pela EC 33, de 11 de dezembro de 2001.

Art. 149-A. Os Municípios e o Distrito Federal poderão instituir contribuição, na forma das respectivas leis, para o custeio, a expansão e a melhoria do serviço de iluminação pública e de sistemas de monitoramento para segurança e preservação de logradouros públicos, observado o disposto no art. 150, I e III.
> Caput com redação pela EC 132/2023.

O texto original, com redação pela *EC 39, de 19 de dezembro de 2002*, dispunha:
> "Art. 149-A. Os Municípios e o Distrito Federal poderão instituir contribuição, na forma das respectivas leis, para o custeio do serviço de iluminação pública, observado o disposto no art. 150, I e III."

> **Parágrafo único**. *É facultada a cobrança da contribuição a que se refere o caput, na fatura de consumo de energia elétrica.*

> Parágrafo único acrescentados pela EC 39, de 19 de dezembro de 2002.

Art. 149-B. Os tributos previstos nos arts. 156-A e 195, V, observarão as mesmas regras em relação a:

I – fatos geradores, bases de cálculo, hipóteses de não incidência e sujeitos passivos;

II – imunidades;

III – regimes específicos, diferenciados ou favorecidos de tributação;

IV – regras de não cumulatividade e de creditamento.

Parágrafo único. Os tributos de que trata o caput observarão as imunidades previstas no art. 150, VI, não se aplicando a ambos os tributos o disposto no art. 195, § 7º.

Art. 149-C. O produto da arrecadação do imposto previsto no art. 156-A e da contribuição prevista no art. 195, V, incidentes sobre operações contratadas pela administração pública direta, por autarquias e por fundações públicas, inclusive suas importações, será integralmente destinado ao ente federativo contratante, mediante redução a zero das alíquotas do imposto e da contribuição devidos aos demais entes e equivalente elevação da alíquota do tributo devido ao ente contratante.

§ 1º As operações de que trata o caput poderão ter alíquotas reduzidas de modo uniforme, nos termos de lei complementar.

§ 2º Lei complementar poderá prever hipóteses em que não se aplicará o disposto no *caput* e no § 1º.

§ 3º Nas importações efetuadas pela administração pública direta, por autarquias e por fundações públicas, o disposto no art. 150, VI, "a", será implementado na forma do disposto no *caput* e no § 1º, assegurada a igualdade de tratamento em relação às aquisições internas.

> Arts. 149-B e 149-C acrescidos pela EC 132/2023.

Seção II
Das Limitações do Poder de Tributar

Art. 150. Sem prejuízo de outras garantias asseguradas ao contribuinte, é vedado à União, aos Estados, ao Distrito Federal e aos Municípios:

I – exigir ou aumentar tributo sem lei que o estabeleça;

II – instituir tratamento desigual entre contribuintes que se encontrem em situação equivalente, proibida qualquer distinção em razão de ocupação profissional ou função por eles exercida, independentemente da denominação jurídica dos rendimentos, títulos ou direitos;
> Súmula do Supremo Tribunal Federal: 658.

III – cobrar tributos:
> Artigos constitucionais conexos: 5º, § 2º; 195, § 6º.

a) em relação a fatos geradores ocorridos antes do início da vigência da lei que os houver instituído ou aumentado;
b) no mesmo exercício financeiro em que haja sido publicada a lei que os instituiu ou aumentou;
c) antes de decorridos noventa dias da data em que haja sido publicada a lei que os instituiu ou aumentou, observado o disposto na alínea b;
> Alínea c acrescentada pela EC 42, de 19 de dezembro de 2003.

IV – utilizar tributo com efeito de confisco;

V – estabelecer limitações ao tráfego de pessoas ou bens, por meio de tributos interestaduais ou intermunicipais, ressalvada a cobrança de pedágio pela utilização de vias conservadas pelo Poder Público;

VI – instituir impostos sobre:

a) patrimônio, renda ou serviços, uns dos outros;

b) entidades religiosas e templos de qualquer culto, inclusive suas organizações assistenciais e beneficentes;
> Alínea b com redação pela EC 132/2023.

O texto original dispunha:
> "b) templos de qualquer culto;"

c) patrimônio, renda ou serviços dos partidos políticos, inclusive suas fundações, das entidades sindicais dos trabalhadores, das instituições de educação e de assistência social, sem fins lucrativos, atendidos os requisitos da lei;
> Súmula Vinculante do Supremo Tribunal Federal: 52.
> Súmulas do Supremo Tribunal Federal: 724 e 730.

d) livros, jornais, periódicos e o papel destinado a sua impressão.
> Súmula Vinculante do Supremo Tribunal Federal: 57.
> Súmula do Supremo Tribunal Federal: 657.
> Legislação infraconstitucional: Lei 10.753/03 (Política Nacional do Livro).

e) fonogramas e videofonogramas musicais produzidos no Brasil contendo obras musicais ou literomusicais de autores brasileiros e/ou obras em geral interpretadas por artistas brasileiros bem como os suportes materiais ou arquivos digitais que os contenham, salvo na etapa de replicação industrial de mídias ópticas de leitura a laser.
> Alínea "e" acrescentada pela EC 75, de 15 de outubro de 2013.

§ 1º A vedação do inciso III, b, não se aplica aos tributos previstos nos arts. 148, I, 153, I, II, IV e V; e 154, II; e a vedação do inciso III, c, não se aplica aos tributos previstos nos arts. 148, I, 153, I, II, III e V; e 154, II, nem à fixação da base de cálculo dos impostos previstos nos arts. 155, III, e 156, I.
> Redação do § 1º dada pela EC 42, de 19 de dezembro de 2003.

O texto original dispunha:
"§ 1º A vedação do inciso III, b, não se aplica aos impostos previstos nos arts. 153, I, II, IV e V, e 154, II."

§ 2º A vedação do inciso VI, "a", é extensiva às autarquias e às fundações instituídas e mantidas pelo poder público e à empresa pública prestadora de serviço postal, no que se refere ao patrimônio, à renda e aos serviços vinculados a suas finalidades essenciais ou às delas decorrentes.
> §2º com redação pela EC 132/2023.

O texto original dispunha:
"**§ 2º** A vedação do inciso VI, a, é extensiva às autarquias e às fundações instituídas e mantidas pelo Poder Público, no que se refere ao patrimônio, à renda e aos serviços, vinculados a suas finalidades essenciais ou às delas decorrentes."

§ 3º As vedações do inciso VI, a, e do parágrafo anterior não se aplicam ao patrimônio, à renda e aos serviços, relacionados com exploração de atividades econômicas regidas pelas normas aplicáveis a empreendimentos privados, ou em que haja contraprestação ou pagamento de preços ou tarifas pelo usuário, nem exonera o promitente comprador da obrigação de pagar imposto relativamente ao bem imóvel.

§ 4º As vedações expressas no inciso VI, alíneas b e c, compreendem somente o patrimônio, a renda e os serviços, relacionados com as finalidades essenciais das entidades nelas mencionadas.

§ 5º A lei determinará medidas para que os consumidores sejam esclarecidos acerca dos impostos que incidam sobre mercadorias e serviços.
> Legislação infraconstitucional: Lei 12.741/12 (Dispõe sobre as medidas de esclarecimento ao consumidor, de que trata o § 5º do artigo 150 da Constituição Federal; altera o inciso III do art. 6º e o inciso IV do art. 106 da Lei 8.078, de 11 de setembro de 1990 – Código de Defesa do Consumidor).

§ 6º Qualquer subsídio ou isenção, redução de base de cálculo, concessão de crédito presumido, anistia ou remissão, relativo a impostos, taxas ou contribuições, só poderá ser concedido mediante lei específica, federal, estadual ou municipal, que regule exclusivamente as matérias acima enumeradas ou o correspondente tributo ou contribuição, sem prejuízo do disposto no art. 155, § 2º, XII, g.
> Redação do § 6º dada pela EC 3, de 17 de março de 1993.

Texto novo: § 6º Qualquer subsídio ou isenção, redução de base de cálculo, concessão de crédito presumido, anistia ou remissão, relativos a impostos, taxas ou contribuições, só poderá ser concedido mediante lei específica, federal, estadual ou municipal, que regule exclusivamente as matérias acima enumeradas ou o correspondente tributo ou contribuição.

> §6º com redação pela EC 132/2023, em vigor a partir de 2033.

O texto original dispunha:
"§ 6º Qualquer anistia ou remissão que envolva matéria tributária ou previdenciária só poderá ser concedida através de lei específica, federal, estadual ou municipal."

§ 7º A lei poderá atribuir a sujeito passivo de obrigação tributária a condição de responsável pelo pagamento de imposto ou contribuição, cujo fato gerador deva ocorrer posteriormente, assegurada a imediata e preferencial restituição da quantia paga, caso não se realize o fato gerador presumido.
> Acrescentado pela EC 3, de 17 de março de 1993.

Art. 151. É vedado à União:

I – instituir tributo que não seja uniforme em todo o território nacional ou que implique distinção ou preferência em relação a Estado, ao Distrito Federal ou a Município, em detrimento de outro, admitida a concessão de incentivos fiscais destinados a promover o equilíbrio do desenvolvimento sócioeconômico entre as diferentes regiões do País;

II – tributar a renda das obrigações da dívida pública dos Estados, do Distrito Federal e dos Municípios, bem como a remuneração e os proventos dos respectivos agentes públicos, em níveis superiores aos que fixar para suas obrigações e para seus agentes;

III – instituir isenções de tributos da competência dos Estados, do Distrito Federal ou dos Municípios.

Art. 152. É vedado aos Estados, ao Distrito Federal e aos Municípios estabelecer diferença tributária entre bens e serviços, de qualquer natureza, em razão de sua procedência ou destino.

Seção III
Dos Impostos da União

Art. 153. Compete à União instituir impostos sobre:

I – importação de produtos estrangeiros;

> *Legislação infraconstitucional:* Leis 7.810/89, 8.032/90, 8.035/90, 9.449/97 (Disciplinam a redução ou isenção do Imposto de Importação).

II – exportação, para o exterior, de produtos nacionais ou nacionalizados;

> *Artigos constitucionais conexos:* ADCT, 34, § 2º, I.

III – renda e proventos de qualquer natureza;

> *Artigo constitucional conexo:* 3º da EC 03/93.

> *Legislação infraconstitucional:* Decreto 9.580/2018 (Regulamenta a tributação, a fiscalização, a arrecadação e a administração do Imposto sobre a Renda e Proventos de Qualquer Natureza).

IV – produtos industrializados;

> *Artigo constitucional conexo:* ADCT, 34, § 2º, I.

V – operações de crédito, câmbio e seguro, ou relativas a títulos ou valores mobiliários;

> *Súmula Vinculante do Supremo Tribunal Federal:* 32.
> *Súmula do Supremo Tribunal Federal:* 664.
> *Legislação infraconstitucional:* Lei 8.894/94 (Institui o Imposto sobre operações financeiras – IOF), regulamentada pelo Decreto 2.219/97.

Texto novo: V – operações de crédito e câmbio ou relativas a títulos ou valores mobiliários;

> *Inciso V com redação pela EC 132/2023, em vigor a partir de 2027.*

VI – propriedade territorial rural;

> *Legislação infraconstitucional:* Lei 8.894/94 e Lei 9.393/96 (Dispõem sobre o ITR – Imposto sobre propriedade territorial rural e títulos da dívida agrária); Lei 9.321/96 (Dispõe sobre o Programa Nacional de Fortalecimento Familiar – PRONAF); Lei 11.326/06 (Estabelece as diretrizes para a formulação da Política Nacional da Agricultura Familiar e Empreendimentos Familiares Rurais).

VII – grandes fortunas, nos termos de lei complementar.

VIII – produção, extração, comercialização ou importação de bens e serviços prejudiciais à saúde ou ao meio ambiente, nos termos de lei complementar.

> Inciso VIII acrescido pela EC 132/2023.

§ 1º É facultado ao Poder Executivo, atendidas as condições e os limites estabelecidos em lei, alterar as alíquotas dos impostos enumerados nos incisos I, II, IV e V.

§ 2º O imposto previsto no inciso III:

I – será informado pelos critérios da generalidade, da universalidade e da progressividade, na forma da lei;

II – *Revogado pela EC 20, de 15 de dezembro de 1998.*

> O texto original dispunha:
> *II – não incidirá, nos termos e limites fixados em lei, sobre rendimentos provenientes de aposentadoria e pensão, pagos pela previdência social da União, dos Estados, do Distrito Federal e dos Municípios a pessoa com idade superior a sessenta e cinco anos, cuja renda total seja constituída, exclusivamente, de rendimentos do trabalho.*

§ 3º O imposto previsto no inciso IV:

I – será seletivo, em função da essencialidade do produto;

II – será não cumulativo, compensando-se o que for devido em cada operação com o montante cobrado nas anteriores;

> *Súmula Vinculante do Supremo Tribunal Federal:* 58.

III – não incidirá sobre produtos industrializados destinados ao exterior.

IV – terá reduzido seu impacto sobre a aquisição de bens de capital pelo contribuinte do imposto, na forma da lei.

> *Inciso IV acrescentado pela EC 42, de 19 de dezembro de 2003.*

§ 4º O imposto previsto no inciso VI do *caput*:

> *Redação do § 4º dada pela EC 42, de 19 de dezembro de 2003.*
> O texto original dispunha:
> *"§ 4º O imposto previsto no inciso VI terá suas alíquotas fixadas de forma a desestimular a manutenção de propriedades improdutivas e não incidirá sobre pequenas glebas rurais, definidas em lei, quando as explore, só ou com sua família, o proprietário que não possua outro imóvel."*

I – será progressivo e terá suas alíquotas fixadas de forma a desestimular a manutenção de propriedades improdutivas;

> *Inciso I acrescentado pela EC 42, de 19 de dezembro de 2003.*

II – não incidirá sobre pequenas glebas rurais, definidas em lei, quando as explore o proprietário que não possua outro imóvel;

> *Inciso II acrescentado pela EC 42, de 19 de dezembro de 2003.*

III – será fiscalizado e cobrado pelos Municípios que assim optarem, na forma da lei, desde que não implique redução do imposto ou qualquer outra forma de renúncia fiscal.

> *Inciso III acrescentado pela EC 42, de 19 de dezembro de 2003.*
> *Legislação infraconstitucional:* Lei 8.629/93 (Regulamenta os dispositivos constitucionais relativos à reforma agrária); Lei 9.393/96 (Imposto sobre a Propriedade Territorial Rural – ITF, sobre o pagamento de dívida representada por Títulos da Dívida Agrária); Lei 11.250/2005 (Regulamenta o inciso III do § 4º do art. 153 da Constituição Federal).

§ 5º O ouro, quando definido em lei como ativo financeiro ou instrumento cambial, sujeita-se exclusivamente à incidência do imposto de que trata o inciso V do *caput* deste artigo, devido na operação de origem; a alíquota mínima será de um por cento, assegurada a transferência do montante da arrecadação nos seguintes termos:

> *Artigos constitucionais conexos:* 29-A, acrescentado pela EC 25, de 14-2-2000; ADCT, 72, § 3º, e 74, § 2º.

> Legislação infraconstitucional: Lei 7.766/89 (Ouro como ativo financeiro).

I – trinta por cento para o Estado, o Distrito Federal ou o Território, conforme a origem;

II – setenta por cento para o Município de origem.

§ 6º O imposto previsto no inciso VIII do caput deste artigo:

I – não incidirá sobre as exportações nem sobre as operações com energia elétrica e com telecomunicações;

II – incidirá uma única vez sobre o bem ou serviço;

III – não integrará sua própria base de cálculo;

IV – integrará a base de cálculo dos tributos previstos nos arts. 155, II, 156, III, 156-A e 195, V;

Texto novo: IV – integrará a base de cálculo dos tributos previstos nos arts. 156-A e 195, V;

> Inciso IV com redação pela EC 132/2023, em vigor a partir de 2033.

V – poderá ter o mesmo fato gerador e base de cálculo de outros tributos;

VI – terá suas alíquotas fixadas em lei ordinária, podendo ser específicas, por unidade de medida adotada, ou ad valorem;

VII – na extração, o imposto será cobrado independentemente da destinação, caso em que a alíquota máxima corresponderá a 1% (um por cento) do valor de mercado do produto.

> § 6º acrescentado pela EC 132/2023.

Art. 154. A União poderá instituir:

I – mediante lei complementar, impostos não previstos no artigo anterior, desde que sejam não cumulativos e não tenham fato gerador ou base de cálculo próprios dos discriminados nesta Constituição;

> Artigos constitucionais conexos: 195, § 4º; ADCT, 74, § 2º.

II – na iminência ou no caso de guerra externa, impostos extraordinários, compreendidos ou não em sua competência tributária, os quais serão suprimidos, gradativamente, cessadas as causas de sua criação.

Seção IV
Dos Impostos dos Estados e do Distrito Federal

Art. 155. Compete aos Estados e ao Distrito Federal instituir impostos sobre:

> Redação do caput dada pela EC 3, de 17 de março de 1993.
> O texto original dispunha:
> "Art. 155. Compete aos Estados e ao Distrito Federal instituir:"

I – transmissão *causa mortis* e doação, de quaisquer bens ou direitos;

> Redação do inciso I dada pela EC 3, de 17 de março de 1993.
> O texto original dispunha:
> "I – impostos sobre:
> a) transmissão 'causas mortis' e doação, de quaisquer bens ou direitos;
> b) operações relativas à circulação de mercadorias e sobre prestações de serviços de transporte interestadual e intermunicipal e de comunicação, ainda que as operações e as prestações se iniciem no exterior;
> c) propriedade de veículos automotores;"

II – operações relativas à circulação de mercadorias e sobre prestações de serviços de transporte interestadual e intermunicipal e de comunicação, ainda que as operações e as prestações se iniciem no exterior;
> Redação do inciso II dada pela EC 3, de 17 de março de 1993.

O texto original dispunha:
"II – adicional de até cinco por cento do que for pago à União por pessoas físicas ou jurídicas domiciliadas nos respectivos territórios, a título do imposto previsto no art. 153, III, incidente sobre lucros, ganhos e rendimentos de capital."
> Artigo constitucional conexo: ADCT, 60, § 2º.
> Súmula do Supremo Tribunal Federal: 662.
> Legislação infraconstitucional: LC 87/96 (Dispõe sobre ICMS); com as alterações das LC 92/97; LC 102/00, LC 114/02 e LC 115/02.

Texto novo: II – *Revogado pela EC 132/2023, em vigor a partir de 2033.*

III – propriedade de veículos automotores;
> Acrescentado pela EC 3, de 17 de março de 1993.

§ 1º O imposto previsto no inciso I:
> Redação do § 1º dada pela EC 3, de 17 de março de 1993.

O texto anterior dispunha:
"§ 1º O imposto previsto no inciso I, 'a':"

I – relativamente a bens imóveis e respectivos direitos, compete ao Estado da situação do bem, ou ao Distrito Federal;

II – relativamente a bens móveis, títulos e créditos, compete ao Estado onde era domiciliado ode cujus, ou tiver domicílio o doador, ou ao Distrito Federal;
> Inciso II com a redação pela EC 132/2023.

O texto original dispunha:
"II – relativamente a bens móveis, títulos e créditos, compete ao Estado onde se processar o inventário ou arrolamento, ou tiver domicílio o doador, ou ao Distrito Federal;"

III – terá a competência para sua instituição regulada por lei complementar:

a) se o doador tiver domicílio ou residência no exterior;

b) se o *de cujus* possuía bens, era residente ou domiciliado ou teve o seu inventário processado no exterior;

IV – terá suas alíquotas máximas fixadas pelo Senado Federal.

V – não incidirá sobre as doações destinadas, no âmbito do Poder Executivo da União, a projetos socioambientais ou destinados a mitigar os efeitos das mudanças climáticas e às instituições federais de ensino.
> Inciso V acrescentado pela EC 126, de 21 de dezembro de 2022.

VI – será progressivo em razão do valor do quinhão, do legado ou da doação;

VII – não incidirá sobre as transmissões e as doações para as instituições sem fins lucrativos com finalidade de relevância pública e social, inclusive as organizações assistenciais e beneficentes de entidades religiosas e institutos científicos e tecnológicos, e por elas realizadas na consecução dos seus objetivos sociais, observadas as condições estabelecidas em lei complementar.
> Incisos VI e VII acrescidos pela EC 132/2023.

§ 2º O imposto previsto no inciso II atenderá ao seguinte:
> Redação do § 2º dada pela EC 3, de 17 de março de 1993.

O texto anterior dispunha:
"*§ 2º O imposto previsto no inciso I, 'b', atenderá ao seguinte:*"

I – será não cumulativo, compensando-se o que for devido em cada operação relativa à circulação de mercadorias ou prestação de serviços com o montante cobrado nas anteriores pelo mesmo ou outro Estado ou pelo Distrito Federal;

II – a isenção ou não incidência, salvo determinação em contrário da legislação:
> Súmula do Supremo Tribunal Federal: 662.

a) não implicará crédito para compensação com o montante devido nas operações ou prestações seguintes;

b) acarretará a anulação do crédito relativo às operações anteriores;

III – poderá ser seletivo, em função da essencialidade das mercadorias e dos serviços;

IV – resolução do Senado Federal, de iniciativa do Presidente da República ou de um terço dos Senadores, aprovada pela maioria absoluta de seus membros, estabelecerá as alíquotas aplicáveis às operações e prestações, interestaduais e de exportação;

V – é facultado ao Senado Federal:

a) estabelecer alíquotas mínimas nas operações internas, mediante resolução de iniciativa de um terço e aprovada pela maioria absoluta de seus membros;

b) fixar alíquotas máximas nas mesmas operações para resolver conflito específico que envolva interesse de Estados, mediante resolução de iniciativa da maioria absoluta e aprovada por dois terços de seus membros;

VI – salvo deliberação em contrário dos Estados e do Distrito Federal, nos termos do disposto no inciso XII, *g*, as alíquotas internas, nas operações relativas à circulação de mercadorias e nas prestações de serviços, não poderão ser inferiores às previstas para as operações interestaduais;

VII – nas operações e prestações que destinem bens e serviços a consumidor final, contribuinte ou não do imposto, localizado em outro Estado, adotar-se-á a alíquota interestadual e caberá ao Estado de localização do destinatário o imposto correspondente à diferença entre a alíquota interna do Estado destinatário e a alíquota interestadual;

a) *revogada*;

b) *revogada*;

> Redação do inciso VII dada pela EC 87, de 16 de abril de 2015.

O texto original dispunha:
"*VII – em relação às operações e prestações que destinem bens e serviços a consumidor final localizado em outro Estado, adotar-se-á:*
a) a alíquota interestadual, quando o destinatário for contribuinte do imposto;
b) a alíquota interna, quando o destinatário não for contribuinte dele;"

VIII – a responsabilidade pelo recolhimento do imposto correspondente à diferença entre a alíquota interna e a interestadual de que trata o inciso VII será atribuída:

a) ao destinatário, quando este for contribuinte do imposto;

b) ao remetente, quando o destinatário não for contribuinte do imposto;

> Redação do inciso VIII dada pela EC 87, de 16 de abril de 2015.

O texto original dispunha:
"*VIII – na hipótese da alínea a do inciso anterior, caberá ao Estado da localização do destinatário o imposto correspondente à diferença entre a alíquota interna e a interestadual;*"

IX – incidirá também:

> Súmulas do Supremo Tribunal Federal: 660 e 661.

a) sobre a entrada de bem ou mercadoria importados do exterior por pessoa física ou jurídica, ainda que não seja contribuinte habitual do imposto, qualquer que seja a sua finalidade, assim como sobre o serviço prestado no exterior, cabendo o imposto ao Estado onde estiver situado o domicílio ou o estabelecimento do destinatário da mercadoria, bem ou serviço;

> Alínea a com redação dada pela EC 33, de 11 de dezembro de 2001.

O texto original dispunha:

"a) sobre a entrada de mercadoria importada do exterior, ainda quando se tratar de bem destinado a consumo ou ativo fixo do estabelecimento, assim como sobre serviço prestado no exterior, cabendo o imposto ao Estado onde estiver situado o estabelecimento destinatário da mercadoria ou do serviço;"

> Súmula Vinculante do Supremo Tribunal Federal: 48.
> Súmulas do Supremo Tribunal Federal: 660 e 661.

b) sobre o valor total da operação, quando mercadorias forem fornecidas com serviços não compreendidos na competência tributária dos Municípios;

X – não incidirá:

a) sobre operações que destinem mercadorias para o exterior, nem sobre serviços prestados a destinatários no exterior, assegurada a manutenção e o aproveitamento do montante do imposto cobrado nas operações e prestações anteriores;

> Alínea a com redação dada pela EC 42, de 19 de dezembro de 2003.

O texto original dispunha:

"a) sobre operações que destinem ao exterior produtos industrializados, excluídos os semielaborados definidos em lei complementar;"

> Legislação infraconstitucional: LC 65/91 (Define os produtos semielaborados que podem ser tributados pelos Estados e Distrito Federal, quando de sua exportação para o exterior).

b) sobre operações que destinem a outros Estados petróleo, inclusive lubrificantes, combustíveis líquidos e gasosos dele derivados, e energia elétrica;

c) sobre o ouro, nas hipóteses definidas no art. 153, § 5º;

> Legislação infraconstitucional: Lei 7.766/89 (Ouro como ativo financeiro).

d) nas prestações de serviço de comunicação nas modalidades de radiodifusão sonora e de sons e imagens de recepção livre e gratuita;

> Alínea d acrescentada pela EC 42, de 19 de dezembro de 2003.

XI – não compreenderá, em sua base de cálculo, o montante do imposto sobre produtos industrializados, quando a operação, realizada entre contribuintes e relativa a produto destinado à industrialização ou à comercialização, configure fato gerador dos dois impostos;

XII – cabe à lei complementar:

> Artigo constitucional conexo: art. 4º, EC 42/03.

a) definir seus contribuintes;

b) dispor sobre substituição tributária;

c) disciplinar o regime de compensação do imposto;

d) fixar, para efeito de sua cobrança e definição do estabelecimento responsável, o local das operações relativas à circulação de mercadorias e das prestações de serviços;

e) excluir da incidência do imposto, nas exportações para o exterior, serviços e outros produtos além dos mencionados no inciso X, a;

f) prever casos de manutenção de crédito, relativamente à remessa para outro Estado e exportação para o exterior, de serviços e de mercadorias;

g) regular a forma como, mediante deliberação dos Estados e do Distrito Federal, isenções, incentivos e benefícios fiscais serão concedidos e revogados.

h) definir os combustíveis e lubrificantes sobre os quais o imposto incidirá uma única vez, qualquer que seja a sua finalidade, hipótese em que não se aplicará o disposto no inciso X, *b*:
> Alínea "h" acrescentada pela EC 33, de 11 de dezembro de 2001.

i) fixar a base de cálculo, de modo que o montante do imposto a integre, também na importação do exterior de bem, mercadoria ou serviço.
> Alínea "i" acrescentada pela EC 33, de 11 de dezembro de 2001.

§ 3º À exceção dos impostos de que tratam o inciso II do *caput* deste artigo e o artigo 153, I e II, nenhum outro imposto poderá incidir sobre operações relativas a energia elétrica, serviços de telecomunicações, derivados de petróleo, combustíveis e minerais do País.
> § 3º com redação pela EC 132, de 20.12.2023.

O texto anterior, redigido pela *EC 33, de 11 de dezembro de 2001*, dispunha:
"À exceção dos impostos de que tratam o inciso II do caput deste artigo e o art. 153, I e II, nenhum outro imposto poderá incidir sobre operações relativas a energia elétrica, serviços de telecomunicações, derivados de petróleo, combustíveis e minerais do País."
> Súmula do Supremo Tribunal Federal: 659.

§ 4º Na hipótese do inciso XII, *h*, observar-se-á o seguinte:

I – nas operações com os lubrificantes e combustíveis derivados de petróleo, o imposto caberá ao Estado onde ocorrer o consumo;

II – nas operações interestaduais, entre contribuintes, com gás natural e seus derivados, e lubrificantes e combustíveis não incluídos no inciso I deste parágrafo, o imposto será repartido entre os Estados de origem e de destino, mantendo-se a mesma proporcionalidade que ocorre nas operações com as demais mercadorias;

III – nas operações interestaduais com gás natural e seus derivados, e lubrificantes e combustíveis não incluídos no inciso I deste parágrafo destinadas a não contribuinte, o imposto caberá ao Estado de origem;

IV – as alíquotas do imposto serão definidas mediante deliberação dos Estados e Distrito Federal, nos termos do § 2º, XII, *g*, observando-se o seguinte:

a) serão uniformes em todo o território nacional, podendo ser diferenciadas por produto;

b) poderão ser específicas, por unidade de medida adotada, ou *ad valorem*, incidindo sobre o valor da operação ou sobre o preço que o produto ou seu similar alcançaria em uma venda em condições de livre concorrência;

c) poderão ser reduzidas e restabelecidas, não se lhes aplicando o disposto no art. 150, III, *b*.
> § 4º acrescentado pela EC 33, de 11 de dezembro de 2001.

§ 5º As regras necessárias à aplicação do disposto no § 4º, inclusive as relativas à apuração e à destinação do imposto, serão estabelecidas mediante deliberação dos Estados e do Distrito Federal, nos termos do § 2º, XII, *g*.
> § 5º acrescentado pela EC 33, de 11 de dezembro de 2001.

Texto novo: §§ 2º a 5º. Revogados pela EC 132/2023, em vigor a partir de 2033.

§ 6º O imposto previsto no inciso III:

I – terá alíquotas mínimas fixadas pelo Senado Federal;

II – poderá ter alíquotas diferenciadas em função do tipo, do valor, da utilização e do impacto ambiental;

> Inciso II com redação pela EC 132/2023.
> O texto anterior, com redação pela EC 42, de 19 de dezembro de 2003, dispunha:
> *"II – poderá ter alíquotas diferenciadas em função do tipo e utilização."*

III – incidirá sobre a propriedade de veículos automotores terrestres, aquáticos e aéreos, excetuados:

a) aeronaves agrícolas e de operador certificado para prestar serviços aéreos a terceiros;

b) embarcações de pessoa jurídica que detenha outorga para prestar serviços de transporte aquaviário ou de pessoa física ou jurídica que pratique pesca industrial, artesanal, científica ou de subsistência;

c) plataformas suscetíveis de se locomoverem na água por meios próprios, inclusive aquelas cuja finalidade principal seja a exploração de atividades econômicas em águas territoriais e na zona econômica exclusiva e embarcações que tenham essa mesma finalidade principal;

d) tratores e máquinas agrícolas.

> Inciso III acrescentado pela EC 132/2023.

Seção V
Dos Impostos dos Municípios

Art. 156. Compete aos Municípios instituir impostos sobre:

> Artigo constitucional conexo: 167, § 4º.

I – propriedade predial e territorial urbana;

II – transmissão *inter vivos*, a qualquer título, por ato oneroso, de bens imóveis, por natureza ou acessão física, e de direitos reais sobre imóveis, exceto os de garantia, bem como cessão de direitos a sua aquisição;

> Súmula do Supremo Tribunal Federal: 656.

III – serviços de qualquer natureza, não compreendidos no art. 155, II, definidos em lei complementar;

> Redação do inciso III dada pela EC 3, de 17 de março de 1993.
> O texto original dispunha:
> *"III – vendas a varejo de combustíveis líquidos e gasosos, exceto óleo diesel;"*
> Súmula Vinculante do Supremo Tribunal Federal: 31.
> Legislação infraconstitucional: LC 116/03 (Dispõe sobre o ISS).

Texto novo: III – *Revogado pela EC 132/2023, em vigor a partir de 2033.*

IV – *Revogado pela EC 3, de 17 de março de 1993.*

> O texto original dispunha:
> *"IV – serviços de qualquer natureza, não compreendidos no art. 155, I, 'b', definidos em lei complementar."*

§ 1º Sem prejuízo da progressividade no tempo a que se refere o art. 182, § 4º, inciso II, o imposto previsto no inciso I poderá:

> Redação dada pela EC 29, de 13 de setembro de 2000.
> O texto anterior dispunha:
> *"§ 1º O imposto previsto no inciso I poderá ser progressivo, nos termos de lei municipal, de forma a assegurar o cumprimento da função social da propriedade."*

> Súmula do Supremo Tribunal Federal: 589.

I – ser progressivo em razão do valor do imóvel; e

II – ter alíquotas diferentes de acordo com a localização e o uso do imóvel.
> Incisos I e II acrescentados pela EC 29, de 13 de setembro de 2000.

III – ter sua base de cálculo atualizada pelo Poder Executivo, conforme critérios estabelecidos em lei municipal.
> Inciso III acrescentado pela EC 132/2023.

§ 1º-A. O imposto previsto no inciso I do *caput* deste artigo não incide sobre templos de qualquer culto, ainda que as entidades abrangidas pela imunidade de que trata a alínea "b" do inciso VI do *caput* do art. 150 desta Constituição sejam apenas locatárias do bem imóvel.
> § 1º-A acrescido pela EC 116, de 17 de fevereiro de 2022.

§ 2º O imposto previsto no inciso II:

I – não incide sobre a transmissão de bens ou direitos incorporados ao patrimônio de pessoa jurídica em realização de capital, nem sobre a transmissão de bens ou direitos decorrentes de fusão, incorporação, cisão ou extinção de pessoa jurídica, salvo se, nesses casos, a atividade preponderante do adquirente for a compra e venda desses bens ou direitos, locação de bens imóveis ou arrendamento mercantil;

II – compete ao Município da situação do bem.

§ 3º Em relação ao imposto previsto no inciso III do *caput* deste artigo, cabe à lei complementar:
> § 3º com redação dada pela EC 37, de 12 de junho de 2002.
> O texto anterior, dado pela EC 3, de 17-3-1993, dispunha:
> "§ 3º Em relação ao imposto previsto no inciso III, cabe à lei complementar:"

I – fixar as suas alíquotas máximas e mínimas;
> Inciso I com redação dada pela EC 37, de 12 de junho de 2002.
> O texto anterior, dado pela EC 3, de 17-3-1993, dispunha:
> "I – fixar as suas alíquotas máximas;"

II – excluir da sua incidência exportações de serviços para o exterior.
> Inciso II com redação dada pela EC 3, de 17 de março de 1993.

III – regular a forma e as condições como isenções, incentivos e benefícios fiscais serão concedidos e revogados.

Texto novo: § 3º. *Revogado pela EC 132/2023, em vigor a partir de 2033.*
> Inciso III acrescentado pela EC 37, de 12 de junho de 2002.

§ 4º *Revogado pela EC 3, de 17 de março de 1993.*
> O texto original dispunha:
> "§ 4º Cabe à lei complementar:
> I – fixar as alíquotas máximas dos impostos previstos nos incisos III e IV;
> II – excluir da incidência do imposto previsto no inciso IV exportações de serviços para o exterior."

Seção V-A
Do Imposto de Competência Compartilhada entre Estados,
Distrito Federal e Municípios

> Seção V-A acrescida pela EC 132/2023.

Art. 156-A. Lei complementar instituirá imposto sobre bens e serviços de competência compartilhada entre Estados, Distrito Federal e Municípios.

§ 1º O imposto previsto no caput será informado pelo princípio da neutralidade e atenderá ao seguinte:

I – incidirá sobre operações com bens materiais ou imateriais, inclusive direitos, ou com serviços;

II – incidirá também sobre a importação de bens materiais ou imateriais, inclusive direitos, ou de serviços realizada por pessoa física ou jurídica, ainda que não seja sujeito passivo habitual do imposto, qualquer que seja a sua finalidade;

III – não incidirá sobre as exportações, assegurados ao exportador a manutenção e o aproveitamento dos créditos relativos às operações nas quais seja adquirente de bem material ou imaterial, inclusive direitos, ou serviço, observado o disposto no § 5º, III;

IV – terá legislação única e uniforme em todo o território nacional, ressalvado o disposto no inciso V;

V – cada ente federativo fixará sua alíquota própria por lei específica;

VI – a alíquota fixada pelo ente federativo na forma do inciso V será a mesma para todas as operações com bens materiais ou imateriais, inclusive direitos, ou com serviços, ressalvadas as hipóteses previstas nesta Constituição;

VII – será cobrado pelo somatório das alíquotas do Estado e do Município de destino da operação;

VIII – será não cumulativo, compensando-se o imposto devido pelo contribuinte com o montante cobrado sobre todas as operações nas quais seja adquirente de bem material ou imaterial, inclusive direito, ou de serviço, excetuadas exclusivamente as consideradas de uso ou consumo pessoal especificadas em lei complementar e as hipóteses previstas nesta Constituição;

IX – não integrará sua própria base de cálculo nem a dos tributos previstos nos arts. 153, VIII, e 195, I, "b", IV e V, e da contribuição para o Programa de Integração Social de que trata o art. 239;

Texto novo: IX – não integrará sua própria base de cálculo nem a dos tributos previstos nos arts. 153, VIII, e 195, V;

> Inciso IX com redação pela EC 132/2023, em vigor a partir de 2033.

X – não será objeto de concessão de incentivos e benefícios financeiros ou fiscais relativos ao imposto ou de regimes específicos, diferenciados ou favorecidos de tributação, excetuadas as hipóteses previstas nesta Constituição;

XI – não incidirá nas prestações de serviço de comunicação nas modalidades de radiodifusão sonora e de sons e imagens de recepção livre e gratuita;

XII – resolução do Senado Federal fixará alíquota de referência do imposto para cada esfera federativa, nos termos de lei complementar, que será aplicada se outra não houver sido estabelecida pelo próprio ente federativo;

XIII – sempre que possível, terá seu valor informado, de forma específica, no respectivo documento fiscal.

§ 2º Para fins do disposto no § 1º, V, o Distrito Federal exercerá as competências estadual e municipal na fixação de suas alíquotas.

§ 3º Lei complementar poderá definir como sujeito passivo do imposto a pessoa que concorrer para a realização, a execução ou o pagamento da operação, ainda que residente ou domiciliada no exterior.

§ 4º Para fins de distribuição do produto da arrecadação do imposto, o Comitê Gestor do Imposto sobre Bens e Serviços:

I – reterá montante equivalente ao saldo acumulado de créditos do imposto não compensados pelos contribuintes e não ressarcidos ao final de cada período de apuração e aos valores decorrentes do cumprimento do § 5º, VIII;

II – distribuirá o produto da arrecadação do imposto, deduzida a retenção de que trata o inciso I deste parágrafo, ao ente federativo de destino das operações que não tenham gerado creditamento.

§ 5º Lei complementar disporá sobre:

I – as regras para a distribuição do produto da arrecadação do imposto, disciplinando, entre outros aspectos:

a) a sua forma de cálculo;

b) o tratamento em relação às operações em que o imposto não seja recolhido tempestivamente;

c) as regras de distribuição aplicáveis aos regimes favorecidos, específicos e diferenciados de tributação previstos nesta Constituição;

II – o regime de compensação, podendo estabelecer hipóteses em que o aproveitamento do crédito ficará condicionado à verificação do efetivo recolhimento do imposto incidente sobre a operação com bens materiais ou imateriais, inclusive direitos, ou com serviços, desde que:

a) o adquirente possa efetuar o recolhimento do imposto incidente nas suas aquisições de bens ou serviços; ou

b) o recolhimento do imposto ocorra na liquidação financeira da operação;

III – a forma e o prazo para ressarcimento de créditos acumulados pelo contribuinte;

IV – os critérios para a definição do destino da operação, que poderá ser, inclusive, o local da entrega, da disponibilização ou da localização do bem, o da prestação ou da disponibilização do serviço ou o do domicílio ou da localização do adquirente ou destinatário do bem ou serviço, admitidas diferenciações em razão das características da operação;

V – a forma de desoneração da aquisição de bens de capital pelos contribuintes, que poderá ser implementada por meio de:

a) crédito integral e imediato do imposto;

b) diferimento; ou

c) redução em 100% (cem por cento) das alíquotas do imposto;

VI – as hipóteses de diferimento e desoneração do imposto aplicáveis aos regimes aduaneiros especiais e às zonas de processamento de exportação;

VII – o processo administrativo fiscal do imposto;

VIII – as hipóteses de devolução do imposto a pessoas físicas, inclusive os limites e os beneficiários, com o objetivo de reduzir as desigualdades de renda;

IX – os critérios para as obrigações tributárias acessórias, visando à sua simplificação.

§ 6º Lei complementar disporá sobre regimes específicos de tributação para:

I – combustíveis e lubrificantes sobre os quais o imposto incidirá uma única vez, qualquer que seja a sua finalidade, hipótese em que:

a) serão as alíquotas uniformes em todo o território nacional, específicas por unidade de medida e diferenciadas por produto, admitida a não aplicação do disposto no § 1º, V a VII;

b) será vedada a apropriação de créditos em relação às aquisições dos produtos de que trata este inciso destinados a distribuição, comercialização ou revenda;

c) será concedido crédito nas aquisições dos produtos de que trata este inciso por sujeito passivo do imposto, observado o disposto na alínea "b" e no § 1º, VIII;

II – serviços financeiros, operações com bens imóveis, planos de assistência à saúde e concursos de prognósticos, podendo prever:

a) alterações nas alíquotas, nas regras de creditamento e na base de cálculo, admitida, em relação aos adquirentes dos bens e serviços de que trata este inciso, a não aplicação do disposto no § 1º, VIII;

b) hipóteses em que o imposto incidirá sobre a receita ou o faturamento, com alíquota uniforme em todo o território nacional, admitida a não aplicação do disposto no § 1º, V a VII, e, em relação aos adquirentes dos bens e serviços de que trata este inciso, também do disposto no § 1º, VIII;

III – sociedades cooperativas, que será optativo, com vistas a assegurar sua competitividade, observados os princípios da livre concorrência e da isonomia tributária, definindo, inclusive:

a) as hipóteses em que o imposto não incidirá sobre as operações realizadas entre a sociedade cooperativa e seus associados, entre estes e aquela e pelas sociedades cooperativas entre si quando associadas para a consecução dos objetivos sociais;

b) o regime de aproveitamento do crédito das etapas anteriores;

IV – serviços de hotelaria, parques de diversão e parques temáticos, agências de viagens e de turismo, bares e restaurantes, atividade esportiva desenvolvida por Sociedade Anônima do Futebol e aviação regional, podendo prever hipóteses de alterações nas alíquotas, nas bases de cálculo e nas regras de creditamento, admitida a não aplicação do disposto no § 1º, V a VIII;

V – operações alcançadas por tratado ou convenção internacional, inclusive referentes a missões diplomáticas, repartições consulares, representações de organismos internacionais e respectivos funcionários acreditados;

VI – serviços de transporte coletivo de passageiros rodoviário intermunicipal e interestadual, ferroviário e hidroviário, podendo prever hipóteses de alterações nas alíquotas e nas regras de creditamento, admitida a não aplicação do disposto no § 1º, V a VIII.

§ 7º A isenção e a imunidade:

I – não implicarão crédito para compensação com o montante devido nas operações seguintes;

II – acarretarão a anulação do crédito relativo às operações anteriores, salvo, na hipótese da imunidade, inclusive em relação ao inciso XI do § 1º, quando determinado em contrário em lei complementar.

§ 8º Para fins do disposto neste artigo, a lei complementar de que trata o *caput* poderá estabelecer o conceito de operações com serviços, seu conteúdo e alcance, admitida essa definição para qualquer operação que não seja classificada como operação com bens materiais ou imateriais, inclusive direitos.

§ 9º Qualquer alteração na legislação federal que reduza ou eleve a arrecadação do imposto:

I – deverá ser compensada pela elevação ou redução, pelo Senado Federal, das alíquotas de referência de que trata o § 1º, XII, de modo a preservar a arrecadação das esferas federativas, nos termos de lei complementar;

II – somente entrará em vigor com o início da produção de efeitos do ajuste das alíquotas de referência de que trata o inciso I deste parágrafo.

§ 10. Os Estados, o Distrito Federal e os Municípios poderão optar por vincular suas alíquotas à alíquota de referência de que trata o § 1º, XII.

§ 11. Projeto de lei complementar em tramitação no Congresso Nacional que reduza ou aumente a arrecadação do imposto somente será apreciado se acompanhado de estimativa de impacto no valor das alíquotas de referência de que trata o § 1º, XII.

§ 12. A devolução de que trata o § 5º, VIII, não será considerada nas bases de cálculo de que tratam os arts. 29-A, 198, § 2º, 204, parágrafo único, 212, 212-A, II, e 216, § 6º, não se aplicando a ela, ainda, o disposto no art. 158, IV, "b".

§ 13. A devolução de que trata o § 5º, VIII, será obrigatória nas operações de fornecimento de energia elétrica e de gás liquefeito de petróleo ao consumidor de baixa renda, podendo a lei complementar determinar que seja calculada e concedida no momento da cobrança da operação.

Art. 156-B. Os Estados, o Distrito Federal e os Municípios exercerão de forma integrada, exclusivamente por meio do Comitê Gestor do Imposto sobre Bens e Serviços, nos termos e limites estabelecidos nesta Constituição e em lei complementar, as seguintes competências administrativas relativas ao imposto de que trata o art. 156-A:

I – editar regulamento único e uniformizar a interpretação e a aplicação da legislação do imposto;

II – arrecadar o imposto, efetuar as compensações e distribuir o produto da arrecadação entre Estados, Distrito Federal e Municípios;

III – decidir o contencioso administrativo.

§ 1º O Comitê Gestor do Imposto sobre Bens e Serviços, entidade pública sob regime especial, terá independência técnica, administrativa, orçamentária e financeira.

§ 2º Na forma da lei complementar:

I – os Estados, o Distrito Federal e os Municípios serão representados, de forma paritária, na instância máxima de deliberação do Comitê Gestor do Imposto sobre Bens e Serviços;

II – será assegurada a alternância na presidência do Comitê Gestor entre o conjunto dos Estados e o Distrito Federal e o conjunto dos Municípios e o Distrito Federal;

III – o Comitê Gestor será financiado por percentual do produto da arrecadação do imposto destinado a cada ente federativo;

IV – o controle externo do Comitê Gestor será exercido pelos Estados, pelo Distrito Federal e pelos Municípios;

V – a fiscalização, o lançamento, a cobrança, a representação administrativa e a representação judicial relativos ao imposto serão realizados, no âmbito de suas respectivas competências, pelas administrações tributárias e procuradorias dos Estados, do Distrito Federal e dos Municípios, que poderão definir hipóteses de delegação ou de compartilhamento de competências, cabendo ao Comitê Gestor a coordenação dessas atividades administrativas com vistas à integração entre os entes federativos;

VI – as competências exclusivas das carreiras da administração tributária e das procuradorias dos Estados, do Distrito Federal e dos Municípios serão exercidas, no Comitê Gestor e na representação deste, por servidores das referidas carreiras;

VII – serão estabelecidas a estrutura e a gestão do Comitê Gestor, cabendo ao regimento interno dispor sobre sua organização e funcionamento.

§ 3º A participação dos entes federativos na instância máxima de deliberação do Comitê Gestor do Imposto sobre Bens e Serviços observará a seguinte composição:

I – 27 (vinte e sete) membros, representando cada Estado e o Distrito Federal;

II – 27 (vinte e sete) membros, representando o conjunto dos Municípios e do Distrito Federal, que serão eleitos nos seguintes termos:

a) 14 (quatorze) representantes, com base nos votos de cada Município, com valor igual para todos; e

b) 13 (treze) representantes, com base nos votos de cada Município ponderados pelas respectivas populações.

§ 4º As deliberações no âmbito do Comitê Gestor do Imposto sobre Bens e Serviços serão consideradas aprovadas se obtiverem, cumulativamente, os votos:

I – em relação ao conjunto dos Estados e do Distrito Federal:

a) da maioria absoluta de seus representantes; e

b) de representantes dos Estados e do Distrito Federal que correspondam a mais de 50% (cinquenta por cento) da população do País; e

II – em relação ao conjunto dos Municípios e do Distrito Federal, da maioria absoluta de seus representantes.

§ 5º O Presidente do Comitê Gestor do Imposto sobre Bens e Serviços deverá ter notórios conhecimentos de administração tributária.

§ 6º O Comitê Gestor do Imposto sobre Bens e Serviços, a administração tributária da União e a Procuradoria-Geral da Fazenda Nacional compartilharão informações fiscais relacionadas aos tributos previstos nos arts. 156-A e 195, V, e atuarão com vistas a harmonizar normas, interpretações, obrigações acessórias e procedimentos a eles relativos.

§ 7º O Comitê Gestor do Imposto sobre Bens e Serviços e a administração tributária da União poderão implementar soluções integradas para a administração e cobrança dos tributos previstos nos arts. 156-A e 195, V.

§ 8º Lei complementar poderá prever a integração do contencioso administrativo relativo aos tributos previstos nos arts. 156-A e 195, V."

Seção VI
Da Repartição das Receitas Tributárias

Art. 157. Pertencem aos Estados e ao Distrito Federal:

> *Artigo constitucional conexo:* 167, § 4º.

I – o produto da arrecadação do imposto da União sobre renda e proventos de qualquer natureza, incidente na fonte, sobre rendimentos pagos, a qualquer título, por eles, suas autarquias e pelas fundações que instituírem e mantiverem;

> *Artigo constitucional conexo:* 159, § 1º.

II – vinte por cento do produto da arrecadação do imposto que a União instituir no exercício da competência que lhe é atribuída pelo art. 154, I.

> *Artigo constitucional conexo:* ADCT, 72, § 3º.

Art. 158. Pertencem aos Municípios:

> *Artigo constitucional conexo:* 29-A, acrescentado pela EC 25, de 14-2-2000.
> *Legislação infraconstitucional:* LC 63/90 (Critérios e prazos de crédito das parcelas do produto da arrecadação de impostos de competência dos Estados e de transferência por estes recebidas, pertencentes aos Municípios).

I – o produto da arrecadação do imposto da União sobre renda e proventos de qualquer natureza, incidente na fonte, sobre rendimentos pagos, a qualquer título, por eles, suas autarquias e pelas fundações que instituírem e mantiverem;

> *Artigo constitucional conexo:* 159, § 1º.

II – cinquenta por cento do produto da arrecadação do imposto da União sobre a propriedade territorial rural, relativamente aos imóveis neles situados, cabendo a totalidade na hipótese da opção a que se refere o art. 153, § 4º, III;

> *Inciso II com redação dada pela EC 42, de 19 de dezembro de 2003.*
> O texto original dispunha:
> *"II – cinquenta por cento do produto da arrecadação do imposto da União sobre a propriedade territorial rural, relativamente aos imóveis neles situados;"*
> *Artigo constitucional conexo:* ADCT, 72, § 4º.

III – 50% (cinquenta por cento) do produto da arrecadação do imposto do Estado sobre a propriedade de veículos automotores licenciados em seus territórios e, em relação a veículos aquáticos e aéreos, cujos proprietários sejam domiciliados em seus territórios;

> *Inciso III com redação pela EC 132/2023.*
> O texto original dispunha:
> *"III – cinquenta por cento do produto da arrecadação do imposto do Estado sobre a propriedade de veículos automotores licenciados em seus territórios;"*

IV – 25% (vinte e cinco por cento):

> *Inciso IV com redação pela EC 132/2023.*
> O texto original dispunha:
> *"IV – vinte e cinco por cento do produto da arrecadação do imposto do Estado sobre operações relativas à circulação de mercadorias e sobre prestações de serviços de transporte interestadual e intermunicipal e de comunicação."*
> *Artigo constitucional conexo:* ADCT, 60, § 2º.

a) do produto da arrecadação do imposto do Estado sobre operações relativas à circulação de mercadorias e sobre prestações de serviços de transporte interestadual e intermunicipal e de comunicação;

> *Alínea a acrescentada pela EC 132/2023.*

Texto novo: a) *Revogada pela EC 132/2023, em vigor a partir de 2033.*

b) do produto da arrecadação do imposto previsto no art. 156-A distribuída aos Estados.

> Alínea b acrescentada pela EC 132/2023.

§1º As parcelas de receita pertencentes aos Municípios, mencionadas no inciso IV, serão creditadas conforme os seguintes critérios:

> Primitivo parágrafo único renumerado pela EC 132/2023.

I – 65% (sessenta e cinco por cento), no mínimo, na proporção do valor adicionado nas operações relativas à circulação de mercadorias e nas prestações de serviços, realizadas em seus territórios;

> Inciso I com redação dada pela EC 108, de 26 de agosto de 2020.

O texto original dispunha:
"I – três quartos, no mínimo, na proporção do valor adicionado nas operações relativas à circulação de mercadorias e nas prestações de serviços, realizadas em seus territórios;"

II – até 35% (trinta e cinco por cento), de acordo com o que dispuser lei estadual, observada, obrigatoriamente, a distribuição de, no mínimo, 10 (dez) pontos percentuais com base em indicadores de melhoria nos resultados de aprendizagem e de aumento da equidade, considerado o nível socioeconômico dos educandos.

> Inciso II com redação dada pela EC 108, de 26 de agosto de 2020.

O texto original dispunha:
"II – até um quarto, de acordo com o que dispuser lei estadual ou, no caso dos Territórios, lei federal."

Texto novo: § 1º *Revogado pela EC 132/2023, em vigor a partir de 2033.*

§ 2º As parcelas de receita pertencentes aos Municípios mencionadas no inciso IV, "b", serão creditadas conforme os seguintes critérios:

> § 2º acrescido pela EC 132/2023.

I – 80% (oitenta por cento) na proporção da população;

II – 10% (dez por cento) com base em indicadores de melhoria nos resultados de aprendizagem e de aumento da equidade, considerado o nível socioeconômico dos educandos, de acordo com o que dispuser lei estadual;

III – 5% (cinco por cento) com base em indicadores de preservação ambiental, de acordo com o que dispuser lei estadual;

IV – 5% (cinco por cento) em montantes iguais para todos os Municípios do Estado.

Art. 159. A União entregará:

> Artigos constitucionais conexos: 29-A, acrescentado pela EC 25, de 14-2-2000; ADCT, 60, § 2º; 72, §§ 2º e 4º.

> Legislação infraconstitucional: LC 62/89 (Dispõe sobre normas para cálculo, entrega e controle de liberações dos recursos dos Fundos de Participação); LC 63/90 (Critérios e prazos de crédito das parcelas do produto da arrecadação de impostos de competência dos Estados e de transferência por estes recebidas, pertencentes aos Municípios); LC 91/97 (Fixação dos coeficientes do Fundo de Participação dos Municípios).

I – do produto da arrecadação dos impostos sobre renda e proventos de qualquer natureza e sobre produtos industrializados e do imposto previsto no art. 153, VIII, 50% (cinquenta por cento), da seguinte forma:

> Caput com redação pela EC 132/2023.

O texto anterior, redigido pela EC 112, de 27 de outubro de 2021, dispunha:

"I – do produto da arrecadação dos impostos sobre renda e proventos de qualquer natureza e sobre produtos industrializados, 50% (cinquenta por cento), da seguinte forma:"
> Artigo constitucional conexo: ADCT, 34, § 2º, II.

a) vinte e um inteiros e cinco décimos por cento ao Fundo de Participação dos Estados e do Distrito Federal;

b) vinte e dois inteiros e cinco décimos por cento ao Fundo de Participação dos Municípios;

c) três por cento, para aplicação em programas de financiamento ao setor produtivo das Regiões Norte, Nordeste e Centro-Oeste, através de suas instituições financeiras de caráter regional, de acordo com os planos regionais de desenvolvimento, ficando assegurada ao semiárido do Nordeste a metade dos recursos destinados à Região, na forma que a lei estabelecer;
> Legislação infraconstitucional: Lei 7.827/89 (Fundos constitucionais de Financiamento); Lei 13.153/15 (Institui a Política Nacional de Combate à Desertificação e Mitigação dos Efeitos da Seca e seus instrumentos; prevê a criação da Comissão Nacional de Combate à Desertificação; e dá outras providências).

d) um por cento ao Fundo de Participação dos Municípios, que será entregue no primeiro decêndio do mês de dezembro de cada ano;
> Alínea d acrescentada pela EC 55, de 20 de setembro de 2007.
> Artigo constitucional conexo: 2º da EC 55/07.

e) 1% (um por cento) ao Fundo de Participação dos Municípios, que será entregue no primeiro decêndio do mês de julho de cada ano;
> Alínea e acrescentada pela EC 84, de 2 de dezembro de 2014.

f) 1% (um por cento) ao Fundo de Participação dos Municípios, que será entregue no primeiro decêndio do mês de setembro de cada ano;
> Alínea f acrescentada pela EC 112, de 27 de outubro de 2021.
> Artigo constitucional conexo: 2º da EC 112/2021.
> II – do produto da arrecadação do imposto sobre produtos industrializados e do imposto previsto no art. 153, VIII, 10% (dez por cento) aos Estados e ao Distrito Federal, proporcionalmente ao valor das respectivas exportações de produtos industrializados;
> Inciso II com redação pela EC 132/2023.

O texto original dispunha:
"II – do produto da arrecadação do imposto sobre produtos industrializados, dez por cento aos Estados e ao Distrito Federal, proporcionalmente ao valor das respectivas exportações de produtos industrializados."

III – do produto da arrecadação da contribuição de intervenção no domínio econômico prevista no art. 177, § 4º, 29% (vinte e nove por cento) para os Estados e o Distrito Federal, distribuídos na forma da lei, observadas as destinações a que se referem as alíneas "c" e "d" do inciso II do referido parágrafo.
> Inciso III com redação pela EC 132/2023.

O texto anterior, com redação pela EC 44, de 30 de junho de 2004, dispunha:
"III – do produto da arrecadação da contribuição de intervenção no domínio econômico prevista no art. 177, § 4º, 29% (vinte e nove por cento) para os Estados e o Distrito Federal, distribuídos na forma da lei, observada a destinação a que se refere o inciso II, c, do referido parágrafo."

§ 1º Para efeito de cálculo da entrega a ser efetuada de acordo com o previsto no inciso I, excluir-se-á a parcela da arrecadação do imposto de renda e proventos de qualquer natureza pertencente aos Estados, ao Distrito Federal e aos Municípios, nos termos do disposto nos arts. 157, I, e 158, I.

§ 2º A nenhuma unidade federada poderá ser destinada parcela superior a vinte por cento do montante a que se refere o inciso II, devendo o eventual excedente ser distribuído entre os demais participantes, mantido, em relação a esses, o critério de partilha nele estabelecido.

> *Legislação infraconstitucional:* LC 61/89 (Dispõe sobre normas para participação dos Estados e do Distrito Federal no produto da arrecadação do IPI, relativamente às exportações).

§ 3º Os Estados entregarão aos respectivos Municípios 25% (vinte e cinco por cento) dos recursos que receberem nos termos do inciso II do *caput* deste artigo, observados os critérios estabelecidos no art. 158, § 1º, para a parcela relativa ao imposto sobre produtos industrializados, e no art. 158, § 2º, para a parcela relativa ao imposto previsto no art. 153, VIII.

> *§ 3º com redação pela EC 132/2023.*

> LC 63/1990 (Critérios e prazos de crédito das parcelas do produto da arrecadação de impostos de competência dos Estados e de transferências por estes recebidas, pertencentes aos Municípios).

Texto novo: § 3º Os Estados entregarão aos respectivos Municípios 25% (vinte e cinco por cento) dos recursos que receberem nos termos do inciso II do *caput* deste artigo, observados os critérios estabelecidos no art. 158, § 2º.

> *§3º com redação pela EC 132/2023, em vigor a partir de 2033.*

O texto original dispunha:

"§ 3º Os Estados entregarão aos respectivos Municípios vinte e cinco por cento dos recursos que receberem nos termos do inciso II, observados os critérios estabelecidos no art. 158, parágrafo único, I e II."

§ 4º Do montante de recursos de que trata o inciso III que cabe a cada Estado, vinte e cinco por cento serão destinados aos seus Municípios, na forma da lei a que se refere o mencionado inciso.

> *§ 4º acrescentado pela EC 42, de 19 de dezembro de 2003.*

Art. 159-A. Fica instituído o Fundo Nacional de Desenvolvimento Regional, com o objetivo de reduzir as desigualdades regionais e sociais, nos termos do art. 3º, III, mediante a entrega de recursos da União aos Estados e ao Distrito Federal para:

> *Art. 159-A acrescido pela EC 132/2023.*

I – realização de estudos, projetos e obras de infraestrutura;

II – fomento a atividades produtivas com elevado potencial de geração de emprego e renda, incluindo a concessão de subvenções econômicas e financeiras; e

III – promoção de ações com vistas ao desenvolvimento científico e tecnológico e à inovação.

§ 1º É vedada a retenção ou qualquer restrição ao recebimento dos recursos de que trata o *caput*.

§ 2º Na aplicação dos recursos de que trata o caput, os Estados e o Distrito Federal priorizarão projetos que prevejam ações de sustentabilidade ambiental e redução das emissões de carbono.

§ 3º Observado o disposto neste artigo, caberá aos Estados e ao Distrito Federal a decisão quanto à aplicação dos recursos de que trata o *caput*.

§ 4º Os recursos de que trata o *caput* serão entregues aos Estados e ao Distrito Federal de acordo com coeficientes individuais de participação, calculados com base nos seguintes indicadores e com os seguintes pesos:

I – população do Estado ou do Distrito Federal, com peso de 30% (trinta por cento);

II – coeficiente individual de participação do Estado ou do Distrito Federal nos recursos de que trata o art. 159, I, "a", da Constituição Federal, com peso de 70% (setenta por cento).

§ 5º O Tribunal de Contas da União será o órgão responsável por regulamentar e calcular os coeficientes individuais de participação de que trata o § 4º.

Art. 160. É vedada a retenção ou qualquer restrição à entrega e ao emprego dos recursos atribuídos, nesta seção, aos Estados, ao Distrito Federal e aos Municípios, neles compreendidos adicionais e acréscimos relativos a impostos.

§ 1º A vedação prevista neste artigo não impede a União e os Estados de condicionarem a entrega de recursos:

> *Redação dada pela EC 29, de 13 de setembro de 2000; e renumerado para § 1º pela EC 113, de 8 dezembro de 2021.*
>
> O texto anterior, redigido pela EC 3, de 17 de março de 1993, dispunha:
> *"Parágrafo único. A vedação prevista neste artigo não impede a União e os Estados de condicionarem a entrega de recursos ao pagamento de seus créditos, inclusive de suas autarquias."*

I – ao pagamento de seus créditos, inclusive de suas autarquias;

> *Acrescentado pela EC 29, de 13 de setembro de 2000.*

II – ao cumprimento do disposto no art. 198, § 2º, incisos II e III.

> *Acrescentado pela EC 29, de 13 de setembro de 2000.*

§ 2º Os contratos, os acordos, os ajustes, os convênios, os parcelamentos ou as renegociações de débitos de qualquer espécie, inclusive tributários, firmados pela União com os entes federativos conterão cláusulas para autorizar a dedução dos valores devidos dos montantes a serem repassados relacionados às respectivas cotas nos Fundos de Participação ou aos precatórios federais.

> *§ 2º acrescentado pela EC 113, de 8 de dezembro de 2021.*

Art. 161. Cabe à lei complementar:

> *Artigo constitucional conexo: ADCT, 34, § 2º.*
> *Legislação infraconstitucional:* LC 62/89 (Dispõe sobre normas para cálculo, entrega e controle de liberações dos recursos dos Fundos de Participação); LC 63/90 (Critérios e prazos de crédito das parcelas do produto da arrecadação de impostos de competência dos Estados e de transferência por estes recebidas, pertencentes aos Municípios); LC 91/97 (Fixação dos coeficientes do Fundo de Participação dos Municípios).

I – definir valor adicionado para fins do disposto no art. 158, § 1º, I;

> *Inciso I com redação pela EC 132/2023.*
> *LC 63/1990 (Critérios e prazos de crédito das parcelas do produto da arrecadação de impostos de competência dos Estados e de transferências por estes recebidas, pertencentes aos Municípios).*

Texto novo: I – *Revogado pela EC 132/2023, em vigor a partir de 2033.*

O texto original dispunha:
"I – definir valor adicionado para fins do disposto no art. 158, parágrafo único, I;"

II – estabelecer normas sobre a entrega dos recursos de que trata o art. 159, especialmente sobre os critérios de rateio dos fundos previstos em seu inciso I, objetivando promover o equilíbrio sócioeconômico entre Estados e entre Municípios;

III – dispor sobre o acompanhamento, pelos beneficiários, do cálculo das quotas e da liberação das participações previstas nos arts. 157, 158 e 159.

Parágrafo único. O Tribunal de Contas da União efetuará o cálculo das quotas referentes aos fundos de participação a que alude o inciso II.

Art. 162. A União, os Estados, o Distrito Federal e os Municípios divulgarão, até o último dia do mês subsequente ao da arrecadação, os montantes de cada um dos tributos arrecadados, os recursos recebidos, os valores de origem tributária entregues e a entregar e a expressão numérica dos critérios de rateio.

Parágrafo único. Os dados divulgados pela União serão discriminados por Estado e por Município; os dos Estados, por Município.

CAPÍTULO II
Das Finanças Públicas
Seção I
Normas Gerais

Art. 163. Lei complementar disporá sobre:

> Artigos constitucionais conexos: 69; 30 da EC 19/98.

> Legislação infraconstitucional: Lei 4.320/64 (Disciplina normas orçamentárias e financeiras para elaboração e controle dos orçamentos e balanços da União, dos Estados, dos Municípios e do Distrito Federal); Lei 4.595/64 (Conselho Monetário Nacional); LC 101/2000 (Lei de Responsabilidade Fiscal).

I – finanças públicas;

> Artigos constitucionais conexos: 165, § 9º, I e II; ADCT, 35, § 2º e 71, parágrafo único (ECR 01/94).

II – dívida pública externa e interna, incluída a das autarquias, fundações e demais entidades controladas pelo Poder Público;

> Artigos constitucionais conexos: 48, II; 52, V e VI; 234; ADCT, 13, § 6º e 26.

> Legislação infraconstitucional: Lei 8.388/91 (Disciplina as diretrizes para o reescalonamento, pela União, de dívidas das administrações direta e indireta dos Estados, do Distrito Federal e dos Municípios).

III – concessão de garantias pelas entidades públicas;

> Artigo constitucional conexo: 52, VIII.

IV – emissão e resgate de títulos da dívida pública;

V – fiscalização financeira da administração pública direta e indireta;

> Redação do inciso V dada pela EC 40, de 29 de maio de 2003.
> O texto original dispunha:
> "V – fiscalização das instituições financeiras;"

VI – operações de câmbio realizadas por órgãos e entidades da União, dos Estados, do Distrito Federal e dos Municípios;

VII – compatibilização das funções das instituições oficiais de crédito da União, resguardadas as características e condições operacionais plenas das voltadas ao desenvolvimento regional.

VIII – sustentabilidade da dívida, especificando:

> Inciso VIII acrescentado pela EC 109, de 15 de março de 2021.

a) indicadores de sua apuração;

b) níveis de compatibilidade dos resultados fiscais com a trajetória da dívida;

c) trajetória de convergência do montante da dívida com os limites definidos em legislação;

d) medidas de ajuste, suspensões e vedações;

e) planejamento de alienação de ativos com vistas à redução do montante da dívida.

Parágrafo único. A lei complementar de que trata o inciso VIII do *caput* deste artigo pode autorizar a aplicação das vedações previstas no art. 167-A desta Constituição.

Art. 163-A. A União, os Estados, o Distrito Federal e os Municípios disponibilizarão suas informações e dados contábeis, orçamentários e fiscais, conforme periodicidade, formato e sistema estabelecidos pelo órgão central de contabilidade da União, de forma a garantir a rastreabilidade, a comparabilidade e a publicidade dos dados coletados, os quais deverão ser divulgados em meio eletrônico de amplo acesso público.

> *Acrescentado pela EC 108, de 26 de agosto de 2020.*

Art. 164. A competência da União para emitir moeda será exercida exclusivamente pelo banco central.

> *Artigos constitucionais conexos:* 48, II; 21, VII; 48, XIV.

§ 1º É vedado ao banco central conceder, direta ou indiretamente, empréstimos ao Tesouro Nacional e a qualquer órgão ou entidade que não seja instituição financeira.

§ 2º O banco central poderá comprar e vender títulos de emissão do Tesouro Nacional, com o objetivo de regular a oferta de moeda ou a taxa de juros.

§ 3º As disponibilidades de caixa da União serão depositadas no banco central; as dos Estados, do Distrito Federal, dos Municípios e dos órgãos ou entidades do Poder Público e das empresas por ele controladas, em instituições financeiras oficiais, ressalvados os casos previstos em lei.

Art. 164-A. A União, os Estados, o Distrito Federal e os Municípios devem conduzir suas políticas fiscais de forma a manter a dívida pública em níveis sustentáveis, na forma da lei complementar referida no inciso VIII do *caput* do art. 163 desta Constituição.

> *Artigo acrescentado pela EC 109, de 15 de março de 2021.*

Parágrafo único. A elaboração e a execução de planos e orçamentos devem refletir a compatibilidade dos indicadores fiscais com a sustentabilidade da dívida.

Seção II
Dos Orçamentos

Art. 165. Leis de iniciativa do Poder Executivo estabelecerão:

> *Artigo constitucional conexo:* 61, § 1º, b.
> *Legislação infraconstitucional:* Lei 4.320/64 (Disciplina normas orçamentárias e financeiras para elaboração e controle dos orçamentos e balanços da União, dos Estados, dos Municípios e do Distrito Federal); Lei 9.293/96 (Estabelece diretrizes orçamentárias).

I – o plano plurianual;

II – as diretrizes orçamentárias;
III – os orçamentos anuais.

> Legislação infraconstitucional: Lei 9.989/00; Lei 9.995/00; Lei 10.266/01; Lei 10.180/01 (controle interno do Poder Executivo Federal).

§ 1º A lei que instituir o plano plurianual estabelecerá, de forma regionalizada, as diretrizes, objetivos e metas da administração pública federal para as despesas de capital e outras delas decorrentes e para as relativas aos programas de duração continuada.

§ 2º A lei de diretrizes orçamentárias compreenderá as metas e prioridades da administração pública federal, estabelecerá as diretrizes de política fiscal e respectivas metas, em consonância com trajetória sustentável da dívida pública, orientará a elaboração da lei orçamentária anual, disporá sobre as alterações na legislação tributária e estabelecerá a política de aplicação das agências financeiras oficiais de fomento.

> Redação do § 2º dada pela EC 109, de 15 de março de 2021.

O texto anterior, redigido pela EC 86, de 17 de março de 2015, dispunha:
"§ 2º A lei de diretrizes orçamentárias compreenderá as metas e prioridades da administração pública federal, incluindo as despesas de capital para o exercício financeiro subsequente, orientará a elaboração da lei orçamentária anual, disporá sobre as alterações na legislação tributária e estabelecerá a política de aplicação das agências financeiras oficiais de fomento."

§ 3º O Poder Executivo publicará, até trinta dias após o encerramento de cada bimestre, relatório resumido da execução orçamentária.

> Emenda constitucional conexa: EC 106, de 7 de maio de 2020 (institui regime extraordinário fiscal, financeiro e de contratações para enfrentamento de calamidade pública nacional decorrente de pandemia).

§ 4º Os planos e programas nacionais, regionais e setoriais previstos nesta Constituição serão elaborados em consonância com o plano plurianual e apreciados pelo Congresso Nacional.

§ 5º A lei orçamentária anual compreenderá:

I – o orçamento fiscal referente aos Poderes da União, seus fundos, órgãos e entidades da administração direta e indireta, inclusive fundações instituídas e mantidas pelo Poder Público;

II – o orçamento de investimento das empresas em que a União, direta ou indiretamente, detenha a maioria do capital social com direito a voto;

III – o orçamento da seguridade social, abrangendo todas as entidades e órgãos a ela vinculados, da administração direta ou indireta, bem como os fundos e fundações instituídos e mantidos pelo Poder Público.

§ 6º O projeto de lei orçamentária será acompanhado de demonstrativo regionalizado do efeito, sobre as receitas e despesas, decorrente de isenções, anistias, remissões, subsídios e benefícios de natureza financeira, tributária e creditícia.

§ 7º Os orçamentos previstos no § 5º, I e II, deste artigo, compatibilizados com o plano plurianual, terão entre suas funções a de reduzir desigualdades inter-regionais, segundo critério populacional.

> Artigo constitucional conexo: ADCT, 35.

§ 8º A lei orçamentária anual não conterá dispositivo estranho à previsão da receita e à fixação da despesa, não se incluindo na proibição a autorização para abertura de créditos suplementares e contratação de operações de crédito, ainda que por antecipação de receita, nos termos da lei.

§ 9º Cabe à lei complementar:

> Artigo constitucional conexo: 163, I; ADCT, 35, § 2º e 71, parágrafo único.

I – dispor sobre o exercício financeiro, a vigência, os prazos, a elaboração e a organização do plano plurianual, da lei de diretrizes orçamentárias e da lei orçamentária anual;

II – estabelecer normas de gestão financeira e patrimonial da administração direta e indireta, bem como condições para a instituição e funcionamento de fundos.

III – dispor sobre critérios para a execução equitativa, além de procedimentos que serão adotados quando houver impedimentos legais e técnicos, cumprimento de restos a pagar e limitação das programações de caráter obrigatório, para a realização do disposto nos §§ 11 e 12 do art. 166.

> Redação do inciso III dada pela EC 100, de 27 de junho de 2019.

O texto anterior, redigido pela EC 86, de 17 de março de 2015, dispunha:

"III – dispor sobre critérios para a execução equitativa, além de procedimentos que serão adotados quando houver impedimentos legais e técnicos, cumprimento de restos a pagar e limitação das programações de caráter obrigatório, para a realização do disposto no § 11 do art. 166."

§ 10. A administração tem o dever de executar as programações orçamentárias, adotando os meios e as medidas necessárias, com o propósito de garantir a efetiva entrega de bens e serviços à sociedade.

> § 10 acrescentado pela EC 100, de 27 de junho de 2019.

§ 11. O disposto no § 10 deste artigo, nos termos da lei de diretrizes orçamentárias:

I – subordina-se ao cumprimento de dispositivos constitucionais e legais que estabeleçam metas fiscais ou limites de despesas e não impede o cancelamento necessário à abertura de créditos adicionais;

II – não se aplica nos casos de impedimentos de ordem técnica devidamente justificados;

III – aplica-se exclusivamente às despesas primárias discricionárias.

> § 11 acrescentado pela EC 102, de 26 de setembro de 2019, entra em vigor na data de sua publicação e produzirá efeitos a partir da execução orçamentária do exercício financeiro subsequente.

§ 12. Integrará a lei de diretrizes orçamentárias, para o exercício a que se refere e, pelo menos, para os 2 (dois) exercícios subsequentes, anexo com previsão de agregados fiscais e a proporção dos recursos para investimentos que serão alocados na lei orçamentária anual para a continuidade daqueles em andamento.

> § 12 acrescentado pela EC 102, de 26 de setembro de 2019, entra em vigor na data de sua publicação e produzirá efeitos a partir da execução orçamentária do exercício financeiro subsequente.

§ 13. O disposto no inciso III do § 9º e nos §§ 10, 11 e 12 deste artigo aplica-se exclusivamente aos orçamentos fiscal e da seguridade social da União.

> § 13 acrescentado pela EC 102, de 26 de setembro de 2019, entra em vigor na data de sua publicação e produzirá efeitos a partir da execução orçamentária do exercício financeiro subsequente.

§ 14. A lei orçamentária anual poderá conter previsões de despesas para exercícios seguintes, com a especificação dos investimentos plurianuais e daqueles em andamento.

> § 14 acrescentado pela EC 102, de 26 de setembro de 2019, entra em vigor na data de sua publicação e produzirá efeitos a partir da execução orçamentária do exercício financeiro subsequente.

§ 15. A União organizará e manterá registro centralizado de projetos de investimento contendo, por Estado ou Distrito Federal, pelo menos, análises de viabilidade, estimativas de custos e informações sobre a execução física e financeira.

> § 15 acrescentado pela EC 102, de 26 de setembro de 2019, entra em vigor na data de sua publicação e produzirá efeitos a partir da execução orçamentária do exercício financeiro subsequente.

§ 16. As leis de que trata este artigo devem observar, no que couber, os resultados do monitoramento e da avaliação das políticas públicas previstos no § 16 do art. 37 desta Constituição.

> § 16 acrescentado pela EC 109, de 15 de março de 2021.

Art. 166. Os projetos de lei relativos ao plano plurianual, às diretrizes orçamentárias, ao orçamento anual e aos créditos adicionais serão apreciados pelas duas Casas do Congresso Nacional, na forma do regimento comum.

> Legislação infraconstitucional: Lei 10.265/01 (2000 a 2003); Lei 10.933/2004 (2004 a 2007); Lei 11.653/2008 (2008 a 2011); Lei 12.593/2012 (2012 a 2015); Lei 13.249/2016 (2016 a 2019).

§ 1º Caberá a uma Comissão mista permanente de Senadores e Deputados:

I – examinar e emitir parecer sobre os projetos referidos neste artigo e sobre as contas apresentadas anualmente pelo Presidente da República;

II – examinar e emitir parecer sobre os planos e programas nacionais, regionais e setoriais previstos nesta Constituição e exercer o acompanhamento e a fiscalização orçamentária, sem prejuízo da atuação das demais comissões do Congresso Nacional e de suas Casas, criadas de acordo com o art. 58.

§ 2º As emendas serão apresentadas na Comissão mista, que sobre elas emitirá parecer, e apreciadas, na forma regimental, pelo Plenário das duas Casas do Congresso Nacional.

§ 3º As emendas ao projeto de lei do orçamento anual ou aos projetos que o modifiquem somente podem ser aprovadas caso:

I – sejam compatíveis com o plano plurianual e com a lei de diretrizes orçamentárias;

II – indiquem os recursos necessários, admitidos apenas os provenientes de anulação de despesa, excluídas as que incidam sobre:

a) dotações para pessoal e seus encargos;

b) serviço da dívida;

c) transferências tributárias constitucionais para Estados, Municípios e Distrito Federal; ou

III – sejam relacionadas:

a) com a correção de erros ou omissões; ou

b) com os dispositivos do texto do projeto de lei.

§ 4º As emendas ao projeto de lei de diretrizes orçamentárias não poderão ser aprovadas quando incompatíveis com o plano plurianual.

§ 5º O Presidente da República poderá enviar mensagem ao Congresso Nacional para propor modificação nos projetos a que se refere este artigo enquanto não iniciada a votação, na Comissão mista, da parte cuja alteração é proposta.

§ 6º Os projetos de lei do plano plurianual, das diretrizes orçamentárias e do orçamento anual serão enviados pelo Presidente da República ao Congresso Nacional, nos termos da lei complementar a que se refere o art. 165, § 9º.

§ 7º Aplicam-se aos projetos mencionados neste artigo, no que não contrariar o disposto nesta seção, as demais normas relativas ao processo legislativo.

§ 8º Os recursos que, em decorrência de veto, emenda ou rejeição do projeto de lei orçamentária anual, ficarem sem despesas correspondentes poderão ser utilizados, conforme o caso, mediante créditos especiais ou suplementares, com prévia e específica autorização legislativa.

§ 9º As emendas individuais ao projeto de lei orçamentária serão aprovadas no limite de 2% (dois por cento) da receita corrente líquida do exercício anterior ao do encaminhamento do projeto, observado que a metade desse percentual será destinada a ações e serviços públicos de saúde.

> Redação do § 9º dada pela EC 126, de 21 de dezembro de 2022.

O texto anterior, redigido pela EC 86, de 17 de março de 2015, dispunha:

"§ 9º As emendas individuais ao projeto de lei orçamentária serão aprovadas no limite de 1,2% (um inteiro e dois décimos por cento) da receita corrente líquida prevista no projeto encaminhado pelo Poder Executivo, sendo que a metade deste percentual será destinada a ações e serviços públicos de saúde."

§ 9º-A. Do limite a que se refere o § 9º deste artigo, 1,55% (um inteiro e cinquenta e cinco centésimos por cento) caberá às emendas de Deputados e 0,45% (quarenta e cinco centésimos por cento) às de Senadores.

> § 9º-A acrescentado pela EC 126, de 21 de dezembro de 2022.

§ 10. A execução do montante destinado a ações e serviços públicos de saúde previsto no § 9º, inclusive custeio, será computada para fins do cumprimento do inciso I do § 2º do art. 198, vedada a destinação para pagamento de pessoal ou encargos sociais.

> § 10 acrescentado pela EC 86, de 17 de março de 2015.

§ 11. É obrigatória a execução orçamentária e financeira das programações oriundas de emendas individuais, em montante correspondente ao limite a que se refere o § 9º deste artigo, conforme os critérios para a execução equitativa da programação definidos na lei complementar prevista no § 9º do art. 165 desta Constituição, observado o disposto no § 9º-A deste artigo.

> Redação do § 11 dada pela EC 126, de 21 de dezembro de 2022.

O texto anterior, redigido pela EC 86, de 17 de março de 2015, dispunha:

"§ 11. É obrigatória a execução orçamentária e financeira das programações a que se refere o § 9º deste artigo, em montante correspondente a 1,2% (um inteiro e dois décimos por cento) da receita corrente líquida realizada no exercício anterior, conforme os critérios para a execução equitativa da programação definidos na lei complementar prevista no § 9º do art. 165."

§ 12. A garantia de execução de que trata o § 11 deste artigo aplica-se também às programações incluídas por todas as emendas de iniciativa de bancada de parlamentares de Estado ou do Distrito Federal, no montante de até 1% (um por cento) da receita corrente líquida realizada no exercício anterior.

> Redação do § 12 dada pela EC 100, de 27 de junho de 2019.

O texto anterior, redigido pela EC 86, de 17 de março de 2015, dispunha:

§ 12. As programações orçamentárias previstas no § 9º deste artigo não serão de execução obrigatória nos casos dos impedimentos de ordem técnica.

§ 13. As programações orçamentárias previstas nos §§ 11 e 12 deste artigo não serão de execução obrigatória nos casos dos impedimentos de ordem técnica.

> Redação do § 13 dada pela EC 100, de 27 de junho de 2019.

O texto anterior, redigido pela EC 86, de 17 de março de 2015, dispunha:

"§ 13. Quando a transferência obrigatória da União, para a execução da programação prevista no § 11 deste artigo, for destinada a Estados, ao Distrito Federal e a Municípios, independerá da adimplência do ente federativo destinatário e não integrará a base de cálculo da receita corrente líquida para fins de aplicação dos limites de despesa de pessoal de que trata o caput do art. 169."

§ 14. Para fins de cumprimento do disposto nos §§ 11 e 12 deste artigo, os órgãos de execução deverão observar, nos termos da lei de diretrizes orçamentárias, cronograma para análise e verificação de eventuais impedimentos das programações e demais procedimentos necessários à viabilização da execução dos respectivos montantes.

I – *Revogado pela EC 100, de 27 de junho de 2019;*
II – *Revogado pela EC 100, de 27 de junho de 2019;*
III – *Revogado pela EC 100, de 27 de junho de 2019;*
IV – *Revogado pela EC 100, de 27 de junho de 2019.*

> *Redação do § 14 dada pela EC 100, de 27 de junho de 2019.*

O texto anterior, redigido pela EC 86, de 17 de março de 2015, dispunha:

"§ 14. No caso de impedimento de ordem técnica, no empenho de despesa que integre a programação, na forma do § 11 deste artigo, serão adotadas as seguintes medidas:

I – até 120 (cento e vinte) dias após a publicação da lei orçamentária, o Poder Executivo, o Poder Legislativo, o Poder Judiciário, o Ministério Público e a Defensoria Pública enviarão ao Poder Legislativo as justificativas do impedimento;

II – até 30 (trinta) dias após o término do prazo previsto no inciso I, o Poder Legislativo indicará ao Poder Executivo o remanejamento da programação cujo impedimento seja insuperável;

III – até 30 de setembro ou até 30 (trinta) dias após o prazo previsto no inciso II, o Poder Executivo encaminhará projeto de lei sobre o remanejamento da programação cujo impedimento seja insuperável;

IV – se, até 20 de novembro ou até 30 (trinta) dias após o término do prazo previsto no inciso III, o Congresso Nacional não deliberar sobre o projeto, o remanejamento será implementado por ato do Poder Executivo, nos termos previstos na lei orçamentária."

§ 15. *Revogado pela EC 100, de 27 de junho de 2019.*

O texto anterior, redigido pela EC 86, de 17 de março de 2015, dispunha:

"§ 15. Após o prazo previsto no inciso IV do § 14, as programações orçamentárias previstas no § 11 não serão de execução obrigatória nos casos dos impedimentos justificados na notificação prevista no inciso I do § 14."

§ 16. Quando a transferência obrigatória da União para a execução da programação prevista nos §§ 11 e 12 deste artigo for destinada a Estados, ao Distrito Federal e a Municípios, independerá da adimplência do ente federativo destinatário e não integrará a base de cálculo da receita corrente líquida para fins de aplicação dos limites de despesa de pessoal de que trata o *caput* do art. 169.

> *Redação do § 16 dada pela EC 100, de 27 de junho de 2019.*

O texto anterior, redigido pela EC 86, de 17 de março de 2015, dispunha:

"§ 16. Os restos a pagar poderão ser considerados para fins de cumprimento da execução financeira prevista no § 11 deste artigo, até o limite de 0,6% (seis décimos por cento) da receita corrente líquida realizada no exercício anterior."

§ 17. Os restos a pagar provenientes das programações orçamentárias previstas nos §§ 11 e 12 deste artigo poderão ser considerados para fins de cumprimento da execução financeira até o limite de 1% (um por cento) da receita corrente líquida do exercício anterior ao do encaminhamento do projeto de lei orçamentária, para as programações das emendas individuais, e até o limite de 0,5% (cinco décimos por cento), para as programações das emendas de iniciativa de bancada de parlamentares de Estado ou do Distrito Federal.

> *Redação do § 17 dada pela EC 126, de 21 de dezembro de 2022.*

O texto anterior, redigido pela EC 86, de 17 de março de 2015, dispunha:

"§ 17. Os restos a pagar provenientes das programações orçamentárias previstas nos §§ 11 e 12 poderão ser considerados para fins de cumprimento da execução financeira até o limite de 0,6% (seis décimos por cento) da receita corrente líquida realizada no exercício anterior, para as programações das emendas individuais, e até o limite de 0,5% (cinco décimos por cento), para as programações das emendas de iniciativa de bancada de parlamentares de Estado ou do Distrito Federal."

§ 18. Se for verificado que a reestimativa da receita e da despesa poderá resultar no não cumprimento da meta de resultado fiscal estabelecida na lei de diretrizes orçamentárias, os montantes previstos nos §§ 11 e 12 deste artigo poderão ser reduzidos em até a mesma proporção da limitação incidente sobre o conjunto das demais despesas discricionárias.

> *Redação do § 18 dada pela EC 100, de 27 de junho de 2019.*

O texto anterior, redigido pela EC 86, de 17 de março de 2015, dispunha:
"§ 18. Considera-se equitativa a execução das programações de caráter obrigatório que atenda de forma igualitária e impessoal às emendas apresentadas, independentemente da autoria."

§ 19. Considera-se equitativa a execução das programações de caráter obrigatório que observe critérios objetivos e imparciais e que atenda de forma igualitária e impessoal às emendas apresentadas, independentemente da autoria, observado o disposto no § 9º-A deste artigo.

> *Redação do § 19 dada pela EC 126, de 21 de dezembro de 2022.*

O texto anterior, redigido pela EC 100, de 27 de junho de 2019, dispunha:
"§ 19. Considera-se equitativa a execução das programações de caráter obrigatório que observe critérios objetivos e imparciais e que atenda de forma igualitária e impessoal às emendas apresentadas, independentemente da autoria."

§ 20. As programações de que trata o § 12 deste artigo, quando versarem sobre o início de investimentos com duração de mais de 1 (um) exercício financeiro ou cuja execução já tenha sido iniciada, deverão ser objeto de emenda pela mesma bancada estadual, a cada exercício, até a conclusão da obra ou do empreendimento.

> *§ 20 acrescentado pela EC 100, de 27 de junho de 2019.*

Art. 166-A. As emendas individuais impositivas apresentadas ao projeto de lei orçamentária anual poderão alocar recursos a Estados, ao Distrito Federal e a Municípios por meio de:

> *Artigo acrescentado pela EC 105, de 12 de dezembro de 2019.*

I – transferência especial; ou

> *Artigo constitucional conexo: art. 2º, da EC 105/19.*

II – transferência com finalidade definida.

§ 1º Os recursos transferidos na forma do *caput* deste artigo não integrarão a receita do Estado, do Distrito Federal e dos Municípios para fins de repartição e para o cálculo dos limites da despesa com pessoal ativo e inativo, nos termos do § 16 do art. 166, e de endividamento do ente federado, vedada, em qualquer caso, a aplicação dos recursos a que se refere o *caput* deste artigo no pagamento de:

I – despesas com pessoal e encargos sociais relativas a ativos e inativos, e com pensionistas; e

II – encargos referentes ao serviço da dívida.

§ 2º Na transferência especial a que se refere o inciso I do *caput* deste artigo, os recursos:

> *§ 2º acrescentado pela EC 105, de 12 de dezembro de 2019.*

I – serão repassados diretamente ao ente federado beneficiado, independentemente de celebração de convênio ou de instrumento congênere;

II – pertencerão ao ente federado no ato da efetiva transferência financeira; e

III – serão aplicadas em programações finalísticas das áreas de competência do Poder Executivo do ente federado beneficiado, observado o disposto no § 5º deste artigo.

§ 3º O ente federado beneficiado da transferência especial a que se refere o inciso I do *caput* deste artigo poderá firmar contratos de cooperação técnica para fins de subsidiar o acompanhamento da execução orçamentária na aplicação dos recursos.

> *§ 3º acrescentado pela EC 105, de 12 de dezembro de 2019.*

§ 4º Na transferência com finalidade definida a que se refere o inciso II do *caput* deste artigo, os recursos serão:

> *§ 4º acrescentado pela EC 105, de 12 de dezembro de 2019.*

I – vinculados à programação estabelecida na emenda parlamentar; e

II – aplicados nas áreas de competência constitucional da União.

§ 5º Pelo menos 70% (setenta por cento) das transferências especiais de que trata o inciso I do *caput* deste artigo deverão ser aplicadas em despesas de capital, observada a restrição a que se refere o inciso II do § 1º deste artigo.

> *§ 5º acrescentado pela EC 105, de 12 de dezembro de 2019.*

Art. 167. São vedados:

I – o início de programas ou projetos não incluídos na lei orçamentária anual;

II – a realização de despesas ou a assunção de obrigações diretas que excedam os créditos orçamentários ou adicionais;

III – a realização de operações de créditos que excedam o montante das despesas de capital, ressalvadas as autorizadas mediante créditos suplementares ou especiais com finalidade precisa, aprovados pelo Poder Legislativo por maioria absoluta;

> *Artigo constitucional conexo: ADCT, 37.*
>
> *Emenda constitucional conexa: EC 106, de 7 de maio de 2020 (institui regime extraordinário fiscal, financeiro e de contratações para enfrentamento de calamidade pública nacional decorrente de pandemia).*

IV – a vinculação de receita de impostos a órgão, fundo ou despesa, ressalvadas a repartição do produto da arrecadação dos impostos a que se referem os arts. 158 e 159, a destinação de recursos para as ações e serviços públicos de saúde, para manutenção e desenvolvimento do ensino e para realização de atividades da administração tributária, como determinado, respectivamente, pelos arts. 198, § 2º, 212 e 37, XXII, e a prestação de garantias às operações de crédito por antecipação de receita, previstas no art. 165, § 8º, bem como o disposto no § 4º deste artigo;

> *Inciso IV com redação dada pela EC 42, de 19 de dezembro de 2003.*
>
> O texto anterior, redigido pela EC 29, de 13 de dezembro de 2000, dispunha:
>
> *"IV – a vinculação de receita de impostos a órgão, fundo ou despesa, ressalvadas a repartição do produto da arrecadação dos impostos a que se referem os arts. 158 e 159, a destinação de recursos para as ações e serviços públicos de saúde e para manutenção e desenvolvimento do ensino, como determinado, respectivamente, pelos arts. 198, § 2º, e 212, e a prestação de garantias às operações de crédito por antecipação de receita, previstas no art. 165, § 8º, bem assim o disposto no § 4º deste artigo;"*

V – a abertura de crédito suplementar ou especial sem prévia autorização legislativa e sem indicação dos recursos correspondentes;

VI – a transposição, o remanejamento ou a transferência de recursos de uma categoria de programação para outra ou de um órgão para outro, sem prévia autorização legislativa;

VII – a concessão ou utilização de créditos ilimitados;

VIII – a utilização, sem autorização legislativa específica, de recursos dos orçamentos fiscal e da seguridade social para suprir necessidade ou cobrir déficit de empresas, fundações e fundos, inclusive dos mencionados no art. 165, § 5º;

IX – a instituição de fundos de qualquer natureza, sem prévia autorização legislativa;

X – a transferência voluntária de recursos e a concessão de empréstimos, inclusive por antecipação de receita, pelos Governos Federal e Estaduais e suas instituições financeiras, para pagamento de despesas com pessoal ativo, inativo e pensionista, dos Estados, do Distrito Federal e dos Municípios.

> *Acrescentado pela EC 19, de 4 de junho de 1998.*

XI – a utilização dos recursos provenientes das contribuições sociais de que trata o art. 195, I, *a*, e II, para a realização de despesas distintas do pagamento de benefícios do regime geral de previdência social de que trata o art. 201.

> *Acrescentado pela EC 20, de 15 de dezembro de 1998.*

XII – na forma estabelecida na lei complementar de que trata o § 22 do art. 40, a utilização de recursos de regime próprio de previdência social, incluídos os valores integrantes dos fundos previstos no art. 249, para a realização de despesas distintas do pagamento dos benefícios previdenciários do respectivo fundo vinculado àquele regime e das despesas necessárias à sua organização e ao seu funcionamento;

> *Acrescentado pela EC 103, de 12 de novembro de 2019.*

XIII – a transferência voluntária de recursos, a concessão de avais, as garantias e as subvenções pela União e a concessão de empréstimos e de financiamentos por instituições financeiras federais aos Estados, ao Distrito Federal e aos Municípios na hipótese de descumprimento das regras gerais de organização e de funcionamento de regime próprio de previdência social.

> *Acrescentado pela EC 103, de 12 de novembro de 2019.*

XIV – a criação de fundo público, quando seus objetivos puderem ser alcançados mediante a vinculação de receitas orçamentárias específicas ou mediante a execução direta por programação orçamentária e financeira de órgão ou entidade da administração pública.

> *Acrescentado pela EC 109, de 15 de março de 2021.*

§ 1º Nenhum investimento cuja execução ultrapasse um exercício financeiro poderá ser iniciado sem prévia inclusão no plano plurianual, ou sem lei que autorize a inclusão, sob pena de crime de responsabilidade.

§ 2º Os créditos especiais e extraordinários terão vigência no exercício financeiro em que forem autorizados, salvo se o ato de autorização for promulgado nos últimos quatro meses daquele exercício, caso em que, reabertos nos limites de seus saldos, serão incorporados ao orçamento do exercício financeiro subsequente.

§ 3º A abertura de crédito extraordinário somente será admitida para atender a despesas imprevisíveis e urgentes, como as decorrentes de guerra, comoção interna ou calamidade pública, observado o disposto no art. 62.

§ 4º É permitida a vinculação das receitas a que se referem os arts. 155, 156, 156-A, 157, 158 e as alíneas "a", "b", "d", "e" e "f" do inciso I e o inciso II do *caput* do art. 159

desta Constituição para pagamento de débitos com a União e para prestar-lhe garantia ou contragarantia.

> § 4º com redação pela EC 132/2023.

O texto anterior, com *redação pela EC 109, de 15 de março de 2021, dispunha:*
> *"§ 4º É permitida a vinculação das receitas a que se referem os arts. 155, 156, 157, 158 e as alíneas "a", "b", "d" e "e" do inciso I e o inciso II do caput do art. 159 desta Constituição para pagamento de débitos com a União e para prestar-lhe garantia ou contragarantia."*

§ 5º A transposição, o remanejamento ou a transferência de recursos de uma categoria de programação para outra poderão ser admitidos, no âmbito das atividades de ciência, tecnologia e inovação, com o objetivo de viabilizar os resultados de projetos restritos a essas funções, mediante ato do Poder Executivo, sem necessidade da prévia autorização legislativa prevista no inciso VI deste artigo.

> § 5º acrescentado pela EC 85, de 26 de fevereiro de 2015.

§ 6º Para fins da apuração ao término do exercício financeiro do cumprimento do limite de que trata o inciso III do *caput* deste artigo, as receitas das operações de crédito efetuadas no contexto da gestão da dívida pública mobiliária federal somente serão consideradas no exercício financeiro em que for realizada a respectiva despesa.

> § 6º acrescentado pela EC 109, de 15 de março de 2021.

§ 7º A lei não imporá nem transferirá qualquer encargo financeiro decorrente da prestação de serviço público, inclusive despesas de pessoal e seus encargos, para a União, os Estados, o Distrito Federal ou os Municípios, sem a previsão de fonte orçamentária e financeira necessária à realização da despesa ou sem a previsão da correspondente transferência de recursos financeiros necessários ao seu custeio, ressalvadas as obrigações assumidas espontaneamente pelos entes federados e aquelas decorrentes da fixação do salário mínimo, na forma do inciso IV do *caput* do art. 7º desta Constituição.

> § 7º acrescentado pela EC 128, de 22 de dezembro de 2022.

Art. 167-A. Apurado que, no período de 12 (doze) meses, a relação entre despesas correntes e receitas correntes supera 95% (noventa e cinco por cento), no âmbito dos Estados, do Distrito Federal e dos Municípios, é facultado aos Poderes Executivo, Legislativo e Judiciário, ao Ministério Público, ao Tribunal de Contas e à Defensoria Pública do ente, enquanto permanecer a situação, aplicar o mecanismo de ajuste fiscal de vedação da:

> Artigo acrescentado pela EC 109, de 15 de março de 2021.

I – concessão, a qualquer título, de vantagem, aumento, reajuste ou adequação de remuneração de membros de Poder ou de órgão, de servidores e empregados públicos e de militares, exceto dos derivados de sentença judicial transitada em julgado ou de determinação legal anterior ao início da aplicação das medidas de que trata este artigo;

II – criação de cargo, emprego ou função que implique aumento de despesa;

III – alteração de estrutura de carreira que implique aumento de despesa;

IV – admissão ou contratação de pessoal, a qualquer título, ressalvadas:

a) as reposições de cargos de chefia e de direção que não acarretem aumento de despesa;

b) as reposições decorrentes de vacâncias de cargos efetivos ou vitalícios;

c) as contratações temporárias de que trata o inciso IX do *caput* do art. 37 desta Constituição; e

d) as reposições de temporários para prestação de serviço militar e de alunos de órgãos de formação de militares;

V – realização de concurso público, exceto para as reposições de vacâncias previstas no inciso IV deste *caput*;

VI – criação ou majoração de auxílios, vantagens, bônus, abonos, verbas de representação ou benefícios de qualquer natureza, inclusive os de cunho indenizatório, em favor de membros de Poder, do Ministério Público ou da Defensoria Pública e de servidores e empregados públicos e de militares, ou ainda de seus dependentes, exceto quando derivados de sentença judicial transitada em julgado ou de determinação legal anterior ao início da aplicação das medidas de que trata este artigo;

VII – criação de despesa obrigatória;

VIII – adoção de medida que implique reajuste de despesa obrigatória acima da variação da inflação, observada a preservação do poder aquisitivo referida no inciso IV do *caput* do art. 7º desta Constituição;

IX – criação ou expansão de programas e linhas de financiamento, bem como remissão, renegociação ou refinanciamento de dívidas que impliquem ampliação das despesas com subsídios e subvenções;

X – concessão ou ampliação de incentivo ou benefício de natureza tributária.

§ 1º Apurado que a despesa corrente supera 85% (oitenta e cinco por cento) da receita corrente, sem exceder o percentual mencionado no *caput* deste artigo, as medidas nele indicadas podem ser, no todo ou em parte, implementadas por atos do Chefe do Poder Executivo com vigência imediata, facultado aos demais Poderes e órgãos autônomos implementá-las em seus respectivos âmbitos.

§ 2º O ato de que trata o § 1º deste artigo deve ser submetido, em regime de urgência, à apreciação do Poder Legislativo.

§ 3º O ato perde a eficácia, reconhecida a validade dos atos praticados na sua vigência, quando:

I – rejeitado pelo Poder Legislativo;

II – transcorrido o prazo de 180 (cento e oitenta) dias sem que se ultime a sua apreciação; ou

III – apurado que não mais se verifica a hipótese prevista no § 1º deste artigo, mesmo após a sua aprovação pelo Poder Legislativo.

§ 4º A apuração referida neste artigo deve ser realizada bimestralmente.

§ 5º As disposições de que trata este artigo:

I – não constituem obrigação de pagamento futuro pelo ente da Federação ou direitos de outrem sobre o erário;

II – não revogam, dispensam ou suspendem o cumprimento de dispositivos constitucionais e legais que disponham sobre metas fiscais ou limites máximos de despesas.

§ 6º Ocorrendo a hipótese de que trata o *caput* deste artigo, até que todas as medidas nele previstas tenham sido adotadas por todos os Poderes e órgãos nele mencionados, de acordo com declaração do respectivo Tribunal de Contas, é vedada:

I – a concessão, por qualquer outro ente da Federação, de garantias ao ente envolvido;

II – a tomada de operação de crédito por parte do ente envolvido com outro ente da Federação, diretamente ou por intermédio de seus fundos, autarquias, fundações ou empresas estatais dependentes, ainda que sob a forma de novação, refinanciamento ou postergação de dívida contraída anteriormente, ressalvados os financiamentos destinados a projetos específicos celebrados na forma de operações típicas das agências financeiras oficiais de fomento.

Art. 167-B. Durante a vigência de estado de calamidade pública de âmbito nacional, decretado pelo Congresso Nacional por iniciativa privativa do Presidente da República, a União deve adotar regime extraordinário fiscal, financeiro e de contratações para atender às necessidades dele decorrentes, somente naquilo em que a urgência for incompatível com o regime regular, nos termos definidos nos arts. 167-C, 167-D, 167-E, 167-F e 167-G desta Constituição.

> *Artigo acrescentado pela EC 109, de 15 de março de 2021.*

Art. 167-C. Com o propósito exclusivo de enfrentamento da calamidade pública e de seus efeitos sociais e econômicos, no seu período de duração, o Poder Executivo federal pode adotar processos simplificados de contratação de pessoal, em caráter temporário e emergencial, e de obras, serviços e compras que assegurem, quando possível, competição e igualdade de condições a todos os concorrentes, dispensada a observância do § 1º do art. 169 na contratação de que trata o inciso IX do *caput* do art. 37 desta Constituição, limitada a dispensa às situações de que trata o referido inciso, sem prejuízo do controle dos órgãos competentes.

> *Artigo acrescentado pela EC 109, de 15 de março de 2021.*

Art. 167-D. As proposições legislativas e os atos do Poder Executivo com propósito exclusivo de enfrentar a calamidade e suas consequências sociais e econômicas, com vigência e efeitos restritos à sua duração, desde que não impliquem despesa obrigatória de caráter continuado, ficam dispensados da observância das limitações legais quanto à criação, à expansão ou ao aperfeiçoamento de ação governamental que acarrete aumento de despesa e à concessão ou à ampliação de incentivo ou benefício de natureza tributária da qual decorra renúncia de receita.

> *Artigo acrescentado pela EC 109, de 15 de março de 2021.*

Parágrafo único. Durante a vigência da calamidade pública de âmbito nacional de que trata o art. 167-B, não se aplica o disposto no § 3º do art. 195 desta Constituição.

Art. 167-E. Fica dispensada, durante a integralidade do exercício financeiro em que vigore a calamidade pública de âmbito nacional, a observância do inciso III do *caput* do art. 167 desta Constituição.

> *Artigo acrescentado pela EC 109, de 15 de março de 2021.*

Art. 167-F. Durante a vigência da calamidade pública de âmbito nacional de que trata o art. 167-B desta Constituição:

> *Artigo acrescentado pela EC 109, de 15 de março de 2021.*

I – são dispensados, durante a integralidade do exercício financeiro em que vigore a calamidade pública, os limites, as condições e demais restrições aplicáveis à União para a contratação de operações de crédito, bem como sua verificação;

II – o superávit financeiro apurado em 31 de dezembro do ano imediatamente anterior ao reconhecimento pode ser destinado à cobertura de despesas oriundas das medidas de combate à calamidade pública de âmbito nacional e ao pagamento da dívida pública.

§ 1º Lei complementar pode definir outras suspensões, dispensas e afastamentos aplicáveis durante a vigência do estado de calamidade pública de âmbito nacional.

§ 2º O disposto no inciso II do *caput* deste artigo não se aplica às fontes de recursos:

I – decorrentes de repartição de receitas a Estados, ao Distrito Federal e a Municípios;

II – decorrentes das vinculações estabelecidas pelos arts. 195, 198, 201, 212, 212-A e 239 desta Constituição;

III – destinadas ao registro de receitas oriundas da arrecadação de doações ou de empréstimos compulsórios, de transferências recebidas para o atendimento de finalidades determinadas ou das receitas de capital produto de operações de financiamento celebradas com finalidades contratualmente determinadas.

Art. 167-G. Na hipótese de que trata o art. 167-B, aplicam-se à União, até o término da calamidade pública, as vedações previstas no art. 167-A desta Constituição.

> *Artigo acrescentado pela EC 109, de 15 de março de 2021.*

§ 1º Na hipótese de medidas de combate à calamidade pública cuja vigência e efeitos não ultrapassem a sua duração, não se aplicam as vedações referidas nos incisos II, IV, VII, IX e X do *caput* do art. 167-A desta Constituição.

§ 2º Na hipótese de que trata o art. 167-B, não se aplica a alínea "c" do inciso I do *caput* do art. 159 desta Constituição, devendo a transferência a que se refere aquele dispositivo ser efetuada nos mesmos montantes transferidos no exercício anterior à decretação da calamidade.

§ 3º É facultada aos Estados, ao Distrito Federal e aos Municípios a aplicação das vedações referidas no *caput*, nos termos deste artigo, e, até que as tenham adotado na integralidade, estarão submetidos às restrições do § 6º do art. 167-A desta Constituição, enquanto perdurarem seus efeitos para a União.

Art. 168. Os recursos correspondentes às dotações orçamentárias, compreendidos os créditos suplementares e especiais, destinados aos órgãos dos Poderes Legislativo e Judiciário, do Ministério Público e da Defensoria Pública, ser-lhes-ão entregues até o dia 20 de cada mês, em duodécimos, na forma da lei complementar a que se refere o art. 165, § 9º.

> *Redação do art. 168 dada pela EC 45, de 8 de dezembro de 2004.*
> O texto original dispunha:
> "*Art. 168. Os recursos correspondentes às dotações orçamentárias, compreendidos os créditos suplementares e especiais, destinados aos órgãos dos Poderes Legislativo e Judiciário e do Ministério Público, ser-lhes-ão entregues até o dia 20 de cada mês, na forma da lei complementar a que se refere o art. 165, § 9º.*"

§ 1º É vedada a transferência a fundos de recursos financeiros oriundos de repasses duodecimais.

§ 2º O saldo financeiro decorrente dos recursos entregues na forma do *caput* deste artigo deve ser restituído ao caixa único do Tesouro do ente federativo, ou terá seu valor deduzido das primeiras parcelas duodecimais do exercício seguinte.

> *§§ 1º e 2º acrescentados pela EC 109, de 15 de março de 2021.*

Art. 169. A despesa com pessoal ativo e inativo e pensionistas da União, dos Estados, do Distrito Federal e dos Municípios não pode exceder os limites estabelecidos em lei complementar.

> *Redação do art. 169 dada pela EC 109, de 15 de março de 2021.*
> O texto anterior, redigido pela EC 19, de 4 de junho de 1998, dispunha:
> "*Art. 169. A despesa com pessoal ativo e inativo da União, dos Estados, do Distrito Federal e dos Municípios não poderá exceder os limites estabelecidos em lei complementar.*"

Art. 169 CONSTITUIÇÃO DA REPÚBLICA FEDERATIVA DO BRASIL

> *Legislação infraconstitucional:* Lei 9.801/99 (Dispõe sobre as normas gerais para perda do cargo público por excesso de despesa); LC 101/00 (Estabelece normas de finanças públicas voltadas para a responsabilidade na gestão fiscal e dá outras providências).

§ 1º A concessão de qualquer vantagem ou aumento de remuneração, a criação de cargos, empregos e funções ou alteração de estrutura de carreiras, bem como a admissão ou contratação de pessoal, a qualquer título, pelos órgãos e entidades da administração direta ou indireta, inclusive fundações instituídas e mantidas pelo poder público, só poderão ser feitas:

> *Antigo parágrafo único renumerado pela EC 19, de 4 de junho de 1998.*

> *Emenda constitucional conexa: EC 106, de 7 de maio de 2020 (institui regime extraordinário fiscal, financeiro e de contratações para enfrentamento de calamidade pública nacional decorrente de pandemia).*

I – se houver prévia dotação orçamentária suficiente para atender às projeções de despesa de pessoal e aos acréscimos dela decorrentes;

II – se houver autorização específica na lei de diretrizes orçamentárias, ressalvadas as empresas públicas e as sociedades de economia mista.

§ 2º Decorrido o prazo estabelecido na lei complementar referida neste artigo para a adaptação aos parâmetros ali previstos, serão imediatamente suspensos todos os repasses de verbas federais ou estaduais aos Estados, ao Distrito Federal e aos Municípios que não observarem os referidos limites.

> *Acrescentado pela EC 19, de 4 de junho de 1998.*

§ 3º Para o cumprimento dos limites estabelecidos com base neste artigo, durante o prazo fixado na lei complementar referida no *caput*, a União, os Estados, o Distrito Federal e os Municípios adotarão as seguintes providências:

> *Acrescentado pela EC 19, de 4 de junho de 1998, juntamente com os incisos I e II.*
> *Artigo constitucional conexo: 33 da EC 19/98.*

I – redução em pelo menos vinte por cento das despesas com cargos em comissão e funções de confiança;

II – exoneração dos servidores não estáveis.

§ 4º Se as medidas adotadas com base no parágrafo anterior não forem suficientes para assegurar o cumprimento da determinação da lei complementar referida neste artigo, o servidor estável poderá perder o cargo, desde que ato normativo motivado de cada um dos Poderes especifique a atividade funcional, o órgão ou unidade administrativa objeto da redução de pessoal.

> *Acrescentado pela EC 19, de 4 de junho de 1998.*

§ 5º O servidor que perder o cargo na forma do parágrafo anterior fará jus a indenização correspondente a um mês de remuneração por ano de serviço.

> *Acrescentado pela EC 19, de 4 de junho de 1998.*

§ 6º O cargo objeto da redução prevista nos parágrafos anteriores será considerado extinto, vedada a criação de cargo, emprego ou função com atribuições iguais ou assemelhadas pelo prazo de quatro anos.

> *Acrescentado pela EC 19, de 4 de junho de 1998.*

§ 7º Lei federal disporá sobre as normas gerais a serem obedecidas na efetivação do disposto no § 4º.

> *Acrescentado pela EC 19, de 4 de junho de 1998.*

TÍTULO VII
DA ORDEM ECONÔMICA E FINANCEIRA

CAPÍTULO I
Dos Princípios Gerais da Atividade Econômica

> *Legislação infraconstitucional*: Lei 8.078/90 (Código de Defesa do Consumidor); Lei 8.137/90 (Crimes contra a ordem tributária, econômica e contra as relações de consumo); Lei 8.176/91 (crimes contra a ordem econômica); Lei 8.884/94 (dispõe sobre infrações contra a ordem econômica – CADE); Lei 10.149/00 (dispõe sobre a prevenção e repressão às infrações contra a ordem econômica).

Art. 170. A ordem econômica, fundada na valorização do trabalho humano e na livre iniciativa, tem por fim assegurar a todos existência digna, conforme os ditames da justiça social, observados os seguintes princípios:

> *Artigos constitucionais conexos*: 6º; 7º.

I – soberania nacional;
> *Artigo constitucional conexo*: 1º, I.

II – propriedade privada;
> *Artigos constitucionais conexos*: 5º, XXII; 22, II; 24, VI; 30, VIII; 136, § 1º, II; 139, VII; 231; 243.
> *Legislação infraconstitucional*: arts. 524 a 673 do Código Civil; Estatuto da Terra (Lei 4.504/64).

III – função social da propriedade;
> *Artigos constitucionais conexos*: 5º, XXIII; 182, *caput*; 184; 185, parágrafo único; 186.

IV – livre concorrência;
> *Súmula Vinculante do Supremo Tribunal Federal*: 49.
> *Súmula do Supremo Tribunal Federal*: 646.
> *Legislação infraconstitucional*: Lei 12.529/11 (Estrutura o Sistema Brasileiro de Defesa da Concorrência; dispõe sobre a prevenção e repressão às infrações contra a ordem econômica... e dá outras providências.)

V – defesa do consumidor;
> *Artigos constitucionais conexos*: 5º, XXXII; 24, VIII; 150, § 5º; 175, II; ADCT, 48.
> *Súmula Vinculante do Supremo Tribunal Federal*: 49.
> *Súmula do Supremo Tribunal Federal*: 646.
> *Legislação infraconstitucional*: Lei 8.078/90 (Código de Defesa do Consumidor).

VI – defesa do meio ambiente, inclusive mediante tratamento diferenciado conforme o impacto ambiental dos produtos e serviços e de seus processos de elaboração e prestação;
> *Inciso VI com redação dada pela EC 42, de 19 de dezembro de 2003.*
> O texto original dispunha:
> "VI – defesa do meio ambiente;"

Art. 171 CONSTITUIÇÃO DA REPÚBLICA FEDERATIVA DO BRASIL

> *Artigos constitucionais conexos:* 5º, LXXIII (ação popular); 24, VIII; 129, III; 225.
> *Legislação infraconstitucional:* Lei 4.717/65 (Ação Popular); Lei 7.343/85 (Lei da Ação Civil Pública); Lei 8.625/93 (Lei Orgânica do Ministério Público); LC 75/93 (Organização, atribuições e Estatuto do Ministério Público da União).

VII – redução das desigualdades regionais e sociais;
> *Artigos constitucionais conexos:* 3º, III; 25, § 3º; 43.

VIII – busca do pleno emprego;

IX – tratamento favorecido para as empresas de pequeno porte constituídas sob as leis brasileiras e que tenham sua sede e administração no País.
> *Redação do inciso IX dada pela EC 6, de 15 de agosto de 1995.*
> O texto original dispunha:
> *"IX – tratamento favorecido para as empresas brasileiras de capital nacional de pequeno porte."*
> *Artigo constitucional conexo:* 246.
> *Legislação infraconstitucional:* LC 123/06 (Institui o Estatuto Nacional da Microempresa e da Empresa de Pequeno Porte), alterada pelas Leis Complementares nᵒˢ 127/07, 128/08, 133/09, 139/11, 147/14, 155/16; Lei 12.529/11 (Estrutura o Sistema Brasileiro de Defesa da Concorrência; dispõe sobre a prevenção e repressão às infrações contra a ordem econômica).

Parágrafo único. É assegurado a todos o livre exercício de qualquer atividade econômica, independentemente de autorização de órgãos públicos, salvo nos casos previstos em lei.
> *Súmula Vinculante do Supremo Tribunal Federal:* 49.
> *Súmula do Supremo Tribunal Federal:* 646.

Art. 171. *Revogado pela EC 6, de 15 de agosto 1995.*
O texto original dispunha:
"Art. 171. São consideradas:
I – empresa brasileira a constituída sob as leis brasileiras e que tenha sua sede e administração no País;
II – empresa brasileira de capital nacional aquela cujo controle efetivo esteja em caráter permanente sob a titularidade direta ou indireta de pessoas físicas domiciliadas e residentes no País ou de entidades de direito público interno, entendendo-se por controle efetivo da empresa a titularidade da maioria de seu capital votante e o exercício, de fato e de direito, do poder decisório para gerir suas atividades.
§ 1º A lei poderá, em relação à empresa brasileira de capital nacional:
I – conceder proteção e benefícios especiais temporários para desenvolver atividades consideradas estratégicas para a defesa nacional ou imprescindíveis ao desenvolvimento do País;
II – estabelecer, sempre que considerar um setor imprescindível ao desenvolvimento tecnológico nacional, entre outras condições e requisitos:
a) a exigência de que o controle referido no inciso II do "caput" se estenda às atividades tecnológicas da empresa, assim entendido o exercício, de fato e de direito, do poder decisório para desenvolver ou absorver tecnologia;
b) percentuais de participação, no capital, de pessoas físicas domiciliadas e residentes no País ou entidades de direito público interno.
§ 2º Na aquisição de bens e serviços, o Poder Público dará tratamento preferencial, nos termos da lei, à empresa brasileira de capital nacional."

Art. 172. A lei disciplinará, com base no interesse nacional, os investimentos de capital estrangeiro, incentivará os reinvestimentos e regulará a remessa de lucros.

Art. 173. Ressalvados os casos previstos nesta Constituição, a exploração direta de atividade econômica pelo Estado só será permitida quando necessária aos imperativos da segurança nacional ou a relevante interesse coletivo, conforme definidos em lei.

§ 1º A lei estabelecerá o estatuto jurídico da empresa pública, da sociedade de economia mista e de suas subsidiárias que explorem atividade econômica de produção ou comercialização de bens ou de prestação de serviços, dispondo sobre:

> Legislação infraconstitucional: Lei 13.303/16 (Dispõe sobre o estatuto jurídico da empresa pública, da sociedade de economia mista e de suas subsidiárias, no âmbito da União, dos Estados, do Distrito Federal e dos Municípios – Lei de Responsabilidade das Estatais).

I – sua função social e formas de fiscalização pelo Estado e pela sociedade;

II – a sujeição ao regime jurídico próprio das empresas privadas, inclusive quanto aos direitos e obrigações civis, comerciais, trabalhistas e tributários;

III – licitação e contratação de obras, serviços, compras e alienações, observados os princípios da administração pública;

IV – a constituição e o funcionamento dos conselhos de administração e fiscal, com a participação de acionistas minoritários;

V – os mandatos, a avaliação de desempenho e a responsabilidade dos administradores.

> Redação do § 1º e incisos I a V acrescentados pela EC 19, de 4 de junho de 1998.

O texto original dispunha:

"§ 1º A empresa pública, a sociedade de economia mista e outras entidades que explorem atividade econômica sujeitam-se ao regime jurídico próprio das empresas privadas, inclusive quanto às obrigações trabalhistas e tributárias."

§ 2º As empresas públicas e as sociedades de economia mista não poderão gozar de privilégios fiscais não extensivos às do setor privado.

> Legislação infraconstitucional: Lei 12.529/11 (Estrutura o Sistema Brasileiro de Defesa da Concorrência; dispõe sobre a prevenção e repressão às infrações contra a ordem econômica... e dá outras providências.)

§ 3º A lei regulamentará as relações da empresa pública com o Estado e a sociedade.

> Legislação infraconstitucional: Lei 13.303/16 (Dispõe sobre o estatuto jurídico da empresa pública, da sociedade de economia mista e de suas subsidiárias, no âmbito da União, dos Estados, do Distrito Federal e dos Municípios – Lei de Responsabilidade das Estatais).

§ 4º A lei reprimirá o abuso do poder econômico que vise à dominação dos mercados, à eliminação da concorrência e ao aumento arbitrário dos lucros.

> Súmula Vinculante do Supremo Tribunal Federal: 49.
> Súmula do Supremo Tribunal Federal: 646.
> Legislação infraconstitucional: Lei 12.529/11 (Estrutura o Sistema Brasileiro de Defesa da Concorrência; dispõe sobre a prevenção e repressão às infrações contra a ordem econômica... e dá outras providências.)

§ 5º A lei, sem prejuízo da responsabilidade individual dos dirigentes da pessoa jurídica, estabelecerá a responsabilidade desta, sujeitando-a às punições compatíveis com sua natureza, nos atos praticados contra a ordem econômica e financeira e contra a economia popular.

Art. 174. Como agente normativo e regulador da atividade econômica, o Estado exercerá, na forma da lei, as funções de fiscalização, incentivo e planejamento, sendo este determinante para o setor público e indicativo para o setor privado.

§ 1º A lei estabelecerá as diretrizes e bases do planejamento do desenvolvimento nacional equilibrado, o qual incorporará e compatibilizará os planos nacionais e regionais de desenvolvimento.

§ 2º A lei apoiará e estimulará o cooperativismo e outras formas de associativismo.

§ 3º O Estado favorecerá a organização da atividade garimpeira em cooperativas, levando em conta a proteção do meio ambiente e a promoção econômico-social dos garimpeiros.

§ 4º As cooperativas a que se refere o parágrafo anterior terão prioridade na autorização ou concessão para pesquisa e lavra dos recursos e jazidas de minerais garimpáveis, nas áreas onde estejam atuando, e naquelas fixadas de acordo com o art. 21, XXV, na forma da lei.

Art. 175. Incumbe ao Poder Público, na forma da lei, diretamente ou sob regime de concessão ou permissão, sempre através de licitação, a prestação de serviços públicos.

> Artigos constitucionais conexos: 22, XXVII (EC 19/98); 37, XXI.
> Legislação infraconstitucional: Lei 8.666/93 (Estatuto Jurídico das Licitações e contratos), com as alterações da Lei 8.883/94; Lei 8.987/95 (Regime de concessão e permissão da prestação de serviços públicos); Lei 9.074/95 (outorga e prorrogação das concessões e permissões de serviços públicos).

Parágrafo único. A lei disporá sobre:

I – o regime das empresas concessionárias e permissionárias de serviços públicos, o caráter especial de seu contrato e de sua prorrogação, bem como as condições de caducidade, fiscalização e rescisão da concessão ou permissão;

II – os direitos dos usuários;

III – política tarifária;

IV – a obrigação de manter serviço adequado.

Art. 176. As jazidas, em lavra ou não, e demais recursos minerais e os potenciais de energia hidráulica constituem propriedade distinta da do solo, para efeito de exploração ou aproveitamento, e pertencem à União, garantida ao concessionário a propriedade do produto da lavra.

§ 1º A pesquisa e a lavra de recursos minerais e o aproveitamento dos potenciais a que se refere o *caput* deste artigo somente poderão ser efetuados mediante autorização ou concessão da União, no interesse nacional, por brasileiros ou empresa constituída sob as leis brasileiras e que tenha sua sede e administração no País, na forma da lei, que estabelecerá as condições específicas quando essas atividades se desenvolverem em faixa de fronteira ou terras indígenas.

> Redação do § 1º dada pela EC 6, de 15 de agosto de 1995.
> O texto original dispunha:
> "§ 1º A pesquisa e a lavra de recursos minerais e o aproveitamento dos potenciais a que se refere o "caput" deste artigo somente poderão ser efetuados mediante autorização ou concessão da União, no interesse nacional, por brasileiros ou empresa brasileira de capital nacional, na forma da lei, que estabelecerá as condições específicas quando essas atividades se desenvolverem em faixa de fronteira ou terras indígenas."
> Artigos constitucionais conexos: 20, IX e § 1º; 22, XII; 23, XI; 24, VI; 91, III; 174, §§ 3º e 4º; 225, § 2º; 231, § 3º; ADCT, 43 e 44.
> Legislação infraconstitucional: Decreto-Lei 227/67, que deu nova redação ao Decreto-Lei 1.985/40 (Código de Minas), com as alterações da Lei 9.314/96.

§ 2º É assegurada participação ao proprietário do solo nos resultados da lavra, na forma e no valor que dispuser a lei.

§ 3º A autorização de pesquisa será sempre por prazo determinado, e as autorizações e concessões previstas neste artigo não poderão ser cedidas ou transferidas, total ou parcialmente, sem prévia anuência do poder concedente.

§ 4º Não dependerá de autorização ou concessão o aproveitamento do potencial de energia renovável de capacidade reduzida.

Art. 177. Constituem monopólio da União:

I – a pesquisa e a lavra das jazidas de petróleo e gás natural e outros hidrocarbonetos fluidos;

> Artigos constitucionais conexos: 20, § 1º; 238; ADCT, 45, parágrafo único. Art. 3º, EC 9/95.

> Legislação infraconstitucional: Lei 9.478/97 (Política energética nacional e atividades relativas ao monopólio do petróleo).

II – a refinação do petróleo nacional ou estrangeiro;

III – a importação e exportação dos produtos e derivados básicos resultantes das atividades previstas nos incisos anteriores;

IV – o transporte marítimo do petróleo bruto de origem nacional ou de derivados básicos de petróleo produzidos no País, bem assim o transporte, por meio de conduto, de petróleo bruto, seus derivados e gás natural de qualquer origem;

> Artigo constitucional conexo: 3º, EC 9/95.

V – a pesquisa, a lavra, o enriquecimento, o reprocessamento, a industrialização e o comércio de minérios e minerais nucleares e seus derivados, com exceção dos radioisótopos cuja produção, comercialização e utilização poderão ser autorizadas sob regime de permissão, conforme as alíneas *b* e *c* do inciso XXIII do *caput* do art. 21 desta Constituição Federal.

> Redação do inciso V dada pela EC 49, de 8 de fevereiro de 2006.

O texto original dispunha:

"V – a pesquisa, a lavra, o enriquecimento, o reprocessamento, a industrialização e o comércio de minérios e minerais nucleares e seus derivados."

§ 1º A União poderá contratar com empresas estatais ou privadas a realização das atividades previstas nos incisos I a IV deste artigo, observadas as condições estabelecidas em lei.

> Redação do § 1º dada pela EC 9, de 9 de novembro de 1995.

O texto original dispunha:

"§ 1º O monopólio previsto neste artigo inclui os riscos e resultados decorrentes das atividades nele mencionadas, sendo vedado à União ceder ou conceder qualquer tipo de participação, em espécie ou em valor, na exploração de jazidas de petróleo ou gás natural, ressalvado o disposto no art. 20, § 1º."

> Artigo constitucional conexo: 246; 3º, EC 9/95.
> Legislação infraconstitucional: Lei 13.303/16 (Dispõe sobre o estatuto jurídico da empresa pública, da sociedade de economia mista e de suas subsidiárias, no âmbito da União, dos Estados, do Distrito Federal e dos Municípios – Lei de Responsabilidade das Estatais).

§ 2º A lei a que se refere o § 1º disporá sobre:

> Acrescentado pela EC 9, de 9 de novembro de 1995.
> Artigos constitucionais conexos: 246; 3º, EC 9/95.

I – a garantia do fornecimento dos derivados de petróleo em todo o território nacional;

> Acrescentado pela EC 9, de 9 de novembro de 1995.

II – as condições de contratação;

> Acrescentado pela EC 9, de 9 de novembro de 1995.

III – a estrutura e atribuições do órgão regulador do monopólio da União.

> Acrescentado pela EC 9, de 9 de novembro de 1995.

§ 3º A lei disporá sobre o transporte e a utilização de materiais radioativos no território nacional.

> Antigo § 2º renumerado pela EC 9, de 9 de novembro de 1995.
> Artigo constitucional conexo: 246.

Art. 178

§ 4º A lei que instituir contribuição de intervenção no domínio econômico relativa às atividades de importação ou comercialização de petróleo e seus derivados, gás natural e seus derivados e álcool combustível deverá atender aos seguintes requisitos:

I – a alíquota da contribuição poderá ser:

a) diferenciada por produto ou uso;

b) reduzida e restabelecida por ato do Poder Executivo, não se lhe aplicando o disposto no art. 150, III, *b*;

II – os recursos arrecadados serão destinados:

a) ao pagamento de subsídios a preços ou transporte de álcool combustível, gás natural e seus derivados e derivados de petróleo;

b) ao financiamento de projetos ambientais relacionados com a indústria do petróleo e do gás;

c) ao financiamento de programas de infraestrutura de transportes.

> § 4º acrescentado pela EC 33, de 11 de dezembro de 2001.

d) ao pagamento de subsídios a tarifas de transporte público coletivo de passageiros.

> Alínea d acrescida pela EC 132/2023.

Art. 178. A lei disporá sobre a ordenação dos transportes aéreo, aquático e terrestre, devendo, quanto à ordenação do transporte internacional, observar os acordos firmados pela União, atendido o princípio da reciprocidade.

Parágrafo único. Na ordenação do transporte aquático, a lei estabelecerá as condições em que o transporte de mercadorias na cabotagem e a navegação interior poderão ser feitos por embarcações estrangeiras.

> Redação dada pela EC 7, de 15 de agosto de 1995.
> O texto original dispunha:
> "Art. 178. A lei disporá sobre:
> I – a ordenação dos transportes aéreo, marítimo e terrestre;
> II – a predominância dos armadores nacionais e navios de bandeira e registros brasileiros e do país exportador ou importador;
> III – o transporte de granéis;
> IV – a utilização de embarcações de pesca e outras.
> § 1º A ordenação do transporte internacional cumprirá os acordos firmados pela União, atendido o princípio de reciprocidade.
> § 2º Serão brasileiros os armadores, os proprietários, os comandantes e dois terços, pelo menos, dos tripulantes de embarcações nacionais.
> § 3º A navegação de cabotagem e a interior são privativas de embarcações nacionais, salvo caso de necessidade pública, segundo dispuser a lei."

> Artigo constitucional conexo: 246.

> Legislação infraconstitucional: Lei 7.565/86 (Código Brasileiro de Aeronáutica); Lei 9.611/98 (Transporte multimodal de cargas); Lei 10.233/01 (dispõe sobre a reestruturação dos transportes aquaviários e terrestres, cria o Conselho Nacional de Integração de Políticas de Transporte, a Agência Nacional de Transportes Terrestres, a Agência Nacional de Transportes Aquaviários e o Departamento Nacional de Infraestrutura de Transportes); Lei 11.380/06 (Institui o Registro Temporário Brasileiro para embarcações de pesca estrangeiras arrendadas ou afretadas, a casco nu, por empresas, armadores de pesca ou cooperativas de pesca brasileiras e dá outras providências); Lei 11.442/07 (Transporte rodoviário de cargas).

Art. 179. A União, os Estados, o Distrito Federal e os Municípios dispensarão às microempresas e às empresas de pequeno porte, assim definidas em lei, tratamento jurídico diferenciado, visando a incentivá-las pela simplificação de suas obrigações administrativas, tributárias, previdenciárias e creditícias, ou pela eliminação ou redução destas por meio de lei.

> *Artigos constitucionais conexos:* 170, IX; ADCT, 47, § 1º.
> *Legislação infraconstitucional:* LC 123/06 (Institui o Estatuto Nacional da Microempresa e da Empresa de Pequeno Porte), alterada pelas Leis Complementares nos 127/07, 128/08, 133/09, 139/11, 147/14, 155/16.

Art. 180. A União, os Estados, o Distrito Federal e os Municípios promoverão e incentivarão o turismo como fator de desenvolvimento social e econômico.

Art. 181. O atendimento de requisição de documento ou informação de natureza comercial, feita por autoridade administrativa ou judiciária estrangeira, a pessoa física ou jurídica residente ou domiciliada no País dependerá de autorização do Poder competente.

CAPÍTULO II
Da Política Urbana

Art. 182. A política de desenvolvimento urbano, executada pelo Poder Público municipal, conforme diretrizes gerais fixadas em lei, tem por objetivo ordenar o pleno desenvolvimento das funções sociais da cidade e garantir o bem-estar de seus habitantes.

> *Legislação infraconstitucional:* Lei 10.257/01 (Estabelece diretrizes gerais da política urbana); Lei 13.311/16 (Institui, nos termos do *caput* do art. 182 da Constituição Federal, normas gerais para a ocupação e utilização de área pública urbana por equipamentos urbanos do tipo quiosque, trailer, feira e banca de venda de jornais e de revistas); Lei 13.425/2017 (Diretrizes gerais sobre medidas de prevenção e combate a incêndio e a desastres em estabelecimentos, edificações e áreas de reunião de público).

§ 1º O plano diretor, aprovado pela Câmara Municipal, obrigatório para cidades com mais de vinte mil habitantes, é o instrumento básico da política de desenvolvimento e de expansão urbana.

§ 2º A propriedade urbana cumpre sua função social quando atende às exigências fundamentais de ordenação da cidade expressas no plano diretor.

> *Súmula do Supremo Tribunal Federal:* 668.

§ 3º As desapropriações de imóveis urbanos serão feitas com prévia e justa indenização em dinheiro.

§ 4º É facultado ao Poder Público municipal, mediante lei específica para área incluída no plano diretor, exigir, nos termos da lei federal, do proprietário do solo urbano não edificado, subutilizado ou não utilizado, que promova seu adequado aproveitamento, sob pena, sucessivamente, de:

I – parcelamento ou edificação compulsórios;

II – imposto sobre a propriedade predial e territorial urbana progressivo no tempo;

> *Súmula do Supremo Tribunal Federal:* 668.

III – desapropriação com pagamento mediante títulos da dívida pública de emissão previamente aprovada pelo Senado Federal, com prazo de resgate de até dez anos, em parcelas anuais, iguais e sucessivas, assegurados o valor real da indenização e os juros legais.

Art. 183. Aquele que possuir como sua área urbana de até duzentos e cinquenta metros quadrados, por cinco anos, ininterruptamente e sem oposição, utilizando-a para sua moradia ou de sua família, adquirir-lhe-á o domínio, desde que não seja proprietário de outro imóvel urbano ou rural.

§ 1º O título de domínio e a concessão de uso serão conferidos ao homem ou à mulher, ou a ambos, independentemente do estado civil.

§ 2º Esse direito não será reconhecido ao mesmo possuidor mais de uma vez.

§ 3º Os imóveis públicos não serão adquiridos por usucapião.

CAPÍTULO III
Da Política Agrícola e Fundiária e da Reforma Agrária

> *Legislação infraconstitucional*: Lei 4.504/64 (Estatuto da Terra); Lei 8.174/91 (Princípios da política agrícola); Lei 8.629/93 (Regulamentação dos dispositivos constitucionais relativos à reforma agrária); Lei 9.393/96 (Dispõe sobre o pagamento da dívida representada por Título da Dívida Agrária); LC 76/93 (Procedimento contraditório especial para o processo de desapropriação de imóvel rural por interesse social), com as alterações da LC 88/96; LC 93/98 (Fundo de terras e da Reforma Agrária).

Art. 184. Compete à União desapropriar por interesse social, para fins de reforma agrária, o imóvel rural que não esteja cumprindo sua função social, mediante prévia e justa indenização em títulos da dívida agrária, com cláusula de preservação do valor real, resgatáveis no prazo de até vinte anos, a partir do segundo ano de sua emissão, e cuja utilização será definida em lei.

> *Artigos constitucionais conexos*: 3º; 5º, XXIII; 170, II e III.
> *Legislação infraconstitucional*: Lei 10.469/02 (institui o Dia Nacional de Luta pela Reforma Agrária).

§ 1º As benfeitorias úteis e necessárias serão indenizadas em dinheiro.

§ 2º O decreto que declarar o imóvel como de interesse social, para fins de reforma agrária, autoriza a União a propor a ação de desapropriação.

§ 3º Cabe à lei complementar estabelecer procedimento contraditório especial, de rito sumário, para o processo judicial de desapropriação.

> *Artigo constitucional conexo*: 126.

§ 4º O orçamento fixará anualmente o volume total de títulos da dívida agrária, assim como o montante de recursos para atender ao programa de reforma agrária no exercício.

§ 5º São isentas de impostos federais, estaduais e municipais as operações de transferência de imóveis desapropriados para fins de reforma agrária.

Art. 185. São insuscetíveis de desapropriação para fins de reforma agrária:

I – a pequena e média propriedade rural, assim definida em lei, desde que seu proprietário não possua outra;

II – a propriedade produtiva.

Parágrafo único. A lei garantirá tratamento especial à propriedade produtiva e fixará normas para o cumprimento dos requisitos relativos a sua função social.

> *Artigo constitucional conexo*: 153, § 4º.

Art. 186. A função social é cumprida quando a propriedade rural atende, simultaneamente, segundo critérios e graus de exigência estabelecidos em lei, aos seguintes requisitos:

I – aproveitamento racional e adequado;

II – utilização adequada dos recursos naturais disponíveis e preservação do meio ambiente;

III – observância das disposições que regulam as relações de trabalho;

IV – exploração que favoreça o bem-estar dos proprietários e dos trabalhadores.

Art. 187. A política agrícola será planejada e executada na forma da lei, com a participação efetiva do setor de produção, envolvendo produtores e trabalhadores rurais, bem como dos setores de comercialização, de armazenamento e de transportes, levando em conta, especialmente:

I – os instrumentos creditícios e fiscais;

II – os preços compatíveis com os custos de produção e a garantia de comercialização;

III – o incentivo à pesquisa e à tecnologia;

IV – a assistência técnica e extensão rural;

V – o seguro agrícola;

VI – o cooperativismo;

VII – a eletrificação rural e irrigação;

VIII – a habitação para o trabalhador rural.

§ 1º Incluem-se no planejamento agrícola as atividades agroindustriais, agropecuárias, pesqueiras e florestais.

§ 2º Serão compatibilizadas as ações de política agrícola e de reforma agrária.

Art. 188. A destinação de terras públicas e devolutas será compatibilizada com a política agrícola e com o plano nacional de reforma agrária.

§ 1º A alienação ou a concessão, a qualquer título, de terras públicas com área superior a dois mil e quinhentos hectares a pessoa física ou jurídica, ainda que por interposta pessoa, dependerá de prévia aprovação do Congresso Nacional.

§ 2º Excetuam-se do disposto no parágrafo anterior as alienações ou as concessões de terras públicas para fins de reforma agrária.

Art. 189. Os beneficiários da distribuição de imóveis rurais pela reforma agrária receberão títulos de domínio ou de concessão de uso, inegociáveis pelo prazo de dez anos.

Parágrafo único. O título de domínio e a concessão de uso serão conferidos ao homem ou à mulher, ou a ambos, independentemente do estado civil, nos termos e condições previstos em lei.

Art. 190. A lei regulará e limitará a aquisição ou o arrendamento de propriedade rural por pessoa física ou jurídica estrangeira e estabelecerá os casos que dependerão de autorização do Congresso Nacional.

Art. 191. Aquele que, não sendo proprietário de imóvel rural ou urbano, possua como seu, por cinco anos ininterruptos, sem oposição, área de terra, em zona rural, não superior a cinquenta hectares, tornando-a produtiva por seu trabalho ou de sua família, tendo nela sua moradia, adquirir-lhe-á a propriedade.

Parágrafo único. Os imóveis públicos não serão adquiridos por usucapião.

CAPÍTULO IV
Do Sistema Financeiro Nacional

Art. 192. O sistema financeiro nacional, estruturado de forma a promover o desenvolvimento equilibrado do País e a servir aos interesses da coletividade, em todas as partes que o compõem, abrangendo as cooperativas de crédito, será regulado por leis complementares que disporão, inclusive, sobre a participação do capital estrangeiro nas instituições que o integram.

> *Redação do art. 192 dada pela EC 40, de 29 de maio de 2003.*
> O texto original dispunha:
> *"Art. 192. O sistema financeiro nacional, estruturado de forma a promover o desenvolvimento equilibrado do País e a servir aos interesses da coletividade, será regulado em lei complementar, que disporá, inclusive, sobre:"*
> *Legislação infraconstitucional:* LC 105/01 (dispõe sobre o sigilo das operações de instituições financeiras).

I a VIII – *Revogados pela EC 40, de 29 de maio de 2003.*

§§ 1º a 3º *Revogados pela EC 40, de 29 de maio de 2003.*

> O texto original dispunha:
> *"I – a autorização para o funcionamento das instituições financeiras, assegurado às instituições bancárias oficiais e privadas acesso a todos os instrumentos do mercado financeiro bancário, sendo vedada a essas instituições a participação em atividades não previstas na autorização de que trata este inciso;*
>
> *II – autorização e funcionamento dos estabelecimentos de seguro, resseguro, previdência e capitalização, bem como do órgão oficial fiscalizador;*
>
> *III – as condições para a participação do capital estrangeiro nas instituições a que se referem os incisos anteriores, tendo em vista, especialmente:*
>
> *a) os interesses nacionais;*
>
> *b) os acordos internacionais;*
>
> *IV – a organização, o funcionamento e as atribuições do banco central e demais instituições financeiras públicas e privadas;*
>
> *V – os requisitos para a designação de membros da diretoria do banco central e demais instituições financeiras, bem como seus impedimentos após o exercício do cargo;*
>
> *VI – a criação de fundo ou seguro, com o objetivo de proteger a economia popular, garantindo créditos, aplicações e depósitos até determinado valor, vedada a participação de recursos da União;*
>
> *VII – os critérios restritivos da transferência de poupança de regiões com renda inferior à média nacional para outras de maior desenvolvimento;*
>
> *VIII – o funcionamento das cooperativas de crédito e os requisitos para que possam ter condições de operacionalidade e estruturação próprias das instituições financeiras.*
>
> *§ 1º A autorização a que se referem os incisos I e II será inegociável e intransferível, permitida a transmissão do controle da pessoa jurídica titular, e concedida sem ônus, na forma da lei do sistema financeiro nacional, a pessoa jurídica cujos diretores tenham capacidade técnica e reputação ilibada, e que comprove capacidade econômica compatível com o empreendimento.*
>
> *§ 2º Os recursos financeiros relativos a programas e projetos de caráter regional, de responsabilidade da União, serão depositados em suas instituições regionais de crédito e por elas aplicados.*
>
> *§ 3º As taxas de juros reais, nelas incluídas comissões e quaisquer outras remunerações direta ou indiretamente referidas à concessão de crédito, não poderão ser superiores a doze por cento ao ano; a cobrança acima deste limite será conceituada como crime de usura, punido, em todas as suas modalidades, nos termos que a lei determinar."*

TÍTULO VIII
DA ORDEM SOCIAL

CAPÍTULO I
Disposição Geral

Art. 193. A ordem social tem como base o primado do trabalho, e como objetivo o bem-estar e a justiça sociais.

> *Artigos constitucionais conexos:* 1º, VI; 3º.

Parágrafo único. O Estado exercerá a função de planejamento das políticas sociais, assegurada, na forma da lei, a participação da sociedade nos processos de formulação, de monitoramento, de controle e de avaliação dessas políticas.

> *Parágrafo único acrescentado pela EC 108, de 26 de agosto de 2020.*

CAPÍTULO II
Da Seguridade Social

> *Legislação infraconstitucional:* Lei 7.689/88 (Contribuição social sobre o lucro das pessoas jurídicas); Lei 7.894/89 (Contribuição para FINSOCIAL e PIS/PASEP); Lei 8.212/91 (Organização da Seguridade Social e Plano de Custeio); Lei 8.213/91 (Planos de Benefícios da Previdência Social); Lei 8.742/93 (Lei Orgânica da Assistência Social), LC 70/91 (Institui contribuição para financiamento da Seguridade Social, eleva a alíquota da contribuição social sobre o lucro das instituições financeiras), com as alterações da LC 85/96 (Contribuição para financiamento da Seguridade Social); Decreto 3.048/99 (Regulamento da Previdência Social); Lei 9.876/99 (Dispõe sobre a contribuição previdenciária do contribuinte individual e o cálculo do benefício).

Seção I
Disposições Gerais

Art. 194. A seguridade social compreende um conjunto integrado de ações de iniciativa dos Poderes Públicos e da sociedade, destinadas a assegurar os direitos relativos à saúde, à previdência e à assistência social.

Parágrafo único. Compete ao Poder Público, nos termos da lei, organizar a seguridade social, com base nos seguintes objetivos:

I – universalidade da cobertura e do atendimento;

II – uniformidade e equivalência dos benefícios e serviços às populações urbanas e rurais;

III – seletividade e distributividade na prestação dos benefícios e serviços;

IV – irredutibilidade do valor dos benefícios;

V – equidade na forma de participação no custeio;

VI – diversidade da base de financiamento, identificando-se, em rubricas contábeis específicas para cada área, as receitas e as despesas vinculadas a ações de saúde, previdência e assistência social, preservado o caráter contributivo da previdência social;
> Redação do inciso VI dada pela EC 103, de 12 de novembro de 2019.

O texto original dispunha:
"VI – diversidade da base de financiamento;"

VII – caráter democrático e descentralizado da administração, mediante gestão quadripartite, com participação dos trabalhadores, dos empregadores, dos aposentados e do Governo nos órgãos colegiados.
> Redação do inciso VII dada pela EC 20, de 15 de dezembro de 1998.

O texto original dispunha:
"VII – caráter democrático e descentralizado da gestão administrativa, com a participação da comunidade, em especial de trabalhadores, empresários e aposentados."

Art. 195. A seguridade social será financiada por toda a sociedade, de forma direta e indireta, nos termos da lei, mediante recursos provenientes dos orçamentos da União, dos Estados, do Distrito Federal e dos Municípios, e das seguintes contribuições sociais:
> Artigo constitucional conexo: 12 da EC 20/98.
> Súmulas do Supremo Tribunal Federal: 658, 659 e 688.

I – do empregador, da empresa e da entidade a ela equiparada na forma da lei, incidentes sobre:
> Redação do inciso I dada pela EC 20, de 15 de dezembro de 1998.

O texto original dispunha:
"I – dos empregadores, incidente sobre a folha de salários, o faturamento e o lucro;"
> Súmula do Supremo Tribunal Federal: 688.

a) a folha de salários e demais rendimentos do trabalho pagos ou creditados, a qualquer título, à pessoa física que lhe preste serviço, mesmo sem vínculo empregatício;

b) a receita ou o faturamento;
> Alínea b acrescida pela EC 20/1998.

Texto novo: b) *Revogado pela EC 132/2023, em vigor a partir de 2027.*

c) o lucro;

II – do trabalhador e dos demais segurados da previdência social, podendo ser adotadas alíquotas progressivas de acordo com o valor do salário de contribuição, não incidindo contribuição sobre aposentadoria e pensão concedidas pelo Regime Geral de Previdência Social;
> Redação do inciso II dada pela EC 103, de 12 de novembro de 2019.

O texto anterior, redigido pela EC 20, de 15 de dezembro de 1998, dispunha:
"II – do trabalhador e dos demais segurados da previdência social, não incidindo contribuição sobre aposentadoria e pensão concedidas pelo regime geral de previdência social de que trata o art. 201;"

III – sobre a receita de concursos de prognósticos.

IV – do importador de bens ou serviços do exterior, ou de quem a lei a ele equiparar:
> Inciso IV acrescentado pela EC 42, de 19 de dezembro de 2003.

Texto novo: IV. *Revogado pela EC 132/2023, em vigor a partir de 2027.*

> Lei 10.865/2004 (Dispõe sobre o PIS/PASEP – Importação e a COFINS – Importação).

V - sobre bens e serviços, nos termos de lei complementar.
> Inciso V acrescido pela EC 132/2023.

§ 1º As receitas dos Estados, do Distrito Federal e dos Municípios destinadas à seguridade social constarão dos respectivos orçamentos, não integrando o orçamento da União.

§ 2º A proposta de orçamento da seguridade social será elaborada de forma integrada pelos órgãos responsáveis pela saúde, previdência social e assistência social, tendo em vista as metas e prioridades estabelecidas na lei de diretrizes orçamentárias, assegurada a cada área a gestão de seus recursos.

§ 3º A pessoa jurídica em débito com o sistema da seguridade social, como estabelecido em lei, não poderá contratar com o Poder Público nem dele receber benefícios ou incentivos fiscais ou creditícios.

§ 4º A lei poderá instituir outras fontes destinadas a garantir a manutenção ou expansão da seguridade social, obedecido o disposto no art. 154, I.

§ 5º Nenhum benefício ou serviço da seguridade social poderá ser criado, majorado ou estendido sem a correspondente fonte de custeio total.

§ 6º As contribuições sociais de que trata este artigo só poderão ser exigidas após decorridos noventa dias da data da publicação da lei que as houver instituído ou modificado, não se lhes aplicando o disposto no art. 150, III, *b*.
> Artigo constitucional conexo: ADCT, 74, § 4º.
> Súmula Vinculante do Supremo Tribunal Federal: 50.
> Súmula do Supremo Tribunal Federal: 669.

§ 7º São isentas de contribuição para a seguridade social as entidades beneficentes de assistência social que atendam às exigências estabelecidas em lei.
> Súmula do Supremo Tribunal Federal: 659.

§ 8º O produtor, o parceiro, o meeiro e o arrendatário rurais e o pescador artesanal, bem como os respectivos cônjuges, que exerçam suas atividades em regime de economia familiar, sem empregados permanentes, contribuirão para a seguridade social mediante a aplicação de uma alíquota sobre o resultado da comercialização da produção e farão jus aos benefícios nos termos da lei.
> Redação do § 8º dada pela EC 20, de 15 de dezembro de 1998.
> O texto anterior dispunha:
> "§ 8º O produtor, o parceiro, o meeiro e o arrendatário rurais, o garimpeiro e o pescador artesanal, bem como os respectivos cônjuges, que exerçam suas atividades em regime de economia familiar, sem empregados permanentes, contribuirão para a seguridade social mediante a aplicação de uma alíquota sobre o resultado da comercialização da produção e farão jus aos benefícios nos termos da lei."

§ 9º As contribuições sociais previstas no inciso I do *caput* deste artigo poderão ter alíquotas diferenciadas em razão da atividade econômica, da utilização intensiva de mão de obra, do porte da empresa ou da condição estrutural do mercado de trabalho, sendo também autorizada a adoção de bases de cálculo diferenciadas apenas no caso das alíneas "b" e "c" do inciso I do *caput*.
> Redação do § 9º dada pela EC 103, de 12 de novembro de 2019.
> O texto anterior, redigido pela EC 47, de 5 de julho de 2005, dispunha:
> "§ 9º As contribuições sociais previstas no inciso I do caput deste artigo poderão ter alíquotas ou bases de cálculo diferenciadas, em razão da atividade econômica, da utilização intensiva de mão de obra, do porte da empresa ou da condição estrutural do mercado de trabalho."

Texto novo: § 9º As contribuições sociais previstas no inciso I do *caput* deste artigo poderão ter alíquotas diferenciadas em razão da atividade econômica, da utilização intensiva de mão de obra, do porte da empresa ou da condição estrutural do mercado de trabalho, sendo também autorizada a adoção de bases de cálculo diferenciadas apenas no caso da alínea "c" do inciso I do *caput*.

> § 9º com redação pela EC 132/2023, em vigor a partir de 2027.

§ 10. A lei definirá os critérios de transferência de recursos para o sistema único de saúde e ações de assistência social da União para os Estados, o Distrito Federal e os Municípios, e dos Estados para os Municípios, observada a respectiva contrapartida de recursos.

> Acrescentado pela EC 20, de 15 de dezembro de 1998.

§ 11. São vedados a moratória e o parcelamento em prazo superior a 60 (sessenta) meses e, na forma de lei complementar, a remissão e a anistia das contribuições sociais de que tratam a alínea "a" do inciso I e o inciso II do *caput*.

> Redação do § 9º dada pela EC 103, de 12 de novembro de 2019.

O texto anterior, redigido pela EC 20, de 15 de dezembro de 1998, dispunha:

"§ 11. É vedada a concessão de remissão ou anistia das contribuições sociais de que tratam os incisos I, a, e II deste artigo, para débitos em montante superior ao fixado em lei complementar."

§ 12. A lei definirá os setores de atividade econômica para os quais as contribuições incidentes na forma dos incisos I, *b*; e IV do *caput*, serão não cumulativas.

> Acrescentado pela EC 42, de 19 de dezembro de 2003.

Texto novo: §12. Revogado pela EC 132/2023, em vigor a partir de 2027.

§ 13. Revogado pela EC 103, de 12 de novembro de 2019.

O texto revogado, acrescido pela EC 42, de 19 de dezembro de 2003, dispunha:

"§ 13. Aplica-se o disposto no § 12 inclusive na hipótese de substituição gradual, total ou parcial, da contribuição incidente na forma do inciso I, a, pela incidente sobre a receita ou o faturamento."

§ 14. O segurado somente terá reconhecida como tempo de contribuição ao Regime Geral de Previdência Social a competência cuja contribuição seja igual ou superior à contribuição mínima mensal exigida para sua categoria, assegurado o agrupamento de contribuições.

> Acrescentado pela EC 103, de 12 de novembro de 2019.

§ 15. A contribuição prevista no inciso V do *caput* poderá ter sua alíquota fixada em lei ordinária.

§ 16. Aplica-se à contribuição prevista no inciso V do *caput* o disposto no art. 156-A, § 1º, I a VI, VIII, X a XIII, § 3º, § 5º, II a VI e IX, e §§ 6º a 11 e 13.

§ 17. A contribuição prevista no inciso V do caput não integrará sua própria base de cálculo nem a dos tributos previstos nos arts. 153, VIII, 156-A e 195, I, "b", e IV, e da contribuição para o Programa de Integração Social de que trata o art. 239.

Texto novo: §17. A contribuição prevista no inciso V do *caput* não integrará sua própria base de cálculo nem a dos impostos previstos nos arts. 153, VIII, e 156-A.

> § 17 com redação pela EC 132/2023, em vigor a partir de 2033.

§ 18. Lei estabelecerá as hipóteses de devolução da contribuição prevista no inciso V do *caput* a pessoas físicas, inclusive em relação a limites e beneficiários, com o objetivo de reduzir as desigualdades de renda.

§ 19. A devolução de que trata o § 18 não será computada na receita corrente líquida da União para os fins do disposto nos arts. 100, § 15, 166, §§ 9º, 12 e 17, e 198, § 2º.

> §§ 15 a 19 acrescidos pela EC 132/2023.

Texto novo: § 19. A devolução de que trata o § 18:

I – não será computada na receita corrente líquida da União para os fins do disposto nos arts. 100, § 15, 166, §§ 9º, 12 e 17, e 198, § 2º;

II – não integrará a base de cálculo para fins do disposto no art. 239.

> § 19 com redação pela EC 132/2023, em vigor a partir de 2027.

Seção II
Da Saúde

> *Legislação infraconstitucional:* Lei 8.080/90 (Condições para a promoção, proteção e recuperação da saúde); Lei 8.501/92 (Utilização de cadáver não reclamado para fins de estudo ou pesquisa científica); Lei 9.273/96 (Torna obrigatória a inclusão de dispositivo de segurança que impeça a reutilização das seringas descartáveis); Lei 9.313/96 (Distribuição gratuita de medicamentos aos portadores e doentes de AIDS); Lei 9.431/97 (Programas de controle de infecções hospitalares); Lei 9.434/97 (Dispõe sobre transplantes), regulamentada pelo Decreto 2.268/97; Lei 10.211/01; Lei 10.216/01 (Dispõe sobre a proteção e os direitos das pessoas portadoras de transtornos mentais e redireciona o modelo de assistência em saúde mental); Lei 10.237/01.

Art. 196. A saúde é direito de todos e dever do Estado, garantido mediante políticas sociais e econômicas que visem à redução do risco de doença e de outros agravos e ao acesso universal e igualitário às ações e serviços para sua promoção, proteção e recuperação.

> *Artigos constitucionais conexos:* 7º, XXII; 23, II; 24, XII; 30, VII; 129, II e III; 194, *caput*; 199, § 4º; 212, § 4º; 227, § 1º; ADCT, 53, IV e 55.

> *Legislação infraconstitucional:* Lei 10.289/01 (Institui o Programa Nacional de Controle do Câncer de Próstata); Lei 10.439/02 (Institui o Dia Nacional de Prevenção e Combate à Hipertensão Arterial e dá outras providências); Lei 10.516/02 (Institui a Carteira Nacional de Saúde da Mulher).

Art. 197. São de relevância pública as ações e serviços de saúde, cabendo ao Poder Público dispor, nos termos da lei, sobre sua regulamentação, fiscalização e controle, devendo sua execução ser feita diretamente ou através de terceiros e, também, por pessoa física ou jurídica de direito privado.

Art. 198. As ações e serviços públicos de saúde integram uma rede regionalizada e hierarquizada e constituem um sistema único, organizado de acordo com as seguintes diretrizes:

I – descentralização, com direção única em cada esfera de governo;

II – atendimento integral, com prioridade para as atividades preventivas, sem prejuízo dos serviços assistenciais;

III – participação da comunidade.

§ 1º O sistema único de saúde será financiado, nos termos do art. 195, com recursos do orçamento da seguridade social, da União, dos Estados, do Distrito Federal e dos Municípios, além de outras fontes.

> *Anteriormente parágrafo único, transformado em § 1º pela EC 29, de 13 de setembro de 2000.*

§ 2º A União, os Estados, o Distrito Federal e os Municípios aplicarão, anualmente, em ações e serviços públicos de saúde recursos mínimos derivados da aplicação de percentuais calculados sobre:

> Acrescentado pela EC 29, de 13 de setembro de 2000.

I – no caso da União, a receita corrente líquida do respectivo exercício financeiro, não podendo ser inferior a 15% (quinze por cento);

> Redação do inciso I dada pela EC 86, de 17 de março de 2015.
>
> O texto anterior, acrescentado pela EC 29/00, dispunha:
>
> "I – no caso da União, na forma definida nos termos da lei complementar prevista no § 3º;"

II – no caso dos Estados e do Distrito Federal, o produto da arrecadação dos impostos a que se referem os arts. 155 e 156-A e dos recursos de que tratam os arts. 157 e 159, I, "a", e II, deduzidas as parcelas que forem transferidas aos respectivos Municípios;

> Inciso II com redação pela EC 132/2023.
>
> O texto anterior, acrescentado pela EC 29, de 13 de setembro de 2000, dispunha:
>
> "II – no caso dos Estados e do Distrito Federal, o produto da arrecadação dos impostos a que se refere o art. 155 e dos recursos de que tratam os arts. 157 e 159, inciso I, alínea a, e inciso II, deduzidas as parcelas que forem transferidas aos respectivos Municípios;"

III – no caso dos Municípios e do Distrito Federal, o produto da arrecadação dos impostos a que se referem os arts. 156 e 156-A e dos recursos de que tratam os arts. 158 e 159, I, "b", e § 3º.

> Inciso III com redação pela EC 132/2023.
>
> O texto anterior, acrescentado pela EC 29, de 13 de setembro de 2000, dispunha:
>
> "III – no caso dos Municípios e do Distrito Federal, o produto da arrecadação dos impostos a que se refere o art. 156 e dos recursos de que tratam os arts. 158 e 159, inciso I, alínea b e § 3º."

§ 3º Lei complementar, que será reavaliada pelo menos a cada cinco anos, estabelecerá:

> Acrescentado pela EC 29, de 13 de setembro de 2000.

I – os percentuais de que tratam os incisos II e III do § 2º;

> Redação do inciso I dada pela EC 86, de 17 de março de 2015.
>
> O texto anterior, acrescentado pela EC 29/00, dispunha:
>
> "I – os percentuais de que trata o § 2º;"

II – os critérios de rateio dos recursos da União vinculados à saúde destinados aos Estados, ao Distrito Federal e aos Municípios, e dos Estados destinados a seus respectivos Municípios, objetivando a progressiva redução das disparidades regionais;

> Acrescentado pela EC 29, de 13 de setembro de 2000.

III – as normas de fiscalização, avaliação e controle das despesas com saúde nas esferas federal, estadual, distrital e municipal;

> Acrescentado pela EC 29, de 13 de setembro de 2000.

IV – *Revogado pela EC 86, de 17 de março de 2015.*

> O texto revogado, acrescentado pela EC 29/00, dispunha:
>
> "IV – as normas de cálculo do montante a ser aplicado pela União."

§ 4º Os gestores locais do sistema único de saúde poderão admitir agentes comunitários de saúde e agentes de combate às endemias por meio de processo seletivo público, de acordo com a natureza e complexidade de suas atribuições e requisitos específicos para sua atuação.
> Acrescentado pela EC 51, de 14 de fevereiro de 2006.

§ 5º Lei federal disporá sobre o regime jurídico, o piso salarial profissional nacional, as diretrizes para os Planos de Carreira e a regulamentação das atividades de agente comunitário de saúde e agente de combate às endemias, competindo à União, nos termos da lei, prestar assistência financeira complementar aos Estados, ao Distrito Federal e aos Municípios, para o cumprimento do referido piso salarial.
> Redação do § 5º dada pela EC 63, de 4 de fevereiro de 2010.

O texto anterior, redigido pela EC 51, de 14 de fevereiro de 2006, dispunha:
"§ 5º Lei federal disporá sobre o regime jurídico e a regulamentação das atividades de agente comunitário de saúde e agente de combate às endemias."
> Legislação infraconstitucional: Lei 11.350/06 (Regulamenta o § 5º do art. 198 da Constituição, dispõe sobre o aproveitamento de pessoal amparado pelo parágrafo único do art. 2º da EC 51, de 14 de fevereiro de 2006, e dá outras providências); Lei 11.287/06 (Institui o dia 5 de maio como o "Dia Nacional do Líder Comunitário").

§ 6º Além das hipóteses previstas no § 1º do art. 41 e no § 4º do art. 169 da Constituição Federal, o servidor que exerça funções equivalentes às de agente comunitário de saúde ou de agente de combate às endemias poderá perder o cargo em caso de descumprimento dos requisitos específicos, fixados em lei, para o seu exercício.
> Acrescentado pela EC 51, de 14 de fevereiro de 2006.

§ 7º O vencimento dos agentes comunitários de saúde e dos agentes de combate às endemias fica sob responsabilidade da União, e cabe aos Estados, ao Distrito Federal e aos Municípios estabelecer, além de outros consectários e vantagens, incentivos, auxílios, gratificações e indenizações, a fim de valorizar o trabalho desses profissionais.
> Acrescentado pela EC 120, de 5 de maio de 2022.

§ 8º Os recursos destinados ao pagamento do vencimento dos agentes comunitários de saúde e dos agentes de combate às endemias serão consignados no orçamento geral da União com dotação própria e exclusiva.
> Acrescentado pela EC 120, de 5 de maio de 2022.

§ 9º O vencimento dos agentes comunitários de saúde e dos agentes de combate às endemias não será inferior a 2 (dois) salários mínimos, repassados pela União aos Municípios, aos Estados e ao Distrito Federal.
> Acrescentado pela EC 120, de 5 de maio de 2022.

§ 10. Os agentes comunitários de saúde e os agentes de combate às endemias terão também, em razão dos riscos inerentes às funções desempenhadas, aposentadoria especial e, somado aos seus vencimentos, adicional de insalubridade.
> Acrescentado pela EC 120, de 5 de maio de 2022.

§ 11. Os recursos financeiros repassados pela União aos Estados, ao Distrito Federal e aos Municípios para pagamento do vencimento ou de qualquer outra vantagem dos agentes comunitários de saúde e dos agentes de combate às endemias não serão objeto de inclusão no cálculo para fins do limite de despesa com pessoal.
> Acrescentado pela EC 120, de 5 de maio de 2022.

§ 12. Lei federal instituirá pisos salariais profissionais nacionais para o enfermeiro, o técnico de enfermagem, o auxiliar de enfermagem e a parteira, a serem observados por pessoas jurídicas de direito público e de direito privado.

> Acrescentado pela EC 124, de 14 de julho de 2022.

§ 13. A União, os Estados, o Distrito Federal e os Municípios, até o final do exercício financeiro em que for publicada a lei de que trata o § 12 deste artigo, adequarão a remuneração dos cargos ou dos respectivos planos de carreiras, quando houver, de modo a atender aos pisos estabelecidos para cada categoria profissional.

> Acrescentado pela EC 124, de 14 de julho de 2022.

§ 14. Compete à União, nos termos da lei, prestar assistência financeira complementar aos Estados, ao Distrito Federal e aos Municípios e às entidades filantrópicas, bem como aos prestadores de serviços contratualizados que atendam, no mínimo, 60% (sessenta por cento) de seus pacientes pelo sistema único de saúde, para o cumprimento dos pisos salariais de que trata o § 12 deste artigo.

> Acrescentado pela EC 127, de 22 de dezembro de 2022.

§ 15. Os recursos federais destinados aos pagamentos da assistência financeira complementar aos Estados, ao Distrito Federal e aos Municípios e às entidades filantrópicas, bem como aos prestadores de serviços contratualizados que atendam, no mínimo, 60% (sessenta por cento) de seus pacientes pelo sistema único de saúde, para o cumprimento dos pisos salariais de que trata o § 12 deste artigo serão consignados no orçamento geral da União com dotação própria e exclusiva.

> Acrescentado pela EC 127, de 22 de dezembro de 2022.
> Artigo constitucional conexo: 4º da EC 127/2022.

Art. 199. A assistência à saúde é livre à iniciativa privada.

§ 1º As instituições privadas poderão participar de forma complementar do sistema único de saúde, segundo diretrizes deste, mediante contrato de direito público ou convênio, tendo preferência as entidades filantrópicas e as sem fins lucrativos.

> Legislação infraconstitucional: Lei 10.185/01 (dispõe sobre a especialização das sociedades seguradoras em planos privados de assistência à saúde).

§ 2º É vedada a destinação de recursos públicos para auxílios ou subvenções às instituições privadas com fins lucrativos.

§ 3º É vedada a participação direta ou indireta de empresas ou capitais estrangeiros na assistência à saúde no País, salvo nos casos previstos em lei.

§ 4º A lei disporá sobre as condições e os requisitos que facilitem a remoção de órgãos, tecidos e substâncias humanas para fins de transplante, pesquisa e tratamento, bem como a coleta, processamento e transfusão de sangue e seus derivados, sendo vedado todo tipo de comercialização.

> Legislação infraconstitucional: Lei 10.205/01 (regulamenta a coleta, processamento, estocagem, distribuição e aplicação do sangue, seus componentes e derivados, estabelece o ordenamento institucional indispensável à execução adequada dessas atividades).

Art. 200. Ao sistema único de saúde compete, além de outras atribuições, nos termos da lei:

I – controlar e fiscalizar procedimentos, produtos e substâncias de interesse para a saúde e participar da produção de medicamentos, equipamentos, imunobiológicos, hemoderivados e outros insumos;

> Legislação infraconstitucional: Lei 10.742/03 (Define normas de regulação para o setor farmacêutico).

II – executar as ações de vigilância sanitária e epidemiológica, bem como as de saúde do trabalhador;

> Legislação infraconstitucional: Lei 6.437/77 (infrações relativas à legislação sanitária federal); Lei 6.360/76 (dispõe sobre a vigilância a que ficam sujeitos os medicamentos, as drogas, os insumos farmacêuticos e correlatos, cosméticos, saneantes e outros produtos); Lei 9.782/99 (define o Sistema Nacional de Vigilância Sanitária e cria a Agência Nacional de Vigilância Sanitária, Lei 9.787/99 (altera a Lei 6.360/76 e estabelece o medicamento genérico, além de dispor sobre a utilização de nomes genéricos em produtos farmacêuticos); Lei 10.669/03 (dispõe sobre a vigilância sanitária a que ficam sujeitos os medicamentos, as drogas, os insumos farmacêuticos e correlatos, cosméticos, saneantes e outros produtos).

III – ordenar a formação de recursos humanos na área de saúde;

IV – participar da formulação da política e da execução das ações de saneamento básico;

V – incrementar em sua área de atuação, o desenvolvimento científico e tecnológico e a inovação;

> Redação do inciso V dada pela EC 85, de 26 de fevereiro de 2015.
> O texto original dispunha:
> "V – incrementar em sua área de atuação o desenvolvimento científico e tecnológico;"

VI – fiscalizar e inspecionar alimentos, compreendido o controle de seu teor nutricional, bem como bebidas e águas para consumo humano;

VII – participar do controle e fiscalização da produção, transporte, guarda e utilização de substâncias e produtos psicoativos, tóxicos e radioativos;

VIII – colaborar na proteção do meio ambiente, nele compreendido o do trabalho.

Seção III
Da Previdência Social

> Legislação infraconstitucional: Lei 7.998/90 (Fundo de Amparo ao Trabalhador – FAT); Lei 8.212/91 (Organização da Seguridade Social e Plano de Custeio), 8.213/91(Planos de Benefícios da Previdência Social) e Lei 8.742/93 (Lei Orgânica da Assistência Social), regulamentadas pelo Decreto 3.048/99; Lei 9.876/99 (Dispõe sobre a contribuição previdenciária do contribuinte individual e o cálculo do benefício); Decreto 3.265/99 (Altera o regulamento da previdência social); Lei 10.170/01 (dispensa das instituições religiosas do recolhimento da contribuição previdenciária incidente sobre o valor pago aos ministros de confissão religiosa, membros de instituto de vida consagrada, de congregação ou de ordem religiosa).

Art. 201. A previdência social será organizada sob a forma do Regime Geral de Previdência Social, de caráter contributivo e de filiação obrigatória, observados critérios que preservem o equilíbrio financeiro e atuarial, e atenderá, na forma da lei, a:

> Redação do caput dada pela EC 103, de 12 de novembro de 2019.
> O texto anterior, redigido pela EC 20, de 15 de dezembro de 1998, dispunha:
> "Art. 201. A previdência social será organizada sob a forma de regime geral, de caráter contributivo e de filiação obrigatória, observados critérios que preservem o equilíbrio financeiro e atuarial, e atenderá, nos termos da lei, a:"
> Artigo constitucional conexo: 5º da EC 41/03.

I – cobertura dos eventos de incapacidade temporária ou permanente para o trabalho e idade avançada;

> Redação do inciso I dada pela EC 103, de 12 de novembro de 2019.
> O texto anterior, redigido pela EC 20, de 15 de dezembro de 1998, dispunha:
> "I – cobertura dos eventos de doença, invalidez, morte e idade avançada;"

II – proteção à maternidade, especialmente à gestante;

> Redação do inciso II dada pela EC 20, de 15 de dezembro de 1998.
> O texto anterior dispunha:
> "II – ajuda à manutenção dos dependentes dos segurados de baixa renda;"

Art. 201 CONSTITUIÇÃO DA REPÚBLICA FEDERATIVA DO BRASIL

III – proteção ao trabalhador em situação de desemprego involuntário;

IV – salário-família e auxílio-reclusão para os dependentes dos segurados de baixa renda;

> Redação do inciso IV dada pela EC 20, de 15 de dezembro de 1998.

O texto anterior dispunha:

"IV – proteção ao trabalhador em situação de desemprego involuntário;"

V – pensão por morte do segurado, homem ou mulher, ao cônjuge ou companheiro e dependentes, observado o disposto no § 2º.

> Redação do inciso V dada pela EC 20, de 15 de dezembro de 1998.

O texto anterior dispunha:

"V – pensão por morte de segurado, homem ou mulher, ao cônjuge ou companheiro e dependentes, obedecido o disposto no § 5º e no art. 202."

§ 1º É vedada a adoção de requisitos ou critérios diferenciados para concessão de benefícios, ressalvada, nos termos de lei complementar, a possibilidade de previsão de idade e tempo de contribuição distintos da regra geral para concessão de aposentadoria exclusivamente em favor dos segurados:

I – com deficiência, previamente submetidos a avaliação biopsicossocial realizada por equipe multiprofissional e interdisciplinar;

II – cujas atividades sejam exercidas com efetiva exposição a agentes químicos, físicos e biológicos prejudiciais à saúde, ou associação desses agentes, vedada a caracterização por categoria profissional ou ocupação.

> Redação do § 1º e seus incisos dada pela EC 103, de 12 de novembro de 2019.

O texto anterior, redigido pela EC 47, de 5 de julho de 2005, dispunha:

"§ 1º É vedada a adoção de requisitos e critérios diferenciados para a concessão de aposentadoria aos beneficiários do regime geral de previdência social, ressalvados os casos de atividades exercidas sob condições especiais que prejudiquem a saúde ou a integridade física e quando se tratar de segurados portadores de deficiência, nos termos definidos em lei complementar."

> Artigo constitucional conexo: 15 da EC 20/98.
> Legislação infraconstitucional: Lei 13.146/15 (Institui a Lei Brasileira de Inclusão da Pessoa com Deficiência – Estatuto da Pessoa com Deficiência).

§ 2º Nenhum benefício que substitua o salário de contribuição ou o rendimento do trabalho do segurado terá valor mensal inferior ao salário mínimo.

> Redação do § 2º dada pela EC 20, de 15 de dezembro de 1998.

O texto anterior dispunha:

"§ 2º É assegurado o reajustamento dos benefícios para preservar-lhes, em caráter permanente, o valor real, conforme critérios definidos em lei."

§ 3º Todos os salários de contribuição considerados para o cálculo de benefício serão devidamente atualizados, na forma da lei.

> Redação do § 3º dada pela EC 20, de 15 de dezembro de 1998.

O texto anterior dispunha:

"§ 3º Todos os salários de contribuição considerados no cálculo de benefício serão corrigidos monetariamente."

§ 4º É assegurado o reajustamento dos benefícios para preservar-lhes, em caráter permanente, o valor real, conforme critérios definidos em lei.

> Redação do § 4º dada pela EC 20, de 15 de dezembro de 1998.

O texto anterior dispunha:

"§ 4º Os ganhos habituais do empregado, a qualquer título, serão incorporados ao salário para efeito de contribuição previdenciária e consequente repercussão em benefícios, nos casos e na forma da lei."

§ 5º É vedada a filiação ao regime geral de previdência social, na qualidade de segurado facultativo, de pessoa participante de regime próprio de previdência.
> Redação do § 5º dada pela EC 20, de 15 de dezembro de 1998.

O texto anterior dispunha:

"§ 5º Nenhum benefício que substitua o salário de contribuição ou o rendimento do trabalho do segurado terá valor mensal inferior ao salário mínimo."

§ 6º A gratificação natalina dos aposentados e pensionistas terá por base o valor dos proventos do mês de dezembro de cada ano.
> Redação do § 6º dada pela EC 20, de 15 de dezembro de 1998.

O texto anterior dispunha:

"§ 6º A gratificação natalina dos aposentados e pensionistas terá por base o valor dos proventos do mês de dezembro de cada ano."

§ 7º É assegurada aposentadoria no regime geral de previdência social, nos termos da lei, obedecidas as seguintes condições:
> Redação do § 7º dada pela EC 20, de 15 de dezembro de 1998.

O texto anterior dispunha:

"§ 7º A previdência social manterá seguro coletivo, de caráter complementar e facultativo, custeado por contribuições adicionais."

I – 65 (sessenta e cinco) anos de idade, se homem, e 62 (sessenta e dois) anos de idade, se mulher, observado tempo mínimo de contribuição;
> Redação do inciso I dada pela EC 103, de 12 de novembro de 2019.

O texto anterior, redigido pela EC 20, de 15 de dezembro de 1998, dispunha:

"I – trinta e cinco anos de contribuição, se homem, e trinta anos de contribuição, se mulher; "

II – 60 (sessenta) anos de idade, se homem, e 55 (cinquenta e cinco) anos de idade, se mulher, para os trabalhadores rurais e para os que exerçam suas atividades em regime de economia familiar, nestes incluídos o produtor rural, o garimpeiro e o pescador artesanal.
> Redação do inciso II dada pela EC 103, de 12 de novembro de 2019.

O texto anterior, redigido pela EC 20, de 15 de dezembro de 1998, dispunha:

"II – sessenta e cinco anos de idade, se homem, e sessenta anos de idade, se mulher, reduzido em cinco anos o limite para os trabalhadores rurais de ambos os sexos e para os que exerçam suas atividades em regime de economia familiar, nestes incluídos o produtor rural, o garimpeiro e o pescador artesanal."

§ 8º O requisito de idade a que se refere o inciso I do § 7º será reduzido em 5 (cinco) anos, para o professor que comprove tempo de efetivo exercício das funções de magistério na educação infantil e no ensino fundamental e médio fixado em lei complementar.
> Redação do § 8º dada pela EC 103, de 12 de novembro de 2019.

O texto anterior, redigido pela EC 20, de 15 de dezembro de 1998, dispunha:

"§ 8º Os requisitos a que se refere o inciso I do parágrafo anterior serão reduzidos em cinco anos, para o professor que comprove exclusivamente tempo de efetivo exercício das funções de magistério na educação infantil e no ensino fundamental e médio."

§ 9º Para fins de aposentadoria, será assegurada a contagem recíproca do tempo de contribuição entre o Regime Geral de Previdência Social e os regimes próprios de previdência social, e destes entre si, observada a compensação financeira, de acordo com os critérios estabelecidos em lei.
> Redação do § 9º dada pela EC 103, de 12 de novembro de 2019.

O texto anterior, acrescido pela EC 20, de 15 de dezembro de 1998, dispunha:

"§ 9º Para efeito de aposentadoria, é assegurada a contagem recíproca do tempo de contribuição na administração pública e na atividade privada, rural e urbana, hipótese em que os diversos regimes de previdência social se compensarão financeiramente, segundo critérios estabelecidos em lei.

§ 9º-A. O tempo de serviço militar exercido nas atividades de que tratam os arts. 42, 142 e 143 e o tempo de contribuição ao Regime Geral de Previdência Social ou a regime próprio de previdência social terão contagem recíproca para fins de inativação militar ou aposentadoria, e a compensação financeira será devida entre as receitas de contribuição referentes aos militares e as receitas de contribuição aos demais regimes.
> Acrescentado pela EC 103, de 12 de novembro de 2019.

§ 10. Lei complementar poderá disciplinar a cobertura de benefícios não programados, inclusive os decorrentes de acidente do trabalho, a ser atendida concorrentemente pelo Regime Geral de Previdência Social e pelo setor privado.
> Redação do § 10 dada pela EC 103, de 12 de novembro de 2019.

O texto anterior, acrescido pela EC 20, de 15 de dezembro de 1998, dispunha:

"§ 10. Lei disciplinará a cobertura do risco de acidente do trabalho, a ser atendida concorrentemente pelo regime geral de previdência social e pelo setor privado."

§ 11. Os ganhos habituais do empregado, a qualquer título, serão incorporados ao salário para efeito de contribuição previdenciária e consequente repercussão em benefícios, nos casos e na forma da lei.
> Acrescentado pela EC 20, de 15 de dezembro de 1998.

§ 12. Lei instituirá sistema especial de inclusão previdenciária, com alíquotas diferenciadas, para atender aos trabalhadores de baixa renda, inclusive os que se encontram em situação de informalidade, e àqueles sem renda própria que se dediquem exclusivamente ao trabalho doméstico no âmbito de sua residência, desde que pertencentes a famílias de baixa renda.
> Redação do § 12 dada pela EC 103, de 12 de novembro de 2019.

O texto anterior, acrescido pela EC 47, de 5 de julho de 2005, dispunha:

"§ 12. Lei disporá sobre sistema especial de inclusão previdenciária para atender a trabalhadores de baixa renda e àqueles sem renda própria que se dediquem exclusivamente ao trabalho doméstico no âmbito de sua residência, desde que pertencentes a famílias de baixa renda, garantindo-lhes acesso a benefícios de valor igual a um salário mínimo."

> Artigo constitucional conexo: 6º da EC 47/05.

§ 13. A aposentadoria concedida ao segurado de que trata o § 12 terá valor de 1 (um) salário mínimo.
> Redação do § 13 dada pela EC 103, de 12 de novembro de 2019.

O texto anterior, acrescido pela EC 47, de 5 de julho de 2005, dispunha:

"§ 13. O sistema especial de inclusão previdenciária de que trata o § 12 deste artigo terá alíquotas e carências inferiores às vigentes para os demais segurados do regime geral de previdência social."

§ 14. É vedada a contagem de tempo de contribuição fictício para efeito de concessão dos benefícios previdenciários e de contagem recíproca.
> Acrescentado pela EC 103, de 12 de novembro de 2019.

§ 15. Lei complementar estabelecerá vedações, regras e condições para a acumulação de benefícios previdenciários.
> Acrescentado pela EC 103, de 12 de novembro de 2019.

§ 16. Os empregados dos consórcios públicos, das empresas públicas, das sociedades de economia mista e das suas subsidiárias serão aposentados compulsoriamente, observado o cumprimento do tempo mínimo de contribuição, ao atingir a idade máxima de que trata o inciso II do § 1º do art. 40, na forma estabelecida em lei.
> Acrescentado pela EC 103, de 12 de novembro de 2019.

Art. 202. O regime de previdência privada, de caráter complementar e organizado de forma autônoma em relação ao regime geral de previdência social, será facultativo, baseado na constituição de reservas que garantam o benefício contratado e regulado por lei complementar.

> *Redação do caput dada pela EC 20, de 15 de dezembro de 1998.*

O texto original dispunha:

"Art. 202. É assegurada aposentadoria, nos termos da lei, calculando-se o benefício sobre a média dos trinta e seis últimos salários de contribuição, corrigidos monetariamente mês a mês, e comprovada a regularidade dos reajustes dos salários de contribuição de modo a preservar seus valores reais e obedecidas as seguintes condições:

I – aos sessenta e cinco anos de idade, para o homem, e aos sessenta, para a mulher, reduzido em cinco anos o limite de idade para os trabalhadores rurais de ambos os sexos e para os que exerçam suas atividades em regime de economia familiar, neste incluídos o produtor rural, o garimpeiro e o pescador artesanal;

II – após trinta e cinco anos de trabalho, ao homem, e, após trinta à mulher, ou em tempo inferior, se sujeitos a trabalho sob condições especiais que prejudiquem a saúde ou a integridade física definidas em lei;

III – após trinta anos, ao professor, e, após vinte e cinco, à professora, por efetivo exercício de função de magistério.

> *Artigos constitucionais conexos: 5º e 7º da EC 20/98.*

> *Legislação infraconstitucional: LC 108/01 e LC 109/01.*

§ 1º A lei complementar de que trata este artigo assegurará ao participante de planos de benefícios de entidades de previdência privada o pleno acesso às informações relativas à gestão de seus respectivos planos.

> *Redação do § 1º dada pela EC 20, de 15 de dezembro de 1998.*

O texto original dispunha:

§ 1º É facultada aposentadoria proporcional, após trinta anos de trabalho, ao homem, e após vinte e cinco, à mulher.

§ 2º As contribuições do empregador, os benefícios e as condições contratuais previstas nos estatutos, regulamentos e planos de benefícios das entidades de previdência privada não integram o contrato de trabalho dos participantes, assim como, à exceção dos benefícios concedidos, não integram a remuneração dos participantes, nos termos da lei.

> *Redação do § 2º dada pela EC 20, de 15 de dezembro de 1998.*

O texto original dispunha:

§ 2º Para efeito de aposentadoria, é assegurada a contagem recíproca do tempo de contribuição na administração pública e na atividade privada, rural e urbana, hipótese em que os diversos sistemas de previdência social se compensarão financeiramente, segundo critérios estabelecidos em lei."

§ 3º É vedado o aporte de recursos a entidade de previdência privada pela União, Estados, Distrito Federal e Municípios, suas autarquias, fundações, empresas públicas, sociedades de economia mista e outras entidades públicas, salvo na qualidade de patrocinador, situação na qual, em hipótese alguma, sua contribuição normal poderá exceder a do segurado.

> *Redação do § 3º acrescentado pela EC 20, de 15 de dezembro de 1998.*

§ 4º Lei complementar disciplinará a relação entre a União, Estados, Distrito Federal ou Municípios, inclusive suas autarquias, fundações, sociedades de economia mista e empresas controladas direta ou indiretamente, enquanto patrocinadores de planos de benefícios previdenciários, e as entidades de previdência complementar.

> *Redação do § 4º dada pela EC 103, de 12 de novembro de 2019.*

O texto anterior, acrescido pela EC 20, de 15 de dezembro de 1998, dispunha:

"§ 4º Lei complementar disciplinará a relação entre a União, Estados, Distrito Federal ou Municípios, inclusive suas autarquias, fundações, sociedades de economia mista e empresas controladas direta ou indiretamente, enquanto patrocinadoras de entidades fechadas de previdência privada, e suas respectivas entidades fechadas de previdência privada."

§ 5º A lei complementar de que trata o § 4º aplicar-se-á, no que couber, às empresas privadas permissionárias ou concessionárias de prestação de serviços públicos, quando patrocinadoras de planos de benefícios em entidades de previdência complementar.

> Redação do § 5º dada pela EC 103, de 12 de novembro de 2019.

O texto anterior, acrescido pela EC 20, de 15 de dezembro de 1998, dispunha:

"*§ 5º A lei complementar de que trata o parágrafo anterior aplicar-se-á, no que couber, às empresas privadas permissionárias ou concessionárias de prestação de serviços públicos, quando patrocinadoras de entidades fechadas de previdência privada.*"

§ 6º Lei complementar estabelecerá os requisitos para a designação dos membros das diretorias das entidades fechadas de previdência complementar instituídas pelos patrocinadores de que trata o § 4º e disciplinará a inserção dos participantes nos colegiados e instâncias de decisão em que seus interesses sejam objeto de discussão e deliberação.

> Redação do § 6º dada pela EC 103, de 12 de novembro de 2019.

O texto anterior, acrescido pela EC 20, de 15 de dezembro de 1998, dispunha:

§ 6º A lei complementar a que se refere o § 4º deste artigo estabelecerá os requisitos para a designação dos membros das diretorias das entidades fechadas de previdência privada e disciplinará a inserção dos participantes nos colegiados e instâncias de decisão em que seus interesses sejam objeto de discussão e deliberação.

Seção IV
Da Assistência Social

> Legislação infraconstitucional: Lei 8.742/93 (Lei Orgânica da Assistência Social), regulamentada pelo Decreto 1.744/95; Lei 11.162/05 (Institui o dia 7 de dezembro como o "Dia Nacional da Assistência Social"); Lei 12.213/10 (Institui o Fundo Nacional do Idoso e autoriza deduzir do imposto de renda devido pelas pessoas físicas e jurídicas as doações efetuadas aos Fundos Municipais, Estaduais e Nacional do Idoso; e altera a Lei 9.250, de 26 de dezembro de 1995).

Art. 203. A assistência social será prestada a quem dela necessitar, independentemente de contribuição à seguridade social, e tem por objetivos:

I – a proteção à família, à maternidade, à infância, à adolescência e à velhice;

II – o amparo às crianças e adolescentes carentes;

III – a promoção da integração ao mercado de trabalho;

IV – a habilitação e reabilitação das pessoas portadoras de deficiência e a promoção de sua integração à vida comunitária;

V – a garantia de um salário mínimo de benefício mensal à pessoa portadora de deficiência e ao idoso que comprovem não possuir meios de prover à própria manutenção ou de tê-la provida por sua família, conforme dispuser a lei.

> Legislação infraconstitucional: Lei 13.146/15 (Institui a Lei Brasileira de Inclusão da Pessoa com Deficiência – Estatuto da Pessoa com Deficiência).

VI – a redução da vulnerabilidade socioeconômica de famílias em situação de pobreza ou de extrema pobreza.

> Inciso VI acrescentado pela EC 114, de 16 de dezembro de 2021.

Art. 204. As ações governamentais na área da assistência social serão realizadas com recursos do orçamento da seguridade social, previstos no art. 195, além de outras fontes, e organizadas com base nas seguintes diretrizes:

I – descentralização político-administrativa, cabendo a coordenação e as normas gerais à esfera federal e a coordenação e a execução dos respectivos programas às esferas estadual e municipal, bem como a entidades beneficentes e de assistência social;

II – participação da população, por meio de organizações representativas, na formulação das políticas e no controle das ações em todos os níveis.

Parágrafo único. É facultado aos Estados e ao Distrito Federal vincular a programa de apoio à inclusão e promoção social até cinco décimos por cento de sua receita tributária líquida, vedada a aplicação desses recursos no pagamento de:

I – despesas com pessoal e encargos sociais;

II – serviço da dívida;

III – qualquer outra despesa corrente não vinculada diretamente aos investimentos ou ações apoiados.

> Parágrafo único e incisos acrescentados pela EC 42, de 19 de dezembro de 2003.

CAPÍTULO III
Da Educação, da Cultura e do Desporto

Seção I
Da Educação

> Legislação infraconstitucional: Lei 8.436/92 (Programa do crédito educativo para estudantes carentes); Lei 9.394/96 (Diretrizes e bases da educação nacional); Lei 9.424/96 (Fundo de manutenção e desenvolvimento do Ensino Fundamental e de valorização do magistério); Lei 10.172/01 (Plano Nacional de Educação); Lei 10.197/01 (financiamento a projetos de implantação e recuperação de infraestrutura de pesquisa nas instituições públicas de ensino superior e de pesquisa). Lei 10.216/01 (dispõe sobre a proteção e os direitos das pessoas portadoras de transtornos mentais e redireciona o modelo de assistência em saúde mental). Lei 10.219/01 (cria o Programa Nacional de Renda Mínima vinculada à educação – Bolsa Escola); Lei 10.260/01 (Fundo de financiamento ao estudante do Ensino Superior); Lei 10.639/03 (inclusão no currículo oficial da Rede de Ensino a obrigatoriedade da temática "História e Cultura Afro-Brasileira"); Lei 10.709/03; Lei 10.753/03 (Institui a Política Nacional do Livro); Lei 10.793/03 (altera a Lei de Diretrizes e Bases da Educação Nacional).

Art. 205. A educação, direito de todos e dever do Estado e da família, será promovida e incentivada com a colaboração da sociedade, visando ao pleno desenvolvimento da pessoa, seu preparo para o exercício da cidadania e sua qualificação para o trabalho.

> Artigos constitucionais conexos: 7º, XXV; 23, V; 30, VI; 150, VI, c; 214, I; 225, VI; 227, III; 242; ADCT, 53, IV, 60 (EC 14/96), 61 e 62.

Art. 206. O ensino será ministrado com base nos seguintes princípios:

I – igualdade de condições para o acesso e permanência na escola;

II – liberdade de aprender, ensinar, pesquisar e divulgar o pensamento, a arte e o saber;

III – pluralismo de ideias e de concepções pedagógicas, e coexistência de instituições públicas e privadas de ensino;

IV – gratuidade do ensino público em estabelecimentos oficiais;

> Súmula Vinculante do Supremo Tribunal Federal: 12.

V – valorização dos profissionais da educação escolar, garantidos, na forma da lei, planos de carreira, com ingresso exclusivamente por concurso público de provas e títulos, aos das redes públicas;

> Redação do inciso V dada pela EC 53, de 19 de dezembro de 2006.

O texto anterior, redigido pela EC 19, de 4 de junho de 1998, dispunha:
V – valorização dos profissionais do ensino, garantidos, na forma da lei, planos de carreira para o magistério público, com piso salarial profissional e ingresso exclusivamente por concurso público de provas e títulos;
> Legislação infraconstitucional: Lei 13.083/15 (Institui o Dia Nacional do Pedagogo).

VI – gestão democrática do ensino público, na forma da lei;

> Artigo constitucional conexo: 242.

VII – garantia de padrão de qualidade.

VIII – piso salarial profissional nacional para os profissionais da educação escolar pública, nos termos de lei federal.

> Inciso VIII acrescentado pela EC 53, de 19 de dezembro de 2006.

IX – garantia do direito à educação e à aprendizagem ao longo da vida.

> Inciso IX acrescentado pela EC 108, de 26 de agosto de 2020.

Parágrafo único. A lei disporá sobre as categorias de trabalhadores considerados profissionais da educação básica e sobre a fixação de prazo para a elaboração ou adequação de seus planos de carreira, no âmbito da União, dos Estados, do Distrito Federal e dos Municípios.

> Parágrafo único acrescentado pela EC 53, de 19 de dezembro de 2006.

Art. 207. As universidades gozam de autonomia didático-científica, administrativa e de gestão financeira e patrimonial, e obedecerão ao princípio de indissociabilidade entre ensino, pesquisa e extensão.

§ 1º É facultado às universidades admitir professores, técnicos e cientistas estrangeiros, na forma da lei.

> Acrescentado pela EC 11, de 30 de abril de 1996.
> Artigo constitucional conexo: 37, I (EC 19/98).

§ 2º O disposto neste artigo aplica-se às instituições de pesquisa científica e tecnológica.

> Acrescentado pela EC 11, de 30 de abril de 1996.

Art. 208. O dever do Estado com a educação será efetivado mediante a garantia de:

I – educação básica obrigatória e gratuita dos 4 (quatro) aos 17 (dezessete) anos de idade, assegurada inclusive sua oferta gratuita para todos os que a ela não tiveram acesso na idade própria;

> Redação do inciso I dada pela EC 59, de 11 de novembro de 2009.

O texto anterior, redigido pela EC 14, de 12 de setembro de 1996, dispunha:
"I – ensino fundamental obrigatório e gratuito, assegurada, inclusive, sua oferta gratuita para todos os que a ele não tiveram acesso na idade própria;"

II – progressiva universalização do ensino médio gratuito;

> Redação do inciso II dada pela EC 14, de 12 de setembro de 1996.

O texto original dispunha:
"II – progressiva extensão da obrigatoriedade e gratuidade ao ensino médio;"

> Artigo constitucional conexo: 6º (EC 14/96).

III – atendimento educacional especializado aos portadores de deficiência, preferencialmente na rede regular de ensino;

> Legislação infraconstitucional: Lei 10.242/01 (institui o Dia Nacional das APAEs); Lei 10.436/02 (dispõe sobre a Língua Brasileira de Sinais – Libras); Lei 8.989/95 (isenção do Imposto Sobre Produtos Industrializados – IPI, na aquisição de automóveis para utilização no transporte autônomo de passageiros, bem como por pessoas portadoras de deficiência física e aos destinados ao transporte escolar), com as alterações da Lei 10.754/03; Lei 13.146/15 (Institui a Lei Brasileira de Inclusão da Pessoa com Deficiência – Estatuto da Pessoa com Deficiência).

IV – educação infantil, em creche e pré-escola, às crianças até 5 (cinco) anos de idade;

> Redação do inciso IV dada pela EC 53, de 19 de dezembro de 2006.

O texto original dispunha:

"IV – atendimento em creche e pré-escola às crianças de zero a seis anos de idade;"

> Legislação infraconstitucional: Lei 13.306/16 (Altera a Lei 8.069/90 – Estatuto da Criança e do Adolescente, a fim de fixar em cinco anos a idade máxima para o atendimento na educação infantil).

V – acesso aos níveis mais elevados do ensino, da pesquisa e da criação artística, segundo a capacidade de cada um;

VI – oferta de ensino noturno regular, adequado às condições do educando;

VII – atendimento ao educando, em todas as etapas da educação básica, por meio de programas suplementares de material didático-escolar, transporte, alimentação e assistência à saúde.

> Redação do inciso VII dada pela EC 59, de 11 de novembro 2009.

O texto original dispunha:

"VII – atendimento ao educando, no ensino fundamental, através de programas suplementares de material didático-escolar, transporte, alimentação e assistência à saúde."

> Artigo constitucional conexo: 212, § 4º.

§ 1º O acesso ao ensino obrigatório e gratuito é direito público subjetivo.

§ 2º O não oferecimento do ensino obrigatório pelo Poder Público, ou sua oferta irregular, importa responsabilidade da autoridade competente.

§ 3º Compete ao Poder Público recensear os educandos no ensino fundamental, fazer-lhes a chamada e zelar, junto aos pais ou responsáveis, pela frequência à escola.

Art. 209. O ensino é livre à iniciativa privada, atendidas as seguintes condições:

I – cumprimento das normas gerais da educação nacional;

II – autorização e avaliação de qualidade pelo Poder Público.

Art. 210. Serão fixados conteúdos mínimos para o ensino fundamental, de maneira a assegurar formação básica comum e respeito aos valores culturais e artísticos, nacionais e regionais.

§ 1º O ensino religioso, de matrícula facultativa, constituirá disciplina dos horários normais das escolas públicas de ensino fundamental.

> Artigos constitucionais conexos: 5º, VI; 19, I.

§ 2º O ensino fundamental regular será ministrado em língua portuguesa, assegurada às comunidades indígenas também a utilização de suas línguas maternas e processos próprios de aprendizagem.

> Artigos constitucionais conexos: 13, caput; 231.

Art. 211. A União, os Estados, o Distrito Federal e os Municípios organizarão em regime de colaboração seus sistemas de ensino.

> Artigos constitucionais conexos: ADCT, 60, § 1º; 6º da EC 14/96.

§ 1º A União organizará o sistema federal de ensino e o dos Territórios, financiará as instituições de ensino públicas federais e exercerá, em matéria educacional, função redistributiva e supletiva, de forma a garantir equalização de oportunidades educacionais e padrão mínimo de qualidade do ensino mediante assistência técnica e financeira aos Estados, ao Distrito Federal e aos Municípios.

> Redação do § 1º dada pela EC 14, de 12 de setembro de 1996.
> O texto original dispunha:
> "§ 1º A União organizará e financiará o sistema federal de ensino e o dos Territórios, e prestará assistência técnica e financeira aos Estados, ao Distrito Federal e aos Municípios para o desenvolvimento de seus sistemas de ensino e o atendimento prioritário à escolaridade obrigatória.

§ 2º Os Municípios atuarão prioritariamente no ensino fundamental e na educação infantil.

> Redação do § 2º dada pela EC 14, de 12 de setembro de 1996.
> O texto original dispunha:
> "§ 2º Os Municípios atuarão prioritariamente no ensino fundamental e pré-escolar."

§ 3º Os Estados e o Distrito Federal atuarão prioritariamente no ensino fundamental e médio.

> § 3º Acrescentado pela EC 14, de 12 de setembro de 1996.

§ 4º Na organização de seus sistemas de ensino, a União, os Estados, o Distrito Federal e os Municípios definirão formas de colaboração, de forma a assegurar a universalização, a qualidade e a equidade do ensino obrigatório.

> Redação do § 4º dada pela EC 108, de 26 de agosto de 2020.
> O texto anterior, redigido pela EC 59, de 11 de novembro 2009, dispunha:
> "§ 4º Na organização de seus sistemas de ensino, a União, os Estados, o Distrito Federal e os Municípios definirão formas de colaboração, de modo a assegurar a universalização do ensino obrigatório."

§ 5º A educação básica pública atenderá prioritariamente ao ensino regular.

> § 5º acrescentado pela EC 53, de 19 de dezembro de 2006.

§ 6º A União, os Estados, o Distrito Federal e os Municípios exercerão ação redistributiva em relação a suas escolas.

§ 7º O padrão mínimo de qualidade de que trata o § 1º deste artigo considerará as condições adequadas de oferta e terá como referência o Custo Aluno Qualidade (CAQ), pactuados em regime de colaboração na forma disposta em lei complementar, conforme o parágrafo único do art. 23 desta Constituição.

> § 6º e 7º acrescentados pela EC 108, de 26 de agosto de 2020.

Art. 212. A União aplicará, anualmente, nunca menos de dezoito, e os Estados, o Distrito Federal e os Municípios vinte e cinco por cento, no mínimo, da receita resultante de impostos, compreendida a proveniente de transferências, na manutenção e desenvolvimento do ensino.

> Artigos constitucionais conexos: 167, IV; ADCT, 60 e 72, §§ 2º e 3º; 6º da EC 14/96.

§ 1º A parcela da arrecadação de impostos transferida pela União aos Estados, ao Distrito Federal e aos Municípios, ou pelos Estados aos respectivos Municípios, não é considerada, para efeito do cálculo previsto neste artigo, receita do governo que a transferir.

§ 2º Para efeito do cumprimento do disposto no *caput* deste artigo, serão considerados os sistemas de ensino federal, estadual e municipal e os recursos aplicados na forma do art. 213.

§ 3º A distribuição dos recursos públicos assegurará prioridade ao atendimento das necessidades do ensino obrigatório, no que se refere a universalização, garantia de padrão de qualidade e equidade, nos termos do plano nacional de educação.

> *Redação do § 3º dada pela EC 59, de 11 de novembro 2009.*

O texto original dispunha:

"*§ 3º A distribuição dos recursos públicos assegurará prioridade ao atendimento das necessidades do ensino obrigatório, nos termos do plano nacional de educação.*"

§ 4º Os programas suplementares de alimentação e assistência à saúde previstos no art. 208, VII, serão financiados com recursos provenientes de contribuições sociais e outros recursos orçamentários.

§ 5º A educação básica pública terá como fonte adicional de financiamento a contribuição social do salário-educação, recolhida pelas empresas na forma da lei.

> *Redação do § 5º dada pela EC 53, de 19 de dezembro de 2006.*

O texto anterior, redigido pela EC 14, de 12 de setembro de 1996, dispunha:

"*§ 5º O ensino fundamental público terá como fonte adicional de financiamento a contribuição social do salário-educação, recolhida pelas empresas, na forma da lei.*"

> *Súmula do Supremo Tribunal Federal: 732.*

§ 6º As cotas estaduais e municipais da arrecadação da contribuição social do salário-educação serão distribuídas proporcionalmente ao número de alunos matriculados na educação básica nas respectivas redes públicas de ensino.

> *§ 6º acrescentado pela EC 53, de 19 de dezembro de 2006.*

§ 7º É vedado o uso dos recursos referidos no *caput* e nos §§ 5º e 6º deste artigo para pagamento de aposentadorias e de pensões.

§ 8º Na hipótese de extinção ou de substituição de impostos, serão redefinidos os percentuais referidos no *caput* deste artigo e no inciso II do *caput* do art. 212-A, de modo que resultem recursos vinculados à manutenção e ao desenvolvimento do ensino, bem como os recursos subvinculados aos fundos de que trata o art. 212-A desta Constituição, em aplicações equivalentes às anteriormente praticadas.

§ 9º A lei disporá sobre normas de fiscalização, de avaliação e de controle das despesas com educação nas esferas estadual, distrital e municipal.

> *§§ 7º a 9º acrescentados pela EC 108, de 26 de agosto de 2020.*

Art. 212-A. Os Estados, o Distrito Federal e os Municípios destinarão parte dos recursos a que se refere o *caput* do art. 212 desta Constituição à manutenção e ao desenvolvimento do ensino na educação básica e à remuneração condigna de seus profissionais, respeitadas as seguintes disposições:

> *Artigo acrescentado pela EC 108, de 26 de agosto de 2020.*

I – a distribuição dos recursos e de responsabilidades entre o Distrito Federal, os Estados e seus Municípios é assegurada mediante a instituição, no âmbito de cada Estado e do Distrito Federal, de um Fundo de Manutenção e Desenvolvimento da Educação Básica e de Valorização dos Profissionais da Educação (Fundeb), de natureza contábil;

II – os fundos referidos no inciso I do *caput* deste artigo serão constituídos por 20% (vinte por cento):

> *Inciso II com redação pela EC 132/2023.*

a) das parcelas dos Estados no imposto de que trata o art. 156-A;

b) da parcela do Distrito Federal no imposto de que trata o art. 156-A, relativa ao exercício de sua competência estadual, nos termos do art. 156-A, § 2º; e

c) dos recursos a que se referem os incisos I, II e III do caput do art. 155, o inciso II do caput do art. 157, os incisos II, III e IV do *caput* do art. 158 e as alíneas "a" e "b" do inciso I e o inciso II do *caput* do art. 159 desta Constituição;

Texto novo: c) dos recursos a que se referem os incisos I e III do caput do art. 155, o inciso II do *caput* do art. 157, os incisos II, III e IV do *caput* do art. 158 e as alíneas "a" e "b" do inciso I e o inciso II do *caput* do art. 159 desta Constituição;

> *Alínea c com redação pela EC 132/2023, em vigor a partir de 2033.*

O texto original dispunha:

> *"II – os fundos referidos no inciso I do caput deste artigo serão constituídos por 20% (vinte por cento) dos recursos a que se referem os incisos I, II e III do caput do art. 155, o inciso II do caput do art. 157, os incisos II, III e IV do caput do art. 158 e as alíneas "a" e "b" do inciso I e o inciso II do caput do art. 159 desta Constituição;"*

III – os recursos referidos no inciso II do *caput* deste artigo serão distribuídos entre cada Estado e seus Municípios, proporcionalmente ao número de alunos das diversas etapas e modalidades da educação básica presencial matriculados nas respectivas redes, nos âmbitos de atuação prioritária, conforme estabelecido nos §§ 2º e 3º do art. 211 desta Constituição, observadas as ponderações referidas na alínea "a" do inciso X do *caput* e no § 2º deste artigo;

IV – a União complementará os recursos dos fundos a que se refere o inciso II do *caput* deste artigo;

V – a complementação da União será equivalente a, no mínimo, 23% (vinte e três por cento) do total de recursos a que se refere o inciso II do *caput* deste artigo, distribuída da seguinte forma:

a) 10 (dez) pontos percentuais no âmbito de cada Estado e do Distrito Federal, sempre que o valor anual por aluno (VAAF), nos termos do inciso III do *caput* deste artigo, não alcançar o mínimo definido nacionalmente;

b) no mínimo, 10,5 (dez inteiros e cinco décimos) pontos percentuais em cada rede pública de ensino municipal, estadual ou distrital, sempre que o valor anual total por aluno (VAAT), referido no inciso VI do *caput* deste artigo, não alcançar o mínimo definido nacionalmente;

c) 2,5 (dois inteiros e cinco décimos) pontos percentuais nas redes públicas que, cumpridas condicionalidades de melhoria de gestão previstas em lei, alcançarem evolução de indicadores a serem definidos, de atendimento e melhoria da aprendizagem com redução das desigualdades, nos termos do sistema nacional de avaliação da educação básica;

VI – o VAAT será calculado, na forma da lei de que trata o inciso X do *caput* deste artigo, com base nos recursos a que se refere o inciso II do *caput* deste artigo, acrescidos de outras receitas e de transferências vinculadas à educação, observado o disposto no § 1º e consideradas as matrículas nos termos do inciso III do *caput* deste artigo;

VII – os recursos de que tratam os incisos II e IV do *caput* deste artigo serão aplicados pelos Estados e pelos Municípios exclusivamente nos respectivos âmbitos de atuação prioritária, conforme estabelecido nos §§ 2º e 3º do art. 211 desta Constituição;

VIII – a vinculação de recursos à manutenção e ao desenvolvimento do ensino estabelecida no art. 212 desta Constituição suportará, no máximo, 30% (trinta por cento) da complementação da União, considerados para os fins deste inciso os valores previstos no inciso V do *caput* deste artigo;

IX – o disposto no *caput* do art. 160 desta Constituição aplica-se aos recursos referidos nos incisos II e IV do *caput* deste artigo, e seu descumprimento pela autoridade competente importará em crime de responsabilidade;

X – a lei disporá, observadas as garantias estabelecidas nos incisos I, II, III e IV do *caput* e no § 1º do art. 208 e as metas pertinentes do plano nacional de educação, nos termos previstos no art. 214 desta Constituição, sobre:

a) a organização dos fundos referidos no inciso I do *caput* deste artigo e a distribuição proporcional de seus recursos, as diferenças e as ponderações quanto ao valor anual por aluno entre etapas, modalidades, duração da jornada e tipos de estabelecimento de ensino, observados as respectivas especificidades e os insumos necessários para a garantia de sua qualidade;

b) a forma de cálculo do VAAF decorrente do inciso III do *caput* deste artigo e do VAAT referido no inciso VI do *caput* deste artigo;

c) a forma de cálculo para distribuição prevista na alínea "c" do inciso V do *caput* deste artigo;

d) a transparência, o monitoramento, a fiscalização e o controle interno, externo e social dos fundos referidos no inciso I do *caput* deste artigo, assegurada a criação, a autonomia, a manutenção e a consolidação de conselhos de acompanhamento e controle social, admitida sua integração aos conselhos de educação;

e) o conteúdo e a periodicidade da avaliação, por parte do órgão responsável, dos efeitos redistributivos, da melhoria dos indicadores educacionais e da ampliação do atendimento;

XI – proporção não inferior a 70% (setenta por cento) de cada fundo referido no inciso I do *caput* deste artigo, excluídos os recursos de que trata a alínea "c" do inciso V do *caput* deste artigo, será destinada ao pagamento dos profissionais da educação básica em efetivo exercício, observado, em relação aos recursos previstos na alínea "b" do inciso V do *caput* deste artigo, o percentual mínimo de 15% (quinze por cento) para despesas de capital;

XII – lei específica disporá sobre o piso salarial profissional nacional para os profissionais do magistério da educação básica pública;

XIII – a utilização dos recursos a que se refere o § 5º do art. 212 desta Constituição para a complementação da União ao Fundeb, referida no inciso V do *caput* deste artigo, é vedada.

§ 1º O cálculo do VAAT, referido no inciso VI do *caput* deste artigo, deverá considerar, além dos recursos previstos no inciso II do *caput* deste artigo, pelo menos, as seguintes disponibilidades:

I – receitas de Estados, do Distrito Federal e de Municípios vinculadas à manutenção e ao desenvolvimento do ensino não integrantes dos fundos referidos no inciso I do *caput* deste artigo;

II – cotas estaduais e municipais da arrecadação do salário-educação de que trata o § 6º do art. 212 desta Constituição;

III – complementação da União transferida a Estados, ao Distrito Federal e a Municípios nos termos da alínea "a" do inciso V do *caput* deste artigo.

§ 2º Além das ponderações previstas na alínea "a" do inciso X do *caput* deste artigo, a lei definirá outras relativas ao nível socioeconômico dos educandos e aos indicadores de disponibilidade de recursos vinculados à educação e de potencial de arrecadação tributária de cada ente federado, bem como seus prazos de implementação.

§ 3º Será destinada à educação infantil a proporção de 50% (cinquenta por cento) dos recursos globais a que se refere a alínea "b" do inciso V do *caput* deste artigo, nos termos da lei.

Art. 213. Os recursos públicos serão destinados às escolas públicas, podendo ser dirigidos a escolas comunitárias, confessionais ou filantrópicas, definidas em lei, que:
> *Artigos constitucionais conexos: 212; ADCT, 61.*

I – comprovem finalidade não lucrativa e apliquem seus excedentes financeiros em educação;

II – assegurem a destinação de seu patrimônio a outra escola comunitária, filantrópica ou confessional, ou ao Poder Público, no caso de encerramento de suas atividades.

§ 1º Os recursos de que trata este artigo poderão ser destinados a bolsas de estudo para o ensino fundamental e médio, na forma da lei, para os que demonstrarem insuficiência de recursos, quando houver falta de vagas e cursos regulares da rede pública na localidade da residência do educando, ficando o Poder Público obrigado a investir prioritariamente na expansão de sua rede na localidade.

§ 2º As atividades de pesquisa, de extensão e de estímulo e fomento à inovação realizadas por universidades e/ou por instituições de educação profissional e tecnológica poderão receber apoio financeiro do Poder Público.
> *Redação do § 2º dada pela EC 85, de 26 de fevereiro de 2015.*
> O texto original dispunha:
> "§ 2º As atividades universitárias de pesquisa e extensão poderão receber apoio financeiro do Poder Público."

Art. 214. A lei estabelecerá o plano nacional de educação, de duração decenal, com o objetivo de articular o sistema nacional de educação em regime de colaboração e definir diretrizes, objetivos, metas e estratégias de implementação para assegurar a manutenção e desenvolvimento do ensino em seus diversos níveis, etapas e modalidades por meio de ações integradas dos poderes públicos das diferentes esferas federativas que conduzam a:
> *Redação do art. 214 dada pela EC 59, de 11 de novembro 2009.*

O texto original dispunha:
"*Art. 214. A lei estabelecerá o plano nacional de educação, de duração plurianual, visando à articulação e ao desenvolvimento do ensino em seus diversos níveis e à integração das ações do Poder Público que conduzam à:"*

I – erradicação do analfabetismo;

II – universalização do atendimento escolar;

III – melhoria da qualidade do ensino;

IV – formação para o trabalho;

V – promoção humanística, científica e tecnológica do País.

VI – estabelecimento de meta de aplicação de recursos públicos em educação como proporção do produto interno bruto.

> Inciso VI acrescentado pela EC 59, de 11 de novembro 2009.
> Legislação infraconstitucional: Lei 10.172/01 (Plano Nacional de Educação).

Seção II
Da Cultura

> Legislação infraconstitucional: Lei 3.924/61 (Movimentos arqueológicos e pré-históricos); Lei 8.159/91 (Sistema nacional de arquivos públicos e privados); Lei 8.313/91 (Programa Nacional de Apoio à Cultura – PRONAC), com as alterações da Lei 9.312/96; 8.394/91 (Preservação, organização e proteção dos acervos documentais, privados dos Presidentes da República); Lei 11.264/06 (Confere ao município de Passo Fundo o título de "Capital Nacional da Literatura").

Art. 215. O Estado garantirá a todos o pleno exercício dos direitos culturais e acesso às fontes da cultura nacional, e apoiará e incentivará a valorização e a difusão das manifestações culturais.

> Legislação infraconstitucional: Lei 10.221/01 (Institui o "Dia Nacional da Ciência"); Lei 11.176/05 (Institui o "Dia Nacional do Forró"); Lei 13.131/15 (Institui o "Dia Nacional da Poesia"); Lei 13.248/16 (Institui o "Dia do Tambor de Crioula").

§ 1º O Estado protegerá as manifestações das culturas populares, indígenas e afro--brasileiras, e das de outros grupos participantes do processo civilizatório nacional.

§ 2º A lei disporá sobre a fixação de datas comemorativas de alta significação para os diferentes segmentos étnicos nacionais.

> Artigos constitucionais conexos: 5º, VI; 19, I.

§ 3º A lei estabelecerá o Plano Nacional de Cultura, de duração plurianual, visando ao desenvolvimento cultural do País e à integração das ações do poder público que conduzem à:

> § 3º e incisos acrescentados pela EC 48, de 10 de agosto de 2005.

I – defesa e valorização do patrimônio cultural brasileiro;

II – produção, promoção e difusão de bens culturais;

III – formação de pessoal qualificado para a gestão da cultura em suas múltiplas dimensões;

IV – democratização do acesso aos bens de cultura;

V – valorização da diversidade étnica e regional.

Art. 216. Constituem patrimônio cultural brasileiro os bens de natureza material e imaterial, tomados individualmente ou em conjunto, portadores de referência à identidade, à ação, à memória dos diferentes grupos formadores da sociedade brasileira, nos quais se incluem:

I – as formas de expressão;

II – os modos de criar, fazer e viver;

III – as criações científicas, artísticas e tecnológicas;

IV – as obras, objetos, documentos, edificações e demais espaços destinados às manifestações artístico-culturais;

V – os conjuntos urbanos e sítios de valor histórico, paisagístico, artístico, arqueológico, paleontológico, ecológico e científico.

§ 1º O Poder Público, com a colaboração da comunidade, promoverá e protegerá o patrimônio cultural brasileiro, por meio de inventários, registros, vigilância, tombamento e desapropriação, e de outras formas de acautelamento e preservação.

> *Artigo constitucional conexo:* 129, III.
> *Legislação infraconstitucional:* Lei 4.717/65 (Ação Popular); Lei 7.347/85 (Lei da Ação Civil Pública).

§ 2º Cabem à administração pública, na forma da lei, a gestão da documentação governamental e as providências para franquear sua consulta a quantos dela necessitem.

> *Legislação infraconstitucional:* Lei 12.527/11 (Regula o acesso a informações previsto no inciso XXXIII do art. 5º, no inciso II do § 3º do art. 37 e no § 2º do art. 216 da Constituição Federal... e dá outras providências.)

§ 3º A lei estabelecerá incentivos para a produção e o conhecimento de bens e valores culturais.

§ 4º Os danos e ameaças ao patrimônio cultural serão punidos, na forma da lei.

§ 5º Ficam tombados todos os documentos e os sítios detentores de reminiscências históricas dos antigos quilombos.

§ 6º É facultado aos Estados e ao Distrito Federal vincular a fundo estadual de fomento à cultura até cinco décimos por cento de sua receita tributária líquida, para o financiamento de programas e projetos culturais, vedada a aplicação desses recursos no pagamento de:

I – despesas com pessoal e encargos sociais;

II – serviço da dívida;

III – qualquer outra despesa corrente não vinculada diretamente aos investimentos ou ações apoiados.

> *§ 6º e incisos acrescentados pela EC 42, de 19 de dezembro de 2003.*

Art. 216-A. O Sistema Nacional de Cultura, organizado em regime de colaboração, de forma descentralizada e participativa, institui um processo de gestão e promoção conjunta de políticas públicas de cultura, democráticas e permanentes, pactuadas entre os entes da Federação e a sociedade, tendo por objetivo promover o desenvolvimento humano, social e econômico com pleno exercício dos direitos culturais.

> *Art. 216-A acrescentado pela EC 71, de 29 de novembro de 2012.*

§ 1º O Sistema Nacional de Cultura fundamenta-se na política nacional de cultura e nas suas diretrizes, estabelecidas no Plano Nacional de Cultura, e rege-se pelos seguintes princípios:
> § 1º acrescentado pela EC 71, de 29 de novembro de 2012.

I – diversidade das expressões culturais;

II – universalização do acesso aos bens e serviços culturais;

III – fomento à produção, difusão e circulação de conhecimento e bens culturais;

IV – cooperação entre os entes federados, os agentes públicos e privados atuantes na área cultural;

V – integração e interação na execução das políticas, programas, projetos e ações desenvolvidas;

VI – complementaridade nos papéis dos agentes culturais;

VII – transversalidade das políticas culturais;

VIII – autonomia dos entes federados e das instituições da sociedade civil;

IX – transparência e compartilhamento das informações;

X – democratização dos processos decisórios com participação e controle social;

XI – descentralização articulada e pactuada da gestão, dos recursos e das ações;

XII – ampliação progressiva dos recursos contidos nos orçamentos públicos para a cultura.
> Incisos I a XII acrescentados pela EC 71, de 29 de novembro de 2012.

§ 2º Constitui a estrutura do Sistema Nacional de Cultura, nas respectivas esferas da Federação:
> § 2º acrescentado pela EC 71, de 29 de novembro de 2012.

I – órgãos gestores da cultura;

II – conselhos de política cultural;

III – conferências de cultura;

IV – comissões intergestores;

V – planos de cultura;

VI – sistemas de financiamento à cultura;

VII – sistemas de informações e indicadores culturais;

VIII – programas de formação na área da cultura; e

IX – sistemas setoriais de cultura.
> Incisos I a IX acrescentados pela EC 71, de 29 de novembro de 2012.

§ 3º Lei federal disporá sobre a regulamentação do Sistema Nacional de Cultura, bem como de sua articulação com os demais sistemas nacionais ou políticas setoriais de governo.
> § 3º acrescentado pela EC 71, de 29 de novembro de 2012.

§ 4º Os Estados, o Distrito Federal e os Municípios organizarão seus respectivos sistemas de cultura em leis próprias."
> § 4º acrescentado pela EC 71, de 29 de novembro de 2012.

Seção III
Do Desporto

Art. 217. É dever do Estado fomentar práticas desportivas formais e não formais, como direito de cada um, observados:

> *Legislação infraconstitucional:* Lei 9.615/98 (Institui normas gerais sobre desportos), Lei 10.264/01; Lei 11.438/06 (Dispõe sobre incentivos e benefícios para fomentar as atividades de caráter desportivo e dá outras providências); Decreto 6.180/07 (Regulamenta a Lei 11.438, de 29 de dezembro de 2006, que trata dos incentivos e benefícios para fomentar as atividades de caráter desportivo); Lei 14.597/2023 (Lei Geral do Esporte).

I – a autonomia das entidades desportivas dirigentes e associações, quanto a sua organização e funcionamento;

II – a destinação de recursos públicos para a promoção prioritária do desporto educacional e, em casos específicos, para a do desporto de alto rendimento;

III – o tratamento diferenciado para o desporto profissional e o não profissional;

IV – a proteção e o incentivo às manifestações desportivas de criação nacional.

§ 1º O Poder Judiciário só admitirá ações relativas à disciplina e às competições desportivas após esgotarem-se as instâncias da justiça desportiva, reguladas em lei.

§ 2º A justiça desportiva terá o prazo máximo de sessenta dias, contados da instauração do processo, para proferir decisão final.

§ 3º O Poder Público incentivará o lazer, como forma de promoção social.

CAPÍTULO IV
Da Ciência, Tecnologia e Inovação

> *Título do Capítulo IV dado pela EC 85, de 26 de fevereiro de 2015.*
> O texto original dispunha:
> *"Da Ciência e Tecnologia"*

Art. 218. O Estado promoverá e incentivará o desenvolvimento científico, a pesquisa, a capacitação científica e tecnológica e a inovação.

> *Redação do art. 218 dada pela EC 85, de 26 de fevereiro de 2015.*
> O texto original dispunha:
> *"Art. 218. O Estado promoverá e incentivará o desenvolvimento científico, a pesquisa e a capacitação tecnológicas."*

> *Legislação infraconstitucional:* Lei 9.257/96 (Conselho Nacional de Ciência e Tecnologia)

§ 1º A pesquisa científica básica e tecnológica receberá tratamento prioritário do Estado, tendo em vista o bem público e o progresso da ciência, tecnologia e inovação.

> *Redação do § 1º dada pela EC 85, de 26 de fevereiro de 2015.*
> O texto original dispunha:
> *"§ 1º A pesquisa científica básica receberá tratamento prioritário do Estado, tendo em vista o bem público e o progresso das ciências."*

§ 2º A pesquisa tecnológica voltar-se-á preponderantemente para a solução dos problemas brasileiros e para o desenvolvimento do sistema produtivo nacional e regional.

§ 3º O Estado apoiará a formação de recursos humanos nas áreas de ciência, pesquisa, tecnologia e inovação, inclusive por meio do apoio às atividades de extensão tecnológica, e concederá aos que delas se ocupem meios e condições especiais de trabalho.

> Redação do § 3º dada pela EC 85, de 26 de fevereiro de 2015.

O texto original dispunha:
"§ 3º O Estado apoiará a formação de recursos humanos nas áreas de ciência, pesquisa e tecnologia, e concederá aos que delas se ocupem meios e condições especiais de trabalho."

§ 4º A lei apoiará e estimulará as empresas que invistam em pesquisa, criação de tecnologia adequada ao País, formação e aperfeiçoamento de seus recursos humanos e que pratiquem sistemas de remuneração que assegurem ao empregado, desvinculada do salário, participação nos ganhos econômicos resultantes da produtividade de seu trabalho.

§ 5º É facultado aos Estados e ao Distrito Federal vincular parcela de sua receita orçamentária a entidades públicas de fomento ao ensino e à pesquisa científica e tecnológica.

§ 6º O Estado, na execução das atividades previstas no *caput*, estimulará a articulação entre entes, tanto públicos quanto privados, nas diversas esferas de governo.

> § 6º acrescentado pela EC 85, de 26 de fevereiro de 2015.

§ 7º O Estado promoverá e incentivará a atuação no exterior das instituições públicas de ciência, tecnologia e inovação, com vistas à execução das atividades previstas no *caput*.

> § 7º acrescentado pela EC 85, de 26 de fevereiro de 2015.

Art. 219. O mercado interno integra o patrimônio nacional e será incentivado de modo a viabilizar o desenvolvimento cultural e socioeconômico, o bem-estar da população e a autonomia tecnológica do País, nos termos de lei federal.

Parágrafo único. O Estado estimulará a formação e o fortalecimento da inovação nas empresas, bem como nos demais entes, públicos ou privados, a constituição e a manutenção de parques e polos tecnológicos e de demais ambientes promotores da inovação, a atuação dos inventores independentes e a criação, absorção, difusão e transferência de tecnologia.

> Parágrafo único acrescentado pela EC 85, de 26 de fevereiro de 2015.

Art. 219-A. A União, os Estados, o Distrito Federal e os Municípios poderão firmar instrumentos de cooperação com órgãos e entidades públicos e com entidades privadas, inclusive para o compartilhamento de recursos humanos especializados e capacidade instalada, para a execução de projetos de pesquisa, de desenvolvimento científico e tecnológico e de inovação, mediante contrapartida financeira ou não financeira assumida pelo ente beneficiário, na forma da lei.

> Art. 219-A acrescentado pela EC 85, de 26 de fevereiro de 2015.

Art. 219-B. O Sistema Nacional de Ciência, Tecnologia e Inovação (SNCTI) será organizado em regime de colaboração entre entes, tanto públicos quanto privados, com vistas a promover o desenvolvimento científico e tecnológico e a inovação.

§ 1º Lei federal disporá sobre as normas gerais do SNCTI.

§ 2º Os Estados, o Distrito Federal e os Municípios legislarão concorrentemente sobre suas peculiaridades.

> Art. 219-B e parágrafos acrescentados pela EC 85, de 26 de fevereiro de 2015.

CAPÍTULO V
Da Comunicação Social

Art. 220. A manifestação do pensamento, a criação, a expressão e a informação, sob qualquer forma, processo ou veículo não sofrerão qualquer restrição, observado o disposto nesta Constituição.

> Artigos constitucionais conexos: 5º, IV; V e IX; 139, III; ADCT, 2º, § 1º; ADCT, 65.
> Legislação infraconstitucional: Lei 5.250/67 (Lei de Imprensa – Não recepcionada pela CF/88 – ADPF 130); Lei 10.255/01 (institui o Dia da Televisão); Lei 10.359/01 (dispõe sobre a obrigatoriedade de os novos aparelhos de televisão conterem dispositivo que possibilite o bloqueio temporário da recepção de programação inadequada); Lei 13.188/15 (Dispõe sobre o direito de resposta ou retificação do ofendido em matéria divulgada, publicada ou transmitida por veículo de comunicação social).

§ 1º Nenhuma lei conterá dispositivo que possa constituir embaraço à plena liberdade de informação jornalística em qualquer veículo de comunicação social, observado o disposto no art. 5º, IV, V, X, XIII e XIV.

§ 2º É vedada toda e qualquer censura de natureza política, ideológica e artística.

§ 3º Compete à lei federal:

I – regular as diversões e espetáculos públicos, cabendo ao Poder Público informar sobre a natureza deles, as faixas etárias a que não se recomendem, locais e horários em que sua apresentação se mostre inadequada;

II – estabelecer os meios legais que garantam à pessoa e à família a possibilidade de se defenderem de programas ou programações de rádio e televisão que contrariem o disposto no art. 221, bem como da propaganda de produtos, práticas e serviços que possam ser nocivos à saúde e ao meio ambiente.

§ 4º A propaganda comercial de tabaco, bebidas alcoólicas, agrotóxicos, medicamentos e terapias estará sujeita a restrições legais, nos termos do inciso II do parágrafo anterior, e conterá, sempre que necessário, advertência sobre os malefícios decorrentes de seu uso.

> Artigos constitucionais conexos: 22, XXIX; 196; 197; ADCT, 65.
> Legislação infraconstitucional: Lei 9.294/96 (Restrições ao uso e à propaganda de produtos fumígeros, bebidas alcoólicas, medicamentos, terapias e defensivos agrícolas), com as alterações da Lei 10.702/03.

§ 5º Os meios de comunicação social não podem, direta ou indiretamente, ser objeto de monopólio ou oligopólio.

§ 6º A publicação de veículo impresso de comunicação independe de licença de autoridade.

Art. 221. A produção e a programação das emissoras de rádio e televisão atenderão aos seguintes princípios:

I – preferência a finalidades educativas, artísticas, culturais e informativas;

II – promoção da cultura nacional e regional e estímulo à produção independente que objetive sua divulgação;

III – regionalização da produção cultural, artística e jornalística, conforme percentuais estabelecidos em lei;

IV – respeito aos valores éticos e sociais da pessoa e da família.

Art. 222. A propriedade de empresa jornalística e de radiodifusão sonora e de sons e imagens é privativa de brasileiros natos ou naturalizados há mais de dez anos, ou de pessoas jurídicas constituídas sob as leis brasileiras e que tenham sede no País.

> Art. 222, caput, com redação dada pela EC 36, de 28 de maio de 2002.

O texto original dispunha:
"*Art. 222. A propriedade de empresa jornalística e de radiodifusão sonora e de sons e imagens é privativa de brasileiros natos ou naturalizados há mais de dez anos, aos quais caberá a responsabilidade por sua administração e orientação intelectual.*"
> *Artigo constitucional conexo: 12, I, II e § 2º.*

§ 1º Em qualquer caso, pelo menos setenta por cento do capital total e do capital votante das empresas jornalísticas e de radiodifusão sonora e de sons e imagens deverá pertencer, direta ou indiretamente, a brasileiros natos ou naturalizados há mais de dez anos, que exercerão obrigatoriamente a gestão das atividades e estabelecerão o conteúdo da programação.
> *§ 1º com redação dada pela EC 36, de 28 de maio de 2002.*

O texto original dispunha:
"*§ 1º É vedada a participação de pessoa jurídica no capital social de empresa jornalística ou de radiodifusão, exceto a de partido político e de sociedades cujo capital pertença exclusiva e nominalmente a brasileiros.*"

§ 2º A responsabilidade editorial e as atividades de seleção e direção da programação veiculada são privativas de brasileiros natos ou naturalizados há mais de dez anos, em qualquer meio de comunicação social.
> *§ 2º com redação dada pela EC 36, de 28 de maio de 2002.*

O texto original dispunha:
"*§ 2º A participação referida no parágrafo anterior só se efetuará através de capital sem direito a voto e não poderá exceder a trinta por cento do capital social.*"

§ 3º Os meios de comunicação social eletrônica, independentemente da tecnologia utilizada para a prestação do serviço, deverão observar os princípios enunciados no art. 221, na forma de lei específica, que também garantirá a prioridade de profissionais brasileiros na execução de produções nacionais.
> *§ 3º acrescentado pela EC 36, de 28 de maio de 2002.*

§ 4º Lei disciplinará a participação de capital estrangeiro nas empresas de que trata o § 1º.
> *§ 4º acrescentado pela EC 36, de 28 de maio 2002.*

§ 5º As alterações de controle societário das empresas de que tratar o § 1º serão comunicadas ao Congresso Nacional.
> *§ 5º acrescentado pela EC 36, de 28 de maio de 2002.*

Art. 223. Compete ao Poder Executivo outorgar e renovar concessão, permissão e autorização para o serviço de radiodifusão sonora e de sons e imagens, observado o princípio da complementaridade dos sistemas privado, público e estatal.

§ 1º O Congresso Nacional apreciará o ato no prazo do art. 64, §§ 2º e 4º, a contar do recebimento da mensagem.

§ 2º A não renovação da concessão ou permissão dependerá de aprovação de, no mínimo, dois quintos do Congresso Nacional, em votação nominal.

§ 3º O ato de outorga ou renovação somente produzirá efeitos legais após deliberação do Congresso Nacional, na forma dos parágrafos anteriores.

§ 4º O cancelamento da concessão ou permissão, antes de vencido o prazo, depende de decisão judicial.

§ 5º O prazo da concessão ou permissão será de dez anos para as emissoras de rádio e de quinze para as de televisão.

Art. 224. Para os efeitos do disposto neste capítulo, o Congresso Nacional instituirá, como órgão auxiliar, o Conselho de Comunicação Social, na forma da lei.

CAPÍTULO VI
Do Meio Ambiente

> Legislação infraconstitucional: Lei 4.771/65 (Código Florestal); Lei 5.197/67 (Código de Caça); Decreto-Lei 221/67 (Código de Pesca); Lei 6.938/81 (Política nacional do meio ambiente); Lei 7.347/85 (Lei da Ação Civil Pública); Lei 7.735/89 (Instituto Brasileiro do Meio Ambiente e dos Recursos Naturais Renováveis); Lei 7.797/89 (Fundo Nacional do Meio Ambiente), regulamentada pelo Decreto 3.524/00; Lei 7.802/89 (Trata de danos ao meio ambiente), regulamentada pelo Decreto 4.074/02; Lei 9.605/98 (Proteção ao meio ambiente); Lei 11.105/05 (Normas de segurança e mecanismos de fiscalização de atividades que envolvam organismos geneticamente modificados – OGM e seus derivados); Lei 12.651/12 (Dispõe sobre a proteção da vegetação nativa).

Art. 225. Todos têm direito ao meio ambiente ecologicamente equilibrado, bem de uso comum do povo e essencial à sadia qualidade de vida, impondo-se ao Poder Público e à coletividade o dever de defendê-lo e preservá-lo para as presentes e futuras gerações.

> Artigos constitucionais conexos: 5º, LXXIII; 23, VI e VII; 24, V; 129, III; 170, VI; 174, § 3º; 200, VIII; 216, V; 225.

> Legislação infraconstitucional: Lei 10.165/01 (dispõe sobre a Política Nacional do Meio Ambiente); Lei 10.203/01.

§ 1º Para assegurar a efetividade desse direito, incumbe ao Poder Público:

> Legislação infraconstitucional: Lei 9.985/00; Lei 11.105/05 (Regulamenta os incisos II, IV e V do § 1º do art. 225 da Constituição Federal, estabelece normas de segurança e mecanismos de fiscalização de atividades que envolvam organismos geneticamente modificados – OGM e seus derivados, cria o Conselho Nacional de Biossegurança – CNBS, reestrutura a Comissão Técnica Nacional de Biossegurança – CTNBio, dispõe sobre a Política Nacional de Biossegurança – PNB, e dá outras providências). Lei 11.132/05.

I – preservar e restaurar os processos ecológicos essenciais e prover o manejo ecológico das espécies e ecossistemas;

II – preservar a diversidade e a integridade do patrimônio genético do País e fiscalizar as entidades dedicadas à pesquisa e manipulação de material genético;

> Legislação infraconstitucional: Lei 13.123/15 (Regulamenta o inciso II do § 1º e o § 4º do art. 225 da Constituição Federal, o Artigo 1, a alínea j do Artigo 8, a alínea c do Artigo 10, o Artigo 15 e os §§ 3º e 4º do Artigo 16 da Convenção sobre Diversidade Biológica, promulgada pelo Decreto 2.519, de 16 de março de 1998; dispõe sobre o acesso ao patrimônio genético, sobre a proteção e o acesso ao conhecimento tradicional associado e sobre a repartição de benefícios para conservação e uso sustentável da biodiversidade e dá outras providências).

III – definir, em todas as unidades da Federação, espaços territoriais e seus componentes a serem especialmente protegidos, sendo a alteração e a supressão permitidas somente através de lei, vedada qualquer utilização que comprometa a integridade dos atributos que justifiquem sua proteção;

IV – exigir, na forma da lei, para instalação de obra ou atividade potencialmente causadora de significativa degradação do meio ambiente, estudo prévio de impacto ambiental, a que se dará publicidade;

V – controlar a produção, a comercialização e o emprego de técnicas, métodos e substâncias que comportem risco para a vida, a qualidade de vida e o meio ambiente;

VI – promover a educação ambiental em todos os níveis de ensino e a conscientização pública para a preservação do meio ambiente;

VII – proteger a fauna e a flora, vedadas, na forma da lei, as práticas que coloquem em risco sua função ecológica, provoquem a extinção de espécies ou submetam os animais a crueldade.

> Legislação infraconstitucional: Lei 10.519/02 (dispõe sobre a promoção e a fiscalização da defesa sanitária animal quando da realização de rodeio).

VIII – manter regime fiscal favorecido para os biocombustíveis e para o hidrogênio de baixa emissão de carbono, na forma de lei complementar, a fim de assegurar-lhes tributação inferior à incidente sobre os combustíveis fósseis, capaz de garantir diferencial competitivo em relação a estes, especialmente em relação às contribuições de que tratam o art. 195, I, "b", IV e V, e o art. 239 e aos impostos a que se referem os arts. 155, II, e 156-A.

Inciso VIII com redação pela EC 132/2023.

> *Artigo constitucional conexo: Art. 4º da EC 123/2022.*

Texto novo: VIII – manter regime fiscal favorecido para os biocombustíveis e para o hidrogênio de baixa emissão de carbono, na forma de lei complementar, a fim de assegurar-lhes tributação inferior à incidente sobre os combustíveis fósseis, capaz de garantir diferencial competitivo em relação a estes, especialmente em relação à contribuição de que trata o art. 195, V, e ao imposto a que se refere o art. 156-A.

> *Inciso VIII com redação pela EC 132/2023, em vigor a partir de 2033.*

O texto anterior, acrescentado pela EC 123, de 14 de julho de 2022, dispunha:

"VIII – manter regime fiscal favorecido para os biocombustíveis destinados ao consumo final, na forma de lei complementar, a fim de assegurar-lhes tributação inferior à incidente sobre os combustíveis fósseis, capaz de garantir diferencial competitivo em relação a estes, especialmente em relação às contribuições de que tratam a alínea "b" do inciso I e o inciso IV do caput do art. 195 e o art. 239 e ao imposto a que se refere o inciso II do caput do art. 155 desta Constituição."

§ 2º Aquele que explorar recursos minerais fica obrigado a recuperar o meio ambiente degradado, de acordo com solução técnica exigida pelo órgão público competente, na forma da lei.

§ 3º As condutas e atividades consideradas lesivas ao meio ambiente sujeitarão os infratores, pessoas físicas ou jurídicas, a sanções penais e administrativas, independentemente da obrigação de reparar os danos causados.

§ 4º A Floresta Amazônica brasileira, a Mata Atlântica, a Serra do Mar, o Pantanal Mato-Grossense e a Zona Costeira são patrimônio nacional, e sua utilização far-se-á, na forma da lei, dentro de condições que assegurem a preservação do meio ambiente, inclusive quanto ao uso dos recursos naturais.

> *Legislação infraconstitucional:* Lei 13.123/15 (Regulamenta o inciso II do § 1º e o § 4º do art. 225 da Constituição Federal, o Artigo 1, a alínea j do Artigo 8, a alínea c do Artigo 10, o Artigo 15 e os §§ 3º e 4º do Artigo 16 da Convenção sobre Diversidade Biológica, promulgada pelo Decreto 2.519, de 16 de março de 1998; dispõe sobre o acesso ao patrimônio genético, sobre a proteção e o acesso ao conhecimento tradicional associado e sobre a repartição de benefícios para conservação e uso sustentável da biodiversidade e dá outras providências).

§ 5º São indisponíveis as terras devolutas ou arrecadadas pelos Estados, por ações discriminatórias, necessárias à proteção dos ecossistemas naturais.

§ 6º As usinas que operem com reator nuclear deverão ter sua localização definida em lei federal, sem o que não poderão ser instaladas.

> *Legislação infraconstitucional:* Decreto-Lei 1.809/80 (Institui o Sistema de Proteção ao Programa Nuclear Brasileiro – SIPRON), regulamentado pelo Decreto 2.210/97.

§ 7º Para fins do disposto na parte final do inciso VII do § 1º deste artigo, não se consideram cruéis as práticas desportivas que utilizem animais, desde que sejam manifestações culturais, conforme o § 1º do art. 215 desta Constituição Federal, registradas como bem de natureza imaterial integrante do patrimônio cultural brasileiro, devendo ser regulamentadas por lei específica que assegure o bem-estar dos animais envolvidos.

> *§ 7º acrescentado pela EC 96, de 06 de junho de 2017.*

CAPÍTULO VII
Da Família, da Criança, do Adolescente, do Jovem e do Idoso

> Título do Capítulo VII renomeado pela EC 65, de 13 de julho de 2010.
>
> O texto original dispunha:
> "Da Família, da Criança, do Adolescente e do Idoso"
>
> Legislação infraconstitucional: Lei 4.121/62 (Estatuto da Mulher Casada); Lei 6.515/77 (Lei do Divórcio); Lei 8.069/90 (Estatuto da Criança e do Adolescente); Lei 8.560/92 (Regula a investigação de paternidade dos filhos havidos fora do casamento); Lei 8.842/94 (Conselho Nacional do Idoso); Lei 8.971/94 (Regula os direitos dos companheiros a alimentos e à sucessão); Lei 12.213/10 (Institui o Fundo Nacional do Idoso e autoriza deduzir do imposto de renda devido pelas pessoas físicas e jurídicas as doações efetuadas aos Fundos Municipais, Estaduais e Nacional do Idoso; e altera a Lei 9.250, de 26 de dezembro de 1995).

Art. 226. A família, base da sociedade, tem especial proteção do Estado.

> Artigos constitucionais conexos: 203, I; 205.

§ 1º O casamento é civil e gratuita a celebração.

> Legislação infraconstitucional: arts. 180 e segs. do Código Civil de 1916, atuais arts. 1.525 e segs.

§ 2º O casamento religioso tem efeito civil, nos termos da lei.

> Legislação infraconstitucional: Lei 1.110/50 (Reconhecimento dos efeitos civis do casamento religioso).

§ 3º Para efeito da proteção do Estado, é reconhecida a união estável entre o homem e a mulher como entidade familiar, devendo a lei facilitar sua conversão em casamento.

> Artigos constitucionais conexos: 5º, I; 14, § 7º.
>
> Legislação infraconstitucional: Lei 8.971/94 (Regula os direitos dos companheiros a alimentos e à sucessão); Lei 9.278/96 (Regula o § 3º do art. 226 da CF).

§ 4º Entende-se, também, como entidade familiar a comunidade formada por qualquer dos pais e seus descendentes.

§ 5º Os direitos e deveres referentes à sociedade conjugal são exercidos igualmente pelo homem e pela mulher.

> Artigo constitucional conexo: 5º, I.
>
> Legislação infraconstitucional: artigo 2º e segs. da Lei 6.515/77 (Lei do Divórcio).

§ 6º O casamento civil pode ser dissolvido pelo divórcio.

> Redação do § 6º dada pela EC 66, de 13 de julho de 2010.
>
> O texto original dispunha:
> "§ 6º O casamento civil pode ser dissolvido pelo divórcio, após prévia separação judicial por mais de um ano nos casos expressos em lei, ou comprovada separação de fato por mais de dois anos."

§ 7º Fundado nos princípios da dignidade da pessoa humana e da paternidade responsável, o planejamento familiar é livre decisão do casal, competindo ao Estado propiciar recursos educacionais e científicos para o exercício desse direito, vedada qualquer forma coercitiva por parte de instituições oficiais ou privadas.

> Legislação infraconstitucional: Lei 9.263/96 (Planejamento familiar); Lei 10.317/01 (estabelece normas para a concessão de assistência judiciária aos necessitados, para conceder a gratuidade do exame de DNA).

§ 8º O Estado assegurará a assistência à família na pessoa de cada um dos que a integram, criando mecanismos para coibir a violência no âmbito de suas relações.

Art. 227. É dever da família, da sociedade e do Estado assegurar à criança, ao adolescente e ao jovem, com absoluta prioridade, o direito à vida, à saúde, à alimentação, à educação, ao lazer, à profissionalização, à cultura, à dignidade, ao respeito, à liberdade e à convivência familiar e comunitária, além de colocá-los a salvo de toda forma de negligência, discriminação, exploração, violência, crueldade e opressão.

> Redação do art. 227 dada pela EC 65, de 13 de julho de 2010.
> O texto original dispunha:
> "Art. 227. É dever da família, da sociedade e do Estado assegurar à criança e ao adolescente, com absoluta prioridade, o direito à vida, à saúde, à alimentação, à educação, ao lazer, à profissionalização, à cultura, à dignidade, ao respeito, à liberdade e à convivência familiar e comunitária, além de colocá-los a salvo de toda forma de negligência, discriminação, exploração, violência, crueldade e opressão."
> Legislação infraconstitucional: Lei 8.069/90 (Estatuto da Criança e do Adolescente); Lei 9.970/00 (Altera o ECA); Lei 10.515/02 (Institui o 12 de agosto como Dia Nacional da Juventude); Lei 10.764/03 (Altera dispositivos do ECA); Lei 11.129/05 (Institui o Programa Nacional de Inclusão de Jovens); Decreto 5.490/05 (Dispõe sobre a composição e funcionamento do Conselho Nacional de Juventude – CNJ, e dá outras providências), alterado pelo Decreto 6.175/07; Lei 11.692/08 (Dispõe sobre o Programa Nacional de Inclusão de Jovens – Projovem); Lei 12.978/14 (Altera o nome jurídico do art. 218-B do Decreto-Lei 2.848/40 – Código Penal; e acrescenta inciso ao art. 1º da Lei 8.072/90, para classificar como hediondo o crime de favorecimento da prostituição ou de outra forma de exploração sexual de criança ou adolescente ou de vulnerável). Lei 13.257/16 (Dispõe sobre as políticas públicas para a primeira infância e altera a Lei 8.069/90 – Estatuto da Criança e do Adolescente).

§ 1º O Estado promoverá programas de assistência integral à saúde da criança, do adolescente e do jovem, admitida a participação de entidades não governamentais, mediante políticas específicas e obedecendo aos seguintes preceitos:

> Redação do § 1º dada pela EC 65, de 13 de julho de 2010.
> O texto original dispunha:
> "§ 1º O Estado promoverá programas de assistência integral à saúde da criança e do adolescente, admitida a participação de entidades não governamentais e obedecendo aos seguintes preceitos:"
> Legislação infraconstitucional: Lei 8.642/93 (Programa Nacional de Atenção Integral à Criança e ao Adolescente – PRONAICA).

I – aplicação de percentual dos recursos públicos destinados à saúde na assistência materno-infantil;

II – criação de programas de prevenção e atendimento especializado para as pessoas portadoras de deficiência física, sensorial ou mental, bem como de integração social do adolescente e do jovem portador de deficiência, mediante o treinamento para o trabalho e a convivência, e a facilitação do acesso aos bens e serviços coletivos, com a eliminação de obstáculos arquitetônicos e de todas as formas de discriminação.

> Redação do inciso II dada pela EC 65, de 13 de julho de 2010.
> O texto original dispunha:
> "II – criação de programas de prevenção e atendimento especializado para os portadores de deficiência física, sensorial ou mental, bem como de integração social do adolescente portador de deficiência, mediante o treinamento para o trabalho e a convivência, e a facilitação do acesso aos bens e serviços coletivos, com a eliminação de preconceitos e obstáculos arquitetônicos."

§ 2º A lei disporá sobre normas de construção dos logradouros e dos edifícios de uso público e de fabricação de veículos de transporte coletivo, a fim de garantir acesso adequado às pessoas portadoras de deficiência.

> Artigos constitucionais conexos: 7º, XXXI; 23, II; 24, XIV; 37, VIII; 203, IV e V; 208, III; 224.
> Legislação infraconstitucional: Lei 7.853/89 (Disciplina a CORDE – Coordenadoria Nacional para Integração da Pessoa Portadora de Deficiência e institui a tutela jurisdicional de interesses coletivos e difusos das pessoas portadoras de deficiência); Decreto 914/93 (Disciplina a política Nacional para a integração da pessoa portadora de deficiência); Lei 10.098/01 (estabelece normas gerais e critérios básicos para a promoção da acessibilidade das pessoas portadoras de deficiência ou com mobilidade reduzida); Lei 8.899/94 (passe

livre às pessoas portadoras de deficiência, no sistema de transporte coletivo interestadual); Lei 8.989/95 (isenção do Imposto Sobre Produtos Industrializados – IPI, na aquisição de automóveis para utilização no transporte autônomo de passageiros, bem como por pessoas portadoras de deficiência física e aos destinados ao transporte escolar), com as alterações da Lei 10.754/03; Lei 13.146/15 (Institui a Lei Brasileira de Inclusão da Pessoa com Deficiência – Estatuto da Pessoa com Deficiência).

§ 3º O direito a proteção especial abrangerá os seguintes aspectos:

> *Artigo constitucional conexo:* 7º, XXXIII (EC 20/98).
> *Legislação infraconstitucional:* arts. 402 e segs. da CLT.

I – idade mínima de quatorze anos para admissão ao trabalho, observado o disposto no art. 7º, XXXIII;

II – garantia de direitos previdenciários e trabalhistas;

III – garantia de acesso do trabalhador adolescente e jovem à escola;

> *Redação do inciso III dada pela EC 65, de 13 de julho de 2010.*
> O texto original dispunha:
> *"III – garantia de acesso do trabalhador adolescente à escola;"*

IV – garantia de pleno e formal conhecimento da atribuição de ato infracional, igualdade na relação processual e defesa técnica por profissional habilitado, segundo dispuser a legislação tutelar específica;

V – obediência aos princípios de brevidade, excepcionalidade e respeito à condição peculiar de pessoa em desenvolvimento, quando da aplicação de qualquer medida privativa da liberdade;

VI – estímulo do Poder Público, através de assistência jurídica, incentivos fiscais e subsídios, nos termos da lei, ao acolhimento, sob a forma de guarda, de criança ou adolescente órfão ou abandonado;

VII – programas de prevenção e atendimento especializado à criança, ao adolescente e ao jovem dependente de entorpecentes e drogas afins.

> *Redação do inciso VII dada pela EC 65, de 13 de julho de 2010.*
> O texto original dispunha:
> *"VII – programas de prevenção e atendimento especializado à criança e ao adolescente dependente de entorpecentes e drogas afins."*

§ 4º A lei punirá severamente o abuso, a violência e a exploração sexual da criança e do adolescente.

> *Legislação infraconstitucional:* Lei 12.978/14 (altera o nome jurídico do art. 218-B do Decreto-Lei 2.848/40 – Código Penal; e acrescenta inciso ao art. 1º da Lei 8.072/90, para classificar como hediondo o crime de favorecimento da prostituição ou de outra forma de exploração sexual de criança ou adolescente ou de vulnerável)

§ 5º A adoção será assistida pelo Poder Público, na forma da lei, que estabelecerá casos e condições de sua efetivação por parte de estrangeiros.

§ 6º Os filhos, havidos ou não da relação do casamento, ou por adoção, terão os mesmos direitos e qualificações, proibidas quaisquer designações discriminatórias relativas à filiação.

> *Legislação infraconstitucional:* Lei 8.560/92 (regula a investigação de paternidade dos filhos havidos fora do casamento); Lei 10.421/02 (estende à mãe adotiva o direito à licença-maternidade e ao salário-maternidade, alterando a Consolidação das Leis do Trabalho, aprovada pelo Decreto-Lei 5.452, de 1º de maio de 1943); Lei 10.447/02 (institui o Dia Nacional da Adoção).

§ 7º No atendimento dos direitos da criança e do adolescente levar-se-á em consideração o disposto no art. 204.

§ 8º A lei estabelecerá:

I – o estatuto da juventude, destinado a regular os direitos dos jovens;

II – o plano nacional de juventude, de duração decenal, visando à articulação das várias esferas do poder público para a execução de políticas públicas.

> § 8º e incisos acrescentados pela EC 65, de 13 de julho de 2010.
> Legislação infraconstitucional: Lei 12.852/13 (Institui o Estatuto da Juventude e dispõe sobre os direitos dos jovens, os princípios e diretrizes das políticas públicas de juventude e o Sistema Nacional de Juventude – SINAJUVE).

Art. 228. São penalmente inimputáveis os menores de dezoito anos, sujeitos às normas da legislação especial.

> Artigo constitucional conexo: 60, § 4º, IV.
> Legislação infraconstitucional: art. 27 do Código Penal; art. 104, Lei 8.069/90.

Art. 229. Os pais têm o dever de assistir, criar e educar os filhos menores, e os filhos maiores têm o dever de ajudar e amparar os pais na velhice, carência ou enfermidade.

Art. 230. A família, a sociedade e o Estado têm o dever de amparar as pessoas idosas, assegurando sua participação na comunidade, defendendo sua dignidade e bem-estar e garantindo-lhes o direito à vida.

> Artigos constitucionais conexos: 14, § 1º, II, b; 153, § 2º, II; 203, I.
> Legislação infraconstitucional: Lei 10.741/03 (Estatuto do Idoso); Decreto 6.214/07 (Regulamenta o benefício de prestação continuada da assistência social devido à pessoa com deficiência e ao idoso de que trata a Lei 8.742, de 7 de dezembro de 1993, e a Lei 10.741, de 1º de outubro de 2003, acresce parágrafo ao art. 162 do Decreto 3.048, de 6 de maio de 1999, e dá outras providências); Lei 13.146/15 (Institui a Lei Brasileira de Inclusão da Pessoa com Deficiência – Estatuto da Pessoa com Deficiência).

§ 1º Os programas de amparo aos idosos serão executados preferencialmente em seus lares.

§ 2º Aos maiores de sessenta e cinco anos é garantida a gratuidade dos transportes coletivos urbanos.

> Legislação infraconstitucional: art. 4º, § 1º, da Lei 7.116/83, regulamentado pelo Decreto 89.250/83, alterado pelo Decreto 98.963/90; Lei 10.173/01 (concede prioridade de tramitação aos procedimentos judiciais em que figure como parte pessoa com idade igual ou superior a sessenta e cinco anos).

CAPÍTULO VIII
Dos Índios

Art. 231. São reconhecidos aos índios sua organização social, costumes, línguas, crenças e tradições, e os direitos originários sobre as terras que tradicionalmente ocupam, competindo à União demarcá-las, proteger e fazer respeitar todos os seus bens.

> Artigos constitucionais conexos: 13, caput; 20; 22, XIV; 49, XVI; 176, § 1º; 210, § 2º.
> Legislação infraconstitucional: Lei 6.001/73 (Estatuto do Índio).
> Legislação infraconstitucional: Lei 14.701/2023 (Regulamenta o art. 231 da Constituição Federal, para dispor sobre o reconhecimento, a demarcação, o uso e a gestão de terras indígena).

§ 1º São terras tradicionalmente ocupadas pelos índios as por eles habitadas em caráter permanente, as utilizadas para suas atividades produtivas, as imprescindíveis à preservação dos recursos ambientais necessários a seu bem-estar e as necessárias a sua reprodução física e cultural, segundo seus usos, costumes e tradições.

§ 2º As terras tradicionalmente ocupadas pelos índios destinam-se a sua posse permanente, cabendo-lhes o usufruto exclusivo das riquezas do solo, dos rios e dos lagos nelas existentes.

§ 3º O aproveitamento dos recursos hídricos, incluídos os potenciais energéticos, a pesquisa e a lavra das riquezas minerais em terras indígenas só podem ser efetivados com autorização do Congresso Nacional, ouvidas as comunidades afetadas, ficando-lhes assegurada participação nos resultados da lavra, na forma da lei.

§ 4º As terras de que trata este artigo são inalienáveis e indisponíveis, e os direitos sobre elas, imprescritíveis.

§ 5º É vedada a remoção dos grupos indígenas de suas terras, salvo, *ad referendum* do Congresso Nacional, em caso de catástrofe ou epidemia que ponha em risco sua população, ou no interesse da soberania do País, após deliberação do Congresso Nacional, garantido, em qualquer hipótese, o retorno imediato logo que cesse o risco.

§ 6º São nulos e extintos, não produzindo efeitos jurídicos, os atos que tenham por objeto a ocupação, o domínio e a posse das terras a que se refere este artigo, ou a exploração das riquezas naturais do solo, dos rios e dos lagos nelas existentes, ressalvado relevante interesse público da União, segundo o que dispuser lei complementar, não gerando a nulidade e a extinção direito a indenização ou ações contra a União, salvo, na forma da lei, quanto às benfeitorias derivadas da ocupação de boa fé.

§ 7º Não se aplica às terras indígenas o disposto no art. 174, §§ 3º e 4º.

Art. 232. Os índios, suas comunidades e organizações são partes legítimas para ingressar em juízo em defesa de seus direitos e interesses, intervindo o Ministério Público em todos os atos do processo.

> *Artigos constitucionais conexos:* 5º, LXX; 109, XI; 129, V.

TÍTULO IX
DAS DISPOSIÇÕES CONSTITUCIONAIS GERAIS

Art. 233. Revogado pela EC 28, de 25 de maio de 2000, retificado no de 29 de maio de 2000.

> O texto original dispunha:

"Art. 233. Para efeito do art. 7º, XXIX, o empregador rural comprovará, de cinco em cinco anos, perante a Justiça do Trabalho, o cumprimento das suas obrigações trabalhistas para com o empregado rural, na presença deste e de seu representante sindical.

§ 1º Uma vez comprovado o cumprimento das obrigações mencionadas neste artigo, fica o empregador isento de qualquer ônus decorrente daquelas obrigações no período respectivo. Caso o empregado e seu representante não concordem com a comprovação do empregador, caberá à Justiça do Trabalho a solução da controvérsia.

§ 2º Fica ressalvado ao empregado, em qualquer hipótese, o direito de postular, judicialmente, os créditos que entender existir, relativamente aos últimos cinco anos.

§ 3º A comprovação mencionada neste artigo poderá ser feita em prazo inferior a cinco anos, a critério do empregador."

Art. 234. É vedado à União, direta ou indiretamente, assumir, em decorrência da criação de Estado, encargos referentes a despesas com pessoal inativo e com encargos e amortizações da dívida interna ou externa da administração pública, inclusive da indireta.

> Artigo constitucional conexo: ADCT, 13, § 6º.

Art. 235. Nos dez primeiros anos da criação de Estado, serão observadas as seguintes normas básicas:

> Artigo constitucional conexo: 18, § 3º.

I – a Assembleia Legislativa será composta de dezessete Deputados se a população do Estado for inferior a seiscentos mil habitantes, e de vinte e quatro, se igual ou superior a esse número, até um milhão e quinhentos mil;

> Artigo constitucional conexo: 27.

II – o Governo terá no máximo dez Secretarias;

> Artigo constitucional conexo: 28.

III – o Tribunal de Contas terá três membros, nomeados, pelo Governador eleito, dentre brasileiros de comprovada idoneidade e notório saber;

> Artigo constitucional conexo: 75.

IV – o Tribunal de Justiça terá sete Desembargadores;

> Artigo constitucional conexo: 96, I, c.

V – os primeiros Desembargadores serão nomeados pelo Governador eleito, escolhidos da seguinte forma:

> Artigos constitucionais conexos: 94; 96, I, c.

a) cinco dentre os magistrados com mais de trinta e cinco anos de idade, em exercício na área do novo Estado ou do Estado originário;

b) dois dentre promotores, nas mesmas condições, e advogados de comprovada idoneidade e saber jurídico, com dez anos, no mínimo, de exercício profissional, obedecido o procedimento fixado na Constituição;

VI – no caso de Estado proveniente de Território Federal, os cinco primeiros Desembargadores poderão ser escolhidos dentre juízes de direito de qualquer parte do País;

VII – em cada Comarca, o primeiro Juiz de Direito, o primeiro Promotor de Justiça e o primeiro Defensor Público serão nomeados pelo Governador eleito após concurso público de provas e títulos;

> Artigos constitucionais conexos: 93, I; 96, I, c; 129, §§ 2º e 3º.

VIII – até a promulgação da Constituição Estadual, responderão pela Procuradoria-Geral, pela Advocacia-Geral e pela Defensoria-Geral do Estado advogados de notório saber, com trinta e cinco anos de idade, no mínimo, nomeados pelo Governador eleito e demissíveis *ad nutum*;

IX – se o novo Estado for resultado de transformação de Território Federal, a transferência de encargos financeiros da União para pagamento dos servidores optantes que pertenciam à Administração Federal ocorrerá da seguinte forma:

a) no sexto ano de instalação, o Estado assumirá vinte por cento dos encargos financeiros para fazer face ao pagamento dos servidores públicos, ficando ainda o restante sob a responsabilidade da União;

b) no sétimo ano, os encargos do Estado serão acrescidos de trinta por cento e, no oitavo, dos restantes cinquenta por cento;

X – as nomeações que se seguirem às primeiras, para os cargos mencionados neste artigo, serão disciplinadas na Constituição Estadual;

XI – as despesas orçamentárias com pessoal não poderão ultrapassar cinquenta por cento da receita do Estado.

Art. 236. Os serviços notariais e de registro são exercidos em caráter privado, por delegação do Poder Público.

> *Artigo constitucional conexo:* ADCT, 32.
> *Legislação infraconstitucional:* Lei 8.935/94; Lei 10.169/01 (normas gerais para a fixação de emolumentos relativos aos atos praticados pelos serviços notariais e de registro); Lei 13.286/16 (Dispõe sobre a responsabilidade civil de notários e registradores, alterando o art. 22 da Lei 8.935/94).

§ 1º Lei regulará as atividades, disciplinará a responsabilidade civil e criminal dos notários, dos oficiais de registro e de seus prepostos, e definirá a fiscalização de seus atos pelo Poder Judiciário.

§ 2º Lei federal estabelecerá normas gerais para fixação de emolumentos relativos aos atos praticados pelos serviços notariais e de registro.

§ 3º O ingresso na atividade notarial e de registro depende de concurso público de provas e títulos, não se permitindo que qualquer serventia fique vaga, sem abertura de concurso de provimento ou de remoção, por mais de seis meses.

> *Artigos constitucionais conexos:* 37, II; 40, § 1º, II.

Art. 237. A fiscalização e o controle sobre o comércio exterior, essenciais à defesa dos interesses fazendários nacionais, serão exercidos pelo Ministério da Fazenda.

Art. 238. A lei ordenará a venda e revenda de combustíveis de petróleo, álcool carburante e outros combustíveis derivados de matérias-primas renováveis, respeitados os princípios desta Constituição.

Art. 239. A arrecadação decorrente das contribuições para o Programa de Integração Social, criado pela Lei Complementar 7, de 7 de setembro de 1970, e para o Programa de Formação do Patrimônio do Servidor Público, criado pela Lei Complementar 8, de 3 de dezembro de 1970, passa, a partir da promulgação desta Constituição, a financiar, nos termos que a lei dispuser, o programa do seguro-desemprego, outras ações da previdência social e o abono de que trata o § 3º deste artigo.

> Redação do caput dada pela EC 103, de 12 de novembro de 2019.

Texto novo: Art. 239. A arrecadação correspondente a 18% (dezoito por cento) da contribuição prevista no art. 195, V, e a decorrente da contribuição para o Programa de Formação do Patrimônio do Servidor Público, criado pela Lei Complementar nº 8, de 3 de dezembro de 1970, financiarão, nos termos em que a lei dispuser, o programa do seguro-desemprego, outras ações da previdência social e o abono de que trata o § 3º deste artigo.

> Caput com redação pela EC 132/2023, em vigor a partir de 2027.

O texto original dispunha:
"Art. 239. A arrecadação decorrente das contribuições para o Programa de Integração Social, criado pela Lei Complementar 7, de 7 de setembro de 1970, e para o Programa de Formação do Patrimônio do Servidor Público, criado pela Lei Complementar 8, de 3 de dezembro de 1970, passa, a partir da promulgação desta Constituição, a financiar, nos termos que a lei dispuser, o programa do seguro-desemprego e o abono de que trata o § 3º deste artigo."

> Artigo constitucional conexo: ADCT, 72, §§ 2º e 3º.

§ 1º Dos recursos mencionados no *caput*, no mínimo 28% (vinte e oito por cento) serão destinados para o financiamento de programas de desenvolvimento econômico, por meio do Banco Nacional de Desenvolvimento Econômico e Social, com critérios de remuneração que preservem o seu valor.

> Redação do § 1º dada pela EC 103, de 12 de novembro de 2019.

O texto original dispunha:
"§ 1º Dos recursos mencionados no caput deste artigo, pelo menos quarenta por cento serão destinados a financiar programas de desenvolvimento econômico, através do Banco Nacional de Desenvolvimento Econômico e Social, com critérios de remuneração que lhes preservem o valor."

§ 2º Os patrimônios acumulados do Programa de Integração Social e do Programa de Formação do Patrimônio do Servidor Público são preservados, mantendo-se os critérios de saque nas situações previstas nas leis específicas, com exceção da retirada por motivo de casamento, ficando vedada a distribuição da arrecadação de que trata o *caput* deste artigo, para depósito nas contas individuais dos participantes.

§ 3º Aos empregados que percebam de empregadores que contribuem para o Programa de Integração Social ou para o Programa de Formação do Patrimônio do Servidor Público, até dois salários mínimos de remuneração mensal, é assegurado o pagamento de um salário mínimo anual, computado neste valor o rendimento das contas individuais, no caso daqueles que já participavam dos referidos programas, até a data da promulgação desta Constituição.

Texto novo: § 3º Aos empregados que percebam de empregadores que recolhem a contribuição prevista no art. 195, V, ou a contribuição para o Programa de Formação do Patrimônio do Servidor Público até 2 (dois) salários mínimos de remuneração mensal é assegurado o pagamento de 1 (um) salário mínimo anual, computado neste valor o rendimento das contas individuais, no caso daqueles que já participavam dos referidos programas, até a data de promulgação desta Constituição.

> § 3º com redação pela EC 132/2023, em vigor a partir de 2027.

§ 4º O financiamento do seguro-desemprego receberá uma contribuição adicional da empresa cujo índice de rotatividade da força de trabalho superar o índice médio da rotatividade do setor, na forma estabelecida por lei.

> Legislação infraconstitucional: Lei 7.998/90 (Regula o programa do Seguro-Desemprego, o Abono Salarial e institui o Fundo de Amparo ao Trabalhador – FAT); Lei 13.134/15 (Altera as Leis 7.998/90, 10.779/03, que *dis-*

põe sobre o seguro-desemprego para o pescador artesanal, e 8.213/91, que dispõe sobre os planos de benefícios da Previdência Social; revoga dispositivos e dá outras providências).

§ 5º Os programas de desenvolvimento econômico financiados na forma do § 1º e seus resultados serão anualmente avaliados e divulgados em meio de comunicação social eletrônico e apresentados em reunião da comissão mista permanente de que trata o § 1º do art. 166.

> *Acrescentado pela EC 103, de 12 de novembro de 2019.*

Art. 240. Ficam ressalvadas do disposto no art. 195 as atuais contribuições compulsórias dos empregadores sobre a folha de salários, destinadas às entidades privadas de serviço social e de formação profissional vinculadas ao sistema sindical.

Art. 241. A União, os Estados, o Distrito Federal e os Municípios disciplinarão por meio de lei os consórcios públicos e os convênios de cooperação entre os entes federados, autorizando a gestão associada de serviços públicos, bem como a transferência total ou parcial de encargos, serviços, pessoal e bens essenciais à continuidade dos serviços transferidos.

> *Redação do art. 241 dada pela EC 19, de 4 de junho de 1998.*
> O texto original dispunha:
> *"Art. 241. Aos delegados de polícia de carreira aplica-se o princípio do art. 39, § 1º, correspondente às carreiras disciplinadas no art. 135 desta Constituição."*

Art. 242. O princípio do art. 206, IV, não se aplica às instituições educacionais oficiais criadas por lei estadual ou municipal e existentes na data da promulgação desta Constituição, que não sejam total ou preponderantemente mantidas com recursos públicos.

§ 1º O ensino da História do Brasil levará em conta as contribuições das diferentes culturas e etnias para a formação do povo brasileiro.

§ 2º O Colégio Pedro II, localizado na cidade do Rio de Janeiro, será mantido na órbita federal.

Art. 243. As propriedades rurais e urbanas de qualquer região do País onde forem localizadas culturas ilegais de plantas psicotrópicas ou a exploração de trabalho escravo na forma da lei serão expropriadas e destinadas à reforma agrária e a programas de habitação popular, sem qualquer indenização ao proprietário e sem prejuízo de outras sanções previstas em lei, observado, no que couber, o disposto no art. 5º.

> *Redação do art. 243 dada pela EC 81, de 5 de junho de 2014.*
> O texto original dispunha:
> *"Art. 243. As glebas de qualquer região do País onde forem localizadas culturas ilegais de plantas psicotrópicas serão imediatamente expropriadas e especificamente destinadas ao assentamento de colonos, para o cultivo de produtos alimentícios e medicamentosos, sem qualquer indenização ao proprietário e sem prejuízo de outras sanções previstas em lei."*
> *Legislação infraconstitucional:* Lei 8.257/91 (Expropriação das glebas nas quais se localizem culturas ilegais de plantas psicotrópicas).

Parágrafo único. Todo e qualquer bem de valor econômico apreendido em decorrência do tráfico ilícito de entorpecentes e drogas afins e da exploração de trabalho escravo será confiscado e reverterá a fundo especial com destinação específica, na forma da lei.

> *Parágrafo único com redação dada pela EC 81, de 5 de junho de 2014.*
> O texto original dispunha:

"Parágrafo único. Todo e qualquer bem de valor econômico apreendido em decorrência do tráfico ilícito de entorpecentes e drogas afins será confiscado e reverterá em benefício de instituições e pessoal especializados no tratamento e recuperação de viciados e no aparelhamento e custeio de atividades de fiscalização, controle, prevenção e repressão do crime de tráfico dessas substâncias."

Art. 244. A lei disporá sobre a adaptação dos logradouros, dos edifícios de uso público e dos veículos de transporte coletivo atualmente existentes a fim de garantir acesso adequado às pessoas portadoras de deficiência, conforme o disposto no art. 227, § 2º.

> *Legislação infraconstitucional:* Lei 8.899/94 (Passe livre às pessoas portadoras de deficiência, no sistema de transporte coletivo interestadual); Lei 8.989/95 (isenção do Imposto Sobre Produtos Industrializados – IPI, na aquisição de automóveis para utilização no transporte autônomo de passageiros, bem como por pessoas portadoras de deficiência física e aos destinados ao transporte escolar), com as alterações da Lei 10.754/03; Lei 13.146/15 (Institui a Lei Brasileira de Inclusão da Pessoa com Deficiência – Estatuto da Pessoa com Deficiência).

Art. 245. A lei disporá sobre as hipóteses e condições em que o Poder Público dará assistência aos herdeiros e dependentes carentes de pessoas vitimadas por crime doloso, sem prejuízo da responsabilidade civil do autor do ilícito.

Art. 246. É vedada a adoção de medida provisória na regulamentação de artigo da Constituição cuja redação tenha sido alterada por meio de emenda promulgada entre 1º de janeiro de 1995 até a promulgação desta emenda, inclusive:

> *Redação do art. 246 dada pela EC 32, de 11 de setembro de 2001.*

O texto anterior, redigido pelas EC nos 6 e 7, de 15-8-1995, dispunha:
"Art. 246. É vedada a adoção de medida provisória na regulamentação de artigo da Constituição cuja redação tenha sido alterada por meio de emenda promulgada a partir de 1995."

> *Artigos constitucionais conexos:* 62; 84, XXVI.

Art. 247. As leis previstas no inciso III do § 1º do art. 41 e no § 7º do art. 169 estabelecerão critérios e garantias especiais para a perda do cargo pelo servidor público estável que, em decorrência das atribuições de seu cargo efetivo, desenvolva atividades exclusivas de Estado.

> *Acrescentado pela EC nº 19, de 4 de junho de 1998.*

Parágrafo único. Na hipótese de insuficiência de desempenho, a perda do cargo somente ocorrerá mediante processo administrativo em que lhe sejam assegurados o contraditório e a ampla defesa.

> *Acrescentado pela EC nº 19, de 4 de junho de 1998.*

Art. 248. Os benefícios pagos, a qualquer título, pelo órgão responsável pelo regime geral de previdência social, ainda que à conta do Tesouro Nacional, e os não sujeitos ao limite máximo de valor fixado para os benefícios concedidos por esse regime observarão os limites fixados no art. 37, XI.

> *Acrescentado pela EC nº 20, de 15 de dezembro de 1998.*

Art. 249. Com o objetivo de assegurar recursos para o pagamento de proventos de aposentadoria e pensões concedidas aos respectivos servidores e seus dependentes, em adição aos recursos dos respectivos tesouros, a União, os Estados, o Distrito Federal e os Municípios poderão constituir fundos integrados pelos recursos provenientes de contribuições e por bens, direitos e ativos de qualquer natureza, mediante lei que disporá sobre a natureza e administração desses fundos.

> *Acrescentado pela EC nº 20, de 15 de dezembro de 1998.*

Art. 250. Com o objetivo de assegurar recursos para o pagamento dos benefícios concedidos pelo regime geral de previdência social, em adição aos recursos de sua arrecadação, a União poderá constituir fundo integrado por bens, direitos e ativos de qualquer natureza, mediante lei que disporá sobre a natureza e administração desse fundo.

> Acrescentado pela EC nº 20, de 15 de dezembro de 1998.

ATO DAS DISPOSIÇÕES CONSTITUCIONAIS TRANSITÓRIAS

Art. 1º O Presidente da República, o Presidente do Supremo Tribunal Federal e os membros do Congresso Nacional prestarão o compromisso de manter, defender e cumprir a Constituição, no ato e na data de sua promulgação.

Art. 2º No dia 7 de setembro de 1993 o eleitorado definirá, através de plebiscito, a forma (república ou monarquia constitucional) e o sistema de governo (parlamentarismo ou presidencialismo) que devem vigorar no País.

> *Prazo alterado pelo artigo único da EC 2/92, que dispôs:*
> *"Artigo único. O plebiscito de que trata o art. 2º do Ato das Disposições Constitucionais Transitórias realizar--se-á no dia 21 de abril de 1993."*
> *"§ 2º A lei poderá dispor sobre a realização do plebiscito, inclusive sobre a gratuidade da livre divulgação das formas e sistemas de governo, através dos meios de comunicação de massa concessionários ou permissórios de serviço público, assegurada igualdade de tempo e paridade de honorários."*
> *Artigos constitucionais conexos: 1º, II; EC 02/92.*
> *Legislação infraconstitucional: Lei 8.624/93 (Regulamentou o plebiscito que definiria a forma e o sistema de governo).*

§ 1º Será assegurada gratuidade na livre divulgação dessas formas e sistemas, através dos meios de comunicação de massa cessionários de serviço público.

§ 2º O Tribunal Superior Eleitoral, promulgada a Constituição, expedirá as normas regulamentadoras deste artigo.

Art. 3º A revisão constitucional será realizada após cinco anos, contados da promulgação da Constituição, pelo voto da maioria absoluta dos membros do Congresso Nacional, em sessão unicameral.

> *Artigos constitucionais conexos: 60; ECR nos 1 a 6, de 7 de junho de 1994.*

Art. 4º O mandato do atual Presidente da República terminará em 15 de março de 1990.

§ 1º A primeira eleição para Presidente da República após a promulgação da Constituição será realizada no dia 15 de novembro de 1989, não se lhe aplicando o disposto no art. 16 da Constituição.

§ 2º É assegurada a irredutibilidade da atual representação dos Estados e do Distrito Federal na Câmara dos Deputados.

§ 3º Os mandatos dos Governadores e dos Vice-Governadores eleitos em 15 de novembro de 1986 terminarão em 15 de março de 1991.

§ 4º Os mandatos dos atuais Prefeitos, Vice-Prefeitos e Vereadores terminarão no dia 1º de janeiro de 1989, com a posse dos eleitos.

Art. 5º Não se aplicam às eleições previstas para 15 de novembro de 1988 o disposto no art. 16 e as regras do art. 77 da Constituição.

§ 1º Para as eleições de 15 de novembro de 1988 será exigido domicílio eleitoral na circunscrição pelo menos durante os quatro meses anteriores ao pleito, podendo os candidatos que preencham este requisito, atendidas as demais exigências da lei, ter seu registro efetivado pela Justiça Eleitoral após a promulgação da Constituição.

§ 2º Na ausência de norma legal específica, caberá ao Tribunal Superior Eleitoral editar as normas necessárias à realização das eleições de 1988, respeitada a legislação vigente.

§ 3º Os atuais parlamentares federais e estaduais eleitos Vice-Prefeitos, se convocados a exercer a função de Prefeito, não perderão o mandato parlamentar.

§ 4º O número de vereadores por município será fixado, para a representação a ser eleita em 1988, pelo respectivo Tribunal Regional Eleitoral, respeitados os limites estipulados no art. 29, IV, da Constituição.

§ 5º Para as eleições de 15 de novembro de 1988, ressalvados os que já exercem mandato eletivo, são inelegíveis para qualquer cargo, no território de jurisdição do titular, o cônjuge e os parentes por consanguinidade ou afinidade, até o segundo grau, ou por adoção, do Presidente da República, do Governador de Estado, do Governador do Distrito Federal e do Prefeito que tenham exercido mais da metade do mandato.

Art. 6º Nos seis meses posteriores à promulgação da Constituição, parlamentares federais, reunidos em número não inferior a trinta, poderão requerer ao Tribunal Superior Eleitoral o registro de novo partido político, juntando ao requerimento o manifesto, o estatuto e o programa devidamente assinados pelos requerentes.

> Artigos constitucionais conexos: 1º, V; 17.

§ 1º O registro provisório, que será concedido de plano pelo Tribunal Superior Eleitoral, nos termos deste artigo, defere ao novo partido todos os direitos, deveres e prerrogativas dos atuais, entre eles o de participar, sob legenda própria, das eleições que vierem a ser realizadas nos doze meses seguintes a sua formação.

§ 2º O novo partido perderá automaticamente seu registro provisório se, no prazo de vinte e quatro meses, contados de sua formação, não obtiver registro definitivo no Tribunal Superior Eleitoral, na forma que a lei dispuser.

Art. 7º O Brasil propugnará pela formação de um tribunal internacional dos direitos humanos.

> Artigos constitucionais conexos: arts. 1º, III; 3º; 4º, II; 5º.

Art. 8º É concedida anistia aos que, no período de 18 de setembro de 1946 até a data da promulgação da Constituição, foram atingidos, em decorrência de motivação exclusivamente política, por atos de exceção, institucionais ou complementares, aos que foram abrangidos pelo Decreto Legislativo 18, de 15 de dezembro de 1961, e aos atingidos pelo Decreto-Lei 864, de 12 de setembro de 1969, asseguradas

as promoções, na inatividade, ao cargo, emprego, posto ou graduação a que teriam direito se estivessem em serviço ativo, obedecidos os prazos de permanência em atividade previstos nas leis e regulamentos vigentes, respeitadas as características e peculiaridades das carreiras dos servidores públicos civis e militares e observados os respectivos regimes jurídicos.
> *Súmula do Supremo Tribunal Federal*: 674.
> *Legislação infraconstitucional*: Lei 10.559/02

§ 1º O disposto neste artigo somente gerará efeitos financeiros a partir da promulgação da Constituição, vedada a remuneração de qualquer espécie em caráter retroativo.

§ 2º Ficam assegurados os benefícios estabelecidos neste artigo aos trabalhadores do setor privado, dirigentes e representantes sindicais que, por motivos exclusivamente políticos, tenham sido punidos, demitidos ou compelidos ao afastamento das atividades remuneradas que exerciam, bem como aos que foram impedidos de exercer atividades profissionais em virtude de pressões ostensivas ou expedientes oficiais sigilosos.

§ 3º Aos cidadãos que foram impedidos de exercer, na vida civil, atividade profissional específica, em decorrência das Portarias Reservadas do Ministério da Aeronáutica S-50-GM5, de 19 de junho de 1964, e S-285-GM5 será concedida reparação de natureza econômica, na forma que dispuser lei de iniciativa do Congresso Nacional e a entrar em vigor no prazo de doze meses a contar da promulgação da Constituição.

§ 4º Aos que, por força de atos institucionais, tenham exercido gratuitamente mandato eletivo de vereador serão computados, para efeito de aposentadoria no serviço público e previdência social, os respectivos períodos.

§ 5º A anistia concedida nos termos deste artigo aplica-se aos servidores públicos civis e aos empregados em todos os níveis de governo ou em suas fundações, empresas públicas ou empresas mistas sob controle estatal, exceto nos Ministérios militares, que tenham sido punidos ou demitidos por atividades profissionais interrompidas em virtude de decisão de seus trabalhadores, bem como em decorrência do Decreto-Lei 1.632, de 4 de agosto de 1978, ou por motivos exclusivamente políticos, assegurada a readmissão dos que foram atingidos a partir de 1979, observado o disposto no § 1º.

Art. 9º Os que, por motivos exclusivamente políticos, foram cassados ou tiveram seus direitos políticos suspensos no período de 15 de julho a 31 de dezembro de 1969, por ato do então Presidente da República, poderão requerer ao Supremo Tribunal Federal o reconhecimento dos direitos e vantagens interrompidos pelos atos punitivos, desde que comprovem terem sido estes eivados de vício grave.

Parágrafo único. O Supremo Tribunal Federal proferirá a decisão no prazo de cento e vinte dias, a contar do pedido do interessado.

Art. 10. Até que seja promulgada a lei complementar a que se refere o art. 7º, I, da Constituição:

I – fica limitada a proteção nele referida ao aumento, para quatro vezes, da porcentagem prevista no art. 6º, *caput* e § 1º, da Lei 5.107, de 13 de setembro de 1966;
> *Legislação infraconstitucional*: Lei 8.036/90 (Fundo de Garantia por tempo de serviço).

II – fica vedada a dispensa arbitrária ou sem justa causa:

a) do empregado eleito para cargo de direção de comissões internas de prevenção de acidentes, desde o registro de sua candidatura até um ano após o final de seu mandato;
> Súmula do Supremo Tribunal Federal: 676.

b) da empregada gestante, desde a confirmação da gravidez até cinco meses após o parto.

§ 1º Até que a lei venha a disciplinar o disposto no art. 7º, XIX, da Constituição, o prazo da licença-paternidade a que se refere o inciso é de cinco dias.

§ 2º Até ulterior disposição legal, a cobrança das contribuições para o custeio das atividades dos sindicatos rurais será feita juntamente com a do imposto territorial rural, pelo mesmo órgão arrecadador.

§ 3º Na primeira comprovação do cumprimento das obrigações trabalhistas pelo empregador rural, na forma do art. 233, após a promulgação da Constituição, será certificada perante a Justiça do Trabalho a regularidade do contrato e das atualizações das obrigações trabalhistas de todo o período.

Art. 11. Cada Assembleia Legislativa, com poderes constituintes, elaborará a Constituição do Estado, no prazo de um ano, contado da promulgação da Constituição Federal, obedecidos os princípios desta.

Parágrafo único. Promulgada a Constituição do Estado, caberá à Câmara Municipal, no prazo de seis meses, votar a Lei Orgânica respectiva, em dois turnos de discussão e votação, respeitado o disposto na Constituição Federal e na Constituição Estadual.

Art. 12. Será criada, dentro de noventa dias da promulgação da Constituição, Comissão de Estudos Territoriais, com dez membros indicados pelo Congresso Nacional e cinco pelo Poder Executivo, com a finalidade de apresentar estudos sobre o território nacional e anteprojetos relativos a novas unidades territoriais, notadamente na Amazônia Legal e em áreas pendentes de solução.

§ 1º No prazo de um ano, a Comissão submeterá ao Congresso Nacional os resultados de seus estudos para, nos termos da Constituição, serem apreciados nos doze meses subsequentes, extinguindo-se logo após.

§ 2º Os Estados e os Municípios deverão, no prazo de três anos, a contar da promulgação da Constituição, promover, mediante acordo ou arbitramento, a demarcação de suas linhas divisórias atualmente litigiosas, podendo para isso fazer alterações e compensações de área que atendam aos acidentes naturais, critérios históricos, conveniências administrativas e comodidade das populações limítrofes.

§ 3º Havendo solicitação dos Estados e Municípios interessados, a União poderá encarregar-se dos trabalhos demarcatórios.

§ 4º Se, decorrido o prazo de três anos, a contar da promulgação da Constituição, os trabalhos demarcatórios não tiverem sido concluídos, caberá à União determinar os limites das áreas litigiosas.

§ 5º Ficam reconhecidos e homologados os atuais limites do Estado do Acre com os Estados do Amazonas e de Rondônia, conforme levantamentos cartográficos e geodésicos realizados pela Comissão Tripartite integrada por representantes dos Estados e dos serviços técnico-especializados do Instituto Brasileiro de Geografia e Estatística.

Art. 13. É criado o Estado de Tocantins, pelo desenvolvimento da área descrita neste artigo, dando-se sua instalação no quadragésimo sexto dia após a eleição prescrita no § 3º, mas não antes de 1º de janeiro de 1989.

§ 1º O Estado do Tocantins integra a Região Norte e limita-se com o Estado de Goiás pelas divisas norte dos Municípios de São Miguel do Araguaia, Porangatu, Formoso, Minaçu, Cavalcante, Monte Alegre de Goiás e Campos Belos, conservando a leste, norte e oeste as divisas atuais de Goiás com os Estados da Bahia, Piauí, Maranhão, Pará e Mato Grosso.

§ 2º O Poder Executivo designará uma das cidades do Estado para sua Capital provisória até a aprovação da sede definitiva do governo pela Assembleia Constituinte.

§ 3º O Governador, o Vice-Governador, os Senadores, os Deputados Federais e os Deputados Estaduais serão eleitos, em um único turno, até setenta e cinco dias após a promulgação da Constituição, mas não antes de 15 de novembro de 1988, a critério do Tribunal Superior Eleitoral, obedecidas, entre outras, as seguintes normas:

I – o prazo de filiação partidária dos candidatos será encerrado setenta e cinco dias antes da data das eleições;

II – as datas das convenções regionais partidárias destinadas a deliberar sobre coligações e escolha de candidatos, de apresentação de requerimento de registro dos candidatos escolhidos e dos demais procedimentos legais serão fixadas, em calendário especial, pela Justiça Eleitoral;

III – são inelegíveis os ocupantes de cargos estaduais ou municipais que não se tenham deles afastado, em caráter definitivo, setenta e cinco dias antes da data das eleições previstas neste parágrafo;

IV – ficam mantidos os atuais diretórios regionais dos partidos políticos do Estado de Goiás, cabendo às comissões executivas nacionais designar comissões provisórias no Estado do Tocantins, nos termos e para os fins previstos na lei.

§ 4º Os mandatos do Governador, do Vice-Governador, dos Deputados Federais e Estaduais eleitos na forma do parágrafo anterior extinguir-se-ão concomitantemente aos das demais unidades da Federação; o mandato do Senador eleito menos votado extinguir-se-á nessa mesma oportunidade, e os dos outros dois, juntamente com os dos Senadores eleitos em 1986 nos demais Estados.

§ 5º A Assembleia Estadual Constituinte será instalada no quadragésimo sexto dia da eleição de seus integrantes, mas não antes de 1º de janeiro de 1989, sob a presidência do Presidente do Tribunal Regional Eleitoral do Estado de Goiás, e dará posse, na mesma data, ao Governador e ao Vice-Governador eleitos.

§ 6º Aplicam-se à criação e instalação do Estado do Tocantins, no que couber, as normas legais disciplinadoras da divisão do Estado de Mato Grosso, observado o disposto no art. 234 da Constituição.

§ 7º Fica o Estado de Goiás liberado dos débitos e encargos decorrentes de empreendimentos no território do novo Estado, e autorizada a União, a seu critério, a assumir os referidos débitos.

Art. 14. Os Territórios Federais de Roraima e do Amapá são transformados em Estados Federados, mantidos seus atuais limites geográficos.

§ 1º A instalação dos Estados dar-se-á com a posse dos governadores eleitos em 1990.

§ 2º Aplicam-se à transformação e instalação dos Estados de Roraima e Amapá as normas e critérios seguidos na criação do Estado de Rondônia, respeitado o disposto na Constituição e neste Ato.

§ 3º O Presidente da República, até quarenta e cinco dias após a promulgação da Constituição, encaminhará à apreciação do Senado Federal os nomes dos governadores dos Estados de Roraima e do Amapá que exercerão o Poder Executivo até a instalação dos novos Estados com a posse dos governadores eleitos.

§ 4º Enquanto não concretizada a transformação em Estados, nos termos deste artigo, os Territórios Federais de Roraima e do Amapá serão beneficiados pela transferência de recursos prevista nos arts. 159, I, *a*, da Constituição, e 34, § 2º, II, deste Ato.

Art. 15. Fica extinto o Território Federal de Fernando de Noronha, sendo sua área reincorporada ao Estado de Pernambuco.

Art. 16. Até que se efetive o disposto no art. 32, § 2º, da Constituição, caberá ao Presidente da República, com a aprovação do Senado Federal, indicar o Governador e o Vice-Governador do Distrito Federal.

§ 1º A competência da Câmara Legislativa do Distrito Federal, até que se instale, será exercida pelo Senado Federal.

§ 2º A fiscalização contábil, financeira, orçamentária, operacional e patrimonial do Distrito Federal, enquanto não for instalada a Câmara Legislativa, será exercida pelo Senado Federal, mediante controle externo, com o auxílio do Tribunal de Contas do Distrito Federal, observado o disposto no art. 72 da Constituição.

§ 3º Incluem-se entre os bens do Distrito Federal aqueles que lhe vierem a ser atribuídos pela União na forma da lei.

Art. 17. Os vencimentos, a remuneração, as vantagens e os adicionais, bem como os proventos de aposentadoria que estejam sendo percebidos em desacordo com a Constituição serão imediatamente reduzidos aos limites dela decorrentes, não se admitindo, neste caso, invocação de direito adquirido ou percepção de excesso a qualquer título.

§ 1º É assegurado o exercício cumulativo de dois cargos ou empregos privativos de médico que estejam sendo exercidos por médico militar na administração pública direta ou indireta.

§ 2º É assegurado o exercício cumulativo de dois cargos ou empregos privativos de profissionais de saúde que estejam sendo exercidos na administração pública direta ou indireta.

Art. 18. Ficam extintos os efeitos jurídicos de qualquer ato legislativo ou administrativo, lavrado a partir da instalação da Assembleia Nacional Constituinte, que tenha por objeto a concessão de estabilidade a servidor admitido sem concurso público, da administração direta ou indireta, inclusive das fundações instituídas e mantidas pelo Poder Público.

Art. 18-A. Os atos administrativos praticados no Estado do Tocantins, decorrentes de sua instalação, entre 1º de janeiro de 1989 e 31 de dezembro de 1994, eivados de qualquer vício jurídico e dos quais decorram efeitos favoráveis para os destinatários ficam convalidados após 5 (cinco) anos, contados da data em que foram praticados, salvo comprovada má-fé.

> *Artigo acrescentado pela EC 110, de 12 de julho de 2021.*

Art. 19. Os servidores públicos civis da União, dos Estados, do Distrito Federal e dos Municípios, da administração direta, autárquica e das fundações públicas, em exercício na data da promulgação da Constituição, há pelo menos cinco anos continuados, e que não tenham sido admitidos na forma regulada no art. 37, da Constituição, são considerados estáveis no serviço público.

§ 1º O tempo de serviço dos servidores referidos neste artigo será contado como título quando se submeterem a concurso para fins de efetivação, na forma da lei.

§ 2º O disposto neste artigo não se aplica aos ocupantes de cargos, funções e empregos de confiança ou em comissão, nem aos que a lei declare de livre exoneração, cujo tempo de serviço não será computado para os fins do *caput* deste artigo, exceto se se tratar de servidor.

§ 3º O disposto neste artigo não se aplica aos professores de nível superior, nos termos da lei.

Art. 20. Dentro de cento e oitenta dias, proceder-se-á à revisão dos direitos dos servidores públicos inativos e pensionistas e à atualização dos proventos e pensões a eles devidos, a fim de ajustá-los ao disposto na Constituição.

Art. 21. Os juízes togados de investidura limitada no tempo, admitidos mediante concurso público de provas e títulos e que estejam em exercício na data da promulgação da Constituição, adquirem estabilidade, observado o estágio probatório, e passam a compor quadro em extinção, mantidas as competências, prerrogativas e restrições da legislação a que se achavam submetidos, salvo as inerentes à transitoriedade da investidura.

Parágrafo único. A aposentadoria dos juízes de que trata este artigo regular-se-á pelas normas fixadas para os demais juízes estaduais.

Art. 22. É assegurado aos defensores públicos investidos na função até a data de instalação da Assembleia Nacional Constituinte o direito de opção pela carreira, com a observância das garantias e vedações previstas no art. 134, parágrafo único, da Constituição.

Art. 23. Até que se edite a regulamentação do art. 21, XVI, da Constituição, os atuais ocupantes do cargo de censor federal continuarão exercendo funções com este compatíveis, no Departamento de Polícia Federal, observadas as disposições constitucionais.

Parágrafo único. A lei referida disporá sobre o aproveitamento dos censores federais, nos termos deste artigo.

Art. 24. A União, os Estados, o Distrito Federal e os Municípios editarão leis que estabeleçam critérios para a compatibilização de seus quadros de pessoal ao disposto no art. 39 da Constituição e à reforma administrativa dela decorrente, no prazo de dezoito meses, contados da sua promulgação.

Art. 25. Ficam revogados, a partir de cento e oitenta dias da promulgação da Constituição, sujeito este prazo a prorrogação por lei, todos os dispositivos legais que atribuam ou deleguem a órgão do Poder Executivo competência assinalada pela Constituição ao Congresso Nacional, especialmente no que tange a:

I – ação normativa;

II – alocação ou transferência de recursos de qualquer espécie.

§ 1º Os decretos-leis em tramitação no Congresso Nacional e por este não apreciados até a promulgação da Constituição terão seus efeitos regulados da seguinte forma:

I – se editados até 2 de setembro de 1988, serão apreciados pelo Congresso Nacional no prazo de até cento e oitenta dias a contar da promulgação da Constituição, não computado o recesso parlamentar;

II – decorrido o prazo definido no inciso anterior, e não havendo apreciação, os decretos-leis ali mencionados serão considerados rejeitados;

III – nas hipóteses definidas nos incisos I e II, terão plena validade os atos praticados na vigência dos respectivos decretos-leis, podendo o Congresso Nacional, se necessário, legislar sobre os efeitos deles remanescentes.

§ 2º Os decretos-leis editados entre 3 de setembro de 1988 e a promulgação da Constituição serão convertidos, nesta data, em medidas provisórias, aplicando-se-lhes as regras estabelecidas no art. 62, parágrafo único.

Art. 26. No prazo de um ano a contar da promulgação da Constituição, o Congresso Nacional promoverá, através de Comissão mista, exame analítico e pericial dos atos e fatos geradores do endividamento externo brasileiro.

§ 1º A Comissão terá a força legal de Comissão parlamentar de inquérito para os fins de requisição e convocação, e atuará com o auxílio do Tribunal de Contas da União.

> *Artigos constitucionais conexos:* 58, § 3º.

§ 2º Apurada irregularidade, o Congresso Nacional proporá ao Poder Executivo a declaração de nulidade do ato e encaminhará o processo ao Ministério Público Federal, que formalizará, no prazo de sessenta dias, a ação cabível.

> *Artigos constitucionais conexos:* 129, I e II.

Art. 27. O Superior Tribunal de Justiça será instalado sob a Presidência do Supremo Tribunal Federal.

> *Artigos constitucionais conexos:* 104.

§ 1º Até que se instale o Superior Tribunal de Justiça, o Supremo Tribunal Federal exercerá as atribuições e competências definidas na ordem constitucional precedente.

> *Artigos constitucionais conexos:* 102; 105.

§ 2º A composição inicial do Superior Tribunal de Justiça far-se-á:

> *Artigos constitucionais conexos:* 104, parágrafo único, I e II.

I – pelo aproveitamento dos Ministros do Tribunal Federal de Recursos;

II – pela nomeação dos Ministros que sejam necessários para completar o número estabelecido na Constituição.

§ 3º Para os efeitos do disposto na Constituição, os atuais Ministros do Tribunal Federal de Recursos serão considerados pertencentes à classe de que provieram, quando de sua nomeação.

§ 4º Instalado o Tribunal, os Ministros aposentados do Tribunal Federal de Recursos tornar-se-ão, automaticamente, Ministros aposentados do Superior Tribunal de Justiça.

§ 5º Os Ministros a que se refere o § 2º, II, serão indicados em lista tríplice pelo Tribunal Federal de Recursos, observado o disposto no art. 104, parágrafo único, da Constituição.

§ 6º Ficam criados cinco Tribunais Regionais Federais, a serem instalados no prazo de seis meses a contar da promulgação da Constituição, com a jurisdição e sede que lhes fixar o Tribunal Federal de Recursos, tendo em conta o número de processos e sua localização geográfica.

§ 7º Até que se instalem os Tribunais Regionais Federais, o Tribunal Federal de Recursos exercerá a competência a eles atribuída em todo o território nacional, cabendo-lhe promover sua instalação e indicar os candidatos a todos os cargos da composição inicial, mediante lista tríplice, podendo desta constar juízes federais de qualquer região, observado o disposto no § 9º.

§ 8º É vedado, a partir da promulgação da Constituição, o provimento de vagas de Ministros do Tribunal Federal de Recursos.

§ 9º Quando não houver juiz federal que conte o tempo mínimo previsto no art. 107, II, da Constituição, a promoção poderá contemplar juiz com menos de cinco anos no exercício do cargo.

§ 10. Compete à Justiça Federal julgar as ações nela propostas até a data da promulgação da Constituição, e aos Tribunais Regionais Federais bem como ao Superior Tribunal de Justiça julgar as ações rescisórias das decisões até então proferidas pela Justiça Federal, inclusive daquelas cuja matéria tenha passado à competência de outro ramo do Judiciário.

§ 11. São criados, ainda, os seguintes Tribunais Regionais Federais: o da 6ª Região, com sede em Curitiba, Estado do Paraná, e jurisdição nos Estados do Paraná, Santa Catarina e Mato Grosso do Sul; o da 7ª Região, com sede em Belo Horizonte, Estado de Minas Gerais, e jurisdição no Estado de Minas Gerais; o da 8ª Região, com sede em Salvador, Estado da Bahia, e jurisdição nos Estados da Bahia e Sergipe; e o da 9ª Região, com sede em Manaus, Estado do Amazonas, e jurisdição nos Estados do Amazonas, Acre, Rondônia e Roraima.

> *§ 11 acrescentado pela EC 73, de 6 de junho de 2013.*

Art. 28. Os juízes federais de que trata o art. 123, § 2º, da Constituição de 1967, com a Redação dada pela Emenda Constitucional 7, de 1977, ficam investidos na titularidade de varas na Seção Judiciária para a qual tenham sido nomeados ou designados; na inexistência de vagas, proceder-se-á ao desdobramento das varas existentes.

Parágrafo único. Para efeito de promoção por antiguidade, o tempo de serviço desses juízes será computado a partir do dia de sua posse.

Art. 29. Enquanto não aprovadas as leis complementares relativas ao Ministério Público e à Advocacia-Geral da União, o Ministério Público Federal, a Procuradoria-Geral da Fazenda Nacional, as Consultorias Jurídicas dos Ministérios, as Procuradorias e Departamentos Jurídicos de autarquias federais com representação própria e os membros das Procuradorias das Universidades fundacionais públicas continuarão a exercer suas atividades na área das respectivas atribuições.

> *Artigos constitucionais conexos:* 128, § 5º; 131.
> *Legislação infraconstitucional:* LC 73/93 (Lei Orgânica da Advocacia-Geral da União); LC 75/93 (Organização, atribuições e Estatuto do Ministério Público da União).

§ 1º O Presidente da República, no prazo de cento e vinte dias, encaminhará ao Congresso Nacional projeto de lei complementar dispondo sobre a organização e o funcionamento da Advocacia-Geral da União.

§ 2º Aos atuais Procuradores da República, nos termos da lei complementar, será facultada a opção, de forma irretratável, entre as carreiras do Ministério Público Federal e da Advocacia-Geral da União.

§ 3º Poderá optar pelo regime anterior, no que respeita às garantias e vantagens, o membro do Ministério Público admitido antes da promulgação da Constituição, observando-se, quanto às vedações, a situação jurídica na data desta.

§ 4º Os atuais integrantes do quadro suplementar dos Ministérios Públicos do Trabalho e Militar que tenham adquirido estabilidade nessas funções passam a integrar o quadro da respectiva carreira.

§ 5º Cabe à atual Procuradoria-Geral da Fazenda Nacional, diretamente ou por delegação, que pode ser ao Ministério Público Estadual, representar judicialmente a União nas causas de natureza fiscal, na área da respectiva competência, até a promulgação das leis complementares previstas neste artigo.

Art. 30. A legislação que criar a justiça de paz manterá os atuais juízes de paz até a posse dos novos titulares, assegurando-lhes os direitos e atribuições conferidos a estes, e designará o dia para a eleição prevista no art. 98, II, da Constituição.

> *Artigos constitucionais conexos:* 14, § 3º, VI, c.

Art. 31. Serão estatizadas as serventias do foro judicial, assim definidas em lei, respeitados os direitos dos atuais titulares.

> *Artigos constitucionais conexos:* 236.
> *Legislação infraconstitucional:* Lei 8.935/94.

Art. 32. O disposto no art. 236 não se aplica aos serviços notariais e de registro que já tenham sido oficializados pelo Poder Público, respeitando-se o direito de seus servidores.

Art. 33. Ressalvados os créditos de natureza alimentar, o valor dos precatórios judiciais pendentes de pagamento na data da promulgação da Constituição, incluído o remanescente de juros e correção monetária, poderá ser pago em moeda corrente, com atualização, em prestações anuais, iguais e sucessivas, no prazo máximo de oito anos, a partir de 1º de julho de 1989, por decisão editada pelo Poder Executivo até cento e oitenta dias da promulgação da Constituição.

Parágrafo único. Poderão as entidades devedoras, para o cumprimento do disposto neste artigo, emitir, em cada ano, no exato montante do dispêndio, títulos de dívida pública não computáveis para efeito do limite global de endividamento.

Art. 34. O sistema tributário nacional entrará em vigor a partir do primeiro dia do quinto mês seguinte ao da promulgação da Constituição, mantido, até então, o da Constituição de 1967, com a Redação dada pela Emenda 1, de 1969, e pelas posteriores.

§ 1º Entrarão em vigor com a promulgação da Constituição os arts. 148, 149, 150, 154, I, 156, III, e 159, I, c, revogadas as disposições em contrário da Constituição de 1967 e das Emendas que a modificaram, especialmente de seu art. 25, III.

§ 2º O Fundo de Participação dos Estados e do Distrito Federal e o Fundo de Participação dos Municípios obedecerão às seguintes determinações:

I – a partir da promulgação da Constituição, os percentuais serão, respectivamente, de dezoito por cento e de vinte por cento, calculados sobre o produto da arrecadação dos impostos referidos no art. 153, III e IV, mantidos os atuais critérios de rateio até a entrada em vigor da lei complementar a que se refere o art. 161, II;

II – o percentual relativo ao Fundo de Participação dos Estados e do Distrito Federal será acrescido de um ponto percentual no exercício financeiro de 1989 e, a partir de 1990, inclusive, à razão de meio ponto por exercício, até 1992, inclusive, atingindo em 1993 o percentual estabelecido no art. 159, I, *a*;

III – o percentual relativo ao Fundo de Participação dos Municípios, a partir de 1989, inclusive, será elevado à razão de meio ponto percentual por exercício financeiro, até atingir o estabelecido no art. 159, I, *b*.

§ 3º Promulgada a Constituição, a União, os Estados, o Distrito Federal e os Municípios poderão editar as leis necessárias à aplicação do sistema tributário nacional nela previsto.

§ 4º As leis editadas nos termos do parágrafo anterior produzirão efeitos a partir da entrada em vigor do sistema tributário nacional previsto na Constituição.

§ 5º Vigente o novo sistema tributário nacional, fica assegurada a aplicação da legislação anterior, no que não seja incompatível com ele e com a legislação referida nos §§ 3º e 4º.

> *Súmula do Supremo Tribunal Federal:* 663.

§ 6º Até 31 de dezembro de 1989, o disposto no art. 150, III, *b*, não se aplica aos impostos de que tratam os arts. 155, I, *a* e *b*, e 156, II e III, que podem ser cobrados trinta dias após a publicação da lei que os tenha instituído ou aumentado.

§ 7º Até que sejam fixadas em lei complementar, as alíquotas máximas do imposto municipal sobre vendas a varejo de combustíveis líquidos e gasosos não excederão a três por cento.

§ 8º Se, no prazo de sessenta dias contados da promulgação da Constituição, não for editada a lei complementar necessária à instituição do imposto de que trata o art. 155, I, *b*, os Estados e o Distrito Federal, mediante convênio celebrado nos termos da Lei Complementar 24, de 7 de janeiro de 1975, fixarão normas para regular provisoriamente a matéria.

§ 9º Até que lei complementar disponha sobre a matéria, as empresas distribuidoras de energia elétrica, na condição de contribuintes ou de substitutos tributários, serão as responsáveis, por ocasião da saída do produto de seus estabelecimentos, ainda que destinado a outra unidade da Federação, pelo pagamento do imposto sobre operações relativas à circulação de mercadorias incidente sobre energia elétrica, desde a produção ou importação até à última operação, calculado o imposto sobre o preço então praticado na operação final e assegurado seu recolhimento ao Estado ou ao Distrito Federal, conforme o local onde deva ocorrer essa operação.

§ 10. Enquanto não entrar em vigor a lei prevista no art. 159, I, *c*, cuja promulgação se fará até 31 de dezembro de 1989, é assegurada a aplicação dos recursos previstos naquele dispositivo da seguinte maneira:

I – seis décimos por cento na Região Norte, através do Banco da Amazônia S.A.;

II – um inteiro e oito décimos por cento na Região Nordeste, através do Banco do Nordeste do Brasil S.A.;

III – seis décimos por cento na Região Centro-Oeste, através do Banco do Brasil S.A.

§ 11. Fica criado, nos termos da lei, o Banco de Desenvolvimento do Centro-Oeste, para dar cumprimento, na referida região, ao que determinam os arts. 159, I, *c*, e 192, § 2º, da Constituição.

§ 12. A urgência prevista no art. 148, II, não prejudica a cobrança do empréstimo compulsório instituído, em benefício das Centrais Elétricas Brasileiras S.A. (Eletrobrás), pela Lei 4.156, de 28 de novembro de 1962, com as alterações posteriores.

Art. 35. O disposto no art. 165, § 7º, será cumprido de forma progressiva, no prazo de até dez anos, distribuindo-se os recursos entre as regiões macroeconômicas em razão proporcional à população, a partir da situação verificada no biênio 1986-87.

§ 1º Para aplicação dos critérios de que trata este artigo, excluem-se das despesas totais as relativas:

I – aos projetos considerados prioritários no plano plurianual;

II – à segurança e defesa nacional;

III – à manutenção dos órgãos federais no Distrito Federal;

IV – ao Congresso Nacional, ao Tribunal de Contas da União e ao Poder Judiciário;

V – ao serviço da dívida da administração direta e indireta da União, inclusive fundações instituídas e mantidas pelo Poder Público federal.

§ 2º Até a entrada em vigor da lei complementar a que se refere o art. 165, § 9º, I e II, serão obedecidas as seguintes normas:

I – o projeto do plano plurianual, para vigência até o final do primeiro exercício financeiro do mandato presidencial subsequente, será encaminhado até quatro meses antes do encerramento do primeiro exercício financeiro e devolvido para sanção até o encerramento da sessão legislativa;

II – o projeto de lei de diretrizes orçamentárias será encaminhado até oito meses e meio antes do encerramento do exercício financeiro e devolvido para sanção até o encerramento do primeiro período da sessão legislativa;

III – o projeto de lei orçamentária da União será encaminhado até quatro meses antes do encerramento do exercício financeiro e devolvido para sanção até o encerramento da sessão legislativa.

Art. 36. Os fundos existentes na data da promulgação da Constituição, excetuados os resultantes de isenções fiscais que passem a integrar patrimônio privado e os que interessem à defesa nacional, extinguir-se-ão, se não forem ratificados pelo Congresso Nacional no prazo de dois anos.

Art. 37. A adaptação ao que estabelece o art. 167, III, deverá processar-se no prazo de cinco anos, reduzindo-se o excesso à base de, pelo menos, um quinto por ano.

Art. 38. Até a promulgação da lei complementar referida no art. 169, a União, os Estados, o Distrito Federal e os Municípios não poderão despender com pessoal mais do que sessenta e cinco por cento do valor das respectivas receitas correntes.

> Artigo constitucional conexo: 169.
> Legislação infraconstitucional: Lei 9.801/99 (Dispõe sobre as normas gerais para perda do cargo público por excesso de despesa); LC 101/00 (Estabelece normas de finanças públicas voltadas para a responsabilidade na gestão fiscal e dá outras providências).

§ 1º A União, os Estados, o Distrito Federal e os Municípios, quando a respectiva despesa de pessoal exceder o limite previsto neste artigo, deverão retornar àquele limite, reduzindo o percentual excedente à razão de um quinto por ano.

> Anterior parágrafo único renumerado para § 1º pela EC 127, de 22 de dezembro de 2022.

§ 2º As despesas com pessoal resultantes do cumprimento do disposto nos §§ 12, 13, 14 e 15 do art. 198 da Constituição Federal serão contabilizadas, para fins dos limites de que trata o art. 169 da Constituição Federal, da seguinte forma:
> § 2º acrescentado pela EC 127, de 22 de dezembro 2022.

I – até o fim do exercício financeiro subsequente ao da publicação deste dispositivo, não serão contabilizadas para esses limites;

II – no segundo exercício financeiro subsequente ao da publicação deste dispositivo, serão deduzidas em 90% (noventa por cento) do seu valor;

III – entre o terceiro e o décimo segundo exercício financeiro subsequente ao da publicação deste dispositivo, a dedução de que trata o inciso II deste parágrafo será reduzida anualmente na proporção de 10% (dez por cento) de seu valor.

Art. 39. Para efeito do cumprimento das disposições constitucionais que impliquem variações de despesas e receitas da União, após a promulgação da Constituição, o Poder Executivo deverá elaborar e o Poder Legislativo apreciar projeto de revisão da lei orçamentária referente ao exercício financeiro de 1989.

Parágrafo único. O Congresso Nacional deverá votar no prazo de doze meses a lei complementar prevista no art. 161, II.

Art. 40. É mantida a Zona Franca de Manaus, com suas características de área livre de comércio, de exportação e importação, e de incentivos fiscais, pelo prazo de vinte e cinco anos, a partir da promulgação da Constituição.

Parágrafo único. Somente por lei federal podem ser modificados os critérios que disciplinaram ou venham a disciplinar a aprovação dos projetos na Zona Franca de Manaus.

Art. 41. Os Poderes Executivos da União, dos Estados, do Distrito Federal e dos Municípios reavaliarão todos os incentivos fiscais de natureza setorial ora em vigor, propondo aos Poderes Legislativos respectivos as medidas cabíveis.

§ 1º Considerar-se-ão revogados após dois anos, a partir da data da promulgação da Constituição, os incentivos que não forem confirmados por lei.

§ 2º A revogação não prejudicará os direitos que já tiverem sido adquiridos, àquela data, em relação a incentivos concedidos sob condição e com prazo certo.

§ 3º Os incentivos concedidos por convênio entre Estados, celebrados nos termos do art. 23, § 6º, da Constituição de 1967, com a redação da Emenda 1, de 17 de outubro de 1969, também deverão ser reavaliados e reconfirmados nos prazos deste artigo.

Art. 42. Durante 40 (quarenta) anos, a União aplicará dos recursos destinados à irrigação:
> Redação do *caput* do art. 42 dada pela EC 89, de 15 de setembro de 2015.
> O texto anterior, redigido pela EC 43, de 15 de abril de 2004, dispunha:
> "Art. 42. Durante 25 (vinte e cinco) anos, a União aplicará, dos recursos destinados à irrigação:"

I – 20% (vinte por cento) na Região Centro-Oeste;

II – 50% (cinquenta por cento) na Região Nordeste, preferencialmente no Semiárido.

Parágrafo único. Dos percentuais previstos nos incisos I e II do *caput*, no mínimo 50% (cinquenta por cento) serão destinados a projetos de irrigação que beneficiem agricultores familiares que atendam aos requisitos previstos em legislação específica.
> Parágrafo único acrescentado pela EC 89, de 15 de setembro de 2015.

> *Legislação infraconstitucional*: Lei 13.153/15 (Institui a Política Nacional de Combate à Desertificação e Mitigação dos Efeitos da Seca e seus instrumentos; prevê a criação da Comissão Nacional de Combate à Desertificação; e dá outras providências).

Art. 43. Na data da promulgação da lei que disciplinar a pesquisa e a lavra de recursos e jazidas minerais, ou no prazo de um ano, a contar da promulgação da Constituição, tornar-se-ão sem efeito as autorizações, concessões e demais títulos atributivos de direitos minerários, caso os trabalhos de pesquisa ou de lavra não hajam sido comprovadamente iniciados nos prazos legais ou estejam inativos.

> *Legislação infraconstitucional*: Lei 7.886/89.

Art. 44. As atuais empresas brasileiras titulares de autorização de pesquisa, concessão de lavra de recursos minerais e de aproveitamento dos potenciais de energia hidráulica em vigor terão quatro anos, a partir da promulgação da Constituição, para cumprir os requisitos do art. 176, § 1º.

§ 1º Ressalvadas as disposições de interesse nacional previstas no texto constitucional, as empresas brasileiras ficarão dispensadas do cumprimento do disposto no art. 176, § 1º, desde que, no prazo de até quatro anos da data da promulgação da Constituição, tenham o produto de sua lavra e beneficiamento destinado a industrialização no território nacional, em seus próprios estabelecimentos ou em empresa industrial controladora ou controlada.

§ 2º Ficarão também dispensadas do cumprimento do disposto no art. 176, § 1º, as empresas brasileiras titulares de concessão de energia hidráulica para uso em seu processo de industrialização.

§ 3º As empresas brasileiras referidas no § 1º somente poderão ter autorizações de pesquisa e concessões de lavra ou potenciais de energia hidráulica, desde que a energia e o produto da lavra sejam utilizados nos respectivos processos industriais.

Art. 45. Ficam excluídas do monopólio estabelecido pelo art. 177, II, da Constituição as refinarias em funcionamento no País amparadas pelo art. 43 e nas condições do art. 45 da Lei 2.004, de 3 de outubro de 1953.

Parágrafo único. Ficam ressalvados da vedação do art. 177, § 1º, os contratos de risco feitos com a Petróleo Brasileiro S.A. (Petrobras), para pesquisa de petróleo, que estejam em vigor na data da promulgação da Constituição.

Art. 46. São sujeitos à correção monetária desde o vencimento, até seu efetivo pagamento, em interrupção ou suspensão, os créditos junto a entidades submetidas aos regimes de intervenção ou liquidação extrajudicial, mesmo quando esses regimes sejam convertidos em falência.

Parágrafo único. O disposto neste artigo aplica-se também:

I – às operações realizadas posteriormente à decretação dos regimes referidos no *caput* deste artigo;

II – às operações de empréstimo, financiamento, refinanciamento, assistência financeira de liquidez, cessão ou sub-rogação de créditos ou cédulas hipotecárias, efetivação de garantia de depósitos do público ou de compra de obrigações passivas, inclusive as realizadas com recursos de fundos que tenham essas destinações;

III – aos créditos anteriores à promulgação da Constituição;

IV – aos créditos das entidades da administração pública anteriores à promulgação da Constituição, não liquidados até 1º de janeiro de 1988.

Art. 47. Na liquidação dos débitos, inclusive suas renegociações e composições posteriores, ainda que ajuizados, decorrentes de quaisquer empréstimos concedidos por bancos e por instituições financeiras, não existirá correção monetária desde que o empréstimo tenha sido concedido:

I – aos micro e pequenos empresários ou seus estabelecimentos no período de 28 de fevereiro de 1986 a 28 de fevereiro de 1987;

II – aos mini, pequenos e médios produtores rurais no período de 28 de fevereiro de 1986 a 31 de dezembro de 1987, desde que relativos a crédito rural.

§ 1º Consideram-se, para efeito deste artigo, microempresas as pessoas jurídicas e as firmas individuais com receitas anuais de até dez mil Obrigações do Tesouro Nacional, e pequenas empresas as pessoas jurídicas e as firmas individuais com receita anual de até vinte e cinco mil Obrigações do Tesouro Nacional.

> Legislação infraconstitucional: LC 123/06 (Institui o Estatuto Nacional da Microempresa e da Empresa de Pequeno Porte), alterada pelas Leis Complementares nos 127/07, 128/08, 133/09, 139/11, 147/14, 155/16.

§ 2º A classificação de mini, pequeno e médio produtor rural será feita obedecendo-se às normas de crédito rural vigentes à época do contrato.

§ 3º A isenção da correção monetária a que se refere este artigo só será concedida nos seguintes casos:

I – se a liquidação do débito inicial, acrescido de juros legais e taxas judiciais, vier a ser efetivada no prazo de noventa dias, a contar da data da promulgação da Constituição;

II – se a aplicação dos recursos não contrariar a finalidade do financiamento, cabendo o ônus da prova à instituição credora;

III – se não for demonstrado pela instituição credora que o mutuário dispõe de meios para o pagamento de seu débito, excluído desta demonstração seu estabelecimento, a casa de moradia e os instrumentos de trabalho e produção;

IV – se o financiamento inicial não ultrapassar o limite de cinco mil Obrigações do Tesouro Nacional;

V – se o beneficiário não for proprietário de mais de cinco módulos rurais.

§ 4º Os benefícios de que trata este artigo não se estendem aos débitos já quitados e aos devedores que sejam constituintes.

§ 5º No caso de operações com prazos de vencimento posteriores à data-limite de liquidação da dívida, havendo interesse do mutuário, os bancos e as instituições financeiras promoverão, por instrumento próprio, alteração nas condições contratuais originais de forma a ajustá-las ao presente benefício.

§ 6º A concessão do presente benefício por bancos comerciais privados em nenhuma hipótese acarretará ônus para o Poder Público, ainda que através de refinanciamento e repasse de recursos pelo Banco Central.

§ 7º No caso de repasse a agentes financeiros oficiais ou cooperativas de crédito, o ônus recairá sobre a fonte de recursos originária.

Art. 48. O Congresso Nacional, dentro de cento e vinte dias da promulgação da Constituição, elaborará código de defesa do consumidor.

> Legislação infraconstitucional: Lei 8.078/90 (Código de Defesa do Consumidor).

Art. 49. A lei disporá sobre o instituto da enfiteuse em imóveis urbanos, sendo facultada aos foreiros, no caso de sua extinção, a remição dos aforamentos mediante aquisição do domínio direto, na conformidade do que dispuserem os respectivos contratos.

§ 1º Quando não existir cláusula contratual, serão adotados os critérios e bases hoje vigentes na legislação especial dos imóveis da União.

§ 2º Os direitos dos atuais ocupantes inscritos ficam assegurados pela aplicação de outra modalidade de contrato.

§ 3º A enfiteuse continuará sendo aplicada aos terrenos de marinha e seus acrescidos, situados na faixa de segurança, a partir da orla marítima.

§ 4º Remido o foro, o antigo titular do domínio direto deverá, no prazo de noventa dias, sob pena de responsabilidade, confiar à guarda do registro de imóveis competente toda a documentação a ele relativa.

Art. 50. Lei agrícola a ser promulgada no prazo de um ano disporá, nos termos da Constituição, sobre os objetivos e instrumentos de política agrícola, prioridades, planejamento de safras, comercialização, abastecimento interno, mercado externo e instituição de crédito fundiário.

Art. 51. Serão revistos pelo Congresso Nacional, através de Comissão mista, nos três anos a contar da data da promulgação da Constituição, todas as doações, vendas e concessões de terras públicas com área superior a três mil hectares, realizadas no período de 1º de janeiro de 1962 a 31 de dezembro de 1987.

§ 1º No tocante às vendas, a revisão será feita com base exclusivamente no critério de legalidade da operação.

§ 2º No caso de concessões e doações, a revisão obedecerá aos critérios de legalidade e de conveniência do interesse público.

§ 3º Nas hipóteses previstas nos parágrafos anteriores, comprovada a ilegalidade, ou havendo interesse público, as terras reverterão ao patrimônio da União, dos Estados, do Distrito Federal ou dos Municípios.

Art. 52. Até que sejam fixadas as condições do art. 192, são vedados:

> Redação do art. 52 dada pela EC 40, de 29-5-2003.
> O texto original dispunha:
> "Art. 52. Até que sejam fixadas as condições a que se refere o art. 192, III, são vedados:"

I – a instalação, no País, de novas agências de instituições financeiras domiciliadas no exterior;

II – o aumento do percentual de participação, no capital de instituições financeiras com sede no País, de pessoas físicas ou jurídicas residentes ou domiciliadas no exterior.

Parágrafo único. A vedação a que se refere este artigo não se aplica às autorizações resultantes de acordos internacionais, de reciprocidade, ou de interesse do Governo brasileiro.

Art. 53. Ao ex-combatente que tenha efetivamente participado de operações bélicas durante a Segunda Guerra Mundial, nos termos da Lei 5.315, de 12 de setembro de 1967, serão assegurados os seguintes direitos:

> Legislação infraconstitucional: Lei 8.059/90 (Dispõe sobre a pensão especial devida aos ex-combatentes da Segunda Guerra Mundial e a seus dependentes).

I – aproveitamento no serviço público, sem a exigência de concurso, com estabilidade;

II – pensão especial correspondente à deixada por segundo-tenente das Forças Armadas, que poderá ser requerida a qualquer tempo, sendo inacumulável com quaisquer rendimentos recebidos dos cofres públicos, exceto os benefícios previdenciários, ressalvado o direito de opção;

III – em caso de morte, pensão à viúva ou companheira ou dependente, de forma proporcional, de valor igual ao do inciso anterior;

IV – assistência médica, hospitalar e educacional gratuita, extensiva aos dependentes;

V – aposentadoria com proventos integrais aos vinte e cinco anos de serviço efetivo, em qualquer regime jurídico;

VI – prioridade na aquisição da casa própria, para os que não a possuam ou para suas viúvas ou companheiras.

Parágrafo único. A concessão da pensão especial do inciso II substitui, para todos os efeitos legais, qualquer outra pensão já concedida ao ex-combatente.

Art. 54. Os seringueiros recrutados nos termos do Decreto-Lei 5.813, de 14 de setembro de 1943, e amparados pelo Decreto-Lei 9.882, de 16 de setembro de 1946, receberão, quando carentes, pensão mensal vitalícia no valor de dois salários mínimos.

§ 1º O benefício é estendido aos seringueiros que, atendendo a apelo do Governo brasileiro, contribuíram para o esforço de guerra, trabalhando na produção de borracha, na Região Amazônica, durante a Segunda Guerra Mundial.

§ 2º Os benefícios estabelecidos neste artigo são transferíveis aos dependentes reconhecidamente carentes.

§ 3º A concessão do benefício far-se-á conforme lei a ser proposta pelo Poder Executivo dentro de cento e cinquenta dias da promulgação da Constituição.

Art. 54-A. Os seringueiros de que trata o art. 54 deste Ato das Disposições Constitucionais Transitórias receberão indenização, em parcela única, no valor de R$ 25.000,00 (vinte e cinco mil reais).

> Art. 54-A acrescentado pela EC 78, de 14 de maio de 2014.

Art. 55. Até que seja aprovada a lei de diretrizes orçamentárias, trinta por cento, no mínimo, do orçamento da seguridade social, excluído o seguro-desemprego, serão destinados ao setor de saúde.

Art. 56. Até que a lei disponha sobre o art. 195, I, a arrecadação decorrente de, no mínimo, cinco dos seis décimos percentuais correspondentes à alíquota da contribuição de que trata o Decreto-Lei 1.940, de 25 de maio de 1982, alterada pelo Decreto-Lei 2.049, de 1º de agosto de 1983, pelo Decreto 91.236, de 8 de maio de 1985, e pela Lei 7.611, de 8 de julho de 1987, passa a integrar a receita da seguridade social, ressalvados, exclusivamente no exercício de 1988, os compromissos assumidos com programas e projetos em andamento.

> Súmula do Supremo Tribunal Federal: 658.

Art. 57. Os débitos dos Estados e dos Municípios relativos às contribuições previdenciárias até 30 de junho de 1988 serão liquidados, com correção monetária, em cento e vinte parcelas mensais, dispensados os juros e multas sobre eles incidentes, desde que os devedores requeiram o parcelamento e iniciem seu pagamento no prazo de cento e oitenta dias a contar da promulgação da Constituição.

§ 1º O montante a ser pago em cada um dos dois primeiros anos não será inferior a cinco por cento do total do débito consolidado e atualizado, sendo o restante dividido em parcelas mensais de igual valor.

§ 2º A liquidação poderá incluir pagamentos na forma de cessão de bens e prestação de serviços, nos termos da Lei 7.578, de 23 de dezembro de 1986.

§ 3º Em garantia do cumprimento do parcelamento, os Estados e os Municípios consignarão, anualmente, nos respectivos orçamentos as dotações necessárias ao pagamento de seus débitos.

§ 4º Descumprida qualquer das condições estabelecidas para concessão do parcelamento, o débito será considerado vencido em sua totalidade, sobre ele incidindo juros de mora; nesta hipótese, parcela dos recursos correspondentes aos Fundos de Participação, destinada aos Estados e Municípios devedores, será bloqueada e repassada à previdência social para pagamento de seus débitos.

Art. 58. Os benefícios de prestação continuada, mantidos pela previdência social na data da promulgação da Constituição, terão seus valores revistos, a fim de que seja restabelecido o poder aquisitivo, expresso em número de salários mínimos, que tinham na data de sua concessão, obedecendo-se a esse critério de atualização até a implantação do plano de custeio e benefícios referidos no artigo seguinte.
> *Súmula do Supremo Tribunal Federal:* 687.

Parágrafo único. As prestações mensais dos benefícios atualizadas de acordo com este artigo serão devidas e pagas a partir do sétimo mês a contar da promulgação da Constituição.

Art. 59. Os projetos de lei relativos à organização da seguridade social e aos planos de custeio e de benefício serão apresentados no prazo máximo de seis meses da promulgação da Constituição ao Congresso Nacional, que terá seis meses para apreciá-los.

Parágrafo único. Aprovados pelo Congresso Nacional, os planos serão implantados progressivamente nos dezoito meses seguintes.
> *Legislação infraconstitucional:* Lei 8.212/91 (Seguridade Social); Lei 8.213/91 (Planos de Benefícios da Previdência Social); Decreto 3.048/99 (Regulamento da Previdência Social).

Art. 60. A complementação da União referida no inciso IV do *caput* do art. 212-A da Constituição Federal será implementada progressivamente até alcançar a proporção estabelecida no inciso V do *caput* do mesmo artigo, a partir de 1º de janeiro de 2021, nos seguintes valores mínimos:
> *Redação do art. 60, caput, dada pela EC 108, de 26 de agosto de 2020.*
> O texto anterior, redigido pela *EC 53, de 19 de dezembro de 2006*, dispunha:
> "Art. 60. Até o 14º (décimo quarto) ano a partir da promulgação desta Emenda Constitucional, os Estados, o Distrito Federal e os Municípios destinarão parte dos recursos a que se refere o caput do art. 212 da Constituição Federal à manutenção e desenvolvimento da educação básica e à remuneração condigna dos trabalhadores da educação, respeitadas as seguintes disposições:
> > *Artigos constitucionais conexos: 3º (EC 53/06).*

I – 12% (doze por cento), no primeiro ano;
> *Redação pela EC 108, de 26 de agosto de 2020.*
> O texto anterior, redigido pela EC 53, de 19 de dezembro de 2006, dispunha:
> "I – a distribuição dos recursos e de responsabilidades entre o Distrito Federal, os Estados e seus Municípios é assegurada mediante a criação, no âmbito de cada Estado e do Distrito Federal, de um Fundo de Manutenção e Desenvolvimento da Educação Básica e de Valorização dos Profissionais da Educação – FUNDEB, de natureza contábil;"

II – 15% (quinze por cento), no segundo ano;
> *Redação pela EC 108, de 26 de agosto de 2020.*
> O texto anterior, redigido pela EC 53, de 19 de dezembro de 2006, dispunha:
> "II – os Fundos referidos no inciso I do caput deste artigo serão constituídos por 20% (vinte por cento) dos recursos a que se referem os incisos I, II e III do art. 155; o inciso II do caput do art. 157; os incisos II, III e IV do caput do art. 158; e as alíneas a e b do inciso I e o inciso II do caput do art. 159, todos da Constituição Federal, e distribuídos entre cada Estado e seus Municípios, proporcionalmente ao número de alunos das diversas etapas e modalidades da educação básica presencial, matriculados nas respectivas redes, nos respectivos âmbitos de atuação prioritária estabelecidos nos §§ 2º e 3º do art. 211 da Constituição Federal;"

III – 17% (dezessete por cento), no terceiro ano;
> Redação pela EC 108, de 26 de agosto de 2020.

O texto anterior, redigido pela EC 53, de 19 de dezembro de 2006, dispunha:

"III – observadas as garantias estabelecidas nos incisos I, II, III e IV do caput *do art. 208 da Constituição Federal e as metas de universalização da educação básica estabelecidas no Plano Nacional de Educação, a lei disporá sobre:*

a) a organização dos Fundos, a distribuição proporcional de seus recursos, as diferenças e as ponderações quanto ao valor anual por aluno entre etapas e modalidades da educação básica e tipos de estabelecimento de ensino;

b) a forma de cálculo do valor anual mínimo por aluno;

c) os percentuais máximos de apropriação dos recursos dos Fundos pelas diversas etapas e modalidades da educação básica, observados os arts. 208 e 214 da Constituição Federal, bem como as metas do Plano Nacional de Educação;

d) a fiscalização e o controle dos Fundos;

e) prazo para fixar, em lei específica, piso salarial profissional nacional para os profissionais do magistério público da educação básica;"

IV – 19% (dezenove por cento), no quarto ano;
> Redação pela EC 108, de 26 de agosto de 2020.

O texto anterior, redigido pela EC 53, de 19 de dezembro de 2006, dispunha:

"IV – os recursos recebidos à conta dos Fundos instituídos nos termos do inciso I do caput *deste artigo serão aplicados pelos Estados e Municípios exclusivamente nos respectivos âmbitos de atuação prioritária, conforme estabelecido nos §§ 2º e 3º do art. 211 da Constituição Federal;"*

V – 21% (vinte e um por cento), no quinto ano;
> Redação pela EC 108, de 26 de agosto de 2020.

O texto anterior, redigido pela EC 53, de 19 de dezembro de 2006, dispunha:

"V – a União complementará os recursos dos Fundos a que se refere o inciso II do caput *deste artigo sempre que, no Distrito Federal e em cada Estado, o valor por aluno não alcançar o mínimo definido nacionalmente, fixado em observância ao disposto no inciso VII do* caput *deste artigo, vedada a utilização dos recursos a que se refere o § 5º do art. 212 da Constituição Federal;"*

VI – 23% (vinte e três por cento), no sexto ano.
> Redação pela EC 108, de 26 de agosto de 2020.

O texto anterior, redigido pela EC 53, de 19 de dezembro de 2006, dispunha:

"VI – até 10% (dez por cento) da complementação da União prevista no inciso V do caput *deste artigo poderá ser distribuída para os Fundos por meio de programas direcionados para a melhoria da qualidade da educação, na forma da lei a que se refere o inciso III do* caput *deste artigo;"*

VII – *(Suprimido pela EC 108, de 26 de agosto de 2020).*
> O texto anterior, redigido pela EC 53, de 19 de dezembro de 2006, dispunha:

"VII – a complementação da União de que trata o inciso V do caput *deste artigo será de, no mínimo:*

a) R$ 2.000.000.000,00 (dois bilhões de reais), no primeiro ano de vigência dos Fundos;

b) R$ 3.000.000.000,00 (três bilhões de reais), no segundo ano de vigência dos Fundos;

c) R$ 4.500.000.000,00 (quatro bilhões e quinhentos milhões de reais), no terceiro ano de vigência dos Fundos;

d) 10% (dez por cento) do total dos recursos a que se refere o inciso II do caput *deste artigo, a partir do quarto ano de vigência dos Fundos;"*

VIII – *(Suprimido pela EC 108, de 26 de agosto de 2020).*
> O texto anterior, redigido pela EC 53, de 19 de dezembro de 2006, dispunha:

"VIII – a vinculação de recursos à manutenção e desenvolvimento do ensino estabelecida no art. 212 da Constituição Federal suportará, no máximo, 30% (trinta por cento) da complementação da União, considerando-se para os fins deste inciso os valores previstos no inciso VII do caput *deste artigo;"*

IX – *(Suprimido pela EC 108, de 26 de agosto de 2020).*

> O texto anterior, redigido pela EC 53, de 19 de dezembro de 2006, dispunha:
> "IX – os valores a que se referem as alíneas a, b, e c do inciso VII do caput deste artigo serão atualizados, anualmente, a partir da promulgação desta Emenda Constitucional, de forma a preservar, em caráter permanente, o valor real da complementação da União;"

X – *(Suprimido pela EC 108, de 26 de agosto de 2020).*
> O texto anterior, redigido pela EC 53, de 19 de dezembro de 2006, dispunha:
> "X – aplica-se à complementação da União o disposto no art. 160 da Constituição Federal;"

XI – *(Suprimido pela EC 108, de 26 de agosto de 2020).*
> O texto anterior, redigido pela EC 53, de 19 de dezembro de 2006, dispunha:
> "XI – o não cumprimento do disposto nos incisos V e VII do caput deste artigo importará crime de responsabilidade da autoridade competente;"

XII – *(Suprimido pela EC 108, de 26 de agosto de 2020).*
> O texto anterior, redigido pela EC 53, de 19 de dezembro de 2006, dispunha:
> "XII – proporção não inferior a 60% (sessenta por cento) de cada Fundo referido no inciso I do caput deste artigo será destinada ao pagamento dos profissionais do magistério da educação básica em efetivo exercício."

§ 1º A parcela da complementação de que trata a alínea "b" do inciso V do *caput* do art. 212-A da Constituição Federal observará, no mínimo, os seguintes valores:
> *Redação do § 1º pela EC 108, de 26 de agosto de 2020.*
> O texto anterior, redigido pela EC 53, de 19 de dezembro de 2006, dispunha:
> "§ 1º A União, os Estados, o Distrito Federal e os Municípios deverão assegurar, no financiamento da educação básica, a melhoria da qualidade de ensino, de forma a garantir padrão mínimo definido nacionalmente."

I – 2 (dois) pontos percentuais, no primeiro ano;

II – 5 (cinco) pontos percentuais, no segundo ano;

III – 6,25 (seis inteiros e vinte e cinco centésimos) pontos percentuais, no terceiro ano;

IV – 7,5 (sete inteiros e cinco décimos) pontos percentuais, no quarto ano;

V – 9 (nove) pontos percentuais, no quinto ano;

VI – 10,5 (dez inteiros e cinco décimos) pontos percentuais, no sexto ano.
> *Incisos I a VI acrescidos pela EC 108, de 26 de agosto de 2020.*

§ 2º A parcela da complementação de que trata a alínea "c" do inciso V do *caput* do art. 212-A da Constituição Federal observará os seguintes valores:
> *Redação do § 2º pela EC 108, de 26 de agosto de 2020.*
> O texto anterior, redigido pela EC 53, de 19 de dezembro de 2006, dispunha:
> "§ 2º O valor por aluno do ensino fundamental, no Fundo de cada Estado e do Distrito Federal, não poderá ser inferior ao praticado no âmbito do Fundo de Manutenção e Desenvolvimento do Ensino Fundamental e de Valorização do Magistério – FUNDEF, no ano anterior à vigência desta Emenda Constitucional."

I – 0,75 (setenta e cinco centésimos) ponto percentual, no terceiro ano;

II – 1,5 (um inteiro e cinco décimos) ponto percentual, no quarto ano;

III – 2 (dois) pontos percentuais, no quinto ano;

IV – 2,5 (dois inteiros e cinco décimos) pontos percentuais, no sexto ano.
> *Incisos I a IV acrescidos pela EC 108, de 26 de agosto de 2020.*

§ 3º *(Suprimido pela EC 108, de 26 de agosto de 2020).*
> O texto anterior, redigido pela EC 53, de 19 de dezembro de 2006, dispunha:
> "O valor anual mínimo por aluno do ensino fundamental, no âmbito do Fundo de Manutenção e Desenvolvimento da Educação Básica e de Valorização dos Profissionais da Educação – FUNDEB, não poderá ser inferior ao valor mínimo fixado nacionalmente no ano anterior ao da vigência desta Emenda Constitucional."

§ 4º *(Suprimido pela EC 108, de 26 de agosto de 2020).*

> O texto anterior, redigido pela EC 53, de 19 de dezembro de 2006, dispunha:
> *"Para efeito de distribuição de recursos dos Fundos a que se refere o inciso I do caput deste artigo, levar-se-á em conta a totalidade das matrículas no ensino fundamental e considerar-se-á para a educação infantil, para o ensino médio e para a educação de jovens e adultos 1/3 (um terço) das matrículas no primeiro ano, 2/3 (dois terços) no segundo ano e sua totalidade a partir do terceiro ano."*

§ 5º *(Suprimido pela EC 108, de 26 de agosto de 2020).*

> O texto anterior, redigido pela EC 53, de 19 de dezembro de 2006, dispunha:
> *"A porcentagem dos recursos de constituição dos Fundos, conforme o inciso II do caput deste artigo, será alcançada gradativamente nos primeiros 3 (três) anos de vigência dos Fundos, da seguinte forma:*
> *I – no caso dos impostos e transferências constantes do inciso II do caput do art. 155; do inciso IV do caput do art. 158; e das alíneas a e b do inciso I e do inciso II do caput do art. 159 da Constituição Federal:*
> *a) 16,66% (dezesseis inteiros e sessenta e seis centésimos por cento), no primeiro ano;*
> *b) 18,33% (dezoito inteiros e trinta e três centésimos por cento), no segundo ano;*
> *c) 20% (vinte por cento), a partir do terceiro ano;*
> *II – no caso dos impostos e transferências constantes dos incisos I e III do caput do art. 155; do inciso II do caput do art. 157; e dos incisos II e III do caput do art. 158 da Constituição Federal:*
> *a) 6,66% (seis inteiros e sessenta e seis centésimos por cento), no primeiro ano;*
> *b) 13,33% (treze inteiros e trinta e três centésimos por cento), no segundo ano;*
> *c) 20% (vinte por cento), a partir do terceiro ano."*

§ 6º *Revogado pela EC 53, de 19 de dezembro de 2006.*

> O texto revogado dispunha:
> *"§ 6º A União aplicará na erradicação do analfabetismo e na manutenção e no desenvolvimento do ensino fundamental, inclusive na complementação a que se refere o § 3º, nunca menos que o equivalente a trinta por cento dos recursos a que se refere o caput do art. 212 da Constituição Federal."*

§ 7º *Revogado pela EC 53, de 19 de dezembro de 2006.*

> O texto revogado dispunha:
> *"§ 7º A lei disporá sobre a organização dos Fundos, a distribuição proporcional de seus recursos, sua fiscalização e controle, bem como sobre a forma de cálculo do valor mínimo nacional por aluno."*
> Redação do art. 60 e parágrafos dada pela EC 14, de 12 de setembro de 1996.
> O texto original dispunha:
> *"Art. 60. Nos dez primeiros anos da promulgação da Constituição, o Poder Público desenvolverá esforços, com a mobilização de todos os setores organizados da sociedade e com a aplicação de, pelo menos, cinquenta por cento dos recursos a que se refere o art. 212 da Constituição, para eliminar o analfabetismo e universalizar o ensino fundamental.*
> *Parágrafo único. Em igual prazo, as universidades públicas descentralizarão suas atividades, de modo a estender suas unidades de ensino superior às cidades de maior densidade populacional."*

Art. 60-A. Os critérios de distribuição da complementação da União e dos fundos a que se refere o inciso I do *caput* do art. 212-A da Constituição Federal serão revistos em seu sexto ano de vigência e, a partir dessa primeira revisão, periodicamente, a cada 10 (dez) anos.

> *Artigo acrescido pela EC 108, de 26 de agosto de 2020.*

Art. 61. As entidades educacionais a que se refere o art. 213, bem como as fundações de ensino e pesquisa cuja criação tenha sido autorizada por lei, que preencham os requisitos dos incisos I e II do referido artigo e que, nos últimos três anos, tenham recebido recursos públicos, poderão continuar a recebê-los, salvo disposição legal em contrário.

Art. 62. A lei criará o Serviço Nacional de Aprendizagem Rural (SENAR) nos moldes da legislação relativa ao Serviço Nacional de Aprendizagem Industrial (SENAI) e ao Serviço Nacional de Aprendizagem do Comércio (SENAC), sem prejuízo das atribuições dos órgãos públicos que atuam na área.

> Legislação infraconstitucional: Lei 8.315/91.

Art. 63. É criada uma Comissão composta de nove membros, sendo três do Poder Legislativo, três do Poder Judiciário e três do Poder Executivo, para promover as comemorações do centenário da proclamação da República e da promulgação da primeira Constituição republicana do País, podendo, a seu critério, desdobrar-se em tantas subcomissões quantas forem necessárias.

Parágrafo único. No desenvolvimento de suas atribuições, a Comissão promoverá estudos, debates e avaliações sobre a evolução política, social, econômica e cultural do País, podendo articular-se com os governos estaduais e municipais e com instituições públicas e privadas que desejem participar dos eventos.

Art. 64. A Imprensa Nacional e demais gráficas da União, dos Estados, do Distrito Federal e dos Municípios, da administração direta ou indireta, inclusive fundações instituídas e mantidas pelo Poder Público, promoverão edição popular do texto integral da Constituição, que será posta à disposição das escolas e dos cartórios, dos sindicatos, dos quartéis, das igrejas e de outras instituições representativas da comunidade, gratuitamente, de modo que cada cidadão brasileiro possa receber do Estado um exemplar da Constituição do Brasil.

Art. 65. O Poder Legislativo regulamentará, no prazo de doze meses, o art. 220, § 4º.

Art. 66. São mantidas as concessões de serviços públicos de telecomunicações atualmente em vigor, nos termos da lei.

> Legislação infraconstitucional: Lei 8.367/91.

Art. 67. A União concluirá a demarcação das terras indígenas no prazo de cinco anos a partir da promulgação da Constituição.

Art. 68. Aos remanescentes das comunidades dos quilombos que estejam ocupando suas terras é reconhecida a propriedade definitiva, devendo o Estado emitir-lhes os títulos respectivos.

Art. 69. Será permitido aos Estados manter consultorias jurídicas separadas de suas Procuradorias-Gerais ou Advocacias-Gerais, desde que, na data da promulgação da Constituição, tenham órgãos distintos para as respectivas funções.

Art. 70. Fica mantida a atual competência dos tribunais estaduais até que a mesma seja definida na Constituição do Estado, nos termos do art. 125, § 1º, da Constituição.

Art. 71. É instituído, nos exercícios financeiros de 1994 e 1995, bem assim nos períodos de 1º de janeiro de 1996 a 30 de junho de 1997 e 1º de julho de 1997 a 31 de dezembro de 1999, o Fundo Social de Emergência, com o objetivo de saneamento financeiro da Fazenda Pública Federal e de estabilização econômica, cujos recursos serão aplicados prioritariamente no custeio das ações dos sistemas de saúde e educação, incluindo a complementação de recursos de que trata o § 3º do art. 60 do Ato das Disposições Constitucionais Transitórias, benefícios previdenciários e auxílios assistenciais de prestação continuada, inclusive liquidação de passivo previdenciário, e despesas orçamentárias associadas a programas de relevante interesse econômico e social.

> *Acrescentado pela ECR 1, de 1º de março de 1994, posteriormente com a redação dada pela EC 10, de 4 de março de 1996, e atualmente com a Redação dada pela EC 17, de 22 de novembro de 1997.*

O texto anterior dispunha:
"Art. 71. Fica instituído, nos exercícios financeiros de 1994 e 1995, bem assim no período de 1º de janeiro de 1996 a 30 de junho de 1997, o Fundo Social de Emergência, com o objetivo de saneamento financeiro da Fazenda Pública Federal e de estabilização econômica, cujos recursos serão aplicados prioritariamente no custeio das ações dos sistemas de saúde e de educação, benefícios previdenciários e auxílios assistenciais de prestação continuada, inclusive liquidação de passivo previdenciário, e despesas orçamentárias associadas a programas de relevante interesse econômico e social."

§ 1º Ao Fundo criado por este artigo não se aplica o disposto na parte final do inciso II do § 9º do art. 165 da Constituição.

> Acrescentado pela EC 10, de 4 de março de 1996.

§ 2º O Fundo criado por este artigo passa a ser denominado Fundo de Estabilização Fiscal a partir do início do exercício financeiro de 1996.

> Acrescentado pela EC 10, de 4 de março de 1996.

§ 3º O Poder Executivo publicará demonstrativo da execução orçamentária, de periodicidade bimestral, no qual se discriminarão as fontes e usos do Fundo criado por este artigo.

> Acrescentado pela EC 10, de 4 de março de 1996.

Art. 72. Integram o Fundo Social de Emergência:

> Acrescentado pela ECR 1, de 7 de junho de 1994.

I – o produto da arrecadação do imposto sobre renda e proventos de qualquer natureza incidente na fonte sobre pagamentos efetuados, a qualquer título, pela União, inclusive suas autarquias e fundações;

> Acrescentado pela ECR 1, de 7 de junho de 1994.

II – a parcela do produto da arrecadação do imposto sobre renda e proventos de qualquer natureza e do imposto sobre operações de crédito, câmbio e seguro, ou relativas a títulos e valores mobiliários, decorrente das alterações produzidas pela Lei 8.894, de 21 de junho de 1994, e pelas Leis nºs 8.849 e 8.848, ambas de 28 de janeiro de 1994, e modificações posteriores;

> Inciso II acrescentado pela ECR 1, de 7 de junho de 1994, com redação dada pela EC 10, de 4 de março de 1996.

O texto anterior dispunha:
"II – a parcela do produto de arrecadação do imposto sobre propriedade territorial rural, do imposto sobre renda e proventos de qualquer natureza e do imposto sobre operações de crédito, câmbio e seguro, ou relativas a títulos ou valores mobiliários, decorrente das alterações produzidas pela Medida Provisória 419 e pelas Leis nº 8.847, 8.849 e 8.848, todas de 28 de janeiro de 1994, estendendo-se a vigência da última delas até 31 de dezembro de 1995;"

III – a parcela do produto da arrecadação resultante da elevação da alíquota da contribuição social sobre o lucro dos contribuintes a que se refere o § 1º do art. 22 da Lei 8.212, de 24 de julho de 1991, a qual, nos exercícios financeiros de 1994 e 1995, bem assim no período de 1º de janeiro de 1996 a 30 de junho de 1997, passa a ser de trinta por cento, sujeita a alteração por lei ordinária, mantidas as demais normas da Lei 7.689, de 15 de dezembro de 1988;

> Inciso III acrescentado pela ECR 1, de 7 de junho de 1994, com redação dada pela EC 10, de 4 de março de 1996.

O texto anterior dispunha:
"III – a parcela do produto da arrecadação resultante da elevação da alíquota da contribuição social sobre o lucro dos contribuintes a que se refere o § 1º do art. 22 da Lei 8.212, de 24 de julho de 1991, a qual, nos exercícios financeiros de 1994 e 1995, passa a ser de trinta por cento, mantidas as demais normas da Lei 7.689, de 15 de dezembro de 1988;"

Art. 72 CONSTITUIÇÃO DA REPÚBLICA FEDERATIVA DO BRASIL **248**

IV – vinte por cento do produto da arrecadação de todos os impostos e contribuições da União, já instituídos ou a serem criados, excetuado o previsto nos incisos I, II e III, observado o disposto nos §§ 3º e 4º;

> Inciso IV acrescentado pela ECR 1, de 7 de junho de 1994, com redação dada pela EC 10, de 4 de março de 1996.

O texto anterior dispunha:

"IV – vinte por cento do produto da arrecadação de todos os impostos e contribuições da União excetuado o previsto nos incisos I, II e III;"

V – a parcela do produto da arrecadação da contribuição de que trata a Lei Complementar 7, de 7 de setembro de 1970, devida pelas pessoas jurídicas a que se refere o inciso III deste artigo, a qual será calculada, nos exercícios financeiros de 1994 a 1995, bem assim nos períodos de 1º de janeiro de 1996 a 30 de junho de 1997 e de 1º de julho de 1997 a 31 de dezembro de 1999, mediante a aplicação da alíquota de setenta e cinco centésimos por cento, sujeita a alteração por lei ordinária posterior, sobre a receita bruta operacional, como definida na legislação do imposto sobre renda e proventos de qualquer natureza; e

> Inciso V acrescentado pela ECR 1, de 1º de março de 1994, posteriormente com a redação dada pela EC 10, de 4 de março de 1996, e atualmente com a Redação dada pela EC 17, de 22 de novembro de 1997.

O texto anterior dispunha:

"V – a parcela do produto da arrecadação da contribuição de que trata a Lei Complementar 7, de 7 de setembro de 1990, devida pelas pessoas jurídicas a que se refere o inciso III deste artigo, a qual será calculada, nos exercícios financeiros de 1994 e 1995, mediante a aplicação da alíquota de setenta e cinco centésimos por cento sobre a receita bruta operacional, como definida na legislação do imposto sobre renda e proventos de qualquer natureza;"

VI – outras receitas previstas em lei específica.

> Acrescentado pela ECR 1, de 7 de junho de 1994.

§ 1º As alíquotas e a base de cálculo previstas nos incisos III e V aplicar-se-ão a partir do primeiro dia do mês seguinte aos noventa dias posteriores à promulgação desta Emenda.

> Acrescentado pela ECR 1, de 7 de junho de 1994.

§ 2º As parcelas de que tratam os incisos I, II, III e V serão previamente deduzidas da base de cálculo de qualquer vinculação ou participação constitucional ou legal, não se lhes aplicando o disposto nos arts. 159, 212 e 239 da Constituição.

> § 2º acrescentado pela ECR 1, de 7 de junho de 1994, com redação dada pela EC 10, de 4 de março de 1996.

O texto anterior dispunha:

"§ 2º As parcelas de que tratam os incisos I, II, III e V serão previamente deduzidas da base de cálculo de qualquer vinculação ou participação constitucional ou legal, não se lhes aplicando o disposto nos arts. 158, II, 159, 212 e 239 da Constituição."

§ 3º A parcela de que trata o inciso IV será previamente deduzida da base de cálculo das vinculações ou participações constitucionais previstas nos arts. 153, § 5º, 157, II, 212 e 239 da Constituição.

> Acrescentado pela ECR 1, de 7 de junho de 1994, com redação dada pela EC 10, de 4 de março de 1996.

§ 4º O disposto no parágrafo anterior não se aplica aos recursos previstos nos arts.158, II, e 159 da Constituição.

> Acrescentado pela ECR 1, de 7 de junho de 1994, com redação dada pela EC 10, de 4 de março de 1996.

§ 5º A parcela dos recursos provenientes do imposto sobre renda e proventos de qualquer natureza, destinada ao Fundo Social de Emergência, nos termos do inciso

II deste artigo, não poderá exceder a cinco inteiros e seis décimos por cento do total do produto da sua arrecadação.

> § 5º acrescentado pela ECR 1, de 7 de junho de 1994, com redação dada pela EC 10, de 4 de março de 1996.

O texto anterior dispunha:
"§ 5º A parcela de que trata o inciso IV será previamente deduzida da base de cálculo das vinculações ou participações constitucionais previstas nos arts. 153, § 5º, 157, II, 158, II, 212 e 239 da Constituição."

Art. 73. Na regulação do Fundo Social de Emergência não poderá ser utilizado o instrumento previsto no inciso V do art. 59 da Constituição.

> Acrescentado pela ECR 1, de 7 de junho de 1994.

Art. 74. União poderá instituir contribuição provisória sobre movimentação ou transmissão de valores e de créditos e direitos de natureza financeira.

> Acrescentado pela EC 12, de 15 de agosto de 1996.
> Legislação infraconstitucional: Decreto 6.140/07 (Regulamenta a Contribuição Provisória sobre Movimentação ou Transmissão de Valores e de Créditos e Direitos de Natureza Financeira – CPMF).

§ 1º A alíquota da contribuição de que trata este artigo não excederá a vinte e cinco centésimos por cento, facultado ao Poder Executivo reduzi-la ou restabelecê-la, total ou parcialmente, nas condições e limites fixados em lei.

> Acrescentado pela EC 12, de 15 de agosto de 1996.

§ 2º À contribuição de que trata este artigo não se aplica o disposto nos arts. 153, § 5º, e 154, I, da Constituição.

> Acrescentado pela EC 12, de 15 de agosto de 1996.

§ 3º O produto da arrecadação da contribuição de que trata este artigo será destinado integralmente ao Fundo Nacional de Saúde, para financiamento das ações e serviços de saúde.

> Acrescentado pela EC 12, de 15 de agosto de 1996.

§ 4º A contribuição de que trata este artigo terá sua exigibilidade subordinada ao disposto no art. 195, § 6º, da Constituição, e não poderá ser cobrada por prazo superior a dois anos.

> Acrescentado pela EC 12, de 15 de agosto de 1996.

Art. 75. É prorrogada, por trinta e seis meses, a cobrança da contribuição provisória sobre movimentação ou transmissão de valores e de créditos e direitos de natureza financeira de que trata o art. 74, instituída pela Lei 9.311, de 24 de outubro de 1996, modificada pela Lei 9.539, de 12 de dezembro de 1997, cuja vigência é também prorrogada por idêntico prazo.

> Acrescentado pela EC 21, de 18 de março de 1999.

§ 1º Observado o disposto no § 6º do art. 195 da Constituição Federal, a alíquota da contribuição será de trinta e oito centésimos por cento, nos primeiros doze meses, e de trinta centésimos, nos meses subsequentes, facultado ao Poder Executivo reduzi-la total ou parcialmente, nos limites aqui definidos.

> Acrescentado pela EC 21, de 18 de março de 1999.

§ 2º O resultado do aumento da arrecadação, decorrente da alteração da alíquota, nos exercícios financeiros de 1999, 2000 e 2001, será destinado ao custeio da previdência social.

> Acrescentado pela EC 21, de 18 de março de 1999.

§ 3º É a União autorizada a emitir títulos da dívida pública interna, cujos recursos serão destinados ao custeio da saúde e da previdência social, em montante equivalente ao produto da arrecadação da contribuição, prevista e não realizada em 1999.
> Acrescentado pela EC 21, de 18 de março de 1999.

Art. 76. São desvinculados de órgão, fundo ou despesa, até 31 de dezembro de 2024, 30% (trinta por cento) da arrecadação da União relativa às contribuições sociais, sem prejuízo do pagamento das despesas do Regime Geral de Previdência Social, às contribuições de intervenção no domínio econômico e às taxas, já instituídas ou que vierem a ser criadas até a referida data.
> Caput com redação dada pela EC 126, de 21 de dezembro de 2022.

O texto anterior, redigido pela EC 93, de 23 de setembro de 2016, dispunha:
"Art. 76. São desvinculados de órgão, fundo ou despesa, até 31 de dezembro de 2023, 30% (trinta por cento) da arrecadação da União relativa às contribuições sociais, sem prejuízo do pagamento das despesas do Regime Geral da Previdência Social, às contribuições de intervenção no domínio econômico e às taxas, já instituídas ou que vierem a ser criadas até a referida data."

§ 1º *Revogado pela EC 93, de 23 de setembro de 2016.*
> O texto revogado, redigido pela EC 68, de 21 de dezembro de 2011, dispunha:
"§ 1º O disposto no caput não reduzirá a base de cálculo das transferências a Estados, Distrito Federal e Municípios na forma do § 5º do art. 153, do inciso I do art. 157, dos incisos I e II do art. 158 e das alíneas a, b e d do inciso I e do inciso II do art. 159 da Constituição Federal, nem a base de cálculo das destinações a que se refere a alínea c do inciso I do art. 159 da Constituição Federal."

§ 2º Excetua-se da desvinculação de que trata o *caput* a arrecadação da contribuição social do salário-educação a que se refere o § 5º do art. 212 da Constituição Federal.
> § 2º com redação dada pela EC 68, de 21 de dezembro de 2011.

O texto anterior, redigido pela EC 27, de 22 de março de 2000, dispunha:
"§ 2º Excetua-se da desvinculação de que trata o caput deste artigo a arrecadação da contribuição social do salário-educação a que se refere o art. 212, § 5º, da Constituição."

§ 3º *Revogado pela EC 93, de 23 de setembro de 2016.*
> O texto revogado, redigido pela EC 68, de 21 de dezembro de 2011, dispunha:
"§ 3º Para efeito do cálculo dos recursos para manutenção e desenvolvimento do ensino de que trata o art. 212 da Constituição Federal, o percentual referido no caput será nulo."

§ 4º A desvinculação de que trata o *caput* não se aplica às receitas das contribuições sociais destinadas ao custeio da seguridade social.
> Acrescentado pela EC 103, de 12 de novembro de 2019.

Art. 76-A. São desvinculados de órgão, fundo ou despesa, até 31 de dezembro de 2032, 30% (trinta por cento) das receitas dos Estados e do Distrito Federal relativas a impostos, taxas e multas já instituídos ou que vierem a ser criados até a referida data, seus adicionais e respectivos acréscimos legais, e outras receitas correntes.
> Caput com redação pela EC 132/2023.

O texto anterior, redigido pela EC 93, de 23 de setembro de 2016., dispunha:
"Art. 76-A. São desvinculados de órgão, fundo ou despesa, até 31 de dezembro de 2023, 30% (trinta por cento) das receitas dos Estados e do Distrito Federal relativas a impostos, taxas e multas, já instituídos ou que vierem a ser criados até a referida data, seus adicionais e respectivos acréscimos legais, e outras receitas correntes."Acrescentado pela EC 93, de 23 de setembro de 2016."

Parágrafo único. Excetuam-se da desvinculação de que trata o *caput*:

> Acrescentado pela EC 93, de 23 de setembro de 2016.

I – recursos destinados ao financiamento das ações e serviços públicos de saúde e à manutenção e desenvolvimento do ensino de que tratam, respectivamente, os incisos II e III do § 2º do art. 198 e o art. 212 da Constituição Federal;
> Acrescentado pela EC 93, de 23 de setembro de 2016.

II – receitas que pertencem aos Municípios decorrentes de transferências previstas na Constituição Federal;
> Acrescentado pela EC 93, de 23 de setembro de 2016.

III – receitas de contribuições previdenciárias e de assistência à saúde dos servidores;
> Acrescentado pela EC 93, de 23 de setembro de 2016.

IV – demais transferências obrigatórias e voluntárias entre entes da Federação com destinação especificada em lei;
> Acrescentado pela EC 93, de 23 de setembro de 2016.

V – fundos instituídos pelo Poder Judiciário, pelos Tribunais de Contas, pelo Ministério Público, pelas Defensorias Públicas e pelas Procuradorias-Gerais dos Estados e do Distrito Federal.
> Acrescentado pela EC 93, de 23 de setembro de 2016.

Art. 76-B. São desvinculados de órgão, fundo ou despesa, até 31 de dezembro de 2032, 30% (trinta por cento) das receitas dos Municípios relativas a impostos, taxas e multas, já instituídos ou que vierem a ser criados até a referida data, seus adicionais e respectivos acréscimos legais, e outras receitas correntes.
> Caput com redação pela EC 132/2023.
> O texto anterior, redigido pela EC 93, de 23 de setembro de 2016, dispunha:
> "**Art. 76-B.** São desvinculados de órgão, fundo ou despesa, até 31 de dezembro de 2023, 30% (trinta por cento) das receitas dos Municípios relativas a impostos, taxas e multas, já instituídos ou que vierem a ser criados até a referida data, seus adicionais e respectivos acréscimos legais, e outras receitas correntes."

Parágrafo único. Excetuam-se da desvinculação de que trata o *caput*:
> Acrescentado pela EC 93, de 23 de setembro de 2016.

I – recursos destinados ao financiamento das ações e serviços públicos de saúde e à manutenção e desenvolvimento do ensino de que tratam, respectivamente, os incisos II e III do § 2º do art. 198 e o art. 212 da Constituição Federal;
> Acrescentado pela EC 93, de 23 de setembro de 2016.

II – receitas de contribuições previdenciárias e de assistência à saúde dos servidores;
> Acrescentado pela EC 93, de 23 de setembro de 2016.

III – transferências obrigatórias e voluntárias entre entes da Federação com destinação especificada em lei;
> Acrescentado pela EC 93, de 23 de setembro de 2016.

IV – fundos instituídos pelo Tribunal de Contas do Município.
> Acrescentado pela EC 93, de 23 de setembro de 2016.

Art. 77. Até o exercício financeiro de 2004, os recursos mínimos aplicados nas ações e serviços públicos de saúde serão equivalentes:
> Acrescentado pela EC 29, de 13 de setembro de 2000.

I – no caso da União:
> Acrescentado pela EC 29, de 13 de setembro de 2000.

a) no ano 2000, o montante empenhado em ações e serviços públicos de saúde no exercício financeiro de 1999 acrescido de, no mínimo, cinco por cento;
> Acrescentada pela EC 29, de 13 de setembro de 2000.

b) do ano 2001 ao ano 2004, o valor apurado no ano anterior, corrigido pela variação nominal do Produto Interno Bruto – PIB;
> Acrescentada pela EC 29, de 13 de setembro de 2000.

II – no caso dos Estados e do Distrito Federal, doze por cento do produto da arrecadação dos impostos a que se refere o art. 155 e dos recursos de que tratam os arts. 157 e 159, inciso I, alínea *a*, e inciso II, deduzidas as parcelas que forem transferidas aos respectivos Municípios; e
> Acrescentado pela EC 29, de 13 de setembro de 2000.

III – no caso dos Municípios e do Distrito Federal, quinze por cento do produto da arrecadação dos impostos a que se refere o art. 156 e dos recursos de que tratam os arts. 158 e 159, inciso I, alínea *b* e § 3º.
> Acrescentado pela EC 29, de 13 de setembro de 2000.

§ 1º Os Estados, o Distrito Federal e os Municípios que apliquem percentuais inferiores aos fixados nos incisos II e III deverão elevá-los gradualmente, até o exercício financeiro de 2004, reduzida a diferença à razão de, pelo menos, um quinto por ano, sendo que, a partir de 2000, a aplicação será de pelo menos sete por cento.
> Acrescentado pela EC 29, de 13 de setembro de 2000.

§ 2º Dos recursos da União apurados nos termos deste artigo, quinze por cento, no mínimo, serão aplicados nos Municípios, segundo o critério populacional, em ações e serviços básicos de saúde, na forma da lei.
> Acrescentado pela EC 29, de 13 de setembro de 2000.

§ 3º Os recursos dos Estados, do Distrito Federal e dos Municípios destinados às ações e serviços públicos de saúde e os transferidos pela União para a mesma finalidade serão aplicados por meio de Fundo de Saúde que será acompanhado e fiscalizado por Conselho de Saúde, sem prejuízo do disposto no art. 74 da Constituição Federal.
> Acrescentado pela EC 29, de 13 de setembro de 2000.

§ 4º Na ausência da lei complementar a que se refere o art. 198, § 3º, a partir do exercício financeiro de 2005, aplicar-se-á à União, aos Estados, ao Distrito Federal e aos Municípios o disposto neste artigo.
> Acrescentado pela EC 29, de 13 de setembro de 2000.

Art. 78. Ressalvados os créditos definidos em lei como de pequeno valor, os de natureza alimentícia, os de que trata o art. 33 deste Ato das Disposições Constitucionais Transitórias e suas complementações e os que já tiverem os seus respectivos recursos liberados ou depositados em juízo, os precatórios pendentes na data de promulgação desta Emenda e os que decorram de ações iniciais ajuizadas até 31 de dezembro de 1999 serão liquidados pelo seu valor real, em moeda corrente, acrescido de juros legais, em prestações anuais, iguais e sucessivas, no prazo máximo de dez anos, permitida a cessão dos créditos.

> Acrescentado pela EC 30, de 13 de setembro de 2000.

§ 1º É permitida a decomposição de parcelas, a critério do credor.

> Acrescentado pela EC 30, de 13 de setembro de 2000.

§ 2º As prestações anuais a que se refere o *caput* desse artigo terão, se não liquidadas até o final do exercício a que se referem, poder liberatório do pagamento de tributos da entidade devedora.

> Acrescentado pela EC 30, de 13 de setembro de 2000.

§ 3º O prazo referido no *caput* deste artigo fica reduzido para dois anos, nos casos de precatórios judiciais originários de desapropriação de imóvel residencial do credor, desde que comprovadamente único à época da imissão na posse.

> Acrescentado pela EC 30, de 13 de setembro de 2000.

§ 4º O Presidente do Tribunal competente deverá, vencido o prazo ou em caso de omissão no orçamento, ou preterição ao direito de precedência, a requerimento do credor, requisitar ou determinar o sequestro de recursos financeiros da entidade executada, suficientes à satisfação da prestação.

> Acrescentado pela EC 30, de 13 de setembro de 2000.

Art. 79. É instituído, para vigorar até o ano de 2010, no âmbito do Poder Executivo Federal, o Fundo de Combate e Erradicação da Pobreza, a ser regulado por lei complementar com o objetivo de viabilizar a todos os brasileiros acesso a níveis dignos de subsistência, cujos recursos serão aplicados em ações suplementares de nutrição, habitação, educação, saúde, reforço de renda familiar e outros programas de relevante interesse social voltados para melhoria da qualidade de vida.

> Acrescentado pela EC 31, de 14 de dezembro de 2000.
> Artigos constitucionais conexos: 1º, III; 3º, III; 6º; 7º, IV e art. 4º, EC 42/03; EC 67/10.
> Legislação infraconstitucional: LC 111/01 (Fundo de Combate à Pobreza); EC 67/10 (Art. 1º Prorrogam-se, por tempo indeterminado, o prazo de vigência do Fundo de Combate e Erradicação da Pobreza a que se refere o *caput* do art. 79 do Ato das Disposições Constitucionais Transitórias e, igualmente, o prazo de vigência da LC 111, de 6 de julho de 2001, que "Dispõe sobre o Fundo de Combate e Erradicação da Pobreza, na forma prevista nos arts. 79, 80 e 81 do Ato das Disposições Constitucionais Transitórias").

Parágrafo único. O Fundo previsto neste artigo terá Conselho Consultivo e de Acompanhamento que conte com a participação de representantes da sociedade civil, nos termos da lei.

> Acrescentado pela EC 31, de 14 de dezembro de 2000.

Art. 80. Compõem o Fundo de Combate e Erradicação da Pobreza:

> Acrescentado pela EC 31, de 14 de dezembro de 2000.

I – a parcela do produto da arrecadação correspondente a um adicional de oito centésimos por cento, aplicável de 18 de junho de 2000 a 17 de junho de 2002, na alíquota da contribuição social de que trata o art. 75 do Ato das Disposições Constitucionais Transitórias;

> Acrescentado pela EC 31, de 14 de dezembro de 2000.

II – a parcela do produto da arrecadação correspondente a um adicional de cinco pontos percentuais na alíquota do Imposto sobre Produtos Industrializados – IPI, ou do imposto que vier a substituí-lo, incidente sobre produtos supérfluos e aplicável até a extinção do Fundo;

> Acrescentado pela EC 31, de 14 de dezembro de 2000.

Texto novo: II – Revogado pela EC 132/2023;

> Inciso II revogado pela EC 132/2023, em vigor a partir de 2033.

III – o produto da arrecadação do imposto de que trata o art. 153, inciso VII, da Constituição;

> Acrescentado pela EC 31, de 14 de dezembro de 2000.

IV – dotações orçamentárias;

> Acrescentado pela EC 31, de 14 de dezembro de 2000.

V – doações, de qualquer natureza, de pessoas físicas ou jurídicas do País ou do exterior;

> Acrescentado pela EC 31, de 14 de dezembro de 2000.

VI – outras receitas, a serem definidas na regulamentação do referido Fundo.

> Acrescentado pela EC 31, de 14 de dezembro de 2000.

§ 1º Aos recursos integrantes do Fundo de que trata este artigo não se aplica o disposto nos arts. 159 e 167, inciso IV, da Constituição, assim como qualquer desvinculação de recursos orçamentários.

> Acrescentado pela EC 31, de 14 de dezembro de 2000.

§ 2º A arrecadação decorrente do disposto no inciso I deste artigo, no período compreendido entre 18 de junho de 2000 e o início da vigência da lei complementar a que se refere o art. 79, será integralmente repassada ao Fundo, preservado o seu valor real, em títulos públicos federais, progressivamente resgatáveis após 18 de junho de 2002, na forma da lei.

> Acrescentado pela EC 31, de 14 de dezembro de 2000.

Art. 81. É instituído Fundo constituído pelos recursos recebidos pela União em decorrência da desestatização de sociedades de economia mista ou empresas públicas por ela controladas, direta ou indiretamente, quando a operação envolver a alienação do respectivo controle acionário a pessoa ou entidade não integrante da Administração Pública, ou de participação societária remanescente após a alienação, cujos rendimentos, gerados a partir de 18 de junho de 2002, reverterão ao Fundo de Combate e Erradicação de Pobreza.

> Acrescentado pela EC 31, de 14 de dezembro de 2000.

§ 1º Caso o montante anual previsto nos rendimentos transferidos ao Fundo de Combate e Erradicação da Pobreza, na forma deste artigo, não alcance o valor de quatro bilhões de reais, far-se-á complementação na forma do art. 80, inciso IV, do Ato das Disposições Constitucionais Transitórias.

> Acrescentado pela EC 31, de 14 de dezembro de 2000.

§ 2º Sem prejuízo do disposto no § 1º, o Poder Executivo poderá destinar ao Fundo a que se refere este artigo outras receitas decorrentes da alienação de bens da União.

> Acrescentado pela EC 31, de 14 de dezembro de 2000.

§ 3º A constituição do Fundo a que se refere o *caput*, a transferência de recursos ao Fundo de Combate e Erradicação da Pobreza e as demais disposições referentes ao § 1º deste artigo serão disciplinadas em lei, não se aplicando o disposto no art. 165, § 9º, inciso II, da Constituição.
> *Acrescentado pela EC 31, de 14 de dezembro de 2000.*

Art. 82. Os Estados, o Distrito Federal e os Municípios devem instituir Fundos de Combate à Pobreza, com os recursos de que trata este artigo e outros que vierem a destinar, devendo os referidos Fundos ser geridos por entidades que contem com a participação da sociedade civil.
> *Acrescentado pela EC 31, de 14 de dezembro de 2000.*

Texto novo: Art. 82. Os Estados, o Distrito Federal e os Municípios devem instituir Fundos de Combate à Pobreza, devendo os referidos Fundos ser geridos por entidades que contem com a participação da sociedade civil.
> *Caput com redação pela EC 132/2023, em vigor a partir de 2033.*

§ 1º Para o financiamento dos Fundos Estaduais e Distrital, poderá ser criado adicional de até dois pontos percentuais na alíquota do Imposto sobre Circulação de Mercadorias e Serviços – ICMS, sobre os produtos e serviços supérfluos e nas condições definidas na lei complementar de que trata o art. 155, § 2º, XII, da Constituição, não se aplicando, sobre este percentual, o disposto no art. 158, IV, da Constituição.
> *§ 1º com redação dada pela EC 42, de 19 de dezembro de 2003.*
> O texto anterior, redigido pela EC 31, de 14 de dezembro de 2000, dispunha:
> "*§ 1º Para o financiamento dos Fundos Estaduais e Distrital, poderá ser criado adicional de até dois pontos percentuais na alíquota do Imposto sobre Circulação de Mercadorias e Serviços – ICMS, ou do imposto que vier a substituí-lo, sobre os produtos e serviços supérfluos, não se aplicando, sobre este adicional, o disposto no art. 158, inciso IV, da Constituição.*"

Texto novo: § 1º Para o financiamento dos Fundos Estaduais, Distrital e Municipais, poderá ser destinado percentual do imposto previsto no art. 156-A da Constituição Federal e dos recursos distribuídos nos termos dos arts. 131 e 132 deste Ato das Disposições Constitucionais Transitórias, nos limites definidos em lei complementar, não se aplicando, sobre estes valores, o disposto no art. 158, IV, da Constituição Federal.
> *§ 1º com redação pela EC 132/2023, em vigor a partir de 2033.*

§ 2º Para o financiamento dos Fundos Municipais, poderá ser criado adicional de até meio ponto percentual na alíquota do Imposto sobre Serviços ou do imposto que vier a substituí-lo, sobre serviços supérfluos.
> *Acrescentado pela EC 31, de 14 de dezembro de 2000.*

Texto novo: § 2º *Revogado pela EC 132/2023;*
> *§ 2º revogado pela EC 132/2023, em vigor a partir de 2033.*

Art. 83. Lei federal definirá os produtos e serviços supérfluos a que se referem os arts. 80, II, e 82, § 2º.
> *Redação dada pela EC 42, de 19 de dezembro de 2003.*
> O texto anterior, redigido pela EC 31, de 14 de dezembro de 2000, dispunha:
> "*Art. 83. Lei federal definirá os produtos e serviços supérfluos a que se referem os arts. 80, inciso II, e 82, §§ 1º e 2º.*"

Texto novo: Art. 83. *Revogado pela EC 132/2023;*
> *§ 2º revogado pela EC 132/2023, em vigor a partir de 2033.*

Art. 84. A contribuição provisória sobre movimentação ou transmissão de valores e de créditos e direitos de natureza financeira, prevista nos arts. 74, 75 e 80, I, deste Ato das Disposições Constitucionais Transitórias, será cobrada até 31 de dezembro de 2004.

> Art. 84, caput, acrescentado pela EC 37, de 12 de junho de 2002.

> Legislação infraconstitucional: Decreto 6.140/07 (Regulamenta a Contribuição Provisória sobre Movimentação ou Transmissão de Valores e de Créditos e Direitos de Natureza Financeira – CPMF).

§ 1º Fica prorrogada, até a data referida no *caput* deste artigo, a vigência da Lei 9.311, de 24 de outubro de 1996, e suas alterações.

> § 1º acrescentado pela EC 37, de 12 de junho de 2002.

§ 2º Do produto da arrecadação da contribuição social de que trata este artigo será destinada a parcela correspondente à alíquota de:

> § 2º acrescentado pela EC 37, de 12 de junho de 2002.

I – vinte centésimos por cento ao Fundo Nacional de Saúde, para financiamento das ações e serviços de saúde;

> Inciso I acrescentado pela EC 37, de 12 de junho de 2002.

II – dez centésimos por cento ao custeio da previdência social;

> Inciso II acrescentado pela EC 37, de 12 de junho de 2002.

III – oito centésimos por cento ao Fundo de Combate e Erradicação da Pobreza, de que tratam os arts. 80 e 81 deste Ato das Disposições Constitucionais Transitórias.

> Inciso III acrescentado pela EC 37, de 12 de junho de 2002.

§ 3º A alíquota da contribuição de que trata este artigo será de:

> § 3º acrescentado pela EC 37, de 12 de junho de 2002.

I – trinta e oito centésimos por cento, nos exercícios financeiros de 2002 e 2003;

> Inciso I acrescentado pela EC 37, de 12 de junho de 2002.

II – *Revogado pela EC 42, de 19 de dezembro de 2003.*

> O texto anterior, redigido pela EC 37, de 12 de julho de 2002, dispunha:
> "II – oito centésimos por cento, no exercício financeiro de 2004, quando será integralmente destinada ao Fundo de Combate e Erradicação da Pobreza, de que tratam os arts. 80 e 81 deste Ato das Disposições Constitucionais Transitórias."

Art. 85. A contribuição a que se refere o art. 84 deste Ato das Disposições Constitucionais Transitórias não incidirá, a partir do trigésimo dia da data de publicação desta Emenda Constitucional, nos lançamentos:

> Art. 85, caput, acrescentado pela EC 37, de 12 de junho de 2002.

I – em contas correntes de depósito especialmente abertas e exclusivamente utilizadas para operações de:

a) câmaras e prestadoras de serviços de compensação e de liquidação de que trata o parágrafo único do art. 2º da Lei 10.214, de 27 de março de 2001;

b) companhias securitizadoras de que trata a Lei 9.514, de 20 de novembro de 1997;

c) sociedades anônimas que tenham por objeto exclusivo a aquisição de créditos oriundos de operações praticadas no mercado financeiro;

> Inciso I acrescentado pela EC 37, de 12 de junho de 2002.

II – em contas-correntes de depósito, relativos a:

a) operações de compra e venda de ações, realizadas em recintos ou sistemas de negociação de bolsas de valores e no mercado de balcão organizado;

b) contratos referenciados em ações ou índices de ações, em suas diversas modalidades, negociados em bolsas de valores, de mercadorias e de futuros;

> Inciso II acrescentado pela EC 37, de 12 de junho de 2002.

III – em contas de investidores estrangeiros, relativos a entradas no País e a remessas para o exterior de recursos financeiros empregados, exclusivamente, em operações e contratos referidos no inciso II deste artigo.

> Inciso III acrescentado pela EC 37, de 12 de junho de 2002.

§ 1º O Poder Executivo disciplinará o disposto neste artigo no prazo de trinta dias da data de publicação desta Emenda Constitucional.

> § 1º acrescentado pela EC 37, de 12 de junho de 2002.

§ 2º O disposto no inciso I deste artigo aplica-se somente às operações relacionadas em ato do Poder Executivo, dentre aquelas que constituam o objeto social das referidas entidades.

> § 2º acrescentado pela EC 37, de 12 de junho de 2002.

§ 3º O disposto no inciso II deste artigo aplica-se somente a operações e contratos efetuados por intermédio de instituições financeiras, sociedades corretoras de títulos e valores mobiliários, sociedades distribuidoras de títulos e valores mobiliários e sociedades corretoras de mercadorias.

> § 3º acrescentado pela EC 37, de 12 de junho de 2002.

Art. 86. Serão pagos conforme disposto no art. 100 da Constituição Federal, não se lhes aplicando a regra de parcelamento estabelecida no *caput* do art. 78 deste Ato das Disposições Constitucionais Transitórias, os débitos da Fazenda Federal, Estadual, Distrital ou Municipal oriundos de sentenças transitadas em julgado, que preencham cumulativamente, as seguintes condições:

> Art. 86, caput, acrescentado pela EC 37, de 12 de junho de 2002.

I – ter sido objeto de emissão de precatórios judiciários;

> Inciso I acrescentado pela EC 37, de 12 de junho de 2002.

II – ter sido definidos como de pequeno valor pela lei de que trata o § 3º do art. 100 da Constituição Federal ou pelo art. 87 deste Ato das Disposições Constitucionais Transitórias;

> Inciso II acrescentado pela EC 37, de 12 de junho de 2002.

III – estar, total ou parcialmente, pendentes de pagamento na data da publicação desta Emenda Constitucional.

> Inciso III acrescentado pela EC 37, de 12 de junho de 2002.

§ 1º Os débitos a que se refere o *caput* deste artigo, ou os respectivos saldos, serão pagos na ordem cronológica de apresentação dos respectivos precatórios, com precedência sobre os de maior valor.

> § 1º acrescentado pela EC 37, de 12 de junho de 2002.

§ 2º Os débitos a que se refere o *caput* deste artigo, se ainda não tiverem sido objeto de pagamento parcial, nos termos do art. 78 deste Ato das Disposições Constitucionais Transitórias, poderão ser pagos em duas parcelas anuais, se assim dispuser a lei.

> § 2º *acrescentado pela EC 37, de 12 de junho de 2002.*

§ 3º Observada a ordem cronológica de sua apresentação, os débitos de natureza alimentícia previstos neste artigo terão precedência para pagamento sobre todos os demais.

> § 3º *acrescentado pela EC 37, de 12 de junho de 2002.*

Art. 87. Para efeito do que dispõem o § 3º do art. 100 da Constituição Federal e o art. 78 deste Ato das Disposições Constitucionais Transitórias serão considerados de pequeno valor, até que se dê a publicação oficial das respectivas leis definidoras pelos entes da Federação, observado o disposto no § 4º do art. 100 da Constituição Federal, os débitos ou obrigações consignados em precatório judiciário, que tenham valor igual ou inferior a:

> *Art. 87, caput, acrescentado pela EC 37, de 12 de junho de 2002.*

I – quarenta salários mínimos, perante a Fazenda dos Estados e do Distrito Federal;

> *Inciso I acrescentado pela EC 37, de 12 de junho de 2002.*

II – trinta salários mínimos, perante a Fazenda dos Municípios.

> *Inciso II acrescentado pela EC 37, de 12 de junho de 2002.*

Parágrafo único. Se o valor da execução ultrapassar o estabelecido neste artigo, o pagamento far-se-á, sempre, por meio de precatório, sendo facultada à parte exequente a renúncia ao crédito do valor excedente, para que possa optar pelo pagamento do saldo sem o precatório, da forma prevista no § 3º do art. 100.

> *Parágrafo único acrescentado pela EC 37, de 12 de junho de 2002.*

Art. 88. Enquanto lei complementar não disciplinar o disposto nos incisos I e III do § 3º do art. 156 da Constituição Federal, o imposto a que se refere o inciso III do *caput* do mesmo artigo:

> *Art. 88, caput, acrescentado pela EC 37, de 12 de junho de 2002.*

I – terá alíquota mínima de dois por cento, exceto para os serviços a que se referem os itens 32, 33 e 34 da Lista de Serviços anexa ao Decreto-lei 406, de 31 de dezembro de 1968;

> *Inciso I acrescentado pela EC 37, de 12 de junho de 2002.*

II – não será objeto de concessão de isenções, incentivos e benefícios fiscais, que resulte, direta ou indiretamente, na redução da alíquota mínima estabelecida no inciso I.

> *Inciso II acrescentado pela EC 37, de 12 de junho de 2002.*

Art. 89. Os integrantes da carreira policial militar e os servidores municipais do ex-Território Federal de Rondônia que, comprovadamente, se encontravam no exercício regular de suas funções prestando serviço àquele ex-Território na data em que foi transformado em Estado, bem como os servidores e os policiais militares alcançados pelo disposto no art. 36 da Lei Complementar 41, de 22 de dezembro de 1981, e aqueles admitidos regularmente nos quadros do Estado de Rondônia até a data de posse do primeiro Governador eleito, em 15 de março de 1987, constituirão, mediante opção, quadro em extinção da administração federal, assegurados os direitos e as vantagens a eles inerentes, vedado o pagamento, a qualquer título, de diferenças remuneratórias.

> Redação do art. 89 dada pela EC 60, de 11 de novembro de 2009.

O texto anterior, redigido pela EC 38, de 12 de junho de 2002, dispunha:

"Art. 89. Os integrantes da carreira policial militar do ex-Território Federal de Rondônia, que comprovadamente se encontravam no exercício regular de suas funções prestando serviços àquele ex-Território na data em que foi transformado em Estado, bem como os Policiais Militares admitidos por força de lei federal, custeados pela União, constituirão quadro em extinção da administração federal, assegurados os direitos e vantagens a eles inerentes, vedado o pagamento, a qualquer título, de diferenças remuneratórias, bem como ressarcimentos ou indenizações de qualquer espécie, anteriores à promulgação desta Emenda."

§ 1º Os membros da Polícia Militar continuarão prestando serviços ao Estado de Rondônia, na condição de cedidos, submetidos às corporações da Polícia Militar, observadas as atribuições de função compatíveis com o grau hierárquico.

> Redação do § 1º dada pela EC 60, de 11 de novembro de 2009.

O texto anterior, redigido pela EC 38, de 12 de junho de 2002, dispunha:

"Parágrafo único. Os servidores da carreira policial militar continuarão prestando serviços ao Estado de Rondônia na condição de cedidos, submetidos às disposições legais e regulamentares a que estão sujeitas as corporações da respectiva Polícia Militar, observadas as atribuições de função compatíveis com seu grau hierárquico."

§ 2º Os servidores a que se refere o *caput* continuarão prestando serviços ao Estado de Rondônia na condição de cedidos, até seu aproveitamento em órgão ou entidade da administração federal direta, autárquica ou fundacional.

> § 2º acrescentado pela EC 60, de 11 de novembro de 2009.

Art. 90. O prazo previsto no *caput* do art. 84 deste Ato das Disposições Constitucionais Transitórias fica prorrogado até 31 de dezembro de 2007.

> Acrescentado pela EC 42, de 19 de dezembro de 2003.

§ 1º Fica prorrogada, até a data referida no *caput* deste artigo, a vigência da Lei 9.311, de 24 de outubro de 1996, e suas alterações.

> Acrescentado pela EC 42, de 19 de dezembro de 2003.

§ 2º Até a data referida no *caput* deste artigo, a alíquota da contribuição de que trata o art. 84 deste Ato das Disposições Constitucionais Transitórias será de trinta e oito centésimos por cento.

> Acrescentado pela EC 42, de 19 de dezembro de 2003.

Art. 91. *Revogado pela EC 109, de 15 de março de 2021.*

> O texto anterior, acrescentado pela EC 42, de 19 de dezembro de 2003, dispunha:

"Art. 91. A União entregará aos Estados e ao Distrito Federal o montante definido em lei complementar, de acordo com critérios, prazos e condições nela determinados, podendo considerar as exportações para o exterior de produtos primários e semielaborados, a relação entre as exportações e as importações, os créditos decorrentes de aquisições destinadas ao ativo permanente e a efetiva manutenção e aproveitamento do crédito do imposto a que se refere o art. 155, § 2º, X, a.

§ 1º Do montante de recursos que cabe a cada Estado, setenta e cinco por cento pertencem ao próprio Estado, e vinte e cinco por cento, aos seus Municípios, distribuídos segundo os critérios a que se refere o art. 158, parágrafo único, da Constituição.

§ 2º A entrega de recursos prevista neste artigo perdurará, conforme definido em lei complementar, até que o imposto a que se refere o art. 155, II, tenha o produto de sua arrecadação destinado predominantemente, em proporção não inferior a oitenta por cento, ao Estado onde ocorrer o consumo das mercadorias, bens ou serviços.

Art. 92

§ 3º Enquanto não for editada a lei complementar de que trata o caput, em substituição ao sistema de entrega de recursos nele previsto, permanecerá vigente o sistema de entrega de recursos previsto no art. 31 e Anexo da Lei Complementar 87, de 13 de setembro de 1996, com a redação dada pela Lei Complementar 115, de 26 de dezembro de 2002.

§ 4º Os Estados e o Distrito Federal deverão apresentar à União, nos termos das instruções baixadas pelo Ministério da Fazenda, as informações relativas ao imposto de que trata o art. 155, II, declaradas pelos contribuintes que realizarem operações ou prestações com destino ao exterior."

Art. 92. São acrescidos dez anos ao prazo fixado no art. 40 deste Ato das Disposições Constitucionais Transitórias.

> Acrescentado pela EC 42, de 19 de dezembro de 2003.

Art. 92-A. São acrescidos 50 (cinquenta) anos ao prazo fixado pelo art. 92 deste Ato das Disposições Constitucionais Transitórias.

> Acrescentado pela EC 83, de 5 de agosto de 2014.

Art. 92-B. As leis instituidoras dos tributos previstos nos arts. 156-A e 195, V, da Constituição Federal estabelecerão os mecanismos necessários, com ou sem contrapartidas, para manter, em caráter geral, o diferencial competitivo assegurado à Zona Franca de Manaus pelos arts. 40 e 92-A e às áreas de livre comércio existentes em 31 de maio de 2023, nos níveis estabelecidos pela legislação relativa aos tributos extintos a que se referem os arts. 126 a 129, todos deste Ato das Disposições Constitucionais Transitórias.

> Artigo acrescido pela EC 132/2023.

§ 1º Para assegurar o disposto no caput, serão utilizados, isolada ou cumulativamente, instrumentos fiscais, econômicos ou financeiros.

§ 2º Lei complementar instituirá Fundo de Sustentabilidade e Diversificação Econômica do Estado do Amazonas, que será constituído com recursos da União e por ela gerido, com a efetiva participação do Estado do Amazonas na definição das políticas, com o objetivo de fomentar o desenvolvimento e a diversificação das atividades econômicas no Estado.

§ 3º A lei complementar de que trata o § 2º:

I – estabelecerá o montante mínimo de aporte anual de recursos ao Fundo, bem como os critérios para sua correção;

II – preverá a possibilidade de utilização dos recursos do Fundo para compensar eventual perda de receita do Estado do Amazonas em função das alterações no sistema tributário decorrentes da instituição dos tributos previstos nos arts. 156-A e 195, V, da Constituição Federal.

§ 4º A União, mediante acordo com o Estado do Amazonas, poderá reduzir o alcance dos instrumentos previstos no § 1º, condicionado ao aporte de recursos adicionais ao Fundo de que trata o § 2º, asseguradas a diversificação das atividades econômicas e a antecedência mínima de 3 (três) anos.

§ 5º Não se aplica aos mecanismos previstos no caput o disposto nos incisos III e IV do caput do art. 149-B da Constituição Federal.

§ 6º Lei complementar instituirá Fundo de Desenvolvimento Sustentável dos Estados da Amazônia Ocidental e do Amapá, que será constituído com recursos da União e por ela gerido, com a efetiva participação desses Estados na definição das políticas, com o objetivo de fomentar o desenvolvimento e a diversificação de suas atividades econômicas.

§ 7º O Fundo de que trata o § 6º será integrado pelos Estados onde estão localizadas as áreas de livre comércio de que trata o *caput* e observará, no que couber, o disposto no § 3º, I e II, sendo, quanto a este inciso, considerados os respectivos Estados, e no § 4º.

Art. 93. A vigência do disposto no art. 159, III, e § 4º, iniciará somente após a edição da lei de que trata o referido inciso III.

> Acrescentado pela EC 42, de 19 de dezembro de 2003.

Art. 94. Os regimes especiais de tributação para microempresas e empresas de pequeno porte próprios da União, dos Estados, do Distrito Federal e dos Municípios cessarão a partir da entrada em vigor do regime previsto no art. 146, III, *d*, da Constituição.

> Acrescentado pela EC 42, de 19 de dezembro de 2003.

> Legislação infraconstitucional: LC 123/06 (Institui o Estatuto Nacional da Microempresa e da Empresa de Pequeno Porte), alterada pelas Leis Complementares nos 127/07, 128/08, 133/09, 139/11, 147/14, 155/16.

Art. 95. Os nascidos no estrangeiro entre 7 de junho de 1994 e a data da promulgação desta Emenda Constitucional, filhos de pai brasileiro ou mãe brasileira, poderão ser registrados em repartição diplomática ou consular brasileira competente ou em ofício de registro, se vierem a residir na República Federativa do Brasil.

> Acrescentado pela EC 54, de 20 de setembro de 2007.

Art. 96. Ficam convalidados os atos de criação, fusão, incorporação e desmembramento de Municípios, cuja lei tenha sido publicada até 31 de dezembro de 2006, atendidos os requisitos estabelecidos na legislação do respectivo Estado à época de sua criação.

> Acrescentado pela EC 57, de 18 de dezembro de 2008.

Art. 97. Até que seja editada a lei complementar de que trata o § 15 do art. 100 da Constituição Federal, os Estados, o Distrito Federal e os Municípios que, na data de publicação desta Emenda Constitucional, estejam em mora na quitação de precatórios vencidos, relativos às suas administrações direta e indireta, inclusive os emitidos durante o período de vigência do regime especial instituído por este artigo, farão esses pagamentos de acordo com as normas a seguir estabelecidas, sendo inaplicável o disposto no art. 100 desta Constituição Federal, exceto em seus §§ 2º, 3º, 9º, 10, 11, 12, 13 e 14, e sem prejuízo dos acordos de juízos conciliatórios já formalizados na data de promulgação desta Emenda Constitucional.

> Acrescentado pela EC 62, de 9 de dezembro de 2009.

§ 1º Os Estados, o Distrito Federal e os Municípios sujeitos ao regime especial de que trata este artigo optarão, por meio de ato do Poder Executivo:

I – pelo depósito em conta especial do valor referido pelo § 2º deste artigo; ou

II – pela adoção do regime especial pelo prazo de até 15 (quinze) anos, caso em que o percentual a ser depositado na conta especial a que se refere o § 2º deste artigo corresponderá, anualmente, ao saldo total dos precatórios devidos, acrescido do índice oficial de remuneração básica da caderneta de poupança e de juros simples no mesmo percentual de juros incidentes sobre a caderneta de poupança para fins de compensação da mora, excluída a incidência de juros compensatórios, diminuído das amortizações e dividido pelo número de anos restantes no regime especial de pagamento.

> Acrescentado pela EC 62, de 9 de dezembro de 2009.

§ 2º Para saldar os precatórios, vencidos e a vencer, pelo regime especial, os Estados, o Distrito Federal e os Municípios devedores depositarão mensalmente, em conta especial criada para tal fim, 1/12 (um doze avos) do valor calculado percentualmente sobre as respectivas receitas correntes líquidas, apuradas no segundo mês anterior ao mês de pagamento, sendo que esse percentual, calculado no momento de opção pelo regime e mantido fixo até o final do prazo a que se refere o § 14 deste artigo, será:

I – para os Estados e para o Distrito Federal:

a) de, no mínimo, 1,5% (um inteiro e cinco décimos por cento), para os Estados das regiões Norte, Nordeste e Centro-Oeste, além do Distrito Federal, ou cujo estoque de precatórios pendentes das suas administrações direta e indireta corresponder a até 35% (trinta e cinco por cento) do total da receita corrente líquida;

b) de, no mínimo, 2% (dois por cento), para os Estados das regiões Sul e Sudeste, cujo estoque de precatórios pendentes das suas administrações direta e indireta corresponder a mais de 35% (trinta e cinco por cento) da receita corrente líquida;

II – para Municípios:

a) de, no mínimo, 1% (um por cento), para Municípios das regiões Norte, Nordeste e Centro-Oeste, ou cujo estoque de precatórios pendentes das suas administrações direta e indireta corresponder a até 35% (trinta e cinco por cento) da receita corrente líquida;

b) de, no mínimo, 1,5% (um inteiro e cinco décimos por cento), para Municípios das regiões Sul e Sudeste, cujo estoque de precatórios pendentes das suas administrações direta e indireta corresponder a mais de 35% (trinta e cinco por cento) da receita corrente líquida.

> Acrescentado pela EC 62, de 9 de dezembro de 2009.

§ 3º Entende-se como receita corrente líquida, para os fins de que trata este artigo, o somatório das receitas tributárias, patrimoniais, industriais, agropecuárias, de contribuições e de serviços, transferências correntes e outras receitas correntes, incluindo as oriundas do § 1º do art. 20 da Constituição Federal, verificado no período compreendido pelo mês de referência e os 11 (onze) meses anteriores, excluídas as duplicidades, e deduzidas:

I – nos Estados, as parcelas entregues aos Municípios por determinação constitucional;

II – nos Estados, no Distrito Federal e nos Municípios, a contribuição dos servidores para custeio do seu sistema de previdência e assistência social e as receitas provenientes da compensação financeira referida no § 9º do art. 201 da Constituição Federal.

> Acrescentado pela EC 62, de 9 de dezembro de 2009.

§ 4º As contas especiais de que tratam os §§ 1º e 2º serão administradas pelo Tribunal de Justiça local, para pagamento de precatórios expedidos pelos tribunais.

> Acrescentado pela EC 62, de 9 de dezembro de 2009.

§ 5º Os recursos depositados nas contas especiais de que tratam os §§ 1º e 2º deste artigo não poderão retornar para Estados, Distrito Federal e Municípios devedores.

> Acrescentado pela EC 62, de 9 de dezembro de 2009.

§ 6º Pelo menos 50% (cinquenta por cento) dos recursos de que tratam os §§ 1º e 2º deste artigo serão utilizados para pagamento de precatórios em ordem cronológica de apresentação, respeitadas as preferências definidas no § 1º, para os requisitórios do mesmo ano e no § 2º do art. 100, para requisitórios de todos os anos.

> Acrescentado pela EC 62, de 9 de dezembro de 2009.

§ 7º Nos casos em que não se possa estabelecer a precedência cronológica entre 2 (dois) precatórios, pagar-se-á primeiramente o precatório de menor valor.

> Acrescentado pela EC 62, de 9 de dezembro de 2009.

§ 8º A aplicação dos recursos restantes dependerá de opção a ser exercida por Estados, Distrito Federal e Municípios devedores, por ato do Poder Executivo, obedecendo à seguinte forma, que poderá ser aplicada isoladamente ou simultaneamente:

I – destinados ao pagamento dos precatórios por meio do leilão;

II – destinados a pagamento a vista de precatórios não quitados na forma do § 6º e do inciso I, em ordem única e crescente de valor por precatório;

III – destinados a pagamento por acordo direto com os credores, na forma estabelecida por lei própria da entidade devedora, que poderá prever criação e forma de funcionamento de câmara de conciliação.

> Acrescentado pela EC 62, de 9 de dezembro de 2009.

§ 9º Os leilões de que trata o inciso I do § 8º deste artigo:

I – serão realizados por meio de sistema eletrônico administrado por entidade autorizada pela Comissão de Valores Mobiliários ou pelo Banco Central do Brasil;

II – admitirão a habilitação de precatórios, ou parcela de cada precatório indicada pelo seu detentor, em relação aos quais não esteja pendente, no âmbito do Poder Judiciário, recurso ou impugnação de qualquer natureza, permitida por iniciativa do Poder Executivo a compensação com débitos líquidos e certos, inscritos ou não em dívida ativa e constituídos contra devedor originário pela Fazenda Pública devedora até a data da expedição do precatório, ressalvados aqueles cuja exigibilidade esteja suspensa nos termos da legislação, ou que já tenham sido objeto de abatimento nos termos do § 9º do art. 100 da Constituição Federal;

III – ocorrerão por meio de oferta pública a todos os credores habilitados pelo respectivo ente federativo devedor;

IV – considerarão automaticamente habilitado o credor que satisfaça o que consta no inciso II;

V – serão realizados tantas vezes quanto necessário em função do valor disponível;

VI – a competição por parcela do valor total ocorrerá a critério do credor, com deságio sobre o valor desta;

VII – ocorrerão na modalidade deságio, associado ao maior volume ofertado cumulado ou não com o maior percentual de deságio, pelo maior percentual de deságio, podendo ser fixado valor máximo por credor, ou por outro critério a ser definido em edital;

VIII – o mecanismo de formação de preço constará nos editais publicados para cada leilão;

IX – a quitação parcial dos precatórios será homologada pelo respectivo Tribunal que o expediu.

> Acrescentado pela EC 62, de 9 de dezembro de 2009.

§ 10. No caso de não liberação tempestiva dos recursos de que tratam o inciso II do § 1º e os §§ 2º e 6º deste artigo:

I – haverá o sequestro de quantia nas contas de Estados, Distrito Federal e Municípios devedores, por ordem do Presidente do Tribunal referido no § 4º, até o limite do valor não liberado;

II – constituir-se-á, alternativamente, por ordem do Presidente do Tribunal requerido, em favor dos credores de precatórios, contra Estados, Distrito Federal e Municípios devedores, direito líquido e certo, autoaplicável e independentemente de regulamentação, à compensação automática com débitos líquidos lançados por esta contra aqueles, e, havendo saldo em favor do credor, o valor terá automaticamente poder liberatório do pagamento de tributos de Estados, Distrito Federal e Municípios devedores, até onde se compensarem;

III – o chefe do Poder Executivo responderá na forma da legislação de responsabilidade fiscal e de improbidade administrativa;

IV – enquanto perdurar a omissão, a entidade devedora:

a) não poderá contrair empréstimo externo ou interno;

b) ficará impedida de receber transferências voluntárias;

V – a União reterá os repasses relativos ao Fundo de Participação dos Estados e do Distrito Federal e ao Fundo de Participação dos Municípios, e os depositará nas contas especiais referidas no § 1º, devendo sua utilização obedecer ao que prescreve o § 5º, ambos deste artigo.

> Acrescentado pela EC 62, de 9 de dezembro de 2009.

§ 11. No caso de precatórios relativos a diversos credores, em litisconsórcio, admite-se o desmembramento do valor, realizado pelo Tribunal de origem do precatório, por credor, e, por este, a habilitação do valor total a que tem direito, não se aplicando, neste caso, a regra do § 3º do art. 100 da Constituição Federal.

> Acrescentado pela EC 62, de 9 de dezembro de 2009.

§ 12. Se a lei a que se refere o § 4º do art. 100 não estiver publicada em até 180 (cento e oitenta) dias, contados da data de publicação desta Emenda Constitucional, será considerado, para os fins referidos, em relação a Estados, Distrito Federal e Municípios devedores, omissos na regulamentação, o valor de:

I – 40 (quarenta) salários mínimos para Estados e para o Distrito Federal;

II – 30 (trinta) salários mínimos para Municípios.

> Acrescentado pela EC 62, de 9 de dezembro de 2009.

§ 13. Enquanto Estados, Distrito Federal e Municípios devedores estiverem realizando pagamentos de precatórios pelo regime especial, não poderão sofrer sequestro de valores, exceto no caso de não liberação tempestiva dos recursos de que tratam o inciso II do § 1º e o § 2º deste artigo.

> Acrescentado pela EC 62, de 9 de dezembro de 2009.

§ 14. O regime especial de pagamento de precatório previsto no inciso I do § 1º vigorará enquanto o valor dos precatórios devidos for superior ao valor dos recursos vinculados, nos termos do § 2º, ambos deste artigo, ou pelo prazo fixo de até 15 (quinze) anos, no caso da opção prevista no inciso II do § 1º.
> Acrescentado pela EC 62, de 9 de dezembro de 2009.

§ 15. Os precatórios parcelados na forma do art. 33 ou do art. 78 deste Ato das Disposições Constitucionais Transitórias e ainda pendentes de pagamento ingressarão no regime especial com o valor atualizado das parcelas não pagas relativas a cada precatório, bem como o saldo dos acordos judiciais e extrajudiciais.
> Acrescentado pela EC 62, de 9 de dezembro de 2009.

§ 16. A partir da promulgação desta Emenda Constitucional, a atualização de valores de requisitórios, até o efetivo pagamento, independentemente de sua natureza, será feita pelo índice oficial de remuneração básica da caderneta de poupança, e, para fins de compensação da mora, incidirão juros simples no mesmo percentual de juros incidentes sobre a caderneta de poupança, ficando excluída a incidência de juros compensatórios.
> Acrescentado pela EC 62, de 9 de dezembro de 2009.

§ 17. O valor que exceder o limite previsto no § 2º do art. 100 da Constituição Federal será pago, durante a vigência do regime especial, na forma prevista nos §§ 6º e 7º ou nos incisos I, II e III do § 8º deste artigo, devendo os valores dispendidos para o atendimento do disposto no § 2º do art. 100 da Constituição Federal serem computados para efeito do § 6º deste artigo.
> Acrescentado pela EC 62, de 9 de dezembro de 2009.

§ 18. Durante a vigência do regime especial a que se refere este artigo, gozarão também da preferência a que se refere o § 6º os titulares originais de precatórios que tenham completado 60 (sessenta) anos de idade até a data da promulgação desta Emenda Constitucional.
> Acrescentado pela EC 62, de 9 de dezembro de 2009.

Art. 98. O número de defensores públicos na unidade jurisdicional será proporcional à efetiva demanda pelo serviço da Defensoria Pública e à respectiva população.
> Acrescentado pela EC 80, de 4 de junho de 2014.

§ 1º No prazo de 8 (oito) anos, a União, os Estados e o Distrito Federal deverão contar com defensores públicos em todas as unidades jurisdicionais, observado o disposto no *caput* deste artigo.
> Acrescentado pela EC 80, de 4 de junho de 2014.

§ 2º Durante o decurso do prazo previsto no § 1º deste artigo, a lotação dos defensores públicos ocorrerá, prioritariamente, atendendo as regiões com maiores índices de exclusão social e adensamento populacional.
> Acrescentado pela EC 80, de 4 de junho de 2014.

Art. 99. Para efeito do disposto no inciso VII do § 2º do art. 155, no caso de operações e prestações que destinem bens e serviços o consumidor final não contribuinte localizado em outro Estado, o imposto correspondente à diferença entre a alíquota interna e a interestadual será partilhado entre os Estados de origem e de destino, na seguinte proporção:
> Acrescentado pela EC 87, de 16 de abril de 2015.

I – para o ano de 2015: 20% (vinte por cento) para o Estado de destino e 80% (oitenta por cento) para o Estado de origem;
> Acrescentado pela EC 87, de 16 de abril de 2015.

II – para o ano de 2016: 40% (quarenta por cento) para o Estado de destino e 60% (sessenta por cento) para o Estado de origem;
> Acrescentado pela EC 87, de 16 de abril de 2015.

III – para o ano de 2017: 60% (sessenta por cento) para o Estado de destino e 40% (quarenta por cento) para o Estado de origem;
> Acrescentado pela EC 87, de 16 de abril de 2015.

IV – para o ano de 2018: 80% (oitenta por cento) para o Estado de destino e 20% (vinte por cento) para o Estado de origem;
> Acrescentado pela EC 87, de 16 de abril de 2015.

V – a partir do ano de 2019: 100% (cem por cento) para o Estado de destino.
> Acrescentado pela EC 87, de 16 de abril de 2015.

Art. 100. Até que entre em vigor a lei complementar de que trata o inciso II do § 1º do art. 40 da Constituição Federal, os Ministros do Supremo Tribunal Federal, dos Tribunais Superiores e do Tribunal de Contas da União aposentar-se-ão, compulsoriamente, aos 75 (setenta e cinco) anos de idade, nas condições do art. 52 da Constituição Federal.

> Acrescentado pela EC 88, de 7 de maio de 2015.

Art. 101. Os Estados, o Distrito Federal e os Municípios que, em 25 de março de 2015, se encontravam em mora no pagamento de seus precatórios quitarão, até 31 de dezembro de 2029, seus débitos vencidos e os que vencerão dentro desse período, atualizados pelo Índice Nacional de Preços ao Consumidor Amplo Especial (IPCA-E), ou por outro índice que venha a substituí-lo, depositando mensalmente em conta especial do Tribunal de Justiça local, sob única e exclusiva administração deste, 1/12 (um doze avos) do valor calculado percentualmente sobre suas receitas correntes líquidas apuradas no segundo mês anterior ao mês de pagamento, em percentual suficiente para a quitação de seus débitos e, ainda que variável, nunca inferior, em cada exercício, ao percentual praticado na data da entrada em vigor do regime especial a que se refere este artigo, em conformidade com plano de pagamento a ser anualmente apresentado ao Tribunal de Justiça local.

> Redação do art. 101, caput, dada pela EC 109, de 15 de março de 2021.
> O texto anterior, com redação pela EC 99, de 14 de dezembro de 2017, dispunha:
> "Art. 101. Os Estados, o Distrito Federal e os Municípios que, em 25 de março de 2015, se encontravam em mora no pagamento de seus precatórios quitarão, até 31 de dezembro de 2024, seus débitos vencidos e os que vencerão dentro desse período, atualizados pelo Índice Nacional de Preços ao Consumidor Amplo Especial (IPCA-E), ou por outro índice que venha a substituí-lo, depositando mensalmente em conta especial do Tribunal de Justiça local, sob única e exclusiva administração deste, 1/12 (um doze avos) do valor calculado percentualmente sobre suas receitas correntes líquidas apuradas no segundo mês anterior ao mês de pagamento, em percentual suficiente para a quitação de seus débitos e, ainda que variável, nunca inferior, em cada exercício, ao percentual praticado na data da entrada em vigor do regime especial a que se refere este artigo, em conformidade com plano de pagamento a ser anualmente apresentado ao Tribunal de Justiça local."

§ 1º Entende-se como receita corrente líquida, para os fins de que trata este artigo, o somatório das receitas tributárias, patrimoniais, industriais, agropecuárias, de contribuições e de serviços, de transferências correntes e outras receitas correntes, incluindo as oriundas do § 1º do art. 20 da Constituição Federal, verificado no período compreendido pelo segundo mês imediatamente anterior ao de referência e os 11 (onze) meses precedentes, excluídas as duplicidades, e deduzidas:

> § 1º e incisos acrescentados pela EC 94, de 15 de dezembro de 2016.

I – nos Estados, as parcelas entregues aos Municípios por determinação constitucional;

II – nos Estados, no Distrito Federal e nos Municípios, a contribuição dos servidores para custeio de seu sistema de previdência e assistência social e as receitas provenientes da compensação financeira referida no § 9º do art. 201 da Constituição Federal.

§ 2º O débito de precatórios será pago com recursos orçamentários próprios provenientes das fontes de receita corrente líquida referidas no § 1º deste artigo e, adicionalmente, poderão ser utilizados recursos dos seguintes instrumentos:

> Redação do § 2º dada pela EC 99, de 14 de dezembro de 2017.
> O texto anterior, acrescido pela EC 94, de 15 de dezembro de 2016, dispunha:
> "§ 2º O débito de precatórios poderá ser pago mediante a utilização de recursos orçamentários próprios e dos seguintes instrumentos:"

I – até 75% (setenta e cinco por cento) dos depósitos judiciais e dos depósitos administrativos em dinheiro referentes a processos judiciais ou administrativos, tributários ou não tributários, nos quais sejam parte os Estados, o Distrito Federal ou os Municípios, e as respectivas autarquias, fundações e empresas estatais dependentes, mediante a instituição de fundo garantidor em montante equivalente a 1/3 (um terço) dos recursos levantados, constituído pela parcela restante dos depósitos judiciais e remunerado pela taxa referencial do Sistema Especial de Liquidação e de Custódia (Selic) para títulos federais, nunca inferior aos índices e critérios aplicados aos depósitos levantados;

> Redação do inciso I dada pela EC 99, de 14 de dezembro de 2017.
> O texto anterior, acrescido pela EC 94, de 15 de dezembro de 2016, dispunha:
> "I – até 75% (setenta e cinco por cento) do montante dos depósitos judiciais e dos depósitos administrativos em dinheiro referentes a processos judiciais ou administrativos, tributários ou não tributários, nos quais o Estado, o Distrito Federal ou os Municípios, ou suas autarquias, fundações e empresas estatais dependentes, sejam parte;"

II – até 30% (trinta por cento) dos demais depósitos judiciais da localidade sob jurisdição do respectivo Tribunal de Justiça, mediante a instituição de fundo garantidor em montante equivalente aos recursos levantados, constituído pela parcela restante dos depósitos judiciais e remunerado pela taxa referencial do Sistema Especial de Liquidação e de Custódia (Selic) para títulos federais, nunca inferior aos índices e critérios aplicados aos depósitos levantados, destinando-se:

> Redação do inciso II dada pela EC 99, de 14 de dezembro de 2017.
> O texto anterior, acrescido pela EC 94, de 15 de dezembro de 2016, dispunha:
> "II – até 20% (vinte por cento) dos demais depósitos judiciais da localidade, sob jurisdição do respectivo Tribunal de Justiça, excetuados os destinados à quitação de créditos de natureza alimentícia, mediante instituição de fundo garantidor composto pela parcela restante dos depósitos judiciais, destinando-se:"

a) no caso do Distrito Federal, 100% (cem por cento) desses recursos ao próprio Distrito Federal;

> Alínea a acrescentados pela EC 94, de 15 de dezembro de 2016.

b) no caso dos Estados, 50% (cinquenta por cento) desses recursos ao próprio Estado e 50% (cinquenta por cento) aos respectivos Municípios, conforme a circunscrição judiciária onde estão depositados os recursos, e, se houver mais de um Município na mesma circunscrição judiciária, os recursos serão rateados entre os Municípios concorrentes, proporcionalmente às respectivas populações, utilizado como referência o último levantamento censitário ou a mais recente estimativa populacional da Fundação Instituto Brasileiro de Geografia e Estatística (IBGE);

> Redação da alínea b dada pela EC 99, de 14 de dezembro de 2017.

O texto anterior, acrescido pela EC 94, de 15 de dezembro de 2016, dispunha:

"b) no caso dos Estados, 50% (cinquenta por cento) desses recursos ao próprio Estado e 50% (cinquenta por cento) a seus Municípios;"

III – empréstimos, excetuados para esse fim os limites de endividamento de que tratam os incisos VI e VII do *caput* do art. 52 da Constituição Federal e quaisquer outros limites de endividamento previstos em lei, não se aplicando a esses empréstimos a vedação de vinculação de receita prevista no inciso IV do *caput* do art. 167 da Constituição Federal;

> Redação do inciso III dada pela EC 99, de 14 de dezembro de 2017.

O texto anterior, acrescido pela EC 94, de 15 de dezembro de 2016, dispunha:

"III – contratação de empréstimo, excetuado dos limites de endividamento de que tratam os incisos VI e VII do art. 52 da Constituição Federal e de quaisquer outros limites de endividamento previstos, não se aplicando a esse empréstimo a vedação de vinculação de receita prevista no inciso IV do art. 167 da Constituição Federal."

IV – a totalidade dos depósitos em precatórios e requisições diretas de pagamento de obrigações de pequeno valor efetuados até 31 de dezembro de 2009 e ainda não levantados, com o cancelamento dos respectivos requisitórios e a baixa das obrigações, assegurada a revalidação dos requisitórios pelos juízos dos processos perante os Tribunais, a requerimento dos credores e após a oitiva da entidade devedora, mantidas a posição de ordem cronológica original e a remuneração de todo o período.

> Acrescentado pela EC 99, de 14 de dezembro de 2017.

§ 3º Os recursos adicionais previstos nos incisos I, II e IV do § 2º deste artigo serão transferidos diretamente pela instituição financeira depositária para a conta especial referida no *caput* deste artigo, sob única e exclusiva administração do Tribunal de Justiça local, e essa transferência deverá ser realizada em até sessenta dias contados a partir da entrada em vigor deste parágrafo, sob pena de responsabilização pessoal do dirigente da instituição financeira por improbidade.

> Acrescentado pela EC 99, de 14 de dezembro de 2017.

§ 4º *Revogado pela EC 109, de 15 de março de 2021.*

> O texto anterior, acrescido pela EC 99, de 14 de dezembro de 2017, dispunha:

" § 4º No prazo de até seis meses contados da entrada em vigor do regime especial a que se refere este artigo, a União, diretamente, ou por intermédio das instituições financeiras oficiais sob seu controle, disponibilizará aos Estados, ao Distrito Federal e aos Municípios, bem como às respectivas autarquias, fundações e empresas estatais dependentes, linha de crédito especial para pagamento dos precatórios submetidos ao regime especial de pagamento de que trata este artigo, observadas as seguintes condições:

I – no financiamento dos saldos remanescentes de precatórios a pagar a que se refere este parágrafo serão adotados os índices e critérios de atualização que incidem sobre o pagamento de precatórios, nos termos do § 12 do art. 100 da Constituição Federal;

II – o financiamento dos saldos remanescentes de precatórios a pagar a que se refere este parágrafo será feito em parcelas mensais suficientes à satisfação da dívida assim constituída;

III – o valor de cada parcela a que se refere o inciso II deste parágrafo será calculado percentualmente sobre a receita corrente líquida, respectivamente, do Estado, do Distrito Federal e do Município, no segundo mês anterior ao pagamento, em percentual equivalente à média do comprometimento percentual mensal de 2012 até o final do período referido no *caput* deste artigo, considerados para esse fim somente os recursos próprios de cada ente da Federação aplicados no pagamento de precatórios;

IV – nos empréstimos a que se refere este parágrafo não se aplicam os limites de endividamento de que tratam os incisos VI e VII do *caput* do art. 52 da Constituição Federal e quaisquer outros limites de endividamento previstos em lei."

§ 5º Os empréstimos de que trata o inciso III do § 2º deste artigo poderão ser destinados, por meio de ato do Poder Executivo, exclusivamente ao pagamento de precatórios por acordo direto com os credores, na forma do disposto no inciso III do § 8º do art. 97 deste Ato das Disposições Constitucionais Transitórias.

> § 5º acrescentado pela EC 113, de 8 de dezembro de 2021.

Art. 102. Enquanto viger o regime especial previsto nesta Emenda Constitucional, pelo menos 50% (cinquenta por cento) dos recursos que, nos termos do art. 101 deste Ato das Disposições Constitucionais Transitórias, forem destinados ao pagamento dos precatórios em mora serão utilizados no pagamento segundo a ordem cronológica de apresentação, respeitadas as preferências dos créditos alimentares, e, nessas, as relativas à idade, ao estado de saúde e à deficiência, nos termos do § 2º do art. 100 da Constituição Federal, sobre todos os demais créditos de todos os anos.

> Acrescentado pela EC 94, de 15 de dezembro de 2016.

§ 1º A aplicação dos recursos remanescentes, por opção a ser exercida por Estados, Distrito Federal e Municípios, por ato do respectivo Poder Executivo, observada a ordem de preferência dos credores, poderá ser destinada ao pagamento mediante acordos diretos, perante Juízos Auxiliares de Conciliação de Precatórios, com redução máxima de 40% (quarenta por cento) do valor do crédito atualizado, desde que em relação ao crédito não penda recurso ou defesa judicial e que sejam observados os requisitos definidos na regulamentação editada pelo ente federado.

> Antigo parágrafo único renumerado pela EC 99, de 14 de dezembro de 2017.

§ 2º Na vigência do regime especial previsto no art. 101 deste Ato das Disposições Constitucionais Transitórias, as preferências relativas à idade, ao estado de saúde e à deficiência serão atendidas até o valor equivalente ao quíntuplo fixado em lei para os fins do disposto no § 3º do art. 100 da Constituição Federal, admitido o fracionamento para essa finalidade, e o restante será pago em ordem cronológica de apresentação do precatório.

> Acrescentado pela EC 99, de 14 de dezembro de 2017.

Art. 103. Enquanto os Estados, o Distrito Federal e os Municípios estiverem efetuando o pagamento da parcela mensal devida como previsto no *caput* do art. 101 deste Ato das Disposições Constitucionais Transitórias, nem eles, nem as respectivas autarquias, fundações e empresas estatais dependentes poderão sofrer sequestro de valores, exceto no caso de não liberação tempestiva dos recursos.

> Acrescentado pela EC 94, de 15 de dezembro de 2016.

Parágrafo único. Na vigência do regime especial previsto no art. 101 deste Ato das Disposições Constitucionais Transitórias, ficam vedadas desapropriações pelos Estados, pelo Distrito Federal e pelos Municípios, cujos estoques de precatórios ainda pendentes de pagamento, incluídos os precatórios a pagar de suas entidades da administração indireta, sejam superiores a 70% (setenta por cento) das respectivas receitas correntes líquidas, excetuadas as desapropriações para fins de necessidade pública nas áreas de saúde, educação, segurança pública, transporte público, saneamento básico e habitação de interesse social.

> Acrescentado pela EC 99, de 14 de dezembro de 2017.

Art. 104. Se os recursos referidos no art. 101 deste Ato das Disposições Constitucionais Transitórias para o pagamento de precatórios não forem tempestivamente liberados, no todo ou em parte:

> Acrescentado pela EC 94, de 15 de dezembro de 2016.

I – o Presidente do Tribunal de Justiça local determinará o sequestro, até o limite do valor não liberado, das contas do ente federado inadimplente;

II – o chefe do Poder Executivo do ente federado inadimplente responderá, na forma da legislação de responsabilidade fiscal e de improbidade administrativa;

III – a União reterá os recursos referentes aos repasses ao Fundo de Participação dos Estados e do Distrito Federal e ao Fundo de Participação dos Municípios e os depositará na conta especial referida no art. 101 deste Ato das Disposições Constitucionais Transitórias, para utilização como nele previsto;

IV – os Estados e o Comitê Gestor do Imposto sobre Bens e Serviços reterão os repasses previstos, respectivamente, nos §§ 1º e 2º do art. 158 da Constituição Federal e os depositarão na conta especial referida no art. 101 deste Ato das Disposições Constitucionais Transitórias, para utilização como nele previsto.

> Inciso IV com redação pela EC 132/2023.

Texto novo: IV – o Comitê Gestor do Imposto sobre Bens e Serviços reterá os repasses previstos no § 2º do art. 158 da Constituição Federal e os depositará na conta especial referida no art. 101 deste Ato das Disposições Constitucionais Transitórias, para utilização como nele previsto.

> Inciso IV com redação pela EC 132/2023, em vigor a partir de 2033.

O texto anterior, acrescido pela EC 94, de 15 de dezembro de 2016, dispunha:

"IV – os Estados reterão os repasses previstos no parágrafo único do art. 158 da Constituição Federal e os depositarão na conta especial referida no art. 101 deste Ato das Disposições Constitucionais Transitórias, para utilização como nele previsto."

Parágrafo único. Enquanto perdurar a omissão, o ente federado não poderá contrair empréstimo externo ou interno, exceto para os fins previstos no § 2º do art. 101 deste Ato das Disposições Constitucionais Transitórias, e ficará impedido de receber transferências voluntárias.

> Acrescentado pela EC 94, de 15 de dezembro de 2016.

Art. 105. Enquanto viger o regime de pagamento de precatórios previsto no art. 101 deste Ato das Disposições Constitucionais Transitórias, é facultada aos credores de precatórios, próprios ou de terceiros, a compensação com débitos de natureza tributária ou de outra natureza que até 25 de março de 2015 tenham sido inscritos na dívida ativa dos Estados, do Distrito Federal ou dos Municípios, observados os requisitos definidos em lei própria do ente federado.

> Acrescentado pela EC 94, de 15 de dezembro de 2016.

§ 1º Não se aplica às compensações referidas no *caput* deste artigo qualquer tipo de vinculação, como as transferências a outros entes e as destinadas à educação, à saúde e a outras finalidades.

> Antigo parágrafo único renumerado pela EC 99, de 14 de dezembro de 2017.

§ 2º Os Estados, o Distrito Federal e os Municípios regulamentarão nas respectivas leis o disposto no *caput* deste artigo em até cento e vinte dias a partir de 1º de janeiro de 2018.

> Acrescentado pela EC 99, de 14 de dezembro de 2017.

§ 3º Decorrido o prazo estabelecido no § 2º deste artigo sem a regulamentação nele prevista, ficam os credores de precatórios autorizados a exercer a faculdade a que se refere o *caput* deste artigo.

> Acrescentado pela EC 99, de 14 de dezembro de 2017.

Art. 106. Fica instituído o Novo Regime Fiscal no âmbito dos Orçamentos Fiscal e da Seguridade Social da União, que vigorará por vinte exercícios financeiros, nos termos dos arts. 107 a 114 deste Ato das Disposições Constitucionais Transitórias.

> Acrescentado pela EC 95, de 15 de dezembro de 2016.
> Artigo constitucional conexo: 9º da EC 126/2022.

Art. 107. Ficam estabelecidos, para cada exercício, limites individualizados para as despesas primárias:

> Acrescentado pela EC 95, de 15 de dezembro de 2016.
> Artigo constitucional conexo: 9º da EC 126/2022.

I – do Poder Executivo;

II – do Supremo Tribunal Federal, do Superior Tribunal de Justiça, do Conselho Nacional de Justiça, da Justiça do Trabalho, da Justiça Federal, da Justiça Militar da União, da Justiça Eleitoral e da Justiça do Distrito Federal e Territórios, no âmbito do Poder Judiciário;

III – do Senado Federal, da Câmara dos Deputados e do Tribunal de Contas da União, no âmbito do Poder Legislativo;

IV – do Ministério Público da União e do Conselho Nacional do Ministério Público; e

V – da Defensoria Pública da União.

§ 1º Cada um dos limites a que se refere o *caput* deste artigo equivalerá:

I – para o exercício de 2017, à despesa primária paga no exercício de 2016, incluídos os restos a pagar pagos e demais operações que afetam o resultado primário, corrigida em 7,2% (sete inteiros e dois décimos por cento); e

II – para os exercícios posteriores, ao valor do limite referente ao exercício imediatamente anterior, corrigido pela variação do Índice Nacional de Preços ao Consumidor Amplo (IPCA), publicado pela Fundação Instituto Brasileiro de Geografia e Estatística, ou de outro índice que vier a substituí-lo, apurado no exercício anterior a que se refere a lei orçamentária.

> Redação do inciso II dada pela EC 113, de 8 de dezembro de 2021.
> O texto anterior dispunha:
> "II – para os exercícios posteriores, ao valor do limite referente ao exercício imediatamente anterior, corrigido pela variação do Índice Nacional de Preços ao Consumidor Amplo – IPCA, publicado pelo Instituto Brasileiro de Geografia e Estatística, ou de outro índice que vier a substituí-lo, para o período de doze meses encerrado em junho do exercício anterior a que se refere a lei orçamentária."

§ 2º Os limites estabelecidos na forma do inciso IV do *caput* do art. 51, do inciso XIII do *caput* do art. 52, do § 1º do art. 99, do § 3º do art. 127 e do § 3º do art. 134 da Constituição Federal não poderão ser superiores aos estabelecidos nos termos deste artigo.

§ 3º A mensagem que encaminhar o projeto de lei orçamentária demonstrará os valores máximos de programação compatíveis com os limites individualizados calculados na forma do § 1º deste artigo, observados os §§ 7º a 9º deste artigo.

§ 4º As despesas primárias autorizadas na lei orçamentária anual sujeitas aos limites de que trata este artigo não poderão exceder os valores máximos demonstrados nos termos do § 3º deste artigo.

§ 5º É vedada a abertura de crédito suplementar ou especial que amplie o montante total autorizado de despesa primária sujeita aos limites de que trata este artigo.

§ 6º Não se incluem na base de cálculo e nos limites estabelecidos neste artigo:

I – transferências constitucionais estabelecidas no § 1º do art. 20, no inciso III do parágrafo único do art. 146, no § 5º do art. 153, no art. 157, nos incisos I e II do *caput* do art. 158, no art. 159 e no § 6º do art. 212, as despesas referentes ao inciso XIV do *caput* do art. 21 e as complementações de que tratam os incisos IV e V do *caput* do art. 212-A, todos da Constituição Federal;

> Redação do inciso II dada pela EC 108, de 26 de agosto de 2020.
> O texto anterior dispunha:
> *"I – transferências constitucionais estabelecidas no § 1º do art. 20, no inciso III do parágrafo único do art. 146, no § 5º do art. 153, no art. 157, nos incisos I e II do art. 158, no art. 159 e no § 6º do art. 212, as despesas referentes ao inciso XIV do caput do art. 21, todos da Constituição Federal, e as complementações de que tratam os incisos V e VII do caput do art. 60, deste Ato das Disposições Constitucionais Transitórias;"*

II – créditos extraordinários a que se refere o § 3º do art. 167 da Constituição Federal;

III – despesas não recorrentes da Justiça Eleitoral com a realização de eleições;

IV – despesas com aumento de capital de empresas estatais não dependentes; e

V – transferências a Estados, Distrito Federal e Municípios de parte dos valores arrecadados com os leilões dos volumes excedentes ao limite a que se refere o § 2º do art. 1º da Lei 12.276, de 30 de junho de 2010, e a despesa decorrente da revisão do contrato de cessão onerosa de que trata a mesma Lei.

> Acrescentado pela EC 102, de 26 de setembro de 2019.
> Artigo constitucional conexo: 4º da EC 103/19.

VI – despesas correntes ou transferências aos fundos de saúde dos Estados, do Distrito Federal e dos Municípios, destinadas ao pagamento de despesas com pessoal para cumprimento dos pisos nacionais salariais para o enfermeiro, o técnico de enfermagem, o auxiliar de enfermagem e a parteira, de acordo com os §§ 12, 13, 14 e 15 do art. 198 da Constituição Federal.

> Acrescentado pela EC 127, de 22 de dezembro de 2022.

§ 6º-A. Não se incluem no limite estabelecido no inciso I do *caput* deste artigo, a partir do exercício financeiro de 2023:

> Acrescentado pela EC 126, de 21 de dezembro de 2022.

I – despesas com projetos socioambientais ou relativos às mudanças climáticas custeadas com recursos de doações, bem como despesas com projetos custeados com recursos decorrentes de acordos judiciais ou extrajudiciais firmados em função de desastres ambientais;

II – despesas das instituições federais de ensino e das Instituições Científicas, Tecnológicas e de Inovação (ICTs) custeadas com receitas próprias, de doações ou de convênios, contratos ou outras fontes, celebrados com os demais entes da Federação ou entidades privadas;

III – despesas custeadas com recursos oriundos de transferências dos demais entes da Federação para a União destinados à execução direta de obras e serviços de engenharia.

§ 6º-B. Não se incluem no limite estabelecido no inciso I do *caput* deste artigo as despesas com investimentos em montante que corresponda ao excesso de arrecadação de receitas correntes do exercício anterior ao que se refere a lei orçamentária, limitadas a 6,5% (seis inteiros e cinco décimos por cento) do excesso de arrecadação de receitas correntes do exercício de 2021.

> Acrescentado pela EC 126, de 21 de dezembro de 2022.

§ 6º-C. As despesas previstas no § 6º-B deste artigo não serão consideradas para fins de verificação do cumprimento da meta de resultado primário estabelecida no *caput* do art. 2º da Lei nº 14.436, de 9 de agosto de 2022.

> Acrescentado pela EC 126, de 21 de dezembro de 2022.

§ 7º Nos três primeiros exercícios financeiros da vigência do Novo Regime Fiscal, o Poder Executivo poderá compensar com redução equivalente na sua despesa primária, consoante os valores estabelecidos no projeto de lei orçamentária encaminhado pelo Poder Executivo no respectivo exercício, o excesso de despesas primárias em relação aos limites de que tratam os incisos II a V do *caput* deste artigo.

§ 8º A compensação de que trata o § 7º deste artigo não excederá a 0,25% (vinte e cinco centésimos por cento) do limite do Poder Executivo.

§ 9º Respeitado o somatório em cada um dos incisos de II a IV do *caput* deste artigo, a lei de diretrizes orçamentárias poderá dispor sobre a compensação entre os limites individualizados dos órgãos elencados em cada inciso.

§ 10. Para fins de verificação do cumprimento dos limites de que trata este artigo, serão consideradas as despesas primárias pagas, incluídos os restos a pagar pagos e demais operações que afetam o resultado primário no exercício.

§ 11. O pagamento de restos a pagar inscritos até 31 de dezembro de 2015 poderá ser excluído da verificação do cumprimento dos limites de que trata este artigo, até o excesso de resultado primário dos Orçamentos Fiscal e da Seguridade Social do exercício em relação à meta fixada na lei de diretrizes orçamentárias.

§ 12. Para fins da elaboração do projeto de lei orçamentária anual, o Poder Executivo considerará o valor realizado até junho do índice previsto no inciso II do § 1º deste artigo, relativo ao ano de encaminhamento do projeto, e o valor estimado até dezembro desse mesmo ano.

> § 12 acrescentado pela EC 113, de 8 de dezembro de 2021.

§ 13. A estimativa do índice a que se refere o § 12 deste artigo, juntamente com os demais parâmetros macroeconômicos, serão elaborados mensalmente pelo Poder Executivo e enviados à comissão mista de que trata o § 1º do art. 166 da Constituição Federal.

> § 13 acrescentado pela EC 113, de 8 de dezembro de 2021.

§ 14. O resultado da diferença aferida entre as projeções referidas nos §§ 12 e 13 deste artigo e a efetiva apuração do índice previsto no inciso II do § 1º deste artigo será calculado pelo Poder Executivo, para fins de definição da base de cálculo dos respectivos limites do exercício seguinte, a qual será comunicada aos demais Poderes por ocasião da elaboração do projeto de lei orçamentária.

> § 14 acrescentado pela EC 113, de 8 de dezembro de 2021.

Art. 107-A. Até o fim de 2026, fica estabelecido, para cada exercício financeiro, limite para alocação na proposta orçamentária das despesas com pagamentos em virtude de sentença judiciária de que trata o art. 100 da Constituição Federal, equivalente ao valor da despesa paga no exercício de 2016, incluídos os restos a pagar pagos, corrigido, para o exercício de 2017, em 7,2% (sete inteiros e dois décimos por cento) e, para os exercícios posteriores, pela variação do Índice Nacional de Preços ao Consumidor Amplo (IPCA), publicado pela Fundação Instituto Brasileiro de Geografia e Estatística, ou de outro índice que vier a substituí-lo, apurado no exercício anterior a que se refere a lei orçamentária, devendo o espaço fiscal decorrente da diferença entre o valor dos precatórios expedidos e o respectivo limite ser destinado ao programa previsto no parágrafo único do art. 6º e à seguridade social, nos termos do art. 194, ambos da Constituição Federal, a ser calculado da seguinte forma:

> Caput com redação pela EC 126, de 21 de dezembro de 2022.

O texto anterior, redigido pela EC 114, de 16 de dezembro de 2021, dispunha:

"Art. 107-A. Até o fim de 2026, fica estabelecido, para cada exercício financeiro, limite para alocação na proposta orçamentária das despesas com pagamentos em virtude de sentença judiciária de que trata o art. 100 da Constituição Federal, equivalente ao valor da despesa paga no exercício de 2016, incluídos os restos a pagar pagos, corrigido na forma do § 1º do art. 107 deste Ato das Disposições Constitucionais Transitórias, devendo o espaço fiscal decorrente da diferença entre o valor dos precatórios expedidos e o respectivo limite ser destinado ao programa previsto no parágrafo único do art. 6º e à seguridade social, nos termos do art. 194, ambos da Constituição Federal, a ser calculado da seguinte forma:"

I – no exercício de 2022, o espaço fiscal decorrente da diferença entre o valor dos precatórios expedidos e o limite estabelecido no *caput* deste artigo deverá ser destinado ao programa previsto no parágrafo único do art. 6º e à seguridade social, nos termos do art. 194, ambos da Constituição Federal;

> Acrescentado pela EC 114, de 16 de dezembro de 2021.

II – no exercício de 2023, pela diferença entre o total de precatórios expedidos entre 2 de julho de 2021 e 2 de abril de 2022 e o limite de que trata o *caput* deste artigo válido para o exercício de 2023; e

> Acrescentado pela EC 114, de 16 de dezembro de 2021.

III – nos exercícios de 2024 a 2026, pela diferença entre o total de precatórios expedidos entre 3 de abril de dois anos anteriores e 2 de abril do ano anterior ao exercício e o limite de que trata o *caput* deste artigo válido para o mesmo exercício.

> Acrescentado pela EC 114, de 16 de dezembro de 2021.

§ 1º O limite para o pagamento de precatórios corresponderá, em cada exercício, ao limite previsto no *caput* deste artigo, reduzido da projeção para a despesa com o pagamento de requisições de pequeno valor para o mesmo exercício, que terão prioridade no pagamento.

> Acrescentado pela EC 114, de 16 de dezembro de 2021.

§ 2º Os precatórios que não forem pagos em razão do previsto neste artigo terão prioridade para pagamento em exercícios seguintes, observada a ordem cronológica e o disposto no § 8º deste artigo.
> Acrescentado pela EC 114, de 16 de dezembro de 2021.

§ 3º É facultado ao credor de precatório que não tenha sido pago em razão do disposto neste artigo, além das hipóteses previstas no § 11 do art. 100 da Constituição Federal e sem prejuízo dos procedimentos previstos nos §§ 9º e 21 do referido artigo, optar pelo recebimento, mediante acordos diretos perante Juízos Auxiliares de Conciliação de Pagamento de Condenações Judiciais contra a Fazenda Pública Federal, em parcela única, até o final do exercício seguinte, com renúncia de 40% (quarenta por cento) do valor desse crédito.
> Acrescentado pela EC 114, de 16 de dezembro de 2021.

§ 4º O Conselho Nacional de Justiça regulamentará a atuação dos Presidentes dos Tribunais competentes para o cumprimento deste artigo.
> Acrescentado pela EC 114, de 16 de dezembro de 2021.

§ 5º Não se incluem no limite estabelecido neste artigo as despesas para fins de cumprimento do disposto nos §§ 11, 20 e 21 do art. 100 da Constituição Federal e no § 3º deste artigo, bem como a atualização monetária dos precatórios inscritos no exercício.
> Acrescentado pela EC 114, de 16 de dezembro de 2021.

§ 6º Não se incluem nos limites estabelecidos no art. 107 deste Ato das Disposições Constitucionais Transitórias o previsto nos §§ 11, 20 e 21 do art. 100 da Constituição Federal e no § 3º deste artigo.
> Acrescentado pela EC 114, de 16 de dezembro de 2021.

§ 7º Na situação prevista no § 3º deste artigo, para os precatórios não incluídos na proposta orçamentária de 2022, os valores necessários à sua quitação serão providenciados pela abertura de créditos adicionais durante o exercício de 2022.
> Acrescentado pela EC 114, de 16 de dezembro de 2021.

§ 8º Os pagamentos em virtude de sentença judiciária de que trata o art. 100 da Constituição Federal serão realizados na seguinte ordem:
> Acrescentado pela EC 114, de 16 de dezembro de 2021.

I – obrigações definidas em lei como de pequeno valor, previstas no § 3º do art. 100 da Constituição Federal;

II – precatórios de natureza alimentícia cujos titulares, originários ou por sucessão hereditária, tenham no mínimo 60 (sessenta) anos de idade, ou sejam portadores de doença grave ou pessoas com deficiência, assim definidos na forma da lei, até o valor equivalente ao triplo do montante fixado em lei como obrigação de pequeno valor;

III – demais precatórios de natureza alimentícia até o valor equivalente ao triplo do montante fixado em lei como obrigação de pequeno valor;

IV – demais precatórios de natureza alimentícia além do valor previsto no inciso III deste parágrafo;

V – demais precatórios.

Art. 108. *Revogado pela EC 113, de 8 de dezembro de 2021.*
O texto anterior dispunha:
"Art. 108. O Presidente da República poderá propor, a partir do décimo exercício da vigência do Novo Regime Fiscal, projeto de lei complementar para alteração do método de correção dos limites a que se refere o inciso II do § 1º do art. 107 deste Ato das Disposições Constitucionais Transitórias.
Parágrafo único. Será admitida apenas uma alteração do método de correção dos limites por mandato presidencial."

Art. 109. Se verificado, na aprovação da lei orçamentária, que, no âmbito das despesas sujeitas aos limites do art. 107 deste Ato das Disposições Constitucionais Transitórias, a proporção da despesa obrigatória primária em relação à despesa primária total foi superior a 95% (noventa e cinco por cento), aplicam-se ao respectivo Poder ou órgão, até o final do exercício a que se refere a lei orçamentária, sem prejuízo de outras medidas, as seguintes vedações:

> *Redação do caput do art. 109 dada pela EC 109, de 15 de março de 2021.*

> *Artigo constitucional conexo: 9º da EC 126/2022.*

O texto anterior, acrescentado pela EC 95, de 15 de dezembro de 2016, dispunha:
"Art. 109. No caso de descumprimento de limite individualizado, aplicam-se, até o final do exercício de retorno das despesas aos respectivos limites, ao Poder Executivo ou a órgão elencado nos incisos II a V do caput do art. 107 deste Ato das Disposições Constitucionais Transitórias que o descumpriu, sem prejuízo de outras medidas, as seguintes vedações:"

I – concessão, a qualquer título, de vantagem, aumento, reajuste ou adequação de remuneração de membros de Poder ou de órgão, de servidores e empregados públicos e de militares, exceto dos derivados de sentença judicial transitada em julgado ou de determinação legal anterior ao início da aplicação das medidas de que trata este artigo;

> *Redação do inciso I dada pela EC 109, de 15 de março de 2021.*

O texto anterior, acrescentado pela EC 95, de 15 de dezembro de 2016, dispunha:
"I – concessão, a qualquer título, de vantagem, aumento, reajuste ou adequação de remuneração de membros de Poder ou de órgão, de servidores e empregados públicos e militares, exceto dos derivados de sentença judicial transitada em julgado ou de determinação legal decorrente de atos anteriores à entrada em vigor desta Emenda Constitucional;"

II – criação de cargo, emprego ou função que implique aumento de despesa;

III – alteração de estrutura de carreira que implique aumento de despesa;

IV – admissão ou contratação de pessoal, a qualquer título, ressalvadas:

> *Redação do inciso IV dada pela EC 109, de 15 de março de 2021.*

O texto anterior, acrescentado pela EC 95, de 15 de dezembro de 2016, dispunha:
"IV – admissão ou contratação de pessoal, a qualquer título, ressalvadas as reposições de cargos de chefia e de direção que não acarretem aumento de despesa e aquelas decorrentes de vacâncias de cargos efetivos ou vitalícios;"

a) as reposições de cargos de chefia e de direção que não acarretem aumento de despesa;

b) as reposições decorrentes de vacâncias de cargos efetivos ou vitalícios;

c) as contratações temporárias de que trata o inciso IX do *caput* do art. 37 da Constituição Federal; e

d) as reposições de temporários para prestação de serviço militar e de alunos de órgãos de formação de militares;

> *Alíneas a a d acrescidas pela EC 109, de 15 de março de 2021.*

V – realização de concurso público, exceto para as reposições de vacâncias previstas no inciso IV;

VI – criação ou majoração de auxílios, vantagens, bônus, abonos, verbas de representação ou benefícios de qualquer natureza, inclusive os de cunho indenizatório, em favor de membros de Poder, do Ministério Público ou da Defensoria Pública, de servidores e empregados públicos e de militares, ou ainda de seus dependentes, exceto quando derivados de sentença judicial transitada em julgado ou de determinação legal anterior ao início da aplicação das medidas de que trata este artigo;

> *Redação do inciso VI dada pela EC 109, de 15 de março de 2021.*

O texto anterior, acrescentado pela EC 95, de 15 de dezembro de 2016, dispunha:

"VI – criação ou majoração de auxílios, vantagens, bônus, abonos, verbas de representação ou benefícios de qualquer natureza em favor de membros de Poder, do Ministério Público ou da Defensoria Pública e de servidores e empregados públicos e militares;"

VII – criação de despesa obrigatória; e

VIII – adoção de medida que implique reajuste de despesa obrigatória acima da variação da inflação, observada a preservação do poder aquisitivo referida no inciso IV do *caput* do art. 7º da Constituição Federal.

IX – aumento do valor de benefícios de cunho indenizatório destinados a qualquer membro de Poder, servidor ou empregado da administração pública e a seus dependentes, exceto quando derivado de sentença judicial transitada em julgado ou de determinação legal anterior ao início da aplicação das medidas de que trata este artigo.

> *Inciso IX acrescentado pela EC 109, de 15 de março de 2021.*

§ 1º As vedações previstas nos incisos I, III e VI do *caput* deste artigo, quando acionadas as vedações para qualquer dos órgãos elencados nos incisos II, III e IV do *caput* do art. 107 deste Ato das Disposições Constitucionais Transitórias, aplicam-se ao conjunto dos órgãos referidos em cada inciso.

> *Redação do § 1º dada pela EC 109, de 15 de março de 2021.*

O texto anterior dispunha:

"§ 1º As vedações previstas nos incisos I, III e VI do caput, quando descumprido qualquer dos limites individualizados dos órgãos elencados nos incisos II, III e IV do caput do art. 107 deste Ato das Disposições Constitucionais Transitórias, aplicam-se ao conjunto dos órgãos referidos em cada inciso."

§ 2º Caso as vedações de que trata o *caput* deste artigo sejam acionadas para o Poder Executivo, ficam vedadas:

> *Redação do caput do § 2º dada pela EC 109, de 15 de março de 2021.*

O texto anterior dispunha:

"§ 2º Adicionalmente ao disposto no caput, no caso de descumprimento do limite de que trata o inciso I do caput do art. 107 deste Ato das Disposições Constitucionais Transitórias, ficam vedadas:"

I – a criação ou expansão de programas e linhas de financiamento, bem como a remissão, renegociação ou refinanciamento de dívidas que impliquem ampliação das despesas com subsídios e subvenções; e

II – a concessão ou a ampliação de incentivo ou benefício de natureza tributária.

§ 3º Caso as vedações de que trata o *caput* deste artigo sejam acionadas, fica vedada a concessão da revisão geral prevista no inciso X do *caput* do art. 37 da Constituição Federal.

> *Redação do § 3º dada pela EC 109, de 15 de março de 2021.*

O texto anterior dispunha:

"§ 3º No caso de descumprimento de qualquer dos limites individualizados de que trata o caput do art. 107 deste Ato das Disposições Constitucionais Transitórias, fica vedada a concessão da revisão geral prevista no inciso X do caput do art. 37 da Constituição Federal."

§ 4º As disposições deste artigo:

> Redação do § 4º dada pela EC 109, de 15 de março de 2021.

O texto anterior dispunha:

"§ 4º As vedações previstas neste artigo aplicam-se também a proposições legislativas."

I – não constituem obrigação de pagamento futuro pela União ou direitos de outrem sobre o erário;

II – não revogam, dispensam ou suspendem o cumprimento de dispositivos constitucionais e legais que disponham sobre metas fiscais ou limites máximos de despesas; e

III – aplicam-se também a proposições legislativas.

> Incisos I a III acrescentados pela EC 109, de 15 de março de 2021.

§ 5º O disposto nos incisos II, IV, VII e VIII do caput e no § 2º deste artigo não se aplica a medidas de combate a calamidade pública nacional cuja vigência e efeitos não ultrapassem a sua duração.

> § 5º acrescentado pela EC 109, de 15 de março de 2021.

Art. 110. Na vigência do Novo Regime Fiscal, as aplicações mínimas em ações e serviços públicos de saúde e em manutenção e desenvolvimento do ensino equivalerão:

> Acrescentado pela EC 95, de 15 de dezembro de 2016.
> Artigo constitucional conexo: 9º da EC 126/2022.

I – no exercício de 2017, às aplicações mínimas calculadas nos termos do inciso I do § 2º do art. 198 e do caput do art. 212, da Constituição Federal; e

II – nos exercícios posteriores, aos valores calculados para as aplicações mínimas do exercício imediatamente anterior, corrigidos na forma estabelecida pelo inciso II do § 1º do art. 107 deste Ato das Disposições Constitucionais Transitórias.

Art. 111. A partir do exercício financeiro de 2018, até o exercício financeiro de 2022, a aprovação e a execução previstas nos §§ 9º e 11 do art. 166 da Constituição Federal corresponderão ao montante de execução obrigatória para o exercício de 2017, corrigido na forma estabelecida no inciso II do § 1º do art. 107 deste Ato das Disposições Constitucionais Transitórias.

> Artigo com redação pela EC 126, de 21 de dezembro de 2022.
> Artigo constitucional conexo: 9º da EC 126/2022.

O texto anterior, redigido pela EC 95, de 15 de dezembro de 2016, dispunha:

"Art. 111. A partir do exercício financeiro de 2018, até o último exercício de vigência do Novo Regime Fiscal, a aprovação e a execução previstas nos §§ 9º e 11 do art. 166 da Constituição Federal corresponderão ao montante de execução obrigatória para o exercício de 2017, corrigido na forma estabelecida pelo inciso II do § 1º do art. 107 deste Ato das Disposições Constitucionais Transitórias."

Art. 111-A. A partir do exercício financeiro de 2024, até o último exercício de vigência do Novo Regime Fiscal, a aprovação e a execução previstas nos §§ 9º e 11 do art. 166 da Constituição Federal corresponderão ao montante de execução obrigatória para o exercício de 2023, corrigido na forma estabelecida no inciso II do § 1º do art. 107 deste Ato das Disposições Constitucionais Transitórias.

> Acrescentado pela EC 126, de 21 de dezembro de 2022.
> Artigo constitucional conexo: 9º da EC 126/2022.

Art. 112. As disposições introduzidas pelo Novo Regime Fiscal:
> Acrescentado pela EC 95, de 15 de dezembro de 2016.
> Artigo constitucional conexo: 9º da EC 126/2022.

I – não constituirão obrigação de pagamento futuro pela União ou direitos de outrem sobre o erário; e

II – não revogam, dispensam ou suspendem o cumprimento de dispositivos constitucionais e legais que disponham sobre metas fiscais ou limites máximos de despesas.

Art. 113. A proposição legislativa que crie ou altere despesa obrigatória ou renúncia de receita deverá ser acompanhada da estimativa do seu impacto orçamentário e financeiro.
> Acrescentado pela EC 95, de 15 de dezembro de 2016.

Art. 114. A tramitação de proposição elencada no *caput* do art. 59 da Constituição Federal, ressalvada a referida no seu inciso V, quando acarretar aumento de despesa ou renúncia de receita, será suspensa por até vinte dias, a requerimento de um quinto dos membros da Casa, nos termos regimentais, para análise de sua compatibilidade com o Novo Regime Fiscal.
> Acrescentado pela EC 95, de 15 de dezembro de 2016.
> Artigo constitucional conexo: 9º da EC 126/2022.

Art. 115. Fica excepcionalmente autorizado o parcelamento das contribuições previdenciárias e dos demais débitos dos Municípios, incluídas suas autarquias e fundações, com os respectivos regimes próprios de previdência social, com vencimento até 31 de outubro de 2021, inclusive os parcelados anteriormente, no prazo máximo de 240 (duzentos e quarenta) prestações mensais, mediante autorização em lei municipal específica, desde que comprovem ter alterado a legislação do regime próprio de previdência social para atendimento das seguintes condições, cumulativamente:
> Acrescentado pela EC 113, de 8 de dezembro de 2021.

I – adoção de regras de elegibilidade, de cálculo e de reajustamento dos benefícios que contemplem, nos termos previstos nos incisos I e III do § 1º e nos §§ 3º a 5º, 7º e 8º do art. 40 da Constituição Federal, regras assemelhadas às aplicáveis aos servidores públicos do regime próprio de previdência social da União e que contribuam efetivamente para o atingimento e a manutenção do equilíbrio financeiro e atuarial;

II – adequação do rol de benefícios ao disposto nos §§ 2º e 3º do art. 9º da Emenda Constitucional nº 103, de 12 de novembro de 2019;

III – adequação da alíquota de contribuição devida pelos servidores, nos termos do § 4º do art. 9º da Emenda Constitucional nº 103, de 12 de novembro de 2019; e

IV – instituição do regime de previdência complementar e adequação do órgão ou entidade gestora do regime próprio de previdência social, nos termos do § 6º do art. 9º da Emenda Constitucional nº 103, de 12 de novembro de 2019.

Parágrafo único. Ato do Ministério do Trabalho e Previdência, no âmbito de suas competências, definirá os critérios para o parcelamento previsto neste artigo, inclusive quanto ao cumprimento do disposto nos incisos I, II, III e IV do *caput* deste artigo, bem como disponibilizará as informações aos Municípios sobre o montante das dívidas, as formas de parcelamento, os juros e os encargos incidentes, de modo a possibilitar o acompanhamento da evolução desses débitos.

Art. 116. Fica excepcionalmente autorizado o parcelamento dos débitos decorrentes de contribuições previdenciárias dos Municípios, incluídas suas autarquias e fundações, com o Regime Geral de Previdência Social, com vencimento até 31 de outubro de 2021, ainda que em fase de execução fiscal ajuizada, inclusive os decorrentes do descumprimento de obrigações acessórias e os parcelados anteriormente, no prazo máximo de 240 (duzentos e quarenta) prestações mensais.

> Acrescentado pela EC 113, de 8 de dezembro de 2021.

§ 1º Os Municípios que possuam regime próprio de previdência social deverão comprovar, para fins de formalização do parcelamento com o Regime Geral de Previdência Social, de que trata este artigo, terem atendido as condições estabelecidas nos incisos I, II, III e IV do *caput* do art. 115 deste Ato das Disposições Constitucionais Transitórias.

§ 2º Os débitos parcelados terão redução de 40% (quarenta por cento) das multas de mora, de ofício e isoladas, de 80% (oitenta por cento) dos juros de mora, de 40% (quarenta por cento) dos encargos legais e de 25% (vinte e cinco por cento) dos honorários advocatícios.

§ 3º O valor de cada parcela será acrescido de juros equivalentes à taxa referencial do Sistema Especial de Liquidação e de Custódia (Selic), acumulada mensalmente, calculados a partir do mês subsequente ao da consolidação até o mês anterior ao do pagamento.

§ 4º Não constituem débitos dos Municípios aqueles considerados prescritos ou atingidos pela decadência.

§ 5º A Secretaria Especial da Receita Federal do Brasil e a Procuradoria-Geral da Fazenda Nacional, no âmbito de suas competências, deverão fixar os critérios para o parcelamento previsto neste artigo, bem como disponibilizar as informações aos Municípios sobre o montante das dívidas, as formas de parcelamento, os juros e os encargos incidentes, de modo a possibilitar o acompanhamento da evolução desses débitos.

Art. 117. A formalização dos parcelamentos de que tratam os arts. 115 e 116 deste Ato das Disposições Constitucionais Transitórias deverá ocorrer até 30 de junho de 2022 e ficará condicionada à autorização de vinculação do Fundo de Participação dos Municípios para fins de pagamento das prestações acordadas nos termos de parcelamento, observada a seguinte ordem de preferência:

> Acrescentado pela EC 113, de 8 de dezembro de 2021.

I – a prestação de garantia ou de contragarantia à União ou os pagamentos de débitos em favor da União, na forma do § 4º do art. 167 da Constituição Federal;

II – as contribuições parceladas devidas ao Regime Geral de Previdência Social;

III – as contribuições parceladas devidas ao respectivo regime próprio de previdência social.

Art. 118. Os limites, as condições, as normas de acesso e os demais requisitos para o atendimento do disposto no parágrafo único do art. 6º e no inciso VI do *caput* do art. 203 da Constituição Federal serão determinados, na forma da lei e respectivo regulamento, até 31 de dezembro de 2022, dispensada, exclusivamente no exercício de 2022, a observância das limitações legais quanto à criação, à expansão ou ao aperfeiçoamento de ação governamental que acarrete aumento de despesa no referido exercício.

> Acrescentado pela EC 114, de 16 de dezembro de 2021.

Art. 119. Em decorrência do estado de calamidade pública provocado pela pandemia da Covid-19, os Estados, o Distrito Federal, os Municípios e os agentes públicos desses entes federados não poderão ser responsabilizados administrativa, civil ou criminalmente pelo descumprimento, exclusivamente nos exercícios financeiros de 2020 e 2021, do disposto no *caput* do art. 212 da Constituição Federal.
> Acrescentado pela EC 119, de 27 de abril de 2022.
> Artigo constitucional conexo: 2º da EC 119/2022.

Parágrafo único. Para efeitos do disposto no *caput* deste artigo, o ente deverá complementar na aplicação da manutenção e desenvolvimento do ensino, até o exercício financeiro de 2023, a diferença a menor entre o valor aplicado, conforme informação registrada no sistema integrado de planejamento e orçamento, e o valor mínimo exigível constitucionalmente para os exercícios de 2020 e 2021.

Art. 120. Fica reconhecido, no ano de 2022, o estado de emergência decorrente da elevação extraordinária e imprevisível dos preços do petróleo, combustíveis e seus derivados e dos impactos sociais dela decorrentes.
> Acrescentado pela EC 123, de 14 de julho 2022.
> Artigo constitucional conexo: 5º da EC 123/2022.

Parágrafo único. Para enfretamento ou mitigação dos impactos decorrentes do estado de emergência reconhecido, as medidas implementadas, até os limites de despesas previstos em uma única e exclusiva norma constitucional observarão o seguinte:

I – quanto às despesas:

a) serão atendidas por meio de crédito extraordinário;

b) não serão consideradas para fins de apuração da meta de resultado primário estabelecida no *caput* do art. 2º da Lei nº 14.194, de 20 de agosto de 2021, e do limite estabelecido para as despesas primárias, conforme disposto no inciso I do *caput* do art. 107 do Ato das Disposições Constitucionais Transitórias; e

c) ficarão ressalvadas do disposto no inciso III do *caput* do art. 167 da Constituição Federal;

II – a abertura do crédito extraordinário para seu atendimento dar-se-á independentemente da observância dos requisitos exigidos no § 3º do art. 167 da Constituição Federal; e

III – a dispensa das limitações legais, inclusive quanto à necessidade de compensação:

a) à criação, à expansão ou ao aperfeiçoamento de ação governamental que acarrete aumento de despesa; e

b) à renúncia de receita que possa ocorrer.

Art. 121. As contas referentes aos patrimônios acumulados de que trata o § 2º do art. 239 da Constituição Federal cujos recursos não tenham sido reclamados por prazo superior a 20 (vinte) anos serão encerradas após o prazo de 60 (sessenta) dias da publicação de aviso no Diário Oficial da União, ressalvada reivindicação por eventual interessado legítimo dentro do referido prazo.
> Acrescentado pela EC 126, de 21 de dezembro de 2022.

Parágrafo único. Os valores referidos no *caput* deste artigo serão tidos por abandonados, nos termos do inciso III do *caput* do art. 1.275 da Lei nº 10.406, de 10 de janeiro de 2002 (Código Civil), e serão apropriados pelo Tesouro Nacional como receita primária para realização de despesas de investimento de que trata o § 6º-B do art. 107, que não serão computadas nos limites previstos no art. 107, ambos deste Ato das Disposições Constitucionais Transitórias, podendo o interessado reclamar ressarcimento à União no prazo de até 5 (cinco) anos do encerramento das contas.

Art. 122. As transferências financeiras realizadas pelo Fundo Nacional de Saúde e pelo Fundo Nacional de Assistência Social diretamente aos fundos de saúde e assistência social estaduais, municipais e distritais, para enfrentamento da pandemia da Covid-19, poderão ser executadas pelos entes federativos até 31 de dezembro de 2023.

> *Acrescentado pela EC 126, de 21 de dezembro de 2022.*

Art. 123. Todos os termos de credenciamentos, contratos, aditivos e outras formas de ajuste de permissão lotérica, em vigor, indistintamente, na data de publicação deste dispositivo, destinados a viabilizar a venda de serviços lotéricos, disciplinados em lei ou em outros instrumentos de alcance específico, terão assegurado prazo de vigência adicional, contado do término do prazo do instrumento vigente, independentemente da data de seu termo inicial.

> *Acrescentado pela EC 129, de 5 de julho de 2023.*

Art. 124. A transição para os tributos previstos no art. 156-A e no art. 195, V, todos da Constituição Federal, atenderá aos critérios estabelecidos nos arts. 125 a 133 deste Ato das Disposições Constitucionais Transitórias.

Parágrafo único. A contribuição prevista no art. 195, V, será instituída pela mesma lei complementar de que trata o art. 156-A, ambos da Constituição Federal.

Art. 125. Em 2026, o imposto previsto no art. 156-A será cobrado à alíquota estadual de 0,1% (um décimo por cento), e a contribuição prevista no art. 195, V, ambos da Constituição Federal, será cobrada à alíquota de 0,9% (nove décimos por cento).

§ 1º O montante recolhido na forma do *caput* será compensado com o valor devido das contribuições previstas no art. 195, I, "b", e IV, e da contribuição para o Programa de Integração Social a que se refere o art. 239, ambos da Constituição Federal.

§ 2º Caso o contribuinte não possua débitos suficientes para efetuar a compensação de que trata o § 1º, o valor recolhido poderá ser compensado com qualquer outro tributo federal ou ser ressarcido em até 60 (sessenta) dias, mediante requerimento.

§ 3º A arrecadação do imposto previsto no art. 156-A da Constituição Federal decorrente do disposto no *caput* deste artigo não observará as vinculações, repartições e destinações previstas na Constituição Federal, devendo ser aplicada, integral e sucessivamente, para:

I – o financiamento do Comitê Gestor do Imposto sobre Bens e Serviços, nos termos do art. 156-B, § 2º, III, da Constituição Federal;

II – compor o Fundo de Compensação de Benefícios Fiscais ou Financeiro-Fiscais do imposto de que trata o art. 155, II, da Constituição Federal.

§ 4º Durante o período de que trata o *caput*, os sujeitos passivos que cumprirem as obrigações acessórias relativas aos tributos referidos no *caput* poderão ser dispensados do seu recolhimento, nos termos de lei complementar.

Art. 126. A partir de 2027:

I – serão cobrados:

a) a contribuição prevista no art. 195, V, da Constituição Federal;

b) o imposto previsto no art. 153, VIII, da Constituição Federal;

II – serão extintas as contribuições previstas no art. 195, I, "b", e IV, e a contribuição para o Programa de Integração Social de que trata o art. 239, todos da Constituição Federal, desde que instituída a contribuição referida na alínea "a" do inciso I;

III – o imposto previsto no art. 153, IV, da Constituição Federal:

a) terá suas alíquotas reduzidas a zero, exceto em relação aos produtos que tenham industrialização incentivada na Zona Franca de Manaus, conforme critérios estabelecidos em lei complementar; e

b) não incidirá de forma cumulativa com o imposto previsto no art. 153, VIII, da Constituição Federal.

Art. 127. Em 2027 e 2028, o imposto previsto no art. 156-A da Constituição Federal será cobrado à alíquota estadual de 0,05% (cinco centésimos por cento) e à alíquota municipal de 0,05% (cinco centésimos por cento).

Parágrafo único. No período referido no *caput*, a alíquota da contribuição prevista no art. 195, V, da Constituição Federal, será reduzida em 0,1 (um décimo) ponto percentual.

Art. 128. De 2029 a 2032, as alíquotas dos impostos previstos nos arts. 155, II, e 156, III, da Constituição Federal, serão fixadas nas seguintes proporções das alíquotas fixadas nas respectivas legislações:

I – 9/10 (nove décimos), em 2029;

II – 8/10 (oito décimos), em 2030;

III –7/10 (sete décimos), em 2031;

IV – 6/10 (seis décimos), em 2032.

§ 1º Os benefícios ou os incentivos fiscais ou financeiros relativos aos impostos previstos nos arts. 155, II, e 156, III, da Constituição Federal não alcançados pelo disposto no *caput* deste artigo serão reduzidos na mesma proporção.

§ 2º Os benefícios e incentivos fiscais ou financeiros referidos no art. 3º da Lei Complementar nº 160, de 7 de agosto de 2017, serão reduzidos na forma deste artigo, não se aplicando a redução prevista no § 2º-A do art. 3º da referida Lei Complementar.

§ 3º Ficam mantidos em sua integralidade, até 31 de dezembro de 2032, os percentuais utilizados para calcular os benefícios ou incentivos fiscais ou financeiros já reduzidos por força da redução das alíquotas, em decorrência do disposto no *caput*.

Art. 129. Ficam extintos, a partir de 2033, os impostos previstos nos arts. 155, II, e 156, III, da Constituição Federal.

Art. 130. Resolução do Senado Federal fixará, para todas as esferas federativas, as alíquotas de referência dos tributos previstos nos arts. 156-A e 195, V, da Constituição Federal, observados a forma de cálculo e os limites previstos em lei complementar, de forma a assegurar:

I – de 2027 a 2033, que a receita da União com a contribuição prevista no art. 195, V, e com o imposto previsto no art. 153, VIII, todos da Constituição Federal, seja equivalente à redução da receita:

a) das contribuições previstas no art. 195, I, "b", e IV, e da contribuição para o Programa de Integração Social de que trata o art. 239, todos da Constituição Federal;

b) do imposto previsto no art. 153, IV; e

c) do imposto previsto no art. 153, V, da Constituição Federal, sobre operações de seguros;

II – de 2029 a 2033, que a receita dos Estados e do Distrito Federal com o imposto previsto no art. 156-A da Constituição Federal seja equivalente à redução:

a) da receita do imposto previsto no art. 155, II, da Constituição Federal; e

b) das receitas destinadas a fundos estaduais financiados por contribuições estabelecidas como condição à aplicação de diferimento, regime especial ou outro tratamento diferenciado, relativos ao imposto de que trata o art. 155, II, da Constituição Federal, em funcionamento em 30 de abril de 2023, excetuadas as receitas dos fundos mantidas na forma do art. 136 deste Ato das Disposições Constitucionais Transitórias;

III – de 2029 a 2033, que a receita dos Municípios e do Distrito Federal com o imposto previsto no art. 156-A seja equivalente à redução da receita do imposto previsto no art. 156, III, ambos da Constituição Federal.

§ 1º As alíquotas de referência serão fixadas no ano anterior ao de sua vigência, não se aplicando o disposto no art. 150, III, "c", da Constituição Federal, com base em cálculo realizado pelo Tribunal de Contas da União.

§ 2º Na fixação das alíquotas de referência, deverão ser considerados os efeitos sobre a arrecadação dos regimes específicos, diferenciados ou favorecidos e de qualquer outro regime que resulte em arrecadação menor do que a que seria obtida com a aplicação da alíquota padrão.

§ 3º Para fins do disposto nos §§ 4º a 6º, entende-se por:

I – Teto de Referência da União: a média da receita no período de 2012 a 2021, apurada como proporção do PIB, do imposto previsto no art. 153, IV, das contribuições previstas no art. 195, I, "b", e IV, da contribuição para o Programa de Integração Social de que trata o art. 239 e do imposto previsto no art. 153, V, sobre operações de seguro, todos da Constituição Federal;

II – Teto de Referência Total: a média da receita no período de 2012 a 2021, apurada como proporção do PIB, dos impostos previstos nos arts. 153, IV, 155, II e 156, III, das contribuições previstas no art. 195, I, "b", e IV, da contribuição para o Programa de Integração Social de que trata o art. 239 e do imposto previsto no art. 153, V, sobre operações de seguro, todos da Constituição Federal;

III – Receita-Base da União: a receita da União com a contribuição prevista no art. 195, V, e com o imposto previsto no art. 153, VIII, ambos da Constituição Federal, apurada como proporção do PIB;

IV – Receita-Base dos Entes Subnacionais: a receita dos Estados, do Distrito Federal e dos Municípios com o imposto previsto no art. 156-A da Constituição Federal, deduzida da parcela a que se refere a alínea "b" do inciso II do caput, apurada como proporção do PIB;

V – Receita-Base Total: a soma da Receita-Base da União com a Receita-Base dos Entes Subnacionais, sendo essa última:

a) multiplicada por 10 (dez) em 2029;

b) multiplicada por 5 (cinco) em 2030;

c) multiplicada por 10 (dez) e dividida por 3 (três) em 2031;

d) multiplicada por 10 (dez) e dividida por 4 (quatro) em 2032;

e) multiplicada por 1 (um) em 2033.

§ 4º A alíquota de referência da contribuição a que se refere o art. 195, V, da Constituição Federal será reduzida em 2030 caso a média da Receita-Base da União em 2027 e 2028 exceda o Teto de Referência da União.

§ 5º As alíquotas de referência da contribuição a que se refere o art. 195, V, e do imposto a que se refere o art. 156-A, ambos da Constituição Federal, serão reduzidas em 2035 caso a média da Receita-Base Total entre 2029 e 2033 exceda o Teto de Referência Total.

§ 6º As reduções de que tratam os §§ 4º e 5º serão:
I – definidas de forma a que a Receita-Base seja igual ao respectivo Teto de Referência;
II – no caso do § 5º, proporcionais para as alíquotas de referência federal, estadual e municipal.

§ 7º A revisão das alíquotas de referência em função do disposto nos §§ 4º, 5º e 6º não implicará cobrança ou restituição de tributo relativo a anos anteriores ou transferência de recursos entre os entes federativos.

§ 8º Os entes federativos e o Comitê Gestor do Imposto sobre Bens e Serviços fornecerão ao Tribunal de Contas da União as informações necessárias para o cálculo a que se referem os §§ 1º, 4º e 5º.

§ 9º Nos cálculos das alíquotas de que trata o *caput*, deverá ser considerada a arrecadação dos tributos previstos nos arts. 156-A e 195, V, da Constituição Federal, cuja cobrança tenha sido iniciada antes dos períodos de que tratam os incisos I, II e III do *caput*.

§ 10. O cálculo das alíquotas a que se refere este artigo será realizado com base em propostas encaminhadas pelo Poder Executivo da União e pelo Comitê Gestor do Imposto sobre Bens e Serviços, que deverão fornecer ao Tribunal de Contas da União todos os subsídios necessários, mediante o compartilhamento de dados e informações, nos termos de lei complementar.

Art. 131. De 2029 a 2077, o produto da arrecadação dos Estados, do Distrito Federal e dos Municípios com o imposto de que trata o art. 156-A da Constituição Federal será distribuído a esses entes federativos conforme o disposto neste artigo.

§ 1º Serão retidos do produto da arrecadação do imposto de cada Estado, do Distrito Federal e de cada Município apurada com base nas alíquotas de referência de que trata o art. 130 deste Ato das Disposições Constitucionais Transitórias, nos termos dos arts. 149-C e 156-A, § 4º, II, e § 5º, I e IV, antes da aplicação do disposto no art. 158, IV, "b", todos da Constituição Federal:
I – de 2029 a 2032, 80% (oitenta por cento);
II – em 2033, 90% (noventa por cento);
III – de 2034 a 2077, percentual correspondente ao aplicado em 2033, reduzido à razão de 1/45 (um quarenta e cinco avos) por ano.

§ 2º Na forma estabelecida em lei complementar, o montante retido nos termos do § 1º será distribuído entre os Estados, o Distrito Federal e os Municípios proporcionalmente à receita média de cada ente federativo, devendo ser consideradas:
I – no caso dos Estados:
a) a arrecadação do imposto previsto no art. 155, II, após aplicação do disposto no art. 158, IV, "a", todos da Constituição Federal; e
b) as receitas destinadas aos fundos estaduais de que trata o art. 130, II, "b", deste Ato das Disposições Constitucionais Transitórias;
II – no caso do Distrito Federal:
a) a arrecadação do imposto previsto no art. 155, II, da Constituição Federal; e
b) a arrecadação do imposto previsto no art. 156, III, da Constituição Federal;
III – no caso dos Municípios:
a) a arrecadação do imposto previsto no art. 156, III, da Constituição Federal; e
b) a parcela creditada na forma do art. 158, IV, "a", da Constituição Federal.

§ 3º Não se aplica o disposto no art. 158, IV, "b", da Constituição Federal aos recursos distribuídos na forma do § 2º, I, deste artigo.

§ 4º A parcela do produto da arrecadação do imposto não retida nos termos do § 1º, após a retenção de que trata o art. 132 deste Ato das Disposições Constitucionais Transitórias, será distribuída a cada Estado, ao Distrito Federal e a cada Município de acordo com os critérios da lei complementar de que trata o art. 156-A, § 5º, I, da Constituição Federal, nela computada a variação de alíquota fixada pelo ente em relação à de referência.

§ 5º Os recursos de que trata este artigo serão distribuídos nos termos estabelecidos em lei complementar, aplicando-se o seguinte:

I – constituirão a base de cálculo dos fundos de que trata o art. 212-A, II, da Constituição Federal, observado que:

a) para os Estados, o percentual de que trata o art. 212-A, II, será aplicado proporcionalmente à razão entre a soma dos valores distribuídos a cada ente nos termos do § 2º, I, "a", e do § 4º, e a soma dos valores distribuídos nos termos do § 2º, I e do § 4º;

b) para o Distrito Federal, o percentual de que trata o art. 212-A, II, será aplicado proporcionalmente à razão entre a soma dos valores distribuídos nos termos do § 2º, II, "a", e do § 4º, e a soma dos valores distribuídos nos termos do § 2º, II, e do § 4º, considerada, em ambas as somas, somente a parcela estadual nos valores distribuídos nos termos do § 4º;

c) para os Municípios, o percentual de que trata o art. 212-A, II, será aplicado proporcionalmente à razão entre a soma dos valores distribuídos nos termos do § 2º, III, "b", e a soma dos valores distribuídos nos termos do § 2º, III;

II – constituirão as bases de cálculo de que tratam os arts. 29-A, 198, § 2º, 204, parágrafo único, 212 e 216, § 6º, da Constituição Federal, excetuados os valores distribuídos nos termos do § 2º, I, "b";

III – poderão ser vinculados para prestação de garantias às operações de crédito por antecipação de receita previstas no art. 165, § 8º, para pagamento de débitos com a União e para prestar-lhe garantia ou contragarantia, nos termos do art. 167, § 4º, todos da Constituição Federal.

§ 6º Durante o período de que trata o *caput* deste artigo, é vedado aos Estados, ao Distrito Federal e aos Municípios fixar alíquotas próprias do imposto de que trata o art. 156-A da Constituição Federal inferiores às necessárias para garantir as retenções de que tratam o § 1º deste artigo e o art. 132 deste Ato das Disposições Constitucionais Transitórias.

Art. 132. Do imposto dos Estados, do Distrito Federal e dos Municípios apurado com base nas alíquotas de referência de que trata o art. 130 deste Ato das Disposições Constitucionais Transitórias, deduzida a retenção de que trata o art. 131, § 1º, será retido montante correspondente a 5% (cinco por cento) para distribuição aos entes com as menores razões entre:

I – o valor apurado nos termos dos arts. 149-C e 156-A, § 4º, II, e § 5º, I e IV, com base nas alíquotas de referência, após a aplicação do disposto no art. 158, IV, "b", todos da Constituição Federal; e

II – a respectiva receita média, apurada nos termos do art. 131, § 2º, I, II e III, deste Ato das Disposições Constitucionais Transitórias, limitada a 3 (três) vezes a média nacional por habitante da respectiva esfera federativa.

§ 1º Os recursos serão distribuídos, sequencial e sucessivamente, aos entes com as menores razões de que trata o *caput*, de maneira que, ao final da distribuição, para todos os entes que receberem recursos, seja observada a mesma a razão entre:

I – a soma do valor apurado nos termos do inciso I do *caput* com o valor recebido nos termos deste artigo; e

II – a receita média apurada na forma do inciso II do *caput*.

§ 2º Aplica-se aos recursos distribuídos na forma deste artigo o disposto no art. 131, § 5º deste Ato das Disposições Constitucionais Transitórias.

§ 3º Lei complementar estabelecerá os critérios para a redução gradativa, entre 2078 e 2097, do percentual de que trata o *caput*, até a sua extinção.

Art. 133. Os tributos de que tratam os arts. 153, IV, 155, II, 156, III, e 195, I, "b", e IV, e a contribuição para o Programa de Integração Social a que se refere o art. 239 não integrarão a base de cálculo do imposto de que trata o art. 156-A e da contribuição de que trata o art. 195, V, todos da Constituição Federal.

Art. 134. Os saldos credores relativos ao imposto previsto no art. 155, II, da Constituição Federal, existentes ao final de 2032 serão aproveitados pelos contribuintes na forma deste artigo e nos termos de lei complementar.

§ 1º O disposto neste artigo alcança os saldos credores cujos aproveitamento ou ressarcimento sejam admitidos pela legislação em vigor em 31 de dezembro de 2032 e que tenham sido homologados pelos respectivos entes federativos, observadas as seguintes diretrizes:

I – apresentado o pedido de homologação, o ente federativo deverá se pronunciar no prazo estabelecido na lei complementar a que se refere o *caput*;

II – na ausência de resposta ao pedido de homologação no prazo a que se refere o inciso I deste parágrafo, os respectivos saldos credores serão considerados homologados.

§ 2º Aplica-se o disposto neste artigo também aos créditos reconhecidos após o prazo previsto no *caput*.

§ 3º O saldo dos créditos homologados será informado pelos Estados e pelo Distrito Federal ao Comitê Gestor do Imposto sobre Bens e Serviços para que seja compensado com o imposto de que trata o art. 156-A da Constituição Federal:

I – pelo prazo remanescente, apurado nos termos do art. 20, § 5º, da Lei Complementar nº 87, de 13 de setembro de 1996, para os créditos relativos à entrada de mercadorias destinadas ao ativo permanente;

II – em 240 (duzentos e quarenta) parcelas mensais, iguais e sucessivas, nos demais casos.

§ 4º O Comitê Gestor do Imposto sobre Bens e Serviços deduzirá do produto da arrecadação do imposto previsto no art. 156-A devido ao respectivo ente federativo o valor compensado na forma do § 3º, o qual não comporá base de cálculo para fins do disposto nos arts. 158, IV, 198, § 2º, 204, parágrafo único, 212, 212-A, II, e 216, § 6º, todos da Constituição Federal.

§ 5º A partir de 2033, os saldos credores serão atualizados pelo IPCA ou por outro índice que venha a substituí-lo.

§ 6º Lei complementar disporá sobre:

I – as regras gerais de implementação do parcelamento previsto no § 3º;

II – a forma pela qual os titulares dos créditos de que trata este artigo poderão transferi-los a terceiros;

III – a forma pela qual o crédito de que trata este artigo poderá ser ressarcido ao contribuinte pelo Comitê Gestor do Imposto sobre Bens e Serviços, caso não seja possível compensar o valor da parcela nos termos do § 3º."

Art. 135. Lei complementar disciplinará a forma de utilização dos créditos, inclusive presumidos, do imposto de que trata o art. 153, IV, e das contribuições de que tratam o art. 195, I, "b", e IV, e da contribuição para o Programa de Integração Social a que se refere o art. 239, todos da Constituição Federal, não apropriados ou não utilizados até a extinção, mantendo-se, apenas para os créditos que cumpram os requisitos estabelecidos na legislação vigente na data da extinção de tais tributos, a permissão para compensação com outros tributos federais, inclusive com a contribuição prevista no inciso V do *caput* do art. 195 da Constituição Federal, ou ressarcimento em dinheiro."

Art. 136. Os Estados que possuíam, em 30 de abril de 2023, fundos destinados a investimentos em obras de infraestrutura e habitação e financiados por contribuições sobre produtos primários e semielaborados estabelecidas como condição à aplicação de diferimento, regime especial ou outro tratamento diferenciado, relativos ao imposto de que trata o art. 155, II, da Constituição Federal, poderão instituir contribuições semelhantes, não vinculadas ao referido imposto, observado que:

I – a alíquota ou o percentual de contribuição não poderão ser superiores e a base de incidência não poderá ser mais ampla que os das respectivas contribuições vigentes em 30 de abril de 2023;

II – a instituição de contribuição nos termos deste artigo implicará a extinção da contribuição correspondente, vinculada ao imposto de que trata o art. 155, II, da Constituição Federal, vigente em 30 de abril de 2023;

III – a destinação de sua receita deverá ser a mesma das contribuições vigentes em 30 de abril de 2023;

IV – a contribuição instituída nos termos do *caput* será extinta em 31 de dezembro de 2043.

Parágrafo único. As receitas das contribuições mantidas nos termos deste artigo não serão consideradas como receita do respectivo Estado para fins do disposto nos arts. 130, II, "b", e 131, § 2º, I, "b", deste Ato das Disposições Constitucionais Transitórias."

Art. 137. Os saldos financeiros dos recursos transferidos pelo Fundo Nacional de Saúde e pelo Fundo Nacional de Assistência Social, para enfrentamento da pandemia de Covid-19 no período de 2020 a 2022, aos fundos de saúde e assistência social estaduais, municipais e do Distrito Federal poderão ser aplicados, até 31 de dezembro de 2024, para o custeio de ações e serviços públicos de saúde e de assistência social, observadas, respectivamente, as diretrizes emanadas do Sistema Único de Saúde e do Sistema Único de Assistência Social.

> Arts. 124 a 137 acrescidos pela EC 132/2023.

Brasília (DF), 5 de outubro de 1988.

Ulysses Guimarães – *Presidente*, Mauro Benevides – *1º Vice-Presidente*, Jorge Arbage – *2º Vice-Presidente*, Marcelo Cordeiro – *1º Secretário*, Mário Maia – *2º Secretário*, Arnaldo Faria de Sá – *3º Secretário*, Benedita da Silva – *1º Suplente de Secretário*, Luiz Soyer – *2º Suplente de Secretário*, Sotero Cunha – *3º Suplente de Secretário*, Bernardo Cabral – *Relator-Geral*, Adolfo Oliveira – *Relator Adjunto*, Antônio Carlos Konder Reis – *Relator Adjunto*, José Fogaça – *Relator Adjunto*.

Abigail Feitosa, Acival Gomes, Adauto Pereira, Ademir Andrade, Adhemar de Barros Filho, Adroaldo Streck, Adylson Motta, Aécio de Borba, Aécio Neves, Affonso Camargo, Afif Domingos, Afonso Arinos, Afonso Sancho, Agassiz Almeida, Agripino de Oliveira Lima, Airton Cordeiro, Airton Sandoval, Alarico Abib, Albano Franco, Albérico Cordeiro, Albérico Filho, Alceni Guerra, Alcides Saldanha, Aldo Arantes, Alércio Dias, Alexandre Costa, Alexandre Puzyna, Alfredo Campos, Almir Gabriel, Aloisio Vasconcelos, Aloysio Chaves, Aloysio Teixeira, Aluizio Bezerra, Aluizio Campos, Álvaro Antônio, Álvaro Pacheco, Álvaro Valle, Alysson Paulinelli, Amaral Netto, Amaury Müller, Amilcar Moreira, Ângelo Magalhães, Anna Maria Rattes, Annibal Barcellos, Antero de Barros, Antônio Câmara,

Antônio Carlos Franco, Antonio Carlos Mendes Thame, Antônio de Jesus, Antonio Ferreira, Antonio Gaspar, Antonio Mariz, Antonio Perosa, Antônio Salim Curiati, Antonio Ueno, Arnaldo Martins, Arnaldo Moraes, Arnaldo Prieto, Arnold Fioravanti, Aroude de Oliveira, Artenir Werner, Artur da Távola, Asdrubal Bentes, Assis Canuto, Átila Lira, Augusto Carvalho, Áureo Mello, Basílio Villani, Benedicto Monteiro, Benito Gama, Beth Azize, Bezerra de Melo, Bocayuva Cunha, Bonifácio de Andrada, Bosco França, Brandão Monteiro, Caio Pompeu, Carlos Alberto, Carlos Alberto Caó, Carlos Benevides, Carlos Cardinal, Carlos Chiarelli, Carlos Cotta, Carlos Del Carli, Carlos Moscone, Carlos Sant'Anna, Carlos Vinagri, Carlos Virgílio, Carrel Benevides, Cássio Cunha Lima, Célio de Castro, Celso Dourado, César Cals Neto, César Maia, Chagas Duarte, Chagas Neto, Chagas Rodrigues, Chico Humberto, Christóvam Chiaradia, Cid Carvalho, Cid Sabóia de Carvalho, Cláudio Ávila, Cleonâncio Fonseca, Costa Ferreira, Cristina Tavares, Cunha Bueno, Dálton Canabrava, Darcy Deitos, Darcy Pozza, Daso Coimbra, Davi Alves Silva, Del Bosco Amaral, Delfim Netto, Délio Braz, Denisar Arneiro, Dionisio Dal Prá, Dionísio Hage, Dirce Tutu Quadros, Dirceu Carneiro, Divaldo Suruagy, Dgenal Gonçalves, Domingos Juvenil, Domingos Leonelli, Doreto Campanari, Edésio Frias, Edison Lobão, Edivaldo Motta, Edme Tavares, Edmilson Valentim, Eduardo Bonfim, Eduardo Jorge, Eduardo Moreira, Egídio Ferreira Lima, Elias Murad, Eliel Rodrigues, Eliézer Moreira, Enoc Vieira, Eraldo Tinoco, Eraldo Trindade, Érico Pegoraro, Ervin Bonkoski, Etevaldo Nogueira, Euclides Scalco, Eunice Michiles, Evaldo Gonçalves, Expedito Machado, Ézio Ferreira, Fábio Feldmann, Fábio Raunheitti, Farabulini Junior, Fausto Fernandes, Fausto Rocha, Felipe Mendes, Feris Nader, Fernando Bezerra Coelho, Fernando Cunha, Fernando Gasparian, Fernando Gomes, Fernando Henrique Cardoso, Fernando Lyra, Fernando Santana, Fernando Velasco, Firmo de Castro, Flavio Palmier da Veiga, Flávio Rocha, Florestan Fernandes, Floriceno Paixão, França Teixeira, Francisco Amaral, Francisco Benjamim, Francisco Carneiro, Francisco Coelho, Francisco Diógenes, Francisco Dornelles, Francisco Küster, Francisco Pinto, Francisco Rollemberg, Francisco Rossi, Francisco Salis, Furtado Leite, Gabriel Guerreiro, Gandi Jamil, Gastone Righi, Genebaldo Correia, Genésio Bernardino, Geovani Borgis, Geraldo Alckmin Filho, Geraldo Bulhões, Geraldo Campos, Geraldo Fleming, Geraldo Melo, Gerson Camata, Gerson Marcondes, Gerson Peres, Gidel Dantas, Gil César, Gilson Machado, Gonzaga Patriota, Guilherme Palmeira, Gumercindo Milhomem, Gustavo de Faria, Harlan Gadelia, Haroldo Lima, Haroldo Sabóia, Hélio Costa, Hélio Duque, Hélio Manhães, Hélio Rosas, Henrique Córdova, Henrique Eduardo Alves, Heráclito Fortes, Hermes Zaneti, Hilário Braun, Homero Santos, Humberto Lucena, Humberto Souto, Iberê Ferreira, Ibsen Pinheiro, Inocêncio Oliveira, Irajá Rodrigues, Iram Saraiva, Irapuan Costa Júnior, Irma Passoni, Ismael Wanderley, Israel Pinheiro, Itamar Franco, Ivo Cersórsimo, Ivo Lech, Ivo Mainardi, Ivo Vanderlinde, Jacy Scanagatta, Jairo Azi, Jairo Carneiro, Jallis Fontoura, Jamil Haddad, Jarbas Passarinho, Jayme Paliarin, Jayme Santana, Jesualdo Cavalcanti, Jesus Tajra, Joaci Góes, João Agripino, João Alves, João Calmon, João Carlos Bacelar, João Castelo, João Cunha, João da Mata, João de Deus Antunes, João Herrmann Neto, João Lobo, João Machado Rollemberg, João Meneses, João Natal, João Paulo, João Rezek, Joaquim Bevilácqua, Joaquim Francisco, Joaquim Hayckel, Joaquim Sucena, Jofran Frejat, Jonas Pinheiro, Jonival Lucas, Jorge Bornhausen, Jorge Hagi, Jorge Leite, Jorge Uequed, Jorge Vianna, José Agripino, José Carlos Camargo, José Carlos Coutinho, José Carlos Grecco, José Carlos Martinez, José Carlos Sabóia, José Carlos Vasconcelos, José Costa, José da Conceição, José Dutra, José Egreja, José Elias, José Fernandes, José Freire, José Genoíno, José Geraldo, José Guedes, José Ignácio Ferreira, José Jorge, José Lins, José Lourenço, José Luiz de Sá, José Luiz Maia, José Maranhão, José Maria Eymael, José Maurício, José Melo, José Mendonça Bezerra, José Moura, José Paulo Bisol, José Queiroz, José Richa, José Santana de Vasconcellos, José Serra, José Tavares, José Teixeira, José Thomaz Nonô, José Tinoco, José Ulisses de Oliveira, José Viana, José Yunes, Jovanni Masini, Juarez Antunes, Júlio Campos, Júlio

Costamilan, Jutahy Júnior, Jutahy Magalhães, Koyu Iha, Lael Varella, Lavoisier Maia, Leite Chaves, Lélio Souza, Leopoldo Peres, Leur Lomanto, Levy Dias, Lézio Sathler, Lídice da Mata, Louremberg Nunes Rocha, Lourival Baptista, Lúcia Braga, Lúcia Vânia, Lúcio Alcântara, Luís Eduardo, Luís Roberto Ponte, Luiz Alberto Rodrigues, Luiz Freire, Luiz Gushiken, Luiz Henrique, Luiz Inácio Lula da Silva, Luiz Leal, Luiz Marques, Luiz Salomão, Luiz Viana Neto, Lysâneas Maciel, Maguito Vilela, Maluly Neto, Manoel Castro, Manoel Moreira, Manoel Ribeiro, Mansueto de Lavor, Manuel Viana, Márcia Kubitscheck, Márcio Braga, Márcio Lacerda, Marco Maciel, Marcondes Gadelha, Marcos Lima, Marcos Queiroz, Maria de Lourdes Abadia, Maria Lúcia, Mário Assad, Mário Covas, Mário de Oliveira, Mário Lima, Marluce Pinto, Matheus Iensen, Mattos Leão, Maurício Campos, Maurício Correa, Maurício Fruet, Maurício Nasser, Maurício Pádua, Maurílio Ferreira Lima, Mauro Borges, Mauro Campos, Mauro Miranda, Mauro Sampaio, Max Rosenmann, Meira Filho, Melo Freire, Mello Reis, Mendes Botelho, Mendes Canale, Mendes Ribeiro, Messias Góis, Messias Soares, Michel Temer, Milton Barbosa, Milton Lima, Milton Reis, Miraldo Gomes, Miro Teixeira, Moema São Thiago, Moysés Pimentel, Mozarildo Cavalcanti, Mussa Demes, Myrian Portella, Nabor Júnior, Naphtali Alves de Souza, Narciso Mendes, Nelson Aguiar, Nelson Carneiro, Nelson Jobim, Nelson Sabrá, Nelson Seixas, Nelson Wedekin, Nelton Friedrich, Nestor Duarte, Ney Maranhão, Nilso Sguarezi, Nilson Gibson, Nion Albernaz, Noel de Carvalho, Nyder Barbosa, Octávio Elísio, Odacir Soares, Olavo Pires, Olívio Dutra, Onofre Corrêa, Orlando Bezerra, Orlando Pacheco, Oscar Corrêa, Osmar Leitão, Osmir Lima, Osmundo Rebouças, Osvaldo Bender, Osvaldo Coelho, Osvaldo Macedo, Osvaldo Sobrinho, Oswaldo Almeida, Oswaldo Trevisan, Ottomar Pinto, Paes de Andrade, Paes Landim, Paulo Delgado, Paulo Macarini, Paulo Marques, Paulo Mincarone, Paulo Paim, Paulo Pimentel, Paulo Ramos, Paulo Roberto, Paulo Roberto Cunha, Paulo Silva, Paulo Zarzur, Pedro Canedo, Pedro Ceolin, Percival Muniz, Pimenta da Veiga, Plínio Arruda Sampaio, Plínio Martins, Pompeu de Sousa, Rachid Saldanha Derzi, Raimundo Bezerra, Raimundo Lira, Raimundo Rezende, Raquel Cândido, Raquel Capiberibe, Raul Belém, Raul Ferraz, Renan Calheiros, Renato Bernardi, Renato Johnsson, Renato Vianna, Ricardo Fiuza, Ricardo Izar, Rita Camata, Rita Furtado, Roberto Augusto, Roberto Balestra, Roberto Brant, Roberto Campos, Roberto D'Ávila, Roberto Freire, Roberto Jefferson, Roberto Rollemberg, Roberto Torres, Roberto Vital, Robson Marinho, Rodrigues Palma, Ronaldo Aragão, Ronaldo Carvalho, Ronaldo Cezar Coelho, Ronan Tito, Ronaro Corrêa, Rosa Prata, Rose de Freitas, Rospide Netto, Rubem Branquinho, Rubem Medina, Ruben Figueiró, Ruberval Pilotto, Ruy Bacelar, Ruy Nedel, Sadie Hauache, Salatiel Carvalho, Samir Achôa, Sandra Cavalcanti, Santinho Furtado, Sarney Filho, Saulo Queiroz, Sérgio Brito, Sérgio Spada, Sérgio Wernerck, Severo Gomes, Sigmaringa Seixas, Sílvio Abreu, Simão Sessim, Siqueira Campos, Sólon Borges dos Reis, Stélio Dias, Tadeu França, Telmo Kirst, Teotonio Vilela Filho, Theodoro Mendes, Tito Costa, Ubiratan Aguiar, Ubiratan Spinelli, Uldurico Pinto, Valmir Campelo, Valter Pereira, Vasco Alves, Vicente Bogo, Victor Faccioni, Victor Fontana, Victor Trovão, Vieira da Silva, Vilson Souza, Vingt Rosado, Vinicius Cansanção, Virgildásio de Senna, Virgílio Galassi, Virgílio Guimarães, Vitor Buaiz, Vivaldo Barbosa, Vladimir Palmeira, Wagner Lago, Waldec Ornélas, Waldyr Pugliesi, Walmor de Luca, Wilma Maia, Wilson Campos, Wilson Martins, Ziza Valadares.

PARTICIPANTES: Álvaro Dias, Antônio Britto, Bete Mendes, Borges da Silveira, Cardoso Alves, Edivaldo Holanda, Expedito Júnior, Fadah Gattass, Francisco Dias, Geovah Amarante, Hélio Gueiros, Horácio Ferraz, Hugo Napoleão, Iturival Nascimento, Ivan Bonato, Jorge Medauar, José Mendonça de Morais, Leopoldo Bessone, Marcelo Miranda, Mauro Fecury, Neuto de Conto, Nivaldo Machado, Oswaldo Lima Filho, Paulo Almada, Prisco Viana, Ralph Biasi, Rosário Congro Neto, Sérgio Naya, Tidei de Lima.

IN MEMORIAM: Alair Ferreira, Antônio Farias, Fábio Lucena, Norberto Schwantes, Virgílio Távora.

EMENDAS CONSTITUCIONAIS

EMENDA CONSTITUCIONAL 2, DE 25 DE AGOSTO DE 1992

Dispõe sobre o plebiscito previsto no art. 2º do Ato das Disposições Constitucionais Transitórias.

DOU de 01.09.1992.

As mesas da Câmara dos Deputados e do Senado Federal, nos termos do § 3º do art. 60 da Constituição Federal, promulgam a seguinte Emenda ao texto constitucional:

Artigo único. O plebiscito de que trata o art. 2º do Ato das Disposições Constitucionais Transitórias realizar-se-á no dia 21 de abril de 1993.

§ 1º A forma e o sistema de governo definidos pelo plebiscito terão vigência em 1º de janeiro de 1995.

§ 2º A lei poderá dispor sobre a realização do plebiscito, inclusive sobre a gratuidade da livre divulgação das formas e sistemas de governo, através dos meios de comunicação de massa concessionários ou permissionários de serviço público, assegurada igualdade de tempo e paridade de honorários.

§ 3º A norma constante do parágrafo anterior não exclui a competência do Tribunal Superior Eleitoral para expedir instruções necessárias à realização da consulta plebiscitária.

Brasília, em 25 de agosto de 1992.

Mesa da Câmara dos Deputados
Ibsen Pinheiro
Presidente

Mesa do Senado Federal
Mauro Benevides
Presidente

EMENDA CONSTITUCIONAL 3, DE 17 DE MARÇO DE 1993

Altera dispositivos da Constituição Federal.

DOU de 18.03.1993.

As mesas da Câmara dos Deputados e do Senado Federal, nos termos do § 3º do art. 60 da Constituição Federal, promulgam a seguinte Emenda ao texto constitucional:

Art. 1º Os dispositivos da Constituição Federal abaixo enumerados passam a vigorar com as seguintes alterações:

> Alterações já realizadas no texto.

Art. 2º A União poderá instituir, nos termos da lei complementar, com vigências até 31 de dezembro de 1994, imposto sobre movimentação ou transmissão de valores e de créditos e direitos de natureza financeira.

§ 1º A alíquota do imposto de que trata este artigo não excederá a vinte e cinco centésimos por cento, facultado ao Poder Executivo reduzi-la, ou restabelecê-la, total ou parcialmente, nas condições e limites fixados em lei.

§ 2º Ao imposto de que trata este artigo não se aplica o art. 150, III, *b* e VI, nem o disposto no § 5º do art. 153 da Constituição.

§ 3º O produto da arrecadação do imposto de que trata este artigo não se encontra sujeito a qualquer modalidade de repartição com outra entidade federada.

§ 4º (*Revogado pela Emenda Constitucional de Revisão 1, de 1º-3-1994.*)

Art. 3º A eliminação do adicional ao imposto de renda, de competência dos Estados, decorrente desta Emenda Constitucional, somente produzirá efeitos a partir de 1º de janeiro de 1996, reduzindo-se a correspondente alíquota, pelo menos, a dois e meio por cento no exercício financeiro de 1995.

Art. 4º A eliminação do imposto sobre vendas a varejo de combustíveis líquidos e gasosos, de competência dos Municípios, decorrente desta Emenda Constitucional, somente produzirá efeitos a partir de 1º de janeiro de 1996, reduzindo-se a correspondente alíquota, pelo menos, a um e meio por cento no exercício financeiro de 1995.

Art. 5º Até 31 de dezembro de 1999, os Estados, o Distrito Federal e os Municípios somente poderão emitir títulos da dívida pública no montante necessário ao refinanciamento do principal devidamente atualizado de suas obrigações, representadas por essa espécie de títulos, ressalvado o disposto no art. 33, parágrafo único, do Ato das Disposições Constitucionais Transitórias.

Art. 6º Revogam-se o inciso IV e o § 4º do art. 156 da Constituição Federal.

Brasília, em 17 de março de 1993.

Mesa da Câmara dos Deputados
Deputado Inocêncio Oliveira
Presidente

Mesa do Senado Federal
Senador Humberto Lucena
Presidente

EMENDA CONSTITUCIONAL 8, DE 15 DE AGOSTO DE 1995

Altera o inciso XI e a alínea "a" do inciso XII do art. 21 da Constituição Federal.

DOU de 16.08.1995.

As Mesas da Câmara dos Deputados e do Senado Federal, nos termos do § 3º do art. 60 da Constituição Federal, promulgam a seguinte Emenda ao texto constitucional:

Art. 1º O inciso XI e a alínea "a" do inciso XII do art. 21 da Constituição Federal passam a vigorar com a seguinte redação:

> Alterações já realizadas no texto.

Art. 2º É vedada a adoção de medida provisória para regulamentar o disposto no inciso XI do art. 21 com a redação dada por esta emenda constitucional.

Brasília, 15 de agosto de 1995.

Mesa da Câmara dos Deputados
Deputado Luís Eduardo
Presidente

Mesa do Senado Federal
Senador José Sarney
Presidente

EMENDA CONSTITUCIONAL 9, DE 10 DE NOVEMBRO DE 1995

Dá nova redação ao art. 177 da Constituição Federal, alterando e inserindo parágrafos.

DOU de 10.11.1995.

As Mesas da Câmara dos Deputados e do Senado Federal, nos termos do § 3º do art. 60 da Constituição Federal, promulgam a seguinte Emenda ao texto constitucional:

Art. 1º O § 1º do art. 177 da Constituição Federal passa a vigorar com a seguinte redação:

> Alterações já realizadas no texto.

Art. 2º Inclua-se um parágrafo, a ser enumerado como § 2º com a redação seguinte, passando o atual § 2º para § 3º, no art. 177 da Constituição Federal.

> Alterações já realizadas no texto.

Art. 3º É vedada a edição de medida provisória para a regulamentação da matéria prevista nos incisos I a IV e dos §§ 1º e 2º do art. 177 da Constituição Federal.

Brasília, 9 de novembro de 1995.

Mesa da Câmara dos Deputados
Deputado Luís Eduardo
Presidente

Mesa do Senado Federal
Senador José Sarney
Presidente

EMENDA CONSTITUCIONAL 17, DE 22 DE NOVEMBRO DE 1997

Altera dispositivos dos arts. 71 e 72 do Ato das Disposições Constitucionais Transitórias, introduzidos pela Emenda Constitucional de Revisão 1, de 1994.

DOU de 25.11.1997.

As Mesas da Câmara dos Deputados e do Senado Federal, nos termos do § 3º do art. 60 da Constituição Federal, promulgam a seguinte Emenda ao texto constitucional:

Art. 1º O *caput* do art. 71 do Ato das Disposições Constitucionais Transitórias passa a vigorar com a seguinte redação:

> Alterações já realizadas no texto.

Art. 2º O inciso V do art. 72 do Ato das Disposições Constitucionais Transitórias passa a vigorar com a seguinte redação:

> Alterações já realizadas no texto.

Art. 3º A União repassará aos Municípios, do produto da arrecadação do Imposto sobre a Renda e Proventos de Qualquer Natureza, tal como considerado na constituição de fundos de que trata o art. 159, I, da Constituição, excluída a parcela referida no art. 72, I, do Ato das Disposições Constitucionais Transitórias, os seguintes percentuais:

I – um inteiro e cinquenta e seis centésimos por cento, no período de 1º de julho de 1997 a 31 de dezembro de 1997;

II – um inteiro e oitocentos e setenta e cinco milésimos por cento, no período de 1º de janeiro de 1998 a 31 de dezembro de 1998;

III – dois inteiros e cinco décimos por cento, no período de 1º de janeiro de 1999 a 31 de dezembro de 1999.

Parágrafo único. O repasse dos recursos de que trata este artigo obedecerá à mesma periodicidade e aos mesmos critérios de repartição e normas adotadas no Fundo de Participação dos Municípios, observado o disposto no art. 160 da Constituição.

Art. 4º Os efeitos do disposto nos arts. 71 e 72 do Ato das Disposições Constitucionais Transitórias, com a redação dada pelos arts. 1º e 2º desta Emenda, são retroativos a 1º de julho de 1997.

Parágrafo único. As parcelas de recursos destinados ao Fundo de Estabilização Fiscal e entregues na forma do art. 159, I, da Constituição, no período compreendido entre 1º de julho de 1997 e a data de promulgação desta Emenda, serão deduzidas das cotas subsequentes, limitada a dedução a um décimo do valor total entregue em cada mês.

Art. 5º Observado o disposto no artigo anterior, a União aplicará as disposições do art. 3º desta Emenda retroativamente a 1º de julho de 1997.

Art. 6º Esta Emenda Constitucional entra em vigor na data de sua publicação.

Brasília, 22 de novembro de 1997.

Mesa da Câmara dos Deputados	Mesa do Senado Federal
Deputado Michel Temer	Senador Antonio Carlos Magalhães
Presidente	*Presidente*

EMENDA CONSTITUCIONAL 19, DE 4 DE JUNHO DE 1998

Modifica o regime e dispõe sobre princípios e normas da Administração Pública, servidores e agentes políticos, controle de despesas e finanças públicas e custeio de atividades a cargo do Distrito Federal, e dá outras providências.

DOU de 05.06.1998.

As Mesas da Câmara dos Deputados e do Senado Federal, nos termos do § 3º do art. 60 da Constituição Federal, promulgam esta Emenda ao texto constitucional:

Art. 1º Os incisos XIV e XXII do art. 21 e XXVII do art. 22 da Constituição Federal passam a vigorar com a seguinte redação:

> Alterações já realizadas no texto.

(...)

Art. 25. Até a instituição do fundo a que se refere o inciso XIV do art. 21 da Constituição Federal, compete à União manter os atuais compromissos financeiros com a prestação de serviços públicos do Distrito Federal.

Art. 26. No prazo de dois anos da promulgação desta Emenda, as entidades da administração indireta terão seus estatutos revistos quanto à respectiva natureza jurídica, tendo em conta a finalidade e as competências efetivamente executadas.

Art. 27. O Congresso Nacional, dentro de cento e vinte dias da promulgação desta Emenda, elaborará lei de defesa do usuário de serviços públicos.

Art. 28. É assegurado o prazo de dois anos de efetivo exercício para aquisição da estabilidade aos atuais servidores em estágio probatório, sem prejuízo da avaliação a que se refere o § 4º do art. 41 da Constituição Federal.

Art. 29. Os subsídios, vencimentos, remuneração, proventos da aposentadoria e pensões e quaisquer outras espécies remuneratórias adequar-se-ão, a partir da promulgação desta Emenda, aos limites decorrentes da Constituição

Federal, não se admitindo a percepção de excesso a qualquer título.

Art. 30. O projeto de lei complementar a que se refere o art. 163 da Constituição Federal será apresentado pelo Poder Executivo ao Congresso Nacional no prazo máximo de cento e oitenta dias da promulgação desta Emenda.

Art. 31. A pessoa que revestiu a condição de servidor público federal da administração direta, autárquica ou fundacional, de servidor municipal ou de integrante da carreira de policial, civil ou militar, dos ex-Territórios Federais do Amapá e de Roraima e que, comprovadamente, encontrava-se no exercício de suas funções, prestando serviço à administração pública dos ex-Territórios ou de prefeituras neles localizadas, na data em que foram transformados em Estado, ou a condição de servidor ou de policial, civil ou militar, admitido pelos Estados do Amapá e de Roraima, entre a data de sua transformação em Estado e outubro de 1993, bem como a pessoa que comprove ter mantido, nesse período, relação ou vínculo funcional, de caráter efetivo ou não, ou relação ou vínculo empregatício, estatutário ou de trabalho com a administração pública dos ex-Territórios, dos Estados ou das prefeituras neles localizadas ou com empresa pública ou sociedade de economia mista que haja sido constituída pelo ex-Território ou pela União para atuar no âmbito do ex-Território Federal, inclusive as extintas, poderão integrar, mediante opção, quadro em extinção da administração pública federal.

> *Redação do art. 31 caput dada pela EC 97, de 04 de outubro de 2017.*

O texto anterior, redigido pela EC 79, de 27 de maio de 2014, dispunha:

"Art. 31. Os servidores públicos federais da administração direta e indireta, os servidores municipais e os integrantes da carreira policial militar dos ex-Territórios Federais do Amapá e de Roraima que comprovadamente encontravam-se no exercício regular de suas funções prestando serviços àqueles ex-Territórios na data em que foram transformados em Estados, os servidores e os policiais militares admitidos regularmente pelos governos dos Estados do Amapá e de Roraima no período entre a transformação e a efetiva instalação desses Estados em outubro de 1993 e, ainda, os servidores nesses Estados com vínculo funcional já reconhecido pela União integrarão, mediante opção, quadro em extinção da administração federal."

§ 1º O enquadramento referido no *caput* deste artigo, para os servidores, para os policiais, civis ou militares, e para as pessoas que tenham revestido essa condição, entre a transformação e a instalação dos Estados em outubro de 1993, dar-se-á no cargo em que foram originariamente admitidos ou em cargo equivalente.

> *Redação do § 1º dada pela EC 97, de 04 de outubro de 2017.*

O texto anterior, redigido pela EC 79, de 27 de maio de 2014, dispunha:

"§ 1º O enquadramento referido no caput *para os servidores ou para os policiais militares admitidos regularmente entre a transformação dos Estados em outubro de 1993 deverá dar-se no cargo em que foram originariamente admitidos ou em cargo equivalente."*

§ 2º Os integrantes da carreira policial militar a que se refere o *caput* continuarão prestando serviços aos respectivos Estados, na condição de cedidos, submetidos às disposições estatutárias a que estão sujeitas as corporações das respectivas Polícias Militares, observados as atribuições de função compatíveis com seu grau hierárquico e o direito às devidas promoções.

> *Redação do § 2º dada pela EC 79, de 27 de maio de 2014.*

O texto original dispunha:

"§ 2º Os servidores civis continuarão prestando serviços aos respectivos Estados, na condição de cedidos, até seu aproveitamento em órgão da administração federal."

§ 3º As pessoas a que se referem este artigo prestarão serviços aos respectivos Estados ou a seus Municípios, na condição de servidores cedidos, sem ônus para o cessionário, até seu aproveitamento em órgão ou entidade da administração federal direta, autárquica ou fundacional, podendo os Estados, por conta e delegação da União, adotar os procedimentos necessários à cessão de servidores a seus Municípios.

> *Redação do § 3º dada pela EC 97, de 04 de outubro de 2017.*

O texto anterior, acrescentado pela EC 79, de 27 de maio de 2014, dispunha:

"§ 3º Os servidores a que se refere o caput *continuarão prestando serviços aos respectivos Estados e a seus Municípios, na condição de cedidos, até seu aproveitamento em órgão ou entidade da administração federal direta, autárquica ou fundacional."*

§ 4º Para fins do disposto no *caput* deste artigo, são meios probatórios de relação ou vínculo funcional, empregatício, estatutário ou de trabalho, independentemente da existência de vínculo atual, além dos admitidos em lei:

> § 4º e incisos acrescentados pela EC 97, de 04 de outubro de 2017.

I – o contrato, o convênio, o ajuste ou o ato administrativo por meio do qual a pessoa tenha revestido a condição de profissional, empregado, servidor público, prestador de serviço ou trabalhador e tenha atuado ou desenvolvido atividade laboral diretamente com o ex-Território, o Estado ou a prefeitura neles localizada, inclusive mediante a interveniência de cooperativa;

II – a retribuição, a remuneração ou o pagamento documentado ou formalizado, à época, mediante depósito em conta-corrente bancária ou emissão de ordem de pagamento, de recibo, de nota de empenho ou de ordem bancária em que se identifique a administração pública do ex-Território, do Estado ou de prefeitura neles localizada como fonte pagadora ou origem direta dos recursos, assim como aquele realizado à conta de recursos oriundos de fundo de participação ou de fundo especial, inclusive em proveito do pessoal integrante das tabelas especiais.

§ 5º Além dos meios probatórios de que trata o § 4º deste artigo, sem prejuízo daqueles admitidos em lei, o enquadramento referido no *caput* deste artigo dependerá de a pessoa ter mantido relação ou vínculo funcional, empregatício, estatutário ou de trabalho com o ex-Território ou o Estado que o tenha sucedido por, pelo menos, noventa dias.

> § 5º acrescentado pela EC 97, de 04 de outubro de 2017.

§ 6º As pessoas a que se referem este artigo, para efeito de exercício em órgão ou entidade da administração pública estadual ou municipal dos Estados do Amapá e de Roraima, farão jus à percepção de todas as gratificações e dos demais valores que componham a estrutura remuneratória dos cargos em que tenham sido enquadradas, vedando-se reduzi-los ou suprimi--los por motivo de cessão ao Estado ou a seu Município.

> § 6º acrescentado pela EC 97, de 04 de outubro de 2017.

Art. 32. A Constituição Federal passa a vigorar acrescida do seguinte artigo:

> Alterações já realizadas no texto.

Art. 33. Consideram-se servidores não estáveis, para os fins do art. 169, § 3º, II, da Constituição Federal aqueles admitidos na administração direta, autárquica e fundacional sem concurso público de provas ou de provas e títulos após o dia 5 de outubro de 1983.

Art. 34. Esta Emenda Constitucional entra em vigor na data de sua promulgação.

Brasília, 4 de junho de 1998.

Mesa da Câmara dos Deputados
Deputado Michel Temer
Presidente

Mesa do Senado Federal
Senador Antonio Carlos Magalhães
Presidente

EMENDA CONSTITUCIONAL 20, DE 15 DE DEZEMBRO DE 1998

Modifica o sistema de previdência social, estabelece normas de transição e dá outras providências.

DOU de 16-12-1998.

As Mesas da Câmara dos Deputados e do Senado Federal, nos termos do § 3º do art. 60 da Constituição Federal, promulgam a seguinte emenda ao texto constitucional:

Art. 1º A Constituição Federal passa a vigorar com as seguintes alterações:

> Alterações já realizadas no texto.

Art. 2º A Constituição Federal, nas Disposições Constitucionais Gerais, é acrescida dos seguintes artigos:

> Alterações já realizadas no texto.

Art. 3º É assegurada a concessão de aposentadoria e pensão, a qualquer tempo, aos servidores públicos e aos segurados do regime geral de previdência social, bem como aos seus dependentes, que, até a data da publicação desta Emenda, tenham cumprido os requisitos para a obtenção destes benefícios, com base nos critérios da legislação então vigente.

§ 1º O servidor de que trata este artigo, que tenha completado as exigências para aposentadoria integral e que opte por permanecer em atividade fará jus à isenção da contribuição previdenciária até completar as exigências para aposentadoria contidas no art. 40, § 1º, III, *a*, da Constituição Federal.

§ 2º Os proventos da aposentadoria a ser concedida aos servidores públicos referidos no *caput*, em termos integrais ou proporcionais ao tempo de serviço já exercido até a data de publicação desta Emenda, bem como as pensões de seus dependentes, serão calculados de acordo com a legislação em vigor à época em que foram atendidas as prescrições nela estabelecidas para a concessão destes benefícios ou nas condições da legislação vigente.

§ 3º São mantidos todos os direitos e garantias assegurados nas disposições constitucionais vigentes à data de publicação desta Emenda aos servidores e militares, inativos e pensionistas, aos anistiados e aos ex-combatentes, assim como àqueles que já cumpriram, até aquela data, os requisitos para usufruírem tais direitos, observado o disposto no art. 37, XI, da Constituição Federal.

Art. 4º Observado o disposto no art. 40, § 10, da Constituição Federal, o tempo de serviço considerado pela legislação vigente para efeito de aposentadoria, cumprido até que a lei discipline a matéria, será contado como tempo de contribuição.

Art. 5º O disposto no art. 202, § 3º, da Constituição Federal, quanto à exigência de paridade entre a contribuição da patrocinadora e a contribuição do segurado, terá vigência no prazo de dois anos a partir da publicação desta Emenda, ou, caso ocorra antes, na data de publicação da lei complementar a que se refere o § 4º do mesmo artigo.

Art. 6º As entidades fechadas de previdência privada patrocinadas por entidades públicas, inclusive empresas públicas e sociedades de economia mista, deverão rever, no prazo de dois anos, a contar da publicação desta Emenda, seus planos de benefícios e serviços, de modo a ajustá-los atuarialmente a seus ativos, sob pena de intervenção, sendo seus dirigentes e os de suas respectivas patrocinadoras responsáveis civil e criminalmente pelo descumprimento do disposto neste artigo.

Art. 7º Os projetos das leis complementares previstas no art. 202 da Constituição Federal deverão ser apresentados ao Congresso Nacional no prazo máximo de noventa dias após a publicação desta Emenda.

Art. 8º *Revogado pela EC 41, de 19 de dezembro de 2003.*

> O texto anterior dispunha:
> *"Art. 8º Observado o disposto no art. 4º desta Emenda e ressalvado o direito de opção à aposentadoria pelas normas por ela estabelecidas, é assegurado o direito à aposentadoria voluntária com proventos calculados de acordo com o art. 40, § 3º, da Constituição Federal, àquele que tenha ingres-*

sado regularmente em cargo efetivo na Administração Pública, direta, autárquica e fundacional, até a data de publicação desta Emenda, quando o servidor, cumulativamente:

I – tiver cinquenta e três anos de idade, se homem, e quarenta e oito anos de idade, se mulher;

II – tiver cinco anos de efetivo exercício no cargo em que se dará a aposentadoria;

III – contar tempo de contribuição igual, no mínimo, à soma de:

a) trinta e cinco anos, se homem, e trinta anos, se mulher; e

b) um período adicional de contribuição equivalente a vinte por cento do tempo que, na data da publicação desta Emenda, faltaria para atingir o limite de tempo constante da alínea anterior.

§ 1º O servidor de que trata este artigo, desde que atendido o disposto em seus incisos I e II, e observado o disposto no art. 4º desta Emenda, pode aposentar-se com proventos proporcionais ao tempo de contribuição, quando atendidas as seguintes condições:

I – contar tempo de contribuição igual, no mínimo, à soma de:

a) trinta anos, se homem, e vinte e cinco anos, se mulher; e

b) um período adicional de contribuição equivalente a quarenta por cento do tempo que, na data da publicação desta Emenda, faltaria para atingir o limite de tempo constante da alínea anterior;

II – os proventos da aposentadoria proporcional serão equivalentes a setenta por cento do valor máximo que o servidor poderia obter de acordo com o caput, acrescido de cinco por cento por ano de contribuição que supere a soma a que se refere o inciso anterior, até o limite de cem por cento.

§ 2º Aplica-se ao magistrado e ao membro do Ministério Público e de Tribunal de Contas o disposto neste artigo.

§ 3º Na aplicação do disposto no parágrafo anterior, o magistrado ou o membro do Ministério Público ou de Tribunal de Contas, se homem, terá o tempo de serviço exercido até a publicação desta Emenda contado com o acréscimo de dezessete por cento.

§ 4º O professor, servidor da União, dos Estados, do Distrito Federal e dos Municípios, incluídas suas autarquias e fundações, que, até a data da publicação desta Emenda, tenha ingressado, regularmente, em cargo efetivo de magistério e que opte por aposentar-se na forma do disposto no caput, terá o tempo de serviço exercido até a publicação desta Emenda contado com o acréscimo de dezessete por cento, se homem, e de vinte por cento, se mulher, desde que se aposente, exclusivamente, com tempo de efetivo exercício das funções de magistério.

§ 5º O servidor de que trata este artigo, que, após completar as exigências para aposentadoria estabelecidas no caput, permanecer em atividade, fará jus à isenção da contribuição previdenciária até completar

as exigências para aposentadoria contidas no art. 40, § 1º, III, a, da Constituição Federal."

Art. 9º Revogado pela EC 103, de 12 de novembro de 2019.

> O texto anterior dispunha:
> "Art. 9º Observado o disposto no art. 4º desta Emenda e ressalvado o direito de opção a aposentadoria pelas normas por ela estabelecidas para o regime geral de previdência social, é assegurado o direito à aposentadoria ao segurado que se tenha filiado ao regime geral de previdência social, até a data de publicação desta Emenda, quando, cumulativamente, atender aos seguintes requisitos:
> I – contar com cinquenta e três anos de idade, se homem, e quarenta e oito anos de idade, se mulher; e
> II – contar tempo de contribuição igual, no mínimo, à soma de:
> a) trinta e cinco anos, se homem, e trinta anos, se mulher; e
> b) um período adicional de contribuição equivalente a vinte por cento do tempo que, na data da publicação desta Emenda, faltaria para atingir o limite de tempo constante da alínea anterior.
> § 1º O segurado de que trata este artigo, desde que atendido o disposto no inciso I do caput, e observado o disposto no art. 4º desta Emenda, pode aposentar-se com valores proporcionais ao tempo de contribuição, quando atendidas as seguintes condições:
> I – contar tempo de contribuição igual, no mínimo, à soma de:
> a) trinta anos, se homem, e vinte e cinco anos, se mulher; e
> b) um período adicional de contribuição equivalente a quarenta por cento do tempo que, na data da publicação desta Emenda, faltaria para atingir o limite de tempo constante da alínea anterior;
> II – o valor da aposentadoria proporcional será equivalente a setenta por cento do valor da aposentadoria a que se refere o caput, acrescido de cinco por cento por ano de contribuição que supere a soma a que se refere o inciso anterior, até o limite de cem por cento.
> § 2º O professor que, até a data da publicação desta Emenda, tenha exercido atividade de magistério e que opte por aposentar-se na forma do disposto no caput, terá o tempo de serviço exercido até a publicação desta Emenda contado com o acréscimo de dezessete por cento, se homem, e de vinte por cento, se mulher, desde que se aposente, exclusivamente, com tempo de efetivo exercício de atividade de magistério."

Art. 10. Revogado pela EC 41, de 19 de dezembro de 2003.

> O texto anterior dispunha:
> "Art. 10. O regime de previdência complementar de que trata o art. 40, §§ 14, 15 e 16, da Constituição Federal, somente poderá ser instituído após a publicação da lei complementar prevista no § 15 do mesmo artigo."

Art. 11. A vedação prevista no art. 37, § 10, da Constituição Federal, não se aplica aos membros de poder e aos inativos, servidores e militares, que, até a publicação desta Emenda, tenham ingressado novamente no serviço público por concurso público de provas ou de provas e títulos, e pelas demais formas previstas na Constituição Federal, sendo-lhes proibida a percepção de mais de uma aposentadoria pelo regime de previdência a que se refere o art. 40 da Constituição Federal, aplicando-se-lhes, em qualquer hipótese, o limite de que trata o § 11 deste mesmo artigo.

Art. 12. Até que produzam efeitos as leis que irão dispor sobre as contribuições de que trata o art. 195 da Constituição Federal, são exigíveis as estabelecidas em lei, destinadas ao custeio da seguridade social e dos diversos regimes previdenciários.

Art. 13. Revogado pela EC 103, de 12 de novembro de 2019.

> O texto anterior dispunha:
> Art. 13. Até que a lei discipline o acesso ao salário-família e auxílio-reclusão para os servidores, segurados e seus dependentes, esses benefícios serão concedidos apenas àqueles que tenham renda bruta mensal igual ou inferior a R$ 360,00 (trezentos e sessenta reais), que, até a publicação da lei, serão corrigidos pelos mesmos índices aplicados aos benefícios do regime geral de previdência social.

Art. 14. O limite máximo para o valor dos benefícios do regime geral de previdência social de que trata o art. 201 da Constituição Federal é fixado em R$ 1.200,00 (um mil e duzentos reais), devendo, a partir da data da publicação desta Emenda, ser reajustado de forma a preservar, em caráter permanente, seu valor real, atualizado pelos mesmos índices aplicados aos benefícios do regime geral de previdência social.

Art. 15. Revogado pela EC 103, de 12 de novembro de 2019.

> O texto anterior dispunha:

Art. 15. Até que a lei complementar a que se refere o art. 201, § 1º, da Constituição Federal, seja publicada, permanece em vigor o disposto nos arts. 57 e 58 da Lei 8.213, de 24 de julho de 1991, na redação vigente à data da publicação desta Emenda.

Art. 16. Esta Emenda Constitucional entra em vigor na data de sua publicação.

Art. 17. Revoga-se o inciso II do § 2º do art. 153 da Constituição Federal.

Brasília, 15 de dezembro de 1998.

Mesa da Câmara dos Deputados	Mesa do Senado Federal
Deputado Michel Temer	Senador Antonio Carlos Magalhães
Presidente	Presidente

EMENDA CONSTITUCIONAL 24, DE 9 DE DEZEMBRO DE 1999

Altera dispositivos da Constituição Federal pertinentes à representação classista na Justiça do Trabalho.

DOU de 10.12.1999.

As Mesas da Câmara dos Deputados e do Senado Federal, nos termos do § 3º do art. 60 da Constituição Federal, promulgam a seguinte Emenda ao texto constitucional:

Art. 1º Os arts. 111, 112, 113, 115 e 116 da Constituição Federal passam a vigorar com a seguinte redação:

> Alterações já realizadas no texto.

Art. 2º É assegurado o cumprimento dos mandatos dos atuais ministros classistas temporários do Tribunal Superior do Trabalho e dos atuais juízes classistas temporários dos Tribunais Regionais do Trabalho e das Juntas de Conciliação e Julgamento.

Art. 3º Esta Emenda Constitucional entra em vigor na data de sua publicação.

Art. 4º Revoga-se o art. 117 da Constituição Federal.

Brasília, em 9 de dezembro de 1999.

Mesa da Câmara dos Deputados	Mesa do Senado Federal
Deputado Michel Temer	Senador Antonio Carlos Magalhães
Presidente	Presidente

EMENDA CONSTITUCIONAL 32, DE 11 DE SETEMBRO DE 2001

Altera dispositivos dos arts. 48, 57, 61, 62, 64, 66, 84, 88 e 246 da Constituição Federal, e dá outras providências.

DOU de 12.09.2001.

As Mesas da Câmara dos Deputados e do Senado Federal, nos termos do § 3º do art. 60 da Constituição Federal, promulgam a seguinte Emenda ao texto constitucional:

Art. 1º Os arts. 48, 57, 61, 62, 64, 66, 84, 88 e 246 da Constituição Federal passam a vigorar com as seguintes alterações:

> Alterações já realizadas no texto.

Art. 2º As medidas provisórias editadas em data anterior à da publicação desta emenda continuam em vigor até que medida provisória ulterior as revogue explicitamente ou até deliberação definitiva do Congresso Nacional.

Art. 3º Esta Emenda Constitucional entra em vigor na data de sua publicação.

Brasília, 11 de setembro de 2001.

Mesa da Câmara dos Deputados	Mesa do Senado Federal
Deputado Aécio Neves	Senador Edison Lobão
Presidente	Presidente, Interino

EMENDA CONSTITUCIONAL 33, DE 11 DE DEZEMBRO DE 2001

Altera os arts. 149, 155 e 177 da Constituição Federal.

DOU de 12.12.2001.

As Mesas da Câmara dos Deputados e do Senado Federal, nos termos do § 3º do art. 60 da Constituição Federal, promulgam a seguinte Emenda ao texto constitucional:

Art. 1º O Art. 149 da Constituição Federal passa a vigorar acrescido dos seguintes parágrafos, renumerando-se o atual parágrafo único para § 1º:

> Alterações já realizadas no texto.

Art. 2º O art. 155 da Constituição Federal passa a vigorar com as seguintes alterações:

> Alterações já realizadas no texto.

Art. 3º O art. 177 da Constituição Federal passa a vigorar acrescido do seguinte parágrafo:

> Alterações já realizadas no texto.

Art. 4º Enquanto não entrar em vigor a lei complementar de que trata o art. 155, § 2º, XII, h, da Constituição Federal, os Estados e o Distrito Federal, mediante convênio celebrado nos termos do § 2º, XII, g, do mesmo artigo, fixarão normas para regular provisoriamente a matéria.

Art. 5º Esta Emenda Constitucional entra em vigor na data de sua promulgação.

Brasília, 11 de dezembro de 2001.

Mesa da Câmara dos Deputados
Deputado Aécio Neves
Presidente

Mesa do Senado Federal
Senador Ramez Tebet
Presidente

EMENDA CONSTITUCIONAL 41, DE 19 DE DEZEMBRO DE 2003

Modifica os arts. 37, 40, 42, 48, 96, 149 e 201 da Constituição Federal, revoga o inciso IX do § 3º do art. 142 da Constituição Federal e dispositivos da Emenda Constitucional 20, de 15 de dezembro de 1998, e dá outras providências.

DOU de 31.12.2003.

As Mesas da Câmara dos Deputados e do Senado Federal, nos termos do § 3º do art. 60 da Constituição Federal, promulgam a seguinte Emenda ao texto constitucional:

Art. 1º A Constituição Federal passa a vigorar com as seguintes alterações:

> Alterações já realizadas no texto.

Art. 2º *Revogado pela EC 103, de 12 de novembro de 2019.*

> Esta revogação pela EC 103/2019 entrará em vigor, para os regimes próprios de previdência social dos Estados, do Distrito Federal e dos Municípios, na data de publicação de lei de iniciativa privativa do respectivo Poder Executivo que a referende integralmente (*DOU* 13.11.2019).

Redação do dispositivo revogado:
"**Art. 2º** Observado o disposto no art. 4º da Emenda Constitucional 20, de 15 de dezembro de 1998, é assegurado o direito de opção pela aposentadoria voluntária com proventos calculados de acordo com

o art. 40, §§ 3º e 17, da Constituição Federal, àquele que tenha ingressado regularmente em cargo efetivo na Administração Pública direta, autárquica e fundacional, até a data de publicação daquela Emenda, quando o servidor, cumulativamente:

I – tiver cinquenta e três anos de idade, se homem, e quarenta e oito anos de idade, se mulher;

II – tiver cinco anos de efetivo exercício no cargo em que se der a aposentadoria;

III – contar tempo de contribuição igual, no mínimo, à soma de:

a) trinta e cinco anos, se homem, e trinta anos, se mulher; e

b) um período adicional de contribuição equivalente a vinte por cento do tempo que, na data de publicação daquela Emenda, faltaria para atingir o limite de tempo constante da alínea a deste inciso.

§ 1º O servidor de que trata este artigo que cumprir as exigências para aposentadoria na forma do caput terá os seus proventos de inatividade reduzidos para cada ano antecipado em relação aos limites de idade estabelecidos pelo art. 40, § 1º, III, a, e § 5º da Constituição Federal, na seguinte proporção:

I – três inteiros e cinco décimos por cento, para aquele que completar as exigências para aposentadoria na forma do caput até 31 de dezembro de 2005;

II – cinco por cento, para aquele que completar as exigências para aposentadoria na forma do caput a partir de 1º de janeiro de 2006.

§ 2º Aplica-se ao magistrado e ao membro do Ministério Público e de Tribunal de Contas o disposto neste artigo.

§ 3º Na aplicação do disposto no § 2º deste artigo, o magistrado ou o membro do Ministério Público ou de Tribunal de Contas, se homem, terá o tempo de serviço exercido até a data de publicação da Emenda Constitucional 20, de 15 de dezembro de 1998, contado com acréscimo de dezessete por cento, observado o disposto no § 1º deste artigo.

§ 4º O professor, servidor da União, dos Estados, do Distrito Federal e dos Municípios, incluídas suas autarquias e fundações, que, até a data de publicação da Emenda Constitucional 20, de 15 de dezembro de 1998, tenha ingressado, regularmente, em cargo efetivo de magistério e que opte por aposentar-se na forma do disposto no caput, terá o tempo de serviço exercido até a publicação daquela Emenda contado com o acréscimo de dezessete por cento, se homem, e de vinte por cento, se mulher, desde que se aposente, exclusivamente, com tempo de efetivo exercício nas funções de magistério, observado o disposto no § 1º.

§ 5º O servidor de que trata este artigo, que tenha completado as exigências para aposentadoria voluntária estabelecidas no caput, e que opte por permanecer em atividade, fará jus a um abono de permanência equivalente ao valor da sua contribuição previdenciária até completar as exigências para aposentadoria compulsória contidas no art. 40, § 1º, II, da Constituição Federal.

§ 6º Às aposentadorias concedidas de acordo com este artigo aplica-se o disposto no art. 40, § 8º, da Constituição Federal."

Art. 3º É assegurada a concessão, a qualquer tempo, de aposentadoria aos servidores públicos, bem como pensão aos seus dependentes, que, até a data de publicação desta Emenda, tenham cumprido todos os requisitos para obtenção desses benefícios, com base nos critérios da legislação então vigente.

§ 1º O servidor de que trata este artigo que opte por permanecer em atividade tendo completado as exigências para aposentadoria voluntária e que conte com, no mínimo, vinte e cinco anos de contribuição, se mulher, ou trinta anos de contribuição, se homem, fará jus a um abono de permanência equivalente ao valor da sua contribuição previdenciária até completar as exigências para aposentadoria compulsória contidas no art. 40, § 1º, II, da Constituição Federal.

§ 2º Os proventos da aposentadoria a ser concedida aos servidores públicos referidos no caput, em termos integrais ou proporcionais ao tempo de contribuição já exercido até a data de publicação desta Emenda, bem como as pensões de seus dependentes, serão calculados de acordo com a legislação em vigor à época em que foram atendidos os requisitos nela estabelecidos para a concessão desses benefícios ou nas condições da legislação vigente.

Art. 4º Os servidores inativos e os pensionistas da União, dos Estados, do Distrito Federal e dos Municípios, incluídas suas autarquias e fundações, em gozo de benefícios na data de publicação desta Emenda, bem como os alcançados pelo disposto no seu art. 3º, contribuirão para o custeio do regime de que trata o art. 40 da Constituição Federal com percentual igual ao estabelecido para os servidores titulares de cargos efetivos.

Parágrafo único. A contribuição previdenciária a que se refere o caput incidirá apenas sobre a parcela dos proventos e das pensões que supere:

I – cinquenta por cento do limite máximo estabelecido para os benefícios do regime geral de previdência social de que trata o art. 201 da Constituição Federal, para os servidores inativos e os pensionistas dos Estados, do Distrito Federal e dos Municípios;

II – sessenta por cento do limite máximo estabelecido para os benefícios do regime geral de previdência social de que trata o art. 201 da Constituição Federal, para os servidores inativos e os pensionistas da União.

Art. 5º O limite máximo para o valor dos benefícios do regime geral de previdência social de que trata o art. 201 da Constituição Federal é fixado em R$ 2.400,00 (dois mil e quatrocentos reais), devendo, a partir da data de publicação desta Emenda, ser reajustado de forma a preservar, em caráter permanente, seu valor real, atualizado pelos mesmos índices aplicados aos benefícios do regime geral de previdência social.

Art. 6º *Revogado pela EC 103, de 12 de novembro de 2019.*

> Esta revogação pela EC 103/2019 entrará em vigor, para os regimes próprios de previdência social dos Estados, do Distrito Federal e dos Municípios, na data de publicação de lei de iniciativa privativa do respectivo Poder Executivo que a referende integralmente (*DOU* 13.11.2019).

Redação do dispositivo revogado:
"**Art. 6º** *Ressalvado o direito de opção à aposentadoria pelas normas estabelecidas pelo art. 40 da Constituição Federal ou pelas regras estabelecidas pelo art. 2º desta Emenda, o servidor da União, dos Estados, do Distrito Federal e dos Municípios, incluídas suas autarquias e fundações, que tenha ingressado no serviço público até a data de publicação desta Emenda poderá aposentar-se com proventos integrais, que corresponderão à totalidade da remuneração do servidor no cargo efetivo em que se der a aposentadoria, na forma da lei, quando, observadas as reduções de idade e tempo de contribuição contidas no § 5º do art. 40 da Constituição Federal, vier a preencher, cumulativamente, as seguintes condições:*

I – sessenta anos de idade, se homem, e cinquenta e cinco anos de idade, se mulher;

II – trinta e cinco anos de contribuição, se homem, e trinta anos de contribuição, se mulher;

III – vinte anos de efetivo exercício no serviço público; e

IV – dez anos de carreira e cinco anos de efetivo exercício no cargo em que se der a aposentadoria.

Parágrafo único. Os proventos das aposentadorias concedidas conforme este artigo serão revistos na mesma proporção e na mesma data, sempre que se modificar a remuneração dos servidores em atividade, na forma da lei, observado o disposto no art. 37, XI, da Constituição Federal."

Art. 6º-A. *Revogado pela EC 103, de 12 de novembro de 2019.*

> Esta revogação pela EC 103/2019 entrará em vigor, para os regimes próprios de previdência social dos Estados, do Distrito Federal e dos Municípios, na data de publicação de lei de iniciativa privativa do respectivo Poder Executivo que a referende integralmente (*DOU* 13.11.2019).

Redação do dispositivo revogado:
"**Art. 6º-A.** *O servidor da União, dos Estados, do Distrito Federal e dos Municípios, incluídas suas autarquias e fundações, que tenha ingressado no serviço público até a data de publicação desta Emenda Constitucional e que tenha se aposentado ou venha a se aposentar por invalidez permanente, com fundamento no inciso I do § 1º do art. 40 da Constituição Federal, tem direito a proventos de aposentadoria calculados com base na remuneração do cargo efetivo em que se der a aposentadoria, na forma da lei, não sendo aplicáveis as disposições constantes dos §§ 3º, 8º e 17 do art. 40 da Constituição Federal.*

Parágrafo único. *Aplica-se ao valor dos proventos de aposentadorias concedidas com base no caput o disposto no art. 7º desta Emenda Constitucional, observando-se igual critério de revisão às pensões derivadas dos proventos desses servidores.* (Redação do art. 6º-A e parágrafo único acrescentada pela EC 70, de 29 de março de 2012.)"

Art. 7º Observado o disposto no art. 37, XI, da Constituição Federal, os proventos de aposentadoria dos servidores públicos titulares de cargo efetivo e as pensões dos seus dependentes pagos pela União, Estados, Distrito Federal e Municípios, incluídas suas autarquias e fundações, em fruição na data de publicação desta Emenda, bem como os proventos de aposentadoria dos servidores e as pensões dos dependentes abrangidos pelo art. 3º desta Emenda, serão revistos na mesma proporção e na mesma data, sempre que se modificar a remuneração dos servidores em atividade, sendo também estendidos aos aposentados e pensionistas quaisquer benefícios ou vantagens posteriormente concedidos aos servidores em atividade, inclusive quando decorrentes da transformação ou reclassificação do cargo ou função em que se deu a aposentadoria ou que serviu de referência para a concessão da pensão, na forma da lei.

Art. 8º Até que seja fixado o valor do subsídio de que trata o art. 37, XI, da Constituição Federal, será considerado, para os fins do limite fixado naquele inciso, o valor da maior remuneração atribuída por lei na data de publicação desta Emenda a Ministro do Supremo Tribunal Federal, a título de vencimento, de representação mensal e da parcela recebida em razão de tempo de serviço, aplicando-se como limite, nos Municípios, o subsídio do Prefeito, e nos Estados e no Distrito Federal, o subsídio mensal do Governador no âmbito do Poder Executivo, o subsídio dos Deputados Estaduais e Distritais no âmbito do Poder Legislativo e o subsídio dos Desembargadores do Tribunal de Justiça, limitado a noventa inteiros e vinte e cinco centésimos por cento da maior remuneração mensal de Ministro do Supremo Tribunal Federal a que se refere este artigo, no âmbito do Poder Judiciário, aplicável este limite aos membros do Ministério Público, aos Procuradores e aos Defensores Públicos.

Art. 9º Aplica-se o disposto no art. 17 do Ato das Disposições Constitucionais Transitórias aos vencimentos, remunerações e subsídios dos ocupantes de cargos, funções e empregos públicos da administração direta, autárquica e fundacional, dos membros de qualquer dos Poderes da União, dos Estados, do Distrito Federal e Municípios, dos detentores de mandato eletivo e dos demais agentes políticos e os proventos, pensões ou outra espécie remuneratória percebidos cumulativamente ou não, incluídas as vantagens pessoais ou de qualquer outra natureza.

Art. 10. Revogam-se o inciso IX do § 3º do art. 142 da Constituição Federal, bem como os arts. 8º e 10 da Emenda Constitucional 20, de 15 de dezembro de 1998.

Art. 11. Esta Emenda Constitucional entra em vigor na data de sua publicação.

Brasília, em 19 de dezembro de 2003.

Mesa da Câmara dos Deputados
Deputado João Paulo Cunha
Presidente

Mesa do Senado Federal
Senador José Sarney
Presidente

EMENDA CONSTITUCIONAL 42, DE 19 DE DEZEMBRO DE 2003

Altera o Sistema Tributário Nacional e dá outras providências.

DOU de 31.12.2003.

As Mesas da Câmara dos Deputados e do Senado Federal, nos termos do § 3º do art. 60 da Constituição Federal, promulgam a seguinte Emenda ao texto constitucional:

Art. 1º Os artigos da Constituição a seguir enumerados passam a vigorar com as seguintes alterações:

> Alterações já realizadas no texto.

(...)

Art. 4º Os adicionais criados pelos Estados e pelo Distrito Federal até a data da promulgação desta Emenda, naquilo em que estiverem em desacordo com o previsto nesta Emenda, na Emenda Constitucional 31, de 14 de dezembro de 2000, ou na lei complementar de que trata o art. 155, § 2º, XII, da Constituição, terão vigência, no máximo, até o prazo previsto no art. 79 do Ato das Disposições Constitucionais Transitórias.

Art. 5º O Poder Executivo, em até sessenta dias contados da data da promulgação desta Emenda, encaminhará ao Congresso Nacional projeto de lei, sob o regime de urgência constitucional, que disciplinará os benefícios fiscais para a capacitação do setor de tecnologia da informação, que vigerão até 2019 nas condições que estiverem em vigor no ato da aprovação desta Emenda.

Art. 6º Fica revogado o inciso II do § 3º do art. 84 do Ato das Disposições Constitucionais Transitórias.

Brasília, em 19 de dezembro de 2003.

Mesa da Câmara dos Deputados
Deputado João Paulo Cunha
Presidente

Mesa do Senado Federal
Senador José Sarney
Presidente

EMENDA CONSTITUCIONAL 45, DE 8 DE DEZEMBRO DE 2004

Altera dispositivos dos arts. 5º, 36, 52, 92, 93, 95, 98, 99, 102, 103, 104, 105, 107, 109, 111, 112, 114, 115, 125, 126, 127, 128, 129, 134 e 168 da Constituição Federal, e acrescenta os arts. 103-A, 103-B, 111-A e 130-A, e dá outras providências.

DOU de 31.12.2004.

As Mesas da Câmara dos Deputados e do Senado Federal, nos termos do § 3º do art. 60 da Constituição Federal, promulgam a seguinte Emenda ao texto constitucional:

Art. 1º Os arts. 5º, 36, 52, 92, 93, 95, 98, 99, 102, 103, 104, 105, 107, 109, 111, 112, 114, 115, 125, 126, 127, 128, 129, 134 e 168 da Constituição Federal passam a vigorar com a seguinte redação:

> Alterações já realizadas no texto.

Art. 2º A Constituição Federal passa a vigorar acrescida dos seguintes arts.: 103-A, 103-B, 111-A e 130-A:

> Alterações já realizadas no texto.

Art. 3º A lei criará o Fundo de Garantia das Execuções Trabalhistas, integrado pelas multas decorrentes de condenações trabalhistas e administrativas oriundas da fiscalização do trabalho, além de outras receitas.

> O STF na ADIn por Omissão 27, por maioria, a) declarou a mora do Congresso Nacional em editar a lei pela qual se instituiu o Fundo de Garantia das Execuções Trabalhistas, nos termos determinados pelo art. 3º da EC 45/2004; b) fixou o prazo de vinte e quatro meses, a contar da data da publicação do acórdão, para que a omissão inconstitucional seja sanada. (*DOU 12.07.2023*)

Art. 4º Ficam extintos os tribunais de Alçada, onde houver, passando os seus membros a integrar os Tribunais de Justiça dos respectivos Estados, respeitadas a antiguidade e classe de origem.

Parágrafo único. No prazo de cento e oitenta dias, contado da promulgação desta Emenda, os Tribunais de Justiça, por ato administrativo, promoverão a integração dos membros dos tribunais extintos em seus quadros, fixando-lhes a competência e remetendo, em igual prazo, ao Poder Legislativo, proposta de alteração da organização e da divisão judiciária correspondentes, assegurados os direitos dos inativos e pensionistas e o aproveitamento dos servidores no Poder Judiciário estadual.

Art. 5º O Conselho Nacional de Justiça e o Conselho Nacional do Ministério Público serão instalados no prazo de cento e oitenta dias a contar da promulgação desta Emenda, devendo a indicação ou escolha de seus membros ser efetuada até trinta dias antes do termo final.

§ 1º Não efetuadas as indicações e escolha dos nomes para os Conselhos Nacional de Justiça e do Ministério Público dentro do prazo fixado do no *caput* deste artigo, caberá, respectivamente, ao Supremo Tribunal Federal e ao Ministério Público da União realizá-las.

§ 2º Até que entre em vigor o Estatuto da Magistratura, o Conselho Nacional de Justiça, mediante resolução, disciplinará seu funcionamento e definirá as atribuições do Ministro-Corregedor.

Art. 6º O Conselho Superior da Justiça do Trabalho será instalado no prazo de cento e oitenta dias, cabendo ao Tribunal Superior do Trabalho regulamentar seu funcionamento por resolução, enquanto não promulgada a lei a que se refere o art. 111-A, § 2º, II.

Art. 7º O Congresso Nacional instalará, imediatamente após a promulgação desta Emenda Constitucional, comissão especial mista, destinada a elaborar, em cento e oitenta dias, os projetos de lei necessários à regulamentação da matéria nela tratada, bem como promover alterações na legislação federal objetivando tornar mais amplo o acesso à Justiça e mais célere a prestação jurisdicional.

Art. 8º As atuais súmulas do Supremo Tribunal Federal somente produzirão efeito vinculante após sua confirmação por dois terços de seus integrantes e publicação na imprensa oficial.

Art. 9º São revogados o inciso IV do art. 36; a alínea *h* do inciso I do art. 102; o § 4º do art. 103; e os §§ 1º a 3º do art. 111.

Art. 10. Esta Emenda Constitucional entra em vigor na data de sua publicação.

Brasília, em 8 de dezembro de 2004.

Mesa da Câmara dos Deputados
Deputado João Paulo Cunha
Presidente

Mesa do Senado Federal
Senador José Sarney
Presidente

EMENDA CONSTITUCIONAL 47, DE 5 DE JULHO DE 2005

Altera os arts. 37, 40, 195 e 201 da Constituição Federal, para dispor sobre a previdência social, e dá outras providências.

DOU de 06.07.2005.

As Mesas da Câmara dos Deputados e do Senado Federal, nos termos do § 3º do art. 60 da Constituição Federal, promulgam a seguinte Emenda ao texto constitucional:

Art. 1º Os arts. 37, 40, 195 e 201 da Constituição Federal passam a vigorar com a seguinte redação:

> Alterações já realizadas no texto.

Art. 2º Aplica-se aos proventos de aposentadorias dos servidores públicos que se aposentarem na forma do *caput* do art. 6º da Emenda Constitucional 41, de 2003, o disposto no art. 7º da mesma Emenda.

Art. 3º *Revogado pela EC 103, de 12 de novembro de 2019.*

> Esta revogação pela EC 103/2019 entrará em vigor, para os regimes próprios de previdência social dos Estados, do Distrito Federal e dos Municípios, na data de publicação de lei de iniciativa privativa do respectivo Poder Executivo que a referende integralmente (*DOU* 13.11.2019).

Redação do dispositivo revogado:

"**Art. 3º** *Ressalvado o direito de opção à aposentadoria pelas normas estabelecidas pelo art. 40 da Constituição Federal ou pelas regras estabelecidas pelos arts. 2º e 6º da Emenda Constitucional 41, de 2003, o servidor da União, dos Estados, do Distrito Federal e dos Municípios, incluídas suas autarquias e fundações, que ingressado no serviço público até 16 de dezembro de 1998 poderá aposentar-se com proventos integrais, desde que preencha, cumulativamente, as seguintes condições:*

I – trinta e cinco anos de contribuição, se homem, e trinta anos de contribuição, se mulher;

II – vinte e cinco anos de efetivo exercício no serviço público, quinze anos de carreira e cinco anos no cargo em que se der a aposentadoria;

III – idade mínima resultante da redução, relativamente aos limites do art. 40, § 1º, inciso III, alínea "a", da Constituição Federal, de um ano de idade para cada ano de contribuição que exceder a condição prevista no inciso I do caput deste artigo.

Parágrafo único. *Aplica-se ao valor dos proventos de aposentadorias concedidas com base neste artigo o disposto no art. 7º da Emenda Constitucional 41, de 2003, observando-se igual critério de revisão às pensões derivadas dos proventos de servidores falecidos que tenham se aposentado em conformidade com este artigo."*

Art. 4º Enquanto não editada a lei a que se refere o § 11 do art. 37 da Constituição Federal, não será computada, para efeito dos limites remuneratórios de que trata o inciso XI do *caput* do mesmo artigo, qualquer parcela de caráter indenizatório, assim definida pela legislação em vigor na data de publicação da Emenda Constitucional 41, de 2003.

Art. 5º Revoga-se o parágrafo único do art. 6º da Emenda Constitucional 41, de 19 de dezembro de 2003.

Art. 6º Esta Emenda Constitucional entra em vigor na data de sua publicação, com efeitos retroativos à data de vigência da Emenda Constitucional 41, de 2003.

Brasília, em 5 de julho de 2005.

Mesa da Câmara dos Deputados	Mesa do Senado Federal
Deputado Severino Cavalcanti	Senador Renan Calheiros
Presidente	Presidente

EMENDA CONSTITUCIONAL 51, DE 14 DE FEVEREIRO DE 2006

Acrescenta os §§ 4º, 5º e 6º ao art. 198 da Constituição Federal.

DOU de 15.02.2006.

As Mesas da Câmara dos Deputados e do Senado Federal, nos termos do art. 60 da Constituição Federal, promulgam a seguinte Emenda ao texto constitucional:

Art. 1º O art. 198 da Constituição Federal passa a vigorar acrescido dos seguintes §§ 4º, 5º e 6º:

> Alterações já realizadas no texto.

Art. 2º Após a promulgação da presente Emenda Constitucional, os agentes comunitários de saúde e os agentes de combate às endemias somente poderão ser contratados diretamente pelos Estados, pelo Distrito Federal ou pelos Municípios na forma do § 4º do art. 198 da Constituição Federal, observado o limite de gasto estabelecido na Lei Complementar de que trata o art. 169 da Constituição Federal.

Parágrafo único. Os profissionais que, na data de promulgação desta Emenda e a qualquer título, desempenharem as atividades de agente comunitário de saúde ou de agente de combate às endemias, na forma da lei, ficam dispensados de se submeter ao processo seletivo público a que se refere o § 4º do art. 198 da Constituição Federal, desde que tenham sido contratados a partir de anterior processo de Seleção Pública efetuado por órgãos ou entes da administração direta ou indireta de Estado, Distrito Federal ou Município ou por outras instituições com a efetiva supervisão e autorização da administração direta dos entes da federação.

Art. 3º Esta Emenda Constitucional entra em vigor na data da sua publicação.

Brasília, em 14 de fevereiro de 2006.

Mesa da Câmara dos Deputados	Mesa da Câmara dos Deputados
Deputado Aldo Rebelo	Senador Renan Calheiros
Presidente	Presidente

EMENDA CONSTITUCIONAL 53, DE 19 DE DEZEMBRO DE 2006

Dá nova redação aos arts. 7º, 23, 30, 206, 208, 211 e 212 da Constituição Federal e ao art. 60 do Ato das Disposições Constitucionais Transitórias.

DOU de 20.12.2006.

As Mesas da Câmara dos Deputados e do Senado Federal, nos termos do § 3º do art. 60 da Constituição Federal, promulgam a seguinte Emenda ao texto constitucional:

Art. 1º A Constituição Federal passa a vigorar com as seguintes alterações:

> Alterações já realizadas no texto.

Art. 2º O art. 60 do Ato das Disposições Constitucionais Transitórias passa a vigorar com a seguinte redação:

> Alterações já realizadas no texto.

Art. 3º Esta Emenda Constitucional entra em vigor na data de sua publicação, mantidos os efeitos do art. 60 do Ato das Disposições Constitucionais Transitórias, conforme estabelecido pela Emenda Constitucional 14, de 12 de setembro de 1996, até o início da vigência dos Fundos, nos termos desta Emenda Constitucional.

Brasília, em 19 de dezembro de 2006.

Mesa da Câmara dos Deputados	Mesa do Senado Federal
Deputado Aldo Rebelo	Senador Renan Calheiros
Presidente	Presidente

EMENDA CONSTITUCIONAL 59, DE 11 DE NOVEMBRO DE 2009

Acrescenta § 3º ao art. 76 do Ato das Disposições Constitucionais Transitórias para reduzir, anualmente, a partir do exercício de 2009, o percentual da Desvinculação das Receitas da União incidente sobre os recursos destinados à manutenção e desenvolvimento do ensino de que trata o art. 212 da Constituição Federal, dá nova redação aos incisos I e VII do art. 208, de forma a prever a obrigatoriedade do ensino de quatro a dezessete anos e ampliar a abrangência dos programas suplementares para todas as etapas da educação básica, e dá nova redação ao § 4º do art. 211 e ao § 3º do art. 212 e ao caput do art. 214, com a inserção neste dispositivo de inciso VI.

DOU de 12.11.2009.

As Mesas da Câmara dos Deputados e do Senado Federal, nos termos do § 3º do art. 60 da Constituição Federal promulgam a seguinte Emenda ao texto constitucional:

Art. 1º Os incisos I e VII do art. 208 da Constituição Federal passam a vigorar com as seguintes alterações:

> Alterações já realizadas no texto.

Art. 2º O § 4º do art. 211 da Constituição Federal passa a vigorar com a seguinte redação:[1]

> Alterações já realizadas no texto.

Art. 3º O § 3º do art. 212 da Constituição Federal passa a vigorar com a seguinte redação:

> Alterações já realizadas no texto.

Art. 4º O caput do art. 214 da Constituição Federal passa a vigorar com a seguinte redação, acrescido do inciso VI:

> Alterações já realizadas no texto.

Art. 5º O art. 76 do Ato das Disposições Constitucionais Transitórias passa a vigorar acrescido do seguinte § 3º:

> Alterações já realizadas no texto.

Art. 6º O disposto no inciso I do art. 208 da Constituição Federal deverá ser implementado progressivamente, até 2016, nos termos do Plano Nacional de Educação, com apoio técnico e financeiro da União.

Art. 7º Esta Emenda Constitucional entra em vigor na data da sua publicação.

Brasília, em 11 de novembro de 2009.

Mesa da Câmara dos Deputados	Mesa do Senado Federal
Deputado MICHEL TEMER	Senador JOSÉ SARNEY
Presidente	Presidente

EMENDA CONSTITUCIONAL 62, DE 9 DE DEZEMBRO DE 2009

Altera o art. 100 da Constituição Federal e acrescenta o art. 97 ao Ato das Disposições Constitucionais Transitórias, instituindo regime especial de pagamento de precatórios pelos Estados, Distrito Federal e Municípios.

DOU de 10.12.2009.

As Mesas da Câmara dos Deputados e do Senado Federal, nos termos do § 3º do art. 60 da Constituição Federal, promulgam a seguinte Emenda ao texto constitucional:

Art. 1º O art. 100 da Constituição Federal passa a vigorar com a seguinte redação:

> Alterações já realizadas no texto.

Art. 2º O Ato das Disposições Constitucionais Transitórias passa a vigorar acrescido do seguinte art. 97:

> Alterações já realizadas no texto.

Art. 3º A implantação do regime de pagamento criado pelo art. 97 do Ato das Disposições Constitucionais Transitórias deverá ocorrer no prazo de até 90 (noventa dias), contados da data da publicação desta Emenda Constitucional.

Art. 4º A entidade federativa voltará a observar somente o disposto no art. 100 da Constituição Federal:

I – no caso de opção pelo sistema previsto no inciso I do § 1º do art. 97 do Ato das Disposições Constitucionais Transitórias, quando o valor dos precatórios devidos for inferior ao dos recursos destinados ao seu pagamento;

II – no caso de opção pelo sistema previsto no inciso II do § 1º do art. 97 do Ato das Disposições Constitucionais Transitórias, ao final do prazo.

Art. 5º Ficam convalidadas todas as cessões de precatórios efetuadas antes da promulgação desta Emenda Constitucional, independentemente da concordância da entidade devedora.

Art. 6º Ficam também convalidadas todas as compensações de precatórios com tributos vencidos até 31 de outubro de 2009 da entidade devedora, efetuadas na forma do disposto no § 2º do art. 78 do ADCT, realizadas antes da promulgação desta Emenda Constitucional.

Art. 7º Esta Emenda Constitucional entra em vigor na data de sua publicação.

Brasília, em 9 de dezembro de 2009.

Mesa da Câmara dos Deputados
Deputado MICHEL TEMER
Presidente

Mesa do Senado Federal
Senador JOSÉ SARNEY
Presidente

EMENDA CONSTITUCIONAL 67, DE 22 DE DEZEMBRO DE 2010

Prorroga, por tempo indeterminado, o prazo de vigência do Fundo de Combate e Erradicação da Pobreza.

DOU de 23.12.2010.

As Mesas da Câmara dos Deputados e do Senado Federal, nos termos do § 3º do art. 60 da Constituição Federal, promulgam a seguinte Emenda ao texto constitucional:

Art. 1º Prorrogam-se, por tempo indeterminado, o prazo de vigência do Fundo de Combate e Erradicação da Pobreza a que se refere o *caput* do art. 79 do Ato das Disposições Constitucionais Transitórias e, igualmente, o prazo de vigência da Lei Complementar 111, de 6 de julho de 2001, que "Dispõe sobre o Fundo de Combate e Erradicação da Pobreza, na forma prevista nos arts. 79, 80 e 81 do Ato das Disposições Constitucionais Transitórias".

Art. 2º Esta Emenda Constitucional entra em vigor na data de sua publicação.

Brasília, em 22 de dezembro de 2010.

Mesa da Câmara dos Deputados
Deputado MARCO MAIA
Presidente

Mesa do Senado Federal
Senador JOSÉ SARNEY
Presidente

EMENDA CONSTITUCIONAL 69, DE 29 DE MARÇO DE 2012

Altera os arts. 21, 22 e 48 da Constituição Federal, para transferir da União para o Distrito Federal as atribuições de organizar e manter a Defensoria Pública do Distrito Federal.

DOU de 30.03.2012.

As Mesas da Câmara dos Deputados e do Senado Federal, nos termos do art. 60 da Constituição Federal, promulgam a seguinte Emenda ao texto constitucional:

Art. 1º Os arts. 21, 22 e 48 da Constituição Federal passam a vigorar com a seguinte redação:

> Alterações já realizadas no texto.

Art. 2º Sem prejuízo dos preceitos estabelecidos na Lei Orgânica do Distrito Federal, aplicam-se à Defensoria Pública do Distrito Federal os mesmos princípios e regras que, nos termos da Constituição Federal, regem as Defensorias Públicas dos Estados.

Art. 3º O Congresso Nacional e a Câmara Legislativa do Distrito Federal, imediatamente após a promulgação desta Emenda Constitucional e de acordo com suas competências, instalarão comissões especiais destinadas a elaborar, em 60 (sessenta) dias, os projetos de lei necessários à adequação da legislação infraconstitucional à matéria nela tratada.

Art. 4º Esta Emenda Constitucional entra em vigor na data de sua publicação, produzindo efeitos quanto ao disposto no art. 1º após decorridos 120 (cento e vinte) dias de sua publicação oficial.

Brasília, 29 de março de 2012.

Mesa da Câmara dos Deputados
Deputado MARCO MAIA
Presidente

Mesa do Senado Federal
Senador JOSÉ SARNEY
Presidente

EMENDA CONSTITUCIONAL 70, DE 29 DE MARÇO DE 2012

Acrescenta art. 6º-A à Emenda Constitucional 41, de 2003, para estabelecer critérios para o cálculo e a correção dos proventos da aposentadoria por invalidez dos servidores públicos que ingressaram no serviço público até a data da publicação daquela Emenda Constitucional.

DOU de 30.03.2012.

As Mesas da Câmara dos Deputados e do Senado Federal, nos termos do § 3º do art. 60 da Constituição Federal, promulgam a seguinte Emenda ao texto constitucional:

Art. 1º A Emenda Constitucional 41, de 19 de dezembro de 2003, passa a vigorar acrescida do seguinte art. 6º-A:

> Alterações já realizadas no texto.

Art. 2º A União, os Estados, o Distrito Federal e os Municípios, assim como as respectivas autarquias e fundações, procederão, no prazo de 180 (cento e oitenta) dias da entrada em vigor desta Emenda Constitucional, à revisão das aposentadorias, e das pensões delas decorrentes, concedidas a partir de 1º de janeiro de 2004, com base na redação dada ao § 1º do art. 40 da Constituição Federal pela Emenda Constitucional 20, de 15 de dezembro de 1998, com efeitos financeiros a partir da data de promulgação desta Emenda Constitucional.

Art. 3º Esta Emenda Constitucional entra em vigor na data de sua publicação.

Brasília, 29 de março de 2012.

Mesa da Câmara dos Deputados
Deputado MARCO MAIA
Presidente

Mesa do Senado Federal
Senador JOSÉ SARNEY
Presidente

EMENDA CONSTITUCIONAL 78, DE 14 DE MAIO DE 2014

Acrescenta art. 54-A ao Ato das Disposições Constitucionais Transitórias, para dispor sobre indenização devida aos seringueiros de que trata o art. 54 desse Ato.

DOU de 15.05.2014.

As Mesas da Câmara dos Deputados e do Senado Federal, nos termos do § 3º do art. 60 da Constituição Federal, promulgam a seguinte Emenda ao texto constitucional:

Art. 1º O Ato das Disposições Constitucionais Transitórias passa a vigorar acrescido do seguinte art. 54-A:

> Alterações já realizadas no texto.

Art. 2º A indenização de que trata o art. 54-A do Ato das Disposições Constitucionais Transitórias somente se estende aos dependentes dos seringueiros que, na data de entrada em vigor desta Emenda Constitucional, detenham a condição de dependentes na forma do § 2º do art. 54 do Ato das Disposições Constitucionais Transitórias, devendo o valor de R$ 25.000,00 (vinte e cinco mil reais) ser rateado entre os pensionistas na proporção de sua cota-parte na pensão.

Art. 3º Esta Emenda Constitucional entra em vigor no exercício financeiro seguinte ao de sua publicação.

Brasília, em 14 de maio de 2014.

Mesa da Câmara dos Deputados
Deputado HENRIQUE EDUARDO ALVES
Presidente

Mesa do Senado Federal
Senador RENAN CALHEIROS
Presidente

EMENDA CONSTITUCIONAL 79, DE 27 DE MAIO DE 2014

Altera o art. 31 da Emenda Constitucional 19, de 4 de junho de 1998, para prever a inclusão, em quadro em extinção da Administração Federal, de servidores e policiais militares admitidos pelos Estados do Amapá e de Roraima, na fase de instalação dessas unidades federadas, e dá outras providências.

DOU de 28.05.2014.

As Mesas da Câmara dos Deputados e do Senado Federal, nos termos do § 3º do art. 60 da Constituição Federal, promulgam a seguinte Emenda ao texto constitucional:

Art. 1º O art. 31 da Emenda Constitucional 19, de 4 de junho de 1998, passa a vigorar com a seguinte redação:

> Alterações já realizadas no texto.

Art. 2º Para fins do enquadramento disposto no *caput* do art. 31 da Emenda Constitucional 19, de 4 de junho de 1998, e no *caput* do art. 89 do Ato das Disposições Constitucionais Transitórias, é reconhecido o vínculo funcional, com a União, dos servidores regularmente admitidos nos quadros dos Municípios integrantes dos ex-Territórios do Amapá, de Roraima e de Rondônia em efetivo exercício na data de transformação desses ex-Territórios em Estados.

Art. 3º Os servidores dos ex-Territórios do Amapá, de Roraima e de Rondônia incorporados a quadro em extinção da União serão enquadrados em cargos de atribuições equivalentes ou assemelhadas, integrantes de planos de cargos e carreiras da União, no nível de progressão alcançado, assegurados os direitos, vantagens e padrões remuneratórios a eles inerentes.

Art. 4º Cabe à União, no prazo máximo de 180 (cento e oitenta) dias, contado a partir da data de publicação desta Emenda Constitucional, regulamentar o enquadramento de servidores estabelecido no art. 31 da Emenda Constitucional 19, de 4 de junho de 1998, e no art. 89 do Ato das Disposições Constitucionais Transitórias.

Parágrafo único. No caso de a União não regulamentar o enquadramento previsto no *caput*, o optante tem direito ao pagamento retroativo das diferenças remuneratórias desde a data do encerramento do prazo para a regulamentação referida neste artigo.

Art. 5º A opção para incorporação em quadro em extinção da União, conforme disposto no art. 31 da Emenda Constitucional 19, de 4 de junho de 1998, e no art. 89 do Ato das Disposições Constitucionais Transitórias, deverá ser formalizada pelos servidores e policiais militares interessados perante a administração, no prazo máximo de 180 (cento e oitenta) dias, contado a partir da regulamentação prevista no art. 4º.

Art. 6º Os servidores admitidos regularmente que comprovadamente se encontravam no exercício de funções policiais nas Secretarias de Segurança Pública dos ex-Territórios do Amapá, de Roraima e de Rondônia na data em que foram transformados em Estados serão enquadrados no quadro da Polícia Civil dos ex-Territórios, no prazo de 180 (cento e oitenta) dias, assegurados os direitos, vantagens e padrões remuneratórios a eles inerentes.

Art. 7º Aos servidores admitidos regularmente pela União nas Carreiras do Grupo Tributação, Arrecadação e Fiscalização de que trata a Lei 6.550, de 5 de julho de 1978, cedidos aos Estados do Amapá, de Roraima e de Rondônia são assegurados os mesmos direitos remuneratórios auferidos pelos integrantes das Carreiras correspondentes do Grupo Tributação, Arrecadação e Fiscalização da União de que trata a Lei 5.645, de 10 de dezembro de 1970.

Art. 8º Os proventos das aposentadorias, pensões, reformas e reservas remuneradas, originadas no período de outubro de 1988 a outubro de 1993, passam a ser mantidos pela União a partir da data de publicação desta Emenda Constitucional, vedado o pagamento, a qualquer título, de valores referentes a períodos anteriores a sua publicação.

Art. 9º É vedado o pagamento, a qualquer título, em virtude das alterações promovidas por esta Emenda Constitucional, de remunerações, proventos, pensões ou indenizações referentes a períodos anteriores à data do enquadramento, salvo o disposto no parágrafo único do art. 4º.

Art. 10. Esta Emenda Constitucional entra em vigor na data de sua publicação.

Brasília, em 27 de maio de 2014

Mesa da Câmara dos Deputados	Mesa do Senado Federal
Deputado HENRIQUE EDUARDO ALVES	Senador RENAN CALHEIROS
Presidente	*Presidente*

EMENDA CONSTITUCIONAL 86, DE 17 DE MARÇO DE 2015

Altera os arts. 165, 166 e 198 da Constituição Federal, para tornar obrigatória a execução da programação orçamentária que especifica.

DOU de 18.03.2015.

As Mesas da Câmara dos Deputados e do Senado Federal, nos termos do § 3º do art. 60 da Constituição Federal, promulgam a seguinte Emenda ao texto constitucional:

Art. 1º Os arts. 165, 166 e 198 da Constituição Federal passam a vigorar com as seguintes alterações:

> Alterações já realizadas no texto.

Art. 2º *Revogado pela EC 95, de 15 de dezembro de 2016.*

> O texto revogado dispunha:

"*Art. 2º O disposto no inciso I do § 2º do art. 198 da Constituição Federal será cumprido progressivamente, garantidos, no mínimo:*

I – 13,2% (treze inteiros e dois décimos por cento) da receita corrente líquida no primeiro exercício financeiro subsequente ao da promulgação desta Emenda Constitucional;

II – 13,7% (treze inteiros e sete décimos por cento) da receita corrente líquida no segundo exercício financeiro subsequente ao da promulgação desta Emenda Constitucional;

III – 14,1% (quatorze inteiros e um décimo por cento) da receita corrente líquida no terceiro exercício financeiro subsequente ao da promulgação desta Emenda Constitucional;

IV – 14,5% (quatorze inteiros e cinco décimos por cento) da receita corrente líquida no quarto exercício financeiro subsequente ao da promulgação desta Emenda Constitucional;

V – 15% (quinze por cento) da receita corrente líquida no quinto exercício financeiro subsequente ao da promulgação desta Emenda Constitucional."

Art. 3º As despesas com ações e serviços públicos de saúde custeados com a parcela da União oriunda da participação no resultado ou da compensação financeira pela exploração de petróleo e gás natural, de que trata o § 1º do art. 20

da Constituição Federal, serão computadas para fins de cumprimento do disposto no inciso I do § 2º do art. 198 da Constituição Federal.

Art. 4º Esta Emenda Constitucional entra em vigor na data de sua publicação e produzirá efeitos a partir da execução orçamentária do exercício de 2014.

Art. 5º Fica revogado o inciso IV do § 3º do art. 198 da Constituição Federal.

Brasília, em 17 de março de 2015.

Mesa da Câmara dos Deputados	Mesa do Senado Federal
Deputado EDUARDO CUNHA	Senador RENAN CALHEIROS
Presidente	Presidente

EMENDA CONSTITUCIONAL 91, DE 18 DE FEVEREIRO DE 2016

Altera a Constituição Federal para estabelecer a possibilidade, excepcional e em período determinado, de desfiliação partidária, sem prejuízo do mandato.

DOU 19.02.2016.

As Mesas da Câmara dos Deputados e do Senado Federal, nos termos do § 3º do art. 60 da Constituição Federal, promulgam a seguinte Emenda ao texto constitucional:

Art. 1º É facultado ao detentor de mandato eletivo desligar-se do partido pelo qual foi eleito nos trinta dias seguintes à promulgação desta Emenda Constitucional, sem prejuízo do mandato, não sendo essa desfiliação considerada para fins de distribuição dos recursos do Fundo Partidário e de acesso gratuito ao tempo de rádio e televisão.

Art. 2º Esta Emenda Constitucional entra em vigor na data de sua publicação.

Brasília, em 18 de fevereiro de 2016.

Mesa da Câmara dos Deputados	Mesa do Senado Federal
Deputado EDUARDO CUNHA	Senador RENAN CALHEIROS
Presidente	Presidente

EMENDA CONSTITUCIONAL 97, DE 4 DE OUTUBRO DE 2017

Altera a Constituição Federal para vedar as coligações partidárias nas eleições proporcionais, estabelecer normas sobre acesso dos partidos políticos aos recursos do fundo partidário e ao tempo de propaganda gratuito no rádio e na televisão e dispor sobre regras de transição.

DOU 05.10.2017.

As Mesas da Câmara dos Deputados e do Senado Federal, nos termos do § 3º do art. 60 da Constituição Federal, promulgam a seguinte Emenda ao texto constitucional:

Art. 1º A Constituição Federal passa a vigorar com as seguintes alterações:

> Alterações já realizadas no texto.

Art. 2º A vedação à celebração de coligações nas eleições proporcionais, prevista no § 1º do art. 17 da Constituição Federal, aplicar-se-á a partir das eleições de 2020.

Art. 3º O disposto no § 3º do art. 17 da Constituição Federal quanto ao acesso dos partidos políticos aos recursos do fundo partidário e à propaganda gratuita no rádio e na televisão aplicar-se-á a partir das eleições de 2030.

Parágrafo único. Terão acesso aos recursos do fundo partidário e à propaganda gratuita no rádio e na televisão os partidos políticos que:

I – na legislatura seguinte às eleições de 2018:

a) obtiverem, nas eleições para a Câmara dos Deputados, no mínimo, 1,5% (um e meio por cento) dos votos válidos, distribuídos em pelo menos um terço das unidades da Federação, com um mínimo de 1% (um por cento) dos votos válidos em cada uma delas; ou

b) tiverem elegido pelo menos nove Deputados Federais distribuídos em pelo menos um terço das unidades da Federação;

II – na legislatura seguinte às eleições de 2022:

a) obtiverem, nas eleições para a Câmara dos Deputados, no mínimo, 2% (dois por cento) dos votos válidos, distribuídos em pelo menos um terço das unidades da Federação, com um mínimo de 1% (um por cento) dos votos válidos em cada uma delas; ou

b) tiverem elegido pelo menos onze Deputados Federais distribuídos em pelo menos um terço das unidades da Federação;

III – na legislatura seguinte às eleições de 2026:

a) obtiverem, nas eleições para a Câmara dos Deputados, no mínimo, 2,5% (dois e meio por cento) dos votos válidos, distribuídos em pelo menos um terço das unidades da Federação, com um mínimo de 1,5% (um e meio por cento) dos votos válidos em cada uma delas; ou

b) tiverem elegido pelo menos treze Deputados Federais distribuídos em pelo menos um terço das unidades da Federação.

Art. 4º Esta Emenda Constitucional entra em vigor na data de sua publicação.

Brasília, em 4 de outubro de 2017.

Mesa da Câmara dos Deputados
Deputado RODRIGO MAIA
Presidente

Mesa do Senado Federal
Senador EUNÍCIO OLIVEIRA
Presidente

EMENDA CONSTITUCIONAL 98, DE 6 DE DEZEMBRO DE 2017

Altera o art. 31 da Emenda Constitucional 19, de 4 de junho de 1998, para prever a inclusão, em quadro em extinção da administração pública federal, de servidor público, de integrante da carreira de policial, civil ou militar, e de pessoa que haja mantido relação ou vínculo funcional, empregatício, estatutário ou de trabalho com a administração pública dos ex-Territórios ou dos Estados do Amapá ou de Roraima, inclusive suas prefeituras, na fase de instalação dessas unidades federadas, e dá outras providências.

DOU 11.12.2017.

As Mesas da Câmara dos Deputados e do Senado Federal, nos termos do § 3º do art. 60 da Constituição Federal, promulgam a seguinte Emenda ao texto constitucional:

Art. 1º O art. 31 da Emenda Constitucional 19, de 4 de junho de 1998, passa a vigorar com as seguintes alterações:

> Alterações já realizadas no texto.

Art. 2º Cabe à União, no prazo máximo de noventa dias, contado a partir da data de publicação desta Emenda Constitucional, regulamentar o disposto no art. 31 da Emenda Constitucional 19, de 4 de junho de 1998, a fim de que se exerça o direito de opção nele previsto.

§ 1º Descumprido o prazo de que trata o *caput* deste artigo, a pessoa a quem assista o direito de opção fará jus ao pagamento de eventuais acréscimos remuneratórios, desde a data de encerramento desse prazo, caso se confirme o seu enquadramento.

§ 2º É vedado o pagamento, a qualquer título, de acréscimo remuneratório, ressarcimento, auxílio, salário, retribuição ou valor em virtude de ato ou fato anterior à data de enquadramento da pessoa optante, ressalvado o pagamento de que trata o § 1º deste artigo.

Art. 3º O direito à opção, nos termos previstos no art. 31 da Emenda Constitucional 19, de 4 de junho de 1998, deverá ser exercido no prazo de até trinta dias, contado a partir da data de regulamentação desta Emenda Constitucional.

§ 1º São convalidados todos os direitos já exercidos até a data de regulamentação desta Emenda Constitucional, inclusive nos casos em que, feita a opção, o enquadramento ainda não houver sido efetivado, aplicando-se-lhes, para todos os fins, inclusive o de enquadramento, a legislação vigente à época em que houver sido feita a opção ou, sendo mais benéficas ou favoráveis ao optante, as normas previstas nesta Emenda Constitucional e em seu regulamento.

§ 2º Entre a data de promulgação desta Emenda Constitucional e a da publicação de seu regulamento, o exercício do direito de opção será feito com base nas disposições contidas na Emenda Constitucional 79, de 27 de maio de 2014, e em suas normas regulamentares, sem prejuízo do disposto no § 1º deste artigo.

Art. 4º É reconhecido o vínculo funcional com a União dos servidores do ex-Território do Amapá, a que se refere a Portaria 4.481, de 19 de dezembro de 1995, do Ministério da Administração Federal e Reforma do Estado, publicada no Diário Oficial da União de 21 de dezembro de 1995, convalidando-se os atos de gestão, de admissão, aposentadoria, pensão, progressão, movimentação e redistribuição relativos a esses servidores, desde que não tenham sido excluídos dos quadros da União por decisão do Tribunal de Contas da União, da qual não caiba mais recurso judicial.

Art. 5º O disposto no art. 7º da Emenda Constitucional 79, de 27 de maio de 2014, aplica-se aos servidores que, em iguais condições, hajam sido admitidos pelos Estados de Rondônia até 1987, e do Amapá e de Roraima até outubro de 1993.

Art. 6º O disposto no art. 6º da Emenda Constitucional 79, de 27 de maio de 2014, aplica-se aos servidores que, admitidos e lotados pelas Secretarias de Segurança Pública dos Estados de Rondônia até 1987, e do Amapá e de Roraima até outubro de 1993, exerciam função policial.

Art. 7º As disposições desta Emenda Constitucional aplicam-se aos aposentados e pensionistas, civis e militares, vinculados aos respectivos regimes próprios de previdência, vedado o pagamento, a qualquer título, de valores referentes a períodos anteriores à sua publicação.

Parágrafo único. Haverá compensação financeira entre os regimes próprios de previdência por ocasião da aposentação ou da inclusão de aposentados e pensionistas em quadro em extinção da União, observado o disposto no § 9º do art. 201 da Constituição Federal.

Art. 8º Esta Emenda Constitucional entra em vigor na data de sua publicação.

Brasília, em 6 de dezembro de 2017.

Mesa da Câmara dos Deputados	Mesa do Senado Federal
Deputado RODRIGO MAIA	Senador EUNÍCIO OLIVEIRA
Presidente	Presidente

EMENDA CONSTITUCIONAL 100, DE 26 DE JUNHO DE 2019

Altera os arts. 165 e 166 da Constituição Federal para tornar obrigatória a execução da programação orçamentária proveniente de emendas de bancada de parlamentares de Estado ou do Distrito Federal.

DOU 27.06.2019.

As Mesas da Câmara dos Deputados e do Senado Federal, nos termos do § 3º do art. 60 da Constituição Federal, promulgam a seguinte Emenda ao texto constitucional:

Art. 1º Os arts. 165 e 166 da Constituição Federal passam a vigorar com as seguintes alterações:

> Alterações já realizadas no texto.

Art. 2º O montante previsto no § 12 do art. 166 da Constituição Federal será de 0,8% (oito décimos por cento) no exercício subsequente ao da promulgação desta Emenda Constitucional.

Art. 3º A partir do 3º (terceiro) ano posterior à promulgação desta Emenda Constitucional até o último exercício de vigência do regime previsto na Emenda Constitucional 95, de 15 de dezembro de 2016, a execução prevista no § 12 do art. 166 da Constituição Federal corresponderá ao montante de execução obrigatória para o exercício anterior, corrigido na forma estabelecida no inciso II do § 1º do art. 107 do Ato das Disposições Constitucionais Transitórias.

Art. 4º Esta Emenda Constitucional entra em vigor na data de sua publicação e produzirá efeitos a partir da execução orçamentária do exercício financeiro subsequente.

Brasília, em 26 de junho de 2019

Mesa da Câmara dos Deputados	Mesa do Senado Federal
Deputado RODRIGO MAIA	Senador DAVI ALCOLUMBRE
Presidente	Presidente

EMENDA CONSTITUCIONAL 102, DE 26 DE SETEMBRO DE 2019

Dá nova redação ao art. 20 da Constituição Federal e altera o art. 165 da Constituição Federal e o art. 107 do Ato das Disposições Constitucionais Transitórias.

DOU 27.09.2019

As Mesas da Câmara dos Deputados e do Senado Federal, nos termos do § 3º do art. 60 da Constituição Federal, promulgam a seguinte Emenda ao texto constitucional:

Art. 1º O § 1º do art. 20 da Constituição Federal passa a vigorar com a seguinte redação:

> Alterações já realizadas no texto.

Art. 2º O art. 165 da Constituição Federal passa a vigorar com a seguinte redação:

> Alterações já realizadas no texto.

Art. 3º O art. 107 do Ato das Disposições Constitucionais Transitórias passa a vigorar com a seguinte redação:

> Alterações incorporadas no texto do ADCT.

Art. 4º Esta Emenda Constitucional entra em vigor na data de sua publicação e produzirá efeitos a partir da execução orçamentária do exercício financeiro subsequente, excetuada a alteração no Ato das Disposições Constitucionais Transitórias, que terá eficácia no mesmo exercício de sua publicação.

Brasília, em 26 de setembro de 2019

Mesa da Câmara dos Deputados	Mesa do Senado Federal
Deputado RODRIGO MAIA	Senador DAVI ALCOLUMBRE
Presidente	Presidente

EMENDA CONSTITUCIONAL 103, DE 12 DE NOVEMBRO DE 2019

Altera o sistema de previdência social e estabelece regras de transição e disposições transitórias.

DOU 13.11.2019.

As Mesas da Câmara dos Deputados e do Senado Federal, nos termos do § 3º do art. 60 da Constituição Federal, promulgam a seguinte Emenda ao texto constitucional:

Art. 1º A Constituição Federal passa a vigorar com as seguintes alterações:

> Alterações já realizadas no texto.

Art. 2º O art. 76 do Ato das Disposições Constitucionais Transitórias passa a vigorar com a seguinte redação:

> Alterações incorporadas no texto do ADCT.

Art. 3º A concessão de aposentadoria ao servidor público federal vinculado a regime próprio de previdência social e ao segurado do Regime Geral de Previdência Social e de pensão por morte aos respectivos dependentes será assegurada, a qualquer tempo, desde que tenham sido cumpridos os requisitos para obtenção desses benefícios até a data de entrada em vigor desta Emenda Constitucional, observados os critérios da legislação vigente na data em que foram atendidos os requisitos para a concessão da aposentadoria ou da pensão por morte.

§ 1º Os proventos de aposentadoria devidos ao servidor público a que se refere o *caput* e as pensões por morte devidas aos seus dependentes serão calculados e reajustados de acordo com a legislação em vigor à época em que foram atendidos os requisitos nela estabelecidos para a concessão desses benefícios.

§ 2º Os proventos de aposentadoria devidos ao segurado a que se refere o *caput* e as pensões por morte devidas aos seus dependentes serão apurados de acordo com a legislação em vigor à época em que foram atendidos os requisitos nela estabelecidos para a concessão desses benefícios.

§ 3º Até que entre em vigor lei federal de que trata o § 19 do art. 40 da Constituição Federal, o servidor de que trata o *caput* que tenha cumprido os requisitos para aposentadoria voluntária com base no disposto na alínea "a" do inciso III do § 1º do art. 40 da Constituição Federal, na redação vigente até a data de entrada em vigor desta Emenda Constitucional, no art. 2º, no § 1º do art. 3º ou no art. 6º da Emenda Constitucional 41, de 19 de dezembro de 2003, ou no art. 3º da Emenda Constitucional 47, de 5 de julho de 2005, que optar por permanecer em atividade fará jus a um abono de permanência equivalente ao valor da sua contribuição previdenciária, até completar a idade para aposentadoria compulsória.

Art. 4º O servidor público federal que tenha ingressado no serviço público em cargo efetivo até a data de entrada em vigor desta Emenda Constitucional poderá aposentar-se voluntariamente quando preencher, cumulativamente, os seguintes requisitos:

I – 56 (cinquenta e seis) anos de idade, se mulher, e 61 (sessenta e um) anos de idade, se homem, observado o disposto no § 1º;

II – 30 (trinta) anos de contribuição, se mulher, e 35 (trinta e cinco) anos de contribuição, se homem;

III – 20 (vinte) anos de efetivo exercício no serviço público;

IV – 5 (cinco) anos no cargo efetivo em que se der a aposentadoria; e

V – somatório da idade e do tempo de contribuição, incluídas as frações, equivalente a 86 (oitenta e seis) pontos, se mulher, e 96 (noventa e seis) pontos, se homem, observado o disposto nos §§ 2º e 3º.

§ 1º A partir de 1º de janeiro de 2022, a idade mínima a que se refere o inciso I do *caput* será de 57 (cinquenta e sete) anos de idade, se mulher, e 62 (sessenta e dois) anos de idade, se homem.

§ 2º A partir de 1º de janeiro de 2020, a pontuação a que se refere o inciso V do *caput* será acrescida a cada ano de 1 (um) ponto, até atingir o limite de 100 (cem) pontos, se mulher, e de 105 (cento e cinco) pontos, se homem.

§ 3º A idade e o tempo de contribuição serão apurados em dias para o cálculo do somatório de pontos a que se referem o inciso V do *caput* e o § 2º.

§ 4º Para o titular do cargo de professor que comprovar exclusivamente tempo de efetivo exercício das funções de magistério na educação infantil e no ensino fundamental e médio, os requisitos de idade e de tempo de contribuição de que tratam os incisos I e II do *caput* serão:

I – 51 (cinquenta e um) anos de idade, se mulher, e 56 (cinquenta e seis) anos de idade, se homem;

II – 25 (vinte e cinco) anos de contribuição, se mulher, e 30 (trinta) anos de contribuição, se homem; e

III – 52 (cinquenta e dois) anos de idade, se mulher, e 57 (cinquenta e sete) anos de idade, se homem, a partir de 1º de janeiro de 2022.

§ 5º O somatório da idade e do tempo de contribuição de que trata o inciso V do *caput* para as pessoas a que se refere o § 4º, incluídas as frações, será de 81 (oitenta e um) pontos, se mulher, e 91 (noventa e um) pontos, se homem, aos quais serão acrescidos, a partir de 1º de janeiro de 2020, 1 (um) ponto a cada ano, até atingir o limite de 92 (noventa e dois) pontos, se mulher, e de 100 (cem) pontos, se homem.

§ 6º Os proventos das aposentadorias concedidas nos termos do disposto neste artigo corresponderão:

I – à totalidade da remuneração do servidor público no cargo efetivo em que se der a aposentadoria, observado o disposto no § 8º, para o servidor público que tenha ingressado no serviço público em cargo efetivo até 31 de dezembro de 2003 e que não tenha feito a opção de que trata o § 16 do art. 40 da Constituição Federal, desde que tenha, no mínimo, 62 (sessenta e dois) anos de idade, se mulher, e 65 (sessenta e cinco) anos de idade, se homem, ou, para os titulares do cargo de professor de que trata o § 4º, 57 (cinquenta e sete) anos de idade, se mulher, e 60 (sessenta) anos de idade, se homem;

II – ao valor apurado na forma da lei, para o servidor público não contemplado no inciso I.

§ 7º Os proventos das aposentadorias concedidas nos termos do disposto neste artigo não serão inferiores ao valor a que se refere o § 2º do art. 201 da Constituição Federal e serão reajustados:

I – de acordo com o disposto no art. 7º da Emenda Constitucional 41, de 19 de dezembro de 2003, se cumpridos os requisitos previstos no inciso I do § 6º; ou

II – nos termos estabelecidos para o Regime Geral de Previdência Social, na hipótese prevista no inciso II do § 6º.

§ 8º Considera-se remuneração do servidor público no cargo efetivo, para fins de cálculo dos proventos de aposentadoria com fundamento no disposto no inciso I do § 6º ou no inciso I do § 2º do art. 20, o valor constituído pelo subsídio, pelo vencimento e pelas vantagens pecuniárias permanentes do cargo, estabelecidos em lei, acrescidos dos adicionais de caráter individual e das vantagens pessoais permanentes, observados os seguintes critérios:

I – se o cargo estiver sujeito a variações na carga horária, o valor das rubricas que refletem essa variação integrará o cálculo do valor da remuneração do servidor público no cargo efetivo em que se deu a aposentadoria, considerando-se a média aritmética simples dessa carga horária, proporcional ao número de anos completos de recebimento e contribuição, contínuos ou intercalados, em relação ao tempo total exigido para a aposentadoria;

II – se as vantagens pecuniárias permanentes forem variáveis por estarem vinculadas a indicadores de desempenho, produtividade ou situação similar, o valor dessas vantagens integrará o cálculo da remuneração do servidor público no cargo efetivo mediante a aplicação, sobre o valor atual de referência das vantagens pecuniárias permanentes variáveis, da média aritmética simples do indicador, proporcional ao número de anos completos de recebimento e de respectiva contribuição, contínuos ou intercalados, em relação ao tempo total exigido para a aposentadoria ou, se inferior, ao tempo total de percepção da vantagem.

§ 9º Aplicam-se às aposentadorias dos servidores dos Estados, do Distrito Federal e dos Municípios as normas constitucionais e infraconstitucionais anteriores à data de entrada em vigor desta Emenda Constitucional, enquanto não promovidas alterações na legislação interna relacionada ao respectivo regime próprio de previdência social.

§ 10. Estende-se o disposto no § 9º às normas sobre aposentadoria de servidores públicos incompatíveis com a redação atribuída por esta Emenda Constitucional aos §§ 4º, 4º-A, 4º-B e 4º-C do art. 40 da Constituição Federal.

Art. 5º O policial civil do órgão a que se refere o inciso XIV do *caput* do art. 21 da Constituição Federal, o policial dos órgãos a que se referem o inciso IV do *caput* do art. 51, o inciso XIII do *caput* do art. 52 e os incisos I a III do *caput* do art. 144 da Constituição Federal e o ocupante de cargo de agente federal penitenciário ou socioeducativo que tenham ingressado na respectiva carreira até a data de entrada em vigor desta Emenda Constitucional poderão aposentar-se, na forma da Lei Complementar 51, de 20 de dezembro de 1985, observada a idade mínima de 55 (cinquenta e cinco) anos para ambos os sexos ou o disposto no § 3º.

§ 1º Serão considerados tempo de exercício em cargo de natureza estritamente policial, para os fins do inciso II do art. 1º da Lei Complementar 51, de 20 de dezembro de 1985, o tempo de atividade militar nas Forças Armadas, nas polícias militares e nos corpos de bombeiros militares e o tempo de atividade como agente penitenciário ou socioeducativo.

§ 2º Aplicam-se às aposentadorias dos servidores dos Estados de que trata o § 4º-B do art. 40 da Constituição Federal as normas constitucionais e infraconstitucionais anteriores à data de entrada em vigor desta Emenda Constitucional, enquanto não promovidas alterações na legislação interna relacionada ao respectivo regime próprio de previdência social.

§ 3º Os servidores de que trata o *caput* poderão aposentar-se aos 52 (cinquenta e dois) anos de idade, se mulher, e aos 53 (cinquenta e três) anos de idade, se homem, desde que cumprido período adicional de contribuição correspondente ao tempo que, na data de entrada em vigor desta Emenda Constitucional, faltaria para atingir o tempo de contribuição previsto na Lei Complementar 51, de 20 de dezembro de 1985.

Art. 6º O disposto no § 14 do art. 37 da Constituição Federal não se aplica a aposentadorias concedidas pelo Regime Geral de Previdência Social até a data de entrada em vigor desta Emenda Constitucional.

Art. 7º O disposto no § 15 do art. 37 da Constituição Federal não se aplica a complementações de aposentadorias e pensões concedidas até a data de entrada em vigor desta Emenda Constitucional.

Art. 8º Até que entre em vigor lei federal de que trata o § 19 do art. 40 da Constituição Federal, o servidor público federal que cumprir as exigências para a concessão da aposentadoria voluntária nos termos do disposto nos arts. 4º, 5º, 20, 21 e 22 e que optar por permanecer em atividade fará jus a um abono de permanência equivalente ao valor da sua contribuição previdenciária, até completar a idade para aposentadoria compulsória.

Art. 9º Até que entre em vigor lei complementar que discipline o § 22 do art. 40 da Constituição Federal, aplicam-se aos regimes próprios de previdência social o disposto na Lei 9.717, de 27 de novembro de 1998, e o disposto neste artigo.

§ 1º O equilíbrio financeiro e atuarial do regime próprio de previdência social deverá ser comprovado por meio de garantia de equivalência, a valor presente, entre o fluxo das receitas estimadas e das despesas projetadas, apuradas atuarialmente, que, juntamente com os bens, direitos e ativos vinculados, comparados às obrigações assumidas, evidenciem a solvência e a liquidez do plano de benefícios.

§ 2º O rol de benefícios dos regimes próprios de previdência social fica limitado às aposentadorias e à pensão por morte.

§ 3º Os afastamentos por incapacidade temporária para o trabalho e o salário-maternidade serão pagos diretamente pelo ente federativo e não correrão à conta do regime próprio de previdência social ao qual o servidor se vincula.

§ 4º Os Estados, o Distrito Federal e os Municípios não poderão estabelecer alíquota inferior à da contribuição dos servidores da União, exceto se demonstrado que o respectivo regime próprio de previdência social não possui *deficit* atuarial a ser equacionado, hipótese em que a alíquota não poderá ser inferior às alíquotas aplicáveis ao Regime Geral de Previdência Social.

§ 5º Para fins do disposto no § 4º, não será considerada como ausência de *deficit* a implementação de segregação da massa de segurados ou a previsão em lei de plano de equacionamento de *deficit*.

§ 6º A instituição do regime de previdência complementar na forma dos §§ 14 a 16 do art. 40 da Constituição Federal e a adequação do órgão ou entidade gestora do regime próprio de previdência social ao § 20 do art. 40 da Constituição Federal deverão ocorrer no prazo máximo de 2 (dois) anos da data de entrada em vigor desta Emenda Constitucional.

§ 7º Os recursos de regime próprio de previdência social poderão ser aplicados na concessão de empréstimos a seus segurados, na modalidade de consignados, observada regulamentação específica estabelecida pelo Conselho Monetário Nacional.

§ 8º Por meio de lei, poderá ser instituída contribuição extraordinária pelo prazo máximo de 20 (vinte) anos, nos termos dos §§ 1º-B e 1º-C do art. 149 da Constituição Federal.

§ 9º O parcelamento ou a moratória de débitos dos entes federativos com seus regimes próprios de previdência social fica limitado ao prazo a que se refere o § 11 do art. 195 da Constituição.

Art. 10. Até que entre em vigor lei federal que discipline os benefícios do regime próprio de previdência social dos servidores da União, aplica-se o disposto neste artigo.

§ 1º Os servidores públicos federais serão aposentados:

I – voluntariamente, observados, cumulativamente, os seguintes requisitos:

a) 62 (sessenta e dois) anos de idade, se mulher, e 65 (sessenta e cinco) anos de idade, se homem; e

b) 25 (vinte e cinco) anos de contribuição, desde que cumprido o tempo mínimo de 10 (dez) anos de efetivo exercício no serviço público e de 5 (cinco) anos no cargo efetivo em que for concedida a aposentadoria;

II – por incapacidade permanente para o trabalho, no cargo em que estiverem investidos, quando insuscetíveis de readaptação, hipótese em que será obrigatória a realização de avaliações periódicas para verificação da continuidade das condições que ensejaram a concessão da aposentadoria; ou

III – compulsoriamente, na forma do disposto no inciso II do § 1º do art. 40 da Constituição Federal.

§ 2º Os servidores públicos federais com direito a idade mínima ou tempo de contribuição distintos da regra geral para concessão de aposentadoria na forma dos §§ 4º-B, 4º-C e 5º do art. 40 da Constituição Federal poderão aposentar-se, observados os seguintes requisitos:

I – o policial civil do órgão a que se refere o inciso XIV do caput do art. 21 da Constituição Federal, o policial dos órgãos a que se referem o inciso IV do caput do art. 51, o inciso XIII do caput do art. 52 e os incisos I a III do caput do art. 144 da Constituição Federal e o ocupante de cargo de agente federal penitenciário ou socioeducativo, aos 55 (cinquenta e cinco) anos de idade, com 30 (trinta) anos de contribuição e 25 (vinte e cinco) anos de efetivo exercício em cargo dessas carreiras, para ambos os sexos;

II – o servidor público federal cujas atividades sejam exercidas com efetiva exposição a agentes químicos, físicos e biológicos prejudiciais à saúde, ou associação desses agentes, vedada a caracterização por categoria profissional ou ocupação, aos 60 (sessenta) anos de idade, com 25 (vinte e cinco) anos de efetiva exposição e contribuição, 10 (dez) anos de efetivo exercício de serviço público e 5 (cinco) anos no cargo efetivo em que for concedida a aposentadoria;

III – o titular do cargo federal de professor, aos 60 (sessenta) anos de idade, se homem, e aos 57 (cinquenta e sete) anos, se mulher, com 25 (vinte e cinco) anos de contribuição exclusivamente em efetivo exercício das funções de magistério na educação infantil e no ensino fundamental e médio, 10 (dez) anos de efetivo exercício de serviço público e 5 (cinco) anos no cargo efetivo em que for concedida a aposentadoria, para ambos os sexos.

§ 3º A aposentadoria a que se refere o § 4º-C do art. 40 da Constituição Federal observará adicionalmente as condições e os requisitos estabelecidos para o Regime Geral de Previdência Social, naquilo em que não conflitarem com as regras específicas aplicáveis ao regime próprio de previdência social da União, vedada a conversão de tempo especial em comum.

§ 4º Os proventos das aposentadorias concedidas nos termos do disposto neste artigo serão apurados na forma da lei.

§ 5º Até que entre em vigor lei federal de que trata o § 19 do art. 40 da Constituição Federal, o servidor federal que cumprir as exigências para a concessão da aposentadoria voluntária nos termos do disposto neste artigo e que optar por permanecer em atividade fará jus a um abono de permanência equivalente ao valor da sua contribuição previdenciária, até completar a idade para aposentadoria compulsória.

§ 6º A pensão por morte devida aos dependentes do policial civil do órgão a que se refere o inciso XIV do caput do art. 21 da Constituição Federal, do policial dos órgãos a que se referem o inciso IV do caput do art. 51, o inciso XIII do caput do art. 52 e os incisos I a III do caput do art. 144 da Constituição Federal e dos ocupantes dos cargos de agente federal penitenciário ou socioeducativo decorrente de agressão sofrida no exercício ou em razão da função será vitalícia para o cônjuge ou companheiro e equivalente à remuneração do cargo.

§ 7º Aplicam-se às aposentadorias dos servidores dos Estados, do Distrito Federal e dos Municípios as normas constitucionais e infraconstitucionais anteriores à data de entrada em vigor desta Emenda Constitucional, enquanto não promovidas alterações na legislação interna relacionada ao respectivo regime próprio de previdência social.

Art. 11. Até que entre em vigor lei que altere a alíquota da contribuição previdenciária de que tratam os arts. 4º, 5º e 6º da Lei 10.887, de 18 de junho de 2004, esta será de 14% (quatorze por cento).

EMENDA CONSTITUCIONAL 103, DE 12 DE NOVEMBRO DE 2019

§ 1º A alíquota prevista no *caput* será reduzida ou majorada, considerado o valor da base de contribuição ou do benefício recebido, de acordo com os seguintes parâmetros:

I – até 1 (um) salário mínimo, redução de seis inteiros e cinco décimos pontos percentuais;

II – acima de 1 (um) salário mínimo até R$ 2.000,00 (dois mil reais), redução de cinco pontos percentuais;

III – de R$ 2.000,01 (dois mil reais e um centavo) até R$ 3.000,00 (três mil reais), redução de dois pontos percentuais;

IV – de R$ 3.000,01 (três mil reais e um centavo) até R$ 5.839,45 (cinco mil, oitocentos e trinta e nove reais e quarenta e cinco centavos), sem redução ou acréscimo;

V – de R$ 5.839,46 (cinco mil, oitocentos e trinta e nove reais e quarenta e seis centavos) até R$ 10.000,00 (dez mil reais), acréscimo de meio ponto percentual;

VI – de R$ 10.000,01 (dez mil reais e um centavo) até R$ 20.000,00 (vinte mil reais), acréscimo de dois inteiros e cinco décimos pontos percentuais;

VII – de R$ 20.000,01 (vinte mil reais e um centavo) até R$ 39.000,00 (trinta e nove mil reais), acréscimo de cinco pontos percentuais; e

VIII – acima de R$ 39.000,00 (trinta e nove mil reais), acréscimo de oito pontos percentuais.

§ 2º A alíquota, reduzida ou majorada nos termos do disposto no § 1º, será aplicada de forma progressiva sobre a base de contribuição do servidor ativo, incidindo cada alíquota sobre a faixa de valores compreendida nos respectivos limites.

§ 3º Os valores previstos no § 1º serão reajustados, a partir da data de entrada em vigor desta Emenda Constitucional, na mesma data e com o mesmo índice em que se der o reajuste dos benefícios do Regime Geral de Previdência Social, ressalvados aqueles vinculados ao salário mínimo, aos quais se aplica a legislação específica.

§ 4º A alíquota de contribuição de que trata o *caput*, com a redução ou a majoração decorrentes do disposto no § 1º, será devida pelos aposentados e pensionistas de quaisquer dos Poderes da União, incluídas suas entidades autárquicas e suas fundações, e incidirá sobre o valor da parcela dos proventos de aposentadoria e de pensões que supere o limite máximo estabelecido para os benefícios do Regime Geral de Previdência Social, hipótese em que será considerada a totalidade do valor do benefício para fins de definição das alíquotas aplicáveis.

Art. 12. A União instituirá sistema integrado de dados relativos às remunerações, proventos e pensões dos segurados dos regimes de previdência de que tratam os arts. 40, 201 e 202 da Constituição Federal, aos benefícios dos programas de assistência social de que trata o art. 203 da Constituição Federal e às remunerações, proventos de inatividade e pensão por morte decorrentes das atividades militares de que tratam os arts. 42 e 142 da Constituição Federal, em interação com outras bases de dados, ferramentas e plataformas, para o fortalecimento de sua gestão, governança e transparência e o cumprimento das disposições estabelecidas nos incisos XI e XVI do art. 37 da Constituição Federal.

§ 1º A União, os Estados, o Distrito Federal e os Municípios e os órgãos e entidades gestoras dos regimes, dos sistemas e dos programas a que se refere o *caput* disponibilizarão as informações necessárias para a estruturação do sistema integrado de dados e terão acesso ao compartilhamento das referidas informações, na forma da legislação.

§ 2º É vedada a transmissão das informações de que trata este artigo a qualquer pessoa física ou jurídica para a prática de atividade não relacionada à fiscalização dos regimes, dos sistemas e dos programas a que se refere o *caput*.

Art. 13. Não se aplica o disposto no § 9º do art. 39 da Constituição Federal a parcelas remuneratórias decorrentes de incorporação de vantagens de caráter temporário ou vinculadas ao exercício de função de confiança ou de cargo em comissão efetivadas até a data de entrada em vigor desta Emenda Constitucional.

Art. 14. Vedadas a adesão de novos segurados e a instituição de novos regimes dessa natureza, os atuais segurados de regime de previdência aplicável a titulares de mandato eletivo da União, dos Estados, do Distrito Federal e dos Municípios poderão, por meio de opção expressa formalizada no prazo de 180 (cento e oitenta) dias, contado da data de entrada em vigor desta Emenda Constitucional, retirar-se dos regimes previdenciários aos quais se encontrem vinculados.

§ 1º Os segurados, atuais e anteriores, do regime de previdência de que trata a Lei 9.506, de 30 de outubro de 1997, que fizerem a opção de permanecer nesse regime previdenciário deverão cumprir período adicional correspondente a 30% (trinta por cento) do tempo de contribuição que faltaria para aquisição do direito à aposentadoria na data de entrada em vigor desta Emenda Constitucional e somente poderão aposentar-se a partir dos 62 (sessenta e dois) anos de idade, se mulher, e 65 (sessenta e cinco) anos de idade, se homem.

§ 2º Se for exercida a opção prevista no *caput*, será assegurada a contagem do tempo de contribuição vertido para o regime de previdência ao qual o segurado se encontrava vinculado, nos termos do disposto no § 9º do art. 201 da Constituição Federal.

§ 3º A concessão de aposentadoria aos titulares de mandato eletivo e de pensão por morte aos dependentes de titular de mandato eletivo falecido será assegurada, a qualquer tempo, desde que cumpridos os requisitos para obtenção desses benefícios até a data de entrada em vigor desta Emenda Constitucional, observados os critérios da legislação vigente na data em que foram atendidos os requisitos para a concessão da aposentadoria ou da pensão por morte.

§ 4º Observado o disposto nos §§ 9º e 9º-A do art. 201 da Constituição Federal, o tempo de contribuição a regime próprio de previdência social e ao Regime Geral de Previdência Social, assim como o tempo de contribuição decorrente das atividades militares de que tratam os arts. 42 e 142 da Constituição Federal, que tenha sido considerado para a concessão de benefício pelos regimes a que se refere o *caput* não poderá ser utilizado para obtenção de benefício naqueles regimes.

§ 5º Lei específica do Estado, do Distrito Federal ou do Município deverá disciplinar a regra de transição a ser aplicada aos segurados que, na forma do *caput*, fizerem a opção de permanecer no regime previdenciário de que trata este artigo.

Art. 15. Ao segurado filiado ao Regime Geral de Previdência Social até a data de entrada em vigor desta Emenda Constitucional, fica assegurado o direito à aposentadoria quando forem preenchidos, cumulativamente, os seguintes requisitos:

I – 30 (trinta) anos de contribuição, se mulher, e 35 (trinta e cinco) anos de contribuição, se homem; e

II – somatório da idade e do tempo de contribuição, incluídas as frações, equivalente a 86 (oitenta e seis) pontos, se mulher, e 96 (noventa e seis) pontos, se homem, observado o disposto nos §§ 1º e 2º.

§ 1º A partir de 1º de janeiro de 2020, a pontuação a que se refere o inciso II do *caput* será acrescida a cada ano de 1 (um) ponto, até atingir o limite de 100 (cem) pontos, se mulher, e de 105 (cento e cinco) pontos, se homem.

§ 2º A idade e o tempo de contribuição serão apurados em dias para o cálculo do somatório de pontos a que se referem o inciso II do *caput* e o § 1º.

§ 3º Para o professor que comprovar exclusivamente 25 (vinte e cinco) anos de contribuição, se mulher, e 30 (trinta) anos de contribuição, se homem, em efetivo exercício das funções de magistério na educação infantil e no ensino fundamental e médio, o somatório da idade e do tempo de contribuição, incluídas as frações, será equivalente a 81 (oitenta e um) pontos, se mulher, e 91 (noventa e um) pontos, se homem, aos quais serão acrescidos, a partir de 1º de janeiro de 2020, 1 (um) ponto a cada ano para o homem e para a mulher, até atingir o limite de 92 (noventa e dois) pontos, se mulher, e 100 (cem) pontos, se homem.

§ 4º O valor da aposentadoria concedida nos termos do disposto neste artigo será apurado na forma da lei.

Art. 16. Ao segurado filiado ao Regime Geral de Previdência Social até a data de entrada em vigor desta Emenda Constitucional fica assegurado o direito à aposentadoria quando preencher, cumulativamente, os seguintes requisitos:

I – 30 (trinta) anos de contribuição, se mulher, e 35 (trinta e cinco) anos de contribuição, se homem; e

II – idade de 56 (cinquenta e seis) anos, se mulher, e 61 (sessenta e um) anos, se homem.

§ 1º A partir de 1º de janeiro de 2020, a idade a que se refere o inciso II do *caput* será acrescida de 6 (seis) meses a cada ano, até atingir 62 (sessenta e dois) anos de idade, se mulher, e 65 (sessenta e cinco) anos de idade, se homem.

§ 2º Para o professor que comprovar exclusivamente tempo de efetivo exercício das funções de magistério na educação infantil e no ensino fundamental e médio, o tempo de contribuição e a idade de que tratam os incisos I e II do *caput* deste artigo serão reduzidos em 5 (cinco) anos, sendo, a partir de 1º de janeiro de 2020, acrescidos 6 (seis) meses, a cada ano, às idades previstas no inciso II do *caput*, até atingirem 57 (cinquenta e sete) anos, se mulher, e 60 (sessenta) anos, se homem.

§ 3º O valor da aposentadoria concedida nos termos do disposto neste artigo será apurado na forma da lei.

Art. 17. Ao segurado filiado ao Regime Geral de Previdência Social até a data de entrada em vigor desta Emenda Constitucional e que na referida data contar com mais de 28 (vinte e oito) anos de contribuição, se mulher, e 33 (trinta e três) anos de contribuição, se homem, fica assegurado o direito à aposentadoria quando preencher, cumulativamente, os seguintes requisitos:

I – 30 (trinta) anos de contribuição, se mulher, e 35 (trinta e cinco) anos de contribuição, se homem; e

II – cumprimento de período adicional correspondente a 50% (cinquenta por cento) do tempo que, na data de entrada em vigor desta Emenda Constitucional, faltaria para atingir 30 (trinta) anos de contribuição, se mulher, e 35 (trinta e cinco) anos de contribuição, se homem.

Parágrafo único. O benefício concedido nos termos deste artigo terá seu valor apurado de acordo com a média aritmética simples dos salários de contribuição e das remunerações calculada na forma da lei, multiplicada pelo fator previdenciário, calculado na forma do disposto nos §§ 7º a 9º do art. 29 da Lei 8.213, de 24 de julho de 1991.

Art. 18. O segurado de que trata o inciso I do § 7º do art. 201 da Constituição Federal filiado ao Regime Geral de Previdência Social até a data de entrada em vigor desta Emenda Constitucional poderá aposentar-se quando preencher, cumulativamente, os seguintes requisitos:

I – 60 (sessenta) anos de idade, se mulher, e 65 (sessenta e cinco) anos de idade, se homem; e

II – 15 (quinze) anos de contribuição, para ambos os sexos.

§ 1º A partir de 1º de janeiro de 2020, a idade de 60 (sessenta) anos da mulher, prevista no inciso I do *caput*, será acrescida em 6 (seis) meses a cada ano, até atingir 62 (sessenta e dois) anos de idade.

§ 2º O valor da aposentadoria de que trata este artigo será apurado na forma da lei.

Art. 19. Até que lei disponha sobre o tempo de contribuição a que se refere o inciso I do § 7º do art. 201 da Constituição Federal, o segurado filiado ao Regime Geral de Previdência Social após a data de entrada em vigor desta Emenda Constitucional será aposentado aos 62 (sessenta e dois) anos de idade, se mulher, 65 (sessenta e cinco) anos de idade, se homem, com 15 (quinze) anos de tempo de contribuição, se mulher, e 20 (vinte) anos de tempo de contribuição, se homem.

§ 1º Até que lei complementar disponha sobre a redução de idade mínima ou tempo de contribuição prevista nos §§ 1º e 8º do art. 201 da Constituição Federal, será concedida aposentadoria:

I – aos segurados que comprovem o exercício de atividades com efetiva exposição a agentes químicos, físicos e biológicos prejudiciais à saúde, ou associação desses agentes, vedada a caracterização por categoria profissional ou ocupação, durante, no mínimo, 15 (quinze), 20 (vinte) ou 25 (vinte e cinco) anos, nos termos do disposto nos arts. 57 e 58 da Lei 8.213, de 24 de julho de 1991, quando cumpridos:

a) 55 (cinquenta e cinco) anos de idade, quando se tratar de atividade especial de 15 (quinze) anos de contribuição;

b) 58 (cinquenta e oito) anos de idade, quando se tratar de atividade especial de 20 (vinte) anos de contribuição; ou

c) 60 (sessenta) anos de idade, quando se tratar de atividade especial de 25 (vinte e cinco) anos de contribuição;

II – ao professor que comprove 25 (vinte e cinco) anos de contribuição exclusivamente em efetivo exercício das funções de magistério na educação infantil e no ensino fundamental e médio e tenha 57 (cinquenta e sete) anos de idade, se mulher, e 60 (sessenta) anos de idade, se homem.

§ 2º O valor das aposentadorias de que trata este artigo será apurado na forma da lei.

Art. 20. O segurado ou o servidor público federal que se tenha filiado ao Regime Geral de Previdência Social ou ingressado no serviço público em cargo efetivo até a data de entrada em vigor desta Emenda Constitucional poderá aposentar-se voluntariamente quando preencher, cumulativamente, os seguintes requisitos:

I – 57 (cinquenta e sete) anos de idade, se mulher, e 60 (sessenta) anos de idade, se homem;

II – 30 (trinta) anos de contribuição, se mulher, e 35 (trinta e cinco) anos de contribuição, se homem;

III – para os servidores públicos, 20 (vinte) anos de efetivo exercício no serviço público e 5 (cinco) anos no cargo efetivo em que se der a aposentadoria;

IV – período adicional de contribuição correspondente ao tempo que, na data de entrada em vigor desta Emenda Constitucional, faltaria para atingir o tempo mínimo de contribuição referido no inciso II.

§ 1º Para o professor que comprovar exclusivamente tempo de efetivo exercício das funções de magistério na educação infantil e no ensino fundamental e médio serão reduzidos, para ambos os sexos, os requisitos de idade e de tempo de contribuição em 5 (cinco) anos.

§ 2º O valor das aposentadorias concedidas nos termos do disposto neste artigo corresponderá:

I – em relação ao servidor público que tenha ingressado no serviço público em cargo efetivo até 31 de dezembro de 2003 e que não tenha feito a opção de que trata o § 16 do art. 40 da Constituição Federal, à totalidade da remuneração no cargo efetivo em que se der a aposentadoria, observado o disposto no § 8º do art. 4º; e

II – em relação aos demais servidores públicos e aos segurados do Regime Geral de Previdência Social, ao valor apurado na forma da lei.

§ 3º O valor das aposentadorias concedidas nos termos do disposto neste artigo não será inferior ao valor a que se refere o § 2º do art. 201 da Constituição Federal e será reajustado:

I – de acordo com o disposto no art. 7º da Emenda Constitucional 41, de 19 de dezembro de 2003, se cumpridos os requisitos previstos no inciso I do § 2º;

II – nos termos estabelecidos para o Regime Geral de Previdência Social, na hipótese prevista no inciso II do § 2º.

§ 4º Aplicam-se às aposentadorias dos servidores dos Estados, do Distrito Federal e dos Municípios as normas constitucionais e infraconstitucionais anteriores à data de entrada em vigor desta Emenda Constitucional, enquanto não promovidas alterações na legislação interna relacionada ao respectivo regime próprio de previdência social.

Art. 21. O segurado ou o servidor público federal que se tenha filiado ao Regime Geral de Previdência Social ou ingressado no serviço público em cargo efetivo até a data de entrada em vigor desta Emenda Constitucional cujas atividades tenham sido exercidas com efetiva exposição a agentes químicos, físicos e biológicos prejudiciais à saúde, ou associação desses agentes, vedada a caracterização por categoria profissional ou ocupação, desde que cumpridos, no caso do servidor, o tempo mínimo de 20 (vinte) anos de efetivo exercício no serviço público e de 5 (cinco) anos no cargo efetivo em que for concedida a aposentadoria, na forma dos arts. 57 e 58 da Lei 8.213, de 24 de julho de 1991, poderão aposentar-se quando o total da soma resultante da sua idade e do tempo de contribuição e o tempo de efetiva exposição forem, respectivamente, de:

I – 66 (sessenta e seis) pontos e 15 (quinze) anos de efetiva exposição;

II – 76 (setenta e seis) pontos e 20 (vinte) anos de efetiva exposição; e

III – 86 (oitenta e seis) pontos e 25 (vinte e cinco) anos de efetiva exposição.

§ 1º A idade e o tempo de contribuição serão apurados em dias para o cálculo do somatório de pontos a que se refere o *caput*.

§ 2º O valor da aposentadoria de que trata este artigo será apurado na forma da lei.

§ 3º Aplicam-se às aposentadorias dos servidores dos Estados, do Distrito Federal e dos Municípios cujas atividades sejam exercidas com efetiva exposição a agentes químicos, físicos e biológicos prejudiciais à saúde, ou associação desses agentes, vedada a caracterização por categoria profissional ou ocupação, na forma do § 4º-C do art. 40 da Constituição Federal, as normas constitucionais e infraconstitucionais anteriores à data de entrada em vigor desta Emenda Constitucional, enquanto não promovidas alterações na legislação interna relacionada ao respectivo regime próprio de previdência social.

Art. 22. Até que lei discipline o § 4º-A do art. 40 e o inciso I do § 1º do art. 201 da Constituição Federal, a aposentadoria da pessoa com deficiência segurada do Regime Geral de Previdência Social ou do servidor público federal com deficiência vinculado a regime próprio de previdência social, desde que cumpridos, no caso do servidor, o tempo mínimo de 10 (dez) anos de efetivo exercício no serviço público e de 5 (cinco) anos no cargo efetivo em que for concedida a aposentadoria, será concedida na forma da Lei Complementar 142, de 8 de maio de 2013, inclusive quanto aos critérios de cálculo dos benefícios.

Parágrafo único. Aplicam-se às aposentadorias dos servidores com deficiência dos Estados, do Distrito Federal e dos Municípios as normas constitucionais e infraconstitucionais anteriores à data de entrada em vigor desta Emenda Constitucional, enquanto não promovidas alterações na legislação interna relacionada ao respectivo regime próprio de previdência social.

Art. 23. A pensão por morte concedida a dependente de segurado do Regime Geral de Previdência Social ou de servidor público federal será equivalente a uma cota familiar de 50% (cinquenta por cento) do valor da aposentadoria recebida pelo segurado ou servidor ou daquela a que teria direito se fosse aposentado por incapacidade permanente na data do óbito, acrescida de cotas de 10 (dez) pontos percentuais por dependente, até o máximo de 100% (cem por cento).

§ 1º As cotas por dependente cessarão com a perda dessa qualidade e não serão reversíveis aos demais dependentes, preservado o valor de 100% (cem por cento) da pensão por morte quando o número de dependentes remanescente for igual ou superior a 5 (cinco).

§ 2º Na hipótese de existir dependente inválido ou com deficiência intelectual, mental ou grave, o valor da pensão por morte de que trata o *caput* será equivalente a:

I – 100% (cem por cento) da aposentadoria recebida pelo segurado ou servidor ou daquela a que teria direito se fosse aposentado por incapacidade permanente na data do óbito, até o limite máximo de benefícios do Regime Geral de Previdência Social; e

II – uma cota familiar de 50% (cinquenta por cento) acrescida de cotas de 10 (dez) pontos percentuais por dependente, até o máximo de 100% (cem por cento), para o valor que supere o limite máximo de benefícios do Regime Geral de Previdência Social.

§ 3º Quando não houver mais dependente inválido ou com deficiência intelectual, mental ou grave, o valor da pensão será recalculado na forma do disposto no *caput* e no § 1º.

§ 4º O tempo de duração da pensão por morte e das cotas individuais por dependente até a perda dessa qualidade, o rol de dependentes e sua qualificação e as condições necessárias para enquadramento serão aqueles estabelecidos na Lei 8.213, de 24 de julho de 1991.

§ 5º Para o dependente inválido ou com deficiência intelectual, mental ou grave, sua condição pode ser reconhecida previamente ao óbito do segurado, por meio de avaliação biopsicossocial realizada por equipe multiprofissional e interdisciplinar, observada revisão periódica na forma da legislação.

§ 6º Equiparam-se a filho, para fins de recebimento da pensão por morte, exclusivamente o enteado e o menor tutelado, desde que comprovada a dependência econômica.

§ 7º As regras sobre pensão previstas neste artigo e na legislação vigente na data de entrada em vigor desta Emenda Constitucional poderão ser alteradas na forma da lei para o Regime Geral de Previdência Social e para o regime próprio de previdência social da União.

§ 8º Aplicam-se às pensões concedidas aos dependentes de servidores dos Estados, do Distrito Federal e dos Municípios as normas constitucionais e infraconstitucionais anteriores à data de entrada em vigor desta Emenda Constitucional, enquanto não promovidas alterações na legislação interna relacionada ao respectivo regime próprio de previdência social.

Art. 24. É vedada a acumulação de mais de uma pensão por morte deixada por cônjuge ou companheiro, no âmbito do mesmo regime de previdência social, ressalvadas as pensões do mesmo instituidor decorrentes do exercício de cargos acumuláveis na forma do art. 37 da Constituição Federal.

§ 1º Será admitida, nos termos do § 2º, a acumulação de:

I – pensão por morte deixada por cônjuge ou companheiro de um regime de previdência social com pensão por morte concedida por outro regime de previdência social ou com pensões decorrentes das atividades militares de que tratam os arts. 42 e 142 da Constituição Federal;

II – pensão por morte deixada por cônjuge ou companheiro de um regime de previdência social com aposentadoria concedida no âmbito do Regime Geral de Previdência Social ou de regime próprio de previdência social ou com proventos de inatividade decorrentes das atividades militares de que tratam os arts. 42 e 142 da Constituição Federal; ou

III – pensões decorrentes das atividades militares de que tratam os arts. 42 e 142 da Constituição Federal com aposentadoria concedida no âmbito do Regime Geral de Previdência Social ou de regime próprio de previdência social.

§ 2º Nas hipóteses das acumulações previstas no § 1º, é assegurada a percepção do valor integral do benefício mais vantajoso e de uma parte de cada um dos demais benefícios, apurada cumulativamente de acordo com as seguintes faixas:

I – 60% (sessenta por cento) do valor que exceder 1 (um) salário mínimo, até o limite de 2 (dois) salários mínimos;

II – 40% (quarenta por cento) do valor que exceder 2 (dois) salários mínimos, até o limite de 3 (três) salários mínimos;

III – 20% (vinte por cento) do valor que exceder 3 (três) salários mínimos, até o limite de 4 (quatro) salários mínimos; e

IV – 10% (dez por cento) do valor que exceder 4 (quatro) salários mínimos.

§ 3º A aplicação do disposto no § 2º poderá ser revista a qualquer tempo, a pedido do interessado, em razão de alteração de algum dos benefícios.

§ 4º As restrições previstas neste artigo não serão aplicadas se o direito aos benefícios houver sido adquirido antes da data de entrada em vigor desta Emenda Constitucional.

§ 5º As regras sobre acumulação previstas neste artigo e na legislação vigente na data de entrada em vigor desta Emenda Constitucional poderão ser alteradas na forma do § 6º do art. 40 e do § 15 do art. 201 da Constituição Federal.

Art. 25. Será assegurada a contagem de tempo de contribuição fictício no Regime Geral de Previdência Social decorrente de hipóteses descritas na legislação vigente até a data de entrada em vigor desta Emenda Constitucional para fins de concessão de aposentadoria, observando-se, a partir de sua entrada em vigor, o disposto no § 14 do art. 201 da Constituição Federal.

§ 1º Para fins de comprovação de atividade rural exercida até a data de entrada em vigor desta Emenda Constitucional, o prazo de que tratam os §§ 1º e 2º do art. 38-B da Lei 8.213, de 24 de julho de 1991, será prorrogado até a data em que o Cadastro Nacional de Informações Sociais (CNIS) atingir a cobertura mínima de 50% (cinquenta por cento) dos trabalhadores de que trata o § 8º do art. 195 da Constituição Federal, apurada conforme quantitativo da Pesquisa Nacional por Amostra de Domicílios Contínua (Pnad).

§ 2º Será reconhecida a conversão de tempo especial em comum, na forma prevista na Lei 8.213, de 24 de julho de 1991, ao segurado do Regime Geral de Previdência Social que comprovar tempo de efetivo exercício de atividade sujeita a condições especiais que efetivamente prejudiquem a saúde, cumprido até a data de entrada em vigor desta Emenda Constitucional, vedada a conversão para o tempo cumprido após esta data.

§ 3º Considera-se nula a aposentadoria que tenha sido concedida ou que venha a ser concedida por regime próprio de previdência social com contagem recíproca do Regime Geral de Previdência Social mediante o cômputo de tempo de serviço sem o recolhimento da respectiva contribuição ou da correspondente indenização pelo segurado obrigatório responsável, à época do exercício da atividade, pelo recolhimento de suas próprias contribuições previdenciárias.

Art. 26. Até que lei discipline o cálculo dos benefícios do regime próprio de previdência social da União e do Regime Geral de Previdência Social, será utilizada a média aritmética simples dos salários de contribuição e das remunerações adotados como base para contribuições a regime próprio de previdência social e ao Regime Geral de Previdência Social, ou como base para contribuições decorrentes das atividades militares de que tratam os arts. 42 e 142 da Constituição Federal, atualizados monetariamente, correspondentes a 100% (cem por cento) do período contributivo desde a competência julho de 1994 ou desde o início da contribuição, se posterior àquela competência.

§ 1º A média a que se refere o *caput* será limitada ao valor máximo do salário de contribuição do Regime Geral de Previdência Social para os segurados desse regime e para o servidor que ingressou no serviço público em cargo efetivo após a implantação do regime de previdência complementar ou que tenha exercido a opção correspondente, nos termos do disposto nos §§ 14 a 16 do art. 40 da Constituição Federal.

§ 2º O valor do benefício de aposentadoria corresponderá a 60% (sessenta por cento) da média aritmética definida na forma prevista no *caput* e no § 1º, com acréscimo de 2 (dois) pontos percentuais para cada ano de contribuição que exceder o tempo de 20 (vinte) anos de contribuição nos casos:

I – do inciso II do § 6º do art. 4º, do § 4º do art. 15, do § 3º do art. 16 e do § 2º do art. 18;

II – do § 4º do art. 10, ressalvado o disposto no inciso II do § 3º e no § 4º deste artigo;

III – de aposentadoria por incapacidade permanente aos segurados do Regime Geral de Previdência Social, ressalvado o disposto no inciso II do § 3º deste artigo; e

IV – do § 2º do art. 19 e do § 2º do art. 21, ressalvado o disposto no § 5º deste artigo.

§ 3º O valor do benefício de aposentadoria corresponderá a 100% (cem por cento) da média aritmética definida na forma prevista no *caput* e no § 1º:

I – no caso do inciso II do § 2º do art. 20;

II – no caso de aposentadoria por incapacidade permanente, quando decorrer de acidente de trabalho, de doença profissional e de doença do trabalho.

§ 4º O valor do benefício da aposentadoria de que trata o inciso III do § 1º do art. 10 corresponderá ao resultado do tempo de contribuição dividido por 20 (vinte) anos, limitado a um inteiro, multiplicado pelo valor apurado na forma do *caput* do § 2º deste artigo, ressalvado o caso de cumprimento de critérios de acesso para aposentadoria voluntária que resulte em situação mais favorável.

§ 5º O acréscimo a que se refere o *caput* do § 2º será aplicado para cada ano que exceder 15 (quinze) anos de tempo de contribuição para os segurados de que tratam a alínea "a" do inciso I do § 1º do art. 19 e o inciso I do art. 21 e para as mulheres filiadas ao Regime Geral de Previdência Social.

§ 6º Poderão ser excluídas da média as contribuições que resultem em redução do valor do benefício, desde que mantido o tempo mínimo de contribuição exigido, vedada a utilização do tempo excluído para qualquer finalidade, inclusive para o acréscimo a que se referem os §§ 2º e 5º, para a averbação em outro regime previdenciário ou para a obtenção dos proventos de inatividade das atividades de que tratam os arts. 42 e 142 da Constituição Federal.

§ 7º Os benefícios calculados nos termos do disposto neste artigo serão reajustados nos termos estabelecidos para o Regime Geral de Previdência Social.

Art. 27. Até que lei discipline o acesso ao salário-família e ao auxílio-reclusão de que trata o inciso IV do art. 201 da Constituição Federal, esses benefícios serão concedidos apenas àqueles que tenham renda bruta mensal igual ou inferior a R$ 1.364,43 (mil, trezentos e sessenta e quatro reais e quarenta e três centavos), que serão corrigidos pelos mesmos índices aplicados aos benefícios do Regime Geral de Previdência Social.

§ 1º Até que lei discipline o valor do auxílio-reclusão, de que trata o inciso IV do art. 201 da Constituição Federal, seu cálculo será realizado na forma daquele aplicável à pensão por morte, não podendo exceder o valor de 1 (um) salário mínimo.

§ 2º Até que lei discipline o valor do salário-família, de que trata o inciso IV do art. 201 da Constituição Federal, seu valor será de R$ 46,54 (quarenta e seis reais e cinquenta e quatro centavos).

Art. 28. Até que lei altere as alíquotas da contribuição de que trata a Lei 8.212, de 24 de julho de 1991, devidas pelo segurado empregado, inclusive o doméstico, e pelo trabalhador avulso, estas serão de:

I – até 1 (um) salário mínimo, 7,5% (sete inteiros e cinco décimos por cento);

II – acima de 1 (um) salário mínimo até R$ 2.000,00 (dois mil reais), 9% (nove por cento);

III – de R$ 2.000,01 (dois mil reais e um centavo) até R$ 3.000,00 (três mil reais), 12% (doze por cento); e

IV – de R$ 3.000,01 (três mil reais e um centavo) até o limite do salário de contribuição, 14% (quatorze por cento).

§ 1º As alíquotas previstas no *caput* serão aplicadas de forma progressiva sobre o salário de contribuição do segurado, incidindo cada alíquota sobre a faixa de valores compreendida nos respectivos limites.

§ 2º Os valores previstos no *caput* serão reajustados, a partir da data de entrada em vigor desta Emenda Constitucional, na mesma data e com o mesmo índice em que se der o reajuste dos benefícios do Regime Geral de Previdência Social, ressalvados aqueles vinculados ao salário mínimo, aos quais se aplica a legislação específica.

Art. 29. Até que entre em vigor lei que disponha sobre o § 14 do art. 195 da Constituição Federal, o segurado que, no somatório de remunerações auferidas no período de 1 (um) mês, receber remuneração inferior ao limite mínimo mensal do salário de contribuição poderá:

I – complementar a sua contribuição, de forma a alcançar o limite mínimo exigido;

II – utilizar o valor da contribuição que exceder o limite mínimo de contribuição de uma competência em outra; ou

III – agrupar contribuições inferiores ao limite mínimo de diferentes competências, para aproveitamento em contribuições mínimas mensais.

Parágrafo único. Os ajustes de complementação ou agrupamento de contribuições previstos nos incisos I, II e III do *caput* somente poderão ser feitos ao longo do mesmo ano civil.

Art. 30. A vedação de diferenciação ou substituição de base de cálculo decorrente do disposto no § 9º do art. 195 da Constituição Federal não se aplica a contribuições que substituam a contribuição de que trata a alínea "a" do inciso I do *caput* do art. 195 da Constituição Federal instituídas antes da data de entrada em vigor desta Emenda Constitucional.

Art. 31. O disposto no § 11 do art. 195 da Constituição Federal não se aplica aos parcelamentos previstos na legislação vigente até a data de entrada em vigor desta Emenda Constitucional, sendo vedadas a reabertura ou a prorrogação de prazo para adesão.

Art. 32. Até que entre em vigor lei que disponha sobre a alíquota da contribuição de que trata a Lei 7.689, de 15 de dezembro de 1988, esta será de 20% (vinte por cento) no caso das pessoas jurídicas referidas no inciso I do § 1º do art. 1º da Lei Complementar 105, de 10 de janeiro de 2001.

Art. 33. Até que seja disciplinada a relação entre a União, os Estados, o Distrito Federal e os Municípios e entidades abertas de previdência complementar na forma do disposto nos §§ 4º e 5º do art. 202 da Constituição Federal, somente entidades fechadas de previdência complementar estão autorizadas a administrar planos de benefícios patrocinados pela União, Estados, Distrito Federal ou Municípios, inclusive suas autarquias, fundações, sociedades de economia mista e empresas controladas direta ou indiretamente.

Art. 34. Na hipótese de extinção por lei de regime previdenciário e migração dos respectivos segurados para o Regime Geral de Previdência Social, serão observados, até que lei federal disponha sobre a matéria, os seguintes requisitos pelo ente federativo:

I – assunção integral da responsabilidade pelo pagamento dos benefícios concedidos durante a vigência do regime extinto, bem como daqueles cujos requisitos já tenham sido implementados antes da sua extinção;

II – previsão de mecanismo de ressarcimento ou de complementação de benefícios aos que tenham contribuído acima do limite máximo do Regime Geral de Previdência Social;

III – vinculação das reservas existentes no momento da extinção, exclusivamente:

a) ao pagamento dos benefícios concedidos e a conceder, ao ressarcimento de contribuições ou à complementação de benefícios, na forma dos incisos I e II; e

b) à compensação financeira com o Regime Geral de Previdência Social.

Parágrafo único. A existência de superavit atuarial não constitui óbice à extinção de regime próprio de previdência social e à consequente migração para o Regime Geral de Previdência Social.

Art. 35. Revogam-se:

I – os seguintes dispositivos da Constituição Federal:

a) o § 21 do art. 40;

b) o § 13 do art. 195;

II – os arts. 9º, 13 e 15 da Emenda Constitucional 20, de 15 de dezembro de 1998;

III – os arts. 2º, 6º e 6º-A da Emenda Constitucional 41, de 19 de dezembro de 2003;

IV – o art. 3º da Emenda Constitucional 47, de 5 de julho de 2005.

Art. 36. Esta Emenda Constitucional entra em vigor:

I – no primeiro dia do quarto mês subsequente ao da data de publicação desta Emenda Constitucional, quanto ao disposto nos arts. 11, 28 e 32;

II – para os regimes próprios de previdência social dos Estados, do Distrito Federal e dos Municípios, quanto à alteração promovida pelo art. 1º desta Emenda Constitucional no art. 149 da Constituição Federal e às revogações previstas na alínea "a" do inciso I e nos incisos III e IV do art. 35, na data de publicação de lei de iniciativa privativa do respectivo Poder Executivo que as referende integralmente;

III – nos demais casos, na data de sua publicação.

Parágrafo único. A lei de que trata o inciso II do *caput* não produzirá efeitos anteriores à data de sua publicação.

Brasília, em 12 de novembro de 2019

Mesa da Câmara dos Deputados
Deputado RODRIGO MAIA
Presidente

Mesa do Senado Federal
Senador DAVI ALCOLUMBRE
Presidente

EMENDA CONSTITUCIONAL 104, DE 4 DE DEZEMBRO DE 2019

Altera o inciso XIV do caput *do art. 21, o § 4º do art. 32 e o art. 144 da Constituição Federal, para criar as polícias penais federal, estaduais e distrital.*

DOU 05.12.2019

As Mesas da Câmara dos Deputados e do Senado Federal, nos termos do § 3º do art. 60 da Constituição Federal, promulgam a seguinte Emenda ao texto constitucional:

Art. 1º O inciso XIV do *caput* do art. 21 da Constituição Federal passa a vigorar com a seguinte redação:

> Alterações já realizadas no texto.

Art. 2º O § 4º do art. 32 da Constituição Federal passa a vigorar com a seguinte redação:

> Alterações já realizadas no texto.

Art. 3º O art. 144 da Constituição Federal passa a vigorar com as seguintes alterações:

> Alterações já realizadas no texto.

Art. 4º O preenchimento do quadro de servidores das polícias penais será feito, exclusivamente, por meio de concurso público e por meio da transformação dos cargos isolados, dos cargos de carreira dos atuais agentes penitenciários e dos cargos públicos equivalentes.

Art. 5º Esta Emenda Constitucional entra em vigor na data de sua publicação.

Brasília, em 4 de dezembro de 2019

Mesa da Câmara dos Deputados	Mesa do Senado Federal
Deputado RODRIGO MAIA	Senador DAVI ALCOLUMBRE
Presidente	*Presidente*

EMENDA CONSTITUCIONAL 105, DE 12 DE DEZEMBRO DE 2019

Acrescenta o art. 166-A à Constituição Federal, para autorizar a transferência de recursos federais a Estados, ao Distrito Federal e a Municípios mediante emendas ao projeto de lei orçamentária anual.

DOU 13.12.2019

As Mesas da Câmara dos Deputados e do Senado Federal, nos termos do § 3º do art. 60 da Constituição Federal, promulgam a seguinte Emenda ao texto constitucional:

Art. 1º A Constituição Federal passa a vigorar acrescida do seguinte art. 166-A:

> Alterações já realizadas no texto.

Art. 2º No primeiro semestre do exercício financeiro subsequente ao da publicação desta Emenda Constitucional, fica assegurada a transferência financeira em montante mínimo equivalente a 60% (sessenta por cento) dos recursos de que trata o inciso I do *caput* do art. 166-A da Constituição Federal.

Art. 3º Esta Emenda Constitucional entra em vigor em 1º de janeiro do ano subsequente ao de sua publicação.

Brasília, em 12 de dezembro de 2019

Mesa da Câmara dos Deputados	Mesa do Senado Federal
Deputado RODRIGO MAIA	Senador DAVI ALCOLUMBRE
Presidente	*Presidente*

EMENDA CONSTITUCIONAL 106, DE 7 DE MAIO DE 2020

Institui regime extraordinário fiscal, financeiro e de contratações para enfrentamento de calamidade pública nacional decorrente de pandemia.

DOU 08.05.2020

As Mesas da Câmara dos Deputados e do Senado Federal, nos termos do § 3º do art. 60 da Constituição Federal, promulgam a seguinte Emenda ao texto constitucional:

Art. 1º Durante a vigência de estado de calamidade pública nacional reconhecido pelo Congresso Nacional em razão de emergência de saúde pública de importância internacional decorrente de pandemia, a União adotará regime extraordinário fiscal, financeiro e de contratações para atender às necessidades dele decorrentes, somente naquilo em que a urgência for incompatível com o regime regular, nos termos definidos nesta Emenda Constitucional.

Art. 2º Com o propósito exclusivo de enfrentamento do contexto da calamidade e de seus efeitos sociais e econômicos, no seu período de duração, o Poder Executivo federal, no âmbito de suas competências, poderá adotar processos simplificados de contratação de pessoal, em caráter temporário e emergencial, e de obras, serviços e compras que assegurem, quando possível, competição e igualdade de condições a todos os concorrentes, dispensada a observância do § 1º do art. 169 da Constituição Federal na contratação de que trata o inciso IX do *caput* do art. 37 da Constituição Federal, limitada a dispensa às situações de que trata o referido inciso, sem prejuízo da tutela dos órgãos de controle.

Parágrafo único. Nas hipóteses de distribuição de equipamentos e insumos de saúde imprescindíveis ao enfrentamento da calamidade, a União adotará critérios objetivos, devidamente publicados, para a respectiva destinação a Estados e a Municípios.

Art. 3º Desde que não impliquem despesa permanente, as proposições legislativas e os atos do Poder Executivo com propósito exclusivo de enfrentar a calamidade e suas consequências sociais e econômicas, com vigência e efeitos restritos à sua duração, ficam dispensados da observância das limitações legais quanto à criação, à expansão ou ao aperfeiçoamento de ação governamental que acarrete aumento de despesa e à concessão ou à ampliação de incentivo ou benefício de natureza tributária da qual decorra renúncia de receita.

Parágrafo único. Durante a vigência da calamidade pública nacional de que trata o art. 1º desta Emenda Constitucional, não se aplica o disposto no § 3º do art. 195 da Constituição Federal.

Art. 4º Será dispensada, durante a integralidade do exercício financeiro em que vigore a calamidade pública nacional de que trata o art. 1º desta Emenda Constitucional, a observância do inciso III do *caput* do art. 167 da Constituição Federal.

Parágrafo único. O Ministério da Economia publicará, a cada 30 (trinta) dias, relatório com os valores e o custo das operações de crédito realizadas no período de vigência do estado de calamidade pública nacional de que trata o art. 1º desta Emenda Constitucional.

Art. 5º As autorizações de despesas relacionadas ao enfrentamento da calamidade pública nacional de que trata o art. 1º desta Emenda Constitucional e de seus efeitos sociais e econômicos deverão:

I – constar de programações orçamentárias específicas ou contar com marcadores que as identifiquem; e

II – ser separadamente avaliadas na prestação de contas do Presidente da República e evidenciadas, até 30 (trinta) dias após o encerramento de cada bimestre, no relatório a que se refere o § 3º do art. 165 da Constituição Federal.

Parágrafo único. Decreto do Presidente da República, editado até 15 (quinze) dias após a entrada em vigor desta Emenda Constitucional, disporá sobre a forma de identificação das autorizações de que trata o *caput* deste artigo, incluídas as anteriores à vigência desta Emenda Constitucional.

Art. 6º Durante a vigência da calamidade pública nacional de que trata o art. 1º desta Emenda Constitucional, os recursos decorrentes de operações de crédito realizadas para o refinanciamento da dívida mobiliária poderão ser utilizados também para o pagamento de seus juros e encargos.

Art. 7º O Banco Central do Brasil, limitado ao enfrentamento da calamidade pública nacional de que trata o art. 1º desta Emenda Constitucional, e com vigência e efeitos restritos ao período de sua duração, fica autorizado a comprar e a vender:

I – títulos de emissão do Tesouro Nacional, nos mercados secundários local e internacional; e

II – os ativos, em mercados secundários nacionais no âmbito de mercados financeiros, de capitais e de pagamentos, desde que, no momento da compra, tenham classificação em categoria de risco de crédito no mercado local equivalente a BB- ou superior, conferida por pelo menos 1 (uma) das 3 (três) maiores agências internacionais de classificação de risco, e preço de referência publicado por entidade do mercado financeiro acreditada pelo Banco Central do Brasil.

§ 1º Respeitadas as condições previstas no inciso II do *caput* deste artigo, será dada preferência à aquisição de títulos emitidos por microempresas e por pequenas e médias empresas.

§ 2º O Banco Central do Brasil fará publicar diariamente as operações realizadas, de forma individualizada, com todas as respectivas informações, inclusive as condições financeiras e econômicas das operações, como taxas de juros pactuadas, valores envolvidos e prazos.

§ 3º O Presidente do Banco Central do Brasil prestará contas ao Congresso Nacional, a cada 30 (trinta) dias, do conjunto das operações previstas neste artigo, sem prejuízo do previsto no § 2º deste artigo.

§ 4º A alienação de ativos adquiridos pelo Banco Central do Brasil, na forma deste artigo, poderá dar-se em data posterior à vigência do estado de calamidade pública nacional de que trata o art. 1º desta Emenda Constitucional, se assim justificar o interesse público.

Art. 8º Durante a vigência desta Emenda Constitucional, o Banco Central do Brasil editará regulamentação sobre exigências de contrapartidas ao comprar ativos de instituições financeiras em conformidade com a previsão do inciso II do *caput* do art. 7º desta Emenda Constitucional, em especial a vedação de:

I – pagar juros sobre o capital próprio e dividendos acima do mínimo obrigatório estabelecido em lei ou no estatuto social vigente na data de entrada em vigor desta Emenda Constitucional;

II – aumentar a remuneração, fixa ou variável, de diretores e membros do conselho de administração, no caso das sociedades anônimas, e dos administradores, no caso de sociedades limitadas.

Parágrafo único. A remuneração variável referida no inciso II do *caput* deste artigo inclui bônus, participação nos lucros e quaisquer parcelas de remuneração diferidas e outros incentivos remuneratórios associados ao desempenho.

Art. 9º Em caso de irregularidade ou de descumprimento dos limites desta Emenda Constitucional, o Congresso Nacional poderá sustar, por decreto legislativo, qualquer decisão de órgão ou entidade do Poder Executivo relacionada às medidas autorizadas por esta Emenda Constitucional.

Art. 10. Ficam convalidados os atos de gestão praticados a partir de 20 de março de 2020, desde que compatíveis com o teor desta Emenda Constitucional.

Art. 11. Esta Emenda Constitucional entra em vigor na data de sua publicação e ficará automaticamente revogada na data do encerramento do estado de calamidade pública reconhecido pelo Congresso Nacional.

Brasília, em 7 de maio de 2020

Mesa da Câmara dos Deputados	Mesa do Senado Federal
Deputado RODRIGO MAIA	Senador DAVI ALCOLUMBRE
Presidente	*Presidente*

EMENDA CONSTITUCIONAL 107, DE 2 DE JULHO DE 2020

Adia, em razão da pandemia da Covid-19, as eleições municipais de outubro de 2020 e os prazos eleitorais respectivos

DOU 03.07.2020

As Mesas da Câmara dos Deputados e do Senado Federal, nos termos do § 3º do art. 60 da Constituição Federal, promulgam a seguinte Emenda ao texto constitucional:

Art. 1º As eleições municipais previstas para outubro de 2020 realizar-se-ão no dia 15 de novembro, em primeiro turno, e no dia 29 de novembro de 2020, em segundo turno, onde houver, observado o disposto no § 4º deste artigo.

§ 1º Ficam estabelecidas, para as eleições de que trata o *caput* deste artigo, as seguintes datas:

I – a partir de 11 de agosto, para a vedação às emissoras para transmitir programa apresentado ou comentado por pré-candidato, conforme previsto no § 1º do art. 45 da Lei 9.504, de 30 de setembro de 1997;

II – entre 31 de agosto e 16 de setembro, para a realização das convenções para escolha dos candidatos pelos partidos e a deliberação sobre coligações, a que se refere o *caput* do art. 8º da Lei 9.504, de 30 de setembro de 1997;

III – até 26 de setembro, para que os partidos e coligações solicitem à Justiça Eleitoral o registro de seus candidatos, conforme disposto no *caput* do art. 11 da Lei 9.504, de 30 de setembro de 1997, e no *caput* do art. 93 da Lei 4.737, de 15 de julho de 1965;

IV – após 26 de setembro, para o início da propaganda eleitoral, inclusive na internet, conforme disposto nos arts. 36 e 57-A da Lei 9.504, de 30 de setembro de 1997, e no *caput* do art. 240 da Lei 4.737, de 15 de julho de 1965;

V – a partir de 26 de setembro, para que a Justiça Eleitoral convoque os partidos e a representação das emissoras de rádio e de televisão para elaborarem plano de mídia, conforme disposto no art. 52 da Lei 9.504, de 30 de setembro de 1997;

VI – 27 de outubro, para que os partidos políticos, as coligações e os candidatos, obrigatoriamente, divulguem o relatório que discrimina as transferências do Fundo Partidário e do Fundo Especial de Financiamento de Campanha, os recursos em dinheiro e os estimáveis em dinheiro recebidos, bem como os gastos realizados, conforme disposto no inciso II do § 4º do art. 28 da Lei 9.504, de 30 de setembro de 1997;

VII – até 15 de dezembro, para o encaminhamento à Justiça Eleitoral do conjunto das prestações de contas de campanha dos candidatos e dos partidos políticos, relativamente ao primeiro e, onde houver, ao segundo turno das eleições, conforme disposto nos incisos III e IV do *caput* do art. 29 da Lei 9.504, de 30 de setembro 1997.

§ 2º Os demais prazos fixados na Lei 9.504, de 30 de setembro de 1997, e na Lei 4.737, de 15 de julho de 1965, que não tenham transcorrido na data da publicação desta Emenda Constitucional e tenham como referência a data do pleito serão computados considerando-se a nova data das eleições de 2020.

§ 3º Nas eleições de que trata este artigo serão observadas as seguintes disposições:

I – o prazo previsto no § 1º do art. 30 da Lei 9.504, de 30 de setembro de 1997, não será aplicado, e a decisão que julgar as contas dos candidatos eleitos deverá ser publicada até o dia 12 de fevereiro de 2021;

II – o prazo para a propositura da representação de que trata o art. 30-A da Lei 9.504, de 30 de setembro de 1997, será até o dia 1º de março de 2021;

III – os partidos políticos ficarão autorizados a realizar, por meio virtual, independentemente de qualquer disposição estatutária, convenções ou reuniões para a escolha de candidatos e a formalização de coligações, bem como para a definição dos critérios de distribuição dos recursos do Fundo Especial de Financiamento de Campanha, de que trata o art. 16-C da Lei 9.504, de 30 de setembro de 1997;

IV – os prazos para desincompatibilização que, na data da publicação desta Emenda Constitucional, estiverem:

a) a vencer: serão computados considerando-se a nova data de realização das eleições de 2020;

b) vencidos: serão considerados preclusos, vedada a sua reabertura;

V – a diplomação dos candidatos eleitos ocorrerá em todo o País até o dia 18 de dezembro, salvo a situação prevista no § 4º deste artigo;

VI – os atos de propaganda eleitoral não poderão ser limitados pela legislação municipal ou pela Justiça Eleitoral, salvo se a decisão estiver fundamentada em prévio parecer técnico emitido por autoridade sanitária estadual ou nacional;

VII – em relação à conduta vedada prevista no inciso VII do *caput* do art. 73 da Lei 9.504, de 30 de setembro de 1997, os gastos liquidados com publicidade institucional realizada até 15 de agosto de 2020 não poderão exceder a média dos gastos dos 2 (dois) primeiros quadrimestres dos 3 (três) últimos anos que antecedem ao pleito, salvo em caso de grave e urgente necessidade pública, assim reconhecida pela Justiça Eleitoral;

VIII – no segundo semestre de 2020, poderá ser realizada a publicidade institucional de atos e campanhas dos órgãos públicos municipais e de suas respectivas entidades da administração indireta destinados ao enfrentamento à pandemia da Covid-19 e à orientação da população quanto a serviços públicos e a outros temas afetados pela pandemia, resguardada a possibilidade de apuração de eventual conduta abusiva nos termos do art. 22 da Lei Complementar 64, de 18 de maio de 1990.

§ 4º No caso de as condições sanitárias de um Estado ou Município não permitirem a realização das eleições nas datas previstas no *caput* deste artigo, o Congresso Nacional, por provocação do Tribunal Superior Eleitoral, instruída com manifestação da autoridade sanitária nacional, e após parecer da Comissão Mista de que trata o art. 2º do Decreto Legislativo 6, de 20 de março de 2020, poderá editar decreto legislativo a fim de designar novas datas para a realização do pleito, observado como data-limite o dia 27 de dezembro de 2020, e caberá ao Tribunal Superior Eleitoral dispor sobre as medidas necessárias à conclusão do processo eleitoral.

§ 5º O Tribunal Superior Eleitoral fica autorizado a promover ajustes nas normas referentes a:

I – prazos para fiscalização e acompanhamento dos programas de computador utilizados nas urnas eletrônicas para os processos de votação, apuração e totalização, bem como de todas as fases do processo de votação, apuração das eleições e processamento eletrônico da totalização dos resultados, para adequá-los ao novo calendário eleitoral;

II – recepção de votos, justificativas, auditoria e fiscalização no dia da eleição, inclusive no tocante ao horário de funcionamento das seções eleitorais e à distribuição dos eleitores no período, de forma a propiciar a melhor segurança sanitária possível a todos os participantes do processo eleitoral.

Art. 2º Não se aplica o art. 16 da Constituição Federal ao disposto nesta Emenda Constitucional.

Art. 3º Esta Emenda Constitucional entra em vigor na data de sua publicação.

Brasília, em 2 de julho de 2020

Mesa da Câmara dos Deputados
Deputado RODRIGO MAIA
Presidente

Mesa do Senado Federal
Senador DAVI ALCOLUMBRE
Presidente

EMENDA CONSTITUCIONAL 108, DE 26 DE AGOSTO DE 2020

Altera a Constituição Federal para estabelecer critérios de distribuição da cota municipal do Imposto sobre Operações Relativas à Circulação de Mercadorias e sobre Prestações de Serviços de Transporte Interestadual e Intermunicipal e de Comunicação (ICMS), para disciplinar a disponibilização de dados contábeis pelos entes federados, para tratar do planejamento na ordem social e para dispor sobre o Fundo de Manutenção e Desenvolvimento da Educação Básica e de Valorização dos Profissionais da Educação (Fundeb); altera o Ato das Disposições Constitucionais Transitórias; e dá outras providências.

DOU 27.8.2020

As Mesas da Câmara dos Deputados e do Senado Federal, nos termos do § 3º do art. 60 da Constituição Federal, promulgam a seguinte Emenda ao texto constitucional:

Art. 1º A Constituição Federal passa a vigorar com as seguintes alterações:

> Alterações já realizadas no texto.

Art. 2º O Ato das Disposições Constitucionais Transitórias passa a vigorar com as seguintes alterações:

> Alterações já realizadas no texto.

Art. 3º Os Estados terão prazo de 2 (dois) anos, contado da data da promulgação desta Emenda Constitucional, para aprovar lei estadual prevista no inciso II do parágrafo único do art. 158 da Constituição Federal.

Art. 4º Esta Emenda Constitucional entra em vigor na data de sua publicação e produzirá efeitos financeiros a partir de 1º de janeiro de 2021.

Parágrafo único. Ficam mantidos os efeitos do art. 60 do Ato das Disposições Constitucionais Transitórias, conforme estabelecido pela Emenda Constitucional nº 53, de 19 de dezembro de 2006, até o início dos efeitos financeiros desta Emenda Constitucional.

Brasília, em 26 de agosto de 2020

Mesa da Câmara dos Deputados	Mesa do Senado Federal
Deputado RODRIGO MAIA Presidente	Senador DAVI ALCOLUMBRE Presidente

EMENDA CONSTITUCIONAL 109, DE 15 DE MARÇO DE 2021

Altera os arts. 29-A, 37, 49, 84, 163, 165, 167, 168 e 169 da Constituição Federal e os arts. 101 e 109 do Ato das Disposições Constitucionais Transitórias; acrescenta à Constituição Federal os arts. 164-A, 167-A, 167-B, 167-C, 167-D, 167-E, 167-F e 167-G; revoga dispositivos do Ato das Disposições Constitucionais Transitórias e institui regras transitórias sobre redução de benefícios tributários; desvincula parcialmente o superávit financeiro de fundos públicos; e suspende condicionalidades para realização de despesas com concessão de auxílio emergencial residual para enfrentar as consequências sociais e econômicas da pandemia da Covid-19.

DOU 16.03.2021

As Mesas da Câmara dos Deputados e do Senado Federal, nos termos do § 3º do art. 60 da Constituição Federal, promulgam a seguinte Emenda ao texto constitucional:

Art. 1º A Constituição Federal passa a vigorar com as seguintes alterações:

> Alterações incorporadas no texto da CF.

Art. 2º O Ato das Disposições Constitucionais Transitórias passa a vigorar com as seguintes alterações:

> Alterações incorporadas no texto do ADCT.

Art. 3º Durante o exercício financeiro de 2021, a proposição legislativa com o propósito exclusivo de conceder auxílio emergencial residual para enfrentar as consequências sociais e econômicas da pandemia da Covid-19 fica dispensada da observância das limitações legais quanto à criação, à expansão ou ao aperfeiçoamento de ação governamental que acarrete aumento de despesa.

§ 1º As despesas decorrentes da concessão do auxílio referido no *caput* deste artigo realizadas no exercício financeiro de 2021 não são consideradas, até o limite de R$ 44.000.000.000,00 (quarenta e quatro bilhões de reais), para fins de:

I – apuração da meta de resultado primário estabelecida no *caput* do art. 2º da Lei nº 14.116, de 31 de dezembro de 2020;

II – limite para despesas primárias estabelecido no inciso I do *caput* do art. 107 do Ato das Disposições Constitucionais Transitórias.

§ 2º As operações de crédito realizadas para custear a concessão do auxílio referido no *caput* deste artigo ficam ressalvadas do limite estabelecido no inciso III do *caput* do art. 167 da Constituição Federal.

§ 3º A despesa de que trata este artigo deve ser atendida por meio de crédito extraordinário.

§ 4º A abertura do crédito extraordinário referido no § 3º deste artigo dar-se-á independentemente da observância dos requisitos exigidos no § 3º do art. 167 da Constituição Federal.

§ 5º O disposto neste artigo aplica-se apenas à União, vedada sua adoção pelos Estados, pelo Distrito Federal e pelos Municípios.

Art. 4º O Presidente da República deve encaminhar ao Congresso Nacional, em até 6 (seis) meses após a promulgação desta Emenda Constitucional, plano de redução gradual de incentivos e benefícios federais de natureza tributária, acompanhado das correspondentes proposições legislativas e das estimativas dos respectivos impactos orçamentários e financeiros.

§ 1º As proposições legislativas a que se refere o *caput* devem propiciar, em conjunto, redução do montante total dos incentivos e benefícios referidos no *caput* deste artigo:

I – para o exercício em que forem encaminhadas, de pelo menos 10% (dez por cento), em termos anualizados, em relação aos incentivos e benefícios vigentes por ocasião da promulgação desta Emenda Constitucional;

II – de modo que esse montante, no prazo de até 8 (oito) anos, não ultrapasse 2% (dois por cento) do produto interno bruto.

§ 2º O disposto no *caput* deste artigo, bem como o atingimento das metas estabelecidas no § 1º deste artigo, não se aplica aos incentivos e benefícios:

I – estabelecidos com fundamento na alínea "d" do inciso III do *caput* e no parágrafo único do art. 146 da Constituição Federal;

II – concedidos a entidades sem fins lucrativos com fundamento na alínea "c" do inciso VI do *caput* do art. 150 e no § 7º do art. 195 da Constituição Federal;

III – concedidos aos programas de que trata a alínea "c" do inciso I do *caput* do art. 159 da Constituição Federal;

IV – relativos ao regime especial estabelecido nos termos do art. 40 do Ato das Disposições Constitucionais Transitórias, às áreas de livre comércio e zonas francas e à política industrial para o setor de tecnologias da informação e comunicação e para o setor de semicondutores, na forma da lei;

> Inciso IV com redação pela EC 121/2022.

V – relacionados aos produtos que compõem a cesta básica; e

VI – concedidos aos programas estabelecidos em lei destinados à concessão de bolsas de estudo integrais e parciais para estudantes de cursos superiores em instituições privadas de ensino superior, com ou sem fins lucrativos.

§ 3º Para efeitos deste artigo, considera-se incentivo ou benefício de natureza tributária aquele assim definido na mais recente publicação do demonstrativo a que se refere o § 6º do art. 165 da Constituição Federal.

§ 4º Lei complementar tratará de:

I – critérios objetivos, metas de desempenho e procedimentos para a concessão ou a alteração de incentivo ou benefício de natureza tributária, financeira ou creditícia para pessoas jurídicas do qual decorra diminuição de receita ou aumento de despesa;

II – regras para a avaliação periódica obrigatória dos impactos econômico-sociais dos incentivos ou benefícios de que trata o inciso I deste parágrafo, com divulgação irrestrita dos respectivos resultados;

III – redução gradual de incentivos fiscais federais de natureza tributária, sem prejuízo do plano emergencial de que trata o *caput* deste artigo.

Art. 5º O superávit financeiro das fontes de recursos dos fundos públicos do Poder Executivo, exceto os saldos decorrentes do esforço de arrecadação dos servidores civis e militares da União, apurado ao final de cada exercício, poderá ser destinado:

> *Caput* com redação pela EC 127, de 22 de dezembro de 2022.

I – à amortização da dívida pública do respectivo ente, nos exercícios de 2021 e de 2022; e

II – ao pagamento de que trata o § 12 do art. 198 da Constituição Federal, nos exercícios de 2023 a 2027.

O texto anterior dispunha:

"Art. 5º Até o final do segundo exercício financeiro subsequente à data da promulgação desta Emenda Constitucional, o superávit financeiro das fontes de recursos dos fundos públicos do Poder Executivo, apurados ao final de cada exercício, poderá ser destinado à amortização da dívida pública do respectivo ente."

§ 1º No período de que trata o inciso I do *caput* deste artigo, se o ente não tiver dívida pública a amortizar, o superávit financeiro das fontes de recursos dos fundos públicos do Poder Executivo será de livre aplicação.

> § 1º com redação EC 127, de 22 de dezembro de 2022.

O texto anterior dispunha:

"*§ 1º Se o ente não tiver dívida pública a amortizar, o superávit financeiro das fontes de recursos dos fundos públicos do Poder Executivo será de livre aplicação.*"

§ 2º Não se aplica o disposto no *caput* deste artigo:

I – aos fundos públicos de fomento e desenvolvimento regionais, operados por instituição financeira de caráter regional;

II – aos fundos ressalvados no inciso IV do art. 167 da Constituição Federal.

Art. 6º Ficam revogados:

I – o art. 91 do Ato das Disposições Constitucionais Transitórias; e

II – o § 4º do art. 101 do Ato das Disposições Constitucionais Transitórias.

Art. 7º Esta Emenda Constitucional entra em vigor na data de sua publicação, exceto quanto à alteração do art. 29-A da Constituição Federal, a qual entra em vigor a partir do início da primeira legislatura municipal após a data de publicação desta Emenda Constitucional.

Brasília, em 15 de março de 2021.

Mesa da Câmara dos Deputados	Mesa do Senado Federal
Deputado ARTHUR LIRA *Presidente*	Senador RODRIGO PACHECO *Presidente*

EMENDA CONSTITUCIONAL 110, DE 12 DE JULHO DE 2021

Acrescenta o art. 18-A ao Ato das Disposições Constitucionais Transitórias, para dispor sobre a convalidação de atos administrativos praticados no Estado do Tocantins entre 1º de janeiro de 1989 e 31 de dezembro de 1994.

DOU 13.07.2021

As mesas da Câmara dos Deputados e do Senado Federal, nos termos do § 3º do art. 60 da Constituição Federal, promulgam a seguinte Emenda ao texto constitucional:

Art. 1º O Ato das Disposições Constitucionais Transitórias passa a vigorar acrescido do seguinte art. 18-A.

> Alterações incorporadas no texto do ADCT.

Art. 2º Esta Emenda Constitucional entra em vigor na data de sua publicação.

Brasília, em 12 de julho de 2021.

Mesa da Câmara dos Deputados	Mesa do Senado Federal
Deputado ARTHUR LIRA *Presidente*	Senador RODRIGO PACHECO *Presidente*

EMENDA CONSTITUCIONAL 111, DE 28 DE SETEMBRO DE 2021

Altera a Constituição Federal para disciplinar a realização de consultas populares concomitantes às eleições municipais, dispor sobre o instituto da fidelidade partidária, alterar a data de posse de Governadores e do Presidente da República e estabelecer regras transitórias para distribuição entre os partidos políticos dos recursos do fundo partidário e do Fundo Especial de Financiamento de Campanha (FEFC) e para o funcionamento dos partidos políticos.

DOU 29.9.2021

As Mesas da Câmara dos Deputados e do Senado Federal, nos termos do § 3º do art. 60 da Constituição Federal, promulgam a seguinte Emenda ao texto constitucional:

Art. 1º A Constituição Federal passa a vigorar com as seguintes alterações:

> Alterações inseridas na CF.

Art. 2º Para fins de distribuição entre os partidos políticos dos recursos do fundo partidário e do Fundo Especial de Financiamento de Campanha (FEFC), os votos dados a candidatas mulheres ou a candidatos negros para a Câmara dos Deputados nas eleições realizadas de 2022 a 2030 serão contados em dobro.

Parágrafo único. A contagem em dobro de votos a que se refere o *caput* somente se aplica uma única vez.

Art. 3º Até que entre em vigor lei que discipline cada uma das seguintes matérias, observar-se-ão os seguintes procedimentos:

I – nos processos de incorporação de partidos políticos, as sanções eventualmente aplicadas aos órgãos partidários regionais e municipais do partido incorporado, inclusive as decorrentes de prestações de contas, bem como as de responsabilização de seus antigos dirigentes, não serão aplicadas ao partido incorporador nem aos seus novos dirigentes, exceto aos que já integravam o partido incorporado;

II – nas anotações relativas às alterações dos estatutos dos partidos políticos, serão objeto de análise pelo Tribunal Superior Eleitoral apenas os dispositivos objeto de alteração.

Art. 4º O Presidente da República e os Governadores de Estado e do Distrito Federal eleitos em 2022 tomarão posse em 1º de janeiro de 2023, e seus mandatos durarão até a posse de seus sucessores, em 5 e 6 de janeiro de 2027, respectivamente.

Art. 5º As alterações efetuadas nos arts. 28 e 82 da Constituição Federal constantes do art. 1º desta Emenda Constitucional, relativas às datas de posse de Governadores, de Vice-Governadores, do Presidente e do Vice-Presidente da República, serão aplicadas somente a partir das eleições de 2026.

Art. 6º Esta Emenda Constitucional entra em vigor na data de sua publicação.

Brasília, em 28 de setembro de 2021.

Mesa da Câmara dos Deputados
Deputado ARTHUR LIRA
Presidente

Mesa do Senado Federal
Senador RODRIGO PACHECO
Presidente

EMENDA CONSTITUCIONAL 112, DE 27 DE OUTUBRO DE 2021

Altera o art. 159 da Constituição Federal para disciplinar a distribuição de recursos pela União ao Fundo de Participação dos Municípios.

DOU 28.10.2021

As Mesas da Câmara dos Deputados e do Senado Federal, nos termos do § 3º do art. 60 da Constituição Federal, promulgam a seguinte Emenda ao texto constitucional:

Art. 1º O art. 159 da Constituição Federal passa a vigorar com a seguinte redação:

> Alterações inseridas na CF.

Art. 2º Para os fins do disposto na alínea "f" do inciso I do *caput* do art. 159 da Constituição Federal, a União entregará ao Fundo de Participação dos Municípios, do produto da arrecadação dos impostos sobre renda e proventos de qualquer natureza e sobre produtos industrializados, 0,25% (vinte e cinco centésimos por cento), 0,5% (cinco décimos por cento) e 1% (um por cento), respectivamente, em cada um dos 2 (dois) primeiros exercícios, no terceiro exercício e a partir do quarto exercício em que esta Emenda Constitucional gerar efeitos financeiros.

Art. 3º Esta Emenda Constitucional entra em vigor na data de sua publicação e produzirá efeitos financeiros a partir de 1º de janeiro do exercício subsequente.

Brasília, em 27 de outubro de 2021.

Mesa da Câmara dos Deputados
Deputado ARTHUR LIRA
Presidente

Mesa do Senado Federal
Senador RODRIGO PACHECO
Presidente

EMENDA CONSTITUCIONAL 113, DE 8 DE DEZEMBRO DE 2021

Altera a Constituição Federal e o Ato das Disposições Constitucionais Transitórias para estabelecer o novo regime de pagamentos de precatórios, modificar normas relativas ao Novo Regime Fiscal e autorizar o parcelamento de débitos previdenciários dos Municípios; e dá outras providências.

DOU 09.12.2021

As Mesas da Câmara dos Deputados e do Senado Federal, nos termos do § 3º do art. 60 da Constituição Federal, promulgam a seguinte Emenda ao texto constitucional:

Art. 1º Os arts. 100 e 160 da Constituição Federal passam a vigorar com as seguintes alterações:

> Alterações inseridas na CF.

Art. 2º O Ato das Disposições Constitucionais Transitórias passa a vigorar com as seguintes alterações:

> Alterações inseridas no ADCT.

Art. 3º Nas discussões e nas condenações que envolvam a Fazenda Pública, independentemente de sua natureza e para fins de atualização monetária, de remuneração do capital e de compensação da mora, inclusive do precatório, haverá a incidência, uma única vez, até o efetivo pagamento, do índice da taxa referencial do Sistema Especial de Liquidação e de Custódia (Selic), acumulado mensalmente.

Art. 4º Os limites resultantes da aplicação do disposto no inciso II do § 1º do art. 107 do Ato das Disposições Constitucionais Transitórias serão aplicáveis a partir do exercício de 2021, observado o disposto neste artigo.

§ 1º No exercício de 2021, o eventual aumento dos limites de que trata o *caput* deste artigo fica restrito ao montante de até R$ 15.000.000.000,00 (quinze bilhões de reais), a ser destinado exclusivamente ao atendimento de despesas de vacinação contra a covid-19 ou relacionadas a ações emergenciais e temporárias de caráter socioeconômico.

§ 2º As operações de crédito realizadas para custear o aumento de limite referido no § 1º deste artigo ficam ressalvadas do estabelecido no inciso III do *caput* do art. 167 da Constituição Federal.

§ 3º As despesas de que trata o § 1º deste artigo deverão ser atendidas por meio de créditos extraordinários e ter como fonte de recurso o produto de operações de crédito.

§ 4º A abertura dos créditos extraordinários referidos no § 3º deste artigo dar-se-á independentemente da observância dos requisitos exigidos no § 3º do art. 167 da Constituição Federal.

§ 5º O aumento do limite previsto no § 1º deste artigo será destinado, ainda, ao atendimento de despesas de programa de transferência de renda.

> § 5º acrescentado pela EC 114, de 16 de dezembro de 2021.

§ 6º O aumento do limite decorrente da aplicação do disposto no inciso II do § 1º do art. 107 do Ato das Disposições Constitucionais Transitórias deverá, no exercício de 2022, ser destinado somente ao atendimento das despesas de ampliação de programas sociais de combate à pobreza e à extrema pobreza, nos termos do parágrafo único do art. 6º e do inciso VI do *caput* do art. 203 da Constituição Federal, à saúde, à previdência e à assistência social.

> § 6º acrescentado pela EC 114, de 16 de dezembro de 2021.

Art. 5º As alterações relativas ao regime de pagamento dos precatórios aplicam-se a todos os requisitórios já expedidos, inclusive no orçamento fiscal e da seguridade social do exercício de 2022.

Art. 6º Revoga-se o art. 108 do Ato das Disposições Constitucionais Transitórias.

Art. 7º Esta Emenda Constitucional entra em vigor na data de sua publicação.

Brasília, em 8 de dezembro de 2021.

Mesa da Câmara dos Deputados
Deputado ARTHUR LIRA
Presidente

Mesa do Senado Federal
Senador RODRIGO PACHECO
Presidente

EMENDA CONSTITUCIONAL 114, DE 16 DE DEZEMBRO DE 2021

Altera a Constituição Federal e o Ato das Disposições Constitucionais Transitórias para estabelecer o novo regime de pagamentos de precatórios, modificar normas relativas ao Novo Regime Fiscal e autorizar o parcelamento de débitos previdenciários dos Municípios; e dá outras providências.

DOU 17.12.2021

As Mesas da Câmara dos Deputados e do Senado Federal, nos termos do § 3º do art. 60 da Constituição Federal, promulgam a seguinte Emenda ao texto constitucional:

Art. 1º Os arts. 6º, 100 e 203 da Constituição Federal passam a vigorar com as seguintes alterações:

> Alterações inseridas na CF.

Art. 2º O Ato das Disposições Constitucionais Transitórias passa a vigorar acrescido dos seguintes arts. 107-A e 118.

> Alterações inseridas no ADCT.

Art. 3º O art. 4º da Emenda Constitucional 113, de 8 de dezembro de 2021, passa a vigorar acrescido dos seguintes §§ 5º e 6º:

> Alterações inseridas na referida EC.

Art. 4º Os precatórios decorrentes de demandas relativas à complementação da União aos Estados e aos Municípios por conta do Fundo de Manutenção e Desenvolvimento do Ensino Fundamental e de Valorização do Magistério (Fundef) serão pagos em 3 (três) parcelas anuais e sucessivas, da seguinte forma:

I – 40% (quarenta por cento) no primeiro ano;

II – 30% (trinta por cento) no segundo ano;

III – 30% (trinta por cento) no terceiro ano.

Parágrafo único. Não se incluem nos limites estabelecidos nos arts. 107 e 107-A do Ato das Disposições Constitucionais Transitórias, a partir de 2022, as despesas para os fins de que trata este artigo.

Art. 5º As receitas que os Estados e os Municípios receberem a título de pagamentos da União por força de ações judiciais que tenham por objeto a complementação de parcela desta no Fundo de Manutenção e Desenvolvimento do Ensino Fundamental e de Valorização do Magistério (Fundef) deverão ser aplicadas na manutenção e desenvolvimento do ensino fundamental público e na valorização de seu magistério, conforme destinação originária do Fundo.

Parágrafo único. Da aplicação de que trata o *caput* deste artigo, no mínimo 60% (sessenta por cento) deverão ser repassados aos profissionais do magistério, inclusive aposentados e pensionistas, na forma de abono, vedada a incorporação na remuneração, na aposentadoria ou na pensão.

Art. 6º No prazo de 1 (um) ano a contar da promulgação desta Emenda Constitucional, o Congresso Nacional promoverá, por meio de comissão mista, exame analítico dos atos, dos fatos e das políticas públicas com maior potencial gerador de precatórios e de sentenças judiciais contrárias à Fazenda Pública da União.

§ 1º A comissão atuará em cooperação com o Conselho Nacional de Justiça e com o auxílio do Tribunal de Contas da União e poderá requisitar informações e documentos de órgãos e entidades da administração pública direta e indireta de qualquer dos Poderes da União, dos Estados, do Distrito Federal e dos Municípios, buscando identificar medidas legislativas a serem adotadas com vistas a trazer maior segurança jurídica no âmbito federal.

§ 2º O exame de que trata o *caput* deste artigo analisará os mecanismos de aferição de risco fiscal e de prognóstico de efetivo pagamento de valores decorrentes de decisão judicial, segregando esses pagamentos por tipo de risco e priorizando os temas que possuam maior impacto financeiro.

§ 3º Apurados os resultados, o Congresso Nacional encaminhará suas conclusões aos presidentes do Supremo Tribunal Federal e do Superior Tribunal de Justiça, para a adoção de medidas de sua competência.

Art. 7º Os entes da Federação que tiverem descumprido a medida prevista no art. 4º da Lei Complementar nº 156, de 28 de dezembro de 2016, e que optarem por não firmar termo aditivo na forma prevista no art. 4º-A da referida Lei Complementar poderão restituir à União os valores diferidos por força do prazo adicional proporcionalmente à quantidade de prestações remanescentes dos respectivos contratos, aplicados os encargos contratuais de adimplência e desde que adotem, durante o prazo de restituição dos valores para a União, as medidas previstas no art. 167-A da Constituição Federal.

Art. 8º Esta Emenda Constitucional entra em vigor:

I – a partir de 2022, para a alteração do § 5º do art. 100 da Constituição Federal, constante do art. 1º desta Emenda Constitucional;

II – na data de sua publicação, para os demais dispositivos.

Brasília, em 16 de dezembro de 2021.

Mesa da Câmara dos Deputados
Deputado ARTHUR LIRA
Presidente

Mesa do Senado Federal
Senador RODRIGO PACHECO
Presidente

EMENDA CONSTITUCIONAL 115, DE 10 DE FEVEREIRO DE 2022

Altera a Constituição Federal para incluir a proteção de dados pessoais entre os direitos e garantias fundamentais e para fixar a competência privativa da União para legislar sobre proteção e tratamento de dados pessoais.

DOU 11.02.2022

As Mesas da Câmara dos Deputados e do Senado Federal, nos termos do § 3º do art. 60 da Constituição Federal, promulgam a seguinte Emenda ao texto constitucional:

Art. 1º O *caput* do art. 5º da Constituição Federal passa a vigorar acrescido do seguinte inciso LXXIX:

> Alteração inserida na CF.

Art. 2º O *caput* do art. 21 da Constituição Federal passa a vigorar acrescido do seguinte inciso XXVI:

> Alteração inserida na CF.

Art. 3º O *caput* do art. 22 da Constituição Federal passa a vigorar acrescido do seguinte inciso XXX:

> Alteração inserida na CF.

Art. 4º Esta Emenda Constitucional entra em vigor na data de sua publicação.

Brasília, em 10 de fevereiro de 2022.

Mesa da Câmara dos Deputados
Deputado ARTHUR LIRA
Presidente

Mesa do Senado Federal
Senador RODRIGO PACHECO
Presidente

EMENDA CONSTITUCIONAL 116, DE 17 DE FEVEREIRO DE 2022

Acrescenta § 1º-A ao art. 156 da Constituição Federal para prever a não incidência sobre templos de qualquer culto do Imposto sobre a Propriedade Predial e Territorial Urbana (IPTU), ainda que as entidades abrangidas pela imunidade tributária sejam apenas locatárias do bem imóvel.

DOU 18.02.2022

As Mesas da Câmara dos Deputados e do Senado Federal, nos termos do § 3º do art. 60 da Constituição Federal, promulgam a seguinte Emenda ao texto constitucional:

Art. 1º O art. 156 da Constituição Federal passa a vigorar acrescido do seguinte § 1º-A:

> Alteração inserida na CF.

Art. 2º Esta Emenda Constitucional entra em vigor na data de sua publicação.

Brasília, em 17 de fevereiro de 2022.

Mesa da Câmara dos Deputados
Deputado ARTHUR LIRA
Presidente

Mesa do Senado Federal
Senador RODRIGO PACHECO
Presidente

EMENDA CONSTITUCIONAL 117, DE 5 DE ABRIL DE 2022

Altera o art. 17 da Constituição Federal para impor aos partidos políticos a aplicação de recursos do fundo partidário na promoção e difusão da participação política das mulheres, bem como a aplicação de recursos desse fundo e do Fundo Especial de Financiamento de Campanha e a divisão do tempo de propaganda gratuita no rádio e na televisão no percentual mínimo de 30% (trinta por cento) para candidaturas femininas.

DOU 06.04.2022

As Mesas da Câmara dos Deputados e do Senado Federal, nos termos do § 3º do art. 60 da Constituição Federal, promulgam a seguinte Emenda ao texto constitucional:

Art. 1º O art. 17 da Constituição Federal passa a vigorar acrescido dos seguintes §§ 7º e 8º:

> Alterações inseridas na CF.

Art. 2º Aos partidos políticos que não tenham utilizado os recursos destinados aos programas de promoção e difusão da participação política das mulheres ou cujos valores destinados a essa finalidade não tenham sido reconhecidos pela Justiça Eleitoral é assegurada a utilização desses valores nas eleições subsequentes, vedada a condenação pela Justiça Eleitoral nos processos de prestação de contas de exercícios financeiros anteriores que ainda não tenham transitado em julgado até a data de promulgação desta Emenda Constitucional.

Art. 3º Não serão aplicadas sanções de qualquer natureza, inclusive de devolução de valores, multa ou suspensão do fundo partidário, aos partidos que não preencheram a cota mínima de recursos ou que não destinaram os valores mínimos em razão de sexo e raça em eleições ocorridas antes da promulgação desta Emenda Constitucional.

Art. 4º Esta Emenda Constitucional entra em vigor na data de sua publicação.

Brasília, em 5 de abril de 2022.

Mesa da Câmara dos Deputados	Mesa do Senado Federal
Deputado ARTHUR LIRA Presidente	Senador RODRIGO PACHECO Presidente

EMENDA CONSTITUCIONAL 118, DE 26 DE ABRIL DE 2022

Dá nova redação às alíneas "b" e "c" do inciso XXIII do caput do art. 21 da Constituição Federal, para autorizar a produção, a comercialização e a utilização de radioisótopos para pesquisa e uso médicos.

DOU 27.04.2022

As Mesas da Câmara dos Deputados e do Senado Federal, nos termos do § 3º do art. 60 da Constituição Federal, promulgam a seguinte Emenda ao texto constitucional:

Art. 1º As alíneas "b" e "c" do inciso XXIII do caput do art. 21 da Constituição Federal passam a vigorar com a seguinte redação:

> Alterações inseridas na CF.

Art. 2º Esta Emenda Constitucional entra em vigor na data de sua publicação.

Brasília, em 26 de abril de 2022.

Mesa da Câmara dos Deputados	Mesa do Senado Federal
Deputado ARTHUR LIRA Presidente	Senador RODRIGO PACHECO Presidente

EMENDA CONSTITUCIONAL 119, DE 27 DE ABRIL DE 2022

Altera o Ato das Disposições Constitucionais Transitórias para determinar a impossibilidade de responsabilização dos Estados, do Distrito Federal, dos Municípios e dos agentes públicos desses entes federados pelo descumprimento, nos exercícios financeiros de 2020 e 2021, do disposto no caput *do art. 212 da Constituição Federal; e dá outras providências.*

DOU 28.04.2022

As Mesas da Câmara dos Deputados e do Senado Federal, nos termos do § 3º do art. 60 da Constituição Federal, promulgam a seguinte Emenda ao texto constitucional:

Art. 1º O Ato das Disposições Constitucionais Transitórias passa a vigorar acrescido do seguinte art. 119:

> Alteração inserida no ADCT.

Art. 2º O disposto no *caput* do art. 119 do Ato das Disposições Constitucionais Transitórias impede a aplicação de quaisquer penalidades, sanções ou restrições aos entes subnacionais para fins cadastrais, de aprovação e de celebração de ajustes onerosos ou não, incluídas a contratação, a renovação ou a celebração de aditivos de quaisquer tipos, de ajustes e de convênios, entre outros, inclusive em relação à possibilidade de execução financeira desses ajustes e de recebimento de recursos do orçamento geral da União por meio de transferências voluntárias.

Parágrafo único. O disposto no *caput* do art. 119 do Ato das Disposições Constitucionais Transitórias também obsta a ocorrência dos efeitos do inciso III do *caput* do art. 35 da Constituição Federal.

Art. 3º Esta Emenda Constitucional entra em vigor na data de sua publicação.

Brasília, em 27 de abril de 2022.

Mesa da Câmara dos Deputados	Mesa do Senado Federal
Deputado ARTHUR LIRA Presidente	Senador RODRIGO PACHECO Presidente

EMENDA CONSTITUCIONAL 120, DE 5 DE MAIO DE 2022

Acrescenta §§ 7º, 8º, 9º, 10 e 11 ao art. 198 da Constituição Federal, para dispor sobre a responsabilidade financeira da União, corresponsável pelo Sistema Único de Saúde (SUS), na política remuneratória e na valorização dos profissionais que exercem atividades de agente comunitário de saúde e de agente de combate às endemias.

DOU 06.05.2022

As Mesas da Câmara dos Deputados e do Senado Federal, nos termos do § 3º do art. 60

da Constituição Federal, promulgam a seguinte Emenda ao texto constitucional:

Art. 1º O art. 198 da Constituição Federal passa a vigorar acrescido dos seguintes §§ 7º, 8º, 9º, 10 e 11:

> Alterações inseridas na CF.

Art. 2º Esta Emenda Constitucional entra em vigor na data de sua publicação.

Brasília, em 5 de maio de 2022.

Mesa da Câmara dos Deputados	Mesa do Senado Federal
Deputado ARTHUR LIRA Presidente	Senador RODRIGO PACHECO Presidente

EMENDA CONSTITUCIONAL 121, DE 10 DE MAIO DE 2022

Altera o inciso IV do § 2º do art. 4º da Emenda Constitucional 109, de 15 de março de 2021.

DOU 11.05.2022

As Mesas da Câmara dos Deputados e do Senado Federal, nos termos do § 3º do art. 60 da Constituição Federal, promulgam a seguinte Emenda ao texto constitucional:

Art. 1º O inciso IV do § 2º do art. 4º da Emenda Constitucional nº 109, de 15 de março de 2021, passa a vigorar com a seguinte redação:

> Alteração inserida na EC 109/2021.

Art. 2º Esta Emenda Constitucional entra em vigor na data de sua publicação.

Brasília, em 10 de maio de 2022.

Mesa da Câmara dos Deputados	Mesa do Senado Federal
Deputado ARTHUR LIRA Presidente	Senador RODRIGO PACHECO Presidente

EMENDA CONSTITUCIONAL 122, DE 17 DE MAIO DE 2022

Altera a Constituição Federal para elevar para setenta anos a idade máxima para a escolha e nomeação de membros do Supremo Tribunal Federal, do Superior Tribunal de Justiça, dos Tribunais Regionais Federais, do Tribunal Superior do Trabalho, dos Tribunais Regionais do Trabalho, do Tribunal de Contas da União e dos Ministros civis do Superior Tribunal Militar.

DOU 18.05.2022

As Mesas da Câmara dos Deputados e do Senado Federal, nos termos do § 3º do art. 60 da Constituição Federal, promulgam a seguinte Emenda ao texto constitucional:

Art. 1º Os arts. 73, 101, 104, 107, 111-A, 115 e 123 da Constituição Federal passam a vigorar com as seguintes alterações:

> Alterações inseridas na CF.

Art. 2º Esta Emenda Constitucional entra em vigor na data de sua publicação.

Brasília, em 17 de maio de 2022.

Mesa da Câmara dos Deputados	Mesa do Senado Federal
Deputado ARTHUR LIRA Presidente	Senador RODRIGO PACHECO Presidente

EMENDA CONSTITUCIONAL 123, DE 14 DE JULHO DE 2022

Altera o art. 225 da Constituição Federal para estabelecer diferencial de competitividade para os biocombustíveis; inclui o art. 120 no Ato das Disposições Constitucionais Transitórias para reconhecer o estado de emergência decorrente da elevação extraordinária e imprevisível dos preços do petróleo, combustíveis e seus derivados e dos impactos sociais dela decorrentes; autoriza a União a entregar auxílio financeiro aos Estados e ao Distrito Federal que outorgarem créditos tributários do Imposto sobre Operações relativas à Circulação de Mercadorias e sobre Prestações de Serviços de Transporte Interestadual e Intermunicipal e de Comunicação (ICMS) aos produtores e distribuidores de etanol hidratado; expande o auxílio Gás dos Brasileiros, de que trata a Lei 14.237, de 19 de novembro de 2021; institui auxílio para caminhoneiros autônomos; expande o Programa Auxílio Brasil, de que trata a Lei 14.284, de 29 de dezembro de 2021; e institui auxílio para entes da Federação financiarem a gratuidade do transporte público.

DOU 15.07.2022

EMENDA CONSTITUCIONAL 123, DE 14 DE JULHO DE 2022

As Mesas da Câmara dos Deputados e do Senado Federal, nos termos do § 3º do art. 60 da Constituição Federal, promulgam a seguinte Emenda ao texto constitucional:

Art. 1º Esta Emenda Constitucional dispõe sobre o estabelecimento de diferencial de competitividade para os biocombustíveis e sobre medidas para atenuar os efeitos do estado de emergência decorrente da elevação extraordinária e imprevisível dos preços do petróleo, combustíveis e seus derivados e dos impactos sociais dela decorrentes.

Art. 2º O § 1º do art. 225 da Constituição Federal passa a vigorar acrescido do seguinte inciso VIII:

> Alteração inserida na CF.

Art. 3º O Ato das Disposições Constitucionais Transitórias passa a vigorar acrescido do seguinte art. 120:

> Alteração inserida no ADCT.

Art. 4º Enquanto não entrar em vigor a lei complementar a que se refere o inciso VIII do § 1º do art. 225 da Constituição Federal, o diferencial competitivo dos biocombustíveis destinados ao consumo final em relação aos combustíveis fósseis será garantido pela manutenção, em termos percentuais, da diferença entre as alíquotas aplicáveis a cada combustível fóssil e aos biocombustíveis que lhe sejam substitutos em patamar igual ou superior ao vigente em 15 de maio de 2022.

§ 1º Alternativamente ao disposto no *caput* deste artigo, quando o diferencial competitivo não for determinado pelas alíquotas, ele será garantido pela manutenção do diferencial da carga tributária efetiva entre os combustíveis.

§ 2º No período de 20 (vinte) anos após a promulgação desta Emenda Constitucional, a lei complementar federal não poderá estabelecer diferencial competitivo em patamar inferior ao referido no *caput* deste artigo.

§ 3º A modificação, por proposição legislativa estadual ou federal ou por decisão judicial com efeito erga omnes, das alíquotas aplicáveis a um combustível fóssil implicará automática alteração das alíquotas aplicáveis aos biocombustíveis destinados ao consumo final que lhe sejam substitutivos, a fim de, no mínimo, manter a diferença de alíquotas existente anteriormente.

§ 4º A lei complementar a que se refere o inciso VIII do § 1º do art. 225 da Constituição Federal disporá sobre critérios ou mecanismos para assegurar o diferencial competitivo dos biocombustíveis destinados ao consumo final na hipótese de ser implantada, para o combustível fóssil de que são substitutos, a sistemática de recolhimento de que trata a alínea "h" do inciso XII do § 2º do art. 155 da Constituição Federal.

§ 5º Na aplicação deste artigo, é dispensada a observância do disposto no inciso VI do § 2º do art. 155 da Constituição Federal.

Art. 5º Observado o disposto no art. 120 do Ato das Disposições Constitucionais Transitórias, a União, como únicas e exclusivas medidas a que se refere o parágrafo único do referido dispositivo, excluída a possibilidade de adoção de quaisquer outras:

I – assegurará a extensão do Programa Auxílio Brasil, de que trata a Lei nº 14.284, de 29 de dezembro de 2021, às famílias elegíveis na data de promulgação desta Emenda Constitucional, e concederá às famílias beneficiárias desse programa acréscimo mensal extraordinário, durante 5 (cinco) meses, de R$ 200,00 (duzentos reais), no período de 1º de agosto a 31 de dezembro de 2022, até o limite de R$ 26.000.000.000,00 (vinte e seis bilhões de reais), incluídos os valores essencialmente necessários para a implementação do benefício, vedado o uso para qualquer tipo de publicidade institucional;

II – assegurará às famílias beneficiadas pelo auxílio Gás dos Brasileiros, de que trata a Lei nº 14.237, de 19 de novembro de 2021, a cada bimestre, entre 1º de julho e 31 de dezembro de 2022, valor monetário correspondente a 1 (uma) parcela extraordinária adicional de 50% (cinquenta por cento) da média do preço nacional de referência do botijão de 13 kg (treze quilogramas) de gás liquefeito de petróleo (GLP), estabelecido pelo Sistema de Levantamento de Preços (SLP) da Agência Nacional do Petróleo, Gás Natural e Biocombustíveis (ANP), nos 6 (seis) meses anteriores, até o limite de R$ 1.050.000.000,00 (um bilhão e cinquenta milhões de reais), incluídos os valores essencialmente necessários para a implementação do benefício, vedado o uso para qualquer tipo de publicidade institucional;

III – concederá, entre 1º de julho e 31 de dezembro de 2022, aos Transportadores Autônomos de Cargas devidamente cadastrados no Registro Nacional de Transportadores Rodoviários de Cargas (RNTRC) até a data de 31 de maio

EMENDA CONSTITUCIONAL 123, DE 14 DE JULHO DE 2022

de 2022, auxílio de R$ 1.000,00 (mil reais) mensais, até o limite de R$ 5.400.000.000,00 (cinco bilhões e quatrocentos milhões de reais);

IV – aportará à União, aos Estados, ao Distrito Federal e aos Municípios que dispõem de serviços regulares em operação de transporte público coletivo urbano, semiurbano ou metropolitano assistência financeira em caráter emergencial no valor de R$ 2.500.000.000,00 (dois bilhões e quinhentos milhões de reais), a serem utilizados para auxílio no custeio ao direito previsto no § 2º do art. 230 da Constituição Federal, regulamentado no art. 39 da Lei nº 10.741, de 1º de outubro de 2003 (Estatuto do Idoso), até 31 de dezembro de 2022;

V – entregará na forma de auxílio financeiro o valor de até R$ 3.800.000.000,00 (três bilhões e oitocentos milhões de reais), em 5 (cinco) parcelas mensais no valor de até R$ 760.000.000,00 (setecentos e sessenta milhões de reais) cada uma, de agosto a dezembro de 2022, exclusivamente para os Estados e o Distrito Federal que outorgarem créditos tributários do Imposto sobre Operações relativas à Circulação de Mercadorias e sobre Prestações de Serviços de Transporte Interestadual e Intermunicipal e de Comunicação (ICMS) aos produtores ou distribuidores de etanol hidratado em seu território, em montante equivalente ao valor recebido;

VI – concederá, entre 1º de julho e 31 de dezembro de 2022, aos motoristas de táxi devidamente registrados até 31 de maio de 2022, auxílio até o limite de R$ 2.000.000.000,00 (dois bilhões de reais);

VII – assegurará ao Programa Alimenta Brasil, de que trata a Lei nº 14.284, de 29 de dezembro de 2021, a suplementação orçamentária de R$ 500.000.000,00 (quinhentos milhões de reais).

§ 1º O acréscimo mensal extraordinário de que trata o inciso I do *caput* deste artigo será complementar à soma dos benefícios previstos nos incisos I, II, III e IV do *caput* do art. 4º da Lei nº 14.284, de 29 de dezembro de 2021, e não será considerado para fins de cálculo do benefício previsto na Lei nº 14.342, de 18 de maio de 2022.

§ 2º A parcela extraordinária de que trata o inciso II do *caput* deste artigo será complementar ao previsto no art. 3º da Lei nº 14.237, de 19 de novembro de 2021.

§ 3º O auxílio de que trata o inciso III do *caput* deste artigo observará o seguinte:

I – terá por objetivo auxiliar os Transportadores Autônomos de Cargas em decorrência do estado de emergência de que trata o *caput* do art. 120 do Ato das Disposições Constitucionais Transitórias;

II – será concedido para cada Transportador Autônomo de Cargas, independentemente do número de veículos que possuir;

III – será recebido independentemente de comprovação da aquisição de óleo diesel;

IV – será disponibilizada pelo Poder Executivo solução tecnológica em suporte à operacionalização dos pagamentos do auxílio; e

V – para fins de pagamento do auxílio, será definido pelo Ministério do Trabalho e Previdência o operador bancário responsável, entre as instituições financeiras federais, pela operacionalização dos pagamentos.

§ 4º O aporte de recursos da União para os Estados, para o Distrito Federal e para os Municípios de que trata o inciso IV do *caput* deste artigo observará o seguinte:

I – terá função de complementariedade aos subsídios tarifários, subsídios orçamentários e aportes de recursos de todos os gêneros concedidos pelos Estados, pelo Distrito Federal e pelos Municípios, bem como às gratuidades e aos demais custeios do sistema de transporte público coletivo suportados por esses entes;

II – será concedido em observância à premissa de equilíbrio econômico-financeiro dos contratos de concessão do transporte público coletivo e às diretrizes da modicidade tarifária;

III – será repassado a qualquer fundo apto a recebê-lo, inclusive aos que já recebem recursos federais, ou a qualquer conta bancária aberta especificamente para esse fim, ressalvada a necessidade de que o aporte se vincule estritamente à assistência financeira para a qual foi instituído;

IV – será distribuído em proporção à população maior de 65 (sessenta e cinco) anos residente no Distrito Federal e nos Municípios que dispõem de serviços de transporte público coletivo urbano intramunicipal regular em operação;

V – serão retidos 30% (trinta por cento) pela União e repassados aos respectivos entes estaduais ou a órgão da União responsáveis pela gestão do serviço, nos casos de Municípios atendidos por redes de transporte público coletivo intermunicipal ou interestadual de caráter urbano ou semiurbano;

VI – será integralmente entregue ao Município responsável pela gestão, nos casos de Municípios responsáveis pela gestão do sistema de transporte público integrado metropolitano, considerado o somatório da população maior de 65 (sessenta e cinco) anos residente nos Municípios que compõem a região metropolitana administrada;

VII – será distribuído com base na estimativa populacional mais atualizada publicada pelo Departamento de Informática do Sistema Único de Saúde (DataSUS) a partir de dados da Fundação Instituto Brasileiro de Geografia e Estatística (IBGE); e

VIII – será entregue somente aos entes federados que comprovarem possuir, em funcionamento, sistema de transporte público coletivo de caráter urbano, semiurbano ou metropolitano, na forma do regulamento.

§ 5º Os créditos de que trata o inciso V do *caput* deste artigo observarão o seguinte:

I – deverão ser outorgados até 31 de dezembro de 2022, podendo ser aproveitados nos exercícios posteriores;

II – terão por objetivo reduzir a carga tributária da cadeia produtiva do etanol hidratado, de modo a manter diferencial competitivo em relação à gasolina;

III – serão proporcionais à participação dos Estados e do Distrito Federal em relação ao consumo total do etanol hidratado em todos os Estados e no Distrito Federal no ano de 2021;

IV – seu recebimento pelos Estados ou pelo Distrito Federal importará na renúncia ao direito sobre o qual se funda eventual ação que tenha como causa de pedir, direta ou indiretamente, qualquer tipo de indenização relativa a eventual perda de arrecadação decorrente da adoção do crédito presumido de que trata o inciso V do *caput* deste artigo nas operações com etanol hidratado em seu território;

V – o auxílio financeiro será entregue pela Secretaria do Tesouro Nacional da Secretaria Especial do Tesouro e Orçamento do Ministério da Economia, mediante depósito, no Banco do Brasil S.A., na mesma conta bancária em que são depositados os repasses regulares do Fundo de Participação dos Estados e do Distrito Federal (FPE), da seguinte forma:

a) primeira parcela até o dia 31 de agosto de 2022;

b) segunda parcela até o dia 30 de setembro de 2022;

c) terceira parcela até o dia 31 de outubro de 2022;

d) quarta parcela até o dia 30 de novembro de 2022;

e) quinta parcela até o dia 27 de dezembro de 2022;

VI – serão livres de vinculações a atividades ou a setores específicos, observadas:

a) a repartição com os Municípios na proporção a que se refere o inciso IV do *caput* do art. 158 da Constituição Federal;

b) a inclusão na base de cálculo para efeitos de aplicação do art. 212 e do inciso II do *caput* do art. 212-A da Constituição Federal;

VII – serão entregues após a aprovação de norma específica, independentemente da deliberação de que trata a alínea "g" do inciso XII do § 2º do art. 155 da Constituição Federal; e

VIII – serão incluídos, como receita, no orçamento do ente beneficiário do auxílio e, como despesa, no orçamento da União e deverão ser deduzidos da receita corrente líquida da União.

§ 6º O auxílio de que trata o inciso VI do *caput* deste artigo:

I – considerará taxistas os profissionais que residam e trabalhem no Brasil, comprovado mediante apresentação do documento de permissão para prestação do serviço emitido pelo poder público municipal ou distrital;

II – será regulamentado pelo Poder Executivo quanto à formação do cadastro para sua operacionalização, à sistemática de seu pagamento e ao seu valor.

§ 7º Compete aos ministérios setoriais, no âmbito de suas competências, a edição de atos complementares à implementação dos benefícios previstos nos incisos I, II, III e IV do *caput* deste artigo.

Art. 6º Até 31 de dezembro de 2022, a alíquota de tributos incidentes sobre a gasolina poderá ser fixada em zero, desde que a alíquota do mesmo tributo incidente sobre o etanol hidratado também seja fixada em zero.

Art. 7º Esta Emenda Constitucional entra em vigor na data de sua publicação.

Brasília, em 14 de julho de 2022.

Mesa da Câmara dos Deputados
Deputado ARTHUR LIRA
Presidente

Mesa do Senado Federal
Senador RODRIGO PACHECO
Presidente

EMENDA CONSTITUCIONAL 124, DE 14 DE JULHO DE 2022

Institui o piso salarial nacional do enfermeiro, do técnico de enfermagem, do auxiliar de enfermagem e da parteira.

DOU 15.07.2022

As Mesas da Câmara dos Deputados e do Senado Federal, nos termos do § 3º do art. 60 da Constituição Federal, promulgam a seguinte Emenda ao texto constitucional:

Art. 1º O art. 198 da Constituição Federal passa a vigorar acrescido dos seguintes §§ 12 e 13:

> Alterações inseridas na CF.

Art. 2º Esta Emenda Constitucional entra em vigor na data de sua publicação.

Brasília, em 14 de julho de 2022.

Mesa da Câmara dos Deputados
Deputado ARTHUR LIRA
Presidente

Mesa do Senado Federal
Senador RODRIGO PACHECO
Presidente

EMENDA CONSTITUCIONAL 125, DE 14 DE JULHO DE 2022

Altera o art. 105 da Constituição Federal para instituir no recurso especial o requisito da relevância das questões de direito federal infraconstitucional.

DOU 15.07.2022

As Mesas da Câmara dos Deputados e do Senado Federal, nos termos do § 3º do art. 60 da Constituição Federal, promulgam a seguinte Emenda ao texto constitucional:

Art. 1º O art. 105 da Constituição Federal passa a vigorar com as seguintes alterações:

> Alterações inseridas na CF.

Art. 2º A relevância de que trata o § 2º do art. 105 da Constituição Federal será exigida nos recursos especiais interpostos após a entrada em vigor desta Emenda Constitucional, ocasião em que a parte poderá atualizar o valor da causa para os fins de que trata o inciso III do § 3º do referido artigo.

Art. 3º Esta Emenda Constitucional entra em vigor na data de sua publicação.

Brasília, em 14 de julho de 2022.

Mesa da Câmara dos Deputados
Deputado ARTHUR LIRA
Presidente

Mesa do Senado Federal
Senador RODRIGO PACHECO
Presidente

EMENDA CONSTITUCIONAL 126, DE 21 DE DEZEMBRO DE 2022

Altera a Constituição Federal, para dispor sobre as emendas individuais ao projeto de lei orçamentária, e o Ato das Disposições Constitucionais Transitórias para excluir despesas dos limites previstos no art. 107; define regras para a transição da Presidência da República aplicáveis à Lei Orçamentária de 2023; e dá outras providências.

DOU 22.12.2022

As Mesas da Câmara dos Deputados e do Senado Federal, nos termos do § 3º do art. 60 da Constituição Federal, promulgam a seguinte Emenda ao texto constitucional:

Art. 1º A Constituição Federal passa a vigorar com as seguintes alterações:

> Alterações inseridas na CF.

Art. 2º O Ato das Disposições Constitucionais Transitórias passa a vigorar com as seguintes alterações:

> Alterações inseridas no ADCT.

Art. 3º O limite estabelecido no inciso I do *caput* do art. 107 do Ato das Disposições Constitucionais Transitórias fica acrescido em R$ 145.000.000.000,00 (cento e quarenta e cinco bilhões de reais) para o exercício financeiro de 2023.

Parágrafo único. As despesas decorrentes do aumento de limite previsto no *caput* deste artigo não serão consideradas para fins de verificação do cumprimento da meta de resultado primário estabelecida no *caput* do art. 2º da Lei nº 14.436, de 9 de agosto de 2022, e ficam ressalvadas, no exercício financeiro de 2023, do disposto no inciso III do *caput* do art. 167 da Constituição Federal.

Art. 4º Os atos editados em 2023 relativos ao programa de que trata o art. 2º da Lei nº 14.284, de 29 de dezembro de 2021, ou ao programa que vier a substituí-lo, e ao programa auxílio Gás dos Brasileiros, de que trata a Lei nº 14.237, de 19 de novembro de 2021, ficam dispensados da observância das limitações legais quanto à criação, à expansão ou ao aperfeiçoamento de ação governamental, inclusive quanto à necessidade de compensação.

Parágrafo único. O disposto no *caput* deste artigo não se aplica a atos cujos efeitos financeiros tenham início a partir do exercício de 2024.

Art. 5º Para o exercício financeiro de 2023, a ampliação de dotações orçamentárias sujeitas ao limite previsto no inciso I do *caput* do art. 107 do Ato das Disposições Constitucionais Transitórias prevista nesta Emenda Constitucional poderá ser destinada ao atendimento de solicitações das comissões permanentes do Congresso Nacional ou de suas Casas.

§ 1º Fica o relator-geral do Projeto de Lei Orçamentária de 2023 autorizado a apresentar emendas para a ampliação de dotações orçamentárias referida no *caput* deste artigo.

§ 2º As emendas referidas no § 1º deste artigo:

I – não se sujeitam aos limites aplicáveis às emendas ao projeto de lei orçamentária;

II – devem ser classificadas de acordo com as alíneas a ou b do inciso II do § 4º do art. 7º da Lei nº 14.436, de 9 de agosto de 2022.

§ 3º O disposto no *caput* deste artigo não impede os cancelamentos necessários à abertura de créditos adicionais.

§ 4º As ações diretamente destinadas a políticas públicas para mulheres deverão constar entre as diretrizes sobre como a margem aberta será empregada.

Art. 6º O Presidente da República deverá encaminhar ao Congresso Nacional, até 31 de agosto de 2023, projeto de lei complementar com o objetivo de instituir regime fiscal sustentável para garantir a estabilidade macroeconômica do País e criar as condições adequadas ao crescimento socioeconômico, inclusive quanto à regra estabelecida no inciso III do *caput* do art. 167 da Constituição Federal.

Art. 7º O disposto nesta Emenda Constitucional não altera a base de cálculo estabelecida no § 1º do art. 107 do Ato das Disposições Constitucionais Transitórias.

Art. 8º Fica o relator-geral do Projeto de Lei Orçamentária de 2023 autorizado a apresentar emendas para ações direcionadas à execução de políticas públicas até o valor de R$ 9.850.000.000,00 (nove bilhões oitocentos e cinquenta milhões de reais), classificadas de acordo com a alínea b do inciso II do § 4º do art. 7º da Lei nº 14.436, de 9 de agosto de 2022.

Art. 9º Ficam revogados os arts. 106, 107, 109, 110, 111, 111-A, 112 e 114 do Ato das Disposições Constitucionais Transitórias após a sanção da lei complementar prevista no art. 6º desta Emenda Constitucional.

Art. 10. Esta Emenda Constitucional entra em vigor na data de sua publicação.

Brasília, em 21 de dezembro de 2022.

Mesa da Câmara dos Deputados
Deputado ARTHUR LIRA
Presidente

Mesa do Senado Federal
Senador RODRIGO PACHECO
Presidente

EMENDA CONSTITUCIONAL 127, DE 22 DE DEZEMBRO DE 2022

Altera a Constituição Federal e o Ato das Disposições Constitucionais Transitórias para estabelecer que compete à União prestar assistência financeira complementar aos Estados, ao Distrito Federal e aos Municípios e às entidades filantrópicas, para o cumprimento dos pisos salariais profissionais nacionais para o enfermeiro, o técnico de enfermagem, o auxiliar de enfermagem e a parteira; altera a Emenda Constitucional nº 109, de 15 de março de 2021, para estabelecer o superávit financeiro dos fundos públicos do Poder Executivo como fonte de recursos para o cumprimento dos pisos salariais profissionais nacionais para o enfermeiro, o técnico de enfermagem, o auxiliar de enfermagem e a parteira; e dá outras providências.

DOU 23.12.2022

As Mesas da Câmara dos Deputados e do Senado Federal, nos termos do § 3º do art. 60 da Constituição Federal, promulgam a seguinte Emenda ao texto constitucional:

Art. 1º O art. 198 da Constituição Federal passa a vigorar acrescido dos seguintes §§ 14 e 15:

> Alterações inseridas na CF.

Art. 2º O Ato das Disposições Constitucionais Transitórias passa a vigorar com as seguintes alterações:

> Alterações inseridas no ADCT.

Art. 3º O art. 5º da Emenda Constitucional nº 109, de 15 de março de 2021, passa a vigorar com as seguintes alterações:

> Alterações inseridas na EC 109/2021.

Art. 4º Poderão ser utilizados como fonte para pagamento da assistência financeira complementar de que trata o § 15 do art. 198 da Constituição Federal os recursos vinculados ao Fundo Social (FS) de que trata o art. 49 da Lei nº 12.351, de 22 de dezembro de 2010, ou de lei que venha a substituí-la, sem prejuízo à parcela que estiver destinada à área de educação.

Parágrafo único. Os recursos previstos no caput deste artigo serão acrescidos ao montante aplicado nas ações e serviços públicos de saúde, nos termos da Lei Complementar nº 141, de 13 de janeiro de 2012, ou de lei complementar que venha a substituí-la, e não serão computados para fins dos recursos mínimos de que trata o § 2º do art. 198 da Constituição Federal.

Art. 5º Esta Emenda Constitucional entra em vigor na data de sua publicação.

Brasília, em 22 de dezembro de 2022.

Mesa da Câmara dos Deputados
Deputado ARTHUR LIRA
Presidente

Mesa do Senado Federal
Senador RODRIGO PACHECO
Presidente

EMENDA CONSTITUCIONAL 128, DE 22 DE DEZEMBRO DE 2022

Acrescenta § 7º ao art. 167 da Constituição Federal, para proibir a imposição e a transferência, por lei, de qualquer encargo financeiro decorrente da prestação de serviço público para a União, os Estados, o Distrito Federal e os Municípios.

DOU 23.12.2022

As Mesas da Câmara dos Deputados e do Senado Federal, nos termos do § 3º do art. 60 da Constituição Federal, promulgam a seguinte Emenda ao texto constitucional:

Art. 1º O art. 167 da Constituição Federal passa a vigorar acrescido do seguinte § 7º:

> Alteração inserida na CF.

Art. 2º Esta Emenda Constitucional entra em vigor na data de sua publicação.

Brasília, em 22 de dezembro de 2022.

Mesa da Câmara dos Deputados
Deputado ARTHUR LIRA
Presidente

Mesa do Senado Federal
Senador RODRIGO PACHECO
Presidente

EMENDA CONSTITUCIONAL 129, DE 5 DE JULHO DE 2023

Acrescenta o art. 123 ao Ato das Disposições Constitucionais Transitórias, para assegurar prazo de vigência adicional aos instrumentos de permissão lotérica.

DOU 06.07.2023

As Mesas da Câmara dos Deputados e do Senado Federal, nos termos do § 3º do art. 60 da Constituição Federal, promulgam a seguinte Emenda ao texto constitucional:

Art. 1º O Ato das Disposições Constitucionais Transitórias passa a vigorar acrescido do seguinte art. 123:

> Alteração inserida no ADCT.

Art. 2º Esta Emenda Constitucional entra em vigor na data de sua publicação.

Brasília, em 5 de julho de 2023.

Mesa da Câmara dos Deputados
Deputado ARTHUR LIRA
Presidente

Mesa do Senado Federal
Senador RODRIGO PACHECO
Presidente

EMENDA CONSTITUCIONAL 130, DE 3 DE OUTUBRO DE 2023

Altera o art. 93 da Constituição Federal para permitir a permuta entre juízes de direito vinculados a diferentes tribunais.

DOU 04.10.2023

As Mesas da Câmara dos Deputados e do Senado Federal, nos termos do § 3º do art. 60 da Constituição Federal, promulgam a seguinte Emenda ao texto constitucional:

Art. 1º O art. 93 da Constituição Federal passa a vigorar com a seguinte redação:

> Alterações inseridas na CF.

Art. 2º Esta Emenda Constitucional entra em vigor na data de sua publicação.

Brasília, em 3 de outubro de 2023
Mesa da Câmara dos Deputados
Deputado Arthur Lira
Presidente
Mesa do Senado Federal
Senador Rodrigo Pacheco
Presidente

EMENDA CONSTITUCIONAL 131, DE 3 DE OUTUBRO DE 2023

Altera o art. 12 da Constituição Federal para suprimir a perda da nacionalidade brasileira em razão da mera aquisição de outra nacionalidade, incluir a exceção para situações de apatridia e acrescentar a possibilidade de a pessoa requerer a perda da própria nacionalidade.

DOU 04.10.2023

As Mesas da Câmara dos Deputados e do Senado Federal, nos termos do § 3º do art. 60 da Constituição Federal, promulgam a seguinte Emenda ao texto constitucional:

Art. 1º O art. 12 da Constituição Federal passa a vigorar com as seguintes alterações:

> Alterações inseridas na CF.

Art. 2º Esta Emenda à Constituição entra em vigor na data de sua publicação.

Brasília, em 3 de outubro de 2023
Mesa da Câmara dos Deputados
Deputado Arthur Lira
Presidente
Mesa do Senado Federal
Senador Rodrigo Pacheco
Presidente

EMENDA CONSTITUCIONAL 132, DE 20 DE DEZEMBRO DE 2023

Altera o Sistema Tributário Nacional.

DOU 21.12.2023

As Mesas da Câmara dos Deputados e do Senado Federal, nos termos do § 3º do art. 60 da Constituição Federal, promulgam a seguinte Emenda ao texto constitucional:

Art. 1º A Constituição Federal passa a vigorar com as seguintes alterações:

> Alterações inseridas na CF.

Art. 2º O Ato das Disposições Constitucionais Transitórias passa a vigorar com as seguintes alterações:

> Alterações inseridas no ADCT.

Art. 3º A Constituição Federal passa a vigorar com as seguintes alterações:

> Alterações inseridas na CF.

Art. 4º A Constituição Federal passa a vigorar com as seguintes alterações:

> Alterações inseridas na CF.

Art. 5º O Ato das Disposições Constitucionais Transitórias passa a vigorar com as seguintes alterações:

> Alterações inseridas no ADCT.

Art. 6º Até que lei complementar disponha sobre a matéria:

I – o crédito das parcelas de que trata o art. 158, IV, "b", da Constituição Federal, obedecido o § 2º do referido artigo, com redação dada pelo art. 1º desta Emenda Constitucional, observará, no que couber, os critérios e os prazos aplicáveis ao Imposto sobre Operações relativas à Circulação de Mercadorias e sobre Prestação de Serviços de Transporte Interestadual e Intermunicipal e de Comunicação a que se refere a Lei Complementar nº 63, de 11 de janeiro de 1990, e respectivas alterações;

II – a entrega dos recursos do art. 153, VIII, nos termos do art. 159, I, ambos da Constituição Federal, com redação dada pelo art. 1º desta Emenda Constitucional, observará os critérios e as condições da Lei Complementar nº 62, de 28 de dezembro de 1989, e respectivas alterações;

III – a entrega dos recursos do imposto de que trata o art. 153, VIII, nos termos do art. 159, II, ambos da Constituição Federal, com redação dada pelo art. 1º desta Emenda Constitucional, observará a Lei Complementar nº 61, de 26 de dezembro de 1989, e respectivas alterações

IV – as bases de cálculo dos percentuais dos Estados, do Distrito Federal e dos Municípios de que trata a Lei Complementar nº 141, de 13 de janeiro de 2012, compreenderão também:

a) as respectivas parcelas do imposto de que trata o art. 156-A, com os acréscimos e as deduções decorrentes do crédito das parcelas de que trata o art. 158, IV, "b", ambos da Constituição Federal, com redação dada pelo art. 1º desta Emenda Constitucional;

b) os valores recebidos nos termos dos arts. 131 e 132 do Ato das Disposições Constitucionais Transitórias, com redação dada pelo art. 2º desta Emenda Constitucional.

§ 1º As vinculações de receita dos impostos previstos nos arts. 155, II, e 156, III, estabelecidas em legislação de Estados, Distrito Federal ou Municípios até a data de promulgação desta Emenda Constitucional serão aplicadas, em mesmo percentual, sobre a receita do imposto previsto no art. 156-A do ente federativo competente.

§ 2º Aplica-se o disposto no § 1º deste artigo enquanto não houver alteração na legislação dos Estados, Distrito Federal ou Municípios que trata das referidas vinculações.

Art. 7º A partir de 2027, a União compensará eventual redução no montante dos valores entregues nos termos do art. 159, I e II, em razão da substituição da arrecadação do imposto previsto no art. 153, IV, pela arrecadação do imposto previsto no art. 153, VIII, todos da Constituição Federal, nos termos de lei complementar.

Art. 8º Fica criada a Cesta Básica Nacional de Alimentos, que considerará a diversidade regional e cultural da alimentação do País e garantirá a alimentação saudável e nutricionalmente adequada, em observância ao direito social à alimentação previsto no art. 6º da Constituição Federal.

Parágrafo único. Lei complementar definirá os produtos destinados à alimentação humana que comporão a Cesta Básica Nacional de Alimentos, sobre os quais as alíquotas dos tributos previstos nos arts. 156-A e 195, V, da Constituição Federal serão reduzidas a zero.

Art. 9º A lei complementar que instituir o imposto de que trata o art. 156-A e a contribuição de que trata o art. 195, V, ambos da Constituição Federal, poderá prever os regimes diferenciados de tributação de que trata este artigo, desde que sejam uniformes em todo o território nacional e sejam realizados os respectivos ajustes nas alíquotas de referência com vistas a reequilibrar a arrecadação da esfera federativa.

§ 1º A lei complementar definirá as operações beneficiadas com redução de 60% (sessenta por cento) das alíquotas dos tributos de que trata o caput entre as relativas aos seguintes bens e serviços:

I – serviços de educação;

II – serviços de saúde;

III – dispositivos médicos;

IV – dispositivos de acessibilidade para pessoas com deficiência;

V – medicamentos;

VI – produtos de cuidados básicos à saúde menstrual;

VII – serviços de transporte público coletivo de passageiros rodoviário e metroviário de caráter urbano, semiurbano e metropolitano;

VIII – alimentos destinados ao consumo humano;

IX – produtos de higiene pessoal e limpeza majoritariamente consumidos por famílias de baixa renda;

X – produtos agropecuários, aquícolas, pesqueiros, florestais e extrativistas vegetais in natura;

XI – insumos agropecuários e aquícolas;

XII – produções artísticas, culturais, de eventos, jornalísticas e audiovisuais nacionais, atividades desportivas e comunicação institucional;

XIII – bens e serviços relacionados a soberania e segurança nacional, segurança da informação e segurança cibernética.

§ 2º É vedada a fixação de percentual de redução distinto do previsto no § 1º em relação às hipóteses nele previstas.

§ 3º A lei complementar a que se refere o caput preverá hipóteses de:

I – isenção, em relação aos serviços de que trata o § 1º, VII;

II – redução em 100% (cem por cento) das alíquotas dos tributos referidos no caput para:

a) bens de que trata o § 1º, III a VI;

b) produtos hortícolas, frutas e ovos;

c) serviços prestados por Instituição Científica, Tecnológica e de Inovação (ICT) sem fins lucrativos;

d) automóveis de passageiros, conforme critérios e requisitos estabelecidos em lei complementar, quando adquiridos por pessoas com deficiência e pessoas com transtorno do espectro autista, diretamente ou por intermédio de seu representante legal ou por motoristas profissionais, nos termos de lei complementar, que destinem o automóvel à utilização na categoria de aluguel (táxi);

III – redução em 100% (cem por cento) da alíquota da contribuição de que trata o art. 195, V, da Constituição Federal, para serviços de educação de ensino superior nos termos do Programa Universidade para Todos (Prouni), instituído pela Lei nº 11.096, de 13 de janeiro de 2005;

IV – isenção ou redução em até 100% (cem por cento) das alíquotas dos tributos referidos no caput para atividades de reabilitação urbana de zonas históricas e de áreas críticas de recuperação e reconversão urbanística.

§ 4º O produtor rural pessoa física ou jurídica que obtiver receita anual inferior a R$ 3.600.000,00 (três milhões e seiscentos mil reais), atualizada anualmente pelo Índice Nacional de Preços ao Consumidor Amplo (IPCA), e o produtor integrado de que trata o art. 2º, II, da Lei nº 13.288, de 16 de maio de 2016, com a redação vigente em 31 de maio de 2023, poderão optar por ser contribuintes dos tributos de que trata o caput.

§ 5º É autorizada a concessão de crédito ao contribuinte adquirente de bens e serviços de produtor rural pessoa física ou jurídica que não opte por ser contribuinte na hipótese de que trata o § 4º, nos termos da lei complementar, observado o seguinte:

I – o Poder Executivo da União e o Comitê Gestor do Imposto de Bens e Serviços poderão revisar, anualmente, de acordo com critérios estabelecidos em lei complementar, o valor do crédito presumido concedido, não se aplicando o disposto no art. 150, I, da Constituição Federal; e

II – o crédito presumido de que trata este parágrafo terá como objetivo permitir a apropriação de créditos não aproveitados por não contribuinte do imposto em razão do disposto no caput deste parágrafo.

§ 6º Observado o disposto no § 5º, I, é autorizada a concessão de crédito ao contribuinte adquirente de:

I – serviços de transportador autônomo de carga pessoa física que não seja contribuinte do imposto, nos termos da lei complementar;

II – resíduos e demais materiais destinados à reciclagem, reutilização ou logística reversa, de pessoa física, cooperativa ou outra forma de organização popular.

§ 7º Lei complementar poderá prever a concessão de crédito ao contribuinte que adquira bens móveis usados de pessoa física não contribuinte para revenda, desde que esta seja tributada e o crédito seja vinculado ao respectivo bem, vedado o ressarcimento.

§ 8º Os benefícios especiais de que trata este artigo serão concedidos observando-se o disposto no art. 149-B, III, da Constituição Federal, exceto em relação ao § 3º, III, deste artigo.

§ 9º O imposto previsto no art. 153, VIII, da Constituição Federal não incidirá sobre os bens ou serviços cujas alíquotas sejam reduzidas nos termos do § 1º deste artigo.

§ 10. Os regimes diferenciados de que trata este artigo serão submetidos à avaliação quinquenal de custo-benefício, podendo a lei fixar regime de transição para a alíquota padrão, não observado o disposto no § 2º, garantidos os respectivos ajustes nas alíquotas de referência.

§ 11. A avaliação de que trata o § 10 deverá examinar o impacto da legislação dos tributos a que se refere o caput deste artigo na promoção da igualdade entre homens e mulheres.

§ 12. A lei complementar estabelecerá as operações beneficiadas com redução de 30% (trinta por cento) das alíquotas dos tributos de que trata o caput relativas à prestação de serviços de profissão intelectual, de natureza científica, literária ou artística, desde que sejam submetidas a fiscalização por conselho profissional.

§ 13. Para fins deste artigo, incluem-se:

I – entre os medicamentos de que trata o inciso V do § 1º, as composições para nutrição enteral ou parenteral e as composições especiais e fórmulas nutricionais destinadas às pessoas com erros inatos do metabolismo; e

II – entre os alimentos de que trata o inciso VIII do § 1º, os sucos naturais sem adição de açúcares e conservantes.

Art. 10. Para fins do disposto no inciso II do § 6º do art. 156-A da Constituição Federal, consideram-se:

I – serviços financeiros:

a) operações de crédito, câmbio, seguro, resseguro, consórcio, arrendamento mercantil, faturização, securitização, previdência privada, capitalização, arranjos de pagamento, operações com títulos e valores mobiliários, inclusive negociação e corretagem, e outras que impliquem captação, repasse, intermediação, gestão ou administração de recursos;

b) outros serviços prestados por entidades administradoras de mercados organizados, infraestruturas de mercado e depositárias centrais e por instituições autorizadas a funcionar pelo Banco Central do Brasil, na forma de lei complementar;

II – operações com bens imóveis:

a) construção e incorporação imobiliária;

b) parcelamento do solo e alienação de bem imóvel;

c) locação e arrendamento de bem imóvel;

d) administração e intermediação de bem imóvel.

§ 1º Em relação às instituições financeiras bancárias:

I – não se aplica o regime específico de que trata o art. 156-A, § 6º, II, da Constituição Federal aos serviços remunerados por tarifas e comissões, observado o disposto nas normas expedidas pelas entidades reguladoras;

II – os demais serviços financeiros sujeitam-se ao regime específico de que trata o art. 156-A, § 6º, II, da Constituição Federal, devendo as alíquotas e as bases de cálculo ser definidas de modo a manter, em caráter geral, até o final do quinto ano da entrada em vigor do regime, a carga tributária decorrente dos tributos extintos por esta Emenda Constitucional incidente sobre as operações de crédito na data de sua promulgação, e a manter, em caráter específico, aquela incidente sobre as operações relacionadas ao fundo de garantia por tempo de serviço, podendo, neste caso, definir alíquota e base de cálculo diferenciadas e abranger os serviços de que trata o inciso I deste parágrafo, não se lhes aplicando o prazo previsto neste inciso.

§ 2º O disposto no § 1º, II, em relação ao fundo de garantia do tempo de serviço, poderá, nos termos da lei complementar, ser estendido para outros fundos garantidores ou executores de políticas públicas previstos em lei.

Art. 11. A revogação do art. 195, I, "b", não produzirá efeitos sobre as contribuições incidentes sobre a receita ou o faturamento vigentes na data de publicação desta Emenda Constitucional que substituam a contribuição de que trata o art. 195, I, "a", ambos da Constituição Federal, e sejam cobradas com base naquele dispositivo, observado o disposto no art. 30 da Emenda Constitucional nº 103, de 12 de novembro de 2019.

Art. 12. Fica instituído o Fundo de Compensação de Benefícios Fiscais ou Financeiro-Fiscais do imposto de que trata o art. 155, II, da Constituição Federal, com vistas a compensar, entre 1º de janeiro de 2029 e 31 de dezembro de 2032, pessoas físicas ou jurídicas beneficiárias de isenções, incentivos e benefícios fiscais ou financeiro-fiscais relativos àquele imposto, concedidos por prazo certo e sob condição.

§ 1º De 2025 a 2032, a União entregará ao Fundo recursos que corresponderão aos seguintes valores, atualizados, de 2023 até o ano anterior ao da entrega, pela variação acumulada do IPCA ou de outro índice que vier a substituí-lo:

I – em 2025, a R$ 8.000.000.000,00 (oito bilhões de reais);

II – em 2026, a R$ 16.000.000.000,00 (dezesseis bilhões de reais);

III – em 2027, a R$ 24.000.000.000,00 (vinte e quatro bilhões de reais);

IV – em 2028, a R$ 32.000.000.000,00 (trinta e dois bilhões de reais);

V – em 2029, a R$ 32.000.000.000,00 (trinta e dois bilhões de reais);

VI – em 2030, a R$ 24.000.000.000,00 (vinte e quatro bilhões de reais);

VII – em 2031, a R$ 16.000.000.000,00 (dezesseis bilhões de reais);

VIII – em 2032, a R$ 8.000.000.000,00 (oito bilhões de reais).

§ 2º Os recursos do Fundo de que trata o *caput* serão utilizados para compensar a redução do nível de benefícios onerosos do imposto previsto no art. 155, II, da Constituição Federal, na forma do § 1º do art. 128 do Ato das Disposições Constitucionais Transitórias, suportada pelas pessoas físicas ou jurídicas em razão da substituição do referido imposto por aquele previsto no art. 156-A da Constituição Federal, nos termos deste artigo.

§ 3º Para efeitos deste artigo, consideram-se benefícios onerosos as isenções, os incentivos e os benefícios fiscais ou financeiro-fiscais vinculados ao imposto referido no *caput* deste artigo concedidos por prazo certo e sob condição, na forma do art. 178 da Lei nº 5.172, de 25 de outubro de 1966 (Código Tributário Nacional).

§ 4º A compensação de que trata o § 1º:

I – aplica-se aos titulares de benefícios onerosos referentes ao imposto previsto no art. 155, II, da Constituição Federal regularmente concedidos até 31 de maio de 2023, sem prejuízo de ulteriores prorrogações ou renovações, observados o prazo estabelecido no *caput* e, se aplicável, a exigência de registro e depósito estabelecida pelo art. 3º, II, da Lei Complementar nº 160, de 7 de agosto de 2017, que tenham cumprido tempestivamente as condições exigidas pela norma concessiva do benefício, bem como aos titulares de projetos abrangidos pelos benefícios a que se refere o art. 19 desta Emenda Constitucional;

II – não se aplica aos titulares de benefícios decorrentes do disposto no art. 3º, § 2º-A, da Lei Complementar nº 160, de 7 de agosto de 2017.

§ 5º A pessoa física ou jurídica perderá o direito à compensação de que trata o § 2º caso deixe de cumprir tempestivamente as condições exigidas pela norma concessiva do benefício.

§ 6º Lei complementar estabelecerá:

I – critérios e limites para apuração do nível de benefícios e de sua redução;

II – procedimentos de análise, pela União, dos requisitos para habilitação do requerente à compensação de que trata o § 2º.

§ 7º É vedada a prorrogação dos prazos de que trata o art. 3º, §§ 2º e 2º-A, da Lei Complementar nº 160, de 7 de agosto de 2017.

§ 8º A União deverá complementar os recursos de que trata o § 1º em caso de insuficiência de recursos para a compensação de que trata o § 2º.

§ 9º Eventual saldo financeiro existente em 31 de dezembro de 2032 será transferido ao Fundo de que trata o art. 159-A da Constituição Federal, com a redação dada pelo art. 1º desta Emenda Constitucional, sem redução ou compensação dos valores consignados no art. 13 desta Emenda Constitucional.

§ 10. O disposto no § 4º, I, aplica-se também aos titulares de benefícios onerosos que, por força de mudanças na legislação estadual, tenham migrado para outros programas ou benefícios entre 31 de maio de 2023 e a data de promulgação desta Emenda Constitucional, ou estejam em processo de migração na data de promulgação desta Emenda Constitucional.

Art. 13. Os recursos de que trata o art. 159-A da Constituição Federal, com a redação dada pelo art. 1º desta Emenda Constitucional, corresponderão aos seguintes valores, atualizados, de 2023 até o ano anterior ao da entrega, pela variação acumulada do IPCA ou de outro índice que vier a substituí-lo:

I – em 2029, a R$ 8.000.000.000,00 (oito bilhões de reais);

II – em 2030, a R$ 16.000.000.000,00 (dezesseis bilhões de reais);

III – em 2031, a R$ 24.000.000.000,00 (vinte e quatro bilhões de reais);

IV – em 2032, a R$ 32.000.000.000,00 (trinta e dois bilhões de reais);

V – em 2033, a R$ 40.000.000.000,00 (quarenta bilhões de reais);

VI – em 2034, a R$ 42.000.000.000,00 (quarenta e dois bilhões de reais);

VII – em 2035, a R$ 44.000.000.000,00 (quarenta e quatro bilhões de reais);

VIII – em 2036, a R$ 46.000.000.000,00 (quarenta e seis bilhões de reais);

IX – em 2037, a R$ 48.000.000.000,00 (quarenta e oito bilhões de reais);

X – em 2038, a R$ 50.000.000.000,00 (cinquenta bilhões de reais);

XI – em 2039, a R$ 52.000.000.000,00 (cinquenta e dois bilhões de reais);

XII – em 2040, a R$ 54.000.000.000,00 (cinquenta e quatro bilhões de reais);

XIII – em 2041, a R$ 56.000.000.000,00 (cinquenta e seis bilhões de reais);

XIV – em 2042, a R$ 58.000.000.000,00 (cinquenta e oito bilhões de reais);

XV – a partir de 2043, a R$ 60.000.000.000,00 (sessenta bilhões de reais), por ano.

Art. 14. A União custeará, com posterior ressarcimento pelo Comitê Gestor do Imposto sobre Bens e Serviços de que trata o art. 156-B da Constituição Federal, as despesas necessárias para sua instalação.

Art. 15. Os recursos entregues na forma do art. 159-A da Constituição Federal, com a redação dada pelo art. 1º desta Emenda Constitucional, os recursos de que trata o art. 12 e as compensações de que trata o art. 7º não se incluem em bases de cálculo ou em limites de despesas estabelecidos pela lei complementar de que trata o art. 6º da Emenda Constitucional nº 126, de 21 de dezembro de 2022.

Art. 16. Até que lei complementar regule o disposto no art. 155, § 1º, III, da Constituição Federal, o imposto incidente nas hipóteses de que trata o referido dispositivo competirá:

I – relativamente a bens imóveis e respectivos direitos, ao Estado da situação do bem, ou ao Distrito Federal;

II – se o doador tiver domicílio ou residência no exterior:

a) ao Estado onde tiver domicílio o donatário ou ao Distrito Federal;

b) se o donatário tiver domicílio ou residir no exterior, ao Estado em que se encontrar o bem ou ao Distrito Federal;

III – relativamente aos bens do de cujus, ainda que situados no exterior, ao Estado onde era domiciliado, ou, se domiciliado ou residente no exterior, onde tiver domicílio o sucessor ou legatário, ou ao Distrito Federal.

Art. 17. A alteração do art. 155, § 1º, II, da Constituição Federal, promovida pelo art. 1º desta Emenda Constitucional, aplica-se às sucessões abertas a partir da data de publicação desta Emenda Constitucional.

Art. 18. O Poder Executivo deverá encaminhar ao Congresso Nacional:

I – em até 90 (noventa) dias após a promulgação desta Emenda Constitucional, projeto de lei que reforme a tributação da renda, acompanhado das correspondentes estimativas e estudos de impactos orçamentários e financeiros;

II – em até 180 (cento e oitenta) dias após a promulgação desta Emenda Constitucional, os projetos de lei referidos nesta Emenda Constitucional;

III – em até 90 (noventa) dias após a promulgação desta Emenda Constitucional, projeto de lei que reforme a tributação da folha de salários.

Parágrafo único. Eventual arrecadação adicional da União decorrente da aprovação da medida de que trata o inciso I do *caput* deste artigo poderá ser considerada como fonte de compensação para redução da tributação incidente sobre a folha de pagamentos e sobre o consumo de bens e serviços.

Art. 19. Os projetos habilitados à fruição dos benefícios estabelecidos pelo art. 11-C da Lei nº 9.440, de 14 de março de 1997, e pelos arts. 1º a 4º da Lei nº 9.826, de 23 de agosto de 1999, farão jus, até 31 de dezembro de 2032, a crédito presumido da contribuição prevista no art. 195, V, da Constituição Federal.

§ 1º O crédito presumido de que trata este artigo:

I – incentivará exclusivamente a produção de veículos equipados com motor elétrico que tenha capacidade de tracionar o veículo somente com energia elétrica, permitida a associação com motor de combustão interna que utilize biocombustíveis isolada ou simultaneamente com combustíveis derivados de petróleo;

II – será concedido exclusivamente:

a) a projetos aprovados até 31 de dezembro de 2024 de pessoas jurídicas habilitadas à fruição dos benefícios estabelecidos pelo art. 11-C da Lei nº 9.440, de 14 de março de 1997, e pelos arts. 1º a 4º da Lei nº 9.826, de 23 de agosto de 1999, na data de promulgação desta Emenda Constitucional;

b) a novos projetos, aprovados até 31 de dezembro de 2025, que ampliem ou reiniciem a produção em planta industrial utilizada em projetos ativos ou inativos habilitados à fruição dos benefícios de que trata a alínea "a" deste inciso;

III – poderá ter sua manutenção condicionada à realização de investimentos produtivos e em pesquisa e desenvolvimento de inovação tecnológica;

IV – equivalerá ao nível de benefício estabelecido, para o ano de 2025, pelo art. 11-C da Lei nº 9.440, de 14 de março de 1997, e pelos arts. 1º a 4º da Lei nº 9.826, de 23 de agosto de 1999; e

V – será reduzido à razão de 20% (vinte por cento) ao ano entre 2029 e 2032.

§ 2º Os créditos apurados em decorrência dos benefícios de que trata o *caput* poderão ser compensados com débitos próprios relativos a tributos administrados pela Secretaria Especial da Receita Federal do Brasil, nos termos da lei, e não poderão ser transferidos a outro estabelecimento da pessoa jurídica, devendo ser utilizados somente pelo estabelecimento habilitado e localizado na região incentivada.

§ 3º O benefício de que trata este artigo será estendido a projetos de pessoas jurídicas de que trata o § 1º, II, "a", relacionados à produção de veículos tracionados por motor de combustão interna que utilize biocombustíveis isolada ou cumulativamente com combustíveis derivados de petróleo, desde que a pessoa jurídica habilitada:

I – no caso de montadoras de veículos, inicie a produção de veículos que atendam ao disposto no § 1º, I, até 1º de janeiro de 2028; e

II – assuma, nos termos do ato concessório do benefício, compromissos relativos:

a) ao volume mínimo de investimentos;

b) ao volume mínimo de produção; e

c) à manutenção da produção por prazo mínimo, inclusive após o encerramento do benefício.

§ 4º A lei complementar estabelecerá as penalidades aplicáveis em razão do descumprimento das condições exigidas para fruição do crédito presumido de que trata este artigo.

Art. 20. Até que lei disponha sobre a matéria, a contribuição para o Programa de Formação do Patrimônio do Servidor Público, criado pela Lei Complementar nº 8, de 3 de dezembro de 1970, de que trata o art. 239 da Constituição Federal, permanecerá sendo cobrada na forma do art. 2º, III, da Lei nº 9.715, de 25 de novembro de 1998, e dos demais dispositivos legais a ele referentes em vigor na data de publicação desta Emenda Constitucional.

Art. 21. Lei complementar poderá estabelecer instrumentos de ajustes nos contratos firmados anteriormente à entrada em vigor das leis instituidoras dos tributos de que tratam o art. 156-A e o art. 195, V, da Constituição Federal, inclusive concessões públicas.

Art. 22. Revogam-se:

I – em 2027, o art. 195, I, "b", e IV, e § 12, da Constituição Federal;

II – em 2033:

a) os arts. 155, II, e §§ 2º a 5º, 156, III, e § 3º, 158, IV, "a", e § 1º, e 161, I, da Constituição Federal; e

b) os arts. 80, II, 82, § 2º, e 83 do Ato das Disposições Constitucionais Transitórias.

Art. 23. Esta Emenda Constitucional entra em vigor:

I – em 2027, em relação aos arts. 3º e 11;

II – em 2033, em relação aos arts. 4º e 5º; e

III – na data de sua publicação, em relação aos demais dispositivos.

Brasília, em 20 de dezembro de 2023.

Mesa da Câmara dos Deputados

Deputado Arthur Lira

Presidente

Mesa do Senado Federal

Senador Rodrigo Pacheco

Presidente

LEGISLAÇÃO COMPLEMENTAR

DECRETO-LEI 3.689, DE 3 DE OUTUBRO DE 1941[1]

Código de Processo Penal.

O Presidente da República, usando da atribuição que lhe confere o artigo 180 da Constituição, decreta a seguinte Lei:

(...)

CAPÍTULO X
Do *Habeas corpus* e seu Processo

> Arts. 5º, LXVIII, LXIX, LXXVII, 102, I, d e i, e II, a, 105, I, c, II, a, 108, I, d, 109, VII, 121, §§ 3º e 4º, V e 142, § 2º, da CF.
> Art. 5º da Lei 9.289/1996 (Custas na Justiça Federal).

Art. 647. Dar-se-á *habeas corpus* sempre que alguém sofrer ou se achar na iminência de sofrer violência ou coação ilegal na sua liberdade de ir e vir, salvo nos casos de punição disciplinar.

> Arts. 574, I, e 581, X, deste Código.
> Arts. 5º, LXVIII, e 142, § 2º, da CF.
> Arts. 466 a 480 do CPPM.
> Art. 7º do Dec. 678/1992 (Pacto de São José da Costa Rica).
> Súmulas 395 e 693 a 695 do STF.

Art. 648. A coação considerar-se-á ilegal:
> Arts. 467 e 468 do CPPM.

I – quando não houver justa causa;
> Art. 395, III, deste Código.
> Súmula Vinculante 24 do STF.

II – quando alguém estiver preso por mais tempo do que determina a lei;
> Arts. 10, *caput*, e 46, *caput*, deste Código.
> Art. 5º, LXVIII, da CF.

III – quando quem ordenar a coação não tiver competência para fazê-lo;
> Arts. 69 a 87 deste Código.

IV – quando houver cessado o motivo que autorizou a coação;
> Arts. 310 e 316 deste Código.
> Art. 20, par. ún., da Lei 11.340/2006 (Lei Maria da Penha).

V – quando não for alguém admitido a prestar fiança, nos casos em que a lei a autoriza;
> Arts. 321 a 350, 581, V, e 660, § 3º, deste Código.

VI – quando o processo for manifestamente nulo;
> Arts. 563 a 573 deste Código.

VII – quando extinta a punibilidade.
> Art. 107 do CP.

Art. 649. O juiz ou o tribunal, dentro dos limites da sua jurisdição, fará passar imediatamente a ordem impetrada, nos casos em que tenha cabimento, seja qual for a autoridade coatora.
> Súmula 606 do STF.

Art. 650. Competirá conhecer, originariamente, do pedido de *habeas corpus*:
> Art. 469 do CPPM.

I – ao Supremo Tribunal Federal, nos casos previstos no artigo 101, I, g, da Constituição;
> Art. 102, I, d e i, da CF.

II – aos Tribunais de Apelação, sempre que os atos de violência ou coação forem atribuídos

---

[1] DOU 13.10.1941; Retificado no DOU de 24.10.1941.

aos governadores ou interventores dos Estados ou Territórios e ao prefeito do Distrito Federal, ou a seus secretários, ou aos chefes de Polícia.

> Art. 125, § 1º, da CF.

§ 1º A competência do juiz cessará sempre que a violência ou coação provier de autoridade judiciária de igual ou superior jurisdição.

> Art. 102, I, i, da CF.
> Súmula 606 do STF.

§ 2º Não cabe o *habeas corpus* contra a prisão administrativa, atual ou iminente, dos responsáveis por dinheiro ou valor pertencente à Fazenda Pública, alcançados ou omissos em fazer o seu recolhimento nos prazos legais, salvo se o pedido for acompanhado de prova de quitação ou de depósito do alcance verificado, ou se a prisão exceder o prazo legal.

> Art. 5º, LXI, da CF.

Art. 651. A concessão do *habeas corpus* não obstará, nem porá termo ao processo, desde que este não esteja em conflito com os fundamentos daquela.

> Art. 476 do CPPM.

Art. 652. Se o *habeas corpus* for concedido em virtude de nulidade do processo, este será renovado.

> Arts. 563 a 573 deste Código.
> Art. 477 do CPPM.

Art. 653. Ordenada a soltura do paciente em virtude de *habeas corpus*, será condenada nas custas a autoridade que, por má-fé ou evidente abuso de poder, tiver determinado a coação.

> Art. 37, § 6º, da CF.
> Art. 350 do CP.
> Art. 9º da Lei 13.869/2019 (Abuso de Autoridade).

Parágrafo único. Neste caso, será remetida ao Ministério Público cópia das peças necessárias para ser promovida a responsabilidade da autoridade.

> Art. 40 deste Código.

Art. 654. O *habeas corpus* poderá ser impetrado por qualquer pessoa, em seu favor ou de outrem, bem como pelo Ministério Público.

> Art. 257 deste Código.
> Arts. 5º, LXXVII, e 133 da CF.
> Art. 470 do CPPM.
> Art. 32, I, da Lei 8.625/1993 (Lei Orgânica Nacional do Ministério Público).
> Art. 1º, § 1º, da Lei 8.906/1994 (Estatuto da Advocacia e da OAB).

§ 1º A petição de *habeas corpus* conterá:

> Art. 662 deste Código.
> Art. 471 do CPPM.

a) o nome da pessoa que sofre ou está ameaçada de sofrer violência ou coação e o de quem exercer a violência, coação ou ameaça;

b) a declaração da espécie de constrangimento ou, em caso de simples ameaça de coação, as razões em que funda o seu temor;

c) a assinatura do impetrante, ou de alguém a seu rogo, quando não souber ou não puder escrever, e a designação das respectivas residências.

§ 2º Os juízes e os tribunais têm competência para expedir de ofício ordem de *habeas corpus*, quando no curso de processo verificarem que alguém sofre ou está na iminência de sofrer coação ilegal.

Art. 655. O carcereiro ou o diretor da prisão, o escrivão, o oficial de justiça ou a autoridade judiciária ou policial que embaraçar ou procrastinar a expedição de ordem de *habeas corpus*, as informações sobre a causa da prisão, a condução e apresentação do paciente, ou a sua soltura, será multado na quantia de duzentos mil-réis a um conto de réis, sem prejuízo das penas em que incorrer. As multas serão impostas pelo juiz do tribunal que julgar o *habeas corpus*, salvo quando se tratar de autoridade judiciária, caso em que caberá ao Supremo Tribunal Federal ou ao Tribunal de Apelação impor as multas.

> Com a promulgação da CF de 1946 os Tribunais de Apelação passaram a ser denominados Tribunais de Justiça.
> Arts. 319 e 330 do CP.
> Art. 480 do CPPM.
> Lei 13.869/2019 (Abuso de Autoridade).

Art. 656. Recebida a petição de *habeas corpus*, o juiz, se julgar necessário, e estiver preso o paciente, mandará que este lhe seja imediatamente apresentado em dia e hora que designar.

> Art. 474 do CPPM.
> Art. 7º, item 5, do Dec. 678/1992 (Pacto de São José da Costa Rica).

Parágrafo único. Em caso de desobediência, será expedido mandado de prisão contra o detentor, que será processado na forma da lei, e o juiz providenciará para que o paciente seja tirado da prisão e apresentado em juízo.

> Art. 330 do CP.

Art. 657. Se o paciente estiver preso, nenhum motivo escusará a sua apresentação, salvo:
> Art. 475 do CPPM.

I – grave enfermidade do paciente;

II – não estar ele sob a guarda da pessoa a quem se atribui a detenção;

III – se o comparecimento não tiver sido determinado pelo juiz ou pelo tribunal.

Parágrafo único. O juiz poderá ir ao local em que o paciente se encontrar, se este não puder ser apresentado por motivo de doença.

Art. 658. O detentor declarará à ordem de quem o paciente estiver preso.
> Art. 472, § 1º, do CPPM.

Art. 659. Se o juiz ou o tribunal verificar que já cessou a violência ou coação ilegal, julgará prejudicado o pedido.
> Art. 653, par. ún., deste Código.
> Súmula 695 do STF.

Art. 660. Efetuadas as diligências, e interrogado o paciente, o juiz decidirá, fundamentadamente, dentro de vinte e quatro horas.

§ 1º Se a decisão for favorável ao paciente, será logo posto em liberdade, salvo se por outro motivo dever ser mantido na prisão.

§ 2º Se os documentos que instruírem a petição evidenciarem a ilegalidade da coação, o juiz ou o tribunal ordenará que cesse imediatamente o constrangimento.
> Súmula 431 do STF.

§ 3º Se a ilegalidade decorrer do fato de não ter sido o paciente admitido a prestar fiança, o juiz arbitrará o valor desta, que poderá ser prestada perante ele, remetendo, neste caso, à autoridade os respectivos autos, para serem anexados aos do inquérito policial ou aos do processo judicial.
> Art. 648, V, deste Código.

§ 4º Se a ordem de *habeas corpus* for concedida para evitar ameaça de violência ou coação ilegal, dar-se-á ao paciente salvo-conduto assinado pelo juiz.
> Art. 479 do CPPM.

§ 5º Será incontinenti enviada cópia da decisão à autoridade que tiver ordenado a prisão ou tiver o paciente à sua disposição, a fim de juntar-se aos autos do processo.

§ 6º Quando o paciente estiver preso em lugar que não seja o da sede do juízo ou do tribunal que conceder a ordem, o alvará de soltura será expedido pelo telégrafo, se houver, observadas as formalidades estabelecidas no artigo 289, parágrafo único, *in fine*, ou por via postal.

Art. 661. Em caso de competência originária do Tribunal de Apelação, a petição de *habeas corpus* será apresentada ao secretário, que a enviará imediatamente ao presidente do tribunal, ou da câmara criminal, ou da turma, que estiver reunida, ou primeiro tiver de reunir-se.
> Com a promulgação da CF de 1946 os Tribunais de Apelação passaram a ser denominados Tribunais de Justiça.

Art. 662. Se a petição contiver os requisitos do artigo 654, § 1º, o presidente, se necessário, requisitará da autoridade indicada como coatora informações por escrito. Faltando, porém, qualquer daqueles requisitos, o presidente mandará preenchê-lo, logo que lhe for apresentada a petição.
> Dec.-lei 552/1969 (Vista ao Ministério Público nos processos de *Habeas corpus*).

Art. 663. As diligências do artigo anterior não serão ordenadas, se o presidente entender que o *habeas corpus* deva ser indeferido in limine. Nesse caso, levará a petição ao tribunal, câmara ou turma, para que delibere a respeito.
> Súmula 395 do STF.

Art. 664. Recebidas as informações, ou dispensadas, o *habeas corpus* será julgado na primeira sessão, podendo, entretanto, adiar-se o julgamento para a sessão seguinte.
> Súmula 431 do STF.

Parágrafo único. A decisão será tomada por maioria de votos. Havendo empate, se o presidente não tiver tomado parte na votação, proferirá voto de desempate; no caso contrário, prevalecerá a decisão mais favorável ao paciente.
> Art. 615, § 1º, deste Código.

Art. 665. O secretário do tribunal lavrará a ordem que, assinada pelo presidente do tribunal, câmara ou turma, será dirigida, por ofício ou telegrama, ao detentor, ao carcereiro ou autoridade que exercer ou ameaçar exercer o constrangimento.

Parágrafo único. A ordem transmitida por telegrama obedecerá ao disposto no artigo 289, parágrafo único, *in fine*.

Art. 666. Os regimentos dos Tribunais de Apelação estabelecerão as normas complementares para o processo e julgamento do pedido de *habeas corpus* de sua competência originária.

Art. 667. No processo e julgamento do *habeas corpus* de competência originária do Supremo Tribunal Federal, bem como nos de recurso das decisões de última ou única instância, denegatórias de *habeas corpus*, observar-se-á, no que lhes for aplicável, o disposto nos artigos anteriores, devendo o regimento interno do tribunal estabelecer as regras complementares.

> Art. 102, I, d e i, II, a, da CF.
> Lei 8.038/1990 (Normas Procedimentais para os Processos perante STJ e STF).
> Súmula 431 do STF.

(...)

Art. 811. Revogam-se as disposições em contrário.

Rio de Janeiro, em 3 de outubro de 1941; 120º da Independência e 53º da República.

Getúlio Vargas

LEI 4.717, DE 29 DE JUNHO DE 1965[1]

Regula a ação popular.

O Presidente da República. Faço saber que o Congresso Nacional decreta e eu sanciono a seguinte Lei:

Da Ação Popular

> Art. 5º, LXXIII, da CF.

Art. 1º Qualquer cidadão será parte legítima para pleitear a anulação ou a declaração de nulidade de atos lesivos ao patrimônio da União, do Distrito Federal, dos Estados e dos Municípios, de entidades autárquicas, de sociedades de economia mista (Constituição, artigo 141, § 38), de sociedades mútuas de seguro nas quais a União represente os segurados ausentes, de empresas públicas, de serviços sociais autônomos, de instituições ou fundações para cuja criação ou custeio o tesouro público haja concorrido ou concorra com mais de cinquenta por cento do patrimônio ou da receita anual de empresas incorporadas ao patrimônio da União, do Distrito Federal, dos Estados e dos Municípios e de quaisquer pessoas jurídicas ou entidades subvencionadas pelos cofres públicos.

> Refere-se ao art. 141, § 38, da CF de 1946.

> Art. 5º, LVIII, da CF.
> Art. 3º do CPC.
> Súmula 365 do STF.
> Súmula 329 do STJ.

§ 1º Consideram-se patrimônio público para os fins referidos neste artigo, os bens e direitos de valor econômico, artístico, estético, histórico ou turístico.

> § 1º com redação pela Lei 6.513/1977.

§ 2º Em se tratando de instituições ou fundações, para cuja criação ou custeio o tesouro público concorra com menos de cinquenta por cento do patrimônio ou da receita ânua, bem como de pessoas jurídicas ou entidades subvencionadas, as consequências patrimoniais da invalidez dos atos lesivos terão por limite a repercussão deles sobre a contribuição dos cofres públicos.

§ 3º A prova da cidadania, para ingresso em juízo, será feita com o título eleitoral, ou com documento que a ele corresponda.

§ 4º Para instruir a inicial, o cidadão poderá requerer às entidades a que se refere este artigo, as certidões e informações que julgar necessárias, bastando para isso indicar a finalidade das mesmas.

§ 5º As certidões e informações, a que se refere o parágrafo anterior, deverão ser fornecidas dentro de quinze dias da entrega, sob recibo, dos respectivos requerimentos, e só poderão ser utilizadas para a instrução de ação popular.

> Art. 8º desta Lei.

§ 6º Somente nos casos em que o interesse público, devidamente justificado, impuser sigilo, poderá ser negada certidão ou informação.

> Art. 7º, I, b, desta Lei.

§ 7º Ocorrendo a hipótese do parágrafo anterior, a ação poderá ser proposta desacompanhada das certidões ou informações negadas, cabendo ao juiz, após apreciar os motivos do indeferimento, e salvo em se tratando de razão de segurança nacional, requisitar umas e outras; feita a requisição, o processo correrá em segredo de justiça, que cessará com o trânsito em julgado de sentença condenatória.

Art. 2º São nulos os atos lesivos ao patrimônio das entidades mencionadas no artigo anterior, nos casos de:

a) incompetência;

b) vício de forma;

c) ilegalidade do objeto;

---

[1] DOU 05.07.1965

LEI 4.717, DE 29 DE JUNHO DE 1965

d) inexistência dos motivos;

e) desvio de finalidade.

Parágrafo único. Para a conceituação dos casos de nulidade observar-se-ão as seguintes normas:

a) a incompetência fica caracterizada quando o ato não se incluir nas atribuições legais do agente que o praticou;

b) o vício de forma consiste na omissão ou na observância incompleta ou irregular de formalidades indispensáveis à existência ou seriedade do ato;

c) a ilegalidade do objeto ocorre quando o resultado do ato importa em violação de lei, regulamento ou outro ato normativo;

d) a inexistência dos motivos se verifica quando a matéria de fato ou de direito, em que se fundamenta o ato, é materialmente inexistente ou juridicamente inadequada ao resultado obtido;

e) o desvio de finalidade se verifica quando o agente pratica o ato visando a fim diverso daquele previsto, explícita ou implicitamente, na regra de competência.

Art. 3º Os atos lesivos ao patrimônio das pessoas de direito público ou privado, ou das entidades mencionadas no artigo 1º, cujos vícios não se compreendam nas especificações do artigo anterior, serão anuláveis, segundo as prescrições legais, enquanto compatíveis com a natureza deles.

Art. 4º São também nulos os seguintes atos ou contratos, praticados ou celebrados por quaisquer das pessoas ou entidades referidas no artigo 1º:

I – a admissão ao serviço público remunerado, com desobediência, quanto às condições de habilitação das normas legais, regulamentares ou constantes de instruções gerais;

II – a operação bancária ou de crédito real, quando:

a) for realizada com desobediência a normas legais, regulamentares, estatutárias, regimentais ou internas;

b) o valor real do bem dado em hipoteca ou penhor for inferior ao constante de escritura, contrato ou avaliação;

> Art. 6º, § 2º, desta Lei.

III – a empreitada, a tarefa e a concessão do serviço público, quando:

a) o respectivo contrato houver sido celebrado sem prévia concorrência pública ou administrativa, sem que essa condição seja estabelecida em lei, regulamento ou norma geral;

b) no edital de concorrência forem incluídas cláusulas ou condições, que comprometam o seu caráter competitivo;

c) a concorrência administrativa for processada em condições que impliquem na limitação das possibilidades normais de competição.

IV – as modificações ou vantagens, inclusive prorrogações que forem admitidas, em favor do adjudicatário, durante a execução dos contratos de empreitada, tarefa e concessão de serviço público, sem que estejam previstas em lei ou nos respectivos instrumentos;

V – a compra e venda de bens móveis ou imóveis, nos casos em que não for cabível concorrência pública ou administrativa, quando:

a) for realizada com desobediência a normas legais regulamentares, ou constantes de instruções gerais;

b) o preço de compra dos bens for superior ao corrente no mercado, na época da operação;

c) o preço de venda dos bens for inferior ao corrente no mercado, na época da operação.

VI – a concessão de licença de exportação ou importação, qualquer que seja a sua modalidade, quando:

a) houver sido praticada com violação das normas legais e regulamentares ou de instruções e ordens de serviço;

b) resultar em exceção ou privilégio, em favor de exportador ou importador;

VII – a operação de redesconto quando, sob qualquer aspecto, inclusive o limite de valor, desobedecer a normas legais, regulamentares ou constantes de instruções gerais;

VIII – o empréstimo concedido pelo Banco Central da República, quando:

a) concedido com desobediência de quaisquer normas legais, regulamentares, regimentais ou constantes de instruções gerais;

b) o valor dos bens dados em garantia, na época da operação, for inferior ao da avaliação;

IX – a emissão, quando efetuada sem observância das normas constitucionais, legais e regulamentadoras que regem a espécie.

Da Competência

Art. 5º Conforme a origem do ato impugnado, é competente para conhecer da ação, processá-la e julgá-la, o juiz que, de acordo com a organização judiciária de cada Estado, o for para as causas que interessem à União, ao Distrito Federal, ao Estado ou ao Município.

> Arts. 108, II, e 109, I, da CF.

§ 1º Para fins de competência, equiparam-se a atos da União, do Distrito Federal, do Estado ou dos Municípios os atos das pessoas criadas ou mantidas por essas pessoas jurídicas de direito público, bem como os atos das sociedades de que elas sejam acionistas e os das pessoas ou entidades por elas subvencionadas ou em relação às quais tenham interesse patrimonial.

§ 2º Quando o pleito interessar simultaneamente à União e a qualquer outra pessoa ou entidade, será competente o juiz das causas da União, se houver; quando interessar simultaneamente ao Estado e ao Município, será competente o juiz das causas do Estado, se houver.

§ 3º A propositura da ação prevenirá a jurisdição do juízo para todas as ações, que forem posteriormente intentadas contra as mesmas partes e sob os mesmos fundamentos.

§ 4º Na defesa do patrimônio público caberá a suspensão liminar do ato lesivo impugnado.

> § 4º acrescido pela Lei 6.513/1977.

Dos sujeitos passivos da ação e dos assistentes

Art. 6º A ação será proposta contra as pessoas públicas ou privadas e as entidades referidas no artigo 1º, contra as autoridades, funcionários ou administradores que houverem autorizado, aprovado, ratificado ou praticado o ato impugnado, ou que, por omissão, tiverem dado oportunidade à lesão, e contra os beneficiários diretos do mesmo.

> Arts. 113 a 123 do CPC/2015.

§ 1º Se não houver beneficiário direto do ato lesivo, ou se for ele indeterminado ou desconhecido, ou a ação será proposta somente contra as outras pessoas indicadas neste artigo.

§ 2º No caso de que trata o inciso II, b, do artigo 4º, quando o valor real do bem for inferior ao da avaliação, citar-se-ão como réus, além das pessoas públicas ou privadas e entidades referidas no artigo 1ª, apenas os responsáveis pela avaliação inexata e os beneficiários da mesma.

§ 3º A pessoa jurídica de direito público ou de direito privado, cujo ato seja objeto de impugnação, poderá abster-se de contestar o pedido, ou poderá atuar ao lado do autor, desde que isso se afigure útil ao interesse público, a juízo do respectivo representante legal ou dirigente.

> Art. 3º da Lei 8.429/1992 (Improbidade administrativa).

§ 4º O Ministério Público acompanhará a ação, cabendo-lhe apressar a produção da prova e promover a responsabilidade, civil ou criminal, dos que nela incidirem, sendo-lhe vedado, em qualquer hipótese, assumir a defesa do ato impugnado ou dos seus autores.

§ 5º É facultado a qualquer cidadão habilitar-se como litisconsorte ou assistente do autor da ação popular.

> Arts. 113 a 123 do CPC/2015.

Do Processo

Art. 7º A ação obedecerá ao procedimento ordinário, previsto no Código de Processo Civil, observadas as seguintes normas modificativas:

> Arts. 319 e ss., do CPC/2015.

I – ao despachar a inicial o juiz ordenará:

a) além da citação dos réus, a intimação do representante do Ministério Público;

b) a requisição às entidades indicadas na petição inicial, dos documentos que tiverem sido referidos pelo autor (artigo 1º, § 6º), bem como a de outros que se lhe afigurem necessários ao esclarecimento dos fatos, fixando o prazo de quinze a trinta dias para o atendimento.

> Art. 8º desta Lei.

§ 1º O representante do Ministério Público providenciará para que as requisições, a que se refere o inciso anterior, sejam atendidas dentro dos prazos fixados pelo juiz.

§ 2º Se os documentos e informações não puderem ser oferecidos nos prazos assinalados, o juiz poderá autorizar prorrogação dos mesmos, por prazo razoável.

II – quando o autor o preferir, a citação dos beneficiários far-se-á por edital com o prazo de trinta dias, afixado na sede do juízo e publicado três vezes no jornal oficial do Distrito Federal, ou da Capital do Estado ou Território em que seja ajuizada a ação. A publicação será gratuita e deverá iniciar-se no máximo três dias após a entrega, na repartição competente, sob protocolo, de uma via autenticada do mandado;

> Art. 9º desta Lei.

III – qualquer pessoa, beneficiada ou responsável pelo ato impugnado, cuja existência ou identidade se torne conhecida no curso do processo e antes de proferida a sentença final de primeira instância, deverá ser citada para a integração do contraditório, sendo-lhe restituído o prazo para contestação e produção de provas. Salvo, quanto a beneficiário, se a citação se houver feito na forma do inciso anterior;

IV – o prazo de contestação é de vinte dias prorrogáveis por mais vinte, a requerimento do interessado, se particularmente difícil a produção de prova documental, e será comum a todos os interessados, correndo da entrega em cartório do mandado cumprido, ou, quando for o caso, do decurso do prazo assinado em edital;

V – caso não requerida, até o despacho saneador, a produção de prova testemunhal ou pericial, o juiz ordenará vista às partes por dez dias, para alegações, sendo-lhe os autos conclusos, para sentença, quarenta e oito horas após a expiração desse prazo; havendo requerimento de prova, o processo tomará o rito ordinário;

> Art. 274 do CPC.

VI – a sentença, quando não prolatada em audiência de instrução e julgamento, deverá ser proferida dentro de quinze dias do recebimento dos autos pelo juiz.

Parágrafo único. O proferimento da sentença além do prazo estabelecido privará o juiz da inclusão em lista de merecimento para promoção, durante dois anos, e acarretará a perda, para efeito de promoção por antiguidade, de tantos dias, quantos forem os do retardamento; salvo motivo justo, declinado nos autos e comprovado perante o órgão disciplinar competente.

> Arts. 489 e ss., do CPC/2015.

Art. 8º Ficará sujeita à pena de desobediência, salvo motivo justo devidamente comprovado, à autoridade, o administrador ou o dirigente, que deixar de fornecer, no prazo fixado no artigo 1º, § 5º, ou naquele que tiver sido estipulado pelo juiz (artigo 7º, I, b), informações e certidão ou fotocópia de documentos necessários à instrução da causa.

> Art. 330 do CP.

Parágrafo único. O prazo contar-se-á do dia em que entregue, sob recibo, o requerimento do interessado ou o ofício de requisição (artigo 1º, § 5º, e artigo 7º, I, b).

Art. 9º Se o autor desistir da ação ou der motivo à absolvição da instância, serão publicados editais nos prazos e condições previstos no artigo 7º, II, ficando assegurado a qualquer cidadão, bem como ao representante do Ministério Público, dentro do prazo de noventa dias da última publicação feita, promover o prosseguimento da ação.

Art. 10. As partes só pagarão custas e preparo a final.

> Art. 5º, LXXIII, da CF.

Art. 11. A sentença que julgando procedente a ação popular decretar a invalidade do ato impugnado, condenará ao pagamento de perdas e danos os responsáveis pela sua prática e os beneficiários dele, ressalvada a ação regressiva contra os funcionários causadores de dano, quando incorrerem em culpa.

Art. 12. A sentença incluirá sempre, na condenação dos réus, o pagamento, ao autor, das custas e demais despesas, judiciais e extrajudiciais, diretamente relacionadas com a ação e comprovadas, bem como o dos honorários de advogado.

> Arts. 5º, LXXIII, e 98, § 2º, da CF.
> Arts. 82 a 96 do CPC/2015.
> Art. 4º, IV, da Lei 9.289/1996 (Custas devidas à União na Justiça Federal).

Art. 13. A sentença que, apreciando o fundamento de direito do pedido, julgar a lide manifestamente temerária, condenará o autor ao pagamento do décuplo das custas.

> Arts. 5º, LXXIII, e 98, § 2º, da CF.

Art. 14. Se o valor da lesão ficar provado no curso da causa, será indicado na sentença; se depender da avaliação ou perícia, será apurado na execução.

§ 1º Quando a lesão resultar da falta ou isenção de qualquer pagamento, a condenação imporá o pagamento devido, com acréscimo de juros de mora e multa legal ou contratual, se houver.

> Arts. 405 e 407 do CC.
> Art. 59 e 240 do CPC/2015.

§ 2º Quando a lesão resultar da execução fraudulenta, simulada ou irreal de contratos, a condenação versará sobre a reposição do débito, com juros de mora.

§ 3º Quando o réu condenado perceber dos cofres públicos, a execução far-se-á por desconto em folha até o integral ressarcimento do dano causado, se assim mais convier ao interesse público.

§ 4º A parte condenada a restituir bens ou valores ficará sujeita a sequestro e penhora, desde a prolação da sentença condenatória.

> Arts. 831 a 864 do CPC/2015.

Art. 15. Se, no curso da ação, ficar provada a infringência da lei penal ou a prática de falta disciplinar a que a lei comine a pena de demissão ou a de rescisão de contrato de trabalho, o juiz, ex officio, determinará a remessa de cópia autenticada das peças necessárias às autoridades ou aos administradores a quem competir aplicar a sanção.

Art. 16. Caso decorridos sessenta dias da publicação da sentença condenatória de segunda instância, sem que o autor ou terceiro promova a respectiva execução, o representante do Ministério Público a promoverá nos trinta dias seguintes, sob pena de falta grave.

Art. 17. É sempre permitido às pessoas ou entidades referidas no artigo 1º, ainda que hajam contestado a ação, promover, em qualquer tempo, e no que as beneficiar, a execução da sentença contra os demais réus.

Art. 18. A sentença terá eficácia de coisa julgada oponível erga omnes, exceto no caso de haver sido a ação julgada improcedente por deficiência de prova; neste caso, qualquer cidadão poderá intentar outra ação com idêntico fundamento, valendo-se de nova prova.

Art. 19. A sentença que concluir pela carência ou pela improcedência da ação está sujeita ao duplo grau de jurisdição, não produzindo efeito senão depois de confirmada pelo tribunal; da que julgar a ação procedente, caberá apelação, com efeito suspensivo.

> Artigo com redação pela Lei 6.014/1973.

§ 1º Das decisões interlocutórias cabe agravo de instrumento.

> Arts. 932, 994, II, 1.012, 1015 a 1.018 do CPC/2015.

§ 2º Das sentenças e decisões proferidas contra o autor da ação e suscetíveis de recurso, poderá recorrer qualquer cidadão e também o Ministério Público.

Disposições Gerais

Art. 20. Para os fins desta Lei, consideram-se entidades autárquicas:

a) o serviço estatal descentralizado com personalidade jurídica, custeado mediante orçamento próprio, independente do orçamento geral;

b) as pessoas jurídicas especialmente instituídas por lei, para a execução de serviços de interesse público ou social, custeados por tributos de qualquer natureza ou por outros recursos oriundos do Tesouro Público;

c) as entidades de direito público ou privado a que a lei tiver atribuído competência para receber e aplicar contribuições parafiscais.

Art. 21. A ação prevista nesta Lei prescreve em cinco anos.

Art. 22. Aplicam-se à ação popular as regras do Código de Processo Civil, naquilo em que não contrariem os dispositivos desta Lei, nem à natureza específica da ação.

Brasília, 29 de junho de 1965; 144º da Independência e 77º da República.

H. Castello Branco

LEI 8.038, DE 28 DE MAIO DE 1990[1]

Institui normas procedimentais para os processos que especifica, perante o Superior Tribunal de Justiça e o Supremo Tribunal Federal.

> Lei 11.419/2006 (Informatização do Processo Judicial).
> Res. 14/2013 do STJ (Processo Judicial Eletrônico no STJ).

O Presidente da República. Faço saber que o Congresso Nacional decreta e eu sanciono a seguinte lei:

TÍTULO I
PROCESSOS DE COMPETÊNCIA ORIGINÁRIA
CAPÍTULO I
Ação Penal Originária

Art. 1º Nos crimes de ação penal pública, o Ministério Público terá o prazo de 15 (quinze) dias para oferecer denúncia ou pedir arquivamento do inquérito ou das peças informativas.

> Art. 129 da CF.

§ 1º Diligências complementares poderão ser deferidas pelo relator, com interrupção do prazo deste artigo.

§ 2º Se o indiciado estiver preso:

a) o prazo para oferecimento da denúncia será de cinco dias;

---
[1] *DOU* 29.05.1990.

b) as diligências complementares não interromperão o prazo, salvo se o relator, ao deferi-las, determinar o relaxamento da prisão.

> Art. 5º, LXVII, da CF.
> Art. 648, II, do CPP.

§ 3º Não sendo o caso de arquivamento e tendo o investigado confessado formal e circunstanciadamente a prática de infração penal sem violência ou grave ameaça e com pena mínima inferior a 4 (quatro) anos, o Ministério Público poderá propor acordo de não persecução penal, desde que necessário e suficiente para a reprovação e prevenção do crime, nos termos do art. 28-A do Decreto-Lei nº 3.689, de 3 de outubro de 1941 (Código de Processo Penal).

> § 3º acrescentado pela Lei 13.964/2019

Art. 2º O relator, escolhido na forma regimental, será o juiz da instrução, que se realizará segundo o disposto neste capítulo, no Código de Processo Penal, no que for aplicável, e no Regimento Interno do Tribunal.

Parágrafo único. O relator terá as atribuições que a legislação processual confere aos juízes singulares.

Art. 3º Compete ao relator:

I – determinar o arquivamento do inquérito ou de peças informativas, quando o requerer o Ministério Público, ou submeter o requerimento à decisão competente do Tribunal;

II – decretar a extinção da punibilidade, nos casos previstos em lei;

> Art. 107 do CP.

III – convocar desembargadores de Turmas Criminais dos Tribunais de Justiça ou dos Tribunais Regionais Federais, bem como juízes de varas criminais da Justiça dos Estados e da Justiça Federal, pelo prazo de 6 (seis) meses, prorrogável por igual período, até o máximo de 2 (dois) anos, para a realização do interrogatório e de outros atos da instrução, na sede do tribunal ou no local onde se deva produzir o ato.

> Inciso III acrescido pela Lei 12.019/2009.

Art. 4º Apresentada a denúncia ou a queixa ao Tribunal, far-se-á a notificação do acusado para oferecer resposta no prazo de 15 (quinze) dias.

> Art. 5º, LIV, da CF.

§ 1º Com a notificação, serão entregues ao acusado cópia da denúncia ou da queixa, do despacho do relator e dos documentos por este indicados.

§ 2º Se desconhecido o paradeiro do acusado, ou se este criar dificuldades para que o oficial cumpra a diligência, proceder-se-á a sua notificação por edital, contendo o teor resumido da acusação, para que compareça ao Tribunal, em cinco dias, onde terá vista dos autos pelo prazo de 15 (quinze) dias, a fim de apresentar a resposta prevista neste artigo.

Art. 5º Se, com a resposta, forem apresentados novos documentos, será intimada a parte contrária para sobre eles se manifestar, no prazo de 5 (cinco) dias.

Parágrafo único. Na ação penal de iniciativa privada, será ouvido, em igual prazo, o Ministério Público.

> Art. 45 do CPP.

Art. 6º A seguir, o relator pedirá dia para que o Tribunal delibere sobre o recebimento, a rejeição da denúncia ou da queixa, ou a improcedência da acusação, se a decisão não depender de outras provas.

> Art. 395 do CPP.

§ 1º No julgamento de que trata este artigo, será facultada sustentação oral pelo prazo de quinze minutos, primeiro à acusação, depois à defesa.

§ 2º Encerrados os debates, o Tribunal passará a deliberar, determinando o Presidente as pessoas que poderão permanecer no recinto, observado o disposto no inciso II do art. 12 desta lei.

Art. 7º Recebida a denúncia ou a queixa, o relator designará dia e hora para o interrogatório, mandando citar o acusado ou querelado e intimar o órgão do Ministério Público, bem como o querelante ou o assistente, se for o caso.

Art. 8º O prazo para defesa prévia será de cinco dias, contado do interrogatório ou da intimação do defensor dativo.

Art. 9º A instrução obedecerá, no que couber, ao procedimento comum do Código de Processo Penal.

§ 1º O relator poderá delegar a realização do interrogatório ou de outro ato da instrução ao juiz ou membro de tribunal com competência territorial no local de cumprimento da carta de ordem.

> Arts. 260 e 266 do CPC/2015.

§ 2º Por expressa determinação do relator, as intimações poderão ser feitas por carta registrada com aviso de recebimento.

> Arts. 269 e 231 do CPC/2015.

Art. 10. Concluída a inquirição de testemunhas, serão intimadas a acusação e a defesa, para requerimento de diligências no prazo de cinco dias.

Art. 11. Realizadas as diligências, ou não sendo estas requeridas nem determinadas pelo relator, serão intimadas a acusação e a defesa para, sucessivamente, apresentarem, no prazo de quinze dias, alegações escritas.

§ 1º Será comum o prazo do acusador e do assistente, bem como o dos corréus.

§ 2º Na ação penal de iniciativa privada, o Ministério Público terá vista, por igual prazo, após as alegações das partes.

§ 3º O relator poderá, após as alegações escritas, determinar de ofício a realização de provas reputadas imprescindíveis para o julgamento da causa.

Art. 12. Finda a instrução, o Tribunal procederá ao julgamento, na forma determinada pelo regimento interno, observando-se o seguinte:

I – a acusação e a defesa terão, sucessivamente, nessa ordem, prazo de uma hora para sustentação oral, assegurado ao assistente um quarto do tempo da acusação;

II – encerrados os debates, o Tribunal passará a proferir o julgamento, podendo o Presidente limitar a presença no recinto às partes e seus advogados, ou somente a estes, se o interesse público exigir.

CAPÍTULO II
Reclamação

Arts. 13 a 18. *Revogados pela Lei 13.105/2015* (Novo CPC).

CAPÍTULO III
Intervenção Federal

Art. 19. A requisição de intervenção federal prevista nos incisos II e IV do artigo 36 da Constituição Federal será promovida:

I – de ofício, ou mediante pedido de Presidente de Tribunal de Justiça do Estado, ou de Presidente de Tribunal Federal, quando se tratar de prover a execução de ordem ou decisão judicial, com ressalva, conforme a matéria, da competência do Supremo Tribunal Federal ou do Tribunal Superior Eleitoral;

II – de ofício, ou mediante pedido da parte interessada, quando se tratar de prover a execução de ordem ou decisão do Superior Tribunal de Justiça;

III – mediante representação do Procurador-Geral da República, quando se tratar de prover a execução de lei federal.

Art. 20. O Presidente, ao receber o pedido:

I – tomará as providências que lhe parecerem adequadas para remover, administrativamente, a causa do pedido.

II – mandará arquivá-lo, se for manifestamente infundado, cabendo do seu despacho agravo regimental.

Art. 21. Realizada a gestão prevista no inciso I do artigo anterior, solicitadas informações à autoridade estadual e ouvido o Procurador-Geral, o pedido será distribuído a um relator.

Parágrafo único. Tendo em vista o interesse público, poderá ser permitida a presença no recinto às partes e seus advogados, ou somente a estes.

Art. 22. Julgado procedente o pedido, o Presidente do Superior Tribunal de Justiça comunicará, imediatamente, a decisão aos órgãos do poder público interessados e requisitará a intervenção ao Presidente da República.

CAPÍTULO IV
Habeas Corpus

Art. 23. Aplicam-se ao *Habeas Corpus* perante o Superior Tribunal de Justiça as normas do Livro III, Título II, Capítulo X do Código de Processo Penal.

> Art. 5º, LXVIII, da CF.

CAPÍTULO V
Outros Procedimentos

Art. 24. Na ação rescisória, nos conflitos de competência, de jurisdição e de atribuições, na revisão criminal e no mandado de segurança, será aplicada a legislação processual em vigor.

Parágrafo único. No mandado de injunção e no *habeas data*, serão observadas, no que couber, as normas do mandado de segurança, enquanto não editada legislação específica.

> Art. 5º, LXXI e LXXII, da CF.
> Arts. 966 a 975 do CPC/2015.
> Arts. 621 a 631 do CPP.
> Lei 9.507/1997 (*Habeas Data*).
> Lei 12.016/2009 (Mandado de Segurança Individual e Coletivo).

> Lei 13.300/2016 (Mandado de Injunção Individual e Coletivo).

Art. 25. Salvo quando a causa tiver por fundamento matéria constitucional, compete ao Presidente do Superior Tribunal de Justiça, a requerimento do Procurador-Geral da República ou da pessoa jurídica de direito público interessada, e para evitar grave lesão à ordem, à saúde, à segurança e à economia pública, suspender, em despacho fundamentado, a execução de liminar ou de decisão concessiva de mandado de segurança, proferida, em única ou última instância, pelos Tribunais Regionais Federais ou pelos Tribunais dos Estados e do Distrito Federal.

§ 1º O Presidente pode ouvir o impetrante, em cinco dias, e o Procurador-Geral quando não for o requerente, em igual prazo.

§ 2º Do despacho que conceder a suspensão caberá agravo regimental.

§ 3º A suspensão de segurança vigorará enquanto pender o recurso, ficando sem efeito, se a decisão concessiva for mantida pelo Superior Tribunal de Justiça ou transitar em julgado.

> Súmula 626 do STF.

TÍTULO II
RECURSOS
CAPÍTULO I
Recurso Extraordinário e Recurso Especial

Arts. 26 a 29. *Revogados pela Lei 13.105/2015* (Novo CPC).

CAPÍTULO II
Recurso Ordinário em Habeas Corpus

Art. 30. O recurso ordinário para o Superior Tribunal de Justiça, das decisões denegatórias de *Habeas Corpus*, proferidas pelos Tribunais Regionais Federais ou pelos Tribunais dos Estados e do Distrito Federal, será interposto no prazo de 5 (cinco) dias, com as razões do pedido de reforma.

> Art. 105, II, a, CF.

Art. 31. Distribuído o recurso, a Secretaria, imediatamente, fará os autos com vista ao Ministério Público, pelo prazo de 2 (dois) dias.

Parágrafo único. Conclusos os autos ao relator, este submeterá o feito a julgamento independentemente de pauta.

Art. 32. Será aplicado, no que couber, ao processo e julgamento do recurso, o disposto com relação ao pedido originário de *habeas corpus*.

> Art. 102, I, d e i, da CF.
> Art. 650, I, do CPP.

CAPÍTULO III
Recurso Ordinário e Mandado de Segurança

> Arts. 1.027 e 1.028 do CPC/2015.

Art. 33. O recurso ordinário para o Superior Tribunal de Justiça, das decisões denegatórias de mandado de segurança, proferidas em única instância pelos Tribunais Regionais Federais ou pelos Tribunais de Estados e do Distrito Federal, será interposto no prazo de 15 (quinze) dias, com as razões do pedido de reforma.

Art. 34. Serão aplicadas, quanto aos requisitos de admissibilidade e ao procedimento no Tribunal recorrido, as regras do Código de Processo Civil relativas à apelação.

> Art. 1009 e ss., do CPC/2015.

Art. 35. Distribuído o recurso, a Secretaria, imediatamente, fará os autos com vista ao Ministério Público, pelo prazo de 5 (cinco) dias.

Parágrafo único. Conclusos os autos ao relator, este pedirá dia para julgamento.

CAPÍTULO IV
Apelação Cível e Agravo de Instrumento

Art. 36. Nas causas em que forem partes, de um lado, Estado estrangeiro ou organismo internacional e, de outro, município ou pessoa domiciliada ou residente no País, caberá:

I – apelação da sentença;

II – agravo de instrumento, das decisões interlocutórias.

Art. 37. Os recursos mencionados no artigo anterior serão interpostos para o Superior Tribunal de Justiça, aplicando-se-lhes, quanto aos requisitos de admissibilidade e ao procedimento, o disposto no Código de Processo Civil.

> Arts. 929 e ss., 1.009 a 1.044 do CPC/2015.

TÍTULO III
DISPOSIÇÕES GERAIS
CAPÍTULO I
Ação Penal Originária

Art. 38. *Revogado pela Lei 13.105/2015* (Novo CPC).

Art. 39. Da decisão do Presidente do Tribunal, de Seção, de Turma ou de Relator que causar gravame à parte, caberá agravo para o órgão especial, Seção ou Turma, conforme o caso, no prazo de 5 (cinco) dias.

> Súmula 116 do STJ.

Art. 40. Haverá revisão, no Superior Tribunal de Justiça, nos seguintes processos:

I – ação rescisória;

II – ação penal originária;

III – revisão criminal.

Art. 41. Em caso de vaga ou afastamento de Ministro do Superior Tribunal de Justiça, por prazo superior a 30 (trinta) dias, poderá ser convocado Juiz de Tribunal Regional Federal ou Desembargador, para substituição, pelo voto da maioria absoluta dos seus membros.

Art. 41-A. A decisão de Turma, no Superior Tribunal de Justiça, será tomada pelo voto da maioria absoluta de seus membros.

> Artigo acrescido pela Lei 9.756/1998.

Parágrafo único. Em *habeas corpus* originário ou recursal, havendo empate, prevalecerá a decisão mais favorável ao paciente.

Art. 41-B. As despesas do porte de remessa e retorno dos autos serão recolhidas mediante documento de arrecadação, de conformidade com instruções e tabela expedidas pelo Supremo Tribunal Federal e pelo Superior Tribunal de Justiça.

> Artigo acrescido pela Lei 9.756/1998.

Parágrafo único. A secretaria do tribunal local zelará pelo recolhimento das despesas postais.

Art. 42. Os artigos 496, 497, 498, inciso II do artigo 500, e 508 da Lei 5.869, de 11 de janeiro de 1973 – Código de Processo Civil, passam a vigorar com a seguinte redação:

> *Alterações refere-se ao CPC de 1973.*

Art. 43. Esta Lei entra em vigor na data de sua publicação.

Art. 44. Revogam-se as disposições em contrário, especialmente os artigos 541 a 546 do Código de Processo Civil e a Lei 3.396, de 2 de junho de 1958.

> A Lei 8.950/1994 revogou os arts. 541 a 546 do CPC/1973.

Brasília, 28 de maio de 1990; 169º da Independência e 102º da República.

Fernando Collor

LEI 9.507, DE 12 DE NOVEMBRO DE 1997[1]

Regula o direito de acesso a informações e disciplina o rito processual do habeas data.

> Arts. 5º, XIV, XXXIII, XXXIV, LXXII e LXXVII, 102, I, d, e II, a, 105, I, b, 108, I, c, e 109, VIII, e 121, § 4º, V, da CF.

> Súmula 368 do STJ.

O Presidente da República. Faço saber que o Congresso Nacional decreta e eu sanciono a seguinte Lei:

Art. 1º Vetado.

Parágrafo único. Considera-se de caráter público todo registro ou banco de dados contendo informações que sejam ou que possam ser transmitidas a terceiros ou que não sejam de uso privativo do órgão ou entidade produtora ou depositária das informações.

> Art. 19, II, da CF.

> Lei 6.629/1979 (Comprovação de residência para expedição de documento).

> Lei 7.088/1983 (Expedição de documentos escolares).

> Lei 9.049/1995 (Registro, nos documentos pessoais de identificação).

> Lei 9.051/1995 (Expedição de certidões para a defesa de direitos e esclarecimentos de situações).

> Lei 9.265/1996 (Regulamenta o inciso LXXVII do art. 5º da CF).

Art. 2º O requerimento será apresentado ao órgão ou entidade depositária do registro ou banco de dados e será deferido ou indeferido no prazo de quarenta e oito horas.

Parágrafo único. A decisão será comunicada ao requerente em vinte e quatro horas.

Art. 3º Ao deferir o pedido, o depositário do registro ou do banco de dados marcará dia e hora para que o requerente tome conhecimento das informações.

Parágrafo único. Vetado.

Art. 4º Constatada a inexatidão de qualquer dado a seu respeito, o interessado, em petição

---

[1] *DOU* 13.11.1997.

acompanhada de documentos comprobatórios, poderá requerer sua retificação.

§ 1º Feita a retificação em, no máximo, dez dias após a entrada do requerimento, a entidade ou órgão depositário do registro ou da informação dará ciência ao interessado.

§ 2º Ainda que não se constate a inexatidão do dado, se o interessado apresentar explicação ou contestação sobre o mesmo, justificando possível pendência sobre o fato objeto do dado, tal explicação será anotada no cadastro do interessado.

Arts. 5º e 6º Vetados.

Art. 7º Conceder-se-á *habeas data*:
> Súmula 2 do STJ.

I – para assegurar o conhecimento de informações relativas à pessoa do impetrante, constantes de registro ou banco de dados de entidades governamentais ou de caráter público;

II – para a retificação de dados, quando não se prefira fazê-lo por processo sigiloso, judicial ou administrativo;

III – para a anotação nos assentamentos do interessado, de contestação ou explicação sobre dado verdadeiro mas justificável e que esteja sob pendência judicial ou amigável.

Art. 8º A petição inicial, que deverá preencher os requisitos dos artigos 282 a 285 do Código de Processo Civil, será apresentada em duas vias, e os documentos que instruírem a primeira serão reproduzidos por cópia na segunda.
> Os arts. 282 a 285 referem-se ao revogado CPC de 1973, que correspondem ao art. 319 e ss. do CPC/2015.

Parágrafo único. A petição inicial deverá ser instruída com prova:

I – da recusa ao acesso às informações ou do decurso de mais de dez dias sem decisão;
> Súmula 2 do STJ.

II – da recusa em fazer-se a retificação ou do decurso de mais de quinze dias, sem decisão; ou

III – da recusa em fazer-se a anotação a que se refere o § 2º do artigo 4º ou do decurso de mais de quinze dias sem decisão.

Art. 9º Ao despachar a inicial, o juiz ordenará que se notifique o coator do conteúdo da petição, entregando-lhe a segunda via apresentada pelo impetrante, com as cópias dos documentos, a fim de que, no prazo de dez dias, preste as informações que julgar necessárias.

Art. 10. A inicial será desde logo indeferida, quando não for o caso de *habeas data*, ou se lhe faltar algum dos requisitos previstos nesta Lei.

Parágrafo único. Do despacho de indeferimento caberá recurso previsto no artigo 15.

Art. 11. Feita a notificação, o serventuário em cujo cartório corra o feito, juntará aos autos cópia autêntica do ofício endereçado ao coator, bem como a prova da sua entrega a este ou da recusa, seja de recebê-lo, seja de dar recibo.

Art. 12. Findo o prazo a que se refere o artigo 9º, e ouvido o representante do Ministério Público dentro de cinco dias, os autos serão conclusos ao juiz para decisão a ser proferida em cinco dias.

Art. 13. Na decisão, se julgar procedente o pedido, o juiz marcará data e horário para que o coator:

I – apresente ao impetrante as informações a seu respeito, constantes de registros ou bancos de dados; ou

II – apresente em juízo a prova de retificação ou da anotação feita nos assentamentos do impetrante.

Art. 14. A decisão será comunicada ao coator, por correio, com aviso de recebimento, ou por telegrama, radiograma ou telefonema, conforme o requerer o impetrante.

Parágrafo único. Os originais, no caso de transmissão telegráfica, radiofônica ou telefônica, deverão ser apresentados à agência expedidora, com a firma do juiz devidamente reconhecida.

Art. 15. Da sentença que conceder ou negar o *habeas data* cabe apelação.
> Arts. 994, I, 1.009 a 1.012 do CPC/2015.

Parágrafo único. Quando a sentença conceder o *habeas data*, o recurso terá efeito meramente devolutivo.

Art. 16. Quando o *habeas data* for concedido e o Presidente do Tribunal ao qual competir o conhecimento do recurso ordenar ao juiz a suspensão da execução da sentença, desse seu ato caberá agravo para o Tribunal a que presida.
> Arts. 994, II, e 1.015 a 1.020 do CPC/2015.

Art. 17. Nos casos de competência do Supremo Tribunal Federal e dos demais Tribunais caberá ao relator a instrução do processo.
> Arts. 102, I, d, e II, a, 105, I, b, 108, I, c, e 109, VIII, e 121, § 4º, V, da CF.

Art. 18. O pedido de *habeas data* poderá ser renovado se a decisão denegatória não lhe houver apreciado o mérito.

Art. 19. Os processos de *habeas data* terão prioridade sobre todos os atos judiciais, exceto *habeas corpus* e mandado de segurança. Na instância superior, deverão ser levados a julgamento na primeira sessão que se seguir à data em que, feita a distribuição, forem conclusos ao relator.

Parágrafo único. O prazo para a conclusão não poderá exceder de vinte e quatro horas, a contar da distribuição.

Art. 20. O julgamento do *habeas data* compete:

I – originariamente:

a) ao Supremo Tribunal Federal, contra atos do Presidente da República, das Mesas da Câmara dos Deputados e do Senado Federal, do Tribunal de Contas da União, do Procurador-Geral da República e do próprio Supremo Tribunal Federal;

> Art. 102, I, d, da CF.

b) ao Superior Tribunal de Justiça, contra atos de Ministro de Estado ou do próprio Tribunal;

> Art. 105, I, b, da CF.

c) aos Tribunais Regionais Federais contra atos do próprio Tribunal ou de juiz federal;

> Art. 108, I, c, da CF.

d) a juiz federal, contra ato de autoridade federal, excetuados os casos de competência dos tribunais federais;

> Art. 109, VIII, da CF.

e) a tribunais estaduais, segundo o disposto na Constituição do Estado;

> Art. 125 da CF.

f) a juiz estadual, nos demais casos;

> Art. 125 da CF.

II – em grau de recurso:

a) ao Supremo Tribunal Federal, quando a decisão denegatória for proferida em única instância pelos Tribunais Superiores;

> Art. 102, I, a, da CF.

b) ao Superior Tribunal de Justiça, quando a decisão for proferida em única instância pelos Tribunais Regionais Federais;

> Art. 105, II, da CF.

c) aos Tribunais Regionais Federais, quando a decisão for proferida por juiz federal;

> Art. 108, II, da CF.

d) aos Tribunais Estaduais e ao do Distrito Federal e Territórios, conforme dispuserem a respectiva Constituição e a lei que organizar a Justiça do Distrito Federal;

> Art. 125 da CF.

III – mediante recurso extraordinário ao Supremo Tribunal Federal, nos casos previstos na Constituição.

> Art. 102, III, da CF.

Art. 21. São gratuitos o procedimento administrativo para acesso a informações e retificação de dados e para anotação de justificação, bem como a ação de *habeas data*.

> Art. 5º, XXXIV, b, da CF.

Art. 22. Esta Lei entra em vigor na data de sua publicação.

Art. 23. Revogam-se as disposições em contrário.

Brasília, 12 de novembro de 1997; 176º da Independência e 109º da República.

Fernando Henrique Cardoso

LEI 9.868, DE 10 DE NOVEMBRO DE 1999[1]

Dispõe sobre o processo e julgamento da ação direta de inconstitucionalidade e da ação declaratória de constitucionalidade perante o Supremo Tribunal Federal.

O Presidente da República,

Faço saber que o Congresso Nacional decreta e eu sanciono a seguinte Lei:

CAPÍTULO I
Da Ação Direta de Inconstitucionalidade e da Ação Declaratória de Constitucionalidade

Art. 1º Esta Lei dispõe sobre o processo e julgamento da ação direta de inconstitucionalidade e da ação declaratória de constitucionalidade perante o Supremo Tribunal Federal.

---

[1] *DOU* 11.11.1999.

CAPÍTULO II
Da Ação Direta de Inconstitucionalidade

Seção I
Da Admissibilidade e do Procedimento da Ação Direta de Inconstitucionalidade

Art. 2º Podem propor a ação direta de inconstitucionalidade:

I – o Presidente da República;

II – a Mesa do Senado Federal;

III – a Mesa da Câmara dos Deputados;

IV – a Mesa de Assembleia Legislativa ou a Mesa da Câmara Legislativa do Distrito Federal;

V – o Governador de Estado ou o Governador do Distrito Federal;

VI – o Procurador-Geral da República;

VII – o Conselho Federal da Ordem dos Advogados do Brasil;

VIII – partido político com representação no Congresso Nacional;

IX – confederação sindical ou entidade de classe de âmbito nacional.

Parágrafo único. (VETADO)[2]

---

[2] MENSAGEM DE VETO 1.674/99: "Duas razões básicas justificam o veto ao parágrafo único do art. 2º, ambas decorrentes da jurisprudência do Supremo Tribunal em relação ao inciso IX do art. 103 da Constituição.

Em primeiro lugar, ao incluir as federações sindicais entre os legitimados para a propositura da ação direta, o dispositivo contraria frontalmente a jurisprudência do Supremo Tribunal Federal, no sentido da ilegitimidade daquelas entidades para a propositura de ação direta de inconstitucionalidade (cf., entre outros, ADIn-MC 689, Rel.: Min. Néri da Silveira; ADIn-MC 772, Rel.: Min. Moreira Alves; ADIn-MC 1003, Rel.: Min. Celso de Mello).

E verdade que a oposição do veto à disposição contida no parágrafo único importará na eliminação do texto na parte em que determina que a confederação sindical ou entidade de classe de âmbito nacional (art. 2º, IX) deverá demonstrar que a pretensão por elas deduzidas tem pertinência direta com os seus objetivos institucionais. Essa eventual lacuna será, certamente, colmatada pela jurisprudência do Supremo Tribunal Federal, haja vista que tal restrição já foi estabelecida em precedentes daquela Corte (cf., entre outros, ADIn-MC 1464, Rel.: Min. Moreira Alves; ADIn-MC

O texto vetado dispunha:

> "Parágrafo único. As entidades referidas no inciso IX, inclusive as federações sindicais de âmbito nacional, deverão demonstrar que a pretensão por elas deduzida tem pertinência direta com os seus objetivos institucionais."

Art. 3º A petição indicará:

I – o dispositivo da lei ou do ato normativo impugnado e os fundamentos jurídicos do pedido em relação a cada uma das impugnações;

II – o pedido, com suas especificações.

Parágrafo único. A petição inicial, acompanhada de instrumento de procuração, quando subscrita por advogado, será apresentada em duas vias, devendo conter cópias da lei ou do ato normativo impugnado e dos documentos necessários para comprovar a impugnação.

Art. 4º A petição inicial inepta, não fundamentada e a manifestamente improcedente serão liminarmente indeferidas pelo relator.

Parágrafo único. Cabe agravo da decisão que indeferir a petição inicial.

Art. 5º Proposta a ação direta, não se admitirá desistência.

Parágrafo único. (VETADO)[3]

O texto vetado dispunha:

> "Parágrafo único. O relator determinará a publicação de edital no Diário da Justiça e no Diário Oficial, contendo informações sobre a propositura da ação direta de inconstitucionalidade, o seu autor e o dispositivo da lei ou do ato normativo."

Art. 6º O relator pedirá informações aos órgãos ou às autoridades das quais emanou a lei ou o ato normativo impugnado.

Parágrafo único. As informações serão prestadas no prazo de trinta dias contado do recebimento do pedido.

1103, Rel.: Min. Néri da Silveira, Rel. Acórdão Min. Maurício Corrêa; ADIn-MC 1519, Rel.: Min. Carlos Velloso)."

[3] MENSAGEM DE VETO 1.674/99: É fato que o número de ações diretas de inconstitucionalidade e de ações declaratórias de constitucionalidade propostas perante o Supremo é bastante volumoso, de modo que a aplicação do dispositivo implicará custos elevados e comprometimento da celeridade do processo sem uma justificativa razoável. O objetivo de conferir publicidade já se encontra assegurada, uma vez que é publicada no Diário da Justiça a distribuição de todas as ações diretas de inconstitucionalidade e de todas as ações declaratórias de constitucionalidade.

Art. 7º Não se admitirá intervenção de terceiros no processo de ação direta de inconstitucionalidade.

§ 1º (VETADO)[4]

O texto vetado dispunha:

> "§ 1º *Os demais titulares referidos no art. 2º poderão manifestar-se, por escrito, sobre o objeto da ação e pedir a juntada de documentos reputados úteis para o exame da matéria, no prazo das informações, bem como apresentar memoriais.*"

§ 2º O relator, considerando a relevância da matéria e a representatividade dos postulantes, poderá, por despacho irrecorrível, admitir, observado o prazo fixado no parágrafo anterior, a manifestação de outros órgãos ou entidades.

Art. 8º Decorrido o prazo das informações, serão ouvidos, sucessivamente, o Advogado-Geral da União e o Procurador-Geral da República, que deverão manifestar-se, cada qual, no prazo de quinze dias.

Art. 9º Vencidos os prazos do artigo anterior, o relator lançará o relatório, com cópia a todos os Ministros, e pedirá dia para julgamento.

§ 1º Em caso de necessidade de esclarecimento de matéria ou circunstância de fato ou de notória insuficiência das informações existentes nos autos, poderá o relator requisitar informações adicionais, designar perito ou comissão de peritos para que emita parecer sobre a questão, ou fixar data para, em audiência pública, ouvir depoimentos de pessoas com experiência e autoridade na matéria.

§ 2º O relator poderá, ainda, solicitar informações aos Tribunais Superiores, aos Tribunais federais e aos Tribunais estaduais acerca da aplicação da norma impugnada no âmbito de sua jurisdição.

---

[4] MENSAGEM 1.674/99: "A aplicação deste dispositivo poderá importar em prejuízo à celeridade processual. A abertura pretendida pelo preceito ora vetado já é atendida pela disposição contida no § 2º do mesmo artigo. Tendo em vista o volume de processos apreciados pelo STF, afigura-se prudente que o relator estabeleça o grau da abertura, conforme a relevância da matéria e a representatividade dos postulantes. Cabe observar que o veto repercute na compreensão do § 2º do mesmo artigo, na parte em que este enuncia "observado o prazo fixado no parágrafo anterior". Entretanto, eventual dúvida poderá ser superada com a utilização do prazo das informações previsto no parágrafo único do art. 6º."

§ 3º As informações, perícias e audiências a que se referem os parágrafos anteriores serão realizadas no prazo de trinta dias, contado da solicitação do relator.

Seção II
Da Medida Cautelar em Ação Direta de Inconstitucionalidade

Art. 10. Salvo no período de recesso, a medida cautelar na ação direta será concedida por decisão da maioria absoluta dos membros do Tribunal, observado o disposto no art. 22, após a audiência dos órgãos ou autoridades dos quais emanou a lei ou ato normativo impugnado, que deverão pronunciar-se no prazo de cinco dias.

§ 1º O relator, julgando indispensável, ouvirá o Advogado-Geral da União e o Procurador-Geral da República, no prazo de três dias.

§ 2º No julgamento do pedido de medida cautelar, será facultada sustentação oral aos representantes judiciais do requerente e das autoridades ou órgãos responsáveis pela expedição do ato, na forma estabelecida no Regimento do Tribunal.

§ 3º Em caso de excepcional urgência, o Tribunal poderá deferir a medida cautelar sem a audiência dos órgãos ou das autoridades das quais emanou a lei ou o ato normativo impugnado.

Art. 11. Concedida a medida cautelar, o Supremo Tribunal Federal fará publicar em seção especial do Diário Oficial da União e do Diário da Justiça da União a parte dispositiva da decisão, no prazo de dez dias, devendo solicitar as informações à autoridade da qual tiver emanado o ato, observando-se, no que couber, o procedimento estabelecido na Seção I deste Capítulo.

§ 1º A medida cautelar, dotada de eficácia contra todos, será concedida com efeito *ex nunc*, salvo se o Tribunal entender que deva conceder-lhe eficácia retroativa.

§ 2º A concessão da medida cautelar torna aplicável a legislação anterior acaso existente, salvo expressa manifestação em sentido contrário.

Art. 12. Havendo pedido de medida cautelar, o relator, em face da relevância da matéria e de seu especial significado para a ordem social e a segurança jurídica, poderá, após a prestação das informações, no prazo de dez dias, e a manifestação do Advogado-Geral da União e do Procurador-Geral da República, sucessivamente, no prazo de cinco dias, submeter o processo diretamente ao Tribunal, que terá a faculdade de julgar definitivamente a ação.

CAPÍTULO II-A
Da Ação Direta De Inconstitucionalidade Por Omissão

Seção I
Da Admissibilidade e do Procedimento da Ação Direta de Inconstitucionalidade por Omissão

> Capítulo II-A e Seção I acrescentados pela Lei 12.063, de 27 de outubro de 2009.

Art. 12-A. Podem propor a ação direta de inconstitucionalidade por omissão os legitimados à propositura da ação direta de inconstitucionalidade e da ação declaratória de constitucionalidade.

> Art. 12-A acrescentado pela Lei 12.063, de 27 de outubro de 2009.

Art. 12-B. A petição indicará:

I – a omissão inconstitucional total ou parcial quanto ao cumprimento de dever constitucional de legislar ou quanto à adoção de providência de índole administrativa;

II – o pedido, com suas especificações.

Parágrafo único. A petição inicial, acompanhada de instrumento de procuração, se for o caso, será apresentada em 2 (duas) vias, devendo conter cópias dos documentos necessários para comprovar a alegação de omissão.

> Art. 12-B e parágrafo único acrescentados pela Lei 12.063, de 27 de outubro de 2009.

Art. 12-C. A petição inicial inepta, não fundamentada, e a manifestamente improcedente serão liminarmente indeferidas pelo relator.

Parágrafo único. Cabe agravo da decisão que indeferir a petição inicial.

> Art. 12-C e parágrafo único acrescentados pela Lei 12.063, de 27 de outubro de 2009.

Art. 12-D. Proposta a ação direta de inconstitucionalidade por omissão, não se admitirá desistência.

> Art. 12-D acrescentado pela Lei 12.063, de 27 de outubro de 2009.

Art. 12-E. Aplicam-se ao procedimento da ação direta de inconstitucionalidade por omissão, no que couber, as disposições constantes da Seção I do Capítulo II desta Lei.

§ 1º Os demais titulares referidos no art. 2º desta Lei poderão manifestar-se, por escrito, sobre o objeto da ação e pedir a juntada de documentos reputados úteis para o exame da matéria, no prazo das informações, bem como apresentar memoriais.

§ 2º O relator poderá solicitar a manifestação do Advogado-Geral da União, que deverá ser encaminhada no prazo de 15 (quinze) dias.

§ 3º O Procurador-Geral da República, nas ações em que não for autor, terá vista do processo, por 15 (quinze) dias, após o decurso do prazo para informações.

> Art. 12-E e parágrafos acrescentados pela Lei nº 12.063, de 27 de outubro de 2009.

Seção II
Da Medida Cautelar em Ação Direta de Inconstitucionalidade por Omissão

> Seção II acrescentada pela Lei 12.063, de 27 de outubro de 2009.

Art. 12-F. Em caso de excepcional urgência e relevância da matéria, o Tribunal, por decisão da maioria absoluta de seus membros, observado o disposto no art. 22, poderá conceder medida cautelar, após a audiência dos órgãos ou autoridades responsáveis pela omissão inconstitucional, que deverão pronunciar-se no prazo de 5 (cinco) dias.

§ 1º A medida cautelar poderá consistir na suspensão da aplicação da lei ou do ato normativo questionado, no caso de omissão parcial, bem como na suspensão de processos judiciais ou de procedimentos administrativos, ou ainda em outra providência a ser fixada pelo Tribunal.

§ 2º O relator, julgando indispensável, ouvirá o Procurador-Geral da República, no prazo de 3 (três) dias.

§ 3º No julgamento do pedido de medida cautelar, será facultada sustentação oral aos representantes judiciais do requerente e das autoridades ou órgãos responsáveis pela omissão inconstitucional, na forma estabelecida no Regimento do Tribunal.

> Art. 12-F e parágrafos acrescentados pela Lei 12.063, de 27 de outubro de 2009.

Art. 12-G. Concedida a medida cautelar, o Supremo Tribunal Federal fará publicar, em seção especial do Diário Oficial da União e do

Diário da Justiça da União, a parte dispositiva da decisão no prazo de 10 (dez) dias, devendo solicitar as informações à autoridade ou ao órgão responsável pela omissão inconstitucional, observando-se, no que couber, o procedimento estabelecido na Seção I do Capítulo II desta Lei.

> Art. 12-G acrescentado pela Lei nº 12.063, de 27 de outubro de 2009.

Seção III
Da Decisão na Ação Direta de Inconstitucionalidade por Omissão

> Seção III acrescentada pela Lei 12.063, de 27 de outubro de 2009.

Art. 12-H. Declarada a inconstitucionalidade por omissão, com observância do disposto no art. 22, será dada ciência ao Poder competente para a adoção das providências necessárias.

§ 1º Em caso de omissão imputável a órgão administrativo, as providências deverão ser adotadas no prazo de 30 (trinta) dias, ou em prazo razoável a ser estipulado excepcionalmente pelo Tribunal, tendo em vista as circunstâncias específicas do caso e o interesse público envolvido.

§ 2º Aplica-se à decisão da ação direta de inconstitucionalidade por omissão, no que couber, o disposto no Capítulo IV desta Lei.

> Art. 12-H e parágrafos acrescentados pela Lei 12.063, de 27 de outubro de 2009.

CAPÍTULO III
Da Ação Declaratória de Constitucionalidade

Seção I
Da Admissibilidade e do Procedimento da Ação Declaratória de Constitucionalidade

Art. 13. Podem propor a ação declaratória de constitucionalidade de lei ou ato normativo federal:

I – o Presidente da República;

II – a Mesa da Câmara dos Deputados;

III – a Mesa do Senado Federal;

IV – o Procurador-Geral da República.

Art. 14. A petição inicial indicará:

I – o dispositivo da lei ou do ato normativo questionado e os fundamentos jurídicos do pedido;

II – o pedido, com suas especificações;

III – a existência de controvérsia judicial relevante sobre a aplicação da disposição objeto da ação declaratória.

Parágrafo único. A petição inicial, acompanhada de instrumento de procuração, quando subscrita por advogado, será apresentada em duas vias, devendo conter cópias do ato normativo questionado e dos documentos necessários para comprovar a procedência do pedido de declaração de constitucionalidade.

Art. 15. A petição inicial inepta, não fundamentada e a manifestamente improcedente serão liminarmente indeferidas pelo relator.

Parágrafo único. Cabe agravo da decisão que indeferir a petição inicial.

Art. 16. Proposta a ação declaratória, não se admitirá desistência.

Art. 17. (VETADO)[5]

O texto vetado dispunha:

> "Art. 17. O relator determinará a publicação de edital no Diário da Justiça e no Diário Oficial contendo informações sobre a propositura da ação declaratória de constitucionalidade, o seu autor e o dispositivo da lei ou do ato normativo."

Art. 18. Não se admitirá intervenção de terceiros no processo de ação declaratória de constitucionalidade.

§ 1º (VETADO)[6]

---

[5] MENSAGEM DE VETO 1.674/99: É fato que o número de ações diretas de inconstitucionalidade e de ações declaratórias de constitucionalidade propostas perante o Supremo é bastante volumoso, de modo que a aplicação do dispositivo implicará custos elevados e comprometerá a celeridade do processo sem uma justificativa razoável. O objetivo de conferir publicidade já se encontra assegurado, uma vez que é publicada no Diário da Justiça a distribuição de todas as ações diretas de inconstitucionalidade e de todas as ações declaratórias de inconstitucionalidade.

[6] MENSAGEM 1.674/99: "Em relação ao § 1º, a razão é a mesma do veto ao § 1º do art. 7º.

O veto ao § 2º constitui consequência do veto ao § 1º. Resta assegurada, todavia, a possibilidade de o Supremo Tribunal Federal, por meio de interpretação sistemática, admitir no processo da ação declaratória a abertura processual prevista para a ação direta no § 2º do art. 7º.

Cabe observar que o veto a esses dispositivos repercute na compreensão dos arts. 19 e 20, na parte em que enunciam, respectivamente, "Decorrido o prazo do artigo anterior" e "Vencido o prazo do artigo

O texto vetado dispunha:
> "§ 1º Os demais titulares referidos no art. 103 da Constituição Federal poderão manifestar-se, por escrito, sobre o objeto da ação declaratória de constitucionalidade no prazo de trinta dias a contar da publicação do edital a que se refere o artigo anterior, podendo apresentar memoriais ou pedir a juntada de documentos reputados úteis para o exame da matéria."

§ 2º (VETADO)[2]

O texto vetado dispunha:
> "§ 2º O relator, considerando a relevância da matéria e a representatividade dos postulantes, poderá, por despacho irrecorrível, admitir, observado o prazo estabelecido no parágrafo anterior, a manifestação de outros órgãos ou entidades."

Art. 19. Decorrido o prazo do artigo anterior, será aberta vista ao Procurador-Geral da República, que deverá pronunciar-se no prazo de quinze dias.

Art. 20. Vencido o prazo do artigo anterior, o relator lançará o relatório, com cópia a todos os Ministros, e pedirá dia para julgamento.

§ 1º Em caso de necessiade de esclarecimento de matéria ou circunstância de fato ou de notória insuficiência das informações existentes nos autos, poderá o relator requisitar informações adicionais, designar perito ou comissão de peritos para que emita parecer sobre a questão ou fixar data para, em audiência pública, ouvir depoimentos de pessoas com experiência e autoridade na matéria.

§ 2º O relator poderá solicitar, ainda, informações aos Tribunais Superiores, aos Tribunais federais e aos Tribunais estaduais acerca da aplicação da norma questionada no âmbito de sua jurisdição.

§ 3º As informações, perícias e audiências a que se referem os parágrafos anteriores serão realizadas no prazo de trinta dias, contado da solicitação do relator.

Seção II
Da Medida Cautelar em Ação Declaratória de Constitucionalidade

Art. 21. O Supremo Tribunal Federal, por decisão da maioria absoluta de seus membros, poderá deferir pedido de medida cautelar na ação declaratória de constitucionalidade, consistente na determinação de que os juízes e os Tribunais suspendam o julgamento dos processos que envolvam a aplicação da lei ou do ato normativo objeto da ação até seu julgamento definitivo.

Parágrafo único. Concedida a medida cautelar, o Supremo Tribunal Federal fará publicar em seção especial do Diário Oficial da União a parte dispositiva da decisão, no prazo de dez dias, devendo o Tribunal proceder ao julgamento da ação no prazo de cento e oitenta dias, sob pena de perda de sua eficácia.

CAPÍTULO IV
Da Decisão na Ação Direta de Inconstitucionalidade e na Ação Declaratória de Constitucionalidade

Art. 22. A decisão sobre a constitucionalidade ou a inconstitucionalidade da lei ou do ato normativo somente será tomada se presentes na sessão pelo menos oito Ministros.

Art. 23. Efetuado o julgamento, proclamar-se-á a constitucionalidade ou a inconstitucionalidade da disposição ou da norma impugnada se num ou noutro sentido se tiverem manifestado pelo menos seis Ministros, quer se trate de ação direta de inconstitucionalidade ou de ação declaratória de constitucionalidade.

Parágrafo único. Se não for alcançada a maioria necessária à declaração de constitucionalidade ou de inconstitucionalidade, estando ausentes Ministros em número que possa influir no julgamento, será suspenso a fim de aguardar-se o comparecimento dos Ministros ausentes, até que se atinja o número necessário para prolação da decisão num ou noutro sentido.

Art. 24. Proclamada a constitucionalidade, julgar-se-á improcedente a ação direta ou procedente eventual ação declaratória; e, proclamada a inconstitucionalidade, julgar-se-á procedente a ação direta ou improcedente eventual ação declaratória.

Art. 25. Julgada a ação, far-se-á a comunicação à autoridade ou ao órgão responsável pela expedição do ato.

Art. 26. A decisão que declara a constitucionalidade ou a inconstitucionalidade da lei ou do ato normativo em ação direta ou em ação declaratória é irrecorrível, ressalvada a interposição de embargos declaratórios, não podendo, igualmente, ser objeto de ação rescisória.

---

anterior". Entretanto, eventual dúvida poderá ser superada contando-se o prazo de manifestação do Procurador-Geral da República a partir do despacho do relator determinando a abertura de vista."

Art. 27. Ao declarar a inconstitucionalidade de lei ou ato normativo, e tendo em vista razões de segurança jurídica ou de excepcional interesse social, poderá o Supremo Tribunal Federal, por maioria de dois terços de seus membros, restringir os efeitos daquela declaração ou decidir que ela só tenha eficácia a partir de seu trânsito em julgado ou de outro momento que venha a ser fixado.

Art. 28. Dentro do prazo de dez dias após o trânsito em julgado da decisão, o Supremo Tribunal Federal fará publicar em seção especial do Diário da Justiça e do Diário Oficial da União a parte dispositiva do acórdão.

Parágrafo único. A declaração de constitucionalidade ou de inconstitucionalidade, inclusive a interpretação conforme a Constituição e a declaração parcial de inconstitucionalidade sem redução de texto, têm eficácia contra todos e efeito vinculante em relação aos órgãos do Poder Judiciário e à Administração Pública federal, estadual e municipal.

CAPÍTULO V
Das Disposições Gerais e Finais

Art. 29. O art. 482 do Código de Processo Civil fica acrescido dos seguintes parágrafos:

> Alteração refere-se ao CPC de 1973.

Art. 30. O art. 8º da Lei nº 8.185, de 14 de maio de 1991, passa a vigorar acrescido dos seguintes dispositivos:

> A Lei 8.185/1991, foi revogada pela Lei 11.697/2008.

Art. 31. Esta Lei entra em vigor na data de sua publicação.

Brasília, 10 de novembro de 1999; 178º da Independência e 111º da República.

Fernando Henrique Cardoso –

LEI 9.882, DE 3 DE DEZEMBRO DE 1999[1]

Dispõe sobre o processo e julgamento da arguição de descumprimento de preceito fundamental, nos termos do § 1º do art. 102 da Constituição Federal.

O Presidente da República. Faço saber que o Congresso Nacional decreta e eu sanciono a seguinte Lei:

Art. 1º A arguição prevista no § 1º do art. 102 da Constituição Federal será proposta perante o Supremo Tribunal Federal, e terá por objeto evitar ou reparar lesão a preceito fundamental, resultante de ato do Poder Público.

Parágrafo único. Caberá também arguição de descumprimento de preceito fundamental:

I – quando for relevante o fundamento da controvérsia constitucional sobre lei ou ato normativo federal, estadual ou municipal, incluídos os anteriores à Constituição;

> Vide ADI 2.231-8/2000.

II – (VETADO)[2]

---

[1] DOU 06.12.1999.

[2] MENSAGEM DE VETO 1.807/99: Impõe-se o veto das disposições acima referidas por inconstitucionalidade.

Não se faculta ao Egrégio Supremo Tribunal Federal a intervenção ilimitada e genérica em questões afetas à "interpretação ou aplicação dos regimentos internos das respectivas casas, ou regimento comum do Congresso Nacional" prevista no inciso II do parágrafo único do art. 1º. Tais questões constituem antes matéria interna corporis do Congresso Nacional. A intervenção autorizada ao Supremo Tribunal Federal no âmbito das normas constantes de regimentos internos do Poder Legislativo restringe-se àquelas em que se reproduzem normas constitucionais. Essa orientação restou assentada pelo Supremo Tribunal Federal no julgamento do Mandado de Segurança nº 22503-DF, Relator para o Acórdão Ministro Maurício Corrêa, DJ 6-6-97, p. 24872. Do mesmo modo, no julgamento do Mandado de Segurança nº 22183-DF, Relator Ministro Marco Aurélio, o Supremo Tribunal Federal assentou: "3. Decisão fundada, exclusivamente, em norma regimental referente à composição da Mesa e indicação de candidaturas para seus cargos (art. 8º). 3.1 O fundamento regimental, por ser matéria interna corporis, só pode encontrar solução no âmbito do Poder Legislativo, não ficando sujeito à apreciação do Poder Judiciário. 3.2 Inexistência de fundamento constitucional (art. 58, § 1º), caso em que a questão poderia ser submetida ao Judiciário" (DJ 12-12-97, p. 65569). Dito isso, impõe-se o veto da referida disposição por transcender o âmbito constitucionalmente autorizado de intervenção do Supremo Tribunal Federal em matéria interna corporis do Congresso Nacional. No que toca à intervenção constitucional adequada ao Supremo Tribunal Federal, seria oportuno considerar a colmatação de eventual lacuna relativa a sua admissão, em

LEI 9.882, DE 3 DE DEZEMBRO DE 1999

O texto vetado dispunha:

> "II - em face de interpretação ou aplicação dos regimentos internos das respectivas Casas, ou regimento comum do Congresso Nacional, no processo legislativo de elaboração das normas previstas no art. 59 da Constituição Federal."

Art. 2º Podem propor arguição de descumprimento de preceito fundamental:

I - os legitimados para a ação direta de inconstitucionalidade;

II - (VETADO)[3]

---

[3] se tratando da estrita fiscalização da observância das normas constitucionais relativas a processo legislativo.

MENSAGEM DE VETO 1.807/99: A disposição insere um mecanismo de acesso direto, irrestrito e individual ao Supremo Tribunal Federal sob a alegação de descumprimento de preceito fundamental por "qualquer pessoa lesada ou ameaçada por ato do Poder Público". A admissão de um acesso individual e irrestrito é incompatível com o controle concentrado de legitimidade dos atos estatais – modalidade em que se insere o instituto regulado pelo projeto de lei sob exame. A inexistência de qualquer requisito específico a ser ostentado pelo pro ponente da arguição e a generalidade do objeto da impugnação fazem presumir a elevação excessiva do número de feitos a reclamar apreciação pelo Supremo Tribunal Federal, sem a correlata exigência de relevância social e consistência jurídica das arguições propostas. Dúvida não há de que a viabilidade funcional do Supremo Tribunal Federal consubstancia um objetivo ou princípio implícito da ordem constitucional, para cuja máxima eficácia devem zelar os demais poderes e as normas infraconstitucionais. De resto, o amplo rol de entes legitimados para a promoção do controle abstrato de normas inscrito no art. 103 da Constituição Federal assegura a veiculação e a seleção qualificada das questões constitucionais de maior relevância e consistência, atuando como verdadeiros agentes de representação social e de assistência à cidadania. Cabe igualmente ao Procurador-Geral da República, em sua função precípua de Advogado da Constituição, a formalização das questões constitucionais carentes de decisão e socialmente relevantes. Afigura-se correto supor, portanto, que a existência de uma pluralidade de entes social e juridicamente legitimados para a promoção de controle de constitucionalidade – sem prejuízo do acesso individual ao controle difuso – torna desnecessário e pouco eficiente admitir-se o excesso de feitos a processar e julgar certamente decorrentes de um acesso irrestrito e individual ao Supremo Tribunal Federal. Na medida em que se multiplicam os feitos a examinar sem que se assegure sua relevância e transcendência social, o comprometimento adicional da capacidade funcional do Supremo Tribunal Federal constitui inequívoca ofensa ao interesse público. Impõe-se, portanto, seja vetada a disposição em comento.

O texto vetado dispunha:

> "II - qualquer pessoa lesada ou ameaçada por ato do Poder Público."

MENSAGEM DE VETO 1.807/99: A exigência de um juízo favorável do Procurador-Geral da República acerca da relevância e da consistência da fundamentação da representação (prevista no § 1º do art. 2º) constitui um mecanismo adequado para assegurar a legitimidade da arguição de descumprimento de preceito fundamental. A legitimidade da exigência reside não só na necessidade de resguardar a viabilidade funcional do Supremo Tribunal Federal – por meio da indagação substancial acerca da relevância e da consistência das questões a serem apreciadas – bem como em razão da inexistência de um direito subjetivo a essa prestação jurisdicional. Com efeito, ao apreciar o Mandado de Segurança nº 23565-DF (Relator Ministro Celso de Mello), asseverou ainda o Supremo Tribunal Federal: "Em suma: a eventual pretensão de terceiro, em não sofrer os efeitos derivados de norma legal ou de emenda à Constituição, ainda em fase de elaboração, e alegadamente ofensiva de qualquer das cláusulas constitucionais, não se eleva, por si só, à condição de direito líquido e certo para fins do processo mandamental e de ativação da jurisdição do Estado, especialmente – tal como no caso ocorre – se a tutela jurisdicional é invocada para paralisar o curso regular de processo de reforma da Carta Política instaurado perante órgão competente". Por outro lado, a existência de amplo rol de entes social e juridicamente legitimados para a promoção do controle abstrato de normas assegura a adequada veiculação das questões constitucionais de fundamentação relevante e consistente, sem prejuízo do amplo acesso individual ao controle difuso de constitucionalidade. Nessa medida, inexistindo direito subjetivo a um acesso imediato ao Supremo Tribunal Federal ao mesmo tempo em que se asseguram outras e amplas vias para o processo e julgamento das controvérsias constitucionais pertinentes, a admissão de um recurso ao Supremo Tribunal Federal na hipótese de indeferimento da representação desqualifica o necessário exame de relevância e consistência pelo Procurador-Geral da República e cria, em verdade, procedimento adicional e desnecessário a demandar processamento e julgamento específico. Impõe-se, destarte, o veto à disposição por contrariar o interesse público.

§ 1º Na hipótese do inciso II, faculta-se ao interessado, mediante representação, solicitar a propositura de arguição de descumprimento de preceito fundamental ao Procurador-Geral da República, que, examinando os fundamentos jurídicos do pedido, decidirá do cabimento do seu ingresso em juízo.

§ 2º (VETADO)[1]

O texto vetado dispunha:

> "§ 2º Contra o indeferimento do pedido, caberá representação ao Supremo Tribunal Federal, no prazo de cinco dias, que será processada e julgada na forma estabelecida no Regimento Interno do Supremo Tribunal Federal."

Art. 3º A petição inicial deverá conter:

I – a indicação do preceito fundamental que se considera violado;

II – a indicação do ato questionado;

III – a prova da violação do preceito fundamental;

IV – o pedido, com suas especificações;

V – se for o caso, a comprovação da existência de controvérsia judicial relevante sobre a aplicação do preceito fundamental que se considera violado.

Parágrafo único. A petição inicial, acompanhada de instrumento de mandato, se for o caso, será apresentada em duas vias, devendo conter cópias do ato questionado e dos documentos necessários para comprovar a impugnação.

Art. 4º A petição inicial será indeferida liminarmente, pelo relator, quando não for o caso de arguição de descumprimento de preceito fundamental, faltar algum dos requisitos prescritos nesta Lei ou for inepta.

§ 1º Não será admitida arguição de descumprimento de preceito fundamental quando houver qualquer outro meio eficaz de sanar a lesividade.

§ 2º Da decisão de indeferimento da petição inicial caberá agravo, no prazo de cinco dias.

Art. 5º O Supremo Tribunal Federal, por decisão da maioria absoluta de seus membros, poderá deferir pedido de medida liminar na arguição de descumprimento de preceito fundamental.

§ 1º Em caso de extrema urgência ou perigo de lesão grave, ou ainda, em período de recesso, poderá o relator conceder a liminar, *ad referendum* do Tribunal Pleno.

§ 2º O relator poderá ouvir os órgãos ou autoridades responsáveis pelo ato questionado, bem como o Advogado-Geral da União ou o Procurador-Geral da República, no prazo comum de cinco dias.

§ 3º A liminar poderá consistir na determinação de que juízes e tribunais suspendam o andamento de processo ou os efeitos de decisões judiciais, ou de qualquer outra medida que apresente relação com a matéria objeto da arguição de descumprimento de preceito fundamental, salvo se decorrente da coisa julgada.

> Vide ADI 2.231-8/2000.

§ 4º (VETADO)[4]

---

[4] MENSAGEM DO VETO 1.807/99: "Impõe-se o veto das disposições acima referidas por inconstitucionalidade.

Não se faculta ao Egrégio Supremo Tribunal Federal a intervenção ilimitada e genérica em questões afetas à "interpretação ou aplicação dos regimentos internos das respectivas casas, ou regimento comum do Congresso Nacional" prevista no inciso II do parágrafo único do art. 1º. Tais questões constituem antes matéria interna corporis do Congresso Nacional. A intervenção autorizada ao Supremo Tribunal Federal no âmbito das normas constantes de regimentos internos do Poder Legislativo restringe-se àquelas em que se reproduzem normas constitucionais. Essa orientação restou assentada pelo Supremo Tribunal Federal no julgamento do Mandado de Segurança nº 22503-DF, Relator para o Acórdão Ministro Maurício Corrêa, DJ 6-6-97, p. 24872. Do mesmo modo, no julgamento do Mandado de Segurança nº 22183-DF, Relator Ministro Marco Aurélio, o Supremo Tribunal Federal assentou: "3. Decisão fundada, exclusivamente, em norma regimental referente à composição da Mesa e indicação de candidaturas para seus cargos (art. 8º). 3.1 O fundamento regimental, por ser matéria interna corporis, só pode encontrar solução no âmbito do Poder Legislativo, não ficando sujeito à apreciação do Poder Judiciário. 3.2 Inexistência de fundamento constitucional (art. 58, § 1º), caso em que a questão poderia ser submetida ao Judiciário" (DJ 12-12-97, p. 65569). Dito isso, impõe-se o veto da referida disposição por transcender o âmbito constitucionalmente autorizado de intervenção do Supremo Tribunal Federal em matéria interna corporis do Congresso Nacional. No que toca à intervenção constitucionalmente adequada do Supremo Tribunal Federal, seria oportuno considerar a colmatação de eventual lacuna relativa a sua admissão, em se tratando da estrita fiscalização da observância das normas constitucionais relativas a processo legislativo.

LEI 9.882, DE 3 DE DEZEMBRO DE 1999

O texto vetado dispunha:

> "§ 4º Se necessário para evitar lesão à ordem constitucional ou dano irreparável ao processo de produção da norma jurídica, o Supremo Tribunal Federal poderá, na forma do caput, ordenar a suspensão do ato impugnado ou do processo legislativo a que se refira, ou ainda da promulgação ou publicação do ato legislativo dele decorrente."

Art. 6º Apreciado o pedido de liminar, o relator solicitará as informações às autoridades responsáveis pela prática do ato questionado, no prazo de dez dias.

§ 1º Se entender necessário, poderá o relator ouvir as partes nos processos que ensejaram a arguição, requisitar informações adicionais, designar perito ou comissão de peritos para que emita parecer sobre a questão, ou ainda, fixar data para declarações, em audiência pública, de pessoas com experiência e autoridade na matéria.

§ 2º Poderão ser autorizadas, a critério do relator, sustentação oral e juntada de memoriais, por requerimento dos interessados no processo.

Art. 7º Decorrido o prazo das informações, o relator lançará o relatório, com cópia a todos os ministros, e pedirá dia para julgamento.

Parágrafo único. O Ministério Público, nas arguições que não houver formulado, terá vista do processo, por cinco dias, após o decurso do prazo para informações.

Art. 8º A decisão sobre a arguição de descumprimento de preceito fundamental somente será tomada se presentes na sessão pelo menos dois terços dos Ministros.

A seu turno, impõe-se o veto do § 4º do art. 5º pelas mesmas razões aduzidas para vetar-se o inciso II do parágrafo único do art. 1º, consubstanciadas, fundamentalmente, em intervenção excessiva da jurisdição constitucional no processo legislativo, nos termos da mencionada jurisprudência do Supremo Tribunal Federal.

O art. 9º, de modo análogo, confere ao Supremo Tribunal Federal intervenção excessiva em questão interna corporis do Poder Legislativo, tal como assevarado no veto oposto ao inciso II do parágrafo único do art. 1º. Com efeito, a disposição encontra-se vinculada à admissão da ampla intervenção do Supremo Tribunal Federal nos processos legislativos in genere. Assim, opostos vetos às disposições insertas no inciso II do parágrafo único do art. 1º e ao § 4º do art. 5º, torna-se imperativo seja vetado também o art. 9º."

§ 1º (VETADO)[5]

O texto vetado dispunha:

> "§ 1º Considerar-se-á procedente ou improcedente a arguição se num ou noutro sentido se tiverem manifestado pelo menos dois terços dos Ministros.

§ 2º (VETADO)[1]

O texto vetado dispunha:

> "§ 2º Se não for alcançada a maioria necessária ao julgamento da arguição, estando ausentes Ministros em número que possa influir no julgamento, este será suspenso a fim de aguardar-se sessão plenária na qual se atinja o quorum mínimo de votos."

Art. 9º (VETADO)[6]

---

[5] MENSAGEM DE VETO 1.807/99: "O § 1º do art. 8º exige, para o exame da arguição de descumprimento de preceito fundamental, quorum superior inclusive àquele necessário para o exame do mérito de ação direta de inconstitucionalidade. Tal disposição constituirá, portanto, restrição desproporcional à celeridade, à capacidade decisória e a eficiência na prestação jurisdicional pelo Supremo Tribunal Federal. A isso, acrescente-se a consideração de que o escopo fundamental do projeto de lei sob exame reside em ampliar a eficácia e o alcance do sistema de controle de constitucionalidade, o que certamente resta frustrado diante do excessivo quorum exigido pelo dispositivo ora vetado. A fidelidade à Constituição Federal impõe o veto da disposição por interesse público, resguardando-se, ainda uma vez, a viabilidade funcional do Supremo Tribunal Federal e a presteza nas suas decisões.

Opõe-se ao § 2º do art. 8º veto decorrente do veto oposto ao § 1º do art. 8º, de cujo conteúdo normativo o § 2º encontra-se inequivocamente dependente e de cujos vícios comunga.

[6] MENSAGEM DO VETO 1.807/99: "Impõe-se o veto das disposições acima referidas por inconstitucionalidade.

Não se faculta ao Egrégio Supremo Tribunal Federal a intervenção ilimitada e genérica em questões afetas à "interpretação ou aplicação dos regimentos internos das respectivas casas, ou regimento comum do Congresso Nacional" prevista no inciso II do parágrafo único do art. 1º. Tais questões constituem antes matéria interna corporis do Congresso Nacional. A intervenção autorizada ao Supremo Tribunal Federal no âmbito das normas constantes de regimentos internos do Poder Legislativo restringe-se àquelas em que se reproduzem normas constitucionais. Essa orientação restou assentada pelo Supremo Tribunal Federal no julgamento do Mandado de Segurança nº 22503-DF, Relator para o Acórdão Ministro Maurí-

O texto vetado dispunha:

> "Art. 9º Julgando procedente a arguição, o Tribunal cassará o ato ou decisão exorbitante e, conforme o caso, anulará os atos processuais legislativos subsequentes, suspenderá os efeitos do ato ou da norma jurídica decorrente do processo legislativo impugnado, ou determinará medida adequada à preservação do preceito fundamental decorrente da Constituição."

Art. 10. Julgada a ação, far-se-á comunicação às autoridades ou órgãos responsáveis pela prática dos atos questionados, fixando-se as condições e o modo de interpretação e aplicação do preceito fundamental.

---

cio Corrêa, DJ 6-6-97, p. 24872. Do mesmo modo, no julgamento do Mandado de Segurança nº 22183-DF, Relator Ministro Marco Aurélio, o Supremo Tribunal Federal assentou: "3. Decisão fundada, exclusivamente, em norma regimental referente à composição da Mesa e indicação de candidaturas para seus cargos (art. 8º). 3.1 O fundamento regimental, por ser matéria interna corporis, só pode encontrar solução no âmbito do Poder Legislativo, não ficando sujeito à apreciação do Poder Judiciário. 3.2 Inexistência de fundamento constitucional (art. 58, § 1º), caso em que a questão poderia ser submetida ao Judiciário" (DJ 12-12-97, p. 65569). Dito isso, impõe-se o veto da referida disposição por transcender o âmbito constitucionalmente autorizado de intervenção do Supremo Tribunal Federal em matéria interna corporis do Congresso Nacional. No que toca à intervenção constitucionalmente adequada do Supremo Tribunal Federal, seria oportuno considerar a colmatação de eventual lacuna relativa a sua admissão, em se tratando da estrita fiscalização da observância das normas constitucionais relativas ao processo legislativo.

A seu turno, impõe-se o veto do § 4º do art. 5º pelas mesmas razões aduzidas para vetar-se o inciso II do parágrafo único do art. 1º, consubstanciadas, fundamentalmente, em intervenção excessiva da jurisdição constitucional no processo legislativo, nos termos da mencionada jurisprudência do Supremo Tribunal Federal.

O art. 9º, de modo análogo, confere ao Supremo Tribunal Federal intervenção excessiva em questão interna corporis do Poder Legislativo, tal como asseverado no veto oposto ao inciso II do parágrafo único do art. 1º. Com efeito, a disposição encontra-se vinculada à admissão da ampla intervenção do Supremo Tribunal Federal nos processos legislativos *in genere*. Assim, opostos vetos às disposições insertas no inciso II do parágrafo único do art. 1º e ao § 4º do art. 5º, torna-se imperativo seja vetado também o art. 9º."

§ 1º O presidente do Tribunal determinará o imediato cumprimento da decisão, lavrando-se o acórdão posteriormente.

§ 2º Dentro do prazo de dez dias contado a partir do trânsito em julgado da decisão, sua parte dispositiva será publicada em seção especial do Diário da Justiça e do Diário Oficial da União.

§ 3º A decisão terá eficácia contra todos e efeito vinculante relativamente aos demais órgãos do Poder Público.

Art. 11. Ao declarar a inconstitucionalidade de lei ou ato normativo, no processo de arguição de descumprimento de preceito fundamental, e tendo em vista razões de segurança jurídica ou de excepcional interesse social, poderá o Supremo Tribunal Federal, por maioria de dois terços de seus membros, restringir os efeitos daquela declaração ou decidir que ela só tenha eficácia a partir de seu trânsito em julgado ou de outro momento que venha a ser fixado.

Art. 12. A decisão que julgar procedente ou improcedente o pedido em arguição de descumprimento de preceito fundamental é irrecorrível, não podendo ser objeto de ação rescisória.

Art. 13. Caberá reclamação contra o descumprimento da decisão proferida pelo Supremo Tribunal Federal, na forma do seu Regimento Interno.

Art. 14. Esta Lei entra em vigor na data de sua publicação.

Brasília, 3 de dezembro de 1999; 178º da Independência e 111º da República.

Fernando Henrique Cardoso

LEI 11.417, DE 19 DE DEZEMBRO DE 2006[1]

Regulamenta o art. 103-A da Constituição Federal e altera a Lei 9.784, de 29 de janeiro de 1999, disciplinando a edição, a revisão e o cancelamento de enunciado de súmula vinculante pelo Supremo Tribunal Federal, e dá outras providências.

O Presidente da República:

Faço saber que o Congresso Nacional decreta e eu sanciono a seguinte Lei:

---

[1] *DOU* 20.12.2006.

LEI 11.417, DE 19 DE DEZEMBRO DE 2006

Art. 1º Esta Lei disciplina a edição, a revisão e o cancelamento de enunciado de súmula vinculante pelo Supremo Tribunal Federal e dá outras providências.

Art. 2º O Supremo Tribunal Federal poderá, de ofício ou por provocação, após reiteradas decisões sobre matéria constitucional, editar enunciado de súmula que, a partir de sua publicação na imprensa oficial, terá efeito vinculante em relação aos demais órgãos do Poder Judiciário e à administração pública direta e indireta, nas esferas federal, estadual e municipal, bem como proceder à sua revisão ou cancelamento, na forma prevista nesta Lei.

> Art. 5º, LXXVIII, da CF.

§ 1º O enunciado da súmula terá por objeto a validade, a interpretação e a eficácia de normas determinadas, acerca das quais haja, entre órgãos judiciários ou entre esses e a administração pública, controvérsia atual que acarrete grave insegurança jurídica e relevante multiplicação de processos sobre idêntica questão.

§ 2º O Procurador-Geral da República, nas propostas que não houver formulado, manifestar-se-á previamente à edição, revisão ou cancelamento de enunciado de súmula vinculante.

§ 3º A edição, a revisão e o cancelamento de enunciado de súmula com efeito vinculante dependerão de decisão tomada por 2/3 (dois terços) dos membros do Supremo Tribunal Federal, em sessão plenária.

§ 4º No prazo de 10 (dez) dias após a sessão em que editar, rever ou cancelar enunciado de súmula com efeito vinculante, o Supremo Tribunal Federal fará publicar, em seção especial do Diário da Justiça e do Diário Oficial da União, o enunciado respectivo.

Art. 3º São legitimados a propor a edição, a revisão ou o cancelamento de enunciado de súmula vinculante:

I – o Presidente da República;

II – a Mesa do Senado Federal;

III – a Mesa da Câmara dos Deputados;

IV – o Procurador-Geral da República;

V – o Conselho Federal da Ordem dos Advogados do Brasil;

VI – o Defensor Público Geral da União;

VII – partido político com representação no Congresso Nacional;

VIII – confederação sindical ou entidade de classe de âmbito nacional;

IX – a Mesa de Assembleia Legislativa ou da Câmara Legislativa do Distrito Federal;

X – o Governador de Estado ou do Distrito Federal;

XI – os Tribunais Superiores, os Tribunais de Justiça de Estados ou do Distrito Federal e Territórios, os Tribunais Regionais Federais, os Tribunais Regionais do Trabalho, os Tribunais Regionais Eleitorais e os Tribunais Militares.

§ 1º O Município poderá propor, incidentalmente ao curso de processo em que seja parte, a edição, a revisão ou o cancelamento de enunciado de súmula vinculante, o que não autoriza a suspensão do processo.

§ 2º No procedimento de edição, revisão ou cancelamento de enunciado da súmula vinculante, o relator poderá admitir, por decisão irrecorrível, a manifestação de terceiros na questão, nos termos do Regimento Interno do Supremo Tribunal Federal.

Art. 4º A súmula com efeito vinculante tem eficácia imediata, mas o Supremo Tribunal Federal, por decisão de 2/3 (dois terços) dos seus membros, poderá restringir os efeitos vinculantes ou decidir que só tenha eficácia a partir de outro momento, tendo em vista razões de segurança jurídica ou de excepcional interesse público.

Art. 5º Revogada ou modificada a lei em que se fundou a edição de enunciado de súmula vinculante, o Supremo Tribunal Federal, de ofício ou por provocação, procederá à sua revisão ou cancelamento, conforme o caso.

Art. 6º A proposta de edição, revisão ou cancelamento de enunciado de súmula vinculante não autoriza a suspensão dos processos em que se discuta a mesma questão.

Art. 7º Da decisão judicial ou do ato administrativo que contrariar enunciado de súmula vinculante, negar-lhe vigência ou aplicá-lo indevidamente caberá reclamação ao Supremo Tribunal Federal, sem prejuízo dos recursos ou outros meios admissíveis de impugnação.

§ 1º Contra omissão ou ato da administração pública, o uso da reclamação só será admitido após esgotamento das vias administrativas.

§ 2º Ao julgar procedente a reclamação, o Supremo Tribunal Federal anulará o ato administrativo ou cassará a decisão judicial impugnada, determinando que outra seja proferida com ou sem aplicação da súmula, conforme o caso.

Art. 8º O art. 56 da Lei 9.784, de 29 de janeiro de 1999, passa a vigorar acrescido do seguinte § 3º:

> Alterações incorporadas no texto da referida Lei.

Art. 9º A Lei 9.784, de 29 de janeiro de 1999, passa a vigorar acrescida dos seguintes arts. 64-A e 64-B:

> Alterações incorporadas no texto da referida Lei.

Art. 10. O procedimento de edição, revisão ou cancelamento de enunciado de súmula com efeito vinculante obedecerá, subsidiariamente, ao disposto no Regimento Interno do Supremo Tribunal Federal.

Art. 11. Esta Lei entra em vigor 3 (três) meses após a sua publicação.

Brasília, 19 de dezembro de 2006; 185º da Independência e 118º da República.

Luiz Inácio Lula da Silva

LEI 12.016, DE 7 DE AGOSTO DE 2009[1]

Disciplina o mandado de segurança individual e coletivo e dá outras providências.

> Arts. 5º, LXIX e LXX, 102, I, d, e II, a, 105, I, b, e II, b, 108, I, c, 109, VIII, e 121, § 4º, V, da CF.
> Lei 8.437/1992 (Medidas Cautelares).
> Lei 9.494/1997 (Tutela antecipada contra a Fazenda Pública).
> Súmulas 622 a 632 do STF.
> Súmulas 41 e 460 do STJ.
> Lei 13.300/2016 (Mandado de Injunção Individual e Coletivo).

O Presidente da República. Faço saber que o Congresso Nacional decreta e eu sanciono a seguinte Lei:

Art. 1º Conceder-se-á mandado de segurança para proteger direito líquido e certo, não amparado por *habeas corpus* ou *habeas data*, sempre que, ilegalmente ou com abuso de poder, qualquer pessoa física ou jurídica sofrer violação ou houver justo receio de sofrê-la por parte de autoridade, seja de que categoria for e sejam quais forem as funções que exerça.

> Art. 5º, LXVIII, LXIX e LXX, da CF.
> Arts. 647 e ss. do CPP.
> Lei 9.507/1997 (*Habeas data*).
> Súmula 460 do STJ.
> Súmula 625 do STF.

§ 1º Equiparam-se às autoridades, para os efeitos desta Lei, os representantes ou órgãos de partidos políticos e os administradores de entidades autárquicas, bem como os dirigentes de pessoas jurídicas ou as pessoas naturais no exercício de atribuições do poder público, somente no que disser respeito a essas atribuições.

> Súmula 333 do STJ.

§ 2º Não cabe mandado de segurança contra os atos de gestão comercial praticados pelos administradores de empresas públicas, de sociedade de economia mista e de concessionárias de serviço público.

§ 3º Quando o direito ameaçado ou violado couber a várias pessoas, qualquer delas poderá requerer o mandado de segurança.

Art. 2º Considerar-se-á federal a autoridade coatora se as consequências de ordem patrimonial do ato contra o qual se requer o mandado houverem de ser suportadas pela União ou entidade por ela controlada.

Art. 3º O titular de direito líquido e certo decorrente de direito, em condições idênticas, de terceiro poderá impetrar mandado de segurança a favor do direito originário, se o seu titular não o fizer, no prazo de 30 (trinta) dias, quando notificado judicialmente.

Parágrafo único. O exercício do direito previsto no *caput* deste artigo submete-se ao prazo fixado no art. 23 desta Lei, contado da notificação.

Art. 4º Em caso de urgência, é permitido, observados os requisitos legais, impetrar mandado de segurança por telegrama, radiograma, fax ou outro meio eletrônico de autenticidade comprovada.

§ 1º Poderá o juiz, em caso de urgência, notificar a autoridade por telegrama, radiograma ou outro meio que assegure a autenticidade do documento e a imediata ciência pela autoridade.

> Art. 11 desta Lei.

§ 2º O texto original da petição deverá ser apresentado nos 5 (cinco) dias úteis seguintes.

§ 3º Para os fins deste artigo, em se tratando de documento eletrônico, serão observadas as regras da Infraestrutura de Chaves Públicas Brasileira – ICP-Brasil.

> Lei 11.419/2006 (Informatização do processo judicial).

Art. 5º Não se concederá mandado de segurança quando se tratar:

---

[1] DOU 10.08.2009.

I – de ato do qual caiba recurso administrativo com efeito suspensivo, independentemente de caução;
> Art. 5º, XXXV, da CF.
> Súmula 429 do STF.

II – de decisão judicial da qual caiba recurso com efeito suspensivo;
> Súmula 267 do STF.
> Súmula 202 do STJ.

III – de decisão judicial transitada em julgado.
> Súmula 268 do STF.

Parágrafo único. Vetado.

Art. 6º A petição inicial, que deverá preencher os requisitos estabelecidos pela lei processual, será apresentada em 2 (duas) vias com os documentos que instruírem a primeira reproduzidos na segunda e indicará, além da autoridade coatora, a pessoa jurídica que esta integra, à qual se acha vinculada ou da qual exerce atribuições.

§ 1º No caso em que o documento necessário à prova do alegado se ache em repartição ou estabelecimento público ou em poder de autoridade que se recuse a fornecê-lo por certidão ou de terceiro, o juiz ordenará, preliminarmente, por ofício, a exibição desse documento em original ou em cópia autêntica e marcará, para o cumprimento da ordem, o prazo de 10 (dez) dias. O escrivão extrairá cópias do documento para juntá-las à segunda via da petição.
> Art. 438 do CPC 2015.

§ 2º Se a autoridade que tiver procedido dessa maneira for a própria coatora, a ordem far-se-á no próprio instrumento da notificação.

§ 3º Considera-se autoridade coatora aquela que tenha praticado o ato impugnado ou da qual emane a ordem para a sua prática.
> Súmula 627 do STF.

§ 4º Vetado.

§ 5º Denega-se o mandado de segurança nos casos previstos pelo art. 267 da Lei 5.869, de 11 de janeiro de 1973 – Código de Processo Civil.
> O art. 267 refere-se ao revogado CPC de 1973, que corresponde ao art. 485 do CPC/2015.

§ 6º O pedido de mandado de segurança poderá ser renovado dentro do prazo decadencial, se a decisão denegatória não lhe houver apreciado o mérito.
> Art. 23 desta Lei.

Art. 7º Ao despachar a inicial, o juiz ordenará:
> Art. 319 do CPC 2015.

I – que se notifique o coator do conteúdo da petição inicial, enviando-lhe a segunda via apresentada com as cópias dos documentos, a fim de que, no prazo de 10 (dez) dias, preste as informações;
> Art. 12 desta Lei.

II – que se dê ciência do feito ao órgão de representação judicial da pessoa jurídica interessada, enviando-lhe cópia da inicial sem documentos, para que, querendo, ingresse no feito;

III – que se suspenda o ato que deu motivo ao pedido, quando houver fundamento relevante e do ato impugnado puder resultar a ineficácia da medida, caso seja finalmente deferida, sendo facultado exigir do impetrante caução, fiança ou depósito, com o objetivo de assegurar o ressarcimento à pessoa jurídica.
> Art. 151, IV, do CTN.
> Súmula 405 do STF.

§ 1º Da decisão do juiz de primeiro grau que conceder ou denegar a liminar caberá agravo de instrumento, observado o disposto na Lei 5.869, de 11 de janeiro de 1973 – Código de Processo Civil.
> A Lei 5.869/1973 foi revogada pela Lei 13.105/2015.
> Arts. 1.016 e ss., do CPC/2015.

§ 2º Não será concedida medida liminar que tenha por objeto a compensação de créditos tributários, a entrega de mercadorias e bens provenientes do exterior, a reclassificação ou equiparação de servidores públicos e a concessão de aumento ou a extensão de vantagens ou pagamento de qualquer natureza.
> Art. 170-A do CTN.
> O STF, por maioria, julgou parcialmente procedente a ADIN 4.296 para declarar a inconstitucionalidade deste parágrafo. (DOU 28.06.2021).
> Lei 2.770/1956 (Medidas liminares nas ações e procedimentos judiciais que visem à liberação de bens de procedência estrangeira).
> Art. 1º, § 4º, da Lei 8.437/1992 (Medidas Cautelares).
> Art. 2º-B da Lei 9.494/1997 (Tutela antecipada contra a Fazenda Pública).
> Súmulas 212 e 213 do STJ.

§ 3º Os efeitos da medida liminar, salvo se revogada ou cassada, persistirão até a prolação da sentença.

§ 4º Deferida a medida liminar, o processo terá prioridade para julgamento.

§ 5º As vedações relacionadas com a concessão de liminares previstas neste artigo se estendem à tutela antecipada a que se referem os arts. 273 e 461 da Lei 5.869, de 11 de janeiro de 1973 – Código de Processo Civil.
> Os arts. 273 e 461 referem-se ao revogado CPC de 1973
> Arts. 294, 300 e 497 do CPC/2015.

Art. 8º Será decretada a perempção ou caducidade da medida liminar ex officio ou a requerimento do Ministério Público quando, concedida a medida, o impetrante criar obstáculo ao normal andamento do processo ou deixar de promover, por mais de 3 (três) dias úteis, os atos e as diligências que lhe cumprirem.
> Súmula 631 do STF.

Art. 9º As autoridades administrativas, no prazo de 48 (quarenta e oito) horas da notificação da medida liminar, remeterão ao Ministério ou órgão a que se acham subordinadas e ao Advogado-Geral da União ou a quem tiver a representação judicial da União, do Estado, do Município ou da entidade apontada como coatora cópia autenticada do mandado notificatório, assim como indicações e elementos outros necessários às providências a serem tomadas para a eventual suspensão da medida e defesa do ato apontado como ilegal ou abusivo de poder.

Art. 10. A inicial será desde logo indeferida, por decisão motivada, quando não for o caso de mandado de segurança ou lhe faltar algum dos requisitos legais ou quando decorrido o prazo legal para a impetração.

§ 1º Do indeferimento da inicial pelo juiz de primeiro grau caberá apelação e, quando a competência para o julga mento do mandado de segurança couber originariamente a um dos tribunais, do ato do relator caberá agravo para o órgão competente do tribunal que integre.
> Arts. 1.009 a 1.014 do CPC 2015.
> Súmula 41 do STJ.

§ 2º O ingresso de litisconsorte ativo não será admitido após o despacho da petição inicial.

Art. 11. Feitas as notificações, o serventuário em cujo cartório corra o feito juntará aos autos cópia autêntica dos ofícios endereçados ao coator e ao órgão de representação judicial da pessoa jurídica interessada, bem como a prova da entrega a estes ou da sua recusa em aceitá-los ou dar recibo e, no caso do art. 4º desta Lei, a comprovação da remessa.

Art. 12. Findo o prazo a que se refere o inciso I do caput do art. 7º desta Lei, o juiz ouvirá o representante do Ministério Público, que opinará, dentro do prazo improrrogável de 10 (dez) dias.

Parágrafo único. Com ou sem o parecer do Ministério Público, os autos serão conclusos ao juiz, para a decisão, a qual deverá ser necessariamente proferida em 30 (trinta) dias.

Art. 13. Concedido o mandado, o juiz transmitirá em ofício, por intermédio do oficial do juízo, ou pelo correio, mediante correspondência com aviso de recebimento, o inteiro teor da sentença à autoridade coatora e à pessoa jurídica interessada.

Parágrafo único. Em caso de urgência, poderá o juiz observar o disposto no art. 4º desta Lei.

Art. 14. Da sentença, denegando ou concedendo o mandado, cabe apelação.
> Arts. 1.009 a 1.014 do CPC 2015.
> Súmula 405 do STF.
> Súmulas 169 e 177 do STJ.

§ 1º Concedida a segurança, a sentença estará sujeita obrigatoriamente ao duplo grau de jurisdição.
> Art. 496 do CPC 2015.

§ 2º Estende-se à autoridade coatora o direito de recorrer.

§ 3º A sentença que conceder o mandado de segurança pode ser executada provisoriamente, salvo nos casos em que for vedada a concessão da medida liminar.
> Art. 7º, § 2º, desta Lei.
> Art. 520 do CPC 2015.

§ 4º O pagamento de vencimentos e vantagens pecuniárias assegurados em sentença concessiva de mandado de segurança a servidor público da administração direta ou autárquica federal, estadual e municipal somente será efetuado relativamente às prestações que se vencerem a contar da data do ajuizamento da inicial.

Art. 15. Quando, a requerimento de pessoa jurídica de direito público interessada ou do Ministério Público e para evitar grave lesão à ordem, à saúde, à segurança e à economia públicas, o presidente do tribunal ao qual couber o conhecimento do respectivo recurso suspender, em decisão fundamentada, a execução da liminar e da sentença, dessa decisão caberá agravo, sem efeito suspensivo, no prazo de 5 (cinco) dias, que será levado a julgamento na sessão seguinte à sua interposição.

> Art. 25 da Lei 8.038/1990 (Normas procedimentais para os processos perante o STJ e o STF).
> Art. 4º da Lei 8.437/1992 (Medidas Cautelares).
> Súmula 626 do STF.

§ 1º Indeferido o pedido de suspensão ou provido o agravo a que se refere o *caput* deste artigo, caberá novo pedido de suspensão ao presidente do tribunal competente para conhecer de eventual recurso especial ou extraordinário.

§ 2º É cabível também o pedido de suspensão a que se refere o § 1º deste artigo, quando negado provimento a agravo de instrumento interposto contra a liminar a que se refere este artigo.

§ 3º A interposição de agravo de instrumento contra liminar concedida nas ações movidas contra o poder público e seus agentes não prejudica nem condiciona o julgamento do pedido de suspensão a que se refere este artigo.

§ 4º O presidente do tribunal poderá conferir ao pedido efeito suspensivo liminar se constatar, em juízo prévio, a plausibilidade do direito invocado e a urgência na concessão da medida.

§ 5º As liminares cujo objeto seja idêntico poderão ser suspensas em uma única decisão, podendo o presidente do tribunal estender os efeitos da suspensão a liminares supervenientes, mediante simples aditamento do pedido original.

Art. 16. Nos casos de competência originária dos tribunais, caberá ao relator a instrução do processo, sendo assegurada a defesa oral na sessão de julgamento do mérito ou do pedido liminar.

> *Caput* com redação pela Lei 13.676/2018.
> Súmula 624 do STF.

Parágrafo único. Da decisão do relator que conceder ou denegar a medida liminar caberá agravo ao órgão com petente do tribunal que integre.

> Súmula 622 do STF.

Art. 17. Nas decisões proferidas em mandado de segurança e nos respectivos recursos, quando não publicado, no prazo de 30 (trinta) dias, contado da data do julgamento, o acórdão será substituído pelas respectivas notas taquigráficas, independentemente de revisão.

Art. 18. Das decisões em mandado de segurança proferidas em única instância pelos tribunais cabe recurso especial e extraordinário, nos casos legalmente previstos, e recurso ordinário, quando a ordem for denegada.

> Arts. 102, III, e 105, III, da CF.
> Arts. 1.029 e ss., do CPC.
> Arts. 33 a 35 da Lei 8.038/1990 (Normas procedimentais para os processos perante o STJ e o STF).

Art. 19. A sentença ou o acórdão que denegar mandado de segurança, sem decidir o mérito, não impedirá que o requerente, por ação própria, pleiteie os seus direitos e os respectivos efeitos patrimoniais.

> Súmulas 271 e 304 do STF.

Art. 20. Os processos de mandado de segurança e os respectivos recursos terão prioridade sobre todos os atos judiciais, salvo *habeas corpus*.

§ 1º Na instância superior, deverão ser levados a julgamento na primeira sessão que se seguir à data em que forem conclusos ao relator.

§ 2º O prazo para a conclusão dos autos não poderá exceder de 5 (cinco) dias.

Art. 21. O mandado de segurança coletivo pode ser impetrado por partido político com representação no Congresso Nacional, na defesa de seus interesses legítimos relativos a seus integrantes ou à finalidade partidária, ou por organização sindical, entidade de classe ou associação legalmente constituída e em funcionamento há, pelo menos, 1 (um) ano, em defesa de direitos líquidos e certos da totalidade, ou de parte, dos seus membros ou associados, na forma dos seus estatutos e desde que pertinentes às suas finalidades, dispensada, para tanto, autorização especial.

> Art. 5º, LXX, da CF.
> Súmulas 629 e 630 do STF.

Parágrafo único. Os direitos protegidos pelo mandado de segurança coletivo podem ser:

I – coletivos, assim entendidos, para efeito desta Lei, os transindividuais, de natureza indivisível, de que seja titular grupo ou categoria de pessoas ligadas entre si ou com a parte contrária por uma relação jurídica básica;

II – individuais homogêneos, assim entendidos, para efeito desta Lei, os decorrentes de origem comum e da atividade ou situação específica da totalidade ou de parte dos associados ou membros do impetrante.

> Art. 2º-A da Lei 9.494/1997 (Tutela antecipada contra a Fazenda Pública).
> Súmula 630 do STF.

Art. 22. No mandado de segurança coletivo, a sentença fará coisa julgada limitadamente aos membros do grupo ou categoria substituídos pelo impetrante.

> Art. 81 da Lei 8.078/1990 (Código de Defesa do Consumidor – CDC).
> Art. 2º-A da Lei 9.494/1997 (Tutela antecipada contra a Fazenda Pública).

§ 1º O mandado de segurança coletivo não induz litispendência para as ações individuais, mas os efeitos da coisa julgada não beneficiarão o impetrante a título individual se não requerer a desistência de seu mandado de segurança no prazo de 30 (trinta) dias a contar da ciência comprovada da impetração da segurança coletiva.

§ 2º No mandado de segurança coletivo, a liminar só poderá ser concedida após a audiência do representante judicial da pessoa jurídica de direito público, que deverá se pronunciar no prazo de 72 (setenta e duas) horas.

> O STF, por maioria, julgou parcialmente procedente a ADIN 4.296 para declarar a inconstitucionalidade deste parágrafo. (*DOU 28.06.2021*)
> Art. 2º da Lei 8.437/1992 (Medidas Cautelares).

Art. 23. O direito de requerer mandado de segurança extinguir-se-á decorridos 120 (cento e vinte) dias, contados da ciência, pelo interessado, do ato impugnado.

> Art. 6º, § 6º, desta Lei.
> Súmula 632 do STF.

Art. 24. Aplicam-se ao mandado de segurança os arts. 46 a 49 da Lei 5.869, de 11 de janeiro de 1973 – Código de Processo Civil.

> Arts. 46 a 49 referem-se ao revogado CPC de 1973, que correspondem aos arts. 113 a 118 do CPC/2015.
> Súmula 631 do STF.

Art. 25. Não cabem, no processo de mandado de segurança, a interposição de embargos infringentes e a condenação ao pagamento dos honorários advocatícios, sem prejuízo da aplicação de sanções no caso de litigância de má-fé.

> Súmulas 294, 512 e 597 do STF.
> Súmulas 105 e 169 do STJ.

Art. 26. Constitui crime de desobediência, nos termos do art. 330 do Decreto-lei 2.848, de 7 de dezembro de 1940, o não cumprimento das decisões proferidas em mandado de segurança, sem prejuízo das sanções administrativas e da aplicação da Lei 1.079, de 10 de abril de 1950, quando cabíveis.

Art. 27. Os regimentos dos tribunais e, no que couber, as leis de organização judiciária deverão ser adaptados às disposições desta Lei no prazo de 180 (cento e oitenta) dias, contado de sua publicação.

Art. 28. Esta Lei entra em vigor na data de sua publicação.

Art. 29. Revogam-se as Leis 1.533, de 31 de dezembro de 1951, 4.166, de 4 de dezembro de 1962, 4.348, de 26 de junho de 1964, 5.021, de 9 de junho de 1966; o art. 3º da Lei 6.014, de 27 de dezembro de 1973, o art. 1º da Lei 6.071, de 3 de julho de 1974, o art. 12 da Lei 6.978, de 19 de janeiro de 1982, e o art. 2º da Lei 9.259, de 9 de janeiro de 1996.

Brasília, 7 de agosto de 2009; 188º da Independência e 121º da República.

Luiz Inácio Lula da Silva

DECRETO 6.949, DE 25 DE AGOSTO DE 2009[1]

Promulga a Convenção Internacional sobre os Direitos das Pessoas com Deficiência e seu Protocolo Facultativo, assinados em Nova York, em 30 de março de 2007.

O PRESIDENTE DA REPÚBLICA, no uso da atribuição que lhe confere o art. 84, inciso IV, da Constituição, e

Considerando que o Congresso Nacional aprovou, por meio do Decreto Legislativo 186, de 9 de julho de 2008, conforme o procedimento do § 3º do art. 5º da Constituição, a Convenção sobre os Direitos das Pessoas com Deficiência e seu Protocolo Facultativo, assinados em Nova York, em 30 de março de 2007;

Considerando que o Governo brasileiro depositou o instrumento de ratificação dos referidos atos junto ao Secretário-Geral das Nações Unidas em 1º de agosto de 2008;

Considerando que os atos internacionais em apreço entraram em vigor para o Brasil, no plano jurídico externo, em 31 de agosto de 2008;

DECRETA:

Art. 1º A Convenção sobre os Direitos das Pessoas com Deficiência e seu Protocolo Facultativo, apensos por cópia ao presente Decreto, serão executados e cumpridos tão inteiramente como neles se contém.

Art. 2º São sujeitos à aprovação do Congresso Nacional quaisquer atos que possam resultar em revisão dos referidos diplomas internacionais ou que acarretem encargos ou compromissos gravosos ao patrimônio nacional, nos termos do art. 49, inciso I, da Constituição.

---
[1] *DOU* de 26.8.2009.

Art. 3º Este Decreto entra em vigor na data de sua publicação.

Brasília, 25 de agosto de 2009; 188º da Independência e 121º da República.

Luiz Inácio Lula Da Silva

CONVENÇÃO SOBRE OS DIREITOS DAS PESSOAS COM DEFICIÊNCIA

Preâmbulo

Os Estados-Partes da presente Convenção,

a) *Relembrando* os princípios consagrados na Carta das Nações Unidas, que reconhecem a dignidade e o valor inerentes e os direitos iguais e inalienáveis de todos os membros da família humana como o fundamento da liberdade, da justiça e da paz no mundo,

b) *Reconhecendo* que as Nações Unidas, na Declaração Universal dos Direitos Humanos e nos Pactos Internacionais sobre Direitos Humanos, proclamaram e concordaram que toda pessoa faz jus a todos os direitos e liberdades ali estabelecidos, sem distinção de qualquer espécie,

c) *Reafirmando* a universalidade, a indivisibilidade, a interdependência e a inter-relação de todos os direitos humanos e liberdades fundamentais, bem como a necessidade de garantir que todas as pessoas com deficiência os exerçam plenamente, sem discriminação,

d) *Relembrando* o Pacto Internacional dos Direitos Econômicos, Sociais e Culturais, o Pacto Internacional dos Direitos Civis e Políticos, a Convenção Internacional sobre a Eliminação de Todas as Formas de Discriminação Racial, a Convenção sobre a Eliminação de todas as Formas de Discriminação contra a Mulher, a Convenção contra a Tortura e Outros Tratamentos ou Penas Cruéis, Desumanos ou Degradantes, a Convenção sobre os Direitos da Criança e a Convenção Internacional sobre a Proteção dos Direitos de Todos os Trabalhadores Migrantes e Membros de suas Famílias,

e) *Reconhecendo* que a deficiência é um conceito em evolução e que a deficiência resulta da interação entre pessoas com deficiência e as barreiras devidas às atitudes e ao ambiente que impedem a plena e efetiva participação dessas pessoas na sociedade em igualdade de oportunidades com as demais pessoas,

f) *Reconhecendo* a importância dos princípios e das diretrizes de política, contidos no Programa de Ação Mundial para as Pessoas Deficientes e nas Normas sobre a Equiparação de Oportunidades para Pessoas com Deficiência, para influenciar a promoção, a formulação e a avaliação de políticas, planos, programas e ações em níveis nacional, regional e internacional para possibilitar maior igualdade de oportunidades para pessoas com deficiência,

g) *Ressaltando* a importância de trazer questões relativas à deficiência ao centro das preocupações da sociedade como parte integrante das estratégias relevantes de desenvolvimento sustentável,

h) *Reconhecendo* também que a discriminação contra qualquer pessoa, por motivo de deficiência, configura violação da dignidade e do valor inerentes ao ser humano,

i) *Reconhecendo* ainda a diversidade das pessoas com deficiência,

j) *Reconhecendo* a necessidade de promover e proteger os direitos humanos de todas as pessoas com deficiência, inclusive daquelas que requerem maior apoio,

k) *Preocupados* com o fato de que, não obstante esses diversos instrumentos e compromissos, as pessoas com deficiência continuam a enfrentar barreiras contra sua participação como membros iguais da sociedade e violações de seus direitos humanos em todas as partes do mundo,

l) *Reconhecendo* a importância da cooperação internacional para melhorar as condições de vida das pessoas com deficiência em todos os países, particularmente naqueles em desenvolvimento,

m) *Reconhecendo* as valiosas contribuições existentes e potenciais das pessoas com deficiência ao bem-estar comum e à diversidade de suas comunidades, e que a promoção do pleno exercício, pelas pessoas com deficiência, de seus direitos humanos e liberdades fundamentais e de sua plena participação na sociedade resultará no fortalecimento de seu senso de pertencimento à sociedade e no significativo avanço do desenvolvimento humano, social e econômico da sociedade, bem como na erradicação da pobreza,

n) *Reconhecendo* a importância, para as pessoas com deficiência, de sua autonomia e independência individuais, inclusive da liberdade para fazer as próprias escolhas,

o) *Considerando* que as pessoas com deficiência devem ter a oportunidade de participar ativamente das decisões relativas a programas e políticas, inclusive aos que lhes dizem respeito diretamente,

p) Preocupados com as difíceis situações enfrentadas por pessoas com deficiência que estão sujeitas a formas múltiplas ou agravadas de discriminação por causa de raça, cor, sexo, idioma, religião, opiniões políticas ou de outra natureza, origem nacional, étnica, nativa ou social, propriedade, nascimento, idade ou outra condição,

q) Reconhecendo que mulheres e meninas com deficiência estão frequentemente expostas a maiores riscos, tanto no lar como fora dele, de sofrer violência, lesões ou abuso, descaso ou tratamento negligente, maus-tratos ou exploração,

r) Reconhecendo que as crianças com deficiência devem gozar plenamente de todos os direitos humanos e liberdades fundamentais em igualdade de oportunidades com as outras crianças e relembrando as obrigações assumidas com esse fim pelos Estados-Partes na Convenção sobre os Direitos da Criança,

s) Ressaltando a necessidade de incorporar a perspectiva de gênero aos esforços para promover o pleno exercício dos direitos humanos e liberdades fundamentais por parte das pessoas com deficiência,

t) Salientando o fato de que a maioria das pessoas com deficiência vive em condições de pobreza e, nesse sentido, reconhecendo a necessidade crítica de lidar com o impacto negativo da pobreza sobre pessoas com deficiência,

u) Tendo em mente que as condições de paz e segurança baseadas no pleno respeito aos propósitos e princípios consagrados na Carta das Nações Unidas e a observância dos instrumentos de direitos humanos são indispensáveis para a total proteção das pessoas com deficiência, particularmente durante conflitos armados e ocupação estrangeira,

v) Reconhecendo a importância da acessibilidade aos meios físico, social, econômico e cultural, à saúde, à educação e à informação e comunicação, para possibilitar às pessoas com deficiência o pleno gozo de todos os direitos humanos e liberdades fundamentais,

w) Conscientes de que a pessoa tem deveres para com outras pessoas e para com a comunidade a que pertence e que, portanto, tem a responsabilidade de esforçar-se para a promoção e a observância dos direitos reconhecidos na Carta Internacional dos Direitos Humanos,

x) Convencidos de que a família é o núcleo natural e fundamental da sociedade e tem o direito de receber a proteção da sociedade e do Estado e de que as pessoas com deficiência e seus familiares devem receber a proteção e a assistência necessárias para tornar as famílias capazes de contribuir para o exercício pleno e equitativo dos direitos das pessoas com deficiência,

y) Convencidos de que uma convenção internacional geral e integral para promover e proteger os direitos e a dignidade das pessoas com deficiência prestará significativa contribuição para corrigir as profundas desvantagens sociais das pessoas com deficiência e para promover sua participação na vida econômica, social e cultural, em igualdade de oportunidades, tanto nos países em desenvolvimento como nos desenvolvidos,

Acordaram o seguinte:

Artigo 1
Propósito

O propósito da presente Convenção é promover, proteger e assegurar o exercício pleno e equitativo de todos os direitos humanos e liberdades fundamentais por todas as pessoas com deficiência e promover o respeito pela sua dignidade inerente.

Pessoas com deficiência são aquelas que têm impedimentos de longo prazo de natureza física, mental, intelectual ou sensorial, os quais, em interação com diversas barreiras, podem obstruir sua participação plena e efetiva na sociedade em igualdades de condições com as demais pessoas.

Artigo 2
Definições

Para os propósitos da presente Convenção:

"Comunicação" abrange as línguas, a visualização de textos, o braille, a comunicação tátil, os caracteres ampliados, os dispositivos de multimídia acessível, assim como a linguagem simples, escrita e oral, os sistemas auditivos e os meios de voz digitalizada e os modos, meios e formatos aumentativos e alternativos de comunicação, inclusive a tecnologia da informação e comunicação acessíveis;

"Língua" abrange as línguas faladas e de sinais e outras formas de comunicação não falada;

"Discriminação por motivo de deficiência" significa qualquer diferenciação, exclusão ou restrição baseada em deficiência, com o propósito ou efeito de impedir ou impossibilitar o reconhecimento, o desfrute ou o exercício, em igualdade de oportunidades com as demais pessoas, de todos os direitos humanos e liberdades fundamentais nos âmbitos político, econômico, social, cultural, civil ou qualquer outro. Abrange todas as formas de discriminação, inclusive a recusa de adaptação razoável;

"Adaptação razoável" significa as modificações e os ajustes necessários e adequados que não acarretem ônus desproporcional ou indevido, quando requeridos em cada caso, a fim de assegurar que as pessoas com deficiência possam gozar ou exercer, em igualdade de oportunidades com as demais pessoas, todos os direitos humanos e liberdades fundamentais;

"Desenho universal" significa a concepção de produtos, ambientes, programas e serviços a serem usados, na maior medida possível, por todas as pessoas, sem necessidade de adaptação ou projeto específico. O "desenho universal" não excluirá as ajudas técnicas para grupos específicos de pessoas com deficiência, quando necessárias.

Artigo 3
Princípios gerais

Os princípios da presente Convenção são:

a) O respeito pela dignidade inerente, a autonomia individual, inclusive a liberdade de fazer as próprias escolhas, e a independência das pessoas;

b) A não discriminação;

c) A plena e efetiva participação e inclusão na sociedade;

d) O respeito pela diferença e pela aceitação das pessoas com deficiência como parte da diversidade humana e da humanidade;

e) A igualdade de oportunidades;

f) A acessibilidade;

g) A igualdade entre o homem e a mulher;

h) O respeito pelo desenvolvimento das capacidades das crianças com deficiência e pelo direito das crianças com deficiência de preservar sua identidade.

Artigo 4
Obrigações gerais

1. Os Estados-Partes se comprometem a assegurar e promover o pleno exercício de todos os direitos humanos e liberdades fundamentais por todas as pessoas com deficiência, sem qualquer tipo de discriminação por causa de sua deficiência. Para tanto, os Estados-Partes se comprometem a:

a) Adotar todas as medidas legislativas, administrativas e de qualquer outra natureza, necessárias para a realização dos direitos reconhecidos na presente Convenção;

b) Adotar todas as medidas necessárias, inclusive legislativas, para modificar ou revogar leis, regulamentos, costumes e práticas vigentes, que constituírem discriminação contra pessoas com deficiência;

c) Levar em conta, em todos os programas e políticas, a proteção e a promoção dos direitos humanos das pessoas com deficiência;

d) Abster-se de participar em qualquer ato ou prática incompatível com a presente Convenção e assegurar que as autoridades públicas e instituições atuem em conformidade com a presente Convenção;

e) Tomar todas as medidas apropriadas para eliminar a discriminação baseada em deficiência, por parte de qualquer pessoa, organização ou empresa privada;

f) Realizar ou promover a pesquisa e o desenvolvimento de produtos, serviços, equipamentos e instalações com desenho universal, conforme definidos no Artigo 2 da presente Convenção, que exijam o mínimo possível de adaptação e cujo custo seja o mínimo possível, destinados a atender às necessidades específicas de pessoas com deficiência, a promover sua disponibilidade e seu uso e a promover o desenho universal quando da elaboração de normas e diretrizes;

g) Realizar ou promover a pesquisa e o desenvolvimento, bem como a disponibilidade e o emprego de novas tecnologias, inclusive as tecnologias da informação e comunicação, ajudas técnicas para locomoção, dispositivos e tecnologias assistivas, adequados a pessoas com deficiência, dando prioridade a tecnologias de custo acessível;

h) Propiciar informação acessível para as pessoas com deficiência a respeito de ajudas técnicas para locomoção, dispositivos e tecnologias assistivas, incluindo novas tecnologias bem como outras formas de assistência, serviços de apoio e instalações;

i) Promover a capacitação em relação aos direitos reconhecidos pela presente Convenção dos profissionais e equipes que trabalham com pessoas com deficiência, de forma a melhorar a prestação de assistência e serviços garantidos por esses direitos.

2. Em relação aos direitos econômicos, sociais e culturais, cada Estado-Parte se compro-

mete a tomar medidas, tanto quanto permitirem os recursos disponíveis e, quando necessário, no âmbito da cooperação internacional, a fim de assegurar progressivamente o pleno exercício desses direitos, sem prejuízo das obrigações contidas na presente Convenção que forem imediatamente aplicáveis de acordo com o direito internacional.

3. Na elaboração e implementação de legislação e políticas para aplicar a presente Convenção e em outros processos de tomada de decisão relativos às pessoas com deficiência, os Estados-Partes realizarão consultas estreitas e envolverão ativamente pessoas com deficiência, inclusive crianças com deficiência, por intermédio de suas organizações representativas.

4. Nenhum dispositivo da presente Convenção afetará quaisquer disposições mais propícias à realização dos direitos das pessoas com deficiência, as quais possam estar contidas na legislação do Estado-Parte ou no direito internacional em vigor para esse Estado. Não haverá nenhuma restrição ou derrogação de qualquer dos direitos humanos e liberdades fundamentais reconhecidos ou vigentes em qualquer Estado-Parte da presente Convenção, em conformidade com leis, convenções, regulamentos ou costumes, sob a alegação de que a presente Convenção não reconhece tais direitos e liberdades ou que os reconhece em menor grau.

5. As disposições da presente Convenção se aplicam, sem limitação ou exceção, a todas as unidades constitutivas dos Estados federativos.

Artigo 5
Igualdade e não discriminação

1. Os Estados-Partes reconhecem que todas as pessoas são iguais perante e sob a lei e que fazem jus, sem qualquer discriminação, a igual proteção e igual benefício da lei.

2. Os Estados-Partes proibirão qualquer discriminação baseada na deficiência e garantirão às pessoas com deficiência igual e efetiva proteção legal contra a discriminação por qualquer motivo.

3. A fim de promover a igualdade e eliminar a discriminação, os Estados-Partes adotarão todas as medidas apropriadas para garantir que a adaptação razoável seja oferecida.

4. Nos termos da presente Convenção, as medidas específicas que forem necessárias para acelerar ou alcançar a efetiva igualdade das pessoas com deficiência não serão consideradas discriminatórias.

Artigo 6
Mulheres com deficiência

1. Os Estados-Partes reconhecem que as mulheres e meninas com deficiência estão sujeitas a múltiplas formas de discriminação e, portanto, tomarão medidas para assegurar às mulheres e meninas com deficiência o pleno e igual exercício de todos os direitos humanos e liberdades fundamentais.

2. Os Estados-Partes tomarão todas as medidas apropriadas para assegurar o pleno desenvolvimento, o avanço e o empoderamento das mulheres, a fim de garantir-lhes o exercício e o gozo dos direitos humanos e liberdades fundamentais estabelecidos na presente Convenção.

Artigo 7
Crianças com deficiência

1. Os Estados-Partes tomarão todas as medidas necessárias para assegurar às crianças com deficiência o pleno exercício de todos os direitos humanos e liberdades fundamentais, em igualdade de oportunidades com as demais crianças.

2. Em todas as ações relativas às crianças com deficiência, o superior interesse da criança receberá consideração primordial.

3. Os Estados-Partes assegurarão que as crianças com deficiência tenham o direito de expressar livremente sua opinião sobre todos os assuntos que lhes disserem respeito, tenham a sua opinião devidamente valorizada de acordo com sua idade e maturidade, em igualdade de oportunidades com as demais crianças, e recebam atendimento adequado à sua deficiência e idade, para que possam exercer tal direito.

Artigo 8
Conscientização

1. Os Estados-Partes se comprometem a adotar medidas imediatas, efetivas e apropriadas para:

a) Conscientizar toda a sociedade, inclusive as famílias, sobre as condições das pessoas com deficiência e fomentar o respeito pelos direitos e pela dignidade das pessoas com deficiência;

b) Combater estereótipos, preconceitos e práticas nocivas em relação a pessoas com deficiência, inclusive aqueles relacionados a sexo e idade, em todas as áreas da vida;

c) Promover a conscientização sobre as capacidades e contribuições das pessoas com deficiência.

2. As medidas para esse fim incluem:

a) Lançar e dar continuidade a efetivas campanhas de conscientização públicas, destinadas a:

i) Favorecer atitude receptiva em relação aos direitos das pessoas com deficiência;

ii) Promover percepção positiva e maior consciência social em relação às pessoas com deficiência;

iii) Promover o reconhecimento das habilidades, dos méritos e das capacidades das pessoas com deficiência e de sua contribuição ao local de trabalho e ao mercado laboral;

b) Fomentar em todos os níveis do sistema educacional, incluindo neles todas as crianças desde tenra idade, uma atitude de respeito para com os direitos das pessoas com deficiência;

c) Incentivar todos os órgãos da mídia a retratar as pessoas com deficiência de maneira compatível com o propósito da presente Convenção;

d) Promover programas de formação sobre sensibilização a respeito das pessoas com deficiência e sobre os direitos das pessoas com deficiência.

Artigo 9
Acessibilidade

1. A fim de possibilitar às pessoas com deficiência viver de forma independente e participar plenamente de todos os aspectos da vida, os Estados-Partes tomarão as medidas apropriadas para assegurar às pessoas com deficiência o acesso, em igualdade de oportunidades com as demais pessoas, ao meio físico, ao transporte, à informação e comunicação, inclusive aos sistemas e tecnologias da informação e comunicação, bem como a outros serviços e instalações abertos ao público ou de uso público, tanto na zona urbana como na rural. Essas medidas, que incluirão a identificação e a eliminação de obstáculos e barreiras à acessibilidade, serão aplicadas, entre outros, a:

a) Edifícios, rodovias, meios de transporte e outras instalações internas e externas, inclusive escolas, residências, instalações médicas e local de trabalho;

b) Informações, comunicações e outros serviços, inclusive serviços eletrônicos e serviços de emergência.

2. Os Estados-Partes também tomarão medidas apropriadas para:

a) Desenvolver, promulgar e monitorar a implementação de normas e diretrizes mínimas para a acessibilidade das instalações e dos serviços abertos ao público ou de uso público;

b) Assegurar que as entidades privadas que oferecem instalações e serviços abertos ao público ou de uso público levem em consideração todos os aspectos relativos à acessibilidade para pessoas com deficiência;

c) Proporcionar, a todos os atores envolvidos, formação em relação às questões de acessibilidade com as quais as pessoas com deficiência se confrontam;

d) Dotar os edifícios e outras instalações abertas ao público ou de uso público de sinalização em braille e em formatos de fácil leitura e compreensão;

e) Oferecer formas de assistência humana ou animal e serviços de mediadores, incluindo guias, ledores e intérpretes profissionais da língua de sinais, para facilitar o acesso aos edifícios e outras instalações abertas ao público ou de uso público;

f) Promover outras formas apropriadas de assistência e apoio a pessoas com deficiência, a fim de assegurar a essas pessoas o acesso a informações;

g) Promover o acesso de pessoas com deficiência a novos sistemas e tecnologias da informação e comunicação, inclusive à Internet;

h) Promover, desde a fase inicial, a concepção, o desenvolvimento, a produção e a disseminação de sistemas e tecnologias de informação e comunicação, a fim de que esses sistemas e tecnologias se tornem acessíveis a custo mínimo.

Artigo 10
Direito à vida

Os Estados-Partes reafirmam que todo ser humano tem o inerente direito à vida e tomarão todas as medidas necessárias para assegurar o efetivo exercício desse direito pelas pessoas com deficiência, em igualdade de oportunidades com as demais pessoas.

Artigo 11
Situações de risco e emergências humanitárias

Em conformidade com suas obrigações decorrentes do direito internacional, inclusive do direito humanitário internacional e do direito internacional dos direitos humanos, os Estados-Partes tomarão todas as medidas necessárias para assegurar a proteção e a segurança das pessoas com deficiência que se encontrarem em situações de risco, inclusive situações de conflito armado, emergências humanitárias e ocorrência de desastres naturais.

Artigo 12
Reconhecimento igual perante a lei

1. Os Estados-Partes reafirmam que as pessoas com deficiência têm o direito de ser reconhecidas em qualquer lugar como pessoas perante a lei.

2. Os Estados-Partes reconhecerão que as pessoas com deficiência gozam de capacidade legal em igualdade de condições com as demais pessoas em todos os aspectos da vida.

3. Os Estados-Partes tomarão medidas apropriadas para prover o acesso de pessoas com deficiência ao apoio que necessitarem no exercício de sua capacidade legal.

4. Os Estados-Partes assegurarão que todas as medidas relativas ao exercício da capacidade legal incluam salvaguardas apropriadas e efetivas para prevenir abusos, em conformidade com o direito internacional dos direitos humanos. Essas salvaguardas assegurarão que as medidas relativas ao exercício da capacidade legal respeitem os direitos, a vontade e as preferências da pessoa, sejam isentas de conflito de interesses e de influência indevida, sejam proporcionais e apropriadas às circunstâncias da pessoa, se apliquem pelo período mais curto possível e sejam submetidas à revisão regular por uma autoridade ou órgão judiciário competente, independente e imparcial. As salvaguardas serão proporcionais ao grau em que tais medidas afetarem os direitos e interesses da pessoa.

5. Os Estados-Partes, sujeitos ao disposto neste Artigo, tomarão todas as medidas apropriadas e efetivas para assegurar às pessoas com deficiência o igual direito de possuir ou herdar bens, de controlar as próprias finanças e de ter igual acesso a empréstimos bancários, hipotecas e outras formas de crédito financeiro, e assegurarão que as pessoas com deficiência não sejam arbitrariamente destituídas de seus bens.

Artigo 13
Acesso à justiça

1. Os Estados-Partes assegurarão o efetivo acesso das pessoas com deficiência à justiça, em igualdade de condições com as demais pessoas, inclusive mediante a provisão de adaptações processuais adequadas à idade, a fim de facilitar o efetivo papel das pessoas com deficiência como participantes diretos ou indiretos, inclusive como testemunhas, em todos os procedimentos jurídicos, tais como investigações e outras etapas preliminares.

2. A fim de assegurar às pessoas com deficiência o efetivo acesso à justiça, os Estados-Partes promoverão a capacitação apropriada daqueles que trabalham na área de administração da justiça, inclusive a polícia e os funcionários do sistema penitenciário.

Artigo 14
Liberdade e segurança da pessoa

1. Os Estados-Partes assegurarão que as pessoas com deficiência, em igualdade de oportunidades com as demais pessoas:

a) Gozem do direito à liberdade e à segurança da pessoa; e

b) Não sejam privadas ilegal ou arbitrariamente de sua liberdade e que toda privação de liberdade esteja em conformidade com a lei, e que a existência de deficiência não justifique a privação de liberdade.

2. Os Estados-Partes assegurarão que, se pessoas com deficiência forem privadas de liberdade mediante algum processo, elas, em igualdade de oportunidades com as demais pessoas, façam jus a garantias de acordo com o direito internacional dos direitos humanos e sejam tratadas em conformidade com os objetivos e princípios da presente Convenção, inclusive mediante a provisão de adaptação razoável.

Artigo 15
Prevenção contra tortura ou tratamentos ou penas cruéis, desumanos ou degradantes

1. Nenhuma pessoa será submetida à tortura ou a tratamentos ou penas cruéis, desumanos ou degradantes. Em especial, nenhuma pessoa deverá ser sujeita a experimentos médicos ou científicos sem seu livre consentimento.

2. Os Estados-Partes tomarão todas as medidas efetivas de natureza legislativa, administrativa, judicial ou outra para evitar que pessoas com deficiência, do mesmo modo que as demais pessoas, sejam submetidas à tortura ou a tratamentos ou penas cruéis, desumanos ou degradantes.

Artigo 16
Prevenção contra a exploração, a violência e o abuso

1. Os Estados-Partes tomarão todas as medidas apropriadas de natureza legislativa, administrativa, social, educacional e outras para proteger as pessoas com deficiência, tanto dentro como fora do lar, contra todas as formas de exploração, violência e abuso, incluindo aspectos relacionados a gênero.

2. Os Estados-Partes também tomarão todas as medidas apropriadas para prevenir todas as formas de exploração, violência e abuso, assegurando, entre outras coisas, formas apropriadas de atendimento e apoio que levem em conta o gênero e a idade das pessoas com deficiência e de seus familiares e atendentes, inclusive mediante a provisão de informação e educação sobre a maneira de evitar, reconhecer e denunciar casos de exploração, violência e abuso. Os Estados-Partes assegurarão que os serviços de proteção levem em conta a idade, o gênero e a deficiência das pessoas.

3. A fim de prevenir a ocorrência de quaisquer formas de exploração, violência e abuso, os Estados-Partes assegurarão que todos os programas e instalações destinados a atender pessoas com deficiência sejam efetivamente monitorados por autoridades independentes.

4. Os Estados-Partes tomarão todas as medidas apropriadas para promover a recuperação física, cognitiva e psicológica, inclusive mediante a provisão de serviços de proteção, a reabilitação e a reinserção social de pessoas com deficiência que forem vítimas de qualquer forma de exploração, violência ou abuso. Tais recuperação e reinserção ocorrerão em ambientes que promovam a saúde, o bem-estar, o autorrespeito, a dignidade e a autonomia da pessoa e levem em consideração as necessidades de gênero e idade.

5. Os Estados-Partes adotarão leis e políticas efetivas, inclusive legislação e políticas voltadas para mulheres e crianças, a fim de assegurar que os casos de exploração, violência e abuso contra pessoas com deficiência sejam identificados, investigados e, caso necessário, julgados.

Artigo 17
Proteção da integridade da pessoa

Toda pessoa com deficiência tem o direito a que sua integridade física e mental seja respeitada, em igualdade de condições com as demais pessoas.

Artigo 18
Liberdade de movimentação e nacionalidade

1. Os Estados-Partes reconhecerão os direitos das pessoas com deficiência à liberdade de movimentação, à liberdade de escolher sua residência e à nacionalidade, em igualdade de oportunidades com as demais pessoas, inclusive assegurando que as pessoas com deficiência:

a) Tenham o direito de adquirir nacionalidade e mudar de nacionalidade e não sejam privadas arbitrariamente de sua nacionalidade em razão de sua deficiência.

b) Não sejam privadas, por causa de sua deficiência, da competência de obter, possuir e utilizar documento comprovante de sua nacionalidade ou outro documento de identidade, ou de recorrer a processos relevantes, tais como procedimentos relativos à imigração, que forem necessários para facilitar o exercício de seu direito à liberdade de movimentação.

c) Tenham liberdade de sair de qualquer país, inclusive do seu; e

d) Não sejam privadas, arbitrariamente ou por causa de sua deficiência, do direito de entrar no próprio país.

2. As crianças com deficiência serão registradas imediatamente após o nascimento e terão, desde o nascimento, o direito a um nome, o direito de adquirir nacionalidade e, tanto quanto possível, o direito de conhecer seus pais e de ser cuidadas por eles.

Artigo 19
Vida independente e inclusão na comunidade

Os Estados-Partes desta Convenção reconhecem o igual direito de todas as pessoas com deficiência de viver na comunidade, com a mesma liberdade de escolha que as demais pessoas, e tomarão medidas efetivas e apropriadas para facilitar às pessoas com deficiência o pleno gozo desse direito e sua plena inclusão e participação na comunidade, inclusive assegurando que:

a) As pessoas com deficiência possam escolher seu local de residência e onde e com quem morar, em igualdade de oportunidades com as demais pessoas, e que não sejam obrigadas a viver em determinado tipo de moradia;

b) As pessoas com deficiência tenham acesso a uma variedade de serviços de apoio em domicílio ou em instituições residenciais ou a outros serviços comunitários de apoio, inclusive os serviços de atendentes pessoais que forem necessários como apoio para que as pessoas com deficiência vivam e sejam incluídas na comunidade e para evitar que fiquem isoladas ou segregadas da comunidade;

c) Os serviços e instalações da comunidade para a população em geral estejam disponíveis às pessoas com deficiência, em igualdade de oportunidades, e atendam às suas necessidades.

Artigo 20
Mobilidade pessoal

Os Estados-Partes tomarão medidas efetivas para assegurar às pessoas com deficiência sua mobilidade pessoal com a máxima independência possível:

a) Facilitando a mobilidade pessoal das pessoas com deficiência, na forma e no momento em que elas quiserem, e a custo acessível;

b) Facilitando às pessoas com deficiência o acesso a tecnologias assistivas, dispositivos e ajudas técnicas de qualidade, e formas de assistência humana ou animal e de mediadores, inclusive tornando-os disponíveis a custo acessível;

c) Propiciando às pessoas com deficiência e ao pessoal especializado uma capacitação em técnicas de mobilidade;

d) Incentivando entidades que produzem ajudas técnicas de mobilidade, dispositivos e tecnologias assistivas a levarem em conta todos os aspectos relativos à mobilidade de pessoas com deficiência.

Artigo 21
Liberdade de expressão e de opinião e acesso à informação

Os Estados-Partes tomarão todas as medidas apropriadas para assegurar que as pessoas com deficiência possam exercer seu direito à liberdade de expressão e opinião, inclusive à liberdade de buscar, receber e compartilhar informações e ideias, em igualdade de oportunidades com as demais pessoas e por intermédio de todas as formas de comunicação de sua escolha, conforme o disposto no Artigo 2 da presente Convenção, entre as quais:

a) Fornecer, prontamente e sem custo adicional, às pessoas com deficiência, todas as informações destinadas ao público em geral, em formatos acessíveis e tecnologias apropriadas aos diferentes tipos de deficiência;

b) Aceitar e facilitar, em trâmites oficiais, o uso de línguas de sinais, braille, comunicação aumentativa e alternativa, e de todos os demais meios, modos e formatos acessíveis de comunicação, à escolha das pessoas com deficiência;

c) Urgir as entidades privadas que oferecem serviços ao público em geral, inclusive por meio da Internet, a fornecer informações e serviços em formatos acessíveis, que possam ser usados por pessoas com deficiência;

d) Incentivar a mídia, inclusive os provedores de informação pela Internet, a tornar seus serviços acessíveis a pessoas com deficiência;

e) Reconhecer e promover o uso de línguas de sinais.

Artigo 22
Respeito à privacidade

1. Nenhuma pessoa com deficiência, qualquer que seja seu local de residência ou tipo de moradia, estará sujeita a interferência arbitrária ou ilegal em sua privacidade, família, lar, correspondência ou outros tipos de comunicação, nem a ataques ilícitos à sua honra e reputação. As pessoas com deficiência têm o direito à proteção da lei contra tais interferências ou ataques.

2. Os Estados-Partes protegerão a privacidade dos dados pessoais e dados relativos à saúde e à reabilitação de pessoas com deficiência, em igualdade de condições com as demais pessoas.

Artigo 23
Respeito pelo lar e pela família

1. Os Estados-Partes tomarão medidas efetivas e apropriadas para eliminar a discriminação contra pessoas com deficiência, em todos os aspectos relativos a casamento, família, paternidade e relacionamentos, em igualdade de condições com as demais pessoas, de modo a assegurar que:

a) Seja reconhecido o direito das pessoas com deficiência, em idade de contrair matrimônio, de casar-se e estabelecer família, com base no livre e pleno consentimento dos pretendentes;

b) Sejam reconhecidos os direitos das pessoas com deficiência de decidir livre e responsavelmente sobre o número de filhos e o espaçamento entre esses filhos e de ter acesso a informações adequadas à idade e a educação em matéria de reprodução e de planejamento familiar, bem como os meios necessários para exercer esses direitos.

c) As pessoas com deficiência, inclusive crianças, conservem sua fertilidade, em igualdade de condições com as demais pessoas.

2. Os Estados-Partes assegurarão os direitos e responsabilidades das pessoas com deficiência, relativos à guarda, custódia, curatela e adoção de crianças ou instituições semelhantes, caso esses conceitos constem na legislação nacional. Em todos os casos, prevalecerá o superior interesse da criança. Os Estados-Partes prestarão

a devida assistência às pessoas com deficiência para que essas pessoas possam exercer suas responsabilidades na criação dos filhos.

3. Os Estados-Partes assegurarão que as crianças com deficiência terão iguais direitos em relação à vida familiar. Para a realização desses direitos e para evitar ocultação, abandono, negligência e segregação de crianças com deficiência, os Estados-Partes fornecerão prontamente informações abrangentes sobre serviços e apoios a crianças com deficiência e suas famílias.

4. Os Estados-Partes assegurarão que uma criança não será separada de seus pais contra a vontade destes, exceto quando autoridades competentes, sujeitas a controle jurisdicional, determinarem, em conformidade com as leis e procedimentos aplicáveis, que a separação é necessária, no superior interesse da criança. Em nenhum caso, uma criança será separada dos pais sob alegação de deficiência da criança ou de um ou ambos os pais.

5. Os Estados-Partes, no caso em que a família imediata de uma criança com deficiência não tenha condições de cuidar da criança, farão todo esforço para que cuidados alternativos sejam oferecidos por outros parentes e, se isso não for possível, dentro de ambiente familiar, na comunidade.

Artigo 24
Educação

1. Os Estados-Partes reconhecem o direito das pessoas com deficiência à educação. Para efetivar esse direito sem discriminação e com base na igualdade de oportunidades, os Estados-Partes assegurarão sistema educacional inclusivo em todos os níveis, bem como o aprendizado ao longo de toda a vida, com os seguintes objetivos:

a) O pleno desenvolvimento do potencial humano e do senso de dignidade e autoestima, além do fortalecimento do respeito pelos direitos humanos, pelas liberdades fundamentais e pela diversidade humana;

b) O máximo desenvolvimento possível da personalidade e dos talentos e da criatividade das pessoas com deficiência, assim como de suas habilidades físicas e intelectuais;

c) A participação efetiva das pessoas com deficiência em uma sociedade livre.

2. Para a realização desse direito, os Estados-Partes assegurarão que:

a) As pessoas com deficiência não sejam excluídas do sistema educacional geral sob alegação de deficiência e que as crianças com deficiência não sejam excluídas do ensino primário gratuito e compulsório ou do ensino secundário, sob alegação de deficiência;

b) As pessoas com deficiência possam ter acesso ao ensino primário inclusivo, de qualidade e gratuito, e ao ensino secundário, em igualdade de condições com as demais pessoas na comunidade em que vivem;

c) Adaptações razoáveis de acordo com as necessidades individuais sejam providenciadas;

d) As pessoas com deficiência recebam o apoio necessário, no âmbito do sistema educacional geral, com vistas a facilitar sua efetiva educação;

e) Medidas de apoio individualizadas e efetivas sejam adotadas em ambientes que maximizem o desenvolvimento acadêmico e social, de acordo com a meta de inclusão plena.

3. Os Estados-Partes assegurarão às pessoas com deficiência a possibilidade de adquirir as competências práticas e sociais necessárias de modo a facilitar às pessoas com deficiência sua plena e igual participação no sistema de ensino e na vida em comunidade. Para tanto, os Estados-Partes tomarão medidas apropriadas, incluindo:

a) Facilitação do aprendizado do braille, escrita alternativa, modos, meios e formatos de comunicação aumentativa e alternativa, e habilidades de orientação e mobilidade, além de facilitação do apoio e aconselhamento de pares;

b) Facilitação do aprendizado da língua de sinais e promoção da identidade linguística da comunidade surda;

c) Garantia de que a educação de pessoas, em particular crianças cegas, surdocegas e surdas, seja ministrada nas línguas e nos modos e meios de comunicação mais adequados ao indivíduo e em ambientes que favoreçam ao máximo seu desenvolvimento acadêmico e social.

4. A fim de contribuir para o exercício desse direito, os Estados-Partes tomarão medidas apropriadas para empregar professores, inclusive professores com deficiência, habilitados para o ensino da língua de sinais e/ou do braille, e para capacitar profissionais e equipes atuantes em todos os níveis de ensino. Essa capacitação incorporará a conscientização da deficiência e a utilização de modos, meios e formatos apropria-

dos de comunicação aumentativa e alternativa, e técnicas e materiais pedagógicos, como apoios para pessoas com deficiência.

5. Os Estados-Partes assegurarão que as pessoas com deficiência possam ter acesso ao ensino superior em geral, treinamento profissional de acordo com sua vocação, educação para adultos e formação continuada, sem discriminação e em igualdade de condições. Para tanto, os Estados-Partes assegurarão a provisão de adaptações razoáveis para pessoas com deficiência.

Artigo 25
Saúde

Os Estados-Partes reconhecem que as pessoas com deficiência têm o direito de gozar do estado de saúde mais elevado possível, sem discriminação baseada na deficiência. Os Estados-Partes tomarão todas as medidas apropriadas para assegurar às pessoas com deficiência o acesso a serviços de saúde, incluindo os serviços de reabilitação, que levarão em conta as especificidades de gênero. Em especial, os Estados-Partes:

a) Oferecerão às pessoas com deficiência programas e atenção à saúde gratuitos ou a custos acessíveis da mesma variedade, qualidade e padrão que são oferecidos às demais pessoas, inclusive na área de saúde sexual e reprodutiva e de programas de saúde pública destinados à população em geral;

b) Propiciarão serviços de saúde que as pessoas com deficiência necessitam especificamente por causa de sua deficiência, inclusive diagnóstico e intervenção precoces, bem como serviços projetados para reduzir ao máximo e prevenir deficiências adicionais, inclusive entre crianças e idosos;

c) Propiciarão esses serviços de saúde às pessoas com deficiência, o mais próximo possível de suas comunidades, inclusive na zona rural;

d) Exigirão dos profissionais de saúde que dispensem às pessoas com deficiência a mesma qualidade de serviços dispensada às demais pessoas e, principalmente, que obtenham o consentimento livre e esclarecido das pessoas com deficiência concernentes. Para esse fim, os Estados-Partes realizarão atividades de formação e definirão regras éticas para os setores de saúde público e privado, de modo a conscientizar os profissionais de saúde acerca dos direitos humanos, da dignidade, autonomia e das necessidades das pessoas com deficiência;

e) Proibirão a discriminação contra pessoas com deficiência na provisão de seguro de saúde e seguro de vida, caso tais seguros sejam permitidos pela legislação nacional, os quais deverão ser providos de maneira razoável e justa;

f) Prevenirão que se negue, de maneira discriminatória, os serviços de saúde ou de atenção à saúde ou a administração de alimentos sólidos ou líquidos por motivo de deficiência.

Artigo 26
Habilitação e reabilitação

1. Os Estados-Partes tomarão medidas efetivas e apropriadas, inclusive mediante apoio dos pares, para possibilitar que as pessoas com deficiência conquistem e conservem o máximo de autonomia e plena capacidade física, mental, social e profissional, bem como plena inclusão e participação em todos os aspectos da vida. Para tanto, os Estados-Partes organizarão, fortalecerão e ampliarão serviços e programas completos de habilitação e reabilitação, particularmente nas áreas de saúde, emprego, educação e serviços sociais, de modo que esses serviços e programas:

a) Comecem no estágio mais precoce possível e sejam baseados em avaliação multidisciplinar das necessidades e pontos fortes de cada pessoa;

b) Apoiem a participação e a inclusão na comunidade e em todos os aspectos da vida social, sejam oferecidos voluntariamente e estejam disponíveis às pessoas com deficiência o mais próximo possível de suas comunidades, inclusive na zona rural.

2. Os Estados-Partes promoverão o desenvolvimento da capacitação inicial e continuada de profissionais e de equipes que atuam nos serviços de habilitação e reabilitação.

3. Os Estados-Partes promoverão a disponibilidade, o conhecimento e o uso de dispositivos e tecnologias assistivas, projetados para pessoas com deficiência e relacionados com a habilitação e a reabilitação.

Artigo 27
Trabalho e emprego

1. Os Estados-Partes reconhecem o direito das pessoas com deficiência ao trabalho, em igualdade de oportunidades com as demais pessoas. Esse direito abrange o direito à oportunidade de se manter com um trabalho de sua livre escolha ou aceitação no mercado laboral, em ambiente de trabalho que seja aberto, inclusivo e acessível a pessoas com deficiência. Os

Estados-Partes salvaguardarão e promoverão a realização do direito ao trabalho, inclusive daqueles que tiverem adquirido uma deficiência no emprego, adotando medidas apropriadas, incluídas na legislação, com o fim de, entre outros:

a) Proibir a discriminação baseada na deficiência com respeito a todas as questões relacionadas com as formas de emprego, inclusive condições de recrutamento, contratação e admissão, permanência no emprego, ascensão profissional e condições seguras e salubres de trabalho;

b) Proteger os direitos das pessoas com deficiência, em condições de igualdade com as demais pessoas, às condições justas e favoráveis de trabalho, incluindo iguais oportunidades e igual remuneração por trabalho de igual valor, condições seguras e salubres de trabalho, além de reparação de injustiças e proteção contra o assédio no trabalho;

c) Assegurar que as pessoas com deficiência possam exercer seus direitos trabalhistas e sindicais, em condições de igualdade com as demais pessoas;

d) Possibilitar às pessoas com deficiência o acesso efetivo a programas de orientação técnica e profissional e a serviços de colocação no trabalho e de treinamento profissional e continuado;

e) Promover oportunidades de emprego e ascensão profissional para pessoas com deficiência no mercado de trabalho, bem como assistência na procura, obtenção e manutenção do emprego e no retorno ao emprego;

f) Promover oportunidades de trabalho autônomo, empreendedorismo, desenvolvimento de cooperativas e estabelecimento de negócio próprio;

g) Empregar pessoas com deficiência no setor público;

h) Promover o emprego de pessoas com deficiência no setor privado, mediante políticas e medidas apropriadas, que poderão incluir programas de ação afirmativa, incentivos e outras medidas;

i) Assegurar que adaptações razoáveis sejam feitas para pessoas com deficiência no local de trabalho;

j) Promover a aquisição de experiência de trabalho por pessoas com deficiência no mercado aberto de trabalho;

k) Promover reabilitação profissional, manutenção do emprego e programas de retorno ao trabalho para pessoas com deficiência.

2. Os Estados-Partes assegurarão que as pessoas com deficiência não serão mantidas em escravidão ou servidão e que serão protegidas, em igualdade de condições com as demais pessoas, contra o trabalho forçado ou compulsório.

Artigo 28
Padrão de vida e proteção social adequados

1. Os Estados-Partes reconhecem o direito das pessoas com deficiência a um padrão adequado de vida para si e para suas famílias, inclusive alimentação, vestuário e moradia adequados, bem como à melhoria contínua de suas condições de vida, e tomarão as providências necessárias para salvaguardar e promover a realização desse direito sem discriminação baseada na deficiência.

2. Os Estados-Partes reconhecem o direito das pessoas com deficiência à proteção social e ao exercício desse direito sem discriminação baseada na deficiência, e tomarão as medidas apropriadas para salvaguardar e promover a realização desse direito, tais como:

a) Assegurar igual acesso de pessoas com deficiência a serviços de saneamento básico e assegurar o acesso aos serviços, dispositivos e outros atendimentos apropriados para as necessidades relacionadas com a deficiência;

b) Assegurar o acesso de pessoas com deficiência, particularmente mulheres, crianças e idosos com deficiência, a programas de proteção social e de redução da pobreza;

c) Assegurar o acesso de pessoas com deficiência e suas famílias em situação de pobreza à assistência do Estado em relação a seus gastos ocasionados pela deficiência, inclusive treinamento adequado, aconselhamento, ajuda financeira e cuidados de repouso;

d) Assegurar o acesso de pessoas com deficiência a programas habitacionais públicos;

e) Assegurar igual acesso de pessoas com deficiência a programas e benefícios de aposentadoria.

Artigo 29
Participação na vida política e pública

Os Estados-Partes garantirão às pessoas com deficiência direitos políticos e oportunidade de exercê-los em condições de igualdade com as demais pessoas, e deverão:

a) Assegurar que as pessoas com deficiência possam participar efetiva e plenamente na vida política e pública, em igualdade de oportunidades com as demais pessoas, diretamente ou por meio de representantes livremente escolhidos, incluindo o direito e a oportunidade de votarem e serem votadas, mediante, entre outros:

i) Garantia de que os procedimentos, instalações e materiais e equipamentos para votação serão apropriados, acessíveis e de fácil compreensão e uso;

ii) Proteção do direito das pessoas com deficiência ao voto secreto em eleições e plebiscitos, sem intimidação, e a candidatar-se nas eleições, efetivamente ocupar cargos eletivos e desempenhar quaisquer funções públicas em todos os níveis de governo, usando novas tecnologias assistivas, quando apropriado;

iii) Garantia da livre expressão de vontade das pessoas com deficiência como eleitores e, para tanto, sempre que necessário e a seu pedido, permissão para que elas sejam auxiliadas na votação por uma pessoa de sua escolha;

b) Promover ativamente um ambiente em que as pessoas com deficiência possam participar efetiva e plenamente na condução das questões públicas, sem discriminação e em igualdade de oportunidades com as demais pessoas, e encorajar sua participação nas questões públicas, mediante:

i) Participação em organizações não governamentais relacionadas com a vida pública e política do país, bem como em atividades e administração de partidos políticos;

ii) Formação de organizações para representar pessoas com deficiência em níveis internacional, regional, nacional e local, bem como a filiação de pessoas com deficiência a tais organizações.

Artigo 30
Participação na vida cultural e em recreação, lazer e esporte

1. Os Estados-Partes reconhecem o direito das pessoas com deficiência de participar na vida cultural, em igualdade de oportunidades com as demais pessoas, e tomarão todas as medidas apropriadas para que as pessoas com deficiência possam:

a) Ter acesso a bens culturais em formatos acessíveis;

b) Ter acesso a programas de televisão, cinema, teatro e outras atividades culturais, em formatos acessíveis; e

c) Ter acesso a locais que ofereçam serviços ou eventos culturais, tais como teatros, museus, cinemas, bibliotecas e serviços turísticos, bem como, tanto quanto possível, ter acesso a monumentos e locais de importância cultural nacional.

2. Os Estados-Partes tomarão medidas apropriadas para que as pessoas com deficiência tenham a oportunidade de desenvolver e utilizar seu potencial criativo, artístico e intelectual, não somente em benefício próprio, mas também para o enriquecimento da sociedade.

3. Os Estados-Partes deverão tomar todas as providências, em conformidade com o direito internacional, para assegurar que a legislação de proteção dos direitos de propriedade intelectual não constitua barreira excessiva ou discriminatória ao acesso de pessoas com deficiência a bens culturais.

4. As pessoas com deficiência farão jus, em igualdade de oportunidades com as demais pessoas, a que sua identidade cultural e linguística específica seja reconhecida e apoiada, incluindo as línguas de sinais e a cultura surda.

5. Para que as pessoas com deficiência participem, em igualdade de oportunidades com as demais pessoas, de atividades recreativas, esportivas e de lazer, os Estados-Partes tomarão medidas apropriadas para:

a) Incentivar e promover a maior participação possível das pessoas com deficiência nas atividades esportivas comuns em todos os níveis;

b) Assegurar que as pessoas com deficiência tenham a oportunidade de organizar, desenvolver e participar em atividades esportivas e recreativas específicas às deficiências e, para tanto, incentivar a provisão de instrução, treinamento e recursos adequados, em igualdade de oportunidades com as demais pessoas;

c) Assegurar que as pessoas com deficiência tenham acesso a locais de eventos esportivos, recreativos e turísticos;

d) Assegurar que as crianças com deficiência possam, em igualdade de condições com as demais crianças, participar de jogos e atividades recreativas, esportivas e de lazer, inclusive no sistema escolar;

e) Assegurar que as pessoas com deficiência tenham acesso aos serviços prestados por pessoas ou entidades envolvidas na organização de atividades recreativas, turísticas, esportivas e de lazer.

Artigo 31
Estatísticas e coleta de dados

1. Os Estados-Partes coletarão dados apropriados, inclusive estatísticos e de pesquisas, para que possam formular e implementar políticas destinadas a por em prática a presente Convenção. O processo de coleta e manutenção de tais dados deverá:

a) Observar as salvaguardas estabelecidas por lei, inclusive pelas leis relativas à proteção de dados, a fim de assegurar a confidencialidade e o respeito pela privacidade das pessoas com deficiência;

b) Observar as normas internacionalmente aceitas para proteger os direitos humanos, as liberdades fundamentais e os princípios éticos na coleta de dados e utilização de estatísticas.

2. As informações coletadas de acordo com o disposto neste Artigo serão desagregadas, de maneira apropriada, e utilizadas para avaliar o cumprimento, por parte dos Estados-Partes, de suas obrigações na presente Convenção e para identificar e enfrentar as barreiras com as quais as pessoas com deficiência se deparam no exercício de seus direitos.

3. Os Estados-Partes assumirão responsabilidade pela disseminação das referidas estatísticas e assegurarão que elas sejam acessíveis às pessoas com deficiência e a outros.

Artigo 32
Cooperação internacional

1. Os Estados-Partes reconhecem a importância da cooperação internacional e de sua promoção, em apoio aos esforços nacionais para a consecução do propósito e dos objetivos da presente Convenção e, sob este aspecto, adotarão medidas apropriadas e efetivas entre os Estados e, de maneira adequada, em parceria com organizações internacionais e regionais relevantes e com a sociedade civil e, em particular, com organizações de pessoas com deficiência. Estas medidas poderão incluir, entre outras:

a) Assegurar que a cooperação internacional, incluindo os programas internacionais de desenvolvimento, sejam inclusivos e acessíveis para pessoas com deficiência;

b) Facilitar e apoiar a capacitação, inclusive por meio do intercâmbio e compartilhamento de informações, experiências, programas de treinamento e melhores práticas;

c) Facilitar a cooperação em pesquisa e o acesso a conhecimentos científicos e técnicos;

d) Propiciar, de maneira apropriada, assistência técnica e financeira, inclusive mediante facilitação do acesso a tecnologias assistivas e acessíveis e seu compartilhamento, bem como por meio de transferência de tecnologias.

2. O disposto neste Artigo se aplica sem prejuízo das obrigações que cabem a cada Estado-Parte em decorrência da presente Convenção.

Artigo 33
Implementação e monitoramento nacionais

1. Os Estados-Partes, de acordo com seu sistema organizacional, designarão um ou mais de um ponto focal no âmbito do Governo para assuntos relacionados com a implementação da presente Convenção e darão a devida consideração ao estabelecimento ou designação de um mecanismo de coordenação no âmbito do Governo, a fim de facilitar ações correlatas nos diferentes setores e níveis.

2. Os Estados-Partes, em conformidade com seus sistemas jurídico e administrativo, manterão, fortalecerão, designarão ou estabelecerão estrutura, incluindo um ou mais de um mecanismo independente, de maneira apropriada, para promover, proteger e monitorar a implementação da presente Convenção. Ao designar ou estabelecer tal mecanismo, os Estados-Partes levarão em conta os princípios relativos ao status e funcionamento das instituições nacionais de proteção e promoção dos direitos humanos.

3. A sociedade civil e, particularmente, as pessoas com deficiência e suas organizações representativas serão envolvidas e participarão plenamente no processo de monitoramento.

Artigo 34
Comitê sobre os Direitos das Pessoas com Deficiência

1. Um Comitê sobre os Direitos das Pessoas com Deficiência (doravante denominado "Comitê") será estabelecido, para desempenhar as funções aqui definidas.

2. O Comitê será constituído, quando da entrada em vigor da presente Convenção, de 12 peritos. Quando a presente Convenção alcançar 60 ratificações ou adesões, o Comitê será acrescido em seis membros, perfazendo o total de 18 membros.

3. Os membros do Comitê atuarão a título pessoal e apresentarão elevada postura moral, competência e experiência reconhecidas no campo abrangido pela presente Convenção.

Ao designar seus candidatos, os Estados-Partes são instados a dar a devida consideração ao disposto no Artigo 4.3 da presente Convenção.

4. Os membros do Comitê serão eleitos pelos Estados-Partes, observando-se uma distribuição geográfica equitativa, representação de diferentes formas de civilização e dos principais sistemas jurídicos, representação equilibrada de gênero e participação de peritos com deficiência.

5. Os membros do Comitê serão eleitos por votação secreta em sessões da Conferência dos Estados-Partes, a partir de uma lista de pessoas designadas pelos Estados-Partes entre seus nacionais. Nessas sessões, cujo quorum será de dois terços dos Estados-Partes, os candidatos eleitos para o Comitê serão aqueles que obtiverem o maior número de votos e a maioria absoluta dos votos dos representantes dos Estados-Partes presentes e votantes.

6. A primeira eleição será realizada, o mais tardar, até seis meses após a data de entrada em vigor da presente Convenção. Pelo menos quatro meses antes de cada eleição, o Secretário-Geral das Nações Unidas dirigirá carta aos Estados-Partes, convidando-os a submeter os nomes de seus candidatos no prazo de dois meses. O Secretário-Geral, subsequentemente, preparará lista em ordem alfabética de todos os candidatos apresentados, indicando que foram designados pelos Estados-Partes, e submeterá essa lista aos Estados-Partes da presente Convenção.

7. Os membros do Comitê serão eleitos para mandato de quatro anos, podendo ser candidatos à reeleição uma única vez. Contudo, o mandato de seis dos membros eleitos na primeira eleição expirará ao fim de dois anos; imediatamente após a primeira eleição, os nomes desses seis membros serão selecionados por sorteio pelo presidente da sessão a que se refere o parágrafo 5 deste Artigo.

8. A eleição dos seis membros adicionais do Comitê será realizada por ocasião das eleições regulares, de acordo com as disposições pertinentes deste Artigo.

9. Em caso de morte, demissão ou declaração de um membro de que, por algum motivo, não poderá continuar a exercer suas funções, o Estado-Parte que o tiver indicado designará um outro perito que tenha as qualificações e satisfaça aos requisitos estabelecidos pelos dispositivos pertinentes deste Artigo, para concluir o mandato em questão.

10. O Comitê estabelecerá suas próprias normas de procedimento.

11. O Secretário-Geral das Nações Unidas proverá o pessoal e as instalações necessários para o efetivo desempenho das funções do Comitê segundo a presente Convenção e convocará sua primeira reunião.

12. Com a aprovação da Assembleia Geral, os membros do Comitê estabelecido sob a presente Convenção receberão emolumentos dos recursos das Nações Unidas, sob termos e condições que a Assembleia possa decidir, tendo em vista a importância das responsabilidades do Comitê.

13. Os membros do Comitê terão direito aos privilégios, facilidades e imunidades dos peritos em missões das Nações Unidas, em conformidade com as disposições pertinentes da Convenção sobre Privilégios e Imunidades das Nações Unidas.

Artigo 35
Relatórios dos Estados-Partes

1. Cada Estado-Parte, por intermédio do Secretário-Geral das Nações Unidas, submeterá relatório abrangente sobre as medidas adotadas em cumprimento de suas obrigações estabelecidas pela presente Convenção e sobre o progresso alcançado nesse aspecto, dentro do período de dois anos após a entrada em vigor da presente Convenção para o Estado-Parte concernente.

2. Depois disso, os Estados-Partes submeterão relatórios subsequentes, ao menos a cada quatro anos, ou quando o Comitê o solicitar.

3. O Comitê determinará as diretrizes aplicáveis ao teor dos relatórios.

4. Um Estado-Parte que tiver submetido ao Comitê um relatório inicial abrangente não precisará, em relatórios subsequentes, repetir informações já apresentadas. Ao elaborar os relatórios ao Comitê, os Estados-Partes são instados a fazê-lo de maneira franca e transparente e a levar em consideração o disposto no Artigo 4.3 da presente Convenção.

5. Os relatórios poderão apontar os fatores e as dificuldades que tiverem afetado o cumprimento das obrigações decorrentes da presente Convenção.

Artigo 36
Consideração dos relatórios

1. Os relatórios serão considerados pelo Comitê, que fará as sugestões e recomendações gerais que julgar pertinentes e as transmitirá

aos respectivos Estados-Partes. O Estado-Parte poderá responder ao Comitê com as informações que julgar pertinentes. O Comitê poderá pedir informações adicionais ao Estados-Partes, referentes à implementação da presente Convenção.

2. Se um Estado-Parte atrasar consideravelmente a entrega de seu relatório, o Comitê poderá notificar esse Estado de que examinará a aplicação da presente Convenção com base em informações confiáveis de que disponha, a menos que o relatório devido seja apresentado pelo Estado dentro do período de três meses após a notificação. O Comitê convidará o Estado-Parte interessado a participar desse exame. Se o Estado-Parte responder entregando seu relatório, aplicar-se-á o disposto no parágrafo 1 do presente artigo.

3. O Secretário-Geral das Nações Unidas colocará os relatórios à disposição de todos os Estados-Partes.

4. Os Estados-Partes tornarão seus relatórios amplamente disponíveis ao público em seus países e facilitarão o acesso à possibilidade de sugestões e de recomendações gerais a respeito desses relatórios.

5. O Comitê transmitirá às agências, fundos e programas especializados das Nações Unidas e a outras organizações competentes, da maneira que julgar apropriada, os relatórios dos Estados-Partes que contenham demandas ou indicações de necessidade de consultoria ou de assistência técnica, acompanhados de eventuais observações e sugestões do Comitê em relação às referidas demandas ou indicações, a fim de que possam ser consideradas.

Artigo 37
Cooperação entre os Estados-Partes e o Comitê

1. Cada Estado-Parte cooperará com o Comitê e auxiliará seus membros no desempenho de seu mandato.

2. Em suas relações com os Estados-Partes, o Comitê dará a devida consideração aos meios e modos de aprimorar a capacidade de cada Estado-Parte para a implementação da presente Convenção, inclusive mediante cooperação internacional.

Artigo 38
Relações do Comitê com outros órgãos

A fim de promover a efetiva implementação da presente Convenção e de incentivar a cooperação internacional na esfera abrangida pela presente Convenção:

a) As agências especializadas e outros órgãos das Nações Unidas terão o direito de se fazer representar quando da consideração da implementação de disposições da presente Convenção que disserem respeito aos seus respectivos mandatos. O Comitê poderá convidar as agências especializadas e outros órgãos competentes, segundo julgar apropriado, a oferecer consultoria de peritos sobre a implementação da Convenção em áreas pertinentes a seus respectivos mandatos. O Comitê poderá convidar agências especializadas e outros órgãos das Nações Unidas a apresentar relatórios sobre a implementação da Convenção em áreas pertinentes às suas respectivas atividades;

b) No desempenho de seu mandato, o Comitê consultará, de maneira apropriada, outros órgãos pertinentes instituídos ao amparo de tratados internacionais de direitos humanos, a fim de assegurar a consistência de suas respectivas diretrizes para a elaboração de relatórios, sugestões e recomendações gerais e de evitar duplicação e superposição no desempenho de suas funções.

Artigo 39
Relatório do Comitê

A cada dois anos, o Comitê submeterá à Assembleia Geral e ao Conselho Econômico e Social um relatório de suas atividades e poderá fazer sugestões e recomendações gerais baseadas no exame dos relatórios e nas informações recebidas dos Estados-Partes. Estas sugestões e recomendações gerais serão incluídas no relatório do Comitê, acompanhadas, se houver, de comentários dos Estados-Partes.

Artigo 40
Conferência dos Estados-Partes

1. Os Estados-Partes reunir-se-ão regularmente em Conferência dos Estados-Partes a fim de considerar matérias relativas à implementação da presente Convenção.

2. O Secretário-Geral das Nações Unidas convocará, dentro do período de seis meses após a entrada em vigor da presente Convenção, a Conferência dos Estados-Partes. As reuniões subsequentes serão convocadas pelo Secretário-Geral das Nações Unidas a cada dois anos ou conforme a decisão da Conferência dos Estados-Partes.

Artigo 41
Depositário

O Secretário-Geral das Nações Unidas será o depositário da presente Convenção.

Artigo 42
Assinatura

A presente Convenção será aberta à assinatura de todos os Estados e organizações de integração regional na sede das Nações Unidas em Nova York, a partir de 30 de março de 2007.

Artigo 43
Consentimento em comprometer-se

A presente Convenção será submetida à ratificação pelos Estados signatários e à confirmação formal por organizações de integração regional signatárias. Ela estará aberta à adesão de qualquer Estado ou organização de integração regional que não a houver assinado.

Artigo 44
Organizações de integração regional

1. "Organização de integração regional" será entendida como organização constituída por Estados soberanos de determinada região, à qual seus Estados-membros tenham delegado competência sobre matéria abrangida pela presente Convenção. Essas organizações declararão, em seus documentos de confirmação formal ou adesão, o alcance de sua competência em relação à matéria abrangida pela presente Convenção. Subsequentemente, as organizações informarão ao depositário qualquer alteração substancial no âmbito de sua competência.

2. As referências a "Estados-Partes" na presente Convenção serão aplicáveis a essas organizações, nos limites da competência destas.

3. Para os fins do parágrafo 1 do Artigo 45 e dos parágrafos 2 e 3 do Artigo 47, nenhum instrumento depositado por organização de integração regional será computado.

4. As organizações de integração regional, em matérias de sua competência, poderão exercer o direito de voto na Conferência dos Estados-Partes, tendo direito ao mesmo número de votos quanto for o número de seus Estados-membros que forem Partes da presente Convenção. Essas organizações não exercerão seu direito de voto, se qualquer de seus Estados-membros exercer seu direito de voto, e vice-versa.

Artigo 45
Entrada em vigor

1. A presente Convenção entrará em vigor no trigésimo dia após o depósito do vigésimo instrumento de ratificação ou adesão.

2. Para cada Estado ou organização de integração regional que ratificar ou formalmente confirmar a presente Convenção ou a ela aderir após o depósito do referido vigésimo instrumento, a Convenção entrará em vigor no trigésimo dia a partir da data em que esse Estado ou organização tenha depositado seu instrumento de ratificação, confirmação formal ou adesão.

Artigo 46
Reservas

1. Não serão permitidas reservas incompatíveis com o objeto e o propósito da presente Convenção.

2. As reservas poderão ser retiradas a qualquer momento.

Artigo 47
Emendas

1. Qualquer Estado-Parte poderá propor emendas à presente Convenção e submetê-las ao Secretário-Geral das Nações Unidas. O Secretário-Geral comunicará aos Estados-Partes quaisquer emendas propostas, solicitando-lhes que o notifiquem se são favoráveis a uma Conferência dos Estados-Partes para considerar as propostas e tomar decisão a respeito delas. Se, até quatro meses após a data da referida comunicação, pelo menos um terço dos Estados-Partes se manifestar favorável a essa Conferência, o Secretário-Geral das Nações Unidas convocará a Conferência, sob os auspícios das Nações Unidas. Qualquer emenda adotada por maioria de dois terços dos Estados-Partes presentes e votantes será submetida pelo Secretário-Geral à aprovação da Assembleia Geral das Nações Unidas e, posteriormente, à aceitação de todos os Estados-Partes.

2. Qualquer emenda adotada e aprovada conforme o disposto no parágrafo 1 do presente artigo entrará em vigor no trigésimo dia após a data na qual o número de instrumentos de aceitação tenha atingido dois terços do número de Estados-Partes na data de adoção da emenda. Posteriormente, a emenda entrará em vigor para todo Estado-Parte no trigésimo dia após o depósito por esse Estado do seu instrumento de aceitação. A emenda será vinculante

somente para os Estados-Partes que a tiverem aceitado.

3. Se a Conferência dos Estados-Partes assim o decidir por consenso, qualquer emenda adotada e aprovada em conformidade com o disposto no parágrafo 1 deste Artigo, relacionada exclusivamente com os artigos 34, 38, 39 e 40, entrará em vigor para todos os Estados-Partes no trigésimo dia a partir da data em que o número de instrumentos de aceitação depositados tiver atingido dois terços do número de Estados--Partes na data de adoção da emenda.

Artigo 48
Denúncia

Qualquer Estado-Parte poderá denunciar a presente Convenção mediante notificação por escrito ao Secretário-Geral das Nações Unidas. A denúncia tornar-se-á efetiva um ano após a data de recebimento da notificação pelo Secretário--Geral.

Artigo 49
Formatos acessíveis

O texto da presente Convenção será colocado à disposição em formatos acessíveis.

Artigo 50
Textos autênticos

Os textos em árabe, chinês, espanhol, francês, inglês e russo da presente Convenção serão igualmente autênticos.

EM FÉ DO QUE os plenipotenciários abaixo assinados, devidamente autorizados para tanto por seus respectivos Governos, firmaram a presente Convenção.

PROTOCOLO FACULTATIVO À CONVENÇÃO SOBRE OS DIREITOS DAS PESSOAS COM DEFICIÊNCIA

Os Estados-Partes do presente Protocolo acordaram o seguinte:

Artigo 1

1. Qualquer Estado-Parte do presente Protocolo ("Estado-Parte") reconhece a competência do Comitê sobre os Direitos das Pessoas com Deficiência ("Comitê") para receber e considerar comunicações submetidas por pessoas ou grupos de pessoas, ou em nome deles, sujeitos à sua jurisdição, alegando serem vítimas de violação das disposições da Convenção pelo referido Estado-Parte.

2. O Comitê não receberá comunicação referente a qualquer Estado-Parte que não seja signatário do presente Protocolo.

Artigo 2

O Comitê considerará inadmissível a comunicação quando:

a) A comunicação for anônima;

b) A comunicação constituir abuso do direito de submeter tais comunicações ou for incompatível com as disposições da Convenção;

c) A mesma matéria já tenha sido examinada pelo Comitê ou tenha sido ou estiver sendo examinada sob outro procedimento de investigação ou resolução internacional;

d) Não tenham sido esgotados todos os recursos internos disponíveis, salvo no caso em que a tramitação desses recursos se prolongue injustificadamente, ou seja improvável que se obtenha com eles solução efetiva.

e) A comunicação estiver precariamente fundamentada ou não for suficientemente substanciada; ou

f) Os fatos que motivaram a comunicação tenham ocorrido antes da entrada em vigor do presente Protocolo para o Estado-Parte em apreço, salvo se os fatos continuaram ocorrendo após aquela data.

Artigo 3

Sujeito ao disposto no Artigo 2 do presente Protocolo, o Comitê levará confidencialmente ao conhecimento do Estado-Parte concernente qualquer comunicação submetida ao Comitê. Dentro do período de seis meses, o Estado concernente submeterá ao Comitê explicações ou declarações por escrito, esclarecendo a matéria e a eventual solução adotada pelo referido Estado.

Artigo 4

1. A qualquer momento após receber uma comunicação e antes de decidir o mérito dessa comunicação, o Comitê poderá transmitir ao Estado-Parte concernente, para sua urgente consideração, um pedido para que o Estado-Parte tome as medidas de natureza cautelar que forem necessárias para evitar possíveis danos irreparáveis à vítima ou às vítimas da violação alegada.

2. O exercício pelo Comitê de suas faculdades discricionárias em virtude do parágrafo 1 do presente Artigo não implicará prejuízo algum

sobre a admissibilidade ou sobre o mérito da comunicação.

Artigo 5

O Comitê realizará sessões fechadas para examinar comunicações a ele submetidas em conformidade com o presente Protocolo. Depois de examinar uma comunicação, o Comitê enviará suas sugestões e recomendações, se houver, ao Estado-Parte concernente e ao requerente.

Artigo 6

1. Se receber informação confiável indicando que um Estado-Parte está cometendo violação grave ou sistemática de direitos estabelecidos na Convenção, o Comitê convidará o referido Estado-Parte a colaborar com a verificação da informação e, para tanto, a submeter suas observações a respeito da informação em pauta.

2. Levando em conta quaisquer observações que tenham sido submetidas pelo Estado-Parte concernente, bem como quaisquer outras informações confiáveis em poder do Comitê, este poderá designar um ou mais de seus membros para realizar investigação e apresentar, em caráter de urgência, relatório ao Comitê. Caso se justifique e o Estado-Parte o consinta, a investigação poderá incluir uma visita ao território desse Estado.

3. Após examinar os resultados da investigação, o Comitê os comunicará ao Estado-Parte concernente, acompanhados de eventuais comentários e recomendações.

4. Dentro do período de seis meses após o recebimento dos resultados, comentários e recomendações transmitidos pelo Comitê, o Estado-Parte concernente submeterá suas observações ao Comitê.

5. A referida investigação será realizada confidencialmente e a cooperação do Estado-Parte será solicitada em todas as fases do processo.

Artigo 7

1. O Comitê poderá convidar o Estado-Parte concernente a incluir em seu relatório, submetido em conformidade com o disposto no Artigo 35 da Convenção, pormenores a respeito das medidas tomadas em consequência da investigação realizada em conformidade com o Artigo 6 do presente Protocolo.

2. Caso necessário, o Comitê poderá, encerrado o período de seis meses a que se refere o parágrafo 4 do Artigo 6, convidar o Estado-Parte concernente a informar o Comitê a respeito das medidas tomadas em consequência da referida investigação.

Artigo 8

Qualquer Estado-Parte poderá, quando da assinatura ou ratificação do presente Protocolo ou de sua adesão a ele, declarar que não reconhece a competência do Comitê, a que se referem os Artigos 6 e 7.

Artigo 9

O Secretário-Geral das Nações Unidas será o depositário do presente Protocolo.

Artigo 10

O presente Protocolo será aberto à assinatura dos Estados e organizações de integração regional signatários da Convenção, na sede das Nações Unidas em Nova York, a partir de 30 de março de 2007.

Artigo 11

O presente Protocolo estará sujeito à ratificação pelos Estados signatários do presente Protocolo que tiverem ratificado a Convenção ou aderido a ela. Ele estará sujeito à confirmação formal por organizações de integração regional signatárias do presente Protocolo que tiverem formalmente confirmado a Convenção ou a ela aderido. O Protocolo ficará aberto à adesão de qualquer Estado ou organização de integração regional que tiver ratificado ou formalmente confirmado a Convenção ou a ela aderido e que não tiver assinado o Protocolo.

Artigo 12

1. "Organização de integração regional" será entendida como organização constituída por Estados soberanos de determinada região, à qual seus Estados-membros tenham delegado competência sobre matéria abrangida pela Convenção e pelo presente Protocolo. Essas organizações declararão, em seus documentos de confirmação formal ou adesão, o alcance de sua competência em relação à matéria abrangida pela Convenção e pelo presente Protocolo. Subsequentemente, as organizações informarão ao depositário qualquer alteração substancial no alcance de sua competência.

2. As referências a "Estados-Partes" no presente Protocolo serão aplicáveis a essas organizações, nos limites da competência de tais organizações.

3. Para os fins do parágrafo 1 do Artigo 13 e do parágrafo 2 do Artigo 15, nenhum instrumento depositado por organização de integração regional será computado.

4. As organizações de integração regional, em matérias de sua competência, poderão exercer o direito de voto na Conferência dos Estados-Partes, tendo direito ao mesmo número de votos que seus Estados-membros que forem Partes do presente Protocolo. Essas organizações não exercerão seu direito de voto se qualquer de seus Estados-membros exercer seu direito de voto, e vice-versa.

Artigo 13

1. Sujeito à entrada em vigor da Convenção, o presente Protocolo entrará em vigor no trigésimo dia após o depósito do décimo instrumento de ratificação ou adesão.

2. Para cada Estado ou organização de integração regional que ratificar ou formalmente confirmar o presente Protocolo ou a ele aderir depois do depósito do décimo instrumento dessa natureza, o Protocolo entrará em vigor no trigésimo dia a partir da data em que esse Estado ou organização tenha depositado seu instrumento de ratificação, confirmação formal ou adesão.

Artigo 14

1. Não serão permitidas reservas incompatíveis com o objeto e o propósito do presente Protocolo.

2. As reservas poderão ser retiradas a qualquer momento.

Artigo 15

1. Qualquer Estado-Parte poderá propor emendas ao presente Protocolo e submetê-las ao Secretário-Geral das Nações Unidas. O Secretário-Geral comunicará aos Estados-Partes quaisquer emendas propostas, solicitando-lhes que o notifiquem se são favoráveis a uma Conferência dos Estados-Partes para considerar as propostas e tomar decisão a respeito delas. Se, até quatro meses após a data da referida comunicação, pelo menos um terço dos Estados-Partes se manifestar favorável a essa Conferência, o Secretário-Geral das Nações Unidas convocará a Conferência, sob os auspícios das Nações Unidas. Qualquer emenda adotada por maioria de dois terços dos Estados-Partes presentes e votantes será submetida pelo Secretário-Geral à aprovação da Assembleia Geral das Nações Unidas e, posteriormente, à aceitação de todos os Estados-Partes.

2. Qualquer emenda adotada e aprovada conforme o disposto no parágrafo 1 do presente artigo entrará em vigor no trigésimo dia após a data na qual o número de instrumentos de aceitação tenha atingido dois terços do número de Estados-Partes na data de adoção da emenda. Posteriormente, a emenda entrará em vigor para todo Estado-Parte no trigésimo dia após o depósito por esse Estado do seu instrumento de aceitação. A emenda será vinculante somente para os Estados-Partes que a tiverem aceitado.

Artigo 16

Qualquer Estado-Parte poderá denunciar o presente Protocolo mediante notificação por escrito ao Secretário-Geral das Nações Unidas. A denúncia tornar-se-á efetiva um ano após a data de recebimento da notificação pelo Secretário-Geral.

Artigo 17

O texto do presente Protocolo será colocado à disposição em formatos acessíveis.

Artigo 18

Os textos em árabe, chinês, espanhol, francês, inglês e russo e do presente Protocolo serão igualmente autênticos.

EM FÉ DO QUE os plenipotenciários abaixo assinados, devidamente autorizados para tanto por seus respectivos governos, firmaram o presente Protocolo.

LEI 13.300, DE 23 DE JUNHO DE 2016[1]

Disciplina o processo e o julgamento dos mandados de injunção individual e coletivo e dá outras providências.

O Vice-Presidente da República, no exercício do cargo de Presidente da República. Faço saber que o Congresso Nacional decreta e eu sanciono a seguinte Lei:

Art. 1º Esta Lei disciplina o processo e o julgamento dos mandados de injunção individual e coletivo, nos termos do inciso LXXI do art. 5º da Constituição Federal.

Art. 2º Conceder-se-á mandado de injunção sempre que a falta total ou parcial de norma regulamentadora torne inviável o exercício dos direitos e liberdades constitucionais e das prerrogativas inerentes à nacionalidade, à soberania e à cidadania.

---

[1] DOU 24.06.2016

Parágrafo único. Considera-se parcial a regulamentação quando forem insuficientes as normas editadas pelo órgão legislador competente.

Art. 3º São legitimados para o mandado de injunção, como impetrantes, as pessoas naturais ou jurídicas que se afirmam titulares dos direitos, das liberdades ou das prerrogativas referidos no art. 2º e, como impetrado, o Poder, o órgão ou a autoridade com atribuição para editar a norma regulamentadora.

Art. 4º A petição inicial deverá preencher os requisitos estabelecidos pela lei processual e indicará, além do órgão impetrado, a pessoa jurídica que ele integra ou aquela a que está vinculado.

§ 1º Quando não for transmitida por meio eletrônico, a petição inicial e os documentos que a instruem serão acompanhados de tantas vias quantos forem os impetrados.

§ 2º Quando o documento necessário à prova do alegado encontrar-se em repartição ou estabelecimento público, em poder de autoridade ou de terceiro, havendo recusa em fornecê-lo por certidão, no original, ou em cópia autêntica, será ordenada, a pedido do impetrante, a exibição do documento no prazo de 10 (dez) dias, devendo, nesse caso, ser juntada cópia à segunda via da petição.

§ 3º Se a recusa em fornecer o documento for do impetrado, a ordem será feita no próprio instrumento da notificação.

Art. 5º Recebida a petição inicial, será ordenada:

I – a notificação do impetrado sobre o conteúdo da petição inicial, devendo-lhe ser enviada a segunda via apresentada com as cópias dos documentos, a fim de que, no prazo de 10 (dez) dias, preste informações;

II – a ciência do ajuizamento da ação ao órgão de representação judicial da pessoa jurídica interessada, devendo-lhe ser enviada cópia da petição inicial, para que, querendo, ingresse no feito.

Art. 6º A petição inicial será desde logo indeferida quando a impetração for manifestamente incabível ou manifestamente improcedente.

Parágrafo único. Da decisão de relator que indeferir a petição inicial, caberá agravo, em 5 (cinco) dias, para o órgão colegiado competente para o julgamento da impetração.

Art. 7º Findo o prazo para apresentação das informações, será ouvido o Ministério Público, que opinará em 10 (dez) dias, após o que, com ou sem parecer, os autos serão conclusos para decisão.

Art. 8º Reconhecido o estado de mora legislativa, será deferida a injunção para:

I – determinar prazo razoável para que o impetrado promova a edição da norma regulamentadora;

II – estabelecer as condições em que se dará o exercício dos direitos, das liberdades ou das prerrogativas reclamados ou, se for o caso, as condições em que poderá o interessado promover ação própria visando a exercê-los, caso não seja suprida a mora legislativa no prazo determinado.

Parágrafo único. Será dispensada a determinação a que se refere o inciso I do *caput* quando comprovado que o impetrado deixou de atender, em mandado de injunção anterior, ao prazo estabelecido para a edição da norma.

Art. 9º A decisão terá eficácia subjetiva limitada às partes e produzirá efeitos até o advento da norma regulamentadora.

§ 1º Poderá ser conferida eficácia ultra partes ou erga omnes à decisão, quando isso for inerente ou indispensável ao exercício do direito, da liberdade ou da prerrogativa objeto da impetração.

§ 2º Transitada em julgado a decisão, seus efeitos poderão ser estendidos aos casos análogos por decisão monocrática do relator.

§ 3º O indeferimento do pedido por insuficiência de prova não impede a renovação da impetração fundada em outros elementos probatórios.

Art. 10. Sem prejuízo dos efeitos já produzidos, a decisão poderá ser revista, a pedido de qualquer interessado, quando sobrevierem relevantes modificações das circunstâncias de fato ou de direito.

Parágrafo único. A ação de revisão observará, no que couber, o procedimento estabelecido nesta Lei.

Art. 11. A norma regulamentadora superveniente produzirá efeitos ex nunc em relação aos beneficiados por decisão transitada em julgado, salvo se a aplicação da norma editada lhes for mais favorável.

Parágrafo único. Estará prejudicada a impetração se a norma regulamentadora for editada antes da decisão, caso em que o processo será extinto sem resolução de mérito.

Art. 12. O mandado de injunção coletivo pode ser promovido:

I – pelo Ministério Público, quando a tutela requerida for especialmente relevante para a defesa da ordem jurídica, do regime democrático ou dos interesses sociais ou individuais indisponíveis;

II – por partido político com representação no Congresso Nacional, para assegurar o exercício de direitos, liberdades e prerrogativas de seus integrantes ou relacionados com a finalidade partidária;

III – por organização sindical, entidade de classe ou associação legalmente constituída e em funcionamento há pelo menos 1 (um) ano, para assegurar o exercício de direitos, liberdades e prerrogativas em favor da totalidade ou de parte de seus membros ou associados, na forma de seus estatutos e desde que pertinentes a suas finalidades, dispensada, para tanto, autorização especial;

IV – pela Defensoria Pública, quando a tutela requerida for especialmente relevante para a promoção dos direitos humanos e a defesa dos direitos individuais e coletivos dos necessitados, na forma do inciso LXXIV do art. 5º da Constituição Federal.

Parágrafo único. Os direitos, as liberdades e as prerrogativas protegidos por mandado de injunção coletivo são os pertencentes, indistintamente, a uma coletividade indeterminada de pessoas ou determinada por grupo, classe ou categoria.

Art. 13. No mandado de injunção coletivo, a sentença fará coisa julgada limitadamente às pessoas integrantes da coletividade, do grupo, da classe ou da categoria substituídos pelo impetrante, sem prejuízo do disposto nos §§ 1º e 2º do art. 9º.

Parágrafo único. O mandado de injunção coletivo não induz litispendência em relação aos individuais, mas os efeitos da coisa julgada não beneficiarão o impetrante que não requerer a desistência da demanda individual no prazo de 30 (trinta) dias a contar da ciência comprovada da impetração coletiva.

Art. 14. Aplicam-se subsidiariamente ao mandado de injunção as normas do mandado de segurança, disciplinado pela Lei 12.016, de 7 de agosto de 2009, e do Código de Processo Civil, instituído pela Lei 5.869, de 11 de janeiro de 1973, e pela Lei 13.105, de 16 de março de 2015, observado o disposto em seus arts. 1.045 e 1.046.

Art. 15. Esta Lei entra em vigor na data de sua publicação.

Brasília, 23 de junho de 2016; 195º da Independência e 128º da República.

Michel Temer

DECRETO 9.522, DE 8 DE OUTUBRO DE 2018[1]

Promulga o Tratado de Marraqueche para facilitar o acesso a obras publicadas às pessoas cegas, com deficiência visual ou com outras dificuldades para ter acesso ao texto impresso, firmado em Marraqueche, em 27 de junho de 2013.

O Presidente da República, no uso da atribuição que lhe confere o art. 84, *caput*, inciso IV, da Constituição, e Considerando que a República Federativa do Brasil firmou o Tratado de Marraqueche para Facilitar o Acesso a Obras Publicadas às Pessoas Cegas, com Deficiência Visual ou com Outras Dificuldades para Ter Acesso ao Texto Impresso, em Marraqueche, em 27 de junho de 2013;

Considerando que o Congresso Nacional aprovou o Tratado por meio do Decreto Legislativo 261, de 25 de novembro de 2015, conforme o procedimento de que trata o § 3º do art. 5º da Constituição; e

Considerando que o Governo brasileiro depositou, junto ao Diretor-Geral da Organização Mundial da Propriedade Intelectual, em 11 de dezembro de 2015, o instrumento de ratificação ao Tratado e que este entrou em vigor para a República Federativa do Brasil, no plano jurídico externo, em 30 de setembro de 2016; decreta:

Art. 1º Fica promulgado o Tratado de Marraqueche para Facilitar o Acesso a Obras Publicadas às Pessoas Cegas, com Deficiência Visual ou com Outras Dificuldades para Ter Acesso ao Texto Impresso, firmado em Marraqueche, em 27 de junho de 2013, anexo a este Decreto.

Art. 2º São sujeitos à aprovação do Congresso Nacional atos que possam resultar em revisão do Tratado e ajustes complementares que acar-

---

[1] *DOU* de 10.10.2018.

retem encargos ou compromissos gravosos ao patrimônio nacional, nos termos do inciso I do *caput* do art. 49 da Constituição.

Art. 3º Este Decreto entra em vigor na data de sua publicação.

Brasília, 8 de outubro de 2018; 197º da Independência e 130º da República.

Michel Temer

Marraqueche, 17 a 28 de junho de 2013

TRATADO DE MARRAQUECHE PARA FACILITAR O ACESSO A OBRAS PUBLICADAS ÀS PESSOAS CEGAS, COM DEFICIÊNCIA VISUAL OU COM OUTRAS DIFICULDADES PARA TER ACESSO AO TEXTO IMPRESSO

Adotado pela Conferência Diplomática

Preâmbulo

As Partes Contratantes,

Recordando os princípios da não discriminação, da igualdade de oportunidades, da acessibilidade e da participação e inclusão plena e efetiva na sociedade, proclamados na declaração Universal dos Direitos Humanos e na Convenção das Nações Unidas sobre os Direitos das Pessoas com Deficiência,

Conscientes dos desafios que são prejudiciais ao desenvolvimento pleno das pessoas com deficiência visual ou com outras dificuldades para ter acesso ao texto impresso, que limitam a sua liberdade de expressão, incluindo a liberdade de procurar, receber e difundir informações e ideias de toda espécie em condições de igualdade com as demais pessoas mediante todas as formas de comunicação de sua escolha, assim como o gozo do seu direito à educação e a oportunidade de realizar pesquisas,

Enfatizando a importância da proteção ao direito de autor como incentivo e recompensa para as criações literárias e artísticas e a de incrementar as oportunidades para todas as pessoas, inclusive as pessoas com deficiência visual ou com outras dificuldades para ter acesso ao texto impresso, de participar na vida cultural da comunidade, desfrutar das artes e compartilhar o progresso científico e seus benefícios,

Cientes das barreiras que enfrentam as pessoas com deficiência visual ou com outras dificuldades para ter acesso ao texto impresso para alcançarem oportunidades iguais na sociedade, e da necessidade de ampliar o número de obras em formatos acessíveis e de aperfeiçoar a circulação de tais obras,

Considerando que a maioria das pessoas com deficiência visual ou com outras dificuldades para ter acesso ao texto impresso vive em países em desenvolvimento e em países de menor desenvolvimento relativo,

Reconhecendo que, apesar das diferenças existentes nas legislações nacionais de direito de autor, o impacto positivo das novas tecnologias de informação e comunicação na vida das pessoas com deficiência visual ou com outras dificuldades para ter acesso ao texto impresso pode ser reforçado por um marco jurídico aprimorado no plano internacional,

Reconhecendo que muitos Estados Membros estabeleceram exceções e limitações em suas legislações nacionais de direito de autor destinadas a pessoas com deficiência visual ou com outras dificuldades para ter acesso ao texto impresso, mas que ainda há uma escassez permanente de exemplares disponíveis em formato acessível para essas pessoas; que são necessários recursos consideráveis em seus esforços para tornar as obras acessíveis a essas pessoas; e que a falta de possibilidade de intercâmbio transfronteiriço de exemplares em formato acessível exige a duplicação desses esforços,

Reconhecendo tanto a importância do papel dos titulares de direitos em tornar suas obras acessíveis a pessoas com deficiência visual ou com outras dificuldades para ter acesso ao texto impresso, como a importância de limitações e exceções adequadas para tornar as obras acessíveis a essas pessoas, em particular quando o mercado é incapaz de prover tal acesso,

Reconhecendo a necessidade de se manter um equilíbrio entre a proteção efetiva dos direitos dos autores e o interesse público mais amplo, em especial no que diz respeito à educação, pesquisa e acesso à informação, e que esse equilíbrio deve facilitar às pessoas com deficiência visual ou com outras dificuldades para ter acesso ao texto impresso o acesso efetivo e tempestivo às obras,

Reafirmando as obrigações contraídas pelas Partes Contratantes em virtude de tratados internacionais vigentes em matéria de proteção ao direito de autor, bem como a importância e a flexibilidade da regra dos três passos relativa às limitações e exceções, prevista no Artigo 9.2 da Convenção de Berna sobre a Proteção de Obras Literárias e Artísticas e em outros instrumentos internacionais,

Recordando a importância das recomendações da Agenda do Desenvolvimento, adotada em 2007 pela Assembleia Geral da Organização

Mundial da Propriedade Intelectual (OMPI), que visa a assegurar que as considerações relativas ao desenvolvimento sejam parte integrante do trabalho da Organização,

Reconhecendo a importância do sistema internacional de direito de autor e visando harmonizar as limitações e exceções com vistas a facilitar o acesso e o uso de obras por pessoas com deficiência visual ou com outras dificuldades para ter acesso ao texto impresso,

Acordaram o seguinte:

Artigo 1º
Relação com outras convenções e tratados

Nenhuma disposição do presente Tratado derrogará quaisquer obrigações que as Partes Contratantes tenham entre si em virtude de outros tratados, nem prejudicará quaisquer direitos que uma Parte Contratante tenha em virtude de outros tratados.

Artigo 2º
Definições

Para os efeitos do presente Tratado:

a) "obras" significa as obras literárias e artísticas no sentido do Artigo 2.1 da Convenção de Berna sobre a Proteção de Obras Literárias e Artísticas, em forma de texto, notação e/ou ilustrações conexas, que tenham sido publicadas ou tornadas disponíveis publicamente por qualquer meio[2].

b) "exemplar em formato acessível" significa a reprodução de uma obra de uma maneira ou forma alternativa que dê aos beneficiários acesso à obra, inclusive para permitir que a pessoa tenha acesso de maneira tão prática e cômoda como uma pessoa sem deficiência visual ou sem outras dificuldades para ter acesso ao texto impresso. O exemplar em formato acessível é utilizado exclusivamente por beneficiários e deve respeitar a integridade da obra original, levando em devida consideração as alterações necessárias para tornar a obra acessível no formato alternativo e as necessidades de acessibilidade dos beneficiários.

c) "entidade autorizada" significa uma entidade que é autorizada ou reconhecida pelo governo para prover aos beneficiários, sem intuito de lucro, educação, formação pedagógica, leitura adaptada ou acesso à informação. Inclui, também, instituição governamental ou organização sem fins lucrativos que preste os mesmos serviços aos beneficiários como uma de suas atividades principais ou obrigações institucionais[3].

A entidade autorizada estabelecerá suas próprias práticas e as aplicará:

i) para determinar que as pessoas a que serve são beneficiárias;

ii) para limitar aos beneficiários e/ou às entidades autorizadas a distribuição e colocação à disposição de exemplares em formato acessível;

iii) para desencorajar a reprodução, distribuição e colocação à disposição de exemplares não autorizados; e

iv) para exercer o devido cuidado no uso dos exemplares das obras e manter os registros deste uso, respeitando a privacidade dos beneficiários em conformidade com o Artigo 8º.

Artigo 3º
Beneficiários

Será beneficiário toda pessoa:

a) cega;

b) que tenha deficiência visual ou outra deficiência de percepção ou de leitura que não possa ser corrigida para se obter uma acuidade visual substancialmente equivalente à de uma pessoa que não tenha esse tipo de deficiência ou dificuldade, e para quem é impossível ler material impresso de uma forma substancialmente equivalente à de uma pessoa sem deficiência ou dificuldade; ou[4]

c) que esteja, impossibilitada, de qualquer outra maneira, devido a uma deficiência física, de sustentar ou manipular um livro ou focar ou mover os olhos da forma que normalmente seria apropriado para a leitura; independentemente de quaisquer outras deficiências.

---

[2] Declaração acordada relativa ao Artigo 2º(a): Para os efeitos do presente Tratado, fica entendido que nesta definição se encontram compreendidas as obras em formato áudio, como os audiolivros.

[3] Declaração acordada relativa ao Artigo 2º(c): Para os efeitos do presente Tratado, fica entendido que "entidades reconhecidas pelo governo" poderá incluir entidades que recebam apoio financeiro do governo para fornecer aos beneficiários, sem fins lucrativos, educação, formação pedagógica, leitura adaptada ou acesso à informação.

[4] Declaração acordada relativa ao Artigo 3º(b): Nada nessa linguagem implica que "não pode ser corrigida" requer o uso de todos os procedimentos de diagnóstico e tratamentos médicos possíveis.

Artigo 4º
Limitações e Exceções na Legislação Nacional sobre Exemplares em Formato Acessível

1. (a) As Partes Contratantes estabelecerão na sua legislação nacional de direito de autor uma limitação ou exceção aos direitos de reprodução, de distribuição, bem como de colocação à disposição do público, tal como definido no Tratado da OMPI sobre Direito de Autor, para facilitar a disponibilidade de obras em formatos acessíveis aos beneficiários. A limitação ou exceção prevista na legislação nacional deve permitir as alterações necessárias para tornar a obra acessível em formato alternativo.

(b) As Partes Contratantes podem também estabelecer uma exceção ao direito de representação ou execução pública para facilitar o acesso a obras para beneficiários.

2. Uma Parte Contratante poderá cumprir o disposto no Artigo 4(1) para todos os direitos nele previstos, mediante o estabelecimento de uma limitação ou exceção em sua legislação nacional de direitos de autor de tal forma que:

(a) Seja permitido às entidades autorizadas, sem a autorização do titular dos direitos de autor, produzir um exemplar em formato acessível de uma obra obter de outra entidade autorizada uma obra em formato acessível e fornecer tais exemplares para o beneficiário, por qualquer meio, inclusive por empréstimo não comercial ou mediante comunicação eletrônica por fio ou sem fio; e realizar todas as medidas intermediárias para atingir esses objetivos, quando todas as seguintes condições forem atendidas:

(i) a entidade autorizada que pretenda realizar tal atividade tenha acesso legal à obra ou a um exemplar da obra;

(ii) a obra seja convertida para um exemplar em formato acessível, o que pode incluir quaisquer meios necessários para consultar a informação nesse formato, mas não a introdução de outras mudanças que não as necessárias para tornar a obra acessível aos beneficiários;

(iii) os exemplares da obra no formato acessível sejam fornecidos exclusivamente para serem utilizados por beneficiários; e

(iv) a atividade seja realizada sem fins lucrativos; e

(b) Um beneficiário, ou alguém agindo em seu nome, incluindo a pessoa principal que cuida do beneficiário ou se ocupe de seu cuidado, poderá produzir um exemplar em formato acessível de uma obra para o uso pessoal do beneficiário ou de outra forma poderá ajudar o beneficiário a produzir e utilizar exemplares em formato acessível, quando o beneficiário tenha acesso legal a essa obra ou a um exemplar dessa obra.

3. Uma Parte Contratante poderá cumprir o disposto no Artigo 4(1) estabelecendo outras limitações ou exceções em sua legislação nacional de direito de autor nos termos dos Artigos 10 e 11[5].

4. Uma Parte Contratante poderá restringir as limitações ou exceções nos termos deste Artigo às obras que, no formato acessível em questão, não possam ser obtidas comercialmente sob condições razoáveis para os beneficiários naquele mercado. Qualquer Parte Contratante que exercer essa faculdade deverá declará-la em uma notificação depositada junto ao Diretor-Geral da OMPI no momento da ratificação, aceitação ou adesão a esse Tratado ou em qualquer momento posterior[6].

5. Caberá à lei nacional determinar se as exceções ou limitações a que se refere o presente artigo estão sujeitas à remuneração.

Artigo 5º
Intercâmbio Transfronteiriço de Exemplares em Formato Acessível

1. As Partes Contratantes estabelecerão que, se um exemplar em formato acessível de uma obra é produzido ao amparo de uma limitação ou exceção ou de outros meios legais, este exemplar em formato acessível poderá ser distribuído ou colocado à disposição por uma entidade autorizada a um beneficiário ou a uma entidade autorizada em outra Parte Contratante[7].

---

[5] Declaração acordada relativa ao Artigo 4º(3): Fica entendido que este parágrafo não reduz nem estende o âmbito de aplicação das limitações e exceções permitidas pela Convenção de Berna no que diz respeito ao direito de tradução, com referência a pessoas com deficiência visual ou com outras dificuldades para ter acesso ao texto impresso.

[6] Declaração acordada relativa ao Artigo 4º(4): Fica entendido que o requisito da disponibilidade comercial não prejulga se a limitação ou exceção nos termos deste artigo é ou não consistente com o teste dos três passos.

[7] Declaração acordada relativa ao Artigo 5º(1): Fica entendido ainda que nada neste Tratado reduz ou estende o âmbito de direitos exclusivos sob qualquer outro Tratado.

2. Uma Parte Contratante poderá cumprir o disposto no Artigo 5(1) instituindo uma limitação ou exceção em sua legislação nacional de direito de autor de tal forma que:

(a) será permitido às entidades autorizadas, sem a autorização do titular do direito, distribuir ou colocar à disposição para o uso exclusivo dos beneficiários exemplares em formato acessível a uma entidade autorizada em outra Parte Contratante; e

(b) será permitido às entidades autorizadas, sem a autorização do titular do direito e em conformidade com o disposto no Artigo 2º(c), distribuir ou colocar à disposição exemplares em formato acessível a um beneficiário em outra Parte Contratante; desde que antes da distribuição ou colocação à disposição, a entidade autorizada originária não saiba ou tenha motivos razoáveis para saber que o exemplar em formato acessível seria utilizado por outras pessoas que não os beneficiários[8].

3. Uma Parte Contratante poderá cumprir o disposto no Artigo 5(1) instituindo outras limitações ou exceções em sua legislação nacional de direito de autor nos termos do Artigo 5(4), 10 e 11.

4. (a) Quando uma entidade autorizada em uma Parte Contratante receber um exemplar em formato acessível nos termos do artigo 5(1) e essa Parte Contratante não tiver as obrigações decorrentes do Artigo 9 da Convenção de Berna, a Parte Contratante garantirá, de acordo com suas práticas e seu sistema jurídico, que os exemplares em formato acessível serão reproduzidos, distribuídos ou colocados à disposição apenas para o proveito dos beneficiários na jurisdição dessa Parte Contratante.

(b) A distribuição e a colocação à disposição de exemplares em formato acessível por uma entidade autorizada nos termos do Artigo 5(1) deverá ser limitada a essa jurisdição, salvo se a Parte Contratante for parte do Tratado da OMPI sobre Direito de Autor ou de outra forma limitar as exceções e limitações ao direito de distribuição e ao direito de colocação à disposição do público que implementam esse Tratado a determinados casos especiais, que não conflitem com a exploração normal da obra e não prejudiquem injustificadamente os interesses legítimos do titular do direito[9-10].

(c) Nada neste Artigo afeta a determinação do que constitui um ato de distribuição ou um ato de colocação à disposição do público.

5. Nada neste Tratado será utilizado para tratar da questão da exaustão de direitos.

Artigo 6º
Importação de Exemplares em Formato Acessível

Na medida em que a legislação nacional de uma Parte Contratante permita que um beneficiário, alguém agindo em seu nome, ou uma entidade autorizada produza um exemplar em formato acessível de uma obra, a legislação nacional dessa Parte Contratante permitirá, também, que eles possam importar um exemplar em formato acessível para o proveito dos beneficiários, sem a autorização do titular do direito[11].

Artigo 7º
Obrigações Relativas a Medidas Tecnológicas

As Partes Contratantes adotarão medidas adequadas que sejam necessárias, para assegurar que, quando estabeleçam proteção legal adequada e recursos jurídicos efetivos contra a neutralização de medidas tecnológicas efetivas, essa proteção legal não impeça que os beneficiários desfrutem das limitações e exceções previstas neste Tratado[12].

---

[8] Declaração acordada relativa ao Artigo 5º(2): Fica entendido que, para distribuir ou colocar à disposição exemplares em formato acessível diretamente a beneficiários em outra Parte Contratante, pode ser apropriado para uma entidade autorizada aplicar medidas adicionais para confirmar que a pessoa que ela está servindo é uma pessoa beneficiária e para seguir suas práticas conforme o Artigo 2º(c).

[9] Declaração acordada relativa ao Artigo 5º(4)(b): Fica entendido que nada neste Tratado requer ou implica que uma Parte Contratante adote ou aplique o teste dos três passos além de suas obrigações decorrentes deste instrumento ou de outros tratados internacionais.

[10] Declaração acordada relativa ao Artigo 5º(4)(b): Fica entendido que nada neste Tratado cria quaisquer obrigações para uma Parte Contratante ratificar ou aceder ao Tratado da OMPI sobre Direito de Autor (WCT) ou de cumprir quaisquer de seus dispositivos e nada neste Tratado prejudica quaisquer direitos, limitações ou exceções contidos no Tratado da OMPI sobre Direito de Autor (WCT).

[11] Declaração acordada relativa ao Artigo 6º: Fica entendido que as Partes Contratantes têm as mesmas flexibilidades previstas no Artigo 4º na implementação de suas obrigações decorrentes do Artigo 6º.

[12] Declaração acordada relativa ao Artigo 7º: Fica entendido que as entidades autorizadas, em diversas circunstâncias, optam por aplicar medidas tecnoló-

Artigo 8º
Respeito à Privacidade

Na implementação das limitações e exceções previstas neste Tratado, as Partes Contratantes empenhar-se-ão para proteger a privacidade dos beneficiários em condições de igualdade com as demais pessoas.

Artigo 9º
Cooperação para Facilitar o Intercâmbio Transfronteiriço

1. As Partes Contratantes envidarão esforços para promover o intercâmbio transfronteiriço de exemplares em formato acessível incentivando o compartilhamento voluntário de informações para auxiliar as entidades autorizadas a se identificarem. O Escritório Internacional da OMPI estabelecerá um ponto de acesso à informação para essa finalidade.

2. As Partes Contratantes comprometem-se a auxiliar suas entidades autorizadas envolvidas em atividades nos termos do Artigo 5º a disponibilizarem informações sobre suas práticas conforme o Artigo 2º(c), tanto pelo compartilhamento de informações entre entidades autorizadas como pela disponibilização de informações sobre as suas políticas e práticas, inclusive as relacionadas com o intercâmbio transfronteiriço de exemplares em formato acessível, às partes interessadas e membros do público, conforme apropriado.

3. O Escritório Internacional da OMPI é convidado a compartilhar informações, quando disponíveis, sobre o funcionamento do presente Tratado.

4. As Partes Contratantes reconhecem a importância da cooperação internacional e de sua promoção em apoio aos esforços nacionais para a realização do propósito e dos objetivos deste Tratado[13].

Artigo 10
Princípios Gerais sobre Implementação

1. As Partes Contratantes comprometem-se a adotar as medidas necessárias para garantir a aplicação do presente Tratado.

2. Nada impedirá que as Partes Contratantes determinem a forma mais adequada de implementar as disposições do presente Tratado no âmbito de seus ordenamentos jurídicos e práticas legais[14].

3. As Partes Contratantes poderão exercer os seus direitos e cumprir com as obrigações previstas neste Tratado por meio de limitações ou exceções específicas em favor dos beneficiários, outras exceções ou limitações, ou uma combinação de ambas no âmbito de seus ordenamentos jurídicos e práticas legais nacionais. Estas poderão incluir decisões judiciais, administrativas ou regulatórias em favor dos beneficiários, relativa a práticas, atos ou usos justos que permitam satisfazer as suas necessidades, em conformidade com os direitos e obrigações que as Partes Contratantes tenham em virtude da Convenção de Berna, de outros tratados internacionais e do Artigo 11.

Artigo 11
Obrigações Gerais sobre Limitações e Exceções

Ao adotar as medidas necessárias para assegurar a aplicação do presente Tratado, uma Parte Contratante poderá exercer os direitos e deverá cumprir com as obrigações que essa Parte Contratante tenha no âmbito da Convenção de Berna, do Acordo Relativo aos Aspectos do Direito da Propriedade Intelectual Relacionados com o Comércio e do Tratado da OMPI sobre Direito de Autor, incluindo os acordos interpretativos dos mesmos, de modo que:

(a) em conformidade com o Artigo 9(2) da Convenção de Berna, a Parte Contratante pode permitir a reprodução de obras em certos casos especiais, contanto que tal reprodução não afete

---

gicas na produção, distribuição e colocação à disposição de exemplares em formato acessível e que nada aqui afeta tais práticas, quando estiverem em conformidade com a legislação nacional.

[13] Declaração acordada relativa ao Artigo 9º: Fica entendido que o Artigo 9º não implica um registro obrigatório para as entidades autorizadas nem constitui uma condição prévia para que as entidades autorizadas exerçam atividades reconhecidas pelo presente Tratado; confere, contudo, a possibilidade de compartilhamento de informações para facilitar o intercâmbio transfronteiriço de exemplares em formato acessível.

[14] Declaração acordada relativa ao Artigo 10(2): Fica entendido que quando uma obra se qualifica como uma obra nos termos do Artigo 2º(a), incluindo as obras em formato de áudio, as limitações e as exceções previstas pelo presente Tratado se aplicam mutatis mutandis aos direitos conexos, conforme necessário para fazer o exemplar em formato acessível, para distribuí-lo e para colocá-lo à disposição dos beneficiários.

a exploração normal da obra nem cause prejuízo injustificado aos interesses legítimos do autor;

(b) em conformidade com o Artigo 13 do Acordo Relativo aos Aspectos do Direito da Propriedade Intelectual Relacionados com o Comércio, a Parte Contratante deverá restringir as limitações ou exceções aos direitos exclusivos a determinados casos especiais, que não conflitem com a exploração normal da obra e não prejudiquem injustificadamente os interesses legítimos do titular do direito;

(c) em conformidade com o Artigo 10(1) do Tratado da OMPI sobre Direito de Autor, a Parte Contratante pode prever limitações ou exceções aos direitos concedidos aos autores no âmbito do Tratado da OMPI sobre Direito de Autor em certoscasos especiais, que não conflitem com a exploração normal da obra e não prejudiquem os interesses legítimos do autor;

(d) em conformidade com o Artigo 10(2) do Tratado da OMPI sobre Direito de Autor, a Parte Contratante deve restringir, ao aplicar a Convenção de Berna, qualquer limitação ou exceção aos direitos a determinados casos especiais que não conflitem com a exploração normal da obra e não prejudiquem injustificadamente os interesses legítimos do autor.

Artigo 12
Outras Limitações e Exceções

1. As Partes Contratantes reconhecem que uma Parte Contratante pode implementar em sua legislação nacional outras limitações e exceções ao direito de autor para o proveito dos beneficiários além das previstas por este Tratado, tendo em vista a situação econômica dessa Parte Contratante e suas necessidades sociais e culturais, em conformidade com os direitos e obrigações internacionais dessa Parte Contratante, e, no caso de um país de menor desenvolvimento relativo, levando em consideração suas necessidades especiais, seus direitos e obrigações internacionais particulares e as flexibilidades derivadas destes últimos.

2. Este Tratado não prejudica outras limitações e exceções para pessoas com deficiência previstas pela legislação nacional.

Artigo 13
Assembleia

1. (a) As Partes Contratantes terão uma Assembleia.

(b) Cada Parte Contratante será representada na Assembleia por um delegado, que poderá ser assistido por suplentes, assessores ou especialistas.

(c) Os gastos de cada delegação serão custeados pela Parte Contratante que tenha designado a delegação. A Assembleia pode pedir à OMPI que conceda assistência financeira para facilitar a participação de delegações de Partes Contratantes consideradas países em desenvolvimento, em conformidade com a prática estabelecida pela Assembleia Geral das Nações Unidas, ou que sejam países em transição para uma economia de mercado.

2. (a) A Assembleia tratará as questões relativas à manutenção e desenvolvimento deste Tratado e da aplicação e operação deste Tratado.

(b) A Assembleia realizará a função a ela atribuída pelo Artigo 15 no que diz respeito à admissão de certas organizações intergovernamentais como Parte do presente Tratado.

(c) A Assembleia decidirá a convocação de qualquer conferência diplomática para a revisão deste Tratado e dará as instruções necessárias ao Diretor-Geral da OMPI para a preparação de tal conferência diplomática.

3. (a) Cada Parte Contratante que seja um Estado terá um voto e votará apenas em seu próprio nome.

(b) Toda Parte Contratante que seja uma organização intergovernamental poderá participar na votação, no lugar de seus Estados Membros, com um número de votos igual ao número de seus Estados Membros que sejam parte deste Tratado. Nenhuma dessas organizações intergovernamentais poderá participar na votação se qualquer um de seus Estados Membros exercer seu direito ao voto e vice-versa.

4. A Assembleia se reunirá mediante convocação do Diretor-Geral e, na ausência de circunstâncias excepcionais, durante o mesmo período e no mesmo local que a Assembleia Geral da OMPI.

5. A Assembleia procurará tomar as suas decisões por consenso e estabelecerá suas próprias regras de procedimento, incluindo a convocação de sessões extraordinárias, os requisitos de quórum e, sujeita às disposições do presente Tratado, a maioria exigida para os diversos tipos de decisões.

Artigo 14
Escritório Internacional

O Escritório Internacional da OMPI executará as tarefas administrativas relativas a este Tratado.

Artigo 15
Condições para se tornar Parte do Tratado

(1) Qualquer Estado Membro da OMPI poderá se tornar parte deste Tratado.

(2) A Assembleia poderá decidir a admissão de qualquer organização intergovernamental para ser parte do Tratado que declare ter competência e ter sua própria legislação vinculante para todos seus Estados Membros sobre os temas contemplados neste Tratado e que tenha sido devidamente autorizada, em conformidade com seus procedimentos internos, a se tornar parte deste Tratado.

(3) A União Europeia, tendo feito a declaração mencionada no parágrafo anterior na Conferência Diplomática que adotou este Tratado, poderá se tornar parte deste Tratado.

Artigo 16
Direitos e Obrigações do Tratado

Salvo qualquer dispositivo específico em contrário neste Tratado, cada Parte Contratante gozará de todos os direitos e assumirá todas as obrigações decorrentes deste Tratado.

Artigo 17
Assinatura do Tratado

Este Tratado ficará aberto para assinatura na Conferência Diplomática de Marraqueche, e, depois disso, na sede da OMPI, por qualquer parte que reúna as condições para tal fim, durante um ano após sua adoção.

Artigo 18
Entrada em Vigor do Tratado

Este Tratado entrará em vigor três meses após 20 partes que reúnam as condições referidas no Artigo 15 tenham depositado seus instrumentos de ratificação ou adesão.

Artigo 19
Data da Produção de Efeitos das Obrigações do Tratado

O presente Tratado produzirá efeitos:

(a) para as 20 Partes referidas no Artigo 18, a partir da data de entrada em vigor do Tratado;

(b) para qualquer outra Parte referida no Artigo 15, a partir do término do prazo de três meses contados da data em que tenha sido feito o depósito do instrumento de ratificação ou adesão junto ao Diretor-Geral da OMPI.

Artigo 20
Denúncia do Tratado

Qualquer Parte Contratante poderá denunciar o presente Tratado mediante notificação dirigida ao Diretor-Geral da OMPI. A denúncia produzirá efeitos após um ano da data em que o Diretor-Geral da OMPI tenha recebido a notificação.

Artigo 21
Línguas do Tratado

(1) O presente tratado é assinado em um único exemplar original nas línguas inglesa, árabe, chinesa, francesa, russa e espanhola, sendo todas elas igualmente autênticas.

(2) A pedido de uma parte interessada, o Diretor-Geral da OMPI estabelecerá um texto oficial em qualquer outra língua não referida no Artigo 21(1), após consulta com todas as partes interessadas.

Para efeitos do disposto neste parágrafo, por "parte interessada" se entende qualquer Estado Membro da OMPI cuja língua oficial, ou uma das línguas oficiais, esteja implicada e a União Europeia, bem como qualquer outra organização intergovernamental que possa se tornar Parte do presente Tratado, se estiver implicada uma de suas línguas oficiais.

Artigo 22
Depositário

O Diretor-Geral da OMPI é o depositário do presente Tratado.

Feito em Marraqueche, no dia 27 de Junho de 2013.

DECRETO 10.932, DE 10 DE JANEIRO DE 2022[1]

Promulga a Convenção Interamericana contra o Racismo, a Discriminação Racial e Formas Correlatas de Intolerância, firmado pela República Federativa do Brasil, na Guatemala, em 5 de junho de 2013.

O Presidente da República, no uso da atribuição que lhe confere o art.84, *caput*, inciso IV, da Constituição, e

---

[1] *DOU* 11.01.2022.

DECRETO 10.932, DE 10 DE JANEIRO DE 2022

Considerando que a República Federativa do Brasil firmou a Convenção Interamericana contra o Racismo, a Discriminação Racial e Formas Correlatas de Intolerância, na Guatemala, em 5 de junho de 2013;

Considerando que o Congresso Nacional aprovou a Convenção, por meio do Decreto Legislativo nº 1, de 18 de fevereiro de 2021, conforme o procedimento de que trata o § 3º do art. 5º da Constituição;

Considerando que o Governo brasileiro depositou, junto à Secretaria-Geral da Organização dos Estados Americanos, em 28 de maio de 2021, o instrumento de ratificação à Convenção e que esta entrou em vigor para a República Federativa do Brasil, no plano jurídico externo, em 27 de junho de 2021;

Decreta:

Art. 1º Fica promulgada a Convenção Interamericana contra o Racismo, a Discriminação Racial e Formas Correlatas de Intolerância, firmada na 43ª Sessão Ordinária da Assembleia Geral da Organização dos Estados Americanos, na Guatemala, em 5 de junho de 2013, anexa a este Decreto.

Art. 2º São sujeitos à aprovação do Congresso Nacional atos que possam resultar em revisão da Convenção e ajustes complementares que acarretem encargos ou compromissos gravosos ao patrimônio nacional, nos termos do inciso I do *caput* do art. 49 da Constituição.

Art. 3º Este Decreto entra em vigor na data de sua publicação.

Brasília, 10 de janeiro de 2022; 201º da Independência e 134º da República.

Jair Messias Bolsonaro

CONVENÇÃO INTERAMERICANA CONTRA O RACISMO, A DISCRIMINAÇÃO RACIAL E FORMAS CORRELATAS DE INTOLERÂNCIA

Os Estados Partes nesta Convenção,

CONSIDERANDO que a dignidade inerente e a igualdade de todos os membros da família humana são princípios básicos da Declaração Universal dos Direitos Humanos, da Declaração Americana dos Direitos e Deveres do Homem, da Convenção Americana sobre Direitos Humanos e da Convenção Internacional sobre a Eliminação de Todas as Formas de Discriminação Racial;

REAFIRMANDO o firme compromisso dos Estados membros da Organização dos Estados Americanos com a erradicação total e incondicional do racismo, da discriminação racial e de todas as formas de intolerância, e sua convicção de que essas atitudes discriminatórias representam a negação dos valores universais e dos direitos inalienáveis e invioláveis da pessoa humana e dos propósitos e princípios consagrados na Carta da Organização dos Estados Americanos, na Declaração Americana dos Direitos e Deveres do Homem, na Convenção Americana sobre Direitos Humanos, na Carta Social das Américas, na Carta Democrática Interamericana, na Declaração Universal dos Direitos Humanos, na Convenção Internacional sobre a Eliminação de Todas as Formas de Discriminação Racial e na Declaração Universal sobre o Genoma Humano e os Direitos Humanos;

RECONHECENDO o dever de se adotarem medidas nacionais e regionais para promover e incentivar o respeito e a observância dos direitos humanos e das liberdades fundamentais de todos os indivíduos e grupos sujeitos a sua jurisdição, sem distinção de raça, cor, ascendência ou origem nacional ou étnica;

CONVENCIDOS de que os princípios da igualdade e da não discriminação entre os seres humanos são conceitos democráticos dinâmicos que propiciam a promoção da igualdade jurídica efetiva e pressupõem uma obrigação por parte do Estado de adotar medidas especiais para proteger os direitos de indivíduos ou grupos que sejam vítimas da discriminação racial em qualquer esfera de atividade, seja pública ou privada, com vistas a promover condições equitativas para a igualdade de oportunidades, bem como combater a discriminação racial em todas as suas manifestações individuais, estruturais e institucionais;

CONSCIENTES de que o fenômeno do racismo demonstra uma capacidade dinâmica de renovação que lhe permite assumir novas formas pelas quais se dissemina e se expressa política, social, cultural e linguisticamente;

LEVANDO EM CONTA que as vítimas do racismo, da discriminação racial e de outras formas correlatas de intolerância nas Américas são, entre outras, afrodescendentes, povos indígenas, bem como outros grupos e minorias raciais e étnicas ou grupos que por sua ascendência ou origem nacional ou étnica são afetados por essas manifestações;

CONVENCIDOS de que determinadas pessoas e grupos vivenciam formas múltiplas ou extremas de racismo, discriminação e intolerância, motivadas por uma combinação de fatores como raça, cor, ascendência, origem nacional ou étnica, ou outros reconhecidos em instrumentos internacionais;

LEVANDO EM CONTA que uma sociedade pluralista e democrática deve respeitar a raça, cor, ascendência e origem nacional ou étnica de toda pessoa, pertencente ou não a uma minoria, bem como criar condições adequadas que lhe possibilitem expressar, preservar e desenvolver sua identidade;

CONSIDERANDO que a experiência individual e coletiva de discriminação deve ser levada em conta para combater a exclusão e a marginalização com base em raça, grupo étnico ou nacionalidade e para proteger o projeto de vida de indivíduos e comunidades em risco de exclusão e marginalização;

ALARMADOS com o aumento dos crimes de ódio motivados por raça, cor, ascendência e origem nacional ou étnica;

RESSALTANDO o papel fundamental da educação na promoção do respeito aos direitos humanos, da igualdade, da não discriminação e da tolerância; e

TENDO PRESENTE que, embora o combate ao racismo e à discriminação racial tenha sido priorizado em um instrumento internacional anterior, a Convenção Internacional sobre a Eliminação de Todas as Formas de Discriminação Racial, de 1965, os direitos nela consagrados devem ser reafirmados, desenvolvidos, aperfeiçoados e protegidos, a fim de que se consolide nas Américas o conteúdo democrático dos princípios da igualdade jurídica e da não discriminação,

ACORDAM o seguinte:

CAPÍTULO I
DEFINIÇÕES

Artigo 1

Para os efeitos desta Convenção:

1. Discriminação racial é qualquer distinção, exclusão, restrição ou preferência, em qualquer área da vida pública ou privada, cujo propósito ou efeito seja anular ou restringir o reconhecimento, gozo ou exercício, em condições de igualdade, de um ou mais direitos humanos e liberdades fundamentais consagrados nos instrumentos internacionais aplicáveis aos Estados Partes. A discriminação racial pode basear-se em raça, cor, ascendência ou origem nacional ou étnica.

2. Discriminação racial indireta é aquela que ocorre, em qualquer esfera da vida pública ou privada, quando um dispositivo, prática ou critério aparentemente neutro tem a capacidade de acarretar uma desvantagem particular para pessoas pertencentes a um grupo específico, com base nas razões estabelecidas no Artigo 1.1, ou as coloca em desvantagem, a menos que esse dispositivo, prática ou critério tenha um objetivo ou justificativa razoável e legítima à luz do Direito Internacional dos Direitos Humanos.

3. Discriminação múltipla ou agravada é qualquer preferência, distinção, exclusão ou restrição baseada, de modo concomitante, em dois ou mais critérios dispostos no Artigo 1.1, ou outros reconhecidos em instrumentos internacionais, cujo objetivo ou resultado seja anular ou restringir o reconhecimento, gozo ou exercício, em condições de igualdade, de um ou mais direitos humanos e liberdades fundamentais consagrados nos instrumentos internacionais aplicáveis aos Estados Partes, em qualquer área da vida pública ou privada.

4. Racismo consiste em qualquer teoria, doutrina, ideologia ou conjunto de ideias que enunciam um vínculo causal entre as características fenotípicas ou genotípicas de indivíduos ou grupos e seus traços intelectuais, culturais e de personalidade, inclusive o falso conceito de superioridade racial. O racismo ocasiona desigualdades raciais e a noção de que as relações discriminatórias entre grupos são moral e cientificamente justificadas. Toda teoria, doutrina, ideologia e conjunto de ideias racistas descritas neste Artigo são cientificamente falsas, moralmente censuráveis, socialmente injustas e contrárias aos princípios fundamentais do Direito Internacional e, portanto, perturbam gravemente a paz e a segurança internacional, sendo, dessa maneira, condenadas pelos Estados Partes.

5. As medidas especiais ou de ação afirmativa adotadas com a finalidade de assegurar o gozo ou exercício, em condições de igualdade, de um ou mais direitos humanos e liberdades fundamentais de grupos que requeiram essa proteção não constituirão discriminação racial, desde que essas medidas não levem à manutenção de direitos separados para grupos diferentes e não se perpetuem uma vez alcançados seus objetivos.

6. Intolerância é um ato ou conjunto de atos ou manifestações que denotam desrespeito, re-

jeição ou desprezo à dignidade, características, convicções ou opiniões de pessoas por serem diferentes ou contrárias. Pode manifestar-se como a marginalização e a exclusão de grupos em condições de vulnerabilidade da participação em qualquer esfera da vida pública ou privada ou como violência contra esses grupos.

CAPÍTULO II
DIREITOS PROTEGIDOS

Artigo 2

Todo ser humano é igual perante a lei e tem direito à igual proteção contra o racismo, a discriminação racial e formas correlatas de intolerância, em qualquer esfera da vida pública ou privada.

Artigo 3

Todo ser humano tem direito ao reconhecimento, gozo, exercício e proteção, em condições de igualdade, tanto no plano individual como no coletivo, de todos os direitos humanos e liberdades fundamentais consagrados na legislação interna e nos instrumentos internacionais aplicáveis aos Estados Partes.

CAPÍTULO III
DEVERES DO ESTADO

Artigo 4

Os Estados comprometem-se a prevenir, eliminar, proibir e punir, de acordo com suas normas constitucionais e com as disposições desta Convenção, todos os atos e manifestações de racismo, discriminação racial e formas correlatas de intolerância, inclusive:

i. apoio público ou privado a atividades racialmente discriminatórias e racistas ou que promovam a intolerância, incluindo seu financiamento;

ii. publicação, circulação ou difusão, por qualquer forma e/ou meio de comunicação, inclusive a internet, de qualquer material racista ou racialmente discriminatório que:

a) defenda, promova ou incite o ódio, a discriminação e a intolerância; e

b) tolere, justifique ou defenda atos que constituam ou tenham constituído genocídio ou crimes contra a humanidade, conforme definidos pelo Direito Internacional, ou promova ou incite a prática desses atos;

iii. violência motivada por qualquer um dos critérios estabelecidos no Artigo 1.1;

iv. atividade criminosa em que os bens da vítima sejam alvos intencionais, com base em qualquer um dos critérios estabelecidos no Artigo 1.1;

v. qualquer ação repressiva fundamentada em qualquer dos critérios enunciados no Artigo 1.1, em vez de basear-se no comportamento da pessoa ou em informações objetivas que identifiquem seu envolvimento em atividades criminosas;

vi. restrição, de maneira indevida ou não razoável, do exercício dos direitos individuais à propriedade, administração e disposição de bens de qualquer tipo, com base em qualquer dos critérios enunciados no Artigo 1.1;

vii. qualquer distinção, exclusão, restrição ou preferência aplicada a pessoas, devido a sua condição de vítima de discriminação múltipla ou agravada, cujo propósito ou resultado seja negar ou prejudicar o reconhecimento, gozo, exercício ou proteção, em condições de igualdade, dos direitos e liberdades fundamentais;

viii. qualquer restrição racialmente discriminatória do gozo dos direitos humanos consagrados nos instrumentos internacionais e regionais aplicáveis e pela jurisprudência dos tribunais internacionais e regionais de direitos humanos, especialmente com relação a minorias ou grupos em situação de vulnerabilidade e sujeitos à discriminação racial;

ix. qualquer restrição ou limitação do uso de idioma, tradições, costumes e cultura das pessoas em atividades públicas ou privadas;

x. elaboração e implementação de material, métodos ou ferramentas pedagógicas que reproduzam estereótipos ou preconceitos, com base em qualquer critério estabelecido no Artigo 1.1 desta Convenção;

xi. negação do acesso à educação pública ou privada, bolsas de estudo ou programas de financiamento educacional, com base em qualquer critério estabelecido no Artigo 1.1 desta Convenção;

xii. negação do acesso a qualquer direito econômico, social e cultural, com base em qualquer critério estabelecido no Artigo 1.1 desta Convenção;

xiii. realização de pesquisas ou aplicação dos resultados de pesquisas sobre o genoma humano, especialmente nas áreas da biologia, genética e medicina, com vistas à seleção ou à clonagem humana, que extrapolem o respeito aos direitos humanos, às liberdades fundamentais e à dignidade humana, gerando qualquer forma de discriminação fundamentada em características genéticas;

xiv. restrição ou limitação, com base em qualquer dos critérios enunciados no Artigo 1.1 desta Convenção, do direito de toda pessoa de obter acesso à água, aos recursos naturais, aos ecossistemas, à biodiversidade e aos serviços ecológicos que constituem o patrimônio natural de cada Estado, protegido pelos instrumentos internacionais pertinentes e suas próprias legislações nacionais, bem como de usá-los de maneira sustentável; e

xv. restrição do acesso a locais públicos e locais privados franqueados ao público pelos motivos enunciados no Artigo 1.1 desta Convenção.

Artigo 5

Os Estados Partes comprometem-se a adotar as políticas especiais e ações afirmativas necessárias para assegurar o gozo ou exercício dos direitos e liberdades fundamentais das pessoas ou grupos sujeitos ao racismo, à discriminação racial e formas correlatas de intolerância, com o propósito de promover condições equitativas para a igualdade de oportunidades, inclusão e progresso para essas pessoas ou grupos.

Tais medidas ou políticas não serão consideradas discriminatórias ou incompatíveis com o propósito ou objeto desta Convenção, não resultarão na manutenção de direitos separados para grupos distintos e não se estenderão além de um período razoável ou após terem alcançado seu objetivo.

Artigo 6

Os Estados Partes comprometem-se a formular e implementar políticas cujo propósito seja proporcionar tratamento equitativo e gerar igualdade de oportunidades para todas as pessoas, em conformidade com o alcance desta Convenção; entre elas políticas de caráter educacional, medidas trabalhistas ou sociais, ou qualquer outro tipo de política promocional, e a divulgação da legislação sobre o assunto por todos os meios possíveis, inclusive pelos meios de comunicação de massa e pela internet.

Artigo 7

Os Estados Partes comprometem-se a adotar legislação que defina e proíba expressamente o racismo, a discriminação racial e formas correlatas de intolerância, aplicável a todas as autoridades públicas, e a todos os indivíduos ou pessoas físicas e jurídicas, tanto no setor público como no privado, especialmente nas áreas de emprego, participação em organizações profissionais, educação, capacitação, moradia, saúde, proteção social, exercício de atividade econômica e acesso a serviços públicos, entre outras, bem como revogar ou reformar toda legislação que constitua ou produza racismo, discriminação racial e formas correlatas de intolerância.

Artigo 8

Os Estados Partes comprometem-se a garantir que a adoção de medidas de qualquer natureza, inclusive aquelas em matéria de segurança, não discrimine direta ou indiretamente pessoas ou grupos com base em qualquer critério mencionado no Artigo 1.1 desta Convenção.

Artigo 9

Os Estados Partes comprometem-se a garantir que seus sistemas políticos e jurídicos reflitam adequadamente a diversidade de suas sociedades, a fim de atender às necessidades legítimas de todos os setores da população, de acordo com o alcance desta Convenção.

Artigo 10

Os Estados Partes comprometem-se a garantir às vítimas do racismo, discriminação racial e formas correlatas de intolerância um tratamento equitativo e não discriminatório, acesso igualitário ao sistema de justiça, processo ágeis e eficazes e reparação justa nos âmbitos civil e criminal, conforme pertinente.

Artigo 11

Os Estados Partes comprometem-se a considerar agravantes os atos que resultem em discriminação múltipla ou atos de intolerância, ou seja, qualquer distinção, exclusão ou restrição baseada em dois ou mais critérios enunciados nos Artigos 1.1 e 1.3 desta Convenção.

Artigo 12

Os Estados Partes comprometem-se a realizar pesquisas sobre a natureza, as causas e as manifestações do racismo, da discriminação racial e formas correlatas de intolerância em seus respectivos países, em âmbito local, regional e nacional, bem como coletar, compilar e divulgar dados sobre a situação de grupos ou indivíduos que sejam vítimas do racismo, da discriminação racial e formas correlatas de intolerância.

Artigo 13

Os Estados Partes comprometem-se a estabelecer ou designar, de acordo com sua legislação interna, uma instituição nacional que será responsável por monitorar o cumprimento desta Convenção, devendo informar essa instituição à Secretaria-Geral da OEA.

Artigo 14

Os Estados Partes comprometem-se a promover a cooperação internacional com vistas ao intercâmbio de ideias e experiências, bem como a executar programas voltados à realização dos objetivos desta Convenção.

CAPÍTULO IV
MECANISMOS DE PROTEÇÃO E ACOMPANHAMENTO DA CONVENÇÃO

Artigo 15

A fim de monitorar a implementação dos compromissos assumidos pelos Estados Partes na Convenção:

i. qualquer pessoa ou grupo de pessoas, ou entidade não governamental juridicamente reconhecida em um ou mais Estados membros da Organização dos Estados Americanos, pode apresentar à Comissão Interamericana de Direitos Humanos petições que contenham denúncias ou queixas de violação desta Convenção por um Estado Parte. Além disso, qualquer Estado Parte pode, quando do depósito de seu instrumento de ratificação desta Convenção ou de adesão a ela, ou em qualquer momento posterior, declarar que reconhece a competência da Comissão para receber e examinar as comunicações em que um Estado Parte alegue que outro Estado Parte incorreu em violações dos direitos humanos dispostas nesta Convenção. Nesse caso, serão aplicáveis todas as normas de procedimento pertinentes constantes da Convenção Americana sobre Direitos Humanos assim como o Estatuto e o Regulamento da Comissão;

ii. os Estados Partes poderão consultar a Comissão sobre questões relacionadas com a aplicação efetiva desta Convenção. Poderão também solicitar à Comissão assessoria e cooperação técnica para assegurar a aplicação efetiva de qualquer disposição desta Convenção. A Comissão, na medida de sua capacidade, proporcionará aos Estados Partes os serviços de assessoria e assistência solicitados;

iii. qualquer Estado Parte poderá, ao depositar seu instrumento de ratificação desta Convenção ou de adesão a ela, ou em qualquer momento posterior, declarar que reconhece como obrigatória, de pleno direito, e sem acordo especial, a competência da Corte Interamericana de Direitos Humanos em todas as matérias referentes à interpretação ou aplicação desta Convenção. Nesse caso, serão aplicáveis todas as normas de procedimento pertinentes constantes da Convenção Americana sobre Direitos Humanos, bem como o Estatuto e o Regulamento da Corte;

iv. será estabelecido um Comitê Interamericano para a Prevenção e Eliminação do Racismo, Discriminação Racial e Todas as Formas de Discriminação e Intolerância, o qual será constituído por um perito nomeado por cada Estado Parte, que exercerá suas funções de maneira independente e cuja tarefa será monitorar os compromissos assumidos nesta Convenção. O Comitê também será responsável por monitorar os compromissos assumidos pelos Estados que são partes na Convenção Interamericana contra Toda Forma de Discriminação e Intolerância. O Comitê será criado quando a primeira das Convenções entrar em vigor, e sua primeira reunião será convocada pela Secretaria-Geral da OEA uma vez recebido o décimo instrumento de ratificação de qualquer das Convenções. A primeira reunião do Comitê será realizada na sede da Organização, três meses após sua convocação, para declará-lo constituído, aprovar seu Regulamento e metodologia de trabalho e eleger suas autoridades. Essa reunião será presidida pelo representante do país que depositar o primeiro instrumento de ratificação da Convenção que estabelecer o Comitê; e

v. o Comitê será o foro para intercambiar ideias e experiências, bem como supervisar o progresso alcançado pelos Estados Partes na implementação desta Convenção, e qualquer circunstância ou dificuldade que afete seu cumprimento em alguma medida. O referido Comitê poderá recomendar aos Estados Partes que adotem as medidas apropriadas. Com esse propósito, os Estados Partes comprometem-se a apresentar um relatório ao Comitê, transcorrido um ano da realização da primeira reunião, com o cumprimento das obrigações constantes desta Convenção. Dos relatórios que os Estados Partes apresentarem ao Comitê também constarão dados e estatísticas desagregados sobre os grupos vulneráveis. Posteriormente, os Estados Partes apresentarão relatórios a cada quatro anos. A Secretaria-Geral da OEA proporcionará ao Comitê o apoio necessário para o cumprimento de suas funções.

CAPÍTULO V
DISPOSIÇÕES GERAIS

Artigo 16
Interpretação

1. Nenhuma disposição desta Convenção será interpretada no sentido de restringir ou limitar a legislação interna de um Estado Parte que ofereça proteção e garantias iguais ou superiores às estabelecidas nesta Convenção.

2. Nenhuma disposição desta Convenção será interpretada no sentido de restringir ou limitar as convenções internacionais sobre direitos humanos que ofereçam proteção igual ou superior nessa matéria.

Artigo 17
Depósito

O instrumento original desta Convenção, cujos textos em espanhol, francês, inglês e português são igualmente autênticos, será depositado na Secretaria-Geral da Organização dos Estados Americanos.

Artigo 18
Assinatura e ratificação

1. Esta Convenção está aberta à assinatura e ratificação por parte de todos os Estados membros da Organização dos Estados Americanos. Uma vez em vigor, esta Convenção será aberta à adesão de todos os Estados que não a tenham assinado.

2. Esta Convenção está sujeita à ratificação pelos Estados signatários de acordo com seus respectivos procedimentos constitucionais. Os instrumentos de ratificação ou adesão serão depositados na Secretaria-Geral da Organização dos Estados Americanos.

Artigo 19
Reservas

Os Estados Partes poderão apresentar reservas a esta Convenção quando da assinatura, ratificação ou adesão, desde que não sejam incompatíveis com seu objetivo e propósito e se refiram a uma ou mais disposições específicas.

Artigo 20
Entrada em vigor

1. Esta Convenção entrará em vigor no trigésimo dia a partir da data em que se depositar o segundo instrumento de ratificação ou de adesão na Secretaria-Geral da Organização dos Estados Americanos.

2. Para cada Estado que ratificar esta Convenção, ou a ela aderir, após o depósito do segundo instrumento de ratificação ou adesão, a Convenção entrará em vigor no trigésimo dia a partir da data em que tal Estado tenha depositado o respectivo instrumento.

Artigo 21
Denúncia

Esta Convenção permanecerá em vigor indefinidamente, mas qualquer Estado Parte poderá denunciá-la mediante notificação por escrito dirigida ao Secretário-Geral da Organização dos Estados Americanos. Os efeitos da Convenção cessarão para o Estado que a denunciar um ano após a data de depósito do instrumento de denúncia, permanecendo em vigor para os demais Estados Partes. A denúncia não eximirá o Estado Parte das obrigações a ele impostas por esta Convenção com relação a toda ação ou omissão anterior à data em que a denúncia produziu efeito.

Artigo 22
Protocolos adicionais

Qualquer Estado Parte poderá submeter à consideração dos Estados Partes reunidos em Assembleia Geral projetos de protocolos adicionais a esta Convenção, com a finalidade de incluir gradualmente outros direitos em seu regime de proteção. Cada protocolo determinará a maneira de sua entrada em vigor e se aplicará somente aos Estados que nele sejam partes.

SÚMULAS

SÚMULAS VINCULANTES DO SUPREMO TRIBUNAL FEDERAL – STF

> Art. 103-A da CF.
> Lei 11.417/2006 (Súmula Vinculante).

1. Ofende a garantia constitucional do ato jurídico perfeito a decisão que, sem ponderar as circunstâncias do caso concreto, desconsidera a validez e a eficácia de acordo constante de termo de adesão instituído pela Lei Complementar 110/2001.

> Art. 5º, XXXVI, da CF.
> LC 110/2001 (Contribuições sociais e créditos de complementos de atualização monetária em contas vinculadas do FGTS).

2. É inconstitucional a lei ou ato normativo estadual ou distrital que disponha sobre sistemas de consórcios e sorteios, inclusive bingos e loterias.

> Art. 22, XX, da CF.

3. Nos processos perante o Tribunal de Contas da União asseguram-se o contraditório e a ampla defesa quando da decisão puder resultar anulação ou revogação de ato administrativo que beneficie o interessado, excetuada a apreciação da legalidade do ato de concessão inicial de aposentadoria, reforma e pensão.

> Arts. 5º, LV, e 71, III, da CF.
> Art. 2º da Lei 9.784/1999 (Processo Administrativo Federal).

4. Salvo nos casos previstos na Constituição, o salário mínimo não pode ser usado como indexador de base de cálculo de vantagem de servidor público ou de empregado, nem ser substituído por decisão judicial.

> Arts. 7º, IV e XXIII, 39, caput, § 1º, 42, § 1º, e 142, X, da CF.

5. A falta de defesa técnica por advogado no processo administrativo disciplinar não ofende a Constituição.

> Art. 5º, LV, da CF.

6. Não viola a Constituição o estabelecimento de remuneração inferior ao salário mínimo para as praças prestadoras de serviço militar inicial.

> Arts. 1º, III, 7º, IV, e 142, § 3º, VIII, da CF.

7. A norma do § 3º do artigo 192 da Constituição, revogada pela Emenda Constitucional 40/2003, que limitava a taxa de juros reais a 12% ao ano, tinha sua aplicação condicionada à edição de lei complementar.

> Art. 591 do CC.

8. São inconstitucionais o parágrafo único do artigo 5º do Decreto-Lei 1.569/1977 e os artigos 45 e 46 da Lei 8.212/1991, que tratam de prescrição e decadência de crédito tributário.

> Art. 146, III, b, da CF.
> Arts. 173 e 174 do CTN.
> Art. 2º, § 3º, da Lei 6.830/1980 (Execuções Fiscais).
> Art. 348 do Dec. 3.048/1999 (Regulamento da Previdência Social).

9. O disposto no artigo 127 da Lei 7.210/1984 (Lei de Execução Penal) foi recebido pela ordem constitucional vigente, e não se lhe aplica o limite temporal previsto no caput do artigo 58.

> Art. 5º, XXXVI, da CF.
> Art. 127 da Lei 7.210/1984 foi alterado pela Lei 12.433/2011 que trata da remição de parte do tempo de execução da pena por estudo ou por trabalho.

10. Viola a cláusula de reserva de plenário (CF, art. 97) a decisão de órgão fracionário de Tribunal que, embora não declare expressamente a inconstitucionalidade de lei ou ato normativo do poder público, afasta sua incidência, no todo ou em parte.

> Art. 97 da CF.

11. Só é lícito o uso de algemas em casos de resistência e de fundado receio de fuga ou de perigo à integridade física própria ou alheia, por parte do preso ou de terceiros, justificada a excepcionalidade por escrito, sob pena de responsabilidade disciplinar, civil e penal do agente ou da autoridade e de nulidade da prisão ou do ato processual a que se refere, sem prejuízo da responsabilidade civil do Estado.

> Arts. 1º, III, 5º, III, X e XLIX, da CF.
> Arts. 23, III, 329 a 331 e 352 do CP.
> Arts. 284 e 292 do CPP.
> Art. 40 da Lei 7.210/1984 (Execuções Penais – LEP).
> Art. 13 da Lei 13.869/2019 (Abuso de Autoridade).

12. A cobrança de taxa de matrícula nas universidades públicas viola o disposto no art. 206, IV, da Constituição Federal.

13. A nomeação de cônjuge, companheiro ou parente em linha reta, colateral ou por afinidade, até o terceiro grau, inclusive, da autoridade nomeante ou de servidor da mesma pessoa jurídica investido em cargo de direção, chefia ou assessoramento, para o exercício de cargo em comissão ou de confiança ou, ainda, de função gratificada na administração pública direta e indireta em qualquer dos Poderes da União, dos Estados, do Distrito Federal e dos Municípios, compreendido o ajuste mediante designações recíprocas, viola a Constituição Federal.

> Art. 37, *caput*, da CF.

14. É direito do defensor, no interesse do representado, ter acesso amplo aos elementos de prova que, já documentados em procedimento investigatório realizado por órgão com competência de polícia judiciária, digam respeito ao exercício do direito de defesa.

> Art. 5º, XXXIII, LIV, LV e LXIII, da CF.
> Arts. 6º, par. ún., e 7º, XIII e XIV, da Lei 8.906/1994 (Estatuto da Advocacia e da OAB).

15. O cálculo de gratificações e outras vantagens do servidor público não incide sobre o abono utilizado para se atingir o salário mínimo.

> Art. 7º, IV, da CF.

16. Os artigos 7º, IV, e 39, § 3º (redação da EC 19/1998), da Constituição, referem-se ao total da remuneração percebida pelo servidor público.

17. Durante o período previsto no § 1º do artigo 100 da Constituição, não incidem juros de mora sobre os precatórios que nele sejam pagos.

18. A dissolução da sociedade ou do vínculo conjugal, no curso do mandato, não afasta a inelegibilidade prevista no § 7º do artigo 14 da Constituição Federal.

19. A taxa cobrada exclusivamente em razão dos serviços públicos de coleta, remoção e tratamento ou destinação de lixo ou resíduos provenientes de imóveis, não viola o artigo 145, II, da Constituição Federal.

20. A Gratificação de Desempenho de Atividade Técnico-Administrativa – GDATA, instituída pela Lei 10.404/2002, deve ser deferida aos inativos nos valores correspondentes a 37,5 (trinta e sete vírgula cinco) pontos no período de fevereiro a maio de 2002 e, nos termos do artigo 5º, parágrafo único, da Lei 10.404/2002, no período de junho de 2002 até a conclusão dos efeitos do último ciclo de avaliação a que se refere o artigo 1º da Medida Provisória 198/2004, a partir da qual passa a ser de 60 (sessenta) pontos.

> Art. 40, § 8º, da CF.

21. É inconstitucional a exigência de depósito ou arrolamento prévios de dinheiro ou bens para admissibilidade de recurso administrativo.

> Art. 5º, XXXIV, *a*, e LV, da CF.
> Art. 33, § 2º, do Dec. 70.235/1972 (Processo Administrativo Fiscal).

22. A Justiça do Trabalho é competente para processar e julgar as ações de indenização por danos morais e patrimoniais decorrentes de acidente de trabalho propostas por empregado contra empregador, inclusive aquelas que ainda não possuíam sentença de mérito em primeiro grau quando da promulgação da Emenda Constitucional 45/2004.

> Arts. 7º, XXVIII, 109, I, e 114 da CF.
> Súmula 235 do STF.

23. A Justiça do Trabalho é competente para processar e julgar ação possessória ajuizada em decorrência do exercício do direito de greve pelos trabalhadores da iniciativa privada.

> Art. 114, II, da CF.

24. Não se tipifica crime material contra a ordem tributária, previsto no art. 1º, incisos I a

IV, da Lei 8.137/1990, antes do lançamento definitivo do tributo.
> Art. 5º, LV, da CF.
> Art. 142, *caput*, do CTN.
> Art. 83 da Lei 9.430/1996 (Trata sobre legislação tributária federal, contribuições para a seguridade social e processo administrativo de consulta).
> Art. 9º, § 2º, da Lei 10.684/2003 (Parcelamento de débitos junto à Secretaria da Receita Federal, à Procuradoria-Geral da Fazenda Nacional e ao Instituto Nacional do Seguro Social).

25. É ilícita a prisão civil de depositário infiel, qualquer que seja a modalidade do depósito.
> Art. 5º, LXVII e § 2º, da CF.
> Súmulas 304, 305, 419 e 439 do STJ.

26. Para efeito de progressão de regime no cumprimento de pena por crime hediondo, ou equiparado, o juízo da execução observará a inconstitucionalidade do art. 2º da Lei 8.072, de 25 de julho de 1990, sem prejuízo de avaliar se o condenado preenche, ou não, os requisitos objetivos e subjetivos do benefício, podendo determinar, para tal fim, de modo fundamentado, a realização de exame criminológico.
> Art. 5º, XLVI e XLVII, da CF.
> Arts. 33, § 3º, e 59 do CP.
> Arts. 66, III, *b*, e 112 da Lei 7.210/1984 (Execuções Penais – LEP).
> Lei 8.072/1990 (Crimes Hediondos).
> Lei 11.464/2007 (Alterou o art. 2º da Lei 8.072/1990).
> Súmulas 439 e 471 do STJ.

27. Compete à Justiça estadual julgar causas entre consumidor e concessionária de serviço público de telefonia, quando a ANATEL não seja litisconsorte passiva necessária, assistente, nem opoente.
> Arts. 98, I, e 109, I, da CF.

28. É inconstitucional a exigência de depósito prévio como requisito de admissibilidade de ação judicial na qual se pretenda discutir a exigibilidade de crédito tributário.
> Art. 5º, XXXV, da CF.
> Súmula 112 do STJ.

29. É constitucional a adoção, no cálculo do valor de taxa, de um ou mais elementos da base de cálculo própria de determinado imposto, desde que não haja integral identidade entre uma base e outra.
> Art. 145, § 2º, da CF.

30. (...)
> Súmula com publicação suspensa, pelo STF, em virtude de questão de ordem levantada em 04.02.2010.

31. É inconstitucional a incidência do Imposto sobre Serviços de Qualquer Natureza – ISS sobre operações de locação de bens móveis.
> Art. 156, III, da CF.
> LC 116/2003 (ISS).

32. O ICMS não incide sobre alienação de salvados de sinistro pelas seguradoras.
> Art. 153, V, da CF.
> Art. 73 do Dec.-lei 73/1966 (Sistema Nacional de Seguros Privados).
> Art. 3º, IX, da LC 87/1996 (ICMS).

33. Aplicam-se ao servidor público, no que couber, as regras do regime geral da previdência social sobre aposentadoria especial de que trata o artigo 40, § 4º, inciso III da Constituição Federal, até a edição de lei complementar específica.

34. A Gratificação de Desempenho de Atividade de Seguridade Social e do Trabalho – GDASST, instituída pela Lei 10.483/2002, deve ser estendida aos inativos no valor correspondente a 60 (sessenta) pontos, desde o advento da Medida Provisória 198/2004, convertida na Lei 10.971/2004, quando tais inativos façam jus à paridade constitucional (EC 20/1998, 41/2003 e 47/2005).

35. A homologação da transação penal prevista no artigo 76 da Lei 9.099/1995 não faz coisa julgada material e, descumpridas suas cláusulas, retoma-se a situação anterior, possibilitando-se ao Ministério Público a continuidade da persecução penal mediante oferecimento de denúncia ou requisição de inquérito policial.

36. Compete à Justiça Federal comum processar e julgar civil denunciado pelos crimes de falsificação e de uso de documento falso quando se tratar de falsificação da Caderneta de Inscrição e Registro (CIR) ou de Carteira de Habilitação de Amador (CHA), ainda que expedidas pela Marinha do Brasil.

37. Não cabe ao Poder Judiciário, que não tem função legislativa, aumentar vencimentos de servidores públicos sob o fundamento de isonomia.

38. É competente o Município para fixar o horário de funcionamento de estabelecimento comercial.

39. Compete privativamente à União legislar sobre vencimentos dos membros das polícias civil e militar e do corpo de bombeiros militar do Distrito Federal.

40. A contribuição confederativa de que trata o art. 8º, IV, da Constituição Federal, só é exigível dos filiados ao sindicato respectivo.

41. O serviço de iluminação pública não pode ser remunerado mediante taxa.

42. É inconstitucional a vinculação do reajuste de vencimentos de servidores estaduais ou municipais a índices federais de correção monetária.

43. É inconstitucional toda modalidade de provimento que propicie ao servidor investir-se, sem prévia aprovação em concurso público destinado ao seu provimento, em cargo que não integra a carreira na qual anteriormente investido.

44. Só por lei se pode sujeitar a exame psicotécnico a habilitação de candidato a cargo público.

45. A competência constitucional do Tribunal do Júri prevalece sobre o foro por prerrogativa de função estabelecido exclusivamente pela constituição estadual.

46. A definição dos crimes de responsabilidade e o estabelecimento das respectivas normas de processo e julgamento são da competência legislativa privativa da União.

47. Os honorários advocatícios incluídos na condenação ou destacados do montante principal devido ao credor consubstanciam verba de natureza alimentar cuja satisfação ocorrerá com a expedição de precatório ou requisição de pequeno valor, observada ordem especial restrita aos créditos dessa natureza.

48. Na entrada de mercadoria importada do exterior, é legítima a cobrança do ICMS por ocasião do desembaraço aduaneiro.

49. Ofende o princípio da livre concorrência lei municipal que impede a instalação de estabelecimentos comerciais do mesmo ramo em determinada área.

> Arts. 170, IV, V e parágrafo único, e 173, § 4º, da CF/1988.

50. Norma legal que altera o prazo de recolhimento de obrigação tributária não se sujeita ao princípio da anterioridade.

> Art. 195, § 6º, da CF/1988.

51. O reajuste de 28,86%, concedido aos servidores militares pelas Leis 8.622/1993 e 8.627/1993, estende-se aos servidores civis do poder executivo, observadas as eventuais compensações decorrentes dos reajustes diferenciados concedidos pelos mesmos diplomas legais.

> Art. 37, X, da CF/1988.
> Lei 8.622/1993.
> Lei 8.627/1993.

52. Ainda quando alugado a terceiros, permanece imune ao IPTU o imóvel pertencente a qualquer das entidades referidas pelo art. 150, VI, *c*, da Constituição Federal, desde que o valor dos aluguéis seja aplicado nas atividades para as quais tais entidades foram constituídas.

> Art. 150, VI, *c*, da CF/1988.

53. A competência da Justiça do Trabalho prevista no art. 114, VIII, da Constituição Federal alcança a execução de ofício das contribuições previdenciárias relativas ao objeto da condenação constante das sentenças que proferir e acordos por ela homologados.

> Art. 114, VIII, da CF/1988.

54. A medida provisória não apreciada pelo congresso nacional podia, até a Emenda Constitucional 32/2001, ser reeditada dentro do seu prazo de eficácia de trinta dias, mantidos os efeitos de lei desde a primeira edição.

> Art. 62, parágrafo único, da CF.

55. O direito ao auxílio-alimentação não se estende aos servidores inativos.

> Art. 40, § 4º, da CF.

56. A falta de estabelecimento penal adequado não autoriza a manutenção do condenado em regime prisional mais gravoso, devendo-se observar, nessa hipótese, os parâmetros fixados no RE 641.320/RS.

> Arts. 1º, III, e 5º, XLVI, da CF.

57. A imunidade tributária constante do art. 150, VI, "d", da CF/88 aplica-se à importação e comercialização, no mercado interno, do livro eletrônico (*e-book*) e dos suportes exclusivamente utilizados para fixá-lo, como os leitores de livros eletrônicos (*e-readers*), ainda que possuam funcionalidades acessórias.

> Art. 150, VI, *d*, da CF.

58. Inexiste direito a crédito presumido de IPI relativamente à entrada de insumos isentos,

sujeitos à alíquota zero ou não tributáveis, o que não contraria o princípio da não cumulatividade.
> Art. 153, § 3º, II, da CF.

59. É impositiva a fixação do regime aberto e a substituição da pena privativa de liberdade por restritiva de direitos quando reconhecida a figura do tráfico privilegiado (art. 33, § 4º, da Lei 11.343/06) e ausentes vetores negativos na primeira fase da dosimetria (art. 59 do CP), observados os requisitos do art. 33, § 2º, alínea c, e do art. 44, ambos do Código Penal.
> Art. 33, § 4º, da Lei 11.343/06.

SÚMULAS DO SUPREMO TRIBUNAL FEDERAL – STF

> Art. 8º da EC 45/2004 (Reforma do Judiciário).
> Res. 388/2008 do STF (Processamento de proposta de edição, revisão e cancelamento de súmulas).

1. É vedada a expulsão de estrangeiro casado com brasileira, ou que tenha filho brasileiro dependente da economia paterna.

2. SEM EFICÁCIA pelo HC 47.663/SP *(DJU 27.11.1970)*.

Concede-se liberdade vigiada ao extraditando que estiver preso por prazo superior a 60 (sessenta) dias.

3. SUPERADA pelo RE 456.679-6/DF *(DJU 07.04.2006)*.

A imunidade concedida a deputados estaduais é restrita à Justiça do Estado.
> Súmula 245 do STF.

4. CANCELADA pelo Inq. 104/RS *(DJU 02.10.1981)*.

Não perde a imunidade parlamentar o congressista nomeado Ministro de Estado.

5. A sanção do projeto supre a falta de iniciativa do Poder Executivo.

6. A revogação ou anulação, pelo Poder Executivo, de aposentadoria, ou qualquer outro ato aprovado pelo Tribunal de Contas, não produz efeitos antes de aprovada por aquele Tribunal, ressalvada a competência revisora do Judiciário.

7. Sem prejuízo de recurso para o congresso, não é exequível contrato administrativo a que o tribunal de contas houver negado registro.

8. Diretor de sociedade de economia mista pode ser destituído no curso do mandato.

9. Para o acesso de auditores ao Superior Tribunal Militar, só concorrem os de segunda entrância.

10. O tempo de serviço militar conta-se para efeito de disponibilidade e aposentadoria do servidor público estadual.

11. A vitaliciedade não impede a extinção do cargo, ficando o funcionário em disponibilidade, com todos os vencimentos.

12. A vitaliciedade do professor catedrático não impede o desdobramento da cátedra.

13. A equiparação de extranumerário a funcionário efetivo, determinada pela Lei 2.284, de 9-8-1954, não envolve reestruturação, não compreendendo, portanto, os vencimentos.
> Lei 2.284/1954 (Estabilidade do pessoal extranumerário mensalista da União e das autarquias).

14. CANCELADA pelos RE 88.968-0/PR *(DJU 11.04.1980)* e RE 74.486/RJ.

Não é admissível, por ato administrativo, restringir, em razão da idade, inscrição em concurso para cargo público.
> Lei 6.334/1976 (Idade máxima para inscrição em concurso público para empregos e cargos do serviço público federal).

15. Dentro do prazo de validade do concurso, o candidato aprovado tem o direito à nomeação, quando o cargo for preenchido sem observância da classificação.

16. Funcionário nomeado por concurso tem o direito à posse.

17. A nomeação de funcionário sem concurso pode ser desfeita antes da posse.

18. Pela falta residual, não compreendida na absolvição pelo juízo criminal, é admissível a punição administrativa do servidor público.
> Arts. 63 a 68 e 92 a 94 do CPP.

19. É inadmissível segunda punição de servidor público, baseada no mesmo processo em que se fundou a primeira.

20. É necessário processo administrativo, com ampla defesa, para demissão de funcionário admitido por concurso.

21. Funcionário em estágio probatório não pode ser exonerado nem demitido sem inquérito ou sem as formalidades legais de apuração de sua capacidade.

22. O estágio probatório não protege o funcionário contra a extinção do cargo.

23. Verificados os pressupostos legais para o licenciamento da obra, não o impede a declaração de utilidade pública para desapropriação do imóvel, mas o valor da obra não se incluirá na indenização, quando a desapropriação for efetivada.
> Arts. 7º, 10, 15 e 26 do Dec.-lei 3.365/1941 (Desapropriações).

24. Funcionário interino substituto é demissível, mesmo antes de cessar a causa da substituição.

25. A nomeação a termo não impede a livre demissão, pelo Presidente da República, de ocupante de cargo dirigente de autarquia.

26. Os servidores do instituto de aposentadoria e pensões dos industriários não podem acumular a sua gratificação bienal com o adicional de tempo de serviço previsto no estatuto dos funcionários civis da união.

27. Os servidores públicos não têm vencimentos irredutíveis, prerrogativa dos membros do poder judiciário e dos que lhes são equiparados.

28. O estabelecimento bancário é responsável pelo pagamento de cheque falso, ressalvadas as hipóteses de culpa exclusiva ou concorrente do correntista.

29. Gratificação devida a servidores do "sistema fazendário" não se estende aos dos tribunais de contas.

30. Servidores de coletorias não têm direito a percentagem pela cobrança de contribuições destinadas à PETROBRAS.

31. Para aplicação da Lei 1.741, de 22.11.1952, soma-se o tempo de serviço ininterrupto em mais de um cargo em comissão.

32. Para aplicação da Lei 1.741, de 22.11.1952, soma-se o tempo de serviço ininterrupto em cargo em comissão e em função gratificada.

33. A Lei 1.741, de 22.11.1952, é aplicável às autarquias federais.

34. No Estado de São Paulo, funcionário eleito vereador fica licenciado por toda a duração do mandato.

35. Em caso de acidente do trabalho ou de transporte, a concubina tem direito de ser indenizada pela morte do amásio, se entre eles não havia impedimento para o matrimônio.

36. Servidor vitalício está sujeito à aposentadoria compulsória, em razão da idade.

37. Não tem direito de se aposentar pelo tesouro nacional o servidor que não satisfizer as condições estabelecidas na legislação do serviço público federal, ainda que aposentado pela respectiva instituição previdenciária, com direito, em tese, a duas aposentadorias.

38. Reclassificação posterior à aposentadoria não aproveita ao servidor aposentado.

39. À falta de lei, funcionário em disponibilidade não pode exigir, judicialmente, o seu aproveitamento, que fica subordinado ao critério de conveniência da administração.

40. A elevação da entrância da comarca não promove automaticamente o juiz, mas não interrompe o exercício de suas funções na mesma comarca.

41. Juízes preparadores ou substitutos não têm direito aos vencimentos da atividade fora dos períodos de exercício.

42. É legítima a equiparação de juízes do Tribunal de Contas, em direitos e garantias, aos membros do Poder Judiciário.

43. Não contraria a Constituição Federal o art. 61 da Constituição de São Paulo, que equiparou os vencimentos do Ministério Público aos da Magistratura.

44. O exercício do cargo pelo prazo determinado na Lei 1.341, de 30.01.1951, art. 91, dá preferência para a nomeação interina de Procurador da República.

45. A estabilidade dos substitutos do Ministério Público Militar não confere direito aos vencimentos da atividade fora dos períodos de exercício.

46. Desmembramento de serventia de justiça não viola o princípio da vitaliciedade do serventuário.

47. Reitor de universidade não é livremente demissível pelo Presidente da República durante o prazo de sua investidura.

48. É legítimo o rodízio de docentes livres na substituição do professor catedrático.

49. A cláusula de inalienabilidade inclui a incomunicabilidade dos bens.
> Art. 1.848 do CC.

50. A lei pode estabelecer condições para a demissão de extranumerário.

51. Militar não tem direito a mais de duas promoções na passagem para a inatividade, ainda que por motivos diversos.

52. A promoção de militar, vinculada à inatividade, pode ser feita, quando couber, a posto inexistente no quadro.

53. A promoção de professor militar, vinculada à sua reforma, pode ser feita, quando couber, a posto inexistente no quadro.

54. A reserva ativa do magistério militar não confere vantagens vinculadas à efetiva passagem para a inatividade.

55. Militar da reserva está sujeito à pena disciplinar.

56. Militar reformado não está sujeito à pena disciplinar.

57. Militar inativo não tem direito ao uso do uniforme fora dos casos previstos em lei ou regulamento.

58. É válida a exigência de média superior a quatro para aprovação em estabelecimento de ensino superior, consoante o respectivo regimento.

59. Imigrante pode trazer, sem licença prévia, automóvel que lhe pertença desde mais de seis meses antes do seu embarque para o Brasil.

60. Não pode o estrangeiro trazer automóvel quando não comprovada a transferência definitiva de sua residência para o Brasil.

61. Brasileiro domiciliado no estrangeiro, que se transfere definitivamente para o Brasil, pode trazer automóvel licenciado em seu nome há mais de seis meses.

62. Não basta a simples estada no estrangeiro por mais de seis meses, para dar direito à trazida de automóvel com fundamento em transferência de residência.

63. É indispensável, para trazida de automóvel, a prova do licenciamento há mais de seis meses no país de origem.

64. É permitido trazer do estrangeiro, como bagagem, objetos de uso pessoal e doméstico, desde que, por sua quantidade e natureza, não induzam finalidade comercial.

65. A cláusula de aluguel progressivo anterior à Lei 3.494, de 19-12-1958, continua em vigor em caso de prorrogação legal ou convencional da locação.

> A mencionada Lei 3.494/1958 foi revogada pela Lei 4.494/1964.

66. É legítima a cobrança do tributo que houver sido aumentado após o orçamento, mas antes do início do respectivo exercício financeiro.

67. É inconstitucional a cobrança do tributo que houver sido criado ou aumentado no mesmo exercício financeiro.

68. É legítima a cobrança, pelos municípios, no exercício de 1961, de tributo estadual, regularmente criado ou aumentado, e que lhes foi transferido pela Emenda Constitucional 5, de 21-11-1961.

69. A Constituição Estadual não pode estabelecer limite para o aumento de tributos municipais.

70. É inadmissível a interdição de estabelecimento como meio coercitivo para cobrança do tributo.

71. Embora pago indevidamente, não cabe restituição de tributo indireto.

> Súmula 546 do STF.

72. No julgamento de questão constitucional, vinculada a decisão do Tribunal Superior Eleitoral, não estão impedidos os ministros do Supremo Tribunal Federal que ali tenham funcionado no mesmo processo ou no processo originário.

73. A imunidade das autarquias, implicitamente contida no artigo 31, V, *a*, da Constituição Federal, abrange tributos estaduais e municipais.

> Referência à CF de 1969.
> Art. 150, VI, a §§ 2º e 3º, da CF.

74. SEM VIGÊNCIA pelo RE 69.781 *(DJU 05.03.1971).*

O imóvel transcrito em nome de autarquia, embora objeto de promessa de venda a particulares, continua imune de impostos locais.

> Súmulas 73 e 583 do STF.

75. Sendo vendedora uma autarquia, a sua imunidade fiscal não compreende o imposto de transmissão *inter vivos,* que é encargo do comprador.

76. As sociedades de economia mista não estão protegidas pela imunidade fiscal do artigo 31, V, *a*, da Constituição Federal.

77. Está isenta de impostos federais a aquisição de bens pela Rede Ferroviária Federal.

78. Estão isentas de impostos locais as empresas de energia elétrica, no que respeita às suas atividades específicas.

79. O Banco do Brasil não tem isenção de tributos locais.

80. Para a retomada de prédio situado fora do domicílio do locador, exige-se a prova da necessidade.

> Súmula 483 do STF.

81. As cooperativas não gozam de isenção de impostos locais, com fundamento na Constituição e nas leis federais.

82. São inconstitucionais o Imposto de Cessão e a taxa sobre inscrição de promessa de venda de imóvel, substitutivos do Imposto de Transmissão, por incidirem sobre ato que não transfere o domínio.

83. Os ágios de importação incluem-se no valor dos artigos importados para incidência do Imposto de Consumo.

84. Não estão isentos do Imposto de Consumo os produtos importados pelas cooperativas.

85. Não estão sujeitos ao Imposto de Consumo os bens de uso pessoal e doméstico trazidos, como bagagem, do exterior.

86. Não está sujeito ao Imposto de Consumo automóvel usado, trazido do exterior pelo proprietário.

87. Somente no que não colidirem com a Lei 3.244, de 14-8-1957, são aplicáveis acordos tarifários anteriores.

88. É válida a majoração da tarifa alfandegária, resultante da Lei 3.244, de 14-8-1957, que modificou o acordo geral sobre tarifas aduaneiras e comércio (GATT), aprovado pela Lei 313, de 30-7-1948.

89. Estão isentas do Imposto de Importação frutas importadas da Argentina, do Chile, da Espanha e de Portugal, enquanto vigentes os respectivos acordos comerciais.

90. É legítima a lei local que faça incidir o imposto de indústrias e profissões com base no movimento econômico do contribuinte.

91. SEM EFICÁCIA pelo Dec.-Lei 406/1968.

A incidência do Imposto Único não isenta comerciante de combustíveis do Imposto de Indústrias e Profissões.

92. É constitucional o art. 100, II, da Lei 4.563, de 20-2-1957, do município de Recife, que faz variar o Imposto de Licença em função do aumento do capital do contribuinte.

93. Não está isenta do Imposto de Renda a atividade profissional do arquiteto.

94. É competente a autoridade alfandegária para o desconto, na fonte, do Imposto de Renda correspondente às comissões dos despachantes aduaneiros.

95. Para cálculo do Imposto de Lucro Extraordinário, incluem-se, no capital, as reservas do ano-base, apuradas em balanço.

96. O Imposto de Lucro Imobiliário incide sobre a venda de imóvel da meação do cônjuge sobrevivente, ainda que aberta a sucessão antes da vigência da Lei 3.470, de 28-11-1958.

97. É devida a alíquota anterior do Imposto de Lucro Imobiliário, quando a promessa de venda houver sido celebrada antes da vigência da lei que a tiver elevado.

98. Sendo o imóvel alienado na vigência da Lei 3.470, de 28-11-1958, ainda que adquirido por herança, usucapião ou a título gratuito, é devido o Imposto de Lucro Imobiliário.

99. Não é devido o Imposto de Lucro Imobiliário quando a alienação de imóvel, adquirido por herança, ou a título gratuito, tiver sido anterior à vigência da Lei 3.470, de 28-11-1958.

100. Não é devido o Imposto de Lucro Imobiliário quando a alienação de imóvel, adquirido por usucapião, tiver sido anterior à vigência da Lei 3.470, de 28-11-1958.

101. O mandado de segurança não substitui a ação popular.

102. É devido o Imposto Federal do Selo pela incorporação de reservas, em reavaliação de ativo, ainda que realizada antes da vigência da Lei 3.519, de 30-12-1958.

> Art. 15 da Lei 5.143/1966 (Imposto sobre Operações Financeiras).

103. É devido o Imposto Federal do Selo na simples reavaliação de ativo, realizada posteriormente à vigência da Lei 3.519, de 30-12-1958.

> Art. 15 da Lei 5.143/1966 (Imposto sobre Operações Financeiras).

104. Não é devido o Imposto Federal do Selo na simples reavaliação de ativo anterior à vigência da Lei 3.519, de 30-12-1958.

> Art. 15 da Lei 5.143/1966 (Imposto sobre Operações Financeiras).

105. Salvo se tiver havido premeditação, o suicídio do segurado no período contratual de carência não exime o segurador do pagamento do seguro.
> Arts. 797 e 798 do CC.

106. É legítima a cobrança de selo sobre registro de automóvel, na conformidade da legislação estadual.

107. É inconstitucional o imposto de selo de 3%, *ad valorem*, do Paraná, quanto aos produtos remetidos para fora do Estado.

108. É legítima a incidência do Imposto de Transmissão *Inter Vivos* sobre o valor do imóvel ao tempo da alienação, e não da promessa, na conformidade da legislação local.

109. É devida a multa prevista no art. 15, § 6º, da Lei 1.300, de 28-12-1950, ainda que a desocupação do imóvel tenha resultado da notificação e não haja sido proposta ação de despejo.
> A mencionada Lei 1.300/1950 foi revogada pela Lei 4.494/1964.

110. O Imposto de Transmissão *Inter Vivos* não incide sobre a construção, ou parte dela, realizada pelo adquirente, mas sobre o que tiver sido construído ao tempo da alienação do terreno.
> Súmula 470 do STF.

111. É legítima a incidência do Imposto de Transmissão *Inter Vivos* sobre a restituição, ao antigo proprietário, de imóvel que deixou de servir à finalidade da sua desapropriação.

112. O Imposto de Transmissão *Causa Mortis* é devido pela alíquota vigente ao tempo da abertura da sucessão.
> Súmulas 113, 114, 331 e 590 do STF.

113. O Imposto de Transmissão *Causa Mortis* é calculado sobre o valor dos bens na data da avaliação.
> Súmulas 112, 114, 115, 331 e 590 do STF.

114. O Imposto de Transmissão *Causa Mortis* não é exigível antes da homologação do cálculo.
> Súmulas 112, 113, 331 e 590 do STF.

115. Sobre os honorários do advogado contratado pelo inventariante, com a homologação do Juiz, não incide o Imposto de Transmissão *Causa Mortis*.

116. SEM EFICÁCIA pela Lei 6.515/1997.

Em desquite ou inventário, é legítima a cobrança do chamado Imposto de Reposição, quando houver desigualdade dos valores partilhados.
> Lei 6.515/1997 (Lei do Divórcio).

117. A lei estadual pode fazer variar a alíquota do Imposto de Vendas e Consignações em razão da espécie do produto.

118. SEM EFICÁCIA pela Lei 4.425/1964 e pelo RE 70138/GB (*DJU 02.10.1970*)

Estão sujeitas ao Imposto de Vendas e Consignações as transações sobre minerais, que ainda não estão compreendidas na legislação federal sobre o Imposto Único.
> A mencionada Lei 4.425/1964 foi revogada pelo Dec.-lei 1.038/1969.
> Arts. 74 e 75 do CTN.

119. É devido o Imposto de Vendas e Consignações sobre a venda de cafés ao Instituto Brasileiro do Café, embora o lote, originariamente, se destinasse à exportação.

120. Parede de tijolos de vidro translúcido pode ser levantada a menos de metro e meio do prédio vizinho, não importando servidão sobre ele.
> Arts. 1.301 e 1.302 do CC.

121. É vedada a capitalização de juros, ainda que expressamente convencionada.
> Súmulas 539 e 541 do STJ.

122. O enfiteuta pode purgar a mora enquanto não decretado o comisso por sentença.

123. Sendo a locação regida pelo Dec. 24.150, de 20-4-1934, o locatário não tem direito à purgação da mora, prevista na Lei 1.300, de 28-12-1950.
> O mencionado Dec. 24.150/1934 foi revogado pela Lei 8.245/1991.
> A mencionada Lei 1.300/1950 foi revogada pela Lei 4.494/1964, que, por sua vez, foi revogada pelo Dec.-lei 1.038/1969.

124. É inconstitucional o adicional do Imposto de Vendas e Consignações cobrado pelo Estado do Espírito Santo sobre cafés da cota de expurgo entregues ao Instituto Brasileiro do Café.

125. Não é devido o Imposto de Vendas e Consignações sobre a parcela do Imposto de Consumo que onera a primeira venda realizada pelo produtor.

126. É inconstitucional a chamada taxa de aguardente, do Instituto do Açúcar e do Álcool.

127. É indevida a taxa de armazenagem, posteriormente aos primeiros trinta dias, quando não exigível o Imposto de Consumo, cuja cobrança tenha motivado a retenção da mercadoria.

128. É indevida a taxa de assistência médica e hospitalar das instituições de previdência social.

129. Na conformidade da legislação local, é legítima a cobrança de taxas de calçamento.

130. A taxa de despacho aduaneiro (art. 66 da Lei 3.244, de 14-8-1957) continua a ser exigível após o Dec. Legislativo 14, de 25-8-1960, que aprovou alterações introduzidas no Acordo Geral sobre Tarifas Aduaneiras e Comércio (GATT).

131. A taxa de despacho aduaneiro (art. 66 da Lei 3.244, de 14-8-1957) continua a ser exigível após o Dec. Legislativo 14, de 25-8-1960, mesmo para as mercadorias incluídas na vigente lista III do Acordo Geral sobre Tarifas Aduaneiras e Comércio (GATT).

132. Não é devida a taxa de previdência social na importação de amianto bruto ou em fibra.

133. Não é devida a taxa de despacho aduaneiro na importação de fertilizantes e inseticidas.

134. A isenção fiscal para a importação de frutas da Argentina compreende a taxa de despacho aduaneiro e a taxa de previdência social.

135. É inconstitucional a taxa de eletrificação de Pernambuco.

136. É constitucional a taxa de estatística da Bahia.

137. A taxa de fiscalização da exportação incide sobre a bonificação cambial concedida ao exportador.

138. É inconstitucional a taxa contra fogo, do Estado de Minas Gerais, incidente sobre prêmio de seguro contra fogo.

139. É indevida a cobrança do imposto de transação a que se refere a Lei 899, de 1957, art. 58, IV, *e*, do antigo Distrito Federal.

140. Na importação de lubrificantes é devida a taxa de previdência social.

141. Não incide a taxa de previdência social sobre combustíveis.

142. Não é devida a taxa de previdência social sobre mercadorias isentas do Imposto de Importação.

143. SEM EFICÁCIA pelo art. 155, II, da CF.

Na forma da lei estadual, é devido o Imposto de Vendas e Consignações na exportação de café pelo Estado da Guanabara, embora proveniente de outro Estado.

144. É inconstitucional a incidência da taxa de recuperação econômica de Minas Gerais sobre contrato sujeito ao Imposto Federal do Selo.

145. Não há crime, quando a preparação do flagrante pela polícia torna impossível a sua consumação.

146. A prescrição da ação penal regula-se pela pena concretizada na sentença, quando não há recurso da acusação.

> Art. 110 do CP.

147. A prescrição de crime falimentar começa a correr da data em que deveria estar encerrada a falência, ou do trânsito em julgado da sentença que a encerrar ou que julgar cumprida a concordata.

> Súmula 592 do STF.

148. É legítimo o aumento de tarifas portuárias por ato do Ministro da Viação e Obras Públicas.

149. É imprescritível a ação de investigação de paternidade, mas não o é a de petição de herança.

150. Prescreve a execução no mesmo prazo de prescrição da ação.

151. Prescreve em um ano a ação do segurador sub-rogado para haver indenização por extravio ou perda de carga transportada por navio.

152. REVOGADA pela Súmula 494 do STF.

A ação para anular venda de ascendente a descendente, sem consentimento dos demais, prescreve em quatro anos, a contar da abertura da sucessão.

153. Simples protesto cambiário não interrompe a prescrição.

> Art. 202, II, do CC.

154. Simples vistoria não interrompe a prescrição.

155. É relativa a nulidade do processo criminal por falta de intimação da expedição de precatória para inquirição de testemunha.

156. É absoluta a nulidade do julgamento, pelo júri, por falta de quesito obrigatório.
> Arts. 482 a 491 e 564, III, *k*, do CPP.

157. É necessária prévia autorização do Presidente da República para desapropriação, pelos Estados, de empresa de energia elétrica.

158. Salvo estipulação contratual averbada no Registro Imobiliário, não responde o adquirente pelas benfeitorias do locatário.

159. Cobrança excessiva, mas de boa-fé, não dá lugar às sanções do art. 1.531 do Código Civil.
> Referência ao revogado CC de 1916.
> Art. 940 do CC.

160. É nula a decisão do Tribunal que acolhe, contra o réu, nulidade não arguida no recurso da acusação, ressalvados os casos de recurso de ofício.
> Arts. 563 a 573 do CPP.

161. Em contrato de transporte, é inoperante a cláusula de não indenizar.
> Art. 734 do CC.

162. É absoluta a nulidade do julgamento pelo júri, quando os quesitos da defesa não precedem aos das circunstâncias agravantes.
> Arts. 482 a 491 e 563 a 573 do CPP.

163. Salvo contra a Fazenda Pública, sendo a obrigação ilíquida, contam-se os juros moratórios desde a citação inicial para a ação.
> RE 109.156/SP *(DJU 07.08.1987)* "A primeira parte da súmula 163 já não subsiste em face da Lei 4.414/64, art. 1º, e de acordo com a jurisprudência".
> Súmula 12 da Turma de Uniformização das Decisões das Turmas Recursais dos Juizados Especiais Federais.

164. No processo de desapropriação, são devidos juros compensatórios desde a antecipada imissão de posse, ordenada pelo juiz, por motivo de urgência.

165. A venda realizada diretamente pelo mandante ao mandatário não é atingida pela nulidade do art. 1.133, II, do Código Civil.
> Referência ao revogado CC de 1916.
> Art. 497 do CC.

166. É inadmissível o arrependimento no compromisso de compra e venda sujeito ao regime do Dec.-Lei 58, de 10 de dezembro de 1937.

> Lei 6.766/1979 (Parcelamento do Solo).

167. Não se aplica o regime do Dec.-Lei 58, de 10-12-1937, ao compromisso de compra e venda não inscrito no Registro Imobiliário, salvo se o promitente vendedor se obrigou a efetuar o registro.

168. Para os efeitos do Dec.-Lei 58, de 10 de dezembro de 1937, admite-se a inscrição imobiliária do compromisso de compra e venda no curso da ação.
> Lei 6.766/1979 (Parcelamento do Solo).

169. Depende de sentença a aplicação da pena de comisso.

170. É resgatável a enfiteuse instituída anteriormente à vigência do Código Civil.
> Referência ao revogado CC de 1916.
> Art. 2.038 do CC.

171. Não se admite, na locação em curso, de prazo determinado, a majoração de encargos a que se refere a Lei 3.844, de 15-12-1960.
> A mencionada Lei 3.844/1960 foi revogada pela Lei 4.494/1964.

172. Não se admite, na locação em curso, de prazo determinado, o reajustamento de aluguel a que se refere a Lei 3.085, de 29-12-1956.
> A mencionada Lei 3.085/1956 foi revogada pela Lei 4.494/1964.

173. Em caso de obstáculo judicial admite-se a purga da mora, pelo locatário, além do prazo legal.

174. Para a retomada do imóvel alugado, não é necessária a comprovação dos requisitos legais na notificação prévia.

175. Admite-se a retomada de imóvel alugado para uso de filho que vai contrair matrimônio.

176. O promitente comprador, nas condições previstas na Lei 1.300, de 28-12-1950, pode retomar o imóvel locado.
> A mencionada Lei 1.300/1950 foi revogada pela Lei 4.494/1964.

177. SEM EFICÁCIA pela Lei 8.245/1991.
O cessionário do promitente comprador, nas mesmas condições deste, pode retomar o imóvel locado.

178. Não excederá de cinco anos a renovação judicial de contrato de locação fundada no Dec. 24.150, de 20-4-1934.

> O mencionado Dec. 24.150/1934 foi revogado pela Lei 8.245/1991 (Locações).

179. O aluguel arbitrado judicialmente nos termos da Lei 3.085, de 29-12-1956, art. 6º, vigora a partir da data do laudo pericial.

> A mencionada Lei 3.085/1956 foi revogada pela Lei 4.494/1964.

180. Na ação revisional do art. 31 do Dec. 24.150, de 20-4-1934, o aluguel arbitrado vigora a partir do laudo pericial.

> O mencionado Dec. 24.150/1934 foi revogado pela Lei 8.245/1991 (Locações).

181. Na retomada, para construção mais útil, de imóvel sujeito ao Dec. 24.150, de 20-4-1934, é sempre devida indenização para despesas de mudança do locatário.

> O mencionado Dec. 24.150/1934 foi revogado pela Lei 8.245/1991 (Locações).

182. Não impede o reajustamento do débito pecuário, nos termos da Lei 1.002, de 24-12-1949, a falta de cancelamento da renúncia à moratória da Lei 209, de 2-1-1948.

183. Não se incluem no reajustamento pecuário dívidas estranhas à atividade agropecuária.

184. Não se incluem no reajustamento pecuário dívidas contraídas posteriormente a 19-12-1946.

185. Em processo de reajustamento pecuário, não responde a União pelos honorários do advogado do credor ou do devedor.

186. Não infringe a lei a tolerância da quebra de um por cento no transporte por estrada de ferro, prevista no regulamento de transportes.

187. A responsabilidade contratual do transportador, pelo acidente com o passageiro, não é elidida por culpa de terceiro, contra o qual tem ação regressiva.

188. O segurador tem ação regressiva contra o causador do dano, pelo que efetivamente pagou, até o limite previsto no contrato de seguro.

189. Avais em branco e superpostos consideram-se simultâneos e não sucessivos.

190. O não pagamento de título vencido há mais de 30 dias, sem protesto, não impede a concordata preventiva.

> Art. 48 da Lei 11.101/2005 (Recuperação judicial e Falências).

191. CANCELADA pelo RE 79.625/SP *(DJU 08.07.1975)*.

Inclui-se no crédito habilitado em falência a multa fiscal simplesmente moratória.

192. Não se inclui no crédito habilitado em falência a multa fiscal com efeito de pena administrativa.

> Art. 83, III, da Lei 11.101/2005 (Recuperação de Empresas e Falências).
> Súmula 565 do STF.

193. Para a restituição prevista no artigo 76, § 2º, da Lei de Falências, conta-se o prazo de quinze dias da entrega da coisa e não da sua remessa.

> Referência à revogada Lei das Falências.
> Arts. 83, III, e 85, par. ún., da Lei 11.101/2005 (Recuperação de Empresas e Falências).
> Súmulas 417 e 495 do STF.

194. É competente o Ministro do Trabalho para a especificação das atividades insalubres.

195. Contrato de trabalho para obra certa, ou de prazo determinado, transforma-se em contrato de prazo indeterminado, quando prorrogado por mais de quatro anos.

196. Ainda que exerça atividade rural, o empregado de empresa industrial ou comercial é classificado de acordo com a categoria do empregador.

197. O empregado com representação sindical só pode ser despedido mediante inquérito em que se apure falta grave.

198. As ausências motivadas por acidente do trabalho não são descontáveis do período aquisitivo das férias.

199. O salário das férias do empregado horista corresponde à média do período aquisitivo, não podendo ser inferior ao mínimo.

200. Não é inconstitucional a Lei 1.530, de 26-12-1951, que manda incluir na indenização por despedida injusta parcela correspondente a férias proporcionais.

201. O vendedor pracista, remunerado mediante comissão, não tem direito ao repouso semanal remunerado.

202. Na equiparação de salário, em caso de trabalho igual, toma-se em conta o tempo de serviço na função, e não no emprego.

203. Não está sujeita à vacância de sessenta dias a vigência de novos níveis de salário mínimo.

204. Tem direito o trabalhador substituto, ou de reserva, ao salário mínimo no dia em que fica à disposição do empregador sem ser aproveitado na função específica; se aproveitado, recebe o salário-contratual.

> Súmula 159 do TST.

205. Tem direito a salário integral o menor não sujeito à aprendizagem metódica.

206. É nulo o julgamento ulterior pelo júri com a participação de jurado que funcionou em julgamento anterior do mesmo processo.

> Arts. 449, I, 563 a 573 do CPP.

207. As gratificações habituais, inclusive a de Natal, consideram-se tacitamente convencionadas, integrando o salário.

208. O assistente do Ministério Público não pode recorrer, extraordinariamente, de decisão concessiva de *habeas corpus*.

> Arts. 268 a 273 do CPP.
> Súmula 210 do STF.

209. O salário produção, como outras modalidades de salário prêmio, é devido, desde que verificada a condição a que estiver subordinado, e não pode ser suprimido unilateralmente pelo empregador, quando pago com habitualidade.

210. O assistente do Ministério Público pode recorrer, inclusive extraordinariamente, na ação penal, nos casos dos artigos 584, § 1º, e 598 do Código de Processo Penal.

> Arts. 268 a 273 do CPP.

211. Contra a decisão proferida sobre o agravo no auto do processo, por ocasião do julgamento da apelação, não se admitem embargos infringentes ou de nulidade.

212. Tem direito ao adicional de serviço perigoso o empregado de posto de revenda de combustível líquido.

213. É devido o adicional de serviço noturno, ainda que sujeito o empregado ao regime de revezamento.

214. A duração legal da hora de serviço noturno (52 minutos e 30 segundos) constitui vantagem suplementar, que não dispensa o salário adicional.

215. Conta-se a favor de empregado readmitido o tempo de serviço anterior, salvo se houver sido despedido por falta grave ou tiver recebido a indenização legal.

216. Para decretação da absolvição de instância pela paralisação do processo por mais de trinta dias, é necessário que o autor, previamente intimado, não promova o andamento da causa.

217. Tem direito de retornar ao emprego, ou ser indenizado em caso de recusa do empregador, o aposentado que recupera a capacidade de trabalho dentro de cinco anos, a contar da aposentadoria, que se torna definitiva após esse prazo.

218. É competente o Juízo da Fazenda Nacional da Capital do Estado, e não o da situação da coisa, para a desapropriação promovida por empresa de energia elétrica, se a União Federal intervém como assistente.

219. Para a indenização devida a empregado que tinha direito a ser readmitido, e não foi, levam-se em conta as vantagens advindas à sua categoria no período do afastamento.

220. A indenização devida a empregado estável, que não é readmitido ao cessar sua aposentadoria, deve ser paga em dobro.

221. A transferência de estabelecimento, ou a sua extinção parcial, por motivo que não seja de força maior, não justifica a transferência de empregado estável.

222. O princípio da identidade física do juiz não é aplicável às Juntas de Conciliação e Julgamento da Justiça do Trabalho.

> EC 24/1999 (Altera dispositivos da Constituição Federal pertinentes à representação classistas na Justiça do Trabalho).
> Súmula 217 do TFR.

223. Concedida isenção de custas ao empregado, por elas não responde o sindicato que o representa em juízo.

224. Os juros da mora, nas reclamações trabalhistas, são contados desde a notificação inicial.

225. Não é absoluto o valor probatório das anotações da Carteira Profissional.

226. Na ação de desquite, os alimentos são devidos desde a inicial e não da data da decisão que os concede.

> Arts. 19 a 21 da Lei 6.515/1977 (Divórcio).

227. A concordata do empregador não impede a execução de crédito nem a reclamação de empregado na Justiça do Trabalho.

> Art. 48 da Lei 11.101/2005 (Recuperação de Empresas e Falências).

228. SEM EFICÁCIA pelo RE 84.334/SP *(DJU 08.07.1976).*

Não é provisória a execução na pendência de recurso extraordinário, ou de agravo destinado a fazê-lo admitir.

> Art. 893, § 2º, da CLT.

229. A indenização acidentária não exclui a do direito comum, em caso de dolo ou culpa grave do empregador.

230. A prescrição da ação de acidente do trabalho conta-se do exame pericial que comprovar a enfermidade ou verificar a natureza da incapacidade.

231. O revel, em processo cível, pode produzir provas, desde que compareça em tempo oportuno.

232. Em caso de acidente do trabalho, são devidas diárias até doze meses, as quais não se confundem com a indenização acidentária, nem com o auxílio-enfermidade.

233. Salvo em caso de divergência qualificada (Lei 623, de 1949), não cabe recurso de embargos contra decisão que nega provimento a agravo ou não conhece de recurso extraordinário, ainda que por maioria de votos.

234. São devidos honorários de advogado em ação de acidente do trabalho julgada procedente.

235. É competente para a ação de acidente do trabalho a Justiça Cível Comum, inclusive em segunda instância, ainda que seja parte autarquia seguradora.

> Conflito de Competência 7.204/MG *(DJU 09.12.2005).*
> Arts. 109, I e 114, VI, da CF.
> Súmula Vinculante 22 do STF.
> Súmula 501 do STF. Súmula 15 do STJ.

236. Em ação de acidente do trabalho, a autarquia seguradora não tem isenção de custas.

> Súmula 445 do STF.

237. O usucapião pode ser arguido em defesa.

> Súmula 445 do STF.

238. Em caso de acidente do trabalho, a multa pelo retardamento da liquidação é exigível do segurador sub-rogado, ainda que autarquia.

239. Decisão que declara indevida a cobrança do imposto em determinado exercício não faz coisa julgada em relação aos posteriores.

240. O depósito para recorrer, em ação de acidente do trabalho, é exigível do segurador sub-rogado, ainda que autarquia.

241. A contribuição previdenciária incide sobre o abono incorporado ao salário.

242. O agravo no auto do processo deve ser apreciado, no julgamento da apelação, ainda que o agravante não tenha apelado.

243. Em caso de dupla aposentadoria, os proventos a cargo do IAPFESP não são equiparáveis aos pagos pelo Tesouro Nacional, mas calculados à base da média salarial nos últimos doze meses de serviço.

244. A importação de máquinas de costura está isenta do Imposto de Consumo.

245. A imunidade parlamentar não se estende ao corréu sem essa prerrogativa.

> Súmulas 3 e 4 do STF.

246. Comprovado não ter havido fraude, não se configura o crime de emissão de cheque sem fundos.

> Art. 171, § 2º, VI, do CP.
> Súmula 554 do STF.

247. O relator não admitirá os embargos da Lei 623, de 19-2-1949, nem deles conhecerá o Supremo Tribunal Federal, quando houver jurisprudência firme do plenário no mesmo sentido da decisão embargada.

248. É competente, originariamente, o Supremo Tribunal Federal, para o mandado de segurança contra o ato do Tribunal de Contas da União.

> Art. 102, I, *d*, da CF.

249. É competente o Supremo Tribunal Federal para a ação rescisória, quando, embora não tendo conhecido do recurso extraordinário, ou havendo negado provimento a agravo, tiver apreciado a questão federal controvertida.

> Súmula 515 do STF.

250. A intervenção da União desloca o processo do juízo cível comum para o fazendário.

251. Responde a Rede Ferroviária Federal S.A. perante o foro comum e não perante o juízo especial da Fazenda Nacional, a menos que a União intervenha na causa.

> Súmulas 508, 517 e 556 do STF.
> Súmula 42 do STJ.

252. Na ação rescisória, não estão impedidos juízes que participaram do julgamento rescindendo.

253. Nos embargos da Lei 623, de 19-2-1949, no Supremo Tribunal Federal, a divergência somente será acolhida, se tiver sido indicada na petição de recurso extraordinário.

254. Incluem-se os juros moratórios na liquidação, embora omisso o pedido inicial ou a condenação.

255. CANCELADA pelo ERE 74.244/PR *(DJU 19.12.1973).*

Sendo ilíquida a obrigação, os juros moratórios, contra a Fazenda Pública, incluídas as autarquias, são contados do trânsito em julgado da sentença de liquidação.

256. É dispensável pedido expresso para condenação do réu em honorários, com fundamento nos artigos 63 ou 64 do Código de Processo Civil.

> Referência ao CPC de 1939.
> Arts. 82, § 2º, e 85, § 17, do CPC/2015.

257. São cabíveis honorários de advogado na ação regressiva do segurador contra o causador do dano.

258. É admissível reconvenção em ação declaratória.

259. Para produzir efeito em juízo não é necessária a inscrição, no Registro Público, de documentos de procedência estrangeira, autenticados por via consular.

260. O exame de livros comerciais, em ação judicial, fica limitado às transações entre os litigantes.

261. Para a ação de indenização, em caso de avaria, é dispensável que a vistoria se faça judicialmente.

262. Não cabe medida possessória liminar para liberação alfandegária de automóvel.

263. O possuidor deve ser citado pessoalmente para a ação de usucapião.

> Súmula 391 do STF.

264. Verifica-se a prescrição intercorrente pela paralisação da ação rescisória por mais de cinco anos.

265. Na apuração de haveres, não prevalece o balanço não aprovado pelo sócio falecido, excluído ou que se retirou.

266. Não cabe mandado de segurança contra lei em tese.

267. Não cabe mandado de segurança contra ato judicial passível de recurso ou correição.

> Art. 5º, II, da Lei 12.016/2009 (Mandado de Segurança).

268. Não cabe mandado de segurança contra decisão judicial com trânsito em julgado.

> Art. 5º, III, da Lei 12.016/2009 (Mandado de Segurança).

269. O mandado de segurança não é substitutivo de ação de cobrança.

> Súmula 271 do STF.

270. Não cabe mandado de segurança para impugnar enquadramento da Lei 3.780, de 12-7-1960, que envolva exame de prova ou de situação funcional complexa.

271. Concessão de mandado de segurança não produz efeitos patrimoniais em relação a período pretérito, os quais devem ser reclamados administrativamente ou pela via judicial própria.

> Súmula 269 do STF.

272. Não se admite como ordinário recurso extraordinário de decisão denegatória de mandado de segurança.

273. Nos embargos da Lei 623, de 19-2-1949, a divergência sobre questão prejudicial ou preliminar, suscitada após a interposição do recurso extraordinário, ou do agravo, somente será acolhida se o acórdão padrão for anterior à decisão embargada.

> Art. 1.043 do CPC/2015.
> Súmula 598 do STF.

274. REVOGADA pela Súmula 549 do STF.

É inconstitucional a taxa de serviço contra fogo cobrada pelo Estado de Pernambuco.

275. Está sujeita a recurso *ex officio* sentença concessiva de reajustamento pecuário anterior à vigência da Lei 2.804, de 25 de junho de 1956.

276. Não cabe recurso de revista em ação executiva fiscal.

277. São cabíveis embargos, em favor da Fazenda Pública, em ação executiva fiscal, não sendo unânime a decisão.

278. São cabíveis embargos em ação executiva fiscal contra decisão reformatória da de primeira instância, ainda que unânime.

279. Para simples reexame de prova não cabe recurso extraordinário.
> Art. 102, III, a a d, da CF.
> Súmula 7 do STJ.

280. Por ofensa a direito local não cabe recurso extraordinário.
> Art. 102, III, a a d, da CF.

281. É inadmissível o recurso extraordinário, quando couber, na Justiça de origem, recurso ordinário da decisão impugnada.
> Art. 102, III, a a d, da CF.

282. É inadmissível o recurso extraordinário, quando não ventilada, na decisão recorrida, a questão federal suscitada.
> Art. 102, III, a a d, da CF.
> Súmula 356 do STF.
> Súmula 320 do STJ.

283. É inadmissível o recurso extraordinário, quando a decisão recorrida assenta em mais de um fundamento suficiente e o recurso não abrange todos eles.
> Art. 102, III, a a d, da CF.

284. É inadmissível o recurso extraordinário, quando a deficiência na sua fundamentação não permitir a exata compreensão da controvérsia.
> Art. 102, III, a a d, da CF.

285. Não sendo razoável a arguição de inconstitucionalidade, não se conhece do recurso extraordinário fundado na letra c do artigo 101, III, da Constituição Federal.
> Referência à revogada CF de 1946.
> Art. 102, III, a a d, da CF.

286. Não se conhece do recurso extraordinário fundado em divergência jurisprudencial, quando a orientação do plenário do Supremo Tribunal Federal já se firmou no mesmo sentido da decisão recorrida.
> Art. 102, III, a a d, da CF.
> Súmula 83 do STJ.

287. Nega-se provimento ao agravo, quando a deficiência na sua fundamentação, ou na do recurso extraordinário, não permitir a exata compreensão da controvérsia.
> Art. 102, III, a a d, da CF.

288. Nega-se provimento a agravo para subida de recurso extraordinário, quando faltar no traslado do despacho agravado, a decisão recorrida, a petição de recurso extraordinário ou qualquer peça essencial à compreensão da controvérsia.
> Art. 102, III, a a d, da CF.
> Súmula 639 do STF.

289. O provimento do agravo por uma das Turmas do Supremo Tribunal Federal, ainda que sem ressalva, não prejudica a questão do cabimento do recurso extraordinário.
> Art. 102, III, a a d, da CF.
> Súmula 300 do STF.

290. Nos embargos da Lei 623, de 19-2-1949, a prova de divergência far-se-á por certidão, ou mediante indicação do Diário da Justiça ou de repertório de jurisprudência autorizado, que a tenha publicado, com a transcrição do trecho que configure a divergência, mencionadas as circunstâncias que identifiquem ou assemelhem os casos confrontados.
> Art. 1.043 do CPC/2015.

291. No recurso extraordinário pela letra d do art. 101, III, da Constituição, a prova do dissídio jurisprudencial far-se-á por certidão, ou mediante indicação do Diário da Justiça ou de repertório de jurisprudência autorizado, com a transcrição do trecho que configure a divergência, mencionadas as circunstâncias que identifiquem ou assemelhem os casos confrontados.
> Referência à CF de 1946.
> Art. 1.029, § 1º, do CPC/2015.

292. Interposto o recurso extraordinário por mais de um dos fundamentos indicados no artigo 101, III, da Constituição, a admissão apenas por um deles não prejudica o seu conhecimento por qualquer dos outros.
> Referência à revogada CF de 1946.
> Art. 102, III, da CF.

293. São inadmissíveis embargos infringentes contra decisão em matéria constitucional submetida ao plenário dos Tribunais.
> Art. 609, par. ún., do CPP.
> Arts. 538 a 549 do CPPM.
> Súmulas 296 e 455 do STF.

294. São inadmissíveis embargos infringentes contra decisão do Supremo Tribunal Federal em mandado de segurança.
> Art. 25 da Lei 12.016/2009 (Mandado de Segurança).
> Súmula 597 do STF.

> Súmula 169 do STJ.

295. São inadmissíveis embargos infringentes contra decisão unânime do Supremo Tribunal Federal em ação rescisória.

296. São inadmissíveis embargos infringentes sobre matéria não ventilada, pela Turma, do julgamento do recurso extraordinário.

> Súmula 293 do STF.
> Súmulas 20, 30, 55 e 109 do TFR.

297. Oficiais e praças das milícias dos Estados, no exercício de função policial civil, não são considerados militares para efeitos penais, sendo competente a Justiça Comum para julgar os crimes cometidos por ou contra eles.

> Súmulas 364 e 555 do STF.
> Súmulas 20, 30 e 55 do TFR.

298. O legislador ordinário só pode sujeitar civis à Justiça Militar, em tempo de paz, nos crimes contra a segurança externa do País ou as instituições militares.

299. O recurso ordinário e o extraordinário interpostos no mesmo processo de mandado de segurança, ou de *habeas corpus*, serão julgados conjuntamente pelo Tribunal Pleno.

300. São incabíveis os embargos da Lei 623, de 19-2-1949, contra provimento de agravo para subida de recurso extraordinário.

> Súmula 289 do STF.

301. CANCELADA pelo RHC 49.038/AM *(DJU 19.11.1971)*.

Por crime de responsabilidade, o procedimento penal contra prefeito municipal fica condicionado ao seu afastamento do cargo por impeachment, *ou à cessação do exercício por outro motivo.*

302. Está isenta da taxa de previdência social a importação de petróleo bruto.

303. Não é devido o Imposto Federal de Selo em contrato firmado com autarquia anteriormente à vigência da Emenda Constitucional 5, de 21-11-1961.

304. Decisão denegatória de mandado de segurança, não fazendo coisa julgada contra o impetrante, não impede o uso da ação própria.

305. Acordo de desquite ratificado por ambos os cônjuges não é retratável unilateralmente.

> Lei 6.515/1977 (Divórcio).

306. As taxas de recuperação econômica e de assistência hospitalar de Minas Gerais são legítimas, quando incidem sobre matéria tributável pelo Estado.

307. É devido o adicional de serviço insalubre, calculado à base do salário mínimo da região, ainda que a remuneração contratual seja superior ao salário mínimo acrescido da taxa de insalubridade.

308. A taxa de despacho aduaneiro, sendo adicional do Imposto de Importação, não incide sobre borracha importada com isenção daquele imposto.

309. A taxa de despacho aduaneiro, sendo adicional do Imposto de Importação, não está compreendida na isenção do Imposto de Consumo para automóvel usado trazido do exterior pelo proprietário.

310. Quando a intimação tiver lugar na sexta-feira, ou a publicação com efeito de intimação for feita nesse dia, o prazo judicial terá início na segunda-feira imediata, salvo se não houver expediente, caso em que começará no primeiro dia útil que se seguir.

> Art. 798 do CPP.
> Art. 110, § 1º, do RISTF.

311. No típico acidente do trabalho, a existência de ação judicial não exclui a multa pelo retardamento da liquidação.

312. Músico integrante de orquestra da empresa, com atuação permanente e vínculo de subordinação, está sujeito à legislação geral do trabalho, e não à especial dos artistas.

313. Provada a identidade entre o trabalho diurno e o noturno, é devido o adicional, quanto a este, sem a limitação do art. 73, § 3º, da CLT, independentemente da natureza da atividade do empregador.

314. Na composição do dano por acidente do trabalho, ou de transporte, não é contrário à lei tomar para base da indenização o salário do tempo da perícia ou da sentença.

315. Indispensável o traslado das razões da revista, para julgamento, pelo Tribunal Superior do Trabalho, do agravo para sua admissão.

316. A simples adesão à greve não constitui falta grave.

317. São improcedentes os embargos declaratórios, quando não pedida a declaração do julgado anterior, em que se verificou a omissão.

318. É legítima a cobrança, em 1962, pela municipalidade de São Paulo, do Imposto de Indústrias e Profissões, consoante as Leis 5.917 e

5.919, de 1961 (aumento anterior à vigência do orçamento e incidência do tributo sobre o movimento econômico do contribuinte).

319. O prazo do recurso ordinário para o Supremo Tribunal Federal, em *habeas corpus* ou mandado de segurança, é de cinco dias.
> Art. 102, II, *a* e *b*, da CF.
> Arts. 1.027 e 1.028 do CPC/2015.

320. A apelação despachada pelo juiz no prazo legal não fica prejudicada pela demora da juntada, por culpa do cartório.
> Art. 1.003 do CPC/2015.
> Súmulas 425 e 428 do STF.

321. REVOGADA pela Representação 1.428-2/RO *(DJU 17.02.1989).*

A Constituição estadual pode estabelecer a irredutibilidade dos vencimentos do Ministério Público.

322. Não terá seguimento pedido ou recurso dirigido ao Supremo Tribunal Federal, quando manifestamente incabível, ou apresentado fora do prazo, ou quando for evidente a incompetência do Tribunal.

323. É inadmissível a apreensão de mercadorias como meio coercitivo para pagamento de tributos.

324. A imunidade do artigo 31, V, da Constituição Federal não compreende as taxas.
> Referência à revogada CF de 1946.
> Art. 150, VI, da CF.

325. As emendas ao Regimento Interno do Supremo Tribunal Federal, sobre julgamento de questão constitucional, aplicam-se aos pedidos ajuizados e aos recursos interpostos anteriormente a sua aprovação.

326. É legítima a incidência do Imposto de Transmissão *Inter Vivos* sobre a transferência do domínio útil.

327. O direito trabalhista admite a prescrição intercorrente.

328. É legítima a incidência de Imposto de Transmissão *Inter Vivos* sobre a doação de imóvel.

329. O Imposto de Transmissão *Inter Vivos* não incide sobre a transferência de ações de sociedade imobiliária.

330. O Supremo Tribunal Federal não é competente para conhecer de mandado de segurança contra atos dos Tribunais de Justiça dos Estados.

> Súmula 624 do STF.
> Súmula 41 do STJ.

331. É legítima a incidência do Imposto de Transmissão *Causa Mortis,* no inventário por morte presumida.

332. É legítima a incidência do Imposto de Vendas e Consignações sobre a parcela do preço correspondente aos ágios cambiais.

333. Está sujeita ao Imposto de Vendas e Consignações a venda realizada por invernista não qualificado como pequeno produtor.

334. É legítima a cobrança, ao empreiteiro, do Imposto de Vendas e Consignações, sobre o valor dos materiais empregados, quando a empreitada não for apenas de lavor.

335. É válida a cláusula de eleição do foro para os processos oriundos do contrato.

336. A imunidade da autarquia financiadora, quanto ao contrato de financiamento, não se estende à compra e venda entre particulares, embora constante dos dois atos de um só instrumento.

337. A controvérsia entre o empregador e o segurador não suspende o pagamento devido ao empregado por acidente do trabalho.

338. Não cabe ação rescisória no âmbito da Justiça do Trabalho.

339. Não cabe ao Poder Judiciário, que não tem função legislativa, aumentar vencimentos de servidores públicos sob fundamento de isonomia.
> Súmula Vinculante 37 do STF.

340. Desde a vigência do Código Civil, os bens dominicais, como os demais bens públicos, não podem ser adquiridos por usucapião.
> Referência ao revogado CC de 1916.
> Arts. 100 a 102 do CC.

341. É presumida a culpa do patrão ou comitente pelo ato culposo do empregado ou preposto.

342. Cabe agravo no auto do processo, e não agravo de petição, do despacho que não admite a reconvenção.

343. Não cabe ação rescisória por ofensa a literal disposição de lei, quando a decisão rescindenda se tiver baseado em texto legal de interpretação controvertida nos tribunais.

344. Sentença de primeira instância concessiva de *habeas corpus,* em caso de crime praticado em detrimento de bens, serviços ou interesses da União, está sujeita a recurso *ex officio.*

> Art. 574, I, do CPP.

345. Na chamada desapropriação indireta, os juros compensatórios são devidos a partir da perícia, desde que tenha atribuído valor atual ao imóvel.

> RE 74.803 (*DJU* 04.03.1977) "Conforme a jurisprudência do STF, os juros compensatórios são devidos desde a ocupação do imóvel, não mais prevalecendo o princípio enunciado na Súmula 345."
> Súmulas 164 e 618 do STF.
> Súmula 114 do STJ.

346. A Administração Pública pode declarar a nulidade dos seus próprios atos.

347. O Tribunal de Contas, no exercício de suas atribuições, pode apreciar a constitucionalidade das leis e dos atos do Poder Público.

348. É constitucional a criação de taxa de construção, conservação e melhoramento de estradas.

> Súmula 595 do STF.

349. A prescrição atinge somente as prestações de mais de dois anos, reclamadas com fundamento em decisão normativa da Justiça do Trabalho, ou em convenção coletiva de trabalho, quando não estiver em causa a própria validade de tais atos.

350. O Imposto de Indústrias e Profissões não é exigível de empregado, por falta de autonomia na sua atividade profissional.

351. É nula a citação por edital de réu preso na mesma unidade da Federação em que o juiz exerce a sua jurisdição.

> Art. 361 do CPP.

352. Não é nulo o processo penal por falta de nomeação de curador ao réu menor que teve assistência de defensor dativo.

> Arts. 563 a 573 do CPP.

353. São incabíveis os embargos da Lei 623, de 19.02.1949, com fundamento em divergência entre decisões da mesma Turma do Supremo Tribunal Federal.

354. Em caso de embargos infringentes parciais, é definitiva a parte da decisão embargada em que não houve divergência na votação.

355. Em caso de embargos infringentes parciais, é tardio o recurso extraordinário interposto após o julgamento dos embargos, quanto à parte da decisão embargada que não fora por eles abrangida.

356. O ponto omisso da decisão, sobre o qual não foram opostos embargos declaratórios, não pode ser objeto de recurso extraordinário, por faltar o requisito do prequestionamento.

> Art. 102, III, *a* a *d*, da CF.
> Arts. 382 e 619 do CPP.
> Súmula 282 do STF.
> Súmula 320 do STJ.

357. É lícita a convenção pela qual o locador renuncia, durante a vigência do contrato, a ação revisional do art. 31 do Decreto 24.150, de 20-4-1934.

> O mencionado Dec. 24.150/1934 foi revogado pela Lei 8.245/1991 (Locações).

358. O servidor público em disponibilidade tem direito aos vencimentos integrais do cargo.

359. Ressalvada a revisão prevista em lei, os proventos da inatividade regulam-se pela lei vigente ao tempo em que o militar, ou o servidor civil, reuniu os requisitos necessários.

> Súmula com redação pelo ERE 72.509/PR.

360. Não há prazo de decadência para a representação de inconstitucionalidade prevista no artigo 8º, parágrafo único, da Constituição Federal.

> Referência à revogada CF de 1946.
> Art. 34, V e VII, da CF.

361. No processo penal, é nulo o exame realizado por um só perito, considerando-se impedido o que tiver funcionado anteriormente na diligência da apreensão.

> Arts. 159 e 563 a 573 do CPP.

362. A condição de ter o clube sede própria para a prática de jogo lícito não o obriga a ser proprietário do imóvel em que tem sede.

363. A pessoa jurídica de direito privado pode ser demandada no domicílio da agência, ou estabelecimento, em que se praticou o ato.

364. SEM EFICÁCIA pela LC 20/1974.

Enquanto o Estado da Guanabara não tiver Tribunal Militar de segunda instância, o Tribunal de Justiça é competente para julgar os recursos das decisões da auditoria da Polícia Militar.

> Súmulas 297 e 555 do STF.

365. Pessoa jurídica não tem legitimidade para propor ação popular.

366. Não é nula a citação por edital que indica o dispositivo da lei penal, embora não transcreva a denúncia ou queixa, ou não resuma os fatos em que se baseia.
> Art. 365 do CPP.

367. Concede-se liberdade ao extraditando que não for retirado do País no prazo do artigo 16 do Decreto-Lei 394, de 28-4-1938.
> Lei 6.815/1980 (Estatuto do Estrangeiro).

368. Não há embargos infringentes no processo de reclamação.

369. Julgados do mesmo tribunal não servem para fundamentar o recurso extraordinário por divergência jurisprudencial.
> Art. 102, III, *a* a *d*, da CF.

370. SEM EFICÁCIA pelo RE 65.137/RJ *(DJU 24.10.1969)*.

Julgada improcedente a ação renovatória da locação, terá o locatário, para desocupar o imóvel, o prazo de seis meses, acrescido de tantos meses quantos forem os anos da ocupação, até o limite total de dezoito meses.
> Lei 8.245/1991 (Locações).

371. Ferroviário, que foi admitido como servidor autárquico, não tem direito a dupla aposentadoria.

372. A Lei 2.752, de 10-4-1956, sobre dupla aposentadoria, aproveita, quando couber, a servidores aposentados antes de sua publicação.

373. Servidor nomeado após aprovação no curso de capacitação policial, instituído na polícia do Distrito Federal, em 1941, preenche o requisito da nomeação por concurso a que se referem as Lei 705, de 16.05.1949, e 1.639, de 14.07.1952.

374. Na retomada para construção mais útil, não é necessário que a obra tenha sido ordenada pela autoridade pública.

375. Não renovada a locação regida pelo Dec. 24.150, de 20.04.1934, aplica-se o direito comum e não a legislação especial do inquilinato.
> O mencionado Dec. 24.150/1934 foi revogado pela Lei 8.245/1991 (Lei das Locações).

376. Na renovação de locação, regida pelo Decreto 24.150, de 20-4-1934, o prazo do novo contrato conta-se da transcrição da decisão exequenda no Registro de Títulos e Documentos; começa, porém, da terminação do contrato anterior, se esta tiver ocorrido antes do registro.
> O mencionado Dec. 24.150/1934 foi revogado pela Lei 8.245/1991 (Lei das Locações).

377. No regime de separação legal de bens, comunicam-se os adquiridos na constância do casamento.

378. Na indenização por desapropriação incluem-se honorários do advogado do expropriado.

379. No acordo de desquite não se admite renúncia aos alimentos, que poderão ser pleiteados ulteriormente, verificados os pressupostos legais.
> Lei 6.515/1977 (Divórcio).

380. Comprovada a existência de sociedade de fato entre os concubinos, é cabível a sua dissolução judicial, com a partilha do patrimônio adquirido pelo esforço comum.

381. Não se homologa sentença de divórcio obtida por procuração, em país de que os cônjuges não eram nacionais.
> Lei 6.515/1977 (Divórcio).
> Súmula 420 do STF.

382. A vida em comum sob o mesmo teto, *more uxorio*, não é indispensável à caracterização do concubinato.

383. A prescrição em favor da Fazenda Pública recomeça a correr, por dois anos e meio, a partir do ato interruptivo, mas não fica reduzida aquém de cinco anos, embora o titular do direito a interrompa durante a primeira metade do prazo.

384. A demissão de extranumerário do serviço público federal, equiparado a funcionário de provimento efetivo para efeito de estabilidade, é da competência do Presidente da República.

385. Oficial das Forças Armadas só pode ser reformado, em tempo de paz, por decisão de Tribunal Militar permanente, ressalvada a situação especial dos atingidos pelo art. 177 da Constituição de 1937.

386. Pela execução de obra musical por artistas remunerados é devido direito autoral, não exigível quando a orquestra for de amadores.

387. A cambial emitida ou aceita com omissões, ou em branco, pode ser completada pelo credor de boa-fé, antes da cobrança ou do protesto.

388. REVOGADA pelo HC 53.777/MG *(DJU 10.09.1976)*.

O casamento da ofendida com quem não seja o ofensor faz cessar a qualidade do seu represen-

tante legal, e a ação penal só pode prosseguir por iniciativa da própria ofendida, observados os prazos legais de decadência e perempção.

389. Salvo limite legal, a fixação de honorários de advogado, em complemento da condenação, depende das circunstâncias da causa, não dando lugar a recurso extraordinário.

390. A exibição judicial de livros comerciais pode ser requerida como medida preventiva.

> Súmula 439 do STF.

391. O confinante certo deve ser citado pessoalmente para a ação de usucapião.

> Súmula 263 do STF.

392. O prazo para recorrer de acórdão concessivo de segurança conta-se da publicação oficial de suas conclusões, e não da anterior ciência à autoridade para cumprimento da decisão.

> Lei 12.016/2009 (Mandado de Segurança).

393. Para requerer revisão criminal, o condenado não é obrigado a recolher-se à prisão.

> Art. 622 do CPP.

394. CANCELADA pelo Inq. 687-4/SP (DJU 09.11.2001).

Cometido o crime durante o exercício funcional, prevalece a competência especial por prerrogativa de função, ainda que o inquérito ou a ação penal sejam iniciados após a cessação daquele exercício.

395. Não se conhece de recurso de habeas corpus cujo objeto seja resolver sobre o ônus das custas, por não estar mais em causa a liberdade de locomoção.

> Art. 647 do CPP.

396. Para a ação penal por ofensa à honra, sendo admissível a exceção da verdade quanto ao desempenho de função pública, prevalece a competência especial por prerrogativa de função, ainda que já tenha cessado o exercício funcional do ofendido.

> Arts. 138, § 3º, e 139, par. ún., do CP.

397. O poder de polícia da Câmara dos Deputados e do Senado Federal, em caso de crime cometido nas suas dependências, compreende, consoante o regimento, a prisão em flagrante do acusado e a realização do inquérito.

> Art. 302 do CPP.

398. O Supremo Tribunal Federal não é competente para processar e julgar, originariamente, deputado ou senador acusado de crime.

399. Não cabe recurso extraordinário por violação de lei federal, quando a ofensa alegada for a regimento de tribunal.

> Art. 102, III, a a d, da CF.

400. Decisão que deu razoável interpretação à lei, ainda que não seja a melhor, não autoriza recurso extraordinário pela letra a do artigo 101, III, da Constituição Federal.

> Referência à CF de 1946.
> Art. 102, III, a e b, da CF.

401. Não se conhece do recurso de revista, nem dos embargos de divergência, do processo trabalhista, quando houver jurisprudência firme do Tribunal Superior do Trabalho no mesmo sentido da decisão impugnada, salvo se houver colisão com a jurisprudência do Supremo Tribunal Federal.

Vigia noturno tem direito a salário adicional.

> Súmula 140 do TST.

403. É de decadência o prazo de trinta dias para instauração do inquérito judicial, a contar da suspensão, por falta grave, de empregado estável.

404. Não contrariam a Constituição os artigos 3º, 22 e 27 da Lei 3.244, de 14-8-1957, que definem as atribuições do Conselho de Política Aduaneira quanto à tarifa flexível.

> Referência à revogada CF de 1946.

405. Denegado o mandado de segurança pela sentença, ou no julgamento do agravo, dela interposto, fica sem efeito a liminar concedida, retroagindo os efeitos da decisão contrária.

406. O estudante ou professor bolsista e o servidor público em missão de estudo satisfazem a condição da mudança de residência para o efeito de trazer automóvel do exterior, atendidos os demais requisitos legais.

> Súmula 61 do STF.

407. Não tem direito ao terço de campanha o militar que não participou de operações de guerra, embora servisse na "zona de guerra".

408. Os servidores fazendários não têm direito a percentagem pela arrecadação de receita federal destinada ao Banco Nacional de Desenvolvimento Econômico.

> Súmula 30 do STF.

409. Ao retomante, que tenha mais de um prédio alugado, cabe optar entre eles, salvo abuso de direito.
> Súmula 410 do STF.

410. Se o locador, utilizando prédio próprio para residência ou atividade comercial, pede o imóvel locado para uso próprio, diverso do que tem o por ele ocupado, não está obrigado a provar a necessidade, que se presume.
> Súmula 409 do STF.

411. O locatário autorizado a ceder a locação pode sublocar o imóvel.
> Súmula 409 do STF.

412. No compromisso de compra e venda com cláusula de arrependimento, a devolução do sinal por quem o deu, ou a sua restituição em dobro, por quem a recebeu, exclui indenização maior a título de perdas e danos, salvo os juros moratórios e os encargos do processo.

413. O compromisso de compra e venda de imóveis, ainda que não loteados, dá direito à execução compulsória quando reunidos os requisitos legais.

414. Não se distingue a visão direta da oblíqua, na proibição de abrir janela, ou fazer terraço, eirado, ou varanda, a menos de metro e meio do prédio de outrem.

415. Servidão de trânsito não titulada, mas tornada permanente, sobretudo pela natureza das obras realizadas, considera-se aparente, conferindo direito à proteção possessória.

416. Pela demora no pagamento do preço da desapropriação não cabe indenização complementar além dos juros.

417. Pode ser objeto de restituição, na falência, dinheiro em poder do falido, recebido em nome de outrem, ou do qual, por lei ou contrato, não tivesse ele a disponibilidade.
> Texto anterior à publicação da Lei 11.101/2005 (Recuperação de Empresas e Falências).
> Súmulas 193 e 495 do STF.

418. SEM EFICÁCIA pelo RE 11 1954-3/PR (DJU 24.06.1988).

O empréstimo compulsório não é tributo, e sua arrecadação não está sujeita à exigência constitucional da prévia autorização orçamentária.
> Art. 148 da CF.

419. Os Municípios têm competência para regular o horário do comércio local, desde que não infrinjam leis estaduais ou federais válidas.

420. Não se homologa sentença proferida no estrangeiro, sem prova do trânsito em julgado.
Súmula 381 do STF.

421. Não impede a extradição a circunstância de ser o extraditando casado com brasileira ou ter filho brasileiro.
> Art. 75, II, *a* e *b*, da Lei 6.815/1980 (Estatuto do Estrangeiro).

422. A absolvição criminal não prejudica a medida de segurança, quando couber, ainda que importe privação da liberdade.
> Art. 96 do CP.

423. Não transita em julgado a sentença por haver omitido o recurso *ex officio*, que se considera interposto *ex lege*.

424. Transita em julgado o despacho saneador de que não houve recurso, excluídas as questões deixadas, explícita ou implicitamente, para a sentença.
> RE 104.469 (*DJU 31.05.1985*) "Súmula não aplicável às hipóteses previstas no art. 267, § 3º do CPC".

425. O agravo despachado no prazo legal não fica prejudicado pela demora da juntada, por culpa do cartório; nem o agravo entregue em cartório no prazo legal, embora despachado tardiamente.
> Art. 1.003 do CPC/2015.
> Súmulas 320 e 428 do STF.

426. A falta do termo específico não prejudica o agravo no auto do processo, quando oportuna a interposição por petição ou no termo da audiência.

427. CANCELADA pelo RE 66.447/MG (*DJU 20.02.1970*).

A falta de petição de interposição não prejudica o agravo no auto do processo tomado por termo.

428. Não fica prejudicada a apelação entregue em cartório no prazo legal, embora despachada tardiamente.
> Art. 1.003 do CPC/2015.
> Art. 593 do CPP.
> Súmulas 320, 425 e 428 do STF.

429. A existência de recurso administrativo com efeito suspensivo não impede o uso do mandado de segurança contra omissão da autoridade.
> Art. 5º, I, da Lei 12.016/2009 (Mandado de Segurança).

430. Pedido de reconsideração na via administrativa não interrompe o prazo para o mandado de segurança.

431. É nulo o julgamento de recurso criminal, na segunda instância, sem prévia intimação, ou publicação da pauta, salvo em *habeas corpus*.

432. Não cabe recurso extraordinário com fundamento no artigo 101, III, *d*, da Constituição Federal, quando a divergência alegada for entre decisões da Justiça do Trabalho.
> Referência à CF de 1946.
> Art. 102, III da CF.
> Súmula 505 do STF.

433. É competente o Tribunal Regional do Trabalho para julgar mandado de segurança contra ato de seu presidente em execução de sentença trabalhista.
> Súmula 505 do STF.

434. A controvérsia entre seguradores indicados pelo empregador na ação de acidente do trabalho não suspende o pagamento devido ao acidentado.

435. O Imposto de Transmissão *Causa Mortis*, pela transferência de ações, é devido ao Estado em que tem sede a companhia.

436. É válida a Lei 4.093, de 24-10-1959, do Paraná, que revogou a isenção concedida às cooperativas por lei anterior.

437. Está isenta da taxa de despacho aduaneiro a importação de equipamento para a indústria automobilística, segundo plano aprovado, no prazo legal, pelo órgão competente.

438. É legítima a cobrança, em 1962, da taxa de educação e saúde, de Santa Catarina, adicional do Imposto de Vendas e Consignações.

439. Estão sujeitos à fiscalização tributária ou previdenciária quaisquer livros comerciais, limitado o exame aos pontos objetos da investigação.

440. Os benefícios da legislação federal de serviços de guerra não são exigíveis dos Estados, sem que a lei estadual assim disponha.

441. O militar, que passa à inatividade com proventos integrais, não tem direito às cotas trigésimas a que se refere o código de vencimentos e vantagens dos militares.

442. A inscrição do contrato de locação no Registro de Imóveis, para a validade da cláusula de vigência contra o adquirente do imóvel, ou perante terceiros, dispensa a transcrição no Registro de Títulos e Documentos.

443. A prescrição das prestações anteriores ao período previsto em lei não ocorre, quando não tiver sido negado, antes daquele prazo, o próprio direito reclamado, ou a situação jurídica de que ele resulta.

444. Na retomada para construção mais útil, de imóvel sujeito ao Decreto 24.150, de 20-4-1934, a indenização se limita às despesas de mudança.
> O mencionado Dec. 24.150/1934 foi revogado pela Lei 8.245/1991 (Locações).

445. A Lei 2.437, de 7-3-1955, que reduz prazo prescricional, é aplicável às prescrições em curso na data de sua vigência (1º de janeiro de 1956), salvo quanto aos processos então pendentes.
> A mencionada Lei 2.437/1955 perdeu a eficácia por força da Lei 10.406/2002 (CC).
> Súmula 237 do STF.

446. Contrato de exploração de jazida ou pedreira não está sujeito ao Decreto 24.150, de 20-4-1934.
> O mencionado Dec. 24.150/1934 foi revogado pela Lei 8.245/1991 (Locações).

447. É válida a disposição testamentária em favor de filho adulterino do testador com sua concubina.
> Referência ao revogado CC de 1916.

448. O prazo para o assistente recorrer, supletivamente, começa a correr imediatamente após o transcurso do prazo do Ministério Público.
> HC 50.417/SP (Decisão de revisão preliminar da Súmula 448).

449. O valor da causa, na consignatória de aluguel, corresponde a uma anuidade.

450. São devidos honorários de advogado sempre que vencedor o beneficiário de justiça gratuita.

451. A competência especial por prerrogativa de função não se estende ao crime cometido após a cessação definitiva do exercício funcional.

452. SEM EFICÁCIA pelos arts. 125, § 4º, e 144, § 6º, da CF e 8º da LC 20/1974.

Oficiais e praças do Corpo de Bombeiros do Estado da Guanabara respondem perante a Justiça Comum por crime anterior à Lei 427, de 11.10.1948.

453. Não se aplicam à segunda instância o artigo 384 e parágrafo único do Código de Processo Penal, que possibilitam dar nova definição jurídica ao fato delituoso, em virtude de circunstância elementar não contida explícita ou implicitamente, na denúncia ou queixa.

> Art. 384 do CPP (Alterado pela Lei 11.719/2008).

454. Simples interpretação de cláusulas contratuais não dá lugar a recurso extraordinário.

> Súmula 5 do STJ.

455. Da decisão que se seguir ao julgamento de constitucionalidade pelo Tribunal Pleno, são inadmissíveis embargos infringentes quanto à matéria constitucional.

> Súmula 293 do STF.

456. O Supremo Tribunal Federal, conhecendo do recurso extraordinário, julgará a causa, aplicando o direito à espécie.

> Art. 102, III, *a* a *d*, da CF.

457. O Tribunal Superior do Trabalho, conhecendo da revista, julgará a causa, aplicando o direito à espécie.

458. O processo de execução trabalhista não exclui a remição pelo executado.

459. No cálculo da indenização por despedida injusta, incluem-se os adicionais, ou gratificações que, pela habitualidade, se tenham incorporado ao salário.

460. Para efeito do adicional de insalubridade, a perícia judicial, em reclamação trabalhista, não dispensa o enquadramento da atividade entre as insalubres, que é ato da competência do Ministro do Trabalho e Previdência Social.

461. É duplo, e não triplo, o pagamento de salário nos dias destinados a descanso.

> Súmula 146 do TST.

462. No cálculo da indenização por despedida injusta inclui-se, quando devido, o repouso semanal remunerado.

463. Para efeito de indenização e estabilidade, conta-se o tempo em que o empregado esteve afastado, em serviço militar obrigatório, mesmo anteriormente à Lei 4.072, de 1º-6-1962.

> Mantivemos "01.06.1962", conforme publicação oficial. No lugar desta data leia-se "16.06.1962".

464. No cálculo da indenização por acidente de trabalho, inclui-se, quando devido, o repouso semanal remunerado.

465. O regime de manutenção de salário, aplicável ao IAPM e ao IAPTEC, exclui a indenização tarifada na lei de acidentes do trabalho, mas não o benefício previdenciário.

466. Não é inconstitucional a inclusão de sócios e administradores de sociedades e titulares de firmas individuais como contribuintes obrigatórios da previdência social.

467. A base do cálculo das contribuições previdenciárias, anteriormente à vigência da Lei Orgânica da Previdência Social, é o salário mínimo mensal, observados os limites da Lei 2.755, de 1956.

468. Após a Emenda Constitucional 5, de 21.11.1961, em contrato firmado com a União, Estado, Município ou Autarquia, é devido o Imposto Federal de Selo pelo contratante não protegido pela imunidade, ainda que haja repercussão do ônus tributário sobre o patrimônio daquelas entidades.

469. A multa de cem por cento, para o caso de mercadoria importada irregularmente, é calculada à base do custo de câmbio da categoria correspondente.

470. O Imposto de Transmissão *Inter Vivos* não incide sobre a construção, ou parte dela, realizada, inequivocadamente, pelo promitente comprador, mas sobre o valor do que tiver sido construído antes da promessa de venda.

> Súmula 110 do STF.

471. As empresas aeroviárias não estão isentas do Imposto de Indústrias e Profissões.

472. A condenação do autor em honorários de advogado, com fundamento no art. 64 do CPC, depende de reconvenção.

> Referência ao revogado CPC de 1939.
> Arts. 82, § 2º e 85, § 17, do CPC/2015.
> Arts. 186 e 907 do CC.

473. A administração pode anular seus próprios atos, quando eivados de vícios que os tornam ilegais, porque deles não se originam direitos; ou revogá-los, por motivo de conveniência ou oportunidade, respeitados os direitos adquiridos, e ressalvada, em todos os casos, a apreciação judicial.

474. Não há direito líquido e certo, amparado pelo mandado de segurança, quando se escuda em lei cujos efeitos foram anulados por outra, declarada constitucional pelo Supremo Tribunal Federal.

475. A Lei 4.686, de 21-6-1965, tem aplicação imediata aos processos em curso, inclusive em grau de recurso extraordinário.

> Dec.-lei 3.365/1941 (Desapropriações).

476. Desapropriadas as ações de uma sociedade, o poder desapropriante, imitido na posse, pode exercer, desde logo, todos os direitos inerentes aos respectivos títulos.

477. As concessões de terras devolutas situadas na faixa de fronteira, feitas pelos Estados, autorizam, apenas, o uso, permanecendo o domínio com a União, ainda que se mantenha inerte ou tolerante, em relação aos possuidores.

478. O provimento em cargos de juízes substitutos do trabalho deve ser feito independentemente de lista tríplice, na ordem de classificação dos candidatos.

479. As margens dos rios navegáveis são de domínio público, insuscetíveis de expropriação e, por isso mesmo, excluídas de indenização.

480. Pertencem ao domínio e administração da União, nos termos dos artigos 4º, IV, e 186, da Constituição Federal de 1967, as terras ocupadas por silvícolas.

> Arts. 20, IX, e 231 da CF.

481. Se a locação compreende, além do imóvel, fundo de comércio, com instalações e pertences, como no caso de teatros, cinemas e hotéis, não se aplicam ao retomante as restrições do artigo 8º, e, parágrafo único, do Decreto 24.150, de 20-4-1934.

> O mencionado Dec. 24.150/1934 foi revogado pela Lei 8.245/1991 (Locações).

482. O locatário, que não for sucessor ou cessionário do que o precedeu na locação, não pode somar os prazos concedidos a este, para pedir a renovação do contrato, nos termos do Decreto 24.150.

> O mencionado Dec. 24.150/1934 foi revogado pela Lei 8.245/1991 (Locações).

483. É dispensável a prova da necessidade, na retomada de prédio situado em localidade para onde o proprietário pretende transferir residência, salvo se mantiver, também, a anterior, quando dita prova será exigida.

> Súmula 80 do STF.

484. Pode, legitimamente, o proprietário pedir o prédio para a residência de filho, ainda que solteiro, de acordo com o artigo 11, III, da Lei 4.494, de 25-11-1964.

> Lei 8.245/1991 (Locações).

485. Nas locações regidas pelo Decreto 24.150, de 20-4-1934, a presunção de sinceridade do retomante é relativa, podendo ser ilidida pelo locatário.

> O mencionado Dec. 24.150/1934 foi revogado pela Lei 8.245/1991 (Locações).

486. Admite-se a retomada para sociedade da qual o locador, ou seu cônjuge, seja sócio, com participação predominante no capital social.

487. Será deferida a posse a quem, evidentemente, tiver o domínio, se com base neste for ela disputada.

> Art. 1.210, § 2º, do CC.

488. SEM EFICÁCIA pela Lei 8.245/1991.

A preferência a que se refere o art. 9º da Lei 3.912, de 3-7-1961, constitui direito pessoal. Sua violação resolve-se em perdas e danos.

489. A compra e venda de automóvel não prevalece contra terceiros, de boa-fé, se o contrato não foi transcrito no Registro de Títulos e Documentos.

490. A pensão correspondente à indenização oriunda de responsabilidade civil deve ser calculada com base no salário mínimo vigente ao tempo da sentença e ajustar-se-á às variações ulteriores.

491. É indenizável o acidente que cause a morte de filho menor, ainda que não exerça trabalho remunerado.

492. A empresa locadora de veículos responde, civil e solidariamente com o locatário, pelos danos por este causados a terceiros, no uso do carro locado.

493. O valor da indenização, se consistente em prestações periódicas e sucessivas, compreenderá, para que se mantenha inalterável na sua fixação, parcelas compensatórias do Imposto de Renda, incidentes sobre os juros do capital gravado ou caucionado, nos termos dos artigos 911 e 912 do Código de Processo Civil.

> Referência ao CPC de 1939.
> Arts. 509 a 512, 524 e 533 do CPC/2015.

494. A ação para anular venda de ascendente a descendente, sem consentimento dos demais, prescreve em vinte anos, contados da data do ato, revogada a Súmula 152.

> Arts. 205 e 496 do CC.

495. A restituição em dinheiro da coisa vendida a crédito, entregue nos 15 (quinze) dias anteriores ao pedido de falência ou de concordata, cabe, quando, ainda que consumida ou transformada, não faça o devedor prova de haver sido alienada a terceiro.

> Texto anterior à publicação da Lei 11.101/2005 (Recuperação de Empresas e Falência).
> Art. 86, I, da Lei 11.101/2005 (Recuperação de Empresas e Falências).
> Súmulas 193 e 417 do STF.

496. São válidos, porque salvaguardados pelas Disposições Constitucionais Transitórias da Constituição Federal de 1967, os Decretos-Leis expedidos entre 24 de janeiro e 15 de março de 1967.

497. Quando se tratar de crime continuado, a prescrição regula-se pela pena imposta na sentença, não se computando o acréscimo decorrente da continuação.

> Art. 110 do CP.

498. Compete à Justiça dos Estados, em ambas as instâncias, o processo e o julgamento dos crimes contra a economia popular.

> Lei 1.521/1951 (Crimes contra a Economia Popular).

499. Não obsta à concessão do *sursis* condenação anterior à pena de multa.

> Art. 77, § 1º, do CP.

500. Não cabe a ação cominatória para compelir-se o réu a cumprir obrigação de dar.

501. Compete à Justiça ordinária estadual o processo e o julgamento, em ambas as instâncias, das causas de acidente do trabalho, ainda que promovidas contra a União, suas autarquias, empresas públicas ou sociedades de economia mista.

> Arts. 109, I e 114, I, da CF.
> Súmula Vinculante 22 do STF.
> Súmula 235 do STF.
> Súmula 15 do STF.

502. Na aplicação do artigo 839, do Código de Processo Civil, com a redação da Lei 4.290, de 5-12-1963, a relação do valor da causa e salário mínimo vigente na capital do estado, ou do território, para o efeito de alçada, deve ser considerada na data do ajuizamento do pedido.

> Referência ao revogado CPC de 1939.
> Arts. 291 a 293 do CPC/2015.

503. A dúvida, suscitada por particular, sobre o direito de tributar, manifestada por dois Estados, não configura litígio da competência originária do Supremo Tribunal Federal.

504. Compete à Justiça Federal, em ambas as instâncias, o processo e o julgamento das causas fundadas em contrato de seguro marítimo.

505. Salvo quando contrariarem a Constituição, não cabe recurso para o Supremo Tribunal Federal, de quaisquer decisões da Justiça do Trabalho, inclusive dos presidentes de seus tribunais.

> Súmula 432 do STF.

506. REVOGADA pela SS 1945/AL *(DJU 01.08.2003).*

O agravo a que se refere o art. 4º da Lei 4.348, de 26.06.1964, cabe, somente, do despacho do presidente do Supremo Tribunal Federal que defere a suspensão da liminar, em mandado de segurança; não do que a "denega".

507. A ampliação dos prazos a que se refere o artigo 32 do Código de Processo Civil aplica-se aos executivos fiscais.

> Referência ao revogado CPC de 1939.

508. Compete à Justiça Estadual, em ambas as instâncias, processar e julgar as causas que for parte o Banco do Brasil S.A.

> Súmulas 251, 517 e 566 do STF.
> Súmula 42 do STJ.

509. A Lei 4.632, de 18-5-1965, que alterou o artigo 64 do Código de Processo Civil, aplica-se aos processos em andamento, nas instâncias ordinárias.

> Referência ao revogado CPC de 1939

510. Praticado o ato por autoridade, no exercício de competência delegada, contra ela cabe o mandado de segurança ou a medida judicial.

511. Compete à Justiça Federal, em ambas as instâncias, processar e julgar as causas entre autarquias federais e entidades públicas locais, inclusive mandados de segurança, ressalvada a ação fiscal, nos termos da Constituição Federal de 1967, artigo 119, § 3º.

> Art. 109 da CF.

512. Não cabe condenação em honorários de advogados na ação de mandado de segurança.
> Art. 25 da Lei 12.016/2009 (Mandado de Segurança).
> Súmula 105 do STJ.

513. A decisão que enseja a interposição de recurso ordinário ou extraordinário, não é a do plenário que resolve o incidente de inconstitucionalidade, mas a do órgão (Câmaras, Grupos ou Turmas) que completa o julgamento do feito.

514. Admite-se ação rescisória contra sentença transitada em julgado, ainda que contra ela não se tenham esgotado todos os recursos.

515. A competência para a ação rescisória não é do Supremo Tribunal Federal, quando a questão federal, apreciada no recurso extraordinário ou no agravo de instrumento, seja diversa da que foi suscitada no pedido rescisório.
> Súmula 249 do STF.

516. O Serviço Social da Indústria – SESI – está sujeito à jurisdição da Justiça Estadual.
> Súmula 251 do STF.

517. As sociedades de economia mista só têm foro na Justiça Federal, quando a União intervém como assistente ou oponente.
> Súmulas 251, 508 e 556 do STF.
> Súmula 42 do STJ.

518. A intervenção da União, em feito já julgado pela segunda instância e pendente de embargos, não desloca o processo para o Tribunal Federal de Recursos.
> O mencionado Tribunal foi extinto pela CF de 1988.

519. Aplica-se aos executivos fiscais o princípio da sucumbência a que se refere o art. 64 do Código de Processo Civil.
> Referência ao revogado CPC de 1939.
> Arts. 82, § 2º, e 85, § 17, do CPC/2015.

520. Não exige a lei que, para requerer o exame a que se refere o artigo 777 do Código de Processo Penal, tenha o sentenciado cumprido mais de metade do prazo da medida de segurança imposta.
> Art. 176 da Lei 7.210/1984 (Lei de Execução Penal – LEP).

521. O foro competente para o processo e julgamento dos crimes de estelionato, sob a modalidade da emissão dolosa de cheque sem provisão de fundos, é o do local onde se deu a recusa do pagamento pelo sacado.
> Art. 171, § 2º, VI, do CP.
> Súmula 246 do STF.

522. Salvo ocorrência de tráfico para o exterior, quando, então, a competência será da Justiça Federal, compete à Justiça dos Estados o processo e julgamento dos crimes relativos a entorpecentes.
> Art. 70 da Lei 11.343/2006 (Lei de Drogas).

523. No processo penal, a falta da defesa constitui nulidade absoluta, mas a sua deficiência só o anulará se houver prova de prejuízo para o réu.
> Arts. 5º, LV, e 133 da CF.
> Arts. 532 e 564, III, c, do CPP.

524. Arquivado o inquérito policial, por despacho do juiz, a requerimento do Promotor de Justiça, não pode a ação penal ser iniciada, sem novas provas.
> Arts. 67, I, e 414, par. ún., do CPP.
> Art. 7º da Lei 1.521/1951 (Crimes contra a Economia Popular).

525. A medida de segurança não será aplicada em segunda instância, quando só o réu tenha recorrido.

526. SEM EFICÁCIA pela CF de 1988.

Subsiste a competência do Supremo Tribunal Federal para conhecer e julgar a apelação, nos crimes de Lei de Segurança Nacional, se houve sentença antes da vigência do Ato Institucional nº 2.

527. Após a vigência do Ato Institucional 6, que deu nova redação ao art. 114, III, da Constituição Federal de 1967, não cabe recurso extraordinário das decisões do juiz singular.

528. Se a decisão contiver partes autônomas, a admissão parcial, pelo Presidente do Tribunal *a quo*, de recurso extraordinário que, sobre qualquer delas se manifeste, não limitará a apreciação de todas pelo Supremo Tribunal Federal, independentemente de interposição de agravo de instrumento.

529. Subsiste a responsabilidade do empregador pela indenização decorrente de acidente do trabalho, quando o segurador, por haver entrado em liquidação, ou por outro motivo, não se encontrar em condições financeiras, de efetuar, na forma da lei, o pagamento que o seguro obrigatório visava garantir.
> Art. 114, I, da CF.

530. Na legislação anterior ao art. 4º da Lei 4.749, de 12-8-1965, a contribuição para a previdência social não estava sujeita ao limite estabelecido no art. 69 da Lei 3.807, de 26-8-1960, sobre o 13º salário a que se refere o art. 3º da Lei 4.281, de 8-11-1963.

> Lei 8.212/1991 (Lei Orgânica da Seguridade Social).

531. É inconstitucional o Decreto 51.668, de 17-1-1963, que estabeleceu salário profissional para trabalhadores de transportes marítimos, fluviais e lacustres.

532. É constitucional a Lei 5.043, de 21-6-1966, que concedeu remissão das dívidas fiscais oriundas da falta de oportuno pagamento de selo nos contratos particulares com a Caixa Econômica e outras entidades autárquicas.

> A mencionada Lei 5.043/1966 foi revogada pela Lei 5.143/1966.

533. Nas operações denominadas "crediários", com emissão de vales ou certificados para compras e nas quais, pelo financiamento, se cobram, em separado, juros, selos e outras despesas, incluir-se-á tudo no custo da mercadoria e sobre esse preço global calcular-se-á o Imposto de Vendas e Consignações.

534. O Imposto de Importação sobre o extrato alcoólico de malte, como matéria-prima para fabricação de *whisky*, incide à base de 60%, desde que desembarcado antes do Decreto-Lei 398, de 30-12-1968.

535. Na importação, a granel, de combustíveis líquidos é admissível a diferença de peso, para mais, até 4%, motivada pelas variações previstas no Decreto-Lei 1.028, de 4-1-1939, art. 1º.

536. São objetivamente imunes ao Imposto sobre Circulação de Mercadoria os produtos industrializados, em geral, destinados à exportação, além de outros, com a mesma destinação, cuja isenção a lei determinar.

537. É inconstitucional a exigência de Imposto Estadual do Selo, quando feita nos atos e instrumentos tributados ou regulados por lei federal, ressalvado o disposto no art. 15, § 5º da Constituição Federal de 1946.

538. SEM EFICÁCIA pelo Dec.-Lei 94/1966.

A avaliação judicial para o efeito de cálculo das benfeitorias dedutíveis do Imposto sobre Lucro Imobiliário, independe do limite a que se refere a Lei 3.470, de 28-11-1958, art. 8º, parágrafo único.

539. É constitucional a lei do município que reduz o Imposto Predial Urbano sobre imóvel ocupado pela residência do proprietário, que não possua outro.

540. No preço da mercadoria sujeita ao Imposto de Vendas e Consignações, não se incluem as despesas de frete e carreto.

> Art. 155, II, da CF.
> LC 87/1996 (ICMS).

541. O Imposto sobre Vendas e Consignações não incide sobre a venda ocasional de veículos e equipamentos usados, que não se insere na atividade profissional do vendedor, e não é realizada com o fim de lucro, sem caráter, pois, de comercialidade.

> Art. 155, II, da CF.
> LC 87/1996 (ICMS).

542. Não é inconstitucional a multa instituída pelo Estado-Membro, como sanção pelo retardamento do início ou da ultimação do inventário.

543. A Lei 2.975, de 27-11-1965, revogou, apenas, as isenções de caráter geral, relativa ao imposto único sobre combustíveis, não as especiais, por outras leis concedidas.

544. Isenções tributárias concedidas, sob condição onerosa, não podem ser livremente suprimidas.

545. Preços de serviços públicos e taxas não se confundem, porque estas, diferentemente daqueles, são compulsórias e têm sua cobrança condicionada à prévia autorização orçamentária, em relação à lei que as instituiu.

546. Cabe a restituição do tributo pago indevidamente, quando reconhecido por decisão que o contribuinte *de jure* não recuperou do contribuinte de *facto* o *quantum* respectivo.

> Súmula 71 do STF.

547. Não é lícito a autoridade proibir que o contribuinte em débito adquira estampilhas, despache mercadorias nas alfândegas e exerça suas atividades profissionais.

548. É inconstitucional o Decreto-Lei 643, de 19-6-1947, artigo 4º, do Paraná, na parte que exige selo proporcional sobre atos e instrumentos regulados por lei federal.

549. A taxa de bombeiros do Estado de Pernambuco é constitucional, revogada a Súmula 274.

550. A isenção concedida pelo artigo 2º da Lei 1.815, de 1953, às empresas de navegação aérea não compreende a taxa de melhoramentos de portos, instituída pela Lei 3.421, de 1958.

551. É inconstitucional a taxa de urbanização da Lei 2.320, de 20-12-1961, instituída pelo município de Porto Alegre, porque seu fato gerador é o mesmo da transmissão imobiliária.

552. SEM EFICÁCIA pelos RE 91.742-0/SP *(DJU 21.12.1979)* e RE 87.160-8/SP *(DJU 14.09.1979)*.

Com a regulamentação do art. 15, da Lei 5.316/1967, pelo Decreto 71.037/1972, tornou-se exequível a exigência da exaustão da via administrativa antes do início da ação de acidente do trabalho.

553. O Adicional ao Frete para Renovação da Marinha Mercante (AFRMM) é contribuição parafiscal, não sendo abrangido pela imunidade prevista na letra d, inciso III, do artigo 19 da Constituição Federal.

> Referência à revogada CF de 1967.

554. O pagamento de cheque emitido sem provisão de fundos, após o recebimento da denúncia, não obsta ao prosseguimento da ação penal.

> Súmula 246 do STF.

555. SEM EFICÁCIA pelo CJ 6.155-2/SP *(DJU 25.05.1979)* e 6.195/SP *(DJU 28.09.1979)*

É competente o Tribunal de Justiça para julgar conflito de jurisdição entre Juiz de Direito do Estado e a Justiça Militar local.

> Arts. 102, I, *o*, 105, I, *d*, e 108, I, *e*, da CF.
> Súmulas 297 e 364 do STF.
> Súmula 19 do TFR.

556. É competente a Justiça Comum para julgar as causas em que é parte sociedade de economia mista.

557. É competente a Justiça Federal para julgar as causas em que são partes a COBAL e a CIBRAZEM.

558. É constitucional o art. 27, do Decreto-Lei 898, de 29.09.1969.

559. O Decreto-Lei 730, de 5 agosto de 1969, revogou a exigência de homologação, pelo Ministro da Fazenda, das Resoluções do Conselho de Política Aduaneira.

560. SEM EFICÁCIA pela Lei Lei 6.910/1981.

A extinção de punibilidade, pelo pagamento do tributo devido, estende-se ao crime de contrabando ou descaminho, por força do artigo 18, § 2º, do Decreto-Lei 157/1967.

561. Em desapropriação, é devida a correção monetária até a data do efetivo pagamento da indenização, devendo proceder-se à atualização do cálculo, ainda que por mais de uma vez.

> Súmula 67 do STJ.

562. Na indenização de danos materiais decorrentes de ato ilícito cabe a atualização de seu valor, utilizando-se, para esse fim, dentre outros critérios, os índices de correção monetária.

563. CANCELADA pela ADPF 357 *(DJe 06.07.2021)*.

O concurso de preferência a que se refere o parágrafo único do artigo 187 do Código Tributário Nacional é compatível com o disposto no artigo 9º, I, da Constituição Federal.

564. A ausência de fundamentação do despacho de recebimento de denúncia por crime falimentar enseja nulidade processual, salvo se já houver sentença condenatória.

565. A multa fiscal moratória constitui pena administrativa, não se incluindo no crédito habilitado em falência.

> Art. 83, III, da Lei 11.101/2005 (Recuperação de Empresas e Falência).
> Súmula 192 do STF.

566. Enquanto pendente, o pedido de readaptação fundado em desvio funcional não gera direitos para o servidor, relativamente ao cargo pleiteado.

567. A Constituição, ao assegurar, no parágrafo 3º, do art. 102, a contagem integral de tempo de serviço público federal, estadual ou municipal para os efeitos de aposentadoria e disponibilidade não proíbe à União, aos Estados e aos Municípios mandarem contar, mediante Lei, para efeito diverso, tempo de serviço prestado a outra pessoa de direito público interno.

> Referência à CF de 1967
> Art. 19, III, da CF.

568. SUPERADA pelo art. 5º, LVIII, da CF e RHC 66.881-0/DF *(DJU 11.11.1988)*.

A identificação criminal não constitui constrangimento ilegal, ainda que o indiciado já tenha sido identificado civilmente.

> Lei 12.037/2009 (Identificação Criminal).

569. É inconstitucional a discriminação de alíquotas do Imposto de Circulação de Mercadorias nas operações interestaduais, em razão de destinatário ser, ou não, contribuinte.

570. O Imposto de Circulação de Mercadorias não incide sobre a importação de bens de capital.

571. O comprador de café ao IBC, ainda que sem expedição de nota fiscal, habilita-se, quando da comercialização do produto, ao crédito do ICM que incidiu sobre a operação anterior.

572. No cálculo do Imposto de Circulação de Mercadorias devido na saída de mercadorias para o exterior, não se incluem fretes pagos a terceiros, seguros e despesas de embarque.

573. Não constitui fato gerador do Imposto de Circulação de Mercadorias a saída física de máquinas, utensílios e implementos a título de comodato.

574. Sem lei estadual que a estabeleça, é ilegítima a cobrança do Imposto de Circulação de Mercadorias sobre o fornecimento de alimentação e bebidas em restaurante ou estabelecimento similar.

575. À mercadoria importada de país signatário do GATT, ou membro da ALALC, estende-se a isenção do Imposto sobre Circulação de Mercadorias concedida a similar nacional.

576. É lícita a cobrança do Imposto de Circulação de Mercadorias sobre produtos importados sob o regime da alíquota zero.

577. Na importação de mercadorias do exterior, o fato gerador do Imposto de Circulação de Mercadorias ocorre no momento de sua entrada no estabelecimento do importador.

578. Não podem os Estados, a título de ressarcimento de despesas, reduzir a parcela de 20% (vinte por cento) do produto da arrecadação do Imposto de Circulação de Mercadorias, atribuída aos Municípios pelo artigo 23, § 8º, da Constituição Federal.

> Referência à CF de 1967.
> Art. 155, II, da CF.

579. A cal virgem e a hidratada estão sujeitas ao Imposto de Circulação de Mercadorias.

580. A isenção prevista no art. 13, parágrafo único, do Decreto-Lei 43/1966, restringe-se aos filmes cinematográficos.

581. A exigência de transporte em navio de bandeira brasileira, para efeito de isenção tributária, legitimou-se com o advento do Decreto-Lei 666, de 2-7-1969.

582. É constitucional a Res. 640/69, do Conselho de Política Aduaneira, que reduziu a alíquota do Imposto de Importação para a soda cáustica, destinada a zonas de difícil distribuição e abastecimento.

583. Promitente-comprador de imóvel residencial transcrito em nome de autarquia é contribuinte do Imposto Predial e Territorial Urbano.

> Súmulas 73, 74, 75 e 336 do STF.

584. Ao Imposto de Renda calculado sobre os rendimentos do ano-base, aplica-se a lei vigente no exercício financeiro em que deve ser apresentada a declaração.

585. Não incide o Imposto de Renda sobre a remessa de divisas para pagamento de serviços prestados no exterior, por empresa que não opera no Brasil.

> RE 101.066-5/SP (*DJU* 19.10.1984) "Inaplicável súmula 585 após a vigência do Dec.-lei 1.418/1975".

586. Incide Imposto de Renda sobre os juros remetidos para o exterior, com base em contrato de mútuo.

587. Incide Imposto de Renda sobre o pagamento de serviços técnicos contratados no exterior e prestados no Brasil.

588. O Imposto sobre Serviços não incide sobre os depósitos, as comissões e taxas de desconto, cobrados pelos estabelecimentos bancários.

> Súmula 424 do STJ.

589. É inconstitucional a fixação de adicional progressivo do Imposto Predial e Territorial Urbano em função do número de imóveis do contribuinte.

590. Calcula-se o Imposto de Transmissão *Causa Mortis* sobre o saldo credor da promessa de compra e venda de imóvel, no momento da abertura da sucessão do promitente vendedor.

591. A imunidade ou a isenção tributária do comprador não se estende ao produtor, contribuinte do Imposto sobre Produtos Industrializados.

592. Nos crimes falimentares, aplicam-se as causas interruptivas da prescrição, previstas no Código Penal.

> Súmula 147 do STF.

593. Incide o percentual do Fundo de Garantia do Tempo de Serviço (FGTS) sobre a parcela da remuneração correspondente a horas extraordinárias de trabalho.

594. Os direitos de queixa e de representação podem ser exercidos, independentemente, pelo ofendido ou por seu representante legal.

> Arts. 34 e 39 do CPP.

595. É inconstitucional a taxa municipal de conservação de estradas de rodagem cuja base de cálculo seja idêntica à do Imposto Territorial Rural.
> Súmula 348 do STF.

596. As disposições do Decreto 22.626 de 1933 não se aplicam às taxas de juros e aos outros encargos cobrados nas operações realizadas por instituições públicas ou privadas, que integram o Sistema Financeiro Nacional.
> Dec. 22.626/1933 (Usura).
> Súmula 283, 539 e 541 do STJ.

597. Não cabem embargos infringentes de acórdão que, em mandado de segurança, decidiu, por maioria de votos, a apelação.
> Art. 25 da Lei 12.016/2009 (Mandado de Segurança).
> Súmulas 281 e 294 do STF.
> Súmula 169 do STJ.

598. Nos embargos de divergência não servem como padrão de discordância os mesmos paradigmas invocados para demonstrá-la, mas repelidos como não dissidentes no julgamento do recurso extraordinário.

599. CANCELADA pelos RE AgRg nos EDiv nos EDcl no AgRg 283.240-5/RS *(DJE 14.03.2008).*

São incabíveis embargos de divergência de decisão de Turma, em agravo regimental.

600. Cabe ação executiva contra o emitente e seus avalistas, ainda que não apresentado o cheque ao sacado no prazo legal, desde que não prescrita ação cambiária.

601. Os artigos 3º, II, e 55 da Lei Complementar 40/1981 (Lei Orgânica do Ministério Público) não revogaram a legislação anterior que atribui a iniciativa para a ação penal pública, no processo sumário, ao juiz ou à autoridade policial, mediante Portaria ou Auto de Prisão em Flagrante.

602. Nas causas criminais, o prazo de interposição de recurso extraordinário é de dez dias.
> Art. 102, III, *a* a *d*, da CF.

603. A competência para o processo e julgamento de latrocínio é do juiz singular e não do Tribunal do Júri.
> Art. 157, § 3º, do CP.

604. A prescrição pela pena em concreto é somente da pretensão executória da pena privativa de liberdade.
> Art. 110 do CP.

605. Não se admite continuidade delitiva nos crimes contra a vida.
> Art. 71 do CP.

606. Não cabe *habeas corpus* originário para o Tribunal Pleno de decisão de Turma, ou do Plenário, proferida em *habeas corpus* ou no respectivo recurso.
> Arts. 225 e 647 do CPP.

607. Na ação penal regida pela Lei 4.611/1965, a denúncia, como substitutivo da Portaria, não interrompe a prescrição.
> A mencionada Lei 4.611/1965 foi revogada pela Lei 9.099/1995 (Juizados Especiais).

608. No crime de estupro, praticado mediante violência real, a ação penal é pública incondicionada.
> Art. 225 do CP.

609. É pública incondicionada a ação penal por crime de sonegação fiscal.
> Lei 4.729/1965 (Crime de Sonegação Fiscal).

610. Há crime de latrocínio, quando o homicídio se consuma, ainda que não realize o agente a subtração de bens da vítima.
> Art. 157, § 3º, do CP.

611. Transitada em julgado a sentença condenatória, compete ao Juízo das Execuções a aplicação da lei mais benigna.
> Art. 66, I, da Lei 7.210/1984 (Lei de Execução Penal – LEP).

612. Ao trabalhador rural não se aplicam, por analogia, os benefícios previstos na Lei 6.367, de 19-10-1976.

613. Os dependentes de trabalhador rural não têm direito a pensão previdenciária, se o óbito ocorreu anteriormente à vigência da Lei Complementar 11/1971.

614. Somente o Procurador-Geral da Justiça tem legitimidade para propor ação direta interventiva por inconstitucionalidade de lei municipal.

615. O princípio constitucional da anualidade (§ 29 do artigo 153 da Constituição Federal) não se aplica à revogação de isenção do Imposto de Circulação de Mercadorias.
> Referência à revogada CF de 1967.
> Art. 150, I e III, da CF.
> Arts. 104, III e 178 do CTN.
> Súmula 544 do STF.

616. É permitida a cumulação da multa contratual com os honorários de advogado, após o advento do Código de Processo Civil vigente.

617. A base de cálculo dos honorários de advogado em desapropriação é a diferença entre a oferta e a indenização, corrigidas ambas monetariamente.

> Súmulas 131 e 141 do STJ.

618. Na desapropriação, direta ou indireta, a taxa dos juros compensatórios é de 12% (doze por cento) ao ano.

> Súmula 408 do STJ.

619. REVOGADA pelo HC 92.566/SP *(DJF 05.06.2009).*

A prisão do depositário judicial pode ser decretada no próprio processo em que se constitui o encargo, independentemente da propositura de ação de depósito.

620. A sentença proferida contra Autarquias não está sujeita a reexame necessário, salvo quando sucumbente em execução de dívida ativa.

621. Não enseja embargos de terceiro à penhora a promessa de compra e venda não inscrita no Registro de Imóveis.

> Súmula 84 do STJ.

622. Não cabe agravo regimental contra decisão do relator que concede ou indefere liminar em mandado de segurança.

> Art. 16 da Lei 12.016/2009 (Mandado de Segurança).

623. Não gera por si só a competência originária do Supremo Tribunal Federal para conhecer do mandado de segurança com base no art. 102, I, *n*, da Constituição, dirigir-se o pedido contra deliberação administrativa do tribunal de origem, da qual haja participado a maioria ou a totalidade de seus membros.

624. Não compete ao Supremo Tribunal Federal conhecer originariamente de mandado de segurança contra atos de outros tribunais.

> Súmula 330 do STF.

625. Controvérsia sobre matéria de direito não impede concessão de mandado de segurança.

626. A suspensão da liminar em mandado de segurança, salvo determinação em contrário da decisão que a deferir, vigorará até o trânsito em julgado da decisão definitiva de concessão da segurança ou, havendo recurso, até a sua manutenção pelo Supremo Tribunal Federal, desde que o objeto da liminar deferida coincida, total ou parcialmente, com o da impetração.

> Art. 15 da Lei 12.016/2009 (Mandado de Segurança).

627. No mandado de segurança contra a nomeação de magistrado da competência do Presidente da República, este é considerado autoridade coatora, ainda que o fundamento da impetração seja nulidade ocorrida em fase anterior do procedimento.

628. Integrante de lista de candidatos a determinada vaga da composição de tribunal é parte legítima para impugnar a validade da nomeação de concorrente.

629. A impetração de mandado de segurança coletivo por entidade de classe em favor dos associados independe da autorização destes.

> Art. 21 da Lei 12.016/2009 (Mandado de Segurança).

630. A entidade de classe tem legitimação para o mandado de segurança ainda quando a pretensão veiculada interesse apenas a uma parte da respectiva categoria.

> Art. 21 da Lei 12.016/2009 (Mandado de Segurança).

631. Extingue-se o processo de mandado de segurança se o impetrante não promove, no prazo assinado, a citação do litisconsorte passivo necessário.

> Art. 114 do CPC/2015.

632. É constitucional lei que fixa o prazo de decadência para a impetração de mandado de segurança.

> Art. 23 da Lei 12.016/2009 (Mandado de Segurança).

633. É incabível a condenação em verba honorária nos recursos extraordinários interpostos em processo trabalhista, exceto nas hipóteses previstas na Lei 5.584/1970.

634. Não compete ao Supremo Tribunal Federal conceder medida cautelar para dar efeito suspensivo a recurso extraordinário que ainda não foi objeto de juízo de admissibilidade na origem.

635. Cabe ao Presidente do Tribunal de origem decidir o pedido de medida cautelar em recurso extraordinário ainda pendente do seu juízo de admissibilidade.

636. Não cabe recurso extraordinário por contrariedade ao princípio constitucional da legalidade, quando a sua verificação pressuponha rever a interpretação dada a normas infraconstitucionais pela decisão recorrida.

637. Não cabe recurso extraordinário contra acórdão de Tribunal de Justiça que defere pedido de intervenção estadual em Município.

638. A controvérsia sobre a incidência, ou não, de correção monetária em operações de crédito rural é de natureza infraconstitucional, não viabilizando recurso extraordinário.

639. Aplica-se a Súmula 288 quando não constarem do traslado do agravo de instrumento as cópias das peças necessárias à verificação da tempestividade do recurso extraordinário não admitido pela decisão agravada.

640. É cabível recurso extraordinário contra decisão proferida por juiz de primeiro grau nas causas de alçada, ou por turma recursal de juizado especial cível e criminal.

641. Não se conta em dobro o prazo para recorrer, quando só um dos litisconsortes haja sucumbido.

642. Não cabe ação direta de inconstitucionalidade de lei do Distrito Federal derivada da sua competência legislativa municipal.

643. O Ministério Público tem legitimidade para promover ação civil pública cujo fundamento seja a ilegalidade de reajuste de mensalidades escolares.

644. Ao titular do cargo de procurador de autarquia não se exige a apresentação de instrumento de mandato para representá-la em juízo.

> Súmula alterada no *DJU* 09.12.2003 e republicada no *DJU* 10.12.2003 e *DJU* 11.12.2003.

645. É competente o Município para fixar o horário de funcionamento de estabelecimento comercial.

> Súmula Vinculante 38 do STF.

646. Ofende o princípio da livre concorrência lei municipal que impede a instalação de estabelecimentos comerciais do mesmo ramo em determinada área.

647. Compete privativamente à União legislar sobre vencimentos dos membros das polícias civil e militar do Distrito Federal.

> Súmula Vinculante 39 do STF.

648. A norma do § 3º do art. 192 da Constituição, revogada pela EC 40/2003, que limitava a taxa de juros reais a 12% ao ano, tinha sua aplicabilidade condicionada à edição de lei complementar.

> Súmula Vinculante 7 do STF.

649. É inconstitucional a criação, por Constituição estadual, de órgão de controle administrativo do Poder Judiciário do qual participem representantes de outros Poderes ou entidades.

650. Os incisos I e XI do art. 20 da CF não alcançam terras de aldeamentos extintos, ainda que ocupadas por indígenas em passado remoto.

> Súmula retificada no *DJU* de 29.10.2003.

651. A medida provisória não apreciada pelo Congresso Nacional podia, até a EC 32/2001, ser reeditada dentro do seu prazo de eficácia de trinta dias, mantidos os efeitos de lei desde a primeira edição.

> Súmula retificada no *DJU* de 01.07.2004.

652. Não contraria a Constituição o art. 15, § 1º, do Decreto-Lei 3.365/1941 (Lei da Desapropriação por utilidade pública).

> Art. 5º, XXIV, da CF.

653. No Tribunal de Contas estadual, composto por sete conselheiros, quatro devem ser escolhidos pela Assembleia Legislativa e três pelo chefe do Poder Executivo estadual, cabendo a este indicar um dentre auditores e outro dentre membros do Ministério Público, e um terceiro à sua livre escolha.

> Art. 34, § 5º, do ADCT.

654. A garantia da irretroatividade da lei, prevista no art. 5º, XXXVI, da Constituição da República, não é invocável pela entidade estatal que a tenha editado.

655. A exceção prevista no art. 100, *caput*, da Constituição, em favor dos créditos de natureza alimentícia, não dispensa a expedição de precatório, limitando-se a isentá-los da observância da ordem cronológica dos precatórios decorrentes de condenações de outra natureza.

> Art. 100, § 1º, da CF.

656. É inconstitucional a lei que estabelece alíquotas progressivas para o Imposto de Transmissão *Inter Vivos* de Bens Imóveis – ITBI com base no valor venal do imóvel.

> Arts. 145, § 1º, e 156, II, da CF.
> Súmulas 110, 111, 326, 328 e 470 do STF.

657. A imunidade prevista no art. 150, VI, *d*, da CF abrange os filmes e papéis fotográficos necessários à publicação de jornais e periódicos.

658. São constitucionais os arts. 7º da Lei 7.787/1989 e 1º da Lei 7.894/1989 e da Lei 8.147/1990, que majoraram a alíquota de FINSOCIAL, quando devida a contribuição por empresas dedicadas exclusivamente à prestação de serviços.

659. É legítima a cobrança da COFINS, do PIS e do FINSOCIAL sobre as operações relativas a energia elétrica, serviços de telecomunicações, derivados de petróleo, combustíveis e minerais do País.

> Arts. 1 55, § 3º, 195, *caput* e § 7º, da CF.

660. Não incide ICMS na importação de bens por pessoa física ou jurídica que não seja contribuinte do imposto.

> Súmula republicada no *DJU de 28.03.2006*.
> Art. 155, § 2º, IX, *a*, da CF.

661. Na entrada de mercadoria importada do exterior, é legítima a cobrança do ICMS por ocasião do desembaraço aduaneiro.

> Art. 155, § 2º, IX, *a*, da CF.

662. É legítima a incidência do ICMS na comercialização de exemplares de obras cinematográficas, gravados em fitas de videocassete.

> Art. 155, II, da CF.

663. Os §§ 1º e 3º do art. 9º do Decreto-Lei 406/1968 foram recebidos pela Constituição.

> Art. 34, § 5º, do ADCT.

664. É inconstitucional o inciso V do art. 1º da Lei 8.033/1990, que instituiu a incidência do Imposto nas Operações de Crédito, Câmbio e Seguros – IOF sobre saques efetuados em caderneta de poupança.

> Res. 28/2007 do SF (Suspende a execução do inciso V do art. 1º da Lei 8.033/1990).

665. É constitucional a Taxa de Fiscalização dos Mercados de Títulos e Valores Mobiliários instituída pela Lei 7.940/1989.

> Art. 145, II, e § 2º, da CF.

666. A contribuição confederativa de que trata o art. 8º, IV, da Constituição, só é exigível dos filiados ao sindicato respectivo.

Súmula Vinculante 40 do STF.

667. Viola a garantia constitucional de acesso à jurisdição a taxa judiciária calculada sem limite sobre o valor da causa.

> Arts. 5º, XXXVI, e 145 da CF.

668. É inconstitucional a lei municipal que tenha estabelecido, antes da Emenda Constitucional 29/2000, alíquotas progressivas para o IPTU, salvo se destinada a assegurar o cumprimento da função social da propriedade urbana.

> Art. 145, § 1º, 182, §§ 2º e 4º, da CF.
> Art. 7º da Lei 10.257/2001 (Estatuto da Cidade).

669. Norma legal que altera o prazo de recolhimento da obrigação tributária não se sujeita ao princípio da anterioridade.

> Art. 195, § 6º, da CF.

670. O serviço de iluminação pública não pode ser remunerado mediante taxa.

> Art. 145, II, da CF.
> Súmula Vinculante 41 do STF.

671. Os servidores públicos e os trabalhadores em geral têm direito, no que concerne à URP de abril/maio de 1988, apenas ao valor correspondente a 7/30 de 16,19% sobre os vencimentos e salários pertinentes aos meses de abril e maio de 1988, não cumulativamente, devidamente corrigido até o efetivo pagamento.

672. O reajuste de 28,86%, concedido aos servidores militares pelas Leis 8.622/1993 e 8.627/1993, estende-se aos servidores civis do Poder Executivo, observadas as eventuais compensações decorrentes dos reajustes diferenciados concedidos pelos mesmos diplomas legais.

> Súmula retificada no *DJU de 01.06.2004*.

673. O art. 125, § 4º, da Constituição, não impede a perda da graduação de militar mediante procedimento administrativo.

674. A anistia prevista no art. 8º do ADCT não alcança os militares expulsos com base em legislação disciplinar ordinária, ainda que em razão de atos praticados por motivação política.

675. Intervalos fixados para descanso e alimentação durante a jornada de seis horas não descaracterizam o sistema de turnos ininterruptos de revezamento para o efeito do art. 7º, XIV, da Constituição.

676. A garantia da estabilidade provisória prevista no art. 10, II, *a*, do ADCT, também se aplica ao suplente do cargo de direção de Comissões Internas de Prevenção de Acidentes (CIPA).

677. Até que lei venha a dispor a respeito, incumbe ao Ministério do Trabalho proceder ao registro das entidades sindicais e zelar pela observância do princípio da unicidade.

678. São inconstitucionais os incisos I e III do art. 7º da Lei 8.162/1991, que afastam, para efeito de anuênio e de licença-prêmio, a contagem do tempo de serviço regido pela CLT dos servidores que passaram a submeter-se ao regime jurídico único.

679. A fixação de vencimentos dos servidores públicos não pode ser objeto de convenção coletiva.

680. O direito ao auxílio-alimentação não se estende aos servidores inativos.

681. É inconstitucional a vinculação do reajuste de vencimentos de servidores estaduais ou municipais a índices federais de correção monetária.

> Súmula Vinculante 42 do STF.

682. Não ofende a Constituição a correção monetária no pagamento com atraso dos vencimentos de servidores públicos.

683. O limite de idade para a inscrição em concurso público só se legitima em face do art. 7º, XXX, da Constituição, quando possa ser justificado pela natureza das atribuições do cargo a ser preenchido.

> Art. 27 da Lei 10.741/2003 (Estatuto do Idoso).

684. É inconstitucional o veto não motivado à participação de candidato a concurso público.

> Arts. 5º, XXXVI, e 7º, XXX da CF.
> Art. 27 da Lei 10.741/2003 (Estatuto do Idoso).

685. É inconstitucional toda modalidade de provimento que propicie ao servidor investir-se, sem prévia aprovação em concurso público destinado ao seu provimento, em cargo que não integra a carreira na qual anteriormente investido.

686. Só por lei se pode sujeitar a exame psicotécnico a habilitação de candidato a cargo público.

> Arts. 7º, XXX, e 37, I, da CF.
> Art. 27 da Lei 10.741/2003 (Estatuto do Idoso).

687. A revisão de que trata o art. 58 do ADCT não se aplica aos benefícios previdenciários concedidos após a promulgação da Constituição de 1988.

688. É legítima a incidência da contribuição previdenciária sobre o 13º salário.

> Art. 195, I, da CF.

689. O segurado pode ajuizar ação contra a instituição previdenciária perante o juízo federal do seu domicílio ou nas varas federais da Capital do Estado-Membro.

690. SEM EFICÁCIA pelo HC 86.834-7/SP (DJU 09.03.2007).

Compete originariamente ao Supremo Tribunal Federal o julgamento de habeas corpus contra decisão de Turma Recursal de Juizados Especiais Criminais.

> Art. 102, I, i, da CF.
> Lei 9.099/1995 (Juizados Especiais).

691. Não compete ao Supremo Tribunal Federal conhecer de habeas corpus impetrado contra decisão do Relator que, em habeas corpus requerido a tribunal superior, indefere a liminar.

> Art. 102, I, i, da CF.
> Art. 647 do CPP.

692. Não se conhece de habeas corpus contra omissão de relator de extradição, se fundado em fato ou direito estrangeiro cuja prova não constava dos autos, nem foi ele provocado a respeito.

> Arts. 76 a 94 da Lei 6.815/1980 (Estatuto do Estrangeiro).
> Art. 647 do CPP.

693. Não cabe habeas corpus contra decisão condenatória a pena de multa, ou relativo a processo em curso por infração penal a que a pena pecuniária seja a única cominada.

> Arts. 49 do CP.
> Art. 647 do CPP.

694. Não cabe habeas corpus contra a imposição da pena de exclusão de militar ou de perda de patente ou de função pública.

> Art. 92 do CP.
> Art. 647 do CPP.

695. Não cabe habeas corpus quando já extinta a pena privativa de liberdade.

> Arts. 647 e 659 do CPP.

696. Reunidos os pressupostos legais permissivos da suspensão condicional do processo, mas se recusando o Promotor de Justiça a propô-la, o Juiz, dissentindo, remeterá a questão ao Procurador-Geral, aplicando-se por analogia o art. 28 do Código de Processo Penal.

> Art. 89 da Lei 9.099/1995 (Juizados Especiais).

697. A proibição de liberdade provisória nos processos por crimes hediondos não veda o relaxamento da prisão processual por excesso de prazo.
> Art. 5º, XLIII, da CF.
> Texto anterior à alteração provocada pela Lei 11.464/2007 na Lei 8.072/1990 (Crimes Hediondos).
> Art. 2º da Lei 8.072/1990 (Crimes hediondos).

698. Não se estende aos demais crimes hediondos a admissibilidade de progressão no regime de execução da pena aplicada ao crime de tortura.
> Texto anterior à alteração provocada pela Lei 11.464/2007 na Lei 8.072/1990 (Crimes Hediondos).
> Art. 2º da Lei 8.072/1990 (Crimes hediondos).
> Súmula Vinculante 26 do STF.

699. O prazo para interposição de agravo, em processo penal, é de cinco dias, de acordo com a Lei 8.038/1990, não se aplicando o disposto a respeito nas alterações da Lei 8.950/1994 ao Código de Processo Civil.

700. É de cinco dias o prazo para interposição de agravo contra decisão do juiz da execução penal.
> Art. 586 do CPP.

701. No mandado de segurança impetrado pelo Ministério Público contra decisão proferida em processo penal, é obrigatória a citação do réu como litisconsorte passivo.
> Art. 5º, LV, da CF.

702. A competência do Tribunal de Justiça para julgar prefeitos restringe-se aos crimes de competência da Justiça comum estadual; nos demais casos, a competência originária caberá ao respectivo tribunal de segundo grau.
> Art. 29, X, da CF.

703. A extinção do mandato do prefeito não impede a instauração de processo pela prática dos crimes previstos no art. 1º do Decreto-Lei 201/1967.
> Art. 29, X, da CF.
> Dec.-lei 201/1967 (Responsabilidade dos Prefeitos e Vereadores).

704. Não viola as garantias do juiz natural, da ampla defesa e do devido processo legal a atração por continência ou conexão do processo do corréu ao foro por prerrogativa de função de um dos denunciados.
> Art. 5º, LIII, LIV e LV, da CF.
> Arts. 79 e 84 do CPP.

705. A renúncia do réu ao direito de apelação, manifestada sem a assistência do defensor, não impede o conhecimento da apelação por este interposta.

706. É relativa a nulidade decorrente da inobservância da competência penal por prevenção.
> Arts. 75, par. ún., 83 e 563 a 573 do CPP.

707. Constitui nulidade a falta de intimação do denunciado para oferecer contrarrazões ao recurso interposto da rejeição da denúncia, não a suprindo a nomeação de defensor dativo.
> Arts. 563 a 573 e 588 do CPP.

708. É nulo o julgamento da apelação se, após a manifestação nos autos da renúncia do único defensor, o réu não foi previamente intimado para constituir outro.
> Arts. 5º, LV, e 133 da CF.
> Arts. 261 e 564, III, c, do CPP.

709. Salvo quando nula a decisão de primeiro grau, o acórdão que provê o recurso contra a rejeição da denúncia vale, desde logo, pelo recebimento dela.

710. No processo penal, contam-se os prazos da data da intimação, e não da juntada aos autos do mandado ou da carta precatória ou de ordem.

711. A lei penal mais grave aplica-se ao crime continuado ou ao crime permanente, se a sua vigência é anterior à cessação da continuidade ou permanência.
> Art. 71 do CP.
> Art. 303 do CPP.

712. É nula a decisão que determina o desaforamento de processo da competência do júri sem audiência da defesa.
> Art. 5º, LV, da CF.
> Arts. 70, 427 e 428 do CPP.

713. O efeito devolutivo da apelação contra decisões do júri é adstrito aos fundamentos da sua interposição.
> Art. 599 do CPP.

714. É concorrente a legitimidade do ofendido, mediante queixa, e do Ministério Público, condicionada à representação do ofendido, para a ação penal por crime contra a honra de servidor público em razão do exercício de suas funções.

> Art. 5º, X, da CF.
> Arts. 138 a 145 do CP.

715. A pena unificada para atender ao limite de trinta anos de cumprimento, determinado pelo art. 75 do Código Penal, não é considerada para a concessão de outros benefícios, como o livramento condicional ou regime mais favorável de execução.

> Art. 111 da Lei 7.210/1984 (Lei de Execução Penal – LEP).

716. Admite-se a progressão de regime de cumprimento da pena ou a aplicação imediata de regime menos severo nela determinada, antes do trânsito em julgado da sentença condenatória.

> Art. 112 da Lei 7.210/1984 (Lei de Execução Penal – LEP).
> Súmula 471 do STJ.

717. Não impede a progressão de regime de execução da pena, fixada em sentença não transitada em julgado, o fato de o réu se encontrar em prisão especial.

> Art. 295 do CPP.

718. A opinião do julgador sobre a gravidade em abstrato do crime não constitui motivação idônea para a imposição de regime mais severo do que o permitido segundo a pena aplicada.

> Arts. 33, § 2º, e 59, III, do CP.
> Súmula 440 do STJ.

719. A imposição do regime de cumprimento mais severo do que a pena aplicada permitir exige motivação idônea.

> Art. 93, IX, da CF.
> Arts. 33, § 2º, e 59, III, do CP.
> Súmula 440 do STJ.

720. O art. 309 do Código de Trânsito Brasileiro, que reclama decorra do fato perigo de dano, derrogou o art. 32 da Lei das Contravenções Penais no tocante à direção sem habilitação em vias terrestres.

721. A competência constitucional do Tribunal do Júri prevalece sobre o foro por prerrogativa de função estabelecido exclusivamente pela Constituição estadual.

> Arts. 5º, XXXVIII, d, e 125, § 1º, da CF.

722. São da competência legislativa da União a definição dos crimes de responsabilidade e o estabelecimento das respectivas normas de processo e julgamento.

> Arts. 22, I, e 85, par. ún., da CF.

723. Não se admite a suspensão condicional do processo por crime continuado, se a soma da pena mínima da infração mais grave com o aumento mínimo de um sexto for superior a um ano.

> Art. 71 do CP.
> Art. 89 da Lei 9.099/1995 (Juizados Especiais).
> Súmula 243 do STJ.

724. Ainda quando alugado a terceiros, permanece imune ao IPTU o imóvel pertencente a qualquer das entidades referidas pelo art. 150, VI, c, da Constituição, desde que o valor dos aluguéis seja aplicado nas atividades essenciais de tais entidades.

725. É constitucional o § 2º do art. 6º da Lei 8.024/1990, resultante da conversão da Medida Provisória 168/1990, que fixou o BTN fiscal como índice de correção monetária aplicável aos depósitos bloqueados pelo Plano Collor I.

726. Para efeito de aposentadoria especial de professores, não se computa o tempo de serviço prestado fora da sala de aula.

> Art. 40, § 5º, da CF.

727. Não pode o magistrado deixar de encaminhar ao Supremo Tribunal Federal o agravo de instrumento interposto da decisão que não admite recurso extraordinário, ainda que referente a causa instaurada no âmbito dos Juizados Especiais.

> Art. 102, III, a a d, da CF.
> Lei 9.099/1995 (Juizados Especiais).

728. É de três dias o prazo para a interposição de recurso extraordinário contra decisão do Tribunal Superior Eleitoral, contado, quando for o caso, a partir da publicação do acórdão, na própria sessão de julgamento, nos termos do art. 12 da Lei 6.055/1974, que não foi revogada pela Lei 8.950/1994.

> Art. 1.003, § 5º do CPC/2015.

729. A decisão na ADECON 4 não se aplica à antecipação de tutela em causa de natureza previdenciária.

> Arts. 1.029 e ss. do CPC/2015.

730. A imunidade tributária conferida a instituições de assistência social sem fins lucrativos pelo art. 150, VI, c, da Constituição, somente alcança as entidades fechadas de previdência social privada se não houver contribuição dos beneficiários.

731. Para fim da competência originária do Supremo Tribunal Federal, é de interesse geral da magistratura a questão de saber se, em face da LOMAN, os juízes têm direito à licença-prêmio.

> Art. 102, I, n, da CF.

732. É constitucional a cobrança da contribuição do salário-educação, seja sob a Carta de 1969, seja sob a Constituição Federal de 1988, e no regime da Lei 9.424/1996.

733. Não cabe recurso extraordinário contra decisão proferida no processamento de precatórios.

> Art. 100, § 2º, da CF.

734. Não cabe reclamação quando já houver transitado em julgado o ato judicial que se alega tenha desrespeitado decisão do Supremo Tribunal Federal.

> Art. 156 do RISTF.

735. Não cabe recurso extraordinário contra acórdão que defere medida liminar.

> Arts. 5º, XXXVIII, d, e 102, III, a, da CF.

736. Compete à Justiça do Trabalho julgar as ações que tenham como causa de pedir o descumprimento de normas trabalhistas relativas à segurança, higiene e saúde dos trabalhadores.

> Art. 114 da CF.
> Art. 643 da CLT.

ÍNDICE ALFABÉTICO-REMISSIVO UNIFICADO

A

ABANDONO DA CAUSA
SÚMULA
STF
– extinção do processo: Súm. 216/STF

ABERTURA DA SUCESSÃO
SÚMULA
STF
– Imposto de Transmissão Causa Mortis; saldo credor de promessa de compra e venda de imóvel: Súm. 590/STF

ABSOLVIÇÃO
LEG. ESP.
– motivo dado pelo autor; publicação de editais; prosseguimento; prazo: art. 9º da Lei 4.717/1965
SÚMULA
STF
– juízo criminal; punição administrativa; servidor público: Súmula 18/STF
– medida de segurança; não prejuízo: Súmula 422/STF

ABSOLVIÇÃO CRIMINAL
SÚMULA
STF
– medida de segurança: Súm. 422/STF

ABUSO DE PODER
– *habeas corpus;* concessão; violência ou coação à liberdade de locomoção: art. 5º, LXVIII
– mandado de segurança; concessão: art. 5º, LXIX
– no exercício de função, cargo ou emprego público; inelegibilidade: art. 14, § 9º

ABUSO DE PODER ECONÔMICO
– repressão: art. 173, § 4º

AÇÃO
SÚMULA
STF
– acidente do trabalho; depósito para recorrer; exigibilidade: Súm. 240/STF
– acidente do trabalho; prescrição: Súm. 230/STF
– acidente do trabalho; procedência; honorário de advogado; verba devida: Súm. 234/STF
– direitos reais: Súm. 329/STF
– investigação de paternidade; prescrição; imprescritibilidade: Súm. 149/STF
– petição de herança; prescrição: Súm. 149/STF
– prescrição: Súmulas 149 a 151, 264, 443, 445 e 494/STF
– previdenciária; foro: Súm. 689/STF
– seguro; segurador sub-rogado; indenização por extravio ou perda de carga transportada por navio; prescrição: Súm. 151/STF

AÇÃO CIVIL PÚBLICA
– promoção pelo Ministério Público: art. 129, III

AÇÃO DE INVESTIGAÇÃO DE PATERNIDADE
SÚMULA
STF
– imprescritibilidade: Súm. 149/STF

AÇÃO DE PETIÇÃO DE HERANÇA
SÚMULA
STF
– prescrição: Súm. 149/STF

AÇÃO DECLARATÓRIA
SÚMULA
STF
– reconvenção; admissibilidade: Súm. 258/STF

AÇÃO DECLARATÓRIA DE CONSTITUCIONALIDADE
– decisões definitivas de mérito; eficácia e efeito: art. 102, § 2º
– de lei ou ato normativo federal; processo e julgamento; STF: art. 102, I, *a*
– legitimidade: art. 103, *caput*

LEG. ESP.
- procedimentos: arts. 13 a 20 da Lei 9.868/1999

AÇÃO DIRETA DE INCONSTITUCIONALIDADE
- Advogado-Geral da União; citação: art. 103, § 3º
- decisões definitivas de mérito; eficácia e efeito: art. 102, § 2º
- de lei ou ato normativo federal ou estadual; processo e julgamento; STF: art. 102, I, *a*
- legitimidade: art. 103, *caput*
- Procurador-Geral da República; oitiva: art. 103, § 1º
- cf. também INCONSTITUCIONALIDADE

LEG. ESP.
- processo e julgamento: Lei 9.868/1999

SÚMULA
STF
- Distrito Federal: Súm. 642/STF

AÇÃO INDENIZATÓRIA
SÚMULA
STF
- avaria; vistoria judicial: Súm. 261/STF

AÇÃO PENAL
SÚMULA
STF
- crimes contra a honra; servidor público; legitimidade concorrente: Súm. 714/STF
- estupro: Súm. 608/STF
- ofensa à honra; exceção da verdade; inadmissível: Súm. 396/STF
- prazo de interposição de recurso extraordinário: Súm. 602/STF
- prescrição: Súm. 146/STF
- pública incondicionada; sonegação fiscal: Súm. 609/STF

AÇÃO PENAL ORIGINÁRIA
LEG. ESP.
- Tribunais Regionais Federais e de Justiça; aplicação da Lei 8.038/1990: Lei 8.658/1993

AÇÃO PENAL PÚBLICA
- admissão de ação privada: art. 5º, LIX
- iniciativa pelo Ministério Público: art. 129, I

SÚMULA
STF
- assistente do Ministério Público; intervenção: Súm. 448/STF
- incondicionada; sonegação fiscal: Súm. 609/STF

AÇÃO POPULAR
- propositura: art. 5º, LXXIII

LEG. ESP.
- disposições gerais: art. 20 da Lei 4.717/1965
- improcedência; duplo grau de jurisdição; sujeição: art. 19 da Lei 4.717/1965
- sentença; efeito *erga omnes*; exceção: art. 18 da Lei 4.717/1965

SÚMULA
STF
- lide não substituída por mandado de segurança: Súm. 101/STF
- pessoa jurídica; ilegitimidade *ad causam*: Súm. 365/STF

AÇÃO POSSESSÓRIA
SÚMULA
STF
- competência; Justiça do Trabalho: demanda decorrente do exercício do direito de greve; trabalhadores da iniciativa privada: Súmula Vinculante 23 do STF
- medida liminar; liberação alfandegária de automóvel: Súm. 262/STF

AÇÃO RESCISÓRIA
- processo e julgamento; competência: arts. 102, I, *j*; 105, I; 108, I, *b*; ADCT, art. 27, § 10

SÚMULA
STF
- competência; Supremo Tribunal Federal; questão federal controvertida apreciada pela Corte: Súm. 249/STF
- embargos infringentes; inadmissibilidade; decisão unânime do STF: Súm. 295/STF
- juiz; impedimento: Súm. 252/STF
- não cabimento; Justiça do Trabalho: Súm. 338/STF
- ofensa a literal disposição de lei; não cabimento: Súmula 343/STF
- prescrição intercorrente; paralisação por mais de cinco anos: Súm. 264/STF
- sentença transitada em julgado: Súm. 514/STF

AÇÃO TRABALHISTA
- prescrição; prazo: art. 7º, XXIX

ACIDENTE DO TRABALHO
SÚMULA
STF
- ação judicial; não exclusão de multa por retardamento da liquidação: Súm. 311/STF
- ação; depósito para recorrer; exigibilidade: Súm. 240/STF
- ação; prescrição: Súm. 230/STF
- ação; procedência; honorários de advogado; verba devida: Súm. 234/STF
- ausência do trabalhador em decorrência do sinistro; desconto do período aquisitivo de férias; inadmissibilidade: Súm. 198/STF
- ausências motivadas; férias; período aquisitivo: Súm. 198/STF
- competência; autarquia seguradora como parte; Justiça Cível comum: Súm. 235/STF
- composição do dano: Súm. 314/STF
- custas processuais; isenção; inaplicabilidade; autarquia seguradora como parte: Súm. 236/STF

- diárias; verba que não se confundem com indenização acidentária nem com auxílio-enfermidade: Súm. 232/ STF
- indenização; ação indenizatória fundada no direito comum; dolo ou culpa grave do empregador: Súm. 229/ STF
- indenização; cálculo: Súm. 464/STF
- indenização; concubinato; morte do concubino; verba devida à concubina se não houver impedimento para o casamento: Súm. 35/STF
- indenização; danos morais e materiais; competência da Justiça do Trabalho: Súmula Vinculante 22/STF
- indenização; inclusão do repouso semanal remunerado: Súm. 464/STF
- retardamento da liquidação; multa exigível do segurador sub-rogado: Súm. 238/STF

ACORDOS INTERNACIONAIS
- competência do Congresso Nacional: art. 49, I

ACUSADO
SÚMULA
STF
- advogado; indispensabilidade: Súm. 523/STF
- citação por edital; réu preso na mesma comarca do juízo processante: Súm. 351/STF
- menor; curador: Súm. 352/STF

ADICIONAL DE INSALUBRIDADE
SÚMULA
STF
- cálculo: Súm. 307/STF
- perícia judicial; enquadramento da atividade entre as insalubres: Súm. 460/STF

ADICIONAL DE PERICULOSIDADE
SÚMULA
STF
- empregados; posto de revenda de combustível líquido: Súm. 212/STF

ADICIONAL DE TEMPO DE SERVIÇO
SÚMULA
STF
- servidores de instituto de aposentadoria e pensões dos industriários; não cumulação com gratificação bienal: Súm. 26/STF

ADICIONAL NOTURNO
SÚMULA
STF
- empregado sujeito ao regime de revezamento: Súm. 213/STF
- hora reduzida; vantagem suplementar que não dispensa o pagamento da verba: Súm. 214/STF
- identidade entre trabalho diurno e noturno: Súm. 313/STF
- natureza da atividade do empregador: Súm. 313/STF
- regime de revezamento: Súm. 213/STF

ADMINISTRAÇÃO PÚBLICA
- administração fazendária, áreas de ação: arts. 37, XVIII; 144, § 1º
- atos, fiscalização e controle: art. 49, X
- atos ilícitos contra o erário; prescrição: art. 37, § 5º
- cargos em comissão e funções de confiança: art. 37, V e XVII
- cargos, empregos e funções: arts. 37, I, II, IV; 61, § 1º, II, a
- cargos ou empregos; acumulação: art. 37, XVI, c; ADCT, art. 17, §§ 1º e 2º
- contas; fiscalização; controle externo: art. 71
- contratos; licitação: arts. 22, XXVII; 37, XXI
- créditos orçamentários ou adicionais; despesas excedentes: art. 167, II
- despesas; aumento: art. 63, I
- despesas com pessoal: art. 169; ADCT, art. 38, par. ún.
- entidades sob intervenção ou liquidação extrajudicial; créditos; correção monetária: ADCT, art. 46
- federal; competência e funcionamento; competência privativa do Presidente da República: art. 84, VI
- federal; metas e prioridades: art. 165, § 2º
- federal; Ministro de Estado; competência: art. 87, par. ún.
- federal; plano plurianual; diretrizes; objetivos e metas: art. 165, § 1º
- finanças; legislação: art. 163, I
- fiscalização; controle externo e interno: art. 70
- gestão e consulta da documentação governamental: art. 216, § 2º
- gestão financeira e patrimonial; normas: art. 165, § 9º; ADCT, art. 35, § 2º
- improbidade: art. 37, § 4º
- informações privilegiadas: art. 37, § 7º
- inspeções e auditorias; Tribunal de Contas da União: art. 71, IV
- investimento; plano plurianual; inclusão: art. 167, § 1º
- Ministérios e outros órgãos; criação, estruturação e atribuições: arts. 48, X; 61, § 1º, II, e; 84, VI
- moralidade; ação popular: art. 5º, LXXIII
- orçamento fiscal; investimento e seguridade social: arts. 165, § 5º; 167, VIII
- pessoal; admissão sem concurso: art. 71, III
- pessoal; atos; apreciação da legalidade: ADCT, art. 19
- pessoal da administração direta; vencimentos: art. 39, § 1º
- prestação de contas; pessoa física ou entidade pública: art. 70, par. ún. princípios e disposições gerais: arts. 37; 38
- publicidade dos órgãos: art. 37, § 1º
- reforma administrativa; regime e planos de carreira: art. 39, caput; ADCT, art. 24
- serviços públicos; licitação: art. 175, caput
- serviços públicos; taxas: art. 145, II servidor público; limites remuneratórios: art. 37, § 11
- servidor público; limites remuneratórios facultados aos Estados e ao Distrito Federal: art. 37, § 12
- servidor público; remuneração e subsídio: art. 37, XI
- sistema de controle interno; finalidade: art. 74, II

ÍNDICE ALFABÉTICO-REMISSIVO UNIFICADO

ADMINISTRAÇÃO TRIBUTÁRIA
SÚMULA
STF
- arquivo de livros obrigatórios de escrituração comercial e fiscal e comprovantes de lançamentos: Súm. 439/STF
- dívida ativa: Súm. 277/STF
- fiscalização: Súm. 439/STF

ADOÇÃO
- art. 227, §§ 5º e 6º

ADVOGADO
- indispensabilidade; inviolabilidade: art. 133
- vencimentos e vantagens: art. 135
SÚMULA
STF
- ampla defesa; defensor; acesso a elementos de prova constantes de procedimento investigatório: Súmula Vinculante 14/STF
- defesa técnica em processo administrativo disciplinar: Súmula Vinculante 5/STF

ADVOGADO-GERAL DA UNIÃO
- ação de inconstitucionalidade; citação: art. 103, § 3º
- carreira: art. 131, § 2º
- crimes de responsabilidade; processo e julgamento: art. 52, II e par. ún.
- nomeação: arts. 84, XVI; 131, § 1º
- requisitos: art. 131, § 1º

AGÊNCIAS FINANCEIRAS
- oficiais de fomento; política de aplicação: art. 165, § 2º

AGRAVO
SÚMULA
STF
- aplicação da Súm. 288/STF; motivos: Súm. 639/STF
- apreciação no julgamento da apelação; agravante que não apelou: Súm. 242/STF
- despacho no prazo legal; não prejudicialidade: Súm. 425/STF
- encaminhamento pelo Magistrado: Súm. 727/STF
- fundamentação deficiente: Súm. 287/STF
- não provimento; interposição para subida de recurso extraordinário; falta do traslado de documentos essenciais para à compreensão da controvérsia: Súm. 288/STF
- prazo para interposição: Súmula 699 e 700/STF
- provimento sem ressalva; questão que não prejudica o cabimento de recurso extraordinário: Súm. 289/STF

AGRAVO REGIMENTAL
SÚMULA
STF
- não cabimento: Súm. 622/STF

ÁGUAS
- bem dos Estados: art. 26, I

- consumo; fiscalização: art. 200, VI
- legislação; competência privativa da União: art. 22, IV

ALGEMAS
SÚMULA
STF
- uso; hipóteses permitidas: Súmula Vinculante 11/STF

ALISTAMENTO ELEITORAL
- condição de elegibilidade: art. 14, § 3º, III
- inalistáveis: art. 14, § 2º
- obrigatório ou facultativo: art. 14, § 1º, I e II, par. ún.

ALIMENTAÇÃO
SÚMULA
STF
- auxílio; servidores inativos: Súm. 680/STF

ALIMENTOS
SÚMULA
STF
- desquite: Súm. 226/STF

ANALFABETO
- analfabetismo; erradicação: art. 214, I
- inelegibilidade: art. 14, § 4º
- voto facultativo: art. 14, § 1º, II, *a*

ANISTIA
- concessão; atribuição do Congresso Nacional: art. 48, VIII
- concessão; competência da União: art. 21, XVII
- concessão; efeitos financeiros: ADCT, art. 8º, § 1º
- dirigentes e representantes sindicais: ADCT, art. 8º, § 2º
- fiscal e previdenciária: art. 150, § 6º
- servidores públicos civis: ADCT, art. 8º, § 5º
- STF: ADCT, art. 9º
- trabalhadores do setor privado: ADCT, art. 8º, § 2º

ANOTAÇÃO(ÕES)
SÚMULA
STF
- valor probatório: Súm. 225/STF

APELAÇÃO
LEG. ESP.
- Estado estrangeiro no polo passivo: arts. 36 a 41-B da Lei 8.038/1990
SÚMULA
STF
- despacho pelo juiz no prazo legal: Súm. 320/STF
- entrega em cartório no prazo legal; não prejuízo: Súm. 428/STF
- renúncia ao direito de recorrer; falta de assistência do defensor; conhecimento do recurso: Súm. 705/STF

APOSENTADO

SÚMULA
STF
- retorno ao emprego: Súm. 217/STF

APOSENTADORIA

- aposentados e pensionistas; gratificação natalina: art. 201, § 6º
- concessão; requisitos e critérios diferenciados: art. 201, § 1º
- contagem de tempo; mandato gratuito: ADCT, art. 8º, § 4º
- ex-combatente; proventos integrais: ADCT, art. 53, V
- invalidez permanente; servidor público: art. 40, § 1º, I
- juízes togados; normas: ADCT, art. 21, par. ún.
- magistrados: art. 93, VI e VIII
- militares: art. 201, § 9º-A
- professores; tempo de serviço: arts. 40, § 5º; 201, § 8º
- proventos; limites: ADCT, art. 17, *caput*
- servidor público: art. 40
- servidor público; requisitos e critérios diferenciados: art. 40, § 4º
- trabalhadores de baixa renda e sem renda própria; serviço doméstico: art. 201, § 12
- trabalhadores urbanos e rurais: arts. 7º, XXIV; 201
- vedação; percepção simultânea de proventos: art. 37, § 10
- voluntária; servidor público; permanência em atividade; abono: art. 40, § 19

SÚMULA
STF
- aprovação pelo Tribunal de Contas; revogação ou anulação pelo Poder Executivo; ato que não produz efeitos: Súm. 6/STF
- duplo benefício; proventos a cargo do IAPFESP: Súm. 243/STF
- retorno ao trabalho; aposentado que recupera a capacidade laboral; recusa do empregador; indenização: Súm. 217/STF
- servidor público estadual; contagem de tempo de serviço militar: Súm. 10/STF
- servidor público: Súm. 37/STF
- servidor público; reclassificação: Súm. 38/STF

APOSENTADORIA COMPULSÓRIA

- idade; proporcional ao tempo de contribuição: art. 40, § 1º, II

SÚMULA
STF
- servidor público vitalício: Súm. 36/STF

APOSENTADORIA ESPECIAL

SÚMULA
STF
- professor; tempo de serviço fora da sala de aula não computado: Súm. 726/STF
- servidor público: Súmula Vinculante 33/STF

ARQUITETO

SÚMULA
STF
- Isenção fiscal; inaplicabilidade; Imposto de Renda: Súm. 93/STF

ARQUIVAMENTO

SÚMULA
STF
- extinção do processo: Súm. 216/STF

ARREMATAÇÃO

SÚMULA
STF
- Súm. 165/STF

ARTES

- *v.* CULTURA e OBRAS

ASILO POLÍTICO

- concessão: art. 4º, X

ASSEMBLEIA LEGISLATIVA

- ação declaratória de constitucionalidade; legitimidade: art. 103, IV
- ação direta de inconstitucionalidade; legitimidade: art. 103, IV
- cargos; provimento: art. 27, § 3º
- competência: art. 27, § 3º
- composição: art. 27, *caput*
- composição; criação de Estado: art. 235, I
- Constituição Estadual; elaboração: ADCT, art. 11, *caput*
- emendas à Constituição Federal: art. 60, III
- Estado; desmembramento, incorporação e subdivisão: art. 48, VI
- intervenção estadual; apreciação: art. 36, §§ 1º a 3º
- polícia: art. 27, § 3º
- processo legislativo; iniciativa popular: art. 27, § 4º
- provimento de cargos: art. 27, § 3º
- Regimento Interno: art. 27, § 3º
- serviços administrativos: art. 27, § 3º

ASSISTÊNCIA

SÚMULA
STF
- judiciária: Súm. 450/STF

ASSISTÊNCIA JURÍDICA

- gratuita e integral: dever do Estado: art. 5º, LXXIV
- guarda do menor: art. 227, § 3º, VI
- *habeas corpus* e *habeas data*; gratuidade: art. 5º, LXXVII
- legislação concorrente: art. 24, XIII

ASSISTÊNCIA PÚBLICA

- competência comum: art. 23, II
- herdeiros e dependentes de pessoas vítimas de crime doloso: art. 245

ASSISTÊNCIA RELIGIOSA

- art. 5º, VII

ASSISTÊNCIA SOCIAL

- adolescência; direitos: art. 227, § 4º
- contribuições sociais; competência para a instituição: art. 149
- infância; direitos: art. 227, § 7º
- instituições sem fins lucrativos; limitações ao poder de tributar: art. 150, VI, c, § 4º
- Município; contribuição: art. 149, §§ 1º a 4º
- objetivos; prestação: art. 203
- recursos, organização, diretrizes: art. 204

ASSISTENTE DE ACUSAÇÃO

SÚMULA
STF
- Ministério Público; ação penal; interposição de recurso extraordinário nos casos dos arts. 584, § 1º e 598 do CPP: Súm. 210/STF
- Ministério Público; decisão concessiva de *habeas corpus*; impossibilidade de recurso extraordinário: Súm. 208/STF

ASSOCIAÇÃO

- atividade garimpeira: arts. 21, XXV; 174, § 3º
- colônias de pescadores: art. 8º, par. ún.
- criação: art. 5º, XVIII
- desportiva; autonomia: art. 217, I
- dissolução compulsória ou suspensão das atividades: art. 5º, XIX
- funcionamento; interferência governamental: art. 5º, XVIII
- lei; apoio e estímulo: art. 174, § 2º
- liberdade: art. 5º, XVII e XX
- mandado de segurança coletivo: art. 5º, LXX, *b*
- representação: art. 5º, XXI
- representação; obras; aproveitamento econômico; fiscalização: art. 5º, XXVIII, *b*
- sindical; servidor público: art. 37, VI

ATIVIDADE INSALUBRE

SÚMULA
STF
- especificação pelo Ministro do Trabalho: Súm. 194/STF

ATIVIDADES NUCLEARES

- Congresso Nacional; aprovação: art. 21, XXIII, *a*
- Congresso Nacional; aprovação de iniciativa do Poder Executivo: art. 49, XIV
- exploração; monopólio; União: art. 21, XXIII
- fins pacíficos: art. 21, XXIII, *a*
- minérios e minerais nucleares; monopólio da União: art. 177, V
- Poder Executivo; iniciativa: art. 49, XIV
- radioisótopos de meia-vida igual ou inferior a duas horas; utilização: art. 21, XXIII, *c*
- radioisótopos; utilização: art. 21, XXIII, *b*
- responsabilidade civil: art. 21, XXIII, *d*
- usina nuclear; localização e definição legal: art. 225, § 6º

ATO(S)

LEG. ESP.
- lesivo; nulidade: arts. 2º a 4º da Lei 4.717/1965

ATO ADMINISTRATIVO

- Estado do Tocantins; convalidação de: ADCT, art. 18-A

SÚMULA
STF
- Tribunal de Contas da União; anulação ou revogação; contraditório e ampla defesa assegurados: Súmula Vinculante 3/STF
- vício; anulação: Súm. 473/STF

ATO CULPOSO

SÚMULA
STF
- empregado ou preposto; culpa do patrão presumida: Súm. 341/STF

ATO JURÍDICO PERFEITO

- proteção: art. 5º, XXXVI

ATO PROCESSUAL

- publicidade; restrição: art. 5º, LX

ATOS ILÍCITOS

SÚMULA
STF
- indenização decorrente de dano material; atualização monetária: Súm. 562/STF

ATOS INTERNACIONAIS

- celebração; Presidente da República: art. 84, VIII
- competência; Congresso Nacional: art. 49, I
- cf. também ESTADO ESTRANGEIRO

AUDIÊNCIA

SÚMULA
STF
- concurso de credores: Súm. 563/STF

AUTARQUIA

- criação: art. 37, XIX
- criação de subsidiária; autorização legislativa: art. 37, XX
- exploração de atividade econômica; estatuto jurídico: art. 173, § 1º

SÚMULA
STF
- cargo de dirigente; nomeação a termo; livre demissão pelo Presidente da República: Súm. 25/STF
- imunidade tributária; impostos estaduais e municipais: Súm. 73/STF
- imóvel transcrito em nome de: 74/STF
- venda de bens; imunidade tributária; Imposto de Transmissão *Inter Vivos*; benefício fiscal não incidente: Súm. 75/STF

AUTORIDADE ADMINISTRATIVA
SÚMULA
STF
- ato jurisdicional insuscetível de delegação à autoridade administrativa do estabelecimento prisional: Súm. 520/STJ

AVAL
SÚMULA
STF
- em branco e superposto; simultaneidade: Súm. 189/STF

B

BANCO CENTRAL DO BRASIL
- compra e venda de títulos do Tesouro Nacional: art. 164, § 2º
- depósito de disponibilidade de caixa da União: art. 164, § 3º
- emissão da moeda; competência da União: art. 164, *caput*
- empréstimos a instituição financeira ou ao Tesouro; vedação: art. 164, § 1º
- presidente e diretores; aprovação e nomeação: arts. 52, III, *d*; 84, XIV

BANIMENTO
- *v.* PENA

BASE DE CÁLCULO
SÚMULA
STF
- taxa: Súmulas 82, 128, 129, 132, 140 a 142, 302, 324, 348, 545, 550, 595, 596/STF

BEM
- *v.* BENS

SÚMULA
STF
- dominical e público; não aquisição por usucapião: Súm. 340/STF

BENFEITORIAS
SÚMULA
STF
- cálculo; limite: Súm. 538/STF
- direito de retenção; locação de coisas: Súm. 158/STF

BENS
- confisco; tráfico de drogas: art. 243, par. ún.
- da União: arts. 20, *caput*; 176, *caput*
- da União; faixa de fronteira: art. 20, § 2º
- Distrito Federal: ADCT, art. 16, § 3º
- do Estado-Membro: art. 26
- domínio da União; disposição; competência do Congresso Nacional: art. 48, V
- estrangeiros situados no Brasil; sucessão: art. 5º, XXXI
- imóveis; imposto sobre transmissão *inter vivos*: art. 156, II, § 2º; ADCT, art. 34, § 6º
- impostos sobre transmissão *causa mortis* e doação: art. 155, I e § 1º; ADCT, art. 34, § 6º
- indisponibilidade; improbidade administrativa: art. 37, § 4º
- ocupações e uso temporário; calamidade pública: art. 136, § 1º, II
- perdimento: art. 5º, XLV e XLVI
- privação: art. 5º, LIV
- requisição; estado de sítio: art. 139, VII
- tráfego; limitação por meio de tributos: art. 150, V; ADCT, art. 34, § 1º
- valor artístico, cultural e histórico; proteção: art. 23, III e IV

BENS DE CONSUMO
SÚMULA
STF
- origem estrangeira; objetos de uso pessoal e doméstico; introdução em território nacional como bagagem: Súm. 64/STF

BIP
SÚMULA
TST
- horas extras; descaracterização: Súm. 428/TST
- sobreaviso; controle patronal: Súm. 428/TST

BOA-FÉ
SÚMULA
STF
- cobrança excessiva: Súm. 159/STF

BRASILEIRO
- adoção por estrangeiros: art. 227, § 5º
- cargos, empregos e funções públicos; acesso: art. 37, I, II e IV
- Conselho da República; participação: art. 89, VII
- direito a vida, à liberdade, à segurança e à propriedade: art. 5º, *caput*
- distinção; vedação: art. 19, III
- empresas jornalísticas e de radiodifusão; propriedade privativa: art. 222, *caput*
- energia hidráulica; aproveitamento dos potenciais: art. 176, § 1º
- extradição: art. 5º, LI
- nascido no estrangeiro; registro; repartição diplomática ou consular brasileira: ADCT, art. 95
- nato: art. 12, I
- nato; cargos privativos: arts. 12, § 3º; 87; 89, VII
- nato ou naturalizado; empresa jornalística e de radiodifusão sonora; atividades de seleção e direção; responsabilidade editorial: art. 222, § 2º
- naturalizado: art. 12, II
- naturalizado; equiparação a brasileiro nato: art. 12, § 2º
- naturalizado; extradição: art. 5º, LI

C

CALAMIDADE
- defesa permanente; planejamento; competência da União: art. 21, XVIII
- despesas extraordinárias; empréstimo compulsório: art. 148, I; ADCT, art. 34, § 1º
- regime extraordinário fiscal, financeiro e de contratações: EC 106/2020

CÂMARA DOS DEPUTADOS
- cargos, empregos e funções; criação, transformação, extinção e remuneração: art. 51, IV
- comissão parlamentar de inquérito; criação e competência: art. 58, § 3º
- comissão permanente; composição e competência: art. 58, caput
- comissão; representação proporcional dos partidos: art. 58, § 1º
- comissão temporária; composição e competência: art. 58, caput
- comissões; atribuições: art. 58, § 2º
- competência exclusiva: art. 51, IV
- competência privativa: art. 51, caput
- competência privativa; vedação de delegação: art. 68, § 1º
- composição: art. 45
- Congresso Nacional; convocação extraordinária: art. 57, § 6º
- Conselho da República; eleição de seus membros: art. 51, V
- Conselho da República; líderes partidários: art. 89, IV
- crime comum e de responsabilidade do Presidente da República; admissibilidade da acusação: art. 86
- deliberações; quorum: art. 47
- despesa pública; projeto sobre serviços administrativos: art. 63, II
- Distrito Federal; irredutibilidade de sua representação: ADCT, art. 4º, § 2º
- emendas à Constituição: art. 60, I
- emendas do Senado Federal; apreciação: art. 64, § 3º
- estado de sítio; suspensão da imunidade parlamentar: art. 53, § 7º
- Estado-membro; irredutibilidade de sua representação: ADCT, art. 4º, § 2º
- funcionamento: art. 51, § 4º
- iniciativa das leis complementares e ordinárias: art. 61, caput
- iniciativa legislativa popular: art. 61, § 2º
- legislatura; duração: art. 44, par. ún.
- Mesa; ações declaratória de constitucionalidade e direta de inconstitucionalidade: art. 103, III
- Mesa; habeas data, mandado de injunção, mandado de segurança: art. 102, I, d
- Mesa; pedido de informação a Ministro de Estado: art. 50, § 2º
- Mesa; representação proporcional dos partidos: art. 58, § 1º
- Ministro de Estado; convocação, pedidos de informação, comparecimento espontâneo: art. 50
- organização: art. 51, IV
- órgão do Congresso Nacional: art. 44, caput
- polícia: art. 51, IV
- Presidente; cargo privativo de brasileiro nato: art. 12, § 3º, II
- Presidente; exercício da Presidência da República: art. 80
- Presidente; membro do Conselho da República: art. 89, II
- Presidente; membro nato do Conselho de Defesa Nacional: art. 91, II
- projeto de lei; prazo de apreciação da solicitação de urgência: art. 64, §§ 2º e 4º
- Regimento Interno: art. 51, III
- sessão conjunta: art. 57, § 3º
- sistema eleitoral: art. 45, caput
- cf. também CONGRESSO NACIONAL

CÂMARA LEGISLATIVA DO DISTRITO FEDERAL
- ações declaratória de constitucionalidade e direta de inconstitucionalidade; legitimidade: art. 103, IV
- composição: art. 32, caput

CÂMARA MUNICIPAL
- aprovação do Plano Diretor da Política de Desenvolvimento e Expansão Urbana: art. 182, § 1º
- competência; subsídios: art. 29, V
- composição: art. 29, IV
- fiscalização das contas do Município; controle externo: art. 31, §§ 1º e 2º
- fiscalização financeira e orçamentária dos Municípios: art. 31, caput
- funções legislativas e fiscalizadoras: art. 29, IX
- lei orgânica; Municípios: art. 29; ADCT, art. 11, par. ún.
- política de desenvolvimento urbano; plano diretor; aprovação: art. 182, § 1º
- subsídios do Prefeito, Vice-Prefeito e Secretários Municipais; fixação: art. 29, V
- subsídios; Vereadores: art. 29, VI
- Vereadores; número: art. 29, IV; ADCT, art. 5º, § 4º

CAMBIAL
SÚMULA
STF
- protesto; interrupção da prescrição; inocorrência: Súm. 153/STF
- recebimento em branco ou com omissões; complemento por credor de boa-fé antes da cobrança ou do protesto: Súm. 387/STF

CÂMBIO
- administração e fiscalização; competência da União: art. 21, VIII
- disposições; competência do Congresso Nacional: art. 48, XIII
- operações; disposições: art. 163, VI
- política; legislação; competência privativa da União: art. 22, VII

CAPITAL ESTRANGEIRO
- investimentos; reinvestimento; lucros: art. 172

- participação; assistência à saúde; vedação: art. 199, § 3º
- participação; empresa jornalística e de radiodifusão; percentual: art. 222, §§ 1º e 4º

CARGOS PÚBLICOS

- acesso e investidura: art. 37, I, II e IV, § 2º
- acumulação: art. 37, XVI e XVII; ADCT, art. 17, §§ 1º e 2º
- acumulação; remuneração; subsídios: art. 37, XVI
- cargos em comissão e funções de confiança: art. 37, V; ADCT, art. 19, § 2º
- contratação por tempo determinado: art. 37, IX
- criação e remuneração; lei; iniciativa: art. 61, § 1º, II, *a*
- criação; transformação e extinção; remuneração: arts. 48, X; 96, II, *b*
- deficiente; reserva: art. 37, VIII
- estabilidade; perda; reintegração; disponibilidade; extinção; avaliação de desempenho: art. 41
- Estado; criação; provimento: art. 235
- nulidade dos atos de nomeação: art. 37, § 2º
- perda; critérios e garantias especiais: art. 247, *caput*
- perda; insuficiência de desempenho: art. 247, par. ún.
- Poder Judiciário; provimento: art. 96, I, *c* e *e*
- provimento e extinção; competência: art. 84, XXV
- remuneração; revisão; fixação; subsídios: art. 37, X e XI

SÚMULA
STF
- sujeição a exame psicotécnico: Súm. 686/STF

CARTA PRECATÓRIA

SÚMULA
STF
- inquirição de testemunha; falta de intimação; nulidade relativa do processo criminal: Súm. 155/STF

CARTA ROGATÓRIA

- concessão e execução: arts. 105, I, *i*; 109, X

CARTEL

- vedação: art. 173, § 4º

CASA LOTÉRICA

- prorrogação de contratos: ADCT, art. 123

CASAMENTO

- celebração gratuita: art. 226, § 1º
- dissolução: art. 226, § 6º
- religioso; efeito civil: art. 226, § 2º
- sociedade conjugal; igualdade de direitos entre o homem e a mulher: art. 226, § 5º
- união estável: art. 226, § 3º

CAUSA PRÓPRIA

SÚMULAS
STF
- advogado: Súmulas 185, 234, 256, 257, 389, 512 e 616/STF

CAVERNAS E SÍTIOS ARQUEOLÓGICOS

- *v.* CULTURA

CENSURA

- atividade intelectual, artística, científica e de comunicação: art. 5º, IX
- censor federal; funções; aproveitamento: ADCT, art. 23
- natureza política e ideológica; vedação: art. 220, § 2º

CHEQUE

SÚMULA
STF
- ação executiva; propositura contra o emitente e seus avalistas: Súm. 600/STF
- documento falso; pagamento; responsabilidade do estabelecimento bancário: Súm. 28/STF
- emissão de título sem fundos; estelionato; ausência de fraude; crime não configurado: Súm. 246/STF
- falsificação; pagamento; responsabilidade do estabelecimento bancário: Súm. 28/STF

CIDADANIA

- direitos e deveres individuais e coletivos; gratuidade dos atos aos pobres: art. 5º, XXXIV
- fundamento: art. 1º, II
- legislação: arts. 22, XIII; 68, § 1º, II
- prerrogativas; mandado de injunção: art. 5º, LXXI

CIÊNCIA, TECNOLOGIA E INOVAÇÃO

- acesso à ciência; meios; competência: art. 23, V
- autonomia tecnológica; regulamentação nos termos da lei federal: art. 219
- criações; patrimônio cultural brasileiro: art. 216, III
- desenvolvimento científico, pesquisa e capacitação tecnológica; promoção do Estado: art. 218
- empresas; investimentos; incentivo e proteção: art. 218, § 4º
- legislação: art. 24, IX
- pesquisa; fomento: art. 218, § 5º
- política agrícola; incentivo à pesquisa e à tecnologia: art. 187, III
- recursos humanos; formação: art. 218, §§ 3º e 4º
- sistema único de saúde; incremento: art. 200, V

CIPA

SÚMULA
STF
- despedida arbitrária; estabilidade provisória: art. 165; Súm. 676/STF

CITAÇÃO

SÚMULA
STF
- edital; réu preso; nulidade: Súmula 351/STF
- edital; não descrição da denúncia ou queixa: Súmula 366/STF
- usucapião; possuidor que deve ser citado pessoalmente: Súm. 263/STF

CLÁUSULA DE INALIENABILIDADE
SÚMULA
STF
- incomunicabilidade dos bens: Súm. 49/STF

COBRANÇA
SÚMULA
STF
- COFINS; operações relativas a energia elétrica, serviços de telecomunicações e derivados de petróleo: Súm. 659/STF
- contribuição; salário-educação: Súm. 732/STF
- excesso; boa-fé: Súm. 159/STF
- ICMS; mercadoria importada: Súm. 661/STF

COISA JULGADA
- proteção: art. 5º, XXXVI

SÚMULA
STF
- mandado de segurança; decisão denegatória; uso de ação própria: Súm. 304/STF
- matéria tributária; declaração de cobrança indevida de imposto em determinado exercício: Súm. 239/STF

COMANDANTE DA MARINHA, EXÉRCITO E AERONÁUTICA
- crimes conexos; julgamento pelo Senado Federal: art. 52, I
- crimes de responsabilidade; processo e julgamento pelo STF: art. 102, I, c
- mandado de segurança, habeas corpus e habeas data; julgamento pelo STJ: art. 105, I, b e c
- membros natos do Conselho de Defesa Nacional: art. 91, VIII

COMBUSTÍVEIS
- biocombustíveis; consumo final; regime fiscal favorecido: art. 225, § 1º, VIII
- elevação do preço; estado de emergência; ano 2022; medidas de enfrentamento: ADCT, art. 120
- líquidos e gasosos; impostos; instituição e normas: art. 155, II e §§ 3º e 4º; ADCT, art. 34, §§ 1º, 6º e 7º
- venda e revenda; regulamentação: art. 238

SÚMULA
STF
- taxa de previdência social; não incidência: Súm. 141/STF

COMÉRCIO
- exterior e interestadual; legislação; competência privativa da União: art. 22, VIII
- exterior; fiscalização e controle; fiscalização e controle pelo Ministério da Fazenda: art. 237
- importação e exportação; petróleo e gás natural; monopólio da União: art. 177, III e § 4º
- importação e exportação; Zona Franca de Manaus: ADCT, art. 40
- minérios e minerais nucleares; monopólio da União: art. 177, V
- órgãos humanos; sangue e derivados; proibição: art. 199, § 4º
- política agrícola; preços e garantia de comercialização: art. 187, II

COMINAÇÃO
SÚMULA
STF
- ação cominatória; não cabimento: Súm. 500/STF (CPC 1973)

COMISSÃO DE ESTUDOS TERRITORIAIS
- criação; composição e finalidade: ADCT, art. 12

COMISSÃO PARLAMENTAR DE INQUÉRITO (CPI)
- criação e competência: art. 58, § 3º
- inspeções e auditorias; Tribunal de Contas da União: art. 58, § 4º

COMPETÊNCIA
- consumo de energia elétrica, empréstimo compulsório: Súm. 553/STJ
- credenciamento de instituição particular; ensino superior; Justiça Federal: Súm. 570/STJ
- documento histórico: proteção: art. 23, III
- geografia e geologia; organização e manutenção de serviços oficiais: art. 21, XV
- organização e manutenção de serviços de estatística: art. 21, XV
- requisição de documento comercial; autoridade estrangeira; autorização: art. 181
- União; classificação indicativa de diversões públicas: art. 21, XVI

LEG. ESP.
- ação popular: art. 5º da Lei 4.717/1965

SÚMULA
STF
- absoluta; relativa: Súm. 335/STF
- acidente do trabalho; autarquia seguradora como parte; Justiça Cível comum: Súm. 235/STF
- acidente do trabalho; Justiça Estadual: Súm. 501/STF
- ações interpostas contra a RFFSA: Súm. 251/STF
- concordata; execução de crédito e reclamação de empregado na Justiça do Trabalho: Súm. 227/STF
- Constitucional; Tribunal do Júri: Súmula 721/STF
- crime praticado por policial civil; julgamento da Justiça comum: Súm. 297/STF
- desapropriação; empresa de energia elétrica; União Federal como assistente; juízo da Fazenda Nacional da Capital do Estado: Súm. 218/STF
- em razão da matéria e da hierarquia; inderrogável: Súm. 335/STF
- elevação da entrância da comarca; promoção automática do juiz: Súm. 40/STF
- execução; contribuições previdenciárias: Súm. Vinculante 53/STF
- intervenção da União; deslocamento do processo do juízo cível comum para o fazendário: Súm. 250/STF
- Juizados Especiais Federais; ações de natureza previdenciária e assistencial: Súm. 689/STF

- Justiça do Trabalho; ação possessória decorrente do exercício do direito de greve; trabalhadores da iniciativa privada: Súmula Vinculante 23/STF
- Justiça do Trabalho; indenização; danos morais e materiais decorrentes de acidente do trabalho: Súmula Vinculante 22/STF
- Justiça estadual; consumidor; serviço público de telefonia; causa em que não figura a ANATEL como litisconsorte passiva necessária, assistente ou oponente; competência da Justiça estadual: Súmula Vinculante 27/STF
- Justiça federal comum; processo e julgamento de civil denunciado; crimes de falsificação e de uso de documento falso; Caderneta de Inscrição e Registro (CIR) ou de Carteira de Habilitação de Amador (CHA): Súmula Vinculante 36/STF
- Mandado de Segurança – ato de presidente do Tribunal Regional do Trabalho: Súm. 433/STF
- Mandado de Segurança; Supremo Tribunal Federal; ato de Tribunais de Justiça dos Estados: Súm. 330/STF
- Prerrogativa de função; extensão: Súm. 451/STF
- sujeição de civis à Justiça Militar; tempos de paz; possibilidade somente em crimes contra a segurança externa do País ou as instituições militares: Súm. 298/STF
- Supremo Tribunal Federal; ação rescisória; questão federal controvertida apreciada pela Corte: Súm. 249/STF
- Supremo Tribunal Federal; mandado de segurança; ato do Tribunal de Contas da União: Súm. 248/STF

COMPETÊNCIA LEGISLATIVA

- comum; abastecimento alimentar: art. 23, VIII
- concorrente; caça: art. 24, VI
- concorrente; direito econômico: art. 24, I
- concorrente; direito financeiro: art. 24, I
- concorrente; direito penitenciário: art. 24, I
- concorrente; direito tributário: art. 24, I
- concorrente; direito urbanístico: art. 24, I
- direito aeronáutico: art. 22, I
- direito agrário: art. 22, I
- direito civil: art. 22, I
- direito comercial; eleitoral; espacial: art. 22, I
- direito do trabalho: art. 22, I
- direito marítimo: art. 22, I
- direito penal: art. 22, I
- direito processual: art. 22, I
- geologia; sistema nacional; União: art. 22, VIII
- informática; União: art. 22, IV
- juizado de pequenas causas; legislação concorrente: art. 24, X
- radiodifusão; União: art. 22, IV
- sistema de consórcios: art. 22, XX
- sistema de medidas: art. 22, VI
- sistema estatístico nacional: art. 22, XVIII
- sistema monetário: art. 22, VI
- sorteios; União: art. 22, XX

SÚMULA
STF
- União; definição de crimes de responsabilidade: Súm. 722/STF

COMPRA E VENDA

SÚMULA
STF
- automóvel; não prevalência contra terceiros; ressalva: Súm. 489/STF
- realizada diretamente pelo mandante ao mandatário: Súm. 165/STF

COMPROMISSO DE COMPRA E VENDA

SÚMULA
STF
- cláusula de arrependimento; indenização excluída: Súm. 412/STF
- inscrição imobiliária no curso da ação: Súm. 168/STF
- regime do Dec.-lei 58/1967; inaplicabilidade se não houve inscrição no Registro Imobiliário; ressalva: Súm. 167/STF
- sujeição ao regime do Dec.-Lei 58/1937; inadmissibilidade de arrependimento: Súm. 166/STF

COMUNICAÇÃO SOCIAL

- censura; vedação: art. 220, § 2º
- diversões e espetáculos públicos; regulação: art. 220, § 3º, I
- eletrônica; empresa jornalística e de radiodifusão: art. 222, § 3º
- empresa jornalística e de radiodifusão; alterações de controle societário: art. 222, § 5º
- empresa jornalística e de radiodifusão sonora e de sons e imagens; propriedade: art. 222
- informação jornalística; liberdade: art. 220, § 1º
- informação jornalística; vedação legal a restrições: art. 220, §§ 1º e 2º
- liberdade: art. 220, caput
- manifestação do pensamento, da criação e expressão; sem restrição: art. 220, caput e §§ 1º e 2º
- meio de comunicação social; monopólio e oligopólio; proibição: art. 220, § 5º
- monopólio ou oligopólio; vedação: art. 220, § 5º
- programa comercial; restrições legais; regulamentação: art. 220, § 4º; ADCT, art. 65
- propaganda comercial; restrições legais: art. 220, § 4º; ADCT, art. 65
- publicação impressa; autorização: art. 220, § 6º
- serviços de radiodifusão sonora e de sons e imagens; concessão, permissão e autorização: art. 223

CONCILIADOR

SÚMULA
STF
- empregador; não impedimento da execução do crédito e da reclamação trabalhista: Súm. 227/STF

CONCORDATA PREVENTIVA

SÚMULA
STF
- não pagamento de título vencido há mais de 30 dias, sem protesto: Súm. 190/STF

CONCURSO DE CREDORES

SÚMULA
STF
- cobrança judicial de crédito tributário: Súm. 563/STF

CONCURSO PÚBLICO

- cargo público; acesso e investidura: art. 37, II, III, IV e § 2º
- cargo público; justiça; provimento: art. 96, I, e
- ingresso; redes públicas; profissionais da educação escolar: art. 206, V
- juiz togado; estabilidade: ADCT, art. 21, *caput*
- serviço notarial e de registro; ingresso: art. 236, § 3º
- surdez unilateral; qualificação; pessoa com deficiência: Súm. 522/STJ

SÚMULA
STF
- funcionário nomeado; direito à posse: Súm. 16/STF
- funcionário público; demissão; processo administrativo necessário: Súm. 20/STF
- limite de idade para inscrição; legitimidade e justificação: Súm. 684/STF
- nomeação de candidato aprovado dentro do prazo de validade do certame: Súm. 15/STF

CONEXÃO

SÚMULA
STF
- corréu; atração do processo em razão de foro privilegiado de um dos denunciados: Súmula 704/STF

CONFEDERAÇÃO SINDICAL

- ações declaratória de constitucionalidade e direta de inconstitucionalidade: art. 103, IX

CONFLITOS DE JURISDIÇÃO

SÚMULA
STF
- Juiz de Direito do Estado e Justiça Militar local: Súm. 555/STF

CONGRESSO NACIONAL

- v. PODER LEGISLATIVO
- Comissão mista; atuação: ADCT, art. 26
- Comissão mista; despesas não autorizadas: art. 72
- Comissão mista; terras públicas: ADCT, art. 51
- fundos; ratificação; prazo: ADCT, art. 36
- recesso; prazos; exceção: art. 64, § 4º

CONSELHO DA JUSTIÇA FEDERAL

- art. 105, par. ún., II

CONSELHO DA REPÚBLICA

- cargo privativo de brasileiro nato: art. 89, VII
- competência: art. 90, *caput*
- convocação e presidência; competência: art. 84, XVIII
- estado de defesa: arts. 90, I; 136, *caput*
- estado de sítio: arts. 90, I; 137, *caput*
- instituições democráticas; estabilidade: art. 90, II
- intervenção federal: art. 90, I
- membro; eleição pela Câmara dos Deputados: art. 51, V
- membros: art. 89
- Ministros de Estado; convocação pelo Presidente da República: art. 90, § 1º
- organização: art. 89, *caput*

CONSELHO DE COMUNICAÇÃO SOCIAL

- art. 224

CONSELHO DE CONTAS DO MUNICÍPIO

- art. 75, *caput*

CONSELHO DE DEFESA NACIONAL

- competência: art. 91, § 1º
- convocação e presidência; competência: art. 84, XVIII
- estado de sítio: art. 137, *caput*
- membros: art. 91
- organização e funcionamento: art. 91, § 2º
- órgão de consulta do Presidente da República: art. 91, *caput*

CONSELHO FEDERAL DA ORDEM DOS ADVOGADOS DO BRASIL

- ações declaratória de constitucionalidade e direta de inconstitucionalidade; legitimidade: art. 103, VII

CONSELHO NACIONAL DE JUSTIÇA

- ações contra o órgão; competência; STF: art. 102, I, *r*
- competência: art. 103-B, § 4º
- composição: art. 103-B
- corregedoria; exercício; Ministro do STJ: art. 103-B, § 5º
- membros; aprovação e nomeação: art. 103-B, § 2º
- membros; indicações não efetuadas no prazo legal; escolha pelo STF: art. 103-B, § 3º
- órgão do Poder Judiciário: art. 92, I-A
- ouvidoria de justiça; criação; competência da União: art. 103-B, § 7º
- presidência; Presidente do STF: art. 103-B, § 1º
- sede; Capital Federal: art. 92, § 1º

CONSELHO NACIONAL DO MINISTÉRIO PÚBLICO

- ações contra o órgão; competência; STF: art. 102, I, *r*
- competência: art. 130-A, § 2º
- composição: art. 130-A
- corregedor nacional; escolha; competência: art. 130-A, § 3º
- ouvidorias; criação; competência da União e dos Estados: art. 130-A, § 5º

CONSELHO SUPERIOR DA JUSTIÇA DO TRABALHO

- competência e funcionamento: art. 111-A, § 2º, II

CONSÓRCIOS PÚBLICOS

- art. 241

CONSTITUCIONALIDADE

- ação declaratória: art. 102, I, *a*

LEG. ESP.
- ação declaratória: Lei 9.868/1999

CONSTITUIÇÃO ESTADUAL
- Assembleia Legislativa; elaboração; prazo: ADCT, art. 11
- disposição sobre os Tribunais de Contas Estaduais: art. 75, par. ún.
- provimento de cargos; nomeação; criação de Estado: art. 235, X

CONSTITUIÇÃO FEDERAL
- decisão judicial que contraria dispositivo constitucional; julgamento: art. 102, III, *a*
- decretos-leis em tramitação e editados na promulgação: ADCT, art. 25, §§ 1º e 2º
- edição popular do texto: ADCT, art. 64
- emendas: art. 60
- Estados; organização e administração; observação dos princípios: art. 25
- guarda; competência comum da União; Estados, Distrito Federal e Municípios: art. 23, I
- guarda; STF: art. 102
- manutenção, defesa e cumprimento: ADCT, art. 1º
- revisão: ADCT, art. 3º
- revogação de dispositivos legais: ADCT, art. 25, *caput*

CONSTRUÇÃO
SÚMULA
STF
- retomada; limite da indenização: Súm. 444/STF

CONSUMIDOR
- Código de Defesa; elaboração: ADCT, art. 48
- dano; competência legislativa concorrente: art. 24, VIII
- defesa: arts. 5º, XXXII; 170, V
- mercadorias e serviços; incidência de impostos: art. 150, § 5º
SÚMULA
STF
- serviço público de telefonia; causa em que não figura a ANATEL como litisconsorte passiva necessária, assistente ou oponente; competência da Justiça estadual: Súmula Vinculante 27/STF

CONTENCIOSO ADMINISTRATIVO TRIBUTÁRIO
- competências: art. 156-B, III e § 8º, CF
- processo administrativo fiscal: art. 156-A, § 5º, VII, CF

CONTINÊNCIA
SÚMULA
STF
- corréu; atração do processo em razão de foro privilegiado de um dos denunciados: Súmula 704/STF

CONTRABANDO
- prevenção e repressão: art. 144, § 1º, II

CONTRADITÓRIO
SÚMULA
STF
- Tribunal de Contas da União; anulação ou revogação de ato administrativo; direito assegurado: Súmula Vinculante 3/STF

CONTRATO
SÚMULA
STF
- transporte; cláusula de não indenizar; inoperância: Súm. 161/STF

CONTRATO ADMINISTRATIVO
SÚMULA
STF
- registro negado pelo Tribunal de Contas; inexequibilidade: Sum. 7/STF

CONTRATO DE TRABALHO
SÚMULA
STF
- obra certa ou prazo determinado; transformação em contrato de prazo indeterminado: Súm. 195/STF
- readmissão; tempo de serviço anterior contado a favor do empregado: Súm. 215/STF
- rescisão; dispensa sem justa causa; indenização; inclusão de férias proporcionais: Súm. 200/STF

CONTRATOS
SÚMULA
STF
- arras ou sinal; compromisso de compra e venda; cláusula de arrependimento: Súm. 412/STF
- cláusula de eleição de foro: Súm. 335/STF
- seguro; ação regressiva: Súm. 188/STF
- seguro; suicídio: Súm. 105/STF
- seguro; transporte de carga por navio; indenização; prescrição: Súm. 151/STF

CONTRIBUIÇÃO
- *v.* TRIBUTOS
- compulsória destinada às entidades de serviço social: art. 240
- custeio do serviço de iluminação pública; cobrança na fatura de consumo de energia elétrica; competência dos Municípios e Distrito Federal: art. 149-A
- de intervenção sobre o domínio econômico: art. 177, § 4º
- de melhoria; competência tributária: art. 145, *caput*, III
- previdência social: art. 201
- previdência social; beneficiário portador de doença incapacitante: art. 40, § 21
- social: arts. 149; 195; ADCT, art. 34, § 1º
- social; alíquotas ou bases de cálculo diferenciadas: art. 195, § 9º
- social; competência da Justiça do Trabalho; execução: art. 114, § 3º

CONTRIBUIÇÃO CONFEDERATIVA

SÚMULA
STF
- exigibilidade: Súm. 666/STF

CONTRIBUIÇÃO PARAFISCAL

SÚMULA
STF
- adicional ao frete para renovação: Súm. 553/STF

CONTRIBUIÇÃO PREVIDENCIÁRIA

SÚMULA
STF
- abono incorporado ao salário; incidência: Súm. 241/STF
- 13º salário; incidência: Súm. 688/STF

CONTRIBUIÇÃO PROVISÓRIA SOBRE MOVIMENTAÇÃO FINANCEIRA (CPMF)

- alíquota: ADCT, art. 84, § 3º
- não incidência: ADCT, art. 85, *caput* e §§ 2º e 3º
- produto da arrecadação; destinação: ADCT, art. 84, § 2º
- prorrogação da cobrança: ADCT, arts. 75; 84, *caput* e § 1º
- regulamentação pelo Poder Executivo; prazo: ADCT, art. 85, § 1º

CONTRIBUIÇÃO SOBRE BENS E SERVIÇOS (CBS)

- incidência, alíquotas, normas e instituição: art. 195, V, CF; arts. 124 e 125, ADCT

CONTRIBUIÇÃO SOCIAL

SÚMULA
STF
- termo de adesão; ato jurídico perfeito: Súmula Vinculante 1/STF

CONTRIBUINTE

- definição para o ICMS: art. 155, § 2º, XII, *a*
- impostos; características: art. 145, § 1º
- Municípios; contas; exame e apreciação: art. 31, § 3º
- taxas; utilização de serviços públicos: art. 145, II
- tratamento desigual; proibição: art. 150, II; ADCT, art. 34, § 1º

CONTRIBUINTE EM DÉBITO

SÚMULA
STF
- proibição de exercer as atividades profissionais; ilicitude: Súm. 547/STF

CONTROLE EXTERNO

- apoio: art. 74, IV
- Congresso Nacional; competência: art. 71
- fiscalização; Município: art. 31

CONTROLE INTERNO

- exercício integrado; Poderes Legislativo, Executivo e Judiciário; finalidade: art. 74
- fiscalização; Município: art. 31
- irregularidade ou ilegalidade; ciência
- ou denúncia ao Tribunal de Contas da União: art. 74, §§ 1º e 2º

CONVENÇÃO INTERNACIONAL SOBRE OS DIREITOS DAS PESSOAS COM DEFICIÊNCIA

LEG. ESP.
- promulgação: Dec. 6.949/2009

CONVENÇÕES INTERNACIONAIS

- celebração e referendo: art. 84, VIII
- crimes; processo e julgamento: art. 109, V
- direitos humanos; aprovação pelo Congresso como emenda constitucional: art. 5º, § 3º

CONVÊNIOS DE COOPERAÇÃO ENTRE ENTES FEDERADOS

- art. 241

COOPERATIVAS

SÚMULA
STF
- importação de produtos; Imposto de Consumo; isenção não incidente: Súm. 84/STF

COOPERATIVISMO

- apoio e estímulo: art. 174, § 2º
- atividade garimpeira: arts. 21, XXV; 174, §§ 3º e 4º
- cooperativa; criação e funcionamento: art. 5º, XVIII
- política agrícola: art. 187, VI

CORPO DE BOMBEIROS

- competência: art. 144, § 5º
- competência legislativa da União: art. 22, XXI
- Distrito Federal; organização e manutenção; assistência financeira: art. 21, XIV
- órgãos: art. 144, V

CORREÇÃO MONETÁRIA

- casos de incidência: ADCT, art. 46
- empresários e produtores rurais; isenção; condições: ADCT, art. 47

SÚMULA
STF
- depósitos bloqueados pelo Plano Collor I; aplicação do BTN fiscal: Súm. 725/STF
- incidência em operações de crédito rural: Súm. 638/STF

CORREIO AÉREO NACIONAL

- manutenção; competência da União: art. 21, X

CORRESPONDÊNCIA
- inviolabilidade; restrições; estado de sítio e de defesa: arts. 139, III; 136, § 1º, I, b
- sigilo; inviolabilidade e exceções: art. 5º, XII

COVID-19
- v. PANDEMIA (COVID-19)

CRÉDITO DE NATUREZA ALIMENTAR
SÚMULA
STF
- exceção; exigência de precatório: Súm. 655/STF

CRÉDITO TRIBUTÁRIO
SÚMULA
STF
- ação judicial para discutir sua exigibilidade; depósito prévio exigido como requisito de admissibilidade da demanda; inconstitucionalidade: Súmula Vinculante 28/STF
- prescrição e decadência; inconstitucionalidade do art. 5º do Dec.-lei 1.569/1977 e dos arts. 45 e 46 da Lei 8.212/1991: Súmula Vinculante/STF

CRÉDITOS
- adicionais; projetos de lei; apreciação: art. 166, caput
- cooperativas; sistema financeiro nacional: art. 192
- entidade de regime de intervenção ou liquidação extrajudicial; correção monetária: ADCT, art. 46
- especiais; abertura e vigência: art. 167, V e § 2º
- especiais; utilização e transposição: arts. 166, § 8º; 168
- externo e interno; disposição; competência privativa do Senado Federal: art. 52, VII e VIII
- extraordinário; abertura e vigência: art. 167, §§ 2º e 3º
- fiscalização de operações; competência da União: art. 21, VIII
- ilimitados; proibição: art. 167, VII
- instituições oficiais da União, disposições: art. 163, VII
- instrumentos creditícios e fiscais; política agrícola: art. 187, I
- operações; contratação; critérios: arts. 165, § 8º; 167, IV
- operações; despesas de capital excedentes: art. 167, III; ADCT, art. 37
- operações; sistema de controle interno; finalidade: art. 74, III
- política; legislação; competência privativa da União: art. 22, VII
- rural; mini, pequenos e médios produtores rurais; débitos; isenção da correção monetária: ADCT, art. 47
- rural; produtores rurais; classificação: ADCT, art. 47, § 2º
- suplementar; abertura critérios: arts. 165, § 8º; 167, V
- suplementar; utilização e transposição: arts. 166, § 8º; 168

CRIANÇA E ADOLESCENTE
- abuso, violência e exploração sexuais: art. 227, § 4º
- amparo: art. 203, II
- assistência social: arts. 203, I e II; 227, § 7º
- autores de infrações penais; aplicação de medida privativa de liberdade: art. 227, § 3º, V
- autores de infrações penais; garantias: art. 227, § 3º, IV
- dependentes de droga; prevenção e atendimento: art. 227, § 3º, VII
- direito à proteção especial: art. 227, § 3º
- direito à saúde: art. 227, § 1º
- direitos: art. 227, caput
- direitos sociais: art. 6º
- estatuto da juventude: art. 227, § 8º, I
- menor; imputabilidade penal: art. 228
- órfãos e abandonados; estímulo à guarda pelo Poder Público: art. 227, § 3º, VI
- plano nacional de juventude: art. 227, § 8º, II
- proteção: art. 203, I
- proteção; competência legislativa concorrente: art. 24, XV
- restrições: art. 227, caput

CRIME(S)
- a bordo de navio ou aeronave; processo e julgamento: art. 109, IX
- ação pública; admissão de ação privada: art. 5º, LIX
- "colarinho-branco"; processo e julgamento: art. 109, VI
- comum; Deputado Federal; processo e julgamento: art. 53, § 3º
- comum; Governadores; processo e julgamento: art. 105, I, a
- comum; membros do Ministério Público da União; processo e julgamento: art. 108, I, a
- comum; Presidente da República: art. 86
- comum; Presidente da República; suspensão de funções: art. 86, § 1º, I
- comum; Senador; processo e julgamento: art. 53, § 4º
- contra a ordem constitucional e o Estado Democrático; inafiançável e imprescritível: art. 5º, XLIV
- contra a organização do trabalho e a ordem econômico-financeira: art. 5º, XLIV
- contra o Estado; vigência; estado de defesa: art. 136, § 3º, I
- contra o sistema financeiro e a ordem econômico-financeira; processo e julgamento: art. 109, VI
- de responsabilidade; Advogado-Geral da União: art. 52, II
- de responsabilidade; comandante da Marinha, do Exército e da Aeronáutica: art. 52, I
- de responsabilidade; desembargadores; membros dos Tribunais de Contas, dos Tribunais Regionais Federais, Eleitorais e do Trabalho, dos Conselhos ou Tribunais de Contas dos Municípios; processo e julgamento: art. 105, I, a
- de responsabilidade; Juízes Federais; processo e julgamento: art. 108, I, a
- de responsabilidade; membro do Ministério Público da União; processo e julgamento: arts. 105, I, a; 108, I, a
- de responsabilidade; Ministro de Estado: art. 50, § 2º
- de responsabilidade; Ministro de Estado; processo e julgamento: art. 52, I
- de responsabilidade; Ministro do STF; processo e julgamento: art. 52, II
- de responsabilidade; Presidente da República: art. 85, caput

- de responsabilidade; Presidente da República; processo e julgamento: arts. 52, I; 86
- de responsabilidade; Presidente da República; suspensão de funções: art. 86, § 1º, II
- de responsabilidade; Presidente da República; tipicidade: art. 85, par. ún.
- de responsabilidade; Presidente do Tribunal; retardar ou frustrar liquidação de precatório: art. 100, § 7º
- de responsabilidade; Procurador-Geral da República; processo e julgamento: art. 52, II
- doloso contra a vida: art. 5º, XLIII
- ingresso ou permanência irregular de estrangeiro; processo e julgamento: art. 109, X
- militar; prisão: art. 5º, LXI
- militar; processo e julgamento: arts. 124; 125, § 4º
- organizado; inafiançável e imprescritível: art. 5º, XLIV
- político; estrangeiro; extradição: art. 5º, LII
- político; processo e julgamento: art. 109, IV
- político; recurso ordinário: art. 102, II, b
- racismo; inafiançável e imprescritível: art. 5º, XLII
- retenção dolosa de salário: art. 7º, X
- revisão criminal e ação rescisória; processo e julgamento; competência: arts. 102, I, j; 105, I, e; 108, I, b
- usura; taxa de juros: art. 192

SÚMULA
STF
- contra a honra: Súm. 396/STF
- sonegação fiscal; ação penal pública incondicionada: Súm. 609/STF

CRIME CONTINUADO
SÚMULA
STF
- prescrição: Súm. 497/STF

CRIME CONTRA A ECONOMIA POPULAR
SÚMULA
STF
- competência; Justiça Estadual: Súm. 498/STF

CRIME CONTRA A ORDEM TRIBUTÁRIA
SÚMULA
STF
- não tipificação: Súmula Vinculante 24/STF

CRIME CONTRA A VIDA
SÚMULA
STF
- continuidade delitiva; inadmissibilidade: Súm. 605/STF

CRIME FALIMENTAR
SÚMULA
STF
- prescrição: Súm. 147/STF

CRIME HEDIONDO
SÚMULA
STF
- regime prisional; critérios para progressão: Súmula Vinculante 26/STF

CRIMES CONTRA A HONRA
SÚMULA
STF
- ação penal; servidor público; legitimidade concorrente: Súm. 714/STF

CULPA
SÚMULA
STF
- presumida: Súm. 341/STF

CULTO RELIGIOSO
- interferência governamental: art. 19, I
- liberdade de exercício: art. 5º, VI
- templos, proibição de impostos: art. 150, VI, b e § 4º; ADCT, art. 34, § 1º

CULTURA
- acesso: art. 23, V
- bens e valores culturais; incentivos: art. 216, § 3º
- cavidades naturais e sítios arqueológicos: art. 20, X
- datas comemorativas; fixação: art. 215, § 2º
- direitos culturais; exercício: art. 215, caput
- legislação: art. 24, IX
- manifestação das culturas populares, indígenas e afro-brasileiras: art. 215, § 1º
- patrimônio cultural; ato lesivo; ação popular: art. 5º, LXXIII
- patrimônio cultural; danos e ameaças; punição: art. 216, § 4º
- patrimônio cultural; promoção e proteção pelo Poder Público: art. 216, § 1º
- patrimônio cultural; proteção; competência: art. 23, III e IV
- patrimônio cultural; proteção ou responsabilidade por dano: art. 24, VII, VIII e IX
- patrimônio cultural; quilombos; tombamento: art. 216, § 5º
- patrimônio histórico-cultural; proteção pelo Município: art. 30, IX
- patrimônio nacional; encargos ou compromissos gravosos; competência: art. 49, I
- patrimônio nacional; mercado interno; desenvolvimento cultural e socioeconômico: art. 219
- patrimônio nacional natural: art. 225, § 4º
- patrimônio público; conservação; competência: art. 23, I
- patrimônio público e social; instauração de inquérito: art. 129, III
- Plano Nacional; duração; objetivos: art. 215, § 3º
- Sistema Nacional de: art. 216-A

CUSTAS E EMOLUMENTOS
- ação popular; isenção: art. 5º, LXXIII
- destinação: art. 98, § 2º

- juízes; recebimento; proibição: art. 95, par. ún.
- serviços forenses: art. 24, IV

SÚMULA STF
- isenção; inaplicabilidade; acidente do trabalho; autarquia seguradora como parte: Súm. 236/STF
- processo trabalhista; isenção concedida ao empregado; extensão ao sindicato que o representa em juízo: Súm. 223/STF

D

DANO MORAL
SÚMULA STF
- indenização; acidente do trabalho; competência da Justiça do Trabalho: Súmula Vinculante 22/STF

DANOS
- ao meio ambiente; reparação: art. 225, § 3º
- material, moral ou à imagem; indenização: art. 5º, V e X
- nucleares; responsabilidade civil: art. 21, XXIII, d
- patrimônio cultural; punição: art. 216, § 4º
- reparação: art. 5º, XLV
- reparação econômica; cidadãos atingidos pelas Portarias Reservadas do Ministério da Aeronáutica: ADCT, art. 8º, § 3º
- responsabilidade; pessoas jurídicas de direito público e privado: art. 37, § 6º

DECADÊNCIA
SÚMULA STF
- crédito tributário; inconstitucionalidade do art. 5º do Dec.-lei 1.569/1977 e dos arts. 45 e 46 da Lei 8.212/1991: Súmula Vinculante 8/STF
- instauração do inquérito judicial: Súm. 403/STF
- representação de inconstitucionalidade: Súm. 360/STF

DÉCIMO TERCEIRO SALÁRIO
SÚMULA STF
- contribuição previdenciária; incidência: Súm. 688/STF

DECISÃO JUDICIAL
- culpa; sentença penal condenatória: art. 5º, LXII

DECLARAÇÃO DE UTILIDADE PÚBLICA; IMÓVEL EM OBRAS E LICENCIADO; INDENIZAÇÃO
SÚMULA STF
- desapropriação; imóvel em obras e licenciado; indenização: Súm. 23/STF
- empresa de energia elétrica; decretação pelos Estados; prévia autorização do Presidente da República necessária: Súm. 157/STF
- imissão na posse antecipada; motivo de urgência; juros compensatórios: Súm. 164/STF
- indenização; correção monetária: Súm. 561/STF

DECORO PARLAMENTAR
- art. 55, II, § 1º

DECRETO
- competência do Presidente da República; extinção de funções ou cargos públicos: art. 84, VI, b
- competência do Presidente da República; organização e funcionamento da administração federal: art. 84, VI, a
- estado de defesa: art. 136, § 1º
- estado de sítio: art. 138, caput
- expedição: art. 84, IV

DECRETO LEGISLATIVO
- processo e elaboração: art. 59, VI

DECRETO-LEI
- apreciação; rejeição; prazo: ADCT, art. 25, §§ 1º e 2º

DEFENSORIA PÚBLICA
- competência legislativa concorrente: art. 24, XIII
- definição, atribuição e organização: art. 134
- dotação orçamentária: art. 168
- Estados; autonomia funcional e administrativa: art. 134, § 2º
- Estados; organização: arts. 61, § 1º, II, d; 134, § 1º
- isonomia salarial: art. 135
- legislação concorrente; competência: art. 24, XIII
- número de defensores; unidade jurisdicional: ADCT, art. 98
- opção pela carreira: art. 135; ADCT, art. 22
- organização administrativa e judiciária; competência: art. 48, IX
- princípios institucionais: art. 134, § 4º
- remuneração: art. 135
- Territórios; organização: arts. 21, XIII; 22, XVII; 48, IX; 61, § 1º, II, d; 134, § 1º
- União; organização: arts. 48, IX; 61, § 1º, II, d; 134, § 1º
- vantagens: art. 135

DEFESA
- aeroespacial, civil, territorial e marítima; legislação; competência: art. 22, XXVIII
- ampla; litigantes e acusados: art. 5º, LV
- civil; competência dos corpos de bombeiros: art. 144, § 5º
- direitos; instrumentos: art. 5º, LXVIII a LXXIII
- direitos; petição e obtenção de certidões: art. 5º, XXXIV
- Ministro de Estado da Defesa; cargo: art. 12, VII
- nacional: art. 21, III
- Pátria; competência das Forças Armadas: art. 142, caput

DEFICIENTE
- v. PORTADOR DE NECESSIDADES ESPECIAIS

DELEGAÇÃO LEGISLATIVA
- leis delegadas; elaboração pelo Presidente da República; solicitação ao Congresso Nacional; forma: art. 68, caput e § 2º
- Poder Executivo; revogação: ADCT, art. 25
- vedação; matérias: art. 68, § 1º

DENÚNCIA

SÚMULA
STF
– despacho de recebimento; crime falimentar; ausência de fundamentação: Súm. 564/STF
– recurso interposto contra rejeição da acusação; provimento: Súm. 709/STF

DEPOSITÁRIO INFIEL

– prisão civil; inadimplência: art. 5º, LXVII

SÚMULA
STF
– prisão civil; ilicitude: Súmula Vinculante 25/STF

DEPUTADO DISTRITAL

– elegibilidade; idade mínima: art. 14, § 3º, VI, c
– eleição: art. 32, § 2º
– mandato eletivo; duração: art. 32, § 2º
– número: art. 32, § 3º

DEPUTADO ESTADUAL

– estado de sítio; difusão de pronunciamento: art. 139, par. ún.
– Estado de Tocantins; eleição e mandato: ADCT, art. 13, §§ 3º e 4º
– idade mínima: art. 14, § 3º, VI, c
– legislatura; duração: art. 44, par. ún.
– mandato eletivo; regras aplicáveis: art. 27, § 1º
– número: art. 27, caput
– Prefeito; exercício das funções: ADCT, art. 50, § 3º
– remuneração; subsídios: art. 27, §§ 1º e 2º
– servidor público civil: art. 38, I

DEPUTADO FEDERAL

– crimes inafiançáveis: art. 53, § 2º
– decoro parlamentar: art. 55, II e § 1º
– estado de sítio; difusão de pronunciamento: art. 139, par. ún.
– estado de sítio; suspensão da imunidade parlamentar: art. 53, § 8º
– exercício de funções executivas: art. 56, I e § 3º
– flagrante de crime inafiançável: art. 53, § 2º
– habeas corpus; paciente: art. 102, I, d
– idade mínima: art. 14, § 3º, VI, c
– impedimentos: art. 54
– imunidades: art. 53
– imunidades; estado de sítio: art. 53, § 8º
– incorporação às Forças Armadas: art. 53, § 7º
– infrações penais comuns; processo e julgamento: art. 102, I, b
– inviolabilidade: art. 53, caput
– legislatura; duração: art. 44, par. ún.
– licença: art. 56, II
– mandato; perda: arts. 55; 56
– mandato; perda; condenação criminal: art. 55, VI
– mandato; perda por maioria absoluta: art. 55, § 2º
– mandato; perda; processo e julgamento: art. 55, §§ 2º e 3º
– Prefeito; exercício da função: ADCT, art. 5º, § 3º
– remuneração: art. 49, VII
– servidor público civil: art. 38, I
– sessão legislativa; ausência: art. 55, III
– sistema eleitoral: art. 45, caput
– subsídios: art. 49, VII
– suplência: art. 56, § 1º
– testemunho: art. 53, § 6º
– Tocantins; eleição e mandato: ADCT, art. 13, §§ 3º e 4º
– vacância: art. 56, § 2º

DESAFORAMENTO

SÚMULA
STF
– nulidade; audiência da defesa não realizada: Súmula 712/STF

DESAPROPRIAÇÃO

– competência legislativa; União: art. 22, II
– culturas ilegais de plantas psicotrópicas; exploração de trabalho escravo: art. 243
– imóvel rural; reforma agrária: art. 184
– imóvel urbano; indenização; pagamento em dinheiro: art. 182, § 3º
– imóvel urbano; indenização; pagamento em títulos da dívida pública: art. 182, § 4º, III
– utilidade pública ou interesse social; procedimento: art. 5º, XXIV

SÚMULA
STF
– ações de sociedade; direitos do poder desapropriante: Súm. 476/STF
– competência; empresa de energia elétrica; União Federal como assistente; juízo da Fazenda Nacional da Capital do Estado: Súm. 218/STF
– incidência; imposto de transmissão inter vivos: Súm. 111/STF

DESENVOLVIMENTO CIENTÍFICO E TECNOLÓGICO

– empresas; concessão de incentivos: art. 218, § 4º
– Estado: art. 218, caput
– legislação: art. 24, IX
– mercado interno: art. 219
– recursos humanos; condições especiais de trabalho: art. 218, § 3º
– recursos humanos; formação, aperfeiçoamento e remuneração: art. 218, § 4º
– recursos humanos; formação pelo Estado: art. 218, § 3º

DESENVOLVIMENTO URBANO

– diretrizes; competência: art. 21, XX

DESOBEDIÊNCIA

LEG. ESP.
– sujeição; ressalvas: art. 8º da Lei 4.717/1965

DESPACHANTE ADUANEIRO

SÚMULA
STF
– imposto de renda; desconto na fonte; competência da autoridade alfandegária: Súm. 94/STF

DESPACHO ADUANEIRO

SÚMULA
STF
- taxa; adicional do Imposto de Importação; borracha; não incidência: Súm. 308/STF
- taxa; adicional do Imposto de Importação; isenção de imposto incidente sobre automóvel: Súm. 309/STF
- taxa; exigibilidade: Súmulas 130 e 131/STF
- taxa; importação de fertilizantes e inseticidas; inexigibilidade: Súm. 133/STF
- taxa; isenção fiscal; frutas importadas da Argentina: Súm. 134/STF

DESPEDIDA

SÚMULA
STF
- inquérito; falta grave: Súm. 197/STF

DESPESAS

SÚMULA
STF
- honorários advocatícios: Súmulas 185, 234, 256, 257, 389, 512 e 616/STF

DESPESAS PÚBLICAS

- aumento; projeto de lei, inadmissibilidade: art. 63
- autorização; comissão mista permanente; procedimentos: art. 72
- concessão de empréstimos; pagamento de pessoal: art. 167, X
- criação de cargos; concessão de vantagens: art. 169, § 1º
- extraordinárias; empréstimo compulsório: art. 148, I; ADCT, art. 34, § 1º
- ilegalidade; procedimentos do Tribunal de Contas da União: art. 71, VIII a XI e §§ 1º a 3º
- pessoal: art. 169; ADCT, art. 38
- Poder Legislativo Municipal: art. 29-A
- previsão de fonte orçamentária necessária à realização: art. 167, § 7º
- redução das despesas com pessoal; cargos em comissão; exoneração: art. 169, § 3º
- repasse de verbas; suspensão; entes federais: art. 169, § 2º
- transferência voluntária de recursos; pagamento de despesas com pessoal: art. 167, X

DESPORTO

- art. 217
- competições desportivas; ações; julgamento: art. 217, § 1º
- legislação: art. 24, IX
- reprodução da imagem e voz humanas: art. 5º, XXVIII, a

DIFAMAÇÃO

SÚMULA
STF
- ação penal: Súm. 714/STF

DIPLOMATA

- cargo privativo de brasileiro nato: art. 12, § 3º, V

- chefe de missão diplomática; aprovação prévia; competência: art. 52, IV
- infração penal comum e crime de responsabilidade; processo e julgamento: art. 102, I, c

DIREITO(S)

- acesso às informações pessoais e coletivas: art. 5º, XXXIII
- adquirido: art. 5º, XXXVI
- autoral: art. 5º, XVII, XVIII, XXVII, XXVIII e XXIX
- certidões nas repartições públicas: art. 5º, XXXIV
- de resposta: art. 5º, V
- de reunião: art. 5º, XVI
- de reunião e associação; assegurado: arts. 5º, XVI, XVII, XVIII, XIX, XX e XXI; 136, § 1º, I, a
- do empregador; participação nos colegiados de órgãos públicos; interesses profissionais e previdenciários: art. 10
- do trabalhador; participação nos colegiados de órgãos públicos; interesses profissionais e previdenciários: art. 10
- do trabalhador; representante dos empregados junto às empresas: art. 11
- do trabalho; competência legislativa: art. 22, I
- financeiro; competência legislativa concorrente: art. 24, I
- herança: art. 5º, XXX
- honra pessoal: art. 5º, X
- imagem pessoal: art. 5º, X
- impenhorabilidade da pequena propriedade rural: art. 5º, XXVI
- individual; dignidade da pessoa humana: art. 1º, III
- individual; lesão ou ameaça: art. 5º, XXXV
- individual; tráfego; limitação por meio de tributos: art. 150, V; ADCT, art. 34, § 1º
- intimidade: art. 5º, X
- liberdade: art. 5º, caput
- marítimo; competência legislativa: art. 22, I
- petição: art. 5º, XXXIV
- penal; competência legislativa: art. 22, I
- penitenciário; competência legislativa concorrente: art. 24, I
- prática de culto religioso: art. 5º, VI
- presidiárias: art. 5º, L
- presos: art. 5º, XLVIII, XLIX, LXIII e LXIV
- processual; União; competência legislativa: art. 22, I
- propriedade: art. 5º, caput e XXII
- segurança: art. 5º, caput
- suspensão ou interdição: art. 5º, XLVI, e
- tributário; competência legislativa concorrente: art. 24, I
- urbanístico; competência legislativa concorrente: art. 24, I
- vida: art. 5º, caput
- vida privada: art. 5º, X

DIREITO ADQUIRIDO

- art. 5º, XXXVI

DIREITO AUTORAL

- art. 5º, XVII e XVIII

ÍNDICE ALFABÉTICO-REMISSIVO UNIFICADO

DIREITO DE GREVE

SÚMULA
STF
– trabalhadores da iniciativa privada; ação possessória decorrente do exercício deste direito; competência da Justiça do Trabalho: Súmula Vinculante 23/STF

DIREITO DE RESPOSTA
– art. 5º, V

DIREITO DE VIZINHANÇA

SÚMULA
STF
– parede de tijolos de vidro translúcido; construção a menos de metro e meio; servidão inexistente: Súm. 120/STF

DIREITOS E DEVERES INDIVIDUAIS E COLETIVOS
– ação de grupos armados; crime inafiançável e imprescritível: art. 5º, XLIV
– ação de inconstitucionalidade: art. 103
– ação penal; pública e privada: art. 5º, LIX
– ação popular: art. 5º, LXXIII
– acesso à informação: art. 5º, XIV
– ameaça; apreciação do Poder Judiciário: art. 5º, XXXV
– anterioridade da lei: art. 5º, XL
– aplicação imediata: art. 5º, § 1º
– assistência judiciária: art. 5º, LXXIV
– assistência religiosa: art. 5º, VII
– ato jurídico perfeito: art. 5º, XXXVI
– atos processuais; publicidade: art. 5º, LX
– banimento: art. 5º, XLVII, d
– bens de estrangeiros; sucessão: art. 5º, XXXI
– cidadania; gratuidade dos atos aos pobres: art. 5º, LXXVI
– coisa julgada: art. 5º, XXXVI
– crimes hediondos: art. 5º, XLIII
– defesa do consumidor: art. 5º, XXXII
– delegação legislativa; vedação: art. 68, § 1º, II
– desapropriação: art. 5º, XXIV
– discriminação atentatória: art. 5º, XLI
– erro judiciário: art. 5º, LXXV
– extradição de brasileiro: art. 5º, LI
– extradição de estrangeiro: art. 5º, LII
– função social da propriedade: art. 5º, XXIII
– garantias: art. 5º
– *habeas corpus*: art. 5º, LXVIII e LXXVII
– *habeas data*: art. 5º, LXXII e LXXVII
– identificação criminal: art. 5º, LVIII
– igualdade entre homens e mulheres: art. 5º, I
– igualdade perante a lei: art. 5º, *caput*
– inviolabilidade; comunicações telefônicas, telegráficas e de dados: arts. 5º, XII; 136, § 1º, I, c
– inviolabilidade do domicílio: art. 5º, XI
– inviolabilidade do sigilo de correspondência: arts. 5º, XII; 136, § 1º, I, b
– irretroatividade da lei penal: art. 5º, XL
– juízo ou tribunal de exceção: art. 5º, XXXVII
– júri: art. 5º, XXXVIII
– lesão; apreciação do Poder Judiciário: art. 5º, XXXV

– liberdade de associação: art. 5º, XVIII, XIX e XX
– liberdade de comunicação: art. 5º, IX
– liberdade de consciência e de crença: art. 5º, VI
– liberdade de expressão artística: art. 5º, IX
– liberdade de expressão científica e intelectual: art. 5º, IX
– liberdade de locomoção: art. 5º, XV
– liberdade de manifestação de convicções filosóficas e crença: art. 5º, VIII
– liberdade de manifestação de pensamento: art. 5º, IV
– liberdade de manifestação e convicções políticas: art. 5º, VIII
– liberdade de reunião: art. 5º, XVI
– liberdade de trabalho, ofício e profissão: art. 5º, XIII
– liberdade provisória: art. 5º, LXVI
– mandado de injunção: art. 5º, LXXI
– mandado de segurança: art. 5º, LXIX
– mandado de segurança coletivo: art. 5º, LXX
– marcas e patentes: art. 5º, XXIX
– ocupação temporária da propriedade: art. 5º, XXV
– pena; cumprimento em excesso: art. 5º, LXXV
– pena; individualização: art. 5º, XLVI
– pena; multa: art. 5º, XLVI, c
– pena; perda de bens: art. 5º, XLVI, b
– pena; prestação social alternativa: art. 5º, XLVI, d
– pena; privação de liberdade: art. 5º, XLVI, a
– pena; restrição à pessoa do condenado: art. 5º, XLV
– pena; suspensão ou interdição de direitos: art. 5º XLVI, e
– pena de morte: art. 5º, XLVII, a
– penas cruéis: art. 5º, XLVII, e
– presunção de inocência: art. 5º, LVII
– prisão: art. 5º, LXI e LXVI
– prisão; comunicação: art. 5º, LXII
– prisão civil por dívida: art. 5º, LXVII
– prisão ilegal: art. 5º, LXV
– prisão perpétua: art. 5º, XLVII, b
– processo administrativo: art. 5º, LV
– processo; autoridade competente: art. 5º, LIII
– processo judicial civil e penal; contraditório: art. 5º, LV
– processo legal; perdimento de bens; privação da liberdade: art. 5º, LIV
– processo; prova: art. 5º, LVI
– proteção de dados pessoais: art. 5º, LXXIX
– racismo; crime inafiançável: art. 5º, XLII
– reserva legal: art. 5º, II e XXXIX
– sentença; autoridade competente: art. 5º, LIII
– terrorismo: art. 5º, XLIII
– tortura; vedação: art. 5º, III
– trabalhos forçados: art. 5º, XLVII, c
– tráfico de drogas: art. 5º, XLIII e LI
– tratados internacionais: art. 5º, § 2º
– tratamento desumano ou degradante; vedação: art. 5º, III

DIREITOS E GARANTIAS FUNDAMENTAIS
– arts. 5º a 17
– aplicação imediata das normas: art. 5º, § 1º
– direitos e deveres individuais e coletivos: art. 5º
– direitos políticos: arts. 14 a 16
– direitos sociais: arts. 6º a 11

CONSTITUIÇÃO DA REPÚBLICA FEDERATIVA DO BRASIL

- nacionalidade: arts. 12 e 13
- partidos políticos: art. 17

DIREITOS HUMANOS

- causas relativas à matéria; competência: art. 109, V-A
- grave violação: art. 109, § 5º
- prevalência: art. 4º, II
- tratados e convenções internacionais; equivalência à emenda constitucional: art. 5º, § 3º
- Tribunal Internacional: ADCT, art. 7º

DIREITOS POLÍTICOS

- v. INELEGIBILIDADE
- cassação; perda ou suspensão: art. 15
- delegação legislativa; vedação: art. 68, § 1º, II
- restabelecimento: ADCT, art. 9º
- soberania popular; exercício: art. 14, caput
- suspensão; improbidade: art. 37, § 4º

DIREITOS SOCIAIS

- direitos dos trabalhadores: art. 7º
- educação, saúde, alimentação, trabalho, moradia, lazer, segurança, previdência social, proteção à maternidade e à infância, assistência aos desamparados: art. 6º

DISCRIMINAÇÃO

- art. 3º, IV

LEG. ESP.
- Convenção Interamericana contra o Racismo, a Discriminação Racial e Formas Correlatas de Intolerância: Dec. 10.932/2022

DISTRITO FEDERAL

- Administração Pública; princípios: art. 37, caput
- assistência social; contribuição para o custeio do sistema: art. 149, §§ 1º a 4º
- autarquias e fundações instituídas e mantidas pelo Poder Público; limitações ao poder de tributar: art. 150, §§ 2º e 3º
- autonomia administrativa, financeira, legislativa e política: arts. 18, caput; 32, caput
- bens: ADCT, art. 16, § 3º
- Câmara dos Deputados; irredutibilidade de sua representação: ADCT, art. 4º, § 2º
- Câmara Legislativa: art. 32, caput, § 3º
- Câmara Legislativa; exercício de competência antes de sua instalação: ADCT, art. 16, § 1º
- causas e conflitos com a União, os Estados e respectivas entidades da administração indireta; processo e julgamento: art. 102, I, f
- competência legislativa: art. 32, § 1º
- competência tributária: arts. 145, caput; 155, caput
- competência tributária; vedação ao limite de tráfego: art. 150, V
- consultoria jurídica: art. 132
- Corpo de Bombeiros Militar; utilização: art. 32, § 4º
- crédito externo e interno: art. 52, VII
- diferença de bens e serviços; limitações ao poder de tributar: art. 152

- disponibilidades de caixa depósito em instituições financeiras oficiais: art. 164, § 3º
- dívida mobiliária; fixação de limites globais pelo Senado Federal: art. 52, IX
- divisão em Municípios; vedação: art. 32, caput
- edição de leis para aplicação do Sistema Tributário Federal: ADCT, art. 34, § 3º
- empresa de pequeno porte; tratamento jurídico diferenciado: art. 179
- ensino; aplicação de receita de impostos: art. 212
- ensino; destinação de receita orçamentária: art. 218, § 5º
- Fazenda Pública; precatório: art. 100, caput; ADCT, art. 97
- fiscalização financeira, orçamentária, operacional e patrimonial: art. 75, caput; ADCT, art. 16, § 2º
- fundo de participação; determinação: ADCT, art. 34, § 2º
- Governador e Vice-Governador; eleição: art. 32, § 2º
- Governador; indicação e aprovação: ADCT, art. 16
- impostos da União; arrecadação: arts. 153, § 5º, I; 157; 159, I a II, §§ 1º e 2º; 161; ADCT, art. 34, § 2º
- impostos; instituição e normas: art. 155
- impostos municipais: art. 147
- impostos; vedada a retenção: art. 160
- incentivos fiscais; reavaliação: ADCT, art. 41
- instituições de assistência social e de educação sem fins lucrativos; limitações ao poder de tributar: art. 150, VI, c, § 4º
- intervenção da União: art. 34
- Lei Orgânica: art. 32
- litígio com Estado estrangeiro ou Organismo Internacional; processo e julgamento: art. 102, I, e
- mar territorial; direito de participação e compensação financeira por sua exploração: art. 20, § 1º
- microempresa; tratamento jurídico diferenciado: art. 179
- Ministério Público; organização e legislação: arts. 22, XVII; 48, IX
- orçamento; recursos para a assistência social: art. 204, caput
- partidos políticos; limitações ao poder de tributar: art. 150, VI, c, § 4º
- patrimônio, renda ou serviços de entes públicos; limitações ao poder de tributar: art. 150, VI, a
- pesquisa científica e tecnológica; destinação de receita orçamentária: art. 218, § 5º
- pessoal; despesa: art. 169; ADCT, art. 38
- plataforma continental; direito e compensação financeira por sua exploração: art. 20, § 1º
- polícia civil; competência legislativa concorrente da União, Estados e Distrito Federal: art. 24, XVI
- polícia civil e militar; utilização: art. 32, § 4º
- previdência social; contribuição para o custeio do sistema: art. 149, §§ 2º a 4º
- Procurador-Geral; nomeação e destituição: art. 128, §§ 3º e 4º
- quadro de pessoal; compatibilização: ADCT, art. 24
- receitas tributárias da União; repartição: arts. 153, § 5º, I; 157; 159, I a II, §§ 1º e 2º; 161; ADCT, art. 34, § 2º
- receita tributária; repartição: arts. 157; 162
- recursos hídricos; direito de participação financeira na exploração: art. 20, § 1º
- recursos minerais; direito de participação e compensação financeira por sua exploração: art. 20, § 1º

- reforma administrativa: ADCT, art. 24
- repartição das receitas tributárias; vedação à retenção ou restrição: art. 160
- representação judicial: art. 132
- símbolos: art. 13, § 2º
- sindicatos; limitações ao poder de tributar: art. 150, VI, c, § 4º
- sistema de ensino: art. 211, *caput*
- Sistema Único de Saúde; financiamento: art. 198, § 1º
- templos de qualquer culto; limitações ao poder de tributar: art. 150, VI, b, § 4º
- tributação; limites: art. 150
- turismo; promoção e incentivo: art. 180
- vedações: art. 19
- Vice-Governador; indicação e aprovação: ADCT, art. 16

DÍVIDA PÚBLICA

- agentes públicos; remuneração e proventos; tributação: art. 151, II
- agrária; imóvel rural; indenização: art. 184, *caput* e § 4º
- consolidada; fixação; competência: art. 52, VI
- disposição; competência: art. 48, II
- Estados, Distrito Federal e Municípios; renda; tributação; limites: art. 151, II
- Estados, Distrito Federal e Municípios; suspensão do pagamento; intervenção: arts. 34, V, a; 35, I
- externa brasileira; Congresso Nacional; Comissão Mista: ADCT, art. 26
- externa e interna: art. 234; ADCT, art. 13, § 6º
- externa e interna; disposição: art. 163, II
- mobiliária federal, do Distrito Federal, estadual e municipal; Senado Federal; fixação de limites globais: art. 52, IX
- títulos; emissão e resgate; disposição: art. 163, IV

DIVÓRCIO

- art. 226, § 6º

SÚMULA STF

- sentença estrangeira; homologação; inadmissibilidade; país de que os cônjuges não eram nacionais: Súm. 381/STF

DOAÇÃO

SÚMULA STF

- cláusula de inalienabilidade; consequências: Súm. 49/STF

DOMICÍLIO

- busca e apreensão; estado de sítio: art. 139, V
- casa; asilo inviolável do indivíduo: art. 5º, XI
- eleitoral: art. 14, § 3º, IV; ADCT, art. 5º, § 1º

E

ECONOMIA POPULAR

- responsabilidade; atos contrários: art. 173, § 5º

EDUCAÇÃO

- acesso; competência: art. 23, V
- alimentação; programa; educando: art. 212, § 4º
- ambiental: art. 225, § 1º, VI
- analfabetismo; eliminação: art. 214, I
- básica; financiamento; melhoria da qualidade de ensino: ADCT, art. 60, § 1º
- básica; obrigatória e gratuita; programas suplementares: art. 208, I e VII
- básica; profissionais; fixação de prazo para elaboração ou adequação de planos de carreira: art. 206, par. ún.
- básica pública; ensino regular: art. 211, § 5º
- básica pública; fonte adicional de financiamento; salário-educação: art. 212, § 5º
- deficiente; atendimento especializado: art. 208, III
- dever do Estado e da família: arts. 205; 208
- direito: art. 205
- direito social: art. 6º
- diretrizes e bases; legislação: art. 22, XXIV
- escolas comunitárias, confessionais ou filantrópicas: art. 213, I, II; ADCT, art. 61
- escolas públicas: art. 213, *caput*
- ex-combatentes; gratuidade: ADCT, art. 53, IV
- garantia; educação infantil em creche e pré-escola: art. 208, IV
- garantias: art. 208
- infantil e ensino fundamental; programas: art. 30, VI
- instituições oficiais; recursos: art. 242
- instituições sem fins lucrativos; limitações ao poder de tributar: art. 150, VI, c, § 4º
- legislação: art. 24, IX
- objetivos: art. 205
- plano nacional: art. 212, § 3º
- princípios: art. 206
- profissionais da educação escolar pública; piso salarial profissional nacional: art. 206, VIII
- recursos públicos; destinação: arts. 212; 213; ADCT, arts. 60; 61
- salário-educação: art. 212, §§ 5º e 6º
- Serviço Nacional de Aprendizagem Rural; criação: ADCT, art. 62
- sistema de ensino; organização: art. 211, *caput* e § 1º
- trabalhador adolescente e jovem; acesso: art. 227, § 3º, III
- universidade; autonomia: art. 207, *caput*

ELEIÇÃO

- abuso do exercício de função, cargo ou emprego público: art. 14, § 9º
- alistabilidade; condições: art. 14, § 2º
- alistamento eleitoral; obrigatório e facultativo: art. 14, § 1º
- Câmara Territorial; Territórios com mais de cem mil habitantes: art. 33, § 3º
- Deputado Distrital: art. 32, § 2º
- Deputado Federal: art. 45
- elegibilidade; condições: art. 14, §§ 3º a 8º; ADCT, art. 5º, § 5º
- Governador e Vice-Governador do Distrito Federal: art. 32, § 2º

- Governador; Vice-Governador, Senadores, Deputados Federais, Deputados Estaduais: ADCT, art. 13, § 3º
- inalistabilidade: art. 14, §§ 2º e 4º
- municipal; adiamento em razão da pandemia (Covid-19): EC 107/2020
- normas específicas; 15 de novembro: ADCT, art. 5º
- poder econômico; influência: art. 14, § 9º
- Prefeito e Vice-Prefeito: art. 29, I e II
- Presidente e Vice-Presidente da República; normas: art. 77; ADCT, art. 4º, § 1º
- processo; alteração: art. 16
- Senador: art. 46
- Vereador: art. 29, I

ELEITOR

- alistamento eleitoral: art. 14, § 1º
- inalistáveis: art. 14, § 2º
- militar; elegibilidade: art. 14, § 8º

EMBARGOS
SÚMULA
STF

- divergência qualificada; interposição contra decisão que nega provimento a agravo ou não conhece de recurso extraordinário: Súm. 233/STF
- execução fiscal; oposição contra decisão reformatória unânime de primeira instância: Súm. 278/STF
- execução fiscal; oposição em favor da Fazenda Pública; decisão não unânime: Súm. 277/STF
- fundamento em divergência entre decisões da mesma turma do STF; não cabimento: Súm. 353/STF
- não conhecimento; existência de jurisprudência no mesmo sentido da decisão embargada pelo plenário do STF: Súm. 247/STF

EMBARGOS DE DECLARAÇÃO
SÚMULA
STF

- improcedência: Súm. 317/STF
- ponto omisso da decisão; ausência de prequestionamento: 356/STF

EMBARGOS DE DIVERGÊNCIA
SÚMULA
STF

- Súmulas 233, 253, 273, 353 e 598/STF
- inadmissibilidade; ação rescisória; decisão unânime do STF: Súm. 295/STF
- inadmissibilidade; matéria constitucional submetida ao plenário dos Tribunais: Súm. 293/STF
- inadmissibilidade; matéria não ventilada no julgamento do recurso extraordinário: Súm. 296/STF
- inadmissibilidade; oposição contra decisão do STF em mandado de segurança: Súm. 294/STF
- interposição contra agravo por ocasião de julgamento de apelação: Súm. 211/STF
- matéria constitucional; admissão: Súm. 455/STF
- não cabimento: Súm. 599/STF
- recurso extraordinário tardio: Súm. 355/STF
- ressalva: Súm. 598/STF

EMENDAS À CONSTITUIÇÃO

- aprovação: art. 60, § 2º
- direitos e garantias individuais: art. 60, § 4º, IV
- elaboração; possibilidade: arts. 59, I; 60, *caput*
- estado de defesa e de sítio; vedação: art. 60, § 1º
- federação: art. 60, § 4º, I
- intervenção federal; vedação: art. 60, § 1º
- promulgação: art. 60, § 3º
- proposição: art. 60, *caput*
- rejeição: art. 60, § 5º
- separação dos Poderes: art. 60, § 4º, III
- sistema eleitoral: art. 60, § 4º, II
- vedação: art. 60, § 4º

EMIGRAÇÃO

- competência privativa da União: art. 22, XV

EMPREGADO(S)
SÚMULA
STF

- atividade industrial; exercício de atividade rural; classificação de acordo com a categoria do empregador: Súm. 196/STF
- representação sindical; dispensa; exigibilidade de inquérito em que se apure falta grave: Súm. 197/STF

EMPREGADO DOMÉSTICO

- *v.* TRABALHADOR DOMÉSTICO

EMPREGO

- gestante: art. 7º, XVIII; ADCT, art. 10, II, *b*
- plano de acesso; princípio da ordem econômica: art. 170, VIII
- proteção; lei complementar: art. 7º; ADCT, art. 10
- público; acesso e investidura: art. 37, I, II e IV e § 2º
- público; acumulação: art. 37, XVII; ADCT, art. 17, §§ 1º e 2º
- público; criação e remuneração; iniciativa da lei: art. 61, § 1º, II, *a*
- sistema nacional; organização; competência: art. 22, XVI

EMPRESA

- brasileira de capital nacional; energia hidráulica; jazidas: art. 176, § 1º
- brasileira; exploração de recursos minerais e de energia hidráulica; requisitos; prazo: ADCT, art. 44
- concessionária e permissionária de serviços públicos: arts. 21, XI e XII; 175
- controle pelo Poder Público; disponibilidade de caixa; depósito em instituições financeiras oficiais: art. 164, § 3º
- estatal; anistia: ADCT, art. 8º, § 5º
- estatal; licitação e contratação; competência: art. 22, XXVII
- estatal; orçamento: art. 165, §§ 5º e 7º; ADCT, art. 35, § 1º
- estatal; serviço de gás canalizado; exploração: art. 25, § 2º
- investimento em pesquisa e tecnologia: art. 218, § 4º
- jornalística; propriedade: art. 222
- lucros e gestão; participação do trabalhador: art. 7º, XI
- micro e pequena; débitos; isenção de correção monetária: ADCT, art. 47

- micro e pequena; definição: ADCT, art. 47
- micro e pequena; tratamento diferenciado: arts. 170, IX; 179
- pequeno porte; favorecimento: art. 170, IX
- PIS/PASEP; contribuições: art. 239
- pública; acumulação de empregos e funções: art. 27, XVII; ADCT, art. 17, §§ 1º e 2º
- pública; apuração de infrações, bens, serviços e interesses: art. 144, § 1º, I
- pública; causas; juízes federais; processo e julgamento: art. 109, I
- pública; criação e autorização: art. 37, XIX
- pública; despesa com pessoal: art. 169, par. ún., II; ADCT, art. 38
- pública; exploração de atividade econômica: art. 173
- pública; servidor público ou empregado; anistia: ADCT, art. 8º, § 5º
- pública; subsidiárias; autorização legislativa: art. 37, XX
- radiodifusão sonora e de sons e imagens; propriedade: art. 222
- representação de empregados: art. 11
- sindicato; serviços social e formação de profissional; contribuições compulsórias: art. 240
- supranacional; fiscalização das contas nacionais; competência: art. 71, V

EMPRÉSTIMO COMPULSÓRIO

- aplicação dos recursos: art. 148, par. ún.
- consumo de energia elétrica, competência: Súm. 553/STJ

ENERGIA

- atividades nucleares; legislação; competência: art. 22, XXVI
- consumo de energia elétrica, competência: Súm. 553/STJ
- elétrica; exploração, autorização, concessão e permissão: art. 21, XII, b
- elétrica; imposto sobre circulação de mercadorias; responsabilidade pelo pagamento: ADCT, art. 34, § 9º
- elétrica; incidência de tributo: art. 155, § 3º
- elétrica; participação assegurada do Estado, Distrito Federal e Municípios: art. 20, § 1º
- hidráulica; autorização, concessão e exploração; brasileiro e empresa brasileira de capital nacional: art. 176, § 1º
- hidráulica; empresas brasileiras exploradoras: ADCT, art. 44
- hidráulica; exploração ou aproveitamento industrial: art. 176, caput
- nuclear; iniciativas do Poder Executivo; aprovação; competência: art. 49, XIV
- potenciais energéticos; terras indígenas; exploração; autorização: art. 231, § 3º
- União; competência para legislar: art. 22, IV
- usina nuclear; localização: art. 225, § 6º

ENFITEUSE

- ADCT, art. 49

SÚMULA
STF
- pena de comisso – aplicação dependente de sentença: Súm. 169/STF
- purgação da mora: Súm. 122/STF
- resgate; instituição anterior à vigência do Código Civil/1916: Súm. 170/STF

ENSINO

- acesso: arts. 206, I; 208, V e § 1º
- aplicação de recursos: art. 212
- atividades universitárias de pesquisa e extensão; apoio financeiro do Poder Público: art. 213, § 2º
- bolsas de estudo: art. 213, § 1º
- comunidades indígenas: art. 210, § 2º
- conteúdo mínimo: art. 210, caput
- direitos e deveres: art. 205
- Distrito Federal e Estados; destinação de receitas orçamentárias: art. 218, § 5º
- fomento: art. 218, § 5º
- fundamental: art. 208, §§ 2º e 3º
- fundamental; alimentação e assistência à saúde; financiamento: art. 212, § 4º
- fundamental; programas: art. 30, VI
- fundamental; valor por aluno: ADCT, art. 60, §§ 2º e 3º
- História do Brasil: art. 242, § 1º
- legislação: art. 24, IX
- médio; gratuidade: art. 208, II
- noturno regular: art. 208, VI
- obrigatório; não oferecimento: art. 208, § 2º
- português: art. 210, § 2º
- princípios: art. 206
- privado; condições: art. 209
- público; gratuidade; exclusão: art. 242
- qualidade: arts. 206, V; 214, III
- regular; atendimento prioritário: art. 211, § 5º
- religioso; escolas públicas: art. 210, § 1º
- religioso; matrícula facultativa: art. 210, § 1º
- sistema: art. 211, caput

ENSINO UNIVERSITÁRIO

SÚMULA
STF
- docentes; rodízio na substituição de professor catedrático: Súm. 48/STF

ENTORPECENTES E DROGAS AFINS

- confisco de bens e rendimentos provenientes de tráfico ilícito: art. 243, par. ún.
- dependentes; criança, adolescente e jovem: art. 227, § 3º, VII
- plantas psicotrópicas; cultura; expropriação das terras; exploração de trabalho escravo: art. 243
- prevenção e repressão ao tráfico: art. 144, § 1º, II
- tráfico ilícito; crime inafiançável; extradição: art. 5º, XLIII e LI

ERRO JUDICIÁRIO

- indenização: art. 5º, LXXV

ESPAÇO AÉREO E MARÍTIMO
– limites: art. 48, V

ESTABELECIMENTO
SÚMULA
STF
– embargos; oposição em favor da Fazenda Pública; decisão não unânime: Súm. 277/STF
– interposição de recurso de revista; inadmissibilidade: Súm. 276/STF
– prescrição: Súm. 150/STF

ESTABELECIMENTO BANCÁRIO
SÚMULA
STF
– cheque falso; pagamento: Súm. 28/STF

ESTABELECIMENTO COMERCIAL
SÚMULA
STF
– horário de funcionamento do comércio local; competência dos Municípios: Súmulas 419 e 645/STF
– mesmo ramo de atividade; livre concorrência: Súm. Vinculante 49 e 646/STF

ESTABELECIMENTO DE ENSINO
SÚMULA
STF
– curso superior; aprovação condicionada a média superior a quatro: Súm. 58/STF

ESTABILIDADE
SÚMULA
STF
– cômputo de tempo; serviço militar obrigatório: Súm. 463/STF
– membros da CIPA: art. 165; Súm. 676/STF

ESTADO
– Acre; limites; homologação: ADCT, art. 12, § 5º
– Administração Pública; princípios: art. 37, caput
– Advogado-Geral; nomeação e destituição: art. 235, VIII
– agente normativo e regulador da atividade econômica; funções: art. 174, caput
– Amapá; transformação: ADCT, art. 14
– anexação: art. 18, § 3º
– áreas; incorporação; subdivisão e desmembramento: art. 18, § 3º
– áreas ecológicas; definição e proteção: art. 225, § 1º, III
– autarquia e fundação instituída e mantida pelo Poder Público; limitações ao poder de tributar: art. 150, §§ 2º e 3º
– autonomia: art. 18, caput
– bens: art. 26
– Câmara dos Deputados; irredutibilidade de sua representação: ADCT, art. 4º, § 2º
– causas e conflitos com a União, o Distrito Federal e respectivas entidades da administração indireta; processo e julgamento: art. 102, I, f

– competência: arts. 25, § 1º; 98
– competência; criação da Justiça de Paz: art. 98, II
– competência; criação de Juizados Especiais: art. 98, I
– competência legislativa supletiva: art. 24, § 2º
– competência supletiva: art. 22, par. ún.
– competência tributária: arts. 145; 155
– competência tributária; imposto sobre a prestação de serviços de transporte interestadual e intermunicipal: art. 155, II e § 3º
– competência tributária; imposto sobre a venda de combustíveis líquidos e gasosos: art. 155, II e § 3º
– competência tributária; imposto sobre serviços de telecomunicações: art. 155, II e § 3º
– competência tributária; limitação do tráfego de bens e pessoas; vedação: art. 150, V
– consultoria jurídica: art. 132; ADCT, art. 69
– contribuições previdenciárias; débitos: ADCT, art. 57
– crédito externo e interno; disposições sobre limites globais pelo Senado Federal: art. 52, VII
– criação: arts. 18, § 3º; 234; 235
– desmembramento: arts. 18, § 3º; 48, VI
– diferença entre bens e serviços; limitações ao poder de tributar: art. 152
– disponibilidades de caixa-depósito em instituições financeiras oficiais: art. 164, § 3º
– dívida mobiliária; fixação de limites globais pelo Senado Federal: art. 52, IX
– dívida pública; fixação de limites globais pelo Senado Federal: art. 52, VI
– documentos públicos; vedação de recusa de fé: art. 19, II
– edição de leis para aplicação do Sistema Tributário Nacional: ADCT, art. 34, § 3º
– empresa de pequeno porte; tratamento jurídico diferenciado: art. 179
– ensino; aplicação de receita de impostos: art. 212
– ensino; destinação de receita orçamentária: art. 218, § 5º
– exploração direta de atividade econômica: art. 173
– Fazenda Pública; precatório: art. 100, caput; ADCT, art. 97
– fiscalização financeira, orçamentária, operacional e patrimonial: art. 75, caput
– fundo de participação; determinação: ADCT, art. 34, § 2º
– gás canalizado; serviços públicos locais: art. 25, § 2º
– impostos; arrecadação; distribuição aos Municípios: arts. 158; III e IV e par. ún.; 159, § 3º; 160
– impostos; instituição e normas: art. 155
– impostos; vedada a retenção: art. 160
– impostos da União; arrecadação: arts. 153, § 5º; I; 157; 159; I a II, §§ 1º e 2º; 161; ADCT, art. 34, § 2º
– incentivos fiscais; reavaliação: ADCT, art. 41
– incorporação: arts. 18, § 3º; 48, VI
– instituição de aglomerações urbanas; de microrregiões; de Regiões Metropolitanas: art. 25, § 3º
– instituições de assistência social e educação sem fins lucrativos; limitações ao poder de tributar: art. 150, VI, c, e § 4º
– intervenção nos Municípios; exceções: art. 35
– litígio com Estado estrangeiro ou organismo internacional; processo e julgamento: art. 102, I, e
– mar territorial; direito de participação e compensação financeira por sua exploração: art. 2º, § 1º
– microempresa; tratamento jurídico diferenciado: art. 179

- Municípios; demarcação das terras em litígio: ADCT, art. 12, § 2º
- objetivos fundamentais: arts. 2º; 3º
- orçamento; recursos para a assistência social: art. 204, caput
- organização: art. 25, caput
- partidos políticos; limitações ao poder de tributar: art. 150, VI, c, e § 4º
- patrimônios, renda ou serviços de entes
- pesquisa científica e tecnológica; destinação de receita orçamentária: art. 218, § 5º
- pessoal; despesa: art. 169; ADCT, art. 38
- plataforma continental; direito de participação e compensação financeira por sua exploração: art. 20, § 1º
- polícia civil; competência legislativa concorrente da União, Estados e Distrito Federal: art. 24, XVI
- previdência social; contribuição para o custeio do sistema: art. 149, § 1º
- processo legislativo; iniciativa popular: art. 27, § 4º
- Procurador-Geral do Estado; nomeação e destituição: arts. 128, §§ 3º e 4º; 235, VIII
- públicos; limitações ao poder de tributar: art. 150, VI, a
- quadro de pessoal; compatibilização: ADCT, art. 24
- receita tributária; repartição: arts. 157; 162
- recursos hídricos e minerais; exploração: art. 20, § 1º
- reforma administrativa: ADCT, art. 24
- reintegração de Território: art. 18, § 2º
- religião; vedações: art. 19, I
- repartição das receitas tributárias; vedação a retenção ou restrição: art. 160
- representação judicial: art. 132
- Roraima; transformação: ADCT, art. 14
- símbolos: art. 13, § 2º
- sistema de ensino: art. 211, caput
- Sistema Único de Saúde; financiamento: art. 198, § 1º
- sociedade de economia mista; autorização legislativa para criação de subsidiária: art. 37, XX
- subdivisão: arts. 18, § 3º; 48, VI
- superveniência da Lei Federal; suspensão da Lei Estadual: art. 24, § 4º
- Tocantins; criação e procedimentos: ADCT, art. 13
- tributação; limites: art. 150
- turismo; promoção e incentivo: art. 180
- vedações: art. 19

SÚMULAS
STF
- ITBI; competência: Súm. 108, 110 a 115, 326, 328 a 331, 435, 470 e 590/STF
- taxas; fato gerador: Súm. 82, 128, 129, 132, 140 a 142, 302, 324, 348, 545, 550, 595, 596/STF

ESTADO DE DEFESA

- apreciação; competência: arts. 136, §§ 4º e 6º; 141, par. ún.
- aprovação; competência: art. 49, IV
- áreas; especificação: art. 136, § 1º
- calamidade pública; restrições: art. 136, § 1º, II
- cessação: art. 141, caput
- cessação; relato pelo Presidente da República ao Congresso: art. 141, par. ún.
- comunicação telegráfica e telefônica; restrições: art. 136, § 1º, I, c

- Conselho da República: arts. 90, I; 136, caput
- Conselho de Defesa Nacional: arts. 91, § 1º, II; 136, caput
- decretação: arts. 21, V; 84, IX; 136, caput e § 4º
- decretação ou prorrogação; prazo de envio para o Congresso Nacional: art. 136, § 4º
- decretação ou prorrogação; Presidente da República: arts. 84, IX; 136, caput e §§ 2º e 4º
- decreto: art. 136, § 1º
- designação de Comissão: art. 140
- direito de reunião e associação; restrições: art. 136, § 1º, I, a
- duração: art. 136, §§ 1º e 2º
- emendas à Constituição; vedação: art. 60, § 1º
- estado de sítio: arts. 137, I; 139
- executor: arts. 136, § 3º; 141, caput
- finalidade: art. 136, caput
- fundamentos: art. 136
- medidas coercitivas: arts. 136, §§ 1º e 3º; 140
- ocupação e uso temporário de bens e serviços públicos e privados; restrições: art. 136, § 1º, II
- prisão: art. 136, § 3º
- prorrogação: art. 136, §§ 2º e 4º
- recesso: art. 136, § 5º
- rejeição: art. 136, § 7º
- responsabilidade da União: art. 136, § 1º, II
- responsabilidade dos executores ou agentes: art. 141, caput
- sigilo de correspondência; restrições: art. 136, § 1º, I, b
- suspensão: art. 49, IV

ESTADO DE EMERGÊNCIA

- v. ESTADO DE DEFESA

ESTADO DE SÍTIO

- agressão estrangeira: art. 137, II
- cessação: art. 141
- comoção grave: arts. 137, I; 139, caput
- Congresso Nacional; apreciação: arts. 137, par. ún.; 138, § 2º; 141, par. ún.
- Congresso Nacional; aprovação: art. 49, IV
- Congresso Nacional; designação de Comissão: art. 140
- Congresso Nacional; funcionamento: art. 138, § 3º
- Congresso Nacional; recesso: art. 138, § 2º
- Congresso Nacional; suspensão: arts. 49, IV; 59
- Conselho da República: arts. 90, I; 137, caput
- Conselho de Defesa Nacional: arts. 91, § 1º, II; 137, caput
- decretação: arts. 21, V; 84, IX; 137, caput; 138, § 2º
- decretação ou prorrogação; Presidente da República: arts. 84, IX; 137, caput e par. ún.
- decreto: art. 138, caput
- duração: art. 138, caput e § 1º
- emendas à Constituição; vedação: art. 60, § 1º
- estado de defesa: arts. 137, I; 139
- executor: art. 138, caput
- fundamentos: art. 137
- garantias constitucionais; suspensão: art. 138, caput
- guerra: art. 137, II
- medidas coercivas: arts. 139; 140

- parlamentares; difusão de pronunciamentos: art. 139, par. ún.
- parlamentares; inviolabilidade: art. 139, par. ún.
- parlamentares; suspensão de imunidade: art. 53, § 8º
- prorrogação: art. 137, par. ún., e § 1º

ESTADO DEMOCRÁTICO DE DIREITO

- art. 1º, *caput*

ESTADO ESTRANGEIRO

- cartas rogatórias; processo e julgamento: art. 105, I, *i*
- causas com a União; processo e julgamento: art. 109, III
- causas com Município ou pessoa residente no País; julgamento: arts. 105, III, *c;* 109, II
- extradição; processo e julgamento: art. 102, I, *g*
- litígio; processo e julgamento: art. 102, I, *e*
- relações e participação de organizações internacionais; competência da União: art. 21, I
- relações; manutenção; competência privativa do Presidente da República: art. 84, VII

ESTÁGIO PROBATÓRIO
SÚMULA
STF
- funcionário público; exoneração ou demissão: necessidade de inquérito e de formalidades legais: Súm. 21/STF
- funcionário público; extinção do cargo: Súm. 22/STF

ESTATUTO DA JUVENTUDE

- art. 227, § 8º, I

ESTELIONATO
SÚMULA
STF
- cheque; foro competente: Súm. 521/STF
- emissão de cheque sem fundos; ausência de fraude; crime não configurado: Súm. 246/STF

ESTRANGEIRO

- adoção de brasileiros: art. 227, § 5º
- bens; sucessão: art. 5º, XXXI
- emigração, imigração, entrada e expulsão; legislação e competência: art. 22, XV
- extradição; crime político ou de opinião: art. 5º, LII
- filhos de pai brasileiro ou mãe brasileira; registro; repartição diplomática ou consular brasileira: ADCT, art. 95
- inalistável: art. 14, § 2º
- ingresso ou permanência irregular; processo e julgamento: art. 109, X
- nacionalidade e naturalização; processo e julgamento: art. 109, X
- naturalização: arts. 12, II, *b;* 22, XIII
- pessoa física; aquisição ou arrendamento de propriedade rural: art. 190
- pessoa jurídica; aquisição ou arrendamento de propriedade rural: art. 190
- propriedade rural; autorização para aquisição ou arrendamento: art. 190

- residente no País; direito à vida, à liberdade, à segurança e à propriedade: art. 5º, *caput*
SÚMULA
STF
- expulsão; vedação; hipóteses: Súm. 1/STF
- imigrante; Veículo automotor; introdução em território nacional; licença prévia; desnecessidade: Súm. 59/STF
- veículo automotor; introdução em território nacional; não comprovação de transferência definitiva de residência para o Brasil: Súm. 60/STF

EXAME CRIMINOLÓGICO
STF
- regime prisional; progressão; crime hediondo: Súmula Vinculante 26/STF

EXECUÇÃO
LEG. ESP.
- sentença condenatória; ação popular: art. 17 da Lei 4.717/1965
SÚMULA
STF
- cheque; ação interposta contra o emitente da cártula: Súm. 600/STF
- concordata do empregador: Súm. 227/STF
- contribuições previdenciárias: Súm. Vinculante 53/STF
- prescrição; prazo: Súm. 150/STF
- remição: Súm. 458/STF

EXECUÇÃO FISCAL
SÚMULA
STF
- embargos; oposição contra decisão reformatória unânime de primeira instância: Súm. 278/STF
- embargos; oposição em favor da Fazenda Pública; decisão não unânime: Súm. 277/STF
- interposição de recurso de revista; inadmissibilidade: Súm. 276/STF
- prescrição: Súm. 150/STF

EXECUÇÃO PENAL
SÚMULA
STF
- pena; remição; art. 127 da Lei 7.210/1984: Súmula Vinculante 9/STF

EXPORTAÇÃO

- imposto; instituição: art. 153, II
SÚMULA
STF
- taxa de fiscalização; incidência sobre bonificação cambial: Súm. 137/STF

EXTRADIÇÃO

- brasileiro: art. 5º, LI
- estrangeiro: art. 5º, LII
- requisitada por Estado estrangeiro; processo e julgamento: art. 102, I, *g*

SÚMULA
STF
- não impedimento; extraditando casado com brasileira: filhos brasileiros: Súm. 421 do STF
- prazo do art. 16 do Decreto-lei. 394, de 28.4.38: Súm.367 do STF

F

FALÊNCIA
SÚMULA
STF
- crédito habilitado; multa fiscal com efeito de pena administrativa; não inclusão: Súm. 192/STF
- habilitação de crédito; inclusão de multa fiscal com efeito de pena administrativa; inadmissibilidade: Súm. 192/STF
- restituição: Súm. 193/STF
- restituição; dinheiro em poder do falido recebido em nome de outrem: Súm. 417/STF
- restituição em dinheiro; coisa vendida a crédito: Súm. 495/STF
- restituição prevista no art. 76, 2º, do Dec.-Lei 7.661/1945: Súm. 193/STF

FALTA GRAVE
SÚMULA
STF
- adesão à greve: Súm. 316/STF
- empregado com representação sindical; demissão: Súm. 197/STF
- prazo de decadência; inquérito judicial: Súm. 403/STF

FAMÍLIA
- v. CASAMENTO
- assistência social: art. 203, I
- entidade familiar: art. 226, §§ 3º e 4º
- Estado; proteção: art. 226, *caput* e § 3º
- filhos maiores; amparo: art. 229
- filhos menores; assistência: art. 229
- filiação; direitos: art. 227, § 6º
- planejamento familiar: art. 226, § 7º
- proteção do Estado: art. 226, *caput* e § 8º
- violência; vedação: art. 226, § 8º

FATO(S) GERADOR(ES)
SÚMULA
STF
- taxa: Súm. 82, 128, 129, 132, 140 a 142, 302, 324, 348, 545, 550, 595, 596/STF

FAZENDA NACIONAL
- débitos; oriundos de sentenças transitadas em julgado; pagamento; condições: ADCT, art. 86
- débitos; pagamento; ordem cronológica: ADCT, art. 86, §§ 1º a 3º
- precatórios judiciais pendentes; pagamento: art. 100; ADCT, arts. 33 e 97

FÉRIAS
SÚMULA
STF
- ausências motivadas por acidente do trabalho: Súm. 198/STF
- despedida injusta; férias proporcionais: Súm. 200/STF
- empregado horista: Súm. 199/STF
- período aquisitivo; desconto de ausência do trabalhador em decorrência de acidente do trabalho; inadmissibilidade: Súm. 198/STF
- salário; trabalhador horista: Súm. 199/STF

FINANÇAS PÚBLICAS
- gestão: art. 165, § 9º, II; ADCT, art. 35, § 2º
- normas gerais: arts. 163; 164
- vedações: art. 167

FINSOCIAL
SÚMULA
STF
- majoração de alíquota; empresas dedicadas exclusivamente à prestação de serviços: Súm. 658/STF
- operações relativas a energia elétrica, serviços de telecomunicações, derivados de petróleo, combustíveis e minerais; cobrança legítima: Súm. 659/STF

FLAGRANTE PREPARADO
SÚMULA
STF
- inexistência de crime: Súm. 145/STF

FORÇAS ARMADAS
- comando superior: arts. 84, XIII; 142, *caput*
- composição e destinação: art. 142
- Deputado Federal; incorporação: arts. 27; 53, § 7º
- efetivo; fixação e modificação: art. 48
- efetivo; legislação: art. 61, § 1º, I
- emprego: art. 142, § 1º
- funções: art. 142, *caput*
- *habeas corpus*; punições disciplinares militares: art. 142, § 2º
- Oficiais; cargo privativo de brasileiro nato: art. 12, § 3º, VI
- organização: art. 142, § 1º
- preparo: art. 142, § 1º
- Presidente da República; nomeação dos Comandantes da Marinha, do Exército e da Aeronáutica: art. 84, XIII
- princípios: art. 142, *caput*
- Senador; incorporação: art. 53, § 7º

FORÇAS ESTRANGEIRAS
- trânsito e permanência temporária no território nacional: arts. 21, IV; 49, II; 84, XXII

FORO JUDICIAL
- serventias; estatização: ADCT, art. 31

FRONTEIRAS
- nacionais; serviços de transporte; exploração; competência da União: art. 21, XII, *d*

- ocupação e utilização: arts. 20, § 2º; 91, § 1º
- pesquisa; lavra e aproveitamento de energia hidráulica: art. 176, § 1º

FUNÇÃO SOCIAL

- imóvel rural; desapropriação: art. 184, § 1º
- política urbana: art. 182
- propriedade; atendimento: art. 5º, XXIII
- propriedade produtiva; normas: art. 185, par. ún.
- propriedade urbana; cumprimento: art. 182, § 2º

FUNCIONÁRIO PÚBLICO

- v. SERVIDOR PÚBLICO

FUNDAÇÃO

- contas; atos de admissão de pessoal, inspeções e auditorias: art. 7º, II, III e IV
- criação; autorização: art. 37, XIX
- criação de subsidiária; autorização legislativa: art. 37, XX
- despesa com pessoal: art. 169, § 1º; ADCT, art. 38
- dívida pública interna e externa; disposição: art. 163, II
- impostos sobre patrimônio, renda ou serviço; proibição: art. 150, § 2º
- licitação e contratação; legislação; competência: art. 22, XXVII
- servidor; anistia: ADCT, art. 8º, § 5º
- servidor; estabilidade: ADCT, arts. 18; 19
- subsidiárias: art. 37, XX

FUNDO DE COMBATE E ERRADICAÇÃO DA POBREZA

- instituição: ADCT, arts. 79 a 83

FUNDO DE GARANTIA DO TEMPO DE SERVIÇO

- trabalhadores: art. 7º, III

FUNDO DE MANUTENÇÃO E DESENVOLVIMENTO DA EDUCAÇÃO BÁSICA E DE VALORIZAÇÃO DOS PROFISSIONAIS DA EDUCAÇÃO (FUNDEB)

- EC 108/2020

FUNDO DE PARTICIPAÇÃO DOS ESTADOS, DO DISTRITO FEDERAL, DOS TERRITÓRIOS E DOS MUNICÍPIOS

- arts. 159, I, *a* a *f*; 161, II, III e par. ún.; ADCT, arts. 34, § 2º; 39
- imposto sobre renda e proventos de qualquer natureza e sobre produtos industrializados; entrega de arrecadação: EC 112, art. 2º

FUNDO ESPECIAL DE FINANCIAMENTO DE CAMPANHA (FEFC)

- distribuição entre partidos; candidatas mulheres ou candidatos negros: EC 111, art. 2º

FUNDO SOCIAL DE EMERGÊNCIA

- ADCT, arts. 72 a 73

G

GARIMPO

- v. RECURSOS MINERAIS
- autorização e concessão para pesquisa e lavra: art. 174, §§ 3º e 4º
- garimpeiro; promoção econômico-social: art. 174, §§ 3º e 4º
- organização em cooperativas: art. 174, §§ 3º e 4º

GÁS

- natural; importação e exportação; monopólio da União: art. 177, I, III e IV
- natural; transporte por meio de condutos; monopólio da União: art. 177, IV

GDATA

SÚMULA
- cálculo: Súmula Vinculante 20/STF

GESTANTE

- v. MATERNIDADE

GOVERNADOR

- ações declaratória de constitucionalidade e direta de inconstitucionalidade; legitimidade: art. 103, V
- Amapá e Roraima; eleição e posse: ADCT, art. 14, §§ 1º e 3º
- condições de elegibilidade: art. 14, §§ 5º a 8º
- crimes comuns; processo e julgamento: art. 105, I, *a*
- Distrito Federal; eleição: art. 32, § 2º
- Distrito Federal; eleição; mandato e posse: ADCT, art. 13, §§ 3º, 4º e 5º
- Distrito Federal; indicação e aprovação: ADCT, art. 16
- elegibilidade; idade mínima: art. 14, § 3º, VI, *b*
- eleição; datas: art. 28
- Estado do Tocantins; eleição; mandato e posse: ADCT, art. 13, §§ 3º, 4º e 5º
- Estados; eleição e posse: art. 28
- *habeas corpus*; processo e julgamento: art. 105, I, *c*
- idade mínima: art. 14, § 3º, VI, *b*
- inelegibilidade de cônjuge: art. 14, § 7º; ADCT, art. 5º, § 5º
- inelegibilidade de parentes até segundo grau: arts. 14, § 7º; 24; ADCT, art. 5º, § 5º
- mandato eletivo; duração: art. 28
- mandato eletivo; servidor público: arts. 28, § 1º; 38, I, IV e V
- nomeação pelo Presidente da República: art. 84, XIV
- perda de mandato: art. 28, § 1º
- posse: art. 28
- reeleição; vedação: arts. 14, § 5º; 24
- Senado Federal; aprovação: arts. 52, III, *c*; 84, XIV
- servidor público civil: art. 38, I
- sufrágio universal: art. 28
- Território; nomeação; competência privativa do Presidente da República: art. 84, XIV
- Tocantins; eleições; mandato e posse: ADCT, art. 13, §§ 3º, 4º e 5º
- voto secreto: art. 28

GRAVIDEZ

SÚMULA
STF
- adesão; falta grave: Súm. 316/STF

GREVE

- abuso: art. 9º, § 2º
- ações relativas a esse direito; competência: art. 114, II
- atividade essencial; lesão a interesse público; dissídio coletivo; competência: art. 114, § 3º
- garantia: art. 9º, *caput*
- serviços essenciais à comunidade: art. 9º, § 1º
- serviços públicos civis: arts. 9º, *caput;* 37, VII

GUERRA

- autorização; Congresso Nacional: art. 49, II
- declaração; competência: art. 21, II
- declaração; Conselho de Defesa Nacional: art. 91, § 1º
- estado de sítio: art. 137, II
- impostos extraordinários; competência tributária da União: art. 154, II
- pena de morte: art. 5º, XLVII, *a*
- requisições civis e militares; legislação; competência privativa da União: art. 22, III

H

HABEAS CORPUS

- concessão: art. 5º, LXVIII
- gratuidade: art. 5º, LXXVII
- julgamento em recurso ordinário; competência do Supremo Tribunal Federal: art. 102, II, *a*
- mandado de segurança; direito não amparado: art. 5º, LXIX
- processo e julgamento; competência da Justiça do Trabalho: art. 114, IV
- processo e julgamento; competência do STF: art. 102, I, *d* e *i*
- processo e julgamento; competência do STJ: art. 105, I, *c*
- processo e julgamento; competência dos TRFs e seus juízes: arts. 108, I, *d;* 109, VII
- punição disciplinar militar; não cabimento: art. 142, § 2º
- CPP – DECRETO-LEI 3.689/1941
- adiamento; julgamento: art. 664
- alvará de soltura; expedição pelo telégrafo; ocorrência: art. 660, § 6º
- apresentação de paciente preso; ressalva: art. 657, par. ún.
- apresentação imediata do paciente ao juiz: art. 656
- cabimento; ressalva: art. 647; Súmulas 395 e 694/STF
- cessação da violência ou coação ilegal; pedido prejudicado: art. 659; Súmula 695/STF
- coação; legalidade: art. 648
- competência originária do Tribunal de Apelação: art. 661
- competência originária para conhecimento do pedido: art. 650; Súmulas 690 e 691/STF
- concessão; efeito no processo; ressalva: art. 651
- decisão do juiz; prazo e fundamentação: art. 660

- desobediência do detentor quanto à apresentação do paciente que se ache preso; mandado de prisão: art. 656, par. ún.
- detentor; informação: art. 658
- extradição; não conhecimento: Súmula 692/STF
- informações da autoridade coatora; requisição: arts. 662 e 663
- legitimidade: art. 654
- má-fé ou abuso de poder; condenação nas custas da autoridade: art. 653
- multa imposta aos responsáveis pelo embaraço ou procrastinação da expedição da ordem: art. 655
- nulidade do processo; concessão; renovação: art. 652
- ordem impetrada; será imediatamente passada pelo juiz ou tribunal: art. 649
- ordem transmitida por telegrama: art. 665, par. ún.
- petição; conteúdo: art. 654, § 1º
- prisão administrativa de responsáveis por dinheiro ou valor pertencente à Fazenda Pública; descabimento; ressalva: art. 650, § 2º
- processo: arts. 647 a 667; Súmula 395 e 694/STF
- processo e julgamento de competência originária do STF: art. 667
- processo e julgamento de recurso das decisões de última ou única instância, denegatórias: art. 667
- recurso cabível da decisão, despacho ou sentença que conceder ou negar a ordem: art. 581, X
- sentença concessiva; recursos de ofício: art. 574, I; Súmula 344/STF

SÚMULA
STF
- decisão concessiva; assistente do Ministério Público; impossibilidade de interposição de recurso extraordinário: Súm. 208/STF
- interposição simultânea de recurso ordinário e extraordinário: Súm. 299/STF
- recurso ordinário; prazo: Súm. 319/STF

HABEAS DATA

- concessão: art. 5º, LXXII
- gratuidade: art. 5º, LXXVIII
- julgamento em recurso ordinário; competência do Supremo Tribunal Federal: art. 102, II, *a*
- mandado de segurança; direito não amparado: art. 5º, LXIX
- processo e julgamento; competência da Justiça do Trabalho: art. 114, IV
- processo e julgamento; competência do STF: art. 102, I, *d*
- processo e julgamento; competência do STJ: art. 105, I, *b*
- processo e julgamento; competência dos TRFs e seus juízes: arts. 108, I, *c;* 109, VII

LEG. ESP.
- rito processual; regulamento; concessão: Lei 9.507/1997

HABITAÇÃO

- *v.* DOMICÍLIO
- diretrizes; competência da União: art. 21, XX
- ex-combatente; aquisição: ADCT, art. 53, VI
- programas; competência: art. 23, IX
- trabalhador rural: art. 187, VII

HERANÇA
- bens de estrangeiros situados no Brasil: art. 5º, XXXI
- direito: art. 5º, XXVII e XXX

HIGIENE E SEGURANÇA DO TRABALHO
- direito do trabalhador: art. 7º, XXII

HOMOLOGAÇÃO
SÚMULA
STF
- transação penal; Juizado Especial Criminal; não faz coisa julgada material: Súmula Vinculante 35/STF

HONORÁRIOS DE ADVOGADO
SÚMULA
STF
- ação; acidente do trabalho; procedência; verba devida: Súm. 234/STF
- inventário; homologação pelo Juiz; Imposto de Transmissão *Causa Mortis*; não incidência: Súm. 115/STF
- pedido expresso para condenação do réu em relação à verba; desnecessidade: Súm. 256/STF
- seguro; ação regressiva do segurador contra o causador do dano: Súm. 257/STF

HORÁRIO NOTURNO
SÚMULA
STF
- duração legal; vantagem suplementar; salário adicional: Súm. 214/STF

HORISTA
SÚMULA
STF
- férias; salário: Súm. 199/STF

I

ICMS
SÚMULA
STF
- alienação de salvados de sinistros; não incidência: Súmula Vinculante 32/STF
- critérios de distribuição da cota municipal: EC 108/2020
- habilitação de crédito; comprador de café ao IBC: Súm. 571/STF

IDENTIFICAÇÃO CRIMINAL
- hipóteses legais: art. 5º, LVIII

IDOSO
- alistamento eleitoral e voto facultativo: art. 14, § 1º, *b*
- amparo; programas: art. 230, § 1º
- assistência: arts. 203, I; 229; 230
- assistência social: art. 203, V
- garantia; transporte urbano gratuito: art. 230, § 2º
- proteção: art. 203, I

IGUALDADE
- direitos e obrigações; homens e mulheres: art. 5º, I
- direitos; trabalhadores: art. 7º, XXX, XXXI, XXXII e XXXIV
- regional e social: arts. 3º, III; 43; 170, VII

ILUMINAÇÃO PÚBLICA
- contribuição; Municípios e Distrito Federal; cobrança na fatura de consumo de energia elétrica: art. 149-A

IMIGRAÇÃO
- legislação; competência privativa da União: art. 22, XV

IMÓVEL
- *v.* PROPRIEDADE

IMPORTAÇÃO
- produtos estrangeiros; imposto: arts. 150, § 1º; 153, I

IMPOSTO DE TRANSMISSÃO *CAUSA MORTIS*
- alíquotas; fixação: art. 155, § 1º, IV
- competência para sua instituição: art. 155, § 1º
- instituição e normas: art. 155, I, *a* e § 1º; ADCT, art. 34, § 6º

SÚMULA
STF
- alíquota vigente ao tempo da abertura da sucessão: Súm. 112/STF
- base de cálculo; valor dos bens na data da avaliação: Súm. 113/STF
- incidência sobre inventário por morte presumida: Súm. 331/STF
- inexigibilidade antes da homologação do cálculo: Súm. 114/STF
- não incidência; honorários de advogado; inventário homologado pelo Juiz: Súm. 115/STF
- cálculo; inventário: Súm. 112 a 115, 331 e 590/STF

IMPOSTO DE TRANSMISSÃO *INTER VIVOS*
- instituição e normas: art. 156, II e § 2º; ADCT, art. 34, § 6º

SÚMULA
STF
- construção realizada pelo adquirente; incidência do tributo somente sobre o que tiver sido construído ao tempo da alienação: Súm. 110/STF
- imunidade tributária; autarquia; venda de bens; benefício fiscal não incidente: Súm. 75/STF
- incidência sobre doação de imóvel: Súm. 328/STF
- incidência sobre transferência de domínio útil: Súm. 326/STF
- não incidência sobre transferência de ações de sociedade imobiliária: Súm. 329/STF
- promessa de compra e venda; incidência sobre o valor do imóvel ao tempo da alienação: Súm. 108/STF
- restituição de imóvel desapropriado ao antigo proprietário; hipótese de incidência: Súm. 111/STF

IMPOSTO DO SELO

SÚMULA
STF
- incorporação de reservas; reavaliação de ativo; antes da vigência da L. 3.519, de 30.12.58: Súm. 102/STF
- reavaliação de ativo; realizada posteriormente à vigência da L. 3.519, de 30.12.58: Súm. 102/STF
- não devido; reavaliação de ativo; anterior à vigência da L. 3.519, de 30.12.58: Súm. 104/STF

IMPOSTO SOBRE A RENDA E PROVENTOS DE QUALQUER NATUREZA

- distribuição pela União: art. 159, I e § 1º
- favorecidos: arts. 157, I; 158, I

SÚMULA
STF
- desconto na fonte; despachantes aduaneiros; competência da autoridade alfandegária: Súm. 94/STF
- isenção; inaplicabilidade; atividade profissional de arquiteto: Súm. 93/STF
- lucro imobiliário; alienação de imóvel adquirido por herança, usucapião ou a título gratuito na vigência da Lei 3.470/1958: Súm. 98/STF
- lucro imobiliário; alienação de imóvel adquirido por herança ou a título gratuito antes da vigência da Lei 3.470/1958: Súm. 99/STF
- lucro imobiliário; alienação de imóvel adquirido por usucapião antes da vigência da Lei 3.470/1958: Súm. 100/STF
- lucro imobiliário; alíquota; promessa de venda: Súm. 97/STF
- lucro imobiliário; venda de imóvel; meação do cônjuge sobrevivente; sucessão aberta antes da vigência da Lei 3.470/1958: Súm. 96/STF

IMPOSTO SOBRE BENS E SERVIÇOS (IBS

- incidência, alíquotas, normas e instituição: art. 156-A, CF; arts. 124 e 125, ADCT

IMPOSTO SOBRE CIRCULAÇÃO DE MERCADORIAS E SERVIÇOS

- condições: art. 155, § 2º
- energia elétrica, telecomunicações, derivados de petróleo: art. 155, § 2º, XII, h, e §§ 3º a 5º
- entrada de bem ou mercadorias importados: art. 155, § 2º, IX, a, e XII, i
- instituição: art. 155, II
- instituição e normas: art. 155, I e § 2º; ADCT, art. 34, §§ 6º, 8º e 9º
- operações que destinam mercadorias para o exterior; não incidência: art. 155, § 2º, X, a
- ouro, como ativo financeiro ou instrumento cambial; normas: art. 155, § 2º, X, e
- prestação de serviço de comunicação; radiodifusão sonora e de sons e imagens; recepção livre e gratuita; não incidência: art. 155, § 2º, X, d
- serviços prestados a destinatários no exterior; não incidência: art. 155, § 2º, X, a
- valor adicionado; definição: art. 161, I

SÚMULA
STF
- alíquotas; discriminação; destinatário que pode ou não ser contribuinte; inconstitucionalidade: Súm. 569/STF
- cal virgem e hidratada: Súm. 579/STF
- cálculo; saída de mercadorias para o exterior: Súm. 572/STF
- comercialização de obras cinematográficas gravadas em fitas de videocassete; legitimidade da cobrança: Súm.662/STF
- fato gerador; importação de mercadorias do exterior: Súm. 577/STF
- fato gerador; inocorrência; saída de máquinas, utensílios e implementos a título de comodato: Súm. 573/STF
- crédito incidente sobre operação anterior: Súm. 571/STF
- fornecimento de alimentação e bebidas em restaurantes e estabelecimentos similares; ilegitimidade da cobrança: Súm. 574/STF
- imunidade; produtos industrializados: Súm. 536/STF
- isenção; revogação; princípio da anualidade; inaplicabilidade: Súm. 615/STF
- mercadoria importada do exterior; cobrança do tributo no desembaraço aduaneiro; legitimidade: Súm. 661/STF
- não incidência; importação de bens por pessoa física ou jurídica não contribuinte do tributo: Súm. 660/STF
- produtos importados; alíquota zero; legitimidade da cobrança: Súm. 576/STF

IMPOSTO SOBRE COMBUSTÍVEIS LÍQUIDOS E GASOSOS

- incidência; limite: art. 155, § 3º

IMPOSTO SOBRE EXPORTAÇÃO

- alíquotas; alteração: art. 153, § 1º
- instituição e cobrança: arts. 150, § 1º; 153, II

IMPOSTO SOBRE GRANDES FORTUNAS

- instituição: art. 153, caput, e VII

IMPOSTO SOBRE IMPORTAÇÃO

- alíquotas; alteração: art. 153, § 1º
- instituição e cobrança: arts. 150, § 1º; 153, I

SÚMULA
STF
- borracha; taxa de despacho aduaneiro; não incidência: Súm. 308/STF
- competência da União: Súm. 89, 132, 142, 302, 404, 577/STF
- fato gerador: Súm. 89, 132, 142, 302, 404, 577/STF
- isenção; frutas importadas da Argentina, Chile, Espanha e Portugal: Súm. 89/STF
- mercadorias isentas do tributo; taxa de previdência social indevida: Súm. 142/STF
- tarifa alfandegária; acordos tarifários anteriores à Lei 3.244/1957: Súm. 87/STF

CONSTITUIÇÃO DA REPÚBLICA FEDERATIVA DO BRASIL

IMPOSTO SOBRE MINERAIS
- incidência de imposto; limite: art. 155, § 3º

IMPOSTO SOBRE O PATRIMÔNIO
SÚMULA
STF
- autarquia; vedação: Súm. 73 a 75, 336 e 583/STF

IMPOSTO SOBRE OPERAÇÕES DE CRÉDITO, CÂMBIO E SEGURO, OU RELATIVAS A TÍTULOS OU VALORES MOBILIÁRIOS
- alíquotas; alteração: art. 153, § 1º
- instituição, cobrança e repartição: arts. 150, § 1º; 153, V e § 5º; ADCT, art. 34, § 1º
- ouro, como ativo financeiro ou instrumento cambial; normas: art. 153, § 5º

IMPOSTO SOBRE PRESTAÇÃO DE SERVIÇOS
- instituição: art. 155, II

IMPOSTO SOBRE PRODUTOS INDUSTRIALIZADOS
- alíquotas; alteração: art. 153, § 1º; Súm. Vinculante 58/STF
- distribuição pela União: art. 159, I e II, e §§ 1º a 3º
- instituição e normas: arts. 150, § 1º; 153, *caput*, IV, e § 3º; ADCT, art. 34, §§ 1º e 2º, I
- redução de seu impacto sobre a aquisição de bens de capital: art. 153, § 3º, IV

IMPOSTO SOBRE PROPRIEDADE DE VEÍCULOS AUTOMOTORES
- alíquotas; fixação pelo Senado Federal: art. 155, § 6º, I
- alíquotas diferenciadas: art. 155, § 6º, II
- instituição: art. 155, III

IMPOSTO SOBRE PROPRIEDADE PREDIAL E TERRITORIAL URBANA
- instituição pelo Município: art. 156, I e § 1º
- templo religioso; não incidência: art. 156, § 1º-A
- progressividade: art. 182, § 4º
SÚMULA
STF
- contribuinte; promitente vendedor de imóvel residencial transcrito em nome de autarquia: Súm. 583 /STF

IMPOSTO SOBRE PROPRIEDADE TERRITORIAL RURAL
- fiscalização e cobrança: art. 153, § 4º, III
- não incidência: art. 153, § 4º, II
- progressividade: art. 153, § 4º, I

IMPOSTO SOBRE SERVIÇOS DE QUALQUER NATUREZA
- instituição; competência: art. 156, III

IMPOSTO SOBRE VALOR AGREGADO (IVA)
- imposto sobre bens e serviços (IBS): art. 156-A, CF; arts. 124 e 125, ADCT
- contribuição sobre bens e serviços (CBS): art. 195, V, CF; arts. 124 e 125, ADCT

IMPOSTOS DA UNIÃO
- arts. 153; 154

IMPOSTOS DOS ESTADOS E DISTRITO FEDERAL
- art. 155, §§ 1º a 3º

IMPOSTOS DOS MUNICÍPIOS
- art. 156

IMPOSTOS ESTADUAIS
- art. 155
- Território Federal; competência: art. 147

IMPOSTOS EXTRAORDINÁRIOS
- instituição: art. 154, II

IMUNIDADE PARLAMENTAR
- art. 53

IMUNIDADE TRIBUTÁRIA
- ente federativo: art. 150, VI, *a*
- entidades do art. 150, VI, *c*; imóvel; aluguel; IPTU: Súm. Vinculante 52/STF
- fonogramas e videofonogramas musicais produzidos no Brasil: art. 150, VI, *e*
- fundações e entidades sindicais: art. 150, VI, *c*
- instituição de assistência social sem fins lucrativos: art. 150, VI, *c*
- instituição de ensino sem fins lucrativos: art. 150, VI, *c*
- livros, jornais e periódicos; papel: art. 150, VI, *d*; Súm. Vinculante 57/STF
- partidos políticos; patrimônio ou renda: art. 150, VI, *c*
- templos de qualquer culto: art. 150, VI, *b*
SÚMULA
STF
- autarquia; imóvel objeto de promessa de venda a particulares: Súm. 74/STF
- autarquia; imposto de transmissão inter vivos: Súm. 75/STF
- autarquias; tributos estaduais e municipais: Súm. 73/STF
- entidades do art. 150, VI, c; imóvel; aluguel; IPTU: Súm. Vinculante 52/STF
- entidades fechadas de previdência social privada: Súm. 730/STF
- imposto de transmissão *Inter Vivos*; autarquia; venda de bens; benefício fiscal não incidente: Súm. 75/STF
- IPI: Súm. 591/STF; Súm. Vinculante 58/STF
- jornais e periódicos: Súm. 657/STF; Súm. Vinculante 57/STF
- sociedades de economia mista; inaplicabilidade: Súm. 76/STF
- taxas; inaplicabilidade: Súm. 324/STF

INCENTIVOS FISCAIS
- convênio entre Estados; reavaliação e reconfirmação: ADCT, art. 41, § 3º
- desenvolvimento socioeconômico regional: art. 151, I

- revogação sem prejuízo dos direitos adquiridos: ADCT, art. 41, §§ 1º e 2º
- setoriais; reavaliação: ADCT, art. 41, *caput*
- Zona Franca de Manaus: ADCT, art. 40

INCENTIVOS REGIONAIS

- atividades prioritárias; juros favorecidos: art. 43, § 2º, II
- tarifas, fretes, seguros; igualdade: art. 43, § 2º, I
- tributos federais; isenções, reduções ou diferimento temporário: art. 43, § 2º, III

INCOMUNICABILIDADE DOS BENS

SÚMULA
STF
- Cláusula de inalienabilidade: Súm. 49/STF

INCONSTITUCIONALIDADE

- ação direta; legitimidade: arts. 103; 129, IV
- julgamento; recurso extraordinário: art. 102, III
- lei ou ato normativo; declaração pelos Tribunais: art. 97
- lei ou ato normativo; processo e julgamento: art. 102, I, *a*
- lei; suspensão da execução; competência privativa do Senado Federal: art. 52, X
- representação; leis ou atos normativos estaduais ou municipais; competência dos Estados: art. 125, § 2º

INDENIZAÇÃO

- acidente de trabalho: art. 7º, XXVIII
- dano material, moral ou à imagem: art. 5º, V e X
- desapropriação rural; pagamento em dinheiro; benfeitorias: art. 184, § 1º
- despedida arbitrária ou sem justa causa: art. 7º, I
- erro judiciário: art. 5º, LXXV
- imóvel urbano; desapropriação, pagamento em dinheiro: art. 182, § 3º
- propriedade particular; uso por autoridade; danos: art. 5º, XXV
- título da dívida agrária; imóvel rural: art. 184, *caput*
- título da dívida pública; imóvel urbano; desapropriação: art. 182, § 4º, III

SÚMULA
STF
- acidente do trabalho; ação indenizatória fundada no direito comum; dolo ou culpa grave do empregador: Súm. 229/STF
- acidente do trabalho; inclusão do repouso semanal remunerado: Súm. 464/STF
- danos morais e materiais decorrentes de acidente do trabalho; competência da Justiça do Trabalho: Súmula Vinculante 22/STF
- de empregado estável; pagamento em dobro: Súm. 220/STF
- despedida injusta; inclusão de adicionais ou gratificações: Súm. 459/STF
- despedida injusta; repouso semanal remunerado: Súm. 462/STF

ÍNDIOS

- bens: art. 231, *caput*
- bens da União; terras ocupadas: art. 20, XI
- capacidade processual: art. 232

- costumes, língua, crenças, organização social e tradições: art. 231
- direito de participação no resultado da lavra: art. 231, § 3º
- direitos originários: art. 231, *caput*
- direitos; processo e julgamento: art. 109, XI
- ensino: art. 210, § 2º
- exploração das riquezas naturais do solo; nulidade e extinção de atos: art. 231, § 6º
- exploração dos recursos hídricos; potenciais energéticos e riquezas minerais; autorização do Congresso Nacional; manifestação das comunidades: art. 231, § 3º
- garimpagem em terra indígena: art. 231, § 7º
- Ministério Público; defesa das populações indígenas: art. 129, V
- Ministério Público; intervenção em processo: art. 232
- nulidade e extinção de atos de ocupação, domínio e posse de terra; efeitos: art. 231, § 6º
- ocupação, domínio e posse de terra indígena; exceção, nulidade e extinção de atos: art. 231, § 6º
- remoção das terras tradicionalmente ocupadas; vedação; exceções; deliberação do Congresso Nacional: art. 231, § 5º
- terras; demarcação e proteção: art. 231, *caput*
- terras tradicionalmente ocupadas; conceito: art. 231, § 1º
- terras tradicionalmente ocupadas; inalienabilidade, indisponibilidade e imprescritibilidade: art. 231, § 4º
- terras tradicionalmente ocupadas; usufruto das riquezas do solo, fluviais e lacustres: art. 231, § 2º

INDULTO

- concessão; competência privativa do Presidente da República: art. 84, XII

INELEGIBILIDADE

- v. ELEIÇÃO

SÚMULA
STF
- dissolução da sociedade ou do vínculo conjugal no curso do mandato eletivo: Súmula Vinculante 18/STF

INQUÉRITO

- civil e ação civil pública: art. 129, III
- policial; instauração: art. 129, VIII

INSALUBRIDADE

SÚMULA
STF
- perícia judicial: Súm. 460/STF

INSTITUIÇÕES FINANCEIRAS

- agências financeiras oficiais; lei de diretrizes orçamentárias; política de aplicação: art. 165, § 2º
- aumento do percentual de participação das pessoas físicas ou jurídicas residentes no exterior; proibição: ADCT, art. 52, II
- débito; liquidação; empréstimos; concessão: ADCT, art. 47
- disposição; competência do Congresso Nacional: art. 48, XIII

- domiciliada no exterior; instalação no País; proibição: ADCT, art. 52, I e par. ún.
- empréstimos concedidos; liquidação dos débitos: ADCT, art. 47
- fiscalização; disposições: art. 163, V
- oficial; disponibilidade de caixa; agente depositário: art. 164, § 3º
- organização; funcionamento e atribuições: art. 192

INTEGRAÇÃO SOCIAL
- setores desfavorecidos; competência comum: art. 23, X

INTERVENÇÃO
LEG. ESP.
- federal; casos de promoção: arts. 19 a 22 da Lei 8.038/1990

INTERVENÇÃO ESTADUAL
- nos Municípios; causas: art. 35

INTERVENÇÃO FEDERAL
- apreciação do decreto: art. 36, §§ 1º a 3º
- aprovação ou suspensão pelo Congresso Nacional: art. 49, IV
- cessação: art. 36, § 4º
- Conselho da República: art. 90, I
- Conselho de Defesa Nacional: art. 91, § 1º, II
- decretação: arts. 21, V; 36; 84, X
- emendas à Constituição; vedação: art. 60, § 1º
- Estados e Distrito Federal; vedação; exceções: art. 34
- nos Municípios localizados em território federal; causas: art. 35
- suspensão pelo Congresso Nacional: art. 49, IV

INTERVENÇÃO INTERNACIONAL
- vedação: art. 4º, IV

INTIMAÇÃO
SÚMULA
STF
- realização ou publicação na sexta-feira; prazo judicial que se inicia na segunda-feira imediata: Súm. 310/STF

INVESTIGAÇÃO DE PATERNIDADE
SÚMULA
STF
- ação; prescrição; imprescritibilidade: Súm. 149/STF

INVIOLABILIDADE
- advogados: art. 133
- Deputados e Senadores: art. 53, *caput*
- direitos à vida, à honra e à imagem: art. 5º, X
- domicílio: art. 5º, XI
- sigilo de correspondência, comunicações telefônicas, telegráficas e de dados: arts. 5º, XII; 136, § 1º, I, b e c; 139, III
- Vereadores: art. 29, VIII

ISENÇÕES FISCAIS
SÚMULA
STF
- importação; frutas da Argentina; taxas de despacho aduaneiro e previdência social abrangidas: Súm. 134/STF
- imposto de renda; resgate de contribuições; previdência privada: Súm. 556/STJ
- impostos federais; aquisição de bens feita pela RFFSA: Súm. 77/STF
- impostos locais; cooperativas; inaplicabilidade: Súm. 81/STF
- impostos locais; empresas de energia elétrica: Súm. 78/STF
- inaplicabilidade; Imposto de Renda; atividade profissional de arquiteto: Súm. 93/STF
- tributo; imposto de consumo; importação de máquinas de costura: Súm. 244/STF
- tributos locais; Banco do Brasil; inaplicabilidade: Súm. 79/STF
- ISS – Incidência sobre locação de bens móveis; inconstitucionalidade: Súmula Vinculante 31/STF

J

JAZIDAS
- autorização, concessão e exploração à data da promulgação da Constituição: ADCT, art. 43
- autorização, concessão e exploração; brasileiro e empresa brasileira de capital nacional: art. 176, § 1º
- contribuição sobre o domínio econômico: art. 177, § 4º
- direito à propriedade do produto da lavra pelo concessionário: art. 176, *caput*
- direito de participação do proprietário do solo: art. 176, § 2º
- exploração ou aproveitamento: art. 176, *caput*
- exploração por empresas brasileiras: ADCT, art. 44
- petróleo; monopólio da União: art. 177, I

JORNADA DE TRABALHO
SÚMULA
STF
- turnos ininterruptos de revezamento; jornada de 6 horas; intervalos para descanso e alimentação: Súm. 675/STF

JUIZ
- ação de interesse dos membros da magistratura; processo e julgamento; competência do STF: art. 102, I, n
- aposentadoria: art. 93, VI e VIII
- carreira; provimento de cargo: art. 96, I, e
- concurso público; OAB; participação: art. 93, I
- crimes comuns e de responsabilidade; julgamento; competência: art. 96, III
- cursos oficiais de preparação e aperfeiçoamento: art. 93, IV
- do trabalho; constituição; investidura; jurisdição; competência; garantias; condições de exercício: art. 113
- do trabalho; instituição: art. 112

- Estatuto da Magistratura; lei complementar; STF; princípios: art. 93
- federal; processo e julgamento; competência: art. 109, *caput*
- federal; TRF; composição: art. 107; ADCT, art. 27, §§ 7º e 9º
- federal; TRF; nomeação; remoção ou permuta: art. 107, § 1º
- garantias: art. 95, *caput*
- inamovibilidade: arts. 93, VIII e VIII-A; 95, II
- ingresso na carreira: art. 93, I
- magistrado; escolha; aprovação prévia; competência privativa do Senado Federal: art. 52, III, *a*
- magistrado; nomeação; competência privativa do Presidente da República: art. 84, XVI
- órgão da Justiça do Trabalho: art. 111, III
- órgão do Poder Judiciário: art. 92, IV
- proibições: art. 95, par. ún.
- promoções: art. 93, II
- remoção: art. 93, VIII e VIII-A
- subsídios: arts. 93, V; 95, III
- substituto; titularidade de varas: ADCT, art. 28
- Territórios Federais; jurisdição e atribuições: art. 110, par. ún.
- titular; residência: art. 93, VII
- togado; estabilidade; aposentadoria; quadro em extinção: ADCT, art. 21
- Varas do Trabalho; composição por juiz singular: art. 116
- vitaliciedade: art. 95, I

SÚMULA
STF
- impedimento; ação rescisória: Súm. 252/STF
- preparador ou substituto; vencimentos: Súm. 41/STF
- princípio da identidade física; Justiça do Trabalho: Súm. 222/STF
- promoção automática; elevação da entrância da comarca: Súm. 40/STF
- Tribunal de Contas; equiparação aos membros do Poder Judiciário: Súm. 42/STF

JUIZADOS ESPECIAIS
- criação: art. 98, I
- federais: art. 98, § 1º

JUÍZO
SÚMULA
STF
- admissibilidade; agravo no TST; traslado das razões da revista; Súm. 315/STF
- admissibilidade; recurso extraordinário; medida cautelar: Súm. 634 e 635/STF

JUÍZO DE EXCEÇÃO
- art. 5º, XXXVII

JUNTAS COMERCIAIS
- legislação concorrente: art. 24, III

JURAMENTO
SÚMULA
STF
- competência constitucional: Súm. 721/STF
- nulidade absoluta; falta de quesito obrigatório: Súm. 156/STF
- nulidade absoluta; quesitos da defesa que não precedem aos das circunstâncias agravantes: Súm. 162/STF
- nulidade; participação de jurado que funcionou em julgamento anterior do mesmo processo: Súm. 206/STF

JÚRI
- instituição; reconhecimento: art. 5º, XXXVIII

JUROS
- desenvolvimento regional; atividades prioritárias; financiamento: art. 43, § 2º, II
- taxa; controle: art. 164, § 2º
SÚMULA
STF
- capitalização; inadmissibilidade: Súm. 121/STF

JUROS COMPENSATÓRIOS
SÚMULA
STF
- desapropriação; imissão na posse antecipada; motivo de urgência: Súm. 164/STF

JUROS DE MORA
SÚMULA
STF
- liquidação de sentença; inclusão: Súm. 254/STF
- não incidência; precatório: Súmula Vinculante 17/STF
- nas reclamações trabalhistas; contagem: Súm. 224/STF
- obrigação ilíquida: Súm. 163/STF
- reclamação trabalhista: Súm. 224/STF

JUROS REAIS
SÚMULA
STF
- taxa limitada a 12% ao ano; aplicação limitada por edição de lei complementar: Súmula Vinculante 7/STF

JUSTIÇA DE PAZ
- criação e competência: art. 98, II
- juízes de paz; direitos e atribuições: ADCT, art. 30
- juízes de paz; elegibilidade; idade mínima: art. 14, § 3º, VI, *c*

JUSTIÇA DESPORTIVA
- *v.* DESPORTO

JUSTIÇA DO TRABALHO
- competência; greve; atividade essencial; lesão a interesse público; dissídio coletivo: art. 114, § 3º
- competência; relações de trabalho: art. 114, *caput*
- Conselho Superior: art. 111-A, § 2º, II

- dissídios coletivos: art. 114, § 2º
- juízes togados de estabilidade limitada no tempo; estabilidade e aposentadoria: ADCT, art. 21
- órgãos: art. 111, *caput*
- órgãos; constituição, investidura, jurisdição, competência, garantias, exercício: art. 113
- varas; criação: art. 112
- cf. também TRIBUNAL REGIONAL DO TRABALHO e TRIBUNAL SUPERIOR DO TRABALHO

SÚMULA
STF
- ações; descumprimento de normas trabalhistas: Súm. 736/STF
- competência; ação possessória decorrente do exercício do direito de greve; trabalhadores da iniciativa privada: Súmula Vinculante 23/STF
- competência; Indenização por danos morais e materiais decorrentes de acidente do trabalho: Súmula Vinculante 22/STF
- princípio da identidade física do juiz: Súm. 222/STF

JUSTIÇA ELEITORAL

- causas entre organismo internacional e residente ou domiciliado no País; processo e julgamento: art. 109, II
- competência e organização: art. 121, *caput*
- crimes comuns e de responsabilidade; julgamento: art. 96, III
- juiz da Junta Eleitoral: art. 121, § 1º
- juiz do TRE; crimes comuns e de responsabilidade: art. 105, I, *a*
- juiz do TRE; eleição, escolha, nomeação: art. 120, § 1º
- juiz do Tribunal Eleitoral; mandato, garantias, inamovibilidade: art. 121, §§ 1º e 2º
- juiz do TSE; eleição, nomeação: art. 119
- juiz substituto do Tribunal Eleitoral: art. 121, § 2º
- Ministro do TSE: art. 102, I, *c*
- órgãos: art. 118
- remuneração; subsídios: art. 93, V
- Tribunal Eleitoral; órgão do Poder Judiciário: art. 92, V
- cf. também TRIBUNAL REGIONAL ELEITORAL e TRIBUNAL SUPERIOR ELEITORAL

JUSTIÇA ESTADUAL

- causas em que a União for autora; processo e julgamento: art. 109, § 1º
- causas em que for parte instituição de previdência social e segurado; processo e julgamento: art. 109, § 3º
- competência dos tribunais: art. 125, § 1º
- desembargador; crimes comuns e de responsabilidade: art. 105, I, *a*
- inconstitucionalidade de leis ou atos normativos estaduais ou municipais; representação: art. 125, § 2º
- juizado de pequenas causas: art. 98, I
- juizado de pequenas causas; competência legislativa concorrente: art. 24, X
- juizado especial: art. 98, I
- juiz de direito: art. 92, VII
- juiz de direito; atribuição de jurisdição; varas do trabalho: art. 112
- juiz de direito; crimes comuns e de responsabilidade: art. 96, III

- justiça de paz: art. 98, II
- justiça de paz; situação dos juízes: ADCT, art. 30
- justiça militar estadual; proposta, criação, constituição, competência: art. 125, §§ 3º a 5º
- lei de organização judiciária; iniciativa: art. 125, § 1º
- magistrados; acesso aos tribunais de segundo grau: art. 93, III
- organização: art. 125, *caput*
- questões agrárias; varas especializadas: art. 126
- Seção Judiciária; constituição: art. 110, *caput*
- varas; localização: art. 110, *caput*
- cf. também TRIBUNAL DE JUSTIÇA

SÚMULA
STF
- competência; consumidor; serviço público de telefonia; causa em que não figura a ANATEL como litisconsorte passiva necessária, assistente ou opoente: Súmula Vinculante 27/STF

JUSTIÇA FEDERAL

- competência: art. 109, *caput*
- competência; ações propostas até a promulgação da Constituição: ADCT, art. 27, § 10
- Juizados Especiais: art. 98, § 1º
- juiz federal: art. 106, II
- juiz federal; competência: art. 109, *caput*
- juiz federal; órgão do Poder Judiciário: art. 92, III
- juiz federal; promoção: ADCT, art. 27, § 9º
- juiz federal; titularidade: ADCT, art. 28
- órgãos: art. 106
- Territórios; jurisdição e atribuições dos juízes federais: art. 110, par. ún.
- TFR; Ministros: ADCT, art. 27
- TRF; competência: art. 108
- Tribunal Federal; nomeação dos juízes: art. 84, XVI
- cf. também TRIBUNAL REGIONAL FEDERAL

JUSTIÇA GRATUITA

- art. 5º, LXXIV

JUSTIÇA ITINERANTE

- TRF; instalação: art. 107, § 2º
- Tribunal de Justiça; instalação: art. 125, § 7º
- TRT; instalação: art. 115, § 1º

JUSTIÇA MILITAR

- competência: art. 124
- juiz militar: art. 122, II
- juiz militar; órgão do Poder Judiciário: art. 92, VI
- justiça militar estadual: art. 125, §§ 3º a 5º
- Ministro do Superior Tribunal Militar; crimes comuns e de responsabilidade: art. 102, I, *c*
- Ministro do Superior Tribunal Militar; *habeas corpus*: art. 102, I, *d*
- Ministros civis do Superior Tribunal Militar: art. 123, par. ún.
- órgãos: art. 122
- Superior Tribunal Militar; composição, nomeação: art. 123, *caput*

- cf. também SUPERIOR TRIBUNAL MILITAR e TRIBUNAL MILITAR

JUVENTUDE
- estatuto da: art. 227, § 8º, I
- plano nacional de: art. 227, § 8º, II

L

LATROCÍNIO
SÚMULA
STF
- consumação: Súm. 610/STF

LAZER
- direitos sociais: arts. 6º; 7º, IV
- incentivo pelo Poder Público: art. 217, § 3º

LEI(S)
- elaboração, redação, alteração e consolidação: art. 59, par. ún.
- guarda: art. 23, I
- promulgação: arts. 66, § 5º; 84, IV
- promulgação das leis pelo Presidente do Senado Federal: art. 66, § 7º
- publicação: art. 84, IV
- sanção: art. 84, IV
SÚMULA
STF
- ofensa literal; ação rescisória; não cabimento; Súm. 343/STF

LEI COMPLEMENTAR: ART. 59, II
- delegação legislativa; vedação: art. 68, § 1º
- iniciativa: art. 61, *caput*
- *quorum:* art. 69

LEI DELEGADA
- processo de elaboração: art. 68
- processo legislativo; elaboração: art. 59, IV

LEI ORDINÁRIA
- art. 59, III
- iniciativa: art. 61, *caput*

LEI ORGÂNICA DO DISTRITO FEDERAL
- aprovação: art. 32, *caput*

LEI ORGÂNICA DOS MUNICÍPIOS
- aprovação: art. 29, *caput*
- elaboração e votação: ADCT, art. 11, par. ún.

LEI PENAL
- anterioridade: art. 5º, XXXIX
- irretroatividade: art. 5º, XL

LIBERDADE
- ação: art. 5º, II
- acesso à informação: art. 5º, XIV
- associação: art. 5º, XVII e XX
- consciência de crença e de culto religioso: art. 5º, VI
- discriminação aos direitos e liberdades fundamentais; punição: art. 5º, XLI
- expressão da atividade intelectual, artística, científica e de comunicação: arts. 5º, IX; 206, II
- imprensa; radiodifusão e televisão: art. 139, III
- iniciativa: art. 1º, IV
- locomoção; restrições: arts. 5º, XV e LXVIII; 139, I
- manifestação do pensamento: arts. 5º, IV; 206, II
- privação: art. 5º, XLVI, *a*, e LIV
- provisória; admissão: art. 5º, LXVI
- reunião; suspensão e restrições: arts. 5º, XVI; 136, § 1º, I, *a;* 139, IV
- sindical; condições: art. 8º
- trabalho, ofício ou profissão; exercício: art. 5º, XIII

LIBERDADE DE CRENÇA E RELIGIOSA
- convicção filosófica ou política; vedação de privação de direitos; exceção: art. 5º, VIII
- inviolabilidade; cultos religiosos: art. 5º, VI
- serviço militar obrigatório; serviço alternativo: art. 143, § 1º

LICENÇA
- gestante: arts. 7º, XVIII; 39, § 3º
- paternidade: arts. 7º, XIX; 39, § 3º

LICITAÇÃO
- arts. 37, XXI; 175, *caput*
- obras, serviços, compras e alienações públicas: art. 37, XXI
- princípio da administração pública: art. 173, § 1º, III

LIDE
LEG. ESP.
- temerária; condenação do autor: art. 13 da Lei 4.717/1965

LIMITES TERRITORIAIS
- demarcações; linhas divisórias litigiosas; impugnação; Estados e Municípios: ADCT, art. 12, § 2º
- Estado do Acre: ADCT, art. 12, § 5º
- Estado do Tocantins: ADCT, art. 13, § 1º
- ilhas fluviais e lacustres; bens da União: art. 20, IV
- lagos e rios; bens da União: art. 20, III
- território nacional; competência do Congresso Nacional: art. 48, V

LÍNGUA NACIONAL
- art. 13, *caput*

LITISCONSÓRCIO
SÚMULA
STF
- necessário; falta de citação; mandado de segurança; Súm. 631/STF

- sucumbência única; prazo em dobro; não cabimento: Súm. 641/STF
- usucapião: Súmulas 263 e 391/STF

LITISCONSORTE
SÚMULA STF
- sucumbência única; prazo em dobro; não cabimento: Súm. 641/STF

LIVROS EMPRESARIAIS
SÚMULA STF
- exibição: Súm. 260/STF

LOCAÇÃO
SÚMULA STF
- ação revisional de aluguel; Dec. 24.150/1934: Súm. 180/STF
- aluguel arbitrado judicialmente; Lei 3.085/1956; vigência do novo valor: Súm. 179/STF
- benfeitorias realizadas pelo locatário; aquisição do imóvel locado; adquirente que não se responsabiliza pela indenização: Súm. 158/STF
- bens móveis; incidência de ISS; inconstitucionalidade: Súmula Vinculante 31/STF
- cláusula de aluguel progressivo; anterioridade à Lei 3.494/1958; vigência: Súm. 65/STF
- desocupação do imóvel; multa na vigência da Lei 1.300/1950: súm. 109/STF
- inscrição no registro de imóveis; dispensa de transcrição no registro de títulos e documentos: Súm. 442/STF
- prazo determinado; majoração de encargos nos moldes da Lei 3.844/1960: Súm. 171/STF
- prazo determinado; reajustamento de aluguel nos moldes da Lei 3.085/1956: Súm. 172/STF
- purgação da mora; obstáculo judicial: Súm. 173/STF
- purgação da mora; vigência da Lei 1.300/1950: Súm. 123/STF
- renovação judicial; Dec. 24.150/1934: Súm. 178/STF
- retomada de prédio fora do domicílio do locador: Súm. 80/STF
- retomada do imóvel; construção mais útil; indenização para o locatário; Dec. 24.150/1934: Súm. 181/STF
- retomada do imóvel; filho do locador que vai contrair matrimônio: Súm. 175/STF
- retomada do imóvel; notificação prévia; desnecessidade da comprovação dos requisitos legais: Súm. 174/STF
- retomada do imóvel; promitente comprador; Lei 1.300/1950: Súm. 176/STF

LUCRO IMOBILIÁRIO
SÚMULA STF
- Imposto de Renda; alienação de imóvel adquirido por herança ou a título gratuito antes da vigência da Lei 3.470/1958: Súm. 99/STF
- Imposto de Renda; alienação de imóvel adquirido por usucapião antes da vigência da Lei 3.470/1958: Súm. 100/STF
- Imposto de Renda; alíquota; promessa de venda: Súm. 97/STF
- Imposto de Renda; venda de imóvel; meação do cônjuge sobrevivente; sucessão aberta antes da vigência da Lei 3.470/1958: Súm. 96/STF

M

MAGISTRATURA
- aposentadoria: arts. 40; 93, VI e VIII
- aprovação da escolha de Magistrados: art. 52, III, *a*
- atividade jurisdicional; férias forenses; vedação: art. 93, XII
- disponibilidade: art. 93, VIII
- Estatuto; iniciativa do STF: art. 93, *caput*
- Estatuto; princípios; lei complementar; STF: art. 93, *caput*
- garantias: art. 95
- ingresso: art. 93, I
- juízes; quantidade por unidade jurisdicional: art. 93, XIII
- juiz titular; residência: art. 93, VII
- permuta: art. 93, VIII-A e VIII-B
- preparação e aperfeiçoamento: art. 93, IV
- promoção; entrância para entrância: art. 93, II
- promoção; tribunais de segundo grau: art. 93, III
- remoção: art. 93, VIII e VIII-A
- Tribunais; acesso: art. 93, III
- Tribunal Pleno; atribuições administrativas e jurisdicionais; órgão especial: art. 93, XI
- vedação: art. 95, par. ún.
- vencimentos; subsídios: art. 93, V
- cf. também JUIZ

MANDADO DE INJUNÇÃO
- autoridade federal; norma regulamentadora; atribuição: art. 105, I, *h*
- concessão: art. 5º, LXXI
- norma regulamentadora de atribuição específica: art. 102, I, *q*
- STF; julgamento em recurso ordinário: art. 102, II, *a*
- STF; processo e julgamento: art. 102, I, *q*
- STJ; processo e julgamento: art. 105, I, *h*
- TRE; recurso de suas decisões: art. 121, § 4º, V

LEG. ESP.
- individual e coletivo; processo e julgamento: Lei 13.300/2016

MANDADO DE SEGURANÇA
- ato de autoridade federal: art. 109, VIII
- ato de Ministro de Estado, dos Comandantes da Marinha, Exército e Aeronáutica e do STJ: art. 105, I, *b*
- ato do Presidente da República, das Mesas da Câmara dos Deputados e do Senado Federal, do Tribunal de Contas da União, do Procurador-Geral da República e do STF: art. 102, I, *d*
- ato do TRF ou de juiz federal: art. 108, I, *c*

- ato em matéria trabalhista: art. 114, IV
- coletivo; legitimidade: art. 5º, LXX
- competência em recurso ordinário; STF: art. 102, II, *a*
- competência em recurso ordinário; STJ: art. 105, II, *b*
- competência; juízes federais: art. 109, VIII
- competência; justiça do trabalho: art. 114, IV
- competência originária; STF: art. 102, I, *d*
- competência originária; STJ: art. 105, I, *b*
- competência originária; TRF: art. 108, I, *c*
- concessão: art. 5º, LXIX
- decisão denegatória dos TRE: art. 121, § 4º, V
- decisão denegatória dos TRF ou dos Tribunais dos Estados, Distrito Federal e Territórios: art. 105, II, *b*
- decisão denegatória dos Tribunais Superiores: art. 102, II, *a*
- decisão denegatória do TSE: art. 121, § 3º

LEG. ESP.
- disciplina: norma aplicável: Lei 12.016/2009

STF
- coisa julgada; decisão denegatória; uso de ação própria: Súm. 304/STF
- coletivo; entidade de classe; autorização dos associados: Súm. 629/STF
- coletivo; entidade de classe; interesse de parte da categoria: Súm. 630/STF
- competência; Supremo Tribunal Federal; ato do Tribunal de Contas da União: Súm. 248/STF
- competência; Supremo Tribunal Federal; ato de Tribunais de Justiça dos Estados: Súm. 330/STF
- competência originária do STF; decisão proferida pela maioria ou totalidade de membros de Tribunal: Súm. 623/STF
- competência originária do STF; oposição contra atos de outros Tribunais: Súm. 624/STF
- concessão de liminar; perda de efeitos: Súm. 405/STF
- concessão que não produz efeitos patrimoniais relativos a período pretérito: Súm. 271/STF
- contra ato de presidente do TRT; competência: Súm. 433/STF
- controvérsia sobre matéria de direito: Súm. 625/STF
- decisão denegatória; recurso extraordinário: Súm. 272/STF
- decisão do STF; oposição de embargos infringentes; inadmissibilidade: Súm. 294/STF
- direito líquido e certo; amparo em lei cujos efeitos foram anulados por outra declarada constitucional: Súm. 474/STF
- embargos infringentes: Súm. 597/STF
- honorários de advogado; não cabimento: Súm. 512/STF
- impetração contra ato judicial passível de recurso ou correição; inadmissibilidade: Súm. 267/STF
- impetração contra autoridade no exercício de competência delegada: Súm. 510/STF
- impetração contra enquadramento de servidor público nos moldes da Lei 3.780/1960; inadmissibilidade: Súm. 270/STF
- impetração contra lei em tese; inadmissibilidade: Súm. 266/STF
- interposição contra decisão judicial transitada em julgada; inadmissibilidade: Súm. 268/STF
- impetração; Ministério Público; decisão proferida em processo penal; obrigatória; citação do réu: Súm. 701/STF
- interposição simultânea de recurso ordinário e extraordinário: Súm. 299/STF
- lei que fixa prazo de decadência; constitucional: Súm. 632/STF
- lide não substitutiva da ação popular: Súm. 101/STF
- liminar; concessão ou indeferimento; não cabimento de agravo regimental: Súm. 622/STF
- litisconsórcio passivo necessário; falta de citação; extinção do processo: Súm. 631/STF
- omissão de autoridade; recurso administrativo com efeito suspensivo: Súm. 429/STF
- prazo; pedido de reconsideração na esfera administrativa: Súm. 430/STF
- prazo; recurso ordinário; Supremo Tribunal Federal; *habeas corpus*; mandado de segurança: Súm.319/STF
- recurso ordinário; prazo: Súm. 319/STF
- substituição a ação de cobrança; inadmissibilidade: Súm. 269/STF
- suspensão da liminar; trânsito em julgado da decisão definitiva de concessão da segurança: Súm. 626/STF

MANDATO

SÚMULA
STF
- venda realizada diretamente pelo mandante ao mandatário; nulidade inexistente: Súm. 165/STF

MANDATO ELETIVO
- condenação criminal; perda: art. 55, VI
- Deputado Distrital: art. 32, §§ 2º e 3º
- Deputado Estadual; duração e perda: art. 27, § 1º
- Deputado Federal: art. 44, par. ún.
- Governador e Vice-Governador; duração: art. 28; ADCT, art. 4º, § 3º
- Governador, Vice-Governador, Senadores, Deputados Federais e Estaduais; Estado do Tocantins: ADCT, art. 13, § 4º
- impugnação: art. 14, §§ 10 e 11
- Justiça Eleitoral: art. 14, §§ 10 e 11
- parlamentar; investidura em outros cargos; compatibilidade: art. 56, I
- parlamentar licenciado: art. 56, II
- parlamentar no exercício da função de Prefeito: ADCT, art. 5º, § 3º
- parlamentar; perda: art. 55
- Prefeito e Vereador quando servidor público: art. 38, II e III
- Prefeito; perda: art. 29, XII
- Prefeito, Vice-Prefeito e Vereador: art. 29, I e II; ADCT, art. 4º, § 3º
- Presidente: art. 82
- Presidente da República; mandato atual: ADCT, art. 4º, *caput*
- Senador; exercício gratuito: ADCT, art. 8º, § 4º
- servidor público: art. 38
- Vereador; exercício gratuito: ADCT, art. 8º, § 4º

SÚMULA
STF
- inelegibilidade; dissolução da sociedade ou do vínculo conjugal: Súmula Vinculante 18/STF

MANIFESTAÇÃO DO PENSAMENTO
- liberdade e vedação do anonimato: art. 5º, IV

MAR TERRITORIAL
- bem da União: art. 20, VI

MARGINALIZAÇÃO
- combate: art. 23, X
- erradicação: art. 3º, III

MATERIAL BÉLICO
- comércio e produção; autorização e fiscalização; competência da União: art. 21, VI
- legislação; competência privativa da União: art. 22, XXI

MATERNIDADE
- direitos sociais: art. 6º
- licença-gestante: arts. 7º, XVIII; 39, § 3º
- plano de previdência social: art. 201, II
- proteção: art. 203, I

MEDICAMENTO
- produção: art. 200, I

MEDIDA CAUTELAR
LEG. ESP.
- ação direta de inconstitucionalidade; declaratória de constitucionalidade: arts. 10 a 12, e 21 da Lei 9.868/1999
SÚMULA
STF
- exibição de livros comerciais: Súmulas 260 e 390/STF
- recurso extraordinário; Súmulas 634 e 635/STF

MEDIDAS PROVISÓRIAS
- apreciação; prazo: art. 62, § 6º
- aprovação de projeto de lei de conversão: art. 62, § 12
- Câmara dos Deputados; iniciativa: art. 62, § 8º
- Congresso Nacional; apreciação: arts. 57, §§ 7º e 8º; 62, §§ 7º a 9º
- conversão em lei; eficácia; prazo: art. 62, §§ 3º e 4º
- decretos-leis; edição entre 03.09.1988 e a promulgação da Constituição: ADCT, art. 25, § 2º
- eficácia: art. 62, § 3º
- impostos: art. 62, § 2º
- matérias vedadas: arts. 62, § 1º; 246
- mérito: art. 62, § 5º
- prazos: art. 62, §§ 3º, 4º, 6º, 7º e 11
- Presidente da República; edição: arts. 62, caput; 84, XXVI
- reedição: art. 62, § 10

MEIO AMBIENTE
- caça; competência legislativa concorrente: art. 24, VI

- dano; competência legislativa: art. 24, VIII
- defesa: art. 170, VI
- defesa e preservação; dever da coletividade e do Poder Público: art. 225, caput
- deveres do Poder Público: art. 225, § 1º
- equilíbrio ecológico; direito de todos: art. 225, caput
- fauna; competência legislativa concorrente: art. 24, VI
- fauna; preservação pela União: art. 23, VII
- flora; preservação pela União: art. 23, VII
- Floresta Amazônica: art. 225, § 4º
- floresta; competência legislativa concorrente: art. 24, VI
- floresta; preservação pela União: art. 23, VII
- Mata Atlântica: art. 225, § 4º
- natureza; competência legislativa concorrente: art. 24, VI
- Pantanal Mato-Grossense: art. 225, § 4º
- pesca; competência legislativa concorrente: art. 24, VI
- propaganda comercial nociva; vedação: art. 220, § 3º, II
- proteção: art. 23, VI
- proteção; competência legislativa concorrente: art. 24, VI
- qualidade de vida; melhoria: art. 225, caput
- recursos minerais: art. 225, § 2º
- recursos naturais; competência legislativa concorrente: art. 24, VI
- reparação do dano: art. 225, § 3º
- sanções penais e administrativas: art. 225, § 3º
- Serra do Mar: art. 225, § 4º
- solo; competência legislativa concorrente: art. 24, VI
- terras devolutas: art. 225, § 5º
- usinas nucleares; localização: art. 225, § 6º
- zona costeira: art. 225, § 4º

MENOR
- v. CRIANÇA E ADOLESCENTE

MICROEMPRESA
- definição: ADCT, art. 47, § 1º
- instituição: art. 25, § 3º
- tratamento jurídico diferenciado: art. 179

MILITAR
- aposentadorias; pensões e proventos: arts. 40, §§ 7º e 8º; 42, § 2º; 201, § 9º-A
- condenação por Tribunal Militar: art. 142, § 3º, VI
- condições de elegibilidade: art. 14, § 8º
- filiação a partidos políticos: art. 142, § 3º, V
- garantias: arts. 42, § 1º; 142, § 3º, I
- greve; sindicalização; proibição: art. 142, § 3º, IV
- hierarquia; disciplina: art. 42, caput
- integrantes da carreira policial; ex-Território Federal de Rondônia: ADCT, art. 89
- julgado indigno: art. 142, § 3º, III
- patentes: arts. 42, § 1º; 142, § 3º, I
- patentes; perda: art. 142, § 3º, VI
- postos; perda: art. 142, § 3º, VI
- regime jurídico; iniciativa das leis: art. 61, § 1º, II, f
- remuneração; subsídio: arts. 39, § 4º; 144, § 9º
- reserva: art. 142, § 3º, II

ÍNDICE ALFABÉTICO-REMISSIVO UNIFICADO

SÚMULA
STF
- auditores; Superior Tribunal Militar: Súmula 9/STF
- inatividade; promoções: Súmulas 51 e 52/STF
- inatividade; uso de uniforme: Súm. 57/STF
- magistério; reserva ativa: Súm. 54/STF
- oficiais e praças das milícias; exercício de função policial civil; não equiparação: Súm. 297/STF
- professor; promoção vinculada à reforma; condições: Súm. 53/STF
- reforma; pena disciplinar: Súm. 56/STF
- reserva; pena disciplinar: Súm. 55/STF

MINISTÉRIO DE ESTADO DA DEFESA
- cargo privativo de brasileiro nato: art. 12, § 3º, VII
- composição do Conselho de Defesa Nacional: art. 91, V

MINISTÉRIO PÚBLICO
- ação civil; legitimação: art. 129, § 1º
- ação civil; promoção: art. 129, III
- ação de inconstitucionalidade; promoção: art. 129, IV
- ação penal; promoção: art. 129, I
- acesso à carreira; requisitos: art. 129, § 3º
- atividade policial; controle: art. 129, VII
- autonomia administrativa: art. 127, § 2º
- autonomia funcional: art. 127, § 2º
- comissões parlamentares de inquérito: art. 58, § 3º
- Conselho Nacional: art. 130-A
- crimes comuns e de responsabilidade; processo e julgamento: art. 96, III
- delegação legislativa; vedação: art. 68, § 1º, I
- despesa pública; projeto sobre serviços administrativos: art. 63, II
- dotação orçamentária: art. 168
- efetivo respeito dos direitos constitucionais: art. 129, II
- efetivo respeito dos Poderes Públicos e dos serviços sociais: art. 129, II
- exercício de suas funções: art. 129
- finalidade: art. 127, caput
- funcionamento: art. 127, § 2º
- funções: art. 129, IX
- funções; exercício: art. 129, § 2º
- funções institucionais: art. 129
- inamovibilidade: art. 128, § 5º, I, b
- índio; intervenção no processo: art. 232
- ingresso na carreira: art. 129, § 3º
- inquérito civil; promoção: art. 129, III
- interesses difusos e coletivos; proteção: art. 129, III
- lei complementar: ADCT, art. 29
- membro; opção pelo regime anterior: ADCT, art. 29, § 3º
- organização: art. 127, § 2º
- órgãos: art. 128
- ouvidoria; criação; competência da União e dos Estados: art. 130-A, § 5º
- populações indígenas; defesa: art. 129, V
- princípios institucionais: art. 127, § 1º
- procedimentos administrativos; expedição de notificações: art. 129, VI
- processo; distribuição: art. 129, § 5º
- propostas orçamentárias: art. 127, §§ 3º a 6º

- provimento de cargos; concurso público: art. 127, § 2º
- representação para intervenção dos Estados nos Municípios: art. 129, IV
- representação para intervenção federal nos Estados: art. 129, IV
- residência: art. 129, § 2º
- serviços auxiliares; provimento por concurso público: art. 127, § 2º
- Superior Tribunal de Justiça; composição: art. 104, par. ún., II
- TRF; composição: arts. 94; 107, I
- Tribunal de Justiça; composição: art. 94
- vedação à participação em sociedade comercial: art. 128, § 5º, II, c
- vedação à representação judicial e à consultoria jurídica de entidades públicas: art. 129, IX, 2a parte
- vedação ao exercício da advocacia: arts. 95, par. ún., V, e 128, § 5º, II, b
- vedação ao exercício de atividade político-partidária: art. 128, § 5º, II, e
- vedação ao exercício de outra função pública: art. 128, § 5º, II, d
- vedação ao recebimento de honorários, percentagens ou custas processuais: art. 128, § 5º, II, a
- vencimentos; subsídios; irredutibilidade: art. 128, § 5º, I, c
- vitaliciedade: art. 128, § 5º, I, a
LEG. ESP.
- promoção da execução por inércia do autor da ação popular; pena: art. 16 da Lei 4.717/1965
SÚMULA
STF
- assistente de acusação; ação penal; interposição de recurso nos casos dos arts. 584, § 1º e 598 do CPP: Súm. 210/STF
- assistente de acusação; decisão concessiva de habeas corpus; impossibilidade de recurso extraordinário: Súm. 208/STF
- Estado de São Paulo; equiparação dos vencimentos ao da Magistratura: Súm. 43/STF

MINISTÉRIO PÚBLICO DA UNIÃO
- crimes comuns e de responsabilidade de membros que oficiem perante Tribunais; processo e julgamento: art. 105, I, a
- crimes comuns; processo e julgamento: art. 108, I, a
- crimes de responsabilidade; processo e julgamento: art. 108, I, a
- habeas corpus; processo e julgamento: art. 105, I, c
- organização: arts. 48, IX; 61, § 1º, II, d
- órgão do Ministério Público: art. 128, I
- Procurador-Geral da República; aprovação prévia de nomeação pelo Senado Federal: art. 128, § 1º
- Procurador-Geral da República; nomeação pelo Presidente da República: art. 128, § 1º
SÚMULA
STF
- bacharéis em direito; exercício de cargo interino por dois anos; nomeação interina a Procurador da República: Súm. 44/STF

MINISTÉRIO PÚBLICO DO DISTRITO FEDERAL
- atribuições e Estatuto: art. 128, § 5°
- organização: arts. 48, IX; 61, § 1°, II, d
- organização e manutenção: art. 21, XIII
- organização; legislação: art. 22, XVII
- órgão do Ministério Público da União: art. 128, I, d
- Procurador-Geral; escolha, nomeação, destituição: art. 128, §§ 3° e 4°

MINISTÉRIO PÚBLICO DO TRABALHO
- atribuições e Estatuto: art. 128, § 5°
- membro; estabilidade: ADCT, art. 29, § 4°
- órgão do Ministério Público da União: art. 128, I, b
- TRT; composição: art. 115, par. ún., II
- TST; composição: art. 111-A, I

MINISTÉRIO PÚBLICO DOS ESTADOS
- atribuições e Estatuto: art. 128, § 5°
- organização: art. 61, § 1°, II, d
- órgão do Ministério Público: art. 128, II
- Procurador-Geral do Estado; escolha, nomeação e destituição: art. 128, §§ 3° e 4°
- Tribunal de Contas dos Estados; atuação: art. 130

MINISTÉRIO PÚBLICO DOS TERRITÓRIOS
- atribuições e Estatuto: art. 128, § 5°
- organização: arts. 48, IX; 61, § 1°, II, d
- organização; legislação: art. 22, XVII
- organização e manutenção: art. 21, XIII
- órgãos do Ministério Público da União: art. 128, I, d
- Procurador-Geral: art. 128, § 3°
- Procurador-Geral; destituição: art. 128, § 4°

MINISTÉRIO PÚBLICO FEDERAL
- atribuições e Estatuto: art. 128, § 5°
- órgão do Ministério Público da União: art. 128, I, a
- Procurador da República; opção de carreira: ADCT, art. 29, § 2°
- Tribunal de Contas da União; atuação: art. 130

MINISTÉRIO PÚBLICO MILITAR
- atribuições e Estatuto: art. 128, § 5°
- Membro; estabilidade: ADCT, art. 29, § 4°

SÚMULA
STF
- substitutos; estabilidade: Súm. 45/STF

MINISTRO DA JUSTIÇA
- Conselho da República; membro: art. 89, VI

MINISTRO DE ESTADO
- auxílio ao Presidente da República no exercício do Poder Executivo: art. 84, II
- Câmara dos Deputados; comparecimento: art. 50, caput, § 1°
- competência: art. 87, par. ún.
- Conselho da República; convocação pelo Presidente da República: art. 90, § 1°
- crimes de responsabilidade: art. 87, par. ún., II
- crimes de responsabilidade conexos com os do Presidente e Vice-Presidente da República; julgamento: art. 52, I
- crimes de responsabilidade; processo e julgamento: art. 102, I, c
- decretos; execução: art. 87, par. ún., II
- entidades da administração federal; orientação, coordenação e supervisão: art. 87, par. ún., I
- escolha: art. 87, caput
- habeas corpus; processo e julgamento: art. 102, I, d
- habeas data; processo e julgamento: art. 105, I, b
- infrações penais comuns; processo e julgamento: art. 102, I, b
- leis; execução: art. 87, par. ún., II
- mandado de injunção; processo e julgamento: art. 105, I, h
- mandado de segurança; processo e julgamento: art. 105, I, b
- nomeação e exoneração: art. 84, I
- pedidos de informação; Câmara dos Deputados e Senado Federal: art. 50
- Poder Executivo; auxílio ao Presidente da República: art. 76
- Presidente da República; delegação de atribuições: art. 84, par. ún.
- Presidente da República; referendo de atos e decretos: art. 87, par. ún., I
- Presidente da República; relatório anual: art. 87, par. ún., III
- processo; instauração: art. 51, I
- regulamentos; execução: art. 87, par. ún., II
- remuneração; subsídios: art. 49, VIII

MISSÃO DIPLOMÁTICA PERMANENTE
- chefes; aprovação pelo Senado Federal: art. 52, IV
- chefes; crimes comuns e de responsabilidade: art. 102, I, c

MOEDA
- emissão: art. 48, XIV
- emissão; competência da União: art. 164

MONOPÓLIO
- vedação: art. 173, § 4°

MORA
SÚMULA
STF
- juros; liquidação de sentença; inclusão: Súm. 254/STF
- juros; reclamação trabalhista: Súm. 224/STF
- purgação; enfiteuse: Súm. 122/STF
- purgação; locação; obstáculo judicial: Súm. 173/STF
- purgação; locação; vigência da Lei 1.300/1950: Súm. 123/STF

MULTA
SÚMULA
STF
- cominatória; obrigação de dar: Súm. 500/STF

MUNICÍPIO

- Administração Pública; princípios: art. 37, caput
- assistência social; custeio: art. 149, §§ 1º a 4º
- autarquias e fundações e mantidas pelo Poder Público; limitações ao poder de tributar: art. 150, §§ 2º e 3º
- autonomia: art. 18, caput
- Câmara Municipal; competência: art. 29, V
- Câmara Municipal; composição: art. 29, IV
- Câmara Municipal; fiscalização financeira e orçamentária pelos Municípios: art. 31, caput
- Câmara Municipal; fiscalização financeira e orçamentária pelo Tribunal de Contas dos Estados ou Municípios: art. 31, § 1º
- Câmara Municipal; funções legislativas e fiscalizadoras: art. 29, IX
- competência: art. 30
- competência tributária: arts. 30, III; 145, caput; 156
- competência tributária; ICMS; lei complementar; fixação de alíquotas máximas e mínimas: art. 156, § 3º, I; ADCT, art. 88
- competência tributária; imposto sobre transmissão inter vivos: art. 156, II e § 2º
- competência tributária; IPTU: art. 156, I
- competência tributária; ISS; lei complementar; isenções, incentivos e benefícios fiscais: art. 156, § 3º, III; ADCT, art. 88
- competência tributária; vedação ao limite de tráfego: art. 150, V
- Conselho de Contas; vedação de criação: art. 31, § 4º
- contribuições previdenciárias; débitos: ADCT, art. 57
- crédito externo e interno; disposições sobre limites globais pelo Senado Federal: art. 52, VII
- criação: art. 18, § 4º
- criação, fusão, incorporação e desmembramento; convalidação: ADCT, art. 96
- desmembramento: art. 18, § 4º
- diferença de bens; limitações ao poder de tributar: art. 152
- disponibilidade de caixa; depósito em instituições financeiras oficiais: art. 164, § 3º
- distinção entre brasileiros; vedação: art. 19, III
- distrito; criação, organização e supressão: art. 30, IV
- Distrito Federal; vedação de divisão: art. 32, caput
- dívida mobiliária; fixação de limites globais pelo Senado Federal: art. 52, IX
- dívida pública; fixação de limites globais pelo Senado Federal: art. 52, VI
- documento público; vedação de recusa de fé: art. 19, II
- educação infantil; programas: art. 30, VI
- empresa de pequeno porte; tratamento jurídico diferenciado: art. 179
- ensino; aplicação de receita de impostos: art. 212
- ensino fundamental; programas: art. 30, VI
- Estado-membro; demarcação das terras em litígio: ADCT, art. 12, § 2º
- Fazenda Pública; precatório; sentença judiciária: art. 100, caput; ADCT, art. 97
- fiscalização contábil, financeira e orçamentária: art. 75, caput
- fiscalização contábil, financeira e orçamentária; exibição das contas aos contribuintes: art. 31, § 3º
- fiscalização financeira: art. 31, caput
- fiscalização orçamentária: art. 31, caput
- fusão: art. 18, § 4º
- guardas municipais: art. 144, § 8º
- imposto sobre transmissão inter vivos; isenção: art. 156, § 2º, I
- incentivos fiscais; reavaliação: ADCT, art. 41
- incorporação: art. 18, § 4º
- iniciativa das leis; população: art. 29, XI
- instituições de assistência social sem fins lucrativos; limitações ao poder de tributar: art. 150, VI, c e § 4º
- instituições de educação sem fins lucrativos; limitações ao poder de tributar: art. 150, VI, c e § 4º
- interesse local; legislação: art. 30, I
- IPTU; função social da propriedade: art. 156, § 1º
- legislação federal; suplementação: art. 30, II
- Lei Orgânica: art. 29, caput; ADCT, art. 11, par. ún.
- livros, jornais e periódicos; limitações ao poder de tributar: art. 150, VI, d; Súm. Vinculante 57/STF
- mar territorial; exploração: art. 20, § 1º
- microempresa; tratamento jurídico diferenciado: art. 179
- orçamento; recursos para a assistência social: art. 204, caput
- órgãos de Contas; vedação de criação: art. 31, § 4º
- participação das receitas tributárias; vedação à retenção ou restrição: art. 160
- partidos políticos; limitações ao poder de tributar: art. 150, VI, c e § 4º
- patrimônio histórico-cultural; proteção: art. 30, IX
- patrimônio, renda ou serviços de entes públicos; limitações ao poder de tributar: art. 150, VI, a
- pessoal; despesa: art. 169; ADCT, art. 38
- planejamento; cooperação das associações representativas de bairro: art. 29, X
- plataforma continental; direito de participação e compensação financeira por sua exploração: art. 20, § 1º
- prestação de contas: art. 30, III
- previdência social; contribuição para o custeio do sistema: art. 149, §§ 1º a 4º
- quadro de pessoal; compatibilização: ADCT, art. 24
- receita tributária; repartição: arts. 158; 162
- recursos hídricos e minerais; participação e exploração: art. 20, § 1º
- reforma administrativa: ADCT, art. 24
- religião; vedações: art. 19, I
- saúde; serviços de atendimento: art. 30, VII
- serviço público de interesse local; organização e prestação: art. 30, V
- símbolos: art. 13, § 2º
- sindicatos; limitações ao poder de tributar: art. 150, VI, c e § 4º
- sistema de ensino: art. 211, caput e § 2º
- Sistema Tributário Nacional; aplicação: ADCT, art. 34, § 3º
- Sistema Único de Saúde; financiamento: art. 198, § 1º
- solo urbano; controle, ocupação, parcelamento e planejamento: art. 30, VIII
- suplementação da legislação federal e estadual: art. 30, II
- templos de qualquer culto; limitações ao poder de tributar: art. 150, VI, b e § 4º

- transporte coletivo; caráter essencial: art. 30, V
- Tribunais de Contas; vedação de criação: art. 31, § 4º
- tributação; limites: art. 150
- tributos; instituição e arrecadação: art. 30, III
- turismo; promoção e incentivo: art. 180
- vedações: art. 19

N

NACIONALIDADE
- delegação legislativa; vedação: art. 68, § 1º, II
- dupla nacionalidade: EC 131/2023
- foro competente: art. 109, X
- opção: art. 12, I, c
- perda: art. 12, § 4º
- renúncia: art. 12, § 5º

NASCIMENTO
- registro civil; gratuidade: art. 5º, LXXVI, a

NATURALIZAÇÃO
- cancelamento; efeito: art. 12, § 4º, I
- foro competente: art. 109, X
- legislação: art. 22, XIII

NAVEGAÇÃO
- cabotagem; embarcações nacionais: art. 178

NEPOTISMO
SÚMULA
STF
- Súmula Vinculante 13/STF

NOTÁRIOS
- concurso público: art. 236, § 3º
- Poder Judiciário; fiscalização de seus atos: art. 236, § 1º
- responsabilidade civil e criminal: art. 236, § 1º

NULIDADE
SÚMULA
STF
- arguição não realizada pela acusação; acolhimento pelo Tribunal; decisão nula: Súm. 160/STF

NULIDADE ABSOLUTA
SÚMULA
STF
- júri; falta de quesito obrigatório: Súm. 156/STF
- júri; quesitos da defesa que não precedem aos das circunstâncias agravantes: Súm. 162/STF

NULIDADE RELATIVA
SÚMULA
STF
- processo criminal; carta precatória; inquirição de testemunha; falta de intimação: Súm. 155/STF

O

ÓBITO
- certidão; gratuidade: art. 5º, LXXVI, b

OBRAS
- coletivas; participação individual: art. 5º, XXVII
- criadores e intérpretes; aproveitamento econômico; fiscalização: art. 5º, XXVIII
- direitos do autor e herdeiros: art. 5º, XXVII
- meio ambiente; degradação; estudo prévio: art. 225, § 1º, IV
- patrimônio cultural brasileiro: art. 216, IV
- valor histórico, artístico e cultural; proteção: art. 23, III e IV

OBRAS PÚBLICAS
- licitação: art. 37, XXI

OFICIAIS DE REGISTRO
- concurso público: art. 236, § 3º
- Poder Judiciário; fiscalização dos atos: art. 236, § 1º
- responsabilidade civil e criminal: art. 236, § 1º
- vedação: art. 173, § 4º

OPERAÇÕES DE CRÉDITO
- Congresso Nacional: art. 48, II

ORÇAMENTO PÚBLICO
- anual; fundos: art. 165, § 5º, I e III
- anual; projeto de lei; emendas individuais impositivas: art. 166-A
- Congresso Nacional: art. 48, II
- créditos especiais e extraordinários: art. 167, § 2º
- créditos extraordinários: art. 167, § 3º
- delegação legislativa; vedação: art. 68, § 1º, III
- diretrizes orçamentárias; projeto de lei; Presidente da República; envio: art. 84, XXIII
- fundos; instituição e funcionamento: arts. 165, § 9º; 167, IX; ADCT, art. 35, § 2º
- impositivo: art. 166, §§ 16 a 20.
- lei anual: ADCT, art. 35, caput
- plano plurianual; adequação: art. 165, § 4º
- plano plurianual; Congresso Nacional: art. 48, II
- plano plurianual; crimes de responsabilidade: art. 167, § 1º
- plano plurianual; delegação legislativa; vedação: art. 68, § 1º, III
- plano plurianual; lei: art. 165, § 1º
- plano plurianual; Presidente da República; envio ao Congresso Nacional: art. 84, XXIII
- plano plurianual; projeto de lei; apreciação de emendas pelo Congresso Nacional: art. 166, § 2º
- plano plurianual; projeto de lei; apreciação pela Comissão Mista Permanente de Senadores e Deputados: art. 166, § 1º
- plano plurianual; projeto de lei; apreciação pelo Congresso Nacional: art. 166, caput

- plano plurianual; projeto de lei; apresentação de emendas: art. 166, § 2º
- plano plurianual; projeto de lei; emendas individuais; limite: art. 166, § 9º
- plano plurianual; projeto de lei; modificação: art. 166, § 5º
- plano plurianual; projeto de lei; processo legislativo: art. 166, § 7º
- plano plurianual; regulamentação: art. 165, § 9º
- Poder Executivo: art. 165, III
- proposta; Presidente da República; envio: art. 84, XXIII
- seguridade social; proposta; elaboração: art. 195, § 2º
- títulos da dívida agrária: art. 184, § 4º
- vedações: art. 167; ADCT, art. 37

ORDEM DOS ADVOGADOS DO BRASIL
- Conselho Federal; controle de constitucionalidade; legitimidade: art. 103, VII

ORDEM ECONÔMICA
- direito ao exercício de todas as atividades econômicas: art. 170, par. ún.
- documento ou informação de natureza comercial; requisição por autoridade estrangeira: art. 181
- empresa de pequeno porte; tratamento jurídico diferenciado: art. 179
- empresas nacionais de pequeno porte: art. 170, IX
- fundamentos: art. 170, *caput*
- livre concorrência: art. 170, IV
- microempresa; tratamento jurídico diferenciado: art. 179
- pleno emprego: art. 170, VIII
- princípios: art. 170
- relação da empresa pública com o Estado e a sociedade; regulamentação: art. 173, § 3º
- responsabilidade individual e da pessoa jurídica: art. 173, § 5º

ORDEM SOCIAL
- fundamentos: art. 193
- objetivo: art. 193
- ORGANIZAÇÃO DO TRABALHO – empregador; participação nos colegiados de órgãos públicos; interesses profissionais e previdenciários: art. 10
- trabalhador; participação nos colegiados de órgãos públicos; interesses profissionais e previdenciários: art. 10
- trabalhador; representante dos empregados junto às empresas: art. 11

ORGANIZAÇÃO JUDICIÁRIA
- União; competência legislativa: art. 22, XVII

ÓRGÃOS PÚBLICOS
- atos, programas, obras, serviços e campanhas; caráter educativo: art. 37, § 1º
- disponibilidade de caixa; depósito em instituições financeiras oficiais: art. 164, § 3º
- inspeção e auditoria: art. 71, IV

OURO
- ativo financeiro ou instrumento cambial; impostos; normas: art. 153, § 5º

P

PANDEMIA (COVID-19)
- auxílio emergencial residual; despesas: EC 109/2021
- eleições municipais; adiamento: EC 107/2020
- ensino; aplicação de receita de impostos; descumprimento; impossibilidade de responsabilização; covid-19: ADCT, art. 119; e EC 119/2022
- regime extraordinário fiscal, financeiro e de contratações: EC 106/2020

PARTIDO POLÍTICO
- acesso gratuito ao rádio e à televisão; requisitos: art. 17, § 3º, e art. 3º, par. un., da EC 97/2017
- ações declaratória de constitucionalidade e direta de inconstitucionalidade: art. 103, VIII
- autonomia: art. 17, § 1º
- candidato eleito; filiação a outro partido: art. 17, § 5º
- candidaturas femininas; Fundo Especial de Financiamento de Campanha: art. 17, § 8º; e EC 117/2022
- caráter nacional: art. 17, I
- coligações eleitorais: art. 17, § 1º
- coligações; eleições proporcionais; vedação: art. 17, § 1º
- criação: art. 17, *caput*; ADCT, art. 6º
- direitos fundamentais da pessoa humana: art. 17, *caput*
- estatuto: art. 17, § 10; ADCT, art. 6º
- extinção; incorporação: art. 17, *caput*
- fidelidade partidária; deputados e vereadores: art. 17, § 6º
- funcionamento parlamentar: art. 17, IV
- fusão: art. 17, *caput*
- incorporação: art. 17, *caput*
- limitações ao poder de tributar: art. 150, VI, c, § 4º
- manifesto: ADCT, art. 6º
- mulheres; participação política; programas de promoção e difusão: art. 17, § 7º
- organização e funcionamento: art. 17, § 1º
- personalidade jurídica: art. 17, § 2º
- pluripartidarismo: art. 17, *caput*
- programa: ADCT, art. 6º
- recursos; fundo partidário; direito: art. 17, § 3º
- recursos; fundo partidário; obtenção; requisitos: art. 17, § 3º, e art. 3º, par. un., da EC 97/2017
- regime democrático: art. 17, *caput*
- registro: art. 17, § 2º; ADCT, art. 6º
- registro provisório; concessão pelo TSE: ADCT, art. 6º, § 1º
- registro provisório; perda: ADCT, art. 6º, § 2º
- requisitos: art. 17, *caput*
- soberania nacional: art. 17, *caput*
- TSE: ADCT, art. 6º, *caput*
- vedação de subordinação à entidade ou governo também no estrangeiro: art. 17, II
- vedação de utilização de organização paramilitar: art. 17, § 4º

PATRIMÔNIO CULTURAL
- ato lesivo; ação popular: art. 5º, LXXIII

PATRIMÔNIO NACIONAL
- atos gravosos: art. 49, I
- Floresta Amazônica, Mata Atlântica, Serra do Mar, Pantanal Mato-Grossense, Zona Costeira: art. 225, § 4º
- mercado interno; desenvolvimento cultural e socioeconômico: art. 219

PENA
- comutação; competência: art. 84, XII
- cumprimento; estabelecimento: art. 5º, XLVIII
- individualização; regulamentação: art. 5º, XLVI e XLVII
- morte: art. 5º, XLVII, *a*
- reclusão; prática do racismo: art. 5º, XLII
- suspensão ou interdição de direitos: art. 5º, XLVI, *e*
- tipos: art. 5º, XLVI

PESQUISA E INOVAÇÃO
- acesso à pesquisa e inovação; meios; competência: art. 23, V

PETRÓLEO
- elevação do preço; estado de emergência; ano 2022; medidas de enfrentamento: ADCT, art. 120
- importação e exportação; monopólio da União: art. 177, III
- jazidas; monopólio: art. 177, I
- monopólio; exclusão: ADCT, art. 45
- refinação; monopólio da União: art. 177, II
- transporte marítimo ou por meio de conduto; monopólio da União: art. 177, IV

PLANEJAMENTO FAMILIAR
- art. 226, § 7º

PLANO NACIONAL DE DESENVOLVIMENTO
- art. 48, IV

PLANO NACIONAL DE DESENVOLVIMENTO ECONÔMICO E SOCIAL
- art. 43, § 1º, II

PLANO NACIONAL DE EDUCAÇÃO
- arts. 205, *caput;* 212, § 3º
- duração decenal: art. 214
- objetivos: art. 214

PLEBISCITO
- autorização: art. 49, XV
- exercício da soberania: art. 14, I
- revisão constitucional; prazo: ADCT, art. 2º

PLURALISMO POLÍTICO
- art. 1º, V

POBREZA
- combate às causas: art. 23, X
- erradicação: art. 3º, III
- Fundo de Combate e Erradicação da Pobreza: ADCT, arts. 79 a 83

PODER EXECUTIVO
- arts. 2º e 76 a 91
- alteração de alíquotas; competência tributária: art. 153, § 1º
- atividades nucleares; iniciativa: art. 49, XIV
- atos; fiscalização e controle: art. 49, X
- atos normativos; sustação pelo Congresso Nacional: art. 49, V
- delegação legislativa; revogação: ADCT, art. 25
- fiscalização contábil, financeira e orçamentária da União; exercício; prestação de contas: art. 70
- fiscalização contábil, financeira e orçamentária da União; finalidade: art. 74
- membros; vencimentos: arts. 37, XII; 39, § 1º
- Presidente da República; auxílio dos Ministros de Estado: art. 76
- radiodifusão sonora e de sons e imagens; outorga, concessão, permissão e autorização: art. 223, *caput*

PODER JUDICIÁRIO
- arts. 2º e 92 a 126
- ações relativas à disciplina e às competições desportivas: art. 217, § 1º
- autonomia administrativa e financeira: art. 99, *caput*
- delegação legislativa; vedação: art. 68, § 1º
- direito individual; lesão ou ameaça: art. 5º, XXXV
- dotação orçamentária: art. 168
- fiscalização contábil, financeira e orçamentária da União; exercício; prestação de contas: art. 70
- fiscalização contábil, financeira e orçamentária da União; finalidade: art. 74, *caput*
- fiscalização dos atos notariais: art. 236, § 1º
- membros; vencimentos: arts. 37, XII; 39, § 1º
- órgãos: art. 92
- órgãos; dotação orçamentária: art. 169
- órgãos, sessões e julgamentos; publicidade: art. 93, IX
- radiodifusão sonora e de sons e imagens; cancelamento de concessão e de permissão: art. 223, § 4º

PODER LEGISLATIVO
- arts. 2º e 44 a 75
- Administração Pública; criação, estruturação e atribuições de órgãos: art. 48, XI
- Administração Pública; fiscalização e controle dos atos: art. 49, X
- Advocacia-Geral da União; apreciação: ADCT, art. 29, § 1º
- anistia; concessão: art. 48, VIII
- apreciação dos estudos da Comissão de Estudos Territoriais: ADCT, art. 12, § 1º
- atividades nucleares; aprovação de iniciativas do Poder Executivo: art. 49, XIV
- atos, convenções e tratados internacionais; referendo: arts. 49, I; 84, VIII

ÍNDICE ALFABÉTICO-REMISSIVO UNIFICADO

- atos normativos; sustação: art. 49, V
- atribuições: art. 48
- bens da União; limites: art. 48, V
- Comissão de Estudos Territoriais; apreciação: ADCT, art. 12, § 1º
- comissão mista; dívida externa brasileira: ADCT, art. 26
- comissão permanente e temporária: art. 58, *caput*
- comissão representativa: art. 58, § 4º
- comissões; atribuições: art. 58, § 2º
- comissões; representação proporcional dos partidos: art. 58, § 1º
- competência exclusiva: art. 49, *caput*
- competência exclusiva; vedação de delegação: art. 68, § 1º
- competência legislativa: art. 49, XI
- competência tributária residual da União: art. 154, I
- composição: art. 44, *caput*
- concessão e renovação de emissoras de rádio e televisão; art. 49, XII
- Conselho de Comunicação Social: art. 224
- convocação extraordinária: arts. 57, § 6º; 58, § 4º; 62, *caput;* 136, § 5º
- decreto-lei; promulgação da Constituição: ADCT, art. 25, § 1º
- Defensoria Pública da União e dos Territórios; organização: art. 48, IX
- delegação legislativa; dispositivos legais à época da promulgação da Constituição: ADCT, art. 25
- delegação legislativa; resoluções: art. 68, § 2º
- Deputado Federal; fixação de remuneração; subsídios: art. 49, VII
- diretrizes orçamentárias; apreciação: art. 166, *caput*
- diretrizes orçamentárias; apreciação de emendas ao projeto de lei: art. 166, § 2º
- diretrizes orçamentárias; apreciação pela comissão mista permanente de Senadores e Deputados: art. 166, § 1º
- dívida externa brasileira; exame: ADCT, art. 26
- dívida mobiliária federal: art. 48, XIV
- dívida pública: art. 48, II
- dotação orçamentária: art. 168
- emissão de curso forçado: art. 48, II
- espaço aéreo; limites: art. 48, V
- espaço marítimo: art. 48, V
- estado de defesa; apreciação: arts. 136, §§ 4º e 6º; 141, par. ún.
- estado de defesa; aprovação: art. 49, IV
- estado de defesa; Comissão: art. 140
- estado de defesa; convocação extraordinária: art. 136, § 5º
- estado de defesa; prazo para envio da decretação ou prorrogação: art. 136, § 4º
- estado de defesa; rejeição: art.136, § 7º
- estado de sítio; apreciação: arts. 137, par. ún.; 138, § 2º; 141, par. ún.
- estado de sítio; aprovação: art. 49, IV
- estado de sítio; Comissão: art. 140
- estado de sítio; convocação extraordinária pelo Presidente do Senado: art. 138, § 2º
- estado de sítio; funcionamento: art. 138, § 3º
- Estado-membro; aprovação de incorporação, subdivisão ou desmembramento de áreas: art. 48, VI

- estrangeiro; autorização para aquisição ou arrendamento de propriedade rural: art. 190
- exercício pelo Congresso Nacional: art. 44, *caput*
- fiscalização contábil, financeira e orçamentária da União: art. 70, *caput*
- fiscalização contábil, financeira e orçamentária da União; finalidade: art. 74, *caput*
- fiscalização financeira, orçamentária, operacional e patrimonial da União; comissão mista permanente de Senadores e Deputados: art. 72
- fiscalização financeira, orçamentária, operacional e patrimonial da União; prestação de contas: arts. 70; 71, *caput*
- Forças Armadas; fixação e modificação do efetivo: art. 48, III
- funcionamento: art. 57, *caput*
- fundos públicos; ratificação: ADCT, art. 36
- Governo Federal; transferência temporária da sede: art. 48, VII
- intervenção federal; aprovação: art. 49, IV
- Juizado de Pequenas Causas; criação: art. 98, I
- leis delegadas: art. 68
- medidas provisórias; apreciação: arts. 57, §§ 7º e 8º; 62, *caput*
- membros; vencimentos: arts. 37, XII; 39, § 8º
- Mesa: art. 57, § 5º
- Mesa; representação proporcional dos partidos: art. 58, § 1º
- Ministério Público da União; organização: art. 48, IX
- Ministério Público do Distrito Federal; organização: art. 48, IX
- Ministério Público dos Territórios; organização: art. 48, IX
- Ministérios; criação, estruturação e atribuições: art. 48, XI
- Ministro de Estado; fixação de remuneração; subsídios: art. 49, VIII
- mobilização nacional; autorização e referendo: art. 84, XIX
- operações de crédito: art. 48, II
- orçamento anual: art. 48, II
- orçamento anual; acompanhamento e fiscalização pela comissão mista permanente de Senadores e Deputados: art. 166, § 1º, II
- orçamento anual; apreciação: art. 166, *caput*
- orçamento anual; apreciação de emendas ao projeto de lei: art. 166, § 2º
- orçamento anual; apreciação de projeto de lei pela Comissão mista permanente: art. 166, § 1º
- orçamento anual; envio de projeto de lei: art. 166, § 6º
- órgãos; dotação orçamentária: art. 169
- plano nacional de desenvolvimento: art. 48, IV
- plano plurianual: art. 48, II
- plano plurianual; apreciação: art. 166, *caput*
- plano plurianual; apreciação de emendas ao projeto de lei: art. 166, § 2º
- plano plurianual; apreciação de projeto de lei pela Comissão mista permanente de Senadores e Deputados: art. 166, § 1º
- planos e programas nacionais, regionais e setoriais previstos na Constituição; apreciação: art. 165, § 4º
- plebiscito; autorização: art. 49, XV

- Poder Executivo; fiscalização e controle dos atos: arts. 49, X; 59
- Poder Executivo; sustação dos atos normativos: art. 49, V
- programa nacional, regional e setorial de desenvolvimento: art. 48, IV
- propriedade rural; autorização para aquisição ou arrendamento por estrangeiro: art. 190
- radiodifusão sonora e de sons e imagens; apreciação dos atos do Poder Executivo: art. 223, § 1º
- radiodifusão sonora e de sons e imagens; renovação da concessão e da permissão: art. 223, §§ 2º e 3º
- recesso: art. 58, § 4º
- referendo; autorização: art. 49, XV
- Regimento Interno: art. 57, § 3º, II
- remoção de índios das terras tradicionalmente ocupadas; deliberação: art. 231, § 5º
- rendas; arrecadação e distribuição: art. 48, I
- revisão constitucional: ADCT, art. 3º
- sede; transferência temporária: art. 49, VI
- seguridade social; aprovação de planos: ADCT, art. 5º
- Senadores; fixação de remuneração; subsídios: art. 49, VII
- serviços e instalações nucleares; aprovação: art. 21, XXIII, a
- sessão extraordinária; matéria: art. 57, §§ 7º e 8º
- sessão legislativa; interrupção: art. 57, § 2º
- sistema tributário; atribuições: art. 48, I
- telecomunicações: art. 48, XII
- terras indígenas; exploração de recursos hídricos, potenciais energéticos e riquezas minerais; autorização: art. 231, § 3º
- terras indígenas; exploração de riquezas minerais e aproveitamento de recursos hídricos; autorização: art. 49, XVI
- terras públicas; alienação ou concessão; aprovação prévia: arts. 49, XVII; 188, § 1º
- terras públicas; revisão de doações, vendas e concessões: ADCT, art. 51
- Território nacional; limites: art. 48, V
- Territórios; aprovação de incorporação, subdivisão ou desmembramento de áreas: art. 48, VI
- Territórios; prestação de contas: art. 33, § 2º
- Tribunais Superiores; discussão e votação de projeto de lei de sua iniciativa: art. 64, *caput*
- Tribunal de Contas da União; escolha de Ministros: art. 73, § 2º
- Tribunal de Contas da União; escolha dos Membros: art. 49, XIII
- Tribunal de Contas da União; prestação de informações: art. 71, VII
- Vice-Presidente da República; autorização para se ausentar do País: arts. 49, III; 83
- Vice-Presidente da República; fixação de remuneração; subsídios: art. 49, VIII

POLÍCIA CIVIL

- competência: art. 144, § 4º
- competência legislativa da União, Estados e Distrito Federal: art. 24, XVI
- Distrito Federal; organização e manutenção: art. 21, XIV
- órgãos: art. 144, IV

POLÍCIA FEDERAL: ART. 144, I

- competência: art. 144, § 1º
- competência legislativa: art. 22, XII
- organização e manutenção: art. 21, XIV

POLÍCIA FERROVIÁRIA FEDERAL

- art. 144, § 3º

POLÍCIA MARÍTIMA

- arts. 21, XXII; 144, § 1º, III

POLÍCIA MILITAR

- competência: art. 144, § 5º
- competência legislativa da União: art. 22, XXI
- Distrito Federal; organização e manutenção: art. 21, XIV
- integrantes da carreira, ex-Território Federal de Rondônia: ADCT, art. 89
- órgãos: art. 144, V

POLÍCIA RODOVIÁRIA FEDERAL

- art. 144, II
- competência: art. 144, § 2º
- competência legislativa da União: art. 22, XXII

POLÍTICA AGRÍCOLA

- assistência técnica e extensão rural: art. 187, IV
- atividades agroindustriais, agropecuárias, pesqueira e florestais: art. 187, § 1º
- compatibilização com a reforma agrária: art. 187, § 2º
- irrigação: art. 187, VII
- irrigação; aplicação de recursos; distribuição: ADCT, art. 42
- objetivos e instrumentos: ADCT, art. 50
- ocupação produtiva de imóvel rural: art. 191
- planejamento; atividades incluídas: art. 187, § 1º
- planejamento e execução: art. 187
- produção agropecuária; abastecimento alimentar; competência: art. 23, VIII
- reforma agrária; compatibilização: art. 187, § 2º
- reforma agrária; desapropriação: arts. 184; 185; 186
- reforma agrária; distribuição de imóveis rurais: art. 189
- regulamentação legal: ADCT, art. 50
- terras públicas e devolutas; destinação: art. 188

POLÍTICA DE DESENVOLVIMENTO URBANO

- desapropriações: art. 182, § 3º
- execução, diretrizes, objetivos; Município: art. 182
- exigência de aproveitamento do solo não edificado; penalidades: art. 182, § 4º
- função social da propriedade; exigências do plano diretor: art. 182, § 2º
- plano diretor; aprovação; obrigatoriedade; instrumento básico: art. 182, § 1º

POLUIÇÃO

- combate: art. 23, VI
- controle; competência legislativa concorrente: art. 24, VI
- cf. também MEIO AMBIENTE

PORTADOR DE NECESSIDADES ESPECIAIS

- adaptação dos logradouros e edifícios de uso público: art. 244
- assistência social: art. 203, IV e V
- ensino especializado: art. 208, III
- igualdade de direitos no trabalho: art. 7º, XXXI
- locomoção e acesso; facilidades; normas: arts. 227, § 2º; 244
- prevenção, atendimento especializado e integração: art. 227, § 1º, II
- proteção: art. 23, II
- proteção e integração social: art. 24, XIV
- servidor público: art. 37, VIII

PORTUGUESES

- direitos: art. 12, § 1º

POUPANÇA

- captação e garantia: art. 22, XIX
- União; competência legislativa: art. 22, XIX

PRECATÓRIOS

- art. 100; ADCT, art. 97
- alimentos: art. 100, §§ 1º e 2º
- atualização; valores de requisitórios: art. 100, § 12
- cessão: art. 100, §§ 13 e 14
- compensação; credores: ADCT, art. 105
- complementar ou suplementar; vedação: art. 100, § 8º
- de valor superior ao montante apresentado: art. 100, § 20
- débitos de natureza alimentícia; preferência; hipóteses: art. 100, § 2º
- entes; aferição mensal: art. 100, § 17
- expedição; compensação: art. 100, § 9º
- Fazenda Federal, Estadual, Distrital ou Municipal; ordem de pagamento: ADCT, art. 86, §§ 1º a 3º
- Fazenda Federal, Estadual, Distrital ou Municipal; oriundos de sentenças; pagamento; condições: ADCT, art. 86
- financiamento; parcela que exceder o percentual: art. 100, § 19
- liquidação pelo seu valor real; ações iniciais ajuizadas até 31.12.1999: ADCT, art. 78
- novo regime especial; pagamento; ordem cronológica de apresentação: ADCT, art. 102
- pagamento; limites: ADCT, art. 107-A
- pagamento; parcelas e prazos: EC 114/2021
- pagamento de obrigações de pequeno valor: art. 100, § 3º; ADCT, art. 87
- parcela mensal devida; proibição de sequestro de valores durante pagamento: ADCT, art. 103
- receita corrente líquida, definição: art. 100, § 18, ADCT, 101, § 1º
- recursos não liberados tempestivamente; sanções: ADCT, art. 104
- União; débitos oriundos de precatórios; refinanciamento: art. 100, § 16
- taxa referencial Selic; incidência: EC 113, art. 3º

PRECONCEITO

- v. DISCRIMINAÇÃO

PREFEITO

- condições de elegibilidade: art. 14, §§ 5º e 6º
- cônjuge e parentes; elegibilidade: ADCT, art. 5º, § 5º
- Deputado Estadual; exercício da função: ADCT, art. 5º, § 3º
- Deputado Federal; exercício da função: ADCT, art. 5º, § 3º
- elegibilidade; idade mínima: art. 14, § 3º, VI, c
- eleição: art. 29, II e III
- eleição direta: art. 29, I, II e III
- eleição no 2º turno; desistência: art. 29, II e III
- eleições municipais; adiamento em razão da pandemia (covid-19): EC 107/2020
- eleito em 15.11.1984; término do mandato: ADCT, art. 4º, § 4º
- idade mínima: art. 14, § 3º, VI, c
- imposto: art. 29, V
- inelegibilidade de cônjuge: art. 14, § 7º
- inelegibilidade de parentes até o segundo grau: art. 14, § 7º
- julgamento: art. 29, X
- mandato: ADCT, art. 4º, § 4º
- mandato eletivo; duração: art. 29, II e III
- mandato eletivo; servidor público: arts. 28; 38
- perda de mandato: art. 28, § 1º
- posse: art. 29, II e III
- reeleição: art. 14, § 5º
- remuneração; subsídios: art. 29, V
- sufrágio universal: art. 29, II e III
- voto: art. 29, II e III

PRESIDENCIALISMO

- plebiscito; prazo: ADCT, art. 20

PRESIDENTE DA REPÚBLICA

- ação direta de inconstitucionalidade: art. 103, I
- Administração Federal; direção: art. 84, II
- Administração Federal; organização e funcionamento; mediante decreto: art. 84, VI, a e b
- Advocacia-Geral da União; organização e funcionamento: ADCT, art. 29, § 1º
- Advogado-Geral da União; nomeação: art. 131, § 1º
- afastamento; cessação: art. 86, § 2º
- atos, convenções e tratados internacionais; celebração: art. 84, VIII
- atos estranhos a suas funções; responsabilidade: art. 86, § 4º
- atribuições: art. 84, XXVII
- ausência do País; autorização: art. 49, III
- ausência do País; exercício do cargo: art. 83
- ausência do País; licença do Congresso Nacional: art. 83
- Banco Central do Brasil; nomeação de presidente e diretores: art. 84, XIV
- cargo; perda: art. 83

- cargo; vacância: arts. 78, par. ún.; 80; 81
- cargo privativo; brasileiro nato: art. 12, § 3º, I
- cargos públicos federais; preenchimento e extinção: art. 84, XXV
- par. ún., competências: art. 84, *caput*
- condecoração e distinções honoríficas; concessão: art. 84, XXI
- condições de elegibilidade: art. 14, §§ 5º e 6º
- Congresso Nacional; convocação extraordinária: art. 57, § 6º, I e II
- cônjuge e parentes; elegibilidade: ADCT, art. 5º, § 5º
- Conselho da República; composição: art. 89
- Conselho da República e Conselho de Defesa; convocação: art. 84, XVIII
- Conselho de Defesa Nacional; órgão de consulta: art. 91, *caput*
- Conselho Nacional de Justiça; nomeação de seus membros: art. 103-B, § 2º
- Constituição; compromisso de defender e cumprir: ADCT, art. 1º
- crimes de responsabilidade: arts. 52, I; 85
- crimes de responsabilidade; admissibilidade da acusação; julgamento: art. 86
- crimes de responsabilidade; processo e julgamento pelo Presidente do STF: art. 52, par. ún.
- crimes de responsabilidade; pena: art. 52, par. ún.
- crimes de responsabilidade; suspensão de funções: art. 86, § 1º, II
- crimes de responsabilidade; tipicidade: art. 85, par. ún.
- decretos; expedição: art. 84, IV
- defensoria pública; legislação: art. 61, § 1º, II, *d*
- delegação legislativa; resolução do Congresso Nacional: art. 68, § 2º
- despesa pública; projeto de iniciativa exclusiva: art. 63, I
- efetivo das Forças Armadas; legislação: art. 61, § 1º, I
- elegibilidade; idade mínima: art. 14, § 3º, VI, *a*
- eleição: art. 77
- emendas à Constituição: art. 60, II
- estado de defesa; cessação; relato das medidas ao Congresso Nacional: art. 141, par. ún.
- estado de defesa; decretação: arts. 136, *caput*; 84, IX
- estado de defesa; decretação ou prorrogação: art. 136, § 4º
- estado de sítio; cessação; relato ao Congresso Nacional: art. 141, par. ún.
- estado de sítio; decretação: arts. 84, IX; 137, *caput*
- estado de sítio; decretação ou prorrogação: art. 137, par. ún.
- estado de sítio; executor: art. 138, *caput*
- Forças Armadas; comando supremo: art. 84, XIII
- Forças Armadas; nomeação dos comandantes da Marinha, do Exército e da Aeronáutica: art. 84, XIII
- forças estrangeiras; trânsito e permanência temporária no território nacional: art. 84, XXII
- Governador de Território; nomeação: art. 84, XIV
- guerra; declaração: art. 84, XIX
- *habeas corpus*; processo e julgamento: art. 102, I, *d*
- idade mínima: art. 14, § 3º, VI, *a*
- impedimento; exercício da Presidência: art. 80
- impedimento; substituição pelo Vice-Presidente da República: art. 79, *caput*
- impedimentos; sucessão: art. 80
- indulto; concessão: art. 84, XII
- inelegibilidade: art. 14, § 7º
- infrações penais comuns; admissibilidade da acusação: art. 86
- infrações penais comuns; julgamento: art. 86
- infrações penais comuns; processo e julgamento: art. 102, I, *b*
- infrações penais comuns; suspensão de funções: art. 86, § 1º, I
- iniciativa das leis; discussão e votação: art. 64, *caput*
- instauração de processo contra; autorização; competência: art. 51, I
- intervenção federal; decretação: art. 84, X
- Juízes dos Tribunais Federais; nomeação: art. 84, XVI
- leis complementares e ordinárias; iniciativa: art. 61, *caput*
- leis; diretrizes orçamentárias; iniciativa privativa: art. 165
- leis; diretrizes orçamentárias; modificação do projeto: art. 166, § 5º
- leis; iniciativa: art. 84, III
- leis; iniciativa privativa: arts. 61, § 1º, II; 84, III
- leis; sanção, promulgação e expedição: art. 84, IV
- mandado de injunção; processo e julgamento de seus atos: art. 102, I, *q*
- mandado de segurança; processo e julgamento de seus atos: art. 102, I, *d*
- mandato eletivo; início e duração: art. 82
- medidas provisórias; adoção: art. 62, *caput*
- medidas provisórias; edição: art. 84, XXVI
- mobilização nacional; decretação: art. 84, XIX
- oficiais-generais das três armas; promoção: art. 84, XIII
- paz; celebração: art. 84, XX
- pena; comutação: art. 84, XII
- plano de governo; envio: art. 84, XI
- plano plurianual; envio: art. 84, XXIII
- plano plurianual; modificação do projeto de lei: art. 166, § 5º
- Poder Executivo; exercício: art. 76
- posse: art. 78, *caput*
- posse; compromisso: arts. 57, § 3º, III, § 6º; 78
- prestação de contas: arts. 51, II; 71, I
- prestação de contas ao Congresso Nacional: art. 84, XXIV
- prestação de contas; apreciação pela Comissão mista permanente de Senadores e Deputados: art. 166, § 1º, I
- prestação de contas; julgamento: art. 49, IX
- prisão: art. 86, § 3º
- processo; instauração: art. 51, I
- projeto de lei: art. 66, § 1º
- projeto de lei de diretrizes orçamentárias; envio: art. 84, XXIII
- projeto de lei; solicitação de urgência: art. 64, § 1º
- projeto de lei; veto parcial ou total: art. 84, V
- promulgação da lei: art. 66, §§ 5º e 7º
- propostas de orçamento; envio ao Congresso Nacional: art. 84, XXIII
- reeleição: arts. 14, § 5º; 82
- regulamento; expedição: art. 84, IV
- relações internacionais; manutenção: art. 84, VII
- remuneração; subsídios; fixação; competência: art. 49, VIII
- representante diplomático estrangeiro; credenciamento: art. 84, VII

- sanção: arts. 48, *caput*; 66, *caput*
- sanção tácita: art. 66, § 3º
- servidor público; aumento da remuneração: art. 61, § 1º, II, *a*
- servidor público civil: art. 38, I
- servidor público; criação de cargo, emprego ou função: art. 61, § 1º, II, *a*
- servidor público da União; legislação: art. 61, § 1º, II, *c*
- servidor público dos Territórios; legislação: art. 61, § 1º, II, *c*
- STF; nomeação dos Ministros: art. 101, par. ún.
- Superior Tribunal Militar; aprovação de Ministros: art. 123, *caput*
- Superior Tribunal Militar; escolha dos Ministros Civis: art. 123, par. ún.
- suspensão de funções: art. 86, § 1º
- término do mandato: ADCT, art. 4º, *caput*
- Territórios; organização: art. 61, § 1º, II, *b*
- TRE; nomeação de Juízes: arts. 107, *caput;* 120, III
- TRT; nomeação de Juízes: art. 115, *caput*
- vacância do cargo: art. 78, par. ún.
- vacância do cargo; eleições: art. 81
- vacância dos respectivos cargos; exercício da Presidência: art. 80
- veto; apreciação; prazo: art. 66, § 4º
- veto parcial: art. 66, § 2º
- veto; rejeição por maioria absoluta: art. 66, § 4º
- Vice-Presidente da República; convocação para missões especiais: art. 79, par. ún.
- Vice-Presidente da República; eleição e registro conjunto: art. 77, § 1º

PREVIDÊNCIA PRIVADA

- complementar; aplicação do código de defesa do consumidor: Súm. 563/STJ
- complementar; regime facultativo: art. 202
- isenção de imposto de renda; período, resgate de contribuições: Súm. 556/STJ

PREVIDÊNCIA SOCIAL

- arts. 201; 202
- anistia: arts. 150, § 6º; 195, § 11
- benefícios: arts. 201; 248 a 250
- benefícios; reavaliação: ADCT, art. 58
- cobertura: art. 201, I
- competência legislativa concorrente: art. 24, XII
- contribuição: art. 201, *caput*
- contribuição; ganhos habituais do empregado: art. 201, § 11
- direitos sociais: art. 6º
- Distrito Federal; contribuição: art. 149, § 1º
- Estado-membro; débito das contribuições previdenciárias: ADCT, art. 57
- Estados; contribuição: art. 149, §§ 1º a 4º
- gestante: art. 201, II
- maternidade: art. 201, II
- Município; contribuição: art. 149, §§ 1º a 4º
- Município; débitos das contribuições previdenciárias: ADCT, art. 57
- parcelamento de débitos dos Municípios; autorização excepcional: ADCT, art. 116
- pensão; gratificação natalina: art. 201, § 6º
- pescador artesanal: art. 195, § 8º
- produtor rural: art. 195, § 8º
- recursos: arts. 248 a 250
- Regime geral: art. 201
- segurados de baixa renda; manutenção de dependentes: art. 201, IV
- segurados de baixa renda; sistema especial de inclusão previdenciária: art. 201, § 12
- segurados; pensão por morte ao cônjuge ou companheiro: art. 201, V
- servidores; regime próprio: art. 40
- sistema especial de inclusão previdenciária; alíquotas e carência inferiores às vigentes: art. 201, § 13
- trabalhador; proteção ao desemprego involuntário: art. 201, III

PRINCÍPIO DA DIGNIDADE DA PESSOA HUMANA

- art. 1º, III

PRINCÍPIO DA IGUALDADE

- art. 5º, I

PRINCÍPIO DO CONTRADITÓRIO E DA AMPLA DEFESA

- art. 5º, LV

PRINCÍPIO DO DEVIDO PROCESSO LEGAL

- art. 5º, LIII e LIV

PROCESSO

- celeridade na tramitação: art. 5º, LXXVIII
- distribuição: art. 93, XV

LEG. ESP.

- ação popular: art. 7º da Lei 4.717/1965
- descumprimento de preceito fundamental: Lei 9.882/1999

PROCESSO ELEITORAL

- lei; vigência: art. 16

PROCESSO LEGISLATIVO

- elaboração: art. 59
- iniciativa do Presidente da República: art. 84, III

PROCURADOR-GERAL DA FAZENDA NACIONAL

- execução da dívida ativa; representação: art. 131, § 3º
- União; representação judicial na área fiscal: ADCT, art. 29, § 5º

PROCURADOR-GERAL DA REPÚBLICA

- ação de inconstitucionalidade: art. 103, § 1º
- ações declaratória de constitucionalidade e direta de inconstitucionalidade; legitimidade: art. 103, VI
- aprovação: art. 52, III, *e*
- aprovação pelo Senado Federal: art. 84, XIV
- crimes de responsabilidade; julgamento pelo Presidente do STF: art. 52
- destinação: art. 128, § 2º

- direitos humanos; grave violação; deslocamento de competência: art. 109, § 5º
- exoneração de ofício: art. 52, XI
- habeas corpus e habeas data; processo e julgamento: art. 102, I, d
- infrações penais comuns; processo e julgamento: art. 102, I, b
- mandado de segurança; processo e julgamento de seus atos: art. 102, I, d
- mandato e nomeação; aprovação prévia pelo Senado Federal: art. 128, § 1º
- nomeação e destituição; Presidente da República: arts. 84, XIV; 128, §§ 1º e 2º
- opção de carreira: ADCT, art. 29, § 2º
- Presidente da República; delegação de atribuições: art. 84, par. ún.
- recondução: art. 128, § 1º

PROCURADOR-GERAL DO DISTRITO FEDERAL E DOS ESTADOS

- destituição: art. 128, § 4º
- estabilidade; avaliação de desempenho: art. 132, par. ún.
- organização em carreira: art. 132, caput

PROGRAMA DE FORMAÇÃO DO PATRIMÔNIO DO SERVIDOR PÚBLICO

- abono: art. 239, § 3º
- seguro-desemprego; financiamento: art. 239

PROGRAMA DE INTEGRAÇÃO SOCIAL

- abono: art. 239, § 3º
- seguro-desemprego; financiamento: art. 239

PROJETO DE LEI

- disposição: art. 65, caput
- emendas: art. 65, par. ún.
- rejeição; novo projeto: art. 67
- sanção: arts. 65, caput; 66, caput
- sanção tácita: art. 66, § 3º
- veto: arts. 66; 84, V
- votação: arts. 65, caput; 66, caput, §§ 4º e 6º

PROPRIEDADE

- comunidades remanescentes dos quilombos; concessão definitiva: ADCT, art. 68
- função social: art. 170, III
- ocupação temporária: art. 5º, XXV

PROPRIEDADE PRIVADA

- art. 170, II

PROPRIEDADE RURAL

- desapropriação; reforma agrária; exclusões: art. 185, I e II
- desapropriação; reforma agrária; procedimento, rito e processo: art. 184, § 3º
- estrangeiro; aquisição ou arrendamento: art. 190
- função social: arts. 184; 186
- interesse social; declaração: art. 184, § 2º
- penhora; vedação: art. 5º, XX
- usucapião: art. 191

PROPRIEDADE URBANA

- aproveitamento; exigência do Poder Público Municipal: art. 182, § 4º
- concessão de uso: art. 183, § 1º
- desapropriação; pagamento da indenização em títulos da dívida pública: art. 182, § 4º, III
- edificação compulsória: art. 182, § 4º, I
- função social: art. 182, § 2º
- imposto progressivo: art. 182, § 4º, II
- parcelamento compulsório: art. 182, § 4º, I
- título de domínio: art. 183, § 1º
- usucapião: art. 183

PROTEÇÃO DE DADOS PESSOAIS

- competência da União: art. 21, XXVI; e art. 22, XXX
- direito: art. 5º, LXXIX

PROVA(S)

LEG. ESP.

- lesão; ação popular; indicação na sentença: art. 14 da Lei 4.717/1965

R

RAÇA

- discriminação; condenação: art. 3º, IV

RACISMO

- crime inafiançável e imprescritível: art. 5º, XLII
- repúdio: art. 4º, VIII

LEG. ESP.

- Convenção Interamericana contra o Racismo, a Discriminação Racial e Formas Correlatas de Intolerância: Dec. 10.932/2022

RADIODIFUSÃO SONORA E DE SONS E IMAGENS

- concessão; apreciação pelo Congresso Nacional: art. 49, XII
- concessão e permissão; cancelamento; decisão judicial: art. 223, § 4º
- concessão e permissão; prazo: art. 223, § 5º
- Congresso Nacional; apreciação dos atos do Poder Executivo: art. 223, § 1º
- empresa; propriedade: art. 222
- empresa; propriedade; pessoa jurídica: art. 222, caput
- outorga, concessão, permissão e autorização; Poder Executivo: art. 223, caput
- produção e programação; princípios e finalidades: art. 221
- renovação da concessão e permissão; Congresso Nacional: art. 223, §§ 2º e 3º

RADIOISÓTOPOS

- produção, a comercialização e utilização; pesquisa e uso médico, agrícolas e industriais: art. 21, XXIII, b e c

RECEITAS TRIBUTÁRIAS

- repartição; divulgação: art. 162

- repartição; entrega pela União: art. 159; ADCT, art. 34, § 1º
- repartição; Estado e Distrito Federal: art. 157
- repartição; Município: art. 158
- repartição; regulamentação: art. 161, I
- cf. também TRIBUTOS

RECURSOS HÍDRICOS
- *v.* ÁGUAS

RECURSOS MINERAIS
- defesa; competência legislativa concorrente: art. 24, VI
- exploração de aproveitamento industrial: art. 176, *caput*
- meio ambiente: art. 225, § 2º

REFERENDO
- autorização: art. 49, XV
- soberania: art. 14, II

REFORMA ADMINISTRATIVA
- disposição: ADCT, art. 24

REFORMA AGRÁRIA
- beneficiários: art. 189
- compatibilização com a política agrícola: art. 187, § 2º
- conflitos fundiários; varas especializadas; criação: art. 126
- desapropriação; exclusões: art. 185, I e II
- desapropriação; procedimento, rito e processo: art. 184, § 3º
- imóveis desapropriados; isenção tributária: art. 184, § 5º
- imóvel rural; declaração de interesse social; ação; propositura; decreto: art. 184, § 2º
- imóvel rural; indenização; títulos da dívida agrária: art. 184
- imóvel rural pequeno e médio ou produtivo; desapropriação; vedação: art. 185
- imóvel rural; processo: art. 184, § 3º
- orçamento público; títulos da dívida agrária: art. 184, § 4º
- pequenos e médios imóveis rurais; vedação: art. 185, I
- propriedade produtiva; vedação: art. 185, II
- terras públicas: art. 188, § 1º
- terras públicas; alienação e concessão: art. 188, § 2º
- títulos da dívida agrária: art. 184, § 4º

REFORMA TRIBUTÁRIA
- disposição: EC 132/2023

REGIME FISCAL
- abertura de crédito suplementar; vedação: ADCT, art. 107, §§ 4º e 5º
- aplicação mínima; serviços de saúde e desenvolvimento do ensino: ADCT, art. 110
- biocombustíveis; consumo final; regime fiscal favorecido: art. 225, § 1º, VIII
- exceções; da base de calculo e limites: ADCT, art. 107, § 6º
- limites estabelecidos; exercícios: ADCT, art. 107, §§ 1º e 2º
- limites para despesas primárias; órgãos: ADCT, art. 107
- proposição legislativa; alterar; despesa nova: ADCT, art. 113

REGIME GERAL DE PREVIDÊNCIA SOCIAL
- art. 201
- *v.* PREVIDÊNCIA SOCIAL

REGIÕES METROPOLITANAS
- instituição: art. 25, § 3º

RENDA BÁSICA FAMILIAR
- art. 6º, par. único

REPÚBLICA FEDERATIVA DO BRASIL
- art. 1º, *caput*
- objetivos fundamentais: art. 3º
- organização político-administrativa: art. 18, *caput*
- relações internacionais; princípios: art. 4º, *caput*

REVISÃO CONSTITUCIONAL
- Congresso Nacional: ADCT, art. 3º
- plebiscito; prazo: ADCT, art. 2º
- Tribunal Superior Eleitoral; normas: ADCT, art. 2º, § 2º

S

SALÁRIO-EDUCAÇÃO
- cotas estaduais e municipais da arrecadação; distribuição: art. 212, § 6º
- fonte adicional de financiamento; educação básica pública: art. 212, § 5º

SALÁRIO-FAMÍLIA
- art. 7º, XII

SANGUE
- comércio; vedação: art. 199, § 4º

SAÚDE PÚBLICA
- alimentos; bebidas e águas; fiscalização: art. 200, VI
- aplicação de impostos e receita municipal: arts. 34, VII; 35, III; ADCT, art. 77
- assistência; liberdade à iniciativa privada: art. 199, *caput*
- dever do Estado: art. 196
- direito da criança e do adolescente: art. 227, § 1º
- direito de todos: art. 196
- direitos sociais: art. 6º
- instituições privadas com fins lucrativos; vedação de recursos públicos: art. 199, § 2º
- instituições privadas; participação no Sistema Único de Saúde: art. 199, § 1º
- liberdade à iniciativa privada: art. 199, *caput*
- orçamento: ADCT, art. 55
- órgãos humanos; comércio: art. 199, § 4º
- pessoa física ou jurídica de direito privado; execução: art. 197
- Poder Público; regulamentação, fiscalização, controle e execução: art. 197
- propaganda comercial nociva; vedação: art. 220, § 3º, II
- proteção e defesa; concorrente: art. 24, XII
- regulamentação, fiscalização e controle: art. 197

- sangue; coleta, processamento e transfusão: art. 199, § 4º
- sangue; comércio: art. 199, § 4º
- serviços de atendimento municipais: art. 30, VII
- transplante de órgãos, tecidos e substâncias humanas: art. 199, § 4º
- União; competência: art. 23, II
- vedação da exploração direta ou indireta da assistência por empresas ou capitais estrangeiros: art. 99, § 3º
- cf. também SISTEMA ÚNICO DE SAÚDE

SEGURANÇA PÚBLICA

- atribuições: art. 144, I a V, §§ 1º ao 5º
- direito social: art. 6º
- finalidade: art. 144, caput
- forças auxiliares e reserva do Exército; Governador de Estado, Distrito Federal e Território: art. 144, § 6º
- guardas municipais: art. 144, § 8º
- organização e funcionamento: art. 144, § 7º
- órgãos; organização e funcionamento: art. 144, § 7º
- segurança viária: art. 144, § 10

SEGURIDADE SOCIAL

- arts. 194 a 204
- arrecadação: ADCT, art. 56
- benefícios às populações urbanas e rurais; uniformidade e equivalência: art. 194, par. ún., II
- benefícios; fontes de custeio: art. 195, § 5º
- benefícios; irredutibilidade do valor: art. 194, par. ún., IV
- benefícios; seletividade e distributividade: art. 194, par. ún., III
- Congresso Nacional; aprovação de planos: ADCT, art. 59
- contribuição social; importador de bens ou serviços do exterior: art. 195, IV
- contribuições: art. 195, § 6º
- contribuições; alíquotas diferenciadas em razão da atividade econômica: art. 195, § 9º
- custeio: art. 194, par. ún., V
- débito; pessoa jurídica; consequência: art. 195, § 3º
- definição e finalidade: art. 194, caput
- financiamento: art. 194, par. ún., VI
- financiamento; contribuições sociais: art. 195, I, II e III
- financiamento; outras fontes: art. 195, § 4º
- financiamento; receitas dos Estados, Distrito Federal e Municípios: art. 195, § 1º
- financiamento; recursos da União, dos Estados, do Distrito Federal e dos Municípios: art. 195
- financiamento; ressalva: art. 240
- gestão administrativa e quadripartite; participação: art. 194, par. ún., VII
- isenção de contribuição: art. 195, § 7º
- legislação: art. 22, XXIII
- limites; benefícios: art. 248
- objetivos: art. 194, par. ún.
- orçamento: art. 195, § 2º
- orçamento; recursos para a assistência social: art. 204, caput
- organização: art. 194, par. ún.
- organização; regulamentação legal: ADCT, art. 59
- pessoa jurídica em débito; consequência: art. 195, § 3º
- planos de custeio e benefício; regulamentação legal: ADCT, art. 59
- recursos: arts. 249; 250
- serviços às populações urbanas e rurais; uniformidade e equivalência: art. 194, par. ún., II
- serviços; fontes de custeio: art. 195, § 5º
- serviços; seletividade e distributividade: art. 194, par. ún., III
- transferência de recursos: art. 195, § 10
- universalidade da cobertura e do atendimento: art. 194, par. ún., I
- vedação da utilização dos recursos provenientes para despesas distintas; pagamento de benefícios: art. 167, XI
- vedação de concessão de remissão ou anistia: art. 195, § 11

SENADO FEDERAL

- Banco Central do Brasil; aprovação de Presidente e Diretores: arts. 52, III, d; 84, XIV
- cargos; criação, transformação, extinção e remuneração: art. 52, XIII
- comissão permanente e temporária: art. 58, caput
- comissões; atribuições: art. 58, § 2º
- comissões parlamentares de inquérito: art. 58, § 3º
- comissões; representação proporcional dos partidos: art. 58, § 1º
- competência privativa: art. 52
- competência privativa; vedação de delegação: art. 68, § 1º
- composição: art. 46, caput
- Congresso Nacional; convocação extraordinária: art. 57, § 6º, I e II
- Conselho da República; líderes: art. 89, V
- Conselho Nacional de Justiça; aprovação de seus membros: art. 103-B, § 2º
- crédito externo e interno; disposições sobre limites globais: art. 52, VII
- crédito externo e interno federal; concessão de garantia e fixação de limites e condições: art. 52, VIII
- crimes de responsabilidade; julgamento: art. 86
- deliberações; quorum: art. 47
- despesa pública; projeto sobre serviços administrativos: art. 63, II
- dívida mobiliária do Distrito Federal, estadual e municipal; fixação de limites globais: art. 52, IX
- dívida pública; fixação de limites globais: art. 52, VI
- emendas à Constituição: art. 60, I
- emendas; apreciação pela Câmara dos Deputados: art. 64, § 3º
- emprego; criação, transformação, extinção e remuneração: art. 52, XIII
- estado de sítio; convocação extraordinária do Congresso Nacional pelo Presidente: art. 138, § 2º
- estado de sítio; suspensão da imunidade parlamentar: art. 53, § 8º
- Governador de Território; aprovação: arts. 52, III, c; 84, XIV
- impostos; alíquotas; fixação: art. 155, § 1º, IV e § 2º, V
- inconstitucionalidade de lei; suspensão de execução: arts. 52, X; 103, § 3º

- legislatura; duração: art. 44, par. ún.
- leis complementares e ordinárias; iniciativa: art. 61, *caput*
- magistrados; aprovação: art. 52, III, *a*
- Mesa; ação declaratória de constitucionalidade: art. 103, II
- Mesa; ação direta de inconstitucionalidade: art. 103, II
- Mesa; *habeas data:* art. 102, I, *d*
- Mesa; mandado de injunção: art. 102, I, *g*
- Mesa; mandado de segurança: art. 102, I, *d*
- Mesa; pedidos de informação a Ministro de Estado: art. 50, § 2º
- Mesa; representação proporcional dos partidos: art. 58, § 1º
- Ministro de Estado; comparecimento: art. 50, § 2º
- Ministro de Estado; convocação: art. 50, *caput*
- Ministro de Estado; informação: art. 50, § 2º
- missão diplomática de caráter permanente; aprovação dos chefes: art. 52, IV
- operações externas de natureza financeira; autorização: art. 52, V
- organização: art. 52, XIII
- órgão do Congresso Nacional: art. 44, *caput*
- Presidente; cargo privativo de brasileiro nato: art. 12, § 3º
- Presidente; exercício da Presidência da República: art. 80
- Presidente; membro do Conselho da República: art. 89, III
- Presidente; membro nato do Conselho de Defesa Nacional: art. 91, III
- Presidente; promulgação das leis: art. 66, § 7º
- projetos de lei; prazo de apreciação de solicitação de urgência: art. 64, §§ 2º e 4º
- Regimento Interno: art. 52, XII
- sessão conjunta: art. 57, § 3º
- sistema eleitoral: art. 46, *caput*

SENADOR

- decoro parlamentar: art. 55, II, § 1º
- estado de sítio; difusão de pronunciamento: art. 139, par. ún.
- estado de sítio; suspensão da imunidade parlamentar: art. 53, § 8º
- Estado de Tocantins; eleição: ADCT, art. 13, § 3º
- exercício de funções executivas: art. 56, I, § 3º
- flagrante de crime inafiançável: art. 53, § 2º
- *habeas corpus;* processo e julgamento: art. 102, I, *d*
- idade mínima: art. 14, § 3º, VI, *a*
- impedimentos: art. 54
- impostos: art. 49, VII
- imunidades: art. 53
- imunidades; estado de sítio: art. 53, § 8º
- incorporação às Forças Armadas: art. 53, § 8º
- infrações penais comuns; processo e julgamento: art. 102, I, *b*
- inviolabilidade: art. 53, *caput*
- legislatura; duração: art. 44, par. ún.
- licença: art. 56, II
- mandato eletivo; alternância na renovação: art. 46, § 2º
- mandato eletivo; duração: art. 46, § 1º

- perda de mandato: arts. 55, IV; 56
- remuneração; subsídios: art. 49, VII
- sessão legislativa; ausência: art. 55, III
- sistema eleitoral: art. 46, *caput*
- suplência: arts. 46, § 3º; 56, § 1º
- testemunho: art. 53, § 6º
- vacância: art. 56, § 2º

SENTENÇA

- autoridade competente: art. 5º, LIII
- estrangeira; homologação; processo e julgamento: art. 105, I, *i*
- execução; processo e julgamento: art. 102, I, *m*
- judicial; servidor público civil; perda e reintegração no cargo: art. 41, §§ 1º e 2º
- penal condenatória: art. 5º, LVII

LEG. ESP.

- ação popular; conteúdo da condenação: art. 12 da Lei 4.717/1965
- efeito *erga omnes;* ação popular; exceção: art. 18 da Lei 4.717/1965

SEPARAÇÃO DOS PODERES

- emendas à Constituição: art. 60, § 4º, III

SERINGUEIROS

- indenização: ADCT, art. 54-A
- pensão mensal vitalícia: ADCT, art. 54

SERVIÇO MILITAR OBRIGATÓRIO

- condições: art. 143
- direito de eximir-se; imperativo de consciência: art. 143, § 1º
- eclesiásticos: art. 143, § 2º
- isenção: art. 143, § 2º
- mulheres: art. 143, § 2º
- tempo de paz: art. 143, § 1º

SERVIÇO NACIONAL DE APRENDIZAGEM RURAL

- criação: ADCT, art. 62

SERVIÇO POSTAL

- art. 21, X

SERVIÇOS DE TELECOMUNICAÇÕES

- exploração, autorização, concessão e permissão: art. 21, XII, *a*
- exploração direta ou concessão: art. 21, XI

SERVIÇOS NOTARIAIS E DE REGISTRO

- concurso público; ingresso: art. 236, § 3º
- emolumentos; fixação: art. 236, § 2º
- notariais; responsabilidade civil e criminal: art. 236, § 1º
- oficializados pelo Poder Público; não aplicação das normas: ADCT, art. 32

SERVIÇOS PÚBLICOS

- de interesse local; exploração direta ou concessão: art. 21, XI
- direitos dos usuários: art. 175, par. ún., II
- empresas concessionárias e permissionárias; regime: art. 175, par. ún., I
- gestão; entes públicos; convênios de cooperação: art. 241
- licitação: art. 37, XXI
- manutenção: art. 175, par. ún., IV
- ordenação legal: art. 175, par. ún.
- organização: art. 30, V
- política tarifária: art. 175, par. ún., III
- prestação, concessão e permissão: art. 175, *caput*
- prestação de serviços: art. 30, V
- prestação; reclamações: art. 37, § 3º

SERVIDOR PÚBLICO

- acesso: art. 37, I
- acréscimos pecuniários: art. 37, XIV
- acumulação remunerada de cargos; vedação: art. 37, XVI e XVII
- adicionais percebidos em desacordo com a Constituição; redução: ADCT, art. 17
- administração fazendária; precedência sobre os demais setores administrativos: art. 37, XVIII
- admissão: art. 71, III
- anistia: ADCT, art. 8º, § 5º
- aposentadoria: art. 40
- aposentadoria; atualização de proventos: ADCT, art. 20
- aposentadoria; cálculo dos proventos: art. 40, § 3º
- aposentadoria; contribuição sobre os proventos; incidência: art. 40, § 18
- aposentadoria; invalidez permanente: art. 40, § 1º, I
- aposentadoria; redução de proventos percebidos em desacordo com a Constituição: ADCT, art. 17
- aposentadoria; tempo de contribuição; vínculo: art. 37, § 14
- aposentadoria voluntária; permanência em atividade; abono: art. 40, § 19
- ato ilícito; prescrição: art. 37, § 5º
- atos de improbidade administrativa: art. 37, § 4º
- aumento de remuneração: art. 61, § 1º, II, *a*
- autarquias; vedação de acumulação remunerada: art. 37, XVI e XVII
- avaliação especial de desempenho: art. 41, § 4º
- cargo em comissão: art. 37, II
- cargo em comissão; preenchimento: art. 37, V
- cargos, empregos, funções; criação; competência: arts. 48, X; 61, § 1º, II, *a*
- cargos, empregos, funções; transformação; competência: art. 48, X
- cargo temporário; aposentadoria: art. 40, § 13
- concurso público: art. 37, II
- concurso público; prioridade na contratação: art. 37, IV
- concurso público; validade: art. 37, III
- convocação: art. 37, IV
- décimo terceiro salário: art. 39, § 3º
- deficiente: art. 37, VIII
- desnecessidade de cargo: art. 41, § 3º
- direito à livre associação sindical: arts. 8º; 37, VI
- direito de greve: art. 9º, *caput*
- direitos: art. 39, § 3º
- disponibilidade com remuneração proporcional: art. 41, § 3º
- emprego público; vedação de acumulação remunerada: art. 37, XVI e XVII
- empregos temporários; aposentadoria: art. 40, § 13
- equiparações e vinculações; vedação: art. 37, XIII
- escolas de governo; aperfeiçoamento: art. 39, § 2º
- estabilidade: art. 41, *caput*; ADCT, art. 19
- estabilidade; perda de cargo: art. 41, § 1º
- estabilidade; vedação para admissões sem concurso: ADCT, art. 18
- ex-Território Federal de Rondônia: ADCT, art. 89
- extinção: art. 48, X
- extinção de cargo: art. 41, § 3º
- férias: art. 39, § 3º
- função de confiança; preenchimento: art. 37, V
- função pública; vedação de acumulação remunerada: art. 37, XVI e XVII
- funções equivalentes às de agente comunitário de saúde; descumprimento de requisitos fixados em lei: art. 198, § 6º
- investidura: art. 37, II
- jornada de trabalho: art. 32, § 2º
- mandato eletivo: art. 38
- médico; exercício cumulativo de cargo ou função: art. 37, XVI; ADCT, art. 17, § 1º
- nomeação sem concurso público; efeitos: art. 37, § 2º
- padrão de vencimentos: arts. 37, XII; 39, § 1º
- pensão; contribuição sobre proventos; incidência: art. 40, § 18
- pensão por morte: art. 40, § 7º
- pensionistas; atualização de pensões: ADCT, art. 20
- profissionais de saúde; exercício cumulativo de cargo ou função: ADCT, art. 17, § 2º
- programas de qualidade: art. 39, § 7º
- proventos da inatividade; revisão: art. 40, § 8º
- quadro de pessoal; compatibilização: ADCT, art. 24
- reajustamento de benefícios; preservação do valor real: art. 40, § 8º
- reajuste; militares; civis do poder executivo: Súm. Vinculante 51/STF
- regime de previdência: art. 40
- regime de previdência complementar: art. 40, § 15
- regime previdenciário; contribuição instituída pelos Estados, Distrito Federal e Municípios: art. 149, § 1º
- regime próprio de previdência social; multiplicidade; vedação: art. 40, § 20
- reintegração: art. 41, § 2º
- remuneração percebida em desacordo com a Constituição; redução: ADCT, art. 17
- remuneração; publicação: art. 39, § 6º
- remuneração; subsídios; limites máximos e mínimos: arts. 37, XI; 39, § 4º
- remuneração; subsídios; revisão: art. 37, X
- remuneração; subsídios; vencimentos; irredutibilidade: arts. 37, XV; 39, § 4º
- repouso semanal remunerado: art. 39, § 3º
- responsabilidade civil: art. 37, § 6º
- riscos do trabalho; redução: art. 39, § 3º
- salário do trabalho noturno: art. 39, § 3º

- salário-família: art. 39, § 3º
- salário fixo: art. 39, § 3º
- salário mínimo: art. 39, § 3º
- seguro-desemprego: art. 239
- serviço extraordinário: art. 39, § 3º
- sociedade de economia mista; vedação de acumulação remunerada: art. 37, XVI e XVII
- vantagens e vencimentos percebidos em desacordo com a Constituição; redução: ADCT, art. 17
- vedação à diferenciação: art. 39, § 3º
- vedação de acumulação remunerada: art. 37, XVI e XVII

SÚMULA STF
- admissão por concurso público; demissão; processo administrativo necessário: Súm. 20/STF
- cargo interino substituto; demissibilidade: Súm. 24/STF
- disponibilidade; aproveitamento exigido judicialmente; critério de conveniência da administração: Súm. 39/STF
- efetivação; equiparação de extranumerário; não compreensão dos vencimentos: Súm. 13/STF
- Estado de São Paulo; vereador; licenciatura por toda a duração do mandato: Súm. 34/STF
- estágio probatório; exoneração ou demissão; necessidade de inquérito e de formalidades legais: Súm. 21/STF
- estágio probatório; extinção do cargo: Súm. 22/STF
- servidores de instituto de aposentadoria e pensões dos industriários; adicional de tempo de serviço; não cumulação com gratificação bienal: Súm. 26/STF

SIGILO
- comunicação telegráfica, telefônica, de dados e correspondência; sigilo; inviolabilidade e restrições: arts. 5º, XII; 136, § 1º, I, b e c
- correspondência; inviolabilidade: arts. 5º, XII; 136, § 1º, I, b
- imprensa; radiodifusão e televisão; liberdade; restrições: art. 139, III
- informações; direitos: art. 5º, XIV e XXVIII
- informações; fonte: art. 5º, XIV
- restrições: art. 139, III

SÍMBOLOS NACIONAIS
- art. 13, § 1º

SINDICATO
- aposentado: art. 8º, VII
- categoria econômica: art. 5º, II
- categoria profissional: art. 8º, II
- contribuição sindical: art. 8º, IV
- direção ou representação sindical; garantias: art. 8º, VIII
- direitos e interesses da categoria: art. 5º, III
- filiação: art. 8º, V
- fundação; autorização legal: art. 8º, I
- interferência ou intervenção: art. 5º, I
- limitações ao poder de tributar: art. 150, VI, c, e § 4º
- negociação coletiva: art. 8º, VI
- rural; aplicação de princípios do sindicato urbano: art. 8º
- rural; contribuições: ADCT, art. 10, § 2º

SISTEMA FINANCEIRO NACIONAL
- art. 192
- instituições financeiras; aumento de participação de capital estrangeiro; vedação: ADCT, art. 52, II
- instituições financeiras; instalação de novas agências; vedação: ADCT, art. 52, I

SISTEMA NACIONAL DE CIÊNCIA, TECNOLOGIA E INOVAÇÃO
- normas gerais: art. 219-B, § 1º
- legislação: art. 219-B, § 2º
- organização: art. 219-B, caput

SISTEMA NACIONAL DE VIAÇÃO
- art. 21, XXI

SISTEMA TRIBUTÁRIO NACIONAL
- administração tributária; compartilhamento de cadastros e informações: art. 37, XXII
- avaliação periódica: art. 52, XV
- vigência: ADCT, art. 34
- cf. também TRIBUTOS

SISTEMA ÚNICO DE SAÚDE
- admissão de agentes comunitários de saúde: art. 198, § 4º
- agentes comunitários de saúde; regulamentação; Lei Federal: art. 198, § 5º
- agentes comunitários de saúde e agentes de combate às endemias; vencimentos; valorização do trabalho: art. 198, §§ 7º a 11
- atividades preventivas: art. 198, II
- atribuições: art. 200
- controle e fiscalização de procedimentos, produtos e substâncias: art. 200, I
- direção única em cada nível de governo: art. 198, I
- diretrizes: art. 198
- entidades filantrópicas e sem fins lucrativos: art. 199, § 1º
- financiamento: art. 198, § 1º
- fiscalização e inspeção de alimentos: art. 200, VI
- formação de recursos humanos: art. 200, III
- incremento do desenvolvimento científico e tecnológico: art. 200, V
- orçamento: art. 198, § 1º
- participação da comunidade: art. 198, III
- participação supletiva da iniciativa privada: art. 199, § 1º
- produtos psicoativos, tóxicos e radioativos; participação; fiscalização; controle: art. 200, VII
- profissionais da enfermagem; piso salarial: art. 198, §§ 12 e 13
- profissionais da enfermagem; assistência financeira para cumprimento do piso salarial: art. 198, §§ 14 e 15
- proteção ao meio ambiente: art. 200, VIII
- proteção ao trabalho: art. 200, VIII
- saneamento básico: art. 200, IV
- vigilância sanitária, epidemiológica e de saúde do trabalhador: art. 200, II

SOBERANIA
- art. 1º, I

- nacional: art. 170, I
- popular; exercício: art. 14, caput

SOCIEDADE DE ECONOMIA MISTA

- criação: art. 37, XIX
- criação de subsidiária; autorização legislativa: art. 37, XX
- exploração de atividade econômica; estatuto jurídico: art. 173, § 1º
- privilégios fiscais: art. 173, § 2º

SOLO

- defesa; competência legislativa concorrente: art. 24, VI
- urbano; controle, ocupação, parcelamento e planejamento: art. 30, VIII

SUBSÍDIOS

- Deputado Estadual: art. 27, § 2º
- Governador: art. 28, § 2º
- Ministro de Estado: art. 39, § 4º
- Ministro do STF: art. 48, XV
- Ministros dos Tribunais Superiores: art. 93, V
- Prefeito: art. 29, V
- Secretário de Estado: art. 28, § 2º
- Secretário Municipal: art. 29, V
- Vereadores: art. 29, VI
- Vice-Governador: art. 28, § 2º
- Vice-Prefeito: art. 29, V

SUFRÁGIO UNIVERSAL

- art. 14, caput

SUJEITO PASSIVO

LEG. ESP.
- ação popular: art. 6º da Lei 4.717/1965

SÚMULA VINCULANTE

- aplicação indevida ou contrariedade à sua aplicação: art. 103-A, § 3º
- edição; provocação; legitimados a propor ação direta de inconstitucionalidade: art. 103-A, § 2º
- edição; STF; requisitos: art. 103-A
- finalidade: art. 103-A, § 1º

LEG. ESP.
- edição, revisão e cancelamento pelo STF: Lei 11.417/2006

SUPERIOR TRIBUNAL DE JUSTIÇA

- ação rescisória; foro competente: art. 105, I, e
- carta rogatória; exequatur: art. 105, I, i
- competência: art. 105
- competência anterior à sua instalação: ADCT, art. 27, § 1º
- competência originária: art. 105, I
- competência privativa: art. 96, I
- competência privativa de propostas ao Legislativo: art. 96, II
- composição: art. 104
- conflito de atribuições; autoridades administrativas de um Estado e autoridades judiciárias do Distrito Federal: art. 105, I, g
- conflito de atribuições; autoridades administrativas do Distrito Federal e autoridades administrativas da União: art. 105, I, g
- conflito de atribuições; autoridades administrativas e judiciárias da União; processo e julgamento: art. 105, I, g
- conflito de atribuições; autoridades judiciárias de um Estado e autoridades administrativas de outro; processo e julgamento: art. 105, I, g
- conflito de atribuições; autoridades judiciárias de um Estado e autoridades administrativas do Distrito Federal; processo e julgamento: art. 105, I, g
- conflito de jurisdição entre Tribunais; processo e julgamento: art. 105, I, d
- Conselho da Justiça Federal: art. 105, par. ún., II
- crimes comuns; conselheiros dos Tribunais de Contas, desembargadores, Governadores, juízes, membros do Ministério Público; processo e julgamento: art. 105, I, a
- crimes de responsabilidade; juízes, conselheiros dos Tribunais de Contas, desembargadores, membros do Ministério Público; processo e julgamento: art. 105, I, a
- despesa pública nos projetos sobre serviços administrativos: art. 63, II
- discussão e votação da iniciativa das leis: art. 64, caput
- dissídio jurisprudencial; processo e julgamento: art. 105, III, c
- elaboração do Regimento Interno: art. 96, I, a
- eleição de órgãos diretivos: art. 96, I, a
- Escola Nacional de Formação e Aperfeiçoamento de Magistrados: art. 105, par. ún., I
- habeas corpus; processo e julgamento: art. 105, I, c e II, a
- habeas data; processo e julgamento: arts. 102, I, d; 105, I, b
- instalação: ADCT, art. 27, § 1º
- jurisdição: art. 92, par. ún.
- lei federal; processo e julgamento de recursos de decisão que contrarie ou negue vigência: art. 105, III, a
- lei ou ato de governo local contestado em face de lei federal; processo e julgamento de recurso: art. 105, III, b
- leis complementares e ordinárias; iniciativa: art. 61, caput
- licença, férias e afastamento: art. 96, I, f
- mandado de injunção; processo e julgamento: art. 105, I, h
- mandado de segurança; processo e julgamento: arts. 102, I, d; 105, I, b e II, b
- Ministro: art. 119, par. ún.; ADCT, art. 27, § 2º
- Ministro; aposentadoria: ADCT, art. 27, § 4º
- Ministro; aprovação de nomeação pelo Senado Federal: arts. 84, XIV; 104, par. ún.
- Ministro; crimes de responsabilidade: art. 102, I, c
- Ministro; habeas corpus: art. 102, I, d
- Ministro; indicação: ADCT, art. 27, § 5º
- Ministro; infrações penais comuns: art. 102, I, c
- Ministro; infrações penais de responsabilidade: art. 102, I, c
- Ministro; nomeação pelo Presidente da República: arts. 84, XIV; 104, par. ún.
- Ministro; requisitos: art. 104, par. ún.

- Ministro; terço de desembargadores do Tribunal de Justiça: art. 104, par. ún.
- Ministro; TFR: ADCT, art. 27, § 2º
- motivação das decisões administrativas: art. 93, X
- organização da secretaria e dos serviços auxiliares: art. 96, I, *b*
- órgão do Poder Judiciário: art. 92, II
- órgãos diretivos; eleição: art. 96, I, *a*
- órgãos jurisdicionais e administrativos: art. 96, I, *a*
- processo e julgamento; causa: art. 105, II, *c*
- propostas orçamentárias: art. 99, §§ 1º e 2º
- provimento de cargos necessários à administração da Justiça: art. 96, I, *e*
- reclamação para garantia da autoridade de suas decisões e preservação de sua competência; processo e julgamento: art. 105, I, *f*
- recurso especial; ato de governo local; contestação em face de lei federal; validade: art. 105, III, *b*
- recurso especial; hipóteses de relevância: art. 105, § 3º
- recurso especial; lei federal; divergência de interpretação: art. 105, III, *c*
- recurso especial; relevância das questões; admissibilidade: art. 105, § 2º
- recurso especial; tratado ou lei federal; contrariedade ou negativa de vigência: art. 105, III, *a*
- recurso ordinário; processo e julgamento: art. 105, II
- revisão criminal de seus julgados; processo e julgamento: art. 105, I, *e*
- sede: art. 92, par. ún.
- sentença estrangeira; homologação: art. 105, I, *i*
- TFR; Ministros: ADCT, art. 27, § 2º
- tratado ou lei federal; processo e julgamento de recurso de decisão que contrarie ou negue vigência: art. 105, III, *a*

SUPERIOR TRIBUNAL MILITAR

- art. 122, I
- competência: art. 124
- competência privativa: art. 96, I
- competência privativa de propostas ao Legislativo: art. 96, II
- composição: art. 123, *caput*
- despesa pública nos projetos sobre serviços administrativos: art. 63, II
- discussão e votação da iniciativa de leis: art. 64, *caput*
- funcionamento: art. 24, par. ún.
- jurisdição: art. 92, par. ún.
- leis complementares e ordinárias; iniciativa: art. 61, *caput*
- licença, férias e afastamento: art. 96, I, *f*
- Ministro: art. 123, *caput*
- Ministro; aprovação pelo Senado Federal: arts. 84, XIV; 123, *caput*
- motivação das decisões administrativas: art. 93, X
- nomeação de Ministro pelo Presidente da República: art. 84, XIV
- organização: art. 124, par. ún.
- organização da secretaria e serviços auxiliares: art. 96, I, *b*
- órgão diretivo; eleição: art. 96, I, *a*
- órgãos jurisdicionais e administrativos: art. 96, I, *a*

- propostas orçamentárias: art. 99
- provimento de cargos necessários à administração da Justiça: art. 96, I, *e*
- Regimento Interno; elaboração: art. 96, I, *a*
- sede: art. 92, par. ún.

SUPREMO TRIBUNAL FEDERAL

- ação direta de inconstitucionalidade; medida cautelar: art. 102, I, *q*
- ação originária: art. 102, I
- ação rescisória de seus julgados; processo e julgamento: art. 102, I, *j*
- ações declaratória de constitucionalidade e direta de inconstitucionalidade; decisão definitiva de mérito; efeito vinculante: art. 102, § 2º
- anistia: ADCT, art. 9º
- arguição de descumprimento de preceito constitucional: art. 102, par. ún.
- ato de governo que contrarie a Constituição; julgamento de recurso extraordinário: art. 102, III, *c*
- causas e conflitos entre a União, os Estados, o Distrito Federal e respectivas entidades da administração indireta; processo e julgamento: art. 102, I, *f*
- competência: art. 102
- competência; ações contra o Conselho Nacional de Justiça e o Conselho Nacional do Ministério Público: art. 102, I, *r*
- competência originária; execução de sentença: art. 102, I, *m*
- competência privativa: art. 96
- competência privativa de propostas ao Legislativo: art. 96, II
- composição: art. 101, *caput*
- conflitos de jurisdição; processo e julgamento: art. 102, I, *o*
- Conselho Nacional de Justiça; presidência: art. 103-B, § 1º
- Constituição; julgamento de recurso extraordinário de disposição contrária: art. 102, III, *a*
- crimes comuns; processo e julgamento de Ministros do Tribunal Superior do Trabalho: art. 102, I, *c*
- crimes de responsabilidade de seus Ministros; julgamento pelo Presidente; pena: art. 52, par. ún.
- crimes de responsabilidade; processo e julgamento: art. 102, I, *c*
- crimes políticos; julgamento de recurso ordinário: art. 102, II, *b*
- decisões administrativas; motivação: art. 93, X
- despesa pública; projetos sobre serviços administrativos: art. 63, II
- Estatuto da Magistratura; iniciativa: art. 93, *caput*
- extradição requisitada por Estado estrangeiro; processo e julgamento: art. 102, I, *g*
- *habeas corpus*; chefes de missão diplomática de caráter permanente: art. 102, I, *d*
- *habeas corpus*; Deputado Federal: art. 102, I, *d*
- *habeas corpus*; julgamento de recurso ordinário do ato denegado em única instância pelos Tribunais Superiores: art. 102, II, *a*
- *habeas corpus*; Ministros e Presidente da República: art. 102, I, *d*

- *habeas corpus;* processo e julgamento de Tribunal Superior, autoridade ou funcionário sob sua jurisdição: art. 102, I, *i*
- *habeas corpus;* Procurador-Geral da República: art. 102, I, *d*
- *habeas corpus;* Senador: art. 102, I, *d*
- *habeas data:* art. 102, I, *d*
- *habeas data;* julgamento de recurso ordinário do ato denegado em única instância pelos Tribunais Superiores: art. 102, II, *a*
- *habeas data;* processo e julgamento de seus atos: art. 102, I, *d*
- impedimento ou interesse; membros do Tribunal de origem; processo e julgamento: art. 102, I, *n*
- inconstitucionalidade de ato normativo estadual e federal; processo e julgamento: art. 102, I, *a*
- inconstitucionalidade de lei estadual; processo e julgamento: art. 102, I, *a*
- inconstitucionalidade de lei federal; julgamento de recurso extraordinário: art. 102, III, *b*
- inconstitucionalidade de tratado ou lei federal; julgamento de recurso extraordinário: art. 102, III, *b*
- inconstitucionalidade em tese: art. 103, § 3º
- inconstitucionalidade por omissão de medida para tornar efetiva norma constitucional: art. 103, § 2º
- infrações penais comuns; processo e julgamento de chefes de missão diplomática de caráter permanente: art. 102, I, *c*
- infrações penais comuns; processo e julgamento de Deputados Federais: art. 102, I, *b*
- infrações penais comuns; processo e julgamento de Ministro de Estado: art. 102, I, *c*
- infrações penais comuns; processo e julgamento de Ministros do STF, Senadores, Procuradores-Gerais da República: art. 102, I, *b*
- infrações penais comuns; processo e julgamento dos membros dos Tribunais Superiores: art. 102, I, *c*
- infrações penais comuns; processo e julgamento dos Ministros do Superior Tribunal Militar, Ministros dos Tribunais de Contas da União: art. 102, I, *c*
- intervenção; provimento; requisitos: art. 36
- jurisdição: art. 92, § 2º
- lei local; julgamento de recurso extraordinário: art. 102, III, *c*
- leis complementares e ordinárias; iniciativa: art. 61, *caput*
- leis; discussão e votação: art. 64, *caput*
- licença, férias e afastamentos; concessão: art. 96, I, *f*
- litígio entre Estado estrangeiro ou organismo internacional e a União, o Estado, o Distrito Federal ou o Território; processo e julgamento: art. 102, I, *e*
- mandado de injunção: art. 102, I, *q*
- mandado de injunção; julgamento de recurso ordinário do ato denegado em única instância pelos Tribunais Superiores: art. 102, II, *a*
- mandado de segurança: art. 102, I, *d*
- mandado de segurança; julgamento de recurso ordinário do ato denegado em única instância pelos Tribunais Superiores: art. 102, II, *a*
- membros da magistratura; processo e julgamento: art. 102, I, *n*

- Ministro; cargo privativo de brasileiro nato: art. 12, § 3º, IV
- Ministro; crimes de responsabilidade: art. 52, II
- Ministro; nomeação: art. 101, par. ún.
- Ministro; nomeação pelo Presidente da República: art. 84, XIV
- Ministro; requisitos: art. 101, *caput*
- Ministro; Senado Federal; aprovação: arts. 84, XIV; 101, par. ún.
- órgão do Poder Judiciário: art. 92, I
- órgãos diretivos; eleição: art. 96, I, *a*
- órgãos jurisdicionais e administrativos; funcionamento: art. 96, I, *a*
- Presidente; compromisso de manter, defender e cumprir a Constituição: ADCT, art. 1º
- Presidente; exercício da Presidência da República: art. 80
- propostas orçamentárias: art. 99, §§ 1º e 2º
- provimento de cargos necessários à administração da Justiça: art. 96, I, *e*
- reclamações; garantia de autoridade de suas decisões; preservação da sua competência; processo e julgamento: art. 102, I, *l*
- recurso extraordinário: art. 102, III
- recurso extraordinário; admissibilidade; pressupostos: art. 102, § 3º
- recurso ordinário: art. 102, II
- Regimento Interno; elaboração: art. 96, I, *a*
- revisão criminal de seus julgados; processo e julgamento: art. 102, I, *j*
- secretaria e serviços auxiliares; organização: art. 96, I, *b*
- sede: art. 92, § 1º
- súmula vinculante: art. 103-A
- STJ; exercício da competência: art. 27, § 1º
- STJ; instalação: art. 27, *caput*
- Tribunal Superior, autoridade ou funcionário cujos atos estejam sob sua jurisdição direta; processo e julgamento: art. 102, I, *i*

LEG. ESP.
- Súmula Vinculante; edição, revisão e cancelamento pelo STF: Lei 11.417/2006

SÚMULA

STF
- competência; ação rescisória; questão federal controvertida apreciada pela Corte: Súm. 249/STF
- competência; mandado de segurança; ato do Tribunal de Contas da União: Súm. 248/STF
- competência; mandado de segurança; ato de Tribunais de Justiça dos Estados: Súm. 330/STF
- impedimento; ministros; julgamento de questão constitucional; vinculação à decisão do Tribunal Superior Eleitoral: Súm. 72/STF
- Regimento Interno; emendas: Súm. 325/STF

T

TAXAS
- art. 145, II
- base de cálculo: art. 145, § 2º
- cf. também TRIBUTOS

TELECOMUNICAÇÕES

– concessão: ADCT, art. 66
– disposição; competência do Congresso Nacional: art. 48, XII
– legislação; competência privativa da União: art. 22, IV
– liberdade: art. 139, III
– programas de rádio e televisão; classificação; competência: art. 21, XVI
– rádio e televisão; concessão e renovação: arts. 49, XII; 223, § 5º
– rádio e televisão; produção e programação; princípios: arts. 220, § 3º, II; 221
– serviços; exploração; competência da União: art. 21, XI e XII, a

TELEVISÃO

– v. RADIODIFUSÃO SONORA E DE IMAGENS

TERRAS DEVOLUTAS

– art. 20, II
– destinação; compatibilização com a política agrícola e com a reforma agrária: art. 188
– meio ambiente: art. 225, § 5º

TERRAS INDÍGENAS

– demarcação: ADCT, art. 67
– riquezas minerais; autorização para exploração: art. 49, XVI

TERRAS PÚBLICAS

– alienação; aprovação prévia do Congresso Nacional: arts. 49, XVII; 188, § 1º
– concessão; aprovação prévia do Congresso Nacional: arts. 49, XVII; 188, § 1º
– destinação; compatibilização com a política agrícola e com a reforma agrária: art. 182
– devolutas; bens da União e dos Estados: arts. 20, II; 26, IV
– devolutas; destinação: art. 188
– devolutas; proteção dos ecossistemas naturais: art. 225, § 5º
– doação, venda e concessão; revisão pelo Congresso Nacional: ADCT, art. 51
– ocupação pelos quilombos: ADCT, art. 68
– reforma agrária; concessão: art. 188, §§ 1º e 2º
– reversão ao patrimônio da União, Estados, Distrito Federal ou Municípios: ADCT, art. 51, § 3º
– venda, doação e concessão; revisão pelo Congresso Nacional: ADCT, art. 51

TERRITÓRIO

– Amapá; recursos antes da transformação em Estado: ADCT, art. 14, § 4º
– Amapá; transformação em Estado: ADCT, art. 14
– competência tributária; ICMS incidente sobre energia elétrica: ADCT, art. 34, § 9º
– criação: art. 18, §§ 2º e 3º
– defensoria pública: art. 33, § 3º
– desmembramento: art. 48, VI
– divisão em Municípios: art. 33, § 1º

– eleição de Deputados: art. 45, § 2º
– Fernando de Noronha; reincorporação ao Estado de Pernambuco: ADCT, art. 15
– Governador: art. 33, § 3º
– impostos estaduais e municipais: art. 147
– incorporação: art. 48, VI
– litígio com Estado estrangeiro ou organismo internacional; processo e julgamento: art. 102, I, e
– matéria tributária e orçamentária: art. 61, § 1º, II, b
– Ministério Público: art. 33, § 3º
– orçamento; recursos para a assistência social: art. 204, caput
– organização administrativa: arts. 33, caput; 61, § 1º, II, b
– organização judiciária: art. 33
– pessoal administrativo: art. 61, § 1º, II, b
– prestação de contas: art. 33, § 2º
– reintegração ao Estado de origem: art. 18, § 2º
– Roraima; recursos antes da transformação em Estado: ADCT, art. 14, § 4º
– Roraima; transformação em Estado: ADCT, art. 14
– serviços públicos: art. 61, § 1º, II, b
– servidor público: art. 61, § 1º, II, c
– símbolos: art. 13, § 2º
– sistema de ensino: art. 211, § 1º
– Sistema Único de Saúde; financiamento: art. 198, § 1º
– subdivisão: art. 48, VI
– transformação em Estado: art. 18, § 2º

TERRITÓRIO NACIONAL

– Comissão de Estudos Territoriais: ADCT, art. 12
– limites: art. 48, VI

TERRORISMO

– direitos e deveres individuais e coletivos: art. 5º, XLIII
– repúdio: art. 4º, VIII

TESOURO NACIONAL

– emissão de títulos; compra e venda pelo Banco Central do Brasil: art. 164, § 2º
– empréstimos do Banco Central do Brasil; vedação: art. 164, § 1º

TÍTULO DE DOMÍNIO

– área urbana; posse: art. 183, caput e § 1º
– imóvel rural: art. 189

TÍTULOS DA DÍVIDA AGRÁRIA

– emissão: art. 184
– orçamento público: art. 184, § 4º
– resgate: art. 184

TÍTULOS DA DÍVIDA PÚBLICA

– propriedade urbana; desapropriação: art. 182, § 4º, III

TORTURA

– direitos e deveres individuais e coletivos: art. 5º, III

CONSTITUIÇÃO DA REPÚBLICA FEDERATIVA DO BRASIL

TRABALHADOR DOMÉSTICO
- direitos; aposentadoria; aviso-prévio; décimo terceiro salário; férias; irredutibilidade de salário ou vencimento; previdência social; repouso semanal remunerado; salário mínimo: art. 7º, par. ún.

TRABALHADOR RURAL
- acordos coletivos de trabalho: art. 7º, XXVI
- adicional de remuneração: art. 7º, XXIII
- admissão; proibição de diferença de critério: art. 7º, XXX
- aposentadoria: art. 7º, XXIV
- assistência gratuita aos filhos e dependentes: art. 7º, XXV
- automação; proteção: art. 7º, XXVII
- aviso prévio: art. 7º, XXI
- condição social: art. 7º, *caput*
- contrato de trabalho; prescrição: art. 7º, XXIX
- convenções coletivas de trabalho: art. 7º, XXVI
- décimo terceiro salário: art. 7º, VIII
- deficiente físico: art. 7º, XXXI
- direitos: art. 7º
- empregador; cumprimento das obrigações trabalhistas: ADCT, art. 1º, § 3º
- férias: art. 7º, XVII
- Fundo de Garantia do Tempo de Serviço: art. 7º, III
- garantia de salário: art. 7º, VII
- irredutibilidade de salário ou vencimento: art. 7º, VI
- jornada de trabalho: art. 7º, XIII
- jornada máxima de trabalho: art. 7º, XIV
- licença-paternidade: art. 7º, XIX; ADCT, art. 10, § 1º
- licença remunerada à gestante: art. 7º, XVIII
- menor; aprendiz: art. 7º, XXXIII
- menor; trabalho insalubre: art. 7º, XXXIII
- menor; trabalho noturno: art. 7º, XXXIII
- menor; trabalho perigoso: art. 7º, XXXIII
- mulher; proteção do mercado de trabalho: art. 7º, XX
- participação nos lucros: art. 7º, XI
- piso salarial: art. 7º, V
- relação de emprego; proteção: art. 7º, I; ADCT, art. 10
- repouso semanal remunerado: art. 7º, XV
- riscos do trabalho; redução: art. 7º, XXII
- salário-família: art. 7º, XII
- salário mínimo: art. 7º, IV
- salário; proibição de diferença: art. 7º, XXX
- salário; proteção: art. 7º, X
- seguro contra acidentes do trabalho: art. 7º, XXVIII
- seguro-desemprego: art. 7º, II
- serviço extraordinário: art. 7º, XVI
- trabalhador com vínculo permanente; igualdade com trabalhador avulso: art. 7º, XXXIV
- trabalho manual, técnico e intelectual; proibição de distinção: art. 7º, XXXII
- trabalho noturno; remuneração: art. 7º, IX

TRABALHADOR URBANO
- acordos coletivos de trabalho: art. 7º, XXVI
- adicional de remuneração: art. 7º, XXIII
- admissão; proibição de diferença de critério: art. 7º, XXX
- aposentadoria: art. 7º, XXIV
- assistência gratuita aos filhos e dependentes: art. 7º, XXV
- associação profissional ou sindical: art. 8º
- automação; proteção: art. 7º, XXVII
- aviso prévio: art. 7º, XXI
- condição social: art. 7º, *caput*
- contrato de trabalho; prescrição: art. 7º, XXIX
- convenções coletivas de trabalho: art. 7º, XXVI
- décimo terceiro salário: art. 7º, VIII
- deficiente físico: art. 7º, XXXI
- direitos: art. 7º
- entendimento direto com o empregador: art. 11
- férias: art. 7º, XVII
- Fundo de Garantia do Tempo de Serviço: art. 7º, III
- garantia de salário: art. 7º, VII
- irredutibilidade de salário ou vencimento: art. 7º, VI
- jornada de trabalho: art. 7º, XIII
- jornada máxima de trabalho: art. 7º, XIV
- licença-paternidade: art. 7º, XIX; ADCT, art. 10, § 1º
- licença remunerada à gestante: art. 7º, XVIII
- menor; aprendiz: art. 7º, XXXIII
- menor; trabalho insalubre, noturno, perigoso: art. 7º, XXXIII
- mulher; proteção do mercado de trabalho: art. 7º, XX
- participação nos colegiados de órgãos públicos: art. 10
- participação nos lucros: art. 7º, XI
- piso salarial: art. 7º, V
- relação de emprego; proteção: art. 7º, I; ADCT, art. 10
- remuneração do trabalho noturno: art. 7º, IX
- repouso semanal remunerado: art. 7º, XV
- riscos do trabalho; redução: art. 7º, XXII
- salário-família: art. 7º, XII
- salário mínimo: art. 7º, IV
- salário; proibição de diferença: art. 7º, XXX
- salário; proteção: art. 7º, X
- seguro contra acidentes do trabalho: art. 7º, XXVIII
- seguro-desemprego: art. 7º, II
- serviço extraordinário: art. 7º, XVI
- trabalho manual, técnico e intelectual; proibição de distinção: art. 7º, XXXII
- vínculo permanente; igualdade com trabalhador avulso: art. 7º, XXXIV

TRABALHO
- direitos sociais: art. 6º
- inspeção; organização, manutenção e execução: art. 21, XXIV
- valores sociais: art. 1º, IV

TRABALHOS FORÇADOS
- direitos e deveres individuais e coletivos: art. 5º, XLVII, *c*

TRÁFICO DE DROGAS
- crime inafiançável: art. 5º, XLIII

TRANSPORTE
- aéreo; ordenação legal: art. 178
- aquaviário e ferroviário; serviços; exploração; competência: art. 21, XI, *d*

- coletivo; deficiente; acesso adequado: arts. 227, § 2º; 244
- coletivo; serviço público de caráter essencial: art. 30, V
- coletivo urbano; concessão e permissão: art. 30, V
- direito social: art. 6º
- embarcações estrangeiras: art. 178, par. ún.
- interestadual e intermunicipal; impostos; instituição e normas: art. 155, II, § 2º; ADCT, art. 34, §§ 6º e 8º
- internacional; ordenação: art. 178, *caput*
- legislação; competência privativa da União: art. 22, XI
- marítimo; ordenação legal: art. 178
- petróleo e gás natural; monopólio da União: art. 177, IV
- política nacional; diretrizes; legislação; competência: art. 22, IX
- rodoviário de passageiros; exploração; competência: art. 21, XII, e
- sistema nacional de viação; princípios e diretrizes; competência: art. 21, XXI
- terrestre; ordenação legal: art. 178
- urbano; diretrizes; competência: art. 21, XX
- urbano; gratuidade; idosos: art. 230, § 2º

TRATADOS INTERNACIONAIS

- Congresso Nacional; referendo: art. 49, I
- crimes; processo e julgamento: art. 109, V
- direitos e garantias; inclusão na Constituição Federal: art. 5º, § 2º
- direitos humanos; aprovação pelo Congresso: art. 5º, § 3º
- Presidente da República; celebração: art. 84, VIII

TRIBUNAIS

- competência privativa: art. 96, I
- conflitos de competência: arts. 102, I; 105, I, *d*
- decisões administrativas; motivação: art. 93, X
- declaração de inconstitucionalidade de lei ou normativo: art. 97
- órgão especial: art. 93, XI
- segundo grau; acesso: art. 93, III

TRIBUNAIS SUPERIORES

- competência privativa: art. 96, II
- conflitos de competência: arts. 102, I; 105, I, *d*
- *habeas corpus*: art. 102, I, *d* e /, e II, *a*
- *habeas data*: art. 102, II, *a*
- jurisdição: art. 92, § 2º
- mandado de injunção: art. 102, I, *q*
- mandado de segurança: art. 102, II, *a*
- membros; crimes de responsabilidade e infrações penais comuns: art. 102, I, *c*
- órgão especial: art. 93, XI
- propostas orçamentárias: art. 99, §§ 1º e 2º
- sede: art. 92, § 1º

TRIBUNAL DE CONTAS DA UNIÃO

- administrador público; prestação de contas: art. 71, II
- auditores: art. 73, § 4º
- competência: arts. 71; 73, *caput;* 96
- composição: art. 73, *caput*
- convênio federal: art. 71, VI

- crimes de responsabilidade de Ministro e de Comandantes da Marinha, do Exército e da Aeronáutica; foro competente: art. 102, I, *c*
- decisões; título executivo: art. 71, § 3º
- fiscalização contábil, financeira e orçamentária: art. 71
- fixação de prazo para doação de providências ao exato cumprimento da lei: art. 71, IX
- *habeas data;* processo e julgamento: art. 102, I, *d*
- jurisdição: art. 73, *caput*
- mandado de injunção; processo e julgamento: art. 102, I, *q*
- mandado de segurança; processo e julgamento: art. 102, I, *d*
- membros; escolha: art. 49, XII
- Ministério Público; atuação: art. 130
- Ministro; aposentadoria: art. 73, § 3º
- Ministro; aprovação: arts. 52, III, *b;* 73, § 2º, I; 84, XV
- Ministro; escolha: art. 73, §§ 2º e 3º
- Ministro; *habeas corpus:* art. 102, I, *d*
- Ministro; impedimentos: art. 73, § 3º
- Ministro; indicação do Presidente da República: arts. 52, III, *b;* 73, § 2º, I
- Ministro; infrações penais comuns: art. 102, I, *d*
- Ministro; nomeação pelo Presidente da República: arts. 73, § 1º, e 84, XV
- Ministro; prerrogativas e garantias: art. 73, § 3º
- Ministro; requisitos: art. 73, § 2º
- Ministro; vencimentos: art. 73, § 3º
- prestação de contas dos Territórios: art. 33, § 2º
- prestação de informações: arts. 71, VII; 77
- relatório de atividades: art. 71, § 4º
- representação: art. 71, XI
- sanção: art. 71, VIII
- sede: art. 73, *caput*
- sustação de contrato: art. 71, §§ 1º e 2º
- sustação de execução de ato impugnado: art. 71, X

TRIBUNAL DE CONTAS DO DISTRITO FEDERAL E DOS ESTADOS

- crimes comuns e responsabilidade; foro competente: art. 105, I, *a*
- organização e fiscalização: art. 75, *caput*

TRIBUNAL DE CONTAS DO MUNICÍPIO

- organização e fiscalização: art. 75, *caput*

TRIBUNAL DE EXCEÇÃO

- art. 5º, XXXVII

TRIBUNAL DE JUSTIÇA

- art. 92, VII
- competência: art. 125, § 1º; ADCT, art. 70
- competência privativa de propostas ao Legislativo: art. 96, II
- conflitos fundiários; vara especializada; criação: art. 126
- descentralização: art. 125, § 6º
- designação de juízes de entrância especial para questões agrárias: art. 126, *caput*
- elaboração do Regimento Interno: art. 96, I, *a*

- eleição dos órgãos diretivos: art. 96, I, *a*
- julgamento de juiz estadual: art. 96, III
- julgamento de membro do Ministério Público: art. 96, III
- justiça itinerante; instalação: art. 125, § 7º
- lei de criação da Justiça Militar Estadual; iniciativa: art. 125, § 3º
- lei de organização judiciária; iniciativa: art. 125, § 1º
- licença, férias e afastamento: art. 96, I, *f*
- motivação das decisões administrativas: art. 93, X
- organização de secretaria e serviços auxiliares: art. 96, I, *b*
- órgãos jurisdicionais e administrativos: art. 96, I, *a*
- propostas orçamentárias: art. 99, §§ 1º e 2º
- provimento de cargos necessários à administração da Justiça: art. 96, I, *e*
- quinto de advogados: art. 94
- quinto do Ministério Público: art. 94
- cf. também JUSTIÇA ESTADUAL

TRIBUNAL MILITAR

- art. 122, II
- competência: art. 96, I
- elaboração do Regimento Interno: art. 96, I, *a*
- eleição dos órgãos diretivos: art. 96, I, *a*
- licença, férias e afastamento: art. 96, I, *f*
- motivação das decisões administrativas: art. 93, X
- organização de secretaria e órgãos auxiliares: art. 96, I, *b*
- órgão do Poder Judiciário: art. 92, VI
- órgãos jurisdicionais e administrativos: art. 96, I, *a*
- propostas orçamentárias: art. 99
- provimento de cargos necessários à administração da Justiça: art. 96, I, *e*
- cf. também JUSTIÇA MILITAR

TRIBUNAL PENAL INTERNACIONAL

- jurisdição; submissão do Brasil: art. 5º, § 4º

TRIBUNAL REGIONAL DO TRABALHO

- art. 111, II
- competência: art. 113
- competência privativa: art. 96, I
- composição; requisitos: art. 115, *caput*
- constituição: art. 113
- descentralização: art. 115, § 2º
- despesa pública nos projetos sobre serviços administrativos: art. 63, II
- elaboração do Regimento Interno: art. 96, I, *a*
- eleição dos órgãos: art. 96, I, *a*
- garantias e condições de exercício: art. 113
- investidura: art. 113
- juiz; crime comum e de responsabilidade: art. 105, I, *a*
- jurisdição: art. 113
- justiça itinerante; instalação: art. 115, § 1º
- licença, férias e afastamento: art. 96, I, *c*
- magistrados: art. 115, par. ún.
- motivação das decisões administrativas: art. 93, X
- organização da secretaria e órgãos auxiliares: art. 96, I, *b*
- órgão do Poder Judiciário: art. 92, IV
- órgãos jurisdicionais e administrativos: art. 96, I, *a*
- proporcionalidade: art. 115, *caput*
- propostas orçamentárias: art. 99, §§ 1º e 2º
- provimento de cargos necessários à administração da Justiça: art. 96, I, *e*
- cf. também JUSTIÇA DO TRABALHO

TRIBUNAL REGIONAL ELEITORAL

- arts. 118, II; 120
- anulação de diplomas: art. 121, § 4º, IV
- competência privativa: art. 96, I
- composição: art. 120, *caput*
- decisões contrárias à lei: art. 121, § 4º, I
- despesa pública nos projetos sobre serviços administrativos: art. 63, II
- dissídio jurisprudencial: art. 121, § 4º, II
- elaboração do Regimento Interno: art. 96, I, *a*
- eleição do Presidente e Vice-Presidente: art. 120, § 2º
- eleição dos órgãos diretivos: art. 96, I, *a*
- expedição de diplomas: art. 121, § 4º, III
- fixação do número de vereadores: ADCT, art. 5º, § 4º
- *habeas corpus*: arts. 121, § 4º, V; 112
- *habeas data*: art. 121, § 4º, V
- inelegibilidade: art. 121, § 4º, III
- licença, férias e afastamento: art. 96, I, *f*
- localização: art. 120, *caput*
- mandado de injunção: arts. 121; 185, § 4º, V
- mandado de segurança: art. 126, § 4º, V
- motivação das decisões administrativas: art. 93, X
- organização da secretaria e órgãos auxiliares: art. 96, I, *b*
- órgãos jurisdicionais e administrativos: arts. 94; 96, I, *a*
- perda de mandato: art. 121, § 4º, IV
- propostas orçamentárias: art. 99, §§ 1º e 2º
- provimento de cargos necessários à administração da Justiça: art. 96, I, *e*
- recursos: art. 121, § 4º
- recursos de decisões contrárias à Constituição: art. 121, § 4º, I
- cf. também JUSTIÇA ELEITORAL

TRIBUNAL REGIONAL FEDERAL

- art. 106, I
- competência: art. 108
- competência anterior à sua instalação: ADCT, art. 27, § 7º
- competência originária: art. 108, I
- competência privativa: art. 96, I
- composição: art. 107
- criação: ADCT, art. 27, §§ 6º e 11
- descentralização: art. 107, § 3º
- despesa pública nos projetos sobre serviços administrativos: art. 63, II
- elaboração do Regimento Interno: art. 96, I, *a*
- eleição dos órgãos diretivos: art. 96, I, *a*
- escolha de juiz do TRE: art. 120, II
- instalação: ADCT, art. 27, § 6º
- justiça itinerante; instalação: art. 107, § 2º
- licença, férias e afastamento: art. 96, I, *f*
- motivação das decisões administrativas: art. 93, X
- nomeação de juízes: art. 107, *caput*
- organização da secretaria e órgãos auxiliares: art. 96, I, *b*
- órgão do Poder Judiciário: art. 92, III
- órgãos jurisdicionais e administrativos: art. 96, I, *a*
- permuta de juízes: art. 107, § 1º
- propostas orçamentárias: art. 99

- provimento de cargos necessários à administração da Justiça: art. 96, I, e
- quinto de advogados: arts. 94; 107, I
- recursos: art. 108, II
- remoção de juízes: art. 107, § 1º
- sede: ADCT, art. 27, § 6º
- cf. também JUSTIÇA FEDERAL

TRIBUNAL SUPERIOR DO TRABALHO

- advogado: art. 111, I
- aprovação pelo Senado Federal de Ministro: art. 84, XIV
- competência: arts. 111-A; 113
- competência privativa: art. 96, I
- competência privativa de propostas ao Legislativo: art. 96, II
- composição: art. 111-A
- Conselho Superior da Justiça do Trabalho: art. 111-A, § 2º, II
- constituição: art. 113
- despesa pública nos projetos sobre serviços administrativos: art. 63, II
- discussão e votação da iniciativa de leis: art. 64, caput
- elaboração do Regimento Interno: art. 96, I, a
- eleição dos órgãos: art. 96, I, a
- Escola Nacional de Formação e Aperfeiçoamento de Magistrados do Trabalho: art. 111-A, § 2º
- garantias e condições de exercício: art. 113
- iniciativa das leis complementares e ordinárias: art. 61, caput
- investidura: art. 113
- jurisdição: arts. 92, par. ún.; 113
- licença, férias e afastamento: art. 96, I, f
- membro do Ministério Público: art. 111-A, I
- motivação das decisões administrativas: art. 93, X
- nomeação pelo Presidente da República de Ministro: art. 84, XIV
- nomeação, registros, aprovação: art. 111-A
- órgão do Poder Judiciário: art. 92, IV
- órgãos jurisdicionais e administrativos: art. 96, I, a
- propostas orçamentárias: art. 99, §§ 1º e 2º
- provimento de cargos necessários à administração da Justiça: art. 96, I, e
- secretaria e órgãos auxiliares; organização: art. 96, I, b
- sede: art. 92, par. ún.
- cf. também JUSTIÇA DO TRABALHO

TRIBUNAL SUPERIOR ELEITORAL

- art. 118, I
- aprovação pelo Senado Federal de Ministro: art. 84, XIV
- competência privativa: art. 96, I
- competência privativa de propostas ao Legislativo: art. 96, II
- composição: art. 119
- Corregedor Eleitoral: art. 119, par. ún.
- decisões: art. 121, § 3º
- decisões administrativas; motivação: art. 93, X
- despesa pública nos projetos sobre serviços administrativos: art. 63, II
- discussão e votação de projetos de lei de sua iniciativa: art. 64, caput
- elaboração; Regimento Interno: art. 96, I, a
- eleição dos órgãos diretivos: art. 96, I, a
- habeas corpus: art. 121, § 3º
- jurisdição: art. 92, par. ún.

- leis complementares e ordinárias; iniciativa: art. 61, caput
- licença, férias e afastamento: art. 96, I, f
- mandado de segurança: art. 121, § 3º
- nomeação pelo Presidente da República de Ministro: art. 84, XIV
- organização da secretaria e órgãos auxiliares: art. 96, I, b
- órgãos jurisdicionais e administrativos: art. 96, I, a
- partidos políticos: ADCT, art. 6º, caput
- partidos políticos; concessão de registro: ADCT, art. 6º, § 1º
- Presidente: art. 119, par. ún.
- propostas orçamentárias: art. 99, §§ 1º e 2º
- provimento de cargos necessários à administração da Justiça: art. 96, I, e
- revisão constitucional: ADCT, art. 2º, § 2º
- sede: art. 92, par. ún.
- Vice-Presidente: art. 119, par. ún.
- cf. também JUSTIÇA ELEITORAL

TRIBUTOS

- anistia: art. 150, § 6º
- aplicação de receita de impostos no ensino: art. 212
- aplicação de recursos; condições: ADCT, art. 34, § 10
- arrecadação e distribuição aos Municípios: arts. 158, III, IV e par. ún.; 159, § 3º; 161, I
- capacidade econômica do contribuinte: art. 145, § 1º
- características: art. 145, § 1º
- combustíveis líquidos e gasosos: art. 155, § 3º
- competência; instituição: art. 145, caput
- competência tributária da União: arts. 153; 154
- competência tributária dos Estados e do Distrito Federal: art. 155
- competência tributária dos Municípios: art. 156
- confisco: art. 150, IV
- CIDE; destinação aos Municípios: art. 159, § 4º
- CIDE; repartição do produto da arrecadação entre Estados e Distrito Federal: art. 159, III
- contribuições sociais e de intervenção sobre o domínio econômico: art. 149, § 2º, I
- critérios especiais de tributação: art. 146-A
- desvinculação da arrecadação; DRU: ADCT, art. 76
- diferença de bens; vedação: art. 152
- Distrito Federal; competência; cobrança de impostos municipais: art. 147
- empresa de pequeno porte; regime diferenciado: art. 146, III, d
- empréstimo compulsório; Eletrobras: ADCT, art. 34, § 12
- energia elétrica: art. 155, § 3º
- estaduais e municipais dos Territórios; competência da União: art. 147
- extraordinários; instituições: art. 154, II
- fato gerador: art. 150, III, a
- garantias do contribuinte: art. 150
- instituição: art. 145
- lei complementar: art. 146
- limitação ao poder de tributar: art. 150
- limitações: art. 150
- limite de tráfego; vedação: art. 150, V
- lubrificantes: art. 155, § 3º
- mercadorias e serviços; incidência; consumidor; defesa: art. 150, § 5º
- microempresa; regime diferenciado: art. 146, III, d
- minerais: art. 155, § 3º

- Municípios; instituição e normas: art. 156; ADCT, art. 34, § 6º
- patrimônio, renda ou serviços; proibição e exceções: art. 150, VI, *a* e *e*, e §§ 2º, 3º e 4º; ADCT, art. 34, § 1º
- princípio da anualidade: art. 150, III, *b*; ADCT, art. 34, § 6º
- princípio da igualdade: art. 150, II
- princípio da legalidade: art. 150, I
- princípio da uniformidade: art. 151, I
- receita tributária; repartição; Municípios: art. 158
- recursos; desenvolvimento regional; condições: ADCT, art. 34, § 10
- reforma agrária; isenção: art. 184, § 5º
- regime único de arrecadação de impostos: art. 146, par. ún.
- responsabilidade pelo pagamento: ADCT, art. 34, § 9º
- cf. também SISTEMA TRIBUTÁRIO NACIONAL

TURISMO
- incentivo: art. 180

U

UNIÃO
- arts. 20 a 24
- Administração Pública; princípios: art. 37, *caput*
- agentes públicos estaduais, do Distrito Federal e dos Municípios em níveis superiores aos agentes federais; limitações ao poder de tributar: art. 151, II
- águas; competência legislativa: art. 22, IV
- anistia; concessão: art. 21, XVII
- anistia fiscal: art. 150, § 6º
- anistia previdenciária: art. 150, § 6º
- aproveitamento energético dos cursos de água; exploração, autorização, concessão e permissão: art. 21, XII, *b*
- assessoramento jurídico: art. 131, *caput*
- atividades nucleares; competência legislativa: art. 22, XXVI
- autarquias e fundações instituídas e mantidas pelo Poder Público; limitações ao poder de tributar: art. 150, §§ 2º e 3º
- autonomia: art. 18, *caput;* bens: art. 20
- brasileiro; vedação de distinção: art. 19, III
- calamidade pública; defesa permanente: art. 21, XVIII
- câmbio; competência legislativa: art. 22, VII
- câmbio; fiscalização: art. 21, VIII
- capitalização; fiscalização: art. 21, VIII
- causas e conflitos com os Estados, o Distrito Federal e respectivas entidades da administração indireta; processo e julgamento: art. 102, I, *f*
- causas fundadas em tratado ou contrato com Estado estrangeiro ou organismo internacional; processo e julgamento: art. 109, III
- cidadania; competência legislativa: art. 22, XIII
- classificação das diversões públicas: art. 21, XVI
- classificação dos programas de rádio e televisão: art. 21, XVI
- comércio exterior e interestadual; competência legislativa: arts. 22, VIII; 21, *caput*
- competência: arts. 21, *caput;* 22, *caput*
- competência; criação de Juizados Especiais no Distrito Federal e nos Territórios: art. 98, I
- competência; criação de Justiça de Paz no Distrito Federal e nos Territórios: art. 98, II

- competência legislativa; direito aeronáutico: art. 22, I
- competência legislativa; direito agrário: art. 22, I
- competência legislativa; direito civil: art. 22, I
- competência legislativa; direito comercial: art. 22, I
- competência legislativa; direito do trabalho: art. 22, I
- competência legislativa; direito eleitoral: art. 22, I
- competência legislativa; direito espacial: art. 22, I
- competência legislativa; direito marítimo: art. 22, I
- competência legislativa; direito penal: art. 22, I
- competência legislativa; direito processual: art. 22, I
- competência legislativa privativa: art. 22
- competência legislativa supletiva dos Estados: art. 24, § 2º
- competência para emissão da moeda; Banco Central do Brasil: art. 164
- competência tributária: arts. 145; 153
- competência tributária residual: art. 154
- competência tributária residual; cumulatividade: art. 154, I
- competência tributária; vedação ao limite de tráfego: art. 150, V
- consórcios; competência legislativa: art. 22, XX
- consultoria jurídica: art. 131, *caput*
- contrato administrativo; competência legislativa: art. 22, XXVII
- contribuição social: art. 149, §§ 1º ao 4º
- corpo de bombeiros militar; competência legislativa: art. 22, XXI
- corpo de bombeiros militar do Distrito Federal; organização e manutenção: art. 21, XIV
- corpo de bombeiros militar dos Territórios; organização e manutenção: art. 21, XIX
- Correio Aéreo Nacional: art. 21, X
- crédito externo e interno; concessão de garantia e fixação: art. 52, VII
- crédito externo e interno; fixação de limites pelo Senado Federal: art. 52, VII
- crédito; fiscalização: art. 21, VIII
- danos nucleares; responsabilidade civil: art. 21, XXIII, *d*
- débitos oriundos de precatórios; refinanciamento: art. 100, § 16
- Defensoria Pública do Distrito Federal; competência legislativa sobre sua organização: art. 22, XVI
- Defensoria Pública dos Territórios; competência legislativa sobre sua organização: art. 22, XVII
- Defensoria Pública do Território: art. 21, XIII
- defesa aeroespacial; competência legislativa: art. 22, XXVIII
- defesa civil; competência legislativa: art. 22, XXVIII
- defesa marítima; competência legislativa: art. 22, XXVIII
- defesa nacional: art. 21, III
- defesa territorial; competência legislativa: art. 22, XXVIII
- desapropriação; competência legislativa: art. 22, II
- desenvolvimento urbano; habitação, saneamento básico e transportes urbanos: art. 21, XX
- disponibilidades de caixa; depósito no Banco Central do Brasil: art. 164, § 3º
- Distrito Federal; competência legislativa sobre organização administrativa: art. 22, XVII
- dívida pública dos Estados, do Distrito Federal e dos Municípios; limitações ao poder de tributar: art. 151, II
- dívida pública; fixação de limites globais pelo Senado Federal: art. 52, VI

- documento público; vedação de recusa de fé: art. 19, II
- edição de leis para aplicação do sistema tributário nacional: ADCT, art. 34, § 3º
- educação; competência legislativa; diretrizes e bases: art. 22, XXIV
- emigração; competência legislativa: art. 22, XV
- empresa de pequeno porte; tratamento jurídico diferenciado: art. 179
- empréstimo compulsório: art. 148
- energia; competência legislativa: art. 22, IV
- energia elétrica; exploração, autorização, concessão e permissão: art. 21, XII, b
- ensino; aplicação de receita de impostos: art. 212
- estado de defesa; decretação: art. 21, V
- estado de sítio; decretação: art. 21, V
- Estado-membro; criação; vedação de encargos: art. 234
- estrangeiro; competência legislativa: art. 22, XV
- Estado-membro; demarcação das terras em litígio com os Municípios: ADCT, art. 12, §§ 3º e 4º
- execução da dívida ativa tributária; representação pela Procuradoria-Geral da Fazenda Nacional: art. 131, § 3º
- Fazenda Pública; precatório; sentença judiciária: art. 100, caput; ADCT, art. 97
- fiscalização contábil, financeira e orçamentária: arts. 70 a 74
- forças estrangeiras; permissão de trânsito e permanência: art. 21, IV
- garimpagem: art. 21, XXV
- gás natural; monopólio: art. 177, I, III e IV
- guerra; declaração: art. 21, II
- hidrocarbonetos fluidos; monopólio: art. 177, I e III
- imigração; competência legislativa: art. 22, XV
- imposto estadual; Territórios: art. 147
- imposto extraordinário em caso de guerra; competência tributária: art. 154, II
- impostos arrecadados; distribuição: arts. 153, § 5º; 157; 158, I e II; 159
- impostos; estaduais e municipais; competência: art. 147
- impostos; instituição: art. 153
- incentivos fiscais; reavaliação: ADCT, art. 41
- informática; competência legislativa: art. 22, IV
- infrações penais praticadas em detrimento de seus bens, serviços ou interesses; processo e julgamento: art. 109, IV
- infraestrutura aeroportuária; exploração, autorização, concessão e permissão: art. 21, XII, c
- instituições de assistência social sem fins lucrativos; limitações ao poder de tributar: art. 150, VI, § 4º
- instituições de educação sem fins lucrativos; limitações ao poder de tributar: art. 150, VI, § 4º
- intervenção federal; decretação: art. 21, V
- intervenção nos Estados e Distrito Federal: arts. 34; 36
- isenção de tributos estaduais, do Distrito Federal e municipais; limitações ao poder de tributar: art. 151, III
- jazidas; competência tributária: art. 22, XII
- jazidas de petróleo; monopólio: art. 177, I
- lavra; autorização e concessão para pesquisa por prazo determinado: art. 176, § 3º
- lavra; transferência de pesquisa: art. 176, § 3º
- lei estadual; superveniência de lei federal: art. 24, § 4º
- licitação; competência legislativa: art. 22, XXVII
- litígio com Estado estrangeiro ou organismo internacional; processo e julgamento: art. 102, I, e

- livros, jornais, periódicos e o papel destinado à sua impressão; limitações ao poder de tributar: art. 150, VI, d; Súm. Vinculante 57/STF
- massas de água; represadas ou represáveis; aproveitamento econômico e social: art. 43, § 2º, IV
- material bélico; autorização e fiscalização para produção e comércio: art. 21, VI
- metais; títulos e garantias: art. 22, VI
- metalurgia; competência legislativa: art. 22, XII
- microempresa; tratamento jurídico diferenciado: art. 179
- minas; competência legislativa: art. 22, XII
- minérios nucleares e seus derivados; monopólio estatal: art. 21, caput e XXIII
- Ministério Público do Distrito Federal; competência legislativa sobre sua organização: art. 22, XVII
- Ministério Público do Distrito Federal; organização e manutenção: art. 21, XIII
- Ministério Público dos Territórios; competência legislativa sobre sua organização: art. 22, VII
- Ministério Público dos Territórios; organização e manutenção: art. 21, XIII
- mobilização nacional; competência legislativa: art. 22, XXVIII
- moeda; emissão: art. 21, VII
- monopólio: art. 177
- monopólio da pesquisa, lavra, enriquecimento, reprocessamento, industrialização e comércio de minérios e minerais nucleares e derivados: art. 177, V
- monopólio; vedações: art. 177, § 1º
- Município; demarcação das terras em litígio com os Estados-membros: ADCT, art. 12, §§ 3º e 4º
- nacionalidade; competência legislativa: art. 22, XIII
- navegação aérea; competência legislativa art. 22, X
- navegação aeroespacial; competência legislativa: art. 22, X
- navegação aeroespacial; exploração, autorização, concessão e permissão: art. 21, XII, c
- navegação fluvial, lacustre e marítima; competência legislativa: art. 22, X
- orçamento; recursos para a assistência social: art. 204, caput
- organização judiciária; competência legislativa: art. 22, XVII
- organizações internacionais; participação: art. 21, I
- partidos políticos; limitações ao poder de tributar: art. 150, VI, c e § 4º
- patrimônio, renda ou serviços de entes públicos; limitações ao poder de tributar: art. 150, VI, a
- paz; celebração: art. 21, II
- pessoal; despesa: art. 169; ADCT, art. 38
- petróleo; monopólio da importação e exportação: art. 177, II
- petróleo; monopólio da refinação: art. 177, II
- petróleo; monopólio do transporte marítimo: art. 177, IV
- petróleo; monopólio do transporte por meio do conduto: art. 177, IV
- plano nacional e regional de desenvolvimento econômico e social: art. 21, IX
- Poderes: art. 2º
- Poder Judiciário; organização e manutenção: arts. 21, XIII; 22, XVII
- política de crédito; competência legislativa: art. 22, VII
- populações indígenas; competência legislativa: art. 22, XIV

- portos; competência legislativa: art. 22, X
- portos fluviais, lacustres e marítimos; exploração, autorização, concessão e permissão: art. 21, XII, f
- poupança; competência legislativa: art. 22, XIV
- previdência privada; fiscalização: art. 21,VIII
- princípio da uniformidade tributária: art. 150, I
- Procuradoria-Geral da Fazenda Nacional; representação judicial na área fiscal: ADCT, art. 29, § 5º
- profissões; competência legislativa: art. 22, XVI
- proteção de dados pessoais: art. 21, XXVI; e art. 22, XXX
- proteção dos bens dos índios: art. 231, caput
- quadro de pessoal; compatibilização: ADCT, art. 24
- radiodifusão; competência legislativa: art. 22, IV
- receita tributária; repartição: art. 159
- recursos minerais; competência legislativa: art. 22, XII
- regime extraordinário fiscal, financeiro e de contratações: EC 106/2020
- registro público; competência legislativa: art. 22, XXV
- relações com Estados estrangeiros: art. 21, I
- religião; vedações: art. 19, I
- repartição das receitas tributárias; vedação à retenção ou restrição: art. 160
- representações judiciais e extrajudicial: art. 131, caput
- requisições civis e militares; competência legislativa: art. 22, III
- reservas cambiais; administração: art. 21, VIII
- rios; aproveitamento econômico e social: art. 43, § 2º, IV
- seguridade social; competência legislativa: art. 22, XXIII
- seguros; competência legislativa; fiscalização: art. 22, VII e VIII
- serviço postal: art. 21, X
- serviço postal; competência legislativa: art. 22, V
- serviços de radiodifusão sonora e de sons e imagens; exploração, autorização, concessão e permissão: art. 21, XII, a
- serviços de telecomunicações; exploração, autorização, concessão e permissão: art. 21, XII, a
- serviços de telecomunicações; exploração direta de concessão: art. 21, XI
- serviços de transmissão de dados; exploração direta de concessão: art. 21, XI
- serviços e instalações nucleares; exploração: art. 21, XXIII
- serviços e instalações nucleares; fins pacíficos: art. 21, XXIII, a
- serviços e instalações nucleares; utilização de radioisótopos: art. 21, XXIII, b
- serviços oficiais de estatística, geografia, geologia e cartografia; organização e manutenção: art. 21, XV
- serviços telefônicos e telegráficos; exploração direta ou concessão: art. 21, XI
- servidor público: art. 61, § 1º, II, c
- sindicatos; limitações ao poder de tributar: art. 150, VI, § 4º
- sistema cartográfico e geologia nacional; competência legislativa: art. 22, XVIII
- sistema de ensino: art. 211, caput
- sistema estatístico nacional; competência legislativa: art. 22, XVIII
- sistema nacional de emprego; organização: art. 22, XVI
- sistema nacional de recursos hídricos; instituição e outorga: art. 21, XIX
- sistema nacional de transporte e viação: art. 21, XXI
- sistemas de medidas e monetário; competência legislativa: art. 22, VI
- sorteios; competência legislativa: art. 22, XX
- telecomunicações; competência legislativa: art. 22, IV
- templos de qualquer culto; limitações ao poder de tributar: art. 150, VI, b, e § 4º
- terra indígena; demarcação: art. 231, caput
- território: art. 18, § 2º
- trabalho; organização, manutenção e execução da inspeção: art. 21, XXIX
- trânsito e transporte; competência legislativa: art. 22, XI
- transporte aquaviário, ferroviário, rodoviário; exploração, autorização, concessão e permissão: art. 21, XII, d e e
- tributação; limites: arts. 150; 151
- turismo; promoção e incentivo: art. 180
- valores; competência legislativa: art. 22, VII
- vedações: art. 19

USINA NUCLEAR

- localização; definição legal: art. 225, § 6º

USUCAPIÃO

- v. PROPRIEDADE RURAL e PROPRIEDADE URBANA

V

VARAS JUDICIÁRIAS

- criação: art. 96, I, d

VEREADOR

- ato institucional: ADCT, art. 8º, § 4º
- estado de sítio; difusão de pronunciamento: art. 139, par. ún.
- idade mínima: art. 14, § 3º, VI, c
- impedimentos: art. 29, IX
- imposto: art. 29, V
- incompatibilidades: art. 29, IX
- inviolabilidade: art. 29, VIII
- mandato eletivo; duração: art. 29, I
- remuneração; subsídios: art. 29, VI e VII
- servidor público civil: art. 38, III

VETO

- deliberação; Congresso Nacional: art. 57, § 3º, IV
- projetos de lei; competência privativa do Presidente da República: art. 84, V

VICE-GOVERNADOR

- v. GOVERNADOR

VICE-PREFEITO

- v. PREFEITO
- parlamentar; nomeação para o exercício da função de Prefeito: ADCT, art. 5º, § 3º

VICE-PRESIDENTE DA REPÚBLICA

- atribuições: art. 79, par. ún.
- substituição ou sucessão do Presidente da República: art. 79, caput
- cf. também PRESIDENTE DA REPÚBLICA

VOTO
- direto e secreto: art. 14, I a III
- facultativo: art. 14, § 1º, II
- obrigatório: art. 14, § 1º, I
- soberania popular; manifestação: art. 14, I a III

Z

ZONA FRANCA DE MANAUS
- critérios disciplinadores; modificação: ADCT, art. 40, par. ún.
- manutenção; prazo: ADCT, art. 40, *caput*